中国矿业年鉴

2012

《中国矿业年鉴》编辑部　编

地震出版社

图书在版编目(CIP)数据

中国矿业年鉴. 2012 /《中国矿业年鉴》编辑部编. -- 北京：地震出版社，2013. 6

ISBN 978 - 7 - 5028 - 4281 - 9/F（4969）

Ⅰ. ①中… Ⅱ. ①中… Ⅲ. ①矿业经济 - 中国 - 2012 - 年鉴 Ⅳ. ①F426. 1 - 54

中国版本图书馆 CIP 数据核字（2013）第 115453 号

地震版　XM2989

中国矿业年鉴（2012）

《中国矿业年鉴》编辑部　编

责任编辑：刘素剑

责任校对：庞娅萍

出版发行：地震出版社

北京民族学院南路 9 号　　邮编：100081

发行部：68423031　68467993　　传真：88421706

门市部：68467991　　传真：68467991

总编室：68462709　68423029　　传真：68455221

专业图书部：68467982　68721991

http://www.dzpress.com.cn

经销：全国各地新华书店

印刷：河北省欣航测绘院印刷厂

版（印）次：2013 年 6 月第一版　2013 年 6 月第一次印刷

开本：787 × 1092　1/16

字数：1354 千字

印张：37.5

印数：0001 ~ 2000

书号：ISBN 978 - 7 - 5028 - 4281 - 9/F（4969）

定价：300.00 元

《中国矿业年鉴》编辑委员会顾问

《中国矿业年鉴》编辑委员会成员

《中国矿业年鉴》（2012）编辑部工作人员

《中国矿业年鉴》（2012）特约编辑

编 辑 说 明

一、2012年版《中国矿业年鉴》(以下简称《年鉴》)全面、系统反映2011年中国矿业基本情况以及当年我国矿业经济发展和运行情况。主要内容涉及我国矿产资源勘查、开发利用、矿产资源管理、矿产品市场、矿山环保及行业生产、地方矿业等等，同时也反映了当年我国矿业事业的新发展、新经验、新成果以及遇到的新问题。本期《中国矿业年鉴》为第11卷，收录资料时限原则上以2011年为主。

二、本期《年鉴》，根据实际情况设专文、大事记、概况、矿业管理、矿业行业、地方矿业、政策法规、统计资料、附录等9个栏目。按内容分类编排，设栏目、类目、条目三个层次，有的栏目根据实际情况设四个层次。表述方式以条目为主，设有方便查阅的目录，另有文章、图、表等多种形式，图文并茂。

三、本期《年鉴》收录了国土资源部有关领导关于保障矿业持续繁荣和稳定发展，推动资源节约集约和综合利用、助推矿业企业“走出去”等方面的重要讲话。对矿业管理部门、社会团体和矿业企业提出了新的要求。

四、为在内容编排上进一步规范，本期《年鉴》，在“概况”和“矿业管理”增设“分目”，内容归属做了适当调整。增加了“法律法规与管理制度改革”和“科技创新和国际合作”等内容；刊登了2011年国家有关部委颁布与矿业相关的政策法规和国土资源部有关部门提供的矿业统计资料。全书内容比较丰富、资料翔实，具有权威性。

五、在附录中，收录了2010/2011年世界矿产资源勘查开发和矿产品供需形势；收录了2011年全球油气资源勘探开发形势、2011年全球产金量排名前10的金矿、2011年中国矿山安全记事等。可读性强，有较高的参考价值。

六、稿件来源，除部分基层企事业单位外，多由国土资源部有关部门和省市、自治区国土资源厅(局)及行业协会等单位提供。

七、本期《年鉴》的全国性统计数据均未包括香港特别行政区、澳门特别行政区和台湾省；一些数据的合计数或相对数，因受进位的影响，不一定等于分项的累加。

八、为读者查阅方便，本期年鉴中的图、表序号，以类目或分目为单位，单独列序。

九、本期《中国矿业年鉴》16开本，精装，135.4万字，由《中国矿业年鉴》编辑部编辑，地震出版社出版，国内外公开发行。编辑部联系电话：010－88374940。E－mail：yearbook@chinamining.org。

《年鉴》在组稿中有一定困难，矿业信息资料收集得还不够全面，在内容编辑整理上，难免有些疏漏和错误，欢迎各级领导和读者批评指正。在此对所有关心和支持本书编辑工作的单位、领导、朋友们表示衷心的感谢！

《中国矿业年鉴》编辑部

2013年4月

目 录

专 文

准确研判形势,认清历史使命,不断谋划服务大局新篇章——在中国矿业联合会五届一次理事会上的讲话 …… 徐绍史(1)
团结合作 应对挑战 保障矿业持续繁荣和稳定发展——在2011中国国际矿业大会上的主题演讲 …… 汪 民(5)

大事记

2011年中国矿业大事记 …… (9)
1月 …… (9)
2月 …… (9)
3月 …… (9)
4月 …… (10)
5月 …… (10)
6月 …… (11)
7月 …… (11)
8月 …… (12)
9月 …… (12)
10月 …… (12)
11月 …… (13)
12月 …… (14)

概 况

矿产资源开发利用 …… (15)
概述 …… (15)
矿产资源勘查 …… (16)
矿产勘查概况 …… (16)
图1 2000~2011年全国地质勘查投资情况 …… (16)
图2 2000~2011年全国非油气矿产勘查投资中社会资金投资情况 …… (17)
图3 2000~2011年全国地质勘查机械岩芯钻探工作量 …… (17)
能源矿产勘查 …… (17)
表1 2006~2011年全国油气矿产勘查投入和主要工作量统计 …… (17)
表2 2011年全国油气田勘查新增重大进展 …… (17)
表3 2011年全国煤炭勘查新增重大进展 …… (17)
金属与非金属矿产勘查 …… (18)
表4 2011年部分金属与非金属矿产勘查新增重大进展 …… (18)
地下水勘查 …… (18)
矿泉水勘查 …… (18)
中央地质勘查基金项目 …… (18)
矿产资源储量 …… (18)
图4 主要矿产资源人均储量对比 …… (19)
表5 中国45种主要矿产查明资源储量与变化 …… (19)
图5 2001~2011年全国煤炭、石油、天然气查明资源储量变化 …… (19)
图6 2001~2011年全国铁矿矿查明资源储量变化 …… (19)
图7 2001~2011年全国铜矿、铝土矿、铅锌矿和镍矿查明资源储量变化 …… (20)
图8 2001~2011年全国金矿和银矿查明资源储量变化 …… (20)
图9 2001~2011年全国主要优势矿产查明资源储量变化 …… (20)
表6 中国主要矿产勘查新增查明资源储量 …… (20)
图10 2001~2011年全国硫铁矿、磷矿和

钾盐查明资源储量变化 …………………… (20)
图 11　2001～2011 年全国勘查新增探明石油地质储量 …………………… (20)
图 12　2001～2011 年全国勘查新增探明天然气地质储量 …………………… (20)
页岩气成为新发现矿种 …………………… (21)
矿产资源开发 …………………… (21)
概况 …………………… (21)
投资与产值 …………………… (21)
图 1　2001～2011 年采矿业固定资产投资变化 …………………… (21)
图 2　1990～2011 年全国采矿业从业人员变化 …………………… (21)
图 3　2011 年全国矿业产值在工业总产值中的地位及其构成 …………………… (21)
能源矿产品生产 …………………… (21)
图 4　2000～2011 年全国一次能源生产情况 …………………… (21)
图 5　2000～2011 年全国煤炭产量变化…… (22)
图 6　2000～2011 年全国石油产量及变化 …………………… (22)
图 7　2000～2011 年全国天然气产量变化 …………………… (22)
金属矿产品生产 …………………… (22)
图 8　2000～2011 年全国铁矿石和粗钢产量变化 …………………… (22)
图 9　2000～2011 年中国粗钢产量与世界钢产量对比 …………………… (22)
图 10　2000～2011 年全国重要有色金属产量对比 …………………… (22)
图 11　2000～2011 年全国主要优势矿产品产量变化 …………………… (22)
表 1　2011 年中国部分优势矿产对世界的贡献 …………………… (23)
图 12　2000～2011 年全国黄金产量变化 …………………… (23)
非金属矿产品生产 …………………… (23)
图 13　2000～2011 年全国水泥产量变化 …………………… (23)
图 14　2000～2011 年全国钾肥(K_2O)产量变化 …………………… (23)
矿产资源综合利用 …………………… (23)
表 2　推介的矿产资源综合利用技术 …… (23)
绿色矿业建设 …………………… (25)
第二批国家级绿色矿山建设试点单位 ……… (25)
矿产品市场 …………………… (25)
概况 …………………… (25)
矿产品消费 …………………… (25)
图 1　2001～2011 年全国能源供需缺口变化 …………………… (25)
图 2　2000～2011 年中国钢铁出口变化…… (25)
矿产品贸易 …………………… (25)
图 3　2000～2011 年全国矿产品进出口额变化 …………………… (26)
图 4　2001～2011 年矿产品贸易在全国贸易中的地位 …………………… (26)
图 5　中国矿产品出口流向变化情况（按国家或地区统计） …………………… (26)
图 6　中国矿产品进口来源变化情况（按国家或地区统计） …………………… (26)
图 7　2000～2011 年中国重要矿产品对外依存度 …………………… (27)
图 8　2000～2011 年中国部分重要矿产品进口量 …………………… (27)
图 9　2011 年中国原油进口来源变化 …… (27)
图 10　2011 年中国铁矿石进口来源变化 …………………… (27)
矿产品价格 …………………… (27)
图 11　2008～2011 年国内国际原油价格走势 …………………… (27)
表 1　2007～2011 年中国重要矿产品进口成本变化 …………………… (28)
图 12　2008～2011 年国内国际黄金价格走势 …………………… (28)
矿山环境保护 …………………… (28)
概况 …………………… (28)
矿山地质环境恢复治理 …………………… (28)
图 1　一般矿山地质环境治理项目资金分类统计 …………………… (28)
矿山地质环境管理 …………………… (28)
国家矿山公园管理 …………………… (29)
图 2　国家矿山公园分布示意图 ……… (29)
表 1　第一批批准的国家矿山公园资格名单 …………………… (29)
表 2　第二批批准的国家矿山公园资格名单 …………………… (30)

矿业管理

基础地质调查与地质资料服务 …………………… (31)
概况 …………………………………………… (31)
基础地质调查 ………………………………… (31)
油气资源调查评价 …………………………… (31)
非油气矿产资源调查评价 …………………… (32)
地质环境调查和地下水评价 ………………… (32)
图1　地下水开采量对比图 ………………… (33)
地质资料服务 ………………………………… (33)
矿产资源管理 ………………………………… (34)
概况 …………………………………………… (34)
矿产资源规划 ………………………………… (34)
表1　首批稀土矿产国家规划矿区名单及范围 …………………………………… (34)
表2　首批铁矿国家规划矿区名单及范围 …………………………………… (35)
矿业权市场 …………………………………… (35)
图1　2007～2011年勘查许可证发放情况 …………………………………… (35)
图2　2006～2011年矿业权登记面积……… (35)
图3　2007～2011年采矿许可证发放情况 …………………………………… (35)
矿业权出让管理 ……………………………… (35)
图4　2005～2011年矿业权招标拍卖挂牌出让情况 …………………………… (36)
矿业权评估管理 ……………………………… (36)
全国矿业权实地核查工作 …………………… (36)
矿产资源储量管理 …………………………… (37)
地质勘查资质管理 …………………………… (37)
图5　全国地勘单位资质类别构成 ……… (37)
图6　全国地勘单位经济类型构成 ……… (37)
矿产资源勘查开发监督管理 ………………… (37)
矿业权实地核查工作 ………………………… (38)
页岩气探矿权首次以招标方式出让 ………… (38)
矿产督察员制度和油气督察员制度 ………… (38)
法律法规与管理制度改革 …………………… (38)
概况 …………………………………………… (38)
矿产资源法律法规体系建设 ………………… (39)
矿产资源有偿使用和税费改革 ……………… (39)
表1　矿产资源收入中央分成情况 ……… (39)
表2　资源税收入情况 ……………………… (39)
矿产资源管理改革探索 ……………………… (39)
稀土、磷矿联合监管………………………… (40)
矿业用地改革试点 …………………………… (40)
科技创新与国际合作 ………………………… (41)
概况 …………………………………………… (41)
表1　2011年地质矿产领域获国家奖项目 …………………………………… (41)
基础地质研究 ………………………………… (41)
矿产勘查开发利用技术 ……………………… (41)
地质矿产技术标准 …………………………… (42)
国际合作 ……………………………………… (43)
图1　2000～2010年外商在中国矿产勘查投资额变化 …………………………… (44)
图2　2000～2011年中国外商投资勘查许可证和采矿许可证变化 ……………… (44)

矿业行业

煤　炭 ………………………………………… (45)
概况 …………………………………………… (45)
表1　2011年大型煤炭企业原煤产量前10名企业 ……………………………… (45)
表2　2011年大型煤炭企业原煤产量同比增加前10名企业 …………………… (45)
表3　2011年大型煤炭企业原煤产量同比减少前10名企业 …………………… (46)
表4　2011年大型煤炭企业洗精煤产量前10名企业 ……………………………… (47)
煤炭运销情况分析 …………………………… (47)
图1　2011年煤炭铁路日装车情况 ……… (47)
图2　2011年煤炭铁路日均装车同比增长情况 ……………………………… (47)
图3　2011年煤炭铁路发送量情况 ……… (47)
图4　2011年煤炭铁路发送量同比增长情况 ……………………………… (48)
图5　2011年煤炭港口发送量情况 ……… (48)
图6　2011年煤炭港口发送量同比增长情况 …………………………………… (48)
图7　2011年秦皇岛煤炭库存情况 ……… (48)
煤炭进出口 …………………………………… (48)
图8　2011年煤炭月度出口情况 ………… (48)

图 9　2011 年煤炭月度出口同比增长情况 ……………………………… (48)
图 10　2011 年煤炭月度进口情况 ………… (48)
电力行业耗煤情况 ………………………… (48)
图 11　2011 年煤炭月度进口同比增长情况 ………………………………… (49)
冶金行业耗煤情况 ………………………… (49)
煤炭市场价格及其变化 …………………… (49)
图 12　2011 年秦皇岛大同优混价格行情 ……………………………………… (49)
表 5　2011 年澳大利亚动力煤现货价格(纽卡斯尔港 FOB) …………………… (49)
图 13　2011 年澳大利亚动力煤现货价格情况 ………………………………… (50)
图 14　2011 年沿海煤炭运价指数 ………… (50)
煤炭经营情况分析 ………………………… (50)
表 6　2011 年大型煤炭企业收入前 10 名企业 …………………………………… (50)
表 7　2010 年大型煤炭企业利润前 10 名企业 …………………………………… (50)
表 8　2011 年煤炭工业规模以上企业主要经济指标 ………………………… (51)
表 9　2011 年煤炭工业大型企业主要经济指标(快报) ………………………… (51)
表 10　2011 年煤炭工业大型企业原煤及洗精煤产量(快报) …………………… (52)
表 11　2011 年煤炭工业大型企业工业总产值及销售产值(快报) …………… (55)
表 12　2011 年煤炭工业大型企业主营业务收入及业务成本(快报) ………… (58)
表 13　2011 年煤炭工业大型企业利润总额及应交增值税(快报) …………… (61)
表 14　2011 年煤炭工业大型企业资产及负债总额(快报) …………………… (64)
表 15　2011 年煤炭工业大型企业管理费用和财务费用(快报) ……………… (67)
表 16　2011 年煤炭工业大型企业应收账款及销售费用(快报) ……………… (70)
油　气 ……………………………………… (73)
概况 ………………………………………… (73)
石油 ………………………………………… (73)
概况 ……………………………………… (73)
表 1　2011 年全国石油新增探明储量 …………………………………… (74)
图 1　2006 ~ 2011 年全国石油剩余经济可采储量储采比变化 ………………… (74)
表 2　2011 年全国石油储量汇总表 …… (74)
原油储量 …………………………………… (74)
图 2　1995 ~ 2011 年全国原油新增探明储量 ………………………………… (74)
表 3　2011 年各公司原油新增探明储量 ………………………………… (75)
图 3　2011 年各公司原油新增探明储量 ……………………………………… (75)
图 4　2011 年主要分公司原油新增探明储量 ………………………………… (75)
表 4　2011 年全国原油新增探明地质储量前 10 位的分公司 ……………… (75)
表 5　2011 年全国原油新增探明地质储量大于 1 亿吨的省(区或海域) …… (76)
图 5　2011 年主要地区原油新增探明储量 ……………………………………… (76)
图 6　2011 年主要盆地原油新增探明储量 ……………………………………… (76)
表 6　2011 年全国原油新增探明地质储量大于 1 亿吨的盆地(海域) ……… (76)
表 7　2011 年全国原油新增探明地质储量大于 1000 万吨的油田 …………… (76)
图 7　2011 年底全国原油新增储量埋藏深度分布 ………………………………… (77)
图 8　1995 ~ 2011 年全国原油各类累计探明储量 ………………………………… (77)
表 8　2011 年全国新探明油田原油新增探明储量 ………………………………… (78)
图 9　全国原油历年剩余技术和剩余经济可采储量 ………………………… (78)
图 10　2011 年底各公司原油剩余技术和剩余经济可采储量 ………………… (78)
表 9　2011 年全国原油储量汇总表 …… (78)
表 10　2011 年全国原油剩余技术可采储量前 10 位的分公司 ……………… (79)
图 11　2011 年底主要分公司原油剩余技术和剩余经济可采储量 ……………… (79)
表 11　2011 年全国原油剩余技术可采储量前 10 位的省(区或海域) ………… (79)
图 12　2011 年底主要地区原油剩余

技术和剩余经济可采储量 ……………… (79)
表 12 2011 年全国原油剩余技术可采储量前 10 位的盆地(海域) ……………… (80)
图 13 2011 年底主要盆地原油剩余技术和剩余经济可采储量 ……………… (80)
图 14 2011 年底全国原油剩余技术和剩余经济可采储量埋藏深度分布 ……………… (80)
表 13 2011 年全国原油剩余技术可采储量前 10 大油田 ……………… (80)
凝析油储量 ……………… (80)
表 14 2011 年各油公司凝析油新增探明储量 ……………… (81)
表 15 2011 年全国凝析油新增探明地质储量大于 100 万吨的省(区或海域) ……………… (81)
表 16 2011 年全国凝析油新增探明地质储量大于 100 万吨的盆地 ……………… (81)
表 17 2011 年全国凝析油新增探明地质储量大于 100 万吨的油田 ……………… (81)
表 18 2011 年全国凝析油储量汇总表 ……………… (82)
图 15 2011 年底各公司凝析油剩余技术可采储量 ……………… (82)
图 16 2011 年底各公司凝析油剩余经济可采储量 ……………… (82)
天然气 ……………… (82)
概况 ……………… (82)
表 19 2010 年全国天然气新增探明储量 ……………… (82)
表 20 2011 年全国天然气储量汇总表 ……………… (83)
气层气储量 ……………… (83)
表 21 2011 年各油公司气层气新增探明储量 ……………… (83)
图 17 1995 ~ 2011 年全国气层气新增探明储量 ……………… (83)
表 22 2011 年全国气层气新增探明地质储量前 10 位的分公司 ……………… (84)
图 18 2011 年各公司气层气新增探明储量 ……………… (84)
图 19 2011 年各分公司气层气新增探明储量 ……………… (84)
表 23 2011 年全国气层气新增探明地质储量大于 1000 亿立方米的省(区) ……………… (84)
图 20 2011 年主要地区气层气新增探明储量 ……………… (85)
表 24 2011 年全国气层气新增探明地质储量大于 1000 亿立方米的盆地 ……………… (85)
图 21 2011 年主要盆地气层气新增探明储量 ……………… (85)
表 25 2011 年全国新探明气田气层气新增探明储量 ……………… (85)
表 26 2011 年全国气层气新增探明地质储量大于 50 亿立方米的气田 ……………… (85)
表 27 2011 年气层气储量汇总表 ……………… (86)
图 22 1995 ~ 2011 年全国气层气累计探明储量 ……………… (86)
图 23 1995 ~ 2011 年全国气层气剩余技术和剩余经济可采储量 ……………… (87)
图 24 2011 年各公司气层气剩余技术和剩余经济可采储量 ……………… (87)
表 28 2011 年全国气层气剩余技术可采储量前 10 位的分公司 ……………… (87)
图 25 2011 年底分公司气层气剩余技术和剩余经济可采储量 ……………… (87)
表 29 2011 年全国气层气剩余技术可采储量前 10 位的省(区、市或海域) ……………… (88)
图 26 2011 年底主要地区气层气剩余技术和剩余经济可采储量 ……………… (88)
表 30 2011 年全国气层气剩余技术可采储量前 10 位的盆地 ……………… (88)
图 27 2011 年底主要盆地气层气剩余技术和剩余经济可采储量 ……………… (88)
表 31 2011 年全国 10 大气田 ……………… (89)
溶解气储量 ……………… (89)
表 32 2011 年全国各油公司新增储量 ……………… (89)
图 28 2011 年各公司溶解气新增探明储量 ……………… (89)
表 33 2011 年全国溶解气新增探明地质储量大于 50 亿立方米的省

(区) …………………………………… (89)
表34 2011年全国溶解气新增探明地质储量大于50亿立方米的盆地 …………………………………… (89)
图29 2011年主要盆地溶解气新增探明储量 …………………………………… (90)
表35 2011年全国溶解气储量汇总表 …………………………………… (90)
图30 2011年底各公司溶解气剩余技术和经济可采储量 …………………… (90)
表36 2011年全国溶解气剩余技术可采储量前10位的省(区或海域) …………………………………… (90)
表37 2011年全国溶解气剩余技术可采储量前10位的盆地 ……………… (90)
煤层气 …………………………………… (91)
概况 …………………………………… (91)
图31 1999~2011年全国煤层气累计探明储量 …………………………… (91)
图32 2011年底各公司煤层气剩余技术可采储量 …………………………… (91)
二氧化碳气 …………………………… (91)
概况 …………………………………… (91)
图33 1998~2011年全国二氧化碳气历年累计探明储量 ………………… (91)
页岩气 …………………………………… (91)
页岩气资源调查 ………………………… (91)
页岩气资源管理 ………………………… (92)
页岩气勘探开发现状 …………………… (92)
页岩气资源潜力 ………………………… (92)
页岩气资源调查评价 …………………… (93)
勘探开发领域和重点 …………………… (93)
页岩气储量、产量增长趋势预测………… (93)
表38 "十二五"页岩气产量规划 ……… (93)
油气产业市场化建设推进 ……………… (94)
《矿产资源节约与综合利用"十二五"规划》发布 …………………………………… (94)
《国家环境保护"十二五"规划》发布 ……… (94)
油气进口贸易 …………………………… (94)
图34 2001~2011年全国原油进口状况图 ………………………………… (95)
冶 金 …………………………………… (95)
概况 …………………………………… (95)
表1 2011年全国铁矿石产量 ………… (95)
铁矿石市场 ……………………………… (96)
表2 2011年1~12月部分地区铁矿石市场价格(含税) …………………… (97)
铁矿石进口贸易 ………………………… (99)
表3 2011年铁矿石进口情况(进口量) …………………………… (99)
表4 2011年铁矿石进口情况(进口额)…………………………… (100)
表5 2011年进口铁矿分品种情况 ……… (101)
冶金矿山固定资产投资………………… (102)
表6 2011年黑色冶金矿山固定资产投资…………………………………… (102)
科技成果………………………………… (102)
冶金矿山关注问题……………………… (102)
黄 金………………………………… (103)
概况…………………………………… (103)
表1 2004~2011年我国黄金储量变化一览…………………………………… (103)
表2 2011年我国黄金储量一览 ………… (103)
黄金生产经营…………………………… (103)
图1 2001~2011年我国黄金产量一览 …………………………………… (104)
表3 2011年各省(自治区)成品金产量排名情况…………………………… (104)
黄金价格及需求………………………… (105)
图2 2011年国际黄金价格走势图 ……… (105)
化 工………………………………… (106)
概况…………………………………… (106)
表1 主要化工矿产查明资源储量情况 …………………………………… (106)
化工矿生产经营………………………… (106)
化工矿表观消费量及自给率…………… (107)
表2 2011年我国主要化学矿产品产量、表观消费量 ………………… (107)
化学矿产品产销………………………… (107)
化学矿产品进出口……………………… (107)
固定资产投资完成与企业经济效益………… (107)
化工行业存在问题……………………… (108)
钨 业………………………………… (108)
钨业经济运行概况……………………… (108)
图1 2007~2011年中国钨精矿产量(有色统计年报数据)………………… (108)

钨业经济运行特点 …………………………… (109)
资源整合、企业重组 ………………………… (109)
政策环境分析 ………………………………… (109)
产业结构调整情况分析 ……………………… (110)
钨行业存在问题 ……………………………… (110)
建 材 ……………………………………… (110)
概况 …………………………………………… (110)
建材工业生产 ………………………………… (111)
建材工业经济效益 …………………………… (111)
建材产品出口 ………………………………… (112)
建材固定资产投资 …………………………… (112)
水泥制造业 …………………………………… (113)
建筑技术玻璃工业 …………………………… (115)
建筑卫生陶瓷工业 …………………………… (116)
玻璃纤维及制品制造业 ……………………… (117)
砖瓦及建筑砌块制造业 ……………………… (118)
建材新兴产业发展技术瓶颈和市场制约 …… (118)
非金属 …………………………………… (119)
非金属矿产开发利用概况 …………………… (119)
萤石行业生产 ………………………………… (119)
石棉行业生产 ………………………………… (120)
硅灰石行业生产 ……………………………… (120)
滑石行业生产 ………………………………… (120)
镁质材料行业生产 …………………………… (120)
石墨行业生产 ………………………………… (120)
高岭土行业生产 ……………………………… (120)
表 1 2011 年主要非金属矿产品产量 ……………………………………… (120)
非金属主要矿产品进出口 …………………… (120)
表 2 2011 年主要非金属矿产品出口数量 ……………………………………… (121)
非金属矿产品国内市场价格 ………………… (121)
表 3 2011 年部分非金属矿产品国内市场价格 ………………………………… (121)
非金属矿业发展存在问题与建议 …………… (121)

地方矿业

天津市 …………………………………… (123)
矿山企业统计 ………………………………… (123)
表 1 2011 年度矿产资源开发利用情况 ……………………………………… (123)
矿产资源开发利用 …………………………… (123)
表 2 2011 年天津市主要矿种开发利用情况 ……………………………………… (123)
河北省 …………………………………… (124)
矿产资源概况 ………………………………… (124)
表 1 河北省已发现矿产资源一览 ……… (124)
矿产种类 ……………………………………… (126)
矿产地 ………………………………………… (126)
矿产资源开发利用 …………………………… (126)
煤矿资源储量现状 …………………………… (127)
铁矿资源储量现状 …………………………… (128)
金矿资源储量现状 …………………………… (128)
水泥用灰岩资源储量现状 …………………… (129)
河北省矿产资源特点 ………………………… (129)
表 2 2011 年度河北省矿产资源开发利用情况(按经济类型分列) …………… (130)
表 3 2011 年度河北省矿产资源开发利用情况(按矿山企业规模分列) ……… (131)
表 4 2011 年度河北省矿产资源开发利用情况(按矿种分列) ………………… (131)
表 5 2011 年度河北省矿产资源开发利用情况(按行政区分列) ……………… (135)
内蒙古自治区 …………………………… (136)
矿产资源开发利用概况 ……………………… (136)
矿山企业 ……………………………………… (136)
矿业总产值 …………………………………… (136)
矿山企业利润 ………………………………… (136)
煤炭矿开发利用 ……………………………… (137)
表 1 2011 年内蒙古自治区煤炭不同经济类型矿山企业统计 ……………………… (137)
表 2 2011 年度内蒙古自治区煤炭不同规模矿山企业统计 ……………………… (138)
铁矿开发利用 ………………………………… (138)
表 3 2011 年内蒙古自治区铁矿不同经济类型矿山企业统计 ……………………… (138)
表 4 2011 年内蒙古自治区铁矿不同规模矿山企业统计 ……………………… (139)
铜矿开发利用 ………………………………… (139)
表 5 2011 年内蒙古自治区铜矿不同经济类型矿山企业统计 ……………………… (139)
表 6 2011 年内蒙古自治区铜矿不同规模矿山企业统计 ……………………… (140)
铅矿开发利用 ………………………………… (140)

表7 2011年内蒙古自治区铅矿不同经济类型矿山企业统计 …………………… (140)
表8 2011年内蒙古自治区铅矿不同规模矿山企业统计 …………………… (141)
锌矿开发利用 …………………… (141)
表9 2011年内蒙古自治区锌矿不同经济类型矿山企业统计 …………………… (141)
表10 2011年内蒙古自治区锌矿不同规模矿山企业统计 …………………… (142)
钼矿开发利用 …………………… (142)
表11 2011年内蒙古自治区钼矿不同经济类型矿山企业统计 …………………… (142)
表12 2011年内蒙古自治区钼矿不同规模矿山企业统计 …………………… (142)
金矿开发利用 …………………… (142)
表13 2011年内蒙古自治区金矿不同经济类型矿山企业统计 …………………… (143)
表14 2011年内蒙古自治区金矿不同规模矿山企业统计 …………………… (143)
银矿开发利用 …………………… (143)
表15 2011年内蒙古自治区银矿不同经济类型矿山企业统计 …………………… (144)
表16 2011年内蒙古自治区银矿不同规模矿山企业统计 …………………… (144)
稀土矿开发利用 …………………… (144)
硫铁矿开发利用 …………………… (144)
表17 2011年内蒙古自治区硫铁矿矿山企业统计 …………………… (145)
天然碱开发利用 …………………… (145)
表18 2011年内蒙古自治区天然碱不同经济类型矿山企业统计 …………………… (145)
表19 2011年内蒙古自治区天然碱不同规模矿山企业统计 …………………… (145)
盐矿开发利用 …………………… (145)
表20 2011年内蒙古自治区盐矿不同经济类型矿山企业统计 …………………… (146)
表21 2011年内蒙古自治区盐矿不同规模矿山企业统计 …………………… (146)
水泥用灰岩开发利用 …………………… (146)
表22 2011年内蒙古自治区水泥用灰岩不同经济类型矿山企业统计 …………… (146)
表23 2011年内蒙古自治区水泥用灰岩不同规模矿山企业统计 …………………… (147)
砖瓦用黏土开发利用 …………………… (147)
表24 2011年内蒙古自治区砖瓦用黏土不同经济类型矿山企业统计 …………… (147)
表25 2011年内蒙古自治区砖瓦用黏土不同规模矿山企业统计 …………………… (148)
附表1 2011年度内蒙古自治区各类矿产资源开发利用情况统计 …………………… (148)
附表2 2011年度内蒙古自治区各经济类型矿山企业矿产资源开发利用情况统计 …………………… (152)
附表3 2011年度内蒙古自治区各种规模矿山企业矿产资源开发利用情况统计 …………………… (153)
附表4 2011年度内蒙古自治区各盟市矿产资源开发利用情况统计 …………………… (153)
辽宁省 …………………… (153)
矿产资源概况 …………………… (153)
矿产资源开发利用 …………………… (153)
矿产资源开发利用中存在问题 …………………… (154)
表1 2011年度辽宁省矿产资源开发利用情况(按经济类型分列) …………………… (154)
表2 2011年度辽宁省矿产资源开发利用情况(按矿种分列) …………………… (155)
表3 2011年度辽宁省矿产资源开发利用情况(按行政区分列) …………………… (158)
黑龙江省 …………………… (159)
矿产资源概况 …………………… (159)
地质勘查 …………………… (159)
表1 2011年度黑龙江省已查明矿产和已发现尚未探明矿产统计 …………………… (159)
矿产资源开发利用 …………………… (160)
表2 2011年度黑龙江省矿产资源开发利用情况(分矿种汇总) …………………… (160)
表3 2011年度黑龙江省矿产资源开发利用情况(分经济类型汇总) …………………… (162)
表4 2011年度黑龙江省矿产资源开发利用情况(分行政区汇总) …………………… (163)
地质环境与地质灾害调查评价 …………………… (163)
矿产品产、供、销 …………………… (163)
伊春地质古生物国际学术研讨会 …………………… (165)
全国矿产督察工作座谈会 …………………… (165)
黑龙江省地矿局与日喀则行署签订合作框架协议 …………………… (165)

黑龙江省地质矿产局与大兴安岭行署联手战略合作 …………………………… (166)
黑龙江省“十一五”地质找矿成果 …………… (166)
黑龙江省地矿局“十二五”地质勘查目标确定 …………………………………… (166)
黑龙江省有色地勘局建局 50 周年庆典 …… (166)
地勘钻探技能大赛黑龙江赛区选拔赛 ……… (166)
黑龙江省矿产资源开发整合工作通过国家验收 …………………………………… (167)
伊春市矿产资源开发整合成果 …………… (167)
牡丹江国土局推进矿产资源勘查 ………… (167)
鹤岗国土局地质勘项目管理 ……………… (167)
讷河市砂石整顿及税费征管 ……………… (167)
鹤岗采矿权有效持证率 …………………… (167)
嫩江县巩固砂金禁采成果 ………………… (168)
黑龙江省汛期地质灾害防治会议 ………… (168)
明水县国土局地质灾害防治 ……………… (168)
首届龙江地矿论坛 ………………………… (168)
鹤岗国土资源局矿补费收缴 ……………… (168)
龙煤七台河分公司缴纳矿补费 …………… (168)
鹤岗乙类采矿权竞买 ……………………… (169)
黑龙江省地勘五院赴老挝开展地质找矿工作 …………………………………… (169)
黑龙江省九零四水勘院在绥化打出地热水 …………………………………… (169)
江苏省 ………………………………………… (169)
矿产资源勘查 ……………………………… (169)
矿产资源开发利用 ………………………… (169)
矿业权市场管理 …………………………… (169)
浙江省 ………………………………………… (170)
矿产资源概况 ……………………………… (170)
表 1　2011 年度浙江省矿产资源开发利用统计汇总 …………………………… (170)
矿产资源开发利用 ………………………… (172)
表 2　2007～2011 年浙江省主要矿业指标对比表 ……………………………… (172)
图 1　2007～2011 年浙江省主要矿业指标对比图 ……………………………… (172)
图 2　2007～2011 年浙江省矿业人均生产指标变化情况图 ………………………… (172)
表 3　2007～2011 年浙江省矿业人均生产指标变化情况表 ……………………… (172)
图 3　2011 年浙江省各类矿产矿山数构成图 ……………………………… (172)
图 4　2011 年浙江省各类矿产从业人员构成图 ……………………………… (173)
图 5　2011 年浙江省各类矿产矿石采掘量构成图 …………………………… (173)
表 4　2011 年浙江省矿业结构统计表 …… (173)
图 6　2011 年浙江省各类矿产矿业总产值构成图 …………………………… (173)
图 7　2011 年浙江省矿山生产状态图(矿山数构成) ………………………… (173)
表 5　2011 年浙江省矿山生产状态表 …… (173)
浙江省各市矿产资源开发利用 ……………… (173)
图 8　2011 年浙江省矿山生产状态图(矿业总产值构成) ……………………… (174)
图 9　2011 年浙江省各市矿山数构成图 ……………………………… (174)
图 10　2011 年浙江省各市采掘量构成图 ……………………………… (174)
图 11　2011 年浙江省各市矿业总产值构成图 ……………………………… (174)
图 12　2011 年浙江省各市税金总额构成图 ……………………………… (174)
表 6　2011 年浙江省各市矿产资源开发利用情况 ……………………………… (174)
矿山经济类型 ……………………………… (175)
表 7　2011 年浙江省不同经济类型矿山企业开发利用情况 ……………………… (175)
矿山企业规模 ……………………………… (175)
表 8　2011 年浙江省不同规模矿山企业开发利用情况 …………………………… (175)
表 9　2011 年浙江省不同规模矿山企业人员效率情况 …………………………… (176)
图 13　2011 年浙江省不同规模矿山企业人员效率图 …………………………… (176)
普通建筑用石、砂、土开发利用 ……………… (176)
表 10　2007～2011 年浙江省普通建筑用石料主要指标变化情况 ………………… (176)
表 11　2011 年浙江省普通建筑用石料开发利用情况(按地区) ………………… (176)
表 12　2011 年浙江省普通建筑用石料开发利用情况(按规模) ………………… (177)
表 13　2011 年浙江省砖瓦用黏土、砂页岩矿开发利用情况 ……………………… (178)

表14 2007~2011年浙江省砖瓦用黏土主要指标变化情况……………………………(178)
表15 2011年浙江省各市砖瓦用黏土开发利用情况……………………………(178)
表16 2011年浙江省各市砖瓦用砂、页岩开发利用情况……………………………(178)
表17 2007~2011年浙江省建筑用砂主要指标变化情况……………………………(179)
表18 2011年浙江省各市建筑用砂开发利用情况……………………………(179)
表19 2011年浙江省各市河砂开发利用情况……………………………(180)
其他非金属矿产开发利用……………………………(180)
表20 2011年浙江省石灰岩矿山统计 …(180)
表21 2007~2011年浙江省水泥用灰岩开发利用情况……………………………(180)
表22 2011年浙江省各市水泥用灰岩开发利用情况……………………………(181)
表23 2011年浙江省水泥用灰岩矿山生产规模及劳动生产率统计……………(181)
表24 2007~2011年浙江省萤石开发利用情况……………………………(181)
表25 2011年浙江省各市普通萤石开发利用情况……………………………(182)
表26 2007~2011年浙江省明矾石生产主要指标变化情况……………………………(182)
表27 2007~2011年浙江省玻璃用石英岩生产主要指标变化情况……………(183)
表28 2011年浙江省各市玻璃用石英岩开发利用情况……………………………(183)
表29 2007~2011年浙江省叶蜡石生产主要指标变化情况……………………………(183)
表30 2011年浙江省各市叶蜡石开发利用情况……………………………(183)
表31 2007~2011年浙江省饰面用石材生产主要指标变化情况……………(184)
表32 2011年浙江省饰面用石材主要矿种开发利用情况……………………………(184)
表33 2011年浙江省各市饰面用石材开发利用情况……………………………(185)
表34 2007~2011年浙江省高岭土生产主要指标变化情况……………………………(185)
表35 2007~2011年浙江省膨润土矿生产主要指标变化情况……………………………(185)
表36 2007~2011年浙江省硫铁矿生产主要指标变化情况……………………………(186)
金属矿产开发利用……………………………(186)
表37 2007~2011年浙江省金属矿产主要指标一览……………………………(186)
表38 2007~2011年浙江省铜矿生产主要指标对比……………………………(187)
表39 2007~2011年浙江省钼矿生产主要指标变化情况……………………………(187)
表40 2007~2011年浙江省金矿生产主要指标变化情况……………………………(187)
表41 2007~2011年浙江省铅锌矿生产主要指标变化情况……………………………(188)
表42 2007~2011年浙江省铁矿生产主要指标变化情况……………………………(188)
能源矿产开发利用……………………………(188)
表43 2007~2011年浙江省石煤生产主要指标变化情况……………………………(188)
表44 2007~2011年浙江省地热生产主要指标变化情况……………………………(189)
水气矿产开发利用……………………………(189)
表45 2007~2011年浙江省矿泉水生产主要指标变化情况……………………………(189)
2011年度矿产开发利用特点……………………………(189)
表46 2007~2011年浙江省矿业生产规模和生产效率对比表……………………………(189)
图14 2007~2011年浙江省矿业生产规模和生产效率对比情况图……………(190)
图15 2007~2011年浙江省矿业生产指标与国民生产总值变化图……………(190)
表47 2007~2011年浙江省矿业生产指标与国民生产总值变化情况表………(190)
表48 2007~2011年浙江省各市矿业投资对比表……………………………(191)
图16 2007~2011年浙江省各市矿业投资对比图……………………………(191)
图17 2007~2011年浙江省矿山土地使用和治理情况对比图……………(191)
表49 2007~2011年浙江省矿山土地使用和治理情况对比表……………(191)
表50 2007~2011年浙江省固体废弃物排放及处理情况对比表……………(192)

表51 2011年度浙江省矿产资源开发利用统计汇总……（192）

安徽省……（194）

矿产资源开发概况……（194）

表1 2011年安徽省矿产资源开发利用情况(八大类矿产)……（194）

表2 2011年安徽省矿产资源开发利用情况(按行政区分)……（194）

矿产资源开发特点……（195）

图1 5种优势矿产占安徽省矿业总产值比例……（195）

图2 7大矿业集团占安徽省矿业总产值比例……（195）

图3 安徽省矿山企业类型比例……（195）

图4 安徽省大中型矿山与小型及小型以下矿山经济指标占总量百分比对照……（195）

表3 2011年安徽省矿产资源开发利用情况（按经济类型分）……（196）

矿山生产能力……（196）

表4 2011年安徽省矿山生产能力统计……（196）

矿产发展趋势……（196）

图5 2006~2011年安徽省矿产资源开发利用情况主要指标对比……（196）

表5 2010年与2011年安徽省主要矿种矿石产量对比……（196）

探矿权采矿权管理……（197）

图6 安徽省各类企业发证比例……（197）

图7 安徽省各类矿产发证比例……（197）

表6 2011年安徽省矿产资源勘查许可证登记发证情况……（197）

河南省……（198）

矿产资源概况……（198）

矿产资源储量……（198）

表1 截至2010年底河南省矿产保有查明资源储量在全国的位次……（198）

表2 截至2011年底河南省主要矿种资源储量及消耗情况统计……（199）

矿产地质勘查……（200）

表3 2011年河南省勘查资金和主要工作量完成情况……（200）

表4 2011年度河南省主要矿产新增查明矿产资源储量和新发现矿产地情况……（202）

矿产资源开发利用……（202）

表5 2011年度河南省矿产资源开发利用情况统计汇总(按矿产种分列)……（203）

表6 2011年度河南省各市矿业开发情况一览……（206）

地质环境管理……（206）

湖北省……（206）

矿产资源……（206）

概况……（206）

表1 截至2011年底湖北省保有矿产资源储量及变化情况汇总表……（207）

表2 湖北省矿产种类一览……（211）

表3 截至2011年底湖北省保有查明资源储量全国排位……（211）

图1 湖北省矿产地规模比例图……（213）

矿产资源储量……（213）

表4 2011年度湖北省新增上表矿区情况一览……（214）

图2 2011年度湖北省保有资源储量减少幅度较大矿产对比……（216）

图3 2011年度湖北省保有资源储量增加幅度较大矿产对比……（216）

图4 湖北省重要矿产保有资源储量与消耗资源储量对比……（216）

表5 湖北省重要矿产资源储量统计……（217）

图5 2005~2011年湖北省铁矿查明资源储量与保有资源储量变化……（217）

图6 2005~2011年湖北省铜矿查明资源储量与保有资源储量变化……（217）

图7 2005~2011年湖北省金矿查明资源储量与保有资源储量变化……（217）

图8 2005~2011年湖北省磷矿查明资源储量与保有资源储量变化……（217）

图9 2005~2011年湖北省盐矿查明资源储量与保有资源储量变化……（217）

图10 2005~2011年湖北省石膏查明资源储量与保有资源储量变化……（217）

主要矿产资源潜力……（217）

图11 2005~2011年湖北省硫铁矿查明资源储量与保有资源储量变化……（218）

图12 2005~2011年湖北省煤炭查明资源储量与保有资源储量变化……（218）

矿产资源勘查 …………………………………… (218)
矿产远景调查 …………………………………… (218)
固体矿产勘查 …………………………………… (218)
石油天然气勘探 …………………………………… (219)
矿产资源开发利用 …………………………………… (219)
概况 …………………………………… (219)
矿产投入 …………………………………… (219)
表 6 湖北省 2011 年矿业投资情况一览表(亿元) …………………………………… (219)
图 13 2001 ~ 2011 年湖北省矿业总产值及人均产值变化趋势 …………………………………… (220)
图 14 2004 ~ 2011 年湖北省矿业固定资产投资变化 …………………………………… (220)
图 15 2004 ~ 2011 年湖北省矿业基本建设投资变化图 …………………………………… (220)
图 16 2004 ~ 2011 年湖北省矿业技术改造投资变化图 …………………………………… (220)
矿山企业 …………………………………… (221)
图 17 2001 ~ 2011 年湖北省矿山数及从业人员变化趋势 …………………………………… (221)
表 7 2011 年湖北省矿山企业按地区统计表 …………………………………… (221)
图 18 2011 年湖北省各地区矿山企业数量占全省比例 …………………………………… (221)
图 19 2011 湖北省年各地区矿山企业从业人数占全省比例 …………………………………… (222)
图 20 2011 年湖北省各地区矿山矿业总产值占全省比例 …………………………………… (222)
图 21 2011 年湖北省各地区矿山矿产品销售收入占全省比例 …………………………………… (222)
图 22 2011 年湖北省各地区矿业总利润占全省比例 …………………………………… (222)
表 8 2011 年湖北省矿山企业按经济类型统计 …………………………………… (223)
图 23 2011 年湖北省各经济类型矿山从业人数占全省比例 …………………………………… (223)
图 24 2011 年湖北省各经济类型矿山矿业总产值占全省比例 …………………………………… (223)
图 25 2011 年湖北省各经济类型矿山矿产品销售总收入占全省比例 …………………………………… (224)
图 26 2011 年湖北省各经济类型矿山总利润占全省比例 …………………………………… (224)
表 9 2011 年湖北省(非油气)矿山企业按矿类统计 …………………………………… (224)
图 27 2011 年湖北省各矿种矿山企业数量占全省比例 …………………………………… (225)
图 28 2011 年湖北省各矿种矿山从业人数占全省比例 …………………………………… (225)
图 29 2011 年湖北省各矿种矿山矿业总产值占全省比例 …………………………………… (225)
图 30 2011 年湖北省各矿种矿山矿产品销售总收入占全省比例 …………………………………… (225)
图 31 2011 年湖北省各矿种矿山总利润占全省比例 …………………………………… (226)
分矿种开发利用 …………………………………… (226)
表 10 2011 年度湖北省开发利用的矿产统计 …………………………………… (226)
表 11 2001 ~ 2011 年湖北省矿石总产量 …………………………………… (226)
图 32 2001 ~ 2011 年湖北省矿石年总产量变化图 …………………………………… (227)
表 12 2011 年湖北省分矿种开发利用情况一览 …………………………………… (227)
矿区开发利用 …………………………………… (230)
表 13 2011 年湖北省矿区开发利用情况简表 …………………………………… (230)
矿产资源品产量 …………………………………… (234)
表 14 2011 年湖北省矿产资源主要工业产品产量 …………………………………… (234)
图 33 2003 ~ 2011 年湖北省主要矿种相关加工产品产量变化 …………………………………… (234)
矿产品进出口贸易 …………………………………… (234)
表 15 湖北省 2011 年度部分矿产品进出口情况一览 …………………………………… (235)
矿产品供需现状 …………………………………… (238)
矿产资源管理 …………………………………… (239)
矿产资源规划管理 …………………………………… (239)
地质矿产勘查管理 …………………………………… (239)
矿产资源储量及地质资料管理 …………………………………… (239)
矿产资源开发管理 …………………………………… (240)
矿山地质环境管理 …………………………………… (240)
地质矿产科技管理 …………………………………… (240)
湖南省 …………………………………… (241)
矿产资源概况 …………………………………… (241)
表 1 2011 年度湖南省新发现矿产地统计 …………………………………… (241)

表 2　2011 年度湖南省重要矿产勘查成果汇总 …… (242)
矿产资源总体规划 …… (242)
矿业权市场 …… (242)
矿产开发管理 …… (243)
表 3　2011 年度湖南省采矿权出让、转让情况(按行政区) …… (243)
表 4　2011 年度湖南省采矿权出让、转让情况(按经济类型) …… (244)
表 5　2011 年度湖南省采矿权出让、转让情况(按矿种) …… (244)
表 6　2011 年度湖南省采矿许可证发证情况(按行政区) …… (245)
表 7　2011 年度湖南省采矿许可证发证情况(按经济类型) …… (246)
表 8　2011 年度湖南省采矿许可证发证情况(按矿种) …… (247)
图 1　湖南省批准登记采矿许可证情况(按矿种分类) …… (248)
图 2　湖南省批准登记采矿许可证情况(按经济类型企业分类) …… (248)
矿产储量管理 …… (248)
地质勘查管理 …… (248)
表 9　2011 年度湖南省探矿权许可证发证情况 …… (249)
图 3　湖南省各类矿产勘查许可证发证情况 …… (249)
地质环境保护 …… (249)
表 10　2011 年度湖南省地质遗迹自然保护区及地质公园建设情况 …… (250)
科研投入与科研成果 …… (250)
矿产违法案件查处 …… (250)
表 11　2011 年度湖南省矿产违法案件及查处情况统计 …… (251)
表 12　2011 年度湖南省矿产资源勘查和开采违法案件查处情况 …… (251)
海南省 …… (251)
矿产资源概况 …… (251)
地质勘查单位及资金投入 …… (251)
矿产资源勘查 …… (251)
基础地质调查 …… (252)
矿产资源勘查重要成果 …… (252)
矿产资源开发利用 …… (253)
探矿权登记发证情况 …… (254)
勘查项目年检工作 …… (254)
矿产资源开采监督管理 …… (254)
水文地质、地质环境与地质灾害调查评价 …… (254)
地质科技研究与技术创新 …… (254)
地质工作社会化服务 …… (254)
重庆市 …… (254)
矿产资源概况 …… (254)
表 1　2011 年底重庆市主要矿产资源储量汇总 …… (254)
矿业权证发放 …… (255)
图 1　截至 2011 年底重庆市级有效的矿业权证情况(按矿种分) …… (255)
矿业权市场 …… (255)
地质勘查 …… (255)
图 2　2011 年重庆市矿产勘查投入情况 …… (255)
矿产资源整合 …… (255)
矿产资源执法监察 …… (255)
地质灾害防治 …… (255)
三峡库区地质灾害防治 …… (256)
地质环境监测和地质遗迹保护 …… (256)
表 2　重庆市地质公园一览 …… (256)
矿山地质环境治理 …… (257)
矿山企业开发利用 …… (257)
表 3　重庆市矿山经济指标总体对比情况 …… (257)
表 4　重庆市主要矿种与 2010 年相比变动情况 …… (257)
表 5　2011 年度重庆市非油气矿产资源开发利用情况表(按矿种分列) …… (258)
四川省 …… (260)
矿产资源概况 …… (260)
图 1　2011 年四川省查明资源储量矿产种类构成 …… (261)
图 2　2011 四川有关矿产在全国排位构成 …… (261)
表 1　四川在全国排第一位矿产占全国总量的百分比 …… (261)
图 3　四川在全国排第一位矿产占全国总资源储量百分比 …… (262)
查明矿产资源年度统计 …… (262)

图 4　2010 年四川有查明资源储量矿产地数量构成 ……………………（262）
查明矿产资源储量年度变化 ……………………（262）
图 5　2001～2011 年四川省煤保有资源储量变化 ……………………（262）
图 6　2001～2011 年四川省铁矿保有资源储量变化 ……………………（262）
图 7　2001～2011 年四川省锰矿保有资源储量变化 ……………………（262）
图 8　2001～2011 年四川省钛（矿石 TiO_2）保有资源储量变化 ……………………（262）
图 9　2001～2011 年四川省钒（V_2O_5）保有资源储量变化 ……………………（262）
图 10　2001～2011 年四川省铜保有资源储量变化 ……………………（262）
图 11　2001～2011 年四川省铅锌保有资源储量变化 ……………………（262）
图 12　2001～2011 年四川省铂族金属矿保有资源储量变化 ……………………（263）
图 13　2001～2011 年四川省锂（Li_2O）保有资源储量变化 ……………………（263）
图 14　2001～2011 年四川省金保有资源储量变化 ……………………（263）
图 15　2001～2011 年四川省银保有资源储量变化 ……………………（263）
图 16　2001～2011 年四川省轻稀土（氧化物）保有资源储量变化 ……………………（263）
图 17　2001～2011 年四川省岩盐矿保有资源储量变化 ……………………（263）
图 18　2001～2011 年四川省芒硝矿保有资源储量变化 ……………………（263）
图 19　2001～2011 年四川省硫铁矿保有资源储量变化 ……………………（263）
图 20　2001～2011 年四川省磷矿保有资源储量变化 ……………………（263）
图 21　2001～2011 年四川省水泥用灰岩保有资源储量变化 ……………………（263）
图 22　2001～2011 年四川省晶质石墨保有资源储量变化 ……………………（263）
石油和天然气资源 ……………………（263）
表 2　2011 年全国凝析油新增探明地质储量大于 100×10^4 吨的省（区或海域）………（263）
表 3　2011 年全国气层气新增探明地质储量大于 1000×10^8 立方米的省（区）………（264）
图 23　2011 年新增探明气层气储量主要地区 ……………………（264）
表 4　2011 年全国气层气新增探明地质储量大于 100×10^8 立方米的气田 ……………………（264）
表 5　2011 年全国气层气剩余技术可采储量前 10 位的省（区、市或海域）……………（264）
图 24　2011 全国气层气剩余技术可采储量前五位的省（区、市或海域）……………（264）
四川矿产资源特点 ……………………（264）
矿产资源储量管理 ……………………（265）
图 25　2011 年四川省登记矿产类别构成 ……………………（265）
图 26　2011 年四川省登记矿山建设规模构成 ……………………（265）
图 27　2011 年四川省登记申报性质构成 ……………………（265）
图 28　2011 年四川省查明矿产资源登记矿产类别构成 ……………………（265）
图 29　2011 年四川省查明矿产登记矿区规模构成 ……………………（265）
图 30　2011 年四川省查明矿产登记勘查程度构成 ……………………（265）
图 31　2011 年四川省建设压覆矿产资源项目性质结构 ……………………（265）
地质勘查 ……………………（266）
图 32　2011 四川省地质勘查资金投入结构 ……………………（266）
图 33　2011 年四川省矿产勘查资金来源结构 ……………………（266）
图 34　2011 年四川省矿产勘查资金投入结构 ……………………（266）
矿产勘查主要成果 ……………………（266）
油气资源勘查 ……………………（267）
表 6　2011 年度四川省油气勘查探矿权设置情况 ……………………（267）
表 7　2011 年度四川省油气采矿权设置情况 ……………………（267）
地质勘查队伍 ……………………（267）
图 35　2011 年四川登记勘查资质等级构成 ……………………（267）
地质勘查管理 ……………………（268）
图 36　2011 年四川省探矿权审批登记

情况 …………………………………… (268)
图 37 2011 年四川省探矿权拍卖挂牌出让成交构成 …………………………… (268)
图 38 2011 年四川省探矿权审批转让成交构成 …………………………………… (268)
矿产资源开发利用 …………………………… (268)
图 39 2001～2011 年四川矿山总数(个)变化 …………………………………… (269)
图 40 2001～2011 年四川矿山工业总产值(亿元)变化 …………………………… (269)
图 41 2011 年四川省矿山内外资企业比较(个) ……………………………………… (269)
图 42 至 2011 年四川省内资矿山企业性质构成(个) ……………………………… (269)
图 43 2011 年四川省内资矿山企业对全省矿业经济的贡献 ………………………… (269)
图 44 2011 年四川省矿山规模构成 …… (270)
图 45 2011 年四川省除煤、铁、砖瓦用页岩外部分矿种主要经济指标比较 …… (270)
图 46 2011 年四川省铁、煤及砖瓦用页岩主要经济指标比较 …………………… (270)
图 47 2011 年四川省各类矿产对省矿业经济的贡献(百万元) …………………… (270)
图 48 2011 年四川省矿业从业人员在各矿种中的分布(人) ……………………… (270)
矿产资源开发管理 …………………………… (271)
图 49 2011 年四川省登记审批采矿权类别构成(个) ……………………………… (271)
地质资料数据中心建设与服务 ……………… (271)
贵州省 ……………………………………… (272)
矿产资源概况 ………………………………… (272)
表 1 2011 年贵州省矿产资源储量统计 …………………………………… (272)
煤矿矿产开发利用 …………………………… (274)
磷矿矿产开发利用 …………………………… (274)
铝土矿矿产开发利用 ………………………… (274)
金矿矿产开发利用 …………………………… (274)
锰矿矿产开发利用 …………………………… (275)
锑矿矿产开发利用 …………………………… (275)
重晶石矿产开发利用 ………………………… (275)
水泥用灰岩矿产开发利用 …………………… (275)
矿产资源开发利用 …………………………… (275)
图 1 2007～2011 年贵州省采矿业产值占国民生产总值比重 …………………… (275)
表 2 2011 年贵州省矿产资源开发利用情况(按经济分类分列) ………………… (275)
表 3 2011 年贵州省矿产资源开发利用情况(按行政区分列) …………………… (276)
表 4 2011 年贵州省矿产资源开发利用情况(按矿种分列) ……………………… (276)
图 2 2007～2011 年贵州省矿业产值变化 ……………………………………… (278)
图 3 2007～2011 年贵州省优势矿种矿山企业变动趋势 ………………………… (278)
地质勘查 ……………………………………… (278)
图 4 2011 年贵州省地质勘查投资结构情况 ……………………………………… (278)
图 5 2007～2011 年贵州省地质勘查投资情况 ……………………………………… (278)
图 6 2007～2011 年贵州省地质勘查投资结构情况 ………………………………… (278)
矿产资源大调查 ……………………………… (279)
陕西省 ……………………………………… (279)
矿产资源概况 ………………………………… (279)
表 1 陕西省 15 种重要矿产在全国及西部排列位次 ………………………………… (279)
地质勘查及油气开发 ………………………… (279)
图 1 2004～2011 年陕西省地质勘查投入情况 ……………………………………… (279)
表 2 2011 年陕西省矿产勘查项目情况统计 ……………………………………… (280)
矿权管理与开发整顿 ………………………… (280)
图 2 陕西省勘查许可证分类 ………… (280)
矿产资源储量 ………………………………… (281)
矿产资源规划 ………………………………… (281)
矿产品产供销 ………………………………… (281)
图 3 2004～2011 年陕西省采矿业总产值变化趋势 …………………………………… (281)
表 3 2011 年陕西省主要矿产品产量增减变化情况 ……………………………… (282)
图 4 2004～2011 年陕西省矿产品国际贸易变化情况 ……………………………… (282)
地质环境 ……………………………………… (282)
图 5 2011 年陕西省发生地质灾害构成 ……………………………………… (282)
甘肃省 ……………………………………… (283)

矿产资源概况 …………………………………（283）
地质勘查 ………………………………………（283）
图1 2005～2011年甘肃省地勘资金投入及工作量对比 …………………………（283）
地质勘查成果 …………………………………（283）
矿产资源潜力评价 ……………………………（283）
矿产资源储量利用现状调查 …………………（283）
矿业权市场建设 ………………………………（284）
矿产资源补偿费征收 …………………………（284）
图2 2011年度甘肃省各市州矿产资源补偿费征收入库情况 ………………………（284）
图3 2001～2011年甘肃省矿产资源补偿费征收入库情况 …………………………（284）
地质勘查基金 …………………………………（285）
表1 2011年甘肃省地勘基金项目资金投入情况 ………………………………（285）
矿产执法监察 …………………………………（285）
矿产资源总体规划 ……………………………（286）
国土资源节约集约利用 ………………………（286）
地质灾害防治 …………………………………（286）
表2 2011年甘肃省地质灾害灾情统计 ………………………………………（286）
矿山地质环境 …………………………………（287）
地质遗迹保护 …………………………………（287）
灾后重建与灾害应急管理 ……………………（287）
青海省 ………………………………………（287）
矿产资源开发利用概况 ………………………（287）
矿产资源开发利用情况简析 …………………（288）
表1 2011年度青海省矿产资源开发利用情况分矿种统计表 ……………………（289）
表2 2011年度青海省矿产资源开发利用情况分经济类型统计表 ………………（291）
表3 2011年度青海省矿产资源开发利用情况分矿山企业规模统计表 …………（292）
表4 2011年度青海省矿产资源开发利用情况分行政区统计表 …………………（292）
表5 2011年度青海省采掘业总产值大于500万元以上矿山统计表 ……………（293）
表6 2011年度青海省大型矿山企业统计表 ………………………………………（297）
表7 2011年度青海省中型矿山企业统计表 ………………………………………（299）
新疆维吾尔自治区 …………………………（301）
非油气矿产资源开发利用 ……………………（301）
表1 2011年度新疆维吾尔自治区矿产资源开发利用情况（按矿种分列）…………（302）
表2 2011年度新疆维吾尔自治区矿产资源开发利用情况（按行政区分列）………（305）
表3 2011年度新疆维吾尔自治区矿产资源开发利用情况（按经济类型分列）……（306）

政策法规

土地复垦条例 …………………………………（307）
国务院关于促进稀土行业持续健康发展的若干意见 ………………………………（310）
国务院关于加强地质灾害防治工作的决定 ……（313）
国务院关于修改《中华人民共和国资源税暂行条例》的决定 ……………………（316）
国家安全生产监督管理总局令（第37号） ……（318）
国家安全生产监督管理总局令（第38号） ……（321）
国家发展改革委关于印发煤层气（煤矿瓦斯）开发利用“十二五”规划的通知 ……（324）
财政部 国土资源部关于印发中央地质勘查基金管理办法的通知 ……………（330）
财政部 国土资源部关于印发《中央地质勘查基金项目权益管理暂行办法》的通知 ……（333）
国土资源部 财政部关于建立中央地质勘查基金与省级地质勘查基金协调联动机制的指导意见 ……（335）
国土资源部 财政部关于首批矿产资源综合利用示范基地名单的公告 ……………（336）
关于设立首批稀土矿产国家规划矿区的公告 ……………………………………（338）
关于设立首批铁矿国家规划矿区的公告 ………（339）
国土资源部关于进一步完善采矿权登记管理有关问题的通知 ………………………（340）
国土资源部关于继续暂停受理煤炭探矿权申请的通知 ……………………………（343）
国土资源部关于设立首批找矿突破战略行动整装勘查区的公告 ……………………（344）
国土资源部关于2011年第一批变更、注销地质勘查资质证书的公告 ………………（351）
国土资源部关于加强矿业权评估行业管理的通知 ……………………………………（359）

关于调整探矿权申请资料有关问题的公告……（362）
国土资源部关于进一步完善矿业权管理促进整装勘查的通知……（363）
国土资源部关于表扬全国矿业权实地核查工作先进集体和先进个人的通报……（368）
国土资源部关于表扬第一批全国矿产资源开发整合先进矿山的通报……（378）
国土资源部关于发布《矿山地质环境保护与恢复治理方案编制规范》推荐性行业标准的公告……（379）
国土资源部关于表扬全国危机矿山接替资源找矿先进集体和先进个的通报……（379）
国土资源部关于印发《矿产资源节约与综合利用“十二五”规划》的通知……（384）
中华人民共和国国土资源部公告新发现矿种公告……（390）
国土资源部关于命名山东临沂等25个地区“中国温泉之乡(城)”的通知……（391）
国土资源部关于印发《矿业权交易规则(试行)》的通知……（391）
国土资源部办公厅关于矿产资源整装勘查区暂停受理新立探矿权采矿权申请的通知……（395）
国土资源部办公厅关于组织申报国家级绿色矿山试点单位的通知……（396）
国土资源部办公厅关于加快推进建立地(市)级矿业权交易机构的通知……（399）
国土资源部办公厅关于通过实施统一配号进一步加强地质勘查资质管理信息化建设的通知……（401）
国土资源部办公厅关于国土资源大调查项目探矿权转让有关问题的通知……（402）

统计资料

表1　2011年全国省、市、县级国土资源管理机构数……（403）
表2　2011年地质勘查投入和新发现矿产地情况——按地区分列……（404）
表3　2011年地质勘查投入和新发现矿产地情况——按矿种分列……（406）
表4　2011年地质勘查新查明矿产资源——按矿种分列……（416）
表5　2011年矿产资源勘查许可证发证及探矿权出让、转让情况——按企业经济类型分列……（418）
表6　2011年矿产资源勘查许可证发证及探矿权出让、转让情况——按地区分列……（420）
表7　2011年矿产资源勘查许可证发证及探矿权出让、转让情况——按矿种分列……（422）
表8　2011年矿产资源采矿许可证发证及采矿权出让、转让情况——按企业经济类型分列……（432）
表9　2011年矿产资源采矿许可证发证及采矿权出让、转让情况——按地区分列……（434）
表10　2011年矿产资源采矿许可证发证及采矿权出让、转让情况——按矿种分列……（436）
表11　2011年矿产资源勘查开采违法案件查处情况……（450）
表12　2011年矿产资源勘查、开采违法案件查处情况——按地区分列……（452）
表13　2011年全国石油天然气开发利用情况——按地区分列……（456）
表14　2011年全国石油天然气开发利用情况——按经济类型分列……（458）
表15　2011年全国非油气矿产资源开发利用情况——按地区分列……（460）
表16　2011年全国非油气矿产资源开发利用情况——按经济类型分列……（462）
表17　2011年全国非油气矿产资源开发利用情况——按矿种分列……（464）
表18　2011年我国主要矿产品进出口情况……（478）
表19　2011年矿山环境保护情况……（498）
表20　2011年地质遗迹自然保护区及地质公园建设……（502）
表21　2011年矿泉水及地热情况……（506）
表22　2011年矿产资源勘查、开采违法案件查处结果……（508）

附　录

2010～2011年世界矿产资源勘查开发和矿产品供需形势……（509）
表1　2002～2011年贱金属和金矿业并购

金额 …………………………………… (510)
表 2　2010～2011 年全球石油上游工业并购交易 …………………………………… (511)
表 3　2010～2011 年世界石油公司间的重要并购事件 …………………………………… (512)
表 4　全球 10 大跨国矿业公司和石油公司 …………………………………… (513)
图 1　2000～2012 年世界油气勘探开发投资 …………………………………… (516)
表 5　一些大型油气公司全球勘探开发预算 …………………………………… (517)
表 6　世界油气勘探与开发投资 …………… (517)
图 2　2007～2011 年世界固体矿产勘查费用区域分布 …………………………… (518)
表 7　2010 年与 2011 年世界十大勘查投资目标国勘查经费及位次变化 ………… (518)
表 8　西方矿业公司和世界非燃料矿产勘查投资预算 …………………………… (519)
表 9　2000～2010 年各类固体矿产勘查投资比例变化 …………………………… (519)
图 3　2010～2011 年世界主要矿种勘查所占比例 …………………………………… (520)
表 10　固体矿产勘查各阶段投资比例的变化(%) …………………………………… (520)
图 4　2009 年公司总部所在地投资分布(百万美元和百分比) ………………………… (520)
表 11　2000～2010 年各类固体矿产勘查投资比例变化 …………………………… (521)
表 12　十年世界油气储量变化情况………… (521)
表 13　世界主要矿产储量…………………… (521)
表 14　2011 年世界一次能源消费量居前 10 位的国家 ………………………… (524)
图 5　2011 年世界和中国能源消费结构 …… (524)
表 15　2006～2010 年世界主要矿产品产量 …………………………………… (525)
表 16　2007～2011 年世界部分矿产品消费量 …………………………………… (527)
表 17　2007～2011 年世界部分矿产品贸易量 …………………………………… (528)
表 18　2007～2011 年世界主要市场原油价格 …………………………………… (528)
表 19　2011 世界主要有色金属供求状况 …………………………………… (531)
表 20　2008～2011 年 LME 主要金属现货价格(年平均价) ………………………… (532)
2011 年全球油气资源勘探开发形势 ………… (536)
图 1　1980～2011 年世界石油剩余可采储量 …………………………………… (536)
表 1　2011 年世界各地区石油储量统计表 …………………………………… (537)
表 2　2011 年世界石油储量排名前 5 位国家 …………………………………… (537)
图 2　2011 年世界石油储量排名前 5 位国家 …………………………………… (537)
图 3　1980～2011 年世界天然气剩余可采储量 …………………………………… (537)
表 3　2011 年世界各地区天然气储量统计表 …………………………………… (537)
表 4　2011 年世界天然气储量排名前 5 位国家 …………………………………… (538)
图 4　2011 年世界天然气储量排名前 5 位国家 …………………………………… (538)
图 5　1980～2011 年世界石油产量 ………… (538)
表 5　2011 年世界各地区石油产量统计表 …………………………………… (538)
表 6　2011 年世界石油产量排名前 5 位国家 …………………………………… (539)
图 6　2011 年世界石油产量排名前 5 位国家 …………………………………… (539)
图 7　1980～2011 年世界天然气产量 ……… (539)
表 7　2011 年世界各地区天然气产量统计 …………………………………… (539)
表 8　2011 年世界天然气产量排名前 10 位国家 …………………………………… (539)
图 7　2011 年世界天然气产量排名前 10 位国家 …………………………………… (540)
图 8　2011 年国际油价走势图 ……………… (540)
表 9　2011 年美国能源企业在页岩气领域的部分投资并购活动或相关计划 …………… (541)
表 11　2011 年全球十大油气重大发现 …… (541)
2011 年全球产金量排名前 10 的金矿 ………… (542)
2011 年矿山事故记事 …………………………… (543)
矿业科技信息 …………………………………… (548)
布谷马西地区钾盐矿勘查 ………………… (548)
内蒙古自治区西乌珠穆沁旗花敖包特矿区银铅锌矿勘探报告 ………………………… (548)

内蒙古自治区新巴尔虎左旗诺门罕煤炭普查报告 ……（549）
河北省滦南县马城铁矿详查 ……（549）
山东省莱州市朱郭李家矿区金矿详查报告 ……（549）
山东省兖州市颜店矿区洪福寺铁矿详查 ……（549）
钒钛磁铁矿矿山空间数据建模及其综合利用研究 ……（549）
内蒙古自治区东胜煤田艾来五库沟勘查区煤炭普查 ……（550）
新疆伊南煤田1、2号井田与伊北煤田4、7号井田勘探 ……（550）
北喜马拉雅东段金锑多金属成矿机制与成矿预测 ……（550）
东川－易门铜矿山深部及外围勘查技术及示范 ……（551）
福建省永定县大排铅锌矿找矿思路创新与突破 ……（551）
陕西省陕北石炭二叠纪煤田吴堡矿区横沟井田勘探 ……（551）
汶川地震灾区次生地质灾害航天遥感应急调查与综合研究 ……（551）
地球化学填图新增30余种元素堆中子活化分析方法研究 ……（552）
长寿命高效地质钻探系列液动潜孔锤研究与开发 ……（552）
海南省琼州海峡多目标区域地球化学调查 ……（552）
陆地永久冻土天然气水合物钻探技术研究 ……（553）
江西省鄱阳湖及周边经济区1:25万多目标区域地球化学调查 ……（553）
深层及超深层生物礁滩油气地震检测及流体识别研究 ……（553）
直升机航空物探系统集成与测量方法技术研究 ……（553）
农业生态地球化学调查评价有机分析技术研究及应用 ……（554）
煤田地震勘探全三维岩性反演方法的研究与应用 ……（554）
矿业协会 ……（554）
中国矿业联合会 ……（554）
工作概况 ……（554）
中国煤炭工业协会 ……（555）
工作概况 ……（555）
煤炭工业发展规划研究编制 ……（555）
煤炭生产和利用方式变革推进 ……（555）
行业科技推进行 ……（556）
煤炭结构调整与产业升级推进 ……（556）
煤炭市场化改革 ……（557）
调查研究 ……（557）
对外交流合作 ……（558）
行业培训体系建设 ……（558）
协会自身建设 ……（558）
中国冶金矿山企业协会 ……（559）
工作概况 ……（559）
老矿山深部和外围找矿工作推进 ……（559）
行业科技攻关与技术服务 ……（559）
统计信息服务 ……（560）
“对标挖潜”活动 ……（560）
节能减排工作推动 ……（560）
冶金矿山创先争优活动 ……（560）
冶金矿山“两化融合”评估与信息化建设 ……（560）
矿山项目审批工作协调 ……（560）
中国钨业协会 ……（560）
行业调研 ……（560）
专题研究 ……（561）
协会自身建设 ……（561）
协会专业业务活动 ……（561）
硬质合金分会二届三次理事会 ……（561）
信息统计 ……（562）
国际交流 ……（562）
中国建筑材料联合会 ……（562）
工作概况 ……（562）
联合会自身建设 ……（563）
财务监督管理 ……（563）
产业发展规划制定 ……（563）
产业政策修订 ……（563）
政策研究项目 ……（563）
科技项目立项 ……（564）
标准化工作管理推进 ……（564）
调查研究 ……（564）
产业结构调整推动 ……（564）
行业节能减排工作 ……（564）
行业科技自主创新能力建设 ……（564）

对外联系与合作 ……………………………… (564)
技术经贸交流 ………………………………… (565)
行业培训 ……………………………………… (565)
中国化学矿业协会 …………………………… (565)
工作概况 ……………………………………… (565)
河南省矿业协会 ……………………………… (566)
工作概况 ……………………………………… (566)
专业委员会工作 ……………………………… (566)
绿色矿山试点单位方案 ……………………… (566)
绿色矿山建设推进 …………………………… (567)
河南省矿业协会民营矿业专业委员会成立暨民营矿业经济发展研讨会 …………… (567)
“矿业农庄”与中原经济区建设高峰论坛会 ……………………………………… (567)
对外交流 ……………………………………… (567)
河南地矿业宣传 ……………………………… (568)
四川省矿业协会 ……………………………… (568)
矿业宣传工作 ………………………………… (568)
地质勘查质量检查 …………………………… (568)
表1　互查项目统计 ………………………… (569)
表2　抽查结果统计 ………………………… (569)
地质勘查质量抽查 …………………………… (570)
表3　地质勘查质量的抽查工作统计 ……………………………………… (570)
矿产督察工作 ………………………………… (570)
绿色矿业建设指导 …………………………… (570)
矿山企业考察 ………………………………… (570)
四川矿业代表参加2011年第十三届中国国际矿业大会 ……………………………… (571)
矿产资源开发利用方案评审 ………………… (571)
矿业宣传工作 ………………………………… (571)
“小金库”专项治理 …………………………… (572)
队伍建设 ……………………………………… (572)
江西耀升钨业股份有限公司 ……………… (572)

专 文

准确研判形势，认清历史使命，不断谋划服务大局新篇章
——在中国矿业联合会五届一次理事会上的讲话

徐绍史

（2011 年 11 月 20 日）

这次大会正值“十二五”开局之年，党中央、国务院领导高度关注国土资源工作，做出了一系列重要指示。在这种情况下召开中国矿联换届大会可谓恰逢其时，很有意义。刚才，中国矿业联合会名誉会长朱训做了一个满怀深情、语重心长的讲话，我认为非常重要。朱训直接见证了矿联的诞生、发展，他对五届理事会的工作提出了希望，也提出了要求，要求我们搞好“三个服务”、发挥“三个作用”、坚持“三个依靠”、办成“三件大事”。我们一定要学习、领会好朱训的讲话精神，并落实到今后的工作当中去。党中央、国务院的领导关心、重视这次会议，老领导们也对我们寄予厚望，我们应当有信心、有决心把新一届矿联工作在原有的基础上做得更好。下面，我就如何进一步做好矿联的工作谈两方面的意见，与大家共勉。

一、准确研判形势，振奋精神，满怀信心迎接新的挑战

中国矿业联合会成立已经 20 多年了，在大家的共同努力下，中国矿业联合会已经成为一个比较有影响的社会团体。这 20 多年，中国经济经历了由计划经济向市场经济的转型，中国矿业发展也经历了从低谷到高潮的周期性变化，适应这两种变化，中国矿联在沟通政府与企业、服务经济社会发展的探索中积累了丰富的经验，取得了明显的成效。新形势、新阶段，经济社会的快速发展又为矿联工作提出了新的挑战，但同时也为矿联工作提供了更为广阔的空间。我们要善于研判形势，勇于担当重任，迎接新的挑战。

（一）中央领导对我们提出了新的期望

近些来年，党中央、国务院的领导非常关注、关心资源问题，关注、关心地质找矿、矿产开发和矿业发展问题。2009 年 8 月份，李克强副总理视察国土资源部，与院士们进行座谈时明确要求，资源保障要立足国内。2010 年 9 月份，习近平副主席到国土资源部视察党建工作，对资源问题也非常关注。特别是 2011 年以来，党中央、国务院就国土资源问题高层次、高频率地举办讲座、听取汇报、视察指导、下发文件，把国土资源工作包括地质找矿、矿产开发乃至矿业发展，都推到了一个新的高度。

一是 8 月 23 日，中央政治局第 31 次集体学习，就完善土地管理制度举行讲座，胡锦涛总书记发表了重要讲话；二是 7 月 20 日，国务院第 164 次常务会议听取了土地管理工作的汇报，国务院领导发表了重要讲话，会议明确了近期土地管理要做好的五项重点工作；三是 9 月 2 日，温家宝总理到国土资源部视察指导工作，并发表了重要讲话；四是 7 月 5 日至 26 日，国土资源部会同国家发展改革委、财政部在国家博物馆举办了国土资源大调查成果回顾展，两位政治局常委、四位国务院副总理、两位国务委员、一位人大副委员长、一位政协副主席，都参观了回顾展并给予指导；五是 2011 年 6 月，国务院常务会审议通过并颁发了《关于加强地质灾害防治工作的决定》，从体制机制上进一步奠定了地灾防治工作的基础；六是 10 月 19 日，国务院常务会议审议通过了由国土资源部、财政部、发改委、科技部四部委共同制定的《找矿突破战略行动纲要》，对“十二五”到“十三五”时期的地质找矿工作进行了统筹部署。

从这六件大事中可以看出，党中央、国务院和中央领导对资源问题是高度关注和充满期望的。领导的重要讲话既有对国情的分析、形势的研判，也有对问题的甄别、对资源安全的隐忧，尤为重要的是对我们的工作

提出了要求，指明了路径，需要我们认真学习领会，进一步增强责任感、使命感和忧患意识，努力破解市场经济、新技术革命和经济全球化条件下遇到的资源以及资源管理难题，以资源的可持续利用促进经济社会的可持续发展。

（二）“十二五”规划给我们提出了新的要求

本届理事会履职正值“十二五”时期，“十二五”规划对资源工作提出了很多新的要求，明确提出要实施节约优先战略，资源利用实行总量控制、供需双向调节、差别化管理，大幅度提高能源资源利用的效率，提升资源保障的程度，这个总的要求非常明确。同时，“十二五”规划还就矿产资源勘查、开发、利用提出了许多具体要求和具体任务。比如，实施找矿突破战略工程，实现地质找矿重大突破，形成一批重要矿产资源的战略接续区，建立重要矿产资源的储备体系，优化勘查开采布局，强化资源节约集约和综合利用，发展绿色矿业等等。根据“十二五”规划纲要，6月，国土资源部颁发了《国土资源“十二五”规划纲要》，对下一步工作做出了具体部署。这些对管理部门、社会团体和矿业企业都提出了新的要求，建议大家认真研读、准确把握。

（三）国内外形势对我们提出了新的挑战

应该说，经过这几年的努力，我国矿业发展形势是在持续向好。一是持续整规取得明显效果。“十一五”期间查处了违法违规案件15万起，关停了非法开采、破坏环境或者不具备安全生产条件的矿山6万多家。违法违规案件发生数下降了37%。

二是资源整合促进了结构优化。我们在将近6万个矿区开展资源整合工作，减少了2.6万个矿业权。矿山数量从1994年顶峰时的28.8万个下降到2010年的11.3万个。矿山数量大幅度减少的同时，产能却大幅度增加，矿石量从1999年的58亿吨上升到2010年的90亿吨。

三是管理不断加强，环境不断改善，保障能力不断增强。国土资源部对于探矿权、采矿权采取网上统一配号，一方面保护权益；另一方面接受监督。现在矿业权出让虽然还有申请在先和协议出让的方式，但是“招、拍、挂”已经占到七成。我们建立了矿山环境保证金制度，现在除台湾省外31个省市都已经向矿山企业征缴矿山环境保证金。整个矿业市场活跃，投资持续增长，储量也不同程度地增长。因此可以说，整个矿产资源勘查、开发和矿业发展形势总体向好。

但同时也要看到当前面临的严峻形势。从国内看，一是供需矛盾在加剧，油气、铁、铜、铅、锌等对外依存度接近50%或者超过50%，矿产品的进出口已经占到我国进出口总额的近35%。随着工业化、城镇化、农业现代化三化同步推进，资源需求还会刚性增长；二是粗放浪费现象还很严重，矿产资源总回收率和综合利用率分别只有30%和35%左右；三是违法违规勘查、开采矿产资源反弹的压力还比较大，采矿的环境问题仍然比较突出，矿山和地方的利益纠纷还时有发生。从国际上看，2008年爆发的国际金融危机影响深远，美国经济持续低迷，欧债危机还在蔓延，广大新兴经济体经济增速放缓，通胀压力较大，全球经济以及矿业发展不确定、不稳定的因素进一步增多，全球矿业发展的格局也在发生变化。美国实施量化宽松的政策，导致流动性资金充裕，矿产品成了投资、投机的对象，大宗矿产品价格上升，而且在高位振荡。同时，一些国家在相应调整政策，比如澳大利亚要征收资源超额利润税，蒙古也一度停发采矿权证。同时，并购活动加剧，2010年，矿业并购的总额达到1130多亿美元，比2009年上升了80%多。其中，新兴经济体的并购额接近500亿美元，大约占了四成。矿业的集中度进一步提高，150个跨国企业控制了85%的矿业产业，排名世界前十位的矿山企业掌握了全球35%的市场份额。我们的矿产品勘查开发乃至贸易经济会碰到一些问题，与这种格局变化是有直接关系的。

今后会怎么样？首先应该看到，西方工业发达国家对矿产品的需求不可能有大幅度增长，新兴经济体正处在工业化、城镇化快速推进的过程中，特别是我国，对矿产品的需求依然旺盛。我们还应该看到，世界上一些矿产资源丰富的大国，比如加拿大、澳大利亚、南非以及广大资源丰富的第三世界国家，都期望通过资源开发来助推经济增长，解决就业问题。在今年的矿业大会上，加拿大、澳大利亚和南非的自然资源部部长都表达了加强矿业合作的愿望。一方面，他们希望中国是矿产品供应的稳定需求方；另一方面，他们也非常期待我们投资和参与他们国家的矿产资源开发，非洲国家更是希望引进中国的投资、技术开发本国资源，把资源优势转化为经济优势。从这个方面来看，由于新兴经济体的超常需求，矿业发展尽管可能还会遇到暂时的冲击，但是有一点是确定的，那就是长期仍然被看好，对传统金属矿业的依赖和需求将会保持刚性增长态势，尤其是在高新技术发展的推动下，矿业还会得到更快更好地发展。

（四）政府职能转变加快给我们提供了新的空间

改革开放以来特别是近几年来，政府职能转变不断推进，并成为不可逆转的趋势。11月14日，国务院召开了行政审批制度改革工作的电视电话会议，温家宝总理发表了重要讲话，要求把推进行政审批制度改革作为行政管理体制改革的关键环节持续推进。国土资源部近几年也在持续推进审批制度改革，同时着重推进转变管理理念、管理职能和管理方式。要求从重审批走向重服务和监管，从微观走向宏观，从项目安排走向制度设计，把权利和责任真正放下去，把服务和监管切实抓起来，不与市场争权、不与企业争利。政府职能的转变，给我们社会团体、企业创造了新的发展空间。我们要划清政府与市场、政府与企业之间的界限，市场能够调节的、企业能够自主决策的、行业团体能够自律引导的事情，政府就应该放权。中国矿联作为社会团体，要看到这个大趋势，做好思想、组织和工作准备，在更大的平台上为矿业发展、为经济和社会发展做好服务工作。

总的来说，我们既要看到挑战，增强危机感和忧患意识，也要看到我们所面临的重大机遇，增强使命感和责任感，团结带领广大会员，进一步推进中国矿业的发展。

二、认清历史使命，主动作为，不断谋划服务大局的新篇章

矿联这个平台很大，作为的空间也很大，而且具有独特的地位和优势，新一届理事会一定要认清历史使命，在这个平台上主动谋划服务大局的新篇章。未来5年，要紧紧围绕以资源可持续利用促进经济社会可持续发展这个总要求，以促进矿业发展方式转变、提高资源保障能力为总目标，培育全新的服务理念，真正把矿联建成矿业企业的服务航母、行业引领的精神家园、政府部门的决策高参，成为符合社会主义市场经济要求、富有生机和活力、影响广泛的社团组织。

（一）要为矿业发展做好服务工作

刚才，朱训同志谈到做好“三个服务”，这一次章程做了修改，虽然仍为“三个服务”，但内涵更加丰富了。矿业发展涉及到方方面面，中国矿联做好服务工作，眼下最重要的是围绕三个重点，简单说就是开源、节流、布局。

*1.从开源角度讲，要引导广大矿业企业投身于找矿突破的主战场。*10月19日，国务院常务会议审议通过了《找矿突破战略行动纲要》。这个《纲要》实际上已经酝酿了很长时间，我们在国土资源大调查后期启动了三项基础调查工作，与此同时，在系统上下和地勘行业开展了“地质找矿改革发展大讨论”活动，在这个基础上酝酿找矿大突破，这就是《纲要》出台的背景。找矿大突破涉及到方方面面，关键要做到三个坚持：坚持地质找矿新机制，就是公益先行、商业跟进、基金衔接、整装勘查、快速突破；坚持“358”的宏伟目标，就是3年有重大进展，5年有重大突破，8年到10年重塑矿产勘查开发新格局；坚持打造市场导向的制度平台，调动各方面的积极性，吸引跨部门、跨行业、跨地区的多元投入，把社会资金吸引到找矿突破上来，加大投入，加快突破。找矿突破战略行动既不同于计划经济时期的大会战，也不同于眼下一些国家专项的实施模式。中国矿联要通过服务协调，有效地引导大型矿山企业、民营企业等广大会员在找矿突破中有精彩的表现，取得良好的经济社会效益。

*2.从节流角度讲，要推动资源节约集约和综合利用。*资源节约集约的标准主要是看回采率、选冶回收率和综合利用率三个指标的水平，我们以前主要通过以奖代补的形式开展综合利用示范工程，今天进一步发展到示范基地建设。10月，国土资源部联合财政部与21个省级政府、6家中央矿业企业签订合作协议，启动了40个矿产资源综合利用示范基地建设工作，共涉及到7大类矿种、56家企业。这是一项非常重要的工作，它可以使无矿变有矿、小矿变大矿、贫矿变富矿、一矿变多矿，而且有利于技术进步和企业创新。我们要通过节约集约和综合利用示范基地建设，形成一批代表先进技术的标准在全国推广。李克强副总理非常重视这项工作，前不久还做出重要批示，鼓励我们把这项工作做好。中国矿联作为社会团体，要加大这方面的工作力度，在全行业树立一批开采方式科学化、资源利用高效化、企业管理规范化、生产工艺环保化、矿山环境生态化的先进典型，并加大宣传力度，引导更多的矿业企业走上科学发展、绿色发展之路。

*3.从布局的角度，要助推广大矿业企业“走出去”。*坚持改革开放，利用“两种资源、两个市场”是我们坚定不移的方针，对我们这么大的一个经济体来说，需要在全球范围内搞好资源布局，所以我们要“走出去、引进来”。“走出去、引进来”要靠政府，更要靠企业、靠社团，要靠这几方面的共同努力。从“走出去”来讲，中国矿联要发挥自身得天独厚的优势，善于顺势而为，为企业开展境外投资提供全方位的服务。要搞好信息咨询服务，包括资源的、法律的、政治的、金融的等等方面的咨询服务。要充分利用现有平台，主要是中国、加拿大、澳大利亚、南非四个国际矿业大会，推动国际矿业合作。要努力为企业牵线搭桥，包括我们的基金扶持、“走出去”专项资金的扶持，以及企业与银行、金融机构之间的联络等。不仅要推动“走出去”，而且还要很好地“引进来”。这两个方面，中国矿联都要好好地谋划，切实利用好自身的角色空间，发挥实实在在的作用。

（二）要努力推进矿业行业精神家园建设

文化建设分为多个层面，其中行业文化、企业文化起的作用巨大，这是基础，而且极为重要。党的十七届六中全会审议通过了推动社会主义文化大发展大繁荣若干重大问题的决定，矿业文化是社会主义大文化中的重要组成部分。中国矿联要以学习贯彻十七届六中

全会精神为契机，加大继承和弘扬优秀矿业文化的力度，把矿联建设成为矿业行业的精神家园。

1.传承和弘扬优良传统。矿业发展的历史悠久，也曾经涉及到多个部门，形成了各有特色的行业文化。比如在地勘行业铸就了以“献身地质事业为荣、以艰苦奋斗为荣、以找矿立功为荣”的“三光荣”精神。2011年9月，国土资源部和浙江省委联合表彰了浙江省地质七队，授予他们“全国模范地质队”称号。最近，又在全国开展了第一届全国地勘钻探职业技能大赛，目的都是为了弘扬这种精神，推进地质找矿工作。再比如，在石油行业形成了以“宁可少活二十年，也要拿出大油田”和“有条件上，没有条件创造条件也要上”为主的“铁人”精神等，也激励了一代又一代的石油工人。中国矿联要及时对我们的行业文化、企业文化进行总结提炼，不断赋予它们新的时代元素，与时俱进，发扬光大，这是至关重要的。

2.要注重社会责任和诚信体系建设。诚信缺失给社会管理乃至经济社会发展和人民生命财产造成了很大的影响。在矿产勘查开发过程中，维护各方的权益，协调各方的利益，加强诚信体系建设和履行好社会责任非常重要。我们每个矿企乃至整个行业都应该信守契约、依法经营、照章纳税、讲究诚信，这是当下矿企乃至整个矿业行业健康发展的当务之急。中国矿联在推动行业自律、加强行业诚信体系建设、推动会员履行社会责任方面，要切实发挥好应有的作用。

3.要加大宣传策划和新闻报道的力度。中国矿联除了发挥《中国矿业报》、《中国矿业》杂志和中国矿业网等自有媒体的作用外，还可以主动设计一些抓手和平台，如组织矿业企业开展一些鲜活的文化艺术活动，让全社会都来了解矿业人的酸甜苦辣、奉献与执著，争取社会各界给予更多的理解和支持。让以“节约集约、安全、绿色”为内涵的资源文化在我国文化的大发展中占据重要地位，成为我们“公民意识”、“公民素质教育”中不可或缺的一部分，为形成整个社会主义核心价值观做贡献。

（三）要为政府决策建言献策

中国矿联过去为政府决策做了大量的工作，工作范围也涉及到多个部门。新的形势下，要看到为政府建言献策并逐渐成为政府高参与智库的重大意义，增强这一功能不仅是经济社会发展和我们整个矿业发展的迫切需要，而且也是矿联提升自身地位、增强影响力的内在要求。现在不仅政府管理部门，甚至一些企业，也渴求高质量的研究成果。所以说，这方面的空间和潜力是很大的，关键是研究成果的质量水平要比较高，能够及时转化为实实在在的政策和决策。矿联要抓住职能定位调整的机会，在已有工作的基础上，加强这方面的工作，提高研究成果的针对性和有效性。

1.要从国家战略高度为资源宏观决策提供咨询。新时期资源问题极为重要，是现代化进程中带有全局性、战略性、根本性的问题，支撑各行各业、影响千秋万代。矿联要善于从国家战略高度来研究和把握资源重大问题，积极为政府的宏观决策建言献策、提供咨询。比如，全球资源战略、国际资源安全形势评估、国际资源热点问题、影响国计民生的大宗矿产品供需平衡状况及价格走势等一些宏观层面的问题，都要超前研究，提供有针对性的成果支撑国家宏观决策。

2.要从日常管理的角度为政府制定资源管理政策提供咨询。如何通过制定科学合理的资源管理政策，引导矿业企业走向绿色发展之路，既是政府的责任，也是矿联的重要任务。要深入基层调研，及时了解矿业企业的政策诉求，形成好的政策建议，提交管理部门参考，比如在矿政管理、财税政策、矿业资本市场建设、新技术新方法的推广等方面，要加大建言献策的力度和频度，有力支撑政府部门的日常管理工作。

总之，矿联要从多个方面通过向政府建言献策为矿业发展做贡献，推动矿业的改革、发展和创新，为矿业发展开辟新的途径。

（四）建设富有生机和活力的社会团体

随着我国社会主义市场经济体制的不断完善，现代化进程的不断推进，我国的经济社会发展格局和治理结构正在发生历史性的深刻变化，各种中介组织、行业协会等社会团体不断涌现，应运而生。应该说，这是我们国家市场经济发展和社会建设日趋成熟的内在需求和重要体现。它们在服务政府与民众，参与社会管理，沟通、联系上下左右各领域中日益发挥着重要的桥梁和纽带作用，已经成为我国物质文明、精神文明、政治文明和生态文明建设中一支不可或缺的重要力量。中国矿联的全体同志都要认清这一历史趋势，在新的历史条件下找准自身定位，奋发进取，勇于担当，努力把自身打造成为一个富有生命力和战斗力的社会团体，为我国的矿业发展，为推动经济社会又好又快科学发展做出独特的贡献。

1.要打造务实高效的组织。加强组织建设非常重要，主席团要切实负起责任，各个成员单位要大力支持。本届理事会还通过修改章程创设了中国矿联高级资政委员会，聘请了在业界有影响的、经验丰富的老领导、院士、专家作为高级资政，他们德高望重，重事业，讲感情，他们来帮助我们咨议中国矿业的大政方针和开展重大专业咨询服务，这是组织建设的重要举措之一，要充分发挥好他们的作用。矿联秘书局要进一步强化综合协调职能，加强与会员单位的联系，要了解、倾听、协调、解决会员和会员单位的一些诉求和需求，还要指导好各分支机构的工作。

2.要建立规范管用的制度。中国矿联成立20多年来，已经逐步形成了以《章程》为核心的制度体系，为确保矿联各项活动能够依法规范运行发挥了重要作用。但是，制度建设不是一劳永逸的，应该与时俱进，制度建设实际上永远是一个立、改、废的过程。比如在服务会员中探索形成的一些好的做法和经验，要及时上升为制度，对已有制度中不合时宜的一些条款要及时进行修改和调整，使得制度建设能够很好地支撑我们的日常工作。加强制度建设还有一个重要方面就是要按章办事，尤其是严格遵守程序性规范，该履行的程序要履行到位，否则就会失去会员的信任，失去存在的合法性。这一点也请新一届理事会加大监督和互相监督的力度，违反规定的一定要及时纠正并追究责任。

3.要强化谋事成事的能力。社会机构的能力建设水平决定了其工作的深度与广度，也是决定这项事业能否兴盛的关键。矿联工作内容涉及到国家资源战略、产业可持续发展等重大问题，工作的范围也非常宽泛，这就对我们的能力建设提出了更高的要求。要强化学习的能力，经济社会发展中的新情况新问题层出不穷，我们的会员又来自方方面面，诉求各异，只有不断加强学习，才能适应新形势新要求。要增强沟通、协调、组织能力，每年抓几件大事，争取有一两个亮点，循序渐进推进我们的工作。为会员、为企业、为政府服务是立身之本，要在不断提高服务质量的过程中履行好各项职责。这里还要特别指出，国土资源部机关、中国地质调查局、国家测绘地理信息局、国家海洋局都要全力支持中国矿联的工作，促进矿联的发展。

新一届理事会已经成立，责任重大，使命光荣，我们要团结带领广大会员，振奋精神，满怀信心，把矿联工作推向新的高度，在服务经济社会发展大局中不断谱写新的篇章。

注：本文略有删节

（作者：国土资源部部长、党组书记、国家土地总督察、中国矿业联合会会长）

团结合作　应对挑战　保障矿业持续繁荣和稳定发展
——在2011中国国际矿业大会上的主题演讲

汪　民

（2011年11月6日）

世界正迈入21世纪第二个十年，世界经济复苏正面临新的挑战与机遇。本次大会以“加强国际合作，加快找矿突破”为主题，向全球矿业界表达了我们以找矿突破保障矿业持续繁荣和稳定发展的良好愿望，反映了大家对推动矿业强劲、健康增长的共识与期待。

2011年以来，中国经济增长继续朝着宏观调控的预期方向发展，保持了良好的发展势头，矿业为经济社会发展提供了重要的支撑。

一、矿业投资保持增长

2011年前三季度，中国矿业领域投资2.60万亿元，同比增长27.9%，高于固定资产24.9%的投资增长速度。其中，采矿业投资7542亿元，同比增长17.3%；煤炭采选业投资继续领跑，同比增长24.6%；石油和天然气开采业投资同比增长1.5%，其他矿产采选业投资稳定增长。金属非金属冶炼加工投资快速增长，特别是有色金属冶炼加工投资明显增长。

二、矿产勘查进展顺利

2011年前三季度，非油气矿产勘查投入360亿元，同比增长33.3%；新出让非油气矿产探矿权851个，主要集中在金、铜、铁等金属矿产。非油气矿产勘查登记面积74.7万平方千米，与往年基本持平。实施矿产勘查项目9600多个，完成钻探工作量1000万米，同比增长16%。新发现矿产地146处，新疆、河北、山东、山西、江西、安徽、江苏等省区新探明一批煤炭、铁、铜、钨、钼、金、稀土、磷矿资源储量。在资源开发强度不断加大的情况下，大宗重要矿产保有储量仍实现了较快增长。

三、矿山生产稳定增长

2011年前三季度，中国非油气矿产开采设计总规模达到145.4亿吨/年，同比增长4.6%。新出让非油气矿产采矿权3949个。生产原油1.54亿吨(同比增长2.2%)、原煤26.91亿吨(11.6%)、焦炭3.22亿吨

(13.8%)、铁矿石9.46亿吨(24.5%)、10种有色金属2586万吨(11.2%)、黄金259吨(4.2%)、磷矿石5725万吨(30.6%)、水泥15.1亿吨(18.1%),大宗矿产品产量同比继续上升,煤炭、十种有色金属、水泥等矿产品产量稳居世界前列,国内矿产品供应能力持续提高。

四、矿产品价格逐渐趋稳

2011年前三季度,中国矿产品价格进一步上扬,部分矿产品价格进入第三季度后出现回落,波动加剧。大庆油田原油现货价格平均为110.3美元/桶,同比增长45%。优质煤均价783.7元/吨,同比增长9.9%。铁矿石均价由1430元/吨,降至目前的1200元/吨左右。铜价由7月初的7.09万元/吨降至9月底的5.59万元/吨,均价6.9万元/吨。铝价在1.65~1.72万元/吨之间窄幅震荡。金价由8月下旬的390元/克降至9月底的335元/克。随着宏观调控力度进一步加大,推动矿产品价格上涨的因素得到了一定程度的控制。

五、矿产品进出口活跃

2011年前三季度,中国矿产品进出口贸易总额为7045.58亿美元,同比增长34.5%。进口石油2.19亿吨,同比增长5.2%。进口煤炭1.24亿吨,同比增长1.1%。进口铁矿石5.08亿吨,同比增长11.1%。进口铜精矿463万吨,同比下降6.6%;进口废铜322万吨,同比增长7.6%。进口氧化铝318万吨,同比下降22.4%。

六、矿山环境得到改善

2009年,国土资源部颁布实施《矿山地质环境保护规定》,进一步完善了市场经济条件下矿山地质环境保护与治理恢复的责任机制和监管机制。针对历史遗留的矿山地质环境问题,连续3年实施以资源枯竭型城市为主要对象的“百矿换新颜”工程。“十一五”期间,中央财政共投入资金129亿元,带动地方财政、企业和社会资金投入500亿元,使治理恢复率迅速提高至30%,有的地区达到了50%以上。

中国工业化、城镇化和农业现代化快速发展,经济总量不断扩大,需要不断实现找矿突破增强资源保障能力,需要广泛应用高新技术拓展资源利用空间,需要创新机制提升资源利用水平。中国政府已经并将在“十二五”期间,继续落实节约优先战略,全面实行资源利用总量控制、供需双向调节、差别化管理,大幅度提高矿产资源利用效率,以矿产资源可持续利用保障和促进经济社会可持续发展。

(一)全面实施找矿突破战略行动

坚持立足国内,夯实资源保障基础。最近几年,在持续多年努力的基础上,通过加强调查评价,全国资源潜力基本摸清,找矿效果明显,保障能力提高。内蒙古、新疆、青海、云南等新的资源接替区初步成形。我们将加快实施“找矿突破战略行动”,突出能源、国家紧缺资源和新兴材料资源,强化地质调查和资源勘查,努力实现地质找矿重大突破,形成大型矿产资源基地。落实“公益先行、商业跟进、基金衔接、整装勘查、快速突破”的地质找矿新机制,建立健全“政府引导、市场调节、企业主体、科技支撑、制度保障”的工作格局,着力打造以市场为导向的找矿制度平台,扶持多元投资主体,引入企业实施整装勘查。政府主要加强重点成矿区带基础地质调查和矿产远景调查,运用经济手段和法律手段管理资源,加大基础投入力度,为地质找矿工作提供良好发展环境。目前,国土资源部已在全国19个成矿区带设立首批47片找矿突破战略行动整装勘查区,印发了《关于进一步完善矿业权管理促进整装勘查的通知》(国土资发〔2011〕55号),年底前全部完成整装勘查区矿业权设置方案审核,随后将陆续向市场投放新的矿业权。“找矿突破战略行动”实行“谁投资谁受益,找到矿有激励”的原则,我们热忱欢迎国内外矿业企业和地勘单位积极参与。

(二)大力推进矿产资源节约与综合利用

节约资源是中国的一项基本国策。国土资源部和财政部已与21个省(区、市)人民政府签订协议,加快推动资源节约与综合利用,通过设立“示范工程”、推进“示范基地建设”等方式,激励、引导矿业企业更好地开发利用矿产资源,加强低品位、难选冶、共伴生矿产资源综合开发利用,发展和推广节约与综合利用高新技术,着力解决具有全局意义的综合利用问题,总体提升开发利用效率和水平。建立矿产资源节约集约标准,实行矿山最低开采规模标准,分矿种制定开采回采率、选矿回收率、综合利用率指标。抓紧制定并实施《促进矿产资源节约与综合利用的管理办法》。

(三)大力推进矿业结构调整和绿色矿山建设

严格落实矿产资源规划,持续推进矿产资源开发整合,全面实行矿业权设置方案制度。根据资源赋存状况、地质构造背景、开发条件和市场需求,合理设置和投放矿业权,保障新设矿业权合理布局,已设矿业权不断调整优化,从源头上解决布局不合理问题,促进矿业结构调整和发展方式转变,提升矿产资源开发规模化和集约化水平。进一步扩大绿色矿山建设试点示范的范围,力争5年建设600个以上试点示范矿山,树立开采方式科学化、资源利用高效化、企业管理规范化、生产工艺环保化和矿山环境生态化的先进典型。总结完善绿色矿山建设标准,严格矿产开发管理。对新建矿山,严格按照绿色矿山建设标准加强准入管理,对运营矿山建设要督促不断改进开发利用方式，限期达标。力争到2020年，大中型矿山建设基本达到绿色矿山标准，小型矿山企业按照绿色矿山条件严格规范管理，基本形成绿色矿山格局。

（四）进一步完善矿产资源管理

加快推进矿业权审批制度改革，合理划分中央与地方事权。深化推进探矿权、采矿权有偿取得制度改革，提高以竞争方式有偿出让比重，规范矿业权协议出让。建立健全全国省、市两级矿业权有形市场体系，积极探索推进矿业权网上出让，统一规范矿业权交易规则，全面实行矿业权网上统一配号，实现矿业权出让转让公示公开、登记结果信息网上自动公告及公开查询。鼓励和引导民间投资健康发展，继续向民间资本全面开放矿业权市场。完善矿产资源价格形成、开发收益分配机制。在全国范围内实施资源税改革，国务院已经修改了《中华人民共和国资源税暂行条例》，在现有资源税从量定额计征基础上增加从价定率的计征办法，调整原油、天然气资源税的计征办法和税率，调整焦煤、稀土矿资源税税额标准。加强重要优势矿产资源保护和开发管理，保障合理利用，保护矿山环境，维护矿产资源良好开发秩序。

在国际社会共同努力下，世界经济虽然没有出现期望中加快复苏的现象，但仍保持温和复苏态势，充满变数与不确定性。与其他行业相比，矿业表现出良好的发展前景。

七、全球矿业市场持续向好

世界石油需求以每年超过1%的速度增长，多家机构预测2011年需求将高于往年。欧佩克石油产量逐月微升。俄罗斯有望创下年产5亿吨石油的新记录。美国石油产量反弹至近10年最高水平。煤炭需求继续回升。铁矿石需求逐年增加。铜、铝需求增长可能超过5%和8%。黄金产量预计增长5%。发达国家围绕新兴材料资源进行战略布局，不断加大了对稀土、钴、铌、钽、铟、石墨等新兴技术型矿物原材料可供性的研究。

八、国际矿产品价格高位波动

一些国家维持宽松的货币政策，流动性非常充裕，大宗商品价格仍然在高位运行。2011年1~4月原油价格快速上涨，进入5月以后大幅震荡。纽约原油期货价格由4月下旬的110美元/桶降到9月底的80美元/桶，降幅接近三成。煤炭价格高位运行。金、银、铂、钯等贵金属价格呈现剧烈震荡上扬之势，金、银、铂价格超过金融危机之前的高位记录，银价涨幅甚至超过了黄金。铁矿石以及铜、铅、锌、镍等金属价格普遍上涨后逐步下调。

九、全球矿业投资快速增长

2010年全球矿业项目总投资比2009年增长21%，2009年比2008年增长14%，全球矿业已经走出低谷。2010年全球新登记100多个矿业投资项目，总投资额超过600亿美元；非燃料固体矿产勘查投资达到112亿美元，仅次于2008年138亿美元的记录，恢复了2009年因金融危机削减的勘查投资，预计2011年全球非燃料固体矿产勘查投资有望达到130亿~140亿美元，表明全球矿业正在回到健康发展轨道。

十、矿业公司加快兼并重组

2011年上半年，全球矿业并购交易额达到710亿美元，同比增长80%，达成1379笔交易，创下历史上并购活动最多的记录。并购活动仍为加拿大、澳大利亚和欧洲国家所主导，主要集中在煤、铁、铜、金、钾等矿产。中国在境外的矿业并购交易所占比重较小，并购交易额47亿美元，同比下降18%。下半年全球矿业并购有所放缓，7月份交易金额和交易量环比分别下降32%和19%，8月份继续下降25%和7%。全球矿业重心继续调整。矿业产业集中度进一步增强，主要矿产品生产及市场份额都集中在全球少数几家公司。

在世界经济艰难复苏的关键时刻，推动全球矿业强劲、健康增长，需要矿业同行进一步增强信心，加强合作和沟通协调，加快建立公正、合理、健康、稳定的世界矿业经济新秩序。各国政府和矿业、金融、商贸等部门都应当真正承担起责任，保持矿业投资安全和市场稳定运行。为此，提出以下三点建议。

（一）树立资源开发新理念

我们充分认识到矿产资源不仅具有稀缺性、可耗竭性，而且具有动态性、系统性、开放性，是数量、质量和生态三者的有机统一，在做好数量管控的同时，应加强质量管理和生态管护，用数量、质量、生态三位一体的理念统筹矿产勘查开发。坚持节约优先，在保护中开发、在开发中保护，使有限的资源得到更好的利用；坚持开放市场，在更大范围内实现资源优化配置，使一些地区的资源优势得到更好的发挥；坚持公平公正，保护资源所有者、投资人、勘查开发企业和资源所在地的合法权益，使各方利益得到更好的兼顾；坚持人与自然和谐，落实矿山环境治理和生态恢复责任，使生态环境得到更好的保护。我们将提高准入门槛，选择有资质、有能力、有社会责任心的地勘单位和矿业企业，进行矿产勘查开发。

（二）深化全球矿业务实合作

中国坚持对外开放的基本国策，继续坚定不移地实施互利共赢的开放战略。我们积极参与经济全球化进程和全球矿业合作，反对贸易保护主义，推动建设公正合理的国际矿产品贸易和矿业投资体系。继续完善涉外矿业法律法规和政策，使中国的矿业投资环境更加规范和透明，更加有利于各类企业投资兴业。我们愿意加大矿业对外投资力度，扩大矿产品贸易，引导和支持国内有实力、有信誉的矿业公司到境外投资开展矿业合作。各国政府应坚持对话协商，加强政策协调，鼓励相互投资，落实双边、多边矿产资源合作协议。

(三)提升国际矿业科技合作水平

矿产勘查开发是一项技术知识密集型产业，随着找矿难度越来越大，矿山开采要求越来越高，应当更多地采用新理论、新技术、新方法、新装备。完善政府间科技合作机制和矿业企业间联合研发机制，围绕地壳探测、成矿理论、找矿方法、勘查开发关键技术和综合利用技术的创新研发，进一步扩大科研人员、信息交流和勘查开发技术合作，大规模扩大高新技术在地质勘查和矿业开发领域的应用，缩小各国在这方面的差距。推进矿产勘查开发国际科技合作平台建设，通过编制实施重大科技合作项目和地球科学计划、举办研讨培训、开展联合研发、设立合作示范区等多种形式，促进矿产勘查开发先进适用技术的国际转移与推广应用。

未来一个时期，矿产资源依然是经济社会发展的一个关键因素，矿业仍将对世界经济产生重要而深远的影响。对中国经济社会发展而言，立足国内提高资源保障能力，是我们一贯坚持的基本原则。我们正在动员各方面力量，努力完成“找矿突破战略行动”提出的任务，全面实现“三年有重大进展、五年有重大突破、八到十年重塑矿产勘查开发格局”的工作目标。我们有理由相信，中国矿业一定能够实现更好更快发展，并为全球矿业可持续发展做出新的贡献！

注：本文略有删节

（作者：国土资源部副部长、中国地质调查局局长）

大事记

2011年中国矿业大事记

1月

1日　神华集团包头煤化工分公司60万吨煤制烯烃工业示范工程正式开始商业化运营。该项目是"十一五"期间国家核准的唯一煤制烯烃项目，是国家确定的5个现代煤化工示范工程之一，总投资约170亿元，由神华集团煤制油化工有限公司包头煤化工分公司承担，项目位于内蒙古自治区包头市九原工业园区。

4日　中国海洋石油总公司正式对外宣布，其所属海域油气年产量突破5000万吨，相当于建成一个"海上大庆油田"。中海油"海上大庆油田"的建成表明，中国海域已成为陆上油气开发最重要、最现实的接替区，标志着我国油气开发步入"海洋时代"。

13日　首钢集团举行北京石景山钢铁主流程停产仪式，向社会宣布：根据国务院2005年2月批复的搬迁调整方案，首钢北京石景山钢铁主流程已于2010年底实现"安全、经济、稳定"的全面停产。

2月

16日　国务院常务会议研究部署整顿稀土行业相关政策。会议指出，稀土是不可再生的重要战略资源，在新能源、新材料、节能环保、航空航天、电子信息等领域的应用日益广泛。经过多年发展，我国稀土开采、冶炼分离和应用技术研发取得较大进步，产业规模不断扩大。但稀土行业发展中仍存在非法开采屡禁不止、冶炼分离产能扩张过快、生态环境破坏和资源浪费严重、高端应用研发滞后、出口秩序较为混乱等问题，严重影响行业健康发展。

同日　中煤能源集团有限公司以1.6亿元的价格向英国英迈特集团购买了一套规模为9000吨/小时的绿色采矿工艺移动式破碎站，用于下属的平朔煤业东露天矿的开采。这是我国采矿行业首次应用该设备。

18日　《重金属污染综合防治"十二五"规划》被国务院正式批复。《规划》要求：到2015年，重点区域铅、汞、铬、镉和类金属砷等重金属污染物的排放，比2007年削减15%；非重点区域的重点重金属污染排放量不超过2007年的水平。

24日　工业和信息化部、科学技术部、财政部联合印发《再生有色金属产业发展推进计划》。

3月

5日　国务院颁布实施《土地复垦条例》。《条例》的出台，标志着我国土地复垦事业步入了制度化、规范化和法制化的新阶段。

15日　财政部、国家税务总局印发《关于调整稀土资源税税额标准的通知》，通知公布，自2011年4月1日起，统一调整稀土矿原矿资源税税额标准。调整后的税额标准为：轻稀土，包括氟碳铈矿、独居石矿，60元/吨；中重稀土，包括磷钇矿、离子型稀土矿，30元/吨。开采与铁矿共生、伴生的氟碳铈矿、独居石矿等稀土矿，除征收铁矿石资源税外，还按该通知规定税额标准征收稀土资源税。

16日　国务院总理温家宝主持召开国务院常务会议，决定暂停核电项目审批，并抓紧编制核安全规划，调整完善核电发展中长期规划。

17日　中国证监会批准上海期货交易所铅期货新品种上市。同日，上海期货交易所发布通知，确定铅期货合约上市日期为3月24日。

21日　由山东省内新汶矿业集团有限责任公司、枣庄矿业（集团）有限责任公司、淄博矿业集团有限责任公司、肥城矿业集团有限责任公司、临沂矿业集团有限责任公司、龙口矿业集团有限公司6家煤炭企业重组而成的山东能源集团有限公司正式在山东济南挂牌。山东能源集团是一家省属国有独资公司，注册资本100亿元，员工20多万人，资产总额超1200亿元。该集团以8300多万吨的煤炭产量，稳居国内大型煤炭企业前5位。

23日　国家发展改革委公布了《关于规范煤化工

产业有序发展的通知》,对几乎所有煤化工领域内的细分行业都进行了严格的限制。国家发改委称,在新的核准目录出台之前,年产50万吨及以下煤经甲醇制烯烃项目、年产100万吨及以下煤制甲醇项目、年产100万吨及以下煤制二甲醚项目、年产100万吨及以下煤制油项目、年产20亿立方米及以下煤制天然气项目、年产20万吨及以下煤制乙二醇项目都将被禁止。

24日 国土资源部下发《关于下达2011年钨矿锑矿和稀土矿开采总量控制指标的通知》,对钨、锑、稀土三种矿产的开采总量进行了规定,开采总量指标同比分别上升了8.8%、5%和5.2%。

4月

10日 山东钢铁集团喀什钢铁产业升级项目动工,此项目总投资120亿元,建成后可形成360万吨的铁、钢、材配套产能,每年可新增销售过百亿元,增加就业4000人,将于2012年6月点火投产。

12日 国家发展改革委网站发布《关于规范煤化工产业有序发展的通知》,表示收紧大型煤化工项目的审批,并再次明确列出禁批目录,直至煤化工产业规划出台。《通知》指出:在国家相关规划出台之前,暂停审批单纯扩大产能的焦炭、电石项目,禁止建设不符合准入条件的焦炭、电石项目,加快淘汰焦炭、电石落后产能。在新的核准目录出台之前,禁止建设年产50万吨及以下煤经甲醇制烯烃项目,年产100万吨及以下煤制甲醇项目,年产100万吨及以下煤制二甲醚项目,年产100万吨及以下煤制油项目,年产20亿立方米及以下煤制天然气项目,年产20万吨及以下煤制乙二醇项目。上述标准以上的大型煤炭加工转化项目,须报经国家发改委核准。

14日 工业和信息化部、国家发展和改革委员会、监察部、国土资源部、环境保护部、中国人民银行、中国银行业监督管理委员会、国家电力监管委员会、国家能源局等部门联合印发了《关于遏制电解铝行业产能过剩和重复建设引导产业健康发展的紧急通知》。

15日 焦炭期货在大连商品交易所挂牌上市。挂牌合约月份为2011年9月至2012年4月。焦炭期货上市首日,8个期货合约同时登场。首日上市第一单成交方为河北华丰煤化和河南城宇焦化。

20日 山西省煤炭工作会议在太原召开,在会上,山西省煤炭厅厅长王守祯宣布:到5月25日,山西省整合矿井全部关闭,并全面进入现代化矿井建设阶段。继山西之后,河北、河南、内蒙古、云南、贵州等省(区)也陆续揭开煤矿企业兼并重组大幕。

21日 昆明泛亚有色金属交易所开市,是中国首家有色金属现货交易平台,展开铟、锗等稀有金属的现货电子交易。

22日 第十一届全国人民代表大会常务委员会第二十次会议通过了《煤炭法》部分条款修改案,国家主席胡锦涛签署第45号主席令予以公布。《煤炭法》第四十四条修改为:"煤矿企业应当依法为职工参加工伤保险缴纳工伤保险费。鼓励企业为井下作业职工办理意外伤害保险,支付保险费"。

26日 国产特大半自磨机和球磨机组在江西德兴铜矿投入运行。这组磨机日磨矿能力达2.25万吨,投产后使德兴铜矿的日采选综合生产能力增加到13万吨。

28日 宝钢集团荣获第二届"中国工业大奖",这是我国工业领域最高奖项。

5月

4日 中国永晖集团控股有限公司同意向俄罗斯伊特拉石油天然气公司支付9000万美元收购塞浦路斯Divalane有限公司60%的股份,该公司拥有俄罗斯Apsatskoe煤矿项目的开采权。这是中国首次在俄罗斯购买煤田。

11日 国家发展和改革委员会、财政部印发《国家煤炭应急储备管理暂行办法》,提出将委托煤炭、电力等企业,在重要煤炭集散、消费、关键运输枢纽等地建立煤炭储备点,这也是我国首次提出建立煤炭应急储备基地。

同日 财政部、国土资源部联合公布《中央地质勘查基金管理办法》,中央地勘基金开始进入正式运行阶段。

19日 《国务院关于促进稀土行业持续健康发展的若干意见》出台,"意见"提出对稀土资源实施更为严格的保护性开采政策和生态环境保护标准,尽快完善稀土管理法律法规,依法打击违法违规行为;坚持控制总量和优化存量,加快实施大企业大集团战略,积极推进技术创新,提升技术水平,淘汰落后产能等,促进稀土行业持续健康发展。

29日 内蒙古煤炭工业局正式下发了《关于进一步加强煤炭行业管理和煤矿安全生产工作的紧急通知》,要求各盟市切实抓好煤炭行业管理和煤矿安全生产工作,保护环境,保障民生。

30日 河南省政府召开了全省煤炭企业兼并重组暨打非治违紧急会议,对加快推进煤炭企业兼并重组工作、严厉打击煤矿非法违法生产进行了具体安排部署。

31日 国务院副总理王岐山在莫斯科会见俄罗斯总理普京,举行中俄能源谈判代表第七次会晤,双方签署了《关于2009年6月24日〈天然气领域合作的谅解备忘录〉的议定书》。

6月

4日 中国海洋石油总公司与美国康菲石油公司合作项目—蓬莱19-3油田B平台发现海底溢油点。

7日 中国海洋石油总公司与美国康菲石油公司合作项目—蓬莱19-3油田C平台在钻井作业中发生小型井涌事故，平台及附近海域出现大量溢油。

11日 青海盐湖工业股份有限公司与中川国际矿业控股有限公司共同签署了《合作开发加拿大300万吨/年钾盐基地战略合作协议》。中川矿业于2010年取得了加拿大萨斯喀彻温省KP488钾盐矿床的采矿权，该矿床的氯化钾资源量达9.03亿吨。

13日 全国稀土工作会议在北京召开。会上，工业和信息化部部长苗圩做了《坚决贯彻落实国务院决策部署 促进稀土行业持续健康发展》的主题报告。报告指出，加强和改善稀土行业管理，保护好、开发好、利用好宝贵的稀土战略资源，对于保护生态环境和资源、改造提升传统产业、加快培育发展战略性新兴产业，促进稀土行业持续健康发展，具有重要的促进作用。

17日 中国政府网发布了《国务院关于加强地质灾害防治工作的决定》。《决定》要求各省、区、市人民政府和国务院各部委、各直属机构以建立健全地质灾害调查评价体系、监测预警体系、防治体系、应急体系为核心，强化全社会地质灾害防范意识和能力，科学规划，突出重点，整体推进，全面提高我国地质灾害防治水平。

24日 国土资源部正式印发《国土资源“十二五”规划纲要》，确定未来五年国土资源管理的总体目标。《纲要》指出，“十二五”期间国土资源管理工作的指导思想为：围绕科学发展主题和加快转变经济发展方式主线，落实资源节约优先战略，实施总量控制、供需双向调节、差别化管理，坚持积极主动服务、严格规范管理，统筹保障发展、保护资源，不断深化改革、开拓创新，构建保障和促进科学发展新机制，以加快资源利用方式转变促进经济发展方式转变，进一步提高国土资源保障能力和保护水平，促进经济社会全面协调可持续发展。

30日 西气东输二线主干线贯通投产。这条由中国石油投资1422亿元、全长8700多千米的管道，与境外横跨土库曼斯坦、乌兹别克斯坦和哈萨克斯坦等三国的中亚天然气管道相连，既是世界上最长的天然气管道，也是我国利用境外天然气资源的第一条陆上战略通道。

7月

4日 由神华集团主要承担的百万吨级煤直接液化关键技术及示范项目在北京通过专家鉴定，并获得2011年中国煤炭科学技术奖特等奖。我国由此成为世界唯一实现百万吨级煤直接液化技术工业化的国家，总体技术水平世界领先。“百万吨级煤直接液化关键技术”是由神华集团主要承担、煤科总院、中石化、中国一重和上海电气等共同参与，历时近10年研制完成的国家重大能源战略工程。

5日 国家海洋局召开新闻发布会，通报了有关蓬莱19-3油田溢油事故的调查情况，认定美国康菲石油公司为漏油事故责任者，应承担事故的法律责任。

同日 由国土资源部、国家发展和改革委员会、财政部联合举办的“基础先行——国土资源调查评价成果展”在国家博物馆隆重开幕。此次成果展是国土资源部成立以来举办的规格最高、规模最大的一次展览。成果展总结展示了我国国土资源调查评价工作在土地、矿产、海洋、地质调查、地质灾害调查预警与防治、国土基础测绘等方面取得的重大成果，及其在服务经济社会发展中获得的成效。展览丰富的内容轰动京华，吸引了社会观众、媒体记者、专家等30多万人前来参观，向社会各界充分展示了国土资源调查评价的辉煌成果和新时期国土资源系统、地勘行业广大工作者的精神面貌。

11日 工业和信息化部公布了2011年全国18个工业行业淘汰2255家落后产能企业名单，其中，河北、湖南、山西三省成为淘汰落后产能涉及企业最多的省份。工信部介绍，2011年淘汰落后产能的行业包括炼铁、铜冶炼、水泥、印染等多个领域。在所有行业中钢铁行业是淘汰任务最重的行业之一。

14日 科学技术部发布《国家“十二五”科学和技术发展规划》。

18日 国土资源部在北京举行页岩气探矿权出让招标项目中标签约仪式，分别与中标企业签订了《页岩气探矿权出让合同》，并颁发了页岩气勘查许可证。中国石油化工股份公司和河南省煤层气开发利用有限公司分别获得4个招标区块中的1块，成为最终赢家。河南煤层气公司中标的渝黔湘秀山页岩气区块面积为2038.87平方千米。

23日 中煤财产保险股份有限公司启动仪式在山西太原举行。这标志着我国首家煤炭保险公司正式运行，煤炭等高危行业保险“坚冰”破解在望。作为一家定位于煤炭等高危行业的专业保险公司，中煤保险公司推出了一系列符合煤炭等高危行业特点的专属产品和增值服务。

25日 国家发展改革委以发改产业〔2011〕1595号文件下发了《国家发展改革委关于河北钢铁集团矿业有限公司司家营铁矿二期采选工程项目核准的批复》，

同意建设司家营二期采选工程项目。该项目是公司获得国家发改委核准的最大生产规模矿山项目,并创造了国家发改委对特大型矿山核准审批时间最短、速度最快的纪录。该项目建成后将成为亚洲最大的铁矿山。

8月

2日 外交部发言人马朝旭在答记者问时表示,中国大洋协会在位于西南印度洋的国际海底区域内,获得1万平方千米勘探矿区。在合同有效期内,中国大洋协会在上述矿区对多金属硫化物资源享有专属勘探权,并在未来开发该项资源时享有优先开采权。根据《联合国海洋法公约》,国际海底区域及其资源是人类的共同继承财产。中方开展国际海底资源勘探活动,有助于了解和利用国际海底资源,提高对深海的科学认知水平和有效保护海底环境,服务于全人类的共同利益。

11日 国土资源部下发关于贯彻落实《国务院关于促进稀土行业持续健康发展的若干意见》的通知,要求10月底前完成稀土矿业权清理审核工作。

12日 同煤集团同德铝业2×120万吨一期120万吨氧化铝项目在山西保德县杨家湾奠基,由此拉开了同煤集团进军科技含量较高的有色金属领域的序幕。

19日 山西省政府第93次常务会议研究通过《山西省焦化行业兼并重组指导意见》。此次会议上强调指出,为形成"以化为主"的格局,到2015年,在煤焦油深加工、粗苯深加工及焦炉煤气化工合成3个方面形成规模优势。到2015年底,年产60万吨以上甲醇合成稀烃项目建成投产,苯、酚、萘、蒽、轻油、洗油、沥青等系列产品及延伸产品形成产业体系。

25日 山西晋城无烟煤矿业集团有限责任公司寺河煤矿,建成了我国目前最大单井井下瓦斯抽放管网,主管路总长度达到11万米。寺河煤矿是我国首个高瓦斯条件下千万吨级生产矿井。

9月

2日 中共中央政治局常委、国务院总理温家宝考察国土资源部。温家宝对国土资源工作提出四点要求:一要大力推进资源节约集约利用,注重资源保护和合理开发。坚持开源与节流并重,把节约放在首位。在做好数量管控的同时,加强质量管理和生态管护,防止过度开采。二要统筹利用国际国内两个市场、两种资源,坚持立足国内,夯实资源保障基础。加快实施找矿突破战略,形成能源资源战略接续区,积极参与矿产资源国际合作。三要大力推进科技创新,加强科技支撑。四要加快完善体制机制,处理好中央和地方、政府和市场的关系,为国土资源事业发展注入新的活力与动力。

16日 储量超千亿吨的大气田—元坝气田通过国土资源部矿产资源储量评审委员会专家组审定,这是迄今国内埋藏最深的海相大气田。元坝气田位于四川省广元、南充和巴中市境内,是中石化集团继发现国内最大海相整装气田普光气田之后,在四川盆地发现的又一个大型海相气田。元坝气田探明含气面积155.33平方千米,气藏埋深6240米至6950米,平均埋深6673米。

20日 中国钢铁工业协会联合中国五矿化工进出口商会和中国冶金矿山企业协会宣布,正式推出中国铁矿石价格指数,并从10月开始每周对外公开发布。中国铁矿石价格指数可以科学、合理地反映铁矿石市场价格变化情况,有利于促进资源企业有效竞争,引导钢铁行业健康发展。指数推出后,引起了国内外的广泛关注。

21日 国务院第173次常务会议通过《国务院关于修改〈中华人民共和国资源税暂行条例〉的决定》,修改决定于2011年11月1日起施行。

同日 国务院通过了"关于修改《对外合作开采海洋石油资源条例》"、"关于修改《对外合作开采陆上石油资源条例》"、"关于修改《资源税暂行条例》"等三项决定,这是我国在保护海洋资源方面迈出的重要一步。

27日 《中国黄金集团公司2010年社会责任报告》正式对外发布。这是中国黄金集团公司首次发布社会责任报告,也是我国黄金行业向公众发布的首份企业社会责任报告。

10月

12日 鞍山钢铁集团公司总经理张晓刚在国际钢铁协会第45届年会会员大会上正式获选国际钢铁协会会长,任期一年。这是该协会历史上首次由中国人担任会长,标志着中国钢铁工业国际地位进一步提高。

18日 内蒙古包钢稀土(集团)高科技股份有限公司(以下简称"包钢稀土")公布了关于所属冶炼分离企业停产1个月的公告。停产期间,包钢稀土将相应停止对上述冶炼分离企业及外部合作企业的原料供应。

19日 国务院常务会议讨论通过了《找矿突破战略行动纲要(2011~2020年)》。《纲要》明确了今后一个时期我国地质矿产勘查工作的目标任务:通过实施找矿战略,实现新的重大突破,形成一批重要矿产资源战略接续区,建立重要矿产资源储备体系,为经济平稳较快发展提供有力的资源保障和产业支撑。一要加强基础地质调查与研究;二要加强重要矿产勘查;三要实施以企业为主体的矿产资源节约与综合利用示范工程，发展矿产资源领域循环经济。

21日 新疆出台《煤炭资源有偿配置与勘查开发转化管理暂行规定》。根据新规定，新疆煤炭资源勘查开发按"以项目配资源"原则并注重项目实际投入与转化。即申请用于煤电、煤化工等的煤炭开发项目的就地转化率须达到60%以上。

27日 国土资源部、财政部与河北、山东、湖北等21个省级人民政府以及中石油、神华集团等6个中央矿业企业签署合作协议，共同推动油气、煤炭、铀矿、黑色金属、有色金属、稀有稀土、化工非金属等7大领域的40个示范基地建设工作。

同日 由中国煤炭工业协会主办的2011年度国际煤炭峰会在北京召开。本次峰会的主题是"绿色开采、生态矿山建设"。大会汇集来自全球20多个主要产煤国家、地区的200余位政府官员、国际组织和企业界的高层代表以及专家学者。国家安全生产监督管理总局副局长、国家煤矿安全监察局局长赵铁锤出席开幕式并致辞。中国煤炭工业协会会长王显政在开幕式上作了主旨演讲。

28日 由中国煤炭工业协会主办、中国中煤能源集团有限公司协办的第十四届中国国际煤炭采矿技术交流及设备展览会在北京农展馆举行。这次展览会共有20个国家和地区的近400多家采矿设备制造商和科研机构参加，参展面积近4万平方米，全面展示了当今世界煤炭开采和加工的最新技术和设备，是国际煤炭业技术交流和经贸合作的一次盛会。展览会期间，主办方举行了创新技术交流会。

同日 山西漳泽电力股份有限公司(以下简称漳泽电力)发布《发行股份购买资产之重大资产重组暨关联交易预案》等公告并复牌交易。公告显示，10月23日，漳泽电力与大同煤矿集团有限责任公司及其全资子公司临汾宏大矿业有限责任公司三方共同签署了附条件生效的《发行股份购买资产协议》。重组一旦完成，大同煤矿集团有限责任公司将持有漳泽电力31.99%的股权。

11月

1日 《中华人民共和国资源税暂行条例实施细则》施行。原油、天然气税率按照销售额的5%征收，焦煤的税率为8元/吨。稀土矿作为单独税目，税率为轻稀土矿60元/吨、中重稀土矿30元/吨。盐、铁矿石、锡矿石等的税率保持不变。

同日 《中华人民共和国对外合作开采陆上石油资源条例》修改后施行。

3日 由于河南省义马市发生2.9级地震，义马煤业集团公司千秋煤矿21221掘进工作面运输巷发生冲击地压事故。事发区域当班下井75人；至11月5日，事故共造成8人遇难；事故抢险救援结束后，又有两名重伤员抢救无效死亡，事故死亡人数上升到10人，65名矿工生还。

同日 工业和信息化部发布《钢铁工业"十二五"发展规划》。

同日 国土资源部在北京发布首部《中国矿产资源报告》，报告显示，"十一五"期间，中国主要矿产勘查取得重要进展，储量明显增长，待查明矿产资源潜力巨大。

6日 2011中国国际矿业大会在天津举行，大会为期3天，主题是"加强国际合作、加快找矿突破"，大会由高峰论坛、行业展览、同期活动组成，以投资、合作、交易为主要内容。

10日 第一届全国地勘钻探职业技能大赛决赛开幕式在湖南省长沙市隆重举行。此次大赛以"提高地勘钻探技能、促进地质找矿突破"为主题，决赛分别在湖南、云南两地举行，从11月10日持续至22日。来自除台湾省外31个省(区、市)、5个中央地勘行业部门的400名选手参加决赛。其中，181名选手在湖南长沙参加"工程地质工程施工钻探工"、"水文水井钻探工"两个工种的决赛；200多名选手将在云南昆明参加"固体矿产钻探工"的决赛。决赛将产生3名"全国五一劳动奖章"获得者、15名"全国技术能手"和60名"国土资源系统技术能手"。

11日 国家海洋局发布新闻稿："经调查，康菲石油中国有限公司在蓬莱19-3油田生产作业过程中违反总体开发方案，制度和管理上存在缺失，明显出现事故征兆后，没有采取必要的防范措施，由此导致一起造成重大海洋溢油污染的责任事故。"

同日 全国煤矿瓦斯防治现场会在安徽省合肥市召开。中共中央政治局委员、国务院副总理、国务院安全生产委员会主任张德江在现场会上强调，要深入贯彻落实科学发展观，牢固树立以人为本、安全发展的理念，以确保职工生命安全为根本，以瓦斯抽采达标和落实综合防治措施为重点，进一步加大瓦斯防治工作力度，多措并举、综合治理，有效防范和坚决遏制煤矿重特大事故，促进煤矿安全生产形势持续稳定好转。

同日 工业和信息化部、国土资源部、环境保护部和海关总署开始对重点稀土省(区)稀土专项整治工作情况进行联合检查。

20日 中国矿业联合会第五次会员代表大会及五届一次理事会在北京召开。国务院总理温家宝委托办公室的同志专门打来电话表示祝贺。全国人大常委会副委员长周铁农、全国政协副主席陈宗兴出席。大会选举产生新一届中国矿业联合会会长、常务副会长、副会长、秘书长。国土资源部部长、党组书记、国家土地总督察徐绍史当选新一届中国矿业联合会会长。

28日 国土资源部正式印发《矿产资源节约与综合利用"十二五"规划》,"规划"提出,未来五年我国矿产资源节约与综合利用工作将围绕全面调查资源节约与综合利用现状及潜力、开展先进适用关键技术研发和推广、建设综合利用示范基地和示范工程以及构建资源节约与综合利用长效机制四大任务展开。

30日 国家发展和改革委员会发布《关于加强发电用煤价格调控的通知》(以下简称《通知》)。发改委此举旨在全面清理整顿涉煤基金和收费。根据《通知》的要求,省级以下地方有关主管部门越权或私设煤炭基金和收费项目的,必须在2011年12月31日前自行取消。根据国家发改委《通知》的要求,省级人民政府对煤炭征收的价格调节基金和其他基金、收费项目,征收标准合计不得高于国务院批准的山西省煤炭可持续发展基金每吨23元的征收标准,不得对省内外用煤实行不同标准;超过每吨23元,以及对省内外实行不同标准的,必须在2011年12月31日前进行整改。

同日 为缓解2011年煤电矛盾导致电力持续短缺局,面国家发展和改革委员会宣布,对发电煤实施价格时干预措施自2012年1月1日起煤炭企业供应电力企业合煤价涨幅不得超过2011年合价格5%,同时环渤海主港口5500大卡的市场电煤平仓价格最高不得超过800元/吨,而直达运输市场电煤价格控制在不高于2011年4月份水平。

12月

7日 国家安全监管总局、国家煤矿安全监察局正式印发《煤矿安全生产"十二五"规划》。《规划》提出:到2015年,煤矿安全生产水平和事故防范能力,监察执法和群防郡治能力,技术装备支撑保障能力,依法依规安全生产能力,事故救援和应急处置能力,从业人员安全素质和自救互救能力得到明显提高;事故总量、死亡人数继续下降,重大事故得到有效遏制,职业危害防治工作得到加强,煤矿安全生产形势持续稳定好转,为实现全国煤矿安全生产状况根好转下坚实基础

9日 "海洋石油981"深水钻井平台完成首次远航,历时8天零4小时,行程977海里,从浙江舟山顺利到达南海珠江口附近海域。"海洋石油981"是中国首次自主设计、建造的第6代3000米深水半潜式钻井平台,代表了当今世界海洋石油钻井平台技术的最高水平。这是"海洋石油981"首次承担中国海洋石油总公司在深水海域的钻井作业任务,意味着未来中国海洋石油总公司将可在南海独立进行其深海油气生产工作,而南海是中国主要的深海油气产区。

15日 国务院发布《国家环境保护"十二五"规划》。《国家环境保护"十二五"规划》提出的主要目标是到2015年,主要污染物排放总量显著减少;城乡饮用水水源地环境安全得到有效保障,水质大幅提高;重金属污染得到有效控制,持久性有机污染物、危险化学品、危险废物等污染防治成效明显;城镇环境基础设施建设和运行水平得到提升;生态环境恶化趋势得到扭转;核与辐射安全监管能力明显增强,核与辐射安全水平进一步提高;环境监管体系得到健全。

22日 兖州煤业及其全资子公司兖州煤业澳大利亚有限公司与澳大利亚格罗斯特煤炭有限公司签署《合并提案协议》,将兖煤澳洲与格罗斯特合并并取代格罗斯特在澳大利亚证券交易所上市。交易完成后,兖州煤业将持有兖煤澳洲的77%股份,格罗斯特现有股东将持有兖煤澳洲的23%股份。

同日 国土资源部主持实施的资源一号02C卫星在太原卫星发射中心成功发射。中共中央政治局常委、国务院副总理李克强致信祝贺。"资源一号"02C卫星是一颗填补国内高分辨率遥感数据空白的卫星,获取的数据能满足1:2.5万~1:10万国土资源调查监测要求,可广泛应用于国土资源调查与监测、防灾减灾、农林水利、生态环境、国家重大工程等领域。02C卫星是国土资源部作为主用户牵头研制第一颗业务卫星,该卫星将提升我国重大工程卫星遥感数据的自给率,缓解日常业务所需遥感数据严重不足的压力,保障国家重大任务的实施;同时也可有效引导同类数据新的价格机制形成,建立新的数据市场,在一定程度上平抑遥感数据市场价格,使广大国内用户受益。02C卫星的成功发射,标志着我国遥感卫星从科研试验型向业务应用型的转变。

同日 攀钢西昌钒钛资源综合利用项目竣工投产。一系列钢铁工业结构调整和搬迁改造工程取得重要进展,标志着钢铁产业结构调整进入关键性阶段。

31日 国家能源局发布《煤层气(煤炭瓦斯)开发利用"十二五"规划》,也就在同一天,国土资源部在其官网发布新发现矿种公告,页岩气被正式列为新发现矿种,将对其按单独矿种进行投资管理。《页岩气"十二五"规划》提出,到2015年基本完成全国页岩气资源潜力调查与评价,探明页岩气地质储量1万亿立方米,可采储量2000亿立方米,年产量达65亿立方米。

(《中国矿业年鉴》编辑部　宋菲　编辑)

概　况

矿产资源开发利用

【概述】 矿产资源作为经济社会发展的重要物质基础,其开发利用有力支撑了中国经济社会的持续较快发展。随着中国工业化、城镇化和农业现代化的加快推进,矿产资源供需矛盾进一步凸显,石油、铁、铜、铝、钾盐等大宗短缺矿产的需求呈刚性上升态势,战略性新兴产业的发展对矿产资源供给能力提出了新的更高要求。2011年国务院办公厅转发《找矿突破战略行动纲要(2011~2020年)》,把地质找矿上升为国家战略,立足国内提高资源保障能力,以资源可持续利用促进经济社会可持续发展。国土资源管理部门以找矿突破战略行动为主线,深入探索地质找矿新机制,加强地质调查和矿产勘查工作,完善和规范矿业权市场,矿产资源勘查开发及其管理工作取得重大进展。

1. *矿产勘查投入保持增长,新探明一批资源。*2011年地质勘查投资1118.2亿元,同比增长9.2%。其中,油气矿产勘查投入674.7亿元,同比增长9.4%;非油气矿产勘查投入443.5亿元,同比增长9.0%。石油勘查新增探明地质储量13亿吨,天然气7225亿立方米。煤炭勘查新增查明资源储量749亿吨,金矿718吨,钼矿580万吨。截至2011年底,石油剩余技术可采储量32.4亿吨,天然气4.02万亿立方米;煤炭查明资源储量1.38万亿吨,铁矿743.9亿吨,铜矿8612万吨,铝土矿38.7亿吨,金7419吨。

2. *主要矿产品产量增加,国内供应能力不断增强。*煤炭、粗钢、水泥等矿产品产量稳居世界首位。2011年,全国一次能源产量31.8亿吨标准煤,同比增长7.0%,能源自给率91.4%。原煤产量35.2亿吨,增长8.7%;原油2.04亿吨,增长0.3%;天然气1030.6亿立方米,增长8.7%;铁矿石13.3亿吨,增长27.2%;粗钢6.8亿吨,增长7.3%;十种有色金属3434.0万吨,增长10.0%;钨精矿13.57万吨,增长14.1%;钼精矿23.7万吨,增长11.2%;水泥20.6亿吨,增长10.8%。中国稀土、钨、钼、锑等优势矿产的开发利用为全球经济发展作出了重要贡献。中国以61%的储量生产全球83%的钨,以53%的储量生产了全球89%的锑。

3. *矿产品对外贸易活跃,部分大宗矿产对外依存度较高。*中国矿产品国际贸易活跃,在对外贸易中的地位不断提升。2011年,矿产品贸易额为9571亿美元,同比增长34.3%。石油、铁、铜等大宗短缺矿产进口量持续增长,对外依存度居高不下,其中,石油56.7%,铁矿石56.4%,铜71.4%,钾肥51.5%,铝61.5%。同时,矿产品进口成本不断提高,对外贸易多元化格局基本形成。

4. *加强矿产资源节约与综合利用,发展绿色矿业。*落实节约优先战略,实施矿产资源综合利用工程,加快绿色矿山试点建设。加强共伴生矿产及尾矿综合利用,提高矿产资源开采回采率、选矿回收率和综合利用率。中央财政对矿产资源节约与综合利用工作取得突出成绩的704家矿山企业进行了奖励;在油气、煤炭资源高效开采,黑色、有色、稀有、化工及非金属矿产综合利用领域设立示范工程408个。部署开展了首批40个综合利用示范基地,范围涵盖了油气、煤炭、黑色金属、有色金属、稀有稀散金属、化工及非金属、铀矿等7大领域,涉及全国21个省(自治区)。国土资源部对矿产资源节约与综合利用98个优秀企业进行表扬,并评选和向社会推介了涉及油气、煤炭、金属和非金属采选和综合利用的68项先进技术。推进绿色矿业发展,先后遴选出两批220个试点单位,全面启动试点建设工作。

5. *基础地质调查水平不断提升,为经济社会发展提供了优质服务。*在重点成矿带、重大地质问题区、重要经济区和重大工程建设区,大力开展区域地质调查,全国累计完成1:25万区域地质调查567万平方千米,占陆域国土面积的59.1%;1:5万区域地质调查237万平方千米,占陆域国土面积的24.7%。同时,在重要成矿带全面开展航空物探、区域重力、区域化探及遥感地质调查工作。地质资料管理体系不断完善,采取各种方式,积极为各类地质工作、重大工程、民生工程、防灾减灾、灾区救援等提供地质资料服务。全国地质资料馆首次向社会公众发布中比例尺公开版数字地质图1600多幅,进一步强化社会化服务。

6. *深入开展矿产资源潜力评价,进一步摸清资源*

家底。在东北地区开展的石油、天然气、页(泥)岩油和油页岩资源评价表明,东北地区石油地质资源量225亿吨,天然气4.55万亿立方米。开展全国页岩气资源潜力评价,在中国陆域上扬子及滇黔桂、中下扬子及东南、华北及东北、西北的4个工作区优选出41个盆地和地区开展资源评价和有利区优选工作。中国陆上页岩气地质资源潜力和可采资源潜力分别为134万亿立方米和25万亿立方米。矿产资源远景调查重点安排在阿尔泰、天山－北山、西昆仑、东昆仑、祁连、秦岭、班公湖－怒江、冈底斯、西南三江、川滇黔、豫西、湘西－鄂西、南岭、大兴安岭、辽东－吉南、晋冀、长江中下游、钦杭、武夷山等19个重点成矿区带。全面完成全国煤炭、铀、铁、铜、铝、铅、锌、钨、锑、金、稀土、钾、磷等13个矿种资源潜力评价工作。

7. 不断规范矿产勘查开发秩序,矿产资源管理水平进一步提高。矿产资源规划体系逐渐完善,颁布实施《国土资源调查评价"十二五"规划》、《全国矿山地质环境保护与治理规划(2009~2015年)》和《矿产资源节约与综合利用"十二五"规划》等重要规划。规范公开发布矿产勘查资源储量成果信息,推进地质资料服务社会化。首次成功实施页岩气探矿权区块招标。全国矿业权市场进一步规范,新立勘查许可证和采矿许可证数量大幅下降,矿业开发集约化程度进一步提高。不断完善矿产督察员制度、油气督察员制度,开展稀土、磷矿开发利用区域联合监管和矿产卫片执法检查,维护矿产资源开发利用秩序。

8. 不断完善矿产资源法律法规,推进关键环节改革和制度创新。修改《中华人民共和国资源税暂行条例》等法规,推进资源税改革,将资源税"从量定额"计征的规定修改为"从价定率或者从量定额"计征。进一步完善矿产资源补偿费制度,维护国家所有者权益,对原缴纳矿区使用费的中外合作开采陆上、海洋石油的中外企业依法征收矿产资源补偿费,对矿产资源补偿费的征收范围、计算方法、实行属地化征收和信息化管理等做出了规定。开展煤炭矿业权审批管理改革试点,黑龙江、贵州、陕西三个试点省煤炭矿业权变部、省两级审批为"省一级审批、部备案监管"。推进广西平果铝土矿、山西平朔露天煤矿、内蒙古鄂尔多斯露天煤矿和云南磷化露天磷矿等开展矿业用地试点改革。

9. 地质科学技术取得重大突破,有力支撑了矿产资源勘查与开发利用。印发《国土资源"十二五"科学和技术发展规划》,大力建设科技支撑和创新体系,积极推动地质找矿、矿产资源综合利用、地质灾害防治等重点领域的科技创新。"资源一号"02C卫星成功发射,完成在轨交付运行,在国土资源调查、评价和监管中发挥了重要支撑作用。矿产资源领域获国家科学技术进步奖特等奖1项、二等奖2项,国家自然科学奖二等奖1项。大陆构造与动力学实验室成功列入国家重点实验室行列。

10. 坚持对外开放,不断扩大地质矿产领域对外合作与交流。国土资源部通过加强政策指导、统筹协调、信息服务、财政支持、平台建设、人才培养等一系列举措,逐步建立了矿产资源"引进来"和"走出去"支撑服务体系,有力地推动形成了矿产资源领域对外开放与合作新格局。扩大对外开放,促进国际矿业互利共赢,以中国国际矿业大会和中国－东盟矿业论坛为重要平台,对外合作交流领域不断拓宽,合作研究不断深化。进一步加强与澳大利亚等20余个国家相关部门的合作,与多国签署了矿产资源领域合作谅解备忘录。鼓励外商来华投资矿产勘查开采,引导中国矿业企业到境外开展国际矿业合作。

(国土资源部部信息中心)

矿产资源勘查

【矿产勘查概况】 《找矿突破战略行动纲要(2011~2020年)》是指导未来十年全国矿产资源勘查开发工作的纲领性文件。2011年,国土资源部门积极探索地质找矿新机制,推进地质找矿工作。地质勘查投资持续增长,财政投入有效带动了社会资金进入勘查市场。地质找矿取得重要成果,发现或评价了长庆姬塬、安塞和塔里木哈拉哈塘等3个亿吨级油田,长庆苏里格和南方元坝等2个千亿立方米级气田,新疆哈密市沙尔湖煤田东部二区等4个5000亿吨级煤矿,山东省兖州市翟村矿区1个10亿吨级铁矿。重要矿产资源储量在开采力度不断加大的情况下普遍增长,煤炭、石油、天然气、铁、铜等矿产查明资源储量增长明显。

1. 地质勘查投资持续增长。2011年地质勘查投资总额1118.2亿元,同比增长9.2%(图1)。其中,中央财政75.6亿元,占投资的6.8%;地方财政103.6亿元,占9.2%;社会投资938.7亿元,占84.0%。

图1 2000~2011年全国地质勘查投资情况

其中,油气矿产勘查投入674.7亿元,同比增长9.4%,占全部地质勘查投资的60.0%;非油气矿产勘查投入443.5亿元,同比增长9.0%,占全部地质勘查投资的40.0%。在非油气矿产勘查中,社会资金投入265.9亿元,同比增长10.4%,所占比重为60.0%(图2)。

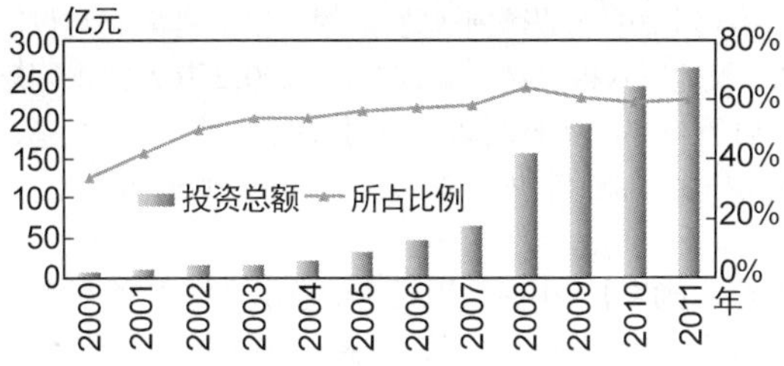

图2　2000～2011年全国非油气矿产勘查投资中社会资金投资情况

2. *矿产勘查工作力度显著加大*。2011年全国矿产勘查机械岩芯钻探工作量3008.5万米,同比增长15.4%(图3)。地质勘查从业人员44.84万人,其中技术人员21.43万人,占地质勘查从业人员的为47.8%。

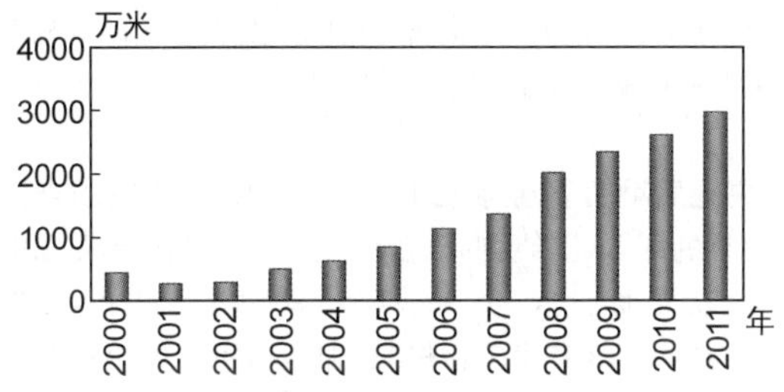

图3　2000～2011年全国地质勘查机械岩芯钻探工作量

【能源矿产勘查】　中国政府非常重视石油、天然气、煤、铀、地热等能源矿产勘查,油气勘探投资持续增加,不断取得新的进展。

1 *油气勘查*。2011年,油气资源勘查完成二维地震勘探74152千米,同比减少8.0%;三维地震45836平方千米,增长36.4%;施工探井3895口,增长5.9%;钻井总进尺932.71万米,增长6.7%(表1)。

表1　2006～2011年全国油气矿产勘查投入和主要工作量统计

年份	主要工作量			
	地震		探井	
	二维(千米)	三维(平方千米)	井数(口)	进尺(万米)
2006	78849	29111	2592	605.15
2007	74873	33363	2863	696.57
2008	79136	30799	3308	820.25
2009	103891	34370	3588	839.70
2010	80607	33607	3678	874.66
2011	74152	45836	3895	932.71

油气资源勘查取得显著成果,新发现大中型油气田13处,其中,勘查新增地质储量超亿吨的油田有3个,分别为长庆姬塬油田、安塞油田和塔里木哈拉哈塘油田;勘查新增地质储量超千亿立方米的气田2个,分别为长庆苏里格气田和南方元坝气田(表2)。

表2　2011年全国油气田勘查新增重大进展

油气田名称	单位	新增地质储量	其中:新增技术可采储量
中国石油长庆姬塬	万吨	20983.8	4196.8
中国石油塔里木哈拉哈塘	万吨	10812.7	1523.5
中国石油长庆安塞	万吨	10443.4	2339.3
中国石油长庆苏里格	亿立方米	1717.6	911.4
中国石化勘探南方元坝	亿立方米	1498.5	925.2

2. *煤炭勘查*。勘查新增查明资源储量超过50亿吨的有4处,其中内蒙古新巴尔虎右旗五一牧场勘查区新增查明资源储量65.2亿吨(表3)。

表3　2011年全国煤炭勘查新增重大进展

矿产地名称	查明资源储量
内蒙古新巴尔虎右旗五一牧场勘查区	65.2亿吨
新疆准东煤田吉木萨尔县芦草沟勘查区	57.4亿吨
新疆哈密市沙尔湖煤田东部二区	51.6亿吨
新疆准东煤田奇台县黄草湖勘查区	50.7亿吨

3. *地热勘查*。据不完全统计,中国天然出露的热矿泉水点在2500处以上,40%以上的温泉已被开发利用,全国已建立的具有一定规模的温泉疗养院有200多家,施工的地热井1000多眼。据估算,全国地热资源储量折合标准煤8530亿吨。每年可开采的地热总量相当于6.4亿吨标准煤,每年可减少二氧化碳等排放量13亿吨。

2006年北京市率先开展浅层地温能的调查评价工作。2008年印发《国土资源部关于大力推进浅层地温能开发利用的通知》(国土资发〔2008〕249号),全面启动浅层地温能调查评价工作。2009～2010年,国土资源部和天津市联合开展“天津市浅层地温能调查评价与开发利用”试点工作,在调查评价、规划编制、动态监测、示范工程和政策研究等方面探索出成功经验。

开展重点城市浅层地温能和青藏铁路沿线高温地热资源调查评价。完成1:5万水文地质测绘10578平方千米,完成1:5万水文地球化学调查341平方千米,完成水文地质钻探8191米,完成热响应钻探9420米。

截至2011年底,全国除台湾省外31个省(区、市)都实施了浅层地温能开发利用项目,其中80%集中在华北、东北南部和华南北部地区,以北京、天津、辽宁、河北、河南、山东、江苏、湖北等为主。初步统计,全国利用浅层地温能供暖/制冷面积已达到1.6亿平方米,每年减少二氧化碳排放量5000万吨。

2011年全国利用地热供暖面积3500万平方米,其中,天津市地热供暖面积为1233万平方米,约占全市集中供暖总面积的10%。2010年,国土资源部开展"中国温泉之乡(城、都)"、"温泉(地热)开发利用示范单位"、"浅层地温能开发利用示范单位"的命名和创建工作,已命名温泉之乡(城、都)及示范单位共40家。

【金属与非金属矿产勘查】 1.*金属矿产*。山东省兖州市翟村铁矿区勘查新增查明资源储量10.6亿吨。全国铜矿勘查新增大型矿产地4处,其中西藏自治区墨竹工卡县荣木错拉铜矿新增查明资源储量201.4万吨。钨矿和锡矿各勘查新增2处大型矿产地。钼矿勘查新增8处大型矿产地,其中安徽金寨县沙坪沟钼矿227.5万吨。金矿勘查新增大型矿产地6处,其中山东玲珑金矿田东风矿床171号脉金矿114.2吨(表4)。

2.*非金属矿产*。全国磷矿勘查新增6处大型矿产地,其中贵州省开阳磷矿洋水矿区东翼深部勘查新增查明资源储量5.8亿吨(表4)。

表4　2011年部分金属与非金属矿产勘查新增重大进展

矿种	矿区	新增储量
铁　矿	山东省兖州市翟村矿区	10.6亿吨
铜　矿	西藏自治区墨竹工卡县荣木错拉铜矿	201.4万吨
	黑龙江省嫩江县铜山铜矿Ⅰ、Ⅱ号矿体勘探	93.4万吨
	新疆哈密市土屋铜矿床	93.2万吨
	西藏自治区墨竹工卡县邦铺矿区	71.4万吨
钨　矿	湖南黄沙坪铅锌矿	28.6万吨
	湖南郴州市苏仙区柿竹园矿区钨锡钼铋矿	5.6万吨
锡　矿	湖南省桂阳县黄沙坪矿区	13.1万吨
	云南个旧大箐东深部铜锡矿(接替资源)	6.6万吨
钼　矿	安徽金寨县沙坪沟钼矿	227.5万吨
	黑龙江省铁力市鹿鸣钼矿	79.0万吨
	河南光山县千鹅冲钼矿	50.7万吨
	西藏自治区墨竹工卡县邦铺矿区	38.1万吨
金　矿	山东玲珑金矿田东风矿床171号脉金矿	114.2吨
	山东省莱州市腾家金矿	71.4吨
	吉林桦甸市老金厂金矿老牛槽、大金牛、小东沟矿段	36.1吨
	湖北大冶市桃花嘴铜铁矿区	24.4吨
	河南灵宝市大湖金矿接替资源(普查)	21.2吨
	河南灵宝市秦岭金矿杨砦峪金矿接替资源勘查(普查)	21.0吨
磷　矿	贵州开阳磷矿洋水矿区东翼深部勘查	5.8亿吨
	贵州瓮安县玉华乡老虎洞磷矿	3.3亿吨

备注:已经评审备案。

【地下水勘查】 国土资源部组织全国百余家地质调查单位,先后在北方干旱半干旱区和地方病区,西南红层地区和岩溶地区,完成供水示范井5500余眼,直接解决了约2000多万人的饮水困难。

应对2011年华北平原发生的干旱灾害勘查建设了2227眼地下水探采结合井,解决了220.2万人饮水困难和50万亩农田灌溉问题。应对2010年西南特大旱灾,共成井2348眼,解决了520万人的饮水困难问题。

【矿泉水勘查】 中国饮用天然矿泉水资源丰富、种类齐全、水质优良。据不完全统计,截至2011年底,全国经过勘查评价的矿泉水水源地达4720处,矿泉水允许开采量282.97万立方米/日,实际开采量4987.34万立方米/年,已进行矿泉水注册登记的矿泉水水源有1666处;矿泉水开发利用企业1263家。锶质和硅质矿泉水(或含锶和硅的复合型矿泉水)在全国分布最广泛,占95%以上;碳酸型(含天然二氧化碳气体)矿泉水分布次之,约占3%,主要分布在广东、黑龙江、陕西、吉林等地;锂、锌、硒等稀有矿泉水相对发现较少,所占比例不足1%。

【中央地质勘查基金项目】 2011年中央地质勘查基金项目的部署,围绕国家经济社会发展对矿产资源的需求,以贯彻《找矿突破战略行动纲要(2011~2020年)》为主线,落实找矿新机制,加强与省级国土资源主管部门和地勘基金的联系,优先安排47片国家级整装勘查区重要矿种的勘查。重点支持煤、铀、铁、铜、铝、钾盐等国家能源和急需紧缺矿产勘查,有序开展钨、锡、锑、稀土等优势矿产资源勘查。2011年度在16个国家级整装勘查区中安排勘查项目,对找矿前景明朗地区加大投入力度,以会战形式快速评价,新发现1处具有超大型规模的重要能源矿产地,取得了找矿重大突破,铜、镍、铝等矿种勘查取得重大进展,煤、铁等矿种资源量有较大幅度提高。

2011年安排矿产勘查项目134个,其中新开项目115项,续作项目19项。总经费9.39亿元。56个矿产勘查项目开展野外地质工作,其中煤炭22项,铀矿4项,黑色金属1项,有色金属18项,贵金属10项,非金属(钾盐)1项。

2011年完成主要钻探22.94万米,槽探24.35万立方米。新增大中型矿产地3处,其中中型铝土矿矿产地2处,1处大型镍矿扩大为特大型矿床。提交煤炭查明资源储量317.25亿吨,铁矿石1.6609亿吨。

【矿产资源储量】 1.*查明资源储量矿种*。截至2011年底,全国已发现172种矿产,其中页岩气为新发现矿种。具有查明资源储量的矿产160种,其中能源矿产10种,金属矿产54种,非金属矿产93种,水气矿产3种。

2011年,中国石油、天然气人均储量分别相当于世界平均水平的6.1%和7.9%,铝土矿、铜矿、铁矿储量分别相当于世界平均水平的14.9%、22.7%和70.5%;镍矿、金矿分别相当于世界平均水平的19.5%、19.4%;煤炭人均占有量为世界平均水平的70.9%(图4)。

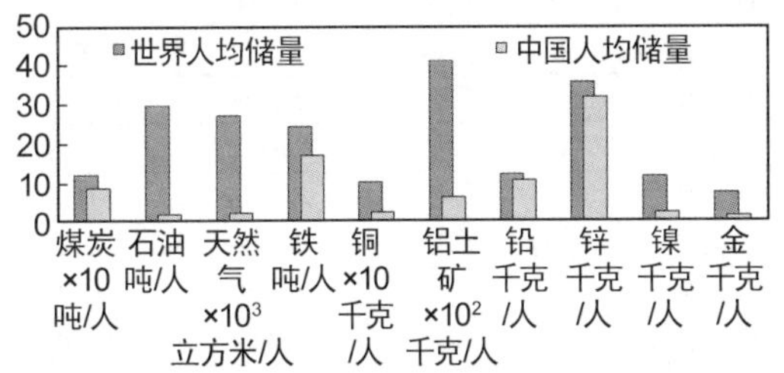

图4 主要矿产资源人均储量对比

2. 查明资源储量变化。2011年,45种主要矿产查明资源储量增长的有33种,减少的有11种,没有变化的1种。其中,能源矿产查明资源储量普遍增长,天然气剩余技术可采储量增长6.4%;黑色金属矿产查明资源储量中锰矿下降,其他增长;有色金属矿产多数增长,钼矿增长38.1%;贵金属矿产均有增长,金矿增长8.1%;多数非金属矿产有所增长(表5)。

表5 中国45种主要矿产查明资源储量与变化

矿产名称	单 位	2010年	2011年	增减变化(%)
煤 炭	亿吨	13411.9	13778.9	2.8
石 油	亿吨	31.7	32.4	2.1
天然气	亿立方米	37793.2	40206.4	6.4
铁 矿	矿石 亿吨	727.0	743.9	2.3
锰 矿	矿石 亿吨	8.86	7.70	-13.7
铬铁矿	矿石 万吨	1114.4	1161.1	4.2
钒 矿	V_2O_5 万吨	4381.9	4934.0	12.6
钛 矿	TiO_2 亿吨	7.2	7.5	3.7
铜 矿	金属 万吨	8040.7	8612.1	7.1
铝土矿	矿石 亿吨	37.5	38.7	3.2
铅 矿	金属 万吨	5509.1	5602.8	1.7
锌 矿	金属 万吨	11596.2	11568	-0.2
镍 矿	金属 万吨	938.0	938.2	0.0
钴 矿	金属 万吨	68.2	64.6	-5.0
钨 矿	WO_3 万吨	591.0	620.4	5.0
锡 矿	金属 万吨	431.9	441.1	2.1
钼 矿	金属 万吨	1401.8	1935.9	38.1
锑 矿	金属 万吨	255.0	229.7	-9.9
金 矿	金属 吨	6864.8	7419.4	8.1
银 矿	金属 万吨	17.2	18.7	5.5
铂族金属	金属 吨	334.6	336.5	0.6
锶 矿	天青石 万吨	4375.4	4549.3	4.3
菱镁矿	矿石 亿吨	36.4	35.1	-3.6
萤 石	矿物 亿吨	1.80	1.98	9.6
耐火黏土	矿石 亿吨	24.6	25.1	2.3
硫铁矿	矿石 亿吨	56.9	56.8	-0.2

续表5

矿产名称	单 位	2010年	2011年	增减变化(%)
磷 矿	矿石 亿吨	186.3	193.6	3.9
钾 盐	KCl 亿吨	9.30	10.69	15.0
硼 矿	B_2O_3 万吨	7309.2	7206.6	-1.4
钠 盐	NaCl 亿吨	13337.7	13360.5	0.2
芒 硝	Na_2SO_4亿吨	934.2	1101.9	18.0
重晶石	矿石 亿吨	3.8	2.9	-23.1
水泥用灰岩	矿石 亿吨	1021.0	1098.3	7.6
玻璃硅质原料	矿石 亿吨	64.7	68.1	5.3
石 膏	矿石 亿吨	769.1	810.1	5.3
高岭土	矿石 亿吨	21.0	22.7	7.9
膨润土	矿石 亿吨	28.0	27.3	-2.4
硅藻土	矿石 亿吨	4.3	4.5	5.3
饰面花岗岩	亿立方米	21.8	24.2	10.8
饰面大理岩	亿立方米	13.7	14.0	1.5
金刚石	矿物 千克	3702.1	3622.9	-2.1
晶质石墨	矿物 亿吨	1.85	1.91	3.5
石 棉	矿物 万吨	8975.3	9064.4	1.0
滑 石	矿石 亿吨	2.67	2.76	3.2
硅灰石	矿石 亿吨	1.55	1.53	-0.8

注:石油、天然气为剩余技术可采储量。

2006~2011年,煤炭、石油、天然气查明资源储量均有较大增长(图5),煤炭查明资源储量从1.16万亿吨增至1.38万亿吨,增长18.8%;石油剩余技术可采储量从27.1亿吨增至32.4亿吨,增长19.6%;天然气从3.0万亿立方米增至4.0万亿立方米,增长34.0%。

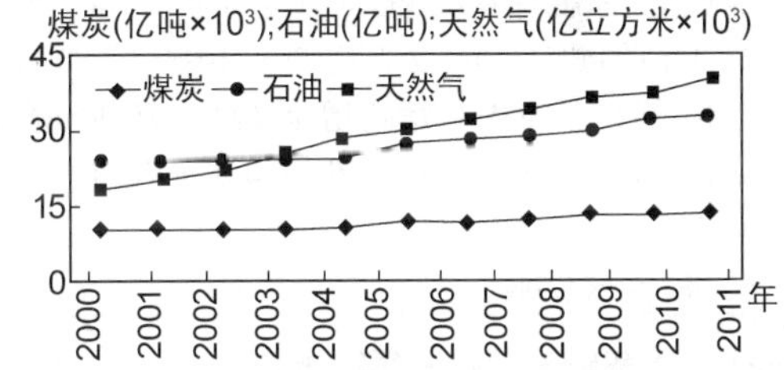

图5 2001~2011年全国煤炭、石油、天然气查明资源储量变化

(注:石油、天然气为剩余技术可采储量)

铁矿查明资源储量从607.3亿吨增至743.9亿吨,增长22.5%(图6)。

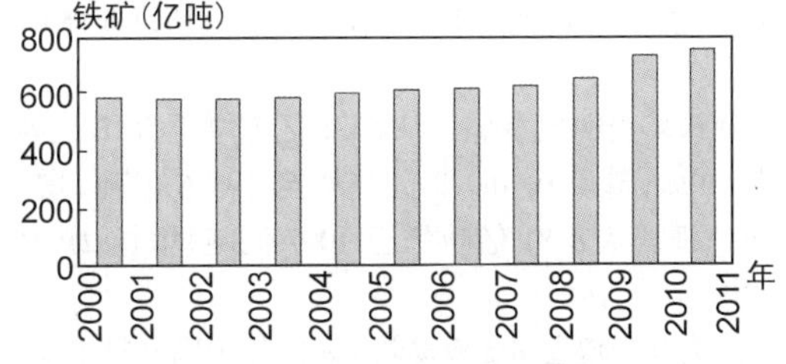

图6 2001~2011年全国铁矿查明资源储量变化

铜矿查明资源储量从7047.8万吨增至8612.1万

吨,增长22.2%;铝土矿从27.8亿吨增至38.7亿吨,增长39.5%;铅矿从4141.4万吨增至5602.8万吨,增长35.3%;锌矿从9710.9万吨增至11568.0万吨,增长19.1%;镍矿从801.4万吨增至938.2万吨,增长17.1%(图7)。

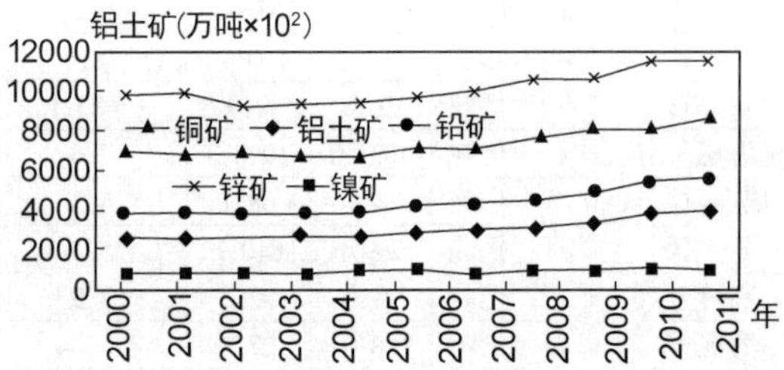

图7 2001~2011年全国铜矿、铝土矿、铅锌矿和镍矿查明资源储量变化

金矿查明资源储量从4996.9吨增至7419.4吨,增长48.5%;银矿从14.4万吨增至18.7万吨,增长29.9%(图8)。

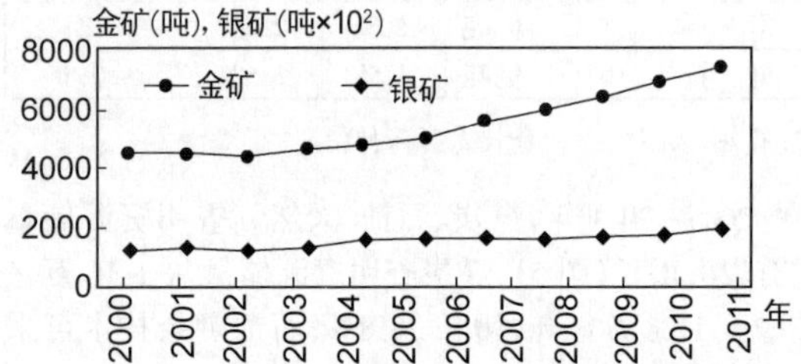

图8 2001~2011年全国金矿和银矿查明资源储量变化

钨矿查明资源储量从558.4万吨增至620.4万吨,增长11.1%;钼矿从1094.2万吨增至1935.9万吨,增长76.9%;锑矿从225.1万吨增至229.7万吨,增长2.1%;而锡矿从476.9万吨减少到441.1万吨,下降7.5%(图9)。

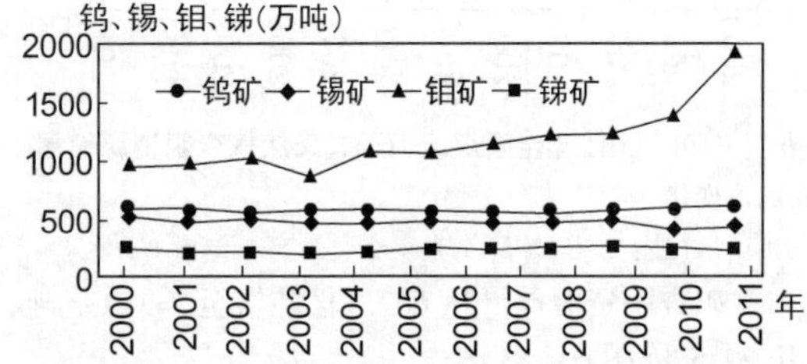

图9 2001~2011年全国主要优势矿产查明资源储量变化

硫铁矿查明资源储量从54.1亿吨增至56.8亿吨,增长4.9%;磷矿从169.8亿吨增至193.6亿吨,增长14.0%;钾盐从8.81亿吨增至10.7亿吨,增长21.3%(图10)。

3. 勘查新增查明资源储量。2011年中国多数主要矿产勘查新增查明资源储量均有不同程度的增长(表6)。

表6 中国主要矿产勘查新增查明资源储量

矿 种	单 位	2010年	2011年
煤 炭	亿吨	711.56	749.2
石 油	亿吨	11.36	13.42
天然气	亿立方米	5912	7224.82
铁 矿	矿石 亿吨	92.94	11.4
锰 矿	矿石 万吨	2376.4	5303.9
铜 矿	铜 万吨	460.23	761.8
铅 矿	铅 万吨	676.27	403.6
锌 矿	锌 万吨	917.51	404.0
镍 矿	镍 万吨	107.56	19.7
金 矿	金 吨	750.17	717.7
银 矿	银 吨	21080	9440
钨 矿	WO_3 万吨	34.34	55.1
锡 矿	锡 万吨	7.07	28.5
钼 矿	钼 万吨	170.81	580.4
锑 矿	锑 万吨	2.33	26.4
硫铁矿	矿石 万吨	30757	8660.0
磷 矿	矿石 亿吨	8.89	13.4
钾 盐	KCl 万吨	898.0	771.0

注:石油、天然气为勘查新增探明地质储量

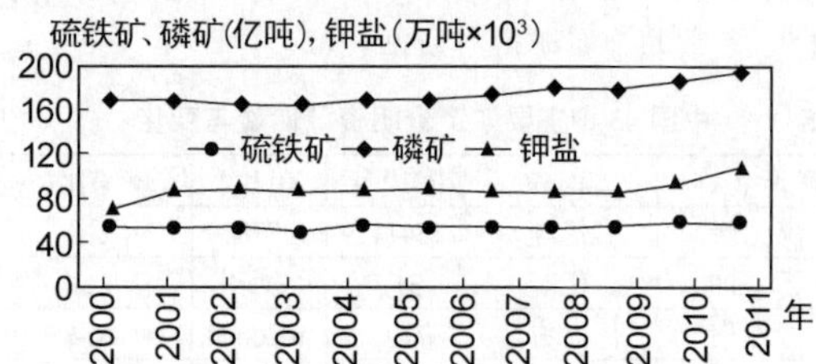

图10 2001~2011年全国硫铁矿、磷矿和钾盐查明资源储量变化

在能源矿产中,煤炭勘查新增查明资源储量749.2亿吨,石油勘查新增探明地质储量13.42亿吨,天然气7224.82亿立方米(图11和图12)。

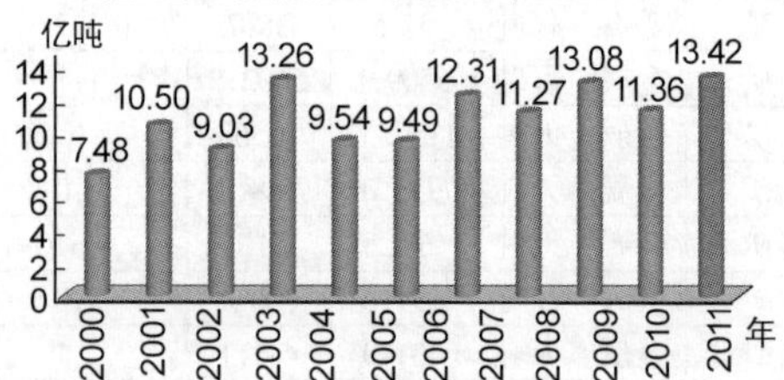

图11 2001~2011年全国勘查新增探明石油地质储量

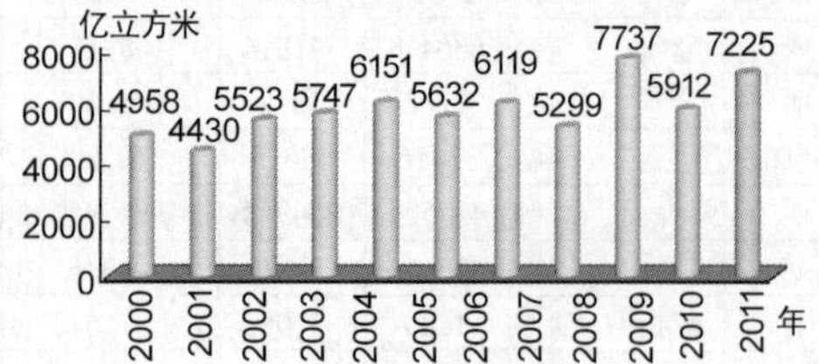

图12 2001~2011年全国勘查新增探明天然气地质储量

主要金属矿产铁矿、铜矿、铅矿、锌矿、镍矿、金矿、钨矿、锡矿、钼矿和锑矿等勘查新增查明资源储量均有进展,金矿和钼矿勘查新增更为明显,分别为717.7吨和580.4万吨。

【页岩气成为新发现矿种】 经国务院批准,2011年12月,国土资源部发布公告(2011年第30号),将页岩气做为新发现的矿种予以公布。

页岩气是指赋存于富有机质泥页(泥)岩及其夹层中,以吸附和游离状态为主要存在方式的非常规天然气,成分以甲烷为主,是一种清洁、高效的能源资源和化工原料,主要用于居民燃气、城市供热、发电、汽车燃料和化工生产等,用途广泛。与其他类型的天然气藏相比,页岩气具有以下特点:一是页岩气主要分布于富有机质泥页岩地层中;二是甲烷等烃类气体在页岩中主要以吸附和游离赋存方式为主;三是页岩渗透率一般以纳米级为主,渗透率极低。页岩气的开发高度依赖于技术进步,主要是水平井钻井技术和水力压裂技术。

(国土资源部地质勘查司)

矿产资源开发

【概况】 矿业是中国重要的支柱性产业。采矿业固定资产投资持续增长,矿业产值不断提高。矿产品生产持续增长,国内供应能力不断增强,有力支撑了中国工业化、城镇化的快速发展,为国民经济发展提供源动力。稀土、钨、钼、锑等优势矿产的开发利用程度不断提高,为全球经济发展做出了重要贡献。国土资源部对矿产资源节约与综合利用98个优秀企业进行表扬,并评选和向社会推介了涉及油气、煤炭、金属和非金属采选和综合利用的68项先进技术。切实推进矿产资源节约与综合利用工作,促进了矿产资源的高效开发与集约利用水平。对在矿产综合利用领域取得突出成绩的矿山企业进行奖励,设立示范工程。启动40个矿产资源综合利用示范基地建设,批准220个矿山成为国家级绿色矿山试点单位。

【投资与产值】 2011年中国采矿业固定资产投资1.18万亿元,同比增长21.4%。其中,煤炭开采和洗选业4897亿元,增长25.9%;石油与天然气开采业3057亿元,增长12.5%;黑色金属矿采选业1251亿元,增长18.4%;有色金属矿采选业1275亿元,增长24.2%;非金属矿采选业1284亿元,增长28.7%(图1)。

2011年底,采矿业从业人员611.6万人,同比增长8.8%,比2003年最低点的488.3万人增长25.3%(图2)。

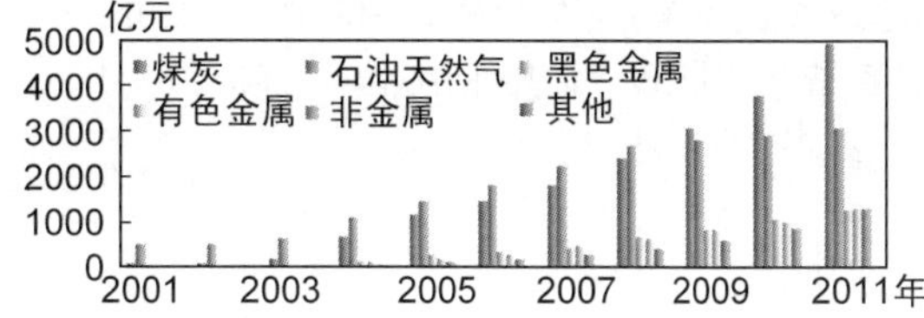

图1　2001~2011年采矿业固定资产投资变化

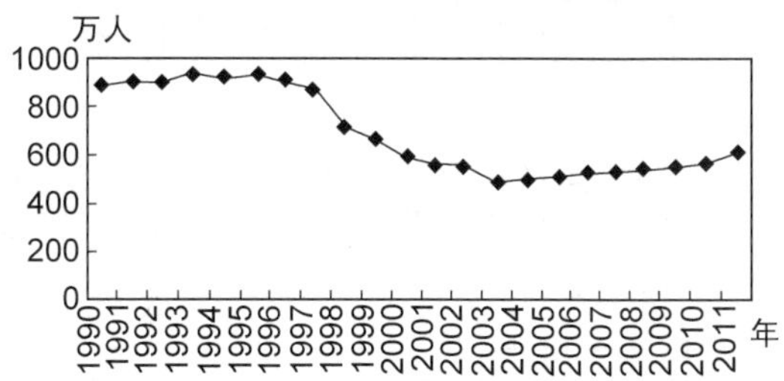

图2　1990~2011年全国采矿业从业人员变化

2011年,全国规模以上矿业企业1.68万个,矿业产值5.86万亿元,占工业总产值的6.94%。在各类矿业产值中,煤炭采选业2.89万亿元,占49.3%;石油与天然气开采业1.29万亿元,占22.0%;黑色金属矿采选业7904亿元,占13.5%;有色金属矿采选业5035亿元,占8.6%;非金属矿采选业3848亿元,占6.6%;其他采选业17亿元,占0.03%(图3)。

采矿业及相关能源原材料加工业产值31.29万亿元,占工业总产值的37.06%。

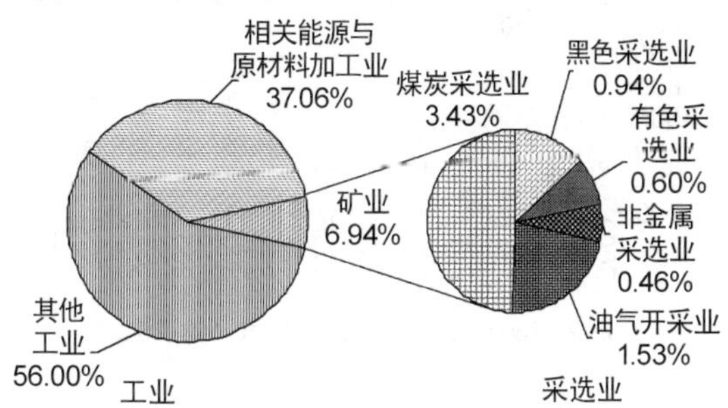

图3　2011年全国矿业产值在工业总产值中的地位及其构成

【能源矿产品生产】 2011年,全国一次能源生产总量为31.8亿吨标准煤,同比增长7.0%。能源自给率91.4%,其中近80%的能源供应来自煤炭(图4)。

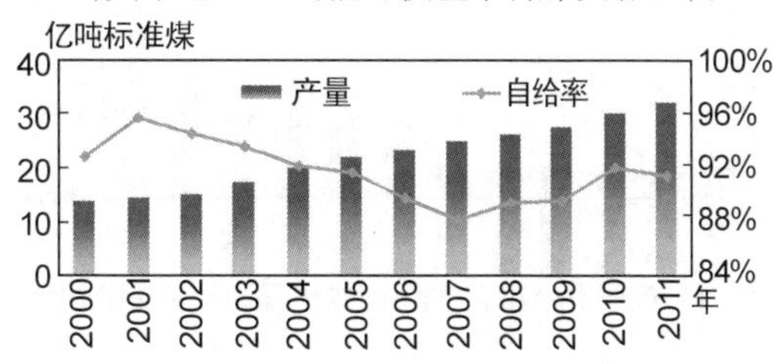

图4　2000~2011年全国一次能源生产情况

1. 煤炭。2011年,全国煤炭产量35.2亿吨,同比增长8.7%,连续多年居世界第一位(图5)。2012年上半年,煤炭产量19.5亿吨,同比增长7.7%。

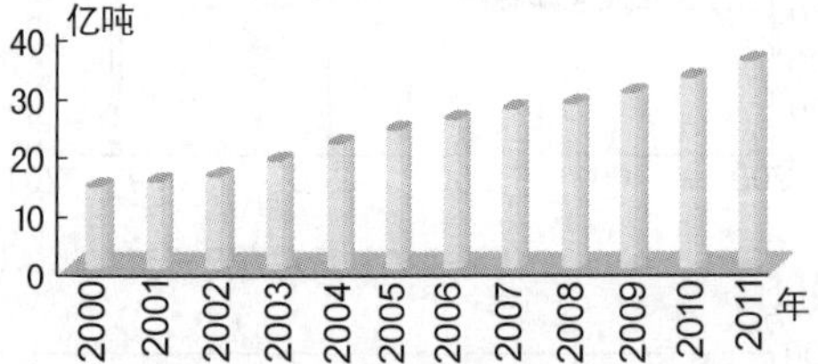

图5 2000~2011年全国煤炭产量变化

2. 石油。2011年,生产石油2.04亿吨,同比增长0.3%(图6),居世界第4位。2012年上半年生产石油1.00亿吨,同比增长1.6%。

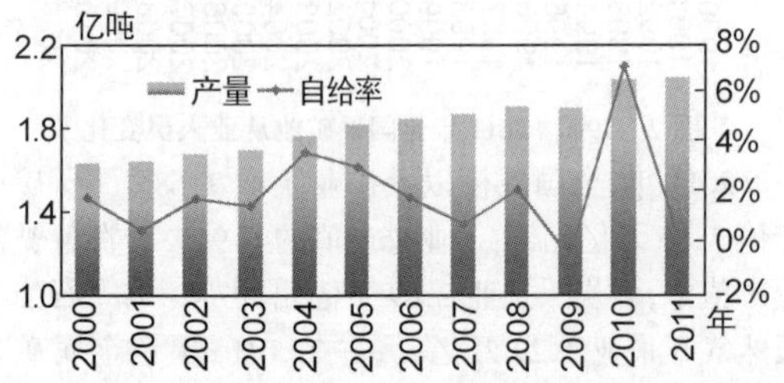

图6 2000~2011年全国石油产量及变化

3. 天然气。2011年,天然气产量1030.6亿立方米,同比增长8.7%(图7),居世界第6位。2012年上半年,生产天然气536亿立方米,同比增长6.3%。

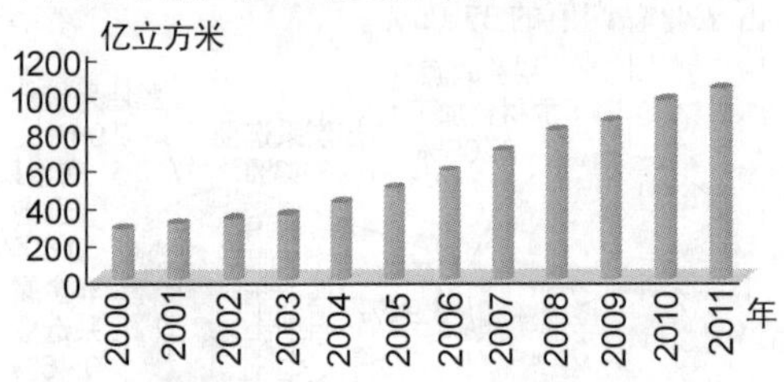

图7 2000~2011年全国天然气产量变化

【金属矿产品生产】 1. 铁矿石。2011年,铁矿石产量13.3亿吨,同比增长27.2%;粗钢产量6.8亿吨,同比增长7.3%(图8),粗钢产量占世界的比重为45.1%(图9);钢材产量8.8亿吨,同比增长9.9%。

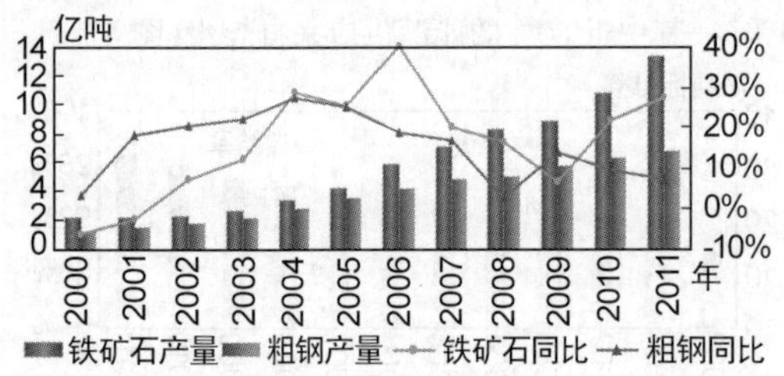

图8 2000~2011年全国铁矿石和粗钢产量变化

2012年上半年生产铁矿石6.0亿吨,同比增长16.7%;粗钢3.57亿吨,同比增长1.8%。

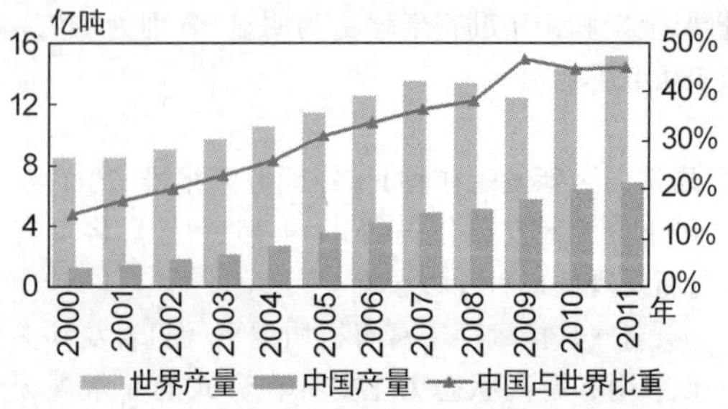

图9 2000~2011年中国粗钢产量与世界钢产量对比

2. 有色金属。2011年,10种有色金属产量3434.0万吨,同比增长10.0%(图10)。其中,精炼铜产量517.9万吨,同比增长12.9%;氧化铝产量3417.2万吨,同比增长18.1%;电解铝产量1767.7万吨,同比增长12.1%;铅产量473.2万吨,同比增长12.5%;锌产量534.4万吨,同比增长3.8%;锡精矿产量9.4万吨,增长13.3%。2012年上半年,10种有色金属产量1769万吨,同比增长6.7%;其中精炼铜产量292万吨,同比增长10.3%;锡精矿4.4万吨,下降2.2%。

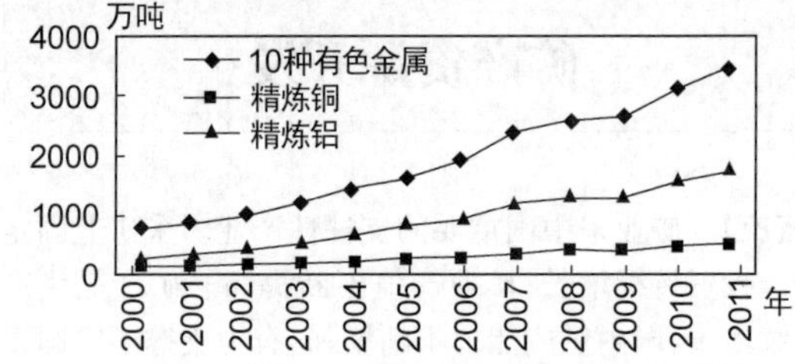

图10 2000~2011年全国重要有色金属产量对比

3. 优势矿产。2011年,钨精矿(折WO_3 65%,下同)产量13.57万吨,同比增长14.1%;钼精矿(折纯钼45%,下同)产量23.7万吨,增长11.2%;锑精矿产量12.2万吨,减少1.7%(图11)。2012年上半年,钨精矿产量5.76万吨,同比增长16.4%;钼精矿14.1万吨,增长18.6%。

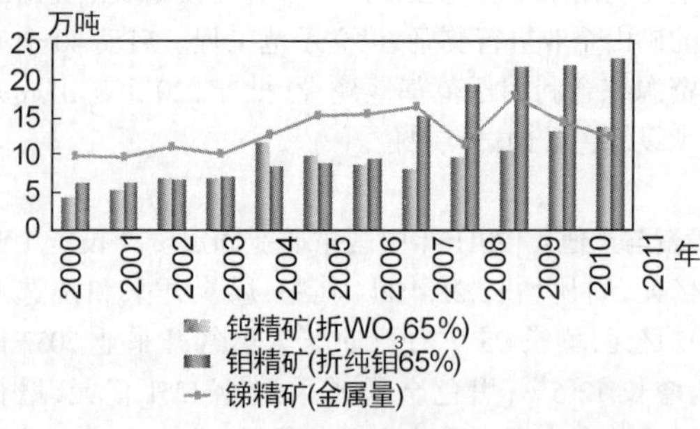

图11 2000~2011年全国主要优势矿产品产量变化

中国稀土、钨、钼、锑等优势矿产的开发利用为全球矿产品供应做出了重要贡献。2011 年,中国以 61% 的储量生产全球 83% 的钨,以 53% 的储量生产了全球 89% 的锑(表 1)。

表 1　2011 年中国部分优势矿产对世界的贡献

矿种	储量占世界比重	产量占世界比重
钨	61%	83%
钼	43%	38%
锑	53%	89%

4. 金。2011 年,生产黄金 360.96 吨,同比增长 5.9%,连续五年位居世界第一(图 12)。2012 年上半年,黄金产量 177.0 吨,同比增长 7.7%。

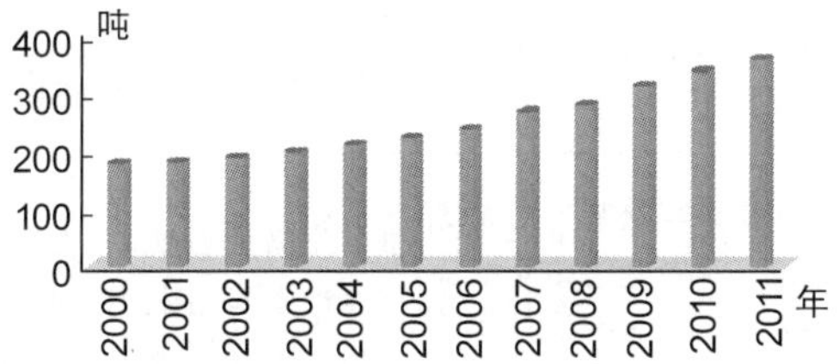

图 12　2000～2011 年全国黄金产量变化

【非金属矿产品生产】　2011 年,全国水泥产量 20.6 亿吨,同比增长 10.8%(图 13);平板玻璃产量 7.4 亿重箱,增长 15.8%。2012 年上半年,生产水泥 9.94 亿吨,同比增长 5.5%。

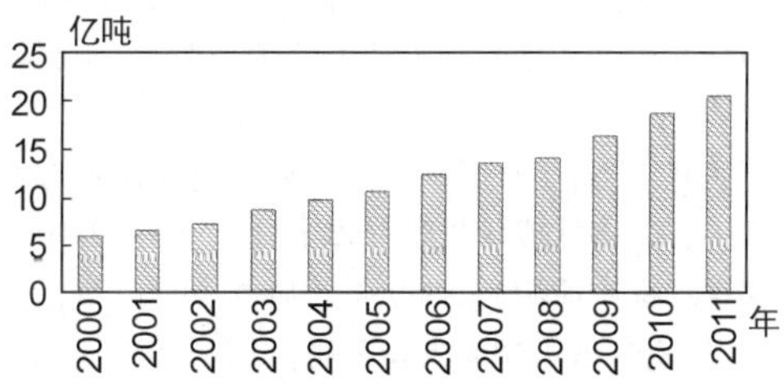

图 13　2000～2011 年全国水泥产量变化

2011 年,全国钾肥产量(K_2O,下同)385.6 万吨,同比增长 10.8%(图 14)。磷矿石产量 8122.3 万吨(折含 P_2O_5 30%,下同),增长 33.2%。2012 年上半年,生产钾肥 240.6 万吨,同比增长 6.8%;磷矿石产量 4332.3 万吨,增长 15.9%。

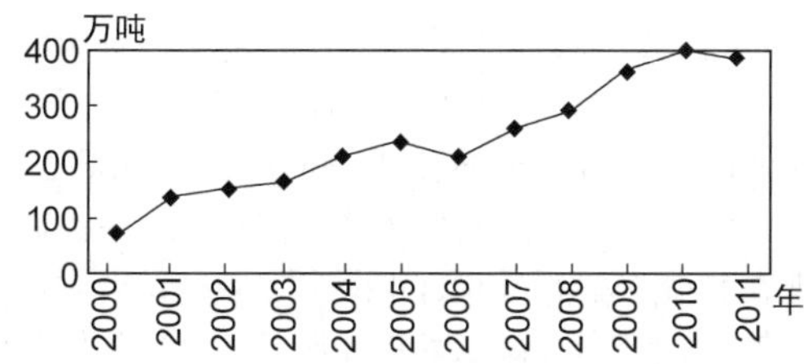

图 14　2000～2011 年全国钾肥(K_2O)产量变化

【矿产资源综合利用】　落实节约优先战略,全面实行资源利用总量控制、供需双向调节、差别化管理,努力提高能源资源利用效率,提升各类资源保障程度。发展绿色矿业,强化矿产资源节约与综合利用,提高矿产资源开采回采率、选矿回收率和综合利用率。加强共伴生矿产及尾矿综合利用,提高资源综合利用水平。

1. 落实节约优先战略,推进综合利用工程。印发《矿产资源节约与综合利用"十二五"规划》,切实推进矿产资源节约与综合利用工作,规范管理矿产资源节约与综合利用专项。矿产资源节约与综合利用专项全面实施以来,对"三率"水平较高,矿产资源节约与综合利用工作取得突出成绩的 704 家矿山企业进行奖励;在油气、煤炭资源高效开采,黑色、有色、稀有、化工及非金属矿产综合利用领域设立示范工程 408 个,带动矿山企业直接用于提高"三率"的投入达 300 亿元。

近年来,涌现出一批采选技术先进适用、监督管理严格规范、自主研发能力较强的优秀矿山企业。绝大部分矿山企业利用中央财政支持的奖励资金引进先进设备,进行生产工艺改造和技术研发,全国矿山企业整体开采回采率、选矿回收率、共伴生资源开发利用率提高了 1.5%～2.0%,盘活了一批资源量,提高了资源开发利用效益。国土资源部评选出代表国内矿产资源综合利用技术先进水平的 68 项技术(表 2),向全国推介。如福建金东矿业有限公司研发应用的铅锌银多金属硫化物原生电位调控浮选工艺,金属回收率大幅度提高,获得国家科技进步一等奖。

表 2　推介的矿产资源综合利用技术

油气高效开采和综合利用技术(10 项)	金矿充填采矿技术
特超稠油藏有效开发动用技术	低品位金矿高效利用技术
致密砂岩气藏冻胶阀欠平衡完井技术	金属、非金属矿石超细碎技术
砾岩油藏提高采收率技术	金属、非金属粗颗粒原矿浆无外力管道输送技术
特高含水油藏二元复合驱大幅度提高采收率技术	铁矿山排岩系统高效回收磁铁矿资源技术
稠油或堵塞油层层内自生热解堵技术	鞍山式含碳酸盐赤铁矿石高效浮选技术
深层低渗低品位储层改造开采技术	黑色金属矿山高压辊磨机超细碎技术
特低渗透油藏二氧化碳驱大幅度提高采收率技术	低品位菱、褐铁矿回转窑磁化焙烧－磁选新技术

续表 2-1

底水油藏化学与机械联合堵水技术	铅锌银多金属硫化矿原生电位调控浮选工艺
特低渗透油藏数字化集成技术	低品位及难选磁铁矿磁场筛选法及设备矿工艺
油页岩综合利用集成技术	低硫金精矿(尾矿)循环流态化焙烧提金技术
煤炭高效采选和综合利用技术(18 项)	高氯咸水替代淡水高效选矿技术
浅埋厚煤层露井联合开采技术	特低品位高含泥铜、钼多金属矿山废石高效浮选技术
煤矿区保护水资源采煤技术	铜冶炼废渣半自磨浮选回收工艺
露天煤矿抛掷爆破-吊斗铲无运输倒堆工艺	铜钼矿尾矿膏体干堆排放技术
煤矸石井下充填置换煤成套技术与装备	酸性水低浓度铜资源的硫化提取技术
煤炭7米大采高综采工作面回采工艺	超贫钒钛磁铁矿尾矿磷钛资源综合回收技术
近水平中厚煤层300米加长工作面综采技术	低品位钒钛磁铁矿预抛尾及综合利用技术
建筑物下综合机械化充填采煤技术	铅锌多金属矿资源高效开发与综合利用关键技术
0.8~1.3米薄煤层综合机械化高效开采技术与成套装备	黄金矿山低品位资源动态评估与利用技术
急倾斜极薄煤层无人开采技术	低品位硫化铜矿生物提铜大规模产业化应用关键技术
薄煤层综采数字化无人工作面技术	含砷难处理金银精矿的催化氧化酸浸湿法冶金新工艺
复杂地质条件急倾斜煤层综采技术	CotL's酸法从含硫氰酸盐、氰化物尾液中综合回收氰化物技术
易选煤种复合式干法选煤技术与工艺	黄金矿山含氰尾液处理技术
贫煤和贫瘦煤高炉喷吹技术	低品位金矿利用及尾水提铜技术
高瓦斯煤矿区煤层气地面抽采技术	钼钨金多金属氧化矿综合利用新技术
煤矿矿井回风源热泵系统及配套技术	**非金属高效采选和综合利用技术(9 项)**
矸石电厂及瓦斯发电余热热电冷联供技术	固体钾矿浸泡式溶解转化开采技术
急倾斜近距离煤层群瓦斯抽采技术	磷石膏充填无废高效开采技术

续表 2-2

煤矸石烧结砖自动码坯与新型窑炉技术	中低品位胶磷矿正反浮选工艺
金属高效采选和综合利用技术(31 项)	盐湖卤水钾镁盐反浮选-冷结晶法生产氯化钾工艺
急倾斜薄矿体铝土矿地下分段崩落采矿技术	难选硅线石"磁浮磁"选矿新技术
沉积型似层状铝土矿薄矿体分级分层综合开采技术	高岭土尾矿及其共伴生矿物资源高效综合利用技术
金属矿山浅孔留矿事后充填、削壁充填采矿技术	磷矿伴生氟资源综合利用技术
金属矿山高浓度及膏体细尾砂充填技术	磷矿伴生碘资源回收新技术
金属矿山采场交替上升无房柱连续开采及宽进路充填采矿技术	低品位鳞片石墨矿"大型湿法搅拌磨"综合利用技术

通过综合利用示范工程的实施,促进矿山企业推广应用了一批先进适用的综合利用工艺、技术和装备,促进了中低品位、难选冶、共伴生、尾矿资源以及新型矿产资源的综合开发利用,加快资源利用方式转变。

冀中能源集团峰峰矿区薄煤层煤炭高效开采示范工程,提高回收率4个百分点;村庄下煤柱多回收煤炭4100万吨,提高矿区资源回收率2个百分点,延长矿区寿命7年左右。

攀钢集团尚难利用钒钛磁铁矿和选铁尾矿综合利用示范工程,将建成年处理尚难利用矿1000万吨的示范生产线,推广应用后,约2.5亿吨资源得以盘活。铜陵有色集团冬瓜山铜矿硫精矿再选回收伴生铜铁硫资源示范工程,有望使铜回收率由84%~85%提高至88%,铜精矿品位由19%~20%提高至20%~22%,每年可多生产1000吨铜。

2. *启动矿产资源综合利用示范基地建设*。国土资源部会同财政部以能源矿产、国家急需大宗支柱性矿产和"三稀"矿产(稀有、稀土、稀散)为重点,选择资源分布相对集中、资源潜力大、综合利用前景好、矿产开发布局基本合理的地区,建设了一批矿产资源综合利用示范基地,解决全局层面的综合利用问题。

2011年,国土资源部、财政部同河北、山东等21个省级人民政府以及中石油、神华集团等6个中央矿业企业在北京签署合作协议,建设首批40个综合利用示范基地,涵盖油气、煤炭、黑色金属、有色金属、稀有稀散金属、化工及非金属、铀矿等7大领域。

【绿色矿业建设】　近几年来，国土资源部认真贯彻落实中央的决策部署和要求，将发展绿色矿业、建设绿色矿山，作为转变矿业发展方式、提升矿业整体形象、促进矿业健康持续发展的重要平台和抓手，按照“规划统筹、政府引导、企业主体、协会促进、政策配套、试点先行、整体推进”的思路，积极推进绿色矿山试点工作。2010～2011年确定220家矿山企业作为国家级绿色矿山试点单位，树立了一批开采方式科学化、资源利用高效化、企业管理规范化、生产工艺环保化、矿山环境生态化的先进典型，绿色矿山建设工作取得初步成效。

1. *在煤炭行业树立绿色开采新模式*。如“以矸换煤”，实现“矸石不升井、矸石山搬下井”，提高了煤炭开采回采率，减少矸石占地和地面塌陷。形成了煤炭资源开发与生态环境协调发展的新模式，实现采后矿区生态环境明显优于开采前自然生态环境。一些试点矿山全面推行采空区回填和土地复垦，形成“煤海绿洲”。此外，还打造了煤炭及共伴生资源“绿色开采、综合利用、吃干榨净”的大同煤矿塔山矿山循环经济发展模式。

2. *在金属矿山试点形成资源高效综合利用新模式*。如四川攀钢、甘肃金川、河南洛钼、安徽铜陵等矿山企业加大科技创新力度，实现对低品位、难选冶、共伴生资源的综合开发，盘活大量资源，既有效增强国内资源供给能力，又减少储量动用，资源、环境和经济效益显著。

3. *在非金属矿山形成绿色发展新模式*。例如，为实现绿色开发，云磷集团自主创新，攻克了低品位胶磷矿利用世界性难题。瓮福、开阳高效开采磷矿，实现伴生碘、氟资源综合回收和废水零排放。

倡导企业开发一方资源，造福一方百姓，促进矿地和谐。如云磷集团探索形成以“矿业反哺农业，扶持集体经济，企地文化交流，建立沟通机制”的“云磷－汉营模式”。广西平果铝土矿进行矿业用地改革试点，实行边开矿边复垦，及时还地于民，实现“采矿无痕、绿色矿山、协调发展”的良性循环。

【第二批国家级绿色矿山建设试点单位】　经矿山企业申请、省级国土资源主管部门推荐、专家评估及社会公示，确定山西潞安集团余吾煤业公司屯留煤矿等64家煤矿企业、武汉钢铁集团矿业有限责任公司大冶铁矿等31家黑色金属矿山企业、南京银茂铅锌矿业有限公司栖霞山铅锌矿等39家有色金属矿山企业、浙江省遂昌金矿有限公司遂昌金矿等21家贵金属矿山企业、重庆钢铁集团矿业有限公司景星白云石矿等27家非金属矿山企业，以及陕西鄂尔多斯盆地安塞油田为第二批国家级绿色矿山试点单位。

（国土资源部矿产开发管理司）

矿产品市场

【概况】　中国煤炭、石油、钢铁等大宗矿产品消费进入快速增长时期。矿产品对外贸易活跃，在全国商品对外贸易中的地位越来越重要。石油、铁矿石等大宗矿产进口不断增长，对外依存度居高不下。矿产品价格高位震荡，提高了经济发展成本。

【矿产品消费】　中国能源资源消费稳步增长。2011年能源消费总量34.8亿吨标准煤，同比增长7.0%。其中，煤炭消费增长9.7%，原油消费增长2.7%，天然气消费增长12.0%，电力消费增长11.7%。2011年能源缺口为3.0亿吨标准煤(图1)，能源自给率91.4%。

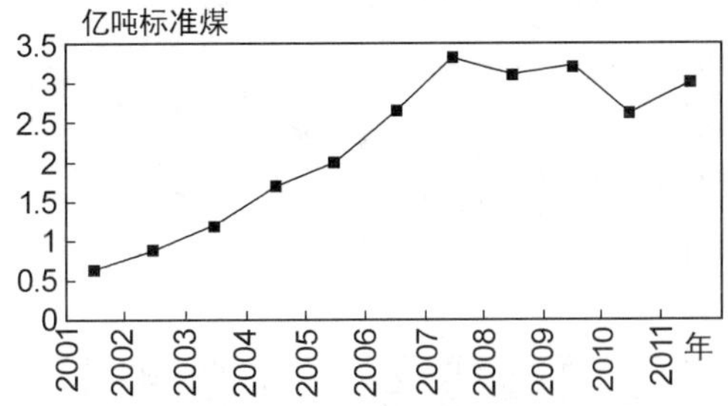

图1　2001～2011年全国能源供需缺口变化

钢材的需求持续增长。2011年钢材消费量8.4亿吨，同比增长9.0%。中国出口钢铁(初级产品)3962.4万吨，同比增长9.3%(图2)。

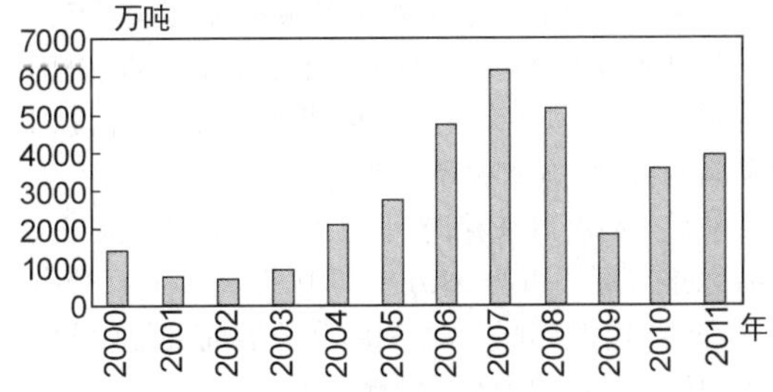

图2　2000～2011年中国钢铁出口变化

其他多数金属矿产品需求量增长迅速。精炼铜消费量786万吨，增长5.2%。电解铝消费量1724万吨，增长12.1%。

【矿产品贸易】　1. *矿产品对外贸易额增长迅速*。2011年，中国矿产品对外贸易活跃，贸易额为9571亿美元，同比增长34.3%。其中，出口额3075亿美元，同比增长33.9%；进口额6496亿美元，同比增长34.5%(图3)。2012年上半年，矿产品对外贸易额5021亿美元，同比增长10.1%。其中，出口额1560亿美元，同比增长9.4%；进口额3421亿美元，同比增长10.4%。

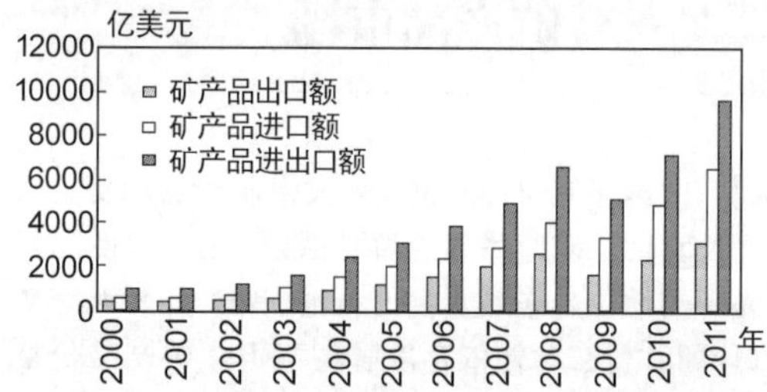

图3 2000~2011年全国矿产品进出口额变化

矿产品对外贸易增幅高于全国商品对外贸易的增速，矿产品对外贸易在全国对外贸易中的比重不断提高。2001~2011年，矿产品进出口额占全国商品进出口贸易额的比重稳步上升，由21.2%增至26.3%；矿产品进口额所占比重由23.2%增至37.3%；矿产品出口额所占比重从15.1%增至16.2%（图4）。

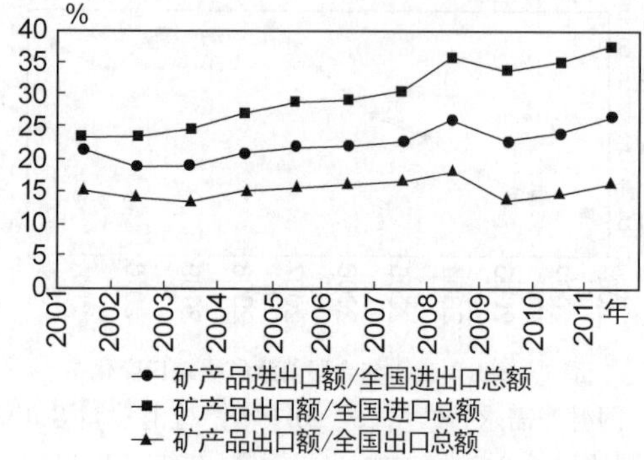

图4 2001~2011年矿产品贸易在全国贸易中的地位

2. *矿产品贸易对象主要分布在亚洲*。2011年，中国矿产品贸易主要对象为澳大利亚、韩国、日本、美国、沙特阿拉伯、中国香港、巴西、俄罗斯、伊朗和印度，其贸易额约占中国矿产品贸易额的五成。

从矿产品出口来看，前十位出口国家或地区占矿产品总出口额比重为58.0%，同比提高3个百分点。中国香港、美国、韩国、日本和印度位居前五位（图5），亚洲地区是出口的主要目的地。

从矿产品进口来看，前十位进口国家或地区占矿产品总进口额比重为54%。澳大利亚、沙特阿拉伯、韩国、日本和俄罗斯位居前五位（图6）。

3. *部分大宗矿产品对外依存度居高不下*。石油、铁、铜等大宗短缺矿产，每年从国外大量进口以满足国内的旺盛需求，对外依存度处于高位。2011年主要矿产对外依存度为：石油56.7%，铁矿石56.4%，铜71.4%，钾肥51.5%，铝61.5%（图7）。

4. *大宗短缺矿产进口持续增长，进口成本不断增加*。2011年，进口石油2.94亿吨，同比增长6.6%。进口煤炭2.22亿吨。进口铁矿石6.86亿吨，同比增长10.9%。进口铜精矿637.5万吨，同比降低1.4%。进口钾盐660.5万吨，同比增长45.7%（图8）。2012年上半年，进口石油1.60亿吨，增长8.9%；煤炭1.40亿吨，增长65.9%；铁矿石3.66亿吨，增长9.7%。

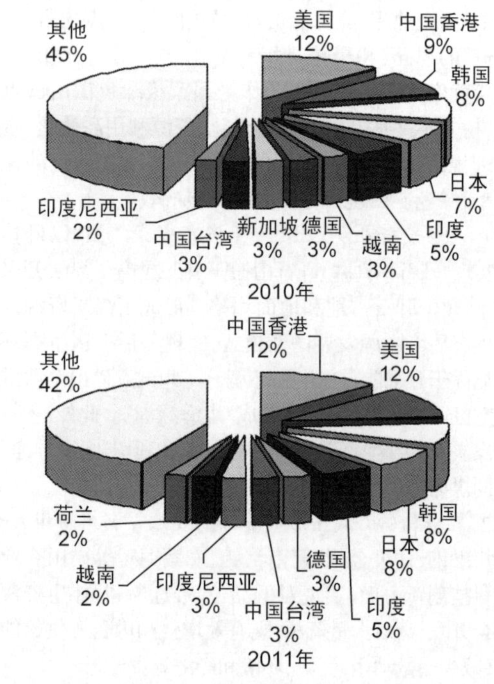

图5 中国矿产品出口流向变化情况（按国家或地区统计）

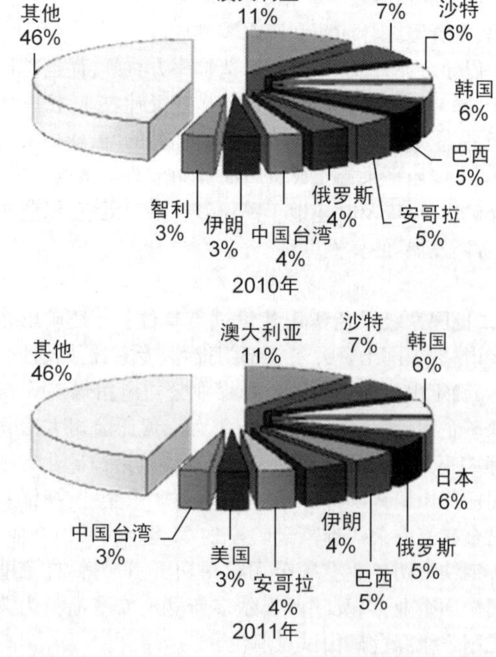

图6 中国矿产品进口来源变化情况（按国家或地区统计）

2011年中国原油进口来源国家或地区为46个，比

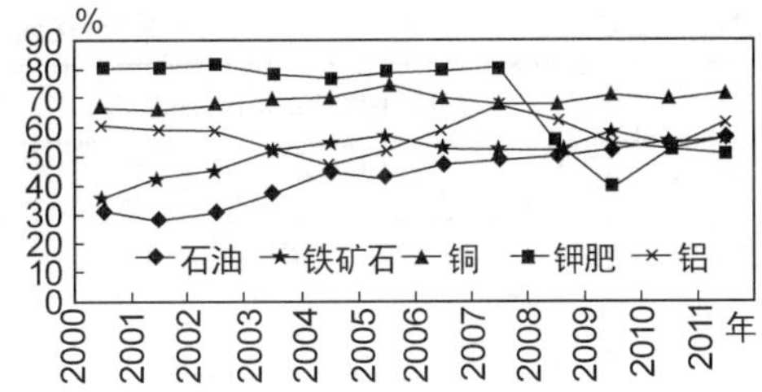

图 7　2000～2011 年中国重要矿产品对外依存度

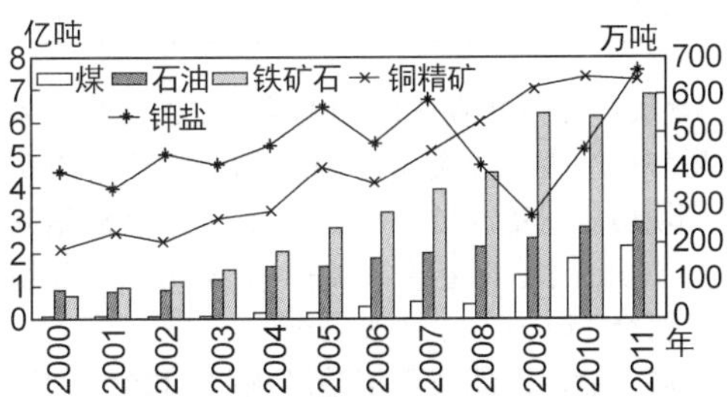

图 8　2000～2011 年中国部分重要矿产品进口量

（煤、石油、铁矿石为亿吨，铜精矿、钾盐为万吨）

2010 年减少 5 个，前十位进口来源地所占比重为 81%，比 2010 年增长 3 个百分点，其中沙特阿拉伯、安哥拉、伊朗保持前三位（图 9）。

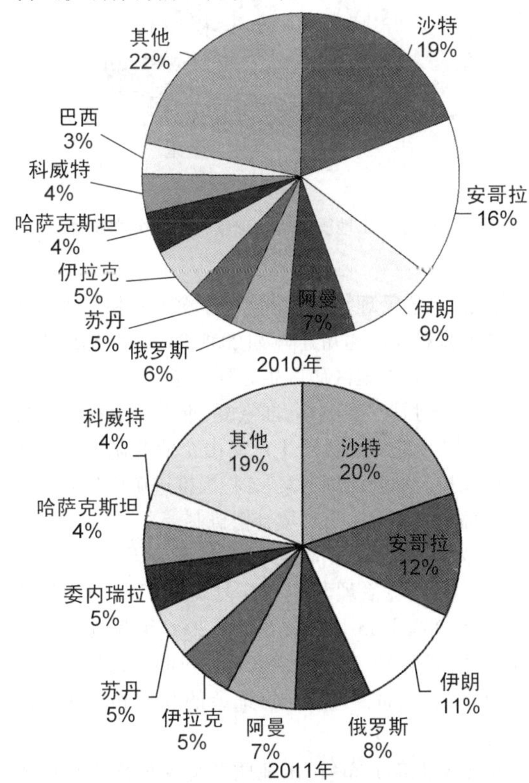

图 9　2011 年中国原油进口来源变化

中国铁矿石进口集中度比较高。前三位来源地分别为澳大利亚、巴西和印度，从三国进口量占中国铁矿石进口总量的 80%左右，其中从印度进口铁矿石占中国铁矿石进口总量的比重为 11%，比 2010 年减少 5 个百分点（图 10）。

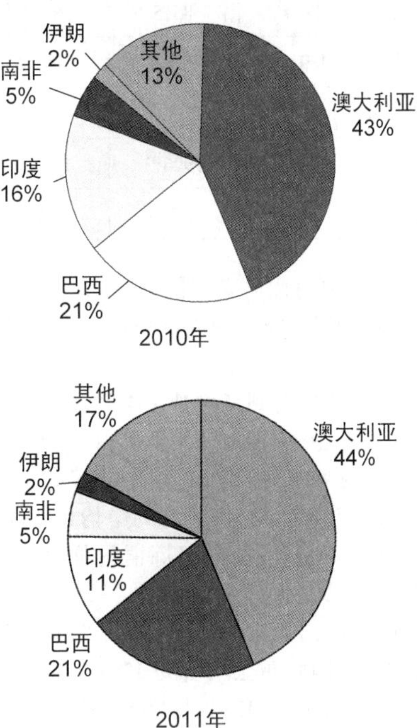

图 10　2011 年中国铁矿石进口来源变化

中国进口的重要矿产品价格进一步上扬。原油进口价格增长 37.2%，铁矿石增长 28.2%，铜精矿增长 24.2%，氧化铝增长 19.0%，煤炭增长 9.1%（表 1）。

【矿产品价格】 2011 年，全球经济发展环境复杂多变，矿产品价格高位剧烈震荡；2012 年上半年尤其是第二季度矿产品价格大幅下跌，但整体仍处于高位运行。

2011 年，大庆油田原油现货价格平均为 110.3 美元/桶，同比增长 40.6%。美国纽约原油现货价格平均为 94.8 美元/桶，增长 19.3%。2012 年上半年，两地原油均价分别为 119.1 美元/桶和 98.2 美元/桶，同比分别增长 9.1%和下降 0.5%；3～6 月，两地原油价格分别下降 22.8%和 21.4%（图 11）。

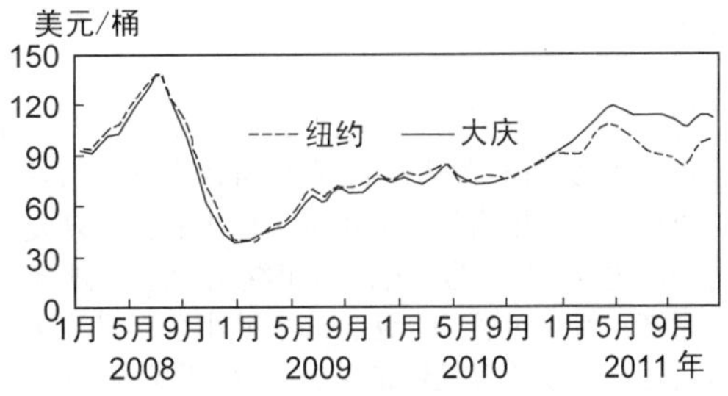

图 11　2008～2011 年国内国际原油价格走势

表 1　　2007～2011 年中国重要矿产品进口成本变化　　单位：美元/吨

	2007 年	2008 年	2009 年	2010 年	2011 年	2011 年比 2010 年增长/%
煤　炭	47.4	85.5	82.3	98.5	107.5	9.1
原　油	489.4	720.9	436.2	564.8	774.9	37.2
铁矿石	88.2	133.5	79.8	127.8	163.8	28.2
铜精矿	1957.3	1996.3	1271.4	1959.3	2434.0	24.2
氧化铝	384.4	387.6	253.8	347.5	413.6	19.0

2011 年，国内优质煤均价 791.6 元/吨，同比增长 9.5%。2012 年上半年，国内优质煤均价为 750.2 元/吨，下降 2.6%。

2011 年，铁矿石到岸均价 164 美元/吨，同比上涨 28.3%。国内精炼铜均价为 6.59 万元/吨，上涨 11.8%。国内精炼铝均价为 1.68 万元/吨，上涨 7.8%。2012 年上半年，铁矿石到岸均价 138.1 美元/吨，同比下降 14.2%；国内精炼铜均价为 5.76 万元/吨，同比下降 17.3%。

2011 年，国内黄金价格平均为 327.8 元/克，同比上涨 22.6%。国际黄金均价为 1568.9 美元/盎司，上涨 28.1%(图 12)。2012 年上半年，国内黄金均价为 336.3 元/克，同比上涨 9.8%。

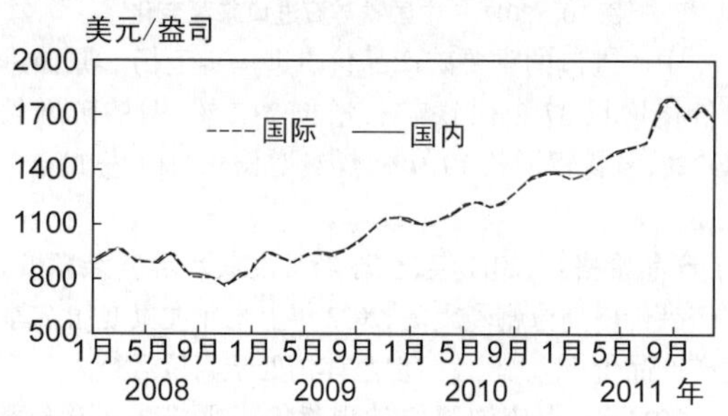

图 12　2008～2011 年国内国际黄金价格走势

（国土资源部信息中心）

矿山环境保护

【概况】　2011 年，积极推进矿山地质环境恢复治理，加大投资力度，完善相关法律制度，促进矿产开发与环境保护协调发展。出台针对矿山环境保护和治理恢复问题的专门规定，30 个省（区、市）相继出台矿山地质环境治理恢复保证金管理办法。国家矿山公园已成为矿山地质环境恢复治理的示范区，并取得明显的社会、经济、环境效益。

【矿山地质环境恢复治理】　2011 年，中央财政投入矿山地质环境治理专项资金 47.32 亿元，用于解决矿山地质环境历史遗留问题。重点支持 38 个资源枯竭城市 33.3 亿元，占总资金的 70%；一般矿山地质环境治理安排资金 14.02 亿元，占总资金的 30%。

开展一般矿山地质环境治理项目 112 个。其中，金矿 18 个，支持资金 18081 万元；煤炭 22 个，支持资金 27534 万元；建材非金属矿 29 个，支持资金 38868 万元；铁矿 6 个，支持资金 9125 万元；其他类矿山治理项目 37 个，支持资金 48478 万元(图 1)。

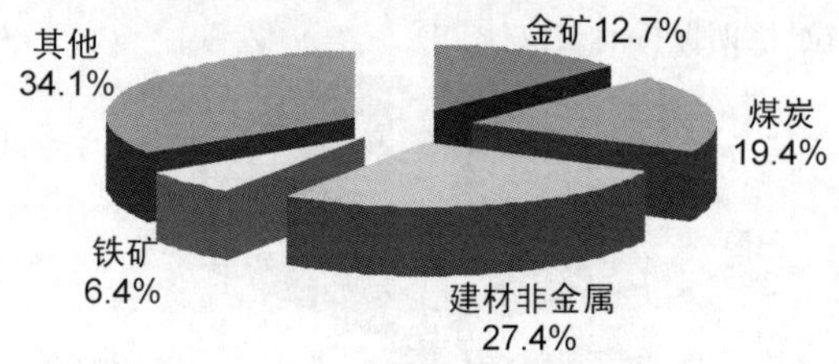

图 1　一般矿山地质环境治理项目资金分类统计

【矿山地质环境管理】　《国务院关于全面整顿和规范矿产资源开发秩序的通知》(国发〔2005〕28 号)明确地方各级人民政府对“本地区矿区生态环境进行监督管理”的责任，进一步强调“谁破坏、谁恢复，谁投资、谁受益”的原则，要求“新建和已投产生产矿山企业要制订矿山生态环境保护与综合治理方案”，“积极推进矿山生态环境恢复保证金制度等生态环境补偿机制。”

财政部、国土资源部、环保总局联合发布《关于逐步建立矿山环境治理和生态恢复责任机制的指导意见》(财建〔2006〕215 号)，提出“从 2006 年起逐步建立矿山环境治理和生态环境恢复责任机制”，选择煤炭矿山试点，然后全面推开。对保证金的收取和使用作出了规定。

国土资源部颁布《矿山地质环境保护规定》(国土资源部令第 44 号)，明确了矿山地质环境保护的基本制度：一是矿山地质环境治理恢复保证金制度，规定了保证金的缴存标准和缴存办法按照省(区、市)的规定执行,保证金遵循“企业所有、政府监管、专户储存、专款专用”的原则;二是调查评价和规划制度,由国土资源行政主管部门负责组织开展工作;三是矿山地质环境保护与治理恢复方案编制与审查制度,规定了所有矿山必须开展方案的编制工作;四是矿山地质环境监测制度,规定县级以上国土资源行政主管部门应当建立本行政区域内的地质环境监测工作体系,健全监测网络,对矿山地质环境进行动态监测,指导、监督采矿权人开展矿山地质环境监测。

30个省(区、市)相继出台了矿山地质环境治理恢复保证金管理办法。对于历史遗留或责任人灭失的矿山地质环境问题,由各级人民政府负责,并鼓励吸引社会资金参与治理;对于新建和生产矿山,严格落实企业的矿山地质环境治理主体责任,及时完成治理任务,不积存矿山地质环境新问题。据不完全统计,截至2011年底,全国已缴存保证金占应缴存保证金额的46%;已返还占已缴存金额的26%。

【国家矿山公园管理】 2004年11月19号,国土资源部印发《关于申报国家矿山公园的通知》(国土资发〔2004〕256号)。2011年,具备国家矿山公园资格的已有61家。其中,2005年首批获得国家矿山公园资格的28家,已有23家揭碑开园(表1);2010年第二批获得国家矿山公园资格的有33家,已有2家揭碑开园(表2)。建材类等非金属矿山17家,煤炭矿山18家,金矿山12家,铁矿山5家,铜矿山4家,钼矿、多金属等其他金属矿山5家(图2)。

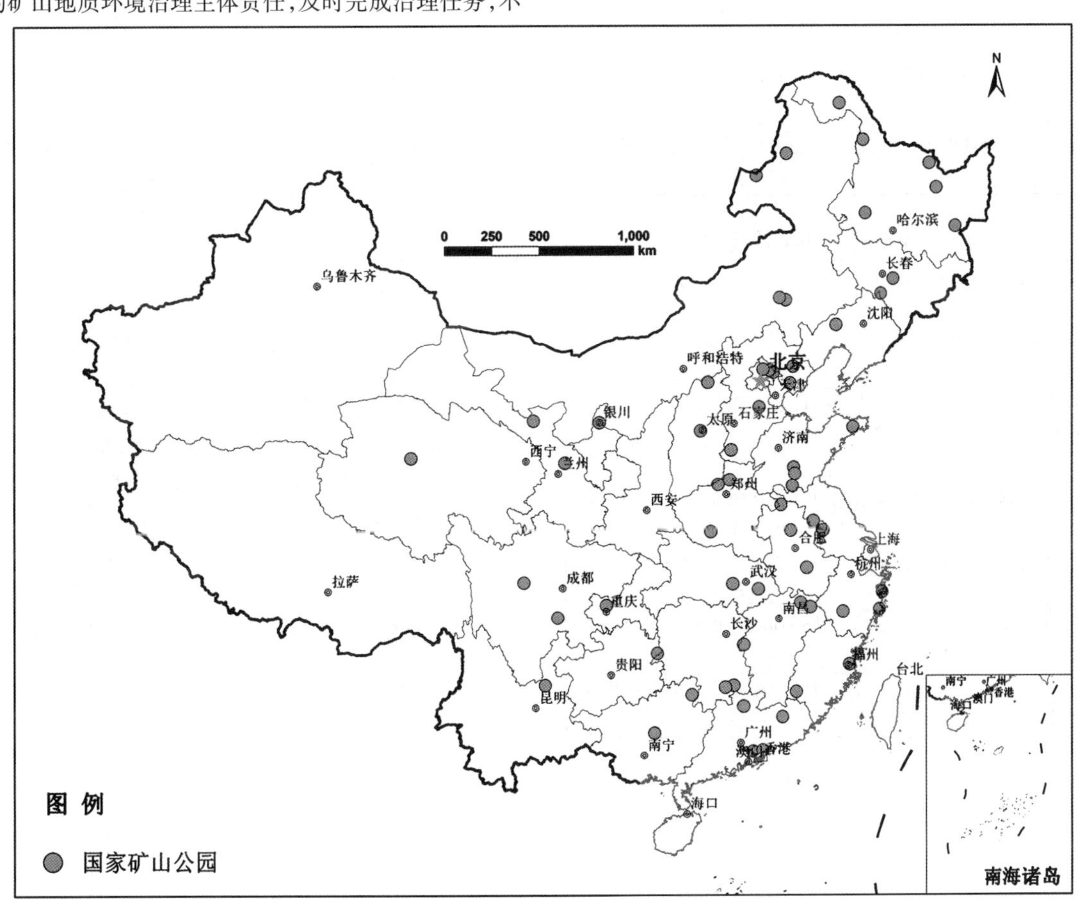

图2 国家矿山公园分布示意图

表1 第一批批准的国家矿山公园资格名单

1. 北京平谷黄松峪国家矿山公园	3. 河北任丘华北油田国家矿山公园
2. 河北唐山开滦煤矿国家矿山公园	4. 河北武安西石门铁矿国家矿山公园

续表1-1

5. 山西大同晋华宫矿国家矿山公园	7. 内蒙古满洲里市扎赉诺尔国家矿山公园
6. 内蒙古赤峰巴林石国家矿山公园	8. 辽宁阜新海州露天矿国家矿山公园

续表 1－2

9. 吉林板石国家矿山公园	19. 山东沂蒙钻石国家矿山公园
10. 黑龙江鹤岗市国家矿山园	20. 河南南阳独山玉国家矿山公园
11. 黑龙江鸡西恒山国家矿山公园	21. 湖北黄石国家矿山公园
12. 黑龙江嘉荫乌拉嘎国家矿山公园	22. 广东深圳凤凰山国家矿山公园
13. 江苏盱眙象山国家矿山公园	23. 广东韶关芙蓉山国家矿山公园
14. 浙江遂昌金矿国家矿山公园	24. 广东深圳鹏茜国家矿山公园
15. 安徽淮北国家矿山公园	25. 贵州万山汞矿国家矿山公园
16. 福建寿山国家矿山公园	26. 四川丹巴白云母国家矿山公园
17. 福建上杭紫金山国家矿山公园	27. 甘肃白银火焰山国家矿山公园
18. 江西景德镇高岭国家矿山公园	28. 青海格尔木察尔汗盐湖国家矿山公园

表 2　　　第二批批准的国家矿山公园资格名单

1. 黑龙江大庆油田国家矿山公园	9. 湖南宝山国家矿山公园
2. 甘肃金昌金矿国家矿山公园	10. 浙江宁波宁海伍山海滨石窟国家矿山公园
3. 江西德兴国家矿山公园	11. 云南东川国家矿山公园
4. 湖南郴州柿竹园国家矿山公园	12. 江苏南京冶山矿山公园
5. 浙江温岭长屿硐天国家矿山公园	13. 山西省太原西山国家矿山地质公园
6. 江西萍乡安源国家矿山公园	14. 山东省临沂归来庄金矿国家矿山公园
7. 安徽铜陵市铜官山国家矿山公园	15. 河南焦作缝山国家矿山公园
8. 北京首云国家矿山公园	16. 山东枣庄中兴煤矿国家矿山公园

续表 2－1

17. 山东威海金洲国家矿山公园	26. 北京怀柔圆金梦国家矿山公园
18. 宁夏石嘴山国家矿山公园	27. 广西全州雷公岭国家矿山公园
19. 湖北应城国家矿山公园	28. 河北迁西金厂峪国家矿山公园
20. 安徽淮南大通国家矿山公园	29. 黑龙江黑河罕达气国家矿山公园
21. 广西合山国家矿山公园	30. 重庆江合煤矿国家矿山公园
22. 内蒙古林西大井国家矿山公园	31. 黑龙江大兴安岭呼玛国家矿山公园
23. 吉林辽源国家矿山公园	32. 四川嘉阳国家矿山公园
24. 内蒙古额尔古纳国家矿山公园	33. 河南新乡凤凰山国家矿山公园
25. 广东梅州五华白石嶂国家矿山公园	

国家矿山公园已经成为矿山地质环境恢复治理的示范区，成为矿业遗迹、矿业文化的保护区，成为科普教育、科学考察以及爱国主义教育的基地，促进了地方旅游事业的发展，取得了明显的社会、经济、环境效益。例如：浙江长屿硐天国家矿山公园紧紧抓住采石、建材文化，经过矿山地质环境治理、景观修复，在废旧的采石遗址上挖掘历史采石文化，将矿山建设成为一处国家级的风景名胜区。四川嘉阳国家矿山公园以黄村井老矿井、芭蕉沟工业古镇、蒸汽窄轨小火车为发展特色，建立独特的矿山文化。

（国土资源部地质环境司）

矿　业　管　理

基础地质调查与地质资料服务

【概况】 地质矿产调查与评价是实施找矿突破战略行动的基础性工作。通过开展全国和区域基础地质调查、区域物化遥感地质调查、海洋区域地质调查以及综合研究工作,提高了基础地质调查程度,更新大批基础地质图件。积极推进地质资料社会化服务,向全社会公开发布中比例尺数字地质图1600多幅,较好满足了经济社会发展对基础地质信息资料的需求。全国页岩气资源潜力评价表明,中国陆上页岩气资源潜力较大,东北地区油气地质资源量显著增加。通过煤炭、铀、铁、铜、铝、铅、锌、钨、锑、金、稀土、钾、磷等13个矿种资源潜力评价和47片整装勘查区的地质找矿工作,铁、铜、铝、金等矿产资源量增长明显。

【基础地质调查】 1. 区域地质调查。在重点成矿带、重大地质问题区、重要经济区和重大工程建设区,开展1:5万区域地质调查和1:25万区调修测。开展全国和区域基础地质调查综合研究,包括重要成矿带和六大区基础地质综合研究、青藏高原重大关键地质问题研究、中国陆块聚散过程与成矿地质背景研究、主要活动构造带构造特征与地质地貌演化研究、全国地质志修编和全国重要地质遗迹调查。2011年完成1:25万区域地质调查40.5万平方千米,全国累计完成567万平方千米,占陆域国土面积59.0%。完成1:5万区域地质调查17.5万平方千米,全国累计完成237万平方千米,占陆域国土面积24.7%。

通过区域地质调查发现矿(化)点、矿化线索470余处,开展了成矿条件和成矿背景调查,圈定出一批新的远景区。发现大量有价值的化石,填绘出许多新地质体,发现一批重要地质界面,修订、完善了区域地层层序。获得了一批重要的同位素年龄数据,发现许多具有重要价值的岩石。

2. 区域物化遥感地质调查。在重要成矿带全面开展航空物探、区域重力、区域化探及遥感地质调查工作。继续推进矿山遥感调查与监测,进行矿山卫片遥感解译。

新圈定航磁异常2692处,推断有重要找矿意义的异常160多处,发现矿(化)点31处,新圈定重力异常60多处,化探综合异常340多处,为地质找矿提供了大量的远景区和线索。

首次实现全国陆域矿山遥感调查监测全覆盖。围绕国家163个重点矿区与部分热点地区,系统完成了矿产资源开发利用状况、矿山地质环境和矿产资源规划执行情况的遥感综合调查与监测工作。

3. 海洋地质调查。加大海洋区域地质调查力度,继续开展1:100万上海幅、海南岛幅、中沙群岛幅、大连幅海洋区域地质调查,1:25万青岛幅海洋区域地质调查试点。编制了1:100万上海幅地理底图、海底地形图、构造地质图、矿产资源图、第四纪地质图、环境地质图、重力异常图、磁力异常图等图件。大连幅和中沙群岛幅中都发现了良好的油气成藏条件。

重点海岸带滨海环境地质调查与监测。主要开展了南海北部湾全新世环境演变与人类活动影响研究、华南海岸带地质环境综合调查评价。通过华南海岸带地质环境综合调查评价发现其海岸带主要有砂质海岸类型、泥质海岸类型、红树林海岸类型和人工海岸类型。

【油气资源调查评价】 2011年,全国油气资源动态评价在东北地区展开,对石油、天然气、油页岩、页(泥)岩油资源进行了评价。东北地区石油地质资源量225亿吨,天然气4.55万亿立方米,较"新一轮全国油气资源评价"分别增加56亿吨和2.54万亿立方米,分别增长32%和127%。其中,大庆油田石油地质资源量125亿吨,增加了23亿吨;辽河油田石油地质资源量43.8亿吨,增加了10.1亿吨;吉林油田天然气地质资源量2.62万亿立方米,增加了1.4万亿立方米。此外,东北地区非常规油气资源也显示出良好的前景。其中,东北地区可回收油页岩油资源量86.6亿吨,首次评价大庆古龙凹陷页(泥)岩油11.5亿吨。

汇总全国油气资源评价结果表明,石油地质资源量939亿吨,天然气地质资源量55万亿立方米,可回收油页岩油资源量166亿吨。

在中国陆域上扬子及滇黔桂、中下扬子及东南、华北及东北、西北的4个工作区优选出41个盆地和地区开展页岩气资源评价和有利区优选工作。中国陆上页岩气地质资源潜力和可采资源潜力分别为134万亿立方米、25万亿立方米(不含青藏区);优选出页岩气有利区180个,划分页岩气勘探开发规划区36个。

第二批全国油气资源战略选区继续开展塔里木盆地新领域油气资源战略选区、东海陆架盆地南部油气资源战略调查与选区、松辽盆地及外围上古生界油气资源战略选区工作。

陆上油气基础地质调查主要集中在松辽盆地外围、银－额盆地、中上扬子海相含油气盆地、羌塘盆地、黔中隆起等地区,发现这些地区具备良好的生油气潜力。在陕西铜川钻获40米三叠系油层,可形成大型－特大型油页岩矿床,该发现对进一步评价鄂尔多斯盆地渭北隆起带油气前景具有重要意义。

积极开展黄海油气资源勘探、天然气水合物资源勘查、大洋科学考察等工作,为国民经济可持续发展提供服务。黄海油气资源勘探,针对重点目标区和有利区带地质构造十分复杂的特点,开展了三维地震资料攻关和精细处理,进行综合解释和井位部署。天然气水合物资源勘查,主要开展了海域天然气水合物资源勘查,天然气水合物勘查与试采环境评价,以及成矿理论及分布预测研究、勘查技术研发、钻采技术研发、测试技术与模拟实验研究等工作。南海北部神狐海域天然气水合物资源勘查,进一步扩大了天然气水合物资源远景区。

【非油气矿产资源调查评价】 2011年矿产远景调查工作重点安排在阿尔泰成矿带、天山－北山成矿带、西昆仑成矿带、东昆仑成矿带、祁连成矿带、秦岭成矿带、班公湖－怒江成矿带、冈底斯成矿带、西南三江成矿带、川滇黔成矿带、豫西成矿带、湘西－鄂西成矿带、南岭成矿带、大兴安岭成矿带、辽东－吉南成矿带、晋冀成矿带、长江中下游成矿带、钦杭成矿带、武夷山成矿带等19个重点成矿区带。部署矿产远景调查30661平方千米,新圈定地质、物探、化探、遥感异常5925处,新发现矿(化)点、矿化线索260余处,新发现找矿靶区300余处。

公益性地质工作促进全国首批47片整装勘查区取得找矿重大进展。初步统计,47个整装勘查区2011年度新增资源量(333以上)铁矿石42.4亿吨、铜212.7万吨、铝土矿4872万吨、金177.3吨、银654.7吨、铅锌244.6万吨、钼90.1万吨、镍2万吨。

继续开展重要矿种潜力评价工作。全面完成省级基础地质编图和基础数据库建设。全国共完成1:25万实际材料图687幅、1:25万建造构造图730幅;完成全国省级重力、磁测、化探、遥感、自然重砂等基础地质编图和数据库建设;完成省级基础地质数据库维护工作,新增矿产地数据1.19万个、地质工作程度数据记录1.65万条,新增大量地球物理测量数据和地质图矢量化数据;全国性综合图件编制和数据库建设稳步推进。

全面完成煤炭、铀、铁、铜、铝、铅、锌、钨、锑、金、稀土、钾、磷等13个矿种资源潜力评价工作。铜资源潜力评价表明,全国500米以浅预测资源量为1.92亿吨,1000米以浅预测资源量为2.74亿吨,2000米以浅预测资源量为3.06亿吨。

湖南花垣－凤凰铅锌矿新增资源量300万吨。辽宁本溪大台沟铁矿区外围(花红沟区)新增铁矿资源量超过5亿吨。西藏多不杂和波龙超大型铜金矿,估算铜资源量577万吨、金260吨。新疆阿吾拉勒铁铜矿新增铁矿石资源量2.6亿吨。西昆仑塔什库尔干新发现莫拉赫、其克尔克等铁矿,估算资源量8亿吨。青海祁漫塔格探明2个超大型铁多金属矿,4个大型铜多金属矿,铁矿石资源量4.8亿吨、铜铅锌资源量420万吨。甘肃大桥金矿探明金资源量70吨。

海砂资源调查。继续开展华南海岸带矿产资源综合调查评价、辽东湾近海海砂及相关资源潜力调查、台湾海峡西岸近海海砂及相关资源潜力调查、海南岛浅海砂矿资源潜力调查与评价等。同时,开展北黄海海域海砂资源联合调查。

【地质环境调查和地下水评价】 2011年,完成主要盆地、岩溶流域、重要煤炭能源基地等1:5万区域水文地质调查5万平方千米,完成重要经济区和城市群1:5万环境地质调查1.3万平方千米。

重要能源基地水文地质环境地质调查进展明显。在宁夏东部煤炭基地发现6处地下淡水前景区。查明新疆准噶尔盆地东部煤炭基地第四系基底地质结构,划分区域地下水系统,分析含水层富水性和水化学类型,获得了区域地下水补给量和可开采量。初步查明了鄂尔多斯盆地能源基地龙口地区的水文地质条件。

开展松嫩平原、三江平原、成都平原、关中平原、西南沿海地区和中西部主要城市的地下水污染调查评价。以西南岩溶石山区、主要平原盆地和重要能源化工基地为重点,完成1:5万水文地质调查5万平方千米。完善全国地下水监测网络和动态评价体系,为国家和地方政府开展地下水污染防治规划提供了可靠依据。

全国地下水资源评价表明,地下淡水天然资源年均为8837亿立方米,约占全国水资源总量的1/3,其中山区为6561亿立方米,平原为2276亿立方米;地下淡水可开采资源年均为3527亿立方米,其中山区为1966亿立方米,平原为1561亿立方米。另外,全国地下微咸水天然资源(矿化度1~3克/升)年均为277亿立方米,半咸水天然资源(矿化度3~5克/升)多年平均为121亿立方米。全国地下水开采量逐年上升(图1)。

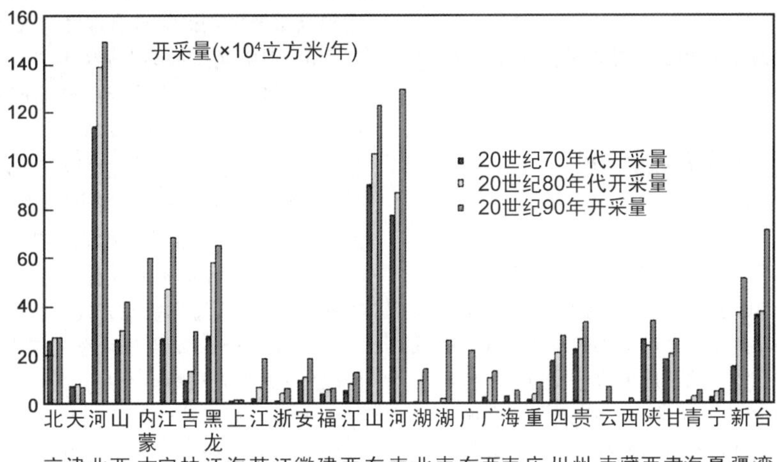

图1　地下水开采量对比图

【地质资料服务】　地质资料管理体系不断完善,以推进地质资料信息服务集群化、产业化为抓手,积极推进地质资料服务方式转变,大力提高地质资料服务能力和水平。采取各种方式,积极为各类地质工作、重大工程、民生工程、防灾减灾、灾区救援等提供地质资料服务,为"保发展和保红线"工程和找矿突破战略行动提供专题服务。为进一步服务找矿突破战略行动,服务经济社会发展的方方面面,服务社会公众,全国地质资料馆首次向全国社会公众发布中比例尺数字地质图1600多幅。

2011年,部、省两级地质资料馆藏机构,通过传统的服务方式,便向社会提供了4万多人次服务,提供的地质资料多达19万份次,300多万件次,并开展了地质资料进校园、进企业等活动,主动为用户提供服务,产生了巨大的经济价值和社会效益。

1. 地质资料汇交监管平台正式运行。2011年,基本完成全国除台湾省外31个省(区、市)地质资料汇交监管平台建设,进一步促进了成果地质资料汇交,保障了原始与实物地质资料及时依法汇交,有效提高了地质资料汇交监管效率,使地质资料汇交更加规范。实现了地质资料查询、借阅、加工,用户信息管理,服务量统计等功能一体化,显著提高了地质资料服务信息化水平。已有5.4万档数字化图文地质资料和全国1:20万数字地质图在电子阅览系统中提供服务。

2. 服务双保工程,提供有力支撑。2011年,全国地质资料馆为"西气东输工程"等440个项目提供了地质资料信息服务。河南充分利用现有馆藏地质资料,为建设项目选址提供压矿信息,为重点工程建设提供基础地质资料信息支撑,确保了这些关系国计民生的重点工程顺利开工和建成。

3. 开展抗旱救灾应急服务。华北地区和江淮流域、长江中下游地区出现严重干旱后,多个省级地质资料馆藏机构主动为抗旱救灾提供应急服务。全国地质资料馆及时启动抗旱救灾应急服务,在网上发布《关于为华北地区和江淮流域抗旱救灾提供应急地质资料信息服务的函》和《关于为长江中下游地区抗旱找水提供应急地质资料信息服务的函》,公布华北和江淮流域及湖北、江西、安徽和江苏等地区的水文地质资料目录信息,建立抗旱救灾应急服务绿色通道,免费提供服务等。

4. 地质资料网络服务取得新进展。部、省级国土资源主管部门及其地质资料馆藏机构通过加强信息化建设,网络服务能力日趋增强。近两年,累计有近1.5万件图文地质资料向社会公众提供网上浏览服务,全国地质资料服务网站点击总量超过400万次,网络服务方式逐渐占据服务的主导地位。

5. 初步建成地质资料信息集群化共享服务平台。推进地质资料信息服务集群化产业化,制定地质资料服务公约,促进地质资料公开共享,构建全国地质资料服务体系,全面提升了地质资料公共服务能力与水平。截至2011年底,全国累计完成地质资料图文数字化总量23.9万种,数字化率达59%,全国地质资料馆、国土资源实物地质资料中心和除台湾省外31个省级地质资料馆藏机构均建立了服务网站,1/3的省级地质资料馆建成了电子阅览室。在全国地质资料馆及辽宁、湖南、海南、浙江和广西5个省级地质资料馆开展地质资料共享服务试点应用,12万档地质目录、1100多档地质资料报告已经提供在线服务。

6. 油气地质资料委托保管信息系统。2011年,已有13家油气地质资料委托保管单位使用该信息系统，并向专业用户提供油气原始、实物地质资料目录等管理服务信息。

（国土资源部地质勘查司 国土资源部矿产资源储量司）

矿产资源管理

【概况】 中国矿产资源管理体系不断完善。发布实施国土资源调查评价、矿山地质环境保护与治理、矿产资源节约与综合利用等专项规划。推进矿产资源开发和矿业权评估管理。规范矿产资源储量成果信息发布。规范矿业权市场，提高矿业开发集约化程度。矿产资源利用现状调查和全国矿业权实地核查进展顺利。实行矿业权设置方案制度。创新页岩气开发管理方式。开展稀土、磷矿开发利用区域联合监管和卫片执法检查。

【矿产资源规划】 "十二五"以来，第二轮矿产资源规划实施工作全面推进，同时《国土资源调查评价"十二五"规划》、《全国矿山地质环境保护与治理规划（2009～2015年）》和《矿产资源节约与综合利用"十二五"规划》等一批重要专项规划相继发布实施。

1. 全面推进第二轮矿产资源规划实施工作。全面实施省级总体规划。落实规划分区管理制度，推进757个重点勘查区的整装勘查和748个重点开采区的规模开发；按照规划确定的15000余个勘查规划区块和10000余个开采规划区块，指导矿业权科学设置，优化勘查开采布局；落实5389个禁止、限制勘查开采区，强化资源环境保护；明确资源节约与综合利用等7大重点领域；规定33个重点矿种矿山最低开采规模准入要求，确保规模化、集约化开发利用。部署开展市县级总体规划编制工作，现已批准发布1356个。更新矿产资源规划管理信息系统，为矿产资源管理提供决策依据。

2. 全国矿山地质环境保护与治理规划。《全国矿山地质环境保护与治理规划（2009～2015年）》明确了6项任务：加强矿山地质环境调查，健全矿山地质环境监测体系，加快矿山地质环境治理恢复，加强矿山地质环境保护，完善矿山地质环境管理制度，加强技术支撑体系建设。明确实施4项重大工程：矿山地质环境调查工程，调查面积25万平方千米；矿山地质环境监测工程，监测控制面积3万平方千米；矿山地质环境治理工程，治理面积约1.5万平方千米，重点治理工程2100处；矿山地质环境保护与治理技术创新工程。

3. 国土资源调查评价"十二五"规划。制定《国土资源调查评价"十二五"规划》，其具体目标是地质找矿实现重大突破，评价一批新的能源和重要矿产资源战略接续区，重要矿产资源国内保障能力稳步增强；大幅度提高重要经济区等重点地区中大比例尺基础地质调查程度，保障经济社会发展对地质工作的需求；实现对国土资源保护与利用状况的全面调查与监测，落实资源节约优先战略；建立完整的国土资源数据库体系，实现信息化管地、管矿；健全地质灾害调查、监测、预警体系，显著提高防灾减灾与突发性地质灾害的应急反应能力；开发、引进、推广一批先进技术和装备，建立完善国土资源调查评价技术支撑体系；显著提高海洋地质工作程度，促进海洋资源开发与环境保护。

4. 矿产资源节约与综合利用"十二五"规划。印发《矿产资源节约与综合利用"十二五"规划》，目标是基本查清重要矿产资源节约与综合利用状况，全面提高矿产资源高效开发和节约利用水平，显著提高矿产资源综合利用水平和规模，建成一批示范工程和示范基地，建立健全资源节约与综合利用长效机制。

5. 加快推进重点矿区/重点矿种专项规划编制实施工作。按照《国土资源部办公厅关于开展稀土等重要矿产重点规划区/矿区专项规划编制工作的通知》（国土资厅发〔2010〕48号）的要求，加快推进江西稀土矿、江西钨矿、广东稀土矿、内蒙古白云鄂博铁矿区、湖南柿竹园钨锡多金属矿区等240项重点矿区/重点矿种专项规划的编制和审批，促进资源的合理开发与有效保护，保障矿产资源战略性接替地和矿产资源开发基地的建设。

为保护和合理利用稀土、铁矿等矿产资源，首次划定11片稀土和2片钒钛磁铁矿国家规划矿区（表1、表2）。在赣南地区划定11片稀土国家规划矿区，总面积2534平方千米，预测稀土远景资源量约76万吨；在攀枝花地区划定2片铁矿国家规划矿区，面积约467平方千米，预测钒钛磁铁矿远景资源量共计136亿吨。

表1 首批稀土矿产国家规划矿区名单及范围

序号	规划矿区名称	面积（平方千米）
1	龙南重稀土规划矿区（1）	246
2	龙南重稀土规划矿区（2）	49
3	寻乌轻稀土规划矿区	154
4	定南中稀土规划矿区	432
5	赣县（北）中稀土规划矿区	248
6	赣县（中）重稀土规划矿区	246
7	赣县（南）中稀土规划矿区	40
8	安远中、重稀土规划矿区	395
9	信丰（北）中稀土规划矿区	60
10	信丰（南）中、重稀土规划矿区	209
11	全南中稀土规划矿区	455

表 2　首批铁矿国家规划矿区名单及范围

序号	规划矿区名称	面积(平方千米)
1	攀枝花钒钛磁铁矿国家规划矿区	200.76
2	白马钒钛磁铁矿国家规划矿区	266.18

【矿业权市场】 1. 初步建立油气探矿权竞争性出让制度。2011～2012 年,选择南、黄海 2 个常规油气区块,通过议标方式对比企业提交的勘查实施方案,择优确定受让人。

2. 推进页岩气勘查开发。创新页岩气管理方式,成功开展页岩气探矿权招标出让试点,打破了单一的“申请在先”方式,引入竞争。加强页岩气地质调查评价,圈定页岩气有利目标区。加大页岩气调查评价、科技攻关和勘查开发示范的支持力度。为加强优势矿种勘查开发的宏观调控,2011～2012 年继续暂停钨、锑、稀土新立探矿权采矿权审批。

3. 矿业权出让网上交易试点工作正式启动。选择辽宁、福建、湖南、江西、贵州和宁夏 6 省(区)开展省级矿业权出让网上交易试点,其中,湖南省、江西省全省各市已全部实现矿业权出让网上交易。矿业权出让网上交易有利于提高效率、行政便民,有利于加强廉政建设,有利于提高矿业权管理信息化、网络化、科技化水平,为全国探索建立通过互联网实现矿业权统一交易奠定了基础。

4. 全面落实矿业权出让转让信息公示公开制度。建设运行全国矿业权出让转让公示公开系统,从 2011 年 4 月起全面实现申请在先、招拍挂、协议出让,探矿权转采矿权,转让交易活动及相关信息在有形市场、政府网站或行政大厅公示公开,并建立公示公开信息与统一配号系统的关联。截至 2011 年底,已公告、公示和公开项目 15404 项次。其中探矿权采矿权招、拍、挂项目 6599 项次,招拍挂结果公示项目 3762 项次,探矿权采矿权转让公示项目 1523 项次,其他探矿权采矿权出让受理公开项目 1930 项次。

5. 新立勘查许可证同比明显减少。截至 2011 年底,全国勘查许可证总数 3.62 万个,同比增长 6.6%。2011 年,新立勘查许可证 1366 个,同比减少 41.0%(图 1)。分地区看,东部、中部和西部地区勘查许可证新立个数占比分别为 20%、19%、61%。新立证最多的矿产分别是金矿、铜矿、铁矿和铅矿。分经济类型看,国有企业和有限责任公司性质的企业新立勘查许可证占总量的 91.0%。

截至 2011 年底,勘查许可证登记有效面积 499.21 万平方千米,新立面积 6.85 万平方千米(图 2)。

6. 全国新立采矿许可证同比减少。截至 2011 年底,全国采矿许可证总数 10.73 万个,同比增长 2.6%。2011 年,新立采矿许可证 5955 个,同比减少 26.9%(图 3)。分地区看,东、中和西部地区采矿许可证新立个数占比分别为 15%、31%、54%。

截至 2011 年底,采矿许可证登记有效面积 22.07 万平方千米,同比增长 2.7%,新立面积 0.58 万平方千米,同比减少 14.7%(图 2)。

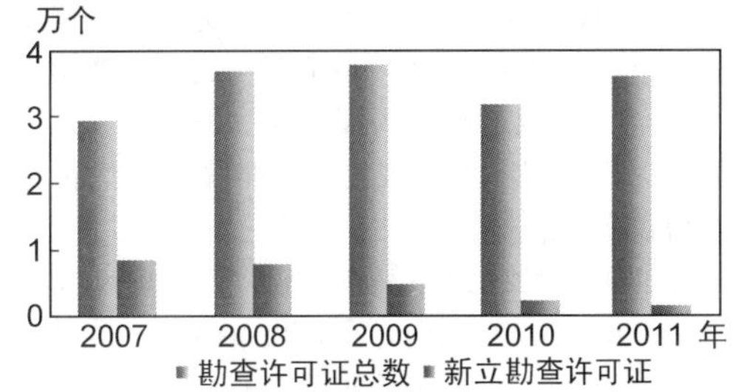

图 1　2007～2011 年勘查许可证发放情况

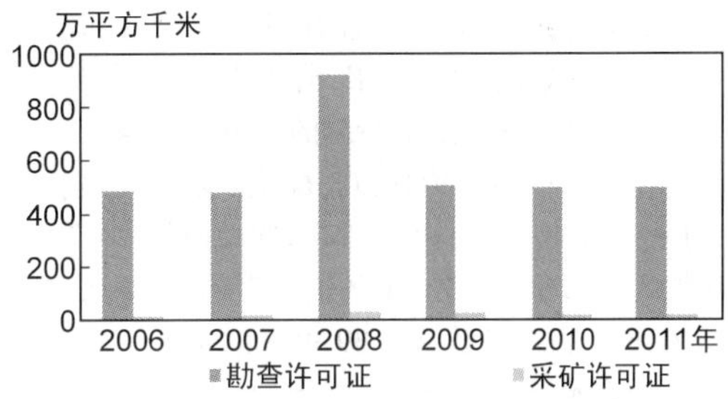

图 2　2006～2011 年矿业权登记面积

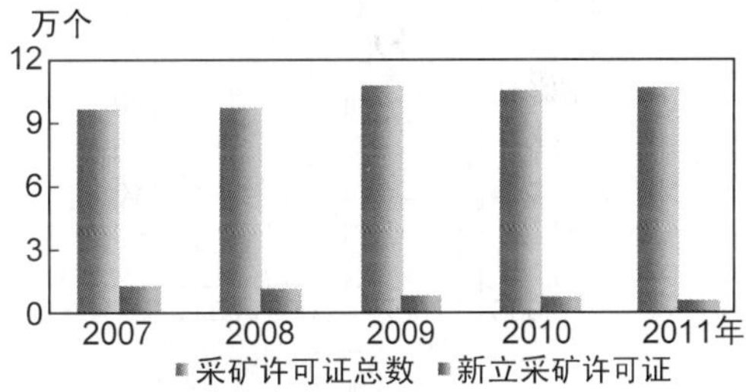

图 3　2007～2011 年采矿许可证发放情况

【矿业权出让管理】 1. 全面推行矿业权设置方案制度。印发《关于进一步完善矿业权管理促进整装勘查的通知》(国土资发〔2011〕55 号),强调细化勘查风险分类管理,明确要求在整装勘查区内和对低风险勘查、无风险矿种全面实行矿业权设置方案制度并实施信息化管理。矿业权设置方案制度的实施,是解决矿产开发布局不合理问题的治本之策,是衔接矿产资源规划与矿业权设置的重要环节。

完善采矿权登记管理。出台《关于进一步完善采矿权登记管理有关问题的通知》(国土资发〔2011〕14 号),不断完善采矿权登记管理的措施,明确划定矿区范围定义、办理程序及要件,规范采矿权新立、延续和审批管理,严格转让、变更条件及审批,细化抵押备案、注销条件,规范了采矿权市场秩序,维护了采矿权人合法权益,对多年采矿权管理的难点问题提出了有效的解决措施,填补了管理空白。

严格限制矿业权协议出让。出台《国土资源部关于严格控制和规范矿业权协议出让管理有关问题的通知》(国土资发〔2012〕80号),除石油、天然气、煤成(层)气、页岩气和放射性矿产的探矿权、采矿权外,从严控制协议出让,严格执行协议出让批准权限及程序,严格规范协议出让申请。

2. 非油气矿业权出让转让。2011年新立探矿权1344个,同比减少41.2%;新立采矿权5951个,同比减少26.9%。截至2011年底,34个重要矿种探矿权3.08万个,占全国的87.6%。全年探矿权出让价款20.33亿元,同比减少13.5%。其中,招、拍、挂出让420个,同比减少25.4%,占出让数的32.1%;招、拍、挂出让价款12.60亿元,同比减少25.7%,占出让价款的62.0%(图4a)。

全年采矿权出让价款203.66亿元,同比增长1.1倍。其中,招、拍、挂出让4786个,同比减少20.7%,占出让数的82.1%;招、拍、挂出让价款81.22亿元,同比增长71.6%,占出让价款的39.9%(图4b)。

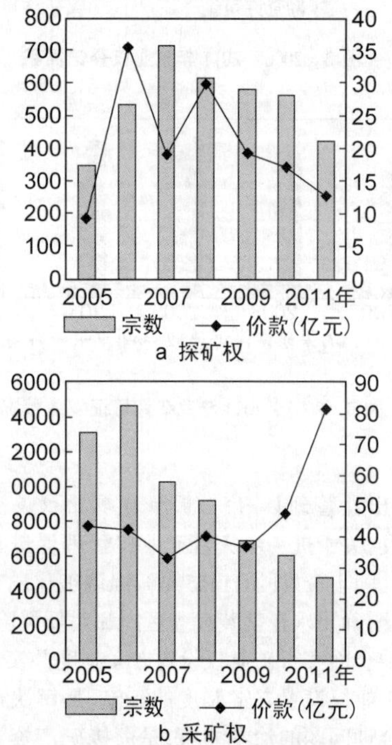

图4 2005~2011年矿业权招标拍卖挂牌出让情况

全年批准转让的探矿权652宗,同比减少38.3%;转让价款13.8亿元,同比减少76.9%。批准转让的采矿权1680宗,同比减少40.9%;转让价款97.78亿元,同比减少88.4%。

【矿业权评估管理】 印发《国土资源部关于加强矿业权评估行业管理的通知》(国土资发〔2011〕40号),进一步明确矿业权价款评估工作定位,省级国土资源主管部门监管职责,中国矿业权评估师协会的责任,以及规范矿业评估机构和评估师的要求等。

按照矿业权评估管理制度,一是明确了矿业权价款评估是具有矿业权评估师执业资格的人员和矿业权评估资质的机构基于委托关系,对约定矿业权的价款进行评价、估算,并通过评估报告的形式提供咨询意见的市场服务行为;二是明确了矿业权评估行业管理是国土资源主管部门和矿业权评估行业协会的一项重要职责;三是规范了评估机构及评估师的执业行为。

【全国矿业权实地核查工作】 2011年,国土资源部发布《关于表扬全国矿业权实地核查工作先进集体和先进个人的通报》(国土资发〔2011〕82号),表扬了307个先进集体和418个先进个人。全国矿业权实地核查工作自2008年启动以来,各级国土资源管理部门精心组织实施,实地核查承担单位和技术支持单位积极支持配合,全国共有各级管理人员5000多人、1081个承担单位的2.3万名技术人员参加了工作,累计投入经费22.6亿元。经过近三年努力,对全国36755个探矿权和110493个采矿权进行了实地核查,实现了预期目标。及时发现和解决了矿业权存在的矿界位移、交叉重叠、越界、信息遗漏等问题,获得了全面、真实、可靠的矿业权基本数据,为推进矿产资源科学规范管理,依法维护矿业权人权益奠定了坚实的基础。

【矿产资源储量管理】 矿产资源储量管理围绕"掌控家底、保障发展、维护权益、稳定秩序、做好服务"的基本思路,推进矿产勘查资源储量信息管理、地质资料管理、矿产资源监督管理和矿业权评估管理等各项工作。

1. 矿产资源利用现状调查工作进展顺利。① 清理了未上表矿区。大量未上表矿区被清理和调查出来,实际核查矿区总数达到21600多个,超过计划矿区数的20%。据统计,已核查矿区共收集整理各类矿区储量报告超过10万份,绘制各类电子图件50万份,编制矿区核查报告21600份。

② 建立矿区空间数据库。建立包括28个矿种21600多个矿区的空间数据库,动态掌握矿区的矿产资源储量的数量、结构、品质、占用情况、权属关系及其空间分布。

2. 矿产资源储量成果信息发布规范化。2012年印发《国土资源部关于规范矿产勘查资源储量成果信息发布的通知》,进一步规范矿产资源储量综合信息发布。要求凡是依法评审备案符合国家保密规定且不涉及矿业权人商业机密的矿产勘查资源储量成果信息,国土资源部、省级国土资源主管部门按季度主动、定期向社会公布,对于社会影响特别重要的矿产信息,国土资源主管部门召开新闻发布会发布。

发布工作实行统一管理、分级负责的管理制度。国土资源部、省级国土资源主管部门是信息发布的管理机关,负责发布矿产勘查资源储量成果信息。其中部授权省级国土资源主管部门负责颁发勘查许可证的矿床(煤炭指矿区)资源储量规模达到大型以上的,省级国土资源主管部门应将信息发布的内容报国土资源部备案后,方可发布。因商业秘密的原因,可提出暂缓发布矿产勘查资源储量成果信息,国土资源主管部门审核同意后可以暂缓发布。部、省级国土资源主管部门的门户网站和《中国国土资源报》是发布矿产勘查资源储量成果信息的指定媒体。

【地质勘查资质管理】 1.地质勘查资质概况。截至2011年底,全国2239个单位共持有各类各级地质勘查资质6116个。其中:甲级资质1942个、乙级资质2175个、丙级资质1999个;有甲级资质的国有地勘单位834个。

按照资质类别划分有:固体矿产勘查资质1824个,地质钻(坑)探1081个,水文地质、工程地质、环境地质调查904个,地球物理勘查638个,液体矿产勘查485个,地质实验测试433个,地球化学勘查272个,区域地质调查270个,气体矿产勘查123个,遥感地质调查70个,海洋地质调查9个,石油天然气矿产勘查4个,航空地质勘查3个(图5)。

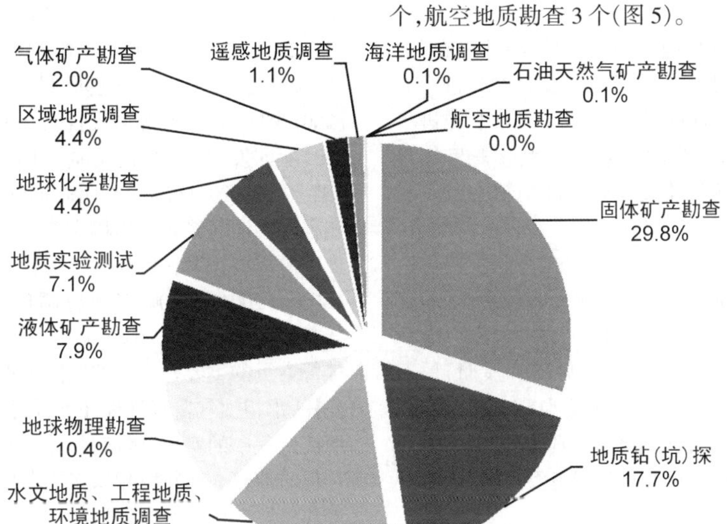

图5 全国地勘单位资质类别构成

按照单位经济类型划分:国有1210个,有限责任884个,股份有限51个,私营35个,集体22个,股份合作13个,联营1个,合资经营(港或澳、台资)2个,涉外8个,其他13个(图6)。

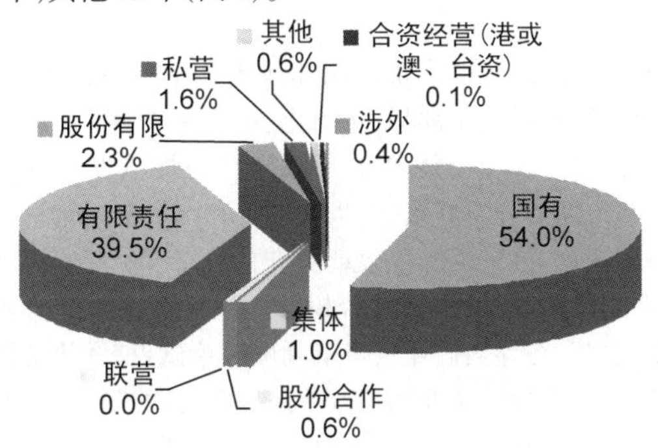

图6 全国地勘单位经济类型构成

按照资质最高等级划分:最高为甲级资质的单位有968个,最高为乙级资质的单位有526个,最高为丙级资质的单位有745个。

2. 地质勘查资质审批。印发《地质勘查资质审查委员会人员组成办法(试行)》,组织完成2011年国土资源部两次地质勘查资质集中受理审查、报批及公告,颁发资质证书102个。修改完善《地质勘查资质集中受理审查工作规程》,增加附录G:关于涉地院校申请地质勘查资质审查;附录H:地质勘查资质集中受理审查收件阶段人员信息核查工作规程;制定《地质勘查资质审批办事指南》。

【矿产资源勘查开发监督管理】 为维护矿产资源开发利用的良好秩序,建立矿产督察员制度、油气督察员制度等,开展稀土、磷矿开发利用区域联合监管和矿产卫片执法检查,信息化在矿政管理中发挥了重要作用。

2010年度矿产卫片执法检查首次利用年度土地变更调查的遥感监测成果提取矿产疑似违法图斑,实现了调查成果"一查多用"的目标。矿产卫片执法检查结果显示,违法勘查开采矿产资源的势头得到进一步的遏制,违法比例呈下降趋势。"十一五"期间矿产资源违法违规案件比"十五"期间总体下降37%。卫片执法检查提高了国土资源违法违规制度管控能力。

国土资源部积极推进矿政管理和矿产执法信息化建设,初步建立矿产资源综合信息监管系统。建立了全国矿业权统一配号系统,对全国探矿权、采矿权的新立、变更、延续、注销实行网上统一配号,并嵌入制度规则和调控措施,实现对全国矿业权的实时、动态、全面掌控,夯实了矿业权乃至矿政管理的基础。

【矿业权实地核查工作】 2011年国土资源部发布《关于表扬全国矿业权实地核查工作先进集体和先进个人的通报》(国土资发〔2011〕82号),表扬了307个先进集体和418个先进个人。全国矿业权实地核查工作自2008年启动以来,各级国土资源管理部门精心组织实施,实地核查承担单位和技术支持单位积极支持配合,全国共有各级管理人员5000多人、1081个承担单位的2.3万名技术人员参加了工作,累计投入经费22.6亿元。经过近三年努力,对全国36755个探矿权和110493个采矿权进行了实地核查,实现了预期目标。及时发现和解决了矿业权存在的矿界位移、交叉重叠、越界、信息遗漏等问题,获得了全面、真实、可靠的矿业权基本数据,为推进矿产资源科学规范管理,依法维护矿业权人权益奠定了坚实的基础。

【页岩气探矿权首次以招标方式出让】 2011年7月18日,国土资源部在北京举行页岩气探矿权出让招标项目中标签约仪式。国土资源部向中标企业颁发了页岩气勘查许可证,并分别与中标企业中国石油化工股份公司、河南省煤层气开发利用有限公司签订《页岩气探矿权出让合同》。

首次以招标方式出让页岩气探矿权,是油气资源管理制度改革的一次创新尝试,将对促进页岩气勘探开发,加快页岩气产业化、规模化发展,提高油气资源保障能力,改变能源结构都具有重要意义。

页岩气探矿权的出让招标也是推进矿业权招标引进竞争机制,构建科学合理、公开公正、高效廉政管理的一次重要尝试。今后,将有更多的页岩气区块面向社会招标出让,实现页岩气招标常态化、制度化。

【矿产督察员制度和油气督察员制度】 1. 矿产督察员制度。矿产督察工作是通过聘用专家对矿产资源勘查开发实行监督管理的一种方式。2011年全国共有矿产督察员1485人,其中国家级督察员334人、地方督察员1151人。国土资源部先后出台《关于重组矿产督察员队伍的通知》(国土资发〔2001〕279号)、《矿产督察工作制度》(国土资发〔2003〕62号)、《关于进一步加强矿产督察员管理工作的通知》》(国土资发〔2007〕144号)等,矿产督察工作机构逐步健全。目前全国已有25个省(区、市)设立矿产督察员办公室,由专人负责矿产督察日常工作。矿产督察员的主要职责是,每年应有不少于4次的现场督察,提交有矿产督察员、矿山企业负责人签字的《矿产现场督察备案表》;督促采矿权人按照督察意见进行整改;每半年向督察员办公室和县级国土资源主管部门书面提交督察工作报告;总结和报告矿产资源开采的先进典型和经验。

2. 油气督察员制度。国土资源部于2001年印发《关于建立油气开采督察员制度的通知》(国土资发〔2001〕93号),标志着油气督察员制度正式建立起来。2003年印发《矿产勘查及油气开采督察员工作制度》(国土资发〔2003〕99号),明确油气督察员工作的规范和程序。油气督察员由国土资源部聘任。2001年,国土资源部聘任第一批油气督察员65人,2002年增加了171人。2004年、2007年进行调整和续聘,分别聘任油气督察员296人。2011年聘任油气督察员309人。油气督察员的主要职责是按照国土资源部油气管理机关委托,承担油气监督管理任务,加强油气矿产勘查开采生产过程中的实地监督管理,维护矿业权人合法权益,督促矿业权人履行法定义务,保障油气矿产勘查开采工作依法、有序、健康发展。

(国土资源部矿产开发管理司
国土资源部矿产资源储量司　国土资源部地质勘查司)

法律法规与管理制度改革

【概况】 2011年矿产资源法律法规体系不断完善,矿产资源管理进一步加强,法制化、规范化和科学化水平不断提高。国土资源部出台制度严格规范性文件管理,并定期清理。修改《中华人民共和国资源税暂行条例》等法规,推进资源税改革。进一步完善矿产资源补偿费制度,维护国家所有者权益。积极探索矿产资源管理改革,在煤炭矿业权审批制度改革试点、优势矿种勘查开发管理和矿业用地改革试点等方面进行了一系列的改革探索。

【矿产资源法律法规体系建设】 2011年印发《国土资源部关于进一步推进依法行政实现国土资源管理法制化的意见》,对今后十年的依法行政工作做出总体部署,对科学民主决策、行政审批制度改革、重大财政预算资金分配使用管理、执法行为等依法行政重点领域,形成了制度规范。不断加强规范性文件合法性审查、法律法规应用解释、规章和规范性文件实施后评估等制度建设。发布《国土资源部关于加强规范性文件管理和法律应用解释工作的意见》,严格规范性文件管理,明确规范性文件的调整范围,对规范性文件实施计划管理并进行年度考核、备案、公布和听证制度,实行法律法规规章应用统一解释、集中解释制度。发布《国土资源部关于继续有效的规范性文件目录的公告》(2011年第5号),建立了定期清理制度,并将清理结果向社会公开,凡未列入目录的国土资源部规范性文件,原则上不作为国土资源管理依据。

【矿产资源有偿使用和税费改革】 1.进一步完善矿产资源补偿费制度,维护国家所有者权益。为避免矿区使用费取消后矿产资源补偿费的漏征、国家财产权益的流失和宏观调控手段的缺失,国土资源部印发《国土资源部关于修改<关于矿产资源补偿费征收管理工作中若干问题补充规定>的通知》(国土资发〔2011〕229号)和《国土资源部办公厅关于做好中外合作开采石油资源补偿费征收工作的通知》(国土资厅发〔2012〕14号),对原缴纳矿区使用费的中外合作开采陆上、海洋石油的中外企业依法征收矿产资源补偿费,对矿产资源补偿费的征收范围、计算方法、实行属地化征收和信息化管理等做出了规定。

2012年,国土资源部印发《关于做好矿产资源补偿费征收统计直报工作的通知》(国土资厅发〔2012〕3号),在全国正式启用矿产资源补偿费直报系统,加强征收管理和征收统计。随着征收管理信息化水平的提高和征管措施的逐步完善,近年来,矿产资源补偿费、探矿权和采矿权使用费和价款等国土资源专项收入中央分成部分整体保持稳定增长(表1)。

表1 矿产资源收入中央分成情况

项目 \ 年份	2008年	2009年	2010年	2011年
矿产资源补偿费/亿元	53.6	48.2	61.1	79.9
同比增长率	25.2%	-10.1%	26.8%	30.8%
矿业权使用费和价款/亿元	72.4	73.0	79.2	89.5
同比增长率	50.8%	0.8%	8.5%	13.0%

注:① 矿产资源补偿费:中央与省、直辖市分成比例为5:5;中央与自治区分成比例为4:6。② 矿业权使用费:谁登记谁征收。③ 矿业权价款:中央与地方分成比例为2:8。

2.配合有关部门修改《中华人民共和国资源税暂行条例》等法规,推进资源税改革。2011年,国务院颁布《国务院关于修改〈中华人民共和国资源税暂行条例〉的决定》(国务院令第605号)及其细则,将资源税计征方式由"从量定额"计征修改为"从价定率或者从量定额"计征,并将全国范围内原油、天然气资源税的税率统一为销售额的5%。

随着资源税改革的推进,资源税税收收入持续增长,其占全国税收总收入的比重也逐步提高,特别是2010年在新疆开展资源税改革试点以来,资源税收入增速超过了全国税收总收入的增速(表2)。

表2 资源税收入情况

项目 \ 年份	2008年	2009年	2010年	2011年
资源税收入/亿元	301.8	338.2	417.6	595.9
资源税收入同比增长率	15.6%	12.1%	23.5%	42.7%
税收总收入/亿元	54223.8	59521.6	73210.8	89738.4
税收总收入同比增长率	18.9%	9.8%	23.0%	22.6%
资源税占税收总收入的比重	0.56%	0.57%	0.57%	0.66%

【矿产资源管理改革探索】 1.煤炭矿业权审批制度改革试点工作积极推进。2010年开始,在黑龙江、陕西和贵州等省开展煤炭矿业权审批管理改革试点,矿业权变部、省两级审批为"省一级审批、部备案监管"。

建立完善煤炭矿业权的审批制度。贵州省制定试点办事指南和采矿权审批办事指南(暂行)等制度,明确试点期间煤炭矿业权审批登记申请要件、工作规程及业务流程;黑龙江省、陕西省明确煤炭矿业权审批登记的申请材料及要求,为规范煤炭矿业权审批提供依据。

加快编制煤炭矿区矿业权设置方案。贵州省已完成全省4个煤炭国家规划矿区矿业权设置方案的修编和非国家规划矿区煤炭矿业权设置方案的编制,黑龙江省、陕西省已研究部署煤炭矿区矿业权设置方案的修编工作。

逐步形成煤炭矿业权投放计划管理制度。调整投放计划管理,对于已备案的项目,因客观原因未执行的计划允许延至下一年度;对于确实无法执行的项目,可在下一年度申请取消。

2.优势矿种勘查开发管理新机制不断拓展。2011年各地创新优势矿产勘查开发秩序监管机制和制度建设,取得了良好效果。一是监管区域联动机制已经建立,2010年南方闽赣湘粤桂5省区15市中重稀土、2011年北方蒙鲁川3省区3市轻稀土主产区监管区域联动机制分别启动,通过地方政府签署联合行动方案,企业联合倡议等多项制度,促进稀土主产区共同规范开发经营秩序,提升中国稀土产业协调发展水平;二是创新形成多项稀土产业管理制度，探索形成了稀土矿产勘查开采准入、开采企业联盟、开采违法违规统一举报、采矿权标识、矿区协管员等5个方面的制度创新；三是促进下游有序发展。各省积极探索建立稀土、钨矿产品及矿产地储备制度和稀土交易中心。四川凉山彝族自治州推行和完善电子监控系统，新建"冕宁县稀土工业园区"，搭建稀土产业发展平台；内蒙古包头市实行稀土集中专营，进一步推进稀土资源的统一勘查、统一规划、统一保护、统一开发利用。

3. *矿业用地改革试点有序推进*。截至2011年底，国土资源部共批准广西平果铝土矿、山西平朔露天煤矿、内蒙古鄂尔多斯露天煤矿和云南磷化露天磷矿等4个矿区开展采矿用地方式改革试点，试点工作推进顺利。

4. *和谐矿区建设试点工作有序推进*。2012年以来，国土资源部在内蒙古自治区启动了和谐矿区建设试点工作，积极指导煤炭、砂石等行业协会在相关行业推进和谐矿区建设，及时调研总结全国和谐矿区建设典型经验。按照"开矿一处、造福一方，开发一点、保护一片，矿区和谐、科学发展"的总体思路，内蒙古自治区鄂尔多斯、锡林郭勒、呼伦贝尔等盟市和谐矿区建设有序推进；云南省昆明市、曲靖市、贵州省黔西南布依族苗族州等地在保护矿区群众利益、化解矿地矛盾等方面取得积极进展。各地在不断规范矿产资源管理的过程中，探索构建促进资源节约集约利用的调节机制、生态环境恢复治理的补偿机制、资源利益共享的分配机制、矛盾协调化解的社会管理机制，和谐矿区建设的内涵和外延不断丰富。

【稀土、磷矿联合监管】 2011年，为贯彻落实《国务院关于促进稀土行业持续健康发展的若干意见》精神，进一步规范稀土矿产开发秩序，南方5省(区)15市先后两次举行稀土矿产开发监管区域联合行动联席会议，共同签署了《南方5省(区)15市离子型稀土矿产勘查开采准入条件》等五项制度。同年，内蒙古包头市、山东济宁市、四川凉山彝族自治州政府签署《蒙鲁川3省(区)3市(州)轻稀土矿产开发监管区域联合行动方案》。2012年，9省(区)20市(州)召开稀土开发监管联动联席会议，初步构建稀土开发监管全国联动新格局。在区域监管联动机制下，各地方政府和有关部门立足大局，协调行动，持续开展专项整治，跨地区联合打击稀土违法违规行为渠道更加通畅，维护了稀土开发秩序的总体稳定，推进资源整合，稀土矿山开发水平不断提高，加强规划和矿产地储备，资源保障能力得到增强，持续探索制度创新。

磷矿开发联创齐争行动取得实效。国土资源部与湖北、湖南、四川、贵州、云南5省国土资源厅、中国化学矿业协会和部分重点磷矿企业共同发起，开展鄂湘川黔滇5省磷矿资源开发"区域监管联动，共促矿区和谐"联创齐争行动。2011年，联创齐争行动在湖北宜昌正式启动，旨在通过打造区域监管联动平台，构建磷矿资源开发新机制，实现"磷矿资源开发规范有序、资源利用节约集约、矿山地质环境有效保护、企业群众和谐共富"四大目标；完成"联合监管开发秩序、联合控制开采总量、联合优化开发布局，共促技术创新、共促作风转变、共促矿区和谐"六项任务。力争通过两到三年努力，全面实施建立五省磷矿资源监管联查联控、矿业权计划投放、开采总量控制、勘查开采准入、企业履行社会责任年度报告等五项创新制度，涌现一批"资源节约型、安全环保型、矿地和谐型"的磷矿示范矿山。

【矿业用地改革试点】 广西平果铝土矿采矿用地方式改革试点通过总结验收。自2005年7月试点以来，严格按照批复内容和范围开采，结合实际，因地制宜，在用地申报审批、用地协议签订、用地补偿、供地、土地复垦、还地等各个环节建立了完整的管理制度和技术规范，试点工作扎实有序。截至2011年底，广西平果铝土矿采矿用地方式改革试点已累计完成5个批次8403.55亩用地报批(实际使用土地7005亩)，累计完成工程复垦3330.16亩，完成还地1802.11亩。试点兼顾了农民、企业、政府等多方利益，实现了资源可持续利用、矿业用地与当地经济社会和谐发展；试点对埋藏浅、用地周期短的采矿用地的利用方式进行了创新，将复垦验收合格后的采矿临时用地归还给农民，农民没有失去赖以生存的土地，而且通过复垦改善了土地的耕作条件，使耕地质量有所提高，探索了矿业用地管理的新制度、新方法。截至2011年，已形成了《采矿用地方式改革扩大试点方案》和《采矿用地方式改革试点方案，制与申报工作指南》两项制度化成果。

山西平朔露天煤矿、鄂尔多斯市露天煤矿、云南磷化露天磷矿试点稳步推进。自2011年改革试点以来，省、市、县(区)及矿山企业积极采取措施，健全试点实施相关管理制度，陆续完成试点采矿用地复垦规划的编制，协调处理试点采矿临时用地计划与土地利用总体规划的衔接，稳步推进试点各项工作。截至2011年底，山西平朔露天煤矿、鄂尔多斯市露天煤矿试点均已完成2011年度采矿用地的审批和组织实施，完成2012年采矿用地计划的编制和审查。其中，山西平朔2011年度试点采矿临时用地289.92公顷，鄂尔多斯市露天煤矿试点2011年度试点采矿临时用地1858.61公顷。云南磷化露天磷矿试点开展了试点用地范围的勘测定界等工作，为下一步试点的规范实施提供了基础保障。

(国土资源部信息中心)

科技创新与国际合作

【概况】 国土资源部印发《国土资源"十二五"科学和技术发展规划》,建设科技支撑和创新体系,推动地质找矿、矿产资源综合利用、地质灾害防治等重点领域的科技创新。"资源1号"02C卫星成功发射,完成在轨交付运行,在国土资源调查、评价和监管中发挥了重要支撑作用。2011年共登记涉及地质矿产领域科技成果171项,其中45项获得国土资源科学技术奖,3项获得国家科学技术奖(表1)。"青藏高原地质理论创新与找矿重大突破"项目获国家科学技术进步奖特等奖。大陆构造与动力学实验室成为国家重点实验室。

发布《国土资源"十二五"国际合作发展规划》,统筹国土资源领域对外合作工作。成功召开2011年中国国际矿业大会,搭建全球矿业合作重要平台。深入拓展与澳大利亚、加拿大、南非等矿业大国在地质矿产领域的长期战略合作伙伴关系。

表1 2011年地质矿产领域获国家奖项目

序号	项目名称	第一完成单位(人)	获奖奖种	等级
1	青藏高原地质理论创新与找矿重大突破	中国地质调查局	国家科学技术进步奖	特等奖
2	青藏高原地体拼合、碰撞造山及隆升机制	杨经绥、许志琴、李海兵、张建新、吴才来	国家自然科学奖	二等奖
3	新一轮全国油气资源评价	国土资源部油气资源战略研究中心	国家科学技术进步奖	二等奖

【基础地质研究】 1. 形成青藏高原地质理论新认识。建立了陆缘增生-大陆碰撞成矿理论,重塑青藏高原形成演化过程,揭示了区域成矿规律,为青藏高原地区,乃至全球碰撞造山带的地质找矿提供了重要理论指导。在青藏高原隆升机制研究方面,厘定了青藏高原多条高压/超高压变质带和蛇绿岩带,发现新特提斯蛇绿岩深地幔成因的证据,建立和完善了青藏高原的特提斯地体构架和早古生代以来变形构造体制,建立古生代以来碰撞造山形成的主要大型剪切带时限及运动学体系,阐明亚洲/印度碰撞前、后所经历的多次"俯冲增生造山、碰撞造山、陆内造山"以及最后形成巨型碰撞造山拼贴体和"造山的高原"的过程。

2. 前寒武纪地质演化研究取得重要新进展。厘定了胶北地区重要孔兹岩系的原岩形成时代、源区物质性质及其构造背景、变质作用类型及成因机制,进一步厘定了华北克拉通古元古界地层的时序和属性,为区域地质找矿提供基础地质理论。

寒武系江山阶全球标准层型剖面和点位("金钉子")获国际地科联批准。发现与恐龙蛋保存在一起的雌性翼龙化石,发现了目前已知最古老真兽类哺乳动物化石的中华侏罗兽化石,将以前白垩纪记录提前了3500万年;发现八臂仙母虫是类似现代海洋中的栉水母动物远古祖先的证据,重塑了动物系统树。编制了1:500万亚洲地质图。

【矿产勘查开发利用技术】 1. 地球物理勘查技术。航磁勘查系统方面,成功研制出国内首套具有完全自主知识产权的、先进实用的数字航磁全轴梯度勘查系统和一套地面氦光泵磁测系统。

航空重力勘查系统研制方面,形成了资源勘查型航空重力测量系统(GT-1A),研制了中国首套地球物理勘探航空重力测量系统,成为支撑中国油气、固体矿产勘查的重要装备;研制出中国首套具有完全自主知识产权的捷联惯导式航空重力仪。

航空电磁勘查系统方面,自主完成直升机和固定翼航空电磁勘查发射子系统和接收子系统总体结构的设计,研发发射线圈和接收线圈,并研制出直升机吊舱式时间域航空电磁仪样机和固定翼时间域航空电磁仪样机。

航空伽玛能谱勘查系统方面,成功研制了国内首套具有自主知识产权的高灵敏度航空伽玛能谱勘查系统,通过多个试验区试生产实验,表明自主研制的航空伽玛能谱仪性能稳定,并达到了实用化水平。

航空物探遥感多方法综合勘查系统方面,自主研制了适合于航空地球物理飞行模式的中面阵航空数字相机、新一代航空频率域电磁仪、航空地球物理导航定位系统和航空地球物理仪器供电系统,在此基础上研发集成了国内首套航磁/航空重力、航磁/电磁/伽马能谱、航空重力/磁/遥感3套综合勘查系统。

成功研制了发射功率达63千瓦大功率多功能电磁法系统,可实现AMT、CSAMT、TDIP/FDIP等探测功能。研制了探测距离大于500米的大透距地下电磁波层析成像系统。研究成功了复杂地电条件下瞬变电磁三维异常特征反演解释系统。研发出能够实现复杂地形条件下重、磁三维反演的解释系统。形成了可以探测深2000米、矿体规模不小于100米地质体的大探测深度金属矿勘查的地震方法技术。完成了高温超导瞬变电磁法测量及解释系统的研制。

2. *地球化学勘查技术*。通过河南南阳盆地边缘覆盖区穿透性地球化学技术研究，在地表获得的地气和土壤颗粒中发现了纳米级金属微粒，为深穿透地球化学方法寻找深部隐伏矿提供了直接证据。初步建立成矿带区域地球化学定量评价技术体系，研究发现，铜、钼、铋、银、铅、钨等成矿元素和伴生元素是寻找玉龙式斑岩型铜矿床的良好指示元素。

3. *遥感地质调查技术*。开展了宽幅盖推扫式高光谱成像仪光机电软子系统详细设计与加工，为研制集成航空高光谱成像仪原型系统奠定基础。基于高光谱卫星数据开展了月球等深空探测技术研究，实现了月球典型区玄武岩、克里普岩和斜长岩等3种月表主要组成岩石类型分类与填图，以及橄榄石、单斜辉石和斜长石等月表主要组成矿物识别。

初步建立了中国首套国土资源高光谱卫星地质应用示范系统，较系统地解决了高光谱数据处理和应用系统的一体化集成的关键技术，实现了高光谱数据快速处理和高效数据管理，为中国高光谱卫星发射及其应用提前做好了准备。

4. *钻探技术*。完成了拥有自主知识产权并具有国际先进水平的2000米深部钻探技术体系，YDX型300～2000米新一代地质岩芯钻机系列，为实现深部找矿突破提供了关键技术支撑。

天然气水合物勘探与试采工作取得成功，为中国陆域冻土天然气水合物调查评价及开发利用迈出了坚实的一步。完成探矿工程网络服务平台及相关数据库的初步建设。

5. *分析测试技术*。建立铁、铜、铅、锌、钼、砷、钴、镍、钨、铌钽、稀土矿等代表性硫化物矿物和多金属矿中主、次、痕量元素的分析方法；建立生态环境地球化学样品中砷、锡和铅的有机化合物形态分析方法。

建立白云石、方解石、氟磷灰石、羟基磷灰石、磷铁矿、菱锌矿、钡解石、毒重石、冰洲石、铅锌矿等矿物物相鉴定方法。建立耐火黏土矿物、磷灰石、碳酸盐、萤石、铂族元素等矿物物相鉴别和分析检测方法；建立相关矿物赋存状态的系统研究方法。

建立校准定量测定2～3种矿物（锆石、金红石或磷灰石）中稀土等元素的LA－ICP－MS原位微区分析方法。建立了均一和冷冻状态下的流体包裹体气液相成分测试方法。

建立了持久性有机污染物、挥发性有机物（51种）、有机氯农药（20种）、多氯联苯（8种）、多环芳烃（14种）、溴系阻燃剂等新型有机污染物的系列分析方法；构建地下水中有机污染物分析体系；建立国土资源部系统首个公益性油气地球化学实验室。

建立针对不同类型样品的锂的化学分离提纯方法和锂同位素的等离子质谱测量方法；磷灰石（U－Th）/He同位素定年实验流程。建立曲晶石的SHRIMP原位微区U－Th－Pb年龄测定方法；铁的化学分离提纯方法和高精度MC－ICPMS铁同位素测量方法；LA－MC－ICPMS微区原位铁同位素分析方法；Lu－Hf同位素定年新方法，获取更接近早期的成岩成矿年龄。

初步建立野外现场实验室。建立适应多种野外条件的钻孔气体分析技术方法。初步形成污染水重金属元素的离子交换纸富集－EDXRF现场分析方法。形成面向野外现场的消解－EDXRF矿石分析方法。

6. *矿产资源综合利用技术*。开展了共伴生难选钼矿资源选矿关键技术研究，成功开发出针对滑石型钼矿的“原矿—破碎—磨矿分级—分流磁选—钼粗细分级分选—粗粒钼尾矿选硫—细粒钼尾矿选铁”的选矿工艺流程。开展江陵凹陷卤水可利用性评价试验，研究出经济合理的富集硼、钾、钠等的工艺流程，为该地区富含钾、钠、硼、锂、钙、碘、溴等卤水资源的科学评价和合理开发指明了方向。

开展矿产资源高效利用关键技术和复杂难选冶矿产资源综合利用新技术研究。通过开展湖南蓝山褐铁矿为主的铁矿石选冶试验，查明了铁锰的赋存关系、嵌布粒度，金属化焙烧试验得到了95%左右的金属化率；通过开展豫西难选铅锌矿浮选分离技术研究，查明含氧化铅锌类型铅锌矿石的结构构造、矿物种类、铅矿物赋存状态，确定等可浮浮选—铅锌分离—硫化锌浮选的原则工艺流程，获得了铅精矿品位50.62%，锌粗精矿品位25.50%的选别指标；通过开展钼矿物嵌布粒度细、氧化程度高的难选金钼矿资源综合利用技术研究，确立了该类型矿产回收利用的原矿氰化浸出—浸渣浮钼—钼粗精矿化工处理的原则工艺流程，金浸出率可达83.64%，冶金粗精矿焙烧浸钼钼浸出率可达90%以上；通过开展贵州高硫高硅中低品位铝土矿脱硅提铝试验，研究出浮选脱硫、正反浮选脱硅技术，硫的脱除率可达89.42%。

【地质矿产技术标准】 1. *加强地质矿产领域标准修订和计划管理*。依据《国土资源标准化管理办法》，贯彻落实《国土资源标准体系》和《国土资源“十二五”标准化发展规划》，国土资源部发布《2011年国土资源行业标准制修订计划》，完成《2008～2010年国土资源行业标准修订计划执行情况报告》。

2. *加强地质矿产领域标准化技术委员会建设*。国土资源部出台《全国国土资源标准化技术委员会章程》和《全国国土资源标准化技术委员会秘书处工作细则》,进一步规范标准化技术委员会管理。全国国土资源标准化技术委员会下设10个分技术委员会。其中,地质矿产领域标准化分技术委员会7个,名称及编号如下:区域地质、矿产地质分技术委员会(TC93/SC1),水文地质、工程地质、环境地质分技术委员会(TC93/SC2),地质勘查技术方法分技术委员会(TC93/SC3),地质矿产实验测试分技术委员会(TC93/SC4),国土资源信息化分技术委员会(TC93/SC5),矿产资源储量分技术委员会(TC93/SC8),矿产资源节约集约利用分技术委员会(TC93/SC9)。

3. 组织研制和实施一批新的地质矿产领域技术标准。在地质矿产领域,国土资源部发布实施了4项推荐性行业标准,名称及编号如下:《煤层气资源/储量规范》(DZ/T 0216 – 2010),《煤层气田开发方案编制规范》(DZ/T 0249 – 2010)、《煤层气钻井作业规范 XDZ/T 0250 – 2010)、《矿山地质环境保护与恢复治理方案编制规范》(DZ/T 0223 – 2011)。

【国际合作】 中国矿产资源领域坚持改革开放的方针。按照优势互补、互利双赢、共同发展的基本原则,加快对外开放,充分利用"两种资源、两个市场",坚持"引进来"与"走出去"相结合,对外合作交流领域不断拓宽,合作研究不断深化。国土资源部通过加强政策指导、统筹协调、信息服务、财政支持、平台建设、人才培养等一系列举措,逐步建立了矿产资源"引进来"和"走出去"支撑服务体系,有力地推动形成了矿产资源领域对外开放与合作新格局。

1. 促进地质与矿产资源领域对外开放与合作。中国在矿业领域坚定不移地推进对外开放。改革开放以来,力拓、英美集团、必和必拓、澳华、曼德罗等一批大型外国矿业公司相继进入中国从事矿产资源勘查开采活动。

2011年,经国务院批准,发展改革委员会和商务部发布《外商投资产业指导目录》,进一步调整明确采矿业领域鼓励、限制和禁止外商投资产业目录。2012年,国土资源部发布《关于进一步做好地质与矿产资源领域对外开放与合作工作的通知》,就进一步鼓励和支持矿产资源领域对外开放与合作出台了一系列具体举措。截至2011年底,共计20多个国家和地区的数百家矿业公司在中国开展矿产资源勘查开发投资,探矿权和采矿权近500个。同时,中国每年进口数千亿美元的矿产品,为相关国家创造了数以万计的就业岗位,为全球矿业可持续发展作出了积极贡献。同时,中国企业在矿产资源勘查开发、矿产品加工和贸易等方面积极开展国际互利互惠合作,已同80多个国家和地区开展矿业领域投资合作。

2. 搭建国际矿业合作平台,推动国内外矿业企业开展务实合作。

① 中国国际矿业大会。由国土资源部主办的中国国际矿业大会(CHINA MINING) 成为国内外矿业界人士的重要盛会,为国内外矿业企业合作提供了良好的平台,并为搭建商务网络和拓展业务合作创造了良好机会。2011中国国际矿业大会于在天津市成功举办。大会以"加强国际合作,加快找矿突破"为主题,来自55个国家和地区的5000余名代表参加会议和展览。大会重点组织了国内外矿业合作项目签约、洽谈和交流等活动,推出了425个推介洽谈项目,共有55个项目签约,签约金额达到157亿元。

② 中国 – 东盟矿业合作论坛。以"加强矿业合作,推进互利共赢"为主题的2011中国 – 东盟矿业合作论坛在广西成功召开。柬埔寨、老挝、菲律宾等国矿业部长、地质局长及国内外代表800多人出席论坛。会议通过了《2011中国 – 东盟矿业合作论坛南宁宣言》,现场签约15项,签约金额185.5亿元。

3. 矿产资源领域国际合作取得进展。国土资源部与30多个重要矿产资源国家和周边国家建立了政府间对口合作机制,同80多个国家签署合作协议或备忘录,构建了全方位、宽领域的对外合作网络,重点加强与加拿大、澳大利亚、南非、俄罗斯、阿根廷、哈萨克斯坦、蒙古等矿业大国及周边国家的交流与合作。通过积极开展部际高层互访,充分利用中国国际矿业大会、中国 – 东盟矿业合作论坛以及加拿大勘探与开发者协会(PDAC)年会等平台,进一步加强了与加拿大自然资源部、澳大利亚资源能源和旅游部、南非矿产资源部、俄罗斯自然资源与环境部、阿根廷公共投资和服务部矿业国务秘书处、柬埔寨工业矿产能源部、老挝能源矿产部、菲律宾环境与自然资源部、哈萨克斯坦工业和新技术部、塔吉克斯坦地质总局在地质调查、矿产评价、矿业投资、科技与信息交流、实验室建设、人员培训等领域的务实合作。

4. 外商在中国矿产勘查投资。2010年外商在中国矿产勘查投资总额60.4亿元,同比增长38.1%(图1)。外商投资主要集中在能源矿产和黄金,能源矿产占外商总投入的比重97.5%,黄金占比1.5%。

2011年外商在中国投资的勘查许可证总数198件,采矿许可证总数277件(图2)。

(**注:**外商投资包括中外合资经营企业、中外合作经营企业、外资企业和外商投资股份有限公司)

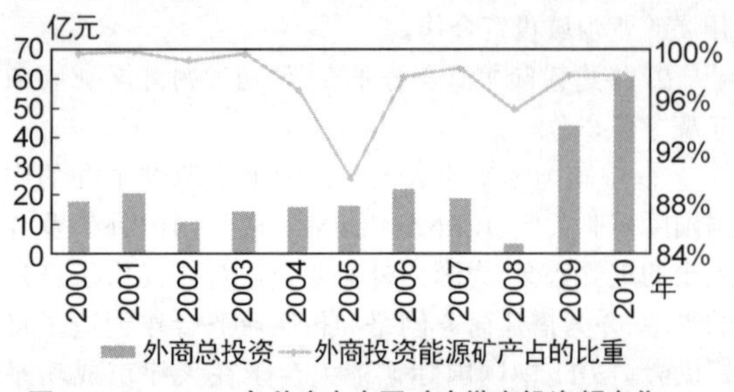

图1　2000～2010年外商在中国矿产勘查投资额变化

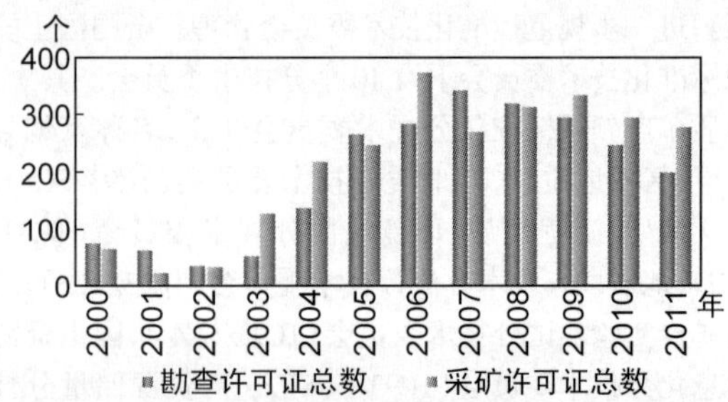

图2　2000～2011年中国外商投资勘查许可证和采矿许可证变化

附:2011年外商投资产业指导目录涉及矿业内容

一、鼓励外商投资产业目录	1. 煤层气勘探、开发和矿井瓦斯利用(限于合资、合作) 2. 石油、天然气的风险勘探、开发(限于合资、合作) 3. 低渗透油气藏(田)的开发(限于合资、合作) 4. 提高原油采收率及相关新技术的开发应用(限于合资、合作) 5. 物探、钻井、测井、录井、井下作业等石油勘探开发新技术的开发与应用(限于合资、合作) 6. 油页岩、油砂、重油、超重油等非常规石油资源勘探、开发(限于合资、合作) 7. 铁矿、锰矿勘探、开采及选矿 8. 提高矿山尾矿利用率的新技术开发和应用及矿山生态恢复技术的综合应用 9. 页岩气、海底天然气水合物等非常规天然气资源勘探、开发(限于合资、合作
二、限制外商投资产业目录	1. 特殊和稀缺煤类勘查、开采(中方控股) 2. 重晶石勘查、开采(限于合资、合作) 3. 贵金属(金、银、铂族)勘查、开采 4. 金刚石、高铝耐火黏土、硅灰石、石墨等重要非金属矿的勘查、开采 5. 磷矿、锂矿和硫铁矿的开采、选矿,盐湖卤水资源的提炼 6. 硼镁石及硼镁铁矿石开采 7. 天青石开采 8. 大洋锰结核、海砂的开采(中方控股)
三、禁止外商投资产业目录	1.钨、钼、锡、锑、萤石勘查、开采 2.稀土勘查、开采、选矿 3. 放射性矿产的勘查、开采、选矿

(国土资源部科技与国际合作司　国土资源部信息中心)

矿 业 行 业

煤 炭

【概况】 2011 年以来，全国煤炭经济运行总体保持平稳，煤炭需求旺盛，产销量较快增长，出口下降，进口回升，市场供需基本平衡，价格小幅波动。

1. 大型企业原煤产量增加。2011 年 1～12 月，90 家大型企业原煤产量完成 220217.3 万吨，同比增加 23909.3 万吨，增长 12.2%。其中，排名前 10 家企业原煤产量合计为 134190.2 万吨，占大型企业原煤产量的 60.93%，同比增加 15974.2 万吨，增长 13.5%。2011 年全国大型煤炭企业原煤产量前 10 名企业情况见表 1。

表 1　　2011 年大型煤炭企业原煤产量前 10 名企业

排名	单位名称	原煤产量(万吨)	2010 年同期(万吨)	同比增加(+,-)	增减(%)
1	神华集团	40707.9	35695.0	5012.9	14.0
2	中煤集团	16357.2	15370.0	987.2	6.4
3	大同煤矿集团公司	11536.7	10118.2	1418.5	14.0
4	山西焦煤集团	11006.4	10129.0	877.4	8.7
5	山东能源集团	10820.7	9120.2	1700.6	18.6
6	冀中能源集团	10315.0	7158.1	3156.9	44.1
7	陕西省煤业集团	10186.0	10039.0	147.0	1.5
8	河南煤业化工集团	8483.2	7401.2	1082.0	14.6
9	潞安矿业集团公司	7718.2	7098.2	620.0	8.7
10	开滦集团公司	7058.8	6087.1	971.7	16.0
小　计		134190.2	118216.0	15974.2	13.5
大型企业合计		220217.3	196308.0	23909.3	12.2
前 10 名占大型企业比重		60.93%	60.39%		0.54%

大型企业原煤产量前 10 名的单位依次是：神华集团(40707.9 万吨，+14.0%)、中煤集团(16357.2 万吨，+6.4%)、同煤集团(11536.7 万吨，+14.0%)、山西焦煤(11006.4 万吨，+8.7%)、山东能源(10820.7 万吨，+3.4%)、冀中能源(10315.0 万吨，+44.1%)、陕西煤业(10186.0 万吨，+18.6%)、河南煤业(8483.2 万吨，+14.6%)、潞安集团(7718.2 万吨，+8.7%)、开滦集团(7058.8 万吨，+16.0%)。2011 年大型煤炭企业原煤产量同比增加前 10 名企业见表 2。

表 2　　2011 年大型煤炭企业原煤产量同比增加前 10 名企业

排名	单位名称	2011 年累计(万吨)	2010 年同期(万吨)	同比增加(+,-)	增减(%)
1	神华集团	40707.9	35695.0	5012.9	14.0
2	冀中能源集团	10315.0	7158.1	3156.9	44.1

续表 2

排名	单位名称	2011 年累计（万吨）	2010 年同期（万吨）	同比增加（+，-）	增减（%）
3	山东能源集团	10820.7	9120.2	1700.6	18.6
4	大同煤矿集团公司	11536.7	10118.2	1418.5	14.0
5	平庄煤业集团公司	3776.0	2668.0	1108.0	41.5
6	河南煤业化工集团公司	8483.2	7401.2	1082.0	14.6
7	兖矿集团有限公司	7035.5	5978.0	1057.6	17.7
8	中煤集团	16357.2	15370.0	987.2	6.4
9	开滦集团公司	7058.8	6087.1	971.7	16.0
10	山西焦煤集团	11006.4	10129.0	877.4	8.7
小 计		127097.5	109724.8	17372.7	15.8

大型企业中，原煤产量同比绝对量增加的前 10 家企业分别是：神华集团（+5012.9 万吨）、冀中能源（+3156.9 万吨）、山东能源（+1700.6 万吨）、大同煤业（+1418.5 万吨）、平庄煤业（+1108.0 万吨）、河南煤业（+1082.0 万吨）、兖矿煤业（+1057.6 万吨）、中煤集团（+987.2 万吨）、开滦煤业（+971.7 万吨）、山西焦煤（+877.4 万吨）。

从增幅来看，增幅较高的前 10 家企业依次是：京煤集团（+75.4%）、华能伊敏（+47.1%）、冀中能源（+44.1%）、扎赉诺尔（+42.8%）、平庄煤业（+41.5%）、沈阳煤业（+36.7%）、盘江煤业（+28.4%）、肥城煤业（+21.5%）、重庆煤业（+19.4%）、小龙潭（+19.2%）。

在原煤产量同比减少的企业中，减产最多的前 10 名企业分别是：井陉煤业（-530.8 万吨）、平煤神马（-216.4 万吨）、神华新疆（-130.0 万吨）、江西煤业（-73.1 万吨）、兰花煤业（-66.3 万吨）、铁法煤业（-45.3 万吨）、神火煤业（-23. 万吨）、大雁煤业（-20.0 万吨）、大屯煤电（-16.1 万吨）、华润天能（-6.0 万吨）。2011 年大型煤炭企业原煤产量同比减少前 10 名企业见表 3。

表 3　**2011 年大型煤炭企业原煤产量同比减少前 10 名企业**

排名	单位名称	2011 年累计/万吨	2010 年同期/万吨	同比增加/+，-	增减/%
1	井陉矿务局	335.6	866.4	-530.8	-61.3
2	平煤神马集团公司	4756.6	4973.0	-216.4	-4.4
3	神华新疆能源有限公司	1577.0	1707.0	-130.0	-7.6
4	江西省煤炭工业集团	889.1	962.2	-73.1	-7.6
5	兰花煤炭集团公司	1336.8	1403.1	-66.3	-4.7
6	铁法煤业集团公司	2040.0	2085.3	-45.3	-2.2
7	神火集团公司	663.2	686.4	-23.2	-3.4
8	大雁煤业	605.0	625.0	-20.0	-3.2
9	大屯煤电	893.2	909.2	-16.1	-1.8
10	华润天能	260.0	266.0	-6.0	-2.2
小 计		13356.6	14483.6	-1127.1	-7.8

从降幅来看，降幅较大的前 10 个企业依次为：井陉煤业（-61.3%）、神华新疆（-7.6%）、江西煤业（-7.6%）、兰花煤业（-4.7%）、平煤神马（-4.4%）、神火煤业（-3.4%）、大雁煤业（-3.2%）、华润天能（-2.2%）、铁法煤业（-2.2%）、大屯煤业（-1.8%）。

2. 大型企业洗精煤产量增加。2011 年 1～12 月，90 家全国大型煤炭企业洗精煤产量完成 51345.7 万吨，同比增加 5105.1 万吨，增长 11.0%。排名前 10 家企业洗精煤产量合计为40613.2万吨，占大型企业洗精煤产量的79.1%；同比增加4294.6万吨，增长11.8%。

大型煤炭企业洗精煤产量前10名的单位依次是：中煤集团(7059.7万吨，+4.7%)、山西焦煤(6262.5万吨，+13.5%)、神华集团(5286.2万吨，+11.0%)、冀中能源(4046.0万吨，+20.3%)、兖矿集团(3699.4万吨，+22.2%)、同煤集团(3494.6万吨，+7.4%)、山东能源(2840.1万吨，+29.1%)、开滦煤业(2814.2万吨，+8.6%)、龙煤矿业(2655.7万吨，+1.5%)、河南煤业(2454.7万吨，+9.6%)。2011年大型煤炭企业洗精煤产量前10名企业见表4。

表4　2011年大型煤炭企业洗精煤产量前10名企业

排名	单位名称	2011年累计(万吨)	2010年同期(万吨)	同比增加(+，-)	增减(%)
1	中煤集团	7059.7	6745.9	313.8	4.7
2	山西焦煤集团	6262.5	5516.8	745.7	13.5
3	神华集团	5286.2	4763.9	522.3	11.0
4	冀中能源集团	4046.0	3363.6	682.5	20.3
5	兖矿集团有限公司	3699.4	3027.9	671.5	22.2
6	大同煤矿集团公司	3494.6	3253.6	241.0	7.4
7	山东能源集团	2840.1	2200.0	640.1	29.1
8	开滦集团公司	2814.2	2591.4	222.8	8.6
9	龙煤矿业集团	2655.7	2616.6	39.1	1.5
10	河南煤业化工集团	2454.7	2238.9	215.9	9.6
小　计		40613.2	36318.6	4294.6	11.8
大型企业合计		51345.7	46240.7	5105.1	11.0
前10家所占比重		79.10%	78.54%		0.56%

【煤炭运销情况分析】　2011年，我国煤炭经济运行总体保持平稳，煤炭需求旺盛，供给总量增加，市场供需基本平衡，价格波动。重点市场方面，大同、朔州、鄂尔多斯等重点生产地区的煤炭出矿价格走低；秦皇岛港、曹妃甸港等主要中转集散地区市场动力煤的交易价格大幅下挫；广州、宁波等重点消费地区港口的煤炭提货价格持续下降。

1. 铁路煤炭装车情况。2011年12月，全国煤炭日均装车完成70418车，装车数环比下降1.25%；比同期增加6094车，上涨9.5%。1~12月，全国煤炭日均装车完成69085车，装车数同比上涨10.4%(图1、图2)。其中，国家铁路电煤日均装车完成46211车。

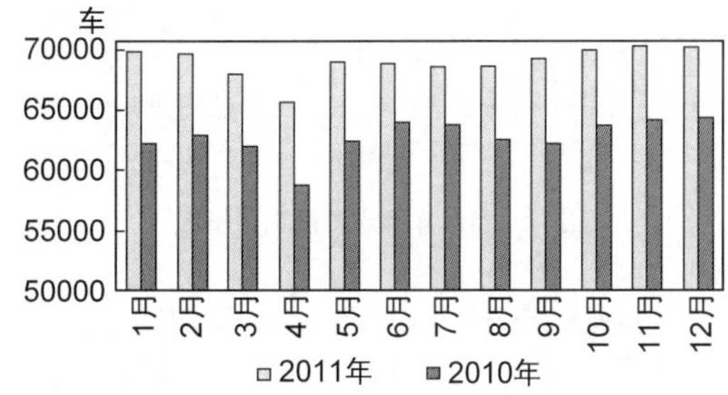

图1　2011年煤炭铁路日装车情况

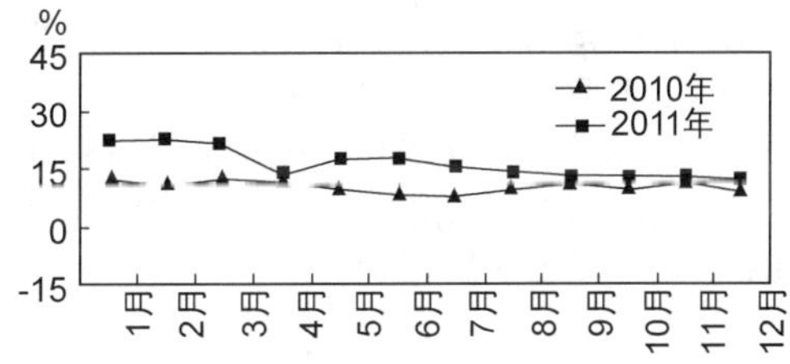

图2　2011年煤炭铁路日均装车同比增长情况

2. 煤炭运量情况。2012年12月，全国铁路煤炭发送量完成19495万吨，同比增加2045万吨、增长11.7%(图3)。其中电煤12月发送量完成13915万吨，同比增加805万吨、增长6.1%。

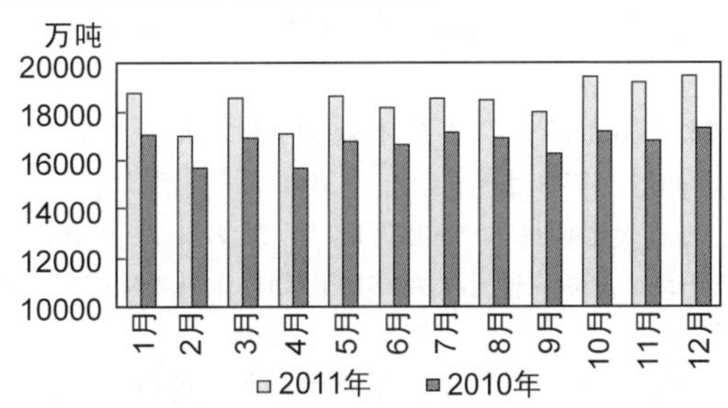

图3　2011年煤炭铁路发送量情况

2011 年 1～12 月累计完成 22.69 亿吨，同比增加 2.68 亿吨、增长 13.4%（图 4）。其中电煤全年累计完成 16.13 亿吨，同比增加 2.13 亿吨，增长 15.2%。

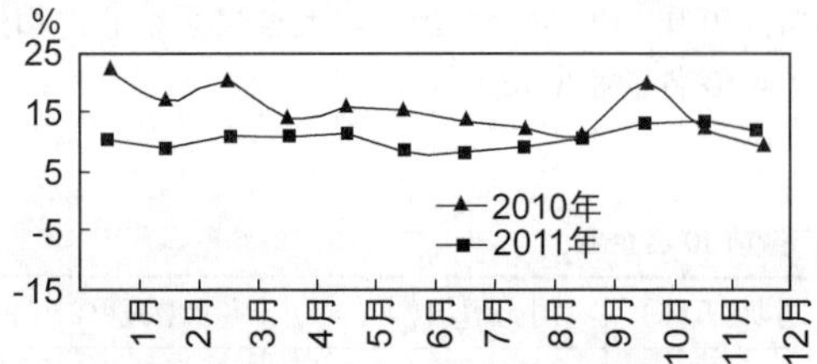

图 4　2011 年煤炭铁路发送量同比增长情况

12 月，全国主要港口共发运煤炭 5244 万吨，日均完成 169.2 万吨，比 11 月份日均（168.2 万吨）增加 1 万吨；同比增加 760 万吨，增长了 16.9%（图 5）。其中内贸煤炭发运完成 5135 万吨，同比增加了 776 万吨，增长 17.8%；外贸煤炭发运完成 109.4 万吨，同比减少了 17 万吨，下降 13.5%。

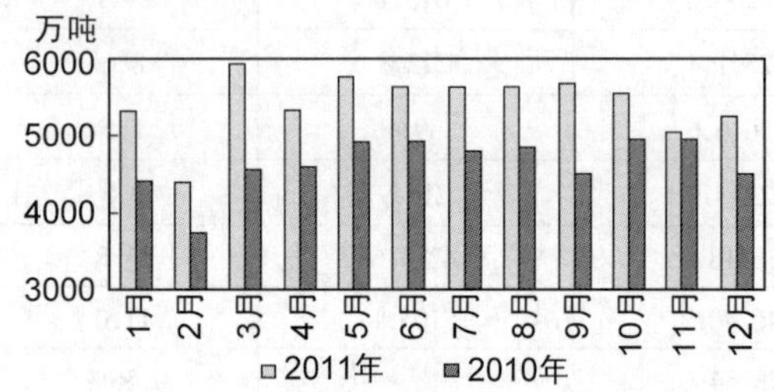

图 5　2011 年煤炭港口发送量情况

2011 年 1～12 月，全国主要港口累计发运煤炭 65333 万吨，同比增加 9736 万吨，上升 17.5%。其中，内贸煤炭发运累计完成 63770 万吨，同比增加 9981 万吨，上升 18.6%；外贸煤炭发运完成 1402 万吨，同比减少 408 万吨，下降 22.5%（图 6）。

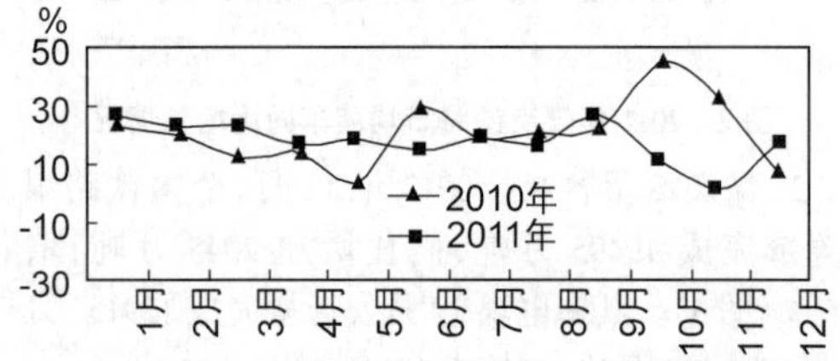

图 6　2011 年煤炭港口发送量同比增长情况

3. 煤炭库存情况。截至 12 月底，全国社会煤炭库存 25259.6 万吨，比 11 月末减少 354 万吨，下降 1%。比年初的 21719 万吨，增加了 3541 万吨，增长 16.3%。其中：煤炭企业库存 5500 万吨，比 11 月末减少 100 万吨，下降 1.8%。比年初的 5100 万吨增加 400 万吨，增长 7.8%。

2011 年 12 月底，全国主要煤炭发运港口的煤炭库存为 3008 万吨，同比增加 635 万吨，增长 26.8%，比 11 月末减少 129 万吨，下降 4.1%。其中秦皇岛煤炭库存 665 万吨，比 11 月末减少 87 万吨，下降 11.6%（图 7）。

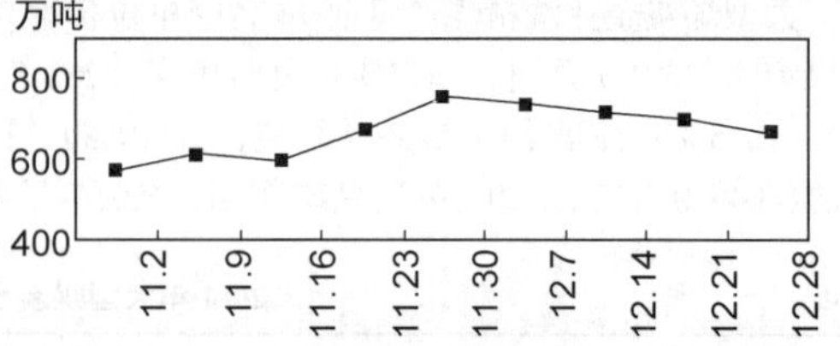

图 7　2011 年秦皇岛煤炭库存情况

【煤炭进出口】　1. 煤炭出口完成情况。据海关统计，2011 年 12 月份，全国煤炭出口完成 80.5 万吨，同比减少 64.5 万吨，下降 44.6%（图 8）。1～12 月，我国累计出口煤共完成 1465.8 万吨，同比减少 437.2 万吨，下降 22.98%（图 9）。

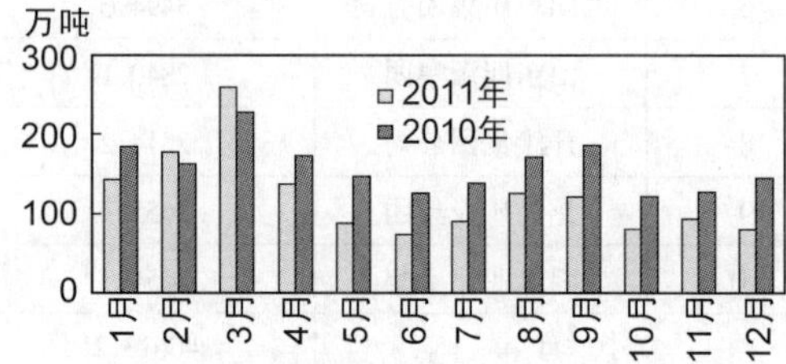

图 8　2011 年煤炭月度出口情况

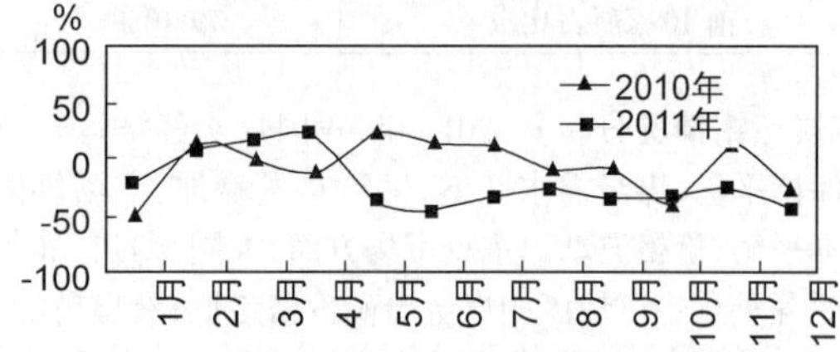

图 9　2011 年煤炭月度出口同比增长情况

2. 煤炭进口完成情况。据海关统计，2011 年 12 月份，煤炭进口 2138.3 万吨，同比增加 404.3 万吨，上涨 23.3%（图 10）。1～12 月，全国累计进口煤炭 18239.5 万吨，同比增加 1756.5 万吨，上涨 10.8%（图 11）。

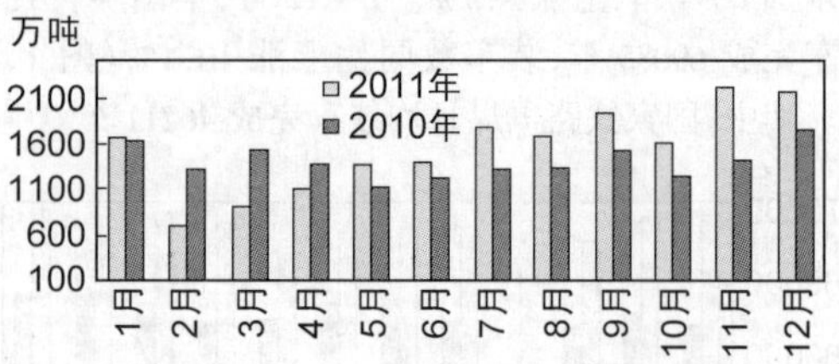

图 10　2011 年煤炭月度进口情况

【电力行业耗煤情况】　2011 年 12 月，全国重点发电企业当月供煤 1.3 亿吨，同比增加 0.2 亿吨，增长 17.3%；耗煤 1.3 亿吨，同比增加 0.16 亿吨，增长

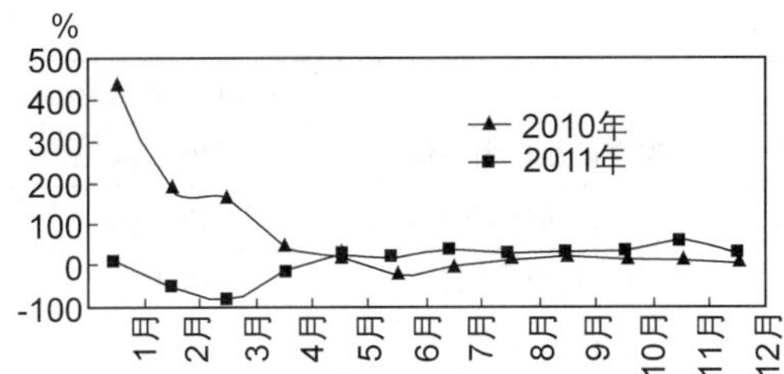

图 11　2011 年煤炭月度进口同比增长情况

13.9%；月末库存 8165 万吨，同比增加 2558 万吨，可耗用 19 天。

2011 年 1～12 月，全国重点发电企业累计供煤 13.9 亿吨，同比增加 1.9 亿吨，增长 15.8%；耗煤 13.65 亿吨，同比增加 1.8 万吨，增长 15.3%。

【冶金行业耗煤情况】　2011 年，14 家重点钢厂 12 月煤炭消耗 911 万吨，同比增加 35.4 万吨，上升 4%；比 11 月减少 7.1 万吨，下降 0.8%。12 月煤炭收入量为 940.4 万吨，同比增加 70.1 万吨，上升 8%；本月煤炭收入量比 11 月增加 36.5 万吨，上升 4%。

截至 12 月底，煤炭库存为 546.8 万吨，同比减少 44.1 万吨，比 11 月煤炭库存增加 33.6 万吨。其中，炼焦煤库存 395.8 万吨，同比减少 12.6 万吨；燃料煤库存 151.1 万吨，同比减少 31.5 万吨。

【煤炭市场价格及其变化】　2011 年 12 月，与沿海地区相关的重点地区市场煤价格普遍回落，价格变化的具体情况如下：

1. 主要生产地区的煤炭出矿价格小幅上涨。12 月，山西省北部地区的煤炭出矿价格出现下降，12 月底，大同地区发热量 5800 大卡/千克以上煤炭的“上站”价格维持在 680～700 元/吨之间（含税）；发热量 5500 大卡/千克以上煤炭的“上站”价格则降至 650～670 元/吨之间。

当月，内蒙古自治区鄂尔多斯地区发热量 5000～5500 大卡/千克煤炭的出矿价格出现下滑，5000 大卡/千克煤炭的“上站”价格由 11 月底的 520～530 元/吨（含税）左右降至 490～510 元/吨之间。

2. 秦皇岛地区市场动力煤交易价格明显下降。12 月，秦皇岛地区市场动力煤价格大幅下挫，月末，具代表性的发热量 5500 大卡/千克市场动力煤的主流平仓价格回落到了 800～810 元/吨之间，比 11 月底下降了 40 元/吨左右；发热量 5000 大卡/千克市场动力煤的主流平仓价格降至 695～705 元/吨之间，比 11 月末下降了 45 元/吨左右（图 12）。

3. 主要消费地区煤炭交易价格整体下滑。12 月，重点消费地区的市场动力煤交易价格明显下滑，发热

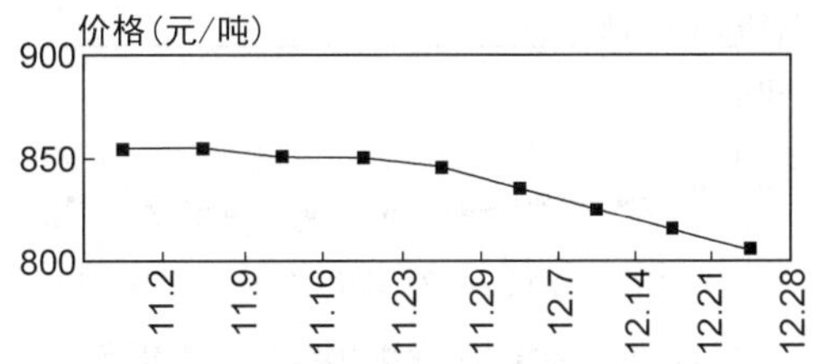

图 12　2011 年秦皇岛大同优混价格行情

量 5500 大卡/千克的优质动力煤，在宁波港的提货价格降至 860～880 元/吨之间；在广州港动力煤的提货价格降至 880～900 元/吨之间。2011 年澳大利亚动力煤现货价格（纽卡斯尔港 FOB）见表 5。2011 年 11～12 月澳大利亚动力煤现货价格情况见图 13。

表 5　2011 年澳大利亚动力煤现货价格（纽卡斯尔港 FOB）

日期	价格（美元/吨）	日期	价格（美元/吨）
12.30	128.0	7.7	121.2
1.6	124.2	7.14	120.5
1.13	127.0	7.21	120.5
1.20	120.7	7.28	120.5
1.27	115.0	8.4	119.0
2.3	121.0	8.11	119.5
2.10	114.0	8.18	121.0
2.17	118.0	8.25	121.5
2.24	118.5	9.1	122.0
3.4	130.0	9.8	123.75
3.11	130.0	9.15	123.0
3.18	123.0	9.22	123.0
3.25	125.5	9.29	122.65
4.1	124.0	10.6	121.0
4.15	122.5	10.13	121.3
4.22	122.0	10.20	117.0
4.29	123.0	10.27	117.9
5.5	123.0	11.3	116.4
5.12	116.0	11.10	113.9
5.19	118.5	11.17	113.6
5.26	118.0	11.24	111.0
6.2	115.5	12.1	111.0
6.9	121.5	12.8	111.0
6.16	120.3	12.15	111.0
6.23	121.0	12.22	113.7
6.30	120.5	12.29	113.4

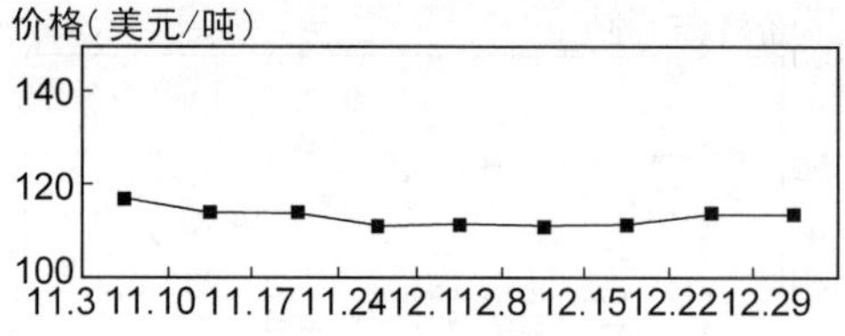

图13　2011年澳大利亚动力煤现货价格情况

4. 炼焦煤价格情况。2011年2月,受国内钢铁行业需求持续疲软的影响,国内炼焦煤市场继续震荡走低,山西吕梁地区主焦煤价格下跌了30元,河北南部炼焦煤价格下跌了10元。进入2012年后,钢厂为提升库存,市场采购积极性有所上升,促使炼焦煤价格保持了稳定。从兰格钢铁价格指数看,2011年12月,钢铁价格呈现全面小幅下滑态势,面对未来复杂多变的国内外经济形势,钢材市场短期内难以摆脱不利局面。国际炼焦煤市场依旧低迷,炼焦煤价格低位徘徊。

5. 海上煤炭运价低位趋稳。秦皇岛海运煤炭市场监测的海上煤炭运价显示,尽管需求继续低迷,但是运营成本开始对海上煤炭运价产生支持作用,12月国内主要航线的海上煤炭运价低位趋稳。2011年12月底,2万~3万吨船舶的煤炭运价,秦皇岛港至上海、乍浦航线的运价31元/吨左右;秦皇岛至广州航线的运价降至54元/吨左右(图14)。

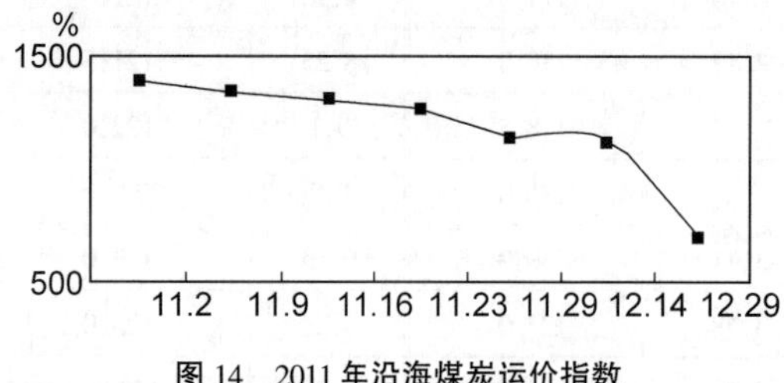

图14　2011年沿海煤炭运价指数

【煤炭经营情况分析】 1. 主营业务收入同比增加。2011年1~12月,90家大型煤炭企业(集团)主营业务收入22037.75亿元,同比增加5537.9亿元,增长33.6%(表6)。

表6　2011年大型煤炭企业收入前10名企业

排名	单位	主营业务收入/亿元
1	神华集团	2788.21
2	河南煤业化工集团公司	1747.50
3	冀中能源集团	1623.53
4	开滦集团公司	1450.45
5	山东能源集团	1410.35
6	中煤集团	1124.63

续表6

排名	单位	主营业务收入/亿元
7	潞安矿业集团公司	1082.84
8	平煤神马集团公司	1052.03
9	晋城无烟煤集团公司	1041.25
10	山西焦煤集团	807.28
小　计		14128.09
大型企业收入合计		22037.75
前10名所占比重		64.1%

2. 利润增幅同比上升。2011年1~12月,90家大型煤炭企业(集团)实现利润2029.56亿元,同比增加354.42亿元,增长21.2%(表7)。

2011年1~12月,大型煤炭亏损企业达到4个,亏损面为4.4%,亏损企业与2010年同期持平。其中,亏损最多的企业是大雁煤业公司,亏损3906万元;其次是南票煤业,亏损3535万元;第三是南桐煤业,亏损2363万元。

表7　2010年大型煤炭企业利润前10名企业

排名	单位	利润总额(亿元)
1	神华集团	750.10
2	山东能源集团	172.00
3	中煤集团	162.01
4	陕西省煤业集团	130.15
5	兖矿集团有限公司	100.00
6	河南煤业化工集团公司	75.25
7	新汶矿业集团公司	73.06
8	晋城无烟煤集团公司	54.24
9	山西焦煤集团	46.92
10	冀中能源集团	46.37
小　计		1610.11
大型企业利润合计		2029.56
前10名所占比重		79.33%

3. 税收贡献保持增长。2011年1~12月,90家大型煤炭企业应交税金总额2343.12亿元,同比增长19.9%;其中,应交增值税1180.66亿元,同比增长19.3%。

4. 应收账款同比上升。2011年1~12月,90家大型煤炭企业应收账款1418.89亿元,同比增加586.25亿元,增长70.4%。其中,第一是神华集团,达到180.92亿元,比11月增加4.98亿元;其次是山西焦煤集团,应收账款119.80亿元,比11月增加18.24亿元;第三是中煤集团,应收账款105.45亿元,比11月减少

9.16 亿元。

5.煤炭工业固定资产投资增加。2011 年 1~12 月,全社会城镇固定资产投资 301932.85 亿元,同比增长 23.8%。其中,煤炭开采及洗选业投资 4896.86 亿元,同比增长 25.9%;电力、热力的生产与供应业投资 11556.75 亿元,增长 1.8%。

综合分析,2011 年煤炭产能增长较快,净进口增加,供应总量充足,有力地保障了国民经济和社会发展对煤炭的需求。全国煤炭市场供需基本平衡,价格波动、区域发展不平衡和企业发展不平衡的问题依然突出,并呈扩大态势。2011 年煤炭工业规模以上企业主要经济指标情况见表 8~16。

表 8　　2011 年煤炭工业规模以上企业主要经济指标

指标名称	单位	2011 年累计	2010 年同期	增减(%)
主要财务指标				
应交增值税	亿元	2367.00	1846.77	28.17
应收账款净额	亿元	2403.39	1950.80	23.20
产成品	亿元	691.40	548.82	25.98
流动资产平均余额	亿元	16720.89	12715.51	31.50
资产合计	亿元	37573.96	29609.11	26.90
负债合计	亿元	22130.59	17380.50	27.33
主营业务收入	亿元	32593.92	23647.91	37.83
主营业务成本	亿元	23943.46	17024.64	40.64
销售费用	亿元	814.00	644.65	26.27
主营业务税金及附加	亿元	539.69	397.85	35.65
管理费用	亿元	2251.76	1828.17	23.17
财务费用	亿元	489.26	322.20	51.85
利润总额(补贴后)	亿元	4341.73	3254.96	33.39
亏损企业亏损额	亿元	72.85	64.92	12.22
全部从业人员平均人数	万人	531.14	494.41	7.43
资产负债率	%	58.90	58.70	0.20
成本费用利润率	%	15.49	16.10	-0.61

表 9　　2011 年煤炭工业大型企业主要经济指标(快报)

指标名称	单位	2011 年累计	2010 年同期	增减
一、主要产品产量				
原煤合计	万吨	220217.32	196308.01	12.20%
洗精煤合计	万吨	51345.74	46240.66	11.04%
二、煤炭销量	万吨	208694.27	179834.70	16.05%
三、生产销售总值				
工业总产值(当年价格)	亿元	15787.97	12641.72	24.89%
工业销售产值(当年价格)	亿元	15318.19	12742.33	20.22%
产品销售率	%	97.02	100.80	-3.77
全部从业人员平均人数	万人	321.00	310.00	3.55%
四、主要财务指标				
亏损企业个数	个	4	4	0

续表 9

指标名称	单位	2011 年累计	2010 年同期	增减
亏损面(补贴后)	%	4.40	4.40	0.00
应收账款净额	亿元	1418.89	832.64	70.41%
流动资产合计	亿元	12956.07	10249.13	26.41%
资产合计	亿元	33360.78	27571.16	21.00%
负债合计	亿元	20374.14	16423.29	24.06%
所有者权益	亿元	12986.64	11147.87	16.49%
主营业务收入	亿元	22037.75	16499.76	33.56%
主营业务成本	亿元	17773.86	13105.97	35.62%
应交增值税	亿元	1180.66	989.72	19.31%
营业费用	亿元	461.02	375.53	22.77%
主营业务税金及附加	亿元	332.73	215.07	54.71%
管理费用	亿元	1646.84	1412.58	16.58%
财务费用	亿元	470.74	284.77	65.31%
利润总额(补贴后)	亿元	2029.56	1675.14	21.16%
资产负债率	%	61.07	59.57	1.51
成本费用利润率	%	9.81	10.88	－1.07

注:本表为各大型企业直报汇总,采用了神华、中煤等集团合并报表快报数,与国家统计局口径不同。

表 10　　2011 年煤炭工业大型企业原煤及洗精煤产量(快报)　　单位:万吨

企业名称	原煤产量			洗精煤产量		
	2011 年累计	2010 年同期	增减(%)	2011 年累计	2010 年同期	增减(%)
全国合计	220217.3	196308.0	12.2	51345.7	46240.7	11.0
神华集团	40707.9	35695.0	14.0	5286.2	4763.9	11.0
其中:神东煤炭公司	17163.2	16617.0	3.3			
准格尔能源公司	5926.1	4800.3	23.5	853.1	763.1	11.8
宝日希勒能源有限公司	2623.6	1738.1	50.9			
中煤集团	16357.2	15370.0	6.4	7059.7	6745.9	4.7
其中:平朔煤炭工业公司	10921.0	10388.3	5.1	6585.3	6316.8	4.3
大屯煤电集团有限公司	893.2	909.2	－1.8	474.4	428.7	10.7
北京市	877.1	500.0	75.4			
京煤集团有限责任公司	877.1	500.0	75.4			
河北省	17373.8	13245.2	31.2	6860.2	5954.9	15.2
开滦集团公司	7058.8	6087.1	16.0	2814.2	2591.4	8.6
冀中能源集团	10315.0	7158.1	44.1	4046.0	3363.6	20.3
其中:金牛股份集团公司	2808.2	1628.4	72.5	1412.3	1050.9	34.4
邯郸矿业集团公司	1732.0	1155.2	49.9	875.6	670.3	30.6
井陉矿务局	335.6	866.4	－61.3	228.0	210.7	8.2
张家口矿业集团公司	1888.3	1406.1	34.3	101.5	105.8	－4.0

续表 10

企业名称	原煤产量			洗精煤产量		
	2011年累计	2010年同期	增减(%)	2011年累计	2010年同期	增减(%)
峰峰集团有限公司	3000.2	2000.2	50.0	1428.7	1325.9	7.7
邢台矿业集团	150.3	101.8	47.6			
山西省	43573.9	39555.5	10.2	11649.3	10690.7	9.0
山西焦煤集团	11006.4	10129.0	8.7	6262.5	5516.8	13.5
大同煤矿集团公司	11536.7	10118.2	14.0	3494.6	3253.6	7.4
晋城无烟煤集团公司	5253.5	4597.0	14.3	156.6		
阳泉煤业集团公司	6612.2	6100.0	8.4			
潞安矿业集团公司	7718.2	7098.2	8.7	1479.1	1562.9	-5.4
兰花煤炭集团公司	1336.8	1403.1	-4.7	187.5	278.4	-32.7
鹊山精煤有限责任公司	110.0	110.0	0.0	69.0	79.0	-12.7
内蒙古自治区	12832.0	10354.9	23.9			
中电投霍林河煤电集团公司	4845.6	4582.3	5.7			
平庄煤业集团公司	3776.0	2668.0	41.5			
大雁煤业有限责任公司	605.0	625.0	-3.2			
扎赉诺尔煤业有限公司	1367.8	958.1	42.8			
华能伊敏煤电有限公司	2237.6	1521.6	47.1			
辽宁省	5427.7	4995.4	8.7	1668.9	1516.0	10.1
铁法煤业集团公司	2040.0	2085.3	-2.2	0.0	0.0	
抚顺矿业集团公司	395.5	356.0	11.1	294.9	277.3	6.4
沈阳煤业集团公司	1605.9	1174.9	36.7	473.0	451.5	4.8
阜新矿业集团公司	1210.0	1203.0	0.6	901.0	780.4	15.5
辽宁南票煤电公司	176.3	176.2	0.1	6.8		
吉林省	3218.0	2808.0	14.6			
吉林煤业集团	3218.0	2808.0	14.6			
其中:辽源矿业集团公司	1313.0	1203.0	9.1	669.3	579.1	15.6
通化矿业集团公司	589.0	522.0	12.8	248.5	218.1	13.9
黑龙江省	5267.0	5042.0	4.5	2655.7	2616.6	1.5
龙煤矿业集团	5267.0	5042.0	4.5	2655.7	2616.6	1.5
其中:鸡西矿业集团公司	1555.9	1410.4	10.3	782.2	829.3	-5.7
江苏省	2379.1	2149.5	10.7	703.0	677.5	3.8
徐州矿务集团有限公司	2119.1	1883.5	12.5	703.0	677.5	3.8
华润天能徐州煤电有限公司	260.0	266.0	-2.2			

续表 10

企业名称	原煤产量			洗精煤产量		
	2011 年累计	2010 年同期	增减(%)	2011 年累计	2010 年同期	增减(%)
安徽省	13292.9	12655.1	5.0	2188.6	2013.9	8.7
淮南矿业集团公司	6751.3	6619.1	2.0	486.9	510.8	-4.7
淮北矿业集团公司	3372.7	3061.1	10.2	1078.7	885.7	21.8
皖北矿业集团公司	1636.4	1453.1	12.6	622.9	617.5	0.9
国投新集能源股份公司	1532.5	1521.7	0.7	0.0	0.0	
福建省	483.4	480.5	0.6			
福建省煤炭工业集团	483.4	480.5	0.6			
江西省	889.1	962.2	-7.6	230.2	220.4	4.5
江西省煤炭集团	889.1	962.2	-7.6	230.2	220.4	4.5
山东省	18497.5	15663.2	18.1	6539.5	5227.9	25.1
兖矿集团有限公司	7035.5	5978.0	17.7	3699.4	3027.9	22.2
山东能源集团	10820.7	9120.2	18.6	2840.1	2200.0	29.1
其中:新汶矿业集团公司	2812.5	2642.4	6.4			
淄博矿业集团公司	1577.3	1437.0	9.8	246.6	96.0	156.9
肥城矿业集团公司	627.0	515.9	21.5	502.5	390.2	28.8
济宁矿业集团公司	641.3	565.0	13.5	88.8	64.6	37.6
河南省	19518.7	18382.3	6.2	4410.3	4012.9	9.9
中平能化集团	4756.6	4973.0	-4.4	1303.0	1217.0	7.1
义马煤业集团公司	3361.7	3119.7	7.8	143.8	118.6	21.2
神火集团公司	663.2	686.4	-3.4	413.8	420.9	-1.7
郑州煤炭工业集团公司	2254.0	2202.0	2.4	95.0	17.5	444.3
河南煤业化工集团公司	8483.2	7401.2	14.6	2454.7	2238.9	9.6
湖南省	793.6	773.4	2.6	126.6	107.9	17.3
湖南煤业集团有限公司	793.6	773.4	2.6	126.6	107.9	17.3
重庆市	1365.4	1143.7	19.4	571.5	483.6	18.2
重庆能源投资集团公司	1365.4	1143.7	19.4	571.5	483.6	18.2
其中:松藻煤电公司	558.1	538.2	3.7	75.2	90.7	-17.1
永荣矿业有限公司	204.5	192.9	6.0	128.4	135.5	-5.3
天府矿业公司	173.6	164.2	5.7	47.6	38.9	22.4
南桐矿业公司	256.2	248.4	3.1	247.6	218.5	13.3
中梁山公司	173.1	0.072.8				

续表 10

企业名称	原煤产量			洗精煤产量		
	2011 年累计	2010 年同期	增减(%)	2011 年累计	2010 年同期	增减(%)
四川省	1495.7	1458.3	2.6	399.8	324.1	23.4
四川煤炭产业集团	1313.5	1286.3	2.1	399.8	324.1	23.4
古叙煤田开发股份公司	182.2	172.0	5.9			
贵州省	2814.8	2355.9	19.5	1323.5	1129.3	17.2
盘江煤电集团公司	1653.8	1287.9	28.4	1071.0	884.4	21.1
水城矿业集团公司	1161.0	1068.0	8.7	252.5	244.9	3.1
云南省	1700.6	1460.1	16.5	284.2	313.6	-9.4
东源煤业集团有限公司	534.2	481.6	10.9	284.2	313.6	-9.4
小龙潭矿务局	1166.4	978.5	19.2			
陕西省	10186.0	10039.0	1.5			
陕西省煤业集团	10186.0	10039.0	1.5			
其中:陕西煤业股份公司	9437.0	8436.0	11.9			
甘肃省	3545.0	3368.4	5.2	91.5	119.0	-23.1
华亭煤业集团公司	1870.1	1769.0	5.7	91.5	119.0	-23.1
窑街煤电集团	624.7	581.7	7.4			
靖远煤业公司	1050.2	1017.7	3.2			

表 11　　2011 年煤炭工业大型企业工业总产值及销售产值(快报)　　单位:万元

企业名称	工业总产值			工业销售产值		
	2011 年累计	2010 年同期	增减(%)	2011 年累计	2010 年同期	增减(%)
全国合计	157879662.5	126417153.5	24.9	153181940.0	127423278.4	20.2
神华集团	27882177.0	21650721.0	28.8	28203852.0	21963390.0	28.4
其中:神东煤炭公司	5921309.4	5417142.0	9.3	5921309.4	5417142.0	9.3
准格尔能源公司	1793625.5	1695647.3	5.8	1793625.5	1695647.3	5.8
宝日希勒能源有限公司	329427.0	201553.0	63.4	220145.0	209462.0	5.1
中煤集团	8432324.0	6824027.0	23.6	7331210.5	6330416.0	15.8
其中:平朔煤炭工业公司	3702220.0	2900579.0	27.6	3700747.0	2900559.0	27.6
大屯煤电集团有限公司	1008122.0	934679.0	7.9	989159.0	926783.0	6.7
北京市	683839.0	423829.0	61.3	654400.0	406216.0	61.1
京煤集团有限责任公司	683839.0	423829.0	61.3	654400.0	406216.0	61.1
河北省	12691929.3	9458761.4	34.2	11991697.3	9236196.0	29.8
开滦集团公司	4943885.0	3871414.0	27.7	4730898.0	3721567.4	27.1
冀中能源集团	7748044.3	5587347.4	38.7	7260799.3	5514628.7	31.7
其中:金牛股份集团公司	2088561.1	1575497.2	32.6	1852064.2	1562717.4	18.5

续表 11

企业名称	工业总产值			工业销售产值		
	2011 年累计	2010 年同期	增减(%)	2011 年累计	2010 年同期	增减(%)
邯郸矿业集团公司	1063538.0	721035.0	47.5	902523.0	704020.0	28.2
井陉矿务局	515665.4	490139.0	5.2	508065.8	488047.1	4.1
张家口矿业集团公司	537777.7	361251.0	48.9	544591.0	352500.0	54.5
峰峰集团有限公司	2881234.0	2107324.0	36.7	2830910.0	2112717.0	34.0
邢台矿业集团	184449.1	144260.3	27.9	181497.4	137897.2	31.6
山西省	31893780.1	25125043.3	26.9	31325280.0	29237438.8	7.1
山西焦煤集团	8954387.1	6796331.3	31.8	8768658.0	6561713.6	33.6
晋城无烟煤集团公司	8203270.0	5618556.0	46.0	7993722.0	5605930.0	42.6
阳泉煤业集团公司	6624133.0	4776041.0	38.7	6532502.0	4735489.0	37.9
潞安矿业集团公司	8066990.0	7892115.0	2.2	7985398.0	7582398.0	5.3
兰花煤炭集团公司	1528678.9	1178932.4	29.7	1261468.4	982615.6	28.4
鹊山精煤有限责任公司	45000.0	42000.0	7.1	45000.0	42000.0	7.1
内蒙古自治区	3964755.4	3137830.1	26.4	3245110.4	2579961.1	25.8
中电投霍林河煤电集团公司	2050426.0	1827155.0	12.2	1329460.0	1264388.0	5.1
平庄煤业集团公司	863494.0	561270.0	53.8	864728.0	563508.0	53.5
大雁煤业有限责任公司	103912.0	94816.0	9.6	103999.0	97476.0	6.7
扎赉诺尔煤业有限公司	199300.5	134239.6	48.5	199300.5	134239.6	48.5
华能伊敏煤电有限公司	747622.9	520349.5	43.7	747622.9	520349.5	43.7
辽宁省	3833463.2	3185129.4	20.4	3782910.5	3032192.2	24.8
铁法煤业集团公司	887112.0	882685.1	0.5	865419.3	838848.0	3.2
抚顺矿业集团公司	561249.8	457114.9	22.8	554884.4	445662.5	24.5
沈阳煤业集团公司	1344237.5	963061.1	39.6	1318410.0	868108.4	51.9
阜新矿业集团公司	910733.0	794616.0	14.6	914066.0	791921.0	15.4
辽宁南票煤电公司	130130.9	87652.3	48.5	130130.9	87652.3	48.5
吉林省	1145726.1	926482.5	23.7	1038771.3	861782.9	20.5
吉林煤业集团	1145726.1	926482.5	23.7	1038771.3	861782.9	20.5
其中：辽源矿业集团公司	462780.1	406898.9	13.7	437160.6	369951.4	18.2
通化矿业集团公司	360100.6	266888.5	34.9	305845.6	263943.1	15.9
黑龙江省	3446846.2	3067110.5	12.4	3307419.3	2933191.6	12.8
龙煤矿业集团	3446846.2	3067110.5	12.4	3307419.3	2933191.6	12.8

续表 11

企业名称	工业总产值			工业销售产值		
	2011 年累计	2010 年同期	增减(%)	2011 年累计	2010 年同期	增减(%)
其中:鸡西矿业集团公司	736285.0	667990.0	10.2	751139.0	638833.0	17.6
江苏省	1685535.5	1522563.9	10.7	1665988.6	1518508.0	9.7
徐州矿务集团有限公司	1533309.5	1369667.9	11.9	1518241.6	1368798.0	10.9
华润天能徐州煤电有限公司	152226.0	152896.0	-0.4	147747.0	149710.0	-1.3
安徽省	9511091.7	8076105.1	17.8	9529580.7	7985336.6	19.3
淮南矿业集团公司	4727814.5	3864605.5	22.3	4706498.2	3844325.5	22.4
淮北矿业集团公司	2832398.0	2351202.0	20.5	2819668.0	2331752.0	20.9
皖北矿业集团公司	1202761.1	1194532.4	0.7	1257770.2	1145787.3	9.8
国投新集能源股份公司	748118.1	665765.2	12.4	745644.4	663471.9	12.4
福建省	1221902.0	820156.0	49.0	1207543.0	817255.0	47.8
福建省煤炭工业集团	1221902.0	820156.0	49.0	1207543.0	817255.0	47.8
江西省	1139409.8	900916.4	26.5	1123390.9	875173.1	28.4
江西省煤炭集团	1139409.8	900916.4	26.5	1123390.9	875173.1	28.4
山东省	17240731.8	15101232.7	14.2	16471702.2	14313240.9	15.1
兖矿集团有限公司	5710204.0	4838217.0	18.0	5689035.3	4587966.8	24.0
山东能源集团	11530527.7	10263015.7	12.4	10782666.9	9725274.1	10.9
其中:新汶矿业集团公司	4144278.0	3897532.0	6.3	4013076.0	3796244.0	5.7
淄博矿业集团公司	2479755.0	1649967.0	50.3	2433508.0	1588456.0	53.2
肥城矿业集团公司	505607.0	517597.0	-2.3	499421.0	502712.0	-0.7
济宁矿业集团公司	688946.7	535565.3	28.6	674357.9	525856.3	28.2
河南省	21150815.9	17548074.0	20.5	21071688.2	17383794.0	21.2
中平能化集团	6043936.0	5277406.0	14.5	6056146.0	5247401.0	15.4
义马煤业集团公司	1987640.9	1576854.6	26.1	1977194.4	1531172.2	29.1
神火集团公司	2239780.0	1897564.0	18.0	2212730.7	1880660.0	17.7
郑州煤炭工业集团公司	1434022.9	1229585.1	16.6	1429058.4	1226604.1	16.5
河南煤业化工集团公司	9445436.1	7566664.3	24.8	9396558.7	7497956.7	25.3
湖南省	645503.8	539116.7	19.7	643718.3	534689.9	20.4
湖南煤业集团有限公司	645503.8	539116.7	19.7	643718.3	534689.9	20.4
重庆市	904590.6	683054.0	32.4	880907.6	672863.0	30.9
重庆能源投资集团公司	904590.6	683054.0	32.4	880907.6	672863.0	30.9

续表 11

企业名称	工业总产值			工业销售产值		
	2011 年累计	2010 年同期	增减(%)	2011 年累计	2010 年同期	增减(%)
其中:松藻煤电公司	267775.0	238019.0	12.5	258458.0	237484.0	8.8
永荣矿业有限公司	244098.0	218966.0	11.5	241625.0	221940.0	8.9
天府矿业公司	91043.0	76832.0	18.5	86975.0	70358.0	23.6
南桐矿业公司	191973.0	149237.0	28.6	184814.0	143081.0	29.2
中梁山公司	109701.6	0.0		109035.6	0.0	
四川省	1192673.3	1078842.7	10.6	1184392.8	1071535.2	10.5
四川煤炭产业集团	1130330.0	1028382.7	9.9	1122153.6	1020685.3	9.9
古叙煤田开发股份公司	62343.3	50460.0	23.5	62239.2	50849.9	22.4
贵州省	2003264.6	1212476.0	65.2	1812036.8	1088398.0	66.5
盘江煤电集团公司	1211588.0	681321.0	77.8	1205140.0	682262.0	76.6
水城矿业集团公司	791676.6	531155.0	49.0	606896.8	406136.0	49.4
云南省	1070104.2	837728.4	27.7	1148347.5	873282.3	31.5
东源煤业集团有限公司	878031.0	687507.0	27.7	956273.0	723061.0	32.3
小龙潭矿务局	192073.2	150221.4	27.9	192074.5	150221.3	27.9
陕西省	6174190.0	4571659.0	35.1	5642974.0	3993611.0	41.3
陕西省煤业集团	6174190.0	4571659.0	35.1	5642974.0	3993611.0	41.3
其中:陕西煤业股份公司	3693152.0	2615313.0	41.2	2763192.0	3173746.0	-12.9
甘肃省	1650544.5	1248858.3	32.2	1585006.9	1233314.9	28.5
华亭煤业集团公司	846005.5	645025.8	31.2	786860.6	627566.2	25.4
窑街煤电集团	280860.0	213382.9	31.6	262911.3	210351.3	25.0
靖远煤业公司	523679.0	390449.6	34.1	535235.0	395397.4	35.4

表 12　**2011 年煤炭工业大型企业主营业务收入及业务成本(快报)**　单位:万元

企业名称	主营业务收入			主营业务成本		
	2011 年累计	2010 年同期	增减(%)	2011 年累计	2010 年同期	增减(%)
全国合计	220377522.3	164997607.1	33.6	177738598.2	131059710.4	35.6
神华集团	27882177.0	21650721.0	28.8	17135134.0	13020443.0	31.6
其中:神东煤炭公司	6263268.0	5218747.0	20.0	3396233.0	1895212.0	79.2
准格尔能源公司	1698458.0	1503514.7	13.0	1276154.7	1113686.1	14.6
宝日希勒能源有限公司	354726.0	191999.0	84.8	265294.0	108396.0	144.7
中煤集团	11246328.2	9420372.2	19.4	7502814.7	6424314.9	16.8
其中:平朔煤炭工业公司	3687446.0	2898039.0	27.2	1868904.0	1425278.1	31.1
大屯煤电集团有限公司	997873.0	867780.0	15.0	717595.0	640052.0	12.1

续表 12

企业名称	主营业务收入			主营业务成本		
	2011 年累计	2010 年同期	增减(%)	2011 年累计	2010 年同期	增减(%)
北京市	1756889.0	1142197.0	53.8	1298043.0	850426.0	52.6
京煤集团有限责任公司	1756889.0	1142197.0	53.8	1298043.0	850426.0	52.6
河北省	30739893.8	22165758.8	38.7	28585129.5	19728906.1	44.9
开滦集团公司	14504564.8	9160810.5	58.3	13669243.0	7788501.2	75.5
冀中能源集团	16235329.0	13004948.3	24.8	14915886.5	11940404.9	24.9
其中:金牛股份集团公司	4833242.4	2592803.7	86.4	4308554.2	2154734.4	100.0
邯郸矿业集团公司	888514.0	1627393.0	-45.4	698435.0	1481078.0	-52.8
井陉矿务局	996937.6	855070.6	16.6	944862.3	806216.2	17.2
张家口矿业集团公司	644427.0	400130.0	61.1	691121.0	471171.0	46.7
峰峰集团有限公司	8142938.0	7133429.0	14.2	7593812.0	6697122.0	13.4
邢台矿业集团	272914.0	160954.1	69.6	285747.0	124762.3	129.0
山西省	47921900.3	32416403.4	47.8	42679841.0	29159919.0	46.4
山西焦煤集团	8072798.0	6939282.0	16.3	9820640.2	8508082.8	15.4
晋城无烟煤集团公司	10412454.0	5986722.0	73.9	8665563.0	4688821.0	84.8
阳泉煤业集团公司	7875000.0	5599024.0	40.6	6516226.0	4484416.0	45.3
潞安矿业集团公司	10828421.0	7070709.0	53.1	9380642.0	6618551.0	41.7
兰花煤炭集团公司	1094641.1	961489.1	13.8	520432.4	460666.9	13.0
鹊山精煤有限责任公司	53320.0	46890.0	13.7	39920.0	38925.0	2.6
内蒙古自治区	3460699.9	2727668.9	26.9	2336093.9	1906873.2	22.5
中电投霍林河煤电集团公司	1822845.0	1587034.0	14.9	1333908.0	1193628.0	11.8
平庄煤业集团公司	858941.0	559023.0	53.7	453619.0	313490.0	44.7
大雁煤业有限责任公司	66108.0	66759.0	-1.0	65364.0	62637.0	4.4
扎赉诺尔煤业有限公司	199304.1	134978.7	47.7	164969.5	118598.2	39.1
华能伊敏煤电有限公司	513501.8	379874.2	35.2	318233.5	218520.0	45.6
辽宁省	3871533.5	3299160.0	17.3	2531528.1	2285579.6	10.8
铁法煤业集团公司	1074010.9	977988.0	9.8	646447.6	658740.0	-1.9
抚顺矿业集团公司	491743.6	423411.3	16.1	310684.4	284861.5	9.1
沈阳煤业集团公司	1312284.0	997400.7	31.6	849625.1	658022.2	29.1
阜新矿业集团公司	913388.0	846200.0	7.9	659691.0	638422.0	3.3
辽宁南票煤电公司	80107.0	54160.0	47.9	65080.0	45534.0	42.9
吉林省	1429487.0	907940.0	57.4	1163356.0	574723.0	102.4
吉林煤业集团	1429487.0	907940.0	57.4	1163356.0	574723.0	102.4

续表 12

企业名称	主营业务收入			主营业务成本		
	2011 年累计	2010 年同期	增减(%)	2011 年累计	2010 年同期	增减(%)
其中:辽源矿业集团公司	433065.0	360870.0	20.0	320027.0	266821.0	19.9
通化矿业集团公司	237127.0	189133.0	25.4	167518.0	159209.0	5.2
黑龙江省	3609424.4	3067017.8	17.7	2814157.1	2311863.3	21.7
龙煤矿业集团	3609424.4	3067017.8	17.7	2814157.1	2311863.3	21.7
其中:鸡西矿业集团公司	807567.0	715202.0	12.9	651996.0	529875.0	23.0
江苏省	2304427.3	2150770.7	7.1	1789489.6	1623720.8	10.2
徐州矿务集团有限公司	2109882.3	1981395.7	6.5	1653880.6	1515656.8	9.1
华润天能徐州煤电有限公司	194545.0	169375.0	14.9	135609.0	108064.0	25.5
安徽省	12657364.1	9646785.5	31.2	10388324.1	7439965.4	39.6
淮南矿业集团公司	6686088.0	5022135.3	33.1	5424509.5	3922107.3	38.3
淮北矿业集团公司	2840300.0	2127129.0	33.5	2167400.0	1328937.0	63.1
皖北矿业集团公司	2379147.3	1827473.5	30.2	2310102.5	1752463.6	31.8
国投新集能源股份公司	751828.8	670047.8	12.2	486312.1	436457.5	11.4
福建省	2382493.0	1480639.0	60.9	2120147.0	1302697.0	62.8
福建省煤炭工业集团	2382493.0	1480639.0	60.9	2120147.0	1302697.0	62.8
江西省	1686752.7	940682.2	79.3	1445525.5	749900.7	92.8
江西省煤炭集团	1686752.7	940682.2	79.3	1445525.5	749900.7	92.8
山东省	20503500.9	15882410.6	29.1	14773722.3	12031283.3	22.8
兖矿集团有限公司	6400000.0	5873122.6	9.0	4504535.0	4145920.1	8.6
山东能源集团	14103500.9	10009288.0	40.9	10269187.3	7885363.2	30.2
其中:新汶矿业集团公司	5079353.0	4449516.1	14.2	3641909.0	3504394.5	3.9
淄博矿业集团公司	2360000.0	1645294.0	43.4	1664599.0	1263891.0	31.7
肥城矿业集团公司	450700.0	498660.0	-9.6	248647.0	318773.0	-22.0
济宁矿业集团公司	612701.7	436850.8	40.3	349597.0	255463.4	36.8
河南省	37106210.1	29798631.9	24.5	32961274.3	26080588.5	26.4
中平能化集团	10520348.0	9237193.0	13.9	9541616.0	8280228.0	15.2
义马煤业集团公司	3048325.1	2040863.0	49.4	2440261.3	1580267.2	54.4
神火集团公司	3162560.0	2229021.3	41.9	2866916.0	1897289.3	51.1
郑州煤炭工业集团公司	2900000.0	1860000.0	55.9	2518900.0	1530000.0	64.6
河南煤业化工集团公司	17474977.0	14431554.5	21.1	15593581.0	12792804.0	21.9
湖南省	726934.9	593753.5	22.4	559454.2	465513.8	20.2
湖南煤业集团有限公司	726934.9	593753.5	22.4	559454.2	465513.8	20.2

续表 12

企业名称	主营业务收入			主营业务成本		
	2011 年累计	2010 年同期	增减(%)	2011 年累计	2010 年同期	增减(%)
重庆市	925436.9	692383.6	33.7	850326.9	610325.2	39.3
重庆能源投资集团公司	925436.9	692383.6	33.7	850326.9	610325.2	39.3
其中:松藻煤电公司	234716.0	205993.0	13.9	208540.0	179385.0	16.3
永荣矿业有限公司	250540.1	220343.6	13.7	224753.7	199941.2	12.4
天府矿业公司	102817.0	78621.0	30.8	89235.0	70200.0	27.1
南桐矿业公司	215907.0	187426.0	15.2	222155.0	160799.0	38.2
中梁山公司	121456.8	0.0		105643.2	0.0	
四川省	1150160.0	977434.0	17.7	976253.0	869518.0	12.3
四川煤炭产业集团	1085554.0	922150.0	17.7	928360.0	829770.0	11.9
古叙煤田开发股份公司	64606.0	55284.0	16.9	47893.0	39748.0	20.5
贵州省	1590019.0	942271.0	68.7	1037424.0	575871.0	80.1
盘江煤电集团公司	1121310.0	671912.0	66.9	702090.0	411259.0	70.7
水城矿业集团公司	468709.0	270359.0	73.4	335334.0	164612.0	103.7
云南省	1240218.3	918437.7	35.0	1045557.0	801108.7	30.5
东源煤业集团有限公司	1046954.0	758428.0	38.0	901285.0	677699.0	33.0
小龙潭矿务局	193264.3	160009.7	20.8	144272.0	123409.7	16.9
陕西省	7093882.0	5156645.0	37.6	4638761.0	3135366.0	47.9
陕西省煤业集团	7093882.0	5156645.0	37.6	4638761.0	3135366.0	47.9
其中:陕西煤业股份公司	4179358.3	3086500.5	35.4	2058623.6	1604276.0	28.3
甘肃省	1396217.3	1170294.2	19.3	895731.7	734524.8	21.9
华亭煤业集团公司	800870.0	688576.0	16.3	482527.0	381727.0	26.4
窑街煤电集团	259424.7	214933.1	20.7	199363.6	169502.2	17.6
靖远煤业公司	335922.5	266785.1	25.9	213841.1	183295.6	16.7

表 13　**2011 年煤炭工业大型企业利润总额及应交增值税(快报)**　单位:万元

企业名称	利润总额			应交增值税		
	本年累计	2010 年同期	增减(+,-)	本年累计	2010 年同期	增减(%)
全国合计	20295622.8	16751431.3	3544191.5	11806584.5	9897235.9	19.3
神华集团	7500997.0	5852505.0	1648492.0			
其中:神东煤炭公司	2462065.0	2849062.0	-386997.0	642030.0	736714.0	-12.9
准格尔能源公司	420636.7	393055.1	27581.6	124864.6	112027.8	11.5
宝日希勒能源有限公司	87488.0	39756.0	47732.0	43555.0	17332.0	151.3
中煤集团	1620112.6	1212329.8	407782.8	838752.0	688165.0	21.9
其中:平朔煤炭工业公司	861293.0	682075.5	179217.5	389484.0	344015.0	13.2

续表 13

企业名称	利润总额			应交增值税		
	本年累计	2010 年同期	增减(+,-)	本年累计	2010 年同期	增减(%)
大屯煤电集团有限公司	179576.0	154772.0	24804.0	89020.0	80968.0	9.9
北京市	138493.0	64407.0	74086.0	81395.0	65867.0	23.6
京煤集团有限责任公司	138493.0	64407.0	74086.0	81395.0	65867.0	23.6
河北省	613859.0	567059.8	46799.2	764620.0	648589.6	17.9
开滦集团公司	150160.0	126543.1	23616.9	279373.0	237994.3	17.4
冀中能源集团	463699.0	440516.7	23182.3	485247.0	410595.4	18.2
其中:金牛股份集团公司	235024.3	224782.9	10241.4	151856.9	124842.8	21.6
邯郸矿业集团公司	46780.0	43360.0	3420.0	55227.0	48889.0	13.0
井陉矿务局	8510.7	8119.5	391.2	17739.1	21177.1	-16.2
张家口矿业集团公司	31851.0	13904.0	17947.0	38982.0	31871.0	22.3
峰峰集团有限公司	146088.0	143910.0	2178.0	185000.0	166789.0	10.9
邢台矿业集团	7114.0	4525.3	2588.7	14569.0	8841.4	64.8
山西省	2316029.7	2142662.2	173367.5	2792921.7	2282175.6	22.4
山西焦煤集团	469200.0	511181.3	-41981.3	840238.4	634769.5	32.4
晋城无烟煤集团公司	542440.0	450125.0	92315.0	445570.0	331213.0	34.5
阳泉煤业集团公司	300000.0	263321.0	36679.0	470000.0	379487.0	23.9
潞安矿业集团公司	453566.0	415211.0	38355.0	338327.0	338227.0	0.0
兰花煤炭集团公司	327634.9	344798.2	-17163.3	106798.9	99588.0	7.2
鹊山精煤有限责任公司	1503.0	1501.0	2.0	5147.0	5930.0	-13.2
内蒙古自治区	627579.8	448960.8	178619.0	413062.6	274145.9	50.7
中电投霍林河煤电集团公司	327225.0	239923.0	87302.0	218319.0	125303.0	74.2
平庄煤业集团公司	185250.0	120841.0	64409.0	112799.0	82643.0	36.5
大雁煤业有限责任公司	-3906.0	-7570.0	3664.0	7226.0	7047.0	2.5
扎赉诺尔煤业有限公司	136.6	-1096.1	1232.7	22675.7	14255.4	59.1
华能伊敏煤电有限公司	118874.2	96862.9	22011.3	52042.9	44897.5	15.9
辽宁省	571427.2	383584.2	187843.0	435570.5	326785.6	33.3
铁法煤业集团公司	196242.5	125094.5	71148.0	122197.1	98357.5	24.2
抚顺矿业集团公司	51235.6	46781.5	4454.2	71657.5	63573.8	12.7
沈阳煤业集团公司	201816.0	183734.2	18081.8	122916.0	80440.4	52.8
阜新矿业集团公司	125668.0	30860.0	94808.0	112105.0	82791.0	35.4
辽宁南票煤电公司	-3535.0	-2886.0	-649.0	6695.0	1623.0	312.5
吉林省	40077.0	25579.0	14498.0	94020.0	78352.0	20.0

续表 13

企业名称	利润总额			应交增值税		
	2011 年累计	2010 年同期	增减(+,-)	2011 年累计	2010 年同期	增减(%)
吉林煤业集团	40077.0	25579.0	14498.0	94020.0	78352.0	20.0
其中:辽源矿业集团公司	23598.0	11540.0	12058.0	48336.0	42657.0	13.3
通化矿业集团公司	15393.0	2074.0	13319.0	24746.0	18787.0	31.7
黑龙江省	138542.2	158069.5	-19527.3	379685.5	359746.9	5.5
龙煤矿业集团	138542.2	158069.5	-19527.3	379685.5	359746.9	5.5
其中:鸡西矿业集团公司	52285.0	53873.0	-1588.0	56813.0	82592.0	-31.2
江苏省	143144.1	124138.8	19005.4	157899.7	148197.0	6.5
徐州矿务集团有限公司	106277.1	80460.8	25816.4	138800.7	129578.0	7.1
华润天能徐州煤电有限公司	36867.0	43678.0	-6811.0	19099.0	18619.0	2.6
安徽省	716879.2	539825.9	177053.3	964248.4	825043.7	16.9
淮南矿业集团公司	189116.7	164998.9	24117.8	412606.9	384590.2	7.3
淮北矿业集团公司	198580.0	133590.0	64990.0	318820.0	243843.0	30.7
皖北矿业集团公司	142169.5	74199.3	67970.2	140373.8	115674.5	21.4
国投新集能源股份公司	187013.0	167037.7	19975.3	92447.7	80935.9	14.2
福建省	84849.0	67167.0	17682.0	71104.0	67943.0	4.7
福建省煤炭工业集团	84849.0	67167.0	17682.0	71104.0	67943.0	4.7
江西省	94398.5	63381.8	31016.7	82681.1	72471.3	14.1
江西省煤炭集团	94398.5	63381.8	31016.7	82681.1	72471.3	14.1
山东省	2720000.0	2378532.8	341467.3	1317271.9	1084191.1	21.5
兖矿集团有限公司	1000000.0	988532.8	11467.3	440000.0	370391.7	18.8
山东能源集团	1720000.0	1390000.0	330000.0	877271.9	713799.4	22.9
其中:新汶矿业集团公司	730604.0	564678.9	165925.1	302311.0	233227.8	29.6
淄博矿业集团公司	263000.0	227801.0	35199.0	130900.0	117715.0	11.2
肥城矿业集团公司	61351.0	51408.0	9943.0	57478.0	53238.0	8.0
济宁矿业集团公司	115764.8	65139.4	50625.4	69849.3	41070.4	70.1
河南省	1269661.8	1433784.7	-164122.8	1313001.9	1082645.5	21.3
中平能化集团	91000.0	209598.0	-118598.0	368435.0	283209.0	30.1
义马煤业集团公司	196127.5	185697.3	10430.2	186779.0	156850.9	19.1
神火集团公司	140525.3	150748.0	-10222.7	89747.9	75119.2	19.5
郑州煤炭工业集团公司	89485.0	79291.0	10194.0	120225.0	117666.0	2.2
河南煤业化工集团公司	752524.0	808450.4	-55926.4	547815.0	449800.4	21.8
湖南省	43746.5	31765.1	11981.5	57560.7	48268.4	19.3

续表 13

企业名称	利润总额			应交增值税		
	2011 年累计	2010 年同期	增减(%)	2011 年累计	2010 年同期	增减(%)
湖南煤业集团有限公司	43746.5	31765.1	11981.5	57560.7	48268.4	19.3
重庆市	3309.7	533.5	2776.2	80973.7	64189.5	26.1
重庆能源投资集团公司	3309.7	533.5	2776.2	80973.7	64189.5	26.1
其中:松藻煤电公司	5600.0	1385.0	4215.0	22856.0	21448.0	6.6
永荣矿业有限公司	-1998.1	427.8	-2425.9	17099.3	17397.5	-1.7
天府矿业公司	68.0	-2970.0	3038.0	10076.0	8408.0	19.8
南桐矿业公司	-2363.0	1690.7	-4053.7	18754.0	16936.0	10.7
中梁山公司	2002.8	0.0		12188.4	0.0	
四川省	2663.0	2554.0	109.0	5827.0	2096.0	178.0
四川煤炭产业集团						
古叙煤田开发股份公司	2663.0	2554.0	109.0	5827.0	2096.0	178.0
贵州省	277800.0	183112.0	94688.0	34655.0	97923.0	-64.6
盘江煤电集团公司	210000.0	142428.0	67572.0		77913.0	-100.0
水城矿业集团公司	67800.0	40684.0	27116.0	34655.0	20010.0	73.2
云南省	41851.8	30302.6	11549.2	72126.9	56703.4	27.2
东源煤业集团有限公司	16009.0	15035.0	974.0	38676.0	31695.0	22.0
小龙潭矿务局	25842.8	15267.6	10575.2	33450.9	25008.4	33.8
陕西省	1301522.0	1053847.0	247675.0	520191.2	436196.4	19.3
陕西省煤业集团	1301522.0	1053847.0	247675.0	520191.2	436196.4	19.3
其中:陕西煤业股份公司	1543802.1	963681.8	580120.4		339954.7	-100.0
甘肃省	171823.7	111467.7	60356.0	198622.5	151147.5	31.4
华亭煤业集团公司	160175.0	106599.0	53576.0	114737.0	79021.0	45.2
窑街煤电集团	5312.7	2535.3	2777.5	31038.5	27294.5	13.7
靖远煤业公司	6336.0	2333.5	4002.5	52846.9	44832.0	17.9

表 14　　**2011 年煤炭工业大型企业资产及负债总额(快报)**　　单位:万元

企业名称	资产总额			负债总额		
	2011 年累计	2010 年同期	增减(%)	2011 年累计	2010 年同期	增减(%)
全国合计	333607828.3	275711639.5	21.0	203741439.5	164232925.5	24.1
神华集团	63512959.0	55092663.0	15.3	24368135.0	21176282.0	15.1
其中:神东煤炭公司	13012076.0	10654919.0	22.1	2320358.0	2490617.0	-6.8
准格尔能源公司	3179071.6	2776454.5	14.5	811479.2	694525.6	16.8
宝日希勒能源有限公司	500415.0	427737.0	17.0	207414.0	211569.0	-2.0
中煤集团	20876773.2	17256298.9	21.0	9846496.9	7070305.9	39.3

续表 14

企业名称	资产总额			负债总额		
	2011 年累计	2010 年同期	增减(%)	2011 年累计	2010 年同期	增减(%)
其中:平朔煤炭工业公司	5098000.0	4101134.1	24.3	1824116.0	1633169.3	11.7
大屯煤电集团有限公司	1294480.0	1056122.0	22.6	498951.0	374988.0	33.1
北京市	3230440.0	2484627.0	30.0	2076413.0	1557541.0	33.3
京煤集团有限责任公司	3230440.0	2484627.0	30.0	2076413.0	1557541.0	33.3
河北省	17229820.0	13175784.0	30.8	11486178.8	8124838.5	41.4
开滦集团公司	7375147.0	5669734.6	30.1	4994975.0	3334913.6	49.8
冀中能源集团	9854673.0	7506049.4	31.3	6491203.8	4789924.9	35.5
其中:金牛股份集团公司	2716312.0	1996815.5	36.0	1356210.0	866684.5	56.5
邯郸矿业集团公司	1337032.0	1123949.0	19.0	861594.0	803530.0	7.2
井陉矿务局	484137.0	456197.4	6.1	394120.8	362978.1	8.6
张家口矿业集团公司	587640.0	433726.0	35.5	429454.0	362531.0	18.5
峰峰集团有限公司	3050152.0	2797079.0	9.0	2223056.0	2054045.0	8.2
邢台矿业集团	548516.0	504530.4	8.7	265458.0	225910.4	17.5
山西省	64724200.2	54258566.0	19.3	44610344.8	37459248.8	19.1
山西焦煤集团	14209316.0	12551686.6	13.2	9409118.9	8199640.1	14.8
晋城无烟煤集团公司	13740262.0	10158649.0	35.3	10382520.0	7465738.0	39.1
阳泉煤业集团公司	10260000.0	9114444.0	12.6	6990000.0	6326990.0	10.5
潞安矿业集团公司	10801349.0	8188490.0	31.9	7652756.0	5980639.0	28.0
兰花煤炭集团公司	2766386.2	2365228.4	17.0	1217607.3	1068561.8	13.9
鹊山精煤有限责任公司	72890.0	56503.0	29.0	45095.0	30449.0	48.1
内蒙古自治区	8075368.9	7136128.0	13.2	5670924.3	4691086.7	20.9
中电投霍林河煤电集团公司	3648128.0	3627265.0	0.6	2889981.0	2499406.0	15.6
平庄煤业集团公司	1676679.0	1041558.0	61.0	769058.0	385740.0	99.4
大雁煤业有限责任公司	159096.0	130506.0	21.9	141368.0	85528.0	65.3
扎赉诺尔煤业有限公司	572868.5	440783.7	30.0	386108.6	254190.5	51.9
华能伊敏煤电有限公司	2018597.5	1896015.3	6.5	1484408.7	1466222.2	1.2
辽宁省	9383994.6	7686616.5	22.1	5568893.7	4419987.2	26.0
铁法煤业集团公司	2529295.6	2242279.6	12.8	1055208.0	976637.5	8.0
抚顺矿业集团公司	1364144.7	1188483.3	14.8	667722.5	528986.2	26.2
沈阳煤业集团公司	3505803.3	2450106.5	43.1	2489330.2	1611678.5	54.5
阜新矿业集团公司	1736085.0	1583777.0	9.6	1172457.0	1141289.0	2.7
辽宁南票煤电公司	248666.0	221970.0	12.0	184176.0	161396.0	14.1
吉林省	1960961.0	1357842.0	44.4	1440685.0	869032.0	65.8
吉林煤业集团	1960961.0	1357842.0	44.4	1440685.0	869032.0	65.8
其中:辽源矿业集团公司	558588.0	509326.0	9.7	371889.0	324616.0	14.6

续表 14

企业名称	资产总额			负债总额		
	2011 年累计	2010 年同期	增减(%)	2011 年累计	2010 年同期	增减(%)
通化矿业集团公司	383174.0	326250.0	17.4	344951.0	289139.0	19.3
黑龙江省	7269506.2	6311330.2	15.2	5170923.3	4297615.6	20.3
龙煤矿业集团	7269506.2	6311330.2	15.2	5170923.3	4297615.6	20.3
其中:鸡西矿业集团公司	1412525.0	1303382.0	8.4	1240012.0	1165864.0	6.4
江苏省	4254422.2	3571480.2	19.1	2900435.9	2374559.9	22.1
徐州矿务集团有限公司	3974957.2	3307950.2	20.2	2704946.9	2215933.9	22.1
华润天能徐州煤电有限公司	279465.0	263530.0	6.0	195489.0	158626.0	23.2
安徽省	27016770.6	22947988.8	17.7	19128475.5	15631310.5	22.4
淮南矿业集团公司	13763313.8	11192381.5	23.0	10062404.7	7847524.4	28.2
淮北矿业集团公司	7227860.0	6138333.0	17.7	5256530.0	4329106.0	21.4
皖北矿业集团公司	3608071.6	3531024.0	2.2	2246266.9	2132125.1	5.4
国投新集能源股份公司	2417525.2	2086250.3	15.9	1563273.9	1322555.1	18.2
福建省	3691755.0	3247123.0	13.7	2781546.0	2383545.0	16.7
福建省煤炭工业集团	3691755.0	3247123.0	13.7	2781546.0	2383545.0	16.7
江西省	2081825.5	1735078.9	20.0	1203055.6	980656.4	22.7
江西省煤炭集团	2081825.5	1735078.9	20.0	1203055.6	980656.4	22.7
山东省	30517071.1	25490410.3	19.7	19305319.0	16417246.1	17.6
兖矿集团有限公司	13150000.0	11727577.0	12.1	9190535.0	8200839.1	12.1
山东能源集团	17367071.1	13762833.3	26.2	10114784.0	8216407.0	23.1
其中:新汶矿业集团公司	6811242.0	5403778.4	26.0	4896368.0	3936032.9	24.4
淄博矿业集团公司	2780000.0	2285906.0	21.6	1365000.0	1178978.0	15.8
肥城矿业集团公司	1620000.0	1373537.0	17.9	1270000.0	1054104.0	20.5
济宁矿业集团公司	1482552.2	1341764.0	10.5	936414.8	865770.3	8.2
河南省	38668003.8	31908018.9	21.2	28175595.9	22656397.1	24.4
中平能化集团	9947721.0	8232502.0	20.8	6994898.0	5503149.0	27.1
义马煤业集团公司	4120392.1	3331923.4	23.7	2850215.2	2321397.7	22.8
神火集团公司	4247490.7	3687641.3	15.2	3383390.7	2809754.7	20.4
郑州煤炭工业集团公司	3200000.0	2600000.0	23.1	2380000.0	1840000.0	29.3
河南煤业化工集团公司	17152400.0	14055952.2	22.0	12567092.0	10182095.7	23.4
湖南省	1252738.9	896334.5	39.8	725337.8	388335.3	86.8
湖南煤业集团有限公司	1252738.9	896334.5	39.8	725337.8	388335.3	86.8
重庆市	2254939.9	1434894.5	57.2	1024922.9	839963.6	22.0

续表 14

企业名称	资产总额			负债总额		
	2011 年累计	2010 年同期	增减(%)	2011 年累计	2010 年同期	增减(%)
重庆能源投资集团公司	2254939.9	1434894.5	57.2	1024922.9	839963.6	22.0
其中:松藻煤电公司	805674.0	592341.0	36.0	392323.0	357492.0	9.7
永荣矿业有限公司	412797.1	296133.5	39.4	169268.5	143447.6	18.0
天府矿业公司	226206.0	145406.0	55.6	94598.0	93280.0	1.4
南桐矿业公司	510810.0	401014.0	27.4	253141.0	245744.0	3.0
中梁山公司	299452.8	0.0		115592.4	0.0	
四川省	3145352.0	2790019.0	12.7	2207274.0	1920235.0	14.9
四川煤炭产业集团	2802356.0	2446769.0	14.5	2058788.0	1762285.0	16.8
古叙煤田开发股份公司	342996.0	343250.0	-0.1	148486.0	157950.0	-6.0
贵州省	4303470.0	2566426.0	67.7	2562748.0	1439519.0	78.0
盘江煤电集团公司	2628380.0	1431862.0	83.6	1316926.0	628711.0	109.5
水城矿业集团公司	1675090.0	1134564.0	47.6	1245822.0	810808.0	53.7
云南省	2103571.1	1890821.4	11.3	1420002.6	1280879.9	10.9
东源煤业集团有限公司	1408582.0	1354979.0	4.0	1019909.0	984823.0	3.6
小龙潭矿务局	694989.1	535842.4	29.7	400093.6	296056.9	35.1
陕西省	19364141.0	13437875.0	44.1	13051547.0	8937779.0	46.0
陕西省煤业集团	19364141.0	13437875.0	44.1	13051547.0	8937779.0	46.0
其中:陕西煤业股份公司		5202625.9			2599481.2	
甘肃省	2944166.4	2606793.7	12.9	1916620.4	1691121.0	13.3
华亭煤业集团公司	1427218.0	1319089.0	8.2	831504.0	837597.0	-0.7
窑街煤电集团	786811.6	742108.4	6.0	611537.5	558028.4	9.6
靖远煤业公司	730136.7	545596.4	33.8	473578.9	295495.6	60.3

表 15　**2011 年煤炭工业大型企业管理费用和财务费用(快报)**　单位:万元

企业名称	管理费用			财务费用		
	2011 年累计	2010 年同期	增减(%)	2011 年累计	2010 年同期	增减(+,-)
全国合计	16468417.1	14125848.8	16.6	4707425.1	2847748.6	1859676.5
神华集团	1872500.0	1558636.0	20.1	542111.0	348551.0	193560.0
其中:神东煤炭公司	229022.0	317130.0	-27.8	13800.0	12156.0	1644.0
准格尔能源公司	71187.8	101761.3	-30.0	7502.1	6106.5	1395.6
宝日希勒能源有限公司	25918.0	21481.0	20.7	4339.0	531.0	3808.0
中煤集团	731838.9	595284.5	22.9	76490.9	38680.2	37810.7
其中:平朔煤炭工业公司	209434.0	118149.2	77.3	11180.0	16590.3	-5410.3
大屯煤电集团有限公司	84553.0	63982.0	32.2	2183.0	5690.0	-3507.0

续表 15

企业名称	管理费用			财务费用		
	2011年累计	2010年同期	增减(%)	2011年累计	2010年同期	增减(+,-)
北京市	183321.0	138874.0	32.0	42270.0	17302.0	24968.0
京煤集团有限责任公司	183321.0	138874.0	32.0	42270.0	17302.0	24968.0
河北省	1025597.8	945204.4	8.5	324423.6	180284.1	144139.5
开滦集团公司	399827.0	391987.5	2.0	135163.0	87397.2	47765.8
冀中能源集团	625770.8	553216.9	13.1	189260.6	92886.9	96373.7
其中:金牛股份集团公司	183459.3	163952.9	11.9	64264.7	18152.4	46112.4
邯郸矿业集团公司	91647.0	71949.0	27.4	16861.0	17048.0	-187.0
井陉矿务局	31588.6	30708.0	2.9	5337.9	6310.5	-972.6
张家口矿业集团公司	60028.0	52578.0	14.2	13672.0	9876.0	3796.0
峰峰集团有限公司	179119.0	183689.0	-2.5	69290.0	37223.0	32067.0
邢台矿业集团	39001.0	33440.0	16.6	6388.0	4273.1	2115.0
山西省	4164081.2	3452610.9	20.6	1060677.2	748282.4	312394.8
山西焦煤集团	757574.2	594379.6	27.5	202818.5	150447.3	52371.3
晋城无烟煤集团公司	787465.0	606703.0	29.8	300946.0	197502.0	103444.0
阳泉煤业集团公司	623000.0	545342.0	14.2	150400.0	103716.0	46684.0
潞安矿业集团公司	652213.0	542536.0	20.2	172036.0	123270.0	48766.0
兰花煤炭集团公司	148333.1	105118.9	41.1	24073.1	25050.5	-977.5
鹊山精煤有限责任公司	5192.0	9213.0	-43.6	50.0	42.0	8.0
内蒙古自治区	177481.6	137039.4	29.5	162353.5	133860.8	28492.7
中电投霍林河煤电集团公司	63293.0	50501.0	25.3	89739.0	77537.0	12202.0
平庄煤业集团公司	96317.0	68208.0	41.2	-616.0	497.0	-1113.0
大雁煤业有限责任公司	1995.0	770.0	159.1	-79.0	-75.0	-4.0
扎赉诺尔煤业有限公司	8835.9	8809.1	0.3	8878.2	6384.3	2493.9
华能伊敏煤电有限公司	7040.7	8751.3	-19.5	64431.3	49517.5	14913.8
辽宁省	657524.5	507461.9	29.6	118357.4	47020.6	71336.7
铁法煤业集团公司	201751.6	170106.5	18.6	-255.3	-137.5	-117.8
抚顺矿业集团公司	123338.2	94593.8	30.4	-886.9	-3653.5	2766.5
沈阳煤业集团公司	160603.6	103722.5	54.8	70326.5	23430.5	46896.0
阜新矿业集团公司	162275.0	130790.0	24.1	39210.0	23916.0	15294.0
辽宁南票煤电公司	9556.0	8249.0	15.8	9963.0	3465.0	6498.0
吉林省	166322.0	155690.0	6.8	33082.0	20487.0	12595.0
吉林煤业集团	166322.0	155690.0	6.8	33082.0	20487.0	12595.0
其中:辽源矿业集团公司	53507.0	54529.0	-1.9	10142.0	7500.0	2642.0

续表 15

企业名称	管理费用			财务费用		
	2011 年累计	2010 年同期	增减(%)	2011 年累计	2010 年同期	增减(+,-)
通化矿业集团公司	47910.0	44363.0	8.0	15050.0	9039.0	6011.0
黑龙江省	643424.7	597809.5	7.6	64718.2	51802.9	12915.3
龙煤矿业集团	643424.7	597809.5	7.6	64718.2	51802.9	12915.3
其中:鸡西矿业集团公司	141811.0	132284.0	7.2	11421.0	12289.0	-868.0
江苏省	309906.0	358138.7	-13.5	21067.8	9398.7	11669.1
徐州矿务集团有限公司	293484.0	344534.7	-14.8	19778.8	7887.7	11891.1
华润天能徐州煤电有限公司	16422.0	13604.0	20.7	1289.0	1511.0	-222.0
安徽省	1259951.4	1294908.7	-2.7	461255.2	315396.3	145858.9
淮南矿业集团公司	683253.8	659247.3	3.6	259826.2	178387.6	81438.5
淮北矿业集团公司	362520.0	482326.0	-24.8	118930.0	76233.0	42697.0
皖北矿业集团公司	172695.3	118214.2	46.1	49230.5	32085.8	17144.7
国投新集能源股份公司	41482.3	35121.3	18.1	33268.5	28689.8	4578.7
福建省	59541.0	59167.0	0.6	104013.0	55770.0	48243.0
福建省煤炭工业集团	59541.0	59167.0	0.6	104013.0	55770.0	48243.0
江西省	112564.4	95101.1	18.4	21329.5	18064.4	3265.1
江西省煤炭集团	112564.4	95101.1	18.4	21329.5	18064.4	3265.1
山东省	1778892.3	1622479.3	9.6	454451.1	93062.0	361389.1
兖矿集团有限公司	552610.4	574318.8	-3.8	298073.1	-58154.9	356228.0
山东能源集团	1226281.9	1048160.5	17.0	156378.0	151217.0	5161.0
其中:新汶矿业集团公司	428007.0	357868.6	19.6	111658.0	111865.4	-207.4
淄博矿业集团公司	302000.0	197305.0	53.1	-5500.0	-4972.0	-528.0
肥城矿业集团公司	62456.0	49657.0	25.8	14032.0	15094.0	-1062.0
济宁矿业集团公司	112232.3	90142.4	24.5	20811.4	15808.3	5003.1
河南省	2103688.9	1654304.6	27.2	691573.6	493139.9	198433.7
中平能化集团	570078.0	560777.0	1.7	155642.0	112723.0	42919.0
义马煤业集团公司	186659.9	154189.1	21.1	52787.6	45684.6	7103.0
神火集团公司	48204.0	45353.3	6.3	82960.0	77353.3	5606.7
郑州煤炭工业集团公司	243000.0	198600.0	22.4	42000.0	33200.0	8800.0
河南煤业化工集团公司	1055747.0	695385.2	51.8	358184.0	224179.0	134005.0
湖南省	96890.2	79592.7	21.7	5397.8	2753.5	2644.4
湖南煤业集团有限公司	96890.2	79592.7	21.7	5397.8	2753.5	2644.4
重庆市	75551.4	57099.6	32.3	26565.6	14619.0	11946.6
重庆能源投资集团公司	75551.4	57099.6	32.3	26565.6	14619.0	11946.6

续表 15

企业名称	管理费用			财务费用		
	2011 年累计	2010 年同期	增减(%)	2011 年累计	2010 年同期	增减(+,-)
其中:松藻煤电公司	15479.0	13999.0	10.6	9254.0	6948.0	2306.0
永荣矿业有限公司	21921.0	15252.6	43.7	5335.8	1675.0	3660.8
天府矿业公司	12649.0	10316.0	22.6	1664.0	1602.0	62.0
南桐矿业公司	14124.0	17532.0	-19.4	9125.0	4394.0	4731.0
中梁山公司	11378.4			1186.8		
四川省	167596.0	163946.0	2.2	48060.0	31383.0	16677.0
四川煤炭产业集团	155461.0	153379.0	1.4	46606.0	28800.0	17806.0
古叙煤田开发股份公司	12135.0	10567.0	14.8	1454.0	2583.0	-1129.0
贵州省	160966.0	122490.0	31.4	54389.0	29122.0	25267.0
盘江煤电集团公司	107050.0	72320.0	48.0	36289.0	14637.0	21652.0
水城矿业集团公司	53916.0	50170.0	7.5	18100.0	14485.0	3615.0
云南省	71569.1	59835.4	19.6	53890.6	18637.7	35252.9
东源煤业集团有限公司	46496.0	36438.0	27.6	51898.0	17336.0	34562.0
小龙潭矿务局	25073.1	23397.4	7.2	1992.6	1301.7	690.9
陕西省	720777.0	628212.0	14.7	345172.0	174732.0	170440.0
陕西省煤业集团	720777.0	628212.0	14.7	345172.0	174732.0	170440.0
其中:陕西煤业股份公司	532378.7	427953.5	24.4	22681.6	25484.8	-2803.2
甘肃省	238337.7	200101.7	19.1	16844.1	14797.9	2046.2
华亭煤业集团公司	88137.0	110321.0	-20.1	14623.0	10935.0	3688.0
窑街煤电集团	36380.7	25794.5	41.0	7658.2	5882.2	1776.0
靖远煤业公司	113820.0	63986.2	77.9	-5437.1	-2019.3	-3417.8

表 16 **2011 年煤炭工业大型企业应收账款及销售费用(快报)** 单位:万元

企业名称	销售费用			应收账款净额		
	2011 年累计	2010 年同期	增减(%)	2011 年累计	2010 年同期	增减(%)
全国合计	4610212.1	3755322.3	22.8	14188876.3	8326454.7	70.4
神华集团	476322.0	368669.0	29.2	1809183.0	1184894.0	52.7
其中:神东煤炭公司	26159.0	16623.0	57.4	175177.0	3814366.0	-95.4
准格尔能源公司		41945.2	10392.5	303.6		
宝日希勒能源有限公司	14371.0	14863.0	-3.3	11107.0	29974.0	-62.9
中煤集团	1211691.7	1013078.4	19.6	1054499.2	944202.0	11.7
其中:平朔煤炭工业公司	643026.0	616254.4	4.3	132668.0	117064.0	13.3
大屯煤电集团有限公司	12753.0	10849.0	17.6	90272.0	25705.0	251.2
北京市	53925.0	41310.0	30.5	63243.0	45419.0	39.2

续表 16

企业名称	销售费用			应收账款净额		
	2011 年累计	2010 年同期	增减(%)	2011 年累计	2010 年同期	增减(%)
京煤集团有限责任公司	53925.0	41310.0	30.5	63243.0	45419.0	39.2
河北省	283933.1	243701.7	16.5	2063818.2	943472.0	118.7
开滦集团公司	156912.0	141317.9	11.0	1020364.0	295398.5	245.4
冀中能源集团	127021.1	102383.7	24.1	1043454.2	648073.6	61.0
其中:金牛股份集团公司	36940.4	31350.9	17.8	203189.0	94161.1	115.8
邯郸矿业集团公司	7073.0	5330.0	32.7	239461.0	54452.6	339.8
井陉矿务局	10242.8	7517.5	36.3	22654.2	18592.9	21.8
张家口矿业集团公司	13678.0	16064.0	-14.9	26791.0	27348.0	-2.0
峰峰集团有限公司	25649.0	23769.0	7.9	443865.0	388870.0	14.1
邢台矿业集团	8676.0	8019.4	8.2	43012.0	27094.9	58.7
山西省	1058140.6	853500.3	24.0	3777053.7	1727736.7	118.6
山西焦煤集团	286320.6	192453.9	48.8	1197996.8	483522.9	147.8
晋城无烟煤集团公司	83433.0	71124.0	17.3	496174.0	149136.0	232.7
阳泉煤业集团公司	79900.0	71386.0	11.9	750000.0	568360.0	32.0
潞安矿业集团公司	84503.0	54916.0	53.9	527796.0	193677.0	172.5
兰花煤炭集团公司	32408.7	32980.4	-1.7	13192.4	9774.5	35.0
鹊山精煤有限责任公司	5787.0	4556.0	27.0	2468.0	2468.0	0.0
内蒙古自治区	82260.0	31880.0	158.0	158338.4	85450.5	85.3
中电投霍林河煤电集团公司	15022.0	22100.0	-32.0			
平庄煤业集团公司	66757.0	9478.0	604.3	88710.0	33522.0	164.6
大雁煤业有限责任公司	481.0	302.0	59.3	30832.0	212.0	
扎赉诺尔煤业有限公司				2629.5	11321.2	-76.8
华能伊敏煤电有限公司				36166.9	40395.3	-10.5
辽宁省	68078.8	58839.5	15.7	342467.0	304876.7	12.3
铁法煤业集团公司	24181.1	17397.8	39.0	121056.0	92232.0	31.3
抚顺矿业集团公司	3733.1	3422.2	9.1	25686.5	24525.8	4.7
沈阳煤业集团公司	31315.6	31613.5	-0.9	127193.5	119926.9	6.1
阜新矿业集团公司	8797.0	6359.0	38.3	61086.0	64330.0	-5.0
辽宁南票煤电公司	52.0	47.0	10.6	7445.0	3862.0	92.8
吉林省	28174.0	22414.0	25.7	132178.0	70536.0	87.4
吉林煤业集团	28174.0	22414.0	25.7	132178.0	70536.0	87.4
其中:辽源矿业集团公司	11370.0	8815.0	29.0	22018.0	16195.0	36.0
通化矿业集团公司	5967.0	4540.0	31.4	8092.0	16965.0	-52.3

续表 16

企业名称	销售费用			应收账款净额		
	2011年累计	2010年同期	增减(%)	2011年累计	2010年同期	增减(%)
黑龙江省	33368.7	28272.0	18.0	349779.3	206502.5	69.4
龙煤矿业集团	33368.7	28272.0	18.0	349779.3	206502.5	69.4
其中:鸡西矿业集团公司	624.0	1840.0	-66.1	119804.0	90932.0	31.8
江苏省	23735.2	25858.0	-8.2	193147.6	160720.9	20.2
徐州矿务集团有限公司	20875.2	22678.0	-7.9	179575.6	155062.9	15.8
华润天能徐州煤电有限公司	2860.0	3180.0	-10.1	13572.0	5658.0	139.9
安徽省	123617.1	100172.4	23.4	627816.7	396346.6	58.4
淮南矿业集团公司	61418.2	51017.5	20.4	275036.7	169783.6	62.0
淮北矿业集团公司	21150.0	17194.0	23.0	155880.0	61538.0	153.3
皖北矿业集团公司	33189.8	23463.3	41.5	162164.7	147602.2	9.9
国投新集能源股份公司	7859.1	8497.7	-7.5	34735.2	17422.8	99.4
福建省	44793.0	45563.0	-1.7	101052.0	98350.0	2.7
福建省煤炭工业集团	44793.0	45563.0	-1.7	101052.0	98350.0	2.7
江西省	26343.3	21090.5	24.9	78752.7	34997.5	125.0
江西省煤炭集团	26343.3	21090.5	24.9	78752.7	34997.5	125.0
山东省	566757.5	438344.7	29.3	795564.8	577174.1	37.8
兖矿集团有限公司	295908.9	215782.6	37.1	191491.1	123308.6	55.3
山东能源集团	270848.6	222562.1	21.7	604073.7	453865.5	33.1
其中:新汶矿业集团公司	101100.0	74995.3	34.8	290801.0	247774.1	17.4
淄博矿业集团公司	43649.0	39694.0	10.0	65000.0	41401.0	57.0
肥城矿业集团公司	9931.0	10454.0	-5.0	11000.0	489.0	2149.5
济宁矿业集团公司	4305.1	2301.1	87.1	19489.2	12971.6	50.2
河南省	246823.4	236543.4	4.3	1575862.8	918793.6	71.5
中平能化集团	82777.0	90061.0	-8.1	673240.0	284934.0	136.3
义马煤业集团公司	27250.1	23454.1	16.2	98182.8	96701.5	1.5
神火集团公司	22629.3	23309.3	-2.9	66144.0	48797.3	35.5
郑州煤炭工业集团公司	26000.0	21250.0	22.4	48000.0	35000.0	37.1
河南煤业化工集团公司	88167.0	78469.0	12.4	690296.0	453360.8	52.3
湖南省	11681.5	8996.7	29.8	68539.6		
湖南煤业集团有限公司	11681.5	8996.7	29.8	68539.6		
重庆市	10380.5	6901.3	50.4	84535.2	37939.3	122.8
重庆能源投资集团公司	10380.5	6901.3	50.4	84535.2	37939.3	122.8
其中:松藻煤电公司	1785.0	1928.0	-7.4	14326.0	5875.0	143.8
永荣矿业有限公司	3241.5	2950.3	9.9	39846.0	16505.3	141.4
天府矿业公司	1665.0	948.0	75.6	6357.0	2071.0	207.0

续表 16

企业名称	销售费用			应收账款净额		
	2011 年累计	2010 年同期	增减(%)	2011 年累计	2010 同期	增减(%)
南桐矿业公司	887.0	1075.0	-17.5	14705.0	13488.0	9.0
中梁山公司	2802.0			9301.2		
四川省	22519.0	19082.0	18.0	101629.0	96494.0	5.3
四川煤炭产业集团	22014.0	18240.0	20.7	98720.0	92728.0	6.5
古叙煤田开发股份公司	505.0	842.0	-40.0	2909.0	3766.0	-22.8
贵州省	44405.0	25697.0	72.8	99883.0	31869.9	213.4
盘江煤电集团公司	30610.0	16628.0	84.1		303.9	
水城矿业集团公司	13795.0	9069.0	52.1	99883.0	31566.0	216.4
云南省	27395.1	21605.7	26.8	74749.7	40695.6	83.7
东源煤业集团有限公司	26700.0	20732.0	28.8	71217.0	37009.0	92.4
小龙潭矿务局	695.1	873.7	-20.4	3532.7	3686.6	-4.2
陕西省	148825.0	126930.0	17.2	783758.0	511107.0	53.3
陕西省煤业集团	148825.0	126930.0	17.2	783758.0	511107.0	53.3
其中:陕西煤业股份公司	66870.2	76072.3	-12.1	329261.8	223722.7	47.2
甘肃省	40777.6	42730.7	-4.6	46173.0	69597.7	-33.7
华亭煤业集团公司	35406.0	38174.0	-7.3	2721.0	54841.0	-95.0
窑街煤电集团	2372.7	1945.1	22.0	20640.0	11598.5	78.0
靖远煤业公司	2998.9	2611.6	14.8	22812.0	3158.2	622.3

(中国煤炭工业协会 解宏绪)

油 气

【概况】 2011 年全国石油天然气勘探获新突破。石油勘查新增探明地质储量 13.42 亿吨(包括原油、凝析油),是继大庆发现后的最高年份,是第 9 次也是连续第 5 次超过 10 亿的年份;新增探明地质储量大于 1 亿吨的大油田 3 个,分别为中国石油长庆姬塬、中国石油塔里木哈拉哈塘和中国石油长庆安塞。天然气勘查新增探明地质储量 7224.82 亿立方米(包括气层气、溶解气);新增探明地质储量大于 300 亿立方米的大气田 5 个,分别为中国石油长庆苏里格、中国石化勘探南方元坝、中国石油西南安岳、中国石油塔里木大北和中国石油吉林龙深。截至 2011 年底,全国已探明油气田 900 个,其中油田 660 个,气田 240 个;还有煤层气田 19 个,二氧化碳气田 3 个。截至 2011 年底全国石油剩余技术可采储量 32.39 亿吨,剩余经济可采储量 24.29 亿吨;天然气剩余技术可采储量 40206.41 亿立方米,剩余经济可采储量 29061.37 亿立方米;煤层气剩余技术可采储量 2068.45 亿立方米,剩余经济可采储量 1659.21 亿立方米;二氧化碳剩余技术可采储量 1035.13 亿立方米,剩余经济可采储量 724.08 亿立方米。2011 年全国石油产量 2.03 亿吨,天然气产量 1012.79 亿立方米,二氧化碳气产量 6.66 亿立方米;勘探与生产总产值 10848.75 亿元,销售收入 10360.31 亿元,利润总额 6802.28 亿元。

·石油·

【概况】 2011 年全国石油勘查新增探明地质储量 13.42 亿吨(表 1),同比增长 18.2%,老油气田复算(核算)减少 0.22 亿吨,合计净增 13.20 亿吨;新增探明技术可采储量 2.53 亿吨,同比增长 15.3%,老油气田复算(核算)增加 0.03 亿吨,合计净增 2.56 亿吨,其中新增探明经济可采储量 2.22 亿吨。原油产量 1.99 亿吨,凝析油产量 0.04 亿吨,合计 2.03 亿吨。

表1　2011年全国石油新增探明储量　单位:万吨

	新增探明地质储量		新增探明技术可采储量		新增探明技术可采储量	
	储量	占总量(%)	储量	占总量(%)	储量	占总量(%)
全国	134228.13	100.0	25265.97	100.0	22151.79	100.0
其中:原油	132107.26	98.4	24730.66	97.9	21816.77	9815
凝析油	2120.87	1.6	535.31	2.1	335.02	1.5

截至2011年底,全国石油累计探明地质储量327.41亿吨(表2),同比增长4.3%,其中已开发247.15亿吨,占总量75.5%,未开发80.26亿吨,占总量24.5%。累计探明技术可采储量88.45亿吨,同比增长3.1%,其中已开发73.94亿吨,占总量83.6%,未开发14.51亿吨,占总量16.4%。累计探明经济可采储量80.35亿吨,同比增长3.5%,其中已开发70.65亿吨,占总量87.9%,未开发9.70亿吨,占总量12.1%。累计产量56.06亿吨。剩余技术可采储量为32.39亿吨(其中原油剩余技术可采储量为31.50亿吨,凝析油剩余技术可采储量为0.89亿吨),同比增长2.1%,剩余技术可采储量储采比16.1。剩余经济可采储量为24.29亿吨(其中原油剩余经济可采储量为23.59亿吨,凝析油剩余经济可采储量为0.70亿吨,同比增长2.9%,剩余经济可采储量储采比12.1(图1)。

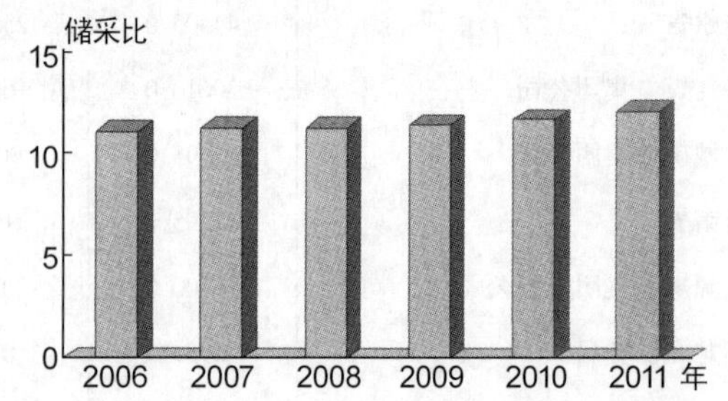

图1　2006~2011年全国石油剩余经济可采储量储采比变化

表2　2011年全国石油储量汇总表　单位:亿吨

	合计	已开发		未开发	
		储量	占总量(%)	储量	占总量(%)
累计探明地质储量	327.41	247.15	75.5	80.26	24.5
其中:原油	323.32	245.37	75.9	77.95	24.1
凝析油	4.09	1.78	43.5	2.31	56.5
累计探明技术可采储量	88.45	73.94	83.6	14.51	16.4
其中:原油	87.23	73.41	84.2	13.82	15.8
凝析油	1.22	0.53	43.4	0.69	56.6
累计探明经济可采储量	80.35	70.65	87.9	9.70	12.1
其中:原油	79.32	70.17	88.5	9.15	11.5
凝析油	1.03	0.48	46.6	0.55	53.4

【原油储量】　2011年全国原油勘查新增探明地质储量132107.26万吨(表3、图2),同比增长25.4%,老油气田复算(核算)减少2177.42万吨,合计净增129929.84万吨。新增探明技术可采储量24730.667万吨,同比增长24.6%,老油气田复算(核算)增加299.46万吨,合计净增25030.12万吨。新增探明经济可采储量21816.77万吨,同比增长28.9%,老油气田复算(核算)增加1535.637万吨,合计净增23352.40万吨。产量19940.18万吨,同比增长0.8%。2011年各公司原油新增探明储量情况见图3。

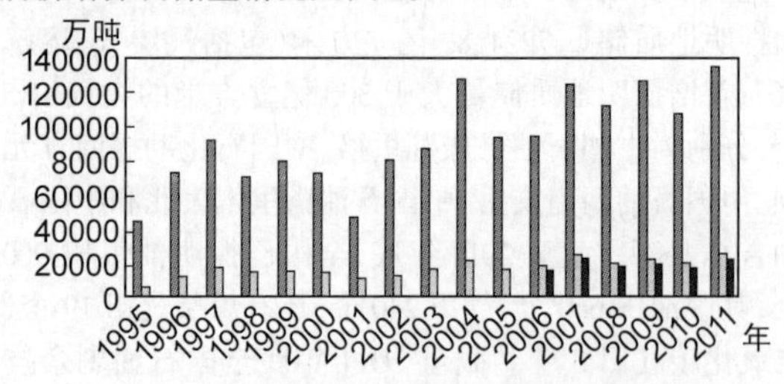

图2　1995~2011年全国原油新增探明储量

表 3　　**2011 年各公司原油新增探明储量**　　单位:万吨

	新增探明地质储量		新增探明技术可采储量		新增探明经济可采储量	
	储量	占总量(%)	储量	占总量(%)	储量	占总量(%)
全国	132107.26	100.0	24730.66	100	21816.77	100
中国石油	69650.36	52.7	13987.31	56.6	12316.74	56.5
中国石化	35699.83	27.0	5766.62	23.3	4874.13	22.3
中国海油	15970.09	12.1	3524.38	14.3	3360.25	15.4
地方	10897.76	8.2	1477.62	6.0	1290.48	5.9

注:中国石化和中国海油储量中分别包括上海分公司新增探明地质储量 110.78 万吨,新增探明技术可采储量 25.27 万吨,新增探明经济可采储量 24.83 万吨,在全国总量中均已扣除,但各公司储量中未扣除。

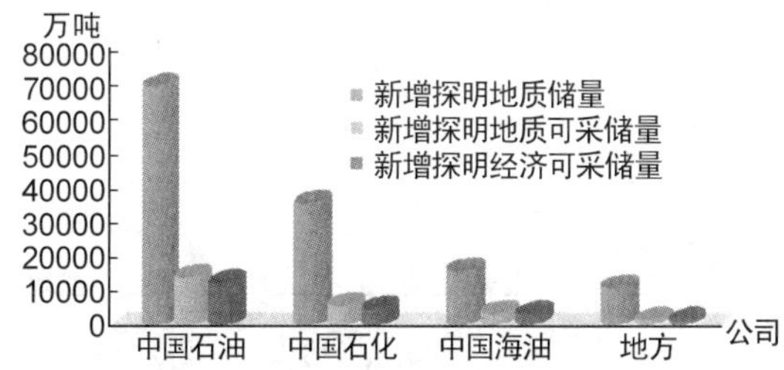

图 3　**2011 年各公司原油新增探明储量**

2011 年全国原油新增探明地质储量前 10 位的分公司(表 4、图 4),合计新增探明地质储量为 114428.49 万吨,占总量 86.6%;新增探明技术可采储量 20760.03 万吨,占总量 83.9%;新增探明经济可采储量 18323.29 万吨,占总量 84.0%。

2011 年全国原油新增探明地质储量大于 1 亿吨的省(区或海域)有 4 个(表 5、图 5),合计新增探明地质储量为101523.10万吨,占总量76.8%;新增探明技术

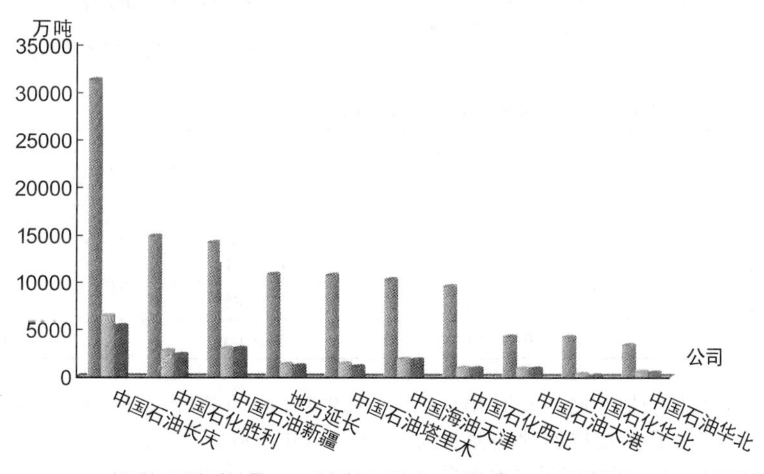

图 4　**2011 年主要分公司原油新增探明储量**

表 4　　**2011 年全国原油新增探明地质储量前 10 位的分公司**　　单位:万吨

序号	公司名称	新增探明地质储量	新增探明技术可采储量	新增探明经济可采储量
1	中国石油长庆	31427.28	6536.10	5495.26
2	中国石化胜利	14950.50	2888.32	2465.07
3	中国石油新疆	14275.31	3138.56	3106.36
4	地方延长	10890.48	1476.89	1289.75
5	中国石油塔里木	10812.75	1523.50	1214.58
6	中国海油天津	10351.68	2024.06	1943.22
7	中国石化西北	9639.53	1065.84	1006.97
8	中国石油大港	4332.69	1011.93	995.81
9	中国石化华北	4312.00	431.20	245.01
10	中国石油华北	3436.27	663.63	561.26

可采储量 18650.73 万吨，占总量 75.4%；新增探明经济可采储量 16534.73 万吨，占总量 75.8%。

表 5　　2011 年全国原油新增探明地质储量大于 1 亿吨的省(区或海域)　　单位:万吨

序号	省(区或海域)名称	新增探明地质储量	新增探明技术可采储量	新增探明经济可采储量
1	新疆	39945.14	7503.75	6843.51
2	陕西	39758.96	7579.67	6399.34
3	山东	11467.3 2	1543.25	1348.66
4	渤海海域	10351.68	2024.06	1943.22

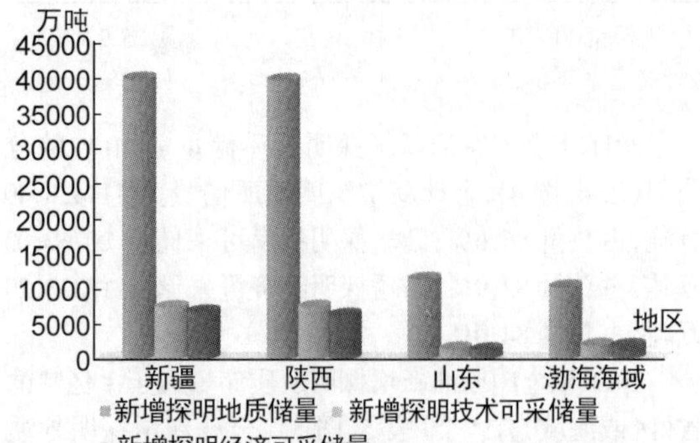

图 5　2011 年主要地区原油新增探明储量

2011 年全国原油新增探明地质储量大于 1 亿吨的盆地(海域)有5个(表6、图6)，合计新增探明地质储量为 113595.20 万吨，占总量 86.0%；新增探明技术可采储量 20747.78 万吨，占总量 83.9%；新增探明经济可采储量 18324.63 万吨，占总量 84.0%。

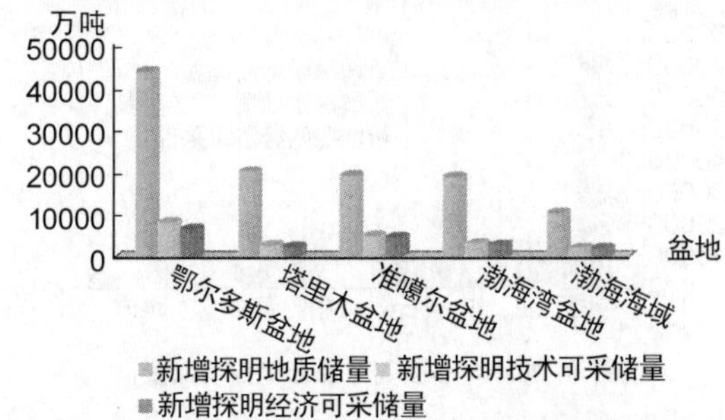

图 6　2011 年主要盆地原油新增探明储量

表 6　　2011 年全国原油新增探明地质储量大于 1 亿吨的盆地(海域)　　单位:万吨

序号	盆地(海域)名称	新增探明地质储量	新增探明技术可采储量	新增探明经济可采储量
1	鄂尔多斯盆地	44247.22	8046.12	6674.11
2	塔里木盆地	20452.28	2589.34	2221.55
3	准噶尔盆地	19492.86	4914.41	4621.96
4	渤海湾盆地	19051.16	3173.85	2863.13
5	渤海海域	10351.68	2024.06	1943.22

2011 年全国原油新增探明地质储量大于 1000 万吨的油田有 29 个(表 7)，合计新增探明地质储量为 116131.43 万吨，占总量 87.9%；新增探明技术可采储量 21790.47 万吨，占总量 88.1%；新增探明经济可采储量 19197.87 万吨，占总量 88.0%。

表 7　　2011 年全国原油新增探明地质储量大于 1000 万吨的油田　　单位:万吨

序号	油田名称	新增探明地质储量	新增探明技术可采储量	新增探明经济可采储量
1	中国石油长庆姬塬	20983.84	4196.78	3620.86
2	中国石油塔里木哈拉哈塘	10812.75	1523.50	1214.58
3	中国石油长庆安塞	10443.44	2339.32	1874.40
4	中国石化西北塔河	9639.53	1065.84	1006.97
5	中国石油新疆风城	7684.08	1735.39	1735.39
6	中国石化胜利乔庄	6429.49	707.25	622.17
7	中国海油天津秦皇岛 33－1 南	4895.51	729.94	672.43
8	中国石化华北红河	4312.00	431.20	245.01
9	中国海油天津蓬莱 25－6	4141.80	921.24	904.88

续表 7

序号	油田名称	新增探明地质储量	新增探明技术可采储量	新增探明经济可采储量
10	中国石化胜利春风	4090.09	1431.53	1181.30
11	中国石油华北阿尔	3436.27	663.63	561.26
12	中国石油辽河静安堡	2470.11	483.38	406.80
13	地方延长青平川	2450.89	269.60	230.39
14	地方延长宝勒根陶海	2382.54	398.07	355.25
15	地方延长下寺湾	2022.15	354.21	290.67
16	中国石油大港小集	1865.81	436.36	431.00
17	地方延长王家川	1698.55	186.83	175.63
18	中国海油深圳恩平 24—2	1686.00	634.06	601.62
19	中国石油新疆车排子	1685.31	370.10	347.94
20	中国石油大庆贝尔	1607.65	353.68	293.03
21	中国石油新疆莫北	1522.54	325.54	330.95
22	中国海油深圳流花 16－2	1453.42	355.91	339.66
23	中国海油湛江乌石 17－2	1452.24	297.48	273.20
24	中国石化·胜利梁家楼	1263.56	189.54	176.5 3
25	中国石油新疆克拉玛依	1244.45	277.27	277.27
26	中国石油新疆乌尔禾	1223.35	246.65	231.20
27	中国石化河南春光	1127.46	344.32	334.30
28	中国海油天津渤中 34—2/4	1092.87	329.10	312.62
29	中国石化东北七棵树	1013.73	202.75	150.56

2011 年全国原油新增探明储量按深度分布，主要为浅层和特浅层，合计新增探明地质储量为 95124.66 万吨，占总量 72.0%；新增探明技术可采储量 19258.88 万吨，占总量 77.9%；新增探明经济可采储量 16984.89 万吨，占总量 77.9%（图 7）。

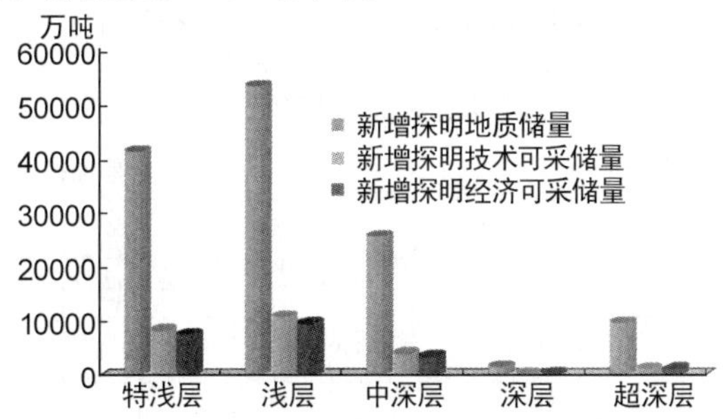

图 7　2011 年底全国原油新增储量埋藏深度分布

2011 年全国新探明油田 17 个（表 8），合计原油新增探明地质储量为 31276.44 万吨，占总量 23.7%；新增探明技术可采储量 5452.46 万吨，占总量 22.0%；新增探明经济可采储量 4749.90 万吨，占总量 21.8%。

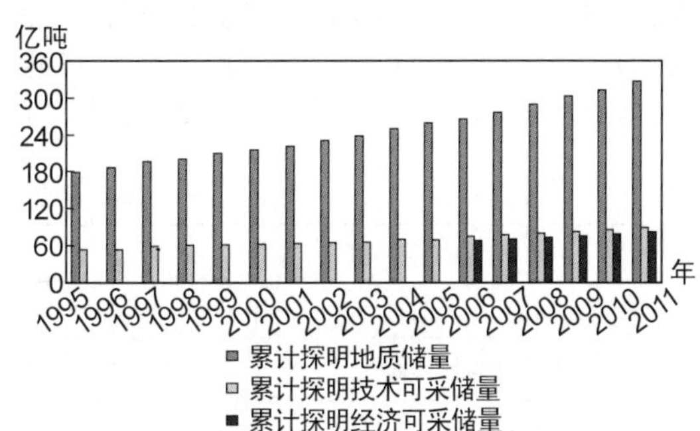

图 8　1995～2011 年全国原油各类累计探明储量

表 8　　2011 年全国新探明油田原油新增探明储量　　单位:万吨

序号	油田名称	新增探明地质储量	新增探明技术可采储量	新增探明经济可采储壁
1	中国石油塔里木哈拉哈塘	10812.75	1523.50	1214.58
2	中国海油天津秦皇岛 33-1 南	4895.51	729.94	672.43
3	中国石油华北阿尔	3436.27	663.63	561.26
4	地方延长青平川	2450.89	269.60	230.39
5	地方延长宝勒根陶海	2382.54	398.07	355.25
6	中国海油深圳恩平 24-2	1686.00	634.06	601.62
7	中国海油深圳流花 16—2	1453.42	355.91	339.66
8	中国海油湛江乌石 17-2	1452.24	297.48	273.20
9	中国石化东北七棵树	1013.73	202.75	150.56
10	中国海油湛江涠洲 12-1W	546.00	91.19	84.04
11	中国石化华东帅垛	357.64	87.91	76.09
12	中国石油大庆方正	309.86	77.47	74.03
13	中国海油湛江涠洲 11-7N	277.11	65.86	65.86
14	中国海油深圳番禺 10-5	92.86	30.55	27.82
15	中国海油上海团结亭	67.33	12.87	12.78
16	中国石油浙江白驹	26.47	8.47	7.89
17	中国石化中原中康	15.82	3.20	2.44

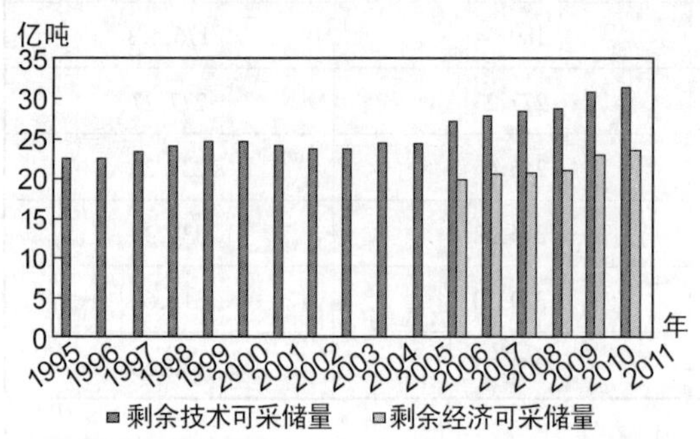

图 9　全国原油历年剩余技术和剩余经济可采储量

截至 2011 年底,全国原油累计探明地质储量 323.32 亿吨(表 9、图 8),同比增长 4.2%,其中已开发 245.37 亿吨,占总量的 75.9%,未开发 77.95 亿吨,占总量 24.1%。累计探明技术可采储量 87.23 亿吨,同比增长3.0%,其中已开发73.41亿吨,占总量 84.2%,未开发 13.82 亿吨,占总量 15.8%。累计探明经济可采储量 79.32 亿吨,同比增长 3.4%,其中已开发 70.17 亿吨,占总量 88.5%,未开发 9.15 亿吨,占总量 11.5%。累计产量 55.73 亿吨。剩余技术可采储量 31.50 亿吨,同比增长 1.9%。剩余经济可采储量 23.59 亿吨,同比增长 2.8%(图 9、图 10)。

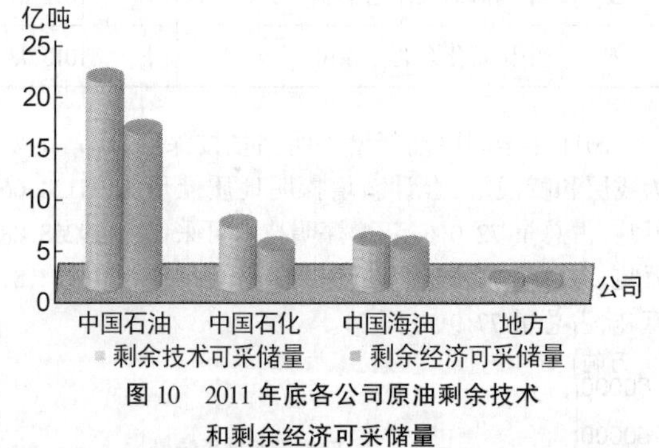

图 10　2011 年底各公司原油剩余技术和剩余经济可采储量

表 9　　2011 年全国原油储量汇总表　　单位:亿吨

	合计	已开发		未开发	
		储量	占总量/%	储量	占总量/%
累计探明地质储量	323.32	245.37	75.9	77.95	24.1
累计探明技术可采储量	87.23	73.41	84.2	13.82	15.8
累计探明经济可采储量	79.32	70.17	88.5	9.15	11.5

2011 年全国原油剩余技术可采储量前 10 位的分公司(表 10),合计剩余技术可采储量 257273.37 万吨,占总量 81.7%;剩余经济可采储量 196451.73 万吨,占总量 83.3%(图 11)。

表 10　　2011 年全国原油剩余技术可采储量前 10 位的分公司　　单位:万吨

序号	分公司名称	剩余技术可采储量	剩余经济可采储量
1	中国石油大庆	54570.52	42519.25
2	中国石油长庆	38204.59	29764.80
3	中国石化胜利	35622.79	23051.64
4	中国海油天津	31676.45	28922.49
5	中国石油新疆	25803.77	19344.56
6	中国石油辽河	18466.06	11444.33
7	中国石油吉林	16642.80	12791.14
8	中国石油大港	12494.99	9649.32
9	中国石油冀东	12243.44	10549.32
10	中国石化西北	11547.96	8414.88

2011 年全国原油剩余技术可采储最前 10 位的省(区或海域)(表 11),合计剩余技术可采储量 287558.03 万吨,占总量 91.3%;剩余经济可采储量 218929.36 万吨,占总量 92.8%(图 12)。

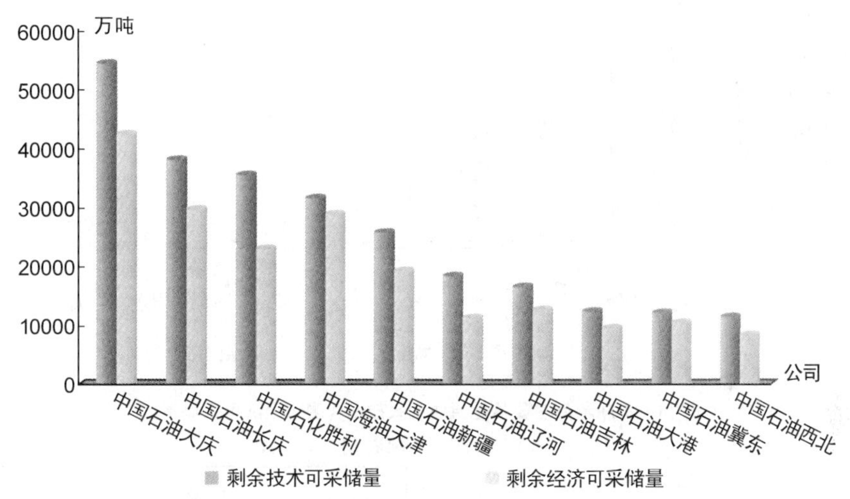

图 11　2011 年底土要分公司原油剩余技术和剩余经济可采储量

表 11　　2011 年全国原油剩余技术可采储量前 10 位的省(区或海域)　　单位:万吨

序号	省(区或海域)名称	剩余技术可采储量	剩余经济可采储量
1	黑龙江	51273.08	40083.42
2	新疆	50072.68	36060.86
3	山东	34226.73	21814.51
4	渤海海域	31676.45	28922.49
5	陕西	29844.34	22901.70
6	河北	27611.29	23350.33
7	吉林	17788.93	13122.35
8	辽宁	17781.90	111 35.47
9	甘肃	15529.15	11363.93
10	南海海域	11753.47	10174.30

2011 年全国原油剩余技术可采储量前 10 位的盆地(海域)(表 12),合计剩余技术可采储量 297092.13 万吨,占总量 94.3%;剩余经济可采储量 223631.41 万吨,占总量 94.8%(图 13)。

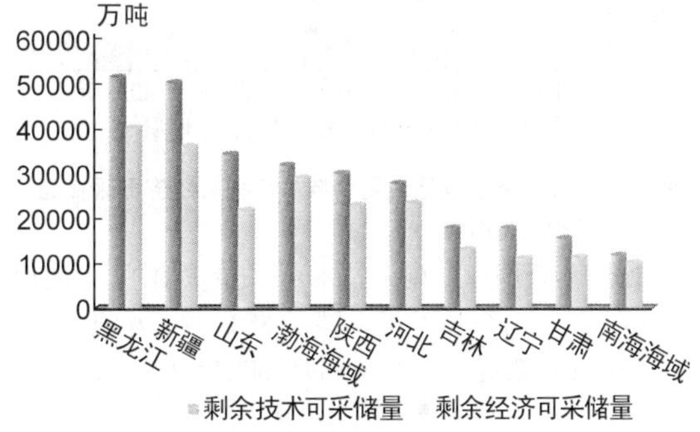

图 12　2011 年底主要地区原油剩余技术和剩余经济可采储量

2011 年全国原油剩余技术可采储最按深度分布主要为浅层和深层,合计剩余技术可采储量 274221.95 万吨,占总量 87.0%;剩余经济可采储量 206777.17 万吨,占总量87.6%(图14)。

表12　2011年全国原油剩余技术可采储量前10位的盆地(海域)　单位:万吨

序号	盆地(海域)名称	剩余技术可采储量	剩余经济可采储量
1	渤海湾盆地	84683.33	58713.81
2	松辽盆地	68517.91	52491.40
3	鄂尔多斯盆地	44808.21	34131.44
4	渤海海域	31676.45	28922.49
5	准噶尔盆地	28536.09	21350.34
6	塔里木盆地	16701.84	12414.65
7	珠江口盆地	8851.61	7798.24
8	柴达木盆地	5505.11	3144.92
9	海拉尔盆地	4016.53	3068.63
10	吐鲁番－哈密盆地	3795.05	1595.49

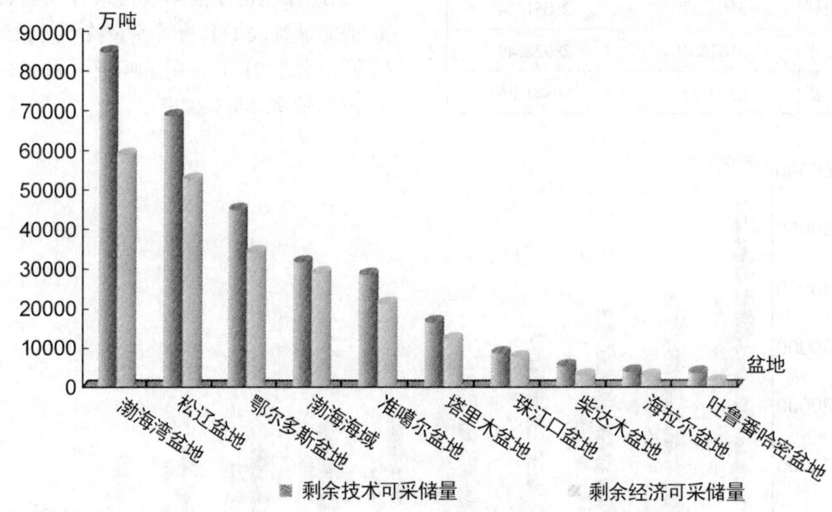

图13　2011年底主要盆地原油剩余技术和剩余经济可采储量

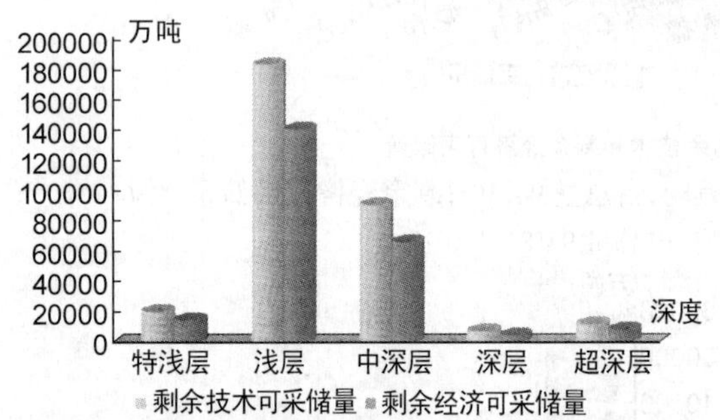

图14　2011年底全国原油剩余技术和剩余经济可采储量埋藏深度分布

2011年全国原油剩余技术可采储量前10大油田(表13),合计剩余技术可采储量88032.68万吨,占总量27.9%;剩余经济可采储量75242.51万吨,占总量31.9%。

表13　2011年全国原油剩余技术可采储量前10大油田　单位:万吨

序号	油田名称	剩余技术可采储量	剩余经济可采储量
1	中国石油大庆萨尔图	15897.02	15897.02
2	中国石化西北塔河	11527.50	8404.67
3	中国石油长庆姬塬	9631.68	8374.87
4	中国石油长庆华庆	9570.53	7609.93
5	中国石油冀东南堡	9250.59	8373.66
6	中国石油新疆克拉玛依	8433.68	7082.56
7	中国石油长庆安塞	6509.25	4759.72
8	中国石油大庆杏树岗	6074.71	6074.71
9	中国海油天津蓬莱19－3	6070.48	5801.57
10	中国石化胜利埕岛	5067.24	2863.80

【凝析油储量】　2011年全国凝析油勘查新增探明地质储量2120.87万吨(表14),同比下降74.3%,老油气田复算(核算)减少24.00万吨,合计净增2096.87万吨。新增探明技术可采储量535.31万吨,同比下降74.2%,老油气田复算(核算)减少4.50万吨,合计净增530.81万吨。新增探明经济可采储量335.02万吨,同比下降81.8%。产量347.08万吨,同比增长2.2%。

表 14　**2011 年各油公司凝析油新增探明储量**　单位:万吨

	新增探明地质储量		新增探明技术可采储量		新增探明经济可采储量	
	储量	占总量(%)	储量	占总量(%)	储量	占总量(%)
全国	2120.87	100.0	535.31	100.0	335.02	100.0
中国石油	1862.00	87.8	457.70	85.5	258.01	77.0
中国石化	149.57	7.1	42.97	8.0	42.37	12.6
中国海油	237.71	11.2	70.22	13.1	69.65	20.8
地方	20.00	0.9	7.00	1.3	7.00	2.1

注:中国石化和中国海油储量中分别包括上海分公司新增探明地质储量 148.41 万吨,新增探明技术可采储量 42.58 万吨,新增探明经济可采储量 42.01 万吨,在全国总量中均已扣除,但各公司储量中未扣除。

2011 年全国凝析油新增探明地质储量大于 100 万吨的省(区或海域)有 3 个(表 15),合计新增探明地质储量 2030.41 万吨,占总量 95.7%。新增探明技术可采储量 507.28 万吨,占总量 94.8%。新增探明经济可采储量 307.02 万吨,占总量 91.6%。

表 15　**2011 年全国凝析油新增探明地质储量大于 100 万吨的省(区或海域)**　单位:万吨

序号	省(区或海域)名称	新增探明地质储量	新增探明技术可采储量	新增探明经济可采储量
1	四川	1393.27	334.38	147.51
2	新疆	468.73	123.32	110.50
3	东海海域	168.41	49.58	49.01

2011 年全国凝析油新增探明地质储量大于 100 万吨的盆地有 3 个(表 16),合计新增探明地质储量 1973.84 万吨,占总量 93.1%。新增探明技术可采储量 473.22 万吨,占总量 88.4%。新增探明经济可采储量 276.81 万吨,占总量 82.6%。

表 16　**2011 年全国凝析油新增探明地质储量大于 100 万吨的盆地**　单位:万吨

序号	盆地名称	新增探明地质储量	新增探明技术可采储量	新增探明经济可采储量
1	四川盆地	1393.27	334.38	147.51
2	吐鲁番-哈密盆地	412.16	89.26	80.29
3	东海盆地	168.41	49.58	49.01

2011 年全国凝析油新增探明地质储量大于 100 万吨的油田有 3 个(表 17),合计新增探明地质储量 1731.28 万吨,占总量 81.6%。新增探明技术可采储量 405.08 万吨,占总量 75.7%。新增探明经济可采储量 209.24 万吨,占总量 62.5%。

表 17　**2011 年全国凝析油新增探明地质储量大于 100 万吨的油田**　单位:万吨

序号	油田名称	新增探明地质储量	新增探明技术可采储量	新增探明经济可采储量
1	中国石油西南安岳	1393.27	334.38	147.51
2	中国石油吐哈巴喀	219.38	39.49	32.24
3	中国石油吐哈丘东	118.63	31.21	29.49

截至 2011 年底,全国凝析油累计探明地质储量 40870.62 万吨(表 18),同比增长 7.7%,其中已开发 17838.25 万吨,占总量 43.6%,未开发 23032.37 万吨,占总量 56.4%。累计探明技术可采储量 1220 8.98 万吨,同比增长 9.0%,其中已开发 5298.54 万吨,占总量 43.4%,未开发 6910.44 万吨,占总量 56.6%。累计探明经济可采储量 10333.16 万吨,同比增长 8.7%,其中已开发 4831.52 万吨,占总量 46.8%,未开发 5501.64 万吨,占总量 53.2%。累计产量 3301.82 万吨。剩余技术可采储量 8907.16 万吨,同比增长 8.1%(图 15)。剩余经济可

采储量7031.34万吨,同比增长7.4%(图16)。

表18　　2011年全国凝析油储量汇总表　　单位:亿吨

	合计	已开发		未开发	
		储量	占总量(%)	储量	占总量(%)
累计探明地质储量	40870.62	17838.25	43.6	23032.37	56.4
累计探明技术可采储量	12208.98	5298.54	43.4	6910.44	56.6
累计探明经济可采储量	10333.16	4831.52	46.8	5501.64	53.2

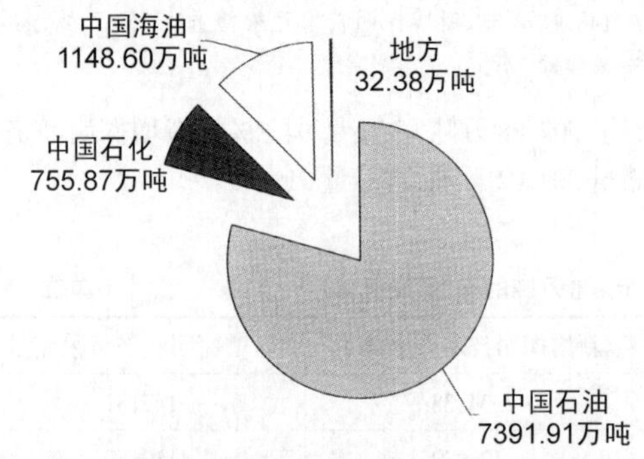

图15　2011年底各公司凝析油剩余技术可采储量

注:图中中国石化和中国海油数据中未扣除重复的剩余技术可采储量421.60万吨。

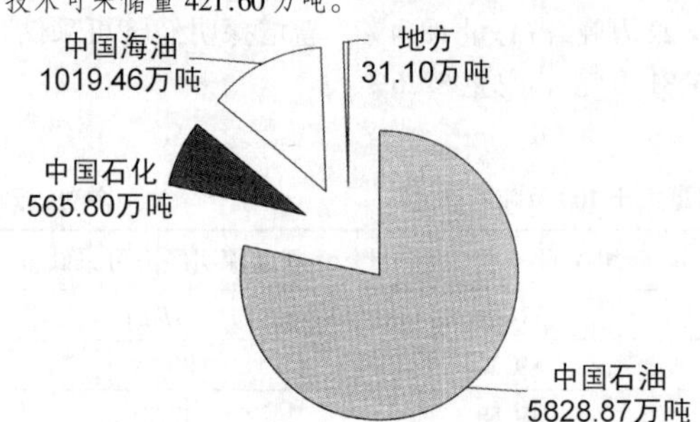

图16　2011年底各公司凝析油剩余经济可采储量

注:图中中国石化和中国海油数据中未扣除重复的剩余经济可采储量413.89万吨。

·天然气·

【**概况**】　2011年全国天然气(包括气层气、溶解气)勘查新增探明地质储量7224.72亿立方米(表19),同比增长22.2%;老油气田复算(核算)减少31.98亿立方米,合计净增7192.84亿立方米。新增探明技术可采储量3677.31亿立方米,同比增长27.9%,老油气田复算(核算)减少8.18亿立方米,合计净增3669.13亿立方米。新增探明经济可采储量2530.55亿立方米,同比增长31.4%,老油气田复算(核算)增加9.98亿立方米,合计净增2540.53亿立方米。气层气产量933.84亿立方米,溶解气产量78.95亿立方米,合计1012.79亿立方米,同比增长7.5%。

截至2011年底,全国天然气累计探明地质储量98683.91亿立方米(表20),同比增长8.0%,其中已开发59179.07亿立方米,占总量60.0%,未开发39504.84亿立方米,占总量40.0%。累计探明技术可采储量52346.30亿立方米,同比增长7.1%,其中已开发32308.27亿立方米,占总量61.7%,未开发20038.03亿立方米,占总量38.3%。累计探明经济可采储量41201.26亿立方米,同比增长7.5%,其中已开发27751.63亿立方米,占总量67.4%,未开发13449.63亿立方米,占总量32.6%。累计产量12139.89亿立方米。剩余技术可采储量40206.41亿立方米(其中气层气38107.78亿立方米,溶解气2098.63亿立方米),同比增长6.4%。剩余经济可采储量29061.37亿立方米(其中气层气127970.34亿立方米,溶解气1091.03亿立方米),同比下降6.6%。

表19　　2010年全国天然气新增探明储量　　单位:亿立方米

	新增探明地质储量		新增探明技术可采储量		新增探明经济可采储量	
	储量	占总量(%)	储量	占总量(%)	储量	占总量(%)
全　国	7224.82	100.0	3677.31	100.0	2530.55	100.0
其中:气层气	6486.05	89.8	3546.43	96.4	2472.02	97.7
溶解气	738.77	10.2	130.88	3.6	58.53	2.3

表 20　**2011 年全国天然气储量汇总表**　单位:亿立方米

	合计	已开发		未开发	
		储量	占总量(%)	储量	占总量(%)
累计探明地质储量	98683.91	59179.07	60.0	39504.84	40.0
其中:气层气	81570.24	46868.02	57.5	34702.22	42.5
溶解气	17113.67	12311.05	71.9	4802.62	28.1
累计探明技术可采储量	52346.30	32308.27	61.7	20038.03	38.3
其中:气层气	47032.44	27947.99	59.4	19084.45	40.6
溶解气	5313.86	4360.28	82.1	953.58	17.9
累计探明经济可采储量	41021.26	27751.63	67.4	13449.63	32.6
其中:气层气	36895.00	23861.44	64.7	13033.56	35.3
溶解气	4306.26	3890.19	90.3	416.07	9.7

【气层气储量】　2011 年全国气层气勘查新增探明地质储量 6486.05 亿立方米(表 21),同比增长 26.2%;老油气田复算(核算)减少 5.85 亿立方米,合计净增 6480.20 亿立方米(图 17)。新增探明技术可采储量 3546.43 亿立方米,同比增长 30.1%;老油气田复算(核算)减少 2.93 亿立方米,合计净增 3543.50 亿立方米。新增探明经济可采储量 2472.02 亿立方米,同比增长 33.7%。产量 933.84 亿立方米,同比增长 7.6%。

表 21　**2011 年各油公司气层气新增探明储量**　单位:亿立方米

	新增探明地质储量		新增探明技术可采储量		新增探明经济可采储量	
	储量	占总量(%)	储量	占总量(%)	储量	占总量(%)
全国	6486.05	100.0	3546.43	100.0	2472.02	100.0
中国石油	4083.04	63.0	2124.00	9.9	1503.32	60.8
中国石化	2130.11	32.8	1244.04	35.1	792.18	32.0
中国海油	415.73	6.4	257.83	7.3	254.14	10.3
地方	6.35	0.1	4.11	0.1	3.98	0.2

注:中国石化和中国海油储量中分别包括上海分公司新增探明地质储量 149.18 亿立方米,新曾探明技术可采储量 83.55 亿立方米,新增探明经济可采储量 81.60 亿立方米,在全国 + 总量中均已扣除,但各公司储量中未扣除。

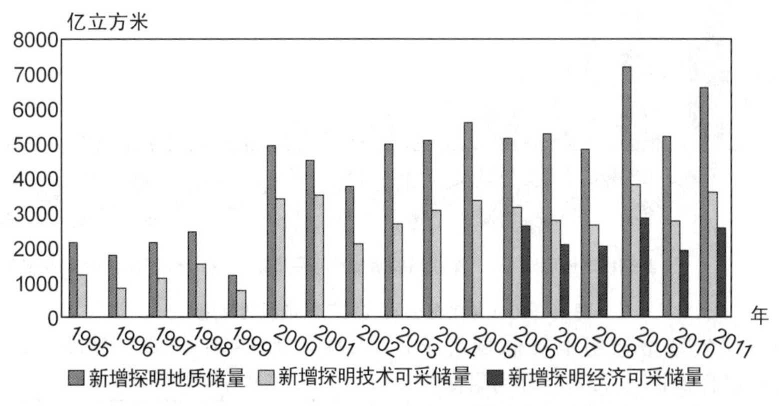

图 17　**1995～2011 年全国气层气新增探明储量**

2011 年全国气层气新增探明的储量前 10 位的分公司(表 22),合计新增探明地质储量 6339.44 立方米,占总量 97.7%;新增探明技术可采储量 3451.11 亿立方米,占总量 97.3%;新增探明经济可采储量 2382.11 亿立方米,占总量 96.4%(图 18、图 19)。

表 22　　2011 年全国气层气新增探明地质储量前 10 位的分公司　　单位:亿立方米

序号	公司名称	新增探明地质储量	新增探明技术可采储量	新增探明经济可采储量储量
1	中国石油长庆	1717.55	911.44	630.91
2	中国石化勘探南方	1656.38	1002.92	619.97
3	中国石油西南	1118.38	538.22	324.90
4	中国石油塔里木	506.20	329.03	283.34
5	中国石油吉林	360.05	158.70	104.21
6	中国石化华北	299.22	143.85	79.59
7	中国石油吐哈	223.30	112.02	102.62
8	中国石油青海	155.73	73.03	56.62
9	中国海油深圳	153.45	98.35	98.35
10	中国石化上海	149.18	83.55	81.60

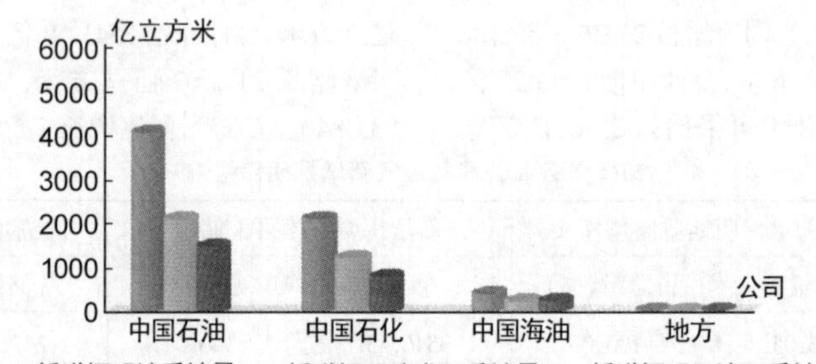

图 18　2011 年各公司气层气新增探明储量

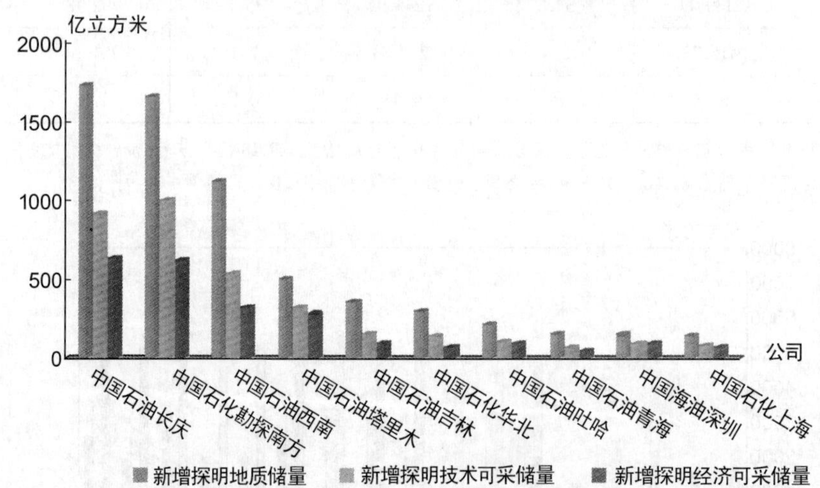

图 19　2011 年各分公司气层气新增探明储量

2011 年全国气层气新增探明地质储量大于 1000 亿立方米的省(区)有 2 个(表 23),合计新增探明地质储量 4498.10 亿立方米,占总量 69.4%;新增探明技术可采储量 2424.08 亿立方米,占总量 68.4%;新增探明经济可采储最 1521.73 亿立方米,占总量 61.6%(图 20)。

表 23　2011 年全国气层气新增探明地质储量大于 1000 亿立方米的省(区)　　单位:亿立方米

序号	省(区)名称	新增探明地质储量	新增探明技术可采储量	新增探明经济可采储量
1	四川	2605.19	1430.82	844.26
2	内蒙古	1892.91	993.26	677.47

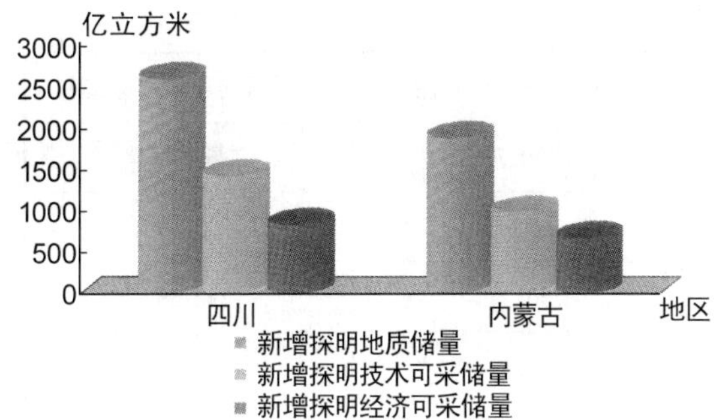

图 20 2011 年主要地区气层气新增探明储量

2011 年全国气层气新增探明地质储量大于 1000 亿立方米的盆地有 2 个(表 24),合计新增探明地质储量 4791.5 3 亿立方米,占总量 73.9%;新增探明技术可采储量 2596.43 亿立方米,占总量 73.2%;新增探明经济可采储量 1655.37 亿立方米,占总量 67.0%(图 21)。

2011 年全国新探明气田共 10 个(表 25),合计气层气新增探明地质储量 2749.08 亿立方米,占总量 42.4%;新增探明技术可采储量 1634.67 亿立方米,占总量 46.1%;新增探明经济可采储量 1156.47 亿立方米,占总量 46.8%。

表 24 2011 年全国气层气新增探明地质储量大于 1000 亿立方米的盆地 单位:亿立方米

序号	盆地名称	新增探明地质储量	新增探明技术可采储量	新增探明经济可采储量
1	四川盆地	2774.76	1541.14	944.87
2	鄂尔多斯盆地	2016.77	1055.29	710.50

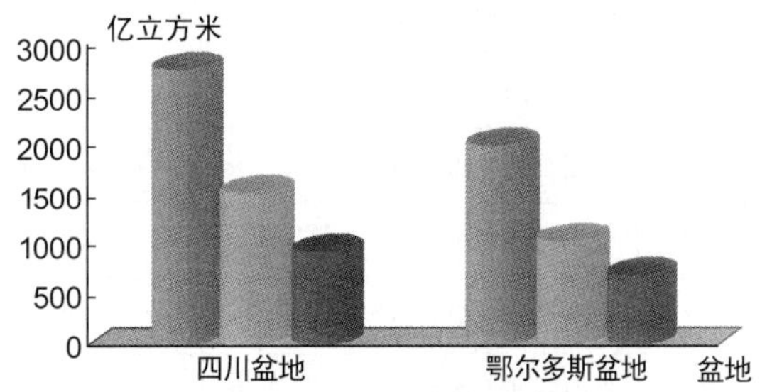

图 21 2011 年主要盆地气层气新增探明储量

表 25 2011 年全国新探明气田气层气新增探明储量 单位:亿立方米

序号	气田名称	新增探明地质储量	新增探明技术可采储量	新增探明经济可采储量
1	中国石化勘探南方元坝	1498.49	925.23	565.33
2	中国石油塔里木大北	506.20	329.03	283.34
3	中国石油吉林龙深	317.87	135.86	85.70
4	中国海油深圳流花 29 – 1	153.45	98.35	98.35
5	中国海油上海黄岩 2 – 2	70.05	34.15	32.96
6	中国石化勘探南方兴隆	69.05	34.53	20.68
7	中国石油吉林伏龙泉	42.18	22.84	18.51
8	中国海油上海绍兴路 36 – 5	40.54	25.45	25.35
9	中国石油青海马西	28.97	14.30	11.92
10	中国海油上海残雪北	22.28	14.93	14.33

2011 年全国气层气新增探明地质储量大于 50 亿立方米的气田有 16 个(表 26),合计新增探叫地质储量 6137.15 亿立方米,占总量 94.6%;新增探明技术可采储量 3338.70 亿立方米,占总量 94.1%;新增探明经济可采储量 2285.18 亿立方米,占总量 92.4%。

表 26 2011 年全国气层气新增探明地质储量大于 50 亿立方米的气田 单位:亿立方米

序号	气田名称	新增探明地质储量	新增探明技术可采储量	新增探明经济可采储量
1	中国石油长庆苏里格	1717.55	911.44	630.91
2	中国石化勘探南方元坝	1498.49	925.23	565.33
3	中国石油西南安岳	910.72	409.83	210.85
4	中国石油塔里木大北	506.20	329.03	283.34
5	中国石油吉林龙深	317.87	135.86	85.70

续表 26

序号	气田名称	新增探明地质储量	新增探明技术可采储量	新增探明经济可采储量
6	中国石化华北大牛地	241.53	120.77	63.79
7	中国海油深圳流花 29－1	153.45	98.35	98.35
8	中国石油吐哈巴喀	132.35	50.30	42.58
9	中国石油青海台南	110.26	51.57	38.73
10	中国海油湛江东方 1－1	108.97	73.43	73.43
11	中国石化勘探南方通南	88.84	43.16	33.96
12	中国石油西南云安厂	83.73	66.98	65.46
13	中国石油西南丹凤场	70.40	30.99	23.31
14	中国海油上海黄岩 2－2	70.05	34.15	32.96
15	中国石化勘探南方兴隆	69.05	34.53	20.68
16	中国石化华北东胜	57.69	23.08	15.80

截至 2011 年底，全国气层气累计探明地质储量为 81570.24 亿立方米(表 27)，同比增长 8.8%，其中已开发 46868.02 亿立方米，占总量 57.5%，未开发 34702.22 亿立方米，占总量 42.5%。累计探明技术可采储量 47032.44 亿立方米，同比增长 7.7%，其中已开发 27947.99 亿立方米，占总量 59.4%，未开发 19084.45 亿立方米，占总量 40.6%。累计探明经济可采储量 36895.00 亿立方米，同比增长 8.0%，其中已开发 23861.44 亿立方米，占总量 64.7%，未开发 13033.56 亿立方米，占总量 35.3%。累计产量 8924.66 亿立方米(图 22)。剩余技术可采储量 38107.78 亿立方米，同比增长 6.8%。剩余经济可采储量 27970.34 亿立方米，同比增长 7.0%(图 23)。

表 27　　2011 年气层气储量汇总表　　单位:亿立方米

	合计	已开发		未开发	
		储量	占总量(%)	储量	占总量(%)
累计探明地质储量	81570.24	46868.02	57.5	34702.22	42.5
累计探明技术可采储量	47032.44	27947.99	59.4	19084.45	40.6
累计探明经济可采储量	36895.00	23861.44	64.7	3033.56	35.3

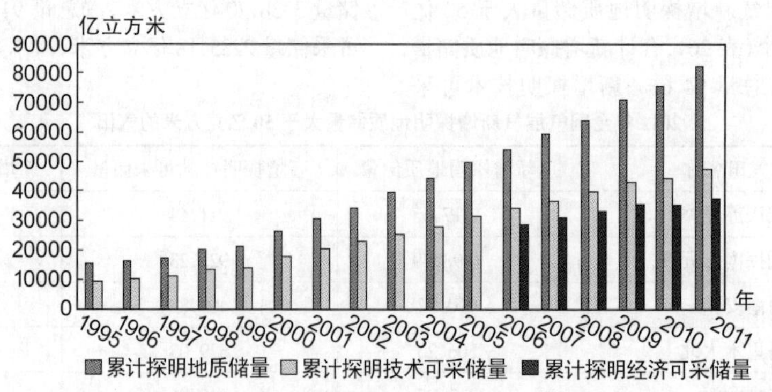

图 22　1995～2011 年全国气层气累计探明储量

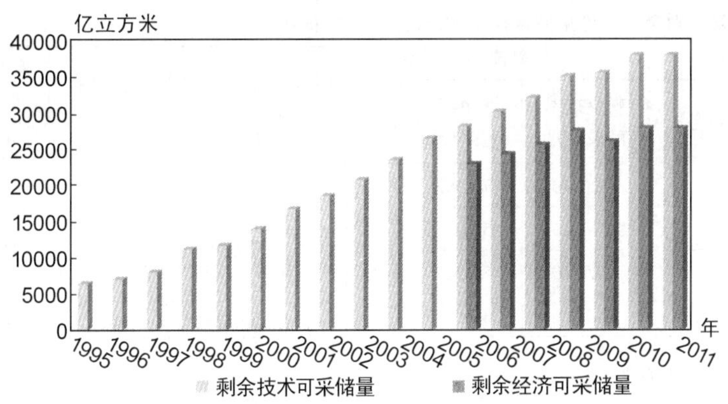

图 23　1995～2011 年全国气层气剩余技术和剩余经济可采储量

2011 年全国气层气剩余技术可采储量前 10 位的分公司(表 28),合计剩余技术可采储量 34500.93 亿立方米,占总量 90.5%;剩余经济可采储量 25373.63 亿立方米,占总量 90.7%(图 24、图 25)。

2011 年全国气层气剩余技术可采储量前 10 位的省(区、市或海域)(表29),合计剩余技术可采储量 37201.08 亿立方米,占总量 97.6%;剩余经济可采储量 27506.03 亿立方米,占总量 98.3%(图 26)。

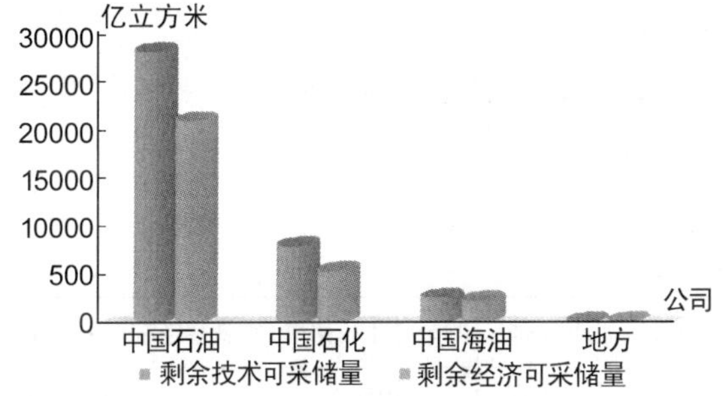

图 24　2011 年各公司气层气剩余技术和剩余经济可采储量

表 28　2011 年全国气层气剩余技术可采储量前 10 位的分公司　单位:亿立方米

序号	分公司名称	剩余技术可采储量	剩余经济可采储量
1	中国石油长庆	11330.48	8188.00
2	中国石油塔里木	6766.26	5912.31
3	中国石油西南	5308.19	3461.36
4	中国石化勘探南方	3627.97	2978.49
5	中国石化华北	1929.41	890.06
6	中国石油青海	1314.61	1178.40
7	中国石油大庆	1170.80	730.53
8	中国石油新疆	1051.53	890.43
9	中国海油湛江	1047.27	806.53
10	中国石化西南	954.41	337.52

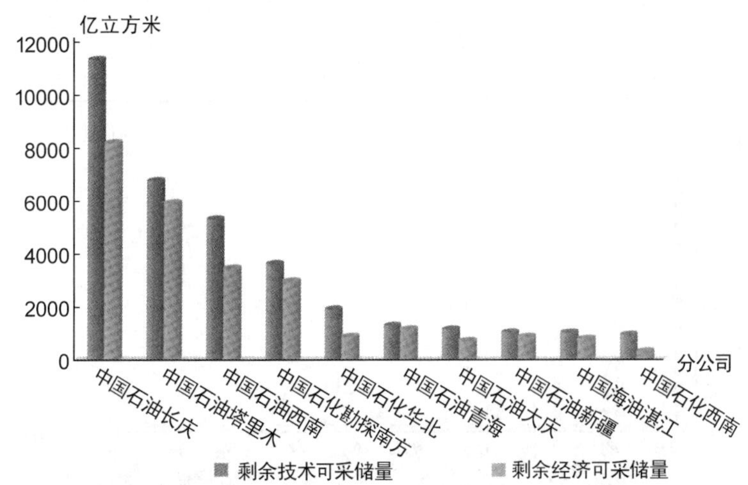

图 25　2011 年底分公司气层气剩余技术和剩余经济可采储量

2011 年全国气层气剩余技术可采储量前 10 位的盆地(表 30),合计剩余技术可采储量 37139.85 亿立方米,占总量 97.5%;剩余经济可采储量 27315.63 亿立方米,占总量 97.70%(图 27)。

表 29　2011 年全国气层气剩余技术可采储量前 10 位的省(区、市或海域)　单位:亿立方米

序号	省(区、市或海域)名称	剩余技术可采储量	剩余经济可采储量
1	新疆	8426.10	7265.22
2	内蒙古	8018.15	5209.16
3	四川	7980.10	5515.70
4	陕西	5242.30	3869.49
5	重庆	1955.33	1279.20
6	南海海域	1825.18	1555.61
7	青海	1314.61	1178.40
8	黑龙江	1170.80	730.53
9	吉林	780.34	431.18
10	东海海域	488.17	471.54

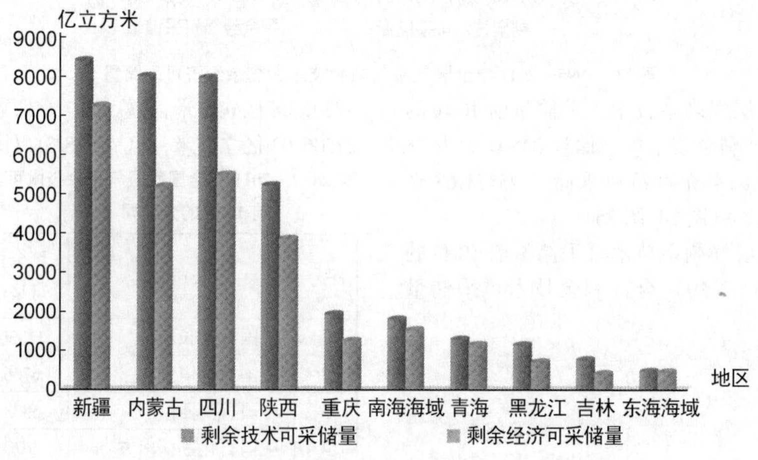

图 26　2011 年底主要地区气层气剩余技术和剩余经济可采储量

表 30　2011 年全国气层气剩余技术可采储量前 10 位的盆地　单位:亿立方米

序号	盆地名称	剩余技术可采储量	剩余经济可采储量
1	鄂尔多斯盆地	13259.89	9078.06
2	四川盆地	9945.93	6799.30
3	塔里木盆地	7076.69	6182.67
4	松辽盆地	1931.59	11 48.97
5	柴达木盆地	1314.61	1178.40
6	准噶尔盆地	1051.53	1890.43
7	珠江口盆地	828.82	791.83
8	莺歌海盆地	657.58	557.88
9	渤海湾盆地	585.04	216.55
10	东海盆地	488.17	471.54

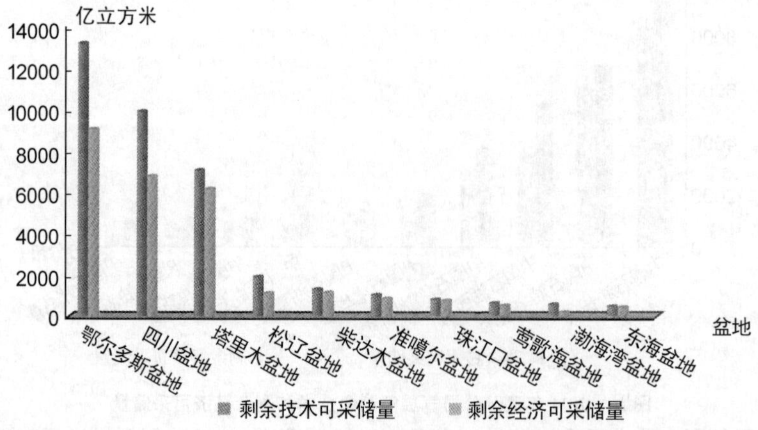

图 27　2011 年底主要盆地气层气剩余技术和剩余经济可采储量

2011 年全国 10 大气田(表 31),合计剩余技术可采储量 20577.22 亿立方米,占总量 54.0%;剩余经济可采储量 14978.33 亿立方米,占总量 53.6%。

表 31　　2011 年全国 10 大气田　　单位:亿立方米

序号	气田名称	剩余技术可采储量	剩余经济可采储量
1	中国石油长庆苏里格	6263.20	4172.10
2	中国石化勘探南方普光	2547.15	2282.67
3	中国石油长庆靖边	2322.76	1892.35
4	中国石油塔里木塔中 I 号	2150.85	1764.00
5	中国石化华北大牛地	1864.26	851.48
6	中国石油塔里木克拉 2	1516.15	1385.28
7	中国石油塔里木迪那 2	1044.94	1044.94
8	中国石油西南合川	1011.73	549.45
9	中国石油西南安岳	930.95	470.73
10	中国石化勘探南方元坝	925.23	565.33

【溶解气储量】 2011 年全国溶解气勘查新增探明地质储量 738.77 亿立方米(表 32),同比下降 4.2%;老油气田复算(核算)减少 26.13 亿立方米,合计净增 712.64 亿立方米。新增探明技术可采储量 130.88 亿立方米,同比下降 12.2%;老油气田复算(核算)减少 5.25 亿立方米,合计净增 125.63 亿立方米。新增探明经济可采储量 58.53 亿立方米,同比下降 23.2%;老油气田复算(核算)增加 9.98 亿立方米,合计净增 68.51 亿立方米。产量 78.95 亿立方米,同比增长 6.7%(图 28)。

表 32　　2011 年全国各油公司新增储量　　单位:亿立方米

	新增探明地质储量	占总量(%)	新增探明技术可采储量	占总量(%)	新增探明经济可采储量	占总量(%)
全国	738.77	100.0	130.88	100.0	58.53	100.0
中国石油	453.99	61.5	90.07	68.8	32.15	54.9
中国石化	218.36	29.6	27.90	21.3	23.91	40.9
中国海油	48.25	6.5	10.30	7.9	2.13	3.6
地方	19.77	2.7	2.93	2.2	0.66	1.1

注:中国石化和中国海油储量中分别包括上海分公司新增探明地质储量 1.60 亿立方米,新增探明技术可采储量 0.32 亿立方米,新增探明经济可采储量 0.32 亿立方米,在全国总量中均已扣除,但各公司储量中未扣除。

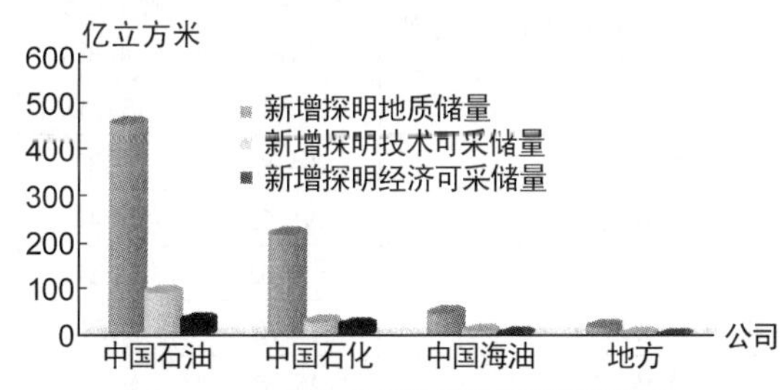

图 28　2011 年各公司溶解气新增探明储量

2011年全国溶解气新增探明地质储量大于50 亿立方米的省(区)有 3 个(表 33),合计新增探明地质储量 614.94 亿立方米,占总量 83.2%;新增探明技术可采储量 106.49 亿立方米,占总量 81.4%;新增探明经济可采储量 45.41 亿立方米,占总量 77.6%。

2011 年全国溶解气新增探明地质储量大于 50 亿立方米的盆地有 4 个(表 34),合计新增探明地质储量 648.20 亿立方米,占总量 87.7%;新增探明技术可采储量 111.87 亿立方米,占总量 85.5%;新增探明经济可采储量 49.42 亿立方米,占总量 84.4%(图 29)。

表 33　　2011 年全国溶解气新增探明地质储量大于 50 亿立方米的省(区)　　单位:亿立方米

序号	省(区)名称	新增探明地质储量	新增探明技术可采储量	新增探明经济可采储量
1	陕西	271.63	55.36	0.00
2	新疆	210.35	35.32	31.65
3	山东	132.96	15.81	13.76

表 34　　2011 年全国溶解气新增探明地质储量大于 50 亿立方米的盆地　　单位:亿立方米

序号	盆地(海域)名称	新增探明地质储量	新增探明技术可采储量	新增探明经济可采储量
1	鄂尔多斯盆地	278.92	56.24	0.00
2	塔里木盆地	159.16	22.62	19.08

续表 34

序号	盆地(海域)名称	新增探明地质储量	新增探明技术可采储量	新增探明经济可采储量
3	渤海湾盆地	158.93	20.31	17.77
4	准噶尔盆地	51.19	12.70	12.57

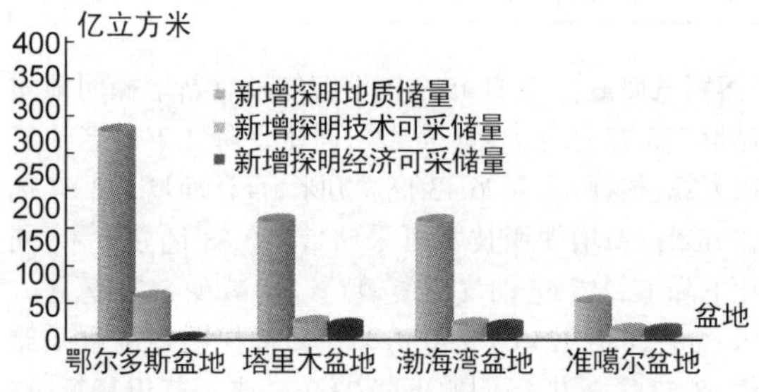

图 29 2011 年主要盆地溶解气新增探明储量

截至 2011 年底,全国溶解气累计探明地质储量 17113.67亿立方米(表35),同比增长4.5%,其中已开发 12311.05 亿立方米,占总量 71.9%,未开发 4802.62 亿立方米,占总量 28.1%。累计探叫技术可采储最 5313.86 亿立方米,同比增长 2.2%,其中已开发 4360.28 亿立方米,占总量 82.1%,未开发 953.58 亿立方米,占总量 17.9%。累计探明经济可采储量 4306.26 亿立方米,同比增长 2.9%,其中已开发 3890.19 亿立方米,占总量 90.3%,未开发 416.07 亿立方米,占总量 9.7%。累计产量 3215.23 亿立方米。剩余技术可采储量 2098.63 亿立方米,同比下降 1.2%。剩余经济可采储量 1091.03 亿立方米,同比下降 1.8%(图 30)。

表 35 **2011 年全国溶解气储量汇总表** 单位:亿立方米

	合计	已开发		未开发	
		储量	占总量%	储量	占总量%
累计探明地质储量	17113.67	12311.05	71.9	4802.62	28.1
累计探明技术可采储量	5313.86	4360.82	82.1	953.58	17.9
累计探明经济可采储量	4306.26	3890.19	90.3	416.07	9.7

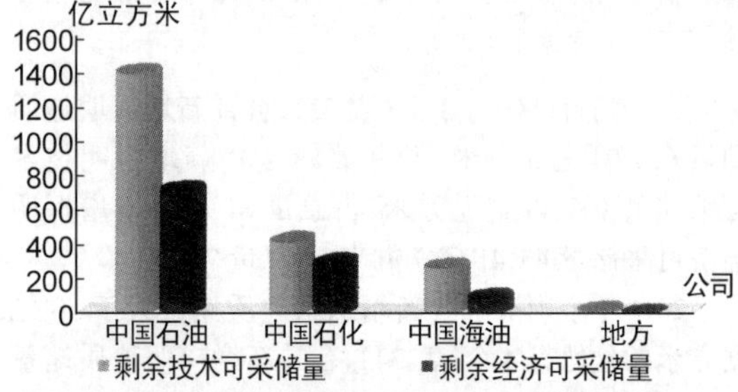

图 30 2011 年底各公司溶解气剩余技术和经济可采储量

2011 年全国溶解气剩余技术可采储量前 10 位的省(区或海域)(表 36),合计剩余技术可采储量 1956.22 亿立方米,占总量 93.2%;剩余经济可采储量 1008.66 亿立方米,占总量 92.5%。

表 36 **2011 年全国溶解气剩余技术可采储量前 10 位的省(区或海域)** 单位:亿平方米

序号	省(区、市或海域)名称	剩余技术可采储量	剩余经济可采储量
1	新疆	383.83	248.43
2	山东	240.56	177.27
3	黑龙江	236.66	188.24
4	陕西	235.70	27.26

续表 36

序号	省(区、市或海域)名称	剩余技术可采储量	剩余经济可采储量
5	河北	210.29	155.09
6	渤海海域	206.83	73.38
7	甘肃	191.63	28.49
8	辽宁	151.02	68.11
9	南海海域	52.76	9.54
10	吉林	46.95	32.86

2011 年全国溶解气剩余技术可采储量前 10 位的盆地(海域)(表 37),合计剩余技术可采储量 2028.19 亿立方米,占总量 96.6%;剩余经济可采储量 1053.46 亿立方米,占总量 96.6%。

表 37 **2011 年全国溶解气剩余技术可采储量前 10 位的盆地** 单位:亿平方米

序号	盆地(海域)名称	剩余技术可采储量	剩余经济可采储量
1	渤海湾盆地	689.34	458.98
2	鄂尔多斯盆地	402.08	57.90
3	松辽盆地	273.19	211.77

续表 37

序号	盆地(海域)名称	剩余技术可采储量	剩余经济可采储量
4	渤海海域	206.83	73.38
5	准噶尔盆地	185.72	141.46
6	塔里木盆地	167.13	110.35
7	北部湾盆地	29.93	7.73
8	酒西盆地	26.75	-1.36
9	吐鲁番-哈密盆地	24.14	-8.81
10	珠江口盆地	23.08	2.06

·煤层气·

【概况】 2011 年全国勘查新增煤层气探明地质储量 1367.33 亿立方米,同比增长 22.6%。新增探明技术可采储最 695.82 亿立方米,同比增长 24.5%。新增探明经济可采储量 583.84 亿立方米,同比增长 24.7%。

截至 2011 年底,全国累计探明地质储量 4176.40 亿立方米,同比增长 52.8%。累计探明技术可采储量 2095.63 亿立方米,同比增长 57.4%。累计探明经济可采储量 1686.39 亿立方米,同比增长 60.2%。累计产量 27.18 亿立方米(图 31)。剩余技术可采储量 2068.45 亿立方米,同比增长 56.9%(图 32)。剩余经济可采储量 1659.21 亿立方米,同比增长 59.5%。

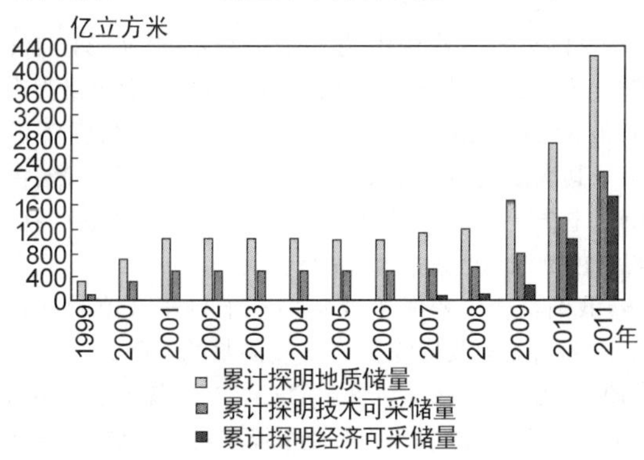

图 31 1999~2011 年全国煤层气历年累计探明储量

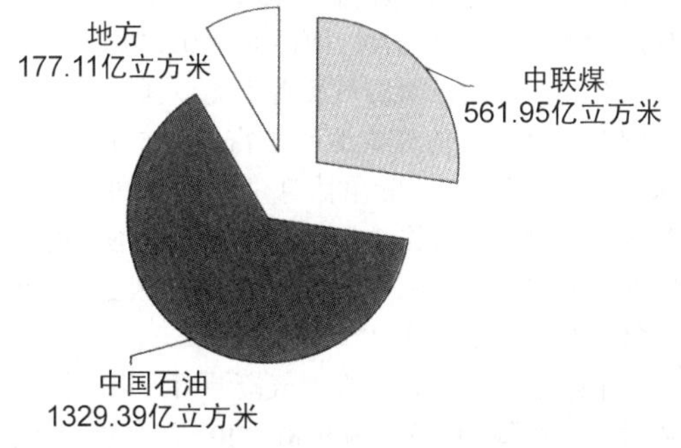

图 32 2011 年底各公司煤层气剩余技术可采储量

·二氧化碳气·

【概况】 2011 年全国勘查新增二氧化碳气探明地质储量 148.48 亿立方米,同比增长 53.5%。新增探明技术可采储量 90.45 亿立方米,同比增长 106.4%。新增探明经济可采储量 56.87 亿立方米,同比增长 140.8%。

截至 2011 年底,全国二氧化碳气累计探明地质储量为 1807.36 亿立方米,同比增长 9.0%。累计探明技术可采储量 1087.03 亿立方米,同比增长 9.1%。累计探明经济可采储量 775.98 亿立方米,同比增长 7.9%。累计产量 51.90 亿立方米。剩余技术可采储量 1035.13 亿立方米,同比增长 8.8%。剩余经济可采储量 724.08 亿立方米,同比增长 7.5%(图 33)。

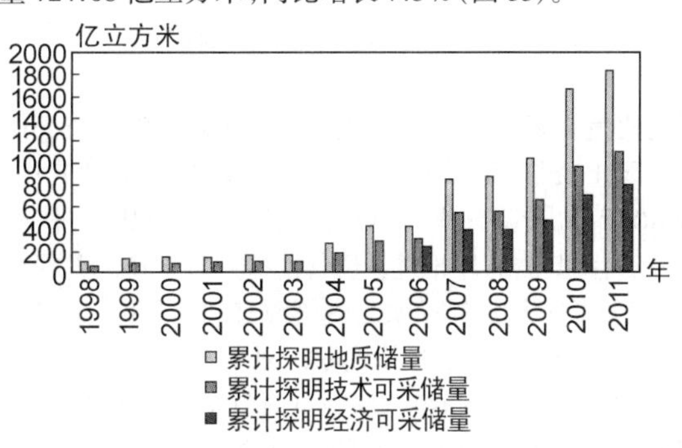

图 33 1998~2011 年全国二氧化碳气累计探明储量

·页岩气·

【页岩气资源调查】 2002~2003 年开始,国土资源部油气资源战略研究中心和中国地质大学(北京),跟踪调研国外页岩气研究和勘探开发进展;2004~2005 年,对我国含油气盆地页岩气前景进行分析;2006 年,分析我国中新生代含油气盆地页岩气资源潜力;2007 年,分析盆地内和出露区古生界富有机质页岩分布规律和资源前景,优选远景区;2008 年,对比中美页岩气地质特征,重点分析上扬子地区页岩气资源前景,初步优选远景区。

2009 年,启动"中国重点地区页岩气资源潜力及有利区优选"项目,以川渝黔鄂地区为主,兼顾中下扬子和北方,优选页岩气远景区,开展页岩气资源调查;在重庆市彭水县实施了国家财政出资的第一口页岩气资源战略调查井—"渝页 1 井",获得了龙马系组系统岩心和页岩气气样。

2010 年开始,根据我国页岩气资源分布和类型以及工作进展情况,分三个层次在全国有重点的展开页岩气资源战略调查。在页岩气资源潜力较大的上扬子川渝黔鄂地区,建设页岩气资源战略调查先导区,进行先导性调查;在有一定页岩气资源基础的下扬子苏皖浙地区，开展页岩气资源调查；在以陆相为主的华北、东北、西北地区开展页岩气资源前期调查研究。通过上述工作，初步摸清了这些地区发育的多套富有机质页岩层系，确定了主力层系；系统研究和掌握了这些地区页岩地质特征和分布，初步掌握了页岩气基本参数；初步建立了页岩气资源潜力评价和有利目标优选标准方法，优选出一批页岩气富集有利区；初步建立了一套页岩气资源调查评价技术方法。

2011年，启动"全国页岩气资源潜力调查评价及有利区优选"项目，先导试验区深化研究，摸索页岩气资源评价方法和有利区优选标准；将全国划分为上扬子及滇黔桂区、中下扬子及东南地区、华北及东北区、西北区、青藏区5个大区，开展全国页岩气资源潜力调查评价及勘探开发技术方法规范标准研究。

【页岩气资源管理】 针对页岩气这个新的能源资源矿种，国土资源部加强了页岩气勘探开发管理工作。2010年提出"调查先行、规划调控、竞争出让、合同管理"工作思路，有序推进页岩气勘探开发工作。并将全国划分了三大类33个页岩气资源有利远景区，远景区总面积约87万平方千米。其中：油气矿业权区块内约58万平方千米，占66% 编制页岩气矿业权设置方案油气矿业权区块外约29万平方千米，占34%，为页岩气矿业权管理改革提供了基础依据。

开展页岩气探矿权出让招标。引入市场机制，探索油气资源管理制度创新尝试，2011年成功开展了页岩气矿业权出让招标，完成了我国油气矿业权首次市场化探索，向油气矿业权市场化改革迈出了重要一步。

申报页岩气为独立新矿种。在国土资源部组织开展的页岩气调查评价和研究的基础上，通过与天然气、煤层气对比，开展页岩气新矿种论证、申报工作，经国务院批准将页岩气作为新矿种进行管理。同时，国土资源部制定了页岩气资源管理工作方案，进一步明确了页岩气资源管理思路、工作原则以及管理的主要内容和重点等。

【页岩气勘探开发现状】 2011年，我国页岩气勘探工作主要集中在四川盆地及其周缘、鄂尔多斯盆地、辽河东部凹陷等地。中国石油在川南、黔北地区优选了威远、长宁、昭通和富顺－永川4个有利区块，完钻15口评价井，其中9口直井获得工业气流。初步估算仅长宁－威远地区页岩气资源量在2万亿立方米以上。中国石化在黔东、皖南、川东北完钻7口评价井，其中5口井获得工业气流，优选了建南、黄平等有利区块。中海油在皖浙等地区开展了页岩气勘探前期工作。延长石油在陕西延安地区5口钻井取得陆相页岩气重大发现。中联煤在山西沁水盆地提出了寿阳、沁源和晋城三个页岩气有利区。

我国石油企业已经开展24口页岩气直井压裂试气，19口见气，初步掌握页岩气直井压裂技术。中石油和中石化分别各自完钻了一口页岩气水平井。

2009年11月17日，中美签署了《中美关于在页岩气领域开展合作的谅解备忘录》，国家能源局和美国国务院就联合开展资源评估、技术合作和政策交流制定了工作计划。我国企业与外方也纷纷开展页岩气勘探开发合作。中国石油与壳牌公司签订富顺－永川联合评价协议，与挪威、埃克森美孚、康菲开展联合研究，签署对外合作协议。中国石化与英国石油(BP)、雪弗龙(Chevron)公司进行合作开发凯里、龙里区块。

在"大型油气田及煤层气开发"国家科技重大专项中设立专门项目"页岩气勘探开发关键技术"。各大石油公司均成立了专门研究机构，开展气藏潜力评价和选区研究。很多石油高校也在积极开展页岩气成藏机理方面的研究。

【页岩气资源潜力】 总体看，我国页岩层系从震旦系－新近系均有分布，发育海相、陆相等多种类型。我国南方地区页岩气资源量丰富，开发前景广阔。北方的辽河东部凹陷与鄂尔多斯盆地等分布富含有机质的泥页岩，具备形成页岩气的物质基础。

全国页岩气资源潜力初步估算结果为134.42×10^{12}立方米，以上扬子及滇黔桂地区页岩气资源最为丰富，为62.56×10^{12}立方米，占全国页岩气总资源的46%；其次依次为华北及东北区26.69×10^{12}立方米，占20%；下扬子及东南区25.16×10^{12}立方米，占19%；西北区19.90×10^{12}立方米，占15%。

我国页岩气资源主要集中在上扬子及滇黔桂地区，以四川盆地及周缘页岩气资源最为丰富，为40.02×10^{12}立方米，占该区总资源的63.57%；其次依次为黔中隆起及周缘，占23.09%，桂中坳陷占3.72%，南盘江盆地占3.61%，百色－南宁盆地占1.61%，十万大山盆地占1.27%，黔南坳陷占1.10%，六盘水盆地占0.74%，楚雄盆地占0.67%，西昌盆地0.22%。

华北－东北地区页岩气资源潜力以鄂尔多斯盆地及外围地区页岩气估算资源最丰富，为15.78×10^{12}立方米，占该区页岩气总资源估算量的57.38%；其次依次为渤海湾盆地及外围地区占17.02%，南华北地区及南襄盆地占13.34%，松辽盆地及外围地区占9.29%，沁水盆地及外围地区占2.97%。

中下扬子及东南地区页岩气资源潜力以中扬子地区页岩气资源最为丰富，为9.81×10^{12}立方米，占该区页岩气资源的39.00%；其次依次为东南地区占

18.14%，下扬子地区占16.95%，湘中地区占10.37%，苏北地区占4.60%，湘东南地区占4.09%，皖南宣城地区占2.67%，湘鄂西地区占1.71%，萍乐坳陷占1.44%，赣西北地区占1.02%。

西北地区页岩气资源潜力以塔里木盆地最为丰富，为9.90×10^{12}立方米，占该区页岩气估算总资源的49.75%；其次依次为准噶尔盆地占1.74%，柴达木盆地占13.67%，中小型盆地（六盘水盆地、潮水盆地、花海－金塔盆地、焉耆盆地、伊犁盆地）占9.47%，吐哈盆地占6.97%，酒泉盆地占1.42%。

【页岩气资源调查评价】 开展全国富有机质页岩分布调查。2011～2013年，利用区域地质调查资料、油气和煤炭勘查资料、固体矿产勘查资料，实施野外地质调查、物化探勘查和浅井调查实物工作量，完成野外剖面实测50000米，非震地球物理勘查10000千米，地质浅井200口，获取各个地区富有机质页岩基础资料，快速查明我国陆域海相、海陆过渡相、湖相、湖沼相等各类富有机质页岩的分布，编制区域性和全国页岩气分布图件，获取富有机质页岩的面积、厚度、埋深等基本参数数据，优选页岩气资源远景区。

开展全国页岩气资源潜力调查与评价。“十二五”期间，在上扬子及滇黔桂、中下扬子及东南、北和东北、西北、青藏五个页岩气资源潜力调查评价区，突出重点、点面结合，开展页岩气资源潜力调查评价。以上扬子及滇黔桂区的川渝黔鄂、黔南桂中和南盘江，中下扬子及东南区的洞庭－湘中、江浙皖，华北及东北区的鄂尔多斯、南华北、沁水，辽西和黑龙江东部，西北地区的准噶尔及外围、吐哈、柴达木，青藏地区的羌塘、比如等盆地和地区为重点，兼顾全区，部署二维地震20000千米，非震地球物理勘探40000千米，调查井50口，获取海相、海陆交互相、湖相、湖沼相页岩气的系统参数，评价各重点调查区资源潜力，估算各区资源潜力，汇总得到全国页岩气资源潜力，基本掌握全国页岩气地质资源量和可采资源量数据，优选页岩气富集有利目标区，研究总结页岩气富集规律。

【勘探开发领域和重点】 1.勘探开发领域：海相领域、陆相领域、海陆过渡相领域。

2.勘探开发重点：页岩气勘探开发以四川、重庆、贵州、云南、陕西、山西、辽宁等省（区）为重点，建设长宁、威远、昭通、富顺－永川、鄂西渝东、川西－阆中、川东北、安顺－凯里、济阳坳陷、延安、神府－临兴、沁源、沁阳、芜湖、横山堡、绥阳、凤冈、南川、秀山、辽河东部、岑巩－松桃等21个页岩气重点勘探开发区。

【页岩气储量、产量增长趋势预测】 预测到2015年，优选30～50个页岩气远景目标区和50～80个有利目标区。探明页岩气地质储量1万亿立方米左右，可采储量2000亿立方米左右。2015年页岩气产量达到65亿立方米/年（表38）。页岩气勘探开发关键技术攻关取得重大突破，初步形成符合我国地质特点的页岩气勘探开发核心技术体系，形成一系列国家级页岩气技术标准和规范。

“十三五”期间，页岩气勘探开发步伐进一步加快，预测到2020年页岩气产量力争达到800亿立方米。

未来十几年，我国天然气需求将呈高速增长，天然气需求缺口将逐渐扩大。到2020年，我国天然气消费将达到4000亿立方米左右，届时产量约为1800亿立方米，缺口将达到2200亿立方米，天然气需求旺盛，为页岩气大发展提供良好的机遇。

表38 “十二五”页岩气产量规划 单位：亿立方米

序号	地区	2011年	2012年	2013年	2014年	2015年
1	长宁	0	0	3	5	10
2	威远	0	0	2	3	7
3	昭通	0	0	0.5	2	4
4	富顺－永川	0	0	0	2	4
5	鄂西渝东	0	0	1	3	6
6	川西－阆中	0	0	0.5	2	3
7	川东北	0	0	0.5	2	3
8	安顺－凯里	0	0	0.5	1	2
9	济阳坳陷	0	0	0.5	1	2
10	延安	0	0.2	1	2	4
11	神府－临兴	0	0	1	2	4
12	沁源	0	0	0.5	1	2
13	寿阳	0	0	0.5	1	2
14	芜湖	0	0	0	1	2
15	横山堡	0	0	0	0	1
16	绥阳	0	0	0	0.5	1
17	凤冈	0	0	0	0.5	1
18	南川	0	0	0	0.5	1
19	秀山	0	0	0	0.5	1
20	辽河东部	0	0	0	0.5	1
21	岑巩－松桃	0	0	0	0.5	1
22	其他	0	0	0	1	2
合计		0	0.2	11.5	31	65

【油气产业市场化建设推进】 在广东、广西开展天然气价格形成机制改革试点。2011年12月26日，国家发展改革委员会印发《关于在广东省、广西自治区开展天然气价格形成机制改革试点的通知》，决定自2011年12月26日起，在广东省、广西自治区开展天然气价格形成机制改革试点。主要内容：一是将现行以"成本加成"为主的天然气定价方法，改为按"市场净回值"法定价；二是以计价基准点价格为基础，综合考虑天然气主体流向和管输费用，确定各省(区、市)天然气门站价格；三是对天然气门站价格实行动态调整；四是放开页岩气、煤层气、煤制气等非常规天然气出厂价格，实行市场调节。按照试点的改革机制，广东、广西天然气最高门站价格分别为每千立方米2740元和2570元。我国天然气价格改革的最终目标是放开天然气出厂价格，由市场竞争形成，政府只对具有自然垄断性质的天然气管道运输价格进行管理。选择在广东、广西开展改革试点，主要是探索建立反映市场供求和资源稀缺程度的价格动态调整机制，逐步理顺天然气与可替代能源比价关系，为在全国范围内推进改革积累经验。

1. 提高成品油价格。国家发展和改革委4月发布通知，根据现行成品油价格形成机制，结合近一段时间国际市场油价变化情况，我国决定提高成品油价格。调整后的价格自2011年4月7日零时起执行。

2. 航空煤油实行价格新机制。2011年7月国家发展和改革委员会印发《关于推进航空煤油价格市场化改革有关问题的通知》，航空煤油出厂价格逐步实行市场定价。过渡期间航空煤油(标准品)出厂价格由新加坡进口到岸完税价和贴水两部分构成，由供需双方协商确定，每月调整一次。初期，新加坡市场航空煤油进口到岸完税价格暂由发改委公布。新机制已于2011年8月1日起实行。航空煤油定价新机制的实施，对推动油气定价改革起到先导示范作用。从趋势看，汽柴油价格形成机制将围绕缩短调价周期，加快调价频率，改进成品油调价操作方式以及调整挂靠油种等方面进行调整。

3. 加快石油商业储备建设。1月7日商务部公布《2011年石油流通市场管理工作要点》，提出探索建立成品油地方政府储备制度。11月14日发布《关于"十二五"期间石油流通行业发展的指导意见》，提出到2015年，国内原油和成品油销售量分别达到5.3亿吨和2.9亿吨，成品油批发企业常备库存量不小于2010年度平均15天销售量。"十二五"期间，还将探索建立柴油地方储备，建立全国联网的成品油库存监测网络，指导石油流通企业建立成品油商业储备体系，完善企业退出机制。

【《矿产资源节约与综合利用"十二五"规划》发布】 2011年11月28日，国土资源部印发《矿产资源节约与综合利用"十二五"规划》。《规划》提出，未来五年我国矿产资源节约与综合利用工作将围绕全面调查资源节约与综合利用现状及潜力、开展先进适用关键技术研发和推广、建设综合利用示范基地和示范工程以及构建资源节约与综合利用长效机制四大任务展开。《规划》确定："十二五"期间将重点在油气资源、煤炭与煤层气资源、铀矿资源、金属矿产、化工及非金属矿产、矿山尾矿和固体废弃物等六大领域开展矿产资源节约与综合利用工作，将8%～15%的石油、天然气、铁、锰、铜等重要矿产的难利用资源转化为可利用资源。

9月23日，国土资源部发布《关于开展矿产资源综合利用示范基地过渡工作的通知》，进一步要求在油气行业主要开展低渗、超低渗油气资源综合利用，分别在长庆姬源油田、吐哈盆地、胜利油田、贵州黄平、陕西延长、吉林桦甸建立6个综合利用示范基地，为我国其他类似油藏的有效开发发挥示范引领作用。

【《国家环境保护"十二五"规划》发布】 2011年12月20日，中国政府发布《国务院关于印发国家环境保护"十二五"规划的通知》。规划提出切实解决的突出环境问题包括：到2015年，主要污染物排放总量显著减少；城乡饮用水水源地环境安全得到有效保障，水质大幅提高；重金属污染得到有效控制，持久性有机污染物、危险化学品、危险废物等污染防治成效明显；城镇环境基础设施建设和运行水平得到提升；生态环境恶化趋势得到扭转；核与辐射安全监管能力明显增强，核与辐射安全水平进一步提高；环境监管体系得到健全。

渤海溢油事件已促使环境保护部提高项目环评门槛。针对渤海环境保护问题，国务院常务会议提出6点要求：切实改变沿海地区重化工比重过大、过于集中的状况；严格控制新上石化项目；禁止在可能造成生态严重失衡的地方进行围填海活动；制定更加严格的地方水污染排放标准；加强用水总量控制与调度管理，在海洋环境敏感区、关键区等划定生态红线；建立渤海海洋环境预警机制和突发事件应对机制等。

【油气进口贸易】 1. 原油对外依存度达到55%。2011年全国原油进口25378万吨，比2010年同比增长6%，对外依存度达到55.3%(图34)。全国成品油进口4060万吨，比2010年同比增长10.1%。2011年原油进口金额1951.23亿美元，成品油进口金额321.65亿美元。

2. 天然气对外依存度达到21%。2011年，全国天然气进口269.6亿立方米(2156.6万吨)，比2010年增加121.3亿立方米，同比增长81.84%，对外依存度达

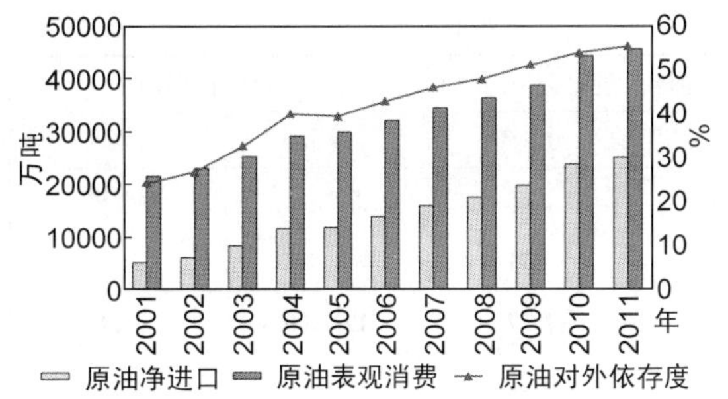

图34 2001～2011年全国原油进口状况图

到21%。

（国土资源部矿产资源储量司
国土资源部油气资源战略研究中心）

冶 金

【概况】 2011年，在国内外经济环境复杂的情况下，冶金矿山行业贯彻落实科学发展观，围绕提高资源保障能力、优化开发结构布局、推进资源节约集约、促进矿山环境改善、建设绿色和谐矿区等中心工作，加快重点工程项目建设，坚持技术创新、管理创新和制度创新，深入推进各项改革，资源供应能力稳步提高，经济效益平稳增长，管理水平进一步提升，矿山面貌继续改善，实现了"十二五"的良好开局。

据统计，2011年全国铁矿勘查新增加资源储量23.8亿吨；规模以上铁矿企业生产铁矿石132694万吨，同比增长27.2%；累计完成销售收入7866.94亿元，同比增长41.46%；实现利润总额1035.91亿元，同比增长56.11%；工业增加值增长20%，高于全国工业企业6.1个百分点；全年固定资产投资累计完成1250.91亿元，同比增长18.4%。

2011年，全国粗钢、生铁、钢材产量分别为68326.50万吨、62969.00万吨和88131.30万吨，同比增长8.9%、8.4%和12.3%；我国铁矿石原矿产量累计达到132694.20万吨。

2011年，全国规模以上铁矿企业生产铁矿石132694.20万吨，与2010年同期相比增加28374.90万吨，累计同比增长27.2%，增速比2010年加快5.6个百分点。全国铁矿石生产能力达到15.5亿吨，比2010年增加3亿吨。

从区域来看：华北、华东、中南和西南地区的产量同比增幅均超过20%，其中西南地区增幅高达35.72%；华北地区次之达30.86%。

华北地区2011年原矿产量为78369.60万吨，与2010年同期相比，增加18479.30万吨，增幅30.86%。该地区产量占全国铁矿石产量的比重为59.06%。

东北地区2011年原矿产量为17286.20万吨，与2010年同期相比，增加1961.5万吨，增幅12.80%，占全国铁矿石产量的比重为13.03%。

华东地区2011年原矿产量为9834.90万吨，较2010年同期增加1931.00万吨，增幅24.43%，占全国铁矿石产量的比重为7.41%。

西南地区2011年铁矿石原矿产量为15848.00万吨，较2010年同期增加4171.30万吨，同比增长35.72%，该地区产量占全国铁矿石产量的比重为11.94%。

中南地区2011年铁矿石原矿产量为6554.90万吨，较2010年同期增加1316.00万吨，同比增幅为25.12%，该地区产量占全国铁矿石产量的比重为4.94%。

西北地区为产量最少的地区，2011年铁矿石原矿产量为4800.60万吨，较2010年同期增加477.20万吨，同比增幅为11.04%，该地区产量占全国铁矿石产量的比重为3.62%（表1）。

表1 2011年全国铁矿石产量 单位：万吨

地区	2011年	2010年	各区占全国总量比重（%）		与2010年同期比	
			2011年	2010年	增量	%
合 计	132694.20	104357.90	100.00	100.00	28336.30	27.15
华北地区	**78369.60**	**59890.30**	**59.06**	**57.39**	**18479.30**	**30.86**
北 京	2001.60	2041.70	1.51	1.96	－40.10	－1.96
河 北	59470.90	43469.60	44.82	41.65	16001.30	36.81
山 西	7161.40	5841.80	5.40	5.60	1319.60	22.59
内蒙古	9735.70	8537.20	7.34	8.18	1198.50	14.04
东北地区	**17286.20**	**15324.70**	**13.03**	**14.68**	**1961.50**	**12.80**
辽 宁	15393.00	13981.50	11.60	13.40	1411.50	10.10

续表1

地区	2011年	2010年	各区占全国总量比重(%)		与2010年同期比	
			2011年	2010年	增量	%
吉　林	1666.30	1123.30	1.26	1.08	543.00	48.34
黑龙江	226.90	219.90	0.17	0.21	7.00	3.18
华东地区	**9834.90**	**7903.90**	**7.41**	**7.57**	**1931.00**	**24.43**
江　苏	233.10	225.80	0.18	0.22	7.30	3.23
浙　江	142.60	139.00	0.11	0.13	3.60	2.59
安　徽	3760.10	2426.80	2.83	2.33	1333.30	54.94
福　建	2664.30	2310.30	2.01	2.21	354.00	15.32
江　西	1108.60	946.00	0.84	0.91	162.60	17.19
山　东	1926.20	1856.00	1.45	1.78	70.20	3.78
中南地区	**6554.90**	**5238.90**	**4.94**	**5.02**	**1316.00**	**25.12**
河　南	1337.10	1050.00	1.01	1.01	287.10	27.34
湖　北	1790.80	1365.60	1.35	1.31	425.20	31.14
湖　南	445.50	409.50	0.34	0.39	36.00	8.79
广　东	2052.00	1673.70	1.55	1.60	378.30	22.60
广　西	350.00	250.50	0.26	0.24	99.50	39.72
海　南	579.50	489.60	0.44	0.47	89.90	18.36
西南地区	**15848.00**	**11676.70**	**11.94**	**11.19**	**4171.30**	**35.72**
重　庆	1.60	1.40	0.00	0.00	0.20	14.29
四　川	13509.80	9730.60	10.18	9.32	3779.20	38.84
贵　州	68.00	65.70	0.05	0.06	2.30	3.50
云　南	2201.50	1862.30	1.66	1.78	339.20	18.21
西　藏	67.10	16.70	0.05	0.02	50.40	301.80
西北地区	**4800.60**	**4323.40**	**3.62**	**4.14**	**477.20**	**11.04**
陕　西	999.30	845.80	0.75	0.81	153.50	18.15
甘　肃	963.70	933.30	0.73	0.89	30.40	3.26
青　海	105.50	165.80	0.08	0.16	-60.30	-36.37
新　疆	2732.10	2378.50	2.06	2.28	353.60	14.87

【铁矿石市场】 铁矿石市场价格高位震荡。从分月情况看,2011年1月到9月中旬,国内精矿粉价格总体呈现高位波动,联合钢铁网CSI价格指数从年初1190点(2010年同期798点,同比上涨49.1%),到3月底最低1153点、到9月中旬最高1281点,振荡范围128点,振幅10.7%。9月中下旬开始,受需求下降和钢价回落等多种因素的影响,铁矿石价格出现大幅度下降,到10月30日CSI指数跌至全年最低点930点,较9月中旬最高点下降351点,较年初下降260点,分别下降了27.4%和21.85%,11月初开始基本稳定在940点上下10点浮动。从全年平均水平看,2011年国内铁精粉CSI价格指数平均为1135点,同比上涨15%(表2)。

表 2　　2011 年 1～12 月部分地区铁矿石市场价格(含税)　　单位:元/吨

产地或矿山	产品品种	品位 Fe%	1～3月			4～6月		
			单价	同比增加		单价	同比增加	
				数量	%		数量	%
华北地区								
河北迁安	铁精矿	66(湿)	1230	60	5.1	1190	110	10.2
河北迁西	铁精矿	66(湿)	1220	60	5.2	1190	140	13.3
河北遵化	铁精矿	66(湿)	1220	90	8.0	1180	130	12.4
河北滦县	铁精矿	66(湿)	1190	40	3.5	1170	130	12.5
河北武安	铁精矿	66(湿)	1220	0	0.0	1230	80	7.0
河北沙河	铁精矿	66(湿)	1220	0	0.0	1220	90	8.0
河北宽城	铁精矿	66(湿)	1170	50	4.5	1120	80	7.7
河北滦平	铁精矿	66(湿)	1170	50	4.5	1120	80	7.7
河北赤城	铁精矿	66(湿)	1110	120	12.1	1110	200	22.0
河北石家庄	铁精矿	66(湿)	1205	105	9.5	1205	85	7.6
邯邢矿山局	铁精矿	66	1500	225	17.6	1468	218	17.4
北京密云	铁精矿	65	1515	225	17.4	1470	195	15.3
山西灵丘	铁精矿	65(湿)	1160	190	19.6	1150	220	23.7
山西繁峙	铁精矿	66(湿)	1150	180	18.6	1130	200	21.5
山西代县	铁精矿	64(湿)	1135	185	19.5	1120	210	23.1
内蒙古包头	铁精矿	66(湿)	970	200	26.0	990	170	20.7
东北地区								
辽宁抚顺	铁精矿	66	1240	200	19.2	1260	290	29.9
辽宁辽阳	铁精矿	65(湿)	1135	185	19.5	1110	230	26.1
辽宁朝阳	铁精矿	66(湿)	1100	150	15.8	1060	190	21.8
辽宁北票	铁精矿	66(湿)	1100	160	17.0	1090	220	25.3
辽宁建平	铁精矿	66(湿)	1110	140	14.4	1090	210	23.9
辽宁本溪	铁精矿	65	1230	180	17.1	1230	250	25.5
华东地区								
安徽马鞍山	铁精矿	64	1180	170	16.8	1350	320	31.1
安徽繁昌	铁精矿	64	1230	200	19.4	1340	320	31.4
安徽安庆	球团矿	62	1420	170	13.6			
安徽霍邱	铁精矿	65	1310	140	12.0	1330	250	23.1
鲁中矿业	铁精矿	65	1395			1430	210	17.2
山东莱芜	铁精矿	65(湿)	1190	90	8.2	1230	130	11.8
山东淄博	铁精矿	65	1320	220	20.0	1340	220	19.6
中南地区								
湖北大冶	铁精矿	63	1320	320	32.0	1280	200	18.5
广东怀集	铁精矿	64(湿)	1170	260	28.6	1205	305	33.9
海南矿业	铁精矿	63	1230	380	44.7	1190	90	8.2
福建龙岩	铁精矿	64(湿)	1120	230	25.8427	1050	50	5.0
河南林州	铁精矿	65	1310	210	19.09091	1350	310	29.8

续表 2

产地或矿山	产品品种	品位 Fe%	7～9月			10～12月		
			单价	同比增加		单价	同比增加	
				数量	%		数量	%
华北地区								
河北迁安	铁精矿	66(湿)	1240	20	1.6	1100	-280	-20.3
河北迁西	铁精矿	66(湿)	1230	20	1.7	1080	-300	-21.7
河北遵化	铁精矿	66(湿)	1230	30	2.5	1080	-285	-20.9
河北滦县	铁精矿	66(湿)	1230	50	4.2	1070	-300	-21.9
河北武安	铁精矿	66(湿)	1330	50	3.9	1110	-340	-23.4
河北沙河	铁精矿	66(湿)	1330	60	4.7	1120	-335	-23.0
河北宽城	铁精矿	66(湿)	1150	-20	-1.7	1020	-280	-21.5
河北滦平	铁精矿	66(湿)	1150	-20	-1.7	1020	-280	-21.5
河北赤城	铁精矿	66(湿)	1120	80	7.7	940	-270	-22.3
河北石家庄	铁精矿	66(湿)	1260	30	2.4	1090	-340	-23.8
邯邢矿山局	铁精矿	66	1590	250	18.7	1340	-160	-10.7
北京密云	铁精矿	65	1520	180	13.4	1350	-155	-10.3
山西灵丘	铁精矿	65(湿)	1180	185	18.6	970	-270	-21.8
山西繁峙	铁精矿	66(湿)	1260	265	26.6	1020	-210	-17.1
山西代县	铁精矿	64(湿)	1260	280	28.6	1020	-170	-14.3
内蒙古包头	铁精矿	66(湿)	1080	270	33.3	880	-40	-4.3
东北地区								
辽宁抚顺	铁精矿	66	1300	200	18.2	960	-310	-24.4
辽宁辽阳	铁精矿	65(湿)	1170	180	18.2	950	-200	-17.4
辽宁朝阳	铁精矿	66(湿)	1170	175	17.6	920	-230	-20.0
辽宁北票	铁精矿	66(湿)	1160	190	19.6	910	-210	-18.8
辽宁建平	铁精矿	66(湿)	1180	185	18.6	940	-210	-18.3
辽宁本溪	铁精矿	65	1300	200	18.2	960	-300	-23.8
华东地区								
安徽马鞍山	铁精矿	64	1400	430	44.3	1170	105	9.9
安徽繁昌	铁精矿	64	1420	440	44.9	1180	120	11.3
安徽霍邱地区	铁精矿	65	1440	280	24.1	1145	-215	-15.8
鲁中矿业	铁精矿	65	1535	295	23.8	1280	-165	-11.4
山东莱芜	铁精矿	65(湿)	1345	165	14.0	1100	-290	-20.9
山东淄博	铁精矿	65	1480	340	29.8	1210	-160	-11.7
中南地区								
湖北大冶	铁精矿	63	1370	230	20.2	1050	-270	-20.5
广东怀集	铁精矿	64(湿)	1290			980	-190	-16.2
海南矿业	铁精矿	63	1250	240	23.8	1030	-120	-10.4
福建龙岩	铁精矿	64	1140			1000	250	33.3
河南林州	铁精矿	65	1430	330	30	1200	-130	-9.8

价格形成的市场机制进一步完善。为了推进公平、公正、合理透明、具有公信力的铁矿石价格形成机制,优化铁矿资源全球配置,规范国内铁矿石市场秩序,促进铁矿石市场健康、有序、稳定发展,中国钢铁工业协会联合五矿化工进出口商会和中国冶金矿山企业协会研发并推出中国铁矿石价格指数,国内首个铁矿石现货交易平台在北京国际矿业权交易所成立,“铁矿石期货对我国钢铁产业发展影响”的研究课题启动,这些将对国际铁矿石贸易预期价格的形成产生重要影响。

【铁矿石进口贸易】 2011 年,我国累计进口铁矿石 68606 万吨,同比增长 10.93%,进口额为 1124.07 亿美元,比 2010 年增加 329.87 亿美元,增长 40.91%,进口矿平均到岸价格 163.84 美元/吨,同比上升 27.6%,高于国内铁精粉价格涨幅 12.6 个百分点,也是国内钢铁原燃料中价格上涨幅度最大的。截至 12 月底,我国主要港口铁矿石库存量为 9877 万吨,同比增加 1926 万吨,增幅 24.2%(表 3~5)。

表 3　2011 年铁矿石进口情况(进口量)　单位:万吨

国　别	2011 年进口量	2010 年进口量	各国占进口量比重%		与 2010 年同期比	
			2011 年	2010 年	增量	%
合　计	**68606.43**	**61865.15**	**100.00**	**100.00**	**6741.28**	**10.93**
澳大利亚	29666.13	26535.22	43.24	42.89	3130.91	11.83
巴西	14273.47	13085.72	20.80	21.15	1187.75	9.11
印度	7305.58	9658.07	10.65	15.61	-2352.49	-24.31
南非	3615.04	2954.06	5.27	4.78	660.98	22.36
俄罗斯联邦	1561.20	637.18	2.28	1.03	924.02	145.06
加拿大	1208.28	434.90	1.76	0.70	773.38	178.14
蒙古	549.72	266.05	0.80	0.43	283.67	106.62
乌克兰	1251.13	1164.46	1.82	1.88	86.67	7.48
印度尼西亚	1187.36	769.10	1.73	1.24	418.26	54.63
伊朗	1663.37	1456.75	2.42	2.35	206.62	14.20
秘鲁	966.64	741.78	1.41	1.20	224.86	30.34
智利	872.36	656.28	1.27	1.06	216.09	32.91
马来西亚	542.12	245.26	0.79	0.40	296.86	121.30
哈萨克斯坦	479.66	616.91	0.70	1.00	-137.25	-22.25
毛里塔尼亚	496.95	421.95	0.72	0.68	75.00	17.80
缅甸	272.91	240.40	0.40	0.39	32.51	13.52
美国	288.26	68.70	0.42	0.11	219.56	320.10
委内瑞拉	512.12	524.59	0.75	0.85	-12.47	-2.31
朝鲜	250.73	209.55	0.37	0.34	41.18	19.65
瑞典	162.52	113.20	0.24	0.18	49.32	43.63
芬兰	64.80	33.00	0.09	0.05	31.80	96.63
墨西哥	438.20	304.12	0.64	0.49	134.08	44.14
菲律宾	109.83	70.33	0.16	0.11	39.50	56.14
挪威	81.74	120.87	0.12	0.20	-39.13	-32.40
越南	289.52	192.54	0.42	0.31	96.98	50.38
巴林	82.03	37.46	0.12	0.06	44.57	118.99
洪都拉斯	60.08		0.09		60.08	203.03
新西兰	69.82	81.51	0.10	0.13	-11.69	-14.39
泰国	66.76	122.24	0.10	0.20	-55.48	-45.34
其他	218.07	102.95	0.32	0.17	115.13	111.84

说明:其他指进口量在 50 万吨以下的国家。

表4　　2011年铁矿石进口情况(进口额)　　单位:万美元

国　别	2011年进口额	2010年进口额	各国占进口量比重%		与2010年同期比	
			2011年	2010年	增量	%
合　计	**11240653.87**	**7943193.16**	**100.00**	**100.00**	**3297460.71**	**40.91**
澳大利亚	4967244.93	3461547.01	44.19	43.58	1505697.92	42.61
巴西	2572284.19	1782078.70	22.88	22.44	790205.49	44.09
印度	966382.60	1125427.14	8.60	14.17	-159044.54	-14.09
南非	640483.14	411671.32	5.70	5.18	228811.82	54.23
俄罗斯联邦	276771.31	86976.21	2.46	1.09	189795.09	218.15
加拿大	242979.85	68656.53	2.16	0.86	174323.32	251.28
蒙古	55310.17	22014.21	0.49	0.28	33295.96	148.96
乌克兰	231201.94	161326.78	2.06	2.03	69875.16	43.12
印度尼西亚	107467.12	59091.38	0.96	0.74	48375.74	81.62
伊朗	237774.98	178060.10	2.12	2.24	59714.87	33.54
秘鲁	146664.89	91166.44	1.30	1.15	55498.45	55.44
智利	160699.82	90617.96	1.43	1.14	70081.85	76.00
马来西亚	61387.21	24090.71	0.55	0.30	37296.50	155.34
哈萨克斯坦	76335.65	78585.96	0.68	0.99	-2250.31	-2.86
毛里塔尼亚	83944.90	56144.75	0.75	0.71	27800.15	45.84
缅甸	10089.62	8176.29	0.09	0.10	1913.33	23.39
美国	44736.42	9802.45	0.40	0.12	34933.98	356.64
委内瑞拉	94895.04	72588.19	0.84	0.91	22306.85	30.81
朝鲜	32387.27	19502.69	0.29	0.25	12884.58	65.79
瑞典	30755.27	17531.27	0.27	0.22	13224.00	74.35
芬兰	11329.23	4581.73	0.10	0.06	6747.50	149.22
墨西哥	58887.74	36675.93	0.52	0.46	22211.81	61.37
菲律宾	12725.87	6268.80	0.11	0.08	6457.08	102.65
挪威	15360.89	16239.05	0.14	0.20	-878.17	-5.56
越南	30547.51	16221.74	0.27	0.20	14325.77	88.44
巴林	17055.72	7627.01	0.15	0.10	9428.71	123.62
洪都拉斯	9708.89		0.09 9708.89	327.33		
新西兰	6694.37	5896.41	0.06	0.07	797.96	13.53
泰国	7946.96	11766.62	0.07	0.15	-3819.65	-32.46
其他	30600.38	12859.78	0.27	0.16	17740.60	137.95

注:其他指进口量在50万吨以下的国家。

表 5 **2011 年进口铁矿分品种情况** **单位:万吨,万美元**

产品	2011 年进口量	占总进口量比重(%)	2011 年进口额	占总进口额比重(%)
铁矿进口总量	**68606.43**	**100.00**	**11240653.87**	**100.00**
1. 未烧结矿	65163.80	94.98	10555873.28	93.91
① 烧结用铁粉矿	46014.60	67.07	7437744.27	66.17
② 铁块矿	13280.62	19.36	2092983.65	18.62
③ 铁精粉	5868.59	8.55	1025145.36	9.12
2. 已烧结矿	3418.09	4.98	681591.77	6.06
铁矿合计	**68606.43**	**100.00**	**11240653.87**	**100.00**
1. 澳、巴、印、南合计	54860.23	79.96	9146394.86	81.37
① 澳大利亚	29666.13	43.24	4967244.93	44.19
② 巴西	14273.47	20.80	2572284.19	22.88
③ 印度	7305.58	10.65	966382.60	8.60
④ 南非	3615.04	5.27	640483.14	5.70
2. 其他国家合计	13746.20	20.04	2094259.01	18.63
烧结用铁粉矿	**46014.60**	**100.00**	**7437744.27**	**100.00**
1. 澳、巴、印、南合计	42376.78	92.09	6933771.73	93.22
① 澳大利亚	22663.28	49.25	3710176.15	49.88
② 巴西	11588.15	25.18	2058166.29	27.67
③ 印度	6197.04	13.47	832454.21	11.19
④ 南非	1928.31	4.19	332975.08	4.48
2. 其他国家合计	3637.81	7.91	503972.53	6.78
铁块矿	**13280.62**	**100.00**	**2092983.65**	**100.00**
1. 澳、巴、印、南合计	9915.44	74.66	1722734.89	82.31
① 澳大利亚	6651.38	50.08	1192006.63	56.95
② 巴西	985.02	7.42	180194.80	8.61
③ 印度	859.57	6.47	91853.96	4.39
④ 南非	1419.48	10.69	258679.50	12.36
2. 其他国家合计	3365.17	25.34	370248.76	17.69
铁精粉	**5868.59**	**100.00**	**1025145.36**	**100.00**
1. 澳、巴、印、南合计	1422.11	24.23	246849.22	24.08
① 澳大利亚	189.70	3.23	29698.52	2.90
② 巴西	846.56	14.43	151784.25	14.81
③ 印度	118.59	2.02	16537.89	1.61
④ 南非	267.25	4.55	48828.56	4.76
2. 其他国家合计	4446.49	75.77	778296.14	75.92
已烧结铁矿	**3418.09**	**100.00**	**681591.77**	**100.00**
1. 澳、巴、印、南合计	1145.89	33.52	243039.01	35.66
① 澳大利亚	161.77	4.73	35363.62	5.19
② 巴西	853.74	24.98	182138.86	26.72
③ 印度	130.39	3.81	25536.53	3.75
④ 南非	0.00	0.00	0.00	0.00
2. 其他国家合计	2272.20	66.48	438552.75	64.34

【冶金矿山固定资产投资】 1. 资源保障继续受到高度关注。铁矿石保障协调机制成立、找矿突破战略行动纲要实施，"走出去"战略继续推进，铁矿资源地质勘查投入加大，社会资本参与程度提高，2011年新发现大型铁矿产地2处，中型铁矿产地16处，铁矿资源可持续利用能力增强。

2. 矿山产能积累进入高速释放期。全年规模以上铁矿企业矿石总产量增长速度比2010年加快5.6个百分点，月产量进入亿吨时代；全国铁矿石生产能力达到15.5亿吨/年，比2010年增加3亿吨；分地区情况看，铁矿石产量排前5位的河北、辽宁、四川、内蒙、山西合计产量105270万吨，占全国总量的80%，比2010年增加23710万吨，增幅达到29.1%，占全国增量的83.7%。其中河北累计增幅达到36.8%，四川累计增幅达到38.8%。

3. 固定资产投资增速明显减缓。2011年黑色金属矿采选业固定资产投资累计完成1250.91亿元，同比增长18.4%，增速比2010年回落8个百分点，低于全国平均水平5.4个百分点，是近十年来首次出现增速低于20%的一年。但从全年的情况看，增速有逐渐回升的趋势，一季度2.9%、上半年18.6%、前三季度18.7%、全年18.4%。从地区看，投资主要集中在铁矿资源相对丰富的地区，其中河北投资302.77亿元、辽宁投资212.84亿元、内蒙古投资110.38亿元、山西投资73.92亿元、四川投资63.73亿元、安徽投资58.23亿元、山东投资49.86亿元。从投资来源看，95%以上为企业自筹资金，其中企业自有资金占45.1%，同比下降8.6个百分点(表6)。

表6　　2011年黑色冶金矿山固定资产投资

	1~2月	3月	4月	5月	6月	7月
投资额(亿元)	36.35	80.56	88.91	130.79	176.30	116.57
增长率(%)	35.40	6.45	69.00	14.93	20.37	14.16
	8月	9月	10月	11月	12月	合计
投资额(亿元)	129.63	146.17	123.56	116.50	105.57	1250.91
增长率(%)	34.46	35.77	25.09	5.54	－22.35	18.40

【科技成果】 1. 科技进步和自主创新工作持续推进。重点成矿带和大型矿区预测与勘查关键技术研究、危机矿山接替资源勘查技术与示范研究、复杂金属矿产资源采选业关键技术与装备研究、高效节能大型矿山成套设备研制、难采选金属矿高效开发关键技术与装备研究、鄂西典型高磷赤铁矿综合开发利用技术与示范、大型金属矿产基地资源综合利用关键技术研究、矿区复垦关键技术开发及示范应用、尾矿和废石综合利用技术研究、矿山典型灾害预测控制关键技术研究与示范工程等重点项目的相关专题研究取得重要进展。

大型矿山排土场安全控制关键技术、国产铁精矿提铁降硅(杂)的系统研究与实践、复杂难采深部矿床安全高效开采关键技术研究与应用等成果获得2011年度国家科技进步二等奖，100多项成果获得省、部级以上科技进步奖。

钒钛资源综合利用国家重点实验室、矿山重型装备国家重点实验室获得了科学技术部的授牌，一批工程中心和省、部级重点实验室通过评估。

企业结合生产建设中的重点领域和关键环节，开展产学研相结合的研究攻关、技术革新和先进适用技术装备的推广应用，对行业的发展起到了重要支撑作用。

2. 科学化发展水平和能力有新的提升。全面推进安全标准化建设，加大隐患排查治理力度，完善尾矿库等重大危险源安全监测预警系统，强化安全教育培训，落实安全生产责任制，重视职业健康管理，安全发展理念深入人心。

以开采方式科学化、资源利用高效化、企业管理规范化、生产工艺环保化、矿山环境生态化为基本要求，因地制宜地推动资源节约与综合利用，开展绿色开采和生态矿山建设，切实落实节能减排实施方案和节能减排目标，绿色发展战略全面推进。

矿业权办理和征地动迁工作力度加大，资源整合掌控取得重要进展，已开工项目建设全面提速，后续项目的准备工作全面推进，现代化大型铁矿基地建设取得成效，集约发展步伐不断加快。

全面强化基础管理，推进管理创新，深入开展"对标挖潜"活动，重视职工培训和高素质、高层次人才的培养，推进工业化和信息化深度融合，内涵发展的水平进一步提升。

企业发展改革成果不断惠及职工群众，矿山职工收入实现连续较大幅度增长，矿区民生工程投入加大，生活设施逐步完善，生活环境明显改善，矿区文化建设得到加强，和谐矿区建设取得新进展。

【冶金矿山关注问题】 1. 关注矿山企业成本刚性增长的趋势，增强忧患意识、防范企业风险问题。近年来，受原燃料价格上涨、矿山安全标准提高、职工收入增加、环境治理投入加大、矿山采选条件变化以及相关税费调高等多种因素叠加刚性推动，矿山生产成本上升幅度较大。2011年大中型矿山铁精矿完全成本平均620.16元/吨，是两拓、巴西矿离岸成本的2.5倍，是FMG的2倍。其中成本高于110美元/吨的铁精矿产能有1.5亿吨左右，接近铁精矿总产能的1/3，一旦市场供求关系发生变化，企业经营将面临较大风险，全行业要给予高度关注。

*2. 关注矿石需求持续大幅增加，近期供需平衡、长远发展面临新的压力和挑战问题。*近10年来，受世界钢铁工业稳定发展和中国钢铁需求高速增长的拉动，铁矿石需求持续大幅增长，铁矿石贸易价格10年上涨了7倍多，全球铁矿资源勘查开发投资高涨，新增产能进入高速释放期，而钢铁需求却进入调整期，钢材消费增幅明显放缓，铁矿石市场供应偏紧的状况明显改善，面临着铁矿石市场价格下行的风险。在这种情况下，世界铁矿石主要供应商要么削减产量谋求恢复价格，要么意识到尽管价格下降，但利润仍然是足够的，因此继续维持产量，同时期望在这个过程中消除边际竞争对手。国内铁矿勘查开发经过多年高投入、高增长、高成本，资源环境制约因素显著加大，全行业必须认真分析研究这种发展方式的增长空间还有多大、还能持续多久，科学的产能规模和合理的生产格局优化等问题。

*3. 关注行业发展不平衡，产业集中度过低、生产力总体水平不高的问题。*经过多年的快速发展，冶金矿山行业整体发展水平显著提高，但受资源赋存条件、企业发展潜力、区域发展环境等差异的影响，行业发展不平衡的问题越来越突出。一是开发程度不平衡，2011年全国铁矿储采比为55，也就是静态保证年限有55年，而铁矿资源丰富且潜力最大的辽宁、河北、四川2011年的储采比分别为119、15和72，河北省产量占全国的45%，接近6亿吨，但静态保证年限只有15年；二是生产结构不平衡，2011年末，全国有铁矿企业3111家，平均规模42.6万吨/年，其中大中型矿山445家，平均规模160万吨/年，小型矿山2666家，平均规模23万吨/年，产业集中度系数CR5<15%、CR10<20%。

*4. 关注矿区民生和矿地关系，促进矿区经济社会和谐发展的问题。*近年来，随着行业经济质量的提高，企业经济效益的好转，矿山职工收入逐年增加，民生工程建设投入加大，安全环境形势不断好转，矿地关系明显改善，但还存在职工收入总体偏低、安全环境压力增大、矿地矛盾纠纷时有发生等问题，不仅涉及企业的当前利益，也影响到企业的长远发展。

总之，对2011年以及今后相当长时期面临形势任务的复杂性和严峻性要有清醒的认识，对国内外形势变化所带来的影响和产生的问题要有准确的把握，采取措施积极应对。

（中国冶金矿山企业协会　揭香萍）

黄　金

【概况】 我国黄金成矿地质条件优越，金矿类型繁多，黄金矿产资源比较丰富。

至2011年底，我国黄金已查明资源储量为7419.43吨。其中，资源量为5629.07吨，基础储量为1790.36吨（储量为975.33吨）（表1、表2）。

表1　2004～2011年我国黄金储量变化一览　单位：吨

年度	储量	基础储量	资源量	查明资源储量
2004	1394.64	2092.50	2522.20	4614.70
2005	1240.29	1956.64	2795.52	4752.16
2006	1261.95	1995.02	3001.88	4996.90
2007	1126.06	1859.74	3681.60	5541.34
2008	1038.89	1868.40	4083.39	5951.79
2009	1015.30	1909.70	4418.20	6327.90
2010	869.50	1863.41	5001.38	6864.79
2011	975.33	1790.36	5629.07	7419.43

资料来源：国土资源部。

在7419.43吨已查明资源储量中。其中：独立岩金查明资源储量为5490.36吨，砂金查明资源储量为475.52吨，伴生在铜、铅、锌等有色金属矿山中的伴生金为1453.57吨，各自所占比重约为7:1:2。

表2　2011年我国黄金储量一览　单位：吨

金矿资源	储量	基础储量	资源量	查明资源储量
岩金	729.91	1322.65	4167.71	5490.36
砂金	89.07	139.19	336.33	475.52
伴生金	156.35	328.53	1125.04	1453.57
合计	975.33	1790.36	5629.07	7419.43

资料来源：国土资源部。

【黄金生产经营】 2011年，全国生产黄金360.957吨。与2010年相比，黄金产量增加20.081吨，同比增长5.89%（图1）。连续五年位居世界黄金产量第一。

2010年，黄金企业矿产金（矿山产成品金+含量金）累计完成301.996吨，比2010年同期增长7.84%。有色副产金完成58.961吨，比2010年同期下降3.09%。

在黄金矿产金301.996吨中，黄金矿山企业完成179.448吨，黄金冶炼厂黄金原料完成113.780吨，有色冶炼厂黄金原料完成8.768吨。黄金矿山企业共销售给冶炼厂（含黄金冶炼厂和有色金属冶炼厂）黄金含量金122.548吨。其中部分小矿山生产的含量金直接销售给冶炼厂，未计入分省（区、市）产量，约为49.138吨。

其中各重点产金省(区)矿产金产量占全国矿产金产量的比重分别为:山东 19.12%、河南 11.30%、内蒙古 5.88%、福建 5.54%、湖南 4.84%、云南 4.45%、新疆 4.01%、陕西 3.82%、吉林 3.34%、贵州 3.31%;以上各重点产金省(区)矿产金产量约占全国矿产金产量的 65.60%,其他省份约占 34.40%。

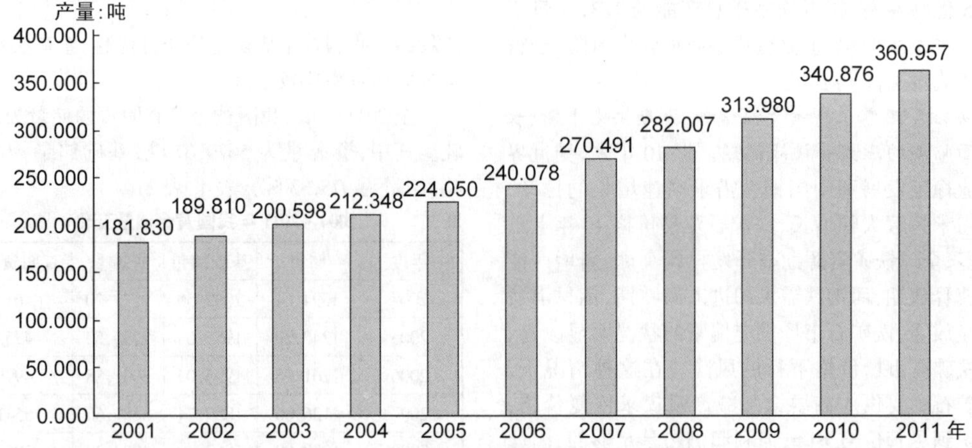

图 1 2001 ~ 2011 年我国黄金产量一览

2011 年,冶炼企业(有色金属冶炼企业 + 黄金冶炼企业)累计完成成品金 181.509 吨,比 2010 年同期增长 5.99%。

其中有色冶炼厂共完成黄金 67.729 吨,比 2010 年同期下降 1.75%。其中,黄金矿山原料完成 8.768 吨,有色副产金 58.961 吨;黄金冶炼厂完成黄金 113.780 吨,比 2010 年同期增长 11.20%。

2011 年,十大黄金集团累计完成黄金成品金产量和矿产金产量分别为 184.019 吨和 143.539 吨,比 2010 年同期分别增长 9.74%和 6.49%。十大黄金集团黄金成品金产量和矿产金产量分别占全国的 50.98%和 47.53%。其中,中国黄金集团公司 12.04% 和 10.67%、紫金矿业集团股份有限公司 6.90% 和 9.44%、山东黄金集团有限公司 7.40%和 9.31%、山东招金集团有限公司 8.81%和 5.45%、埃尔拉多黄金公司(中国)3.23%和 3.86%、云南黄金矿业集团股份有限公司 2.29%和 3.00%、湖南金鑫黄金集团有限责任公司 1.67%和 2.12%、山东中矿集团有限公司 3.92%和 1.66%、灵宝市金源矿业有限责任公司 0.33%和 1.04%、灵宝黄金股份有限公司 4.38%和 0.98%。2011 年各省(自治区)成品金产量排名情况见表 3。

表 3　　2011 年各省(自治区)成品金产量排名情况　　单位:千克

排名	省份	矿山产金累计完成			冶炼厂产金累计完成			成品金合计	占全国比重(%)
		合 计	成品金	含量金	合 计	有色冶炼厂	黄金冶炼厂		
—	——	1 = 2 + 3	2	3	4 = 5 + 6	5	6	7 = 2 + 4	8
—	全国合计	301995.786	179447.788	122547.998	181508.959	67729.079	113779.880	360956.747	100.00
1	山东	57746.146	33872.671	23873.475	66162.142	700.120	65462.022	100034.813	27.71
2	河南	34133.370	13878.680	20254.690	30627.840	——	30627.840	44506.520	12.33
3	江西	3882.700	1394.700	2488.000	32701.400	30729.000	1972.400	34096.100	9.45
4	福建	16721.120	15756.040	965.080	4073.058	——	4073.058	19829.098	5.49
5	内蒙古	17760.540	17760.540	0.000	0.000	——	——	17760.540	4.92
6	云南	13437.830	11420.150	2017.680	6175.359	6175.359	——	17595.509	4.87
7	湖南	14622.440	11965.510	2656.930	2944.800	1013.450	1931.350	14910.310	4.13
8	安徽	6633.100	2371.850	4261.250	11377.000	11377.000	——	13748.850	3.81
9	陕西	11527.466	7727.403	3800.063	4505.270	——	4505.270	12232.673	3.39
10	甘肃省	7573.700	6287.847	1285.853	5515.854	5515.854	——	11803.701	3.27

续表 3

排名	省份	矿山产金累计完成			冶炼厂产金累计完成			成品金合计	占全国比重(%)
		合计	成品金	含量金	合计	有色冶炼厂	黄金冶炼厂		
11	新疆	12108.105	10337.900	1770.205	1350.000	——	1350.000	11687.900	3.24
12	辽宁	9159.170	6763.620	2395.550	4558.440	700.500	3857.940	11322.060	3.14
13	贵州	9984.990	9984.990	0.000	0.000	——	——	9984.990	2.77
14	湖北	4077.563	2054.900	2022.663	6690.000	6690.000	——	8744.900	2.42
15	吉林	10080.110	7198.270	2881.840	0.000	——	——	7198.270	1.99
16	河北	5586.970	5236.170	350.800	0.000	——	——	5236.170	1.45
17	浙江	350.790	350.790	0.000	4438.000	4438.000	——	4788.790	1.33
18	青海	4904.280	3998.260	906.020	0.000	——	——	3998.260	1.11
19	四川	3690.000	3690.000	0.000	0.000	——	——	3690.000	1.02
20	黑龙江	2995.000	2995.000	0.000	0.000	——	——	2995.000	0.83
21	广西	2070.820	1925.000	145.820	0.000	——	——	1925.000	0.53
22	海南	1060.966	1060.966	0.000	0.000	——	——	1060.966	0.29
23	广东	907.361	904.551	2.810	0.000	——	——	904.551	0.25
24	山西	1840.000	510.000	1330.000	0.000	——	——	510.000	0.14
25	宁夏	0.000	0.000	0.000	200.000	200.000	——	200.000	0.06
26	上海	——	——	——	189.796	189.796	——	189.796	0.05
27	江苏	2.760	1.980	0.780	0.000	——	——	1.980	0.00
28	北京	0.000	0.000	0.000	0.000	——	——	0.000	0.00
29	天津	0.000	0.000	0.000	0.000	——	——	0.000	0.00
30	西藏	0.000	0.000	0.000	0.000	——	——	0.000	0.00
—	其他	49138.489	0.000	49138.489	0.000	——	——	0.000	0.00

注:部分小矿山生产的含量金直接销售给冶炼厂,未计入分省(区、市)产量。这部分产量约为 49138.489 千克。

【黄金价格及需求】 1. 黄金价格。2011 年,美国“量化宽松的货币政策”及欧洲债务危机使得黄金价格一路飙升,9 月初,国际金价曾一度突破 1900 美元/盎司,创下历史新高。随着市场参与者的获利回吐,金价开始回落。年末,国际金价收于 1570 美元/盎司附近。2011 年国际黄金价格走势见图 2。

图 2 2011 年国际黄金价格走势图

在国际经济环境不景气情况下,黄金保值和避险的功能得以显现。大型黄金 ETF 基金持仓量持续稳步增加。中国、俄罗斯、巴西、印度等国家,也更倾向于购入黄金作为国家储备。我们有理由相信国际金价将继续保持强势。但黄金价格的高位运行,使得做空行为盈利空间增大。投机因素对黄金价格的助涨助跌愈发明显,金价开始巨幅波动。

2. 制造业需求。2011 年全球制造业共需黄金(含再生金)2759.4 吨,比 2010 年 2783.8 吨下降 0.88%。其中中国对黄金(含再生金)的需求是 585.8 吨,比 2010 年的 508.6 吨增长 15.18%。

2011 年全球首饰制造业用金(含再生金)1973.2 吨,比 2010 年 2016.8 吨下降 2.16%。其中中国首饰制造业对黄金(含再生金)的需求是 495.6 吨,比 2010 年 432.3 吨增长 14.64%。

2011 年全球黄金制造业整体需求略有下降,主要是因为首饰消费疲软。金价的高企提高了首饰原料的成本,全球范围内的经济危机影响了首饰的消费。2011 年中国首饰用金量继续保持快速上涨的势头,比 2010 年增长 14.64%。消费者收入的增长和对国内通货膨胀的担忧助长了黄金首饰消费。

2011年,我国是仅次于印度的全球第二大首饰消费国。

(中国黄金协会　王衔平)

化　工

【概况】　化工矿产包含磷、硫、钾、硼、重晶石、萤石等20余种矿产资源,是化肥及相关化工行业的主要矿物原料,具有基础原料工业和支农工业的双重属性,特别是磷、硫、钾矿作为制取磷肥、钾肥和硫酸的主要原料在国民经济中具有重要的地位。伴随着我国国民经济的高速发展,化学矿业建立了与国民经济相适应的完整的开发体系。我国磷矿、重晶石、萤石、芒硝产量列世界第一,除钾、硫资源外,基本保证了我国化肥工业和化工生产的需要,为促进农业生产,确保我国粮食安全和相关化工行业的发展做出了贡献。

2011年化工矿产资源开发利用情况总体向好,主要表现为:资源储量有所增加,产量大幅度增长,矿产品价格稳中有升,化学矿采选业经济运行相对稳定,投资平稳,行业整体效益继续向好。

1. 资源储量。截至2011年底,我国新发现和探明化工矿产已达27种,查明矿产地达3700多处。其中,磷矿540处、硫矿673处、钾盐39处、硼矿109处、重晶石218处、萤石矿542处。主要化工矿产查明资源储量情况见表1。

表1　　主要化工矿产查明资源储量情况

矿产名称	矿区数	单位	基础储量		源量	查明资源储量
				储量		
磷矿	514	矿石亿吨	28.9	10.4	164.7	193.6
硫铁矿	639	矿石万吨	136900.6	63563.7	431063.9	567964.5
钾盐	40	KCL万吨	60800.0	9386.0	46130.3	106930.3
硼矿	85	B_3O_2万吨	3261.1	1585.5	2.69	2.76
重晶石	220	矿石万吨	4194.8	1889.6	24826.2	29021.1
萤石	747	氟化钙万吨	3547.2	1680.6	16213.8	19761.0

2. 资源潜力。根据区域地质背景、成矿规律和成矿条件,重点在扬子地区磷资源、新疆塔里木盆地北缘内生磷资源、华北地台北缘内生磷资源、华北地台北缘硫铁矿资源、新疆罗布泊－莎车地区钾盐资源、内蒙古腾格里沙漠地区钾盐资源、辽宁东部营口地区硼矿资源、浙江西北部萤石矿资源和湘西－黔东南地区重晶石资源等找矿潜力巨大。

【化工矿生产经营】　截至2011年底,主要化工矿从事开采的企业,磷矿359个,其中,大型24个,中型82个,小型215个;硫铁矿280个,其中,大型10个,中型6个,小型163个;自然硫2个,小矿2个;钾盐17个,其中,大型5个,中型7个,小型4个;硼矿64个,其中,大型3个,中型3个,小型51个;重晶石矿515个,其中,大型14个,中型14个,小型313个;萤石矿1255个,其中,大型9个,中型33个,小型652个。

2011年我国磷矿石(以标矿计,$P_2O_5$30%,下同)生产能力超过11590万吨/年,硫铁矿生产能力2420万吨/年,钾盐矿石生产能力18970万吨/年,硼矿生产能力215万吨/年,重晶石生产能力1120万吨/年,普通萤石生产能力2060万吨/年。据国家统计局统计:磷矿石产量8122万吨,继续居世界第一位,完全满足了国内磷肥和磷化工生产的需要;硫铁矿产量1584万吨;钾肥产量386万吨。国土资源年报统计:硼矿产量98万吨/年;重晶石产量303万吨/年;普通萤石产量566万吨/年。建成了云南昆阳、贵州开阳、瓮福,湖北荆襄、宜昌和保康,四川金河、清平等八大磷矿生产基地;广东云浮、安徽新桥等硫铁矿生产基地;青海盐湖、新疆罗布泊钾肥生产基地;辽宁硼矿生产基地,以及广西、福建重晶石和浙江萤石、内蒙等生产基地。涌现出一批支撑行业发展的大中型骨干企业。如:云南磷化工集团公司、云南天宁矿业公司、贵州开磷(集团)公司、贵州瓮福(集团)公司、湖北荆襄中海油矿业公司、湖北宜化矿业公司、宜昌兴发集团、宜昌柳树沟矿业公司、湖北神农架矿业公司、湖北保康尧治河矿业公司、湖北省黄麦岭磷化工集团公司、荆门放马山中磷矿业公司、四川金河磷矿、四川清平磷矿;广东云浮硫铁矿、安徽新桥硫铁矿、内蒙古齐华矿业有限责任公司、南京云台山硫铁矿、邢台恒源化工集团有限公司、四川皇嘉农业集团有限公司硫铁矿;青海盐湖钾肥股份有限公司、国投新疆罗布泊钾盐有限责任公司、青海中航资源有限责任公司、云南江城勐野井钾盐矿;辽宁省钢硼铁有限责任公司、青海中天硼锂矿业有限公司;镇宁县乐纪重晶石矿有限责任公司、四子王旗苏莫查干敖包萤石矿等。

截至2011年11月,化学矿采选业267家规模以上企业实现主营业务收入335亿元,同比增长46.6%,实现利税总额69.5亿元,同比增长55.2%,实现利润40.3亿元,同比增长91%,亏损企业18家、亏损额3200万元,同比分别下降25%和65.5%。钾肥制造业50家规模以上企业实现主营业务收入179.2亿元,同比增长28.6%,实现利税总额79.1亿元,同比增长31.9%,实现利润59.1亿元,同比增长38%,亏损企业13家、亏损额11601万元,同比分别增长85.7%和58.9%。基本满足了国内磷肥和相关工业生产的需要,为我国石油和化工行业发展,特别是粮食生产做出了贡献。

【化工矿表观消费量及自给率】 全球经济一体化发展,支撑了全球矿产品需求的市场。主要矿产品的进出口,满足了世界经济的发展。根据我国2011年主要化学矿产品产量和进出口情况,磷矿、硫铁矿供需基本平衡,萤石、重晶石供过于求,产能过剩,硼矿、钾盐严重短缺。硫资源的平衡主要靠大量进口硫磺进行补充,给加工产业带来了风险。2011年我国主要化学矿产品产量、表面消费量见表2。

表2 2011年我国主要化学矿产品产量、表观消费量

单位:折标万吨

	产量	进口	出口	表观消费量	自给率(%)
磷矿	8122.4	0	63.8	8058.6	100.8
硫铁矿	1583.8	3.8	2.9	1584.7	99.9
钾矿	385.6	386.2	2.8	769.1	50.01
磷肥	1462.4	21.7	327.5	1156.6	126.44
硫酸	7416.8	111.1	44.4	7483.5	97.71
硫磺	330	952.3	0.7	1281.6	257
硼矿	98	4.8/24.3	0.3/–	126.8	77.2
重晶石	303	0.1	28.9	274.2	110.5
萤石	566/3	–	28.9	159.8	118.1

磷矿石供需基本平衡,除满足国内磷肥和其他磷制品需要;出口有总量和资质调控,量少约占1.2%;硫铁矿供需基本平衡,但硫磺对外依存度接近75%,加上有色金属矿50%以上依赖进口,我国硫资源对外依存度超过50%;钾盐资源短缺,钾肥不能满足国内需求,对外依存度高达50%,较2010年提高了3.2个百分点。

【化学矿产品产销】 2011年1~11月,化学矿产品累计产销率97.9%,与2010年同比提高了1.71个百分点;钾肥制造业产销率82.0%,同比下降了10.75个百分点。2011年1~11月化学矿采选业价格指数同比为117.6,同比上涨17.6个百分点,其中:硫铁矿为115.3,上涨15.3个百分点;磷矿石123.6,上涨23.6个百分点;氯化钾111.2,上涨11.2个百分点。35%的硫铁矿标矿价格基本维持在430元/吨左右,30%的磷矿石价格在500元/吨左右,国家氯化钾价格在3200元/吨。

【化学矿产品进出口】 截至2011年11月,出口磷矿61万吨,同比下降26.3%,金额9472万美元,同比下降5.4%,平均离岸价格155.3美元/吨,较去年同期上涨34.3美元/吨。

硫资源进口主要是硫磺,截至2011年11月硫磺进口875.4万吨,同比下降了9.4%;金额185267万美元,同比增长了56.7%。平均到岸价格211.6美元/吨,较去年同期上涨89.3美元/吨。

2011年1~11月,进口钾肥369.0万吨(K2O 100%),金额267083万美元,同比分别增长了28.8%和55.5%;其中氯化钾进口614.9万吨、金额257639万美元,同比分别31.8%和57.2%;平均价格467.2美元,同比上涨122.3美元/吨,上涨35.4%。

【固定资产投资完成与企业经济效益】 1.化学矿采选业固定资产投资。截至2011年11月,化学矿采选业施工项目241个,其中新开工项目170个、竣工项目121个,累计完成投资105.5亿元,同比增长26.9%。钾肥制造业施工项目45个,其中新开工项目27个、竣工项目21个,完成40.2亿元,同比下降1.2%。

2.化学矿采选业经营情况。截至2011年10月,化学矿采选业265家规模以上企业实现主营业务收入290.2亿元,同比增长43.0%,实现利税总额60.8亿元,同比增长55.9%,实现利润33.8亿元,同比增长83.8%,亏损企业18家、亏损额3142万元,同比分别下降40%和71.1%。钾肥制造业50家规模以上企业实现主营业务收入163.8亿元,同比增长27.9%,实现利税总额56.9亿元,同比增长46.1%,实现利润41.5亿元,同比增长21.9%,亏损企业12家、亏损额4770万元,同比分别下降7.7和47.4%。

【化工行业存在问题】 1. 资源禀赋差、供给保障程度低。我国主要化工矿产资源磷、硫资源贫矿多富矿少，难采难选；硼、钾资源相对匮乏，特别是钾盐资源自给率只有45%；萤石、重晶石等我国优势矿产保障程度下降。可供规划和建设的后备资源产地外部条件缺乏，加之矿产资源过度消耗，使得高级储量比重逐年减少，影响化工矿业的可持续发展。

2. 规模化、综合性企业少，行业科技投入不足。主要化工矿资源产地基本集中在我国西部，化工矿山建设和发展远远滞后化肥工业和相关加工业的发展速度。矿山企业规模小、集约化程度低、综合性企业少，企业投入创新技术经费少，技术进步缓慢。如2011年化工行业大型矿山仅占6.7%，中型矿山仅占7.7%。

3. 资源浪费大、采选技术和装备水平参差不齐。国家建设的大型国有企业技术装备水平基本与国外水平相当；中型企业技术装备维持在20世纪80年代水平；小型采矿企业尤其是乡镇企业技术装备落后，资源损失率高。我国整体采矿技术和装备水平与发达国家的差距进一步拉大，中小型企业由于资源、规模、技术和资金等因素制约，采出中低品位矿石未得到选矿利用，资源价格也难以回归合理。

4. 开发环境破坏大，共伴生资源综合回收难。由于矿业权设置问题，造成矿区开采企业星罗棋布，采富弃贫，乱排乱堆现象还较普遍，资源和环境破坏严重。大多数企业规模小，难以形成有规模的资源综合利用经济效益，共伴生资源综合利用难度大。受小企业多的拖累，大型企业资源综合利用才刚起步、难以快速发展。

5. 企业税赋高、行业自身发展困难。国家未将矿业列入第一产业，制定税费征收基数高。我国主要化工矿资源基础条件差，生产成本高，磷、硫、钾是生产化肥的原料，长期低价惠农政策，使得企业在市场竞争中处于不合理的发展地位。近期国家调高磷矿的资源税和矿产增值税、限制相关化肥及资源类制品出口，制约了产能发挥影响了企业经济效益。

（中国化学矿业协会　袁俊宏）

钨　业

【钨业经济运行概况】 2011年，钨产品产量、进出口贸易量继续保持增长态势，钨市场价格、经济效益均创历史最好水平。

1. 钨矿开采总量增长。据有色金属工业协会统计数据，2011年我国钨精矿产量119875吨，比2010年快报数增长20.46%（图1）。中国钨业协会统计28家主要钨矿山产量为51351.4吨，比2010年增长12.17%。

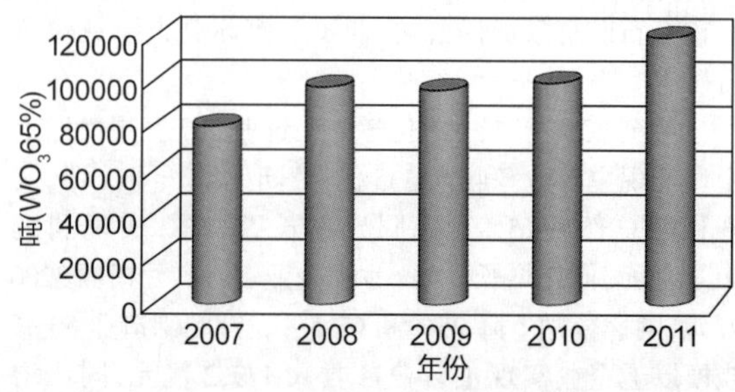

图1　2007~2011年中国钨精矿产量（有色统计年报数据）

2. 钨冶炼加工产品产量有所增长。据中国钨业协会统计，2011年仲钨酸铵、氧化钨、钨粉、细钨丝和硬质合金产量分别为73200吨、58700吨、38500吨、254亿米和24000吨，分别比2010年分别增长9.25%、6.73%、6.94%、2.42%和9.09%；钨铁产量8130吨，比2010年下降10.16%（剔除不可比因素）；钨条杆产量3500吨，与2010年持平。

3. 钨品出口量小幅增长，出口额大幅增长。根据海关数据统计，2011年出口钨品27537.2吨（金属量，不含硬质合金，下同），比2010年增长5.87%，出口额15.44亿美元，同比增长83.23%。进口钨品5569.3吨（金属量，含钨精矿，下同），比2010年增长33.89%。进口额2.43亿美元，同比增长99.17%。其中，进口钨精矿4750.6吨，同比增长50.11%，占进口总量的85.30%。

根据中国钨业协会统计，2011年累计出口硬质合金4921.0吨，折合金属量4084.4吨，同比增长1.41%，出口额3.59亿美元，同比增长53.10%。包括硬质合金在内，全年出口钨品总量达到31621.6吨，比2010年增长5.42%。

不含硬质合金，2011年我国钨品净出口额13.01亿美元，净出口量21967.9吨，比2010年分别增长80.44%和0.54%。

4. 市场价格高位震荡，创历史新高。国内钨市场价格高位震荡运行。钨精矿价格从年初的11万元/吨，一直保持震荡上扬，最高达15.8万元/吨，年平均价格13.76万元/吨，比2010年上涨60.53%，比2006年历史最高年平均价格10.83万元/吨上涨27.05%，创历史新高。仲钨酸铵和钨铁全年平均售价分别为21.49万元/吨和21.36万元/吨，比2010年分别上涨62.93%和56.51%。

钨品出口价格大幅度上涨。仲钨酸铵、钨铁和钨丝年出口平均价格分别达到50667.2美元/吨金属、

54880.3美元/吨金属和97745.9美元/吨金属，比2010年分别上涨77.58%、67.94%和31.03%。不含硬质合金，全年钨品出口综合平均价格56082.09美元/吨钨，比2010年上涨73.06%，创历史新高。

进口钨品(含进口钨精矿)综合平均价格43691.27美元/吨钨，同比上涨48.76%。其中，进口钨精矿年平均价格33483.30美元/吨钨，同比上涨112.87%。剔除钨精矿因素，进口钨制品年综合平均价格为102930.95美元/吨钨，比2010年上涨41.47%，进口钨制品年综合平均价格是出口钨制品年综合平均价格的1.84倍。其中，钨材价格差距进一步缩小，钨丝价格差距继续有所扩大。

5. 行业经济效益显著提高，创历史最好水平。中国钨业协会统计重点联系的45户企业钨主营业务收入、利税和利润分别为352.57亿元、65.55亿元和39.94亿元，比2010年分别增长41.08%、82.29%和102.01%。全行业钨主营业务收入700亿元，实现利润95.5亿元，比2010年分别增长41.06%和96.91%。

【钨业经济运行特点】 1. 钨产品结构进一步优化，产品档次有所提高，与国际先进水平的差距进一步缩小。高档硬质合金、高比重合金、异型硬质合金，超细钨粉、碳化钨粉，纳米钨粉等制粉技术有所提高；钨初中级冶炼产品出口量占出口总量的78.81%，钨材、钨丝和硬质合金出口量占出口总量的21.19%，以出口钨初中级冶炼产品为主的格局依然没有根本性改变。

2. 进口钨品仍然以进口钨精矿为主。全年进口钨精矿占进口总量的85.30%，同比增加了9.21个百分点；进口钨废碎料占进口总量的1.31%，同比减少了5.03个百分点。

3. 钨矿山主要分布在江西、湖南。2011年，两省钨精矿产量占全国钨精矿总产量的71.32%，随着河南、云南、广西、福建等省(区)的钨矿产量的增长，近几年产量比重有所降低。

4. 钨冶炼和深加工产业继续向钨资源产地扩张，钨下游产业区域结构发生深刻变化。湖南、四川硬质合金产量占我国的总产量45%；深圳金洲PCB微型钻头产量达到1.3亿支，跃居全球第三；福建的钨丝产量继续稳居全球第一；江西钨产业不断向硬质合金等下游产品发展，其钨产业经济总量已超过全国钨产业经济总量的40%以上。钨铁产业分布在江西、湖南、福建、河北和宁夏等省区；河南、云南、内蒙等省(区)向钨下游产业发展。

5. 经济规模和经济实力不断增强。大型企业的产业比重和经济总量进一步加大，以钨为主业的企业年销售收入超10亿元的增加到12家，比2010年增加了3家，占行业经济总量的60%。其中，40亿元以上保持4家。民营企业继续快速发展，年销售收入超10亿元的民营企业3家。

6. 钨市场需求保持旺盛，国外需求继续恢复。2011年我国钨表观消费量预计达到3.3万吨(金属量)，比2010年增长10%，2007～2011年年均增长7.19%。

7. 随着国家不断强化对保护性特定战略性矿种管理，持续停止办理新的钨矿开采许可证、推行部委联动机制等，我国钨供应格局趋于"均衡偏紧，平稳理性、节制有序"，钨原料市场供应弹性降低。

【资源整合、企业重组】 2011年，钨精深加工产品开发和科研投资加大。五矿有色金属控股有限公司在长沙正式揭牌；江西江钨硬质合金有限公司数控涂层刀片生产线投产；厦门三虹钨钼股份有限公司控股的江西金鼎钨矿公司开发江西都昌阳储山钨矿；赣州江钨钨合金钨废碎料回收加工项目正式投产；湖南省株洲星河硬质合金公司竣工投产；江西国际矿业有限公司在南昌挂牌成立，联合实施境外矿产资源勘探开发；武宁县炳坤钨业有限公司仲钨酸铵、氧化钨、钨粉项目投产；保利能源控股有限公司整合武鸣县钨矿投产；江西杰浩硬质合金工具有限公司硬质合金工具项目建成投产；钨合金防腐钻杆套管生产线在胜利油田胜鑫防腐有限责任公司投产运行。

硬质合金国家重点实验室在株洲硬质合金集团有限公司揭牌，研究方向围绕纳米硬质合金制备技术、粗晶硬质合金制备技术、涂层及刀具技术、硬质合金使用技术四个方面；中国五矿·株硬精密工具产业园在株洲新马工业园正式开工；江西稀有金属钨业控股集团有限公司与德国世泰科集团签署合作协议，将共同出资建立中外合资企业生产钨精深加工相关产品；国家发改委为江西钨与稀土采冶及深加工技术国家地方联合工程研究中心授牌；江西省发改委批复赣州市设立"江西大余钨及有色金属深加工产业基地"为省级产业基地。

河源富马硬质合金有限公司硬质合金产能500吨/年，计划技改扩能至1000吨/年开工建设；江西耀升工贸发展有限公司高性能、高精度硬质合金涂层刀片、球齿与棒材深加工项目开工建设；厦门钨业股份有限公司与五矿有色、厦门三虹、九江市政府、九江市修水县政府共同签订了《硬质合金项目合作协议书》；章源钨业股份有限公司增资"高性能、高精度涂层刀片技术改造工程"建设。

【政策环境分析】 我国经济政策走向由应对金融危机

保增长的宽松货币政策和积极财政政策向适度从紧的稳健货币政策和积极的财政政策转变，控制通胀。国内经济继续保持平稳快速发展，投资增长以及与钨消费密切相关行业的增长继续拉动国内钨需求增长，有力支撑钨市场价格的平稳回升。

国土资源部下达2011年全国钨矿开采总量控制指标(含综合利用指标)为87000吨(折合65% WO_3)，同比增加7000吨，增长8.75%。其中，主采68680吨，同比增加2200吨，增长3.31%；综合利用16200吨，同比增加2680吨，增长19.82%；另外预留2120吨。

对初中级钨品出口继续实施配额管理，并逐年减少出口配额。商务部下达2011年的钨及钨制品出口配额总量折合金属量为1.57万吨(含外资企业)，比2010年减少300吨，减少1.88%，2012年钨品出口配额总量为1.54万吨，比2011年又减少300吨，减少1.91%。

国家发展和改革委员会公布《产业结构调整指导目录(2011年本)》，鼓励发展钨钼等大规格高纯靶材、高性能纳米硬质合金刀具和大晶粒硬质合金盾构刀具及深加工产品，限制新建、扩建钨开采、冶炼项目；国土资源部印发《矿产资源节约与综合利用“十二五”规划》，明确围绕全面调查资源节约与综合利用现状及潜力、开展先进适用关键技术研发和推广、建设综合利用示范基地和示范工程以及构建资源节约与综合利用长效机制四大任务；国务院常务会议通过《找矿突破战略行动纲要(2011~2020年)》，明确了今后一个时期我国地质矿产勘查工作的目标任务，通过实施找矿战略，实现新的重大突破，形成一批重要矿产资源战略接续区，建立重要矿产资源储备体系，为经济平稳较快发展提供有力的资源保障和产业支撑，开展老矿山深部和外围接替资源勘查，延长矿山服务年限；实施以企业为主体的矿产资源节约与综合利用示范工程，发展矿产资源领域循环经济。国土资源部、财政部公布首批矿产资源综合利用示范基地名单，其中钨资源综合利用示范基地有三个：湖南柿竹园有色金属有限责任公司的“湖南省柿竹园多金属资源综合利用示范基地”、洛阳栾川钼业集团股份有限公司的“河南栾川钨钼铁资源综合利用示范基地”和江西钨业集团有限公司的“江西赣南钨矿资源综合利用示范基地”。

【产业结构调整情况分析】 尽管钨产业结构调整的步伐继续加速，产品向高端发展，产业链不断延伸，产业结构有所改善，但整个产业产品结构失衡状况没有根本改变。我国硬质合金产量占世界总产量的40%以上，但硬质合金总产值不到全世界的20%；以出口初中级钨品为主的格局尚未根本改变，初中级钨冶炼加工产能盲目过度扩张，导致产业结构失衡；高技术含量、高附加价值的钨制品，如高性能、高精度的高档硬质合金数控刀片、抗震钨丝等仍需从国外大量进口。

【钨行业存在问题】 1. 行业监管难以到位，钨开采总量仍然过大。2011年我国开采总量控制指标为8.7万吨，而实际产量超过10万吨，超指标20%以上，个别钨矿区的乱采滥挖、以探代采和以其他金属名义采钨的现象尚未根治。钨矿开发利用“上有政策，下有对策”，行业监管难以到位。超指标生产难以根治，导致钨矿开采总量难以控制到位。

2. 科技创新能力不强，产品结构调整、产业优化升级任重道远。科研投入不到销售收入的3%，与国外相比存在较大差距。原创性核心技术成果少，难以支撑尖端技术的开发，科技领军人才和优秀创新团队相对不足，使得对一些基础性问题和共性技术的研究难以深入、前沿技术和关键技术难以突破、核心竞争力难以形成，技术集成度低，行业整体创新能力不强。

3. 产业集中度不高，国际竞争力不强。企业规模小、数量多，产品档次低、产业集中度不高的现状虽有改善，但尚未得到根本改变，国际竞争力不强。

4. 钨行业财税政策有待完善。尽管钨矿山资源税占企业销售收入2%左右，占企业应税总额不足10%，但是由于我国钨矿资源开采“征税又征费”，除了资源税外，还应缴纳矿产资源补偿费，增值税税率由13%提高到17%、资源税大幅提高后，钨矿山整体税负率已超过20%；钨品出口受关税和配额的双重调控，出口关税政策有待完善。

(中国钨业协会 刘良先)

建 材

【概况】 2011年建材工业继续朝着宏观调控预期方向发展，生产增长速度回落，产业结构优化，经济效益上升。但也出现了一些新特征和新问题，建材企业原料燃料购进价格继续大幅度上涨，出口增速下降，建材工业增长速度偏快，部分产品、部分地区生产能力过剩，建材新兴产业发展遭遇技术瓶颈和市场制约。

“十一五”时期由于建材低能耗产业的快速发展，水泥、平板玻璃、建筑卫生陶瓷、玻璃纤维、砖瓦等五大传统产业在规模以上建材工业生产总量中的比重下降，但仍占近50%。“十一五”时期建材五大传统产业的结构调整取得显著进展，但困扰行业健康发展的传统建材产品总量过剩问题并没有根本解决，伴随着产品总量的快速增长，建材五大传统产业的结构调整又面临新的矛盾和问题。

【建材工业生产】 2011年建材工业规模以上企业22279户，完成工业总产值3.5万亿元，工业增加值按可比价格计算比2010年增长28%。

1.私人控股企业占73.8%，增长速度最快。在规模以上建材工业增加值中：18768户私人控股企业占73.8%，增长速度40.7%；国有控股企业占11.5%，增长速度20.4%；港澳台和外商控股企业占10%，增长速度17.5%。

2.中西部建材工业增速高于东部，东部比重首次降到50%以下。2011年东部地区建材工业增加值比重首次降到50%以下，增长速度16.4%；中部地区增长37.6%，在全国建材工业28%的增长速度中，中部建材工业贡献11.2个百分点，超过东部地区；西部建材工业增长速度最快，2011年增长38.9%。

3.建材工业增长速度从偏快向平稳回落。建材工业已经渡过金融危机以后的高速恢复增长期。2011年，特别是第四季度，建材工业增长速度从偏快向平稳回落。2011年3~7月，建材工业月同比增长速度在30%左右，8月以后开始回落，月同比增长速度在29%左右，前10个月建材工业同比增长率达到29.5%。由于2010年年末同期基数较高的因素，2011年11月、12两月建材工业月同比增长速度已经下降到25%左右。

主要建材产品产量增速都呈现回落态势：2011年水泥产量20.85亿吨，增长11%，增速比2010年回落3个百分点；平板玻璃7.85亿重量箱，增长14.3%，增速回落2.2个百分点；陶瓷砖92亿平方米，增长13.9%，增速回落5.2个百分点；卫生陶瓷1.73亿件，增长7.2%，增速回落1.9个百分点；玻璃纤维纱279万吨，增长8.9%，增速回落21.4个百分点。

2011年规模以上混凝土与水泥制品业工业增加值增长速度按可比价格计算达到48.2%，建材各行业中增长速度最快，对建材增长贡献超过水泥制造业。2011年前10个月混凝土与水泥制品业工业增长速度在50%以上，后2个月有所回落。在新型墙体材料发展的带动下，规模以上砖瓦及建筑砌块制造、轻质建材制造业历经了多年的高速增长后，2011年分别达到39.1%和28.2%，增速比2010年也有所回落。

【建材工业经济效益】 产业结构优化是建材工业经济效益回升的主要原因。水泥生产集中度的提高稳定了水泥市场秩序和价格，先进生产工艺比重的提高保证了经济效益的上升。水泥制造业实现利润1020亿元，比2010年增长67.1%，实现利润占建材工业36.5%。在建材主要行业中，除建筑技术玻璃制造业以外，建材主要行业实现利润同比都有不同幅度的增长。2011年规模以上建材工业产品毛利率16.38%，比2010年上升0.59个百分点；销售利润率8.28%，上升0.38个百分点。2011年规模以上建材工业总资产贡献率20.47%，比2010年上升2.82个百分点，是2000年以来历年最好水平。

2011年规模以上建材工业完成销售收入3.4万亿元，比2010年增长38.5%；实现利润2798亿元，增长45.3%。

1.建材产品出厂价格前高后低，年末回落。2011年年初由于水泥等产品出厂价格的上涨，建材产品出厂价格指数比2010年8月上升5.7个点。经过一季度受节日因素的平滑后，二季度又比一季度上升1.2个点。下半年建材产品出厂价格上涨趋势受到抑制，第三季度平滑，第四季度各月环比则持续下降。

2.原料、燃料成本上升，平板玻璃等部分行业盈利水平下降。2011年规模以上主营业务成本比2010年上升37.5%，接近主营业务收入增幅。成本增幅接近收入增幅是建材工业多年来所罕见的。

2011年建材企业能源购进价格平均比2010年上涨6.5%。建材企业的原煤、重油、柴油、天然气购进价格都处于历史最高价位。因煤电油气价格的上涨，2011年建材企业能源成本上升260亿元。

2010年9月以后，全国建材企业原煤平均购进价格持续14个月上涨，上涨幅度每吨111元。2011年12月建材企业原煤购进价格平均每吨730元，全年平均比2010年上涨78元。浙江、江苏、北京、山东、海南、广西、安徽建材企业煤炭购进价格每吨高于900元，其中浙江、江苏高于1000元。

由于油、气及原料成本的大幅度上升，2011年平板玻璃、卫生陶瓷、建筑用石等8个用油、气较多行业毛利率比2010年下降，平板玻璃制造业利润总额下降73.4%，平板玻璃、技术玻璃、卫生陶瓷等6个行业销售利润率下降。

3.人工成本上升。21世纪以来，我国建材企业工资水平有了很大提高，特别是2008年国际金融危机以后，国家为扩大内需，建材企业和其他行业一样，职工收入大幅度增长。金融危机前建材企业人均年工资福利费不足2万元，2010年已经提高到3.2万元，预计2011年建材企业人均年工资福利费将比金融危机前翻一番。金融危机以后建材企业人均年工资福利费超过了建材劳动生产率的提高幅度，增加了建材生产人工成本。吨水泥人工成本从2007年的15.7元上升到目前的20.5元，每重量箱平板玻璃人工成本从2007年的4.5元上升到5.5元。

4.财务费用大幅度上升。由于利率提高，2010年第四季度以来建材企业财务费用大幅度上升。2011年规模以上建材工业财务费用410亿元,比2010年增加128亿元,增长45.2%;其中利息支出333亿元,比2010年增加107亿元,增长47.2%。2011年规模以上建材工业利息保障倍数9.4倍,比2010年下降0.1。

5.税费大幅度上升。2011年规模以上建材工业主营业务税金及附加276亿元,比2010年增长43.1%,增幅远远超过成本和收入增长幅度;应交增值税1151亿元,增长38.5%;利税总额4225亿元,增长43.2%。

6.资金周转速度加快。2011年规模以上建材工业存货周转率13.27次,比2010年增加4.03次;应收账款周转率14.72次,增加0.97次。存货和应收账款周转均为2000年以来历年最好水平。流动资产周转率3.09次,增加0.21次。

7.净资产增长,负债率下降。2011年规模以上建材工业年末资产总额2.47万亿元,比2010年增加4881亿元,增长24.6%;负债总额1.34万亿元,增加2440亿元,增长22.2%;年末净资产1.13万亿元,增加2441亿元,增长27.7%。

2011年规模以上建材工业年末资产负债率54.42%,比2010年下降1.08个百分点,是2000年以来历年最低水平。

【建材产品出口】 1.建材出口增速回落。2011年建材及非矿商品出口241.9亿美元,增长25.1%,增速比2010年回落2.5个百分点。2011年建材及非矿商品出口离岸价格全年平均比2010年上涨15.8%,剔除价格因素,建材出口数量实际增长8%,比2010年回落11.7个百分点。

2.水泥制品、水泥和水泥熟料、建筑用石、玻璃纤维及制品及部分建筑技术玻璃出口金额增长远远超过数量增长。2011年末人民币对美元汇率630.09元,全年平均比2010年升值4.6%,建材出口汇兑损失75.8亿元人民币。在人民币升值和世界经济复苏乏力的形势下,2011年,特别是下半年以来,建材主要出口商品调整出口商品结构,大幅度提升了出口离岸价格。

水泥制品出口金额超过水泥,量、价齐升,全年出口217万吨,增长7.3%;离岸价格上涨52.5%,出口金额8.9亿美元,增长67%。水泥和水泥熟料出口1061万吨,下降34.4%;水泥年平均出口离岸价格从2010年的每吨50美元提高到60美元,水泥熟料从每吨36美元提高到50美元,水泥和水泥熟料出口金额仍达到6.2亿美元,仅下降14.2%。

建筑用石出口1370万吨,增长8.8%,增速比2010年下降3.3个百分点;离岸价格上涨16%,出口金额50.4亿美元,增长22.3%,增速下降7.3个百分点。建筑技术玻璃出口415万吨,离岸价格上涨16%(主要是技术玻璃离岸价格上涨),出口金额40.2亿美元,增长27%,增速比2010年下降10.6个百分点;玻璃纤维及制品出口123万吨,增速从2010年的24.5%下降到0.7%;年平均离岸价格从2010年的每吨1450美元提高到1601美元,上涨13%,出口金额19.7亿美元,增长11.1%,增速比2010年下降25.1个百分点。建材主要出口商品离岸价格的上升,促进了所在行业产值和经济效益的上升。另一方面,实际出口数量的减少或增速下降,对国内生产数量的拉动作用在减弱。

3.建筑卫生陶瓷、平板玻璃出口价格上涨无法全部抵消汇兑损失。2011年建筑卫生陶瓷出口1816万吨,价值58亿美元,持续三年保持建材出口第一商品的地位。建筑卫生陶瓷出口主要还是靠数量支撑,2011年出口数量增长16.6%,价值量增长20.1%,离岸价格上涨4.5%,略低于人民币升值幅度,价格上涨无法全部抵消汇兑损失。

2011年平板玻璃出口200万吨,增长16.6%;出口金额7.5亿美元,增长15.1%;年平均离岸价格每吨374.6美元(每重量箱约121元人民币),仅上涨2.5%,低于人民币升值幅度。

4.出口国家地区增速全面下降,金砖国家仍较快增长。2011年我国对亚太地区建材出口132亿美元,占我国建材出口54.4%,年增长率26.4%,比2010年下降3.6个百分点;对欧盟出口40亿美元,增长16.5%,比2010年下降6个百分点;对金砖国家出口仍较快增长,出口额17亿美元,增长36.4%。

【建材固定资产投资】 2011年建材工业完成固定资产投资9578亿元,比2010年增长31.9%。2011年前5个月建材固定资产投资由于水泥投资的大幅度下降,增速同比回落。6月以后建材固定资产投资增速重新超越2010年水平,其中水泥投资继续下降,建筑卫生陶瓷和玻璃纤维投资增速大幅度回落,混凝土与水泥制品等行业固定资产投资则高速增长。由于建材低能耗和深加工制品投资快速增长推动,东部地区建材工业固定资产投资比重在2011年重新超越中西部地区。

1.水泥等建材传统产业投资完成额下降或增速大幅度回落。2011年水泥制造业完成固定资产投资1439亿元,比2010年下降8.3%。2010年是水泥固定资产投资发展历程“空前绝后”的高峰,全年投产水泥新型干法生产线230条,形成水泥熟料生产能力2.6亿吨,新增水泥生产能力3.5亿吨。2011年新增新型干法生产线下降到114条,新增熟料生产能力下降到1.4亿吨,新增水泥生产能力下降到1亿吨。水泥投资高峰已经过去,水泥工业即将基本完成先进生产工艺对落后工艺的替代，今后水泥投资将主要是新型干法工艺的技术改造和余热发电技改投资，新增生产能力将主要集中在中西部地区。

与水泥制造业固定资产投资一样，建筑陶瓷和玻璃纤维的投资高峰也已经过去。2008年金融危机前后，广东珠三角地区的产业升级，将建筑陶瓷工业转移至本省西北部和江西、沈阳、四川等地，我国陶瓷砖生产在广东佛山、福建泉州和福州闽清、山东淄博和临沂之外，又形成了若干个产业集群。新产业集群在2010年前后已经形成强大生产能力，2011年建筑陶瓷制造业完成固定资产投资增长率从2010年的72.4%下降到12.7%。玻璃纤维及制品业在经历了多年高速增长后，2011年玻璃纤维纱生产池窑工艺比例达到87.4%。由于出口受阻，金融危机以后玻璃纤维及制品业生产和投资增长速度都呈现回落态势。2011年玻璃纤维及制品业固定资产投资完成额只增长6.5%。

2.低能耗、新兴产业转型升级拉动投资快速增长。2011年混凝土与水泥制品业投资规模超过水泥制造业成为建材最大投资行业。2011年投资完成额超过1500亿元，增长49.3%。"十一五"时期，新农村建设、城镇化、水利等基础性建设促进了混凝土与水泥制品业固定资产投资持续高速增长，特别是在全国248个大中城市禁止混凝土现场搅拌以后，促进了商品混凝土和混凝土生产企业的发展，混凝土与水泥制品业已经成为建材工业新增长点。

近年来建材工业产业结构调整升级，促进了新兴产业固定资产投资的高速增长。2006年以后全国许多大中城市陆续禁止黏土实心砖生产，促进了空心砖、页岩砖、粉煤灰砖、煤矸石砖以及加气混凝土砌块等节能环保新型墙体材料的发展，推动砖瓦及建筑砌块制造业固定资产投资持续高速增长。2011年砖瓦及建筑砌块制造业投资完成额超过1000亿元，增长速度59.8%。新产品的出现和新技术的应用，赋予了古老行业新兴产业含义。建筑用石、石灰石石膏开采与制造业2011年投资增长速度都在40%以上。

随着天然砂资源的枯竭，机制砂的兴起推进了黏土与土砂石开采业投资的增长。2011年完成投资317亿元，增长24.9%。央视大火和上海高层住宅大火以后，易燃外墙保温材料禁止被使用，促进了B类合格保温材料生产高速增长，2011年生产增长35%以上，投资增长速度达到39.3%。汽车工业和太阳能光伏玻璃、具有节能保温功能的特种玻璃、电子玻璃等新产品的发展，促进了技术玻璃投资项目的增长。2011年技术玻璃制造业投资增长63.2%。新型防水材料促进了防水材料投资的增长，2011年防水建筑材料制造业投资增长82.6%。风力发电叶片等复合材料的需求，则推动玻璃纤维增强塑料制造业发展，2011年投资增长速度达到57.7%。

3.东部建材投资重新超越中西部。2004年以前，由于水泥工业在沿海地区的发展，东部地区建材工业固定资产投资一度占全国建材工业投资50%以上。随着水泥在东部地区市场的饱和，中西部开发水泥需求的激增，2008年以后中部地区建材投资比重超过东部地区，西部地区建材投资也呈现高速增长。而在"十二五"开局之年，东部地区建材工业转型升级，从传统高耗能产业转向低能耗低排放、高附加值深加工行业。2011年东部地区建材工业固定资产投资完成额中混凝土和水泥制品业占17.7%，建筑用石占10.4%，砖瓦及建筑砌块占8%。水泥投资则主要集中在东部的革命老区或贫困地区。由于低能耗和深加工的新兴产业投资快速增长推动，2011年东部地区建材投资占建材工业投资完成总量31.6%，重新超越中西部地区。

【水泥制造业】 水泥制造业仍然是2011年建材工业最大产业，工业增加值占规模以上建材工业1/4以上。2003年以后，水泥工业在快速发展过程中，产业结构不断优化。2011年水泥行业产业结构调整继续取得积极进展。同时，长期困扰水泥工业健康发展的总量过剩矛盾仍然存在，随着产业结构调整的深化，新矛盾和问题逐渐显现。

1.先进生产工艺比重提高，单线生产规模扩大。2011年全国水泥熟料产量13.07亿吨，比2010年增长10%；其中新型干法工艺生产熟料产量11.28亿吨，增长16.7%；其他工艺熟料产量1.7亿吨，下降19.2%。2007年以后，由于新型干法工艺的迅速发展，全国其他工艺熟料产量已经持续5年下降。2011年水泥熟料产量新型干法工艺生产比例86.32%，比2010年上升4.94个百分点，比2002年提高70个百分点。

2011年全国运营的水泥新型干法生产线达到1398条，其中日产熟料4000吨以上生产线528条，生产能力占新型干法熟料能力59%。新型干法生产线平均日产能力从2002年的1676吨提高到2011年的3098吨。

2.国有控股企业引领多种经济成份和谐发展。2011年在规模以上建材工业主营业务收入中，私人控股企业已经占75%，港、澳、台和外商控股企业占10%，集体控股企业占5%，国有控股企业占11%。占建材国有控股企业67%的集中在水泥制造业。在2011年的水泥制造业主营业务收入中，私人控股企业比重超过57%，港澳台和外商控股企业占10%，集体控股企业占6%，国有控股企业占27%。水泥制造业形成了三足鼎立、各所有制相互交融、和谐发展的局面。已经初步建立起现代企业制度的国有水泥控股企业集团,虽然在企业数量和销售份额上不占主导地位,但大型国有控股企业集团内部多种经济成份共存,在促进水泥工业健康发展中起了引领作用。

3.企业重组和淘汰落后继续推进。2011年水泥企业之间跨所有制、跨地区的兼并重组仍然十分活跃。大型企业集团的兼并重组活动和新增生产能力,2011年全国60家年生产规模在500万吨以上企业集团水泥熟料产量已占水泥熟料总产量65%以上,前23家生产规模在千万吨以上集团占55%。

随着兼并重组、集团内部管理结构调整和淘汰落后能力力度的加大,近两年水泥生产企业数量锐减近千家。2011年前后,水泥窑停产或能力减少企业近700家,2011年水泥窑停产或能力减少企业减少熟料生产能力约1亿吨,全年减少熟料产量近4000万吨。2011年水泥工业的一个突出特征是一批小型高耗电、高排放粉磨企业的关停。全年水泥磨停产或能力减少企业700多家,减少水泥生产能力近1.7亿吨,全年减少水泥产量5000多万吨。其中粉磨企业停产近300家,减少水泥粉磨能力近7000万吨,全年减少水泥产量近2500万吨。

4.产业结构优化推进水泥价格和经济效益回升。水泥生产集中度提高稳定了水泥市场秩序和价格。2011年初,全国通用水泥平均出厂价格从2010年8月的每吨267元上升到327元。1月以后,全国水泥价格虽然有所波动,但出厂价格总体水平终于在平均每吨310元以上价位上稳住了阵脚,扭转了水泥与煤炭的不合理比价关系。目前大中型水泥企业集团在全国水泥市场份额不足50%,但已经控制水泥熟料生产65%以上,部分区域占水泥熟料生产主导地位。大中型水泥企业集团对水泥熟料生产的掌控,控制了水泥熟料价格,稳定了水泥价格。2011年全国水泥熟料平均出厂价格从2010年的每吨200多元上升到近300元,全年平均上涨75元,部分地区上涨幅度在100元以上。落后生产企业在电力和水泥熟料价格高涨的情况下,失去了与大企业集团进行价格战的能力。

水泥生产工艺结构优化保证了经济效益的上升。立窑企业吨水泥实物煤耗比新型干法企业高30多千克,新型干法企业水泥劳动生产率已经达到2700吨以上,立窑企业水泥劳动生产率不足1000吨。综合计算吨水泥煤耗和单位人工成本,立窑生产企业比新型干法企业高30多元。在煤炭价格上涨和人工成本上升的情况下,新型干法生产企业抗风险能力远远优于立窑企业。

2011年规模以上水泥制造业实现利润1020亿元,比2010年增长67.1%,实现利润占建材工业36.5%。2011年规模以上水泥制造业产品毛利率18.77%,比2010年上升2.28个百分点;销售利润率11.09%,上升2个百分点;总资产报酬率12.5%,比2010年上升4.16个百分点。

5.技术和环保投入仍然偏低,提高水泥新型干法生产技术和环保水平应是我国水泥工业发展主题。2011年水泥制造业产品毛利率和销售利润率在全国工业部门属于偏上水平,中部地区的一些水泥上市公司产品毛利率和销售利润率更是远远高于行业平均水平。水泥利润率的偏高并不是价格推动,而是水泥生产技术和环保成本偏低。2011年全国通用水泥年平均出厂价格每吨322元,按11.09%的销售利润率推算,吨水泥利润在30元左右(水泥制造业利润总额中包含一些重复计算因素,也包含非水泥业务收入和利润应该剔除计算)。吨水泥费用和成本在280元左右,其中煤电成本在55%以上,扣除原材料和三项费用,反映水泥生产技术水平的折旧费在成本费用中的比重不足20%。水泥工业的技术和环保投入水平不仅与资金技术密集行业无法相比,也远远落后于同属原材料工业的黑色冶金和有色金属行业。水泥工业仍然没有摆脱资源、能源依赖的属性。

2011年水泥生产新型干法比例接近90%和水泥价格的回归,是“十一五”时期水泥工业产业结构调整的成果,也标志着水泥工业在“十二五”时期将跨入新的发展阶段。“十二五”时期水泥工业应加大技术和环保投入,着力提高水泥生产技术和环保水平,改变我国水泥工业资源能源依赖和大而不强的属性,使我国水泥工业成为技术和资金密集行业,引领世界新型干法水泥生产技术的发展。

6.熟料与水泥比例从2005年的71.6%下降到2011年的62.7%。2005年以后,全国水泥熟料产量的增长都低于水泥产量的增长,2011年熟料与水泥比例从2005年的71.6%下降到62.7%。水泥混合材掺加比例的大幅度提高,固然有利用固体废物的政策因素和近年来超细矿粉在水泥配制过程中的广泛应用有关,但根本原因是新型干法工艺比重的大幅度提高,提高了水泥熟料质量,而水泥市场32.5强度等级水泥仍然占需求总量60%以上,水泥生产企业为适应市场需要不得已提高混合材掺加比例降低水泥强度等级。为了继续淘汰水泥落后生产能力,减少水泥生产量和消耗量,有利于延长建筑物使用寿命,应该将取消32.5强度等级水泥标准提上议事日程。

7.东部地区水泥产量已呈现出低速增长态势,全国水泥产销量增速放缓将是若干年内主要趋势。在2011年全国水泥产量11%的年增长率中,西部地区贡献4.6个百分点,中部地区贡献3.4个百分点,东部地区贡献3个百分点。水泥增量主要来自中西部地区。

2011年东部地区水泥产量增长7%,其中江苏、北京、上海水泥产量出现负增长,水泥产量重新位居全国第一的山东也只增长2.2%。浙江和广东分别增长7.5%、9.7%。东部水泥市场有相当数量是由中西部地区生产供应,年水泥需求增长量应当在8%~9%之间,也呈现高位趋缓趋势。河北、福建两省近年来在革命老区兴建了一批新生产线,水泥年增长率保持在10%以上,其中福建2011年水泥产量增长13.6%,比2010年上升5.6个百分点。东部地区水泥产销量在高位趋缓中还有一些增长动力。

中西部地区水泥产销量在经历了高速增长后也呈现回落态势,部分地区已经显现生产能力过剩。2011年中部地区水泥产量年增长率已经从金融危机后的17.6%回落到11.9%,西部地区2009年、2010年水泥产量年增长率在27%以上,2011年回落到16.2%。

金融危机前,全国水泥产量年增长率已经呈现逐年下降趋势。受金融危机影响,2008年全国水泥年增长率下降到4.3%,2009年恢复反弹到16.1%。受振兴东北老工业基地、西部开发等因素影响,2010和2011两年全国水泥年增长率保持在10%以上,但也已经显露逐年放缓迹象。特别是2011年临近年终,前两年水泥产量高速增长的四川、河北、辽宁、吉林、重庆、宁夏当月产量同比大幅度下降。预计2012年全国水泥产量年增长率将在金融危机后首次出现个位数增长,统计预期全年水泥产量22.6亿吨,增长8.4%。一季度产量4.2亿吨,同比增长12.8%。

*8.水泥总量过剩矛盾仍然存在,结构调整和产业升级有待深化。*水泥生产新型干法和大型生产线比重的迅速提高,企业兼并重组的蓬勃发展,水泥工业也将和平板玻璃、玻璃纤维工业一样,即将基本完成先进生产工艺对落后生产工艺的替代。平板玻璃和玻璃纤维工业在完成先进生产工艺对落后工艺的替代以后出现的行业结构性矛盾,很有可能也将在水泥工业中重现。

初步统计,2011年全国水泥熟料和水泥生产能力分别关停减少1.13亿吨和1.68亿吨,同时也新增1.65亿吨和2.46亿吨,年末全国水泥熟料生产能力达到17.19亿吨,水泥生产能力达到28.98亿吨。2011年水泥熟料能力利用率77.2%,比2010年下降0.3个百分点;其中新型干法熟料79.82%,比2010年下降2.66个百分点;其他熟料63.94%,比2010年上升2.64个百分点;2011年水泥能力利用率72.97%,比2010年上升1.63个百分点。2011年水泥熟料能力利用率下降是近年来能力过快增长的结果,水泥能力利用率虽有所回升是落后水泥粉磨企业淘汰的结果,但水泥能力利用率长期低于75%显示水泥总量过剩矛盾仍然存在。水泥生产能力全国总量过剩和部分区域阶段性严重过剩是不争的事实。

随着立窑生产工艺的基本淘汰,日产规模1000吨的新型干法生产线甚至技术水平不高的2000吨生产线,高电耗的水泥粉磨企业,在煤电价格日益上涨的情况下,近两年也逐步进入技术改造或淘汰之列。

【建筑技术玻璃工业】 结构调整和产业升级一度在建材各行业中走在前列的平板玻璃行业,近年来遇到了发展中的新问题。2011年平板玻璃行业产量和能力严重过剩问题凸显,经济效益全面下滑,结构调整和产业升级有待深化。

*1.成本上升和产品价格下降双重挤压,平板玻璃实现利润大幅度下降。*2011年规模以上平板玻璃制造业完成销售收入757亿元,比2010年增长11.5%;实现利润总额23.1亿元,比2010年下降73.4%。企业亏损面24.8%,亏损企业亏损额17.9亿元,是2010年的11.7倍。利润大幅度下降,平板玻璃制造业各项经济效益指标全面下滑。2011年规模以上平板玻璃制造业产品毛利率11%,比2010年下降9.5个百分点;销售利润率3.1%,下降9.5个百分点;产品积压导致企业存货增加,存货周转率6.3次,比2010年减少1.6次,流动资产周转率减少0.04次;总资产报酬率只有3.6%,比2010年下降5.4个百分点。

2011年平板玻璃企业的重油、煤炭、天然气等燃料价格及人工成本大幅度上涨,能源和纯碱的购进价格都处于历史最高价位。以平板玻璃能源和纯碱实际消耗水平及劳动生产率计算,每重量箱平板玻璃原燃材料、动力及人工成本因此上升8~13元,基本上吞噬了平板玻璃的盈利空间。

2010年11月至2011年12月,全国平板玻璃平均出厂价格每重量箱下降16.2元,普通浮法下降18.84元。2011年12月,全国平板玻璃平均出厂价格已经下跌到每重量箱67.9元,普通浮法63.9元。对于多数普通浮法生产企业,已经跌破盈亏平衡点。

*2.能力严重过剩是平板玻璃经济效益大幅度下滑主要原因。*能源和人工成本上升只是外部环境变化,2011年平板玻璃行业经济效益的大幅度下滑,主要原因还是平板玻璃生产能力,特别是普通浮法玻璃能力过剩。2010年全国平板玻璃月销量在6200万重量箱以上,对比金融危机后的2009年跃升1500万重量箱,2011年仍然维持这个水平。应该说,平板玻璃市场需求是稳定的。问题是平板玻璃生产能力和产量增长过快。2010年末全国平板玻璃生产能力已经达到9亿重量箱,全年在产浮法玻璃生产线214条,生产能力7.6

亿重量箱。2011年又新增、改造或复产浮法玻璃生产线32条,新增浮法玻璃生产能力1.21亿重量箱,新增普通玻璃生产能力1718万重量箱,合计新增平板玻璃生产能力1.38亿重量箱。初步统计:2011年末全国平板玻璃生产能力9.9亿重量箱,其中浮法玻璃能力8.7亿重量箱,全年运营浮法玻璃生产线244条。2011年平板玻璃能力利用率83.26 %,比2010年下降0.39个百分点;其中浮法玻璃能力利用率85.69%,比2010年下降1.28个百分点。

2011年长三角、河北邢台和珠三角三大产区浮法玻璃产量占全国总量42.46%。2011年长三角(苏浙皖)地区1.37亿重量箱,增长12.5%,产销率96.1%,比2010年下降0.5个百分点。珠三角(广东东莞、江门、中山、广州和深圳)地区7005万重量箱,增长6.9%,产销率95.12%,下降3.6个百分点。长三角、珠三角两地平板玻璃生产尚有当地技术玻璃需求支撑,而缺少技术玻璃需求拉动的河北邢台,近两年普通浮法玻璃生产能力增长过快,2011年平板玻璃产量超过珠三角地区,达到8941万重量箱,增长21.7%,产销率只有93.27%,比2010年下降5.1个百分点。2011年河北平板玻璃制造业已经全行业亏损。

3.技术玻璃出口和产量下降,平板玻璃能力过剩问题短期内难以缓解。在国内汽车工业和新能源玻璃发展的带动下,技术玻璃是建材工业中最先摆脱金融危机影响走向复苏的行业之一。2010年全国三种技术玻璃产量年增长率达到36.2%,2011年全国三种技术玻璃产量5.1亿平方米,增长23.9%,增速回落12.3个百分点。随着国内汽车工业和新能源玻璃发展速度的放缓,以及出口的下降,技术玻璃产量增速急剧下降,2011年末月产量同比出现负增长。

2011年技术玻璃出口依靠价格提升保持出口金额的增长。2011年10月三种技术玻璃出口数量同比尚增长16.4%,11月开始出现负增长,12月同比又下降3.3%。受出口下降影响,11月国内三种技术玻璃产量月同比增速从10月的27.6%急剧下降到2.9%,12月同比下降7.1%。12月,江苏钢化玻璃月产量同比下降24.5%,广东下降23.7%,河北下降17.1%,浙江杭州下降23.8%,福建福州下降23.7%。夹层玻璃福建福州下降15.4%。2011年下半年技术玻璃出厂价格也在下跌,6~12月全国技术玻璃价格出厂价格指数下降3.2个百分点。技术玻璃产销量的下降首先影响全国优质浮法玻璃生产和价格。2011年平板玻璃制造业经济效益虽然大幅度下滑,但没有陷入全行业亏损局面,主要是靠优质浮法和技术玻璃盈利支撑。而6~12月全国优质浮法玻璃平均出厂价格从每重量箱111元下降到87元,下降幅度每重量箱24元。

2011年12月全国平板玻璃当月产量同比下降7.6%。8月中国建筑材料联合会和建筑与技术玻璃协会召开平板玻璃企业经济运行座谈会前后,全国有近50条浮法玻璃生产线陆续停产,在2011年内停产半停产企业涉及生产能力约1.8亿重量箱。

4.平板玻璃结构调整和产业升级有待深化。2010浮法玻璃产量比重早在20世纪末就已经超过70%,“十一五”中期超过80%,2011年达到89%。在2011年全年运营的244条浮法玻璃生产线中,日熔化规模600吨以上生产线129条,生产能力占浮法能力65%。平板玻璃产业链延伸,平板玻璃和技术玻璃生产企业相互渗透,技术玻璃制造业增加值总量在2006年超过平板玻璃制造业,2011年是平板玻璃制造业的1.9倍。如果单纯以平板玻璃原片产量和能力计算,2011年9家年生产能力在3000万重量箱以上企业和企业集团产量占平板玻璃总量46%,24家年生产能力在千万重量箱以上企业和企业集团产量则已经占75%,生产集中度不可谓不高。

平板玻璃生产浮法玻璃比重虽高,但其中普通浮法占80%以上,产量和能力严重过剩。2001年以后,全国平板玻璃年能力利用率始终在79%~86%之间徘徊。综合考核建筑技术玻璃企业产品的品种和质量结构,考核玻璃深加工的程度,用销售产值衡量,2011年年销售产值超过100亿元的企业集团只有福耀玻璃一家,超过50亿元的只有6家,28家年销售产值在10亿元以上的建筑技术玻璃企业和企业集团销售产值占行业总量42%。浮法玻璃和大型生产线比重的提高,大型企业集团平板玻璃生产能力的增加与集中,并没有解决行业深层次结构性矛盾。2011年生产能力过剩再次引发平板玻璃全行业经济效益衰退,再次印证大型企业集团单纯外延式扩张生产能力的恶果,也反映了受发展阶段局限,我国建筑技术玻璃企业的产品结构和技术水平仍然不高。

【建筑卫生陶瓷工业】 2008年金融危机以后,建筑卫生陶瓷部分传统产地产量下降,全国产量增速大幅度放缓。内地新产业集群地的崛起和出口的拉动,近两年建筑卫生陶瓷产量仍维持较快增长。2011年建筑卫生陶瓷出口汇兑损失显示了行业总量过剩和结构性矛盾,提高产品附加值是行业健康发展长期而艰巨的任务。

1.建筑陶瓷新产业集群地的崛起。2008年以前,广东佛山、福建泉州和山东淄博三大陶瓷砖产地陶瓷砖产量占全国总量50%以上,年平均增长率在25%以上。2008年以后,陶瓷砖三大产地产量增长率下降到5%以下。2011年,三大产地陶瓷砖产量36亿平方米,占全国总量39.2%，比2010年下降3.5个百分点，年增长率4.6%。广东佛山2008年以后陶瓷砖年产量持续下降，山东淄博2010年以后连续两年下降，唯有福建泉州仍保持20%左右的年增长率。

2008年前后陶瓷砖三大传统产地产量衰减，内地新产业集群崛起。广东肇庆和清远承接了佛山的建筑陶瓷产业转移，近年来陶瓷砖产量高速增长，2011年两地陶瓷砖年产量分别达到5.2亿平方米和4.6亿平方米。在四川、江西和辽宁已经形成了若干个新产业集群。2011年，四川乐山陶瓷砖产量4.2亿平方米，江西宜春5.3亿平方米，辽宁沈阳达到5.7亿平方米。

2. 离岸价格上涨幅度难以抵消人民币汇兑损失，建筑卫生陶瓷出口结构亟待调整。2009年以后建筑卫生陶瓷出口金额超过建筑用石成为最大的建材出口商品，2011年建筑卫生陶瓷出口额占建材出口总额24%。2011年陶瓷砖出口1678万吨，比2010年增长17.5%；出口金额47.6亿美元，增长23.7%。离岸价格上涨5.3%，略高于人民币升值幅度。卫生陶瓷出口95.9万吨，比2010年增长6.3%；出口金额8.5亿美元，增长8.6%。离岸价格仅上涨2.5%，价格上涨幅度无法抵消人民币汇兑损失。

2011年多数建材主要出口商品价格大幅度提升，避免了人民币汇兑损失。制约建筑卫生陶瓷出口价格调整的是行业产业结构和出口企业结构。建筑卫生陶瓷出口数量庞大，但出口产品缺乏国际知名品牌，技术含量和附加值低。几十亿美元的出口商品，却有近万家商贸企业在经销。由于建筑陶瓷生产企业规模小，多数生产企业没有进出口经营权。在陶瓷砖出口中，外贸商业企业占出口总量90%，卫生陶瓷出口外贸商业企业占60%。建筑卫生陶瓷出口中最大的商贸企业也只占出口份额的2%，多而散的商贸出口企业在国际市场上没有价格话语权，只有靠低价竞争和提高出口数量获利。调整出口商品品种和质量结构，提高建筑卫生陶瓷出口价格，从追求出口数量向追求出口质量和效益转变，是应对人民币升值和反倾销的正确措施。

3. 建筑卫生陶瓷产量增速下降是必然趋势。陶瓷砖年出口数量约占国内产量1/10，基本等于全国陶瓷砖产量每年的增长量。卫生陶瓷出口数量则占国内产量的1/3。2012年世界经济形势的不确定性，使2012年建筑卫生陶瓷产量增长趋势和经济效益变化充满变数。如果建筑卫生陶瓷出口数量下降，近年来持续较快增长的建筑卫生陶瓷行业将凸现总量过剩矛盾。2003～2008年金融危机前，全国陶瓷砖和卫生陶瓷产量都保持20%以上的高增长率。金融危机后的2010年，全国陶瓷砖、卫生陶瓷产量年增长率分别达到19.1%和9.1%，2011年已经分别回落到13.9%和7.2%。生产总量已经达到相当规模的建筑卫生陶瓷产业，产量增速放缓是必然趋势。

4. 建筑卫生陶瓷行业健康发展在于产品创新、提高产品质量和附加值。2003～2008年是建筑卫生陶瓷发展的"黄金时期"，不仅产量快速增长，企业盈利都在较高水平。2011年规模以上建筑陶瓷和卫生陶瓷制造业利润总额分别达到225亿元、35亿元，但两个行业的产品毛利率和销售利润率都没有恢复历史正常水平。由于能源价格上升和出口汇兑损失，2011年卫生陶瓷制造业产品毛利率和销售利润率都比2010年下降。

我国建筑卫生陶瓷产品价格低廉，物流费用和利润与产品出厂价格相当。2个最大的陶瓷砖生产企业集团每平方米陶瓷砖平均出厂价格不足40元，不仅无法与国际品牌相提并论，而且只是国内外资品牌的50%～75%。科勒、东陶卫生陶瓷出厂价格是国内企业的2～3倍。广东卫生陶瓷产量只有河南的2/3，销售收入却是河南的2倍。

我国建筑卫生陶瓷生产企业数量多规模小。陶瓷砖生产企业有1000多家，2011年年产量在100万平方米以上的企业和企业集团254家，1000万平方米以上93家，5000万平方米以上11家，产量超过1亿平方米的只有新明珠和新中源。销售产值在5亿元以上企业和企业集团116家，销售产值只占建筑陶瓷制造业销售产值35%，销售产值在10亿元以上企业和企业集团21家，20亿元以上6家，其中只有新明珠、新中源和诺贝尔超过50亿元，新明珠在100亿元以上。卫生陶瓷年产量100万件以上企业54家，销售产值2亿元以上企业和企业集团42家，5亿元以上16家，10亿元以上只有惠达、舞阳冠军、科勒和唐山梦牌。我国建筑卫生陶瓷企业规模结构现状不仅反映了集约化水平低，也反映了我国建筑卫生陶瓷产品附加值低。

【玻璃纤维及制品制造业】 1. 受出口增速下降影响，产量增速回落。2010年下半年以来，全国玻璃纤维纱产量增长速度持续回落。2011年12月，全国玻璃纤维纱产量月同比增速已经下降到10%以内。2011年全国玻璃纤维纱产量只比2010年增长8.9%，其中池窑产量增长11.8%，坩锅产量下降7.2%。

玻璃纤维是建材产品中出口依存度最高的产品，金融危机前玻璃纤维出口比重一度高达70%以上。在出口的刺激下，2000年至金融危机爆发前，我国玻璃纤维纱产量持续高速增长，2008年全国玻璃纤维纱产量年增长率达到53.6%。受金融危机重创，2009年我国玻璃纤维及制品出口数量下降19.5%，出口价格下跌22.1%,出口金额下降30.3%。当年全国玻璃纤维纱产量下降4.3%,企业库存大幅度上升,玻璃纤维纱平均出厂价格从每吨7000元下跌到6000元,玻璃纤维及制品行业利润总额下降40%,玻璃纤维及制品业产品毛利率从最好水平22.8%下降到13.3%,销售利润率从10.1%下降到4.4%。

金融危机以后,面对国际贸易保护主义和人民币升值,玻璃纤维出口企业致力于提高产品出口质量品种价格,出口价格有所恢复。2010年以后,玻璃纤维及制品出口通过调整出口产品结构和提高出口价格应对部分国家地区的反倾销,2011年我国玻璃纤维及制品出口数量和金额恢复金融危机前水平。不过,2011年玻璃纤维及制品出口金额的恢复主要是出口价格的提升,出口数量仅比2010年增长0.7%,比2008年增长0.9%。出口数量增长停滞,对国内产量增长拉动作用减弱。

2.产业结构调整任重道远。从玻璃纤维原纱产量来看,2011年巨石、重庆国际、泰山玻纤、四川威玻、欧文斯科宁、建滔化工等6家企业和企业集团年玻璃纤维纱产量占池窑产量82.3%,前3家产量占68.8%。从销售产值来看,16家企业和企业集团年销售产值在5亿元以上,只占玻璃纤维及制品业23.5%,其中前8家年销售产值在10亿元以上,巨石、重庆国际、四川威玻三家超过30亿元,超过40亿元只有巨石一家。玻璃纤维及制品业的这种企业结构,反映了玻纤企业综合生产能力弱,产品单一,产业链不长。

玻璃纤维行业出口结构和产业结构调整任重道远。新世纪以来,我国玻璃纤维及制品主要是靠低价格进入国际市场,2011年我国玻璃纤维及制品出口离岸价格平均每吨1601美元,而20世纪90年代和21世纪初,我国玻璃纤维及制品出口离岸价格平均每吨在1800美元以上。金融危机以后,玻璃纤维企业大力发展制品加工,玻璃纤维纱出口依存度从70%以上下降到50%以下,玻璃纤维纱产量增速回落,经济效益回升。年末玻璃纤维纱平均出厂价格每吨6380元,玻璃纤维及制品业实现利润63.4亿元,创历史最高水平。产品毛利率18%,销售利润率6.7%。由于下游产业玻璃纤维增强塑料发展滞后,市场有待培育,玻璃纤维行业结构调整受国内经济发展水平的制约,目前玻璃纤维纱出厂价格、企业盈利水平远没有恢复历史最好水平。

【砖瓦及建筑砌块制造业】 20世纪90年代,我国砖的年产量已经达到7000亿块标砖以上,瓦700亿片以上。21世纪以来,我国砖的年产量已经在7500亿~8000亿块标砖之间徘徊,瓦的年产量下降到100亿片左右,生产企业数量从高峰时期的6万多家减少到5万多家。砖瓦及建筑砌块制造业的发展主要表现为新型墙体材料的发展和企业生产规模的扩大。2003年以后项目以上砖瓦及建筑砌块投资高速增长,2011年投资项目在500万元以上的砖瓦及建筑砌块固定资产投资(不含农户)完成额达到1050亿元,比2010年增长59.8%。在建材工业中,砖瓦行业是仅次于混凝土与水泥制品、水泥的四个年投资完成额超过千亿元行业。2010年砖瓦及建筑砌块制造业年销售收入在2000万元以上的规模企业从10年前的500多家上升到2300多家。2000年规模以上砖生产企业平均年产量不足7000万块,2010年上升到1亿块以上,2011年年销售收入2000万元以上的规模企业平均年产量为2.2亿块。工业增加值年均增长率超过36%。规模以上企业砖产量基本上为非黏土实心砖,2011年规模以上企业砖产量3131亿块,比2010年增长44.7%;瓦产量109.8亿片,增长56.9%;销售收入1997亿元,增长46.6%;利润总额155亿元,增长48%。

制约砖瓦及建筑砌块制造业健康发展的问题主要是企业数量多规模小。规模以上企业在企业数量如同汪洋大海般的行业中产量比重不足40%。黏土实心砖的仍然存在,从市场销售空间上制约新型墙体材料的发展。无工业企业营业执造的砖窑甚至"黑砖窑"严重挤压正规砖瓦工业企业的市场销售空间。

【建材新兴产业发展技术瓶颈和市场制约】 2011年建材加工和低能耗产业中除混凝土与水泥制品、隔热和隔音材料制造业在市场的拉动下继续保持较快增长外,其他新兴产业的增长速度都有不同程度的下降。2011年建筑用石开采与加工业工业增加值增长速度20.7%,对比金融危机前40%左右的高年增长率,因出口数量增速的放缓而大幅度下降;轻质建筑材料制造业工业增加值增长速度则从2010年的33.8%下降到22%;防水材料制造业工业增加值增长速度从43.1%下降到14.1%;玻璃纤维增强塑料制品制造业增加值增长速度从23.2%下降到11.1%。建材新兴产业发展速度放缓,除了受社会发展阶段局限市场培育缓慢以外,建材新兴产业发展缺乏新技术、新产品的支撑,技术创新和研发相对滞后,缺乏自主知识产权和技术储备,是建材新兴产业亟待解决的自身问题。

1.混凝土与水泥制品工业。2011年在建材工业中,混凝土与水泥制品工业的快速发展最引人注目。工业增加值增长速度最快,对建材工业增长的贡献已经超过水泥制造业;固定资产投资完成超过水泥制造业,成为建材工业中投资完成额最多的行业;出口金额超过水泥出口。

近两年混凝土与水泥制品的快速发展，主要还是大中城市禁止混凝土现场搅拌以后，商品混凝土和生产企业数量的增长。混凝土与水泥制品业约有生产企业1万多家，除了建华、三和、宁波浙东等知名大企业外，企业数量太多，产业集中度低，不利于生产技术水平的提升和行业健康发展。近年来金隅、华新、冀东等大型水泥集团已经进入商品混凝土生产行业。应鼓励大型水泥集团扩展产业链，向水泥制品行业发展，提高水泥制品行业的产业集中度，提高水泥制品生产技术水平。

2.*建筑用石开采和加工业*。近10年来，建筑用石开采和加工业长足发展，增加值总量在规模以上建材工业列第四位。建筑用石开采加工业的显著特点是：在建材工业各行业中万元增加值综合能耗最低。建筑用石开采和加工业的健康发展，能摊薄建材工业的万元增加值综合能耗。

1992～2008年，建筑用石出口一直位居建材商品出口第一位。2011年我国大理石和花岗石荒料进口1272万吨，出口建筑用石制品1057万吨。21世纪以来，我国建筑用石加工业充分利用国外资源，形成进口荒料、出口制品的良性循环。2011年前两个月，建筑用石出口离岸价格同比只上升3%，低于同期人民币升值幅度，建筑用石出口数量增长而不赚钱。建筑用石出口虽然是贸易企业占绝对主导地位，由于建筑用石行业贸易企业和生产加工企业天然的密切联系，2011年3月以后，建筑用石出口企业迅速提高出口价格应对人民币升值。截止到年末，建筑用石出口离岸价格指数比年初提高13.5个百分点，大理石制品出口离岸价格每吨从年初的643美元提高到728美元，花岗石制品从275美元提高到380美元。全年建筑用石出口离岸价格比2010年上涨16%，远远高于2011年人民币升值幅度。

建筑用石是与现代物流业相互促进中发展起来的，物流行业企业结构多而散的问题也体现在建筑用石行业中，产品出口比重大但缺乏国际知名品牌，没有形成具有国际竞争力大企业集团。2011年建筑用石出口价格虽然上涨，但仍然没有恢复到金融危机前水平。我国建筑用石出口附加值仍然太低。

3.*轻质建材*。2003年轻质建材行业产品毛利率22.5%，高额利润引发小型企业和低档次产品的盲目发展，全国石膏板单位产品能耗平均水平上升，石膏板生产每年消耗能源100多万吨标准煤，行业万元增加值综合能耗上升到2.5吨标准煤以上，成为建材工业中的高耗能行业。石膏板行业的问题还在于市场秩序混乱，北新、泰山和外资品牌深受假冒伪劣产品之害。

4.*技术玻璃制造业*。技术玻璃是建材工业中最先摆脱金融危机影响的行业。2009年第四季度以后，三种技术玻璃在汽车、新能源产业及出口的带动下，产量保持35%以上的高增长率。随着2011年汽车产量增速下降，技术玻璃产量增速也在放缓。新能源产业市场毕竟有限，技术玻璃行业企业构成集中与分散并存，一方面有65家年产量在100万平方米以上的企业和企业集团，产量占总量61%，其中福耀、金晶、信义、耀皮、秀强和旭硝子等6家年产量在千万平方米以上，占总量27%；另一方面技术玻璃生产企业近千家，多数企业生产规模小，技术水平低。

新兴低能耗产业的发展，对延长建材工业产业链，摊薄建材工业综合能耗，改变建材工业高耗能产业属性有重要意义。应重视建材新兴产业发展中的问题，促进建材新兴产业健康成长。

（中国建筑材料联合会　陈立新）

非金属

【非金属矿产开发利用概况】　中国是世界上非金属矿产种类较齐全、资源较丰富的国家。但人口基数大，人均占有资源储量少，区域分布不合理，经济可利用的储量和大型矿山少是中国非金属矿产资源的基本国情。

在已探明有储量的非金属矿产中，大部分已开发利用，并形成了一定的开采和加工能力。其中滑石、萤石、膨润土、石膏、高岭土、石膏等制品产量居世界前列。产能增长较快。尤其是萤石、石墨等关注度比较高的矿种。2011年鳞片石墨产能规模约达到100万吨生产能力，比2009年金融危机前约增加近20万吨生产能力。

2011年主要非金属矿产品产销总体情况表现为：产量有所增加，除萤石外，其他矿种增幅不大；价格呈现先涨后跌，有所波动；受国内外有关形势影响，市场需求放缓。

【萤石行业生产】　2011年可统计萤石产品产量为655万吨，与2010年同比增长35.49%，其中萤石精矿粉为430万吨，与2010年同比增长40.33%，萤石块矿为225万吨，与2010年同比增长27.19%，折合原矿量为1453.5万吨。

1.*存在问题*。2011年度中国非金属矿工业协会两次号召行业主要企业进行限产。开采总量、生总量均超过了下达的年度总量指标。

产量快速增加的原因，主要是在萤石产品价格连续两年逐步走高的情况下，导致其他方面因素新增产能放大所致。

①无证开采，偷采盗采现象出现。估计其量能达到80万吨，主要供应给主流生产企业及无矿产资源的萤石浮选企业；

②伴生矿、难选矿的开发应用，新增产量达30万吨；

③以勘代采或边勘边采，新增产量达30万吨；

④萤石尾矿的二次开发利用，新增产量达30万吨；

⑤原来开采条件较差，（如生产周期短，运输距离远，周边没有下游产业链，矿石品位低，难选矿）处于不产或少采的省区，2011年来也开始放量生产，新增产量达60万吨。

2. *萤石价格下滑*。2010年初，萤石开采、生产进行总量控制后，萤石市场开始企稳，萤石产品价格逐步上升，97%萤石粉价格从2010年年初的1000元/吨，逐步上涨到2011年初2500元/吨，2011年5~6月达到高点3000~3300元/吨。

2011年，7月开始出现下滑，协会主要企业连续两次实行停产，萤石价格仍未企稳回升，继续呈现下降趋势，最低降至2000元/吨以下。进入11、12月北方企业停产后，12月价格约2400元/吨。

【石棉行业生产】 产量增幅较大的主要是阿克塞地区，增幅为18.19%。2011年全国温石棉生产总量为38.56吨。从产品结构情况看基本同于往年，短纤维石棉的比例仍然很高。2011年国内石棉销售量约为36万吨，和2010年同期相比有明显下降。下降的主原因是市场需求和实际生产的产品结构间不协调，铁路运输不畅，加之进口量没有因为市场需求下降而减少，导致2011年库存量的上升，国内库存中主要是短纤维石棉。

【硅灰石行业生产】 全行业2011年完成硅灰石总产量74.5万吨，比2010年同期增加3.7万吨，增长5%。销售总量度68.8万吨，比2010年同期增长3.1万吨，增长4.7%，其中出口量49.4万吨，比2010年增长6.5%。

【滑石行业生产】 全国滑石行业生产经营略有好转，主要经济同比有所增长主要原因：一是滑石产品二次提价基本被市场接受；二是近年来的产品结构调整和技术升级逐年体现，企业抗风险能力和应变能力明显增强。2011年全年滑石产量210万吨左右，辽宁海城、山东平度、广西桂林三大产区产量略有长升。

【镁质材料行业生产】 2011年镁制品+矿石总产量3301.5万吨，同比增长3.6%。销量2587.2万吨，同比减少-1.1%，出口创汇超10亿美元。同比增长13.4%，实现利税33亿元，同比增长27.3%，其中：实现利润16.6亿元，同比增长25.6%，上缴税金16.4亿元，同比增长23.4%。

【石墨行业生产】 石墨是近两年非金属矿行业关注与投资热点矿种之一。2011年石墨的投资热度不减，北汽集团、中铁资源、深宝安贝特瑞纷纷进入黑龙江。

截至2011年底，鳞片石墨产能约达到100万吨。2011年产量约70万吨，比2010年稍有回落。主要原因：2011年初萝北进行环保综合整治，5月才陆续开工生产，有的企业6月底验收合格才生产。石墨价格比2010年有所回落，基本稳定在每吨5200元。

【高岭土行业生产】 全国高岭土2011年生产约320万吨，与2010年基本持平全国高岭土企业生产的幅度趋于平稳状态，一是市场受牵制；二是国内高岭土矿山企业受制约，特别是煤系高岭土竞争非常激烈，销售给企业带来新的难度，生产量大于销售量；三是大数量的稳定质量的产品从国外进口，主要显示在造纸方面。巴西土、澳大利亚土、美国土对大企业的造纸厂有相当的吸引力，原因是矿种质量稳定，价格比较容易接受。

表1　2011年主要非金属矿产品产量　单位：万吨

产品名称	2010年	2011年	同比增减
晶质石墨	75	70	-6%
高岭土	326	320	-1.8%
滑石	200	200	持平
萤石	478	655	37%
硅灰石	71	74.5	4.9%
菱镁矿	2841(矿石制品)	3301(矿石+制品)	16%
石棉	40	38.5	-3.7%

【非金属主要矿产品进出口】 2011年，中国进口石棉25.7万吨，比2010年有所下降。进口石棉主要以5-65牌号为主体，该等级石棉一直是国产5-70石棉的替代品。然而国内由于受到资源等多种因素的影响，标准5-70产品在下降，因此给俄罗斯、哈萨克斯坦等石棉出口国提供了对中国市场的销售机会。

2011年石墨市场和价格的好转使得国外的石墨矿山企业纷纷启动运转，国际市场投入石墨产品数量增加，价格下降。中国石墨出口量同比下降了18.3%。

萤石块矿内销215万吨，全年出口72万吨（其中包含转口贸易9万吨），实际出口量61万吨，全年273

万吨，与2010年同比增长33.97%。据不完全统计，各企业库存数量在65万吨左右。2011年中国主要非金属矿产出口数量见表2。

表2　　2011年主要非金属矿产品出口数量　单位：万吨

产品名称	2010年	2011年	同比增减
晶质石墨	19	14.9	-20.8
高岭土	109	115	14.7
滑石	59	67	10
萤石	59	72	22
硅灰石	16	19	20
镁质材料	287.3	240	-20
石棉(进口)	28	25	-11

【非金属矿产品国内市场价格】　2011年国内石棉市场价格和2010年年度相比，价格有所上升，上升的主要原因是矿山生产的成本因素所致。截至2011年底，国内石棉矿山职工工资水平远低于其他行业。进口石棉价格也在原基础上有所上升，上升比例在5%~10%。

2011年石墨市场的价格回落现象，大环境是因为国家对国民经济的宏观调控作用，中国的国民经济发展不再保持高速增长，以稳定增长为主。加之美国的经济不景气、欧债危机、日本地震等原因都使国际石墨市场进一步缩小，使得石墨的价格回落，但滑石、镁质材料价格都有不小程度的上涨，其他矿产品保持小幅增长，2011年中国主要矿产品国内市场价格见表3。

表3　　2011年部分非金属矿产品国内市场价格

产品规格		价格（元/吨）	同比增长
滑石	特级块，白度90以上	2600	36.8
	1250目滑石粉	1750	20
	2000~5000目滑石粉	3150	12.5
	医药滑石粉		
硅灰石	硅灰石块	380	
	普通硅灰石粉	450	
	针状硅灰石粉	1300	
晶质石墨	中碳石墨-185~-190	1800	0
	高碳石墨-190~-199	3800	-5
	石墨+100目	3800	-5
	石墨+50目	8000	27

续表3

产品规格		价格（元/吨）	同比增长
高岭土	高岭土原矿	350元	0.5%
	水洗土	850元	0.6%
	煅烧土	3500元	0.2%
	造纸土	1500元	0.2%
	化工土	1200元	0.3%
萤石	萤石块　CaF2≥85%	1300	
	萤石块　CaF_2≥90%	1800	
	萤石块　CaF_2≥95%	2400	
	萤石块　CaF_2≥97%	2600	
	粉矿一级酸级萤石	1900	
	粉矿二级酸级萤石	1700	
石棉	三级棉	5400	有价无货
	四级棉	4000	10%
	五级棉	2400	8%
	专用棉	800-2200	
镁质材料	轻烧镁 QM-90	600	7.1
	重烧镁 MS-9010	850	30.8
	电熔镁 FM-97.5	3050	1.7

【非金属矿业发展存在问题与建议】　随着中国社会主义市场经济体制的建立和完善，矿产资源完善了依法管理体系；国家对矿产资源勘查、开发、保护和合理利用实行宏观调控，市场对矿业活动的基础调节和资源优化配置的作用不断提高。当前中国在非金属矿产资源勘查、开发、保护与合理利用中也存在不少问题。

1. 存在问题。

①非金属矿产资源勘查程度低。非金属矿规模小，国家投入勘查项目较少。截至2011年，主要以民营企业为主，另外受开采年限的限制，企业自主投入资源勘查很少。矿山扩大储量“探边摸底”勘探投入严重不足，矿产资源勘查相对滞后，新增探明储量增长缓慢，资源保证程度低，部分企业缺乏后备矿山。

②矿权设置有待合理。由于非金属矿山企业的准入条件低，没有具体的规模限制，致使一个完整矿体被几个小的矿山企业分割开采，各自抢占资源，加剧了无序竞争，造成资源浪费、破坏自然环境、存在安全隐患。

③采矿场布局缺乏规划。部分地区采矿场布局不科学，随意性较大，加上部分企业对非金属矿产资源开采缺乏长远规划，忽视建立长期稳定的原料基地，依靠

低价收购民采矿石应付生产，给以低水平开采的采矿者提供了市场空间，助长了无证开采、滥采乱挖、偷逃税款的不良风气，导致破坏资源和环境污染。

④需提高矿山管理水平。部分矿山企业忽视技术投入，必要的地质、采矿技术人员力量薄弱，开采技术水平落后，不按正规设计开采（甚至部分矿山没有开采设计），采富弃贫现象严重，对经过科学搭配可以利用的低品位矿石没有充分利用。

2. 建议。

①增加石墨、萤石等优势非金属矿种的国家勘查投入。引导企业自主投入资源勘查。

②加大萤石行业准入管理执行力度，加大指标执行监督检查，严格执行准入标准，坚决淘汰达不到标准的企业，规范行业秩序。

③推进非金属矿资源整合。打造优势矿产资源产业基地，淘汰工艺技术落后的小规范生产企业，扶持优势企业，提高产业集中度，调整产业结构与产品结构，延长产业链，提高矿产品附加值，促进非金属矿行业的可持续发展。

（中国非金属矿工业协会　向　琦）

地 方 矿 业

天 津 市

【矿山企业统计】 天津市参加统计的矿山企业有396家(不包括石油、天然气)。按经济类型分:国有企业86家,集体企业79家,股份合作企业5家,有限责任公司108家,股份有限公司1家,私营企业21家,其他企业82家,港、澳、台商投资企业6家,外商投资企业8家(表1)。

表1　　2011年度矿产资源开发利用情况

序号	经济类型	矿山数(个)	从业人数(人)	年产矿石量(万吨)	工业总产值(万元)	综合利用产值(万元)	销售收入(万元)	利润总额(万元)
1	国有企业	86	868	1001.42	9126.93	410.00	5502.92	329.30
2	集体企业	79	3792	279.01	12479.10	1678.00	9606.91	687.08
3	股份合作企业	5	126	5.94	280.00	17.00	260.00	8.00
4	有限责任公司	108	508	1533.55	2075.22	3.00	1773.22	4.00
5	股份有限公司	1	62	4.68	410.00	5.00	159.20	3.00
6	私营企业	21	1275	70.48	4318.80	252.00	3318.10	226.89
7	其他企业	82	1491	660.73	4578.68	248.60	8188.18	150.40
8	港、澳、台商投资经营企业	6	26	69.21	130.21	0.00	118.21	-14.50
9	外商投资企业	8	240	80.92	10191.72	0.00	430.72	-55.00
合计		396	8378	3705.94	46590.66	2613.60	29357.46	1339.17

按矿种分:地热275家,水泥用灰岩1家,建筑石料用灰岩1家,砖瓦用黏土108家,矿泉水11家,没有煤和铁。

【矿产资源开发利用】 截至2011年底,天津市开发利用的矿种共有5种(不包括石油、天然气,见表2)。

表2　　2011年天津市主要矿种开发利用情况

序号	矿种	矿山数(个)	从业人数(人)	年产矿石量(万吨)	工业总产值(万元)	综合利用产值(万元)	销售收入(万元)	利润总额(万元)
1	地热	275	840	2976万立方米	2976	0.00	2976	0.00
2	水泥用灰岩	1	348	337.00	7001.00	300.00	4131.60	160.00
3	建筑石料用灰岩	1	200	59.73	1300.00	100.00	597.30	160.00
4	砖瓦用黏土	108	6636	306.84	21751.95	2213.60	15334.56	1127.37
5	矿泉水	11	354	26.47万立方米	10561.71	0.00	6318.00	-108.20
合计		396	8378	703.57(固) 3002.47(液)	43590.66	2613.60	29357.46	1339.17

除石油、天然气2个矿种外，地热是天津市开发的主要矿种，矿山数为275家，占全部矿山数的69.5%；砖瓦用黏土108家，占全部矿山数的27.3%；矿泉水11家，占全部矿山数的2.7%。全市从事矿业活动的职工人数8378人，其中从事地热开发的840人，占总人数的10%；从事水泥用灰岩开发的348人，占总人数的4.5%；从事砖瓦用黏土开发的6636人，占总人数的79.2%：从事矿泉水开发的354人，占总人数的4.2%；由此可以看出，参与砖瓦用黏土开发的企业属于劳动密集型企业，生产人数多；地热资源开发企业数量多，参与人数少，属于技术密集型企业。全市矿业年产矿石总量为：固态703.57万吨，矿泉水26.47万立方米，地热2976万立方米。矿业总产值为43590.66万元，综合利用产值2613.6万元，矿产品销售收入29357.46万元，利润总额1339.17万元。

（天津市国土资源和房屋管理局）

河　北　省

【矿产资源概况】　河北省已发现119种矿产（按亚矿种为156种），有查明资源储量的矿产127种（按亚矿种），占全国228种的55.7%，其中列入2011年度《河北省矿产资源储量表》的87种，新增制灰用灰岩、建筑用白云岩2种；有查明资源储量但未列入《河北省矿产资源储量表》的矿产40种，其中石油、天然气、铀矿3种矿产由国土资源部直接统计；地热、地下水、矿泉水3种矿产暂未纳入统计；煤层气、建筑用玄武岩、化肥用白云岩、制钙用灰岩等34种矿产储量规模小，未统计（表1）。无查明资源储量有29种矿产。

河北省优势（竞争力较强的）矿产为：铁矿、钼矿、水泥用灰岩、煤、冶金用白云岩、饰面用石材（饰面用大理岩、饰面用正长岩、饰面用角闪岩、饰面用花岗岩、饰面用辉绿岩、饰面用板岩）。

列入《河北省矿产资源储量表》的矿产地1343处（含伴、共生产地244处），占全国固体矿产42293处的3.18%，与2010年相比新增矿产地150处。其中能源泉矿产159处，占全国固体能源泉矿产地（7654处）的2.08%；金属矿产753处，占全国金属矿产地（18339处）的4.11%；非金属矿产431处，占全国非金属矿产地（16300处）的2.64%。

列入《河北省矿产资源储量表》的87种矿产，总保有资源储量（矿石量）445.24亿吨（另有超贫磁铁矿39.02亿吨、建材矿产6.27亿立方米）。主要优势矿产铁矿83.74亿吨，居全国第3位；钼矿78.75万吨，居全国第8位；煤175.45亿吨，居全国第13位；水泥用灰岩60.56亿吨，居全国第5位；冶金用白云岩13.11亿吨，居全国第1位。

根据国土资源部《2011年全国油气矿产储量通报》统计，河北省石油累计探明地质储量250769.82万吨，占全国的7.66%，剩余技术可采储量27736.14万吨，占全国的8.56%，剩余经济可采储量23414.86万吨，占全国的9.64%，居全国第4位；河北省天然气累计探明地质储量1665.53亿立方米，占全国的1.69%，剩余技术可采储量333.1亿立方米，占全国的0.83%，剩余经济可采储量201.4亿立方米，占全国的0.69%，居全国第13位。

表1　河北省已发现矿产资源一览

矿产种类	有查明资源储量矿产				无查明资源储量矿产	
	已列入《河北省矿产资源储量表》		未列入《河北省矿产资源储量表》		种数（个）	矿产名称
	矿种数（个）	矿产名称	矿种数（个）	矿产名称		
能源矿产	2	煤、油页岩	5	石油、天然气、煤层气、铀、地热		
金属矿产	20	铁矿、锰矿、铬矿、钛矿、钒矿；铜矿、铅矿、锌矿、铝土矿、镁矿、镍矿、钴矿、钨矿、钼矿；铂矿、钯矿、金矿、银矿；铍矿、镉矿			16	锇矿、钌矿、钽矿、锂矿、锆矿、铷矿、铯矿、钇矿、铈矿、镧矿、锗矿、镓矿、铊矿、钪矿、硒矿、碲矿

续表 1

矿产种类	有查明资源储量矿产				无查明资源储量矿产	
	已列入《河北省矿产资源储量表》		未列入《河北省矿产资源储量表》		种数（个）	矿产名称
	矿种数（个）	矿产名称	矿种数（个）	矿产名称		
非金属矿产	47（65）	蓝晶石、矽线石、菱镁矿、普通萤石、熔剂用灰岩、冶金用白云岩、冶金用石英岩、铸型用砂、耐火黏土、铁矾土、耐火用橄榄岩；硫铁矿（含伴生硫）、重晶石、电石用灰岩、制碱用灰岩、含钾砂页岩、化肥用蛇纹岩、泥炭、盐矿、磷矿；石墨、滑石、石棉、云母、碎云母、长石、石榴子石、透辉石、蛭石、沸石、石膏、宝石（橄榄石）、水泥用灰岩、建筑石料用灰岩、制灰用灰岩、玻璃用白云岩、建筑用白云岩、玻璃用砂岩、水泥配料用砂岩、玻璃用砂、水泥配料用砂、天然油石、硅藻土、陶粒页岩、砖瓦用页岩、水泥配料用页岩、建筑用页岩、高岭土、陶瓷土、膨润土、砖瓦用黏土、水泥配料用黏土、饰面用角闪岩、建筑用角闪岩、饰面用辉绿岩、饰面用正长岩、建筑用花岗岩、饰面花岗岩、珍珠岩、浮石、玻璃用凝灰岩、水泥用凝灰岩、饰面用大理岩、建筑用大理岩、饰面用板岩	24（33）	硅灰石、蓝石棉、叶蜡石、方解石、制钙用灰岩、饰面用灰岩、化肥用白云岩、冶金用砂岩、铸型用砂岩、陶瓷用砂岩、砖瓦用砂岩、建筑用砂、冶金用脉石英、玻璃用脉石英、海泡石黏土、水泥配料用黄土、建筑用橄榄岩、饰面用蛇纹岩、建筑用辉石岩、岩棉用玄武岩、铸石用玄武岩、饰面用玄武岩、建筑用玄武岩、建筑用辉绿岩、铸石用辉绿岩、饰面用辉长岩、建筑用安山岩、饰面用闪长岩、建筑用凝灰岩、水泥用大理岩、片麻岩、麦饭石、黑曜岩	13	硼矿水晶、刚玉、红柱石、透闪石、天然碱、冰洲石、玛瑙、凹凸棒石黏土、碘、砷、松脂岩、卤水
水气矿产			2	地下水、矿泉水		
合计	69（87）		31（40）		29	

注：表中括号内为亚矿种数。

按照2006年的基准价格计算，列入《河北省矿产资源储量表》矿产资源储量潜在总值为104633.38亿元，其中铁矿17442.02亿元（另有超贫磁铁矿2709.37亿元）、钼矿1946.77亿元、煤52908.43亿元、金矿334.88亿元、石膏529.70亿元、熔剂用灰岩333.72亿元、水泥用灰岩605.61.71亿元、冶金用白云岩183.49亿元、饰面用花岗岩1482.59亿元、饰面用大理岩3044.26亿元。

列入《河北省矿产资源储量表》的87种矿产，除新上表的制灰用灰岩、建筑用白云岩2种矿产外，年度内保有资源储量增加的18种，减少的22种，无变化的45种。变化幅度大于10%的矿产有锰矿、铬矿、钛矿、钒矿、铜矿、铅矿、锌矿、铝土矿、镍矿、钼矿、银矿、普通萤石、硫铁矿、磷矿、石墨、玻璃用砂、饰面用辉绿岩、浮石

18种;5%~10%的有铸型用砂、水泥用灰岩2种,1%~5%的有煤、铁矿、金矿、冶金用白云岩、碎云母、长石、水泥配料用页岩、建筑用角闪岩8种矿产;小于1%的有油页岩、钨矿、菱镁矿、耐火黏土、制碱用灰岩、石膏、玻璃用白云岩、玻璃用砂岩、水泥配料用砂岩、饰面用正长岩、饰面用花岗岩、饰面用大理岩12种。

列入《河北省矿产资源储量表》的1343处矿产地已开发利用909处,占产地总数的67.68%,909处产地资源储量277.18亿吨(另有建材矿产5.29亿立方米),占全省资源储量总数的62.25%。

【矿产种类】 1. *矿种划分*。列入2011年度《河北省矿产资源储量表》的矿产共计87种,新增制灰用灰岩、建筑用白云岩2种矿产。划分为能源矿产、金属矿产、非金属矿产三大类,其中:

能源矿产2种:煤、油页岩。

金属矿产20种:铁矿、锰矿、铬矿、钛矿、钒矿;铜矿、铅矿、锌矿、镁矿(炼镁白云岩)、铝土矿、镍矿、钴矿、钨矿、钼矿;铂矿、钯矿、金矿、银矿;铍矿、镉矿。

非金属矿产65种:蓝晶石、矽线石、菱镁矿、普通萤石、熔剂用灰岩、冶金用白云岩、冶金用石英岩、铸型用砂、耐火黏土、铁矾土、耐火用橄榄岩;硫铁矿(含伴生硫)、重晶石、电石用灰岩、制碱用灰岩、含钾砂页岩、化肥用蛇纹岩、泥炭、盐矿、磷矿;石墨、滑石、石棉、云母、碎云母、长石、石榴子石、透辉石、蛭石、沸石、石膏、宝石(橄榄石)、水泥用灰岩、建筑石料用灰岩、制灰用灰岩、玻璃用白云岩、建筑用白云岩、玻璃用砂岩、水泥配料用砂岩、玻璃用砂、水泥配料用砂、天然油石、硅藻土、陶粒页岩、砖瓦用黏土、水泥配料用黏土、饰面花岗岩、珍珠岩、浮石、玻璃用凝灰岩、水泥用凝灰岩、饰面用大理岩、建筑用大理岩、饰面用板岩。

2. *矿种分布*。全省上表矿产主要分布在唐山、承德、张家口、保定、石家庄、邯郸、邢台、秦皇岛、廊坊9个设区市。

【矿产地】 1. *矿产地构成*。列入2011年度《河北省矿产资源储量表》的矿产地1343处(含共、伴生产地244处),其中能源矿产159处、金属矿产753处、非金属矿产431处;主要矿产煤153处、铁矿361处、金矿119处、钼矿25处、水泥用灰岩77处、石膏10处、冶金用白云岩18处。

与2010年相比,实际新增产地150处。

根据"河北省矿产资源利用现状调查"成果,合并减少矿产地187处,增加272处,其中煤合并减少118处矿产地,新增4处;铁矿合并减少39处矿产,新增108处;锰矿新增3处;钛矿合并减少2处、钒矿合并减少2处;铜矿合并减少4处矿产地,新增9处;铅矿合并减少3处矿产地,新增2处,锌矿合并减少1处矿产地,新增6处;铝土矿合并减少1处矿产地;钼矿新增6处;金矿合并减少11处矿产地,新增46处;银矿合并减少3处矿产地,新增31处;菱镁矿合并减少1处矿产地;普通萤石合并减少1处矿产地,新增51处;耐火黏土合并减少1处矿产地;硫铁矿、磷矿、石膏各增加2处。

根据《河北省未进表矿产资源调查》及资源储量评审备案结果,新增矿产地71处,其中煤2处、铁12处、铜矿处2、铅矿处5、锌矿6处、金矿3处、银矿8处、制灰用灰岩11处、浮石3处。

2. *矿产地分布*。河北省能源矿产(煤、油页岩)主要分布于唐山、邯郸、邢台、张家口、承德五市,占全省87.42%;金属矿产主要分布于唐山、秦皇岛、邯郸、保定、张家口、承德,占全省90.44%;非金属矿产在全省各市均有分布。

3. *矿产地规模*。全省1343处产地中,大型产地190处,占总数14.15%;中型产地314处,占总数23.38%;小型产地839处,占总数62.47%。达到勘探程度的315处,占总数的23.47%。

大型产地中,能源矿产59处,金属矿产37处,非金属矿产94处,分别占全部能源、金属、非金属矿产总数的37.11%、4.91%和21.86%。主要矿产煤59处、铁矿19处、钼矿2处、金矿7处、水泥用灰岩26处、冶金用白云岩6处、饰面石材3处。

4. *矿产地勘查程度*。1343处产地中达到勘探程度的315处,详查程度的234处,普查程度的794处,分别占产地总数的23.46%、17.42%和59.12%。

主要矿产详查以上程度的产地数及占本矿种总产地数百分比的情况为:煤112处(占73.20%)、铁矿36处(占37.6%)、钼矿8处(占32%)、金矿31处(占26.05%)、水泥用灰岩56处(占72.73%)、冶金白云岩9处(占50%)、石膏3处(占30%)、饰面用花岗岩3处(占75%)。

【矿产资源开发利用】 河北省1343处矿产地中已开发利用910处,占67.76%,其中能源矿产119处、金属矿产516处、非金属矿产275处;未利用矿产地433处,占产地总数的32.24%,其中能源矿产40处、金属矿237处、非金属矿产156处。

主要矿产已利用产地:煤118处(占煤矿产地总数的77.12%,下同)、铁矿263处(72.85%)、金矿95处(79.83%)、钼矿13处(52.00%)、水泥用灰岩50处(64.94%)、石膏6处(60.00%)、冶金用白云岩12处(66.67%)、饰面用花岗岩2处(50.00%)。2011年度河北省矿产资源开发利用情况如表2～5所示。

镍矿、钴矿、蓝晶石、矽线石、菱镁矿、铸型用砂、重晶石、制碱用灰岩、石棉、沸石、建筑石料用灰岩、玻璃用白云岩、建筑用白云岩、水泥配料用砂、天然油石、水泥配料用页岩、陶瓷土、饰面用角闪岩、建筑用角闪岩、饰面用正长岩、玻璃用凝灰岩、饰面用大理石等22种矿产的上表矿产地(49处)已全部开发利用。

煤、铁矿等41个矿种1242处产地中860处已开发利用,其中煤118处(占全省煤上表产地的77.12%,下同),资源储量138.76亿吨(占全省煤资源储量的79.09%,下同);铁矿263处(占72.85%),资源储量50.39亿吨(占60.18%);金矿95处(占79.83%);资源储量174.82吨(占80.68%);钼矿13处(占52%),资源储量42.02万吨(占53.36%);水泥用灰岩50处(占64.94%),资源储量35.28亿吨(占58.25%);冶金用白云岩12处(占66.67%),资源储量11.77亿吨(占89.81%);石膏96处(占60%),资源储量7.49亿吨(占84.88%);饰面用花岗岩2处(占50%),资源储量1.73亿立方米(占93.39%)。

镁矿(炼镁白云岩)、钨矿、铂矿、钯矿、铍矿、镉矿、石英岩(冶金用石英岩)、耐火用橄榄岩、含钾砂页岩、盐矿、滑石、石榴子石、透辉石、宝石、制灰用灰岩、玻璃用砂、陶粒页岩、瓦用页岩、建筑用页岩、瓦用黏土、饰面用辉绿岩、珍珠岩、浮石、水泥用凝灰岩、建筑用大理岩、饰面用板岩等26种矿产的上表产地(52处)尚未开发利用。

【煤矿资源储量现状】 河北省已查明煤资源中,煤种齐全,以肥煤、气煤、无烟煤居多,是中国的炼焦煤主要产区之一。

1. 资源储量。①保有资源储量。截至2011年底,列入《河北省矿产资源储量表》煤矿产地153处(大型59处、中型15处、小型79处),保有资源储量175.45亿吨,其中储量21.64亿吨、基础储量38.41亿吨、资源量137.05亿吨(表21),分别占12.33%、21.89%、78.11%,占全国查明资源储量的1.27%,在全国排位中居第13。

2011年新增矿产地6处,均为小型,新增资源储量1亿多吨。

2011年资源储量增加8亿多吨,其中开采量4000多万吨、损失量600多万吨、勘查增加4亿多吨(为全国矿产资源利用现状调查增加储量,含新增矿产地储量),重算增加3亿多吨(2011年勘查增加储量,含新上表矿产地储量。)

②资源储量分布。河北省有5个主要含煤层位,即上古生界石炭－二叠系的太原组和山西组,中生界下侏罗系的下花园组和下白垩系的青石砬组以及新生界古近系的始新一统渐新统,主要聚煤期为石炭－二叠纪聚煤期,其次为早侏罗世聚煤期和早白垩世聚煤期,其矿产地和资源储量分别占全省97%和99%。

从行政区上看,全省11个设区市中有9个市产煤,即:邯郸、邢台、石家庄、保定、张家口、承德、唐山、秦皇岛、廊坊、沧州、衡水仅有远景资源量。

2. 地质勘查。河北省属国家规划的13个煤炭基地之一——冀中煤炭基地,包括开滦、峰峰、邯郸、邢台、井陉、蔚县、宣化下花园,张家口北部等8个产煤区和隆尧、大城平原含煤区。

2011年河北省加强煤资源勘查,重点加大了冀中和邯郸、邢台地区已知矿床深部、外围和远景区资源查力度,设立煤勘查项目33个,投入资金31831.47万元,地质找矿项目取得重要突破和进展,已提交勘查成果5个,新发现煤矿产地4处,新增资源储量14.47亿吨。几个重要矿区可预获储量6.57亿吨。

3. 矿山建设。截至2011年底,河北省煤矿285座,比2010年减少3202座,占全省矿山总数的6.03%,其中大型25座、中型33座、小型168座,小矿59座;从业人员15.45万人,占全省矿业从业人员的47.11%;年实际采矿能力7442.15万吨/年,年产矿量6936.4万吨;工业总产值445.31亿元,占全省矿业总产值的40.88%;实现销售收入414.49亿元,占全省矿业销售收入49.27%;利用总额76.73亿元,占全省矿业利润总额的37.67%。除沧州、衡水外,各市均有煤矿开采,但集中于唐山、邯郸、邢台、张家口四市,矿山类型以国有企业、有限责任公司、集体企业、私营企业为主。

4. 供需与价格。2011年河北省煤炭企业原煤产量完成17371.99万吨,同比增长31.21%,(在全国26个产煤省市区中原煤产量列第8位),其中:省内产量完成9296.84万吨,同比增长4.19%,省外产量完成8075.15万吨,同比增长87.08%。洗精煤产量完成4602.74万吨,同比增15,420%。

2011年是“十二五”开局之年,在严峻复杂的国内外形势下,全省经济发展节奏较上一年有所放缓,但总体仍保持平稳运行态势。但全省煤炭工业继续保持调结构,促发展,整合资源快速发展之年。煤炭产量再上新台阶,实现历史新跨越,煤炭销量大幅增长,煤炭价格稳定提高。

根据河北省国土资源厅《主要矿产品价格信息报告》统计,2011年各品种煤炭平均价格628元/吨,同比上涨11.05%,1～12月全省国有重点煤矿商品煤平均售价为623.83元/吨,同比上升4.89%;冶炼精煤平均售价1199.05元/吨,同比上升22.77%,电煤市场全年运行比较稳定,电煤价格上扬,全年平均售价327.20

元/吨,同比上升6.27%。

【**铁矿资源储量现状**】 河北省已查明铁矿矿床类型有沉积变质型、沉积型、岩浆型、接触交代型4种,矿石类型有磁铁矿石、赤铁矿石、钒钛磁铁矿石和混合铁矿石4种自然类型;铁矿资源质量的总体特征是贫矿多,富矿少,有害杂质含量低。

1. 资源储量。①保有资源储量。2011年底,列入《河北省矿产资源储量表》矿产地361处(大型19处、中型88处,小型254处),资源储量83.74亿吨,其中,储量12.61亿吨、基础储量26.73亿吨,资源量57.00亿吨,分别占15.06%、31.92%、68.08%,占全国查明资源储量的11.25%,在全国排位中居第3。

2011年全省铁矿资源储量减少3亿多吨,其中开采量3000多万吨、损失量300多万吨、勘查减少6亿多吨(为全国矿产资源利用现状调查增减储量,含新增矿产地储量),重算增加3亿多吨(2011年勘查增加储量,含新上表矿产地储量)。

②资源储量分布。河北省铁矿资源分布广,上表产地遍及除沧州、衡水、廊坊外的8个设区市,34个县(区)。但又相对集中,按资源储量多少排序,依次为唐山市、秦皇岛市、承德市、张家口市、邢台市、邯郸市、保定市、石家庄市。其中唐山市资源储量为62.31亿吨,占全省总资源储量的74.42%。

③超贫磁铁矿。截至2011年底,河北省有查明资源储量超贫磁铁矿产:139处,保有资源储量39亿多吨,其中大型7处,中型26处,小型92处,分布于石家庄市、秦皇岛市、邢台市、保定市、张家口市、承德市等7市。

2. 地质勘查。2011年河北省加大了冀东、邯邢和张承地区已知矿床深部、外围和远景区的勘查力投入度。全年实施铁矿找矿项目146个,投入资金35231.19万元,勘查提交资源储量1.50亿吨,新发现产地22处,提交矿产地36处(另有超贫磁铁矿13处,资源储量1.45亿吨)。2011年,陆续实施的一批项目显示较好的找矿效果如:河北省隆化县大乌苏南沟铁矿,河北省滦县司家营铁矿南区深部普查。

3. 矿山建设。截至2011年底,河北省铁矿1035座,比2010年减少63座,占全省矿山的21.91%,其中大型13座、中型36座、小型476座,小矿510座,主要分布在唐山、邯邢和张承地区;从业人员8.11万人,占全省矿业从业人员的24.72%;年实际采矿能力326541.65万吨/年,年产矿量39093.37万吨;工业总产值551.62亿元,占全省矿业总产值的50.64%;实现销售收入3343.56亿元,占全省矿业销售收入40.84%;利润总额110.84亿元,占全省矿业利润总额的54.42%。

4. 供需与价格。根据河北省国土资源厅《河北省矿产资源开发利用形势分析报告》统计,2011年河北省铁矿石累计产量5.95亿吨,同比增加1.60亿吨,同比增长36.81%。河北省铁矿石对外依存度在50%左右,年均进口铁矿石1.1亿吨,同比全年减少8.18%。

2011年,河北省铁矿石市场波动比较大,上半年河北地区市场波动不是很大,3月铁矿石价格经历一次下滑,受国内出台的一系列房地产调控政策,加上钢材市场需求淡季,铁矿石价格跟随走低。下半年铁矿石市场比较混乱,10月铁矿石市场进入大幅下跌,河北地区钢厂关停也较多,同时对原料需求也开始大幅缩减。四季度市场比较疲软,市场需求比较清淡,市场开始震荡下行。年内价格波动幅度只有177元/吨。全年总体高于2010年,全年的最高值与2010年的最高值相差227元/吨,全年的最低值比2010年的最高值还高出40元/吨。

【**金矿资源储量现状**】 河北省是全国重点产金省之一,金矿以岩金为主,有少量砂金和伴生金,岩金资源品位处于1.42~27.52克/吨,砂金品位处于0.28~1.05克/吨(马兰峪砂金矿区除外),矿床类型主要有石英脉型、破碎带蚀变岩型,其次是与热液型矿有关的伴生金矿与斑岩型矿床,次火山热液型和冲积砂矿床。资源开发强度大,后备产地极其缺乏。

1. 资源储量。①保有资源储量。截至2011年底,列入《河北省矿业资源储量表》矿产地119处(大型7处、中型11处,小型101处),保有资源储量200多吨,其中储量30多吨,基础储量80多吨,资源量100多吨,分别占13.95%、38.38%、61.62%,占全国保有资源储量的2.91%,在全国排位中居第13。

2011年资源储量减少8吨多,其中开采量4吨多、损失量0.5吨多、勘查减少20多吨(为全国矿业资源利用现状调查增减储量,含新增矿产地储量),重算增加10多吨(2011年勘查增加储量,含新上表矿产地储量。)

②资源储量分布。河北省金矿广泛分布于太行山中北段和燕山地区,目前有37个市(县)已发现矿床、矿点和矿化点,资源储量集中分布在张家口市(占38.86%),承德市(占36.00%),石家庄(占7.21%)和唐山市(占7.15%)4市,其余各市共占10.78%。

2. 地质勘查。2011年河北省加大了冀东、张承地区已知金矿床深部、外围和远景区的勘查力度,同时积极寻找新的找矿靶区,开展了华北地台北缘中段、太行山北段及冀东和冀西北多金属成矿带的勘查,并积极开展了国有大中型危机矿山接替资源勘查。实施勘查项目35个,投入资金6838.48多万元,新发现新产地6处,提交产地2处(资源储量14682.46千克),勘查增加资源储量15010.46千克。

3. *矿山建设*。2011年河北省金矿228座,比2010年减少5座,占全省矿山的4174%,其中大型2座、中型5座、小型39座、小矿182座;从业人员1.29万人,占全省矿业从业人员的3.93%;年实际采矿能力301.74万吨/年,年产矿量346.15万吨,占全省矿石产量韵0.55%,工业总产值21.94亿元,占全省总产值的2.01%,实现销售收入21.46亿元,占全省矿业销售收入2.55%;利润总额6.70亿元,占全省矿业利润总额的3.29%。各经济类型企业及地区技术经济状况。

4. *供需与价格*。2011年全国黄金产量达361吨,同比增长5.56%。2011年国际黄金价格从年初的1373.765美元/盎司开场,一直在1400美元/盎司这条线上上下徘徊。持续到7月下旬突破1600美元/盎司。开始一路走高到9月上旬的1785.225美元/盎司,同时也达到了全年的最高价。然后呈震荡状态徘徊在1600~1700美元/盎司之间,在12月初跌出1600美元/盎司,之后又稍稍回升到1605.8美元/盎司。国内金价与之相似,例如千足金从年初360.63元/克缓慢增长,到9月达到最高值434.13元/克,后又缓慢下降。

【水泥用灰岩资源储量现状】 1. *资源储量*。①保有资源储量。截至2011年底,列入《河北省矿产资源储量表》的水泥用灰岩矿产地77处(大型26处、中型35处,小型16处),保有资源储量60.56亿吨,其中储量17.1亿吨,基础储量26.50亿吨,资源量34.06亿吨,分别占资源储量的28.31%、43.75%、56.25%,占全国查明资源储量的5.49%。位居全国第五。

2011年资源储量增加5.49亿吨,其中开采量0.29亿吨、损失量50多万吨、重算增加5.78亿吨(含新2处产地资源储量3.75亿吨)。

②资源含量分布。河北省水泥用灰岩主要分布在石家庄、邯郸、邢台、唐山、秦皇岛、保定、承德等地,层位稳定,矿石质量较好,地理位置优越。

2. *矿山建设*。2011年河北省水泥用灰岩矿山161座,较2010年减少了4痤,占全省矿山总数的3.41%,其中大型10座、中型17座、小型65座、小矿69座;从业人员0.36万人,占全省矿业从业人员的1.10%;年实际采矿能力4352.61万吨/年;年产矿量4272万吨,占全省矿石产量的6.75%;工业总产值15.47亿元,占全省矿业总产值的1.42%;实现销售收入10.40亿元,占全省矿业销售收入1.24%;利润总额1.55亿元,占全省矿业利润总额的0.769%。各经济类型企业及地区技术经济状况。

3. *价格与需求*。由于行业产能过剩情况较为严重,国家出台了一系列的政策加以控制,2010年11月,工信部发布《水泥行业准入条件》。水泥固定资产投资维持不同程度的下滑,在产能过剩的背景下,新增熟料产能更替了部分地区的落后产能。

前三季度,河北省在水泥工业生产和经济效益总体保持较快增长的同时,增幅持续回落,第四季度,增幅有小幅波动。河北省建材行业从推动行业并购重组,提高产业集中度;提高自主创新能力,推动技术改造;加强企业管理,深入开展对标活动;提高河北省建材产品的市场占有率等方面开展工作,实现节能减排目标,发展循环经济,推动河北省建材工业又好又快发展。特别是华北地区2个经济带的政策支持建设和《兴边富民行动规划》,使得华北地区在6月以后不断的主动和被动停窑限产的基础上,基本达到了供需平衡。特别是2011年的保障房建设对水泥行业构成重大利好,下半年水泥价格将稳中趋升,全年水泥行业可保持稳定增长。

近几年来,河北省水泥行业环境发生了明显变化,行业集中度在不断提高的同时带来了企业之间的协同效应增强和盈利能力提升,2011年水泥行业盈利水平处于历史高位,行业盈利能力是2000年以来的最好水平。

【河北省矿产资源特点】 河北省矿产资源特点可简单概括为"一多、二少、二集中"。"一多"指矿产种类较多、资源储量丰富;"二少"指优质矿产少、大型特大型矿床少;"二集中"一指矿产地分布和资源储量相对集中;二指钢铁、玻璃、陶瓷、水泥等工业所需矿产资源配套分布较为集中。

1. *矿产种类多,矿产资源总量大*。截至2011年底,河北省有查明储量矿产127种,占全国228中的55.7%,查明资源储量占全国前10位的就达61个矿种,上表矿区资源储量(矿石量)445.24亿吨,建材矿产6.27亿立方米。

2. *矿产资源分布相对集中*。河北省固体矿产资源储量的99.67%,产地的99.55%分布于燕山、西部太行山区的8个市,76.15%的产地集中于唐山、邯郸、邢台、张家口、承德五市,呈区域集中的特点,如煤主要分布于唐山、张家口、邯郸、邢台、承德5市,占产地总数的87.58%,占资源储量的93.75%;铁矿主要分布于唐山、秦皇岛、承德、邯郸、邢台、张家口6市,占产地总数的89.75%,资源储量的96.94%;铜、铅、锌主要分布于承德、保定、张家口;金矿主要分布于承德、张家口、唐山;水泥用灰岩主要分布于石家庄、唐山、秦皇岛、邢台、保定、承德;石油、天然气、地热等分布于沧州、唐山、衡水和廊坊四市。

区域内矿产配套组合理想，如钢铁产业所需矿产资源(铁、煤、冶金辅助原料)品种齐全，且相对集中于唐山、邯邢、张承地区，配套结构理想，便于开发利用。河北省这种矿产资源分布集中的特点，不仅促进了以资源为依托的唐山、邯郸、邢台等矿业城市的发展，同时也提高了矿产资源的综合竞争力。

3. *贫矿多、富矿少*。河北省金属矿产以贫矿为主，富矿较少：如铁矿石品位多为 TFe 30%左右，属于需选的贫铁矿，富铁资源量很少，仅占总量的 0.3%，但易采、易选；有色金属、贵金属矿产矿石品位也普遍偏低；非金属矿产大多数品级一般，优质品较少，除冶金用白云岩，石灰岩矿外，多是一般品级；能源矿产产地分布广泛，煤炭品种较齐全，以炼焦用煤为主。

4. *大型矿床少，中小矿床多*。河北省 1343 处矿产地中，大型产地只有 190 处，占产地总数的 14.15%，但资源储量占全省资源储量的 83.29%，如煤矿大型产地占总数的 38.56%，占资源总量的 88.63%，铁矿大型产地占产地总数的 5.26%，占资源储量的 72.21%，且分布分散。

表 2　　2011 年度河北省矿产资源开发利用情况(按经济类型分列)

企业经济类型	矿山企业数(个)					从业人员(人)	年产矿量		实际采矿能力(万吨/年)	工业总产值(万元)	综合利用产值(万元)	矿产品销售收入(万元)	利润总额(万元)
	合计	大型	中型	小型	小矿		万吨	万立方米					
合计	4724	74	155	2398	2097	327922	63318.18	0	57253.57	10887773.58	432560.51	8412379.36	203718.61
一、内资企业	4703	72	153	2383	2095	324356	62881.71	0	56789.57	10781675.3	374767.31	8306508.08	2007046.01
国有企业	207	31	32	121	23	115482	9279.54	0	10047.72	5020866.08	178756.18	2949913.66	669890.47
集体企业	983	2	9	410	562	36137	2852.06	0	3122.57	190726.46	29626.55	181987.36	26139.8
股份合作企业	41	2	3	20	16	4154	938.96	0	1019.16	310044.8	33.6	308126.9	137519
联营企业	49	1	2	22	24	2081	46.56	0	74.37	7460	2.2	7402.3	343.1
有限责任公司	802	12	50	477	263	71687	32177.82	0	25748.38	2506859.66	95212.25	223356.21	589616.2
股份有限公司	104	10	15	55	24	46364	4999.58	0	3972.59	2067645.61	31362.28	1987449.8	433479.03
私营企业	2472	14	40	1266	1152	47830	12544.25	0	12749.18	676755.36	39758.25	636805.88	149977.61
其他企业	45	0	2	12	31	621	42.94	0	55.6	1317.33	16	1262	80.8
二、港、澳、台商投资企业	5	0	0	5	0	146	12.9	0	30.9	4300	0	4300	600
港、澳、台商投资企业	5	0	0	5	0	146	12.9	0	30.9	4300	0	4300	600
三、外商投资企业	16	2	2	10	2	3420	423.57	0	433.1	101798.28	57793.2	101571.28	29372.6
外商投资企业	16	2	2	10	2	3420	423.57	0	433.1	101798.28	57793.2	101571.28	29372.6

表 3　　**2011 年度河北省矿产资源开发利用情况(按矿山企业规模分列)**

	矿山企业数(个)	从业人员(人)	年产矿量		实际采矿能力(万吨/年)	工业总产值(万元)	综合利用产值(万元)	矿产品销售收入(万元)	利润总额(万元)	人均产值(万元)
			万吨	万立方米						
合计	4724	327922	63318.18	0	57253.57	10887773.58	432560.51	8412379.36	2037018.61	33.2
大型	74	104437	11513.96	0	12754.66	5582314.01	189838.2	3978845.04	1009119.94	53.45
中型	155	68933	18321.56	0	13996.99	2939076.24	90027.04	2325750.55	510809.84	42.64
小型	2398	108199	27044.73	0	24633.06	1959565.58	133748.1	1736591.93	421972.45	18.11
小矿	2097	46353	6437.93	0	5868.87	406817.76	18947.17	371191.85	95116.38	8.78

表 4　　**2011 年度河北省矿产资源开发利用情况(按矿种分列)**

矿种	矿山企业数(个)					从业人员(人)	年产矿量		实际采矿能力(万吨/年)	工业总产值(万元)	综合利用产值(万元)	矿产品销售收入(万元)	利润总额(万元)
	合计	大型	中型	小型	小矿		万吨	万立方米					
合计	4725	74	155	2398	2097	327922	63318.18	0	57253.57	10887773.58	432560.51	8412379.36	2037018.61
煤炭	285	25	33	168	59	154492	6936.4	0	7442.15	4452998.28	211804.56	4144983.89	767251.66
油页岩	2	0	0	2	0	97	5	0	5	300	0	300	0
铀矿	1	0	1	0	0	394	0	0	0	0	0	0	0
地下热水	57	0	0	55	2	536	279.13	0	0	1606.7	0	1288.33	104.82
铁矿	1035	13	36	476	510	81051	39095.87	0	26541.65	5511027.2	58178.36	3435829.73	1108486.57
锰矿	1	0	0	0	1	30	0	0	0	0	0	0	0
铬矿	1	0	0	1	0	4	0	0	0	0	0	0	0
钛矿	1	0	0	0	1	25	0	0	0	0	0	0	0
铜矿	12	0	2	6	4	2413	93.18	0	235.56	12382.9	800	9239	3735.5
铅矿	19	0	0	14	5	264	4.64	0	25.83	3512	0	2911.16	603
锌矿	10	1	0	7	2	614	77.17	0	105.65	55798.7	17639.05	54431.38	26881
铝土矿	2	0	0	2	0	18	0	0	2	0	0	0	0
钼矿	14	0	2	7	5	889	376.79	0	1419.1	33338.35	300	33338.35	10970
铂矿	1	0	0	1	0	2	0	0	0	0	0	0	0
金矿	228	2	5	39	182	12881	346.15	0	301.74	219443.35	3917.57	214612.13	66954.55
银矿	17	0	0	6	11	683	5.18	0	6.18	7910.8	555.49	6521	1252
菱镁矿	3	0	1	2	0	92	12.08	0	35.08	362.4	0	362.4	120
普通萤石	157	0	0	56	101	1886	22.94	0	70.63	6542.16	0	4993.83	1643.9
熔剂用灰岩	115	0	4	48	63	1229	136.71	0	345.16	3435.75	345.5	3085.25	436.3
冶金用白云岩	82	1	2	54	25	1003	214.56	0	294.71	4452	952.1	4095.2	309.13
冶金用石英岩	12	0	0	4	8	152	1.25	0	9.25	100	0	100	5

续表 4-1

矿种	矿山企业数(个)					从业人员(人)	年产矿量		实际采矿能力(万吨/年)	工业总产值(万元)	综合利用产值(万元)	矿产品销售收入(万元)	利润总额(万元)
	合计	大型	中型	小型	小矿		万吨	万立方米					
冶金用砂岩	2	0	0	2	0	16	1.1	0	1.1	45.5	0	36.5	21.79
铸型用砂	22	0	0	19	3	595	32.3	0	58.5	10548.5	0	10548.5	521.5
冶金用脉石英	7	0	0	2	5	60	1	0	1	80	0	80	2
耐火黏土	23	1	0	16	6	41	1.92	0	10	57.45	0	57.45	22
铁矾土	4	0	0	1	3	27	0.68	0	5	40	0	40	4
溶剂用蛇纹岩	1	0	0	0	1	36	0	0	0	0	0	0	0
硫铁矿	5	0	0	3	2	221	22.7	0	29.3	1277.8	0	1247.8	300
重晶石	1	0	0	1	0	1	0	0	0.5	0	0	0	0
电石用灰岩	4	0	0	3	1	59	156.28	0	206.28	3410	130	3125.6	300
制碱用灰岩	18	0	0	12	6	270	47.56	0	47.56	1740	770	1278.7	243
含钾岩石	3	0	1	2	1	24	25.6	0	29.6	200	200	200	40.2
磷矿	4	1	2	0	1	1444	134.57	0	134.37	26727.5	0	13511.6	2873.6
石墨	8	5	0	3	0	223	7.68	0	7.68	463.5	0	463.5	60
硅灰岩	4	0	0	1	3	52	0	0	4	0	0	0	0
滑石	3	0	0	3	0	46	0	0	0	0	0	0	0
石棉	1	0	0	1	0	5	0	0	0.09	0	0	0	0
云母	2	0	0	0	2	20	0	0	2.06	0	0	0	0
碎云母	2	0	0	2	0	70	0.5	0	0.5	50	0	50	0
长石	21	0	0	12	9	182	11.06	0	6.6	283.7	5	278.7	21
石榴子石	2	0	0	1	1	41	0.51	0	0.51	25.5	10	25.5	10
叶蜡石	3	0	0	0	3	9	0.03	0	0.7	1.2	0	1.2	0
蛭石	3	0	0	3	0	16	0.69	0	0.69	231	0	231	0
沸石	24	0	0	12	12	159	3.74	0	17.5	167.85	0	169.35	25.55
石膏	10	4	1	5	0	1141	98.4	0	94.38	5287.36	0	5287.36	-257.98
方解石	18	0	0	9	9	243	3.97	0	42.52	153	0	151	28
宝石	1	0	0	0	1	1	0	0	0	0	0	0	0
水泥用灰岩	161	10	17	69	65	3623	4272	0	4352.61	154712.21	78599	104049.83	15527.97
建筑石料用灰岩	375	1	14	275	85	6042	3125.36	0	4849.75	42648.29	3863.8	40565.61	6477.94
制灰用石灰岩	94	2	0	62	30	2199	767.81	0	1024.26	15877.8	633.2	15259.15	3713.17
泥灰岩	1	0	0	1	0	1	0	0	0	0	0	0	0
玻璃用白云岩	4	0	0	4	0	61	7.12	0	7.22	119.4	25	119.4	36.8

续表 4－2

矿种	矿山企业数(个)					从业人员(人)	年产矿量		实际采矿能力(万吨/年)	工业总产值(万元)	综合利用产值(万元)	矿产品销售收入(万元)	利润总额(万元)
	合计	大型	中型	小型	小矿		万吨	万立方米					
建筑用白灰岩	336	3	4	230	99	4440	1637.42	0	1865.1	192183.1	34631.16	190931.76	2563.42
玻璃用石英岩	14	1	0	7	6	143	19.24	0	18.74	215.5	1	213.5	19
玻璃用砂岩	10	1	2	7	0	92	35	0	42.5	930	0	930	41.3
水泥配料用砂岩	19	0	2	13	4	149	36.4	0	40.5	422.12	41	391.9	20
砖瓦用砂岩	2	0	1	1	0	15	0	0	10.68	0	0	0	0
陶瓷用砂岩	1	0	0	1	0	26	0	0	10	0	0	0	0
建筑用砂岩	15	0	2	10	3	231	39.2	0	41.2	548	175	488	164
玻璃用砂	1	0	0	1	0	3	0	0	0	0	0	0	0
建筑用砂	14	0	1	9	4	251	182.98	0	98.02	1959	0	1958	76
玻璃用脉石英	17	0	0	5	12	69	0.34	0	2.94	68	10	87.5	30
水泥配料用脉石英	5	0	0	1	4	30	1	0	2.03	30	0	30	5
硅藻土	2	0	0	2	0	57	1.98	0	1.98	0	0	0	0
陶粒页岩	1	0	0	1	0	2	0	0	0	0	0	0	0
砖瓦用页岩	21	0	1	9	11	326	13.17	0	49.4	357.6	0	347.6	79
水泥配料页岩	3	0	0	1	2	28	0.54	0	2	16.2	0	16.2	8
建筑用页岩	2	0	0	1	1	4	1.01	0	1.01	20.1	0	20.1	10
高岭土	5	0	0	4	1	73	10	0	10	1520	220	1450	529
陶瓷土	25	1	7	14	3	291	40.46	0	49.46	2452.4	2444.4	2452.4	400.63
海泡石黏土	1	0	0	0	1	20	0	0	0.02	0	0	0	0
伊利石黏土	1	0	0	1	0	21	1	0	2	30	0	30	1
膨润土	13	0	0	11	2	108	12.82	0	9.3	600	0	500	40
砖瓦用黏土	812	0	0	274	538	37536	1641.26	0	1924.99	67016.29	11421.32	62298.9	6421.21
水泥配料用黏土	1	0	0	1	0	2	0	0	0	0	0	0	0
建筑用橄榄岩	2	0	0	2	0	21	0	0	0	0	0	0	0
饰面用蛇纹岩	1	0	0	1	0	10	0	0	0	0	0	0	0
建筑用辉石岩	1	0	0	0	1	4	0	0	0	0	0	0	0

续表 4－3

矿种	矿山企业数(个)					从业人员(人)	年产矿量		实际采矿能力(万吨/年)	工业总产值(万元)	综合利用产值(万元)	矿产品销售收入(万元)	利润总额(万元)
	合计	大型	中型	小型	小矿		万吨	万立方米					
铸石用玄武岩	2	0	0	2	0	18	0	0	0	0	0	0	0
饰面用玄武岩	5	0	0	4	1	42	1.5	0	18.5	20	0	20	2
水泥混合材玄武岩	1	0	0	1	0	1	0	0	5	0	0	0	0
建筑用玄武岩	31	0	2	24	5	448	157.36	0	184.35	1005.16	0	906.16	171.6
饰面用角闪岩	1	0	0	1	0	10	0	0	0	0	0	0	0
建筑用角闪岩	3	0	1	2	0	138	43	0	43	480	0	340	0
水泥用辉绿岩	1	0	0	1	0	35	5.6	0	5.6	510	0	510	6.5
铸石用辉绿岩	1	0	0	0	1	3	0	0	3	0	0	0	0
饰面用辉绿岩	86	0	1	39	46	532	79.39	0	21.64	5130.1	420	5130.1	1655.4
建筑用辉绿岩	18	0	0	11	7	177	60.05	0	50.46	1925.07	280	1860.82	166.56
饰面用辉长岩	3	0	0	3	0	18	3.84	0	3.8	100	0	100	11
建筑用辉长岩	2	0	0	2	0	38	30	0	30	250	0	250	0
建筑用闪长岩	14	0	0	7	7	246	93.29	0	89.66	1088.27	0	1088.27	140.08
饰面用闪长岩	10	0	0	3	7	17	0	0	2	0	0	0	0
建筑用二长岩	1	0	0	1	0	15	2.69	0	72	134.5	0	134.5	25
建筑用花岗岩	75	1	1	34	39	815	106.49	0	441.64	1443.74	275	1184.75	157.64
饰面用花岗岩	61	0	2	33	26	731	42.76	0	40.12	4430.73	0	4430.73	1041
珍珠岩	9	0	0	5	4	32	0.23	0	4	17.8	0	17.8	0.1
黑曜岩	3	0	0	2	1	7	0	0	0	0	0	0	0
浮石	7	0	0	4	3	98	11.31	0	11.31	229	8	215	65
水泥用凝灰岩	2	0	0	1	1	38	1	0	1	40	0	40	3

续表 4－4

矿种	矿山企业数(个)					从业人员(人)	年产矿量		实际采矿能力(万吨/年)	工业总产值(万元)	综合利用产值(万元)	矿产品销售收入(万元)	利润总额(万元)
	合计	大型	中型	小型	小矿		万吨	万立方米					
建筑用凝灰岩	21	0	1	13	7	337	38.24	0	75.04	404.76	0	398.48	55
饰面用大理岩	6	0	0	5	1	64	21.41	0	28.06	471.5	10	453.66	52
建筑用大理岩	17	0	1	9	7	191	21.52	0	34.72	282.32	0	261.57	50.5
水泥用大理岩	3	0	0	3	0	7	0	0	1.1	0	0	0	0
玻璃用大理岩	2	0	0	0	2	33	0	0	0	0	0	0	0
饰面用板岩	7	1	2	4	0	164	53.87	0	56.87	1816.18	0	1816.18	6
片石	1	0	1	0	0	30	27.54	0	27.54	275	0	275	20
片麻岩	17	0	1	13	3	203	50.8	0	50.8	1457.18	35	1228.84	260.5
矿泉水	13	0	0	11	2	183	4.07	0	0	237.8	0	204.24	16.2
其他矿产 1	2	0	0	2	0	23	1	0	1.5	150	0	150	70
其他矿产 2	82	0	0	77	5	3548	2453.12	0	3977.12	20138	3860	16338	3906

表 5　　2011 年度河北省矿产资源开发利用情况(按行政区分列)

名称	矿山企业数(个)					从业人员(人)	年产矿量		实际采矿能力(万吨/年)	工业总产值(万元)	综合利用产值(万元)	矿产品销售收入(万元)	利润总额(万元)
	合计	大型	中型	小型	小矿		万吨	万立方米					
合计	4724	74	155	2398	2097	327922	63318.18	0	57253.57	10887773.58	432560.51	8412379.36	2037018.61
石家庄市	204	4	5	156	39	7755	2479.4	0	2472.78	62145.32	7069	57237.73	9936.5
唐山市	741	22	23	37	319	63331	8775.11	0	10088.4	4232168.71	324118.33	2307209.66	509603.08
秦皇岛市	251	4	5	122	120	9908	1753	0	2742.7	374175.56	2267.2	348136.64	106750.79
邯郸市	372	19	16	140	197	68237	4654.03	0	4842.97	1905911.14	2204.26	1658172.28	395361.52
邢台市	290	11	37	201	41	34559	2522.89	0	2840.69	1212640.58	29254.3	1164863.8	261014.07
保定市	520	3	12	399	406	5134	1816.56	0	3751.97	105493.84	9130.9	90305.61	18168.38
张家口市	657	7	22	360	268	48969	3617.9	0	3822.4	890828.81	19324.64	776572.11	162010.81
承德市	967	4	35	386	542	55620	33740.99	0	21239.03	2028588.96	24556.76	1941507.93	565833.16
沧州市	468	0	0	90	378	17106	861.86	0	913.88	16899.16	3178.22	14379.21	1385.16
廊坊市	160	0	0	150	10	13221	2955.72	0	4390	49362.5	11012	44850	6400.96
衡水市	94	0	0	17	77	4082	140.71	0	148.81	9559	444.9	9144.4	554.18

(河北省国土资源厅)

内蒙古自治区

【矿产资源开发利用概况】 2011年，为贯彻内蒙古自治区(以下简称“自治区”)国土资源工作会议精神，自治区进一步实施矿产资源专项整治。通过整合矿产资源配置、优化矿产资源结构、规范矿业开发秩序、完善行政监管制度等一系列措施，有效改善了自治区矿产资源开发利用现状。现自治区针对煤炭、建材、萤石矿山资源整合工作已全部完成，小规模矿山企业总数大幅下降，开发利用“小”、“散”、“乱”现象明显改观，矿山企业技术水平、生产能力显著提高，为矿产资源良性开发创造了有利条件。自治区矿产资源开发利用发展势头总体较好，煤炭、铁矿等矿产各宏观经济指标稳健增长，稀土等优势矿产集约生产水平进一步提高。

截至2011年12月底，内蒙古自治区共有各类(不包括油气)矿山企业4336家，较2010年度减少133家，同比减少3.0%。其中，仅黑色金属矿产企业增加35家；能源矿产企业减少7家，有色金属矿产企业减少4家，贵金属矿产企业减少2家，冶金辅料非金属矿产企业减少3家，化工原料非金属矿产企业减少6家，建材及其他非金属矿产企业减少143家，水气矿产企业减少2家。自治区矿山企业总数开始出现小幅度下降的原因，主要是由于针对普通建筑用砂石、黏土和萤石等矿产资源开展的开发整合工作已初见成效；另外，由于近年部分建材及其他非金属矿产市场投资较为谨慎，从一定程度上造成该类矿产资源开发利用发展速度减缓。

2011年自治区矿业从业人员共计27.43万人，比2010年增加1.64万人，同比增长6.36%，接近2008年水平。其中，能源矿业从业人员14.34万人，占自治区矿业从业人员总数的52.3%(附表1)。能源矿业在自治区矿产资源开发利用中占据极其重要的地位。

【矿山企业】 2011年自治区矿山企业数量居前三位的盟市为：赤峰市、锡林郭勒盟和鄂尔多斯市，其矿山企业数量依次为739家、637家和478家，分别占自治区矿山企业总数的17.0%、14.7%和11.0%。除阿拉善盟矿山企业数最少仅179家，其他盟市矿山企业数相对平均，一般介于200~400家之间。

2011年自治区4336家矿山企业中，共有内资企业4317家，其中包括国有企业106家、集体企业340家、股份合作企业69家、联营企业40家、有限责任公司1062家、股份有限公司222家、私营企2317家、其他企业161家；港、澳、台商投资企业及外商投资企业分别为3家与16家(附表2)。与2010年相比，内资企业减少132家，港、澳、台商投资企业减少1家，外商投资企业数量未发生变化。长期以来，自治区矿山企业经济结构较为简单，几乎全部由内资企业构成。

2011年自治区共有大型矿山企业，123家，中型282家，小型1962家，小矿1969家，分别占自治区矿山企业总数的2.9%、6.5%、45.2%和45.4%(附表3)。与2010年度相比，大型矿山企业增加13家，中型增加11家，小型减少8家，小矿减少149家。总体来说，自治区大、中型矿山企业数量较2010年有小幅增加；小规模矿山企业数量，特别是小矿数量有大幅度减少。

2011年度，自治区矿山企业开采矿产(含亚矿种)113种，总数比2010年度减少3种，但主要矿种、优势矿种并未减少。自治区年矿石总产量为10.52亿吨，比2010年增加1.90亿吨，同比增长22.0%。其中，年原煤产量8.84亿吨，占自治区年产矿石总量的84.0%。各盟市以鄂尔多斯市年产矿石量最大为5.47亿吨，占自治区矿石总产量的52.0%(附表4)。自治区年产矿石量已连续多年高位增长，自2007年开始增长率均高于19%。

【矿业总产值】 2011年自治区矿业总产值2393亿元，比2010年增长534亿元，同比增长28.7%。其中，能源矿产完成工业总产值2024.97亿元，同比增长29.2%；黑色金属矿产完成工业总产值127.29亿元，同比增长27.9%；有色金属矿产完成工业总产值114.33亿元，同比增长6.3%；贵金属矿产完成工业总产值52.13亿元，同比增长66.9%；冶金辅助原料矿产开发完成工业总产值16.43亿元，同比增长14.5%；化工原料矿产开发完成工业总产值16.58亿元，同比增长20.4%；建材及其他非金属矿产开发完成工业总产值40.85亿元，同比增长70.1%；矿泉水和地下水开发完成工业总产值0.22亿元，同比下降85.4%。自治区矿业总产值多年保持良性增长，尤其是自开展矿业秩序整顿和矿业权整合工作以来，年矿业总产值总体保持强劲的增长势头。

自治区矿业总产值以鄂尔多斯市最大。2011年鄂尔多斯市完成矿业总产值1387.1亿元，占自治区矿业总产值的52.0%。各盟市矿业产值等情况见附表4。

【矿山企业利润】 2011年自治区矿业创造利润510.68亿元，增长量达174.24亿元，同比增长51.8%，创历史新高。

其中，煤炭矿山企业创造利润436.27亿元，占自治区矿业年利润的85.4%；铁矿矿山企业年利润为17.62亿元，铜矿、铅矿和锌矿开发年利润合计35.13

亿元,金、银矿开发年利润合计 13.47 亿元(附表 1)。上述 7 个矿种年利润总额占自治区利润总额的 98.4%,是自治区矿山企业利润总额增长的主要动力。

自治区各盟市矿山企业年利润以鄂尔多斯市居首位,达 334.54 亿元,占自治区矿业年利润的 65.5%;呼伦贝尔市居次,矿业年利润为 35.30 亿元,占自治区矿业年利润的 6.9%。

各盟市具体情况见附表 4。

【煤炭矿开发利用】 自自治区开展以煤炭为重点的矿产资源开发秩序整顿工作以来,自治区矿产资源开发利用逐步向更为合理化、科学化方向迈进。近几年,一大批生产规模较小,资源占用过多、生产条件简陋、资源浪费率高的小型和小矿煤炭矿山企业被淘汰,一批生产技术先进、自动化水平高、开采方式规范的大、中型煤炭矿山企业建立,为自治区煤炭资源可持续发展奠定了牢固的基础。特别是近年来,自治区煤炭产量逐年提高,小规模矿山总数却大幅下降,大、中型矿山企业产矿量占自治区产矿总量进一步上升;同时,煤炭矿山企业年利润总额伴随年工业总产值持续攀升,人均原煤采出量、人均产值大幅提高。这表明自治区煤炭资源开发利用状况良好,开采规模化、集约化、现代化水平有了跨跃式发展。

截至 2011 年 12 月底,自治区共有煤炭矿山企业 607 家,从业人员 14.31 万人,原煤产量 8.84 亿吨,完成工业总产值 2024.97 亿元,实现煤炭产品销售收入 1713.04 亿元,创造利润 436.27 亿元。与 2010 年相比,自治区煤炭矿山企业数减少 5 家,同比减少 0.8%;年产量增加 1.81 亿吨,同比增长 25.8%;工业总产值增加 457.94 亿元,同比增长 29.22%;销售收入增加 484.79 亿元,同比增长 39.28%;年利润总额增加 152.05 亿元,同比增长 53.5%。突显自治区煤炭资源整合工作的成效。有关 2004 ~ 2011 年自治区煤炭矿山企业数量及年产矿量变化趋势;2004 ~ 2011 年自治区煤炭矿山企业年工业总产值及年利润总额变化趋势。

按经济类型统计,自治区煤炭矿山企业主要由有限责任公司及私营企业构成,二者分别占自治区煤炭矿山企业总数的 39.9%、27.5%。有限责任公司、股份有限公司、国有企业及私营企业在自治区煤炭生产中占有重要地位,其原煤年产量分别占自治区的 32.5%、23.1%、19.3%和 18.1%(表 1)。

表 1　　2011 年内蒙古自治区煤炭不同经济类型矿山企业统计

指标名称	矿山企业数(个)	从业人数(人)	原煤年产量(万吨)	实际采矿能力(万吨/年)	工业总产值(万元)	综合利用产值(万元)	销售收入(万元)	利润总额(万元)	人均原煤采出(吨)	人均产值(万元)
合计	607	143105	88433.33	84434.12	20249676.37	1310592.17	17190391.08	4362687.59	6200	141.50
国有企业	50	299570	17056.07	16848.22	3504004.55	150721.12	2705668.57	411242.86	5700	116.97
集体企业	57	7383	922.37	771.00	195859.36	21366.00	190884.41	24391.43	1200	26.53
股份合作企业	17	5725	2222.48	2331.77	424637.70	28970.00	414833.20	103218.00	3900	74.17
联营企业	8	701	173.63	173.63	52003.00	30.00	47358.00	21613.00	2500	74.18
有限责任公司	242	48949	28764.88	29798.42	7210446.44	439175.53	5970141.98	1758918.18	5900	147.31
股份有限公司	58	27843	20408.1	18800.53	4276217.28	205852.50	4092516.68	1139249.93	7300	153.58
私营企业	167	20979	15981.54	12806.36	3716781.69	433789.21	2986738.88	725983.92	7600	177.17
其他企业	1	0	0.00	0.00	0.00	0.00	0.00	0.00	0	0.00
港、澳、台商投资企业	1	2960	130.00	130.00	30687.81	30687.81	30687.81	16935.04	4400	103.68
外商投资企业	6	1272	2774.23	2774.20	839038.55	0.00	751561.55	161135.22	21800	659.62

按矿山规模统计,自治区共有大型煤炭矿山企业 82 家、中型 184 家、小型 256 家及小矿 85 家,分别占自治区煤炭矿山企业总数的 13.5%、30.3%、42.2%和 14.0%。其中,大型矿山企业年产量为 4.9 亿吨,中型为 2.5 亿吨,小型为 1.4 亿吨,小矿 0.07 亿吨,分别占自治区原煤总产量的 55.53%、28.16%、15.57%和 0.01%。自治区中、小型煤炭矿山企业数量较多,但原煤生产以大、中型矿山企业为主。并且,大、中型煤炭矿山企业劳动生产率较高,年人均采出原煤量分别达 9500 吨和 5300 吨(表 2)。

表 2　**2011 年度内蒙古自治区煤炭不同规模矿山企业统计**

指标名称	矿山企业数（个）	从业人数（人）	原煤年产量（万吨）	实际采矿能力（万吨/年）	工业总产值（万元）	综合利用产值（万元）	销售收入（万元）	利润总额（万元）	人均原煤采出（吨）	人均产值（万元）
合计	607	143105	88433.33	84434.12	20249676.40	1310592.17	17190391.08	4362687.59	6200	141.50
大型	82	51903	49105.56	48601.02	10542136.30	563944.81	9116309.04	2364799.64	9500	203.11
中型	184	47229	24900.84	22538.61	6460028.79	363926.55	5344065.78	1548834.89	5300	136.78
小型	256	36316	13766.65	12598.17	3072135.03	333973.81	2576139.63	434414.16	3800	84.59
小矿	85	7657	660.27	696.33	175376.23	48747.00	153876.63	14638.89	900	22.90

因受国内外市场影响，2011 年自治区原煤矿山企业达产能力有所下降。自治区原煤产量达到设计生产能力的矿山企业占 60.4%，同比下降 1.2 个百分点。中、小型及小矿达产率分别为 64.4%、53.8% 和 48%，同比下降 5.6、1.8 和 2 个百分点；但大型煤炭矿山企业达产率为 68.9%，同比上升 7.4 个百分点。

鄂尔多斯市、锡林郭勒盟及呼伦贝尔市为自治区主要煤炭产区。2011 年，3 个盟市原煤产量分别是 7672.86 万吨、12658.78 万吨和 54540.70 万吨，共占自治区总产量的 84.7%。

【铁矿开发利用】　截至 2011 年 12 月底，自治区共有铁矿矿山企业 322 家，从业人员 3.05 万人，年产量 6094.36 万吨，完成工业总产值 126.90 亿元，实现铁矿产品销售收入 108.39 亿元，创造利润 17.62 亿元。与 2010 年相比，自治区铁矿矿山企业数增加 35 家，同比增长 12.2%；年产量增加 1221.83 万吨，同比增长 25.1%；工业总产值增加 27.44 亿元，同比增长 27.6%；销售收入增加 28.82 亿元，同比增长 36.2%；利润总额增加 5.58 亿元，同比增长 46.4%。

按经济类型统计，自治区铁矿矿山企业以私营企业与有限责任公司居多，其中私营铁矿矿山企业 165 家、有限责任公司 117 家，分别占全区铁矿矿山企业总数的 51.2% 和 36.3%。有国有铁矿企业共 8 家，其铁矿石年产量占全区的一半以上，达 3202.45 万吨，占全区铁矿石年产量的 52.5%。私营企业、有限责任公司铁矿年产量分别为 1239.66 万吨和 953.61 万吨，占全区的 20.3% 和 15.6%（表 3）。

按企业规模统计，自治区铁矿矿山企业规模主要受铁矿地质赋存条件影响，以小规模铁矿矿山企业居多。全区有大型铁矿矿山企业 7 家、中型 20 家、小型 211 家及小矿 84 家，分别占全区铁矿矿山企业铁矿石年产量共 3544.57 万吨、中型 824.85 万吨、小型 1460.06 万吨和小矿 264.87 万吨，分别占全区铁矿石年产量的 58.2%、13.5%、24.0% 和 4.3%（表 4）。

表 3　**2011 年内蒙古自治区铁矿不同经济类型矿山企业统计**

指标名称	矿山企业数（个）	从业人数（人）	原煤年产量（万吨）	实际采矿能力（万吨/年）	工业总产值（万元）	综合利用产值（万元）	销售收入（万元）	利润总额（万元）	人均原煤采出（吨）	人均产值（万元）
合计	322	30530	6094.36	6484.06	126892.56	13557.00	1083922.67	17161.83	2000	41.56
国有企业	8	8911	3202.45	3202.45	460162.54	18000.00	436023.60	43388.03	3600	51.64
集体企业	9	185	9.67	23.07	1274.00	0.00	1258.85	183.00	500	6.89
股份合作企业	3	332	95.00	95.00	1452.00	372.00	1252.00	314.00	2900	4.37
联营企业	1	8	0.00	2.00	0.00	0.00	0.00	0.00	0	0.00
有限责任公司	117	7508	953.61	1190.15	197357.82	52610.00	166477.99	25933.86	1200	26.29
股份有限公司	16	2554	571.79	593.69	209419.79	30588.00	193002.15	55971.09	2200	82.00
私营企业	165	10939	1239.66	1355.54	398132.08	34007.00	284753.75	50311.85	1100	36.40
其他企业	1	50	0.40	0.40	45.60	0.00	45.60	30.00	800	9.43
港、澳、台商投资企业	1	20	17.70	17.70	637.20	0.00	637.20	0.00	200	2.28
外商投资企业	1	23	0.40	0.40	45.60	0.00	45.60	30.00	7700	27.6

表 4　　2011 年内蒙古自治区铁矿不同规模矿山企业统计

指标名称	矿山企业数（个）	从业人数（人）	原煤年产量（万吨）	实际采矿能力（万吨/年）	工业总产值（万元）	综合利用产值（万元）	销售收入（万元）	利润总额（万元）	人均原煤采出（吨）	人均产值（万元）
合计	322	30530	6094.36	6484.06	1268952.56	135577.00	1083922.67	176161.83	2000	41.56
大型	7	9056	3544.57	3544.57	609854.75	20.00	549609.17	97478.50	3900	67.34
中型	20	5095	824.85	858.00	212707.05	92864.00	193786.41	29772.15	1600	41.75
小型	211	14119	1460.06	1805.08	387126.93	41799.00	289587.30	45566.68	1000	27.42
小矿	84	2260	264.87	276.41	59263.84	894.00	50939.79	3344.50	1200	26.22

自治区铁矿产矿量达到设计生产能力的矿山中，大、中型矿山企业占比大幅下降，小矿企业占比有所上升。2011 年，自治区大、中型、小型和小矿铁矿中，达到设计生产能力的矿山企业分别占 33.3%、15.4%、28.7%和 29.3，同比下降 16.7、51.3、0.9 和 1.9 个百分点；2011 年自治区各规模铁矿中，达产矿山企业占总数的 27.9%，同比下降 1.4 个百分点。

自治区除鄂尔多斯市，其他盟市均有铁矿矿山企业分布。其中，包头市、巴彦淖尔市数量较多，分别为 62 家和 59 家；铁矿石年产量较大，分别为 3576.07 万吨和 712.39 万吨，占自治区铁矿石年产量的 58.7%和 11.7%。

自 2009 年开始，伴随着自治区铁矿矿山企业总数的增长，自治区铁矿矿山企业多项指标均有大幅增长，其中铁矿石年产量、工业总产值、年利润连续两年增速保持在 22%以上。

【铜矿开发利用】 截至 2011 年 12 月底，自治区共有铜矿矿山企业 39 家，从业人员 7513 人，年产量 1754.48 万吨，完成工业总产值 52.72 亿元，实现铜矿销售收入 37.50 亿元，创造利润 14.45 亿元。与 2010 年相比，自治区铜矿矿山企业数增加 1 家，同比增长 3%；年产量减少 1351.63 万吨，同比减少 43.5%；工业总产值增加 8.02 亿元，同比增长 17.9%；销售收入增加 0.71 亿元，同比增长 0.2%；利润总额增加 3.9 亿元，同比增长 37.1%。

按经济类型统计，自治区铜矿矿山企业主要由有限责任公司构成。自治区共有铜矿有限责任公司 21 家，私营企业 11 家，集体企业 3 家，国有企业、股份合作企业、联营企业、股份有限公司各 1 家；有限责任公司占自治区铜矿矿山企业总数的 53.8%，私营企业占 28.2%，剩余类型企业共占 17.9%。有限责任公司年产量，达 1521.98 万吨，占自治区的 86.7%；股份合作企业仅 1 家，但年产量达 170.10 万吨，占自治区的 9.7%（表 5）。

表 5　　2011 年内蒙古自治区铜矿不同经济类型矿山企业统计

指标名称	矿山企业数（个）	从业人数（人）	原煤年产量（万吨）	实际采矿能力（万吨/年）	工业总产值（万元）	综合利用产值（万元）	销售收入（万元）	利润总额（万元）	人均原煤采出（吨）	人均产值（万元）
合计	39	7513	1754.48	1791.28	527243.39	30874.98	375022.44	144508.36	2300	70.18
国有企业	1	1350	26.70	26.70	28552.00	9957.00	19950.00	5981.00	200	21.15
集体企业	3	38	0.00	2.50	0.00	0.00	0.00	0.00	0	0.00
股份合作企业	1	320	170.10	168.97	118019.00	0.00	95966.00	54558.00	5300	368.81
联营企业	1	60	1.00	5.00	14149.00	9854.00	4103.00	156.00	200	235.82
有限责任公司	21	4628	1521.98	1521.58	341651.59	9991.98	240023.93	80318.83	3300	73.82
股份有限公司	1	10	0.00	24.00	0.00	0.00	0.00	0.00	0	0.00
私营企业	11	1107	34.70	42.53	24871.80	1072.00	14979.51	3494.53	300	22.47

按企业规模统计，自治区小型铜矿矿山企业众多，但铜矿年产矿石量以大型矿山企业为主。自治区共有

大型铜矿矿山企业3家,占自治区铜矿矿山企业总数的7.7%,年产铜矿量1577.00万吨,占自治区年产铜矿量的89.9%;小型铜矿矿山企业27家,占自治区铜矿矿山企业总数的69.2%,年产铜矿量122.28万吨,占自治区年产铜矿量的7.0%。自治区共有中型铜矿矿山企业4家,年产铜矿量55.20万吨,占自治区年产铜矿量的3%。2011年小矿铜矿矿山企业未进行生产活动(表6)。

表6　　2011年内蒙古自治区铜矿不同规模矿山企业统计

指标名称	矿山企业数(个)	从业人数(人)	原煤年产量(万吨)	实际采矿能力(万吨/年)	工业总产值(万元)	综合利用产值(万元)	销售收入(万元)	利润总额(万元)	人均原煤采出(吨)	人均产值(万元)
合计	39	7513	1754.48	1791.28	527243.39	30874.98	375022.44	144508.36	2300	70.18
大型	3	1392	1577.00	1566.97	421937.59	6927.98	301745.00	126908.83	11300	303.12
中型	4	1057	55.20	51.70	16891.88	0.00	11971.66	3311.00	500	15.98
小型	27	5009	122.28	170.11	88413.92	23947.00	61305.78	14288.53	200	17.65
小矿	5	55	0.00	2.50	0.00	0.00	0.00	0.00	0	0.00

自治区铜矿矿山企业主要分布在呼伦贝尔市、赤峰市、巴彦淖尔市。其中,呼伦贝尔市铜矿年产量1068.00万吨,占自治区的60.9%。赤峰市、巴彦淖尔市年产铜矿量分别为393.53万吨和176.90万吨,分别占自治区的22.4%和10.1%。

【铅矿开发利用】　截至2011年12月底,自治区共有铅矿矿山企业59家,从业人员4671人,年产量172.80万吨,完成工业总产值20.30亿元,实现铅矿产品销售收入18.10亿元,创造利润4.90亿元。与2010年相比,自治区铅矿矿山企业数减少9家,同比减少13.2%;年产量减少100.63万吨,同比减少36.8%;工业总产值增加1.5亿元,同比增长8%;销售收入增加3.2亿元,同比增长1.4%;利润总额增加0.4亿元,同比增长2.0%。

按经济类型统计,自治区共有铅矿私营企业22家,占自治区铅矿矿山企业总数的37.3%,铅矿年产量达60.81万吨,占自治区铅矿年产量的35.2%,居自治区之首;有限责任公司26家,占自治区铅矿矿山企业总数的44.1%,铅矿年产量达43.66万吨,占自治区铅矿年产量的25.3%(表7)。

表7　　2011年内蒙古自治区铅矿不同经济类型矿山企业统计

指标名称	矿山企业数(个)	从业人数(人)	原煤年产量(万吨)	实际采矿能力(万吨/年)	工业总产值(万元)	综合利用产值(万元)	销售收入(万元)	利润总额(万元)	人均原煤采出(吨)	人均产值(万元)
合计	59	4671	172.80	294.54	203069.04	100501.00	180994.15	49009.65	400	43.47
集体企业	5	388	27.00	18.00	44.00	23.00	30.00	8.00	700	0.11
有限责任公司	26	2110	43.66	115.07	45938.59	12510.00	38415.92	4763.00	200	21.77
股份有限公司	5	867	38.86	38.86	88889.58	42821.00	88889.58	38910.00	400	102.53
私营企业	22	1176	60.81	116.61	67214.87	45147.00	52676.58	5318.00	500	57.16
外商投资企业	1	130	2.47	6.00	982.00	0.00	982.07	10.65	200	7.55

按企业规模统计,自治区以小型铅矿矿山企业居多,铅矿年产量以小型、中型矿山企业为主。自治区共有小型铅矿矿山企业41家,占自治区的69.5%,铅矿年产量85.14万吨,占自治区的49.3%;共有中型铅矿矿山企业4家,占自治区的6.8%,铅矿年产量50.00万吨,占自治区的28.9%(表8)。

表 8　　2011 年内蒙古自治区铅矿不同规模矿山企业统计

指标名称	矿山企业数（个）	从业人数（人）	原煤年产量（万吨）	实际采矿能力（万吨/年）	工业总产值（万元）	综合利用产值（万元）	销售收入（万元）	利润总额（万元）	人均原煤采出（吨）	人均产值（万元）
合计	59	4671	172.80	294.54	203069.04	100501.00	180994.15	149009.65	400	43.47
大型	1	450	27.86	27.86	83772.38	39321.00	83772.38	38000.00	600	186.16
中型	4	778	50.00	50.00	61849.00	45102.00	4.7365.00	4210.00	600	79.50
小型	41	3085	85.14	192.03	56730.00	16062.00	49140.31	6659.65	300	18.39
小矿	13	358	9.80	24.65	717.66	16.00	716.46	140.00	300	2.00

自治区锡林郭勒盟、赤峰市和呼伦贝尔市铅矿开采较为发达。其中，锡林郭勒盟共有铅矿矿山企业 6 家，铅矿年产量 77.86 万吨，占自治区铅矿年产量的 45.1%。赤峰市、呼伦贝尔市分别有铅矿矿山企业 31 家和 7 家，铅矿年产量 48.75 万吨、30.11 万吨，占自治区铅矿年产量的 28.2%和 17.4%。

【锌矿开发利用】　截至 2011 年 12 月底，自治区共有锌矿矿山企业 50 家，从业人员 10274 人，年产量 561.56 万吨，完成工业总产值 37.00 亿元，实现锌矿产品销售收入 33.67 亿元，创造利润 15.77 亿元。与 2010 年相比，自治区锌矿矿山企业数增加 3 家，同比增加 6.4%；年产量增加 46.08 万吨，同比增长 8.9%；工业总产值增加 13 亿元，同比增长 54.2%；销售收入增加 11.3 亿元，同比增长 50.5%；利润总额增加 5.8 亿元，同比增长 58.2%。

按经济类型统计，自治区锌矿矿山企业以集体企业与有限责任公司居多，锌矿年产量以有限责任公司与股份有限公司为主。自治区共有锌矿集体企业 21 家、有限责任公司 16 家、股份有限公司 5 家，分别占自治区锌矿矿山企业总数的 42.0%、32.0%和 10.0%。有限公司锌矿年产量达 251.35 万吨，占自治区年产锌矿量的 44.8%；股份有限公司锌矿年产量达 170.79 万吨，占自治区年产锌矿量的 12.6%(表 9)。

表 9　　2011 年内蒙古自治区锌矿不同经济类型矿山企业统计

指标名称	矿山企业数（个）	从业人数（人）	原煤年产量（万吨）	实际采矿能力（万吨/年）	工业总产值（万元）	综合利用产值（万元）	销售收入（万元）	利润总额（万元）	人均原煤采出（吨）	人均产值（万元）
合计	50	10274	561.56	590.05	370008.79	111767.26	336657.16	157738.00	500	36.01
国有企业	1	2561	75.00	75.00	14152.00	780.00	6000.00	1400.00	300	5.53
集体企业	21	903	39.00	32.05	10078.00	21.00	6265.61	1822.00	400	11.16
股份合作企业	2	218	7.00	7.00	130.00	15.00	110.00	50.00	300	0.60
有限责任公司	16	3666	251.35	257.31	204283.09	76322.01	195610.59	96949.99	700	55.72
股份有限公司	5	2360	170.79	170.79	130182.00	33629.25	122696.68	56956.00	700	55.16
私营企业	5	566	18.42	47.90	11183.70	1000.00	5974.27	560.00	300	19.76

按企业规模统计，自治区小型锌矿矿山企业较多，中型锌矿矿山企业年产锌矿量在自治区占主要位置。自治区共有中型锌矿矿山企业 12 家，占自治区锌矿矿山企业总数的 24%，锌矿年产量 463.98 万吨，占自治区锌矿年产量的 82.6%；有小型锌矿 28 家，占自治区的 56%，锌矿年产量 80.26 万吨，占自治区的 14.3%(表 10)。

自治区巴彦淖尔市锌矿年产量最多，赤峰市锌矿矿山企业最多。赤峰市、巴彦淖尔市分别有锌矿矿山企业 39 家、4 家，占全区锌矿矿山企业总数的 78.0%、8.0%；锌矿年产量分别为 211.42 万吨、266.45 万吨，占全区的 37.6%和 47.4%。

表 10　　2011 年内蒙古自治区锌矿不同规模矿山企业统计

指标名称	矿山企业数（个）	从业人数（人）	原煤年产量（万吨）	实际采矿能力（万吨/年）	工业总产值（万元）	综合利用产值（万元）	销售收入（万元）	利润总额（万元）	人均原煤采出（吨）	人均产值（万元）
合计	50	10274	561.56	590.05	370008.79	111767.26	336657.16	157737.99	500	36.01
中型	12	7392	463.98	492.34	295416.88	104568.12	273710.99	130391.08	600	39.96
小型	28	2551	80.26	81.26	72718.21	6591.14	61089.47	26527.91	300	28.51
小矿	10	331	17.32	16.45	1873.70	608.00	1856.70	819.00	500	5.66

【钼矿开发利用】　截至 2011 年 12 月底，自治区共有钼矿矿山企业 11 家，从业人员 1717 人，年产量 300.05 万吨，完成工业总产值 2.69 亿元，实现钼矿产品销售收入 2.69 亿元，创造利润 6050 万元。与 2010 年相比，全区钼矿矿山企业数增加 1 家，同比增加 10%；年产量增加 64.02 万吨，同比增长 27.1%；工业总产值减少 13.7 亿元，同比减少 83.6%；钼矿销售收入减少 2212.8 万元，同比减少 7.6%；利润总额增加 990 万元，同比增长 19.6%。

按经济类型统计，全区钼矿矿山企业以有限责任公司居多。全区共有钼矿集体企业 2 家、有限责任公司 7 家、私营企业 2 家，占全区钼矿矿山企业总数的 18.2%、63.6%、18.2%。有限责任公司、私营企业钼矿年产量分别为 295.30 万吨、4.75 万吨，占全区的 98.4%、1.6%(表 11)。

表 11　　2011 年内蒙古自治区钼矿不同经济类型矿山企业统计

指标名称	矿山企业数（个）	从业人数（人）	原煤年产量（万吨）	实际采矿能力（万吨/年）	工业总产值（万元）	综合利用产值（万元）	销售收入（万元）	利润总额（万元）	人均原煤采出（吨）	人均产值（万元）
合计	11	1717	300.05	365.11	26947.40	8700.00	26942.40	6050.00	1700	15.69
集体企业	2	25	0.00	0.00	0.00	0.00	0.00	0.00	0	0.00
有限责任公司	7	1532	295.30	315.35	26867.40	8700.00	26867.40	6050.00	1900	17.54
私营企业	2	160	4.75	49.76	80.00	0.00	75.00	0.00	300	0.50

按企业规模统计，全区钼矿矿山企业总数较少，大、中型矿山占全区钼矿总数半数以上。全区共有大型钼矿矿山企业 2 家、中型 4 家、小矿 5 家，分别占全区钼矿矿山企业总数的 18.2%、36.4%和 45.5%；钼矿年产量分别为 140.00 万吨、201.06 万吨、4 万吨，占全区的 46.7%、52%和 1.3%(表 12)。

表 12　　2011 年内蒙古自治区钼矿不同规模矿山企业统计

指标名称	矿山企业数（个）	从业人数（人）	原煤年产量（万吨）	实际采矿能力（万吨/年）	工业总产值（万元）	综合利用产值（万元）	销售收入（万元）	利润总额（万元）	人均原煤采出（吨）	人均产值（万元）
合计	11	1717	300.05	365.11	26947.40	8700.00	26942.40	6050.00	1700	15.69
大型	2	1300	140.00	140.00	14082.40	8000.00	14082.40	5000.00	1100	10.83
中型	4	275	156.05	201.06	11777.00	0.00	11772.00	300.00	5700	42.83
小矿	5	142	4.00	24.05	1088.00	700.00	1088.00	750.00	300	7.66

自治区赤峰市、锡林郭勒盟是钼矿主产区，钼矿年产量共占全区的 98%以上。锡林郭勒盟、赤峰市钼矿年产量分别为 151.30 万吨、144.00 万吨，占全区年产钼矿总量的 50.4%和 48.0%。

【金矿开发利用】　截至 2011 年 12 月底，自治区共有金矿矿山企业 120 家，从业人员 7350 人，年产量 934.09 万吨，完成工业总产值 38.56 亿元，实现金矿产品销售收入 37.87 亿元，创造利润 11.17 亿元。与 2010 年相比,全区金矿矿山企业总数减少1家,同比减少0.8%;年产量增加42.62万吨,同比增长4.8%;工业总产值增加17.53亿元,同比增长83.3%;金矿销售收入增加17.29亿元,同比增长84.0%;利润总额增加5.17亿元,同比增长86.2%。

按经济类型统计,全区金矿矿山企业以有限责任公司居多,年产量以外商投资企业为主。全区共有金矿有限责任公司45家、私营企业24家、股份有限公司20家、外商投资企业2家,分别占全区的37.5%、20.0%、16.7%和1.7%。金矿石年产量为24.75万吨、12.91万吨、105.28万吨和720万吨,分别占全区的2.6%、1.3%、11.3%和77.1%(表13)。

按企业规模统计,全区小规模金矿矿山企业数量较多,金矿年产量以大型金矿为主。全区大型金矿矿山企业仅1家,占全区金矿矿山企业总数的0.8%,金矿年产量为720.00万吨,占全区的77.1%;小型金矿47家,占全区的39.2%,金矿年产量170.36万吨,占全区的18.2%;小矿69家,占全区的57.5%,金矿年产量26.19万吨,占全区的2.8%。(表14)。

表13　2011年内蒙古自治区金矿不同经济类型矿山企业统计

指标名称	矿山企业数(个)	从业人数(人)	原煤年产量(万吨)	实际采矿能力(万吨/年)	工业总产值(万元)	综合利用产值(万元)	销售收入(万元)	利润总额(万元)	人均原煤采出(吨)	人均产值(万元)
合计	120	7350	934.09	956.78	385648.08	60720.90	378699.65	111717.76	1300	52.47
国有企业	9	1016	60.00	11.50	28399.60	350.00	28399.60	20351.96	300	27.95
集体企业	13	299	8.50	13.03	8589.97	16.00	7512.97	305.94	300	28.73
股份合作企业	4	364	1.75	1.75	500.00	350.00	150.00	50.00	0	1.37
联营企业	2	22	0.40	4.00	2548.00	35.00	2020.00	4.00	200	115.82
有限责任公司	45	2206	24.75	79.71	37585.20	32809.003	7413.31	4559.10	100	17.04
股份有限公司	20	1566	105.28	96.74	149997.31	27135.90	145432.99	19140.10	700	95.78
私营企业	24	1322	12.91	27.05	17824.00	15.00	17566.77	3034.46	100	13.48
其他企业	1	24	0.50	3.00	75.00	10.00	75.00	5.00	200	3.13
外商投资企业	2	531	720.00	720.00	140129.00	0.00	140129.00	64267.20	13600	263.90

表14　2011年内蒙古自治区金矿不同规模矿山企业统计

指标名称	矿山企业数(个)	从业人数(人)	原煤年产量(万吨)	实际采矿能力(万吨/年)	工业总产值(万元)	综合利用产值(万元)	销售收入(万元)	利润总额(万元)	人均原煤采出(吨)	人均产值(万元)
合计	120	7350	934.09	956.78	385648.08	60720.90	378699.65	111717.76	1300	52.47
大型	1	491	720.00	720.00	140129.00	0.00	140129.00	64267.20	14700	285.40
中型	3	1130	17.55	67.55	62606.00	0.001	62606.00	9750.00	200	55.40
小型	47	3860	170.36	150.23	140424.98	22447.00	134787.85	33931.56	400	36.38
小矿	69	1869	26.19	19.00	42488.10	38273.90	41176.80	3769.00	100	22.73

自治区巴彦淖尔市金矿开发规模居全区首位,锡林郭勒盟、赤峰市、包头市金矿开发规模相近,分居二、三、四位。上述4个盟市金矿年产量依次为727.00万吨、68.00万吨、66.42万吨和66.08万吨。

全区金矿开发利用各项生产指标涨幅较小,但由于2011年度国际金价上涨等因素影响,自治区金矿矿山企业各项宏观经济指标较2010年度均有大幅上涨,涨幅均达80%以上。

【银矿开发利用】　截至2011年12月底,自治区共有银矿矿山企业16家,从业人员2914人,年产量104.64万吨,完成工业总产值13.56亿元,实现银矿产品销售收入11.23亿元,创造利润2.30亿元。与2010年相比,全区银矿矿山企业数减少1家,同比减少5.9%;年产量增加1.31万吨,同比增长1.3%;工业总产值增长3.37亿元,同比增长33.1%;银矿销售收入增加1.74亿元,同比增长18.3%;利润总额增加2933万元,同比增长14.7%。

按经济类型统计,全区共有银矿有限责任公司8家、私营企业6家,分别占全区银矿矿山企业总数的50.0%和37.5%;银矿年产量分别为86.20万吨和18.44万吨,占全区的82.4%和17.6%。全区银矿矿山企业仅有有限责任公司与私人企业从事生产(表15)。

表15　　2011年内蒙古自治区银矿不同经济类型矿山企业统计

指标名称	矿山企业数(个)	从业人数(人)	原煤年产量(万吨)	实际采矿能力(万吨/年)	工业总产值(万元)	综合利用产值(万元)	销售收入(万元)	利润总额(万元)	人均原煤采出(吨)	人均产值(万元)
合计	16	2914	104.64	132.49	135612.53	71250.00	112318.41	22952.00	400	46.54
国有企业	1	6	0.00	3.00	0.00	0.00	0.00	0.00	0	0.00
有限责任公司	8	2363	86.20	99.70	122176.00	62000.00	102680.30	20912.00	400	51.70
私营企业	6	539	18.44	28.79	13436.53	9250.00	9638.11	2040.00	300	24.93
其他企业	1	6	0.00	1.00	0.00	0.00	0.00	0.00	0	0.00

按企业规模统计,全区小规模银矿矿山企业居多。全区有大型银矿矿山企业1家、小型9家、小矿6家,分别占全区的6.25%、56.3%和37.5%;除小矿未进行生产外,大型、小型银矿矿山企业银矿年产量分别为60.00万吨、44.64万吨,占全区银矿年产量的57.3%、42.7%(表16)。

表16　　2011年内蒙古自治区银矿不同规模矿山企业统计

指标名称	矿山企业数(个)	从业人数(人)	原煤年产量(万吨)	实际采矿能力(万吨/年)	工业总产值(万元)	综合利用产值(万元)	销售收入(万元)	利润总额(万元)	人均原煤采出(吨)	人均产值(万元)
合计	16	2914	104.64	132.49	135612.53	71250.00	112318.41	22952.00	400	46.54
大型	1	2000	60.00	60.00	96264.00	50000.00	96264.00	20000.00	300	48.13
小型	9	821	44.64	66.34	39348.53	21250.00	16054.41	2952.00	500	47.93
小矿	6	93	0.00	6.15	0.00	0.00	0.00	0.00	0	0.00

自治区银矿开发主要集中在赤峰市与呼伦贝尔市。其中,赤峰市银矿年产量63.30万吨,占全区银矿年产量的60.5%;呼伦贝尔银矿年产量26.20万吨,占全区年产量的25.0%。

【稀土矿开发利用】　自治区的稀土资源开发利用主要集中在包头市,全区稀土保有资源储量占全国的98.5%,是自治区在全国范围内最具优势的矿产资源。近年,自治区依照国家相关战略方针对稀土资源实行保护性政策,限制稀土资源开采总量,控制稀土矿产品生产总量,多管齐下使自治区稀土资源得到有效保护。

我国稀土出口采取配额管理制度,为控制稀土精矿生产,2011年,全区生产共生稀土元素的铁矿石1250万吨,比2010年增长16.8万吨,同比增长1.4%。

【硫铁矿开发利用】　截至2011年12月底,自治区仅有的2家硫铁矿矿山企业全部为巴彦淖尔市的大型股份有限公司,从业人员1557人,年产量75万吨,完成工业总产值7.90亿元,实现硫铁矿产品销售收入1.47亿元,创造利润4125万元。与2010年相比,全区硫铁矿矿山企业数未发生变化;年产量增加4万吨,同比增长5.6%;工业总产值增长1.7亿元,同比增长27.4%;硫铁矿销售收入减少1.19亿元,同比减少44.9%;利润总额减少5955万元,同比减少59.1%(表17)。

表 17　　2011 年内蒙古自治区硫铁矿矿山企业统计

指标名称	矿山企业数（个）	从业人数（人）	原煤年产量（万吨）	实际采矿能力（万吨/年）	工业总产值（万元）	综合利用产值（万元）	销售收入（万元）	利润总额（万元）	人均原煤采出（吨）	人均产值（万元）
合计	2	1557	75.00	75.00	79014.00	0.00	14650.00	4125.00	500	50.75
大型股份有限公司	2	1557	75.00	75.00	79014.00	0.00	14650.00	4125.00	500	50.75

【天然碱开发利用】 截至 2011 年 12 月底，自治区共有天然碱矿山企业 13 家，从业人员 1275 人；年产量 156 万吨，完成工业总产值 5.10 亿元，实现天然碱产品销售收入 0.78 亿元，创造利润 2704 万元。与 2010 年相比，全区天然碱矿山企业数减少 1 家，同比减少 7.1%；年产量减少 18.55 万吨，同比减少 10.6%；工业总产值增加 0.48 万元，同比增长 10.3%；天然碱销售收入减少 2.6 亿元，同比减少 77.2%；利润总额减少 0.15 亿元，同比减少 35.7%。

按经济类型统计，全区天然碱矿山企业共有有限责任公司 4 家，占全区天然碱矿山企业总数的 30.7%；联营企业、股份有限公司、私营企业各 3 家，均占全区天然碱矿山企业总数的 23.1%。全区天然碱矿山企业中，仅有锡林郭勒盟的 1 家大型矿山企业进行生产活动，其他矿山企业均停产（表 18、表 19）。

表 18　　2011 年内蒙古自治区天然碱不同经济类型矿山企业统计

指标名称	矿山企业数（个）	从业人数（人）	原煤年产量（万吨）	实际采矿能力（万吨/年）	工业总产值（万元）	综合利用产值（万元）	销售收入（万元）	利润总额（万元）	人均原煤采出（吨）	人均产值（万元）
合计	13	1275	156.00	172.50	51008.00	38404.00	7800.00	2704.00	1200	40.01
联营企业	3	0	0.00	0.00	0.00	0.00	0.00	0.00	0	0.00
有限责任公司	4	27	0.00	1.50	0.00	0.00	0.00	0.00	0	0.00
股份有限公司	3	1216	156.00	171.00	51008.00	38404.00	7800.00	2704.00	1300	41.95
私营企业	3	32	0.00	0.00	0.00	0.00	0.00	0.00	0	0.00

表 19　　2011 年内蒙古自治区天然碱不同规模矿山企业统计

指标名称	矿山企业数（个）	从业人数（人）	原煤年产量（万吨）	实际采矿能力（万吨/年）	工业总产值（万元）	综合利用产值（万元）	销售收入（万元）	利润总额（万元）	人均原煤采出（吨）	人均产值（万元）
合计	13	1275	156.00	172.50	51008.00	38404.00	7800.00	2704.00	1200	40.01
大型	1	1156	156.00	156.00	51008.00	38404.00	7800.00	2704.00	1300	44.12
中型	1	60	0.00	15.00	0.00	0.00	0.00	0.00	0	0.00
小型	6	39	0.00	1.50	0.00	0.00	0.00	0.00	0	0.00
小矿	5	20	0.00	0.00	0.00	0.00	0.00	0.00	0	0.00

【盐矿开发利用】 截至 2011 年 12 月底，自治区共有盐矿矿山企业 10 家，从业人员 2363 人，年产矿量 234.56 万吨，完成工业总产值 6.92 亿元，实现盐矿矿产品销售收入 5.12 亿元，创造利润 1526.9 万元。与 2010 年相比，全区盐矿矿山企业数未发生变化；年产量减少 0.66 万吨，同比减少 0.3%；工业总产值增长 2.4 亿元，同比增长 51.9%；盐矿销售收入增加 0.94 亿元，同比考长 22.5%；利润总额减少 0.64 亿元，同比减少 80.8%。

按经济类型统计，全区盐矿生产以股份有限公司为主。全区共有股份有限公司 1 家，盐矿年产量为 153.94 万吨，占全区的 65.5%；有限责任公司 5 家，盐矿年产量为 52.92 万吨，占全区的 22.5%；私营企业 3 家，盐矿年产量为 15.50 万吨，占全区的 6.6%（表 20）。

表 20　　2011 年内蒙古自治区盐矿不同经济类型矿山企业统计

指标名称	矿山企业数（个）	从业人数（人）	原煤年产量（万吨）	实际采矿能力（万吨/年）	工业总产值（万元）	综合利用产值（万元）	销售收入（万元）	利润总额（万元）	人均原煤采出（吨）	人均产值（万元）
合计	10	2363	234.85	226.02	69284.31	3180.60	51230.59	1526.90	1000	29.32
国有企业	1	258	12.50	7.00	3750.00	2840.00	3500.00	130.00	500	14.53
有限责任公司	5	583	52.92	52.92	15043.84	210.60	8700.00	938.29	900	25.80
股份有限公司	1	1386	153.94	150.00	48023.47	0.00	36540.58	4.61	1100	34.65
私营企业	3	136	15.50	16.10	2467.00	130.00	2490.01	454.00	1100	18.14

按企业规模统计，全区盐矿开发利用以大型企业为主，部分小规模盐矿矿山企业出现不同程度亏损。全区共有大型盐矿矿山企业 2 家，盐矿年产量 173.94 万吨，占全区的 74.1%。此外，全区分别有中型、小型、小矿盐矿企业 1 家、5 家、2 家，盐矿年产量为 19.00 万吨、39.90 万吨、2.02 万吨，占全区的 8.1%、17.0% 和 0.9%（表 21）。

自治区阿拉善盟为盐矿主产区。2011 年阿拉善盟生产盐矿量 216.86 万吨，占全区年产盐矿总量的 92.3%。

表 21　　2011 年内蒙古自治区盐矿不同规模矿山企业统计

指标名称	矿山企业数（个）	从业人数（人）	原煤年产量（万吨）	实际采矿能力（万吨/年）	工业总产值（万元）	综合利用产值（万元）	销售收入（万元）	利润总额（万元）	人均原煤采出（吨）	人均产值（万元）
合计	10	2363	234.85	226.02	69284.31	3180.60	51230.59	1526.90	1000	29.32
大型	2	1798	173.94	170.00	56726.31	0.00	40146.58	955.93	1000	31.55
中型	1	80	19.00	19.00	3638.00	160.00	2391.00	903.00	2400	45.48
小型	5	433	39.90	34.40	8527.00	2970.00	8300.01	−238.00	900	19.69
小矿	2	52	2.02	2.62	393.00	50.60	393.00	−94.03	400	7.56

【水泥用灰岩开发利用】　截至 2011 年 12 月底，自治区共有水泥用灰岩矿山企业 131 家，从业人员 3655 人，年产量 1120.33 万吨，完成工业总产值 20.69 亿元，实现水泥用灰岩产品销售收入 18.29 亿元，创造利润 3.18 亿元。与 2010 年相比，全区水泥用灰岩矿山企业数增加 2 家，同比增长 1.6%；年产量减少 373.52 万吨，同比减少 25.0%；工业总产值增长 7.93 亿元，同比增长 62.2%；水泥用灰岩销售收入增加 6.24 亿元，同比增长 51.8%；利润总额增加 0.92 亿元，同比增长 40.6%。按经济类型统计，全区共有有限责任公司 32 家，占水泥用灰岩矿山企业总数的 24.4%，水泥用灰岩年产量为 547.36 万吨，占全区的 41.83%；共有私营企业 67 家，占全区的 51.1%，年产量 238.03 万吨，占全区的 21.24%（表 22）。

表 22　　2011 年内蒙古自治区水泥用灰岩不同经济类型矿山企业统计

指标名称	矿山企业数（个）	从业人数（人）	原煤年产量（万吨）	实际采矿能力（万吨/年）	工业总产值（万元）	综合利用产值（万元）	销售收入（万元）	利润总额（万元）	人均原煤采出（吨）	人均产值（万元）
合计	131	3655	1120.33	1308.58	206904.84	6105.50	182918.98	31787.56	3100	56.61
国有企业	2	85	167.59	167.59	3351.80	0.00	3351.80	0.00	19700	39.43
集体企业	5	107	6.08	6.08	435.70	0.00	432.50	3.00	600	4.07
股份合作企业	4	289	7.15	7.15	150.00	0.00	143.00	4.50	200	0.52
联营企业	2	31	0.50	5.50	12.50	7.50	12.50	6.00	200	0.40
有限责任公司	32	1247	547.36	668.73	74943.10	4527.00	61454.10	18244.73	4400	60.10
股份有限公司	15	682	152.37	163.69	63247.10	42.00	62510.60	8361.83	2200	92.74
私营企业	67	1206	238.03	288.59	64738.64	1512.00	54989.48	5159.50	2000	53.68
其他企业	4	8	1.25	1.25	26.00	17.00	25.00	8.00	1600	3.25

按企业规模统计，全区有中型水泥用灰岩矿山企业 11 家，占全区水泥用灰岩矿山企业总数的 8.4%，年产为 389.51 万吨，占全区的 34.8%；有小型水泥用灰岩矿山企业 45 家，占全区的 34.4%，年产量为 375.24 万吨，占全区的 33.5%；有小矿水泥用灰岩矿山企业 70 家，占全区的 53.4%，年产量为 163.58 万吨，占全区的 14.6%(表 23)。

表 23　　2011 年内蒙古自治区水泥用灰岩不同规模矿山企业统计

指标名称	矿山企业数（个）	从业人数（人）	原煤年产量（万吨）	实际采矿能力（万吨/年）	工业总产值（万元）	综合利用产值（万元）	销售收入（万元）	利润总额（万元）	人均原煤采出（吨）	人均产值（万元）
合计	131	3655	1120.33	1308.58	206904.84	6105.50	182918.98	31787.56	3100	56.61
大型	5	164	192.00	192.00	3407.00	0.00	3307.00	608.00	11700	20.77
中型	11	738	389.51	421.30	104948.80	1124.00	92996.14	21195.15	5300	142.21
小型	45	1873	375.24	515.03	89541.14	4571.00	78466.64	9332.93	2000	47.81
小矿	70	880	163.58	180.25	9007.90	410.50	8149.20	651.48	1900	10.24

自治区水泥用灰岩矿山企业分布范围极广。2011 年度，呼伦贝尔市水泥用灰岩年产量为 236.99 万吨，占全区水泥用灰岩年产量的 21.2%，居全区之首。乌海市、锡林郭勒盟、巴彦淖尔市、乌兰察布市、赤峰市，水泥用灰岩年产量差距不大，均在 125 万 ~ 170 万吨之间。

【砖瓦用黏土开发利用】　截至 2011 年 12 月底，自治区共有砖瓦用黏土矿山企业 623 家，从业人员 22492 人，年产量 1206.59 万吨，完成工业总产值 4.30 亿元，实现砖瓦用黏土产品销售收入 4.14 亿元，创造利润 5546 万元。与 2010 年相比，全区砖瓦用黏土矿山企业数减少 50 家，同比减少 7.4%，年产量增加 458.8 万吨，同比增加 61.4%；工业总产值增长 0.33 亿元，同比增长 8.2%；砖瓦用黏土销售收入增加 0.57 亿元，同比增长 16.1%；利润总额增加 822 万元，同比增长 17.4%。

按经济类型统计，全区砖瓦用黏土矿山企业经济构成复杂，以私营企业与集体企业为主。全区共有砖瓦用黏土私营企业 424 家、集体企业 125 家，分别占全区砖瓦用黏土矿山企业总数的 68.1%和 20.1%；砖瓦用黏土年产量分别为 797.28 万吨和 305.68 万吨，占全区砖瓦用黏土年产量的 66.1%和 25.3%(表 24)。

表 24　　2011 年内蒙古自治区砖瓦用黏土不同经济类型矿山企业统计

指标名称	矿山企业数（个）	从业人数（人）	原煤年产量（万吨）	实际采矿能力（万吨/年）	工业总产值（万元）	综合利用产值（万元）	销售收入（万元）	利润总额（万元）	人均原煤采出（吨）	人均产值（万元）
合计	623	22492	1206.59	1036.79	43026.1	94444.09	41419.87	5545.99	500	1.91
国有企业	5	863	14.17	14.19	621.46	0.00	662.06	163.85	200	0.72
集体企业	125	3387	305.68	327.24	5854.72	1048.04	5264.44	878.62	900	1.73
股份合作企业	9	513	10.71	11.17	1363.90	0.00	1197.40	101.70	200	2.66
民营企业	2	62	2.70	3.00	160.00	78.00	160.00	19.00	400	2.58
有限责任公司	22	795	22.14	32.64	1297.46	1.40	1271.06	158.70	300	1.63
股份有限公司	9	409	13.54	15.53	1133.60	205.00	1133.60	73.00	300	2.77
私营企业	424	15687	797.28	568.32	30103.05	2487.40	29380.47	3630.12	500	1.92
其他企业	27	776	40.36	64.70	2492.00	624.25	2350.84	521.00	500	3.21

按企业规模统计，全区小规模砖瓦用黏土矿山企业居多。全区共有小矿砖瓦用黏土矿山企业 429 家，占全区的 68.9%，年产量为 898.94 万吨，占全区的 74.5%；有小型砖瓦用黏土矿山企业有 193 家，占全区

的31.0%,年产量为305.0万吨,占全区的25.3%(表25)。

表25 2011年内蒙古自治区砖瓦用黏土不同规模矿山企业统计

指标名称	矿山企业数(个)	从业人数(人)	原煤年产量(万吨)	实际采矿能力(万吨/年)	工业总产值(万元)	综合利用产值(万元)	销售收入(万元)	利润总额(万元)	人均原煤采出(吨)	人均产值(万元)
合计	623	22492	1206.59	1036.79	43026.19	4444.09	41419.87	5545.99	500	1.91
中型	1	52	2.65	2.60	320.00	0.00	200.00	12.00	500	6.15
小型	193	6786	305.00	263.44	12943.85	583.30	12595.79	1583.42	400	1.91
小矿	429	15654	898.94	770.74	29762.34	3860.79	28624.08	3950.57	600	1.90

全区砖瓦用黏土矿山企业分布范围极广。通辽市、赤峰市、巴彦淖尔市分别有砖瓦用黏土矿山企业188家、110家、99家,占全区砖瓦用黏土矿山企业总数的30.2%、17.7%和15.9%;年产砖瓦用黏土量分别为330.56万吨、494.48万吨和167.39万吨,占全区年产砖瓦用黏土总量的27.4%、41.0%和13.8%。

附表1 2011年度内蒙古自治区各类矿产资源开发利用情况统计

矿种	矿山企业数(个)					从业人员(人)	年产矿量(万吨)	实际采矿能力(万吨/年)	工业总产值(万元)	综合利用产值(万元)	矿产品销售收入(万元)	利润总额(万元)
	合计	大型	中型	小型	小矿							
合计	4336	123	282	1962	1969	274292	105235.87	102735.04	23928343.31	1892476.41	20243748.04	5106807.95
煤炭	607	82	184	256	85	143105	88433.33	84434.12	20249676.37	1310592.17	17190391.08	4362687.59
油页岩	1	0	0	1	0	14	1.00	1.00	49.20	19.60	49.20	3.00
油砂	2	0	0	2	0	2	0.00	0.00	0.00	0.00	0.00	0.00
地下热水	1	0	1	0	0	270	2.50	0.00	301.00	0.00	301.00	56.00
铁矿	322	7	20	211	84	30530	6094.36	6484.07	1268952.56	135577.00	1083922.67	176161.83
锰矿	3	0	0	1	2	72	0.00	0.30	150.00	50.00	150.00	43.89
铬矿	3	0	0	3	0	56	7.68	3.30	3841.50	0.00	3841.50	300.00
钒矿	1	0	0	1	0	20	0.00	0.00	0.00	0.00	0.00	0.00
铜矿	39	3	4	27	5	7513	1754.48	1791.28	527243.39	30874.98	375022.44	144508.36
铅矿	59	1	4	41	13	4671	172.80	294.54	203069.04	100501.00	180994.15	49009.65
锌矿	50	0	12	28	10	10274	561.56	590.05	370008.79	111767.26	336657.16	157737.99
镁矿	1	0	0	1	0	6	0.00	1.25	0.00	0.00	0.00	0.00
镍矿	6	0	1	3	2	136	18.34	28.34	14635.81	0.00	13104.30	130.00
钨矿	2	0	0	2	0	66	0.19	13.50	400.00	0.00	400.00	5.00
锡矿	3	0	0	1	2	252	4.00	14.00	962.32	400.00	962.32	400.00
钼矿	11	2	4	0	5	1717	300.05	365.11	26947.40	8700.00	26942.40	6050.00
金矿	120	1	3	47	69	7350	934.09	956.78	385648.08	60720.90	378699.65	111717.76
银矿	16	1	0	9	6	2914	104.64	132.49	135612.53	71250.00	112318.41	22952.00
锗矿	1	0	0	1	0	248	0.00	7.92	0.00	0.00	0.00	0.00
红柱石	1	0	1	0	0	50	0.04	0.04	100.00	0.00	100.00	6.00
菱镁矿	2	0	0	2	0	9	0.00	0.00	0.00	0.00	0.00	0.00
普通萤石	246	1	2	111	132	4989	69.17	93.75	42140.85	917.40	37832.83	6772.82

续附表 1－1

矿种	矿山企业数(个)					从业人员(人)	年产矿量(万吨)	实际采矿能力(万吨/年)	工业总产值(万元)	综合利用产值(万元)	矿产品销售收入(万元)	利润总额(万元)
	合计	大型	中型	小型	小矿							
熔剂用灰岩	11	1	0	3	7	763	254.80	254.80	29720.95	2111.24	7047.98	459.20
冶金用白云岩	20	0	0	7	13	1305	116.72	161.20	5081.00	152.00	4530.60	68.00
冶金用石英岩	106	0	3	46	57	904	40.78	56.55	2158.40	3.60	2137.10	166.30
铸型用砂	36	0	1	33	2	758	50.37	50.37	2771.65	0.00	2578.10	108.55
冶金用脉石英	48	0	0	13	35	512	32.12	36.05	3181.57	574.19	2998.27	－43.74
耐火黏土	2	0	0	0	2	40	2.20	0.96	129.60	108.00	129.60	15.00
耐火用橄榄岩	1	0	0	1	0	15	0.00	0.55	0.00	0.00	0.00	0.00
硫铁矿	2	2	0	0	0	1557	75.00	75.00	79014.00	0.00	14650.00	4125.00
芒硝	25	0	2	16	7	1201	104.69	135.48	19952.50	614.00	15982.34	872.00
天然碱	13	1	1	6	5	1275	156.00	172.50	51008.00	38404.00	7800.00	2704.00
电石用灰岩	13	1	1	5	6	490	368.67	390.67	20036.60	0.00	19438.60	1815.00
制碱用灰岩	23	1	19	12	467	230.58	278.84	5149.10	55.00	5148.60	133.00	
化工用白云岩	4	0	0	3	1	35	3.33	3.64	100.50	0.00	100.50	25.10
化肥用蛇纹岩	1	0	0	1	0	5	3.00	3.00	150.00	6.00	150.00	3.00
泥炭	2	0	0	0	2	14	0.20	1.20	115.00	0.00	35.00	1.50
盐矿	10	2	1	5	2	2363	234.86	226.02	69284.31	3180.60	51230.59	1526.90
砷矿	1	0	0	1	0	30	0.30	0.30	24.00	0.00	24.00	2.50
石墨	38	4	5	15	14	2022	59.68	77.39	9484.68	24.00	7875.68	762.50
熔炼水晶	1	0	0	0	1	4	0.00	0.00	0.00	0.00	0.00	0.00
硅灰石	15	0	0	3	12	83	0.87	1.17	50.00	0.00	50.00	30.00
滑石	1	0	0	1	0	20	4.00	4.00	220.00	0.00	220.00	25.00
云母	4	0	0	3	1	39	0.00	0.03	0.00	0.00	0.00	0.00
长石	14	0	0	0	14	90	0.30	2.20	41.20	0.08	41.20	8.30
电气石	2	0	0	1	1	15	0.00	0.50	0.00	0.00	0.00	0.00
石榴子石	8	0	0	2	6	74	0.20	5.40	480.00	125.00	95.00	30.70
叶蜡石	15	0	0	11	4	201	10.55	5.38	646.00	371.50	613.00	53.00
蛭石	1	0	0	1	0	3	0.00	0.00	0.00	0.00	0.00	0.00
沸石	12	0	0	3	9	92	0.80	3.95	60.00	0.00	50.00	30.00
透闪石	1	0	0	0	1	7	0.14	0.14	5.00	0.00	5.00	1.00
石膏	20	0	1	17	2	245	25.20	46.90	832.60	60.00	824.60	126.00

续附表 1－2

矿种	矿山企业数(个)					从业人员(人)	年产矿量(万吨)	实际采矿能力(万吨/年)	工业总产值(万元)	综合利用产值(万元)	矿产品销售收入(万元)	利润总额(万元)
	合计	大型	中型	小型	小矿							
方解石	3	0	0	0	3	21	0.11	0.11	27.50	0.00	27.50	2.90
光学萤石	5	0	0	0	5	40	0.00	0.00	0.00	0.00	0.00	0.00
玉石	1	0	0	0	1	110	0.02	0.02	4300.00	80.00	4236.00	50.00
玛瑙	4	0	0	0	4	216	0.06	0.06	867.00	0.00	867.00	42.00
水泥用灰岩	131	5	11	45	70	3655	1120.33	1308.58	206904.84	6105.50	182918.98	31787.56
建筑石料用灰岩	176	0	0	71	105	851	179.47	252.72	4030.00	306.00	3920.64	1085.40
制灰用石灰岩	63	0	0	40	23	867	179.27	185.16	10202.07	110.00	10066.02	186.15
玻璃用白云岩	3	0	0	1	2	15	8.00	10.00	138.00	0.00	120.00	29.00
玻璃用石英岩	3	0	0	2	1	24	3.03	3.03	60.60	0.00	60.60	0.00
玻璃用砂岩	1	0	0	1	0	55	3.85	3.85	77.00	0.00	77.00	0.00
水泥配料用砂岩	3	0	0	1	2	26	3.06	4.56	765.68	0.00	765.68	11.35
建筑用砂岩	28	0	0	20	8	105	26.88	164.26	1019.67	2.00	125.20	339.40
玻璃用砂	9	0	2	6	1	459	79.92	79.92	4359.00	0.00	3599.00	101.78
建筑用砂	196	0	2	67	127	1724	730.85	826.44	7120.18	680.50	6744.18	694.41
水泥配料用砂	1	0	0	1	0	8	2.00	2.00	72.00	60.00	72.00	4.00
水泥标准砂	1	0	0	1	0	1	0.00	0.00	0.00	0.00	0.00	0.00
砖瓦用砂	3	0	0	0	3	128	4.74	5.54	116.00	0.00	115.88	8.00
玻璃用脉石英	5	0	0	2	3	27	0.24	0.50	50.00	0.00	50.00	0.00
水泥配料用脉石英	1	0	0	1	0	6	0.00	1.00	0.00	0.00	0.00	0.00
粉石英	2	0	1	0	1	20	2.50	0.03	5.00	1.00	5.00	2.00
硅藻土	3	0	0	2	1	26	0.10	0.10	50.50	0.00	50.50	12.60
砖瓦用页岩	7	0	0	4	3	254	11.94	18.50	725.00	300.00	725.00	68.50
水泥配料用页岩	1	0	0	1	0	8	0.00	0.80	0.00	0.00	0.00	0.00
建筑用页岩	1	0	0	1	0	6	0.00	0.40	0.00	0.00	0.00	0.00
高岭土	23	2	1	13	7	297	27.95	30.53	56928.69	84.00	56927.69	9611.00
陶瓷土	6	0	0	1	5	52	0.45	0.45	135.00	0.00	135.00	19.20
累托石黏土	22	0	0	9	13	564	9.90	9.88	968.00	12.00	968.00	101.63
膨润土	27	1	4	15	7	639	81.26	45.83	7192.54	31.00	5644.23	1079.20

续附表 1－3

矿种	矿山企业数(个)					从业人员(人)	年产矿量(万吨)	实际采矿能力(万吨/年)	工业总产值(万元)	综合利用产值(万元)	矿产品销售收入(万元)	利润总额(万元)
	合计	大型	中型	小型	小矿							
砖瓦用黏土	623	0	1	193	429	22492	1206.59	1036.79	43026.19	4444.09	41419.87	5545.99
陶粒用黏土	54	0	0	45	9	422	12.08	13.20	1188.00	28.00	916.50	98.50
水泥配料用黏土	8	0	0	5	3	163	27.95	15.36	547.00	0.00	546.00	109.00
水泥配料用红土	1	0	0	0	1	6	0.33	0.33	15.00	0.00	4.40	3.00
建筑用橄榄岩	4	0	0	4	0	109	36.02	36.02	650.00	0.00	650.00	23.00
饰面用辉石岩	1	0	0	1	0	40	0.00	0.00	0.00	0.00	0.00	0.00
铸石用玄武岩	1	0	0	0	1	16	9.30	0.30	40.00	0.00	40.00	16.00
饰面用玄武岩	65	0	1	30	34	551	4.43	6.83	1972.40	0.00	1972.40	287.70
水泥混合材玄武岩	9	0	0	5	4	7	0.00	2.50	0.00	0.00	0.00	0.00
建筑用玄武岩	56	0	0	36	20	865	76.28	71.38	1332.66	231.00	1136.66	307.20
建筑用角闪岩	6	0	0	4	2	58	5.89	11.99	105.50	48.00	87.00	6.60
饰面用辉绿岩	44	0	0	8	36	422	1.37	5.74	1048.00	445.00	814.50	158.00
建筑用辉绿岩	3	0	0	1	2	69	14.85	14.85	255.00	0.00	252.30	12.72
饰面用辉长岩	3	0	0	0	3	39	0.49	0.49	270.00	130.00	195.00	25.00
建筑用安山岩	59	0	0	37	22	800	131.83	93.77	2949.17	44.00	2760.79	288.40
建筑闪长岩	78	0	0	19	59	1241	194.44	179.29	2550.25	142.00	2497.45	270.27
饰面用闪长岩	2	0	0	1	1	8	0.00	2.00	0.00	0.00	0.00	0.00
建筑用花岗岩	198	1	2	94	101	2069	180.50	207.64	5145.68	481.80	4006.98	376.95
饰面用花岗岩	115	0	1	31	83	1807	28.31	92.28	8734.90	390.00	8240.20	760.60
麦饭石	6	0	0	4	2	39	0.67	0.67	120.00	0.00	95.00	7.00
珍珠岩	23	0	0	19	4	445	6.20	9.45	895.00	45.00	740.00	198.00
浮石	5	0	0	5	0	176	0.72	2.96	29.00	24.00	129.00	3.00

续附表 1-4

矿种	矿山企业数(个)					从业人员(人)	年产矿量(万吨)	实际采矿能力(万吨/年)	工业总产值(万元)	综合利用产值(万元)	矿产品销售收入(万元)	利润总额(万元)
	合计	大型	中型	小型	小矿							
铸石用粗面岩	11	0	0	8	3	50	3.70	4.06	110.60	0.00	110.60	17.10
水泥用凝灰岩	4	0	2	0	2	18	0.16	15.16	5.50	2.00	5.50	1.00
建筑用凝灰岩	126	1	0	66	59	1454	164.39	169.94	4657.35	610.00	3757.80	529.86
火山灰	1	0	0	1	0	5	1.00	1.00	68.00	0.00	68.00	32.00
火山渣	2	0	0	1	1	53	0.00	0.00	0.00	0.00	0.00	0.00
饰面用大理岩	5	0	0	2	3	46	1.54	2.00	0.05	0.00	0.00	0.00
建筑用大理岩	2	0	0	1	1	10	4.00	4.50	100.00	30.00	100.00	10.00
水泥用大理岩	15	2	0	12	1	257	144.41	301.01	12116.00	5.00	5448.00	195.20
水泥配料用板岩	2	0	0	1	1	12	0.20	0.20	10.00	0.00	10.00	1.30
片麻岩	102	1	0	53	48	829	168.15	273.03	2614.00	445.00	2149.00	523.80
矿泉水	26	0	2	16	8	617	100.56	0.00	2238.30	0.00	1929.14	174.97

附表 2　　2011 年度内蒙古自治区各经济类型矿山企业矿产资源开发利用情况统计

企业经济类型	矿山企业数(个)					从业人员(人)	年产矿量(万吨)	实际采矿能力(万吨/年)	工业总产值(万元)	综合利用产值(万元)	矿产品销售收入(万元)	利润总额(万元)
	合计	大型	中型	小型	小矿							
合计	4336	123	282	1962	1969	274292	105235.87	102735.04	23928343.31	1892476.41	20243748.04	5106807.95
一、内资企业	4317	119	280	1953	1965	271760	101563.58	99041.26	22905374.15	1861688.60	19308305.82	4864104.84
国有企业	106	24	19	46	17	48465	21136.33	20862.49	4092560.37	185196.36	3226180.67	484054.58
集体企业	340	1	6	138	195	14472	1459.18	1320.83	232185.08	22852.04	219095.56	28168.91
股份合作企业	69	4	9	35	21	8149	2573.91	2793.55	546918.20	29726.00	514232.20	158403.60
联营企业	40	0	1	15	24	993	203.77	222.07	69655.50	10120.50	54406.50	21907.00
有限责任公司	1062	49	138	517	358	84584	33249.29	35192.02	8386929.33	700179.52	6946444.21	2033554.21
股份有限公司	222	21	27	100	74	42165	22335.04	20788.48	5136699.77	379162.63	4801839.89	1328001.08
私营企业	2317	20	79	1012	1206	70727	20400.48	17559.11	4433426.05	533402.50	3539504.10	809078.17
其他企业	161	0	1	90	70	2205	205.59	302.71	6999.84	1049.05	6602.68	937.28
二、港、澳、台商投资企业	3	0	0	3	0	321	130.40	130.40	30733.41	30687.81	30733.41	16965.04
三、外商投资企业	16	4	2	6	4	2211	3541.88	3563.38	992235.75	100.00	904708.82	225738.07

附表 3　　2011 年度内蒙古自治区各种规模矿山企业矿产资源开发利用情况统计

矿山规模	矿山企业数（个）	从业人员（人）	年产矿量（万吨）	实际采矿能力（万吨/年）	工业总产值（万元）	综合利用产值（万元）	矿产品销售收入（万元）	利润总额（万元）	人均产值（万元）
合计	4336	274292	105235.87	102735.04	23928343.31	1892476.41	20243748.04	5106807.95	87.24
大型	123	72996	56535.77	56188.00	12144702.44	708729.03	10386521.27	2725400.10	166.37
中型	282	66628	27084.83	24971.05	7267127.03	608216.67	6074092.81	1750834.03	109.07
小型	1962	91670	18087.03	17720.55	4137173.87	477476.44	3443853.01	596042.99	45.13
小矿	1969	42998	3528.24	3855.44	379339.97	98054.27	339280.95	34530.82	8.82

附表 4　　2011 年度内蒙古自治区各盟市矿产资源开发利用情况统计

行政区名称	矿山企业数（个）					从业人员（人）	年产矿量（万吨）	实际采矿能力（万吨/年）	工业总产值（万元）	综合利用产值（万元）	矿产品销售收入（万元）	利润总额（万元）
	合计	大型	中型	小型	小矿							
合计	4336	123	282	1962	1969	274292	105235.87	102735.04	23928343.31	1892476.41	20243748.04	5106807.95
呼和浩特市	228	1	0	135	92	2192	731.00	1215.25	214607.23	2114.00	199595.06	68169.86
包头市	312	4	4	146	158	19049	5842.37	6067.89	722846.21	22432.68	639862.82	77942.33
乌海市	201	10	13	118	60	15402	4023.75	4156.90	842815.76	5261.24	819612.85	53386.28
赤峰市	739	8	27	301	403	55945	5257.41	6066.71	1330085.05	551435.40	1276511.38	314356.73
通辽市	395	3	13	223	156	22605	6360.65	6022.06	944440.93	8373.00	871443.17	234420.67
鄂尔多斯市	478	52	144	206	76	56061	54746.69	51728.37	13870973.37	896484.57	11658648.95	3345426.38
呼伦贝尔市	273	15	12	106	140	32512	9431.80	9349.49	2471212.92	27329.79	1580874.19	352997.43
巴彦淖尔市	320	8	16	183	113	14461	3009.59	3091.24	782000.96	65309.25	666336.82	276641.61
乌兰察布市	294	5	14	82	193	7747	662.34	645.66	129834.28	2393.00	125805.92	15734.65
兴安盟	280	1	5	90	184	4756	232.54	418.13	31394.65	1024.19	31786.84	7654.71
锡林郭勒盟	637	14	22	262	339	29569	14264.84	12136.39	2345659.57	290194.50	2220857.12	351780.20
阿拉善盟	179	2	12	110	55	13993	672.88	1836.94	242472.40	20124.79	152412.94	8297.09

（内蒙古自治区国土资源厅）

辽　宁　省

【矿产资源概况】 截至 2011 年底，辽宁省有探明资源储量并上资源储量表的矿产 96 种，矿山企业开采的矿产 92 种。在已开发利用的矿产中，能源矿产中的煤，金属矿产中的铁、锰、铜、铅、锌、钼、金、银，非金属矿产中的菱镁矿、普通萤石、熔剂灰岩、硫铁矿、耐火黏土、硼矿、磷矿、滑石、硅灰石、沸石、石膏、珍珠岩、膨润土、玉石等 31 种矿产是省内主要开发利用的矿产资源。

矿产资源基本特点：一是矿产资源较丰富，配套性好。钢铁工业所需的主元素矿产和辅助原料矿产、能源矿产基本配套齐全。二是矿产地集中，便于规模开发。石油、天然气集中在盘锦、沈阳；铁矿 95%分布在鞍山、本溪和辽阳市，菱镁矿主要在鞍山和营口；滑石 80%在鞍山；硼矿 98%在丹东；金刚石资源分布在大连。三是共、伴生矿产多，综合利用价值大。有色金属矿产、硼镁铁矿和磷铁矿等多为共、伴生矿产，伴有多种有益元素，尤其是伴有稀散元素矿产。四是埋藏浅，适宜露天开采。煤、铁矿产中有全国著名的抚顺、阜新、本溪、鞍山等露采矿山。

【矿产资源开发利用】 2011 年，经年报统计辽宁省共有各类矿山企业3941个，比2010年减少107个。全省矿山企业按经济类型划分：内资企业3911家，占矿山企业总数的99.24%，其中国有企业122家，集体企业660家，股份合作企业31家，联营企业26家，有限责任公司365家，股份有限公司74家，私营企业2568家，其他企业65家；港、澳、台商投资企业7家，占矿山企业总数的0.18%；外商投资企业23家，占矿山企业总数的0.58%；按矿山规模划分：大型矿山企业92家，中型矿山企业111家，小型矿山企业2337家，小矿1401家。

2011年全省各类矿山企业从业人员总数为292110人，实际采掘矿石量(原矿量)3.89亿吨，年度各类矿山企业现价工业总产值696.26亿元，能源矿产工业总产值276亿元(其中煤炭工业总产值275.73亿元)，黑色金属矿产工业总产值291.39亿元(其中铁矿工业总产值287.91亿元)，有色金属矿产工业总产值26.68亿元，贵金属矿产工业总产值12.75亿元，冶金辅助原料矿产工业总产值21.32亿元，化工原料矿产工业总产值3.29亿元，建材及其他非金属矿产工业总产值64.24亿元。矿泉水工业总产值0.59亿元。2011年度辽宁省矿产资源开发利用情况列于表1~3。

【矿产资源开发利用中存在问题】 1. *小矿多，工艺落后，造成资源浪费*。辽宁省矿山企业小矿多、大矿少，小型以下矿山占全省矿山企业的94.85%。小型矿山资金实力薄弱，生产工艺和生产设备相对落后，资源综合利用水平较低，管理相对粗放，越层越界开采现象时有发生，造成矿产资源浪费。

2. *采矿权人环保意识差*。由于小型以下矿山企业多，企业无长期规划，有的只追求眼前利益，未按设计生产，对环境破坏较重。环境破坏后，又不 取措施，不投入资金恢复，环境破坏未能得到有效治理。

表1　2011年度辽宁省矿产资源开发利用情况(按经济类型分列)

企业经济类型	矿山企业数(个)					从业人员(人)	年产矿量		实际采矿能力(万吨/年)	工业总产值(万元)	综合利用产值(万元)	矿产品销售收入(万元)	利润总额(万元)
	合计	大型	中型	小型	小矿		万吨	万立方米					
合计	3941	92	111	2337	1401	292110	37618.3	0	38903.25	6962611.44	190511.73	6204532.98	1443565.35
一、内资企业	3911	90	103	2318	1400	288377	37099.69	0	38389.06	6851586	148626.73	6120705.26	1417150.17
国有企业	122	29	18	56	19	92055	11522.92	0	11462.12	2688342.05	54755	2381527.27	522396.41
集体企业	660	4	6	419	231	22286	2579.78	0	2814.19	255576.32	2748.15	189429.5	43354.56
股份合作企业	31	1	2	19	9	3432	486.9	0	477.13	61538.19	40	54405.39	15714.5
联营企业	26	0	0	18	8	1139	229	0	237.16	30772	8696	29948.84	8809.5
有限责任公司	365	26	30	197	112	63438	5591.98	0	6491.87	1787281.31	17024.7	1615849.64	337212.54
股份有限公司	74	14	5	35	20	19756	3017.6	0	3186.42	717911.3	19672.91	647444.57	246653.7
私营企业	2568	16	41	1530	981	84963	13045.3	0	13119	1302452.92	44834.17	1194672.38	242462.79
其他企业	65	0	1	44	20	1308	625.78	0	601.18	7711.92	855.8	7427.67	546.16
二、港、澳、台商投资企业	7	0	2	5	0	849	154.35	0	131.3	36001.1	32993	33187.05	17420
港、澳、台商投资企业	7	0	2	5	0	849	154.35	0	131.3	36001.1	32993	33187.05	17420
三、外商投资企业	23	2	6	14	1	2884	364.26	0	382.89	75024.34	8892	50640.67	8995.18
外商投资企业	23	2	6	14	1	2884	364.26	0	382.89	75024.34	8892	50640.67	8995.18

表 2　　2011 年度辽宁省矿产资源开发利用情况(按矿种分列)

矿种	矿山企业数(个)					从业人员(人)	年产矿量		实际采矿能力(万吨/年)	工业总产值(万元)	综合利用产值(万元)	矿产品销售收入(万元)	利润总额(万元)
	合计	大型	中型	小型	小矿		万吨	万立方米					
合计	3941	92	11	2337	1401	292110	37618.3	0	38903.25	6962611.44	190511.73	6204532.98	1443565.35
煤炭	480	17	14	120	329	132988	5677.26	0	6104.96	2757344.68	54753.3	2497495.59	512359.71
地下热水	18	5	7	6	0	1287	203.58	0	0	2690.1	0	2523.95	-1156.15
铁矿	416	27	15	201	173	55354	14079.22	0	13483.4	2879146.05	65701.5	2681951.18	767081.29
锰矿	32	0	1	23	8	4537	52.93	0	59.81	34758.6	170	29320.46	2952.1
铜矿	22	0	2	10	10	6607	170.04	0	171.04	185011.36	54	164190.18	29473
铅矿	72	0	1	34	37	2398	46.44	0	53.32	21526.36	182	16972.46	2612.75
锌矿	18	0	0	8	10	784	9.45	0	16.4	655	66	755	137
钼矿	29	0	3	23	3	4660	255.98	0	371.92	59655.4	4029.66	53513.2	10702.65
金矿	112	3	4	29	76	10145	176.16	0	198.22	120708	12331	117663.17	29831.21
银矿	3	0	0	1	2	364	9.3	0	9.3	6818	50	6758	1450
红柱石	1	0	1	0	0	30	0	0	0	0	0	0	0
菱镁矿	104	4	13	65	22	7001	858.14	0	1504.26	162840.22	392	74287.85	12864.2
普通萤石	30	0	0	22	8	446	29.59	0	38.59	3007	255	2750	216.62
熔剂用灰岩	11	4	2	2	3	3175	997.35	0	974.35	41390.14	330	33136.54	-6509.52
冶金用白云岩	10	1	0	6	3	188	30.15	0	32.65	765.38	42.9	760.38	117.87
冶金用石灰岩	25	0	1	15	9	240	39.81	0	82.41	4664.1	10	3672.78	57.38
铸型用砂岩	3	0	0	3	0	66	12.53	0	12.53	74.3	0	74.3	28.11
冶金用脉石英	12	0	0	11	1	183	7.75	0	12.2	431	15	431	168.5
耐火黏土	10	0	0	4	6	85	3.87	0	3.87	131.78	4	94.78	22.5
硫铁矿	30	0	0	21	9	4032	34.59	0	90.47	9340.7	1648.2	9336.94	1457.93
钠硝石	1	0	0	0	1	35	0	0	1	0	0	0	0
重晶石	6	0	0	4	2	92	1.7	0	1.7	150	0	150	50.5
含钾砂页岩	1	0	0	0	1	6	0.8	0	0.8	38	0	38	2
化肥用蛇纹岩	1	0	0	0	1	10	0	0	0	0	0	0	0
泥炭	5	0	0	0	5	85	0.2	0	0.2	10	0	10	0.6
溴矿	1	0	0	1	0	25	0.48	0	0.01	360.24	94.19	360.23	-503.07
硼矿	49	2	2	41	4	1828	90.53	0	90.53	11724.57	200	11724.57	4076.55
磷矿	3	0	0	3	0	202	150	0	65	22682	0	13228.5	3851
金刚石	3	3	0	0	0	519	0	0	0	0	0	0	0
石墨	1	0	0	1	0	3	0	0	0	0	0	0	0

续表 2-1

矿种	矿山企业数(个)					从业人员(人)	年产矿量		实际采矿能力(万吨/年)	工业总产值(万元)	综合利用产值(万元)	矿产品销售收入(万元)	利润总额(万元)
	合计	大型	中型	小型	小矿		万吨	万立方米					
工艺水晶	1	0	0	1	0	1	0	0	0	0	0	0	0
硅灰石	26	0	0	24	2	406	15.75	0	20.82	2396.9	260	2346.7	70.4
滑石	52	3	2	34	13	2188	53.76	0	89.75	9284.17	52.47	7072.89	2618.2
石棉	1	0	0	0	1	6	0	0	0	0	0	0	0
长石	28	0	0	10	18	279	25.54	0	25.27	4101.81	30	3076.81	475.65
蛭石	2	0	0	2	0	20	0	0	0	0	0	0	0
沸石	9	0	0	4	5	321	37.11	0	31.2	704.5	40	654	31.8
石膏	3	0	3	0	0	1488	48.4	0	48.4	5188	0	3688	87
方解石	34	0	0	21	13	422	26.67	0	26.67	1747.06	21	1618.41	306.6
玉石	11	0	0	5	6	100	0.48	0	0.41	240	100	207.7	78
水泥用灰岩	98	12	6	71	9	4764	3081.31	0	3410.29	368631.73	38833.25	241519.01	29378.43
建筑石料用灰岩	403	5	8	229	161	6792	3597.82	0	3549.26	51150.64	5137.6	44892.15	4622.26
饰面用灰岩	2	0	0	0	2	32	10.57	0	14.57	47	10	43	2
制灰用石灰岩	69	0	0	29	40	1222	362.05	0	367.54	10386.94	391	8779.94	867.7
泥灰岩	1	0	0	1	0	2	5.03	0	5.03	45	0	45	5
玻璃用白云岩	4	0	0	1	3	56	1.5	0	1.5	30	0	30	0
建筑用白云岩	99	3	4	74	18	1474	1830.72	0	1911.37	13074.04	988.73	12505.05	3116.1
玻璃用石英岩	34	0	1	19	14	479	63.01	0	64.01	2641.4	253	2458.11	504.7
水泥配料用砂岩	3	0	0	3	0	22	5.4	0	8.1	70	10	50	15
砖瓦用砂岩	3	0	0	2	1	70	15.67	0	17.92	194.5	2	169.5	38
陶瓷用砂岩	3	0	0	2	1	23	1	0	1	4	0	4	0
建筑用砂岩	18	0	0	8	10	170	85.04	0	92.49	784.7	0	770.7	281.52
玻璃用砂	8	0	0	0	8	257	20.3	0	43	346	0	346	10.2
建筑用砂	13	0	0	6	7	283	63.4	0	65.3	1264	3	1264	143.6
玻璃用脉石英	1	0	0	1	0	50	0.8	0	0.8	0	0	0	0
水泥配料用脉石英	3	0	0	3	0	50	0.5	0	0.8	25	0	25	1
砖瓦用页岩	20	0	0	17	3	1440	23.45	0	57.46	4382	346	3997	98.1

续表 2－2

矿种	矿山企业数(个)					从业人员(人)	年产矿量		实际采矿能力(万吨/年)	工业总产值(万元)	综合利用产值(万元)	矿产品销售收入(万元)	利润总额(万元)
	合计	大型	中型	小型	小矿		万吨	万立方米					
水泥配料用页岩	3	0	0	3	0	33	12.61	0	12.61	580.32	2	332.22	24
建筑用页岩	4	0	0	4	0	139	7.9	0	7.9	346.28	0	344.08	18.77
高岭土	3	0	0	3	0	31	0	0	0	30	1.5	0	0
陶瓷土	9	0	0	7	2	197	35.6	0	40.51	1807	310	1804	61
海泡石黏土	1	0	0	1	0	5	0	0	0	0	0	0	0
膨润土	69	0	11	38	20	2548	87.08	0	182.38	29394.66	137	33162.6	3290.26
砖瓦用黏土	375	0	0	240	135	16185	819.29	0	887.39	44500.99	1305.75	34680.73	4294.06
陶粒用黏土	2	0	0	1	1	10	0	0	0	0	0	0	0
水泥配料用黏土	1	0	0	0	1	5	0	0	0	0	0	0	0
水泥配料用泥岩	3	0	0	0	3	24	4.3	0	4.3	50	0	50	9
保温材料用黏土	1	0	0	0	1	50	0	0	0	0	0	0	0
建筑用橄榄岩	1	0	0	1	0	1	0	0	0	0	0	0	0
饰面用蛇纹岩	22	0	0	22	0	273	9.67	0	12.78	1609.8	1	1609.8	744
饰面用玄武岩	1	0	0	0	1	6	0	0	0	0	0	0	0
建筑用玄武岩	26	0	0	19	7	413	106.52	0	123.07	2847.25	199.5	2668.25	422.75
建筑用辉绿岩	12	0	0	12	0	82	13.19	0	12.26	215.5	22	215.5	49
建筑用安山岩	118	0	0	94	24	2286	928.17	0	902.4	21980.45	310	20445.58	1216.32
建筑用闪长岩	18	0	0	14	4	358	99.95	0	99.57	1869.7	26	1603	209.5
饰面用闪长岩	2	0	0	1	1	28	1.48	0	1.48	58	0	49.5	1
建筑用二长岩	1	0	0	1	0	36	18.81	0	18.81	287.38	5.75	287.38	4.4
建筑用花岗岩	495	3	7	415	70	5802	1934.14	0	2267.03	33041.97	1167.43	31032.77	15897.93
饰面用花岗岩	8	0	0	7	1	99	13.09	0	14.85	4545.2	0	4510.41	3887
珍珠岩	5	0	0	3	2	67	5.8	0	5.99	692	4	652	66
建筑用凝灰岩	12	0	0	9	3	144	17.57	0	21.57	202	82	197	22

续表 2－3

矿种	矿山企业数(个)					从业人员(人)	年产矿量		实际采矿能力(万吨/年)	工业总产值(万元)	综合利用产值(万元)	矿产品销售收入(万元)	利润总额(万元)
	合计	大型	中型	小型	小矿		万吨	万立方米					
饰面用大理石	35	0	0	5	30	201	3.67	0	9.37	343.8	0	340.8	108.5
建筑用大理岩	135	0	0	120	15	1033	582.06	0	506.85	4680.2	81	4613.57	1287.34
水泥用大理岩	18	0	0	18	0	398	72.78	0	72.67	1077.25	0	997.5	105
水泥配料用板岩	3	0	0	3	0	21	2.33	0	13.13	34.9	0	34.9	5.2
片麻岩	5	0	0	4	1	120	50.24	0	59.35	1469	24	1469	324
矿泉水	63	0	3	44	16	1179	87.87	0	0	5895.89	0	4499.95	－3050.57
地下水	1	0	0	1	0	30	6.57	0	0	13	0	13	5
其他矿产1	17	0	0	14	3	208	30.18	0	30.56	991.09	16	990.96	279.99
其他矿产2	9	0	0	8	1	236	353.19	0	356.43	1085.85	0	1085.85	367.8

表 3　　2011 年度辽宁省矿产资源开发利用情况(按行政区分列)

名称	矿山企业数(个)					从业人员(人)	年产矿量		实际采矿能力(万吨/年)	工业总产值(万元)	综合利用产值(万元)	矿产品销售收入(万元)	利润总额(万元)
	合计	大型	中型	小型	小矿		万吨	万立方米					
合计	3941	92	111	2337	1404	292110	37618.3	0	38903.25	6962611.44	190511.73	6204532.98	1443565.35
沈阳市	121	2	3	89	27	17877	1373.7	0	1250.06	3305070.93	1413	313764.83	76883.96
大连市	274	18	16	235	5	8426	4424.05	0	4523.2	218214.89	18183.55	125555.07	30810.23
鞍山市	259	16	15	101	89	24800	1824.52	0	1862.81	724221.91	78	567613.37	78232.5
抚顺市	211	8	4	110	89	24800	1824.52	0	1862.81	724221.91	78	567613.37	78232.5
本溪市	240	7	10	107	116	20131	4058.18	0	3958.73	875171.86	43463	761869.89	160927.54
丹东市	590	6	7	344	233	19598	1316.72	0	1314.05	281298.49	19705.23	275858.59	57150.05
锦州市	285	4	10	252	19	7661	2525.25	0	2556.1	90228.64	3489.23	84458.62	12356.94
营口市	282	1	4	214	63	3863	1319.53	0	1264.86	15383.24	59.37	15372.35	3076.24
阜新市	243	5	1	94	143	42931	4104.33	0	4162.34	799333.47	52380	671654.49	142747.3
辽阳市	377	9	10	257	101	29894	4104.33	0	4162.34	799333.47	33439	722985.77	179752.64
盘锦市	3	0	0	1	2	81	1.96	0	0.01	391.54	94.19	373.23	－502.27
铁岭市	251	10	3	236	2	37740	3440.95	0	4079.89	890131.23	1495	809450.53	122429.78
朝阳市	492	4	18	146	324	42585	4428.1	0	3749.75	824597.41	1819	726843.27	130311.56
葫芦岛市	313	2	10	151	187	66	1133.71	0	1659.23	123492.55	5969.16	86412.44	21183.55

(辽宁省国土资源厅)

黑龙江省

【矿产资源概况】 黑龙江省是矿产资源大省，矿产种类比较齐全。截至2011年底，全省共发现各类矿产（含亚矿种）134种，占全国已发现237种矿产（含亚矿种）的56.5%。全省已查明资源储量的矿产有83种，占全国2010年度已查明227种矿产（含亚矿种）资源储量矿产的36.6%。已查明的83种矿产按工业用途分为九大类，其中能源矿产6种；黑色金属矿产3种；有色金属矿产11种；贵金属矿产6种；稀有、稀散元素矿产8种；冶金辅助原料非金属矿产7种；化工原料非金属矿产7种；建材和其他非金属矿产33种；水气矿产2种。已发现尚未探明的各类矿产51种。全省已查明有矿产资源储量的83种矿产中，除石油、天然气、铀矿、地热、地下水、矿泉水外，矿区矿产地数为910处，矿山数为2200处。查明资源储量按矿产地规模统计，大型116处，中型186处，小型573处。黑龙江省矿产资源的分布，石油、天然气主要集中在松辽盆地的大庆一带；煤炭则分布在东部的鹤岗、双鸭山、七台河和鸡西等地；有色、黑色金属矿产主要分布于嫩江、伊春和哈尔滨一带；金矿分布在大小兴安岭及伊春、佳木斯、牡丹江等地；非金属矿产主要分布在黑龙江省的东部和中部地区。

在全国统计的45种主要矿产中，黑龙江省石油、天然气、铀、煤、铜、铁、铅、锌、金、水泥用大理岩（灰岩）、玻璃硅质原料、硫、磷等矿种是国民经济支柱性矿产，已开发利用的矿种有石油、天然气、煤、铁、铜、铅、锌、金、水泥用大理岩、玻璃硅质原料。

【地质勘查】 黑龙江省已经形成了以国有地质勘查单位为主体，多种经济类型并存的地质勘查行业队伍。截至2011年底，黑龙江省地质勘查行业具有地质勘查资质单位126家。其中取得甲级资质单位27个，取得乙级资质单位30个，取得丙级资质单位69个。全省地质勘查单位从业人数2.84万人，其中在职职工1.73万人，从事地质勘查工作人员0.77万人，其中技术人员0.43万人，工程勘察与施工人员0.08万人。社会企事业地勘单位职工总人数0.76万人，其中在职职工0.68万人。

黑龙江省矿产勘查2011年度共投入资金108916.69万元。其中，中央财政13930.76万元，占总量的12.79%；地方财政26190万元，占总量的24.05%；社会资金68795.93万元，占总量的63.16%。本年度实施矿产勘查项目411项次，完成钻探工作量580532.4米。

表1　　2011年度黑龙江省已查明矿产和已发现尚未探明矿产统计

矿产类别	已查明储量矿产		已发现尚未探明储量矿产	
	矿种数（个）	矿种名称	矿种数（个）	矿种名称
能源矿产	6	石油、天然气、煤、地热、铀矿、油页岩	2	煤层气、褐煤蜡
黑色、有色金属矿产	14	铁、钛、钒、铜、铅、锌、镁、镍、钴、钨、锡、铋、钼、锑、	3	锰、铬、汞
贵金属矿产	6	铂、钯、铱、锇、金、银	2	钌、铑
稀有稀散放射性元素矿产	8	钽、铍、镓、铟、铼、硒、镉、碲	9	钇、镧、铈、镨、锗、铌、锂、锆、钍
冶金辅助原料非金属矿产	7	矽线石、普通萤石、熔剂用灰岩、冶金用白云岩、铸型用砂、耐火黏土、菱镁矿	1	蓝晶石
化工原料非金属矿产	7	硫铁矿、伴生硫、化肥用蛇纹岩、泥炭、砷、硼、磷	3	自然硫、重晶石、天然碱
建材及其他非金属矿产	33	石墨、压电水晶、熔炼水晶、硅灰石、石棉、云母、长石、石榴子石、叶蜡石、沸石、颜料矿物、玻璃用砂、玻璃用脉石英、陶粒页岩、水泥配料用页岩、陶瓷土、膨润土、陶粒用黏土、水泥配料用黏土、饰面用辉长岩、铸石用玄武岩、岩棉用玄武岩、饰面用花岗岩、珍珠岩、火山灰、饰面用大理岩、水泥用大理岩、玻璃用大理岩、浮石、制灰用石灰岩、水泥配料用砂岩、硅藻土、陶粒用板岩	28	高岭土、水泥用灰岩、蓝宝石、玛瑙、玉石、电气石、刚玉、红柱石、滑石、方解石、麦饭石、黑曜岩、松脂岩、霞石正长岩、透闪石、透辉石、石膏、硅石、蛭石、砖瓦用黏土、建筑用凝灰岩、建筑用砂、火山渣、电石用灰岩、泥灰岩、明矾石、蛋白石、芒硝
水气矿产	2	地下水、矿泉水	3	二氧化碳气、硫化氢气、氮气

截至2011年底，黑龙江省固体矿产勘查获得新增查明矿产资源储量找矿成果的项目共有16个，新发现矿产地7个。其中，新发现大型矿产地1个(煤矿)；新发现中型矿产地5个(铁矿1个、钼矿4个)；新发现小型矿产地1个(硅石矿)。新发现中型地热、地下水资源各1个。黑龙江省2011年度已查明矿产和已发现尚未探明矿产统计见表1。

【矿产资源开发利用】 2011年，黑龙江省现有各类持证矿山2951个，其中部、省级发证1224个，市级发证1630个，县级发证97个。年内对2944个矿山进行了采矿权年检，年检不合格矿山7个，合格率为99.76%。本次年检共查处非法采矿24起，注销采矿许可证5个，吊销采矿许可证13个，发现侵权越界情况172个，追征矿补费934.50万元，收缴罚没款329.29万元，没收矿产品136.23万吨。全省开发利用程度较高的矿种有煤炭、铁、金、水泥用大理岩、铜、石墨以及一些建材用非金属矿和矿泉水等。正在开采的矿种有煤炭、铁、铜、铅、锌、石墨、水泥用大理岩等矿产，未开发利用矿种有菱镁矿、白云岩、铂、钯、长石等矿产。2011年度，共依法审批颁发采矿许可证475个，勘查许可证406个，矿产资源有偿使用收益共实现13.29亿元。全省矿产资源补偿费实缴金额为12.77亿元，与2010年同比增加了3.58亿元。矿产资源补偿费缴纳以大庆石油天然气开采业为主，占全省上缴总额的76.82%，其他市(地)实缴矿产资源补偿费金额占23.18%，主要为煤炭、金、铜、铁、石墨和水泥用大理岩等矿产。黑龙江省2011年度矿产资源开发利用情况见表2～4。

表2　　2011年度黑龙江省矿产资源开发利用情况(分矿种汇总)

矿种	矿山企业数(个)					从业人员(人)	年产矿量(万吨)	工业总产值(万元)	综合利用产值(万元)	矿产品销售收入(万元)	利润总额(万元)
	合计	大型	中型	小型	小矿						
总计	3788	484	231	1353	1720	348576	18975.61	3708600.79	109328.15	3539784.49	493864.92
煤炭	954	29	27	485	413	267848	9051.43	3252164.44	106190.00	3098518.68	406279.29
地下热水	4			4		48	116.00	176.00		160.00	
铁矿	43	3	2	15	23	3019	239.83	64769.34	285.00	54022.40	13648.59
铜矿	9	1	2	3	3	1894	170.59	21880.83	1730.60	21762.23	1620.00
铅矿	9		1	3	5	698	7.61	3096.00		3096.00	15.00
锌矿	3			1	2	94	0.03	225.00		225.00	
镁矿	1			1		8					
钼矿	4	1	1	1	1	250	28.84	1589.00		1589.00	20.00
金矿	16	1	2	11	2	3017	83.62	88086.25		88086.20	41365.00
矽线石	2	1		1		323	2.00	100.00		100.00	60.00
熔剂用灰岩	1			1		204	62.60	2198.70		2146.00	21.00
冶金用石英岩	2				2	8					
冶金用脉石英	5				5	110	0.21	25.00		25.00	12.50
泥炭	2			2		31	0.20	64.00	247.00	64.00	5.00
石墨	17	11	3	2	1	2706	336.30	60186.16		58405.80	6236.49
熔炼水晶	1			1		7					
硅灰石	2				2	11	0.12	12.00		12.00	2.80
叶蜡石	1			1		10	0.23	46.00		45.16	2.00
沸石	6			1	5	30	4.00	74.00		74.00	15.00
水泥用灰岩	19			5	14	214	15.80	237.50		187.50	12.00

续表 2－1

矿种	矿山企业数(个)					从业人员（人）	年产矿量（万吨）	工业总产值（万元）	综合利用产值（万元）	矿产品销售收入（万元）	利润总额（万元）
	合计	大型	中型	小型	小矿						
建筑石料用灰岩	11			3	8	149	31.93	131.52		105.52	10.75
饰面用灰岩	1			1		35					
制灰用石灰岩	8			2	6	242	20.50	590.00		590.00	109.00
泥灰岩	1			1		3	1.30	23.40		23.40	4.68
玻璃用白云岩	2			2		11	1.36	31.20	18.00	31.20	6.00
建筑用白云岩	7			1	6	43	0.63	60.00	26.00	60.00	6.10
玻璃用石英岩	7			2	5	153	0.27				
水泥配料用砂岩	2			2		45	0.40	4.00		4.00	
砖瓦用砂岩	7		1	6		165	43.73	1470.00		1450.00	42.00
建筑用砂岩	35			31	4	222	109.52	435.31		431.73	123.10
建筑用砂	462	1		193	268	4662	1496.41	20045.14	196.00	19712.49	2158.75
玻璃用脉石英	8			6	2	44					
陶粒页岩	8		1	7		154					
砖瓦用页岩	2			2		24	5.65	162.63		162.63	25.00
建筑用页岩	1				1	5					
高岭土	1	1				3					
膨润土	2		1		1	40	2.00	250.00		250.00	30.00
砖瓦用黏土	880			107	773	43216	1214.91	80065.15	105.50	79111.11	8231.45
陶粒用黏土	6	1		3	2	102	6.80	49.10	5.00	49.10	3.40
水泥配料用黏土	6	2		4	6	38	2.02	260.00		260.00	26.00
水泥配料用红土	4				4	136	4.00	480.00		480.00	13.00
水泥配料用泥岩	1			1		50					
铸石用玄武岩	6	2		3	1	57	4.75	86.15		86.15	24.00
饰面用玄武岩	2		1	1		13					
建筑用玄武岩	155	55	16	69	15	1680	498.33	5980.80	35.00	5488.69	784.82
建筑用角闪岩	1		1			3					
建筑用辉绿岩	16	7	5	4		236	33.78	674.20		667.20	165.50
饰面用辉长岩	1			1		1					
建筑用辉长岩	6	2		4		101	9.30	120.00		118.0	22.50
饰面用安山岩	1			1		9					
建筑用安山岩	283	121	34	89	39	4288	1939.87	17072.30	0.50	16917.34	4281.25

续表 2-2

矿种	矿山企业数(个)					从业人员(人)	年产矿量(万吨)	工业总产值(万元)	综合利用产值(万元)	矿产品销售收入(万元)	利润总额(万元)
	合计	大型	中型	小型	小矿						
建筑用闪长岩	47	34	2	10	1	702	498.69	8444.85		8403.85	780.94
饰面用闪长岩	2	1		1		26	0.69	255.12		255.12	17.00
建筑用花岗岩	449	161	85	165	38	5363	1231.71	15506.44	477.54	15300.93	2804.58
饰面用花岗岩	23	1	2	11	9	1324	12.64	2932.32		2932.32	250.24
麦饭石	1			1		10					
珍珠岩	2			2		128	2.00	100.00		100.00	10.00
浮石	7			6	1	90	1.27	40.40		40.40	11.50
水泥用凝灰岩	2	1		1		17	4.40	47.00		47.00	5.00
建筑用凝灰岩	46	16	16	9	5	549	219.07	1870.70	7.00	1870.65	302.13
火山灰	2				2	5					
饰面用大理岩	2	1		1		7					
建筑用大理岩	7			7		30	10.39	30.00		30.00	10.00
水泥用大理岩	102	31	25	21	25	2840	1435.54	55268.81	5.00	55129.17	4263.55
饰面用板岩	4			3	1	19	2.25	27.00		26.00	2.10
水泥配料用板岩	1			1		3	0.50	13.00		8.00	0.15
矿泉水	55	1	3	32	19	975	9.60	1144.01		1123.53	25.77
地下水	1			1		5					
其他矿产	1			1		5					

表 3　　**2011 年度黑龙江省矿产资源开发利用情况(分经济类型汇总)**

企业经济类型	矿山企业数(个)					从业人员(人)	年产矿量(万吨)	工业总产值(万元)	综合利用产值(万元)	矿产品销售收入(万元)	利润总额(万元)
	合计	大型	中型	小型	小矿						
总　计	3788	484	231	1353	1720	348576	18975.61	3708600.79	109328.15	3539784.49	493864.92
一、内资企业	3781	483	229	1350	1719	347790	18949.82	3697986.79	109328.15	3529170.49	492229.92
国有企业	227	40	17	115	55	128722	5523.47	1719967.26	4086.90	1606939.48	90069.71
集体企业	476	9	10	123	334	27794	946.62	173776.22	39134.00	165269.45	20021.41
股份合作企业	73	2		18	53	5534	208.32	38550.03	7603.90	37926.12	2896.56
联营企业	8		1	2	5	489	13.05	940.11		940.11	77.00
有限责任公司	320	66	20	135	99	48295	2545.79	494658.92	23535.60	474350.79	89812.36
股份有限公司	164	19	13	67	65	51580	2568.89	695691.93	20192.50	679463.79	196310.22
私营企业	2504	342	168	887	1107	85271	7106.30	574116.21	14775.24	563994.64	92971.86
其他企业	9	5		3	1	105	37.38	286.12		286.12	70.80
二、港、澳、台商投资企业	2		2			583	23.91	9564.00		9564.00	1630.00
三、外商投资企业	5	1		3	1	203	1.88	1050.00		1050.00	5.00

表 4　　2011 年度黑龙江省矿产资源开发利用情况(分行政区汇总)

行政区名称	矿山企业数(个)					从业人员(人)	年产矿量(万吨)	工业总产值(万元)	综合利用产值(万元)	矿产品销售收入(万元)	利润总额(万元)
	合计	大型	中型	小型	小矿						
总计	3788	484	231	1353	1720	348576	18975.61	3708600.79	109328.15	3539784.49	493864.92
哈尔滨市	625	204	59	97	265	20074	4015.24	129879.42		138268.02	4002.24
齐齐哈尔市	304	33	8	140	123	10724	1658.72	39349.35	175.00	40068.15	2795.60
牡丹江市	362	65	23	103	171	13509	961.22	134571.88	1400.00	126838.71	24331.73
佳木斯市	326	3	1	204	118	7437	618.18	11991.00		11991.00	912.15
大庆市	120			18	102	6618	407.82	5657.00	0.50	5546.50	612.9
鸡西市	515	17	13	242	243	73644	2687.57	855763.64	3519.74	803394.37	98096.53
鹤岗市	219	32	13	102	72	59964	2164.07	620669.38	95986.00	600347.66	167836.14
双鸭山市	331	26	16	145	144	56715	2022.21	868981.35	890.00	838321.71	63476.60
七台河市	410	21	32	184	173	69615	2020.60	642844.50	1849.40	579117.97	30618.45
伊春市	96	7	27	30	32	4340	205.72	35258.19	512.00	34998.74	6802.17
黑河市	188	48	27	58	55	10537	769.07	212555.19	1730.60	210849.48	63047.24
绥化市	215	15	6	15	179	12413	766.55	44178.30		43144.00	4694.60
大兴安岭地区	77	13	6	15	43	2986	678.64	106901.59	3264.90	106898.17	26638.52

【地质环境与地质灾害调查评价】 黑龙江省矿山地质环境治理恢复保证金制度建设顺利推进,2011 年收取保证金 11404.1245 万元。省国土资源厅审定矿山地质环境恢复治理方案 181 项,年内争取国家级矿山地质环境治理项目 3 个,投入资金 1.15 亿元。2011 年已初步查明全省范围内地质灾害隐患点 2730 处,其中,危险性较大的地灾隐患点 200 余处。开展了 15 处重要地质灾害隐患点的勘查工作,新立地质灾害治理项目 12 个,批复资金 2850 万元。全省共开展建设用地地灾评估 505 项,其中一级 196 项,二级 23 项,三级 286 项,为有效防范因人为活动而诱发地灾发生发挥了积极作用。

1. 地质遗迹保护。黑龙江省有世界地质公园 2 处、国家地质公园 5 处、省级地质公园 17 处。2011 年,全省已完成 7 处地质公园总体规划编制工作,凤凰山省级地质公园已经国家地质公园评审组审查通过。当年投入资金 20876 万元,对 12 处地质公园的基础设施、保护设施、科普设施进行了建设。

2. 地下水及地质环境监测。截至 2011 年底,全省共有专业地质环境监测点 228 个,其中,国家级地下水监测点 70 个,水质监测点 35 个,地质灾害点 14 个,控制面积 90355 平方千米,基本上形成了覆盖松嫩平原、三江平原及大中城市主要地区的地质环境监测网络,并组织开展了“黑龙江省地质灾害预警预报信息系统”建设。

【矿产品产、供、销】 矿业是黑龙江省国民经济建设的支柱产业,在全省工业中占有重要地位,现已形成包括石油、煤炭、有色与黑色、冶金、化工和建材等部门在内的由采、选、冶及原料加工等组成的矿业体系。2011 年黑龙江省地区生产总值完成 12582.0 亿元(按当年价格计算),比 2010 年增长了 21.35%,人均国内生产总值完成 32819 元,与 2010 年同比增长 21.21%,全省工业总产值完成 11514.6 亿元,与 2010 年同比增长了 20.76%,占全省地区生产总值的 91.52%,

黑龙江省生产矿山和个体采矿业(除石油、天然气外)有 3788 家,从事矿产开采的人员有 348576 人,其中能源矿产中煤炭从业人员占总量比重较大,其次为建材及其他非金属矿产从业人员,从业人员(除石油、天然气外)主要集中在煤炭、砖瓦黏土采矿业中,其次为建筑用花岗岩、金矿、铜矿、铁矿、水泥用大理岩、建筑用安山岩、建筑用砂及铅矿、矿泉水等生产矿山。

规模以上工业(统计口径内)的采选业、相关加工业,2011 年实现工业总产值为 5255.30 亿元(当年价格),与2010年同比上升24.73%,占全省工业总产值11514.6亿元的45.64%,全年完成利润总额1124.73亿元,与2010年同比上升27.30%,全省采矿企业列入统计口径范围内的企业有330家,占全省企业总数的9.77%,其中煤炭开采和洗选业有244家,其次为非金属矿采选业有38家,石油天然气开采业19家,全年实现工业总产值2960.89亿元(当年价格),比2010年增加了656.94亿元,上升了28.51%,占全省矿业及相关产业总量的56.34%,全省采掘业中,石油天然气开采业工业销售产值完成2159.38亿元,煤炭开采业完成工业销售产值672.36亿元。

石油原料产地和相关制品。黑龙江省石油原料产地和相关制品以大庆为主体,2011年度全省石油、天然气开采业可达19家。当年原油产量为4006.0万吨,与2010年同比增加了1.1万吨。但可供量比2010年上升了12.48%,石油原料基本能满足供给本省。近年来虽然黑龙江省油气勘探储量有所增加,但随着资源开发耗竭,资源接续不容乐观。

煤炭资源。黑龙江省是煤炭资源大省,查明煤炭资源储量在全国排序占第11位,全省煤炭生产矿山企业已达954家,当年煤炭采掘业工业销售产值达6724亿元,当年全省原煤产量为8780.1万吨,与2010年同比减少了485.4万吨。原煤可供量为13098.6万吨,当年进口原煤96.9万吨,能满足供给本省。

黑龙江省地热开发尚属初级阶段,2011年只有林甸、汤原开发利用,其他地区因工作程度仅为民用。全省现有小型地下热水矿山4处,年产地热水116万吨。

黑龙江省有色金属矿产资源丰富,在已发现11种有色金属矿产中主要以铜、铅、锌、钼开采为主。全省2011年生产的铜矿山企业9家,年产矿量170.59万吨,矿产品销售收入21762.23万元,创工业产值可达21880.83万元。多宝山铜矿由于矿石质量和工作程度低的影响,尚未开发利用,现有的生产矿山,由于受到开采能力和资源综合利用限制,扩大生产量有困难,在原料供给上仍有一定缺口,又因黑龙江省没有铜矿石冶炼加工厂,每年靠外省或进口大量铜材和深加工产品。铅、锌资源没有大的资源接续开采矿山,铅现有生产矿山9家,8家是小型或小型以下的生产矿山企业,年产铅矿量7.61万吨,创工业产值可达3096万元。锌现有小型以下生产矿山3家,铅锌随着开采矿山储量的耗减,产量逐年下降,其产量基本上能满足本省需求,因黑龙江省没有铅、锌冶炼厂,生产的原矿都销往辽宁和甘肃,需求的矿产品则从辽宁购进和少量进口。黑龙江省钢铁工业资源主要是铁矿,现有生产矿山因资源问题正处于停采和半停采阶段。而铁矿资源分布分散、品位低,可供开采的资源储量不足,铁的原料供给缺口很大,全省生产矿山企业43家,年产铁矿量239.83万吨。矿产品销售收入54022.40万元,完成利润总额13648.59万元,创工业产值可达64769.34万元。

黑龙江省铁矿产品每年外购量约在80%以上,随着矿山资源枯竭,铁矿原料供给对外依赖性将更加突出。非金属矿产黑龙江省石墨资源丰富,产量自给充足。全省石墨生产矿山17家,年产矿量336.30万吨,完成利润总额6236.49万元,创工业产值可达60186.16万元。近年来因为国际市场石墨产品需求量波动,石墨用量也不稳定,从中长期看,应利用本省石墨资源储量丰富和矿石质量好的优势,在产品的深加工和产品的更新换代上找出路,增加石墨制品的比重,形成龙头产业链。

黑龙江省水泥用大理岩资源丰富,资源储量大,能满足本省需求。但优质水泥用大理岩的勘查评价工作明显滞后,一些优质水泥需外进和进口来满足市场的需求。全省现有水泥用大理岩生产矿山102家,年产矿石1435.54万吨,矿产品销售收入55268.81万元,完成利润总额4263.55万元,创工业产值可达55268.81万元。

建筑用砂黑龙江省现有生产矿山462家,年产矿砂1496.41万吨,矿产品销售收入19712.49万元,完成利润总额2158.75万元,创工业产值可达20045.14万元。全省建筑用砂矿产资源能满足需求,但随着采砂行业满足市场需要的同时也增加了环境治理上的压力,要加强保护性开采。

玻璃硅质原料黑龙江省资源丰富,可满足近期需要,虽然有十几家小型矿山开采,但原矿供给仍有少量缺口,今后要加强勘查和矿山开发力度,缓解本省供给局面。贵重金属采选业以岩金开发为主,主要侧重于本省北部和东部的黑河、伊春、林口、桦南、嘉荫等地区,全省金矿现有生产矿山16家,以小型生产矿山企业为主,矿产品销售收入88086.20万元,完成利润总额41365万元。黑龙江省缺磷少钾(盐),所需矿石原料全部靠外地调入。

优势矿产。黑龙江省矿产资源中属优势矿产的主要有石油、煤炭、石墨、水泥用大理岩等,铁、铅以及农用化肥等矿产大多依赖外购,可利用资源不算充足。有些矿产随着环境治理和政策性生产的矿产,如煤炭、金等资源自给程度不断降低,亦将出现部分外购的局面。有些固体矿产勘查投资不断降低,力度不足,造成新增矿产地明显减少,随着“八五”以来大规模矿产开采高潮的持续,可利用矿产地及其资源量以较快的速度减少,造成本省矿产资源储备不足,有些矿产如铜、铅、锌,因本省没有冶炼厂,需销往外地冶炼,增加了生产部门的成本。

今后应开发黑龙江省内资源丰富、市场前景好的矿产,如石墨、矽线石等,通过技术改造和矿产品深加工水平,增强市场活力和出口竞争力。同时根据经济和建材工业发展需要,积极开发水泥用大理岩和玻璃用砂矿产,以及建筑用料替代品(陶粒页岩、陶粒黏土)的开发。

【伊春地质古生物国际学术研讨会】 由伊春市政府、黑龙江省国土资源厅和吉林大学共同举办的伊春地质古生物国际学术研讨会于 2011 年 8 月 20 ~ 24 日在林都伊春市举行。来自美国、俄罗斯、英国、德国、法国、日本、韩国、蒙古、印度、泰国、以色列、巴西、澳大利亚及中国等 15 个国家 160 余名专家学者共同探讨伊春地区及黑龙江省地质古生物自然资源的研究与保护。我国著名地质学家李廷栋院士、著名古生物学家孙革、董枝明、彭善池、杨群、徐星等教授,美国著名古生物学家迪尔切院士、俄罗斯阿克米梯耶夫院士、以色列克拉西洛夫院士等应邀出席了本次国际会议。中国地质学会常务副理事长孟宪来、黑龙江省副省长于莎燕,省国土资源厅厅长孙纲、副厅长周亚明、张财,伊春市委书记王爱文、市长高环等领导出席研讨会开幕式并致辞。研讨会期间各国专家提交 50 余份学术报告,大会举行了 7 个单元的学术交流。会议代表还参观考察了小兴安岭恐龙博物馆、上甘岭“红山植物群”、五星镇西钢石灰石矿、五星铅锌矿、嘉荫恐龙博物馆、龙骨山剖面、乌云煤矿,在嘉荫 K – Pg 界线点参加了立碑揭幕仪式。

【全国矿产督察工作座谈会】 2011 年 8 月 18 日,全国矿产督察工作座谈会在鹤岗市召开。会议总结交流了全国矿产督察工作,介绍了矿产督察管理信息系统建设工作进展情况,并对下一步矿产督察工作进行了安排部署。国土资源部储量司副司长许大纯,黑龙江省国土资源厅副厅长张财,鹤岗市委书记杜吉明出席会议并致辞。会议强调各级国土资源管理部门要充分发挥矿产督察工作的地位和作用,切实加强组织领导,进一步健全完善矿产督察工作机制,要由一位主管领导负责督察员管理工作,由专人负责矿产督察日常管理工作,要有固定的办公场所,必要的工作经费,专门的工作人员;要至少按照 1:3 的比例,配齐省级矿产督察员,积极鼓励有条件的市、县级国土资源主管部门聘任本级矿产督察员,完善矿产督察员年度考核管理,细化考核内容和标准;要创新督察工作方式,探索开展异地督察,推广应用信息化技术,提高督察工作效率和水平,加强现场督察、深入到勘查、采矿和选矿现场,对照图纸和原始生产记录台账进行检查;进一步把督察成果应用好,及时发现问题、及时解决问题,加大督察问题的整改力度,要与矿产资源管理秩序专项整治、矿山年检、采矿权市场建设等有机结合起来,发挥整体功能,要把督察与服务结合好,及时解决矿山企业在开发过程中遇到的问题,为矿山企业依法依规开发矿产资源提出意见和建议。黑龙江省国土资源厅储量处处长吴迪代表省国土资源厅、局长王文昌代表鹤岗市国土资源局在会上作典型发言,另有山东、浙江、宁夏、新疆以及贵州省毕节地区、湖北省彭方刚督察员作典型发言,分别介绍了各具特色的好做法、好经验。与会代表还就矿产督察工作进行了座谈讨论,提出意见和建议。会议代表还考察了萝北黄金古镇、黑龙江流域博物馆。参加这次座谈会的有来自 30 个省(市、区)国土资源厅、20 个市、县国土资源局及国土资源部信息中心、国土资源报的代表共 90 余人。

【黑龙江省地矿局与日喀则行署签订合作框架协议】 2011 年 6 月 15 日黑龙江省地质矿产局与西藏日喀则行政公署在哈尔滨市举行矿产合作开发洽谈会,签署了战略合作框架协议,共同促进西藏日喀则地区矿业发展,实现合作双赢。黑龙江省地矿局副局长倪笑山、李骞、王逊,纪检组长王文祥,西藏日喀则行署常务副专员、黑龙江省援藏工作队总领队李耀东,行署副专员旺堆、行署副秘书长狄恒、尼玛、黑龙江省财政厅国库处处长孙良君、黑龙江省国土资源厅地勘处处长孙文礼、国家开发银行黑龙江分行副行长姜树蔚出席了会议。会议由王逊主持,倪笑山、旺堆分别代表战略合作双方在框架协议上签字。根据协议黑龙江省地矿局以专业技术、资料信息、人才设备等优势,为日喀则地区涉矿工作提供全方位支持;协助日喀则地区开展矿产资源发展规划、地质遗迹保护、矿泉水及地热开发专项规划、城市土地利用发展规划编制工作;提供矿业勘查及开发技术支撑,并在人才培养方面提供帮助;与西藏地矿局密切合作,三方共同筛选靶区并立项,依法在所在地获得矿权登记,根据需要引进合作伙伴进行勘查和开发,融入区域经济,实现互动发展。西藏日喀则地区行政公署对双方合作的项目适时进行检查和监督;依托地缘信息资料优势,提供好的靶区双方共同立项;可占有合作勘查项目最终成果一定比例的份额;支持合作方在其所管辖区域内进行地质勘查项目的矿权登记及资源整合,并在办理上提供方便条件;在进行野外勘查工作时,帮助协调解决土地、林地、防火、环保、牧民、社会治安、基层政府等方面的问题,优化野外施工环境。西藏日喀则地区及谢通门县、仁布县、康马县相关领导,黑龙江省财政厅、黑龙江省国土资源厅有关领导,黑龙江省第四批援藏干部代表,金融界、企业界代表，黑龙江省地矿局机关及局属单位相关领导60余人参加了签字仪式。

【黑龙江省地质矿产局与大兴安岭行署联手战略合作】 2011年5月18日黑龙江省地质矿产局与大兴安岭行政公署矿业经济发展战略合作框架协议签字仪式在哈尔滨举行。黑龙江省副省长于莎燕、黑龙江省国土资源厅厅长孙纲、大兴安岭地委书记肖建春、行署专员、林管局局长单曾庆，黑龙江省地矿局局长徐飞鹏等有关领导参加了签字仪式。副省长于莎燕在致辞中指出："十二五"期间，省委省政府将矿业经济列入全省重点推进的十大产业之一，因此加大地质勘查工作力度，在大兴安岭重点成矿区带实现找矿快速突破，把黑龙江省矿业经济做大做强，实现黑龙江省矿业经济的大发展、快发展，将是今后的一项战略重点工作。这次双方的战略合作，考虑了国家、地勘单位、地方政府、企业的利益，相信这种"四位一体"的合作模式，必将为发展壮大全省矿业经济起到积极的示范带头作用。省地矿局局长徐飞鹏、大兴安岭行署专员单曾庆分别代表战略合作双方在协议上签字。

【黑龙江省"十一五"地质找矿成果】 黑龙江省"十一五"期间在地质找矿方面取得重大突破，发现具有一定储量规模及开发前景的矿床、矿产地71处，矿点、矿化点几百处。"十一五"期间中央和黑龙江省财政部门共投入和落实地质勘查资金约34亿元，部署项目1900余个。在71项找矿成果中有大型矿床18个，中型矿床19个，小型矿床34个；提交资源储量：金156吨，铜、铅、锌、钼、铁、锡、钨、钴等金属矿产共计3.2亿吨，煤炭52.7亿吨，初步估算其工业价值超过几千亿元。2011年黑龙江省国土资源厅将统筹部署30个省级整装勘查区，集中优势兵力，加大资金投入，加强综合研究，在铜、钼、金、银、铁等重点矿种、矿床方面加快勘查开发步伐，打造一批有代表性、有牵动力的龙头矿山企业，拉动地方区域经济发展，为建设黑龙江省"八大经济区"，振兴东北矿业经济提供强有力的资源保障。

【黑龙江省地矿局"十二五"地质勘查目标确定】 《黑龙江省地质矿产局第十二个五年规划纲要》近日编写完成。"十二五"期间，黑龙江省地矿局将以重点地区整装勘查为主要方式，全面实施"找矿、找水、找热、基础地质、走出去"五大战略，加快地质找矿步伐。《规划》制定了黑龙江省地矿局今后五年的主要目标：全局经济工作总量年平均增长15%以上，到2015年达到30亿元以上，实现经济效益5亿元以上。地质矿产勘查取得重大突破，新发现大、中型矿床10处以上。新增资源量(333+334)：金30吨，铜60万吨，铅锌100万吨，钼30万吨，铁矿石4000万吨。围绕勘查开发一体化，控(参)股开发矿山10处以上。黑龙江省地矿局将构建"五大战略"项目支撑体系："找矿"战略在黑龙江省范围内规划了23个整装勘查区，重点推进塔源二支线—呼玛县旁开门金有色金属矿整装勘查区等四个整装勘查区的找矿工作；"找水"战略进行全省13个地级中心城市应急及后备水源地详查、勘探；全省部分缺水县(市)应急及后备水源地普查、详查；"找热"战略进行松嫩平原、佳木斯地区地热资源普查、详查，镜泊湖、五大连池等风景旅游区地热资源普查，东部煤矿采空区地热能调查；"基础地质"战略以大、小兴安岭成矿带及东部成矿区3个区带为背景开展基础地质调查工作，在13个重要找矿远景区安排1:5万区域地质调查和区域地质矿产调查工作；"走出去"战略立足周边国家，构建以俄罗斯、非洲为主的境外矿产资源勘查开发基地。

【黑龙江省有色地勘局建局50周年庆典】 2011年1月20日，黑龙江省有色地质勘查局举办成立50周年庆典。中国有色金属工业协会会长康义、黑龙江省副省长于莎燕、副秘书长师伟杰等领导亲临庆典。黑龙江省委书记吉炳轩、省长王宪魁发来贺信，肯定了黑龙江省有色地勘人50年来取得的地质找矿成果，并希望继续保持成绩，再接再厉。50年来省有色地勘人的找矿足迹遍布黑龙江大地和内蒙古东部地区，发现金、银、铜、铁、钼、铅、锌等矿产资源20多种，发现矿产地200余处，其中大中型矿床40余处，在累计查明资源储量中金200多吨，银、铜、钼、铅、锌、钨等金属600多万吨，铁矿石1.5亿吨、非金属矿3亿多吨，资源潜在价值高达5000亿元以上，发现并已经开发的矿床有嘉荫县乌拉嘎团结沟大型岩金矿、双鸭山铁矿、宾县松江铜矿和阿城五道岭钼矿等，为地方经济和地勘行业经济的发展做出贡献。

【地勘钻探技能大赛黑龙江赛区选拔赛】 2011年10月19日第一届全国地勘钻探职业技能大赛黑龙江省赛区选拔赛在哈尔滨市松北区举行，黑龙江省地质矿产局、黑龙江省有色地勘局、黑龙江省煤田地质局、黑龙江建材总队、中化黑龙江地勘院分别派出了代表队。竞赛共设置固体矿产钻探工、工程地质工程施工钻探工、水文水井钻探工3个竞赛工种。技能大赛总成绩由理论知识竞赛和实际操作竞赛两部分成绩组成，经过3天的角逐，高伟等15名选手脱颖而出，将组成固体矿产钻探工、工程地质工程施工钻探工、水文水井钻探工3个工种的3支代表队代表黑龙江省参加在长沙、昆明举行的第一届全国地勘钻探职业技能大赛决赛。

【黑龙江省矿产资源开发整合工作通过国家验收】 2011年4月7日至11日以国土资源部执法局巡视员王宗亚为组长的国家检查验收组对黑龙江省进一步推进矿产资源开发整合工作进行了检查验收，验收组听取了黑龙江省国土资源厅副厅长张财对黑龙江省进一步推进矿产资源开发整合工作的汇报，还深入实地抽查了庆安县帝圣矿业有限公司二股矿区和伊春西林铅锌矿区等省级重点挂牌督办整合矿区，查阅相关文件资料，并就有关问题进行提问。检查期间还召开了地方各级国土资源主管部门、人民政府、整合主体参加的座谈会。检查验收组认为黑龙江省各级政府及国土资源管理部门对矿产资源开发整合工作高度重视，贯彻落实有关文件精神，进一步推进矿产资源开发整合工作部署及时，措施有力，取得了明显成效。黑龙江省新一轮矿产资源开发整合后共有各类矿业权5079个，减少了222个，其中采矿权4008个，减少了177个，探矿权1071个，减少了45个。在新一轮整合中，参加整合的探矿权共有50个，整合后形成探矿权5个。非煤采矿权220个，整合后形成新的采矿权43个。

【伊春市矿产资源开发整合成果】 2011年，伊春市积极开展矿产资源开发整合工作，已整合探矿权2个，注销3个，整合后保留91个，采矿权整合2个重点矿区，注销5个，保留采矿权105个，整合任务已顺利完成。这次整合注销了伊春市小西林东风屯钼多金属预查、铁力市小白白云石大理岩详查和铁力市圣大—西北岔岩金预查等探矿权项目，注销的采矿权是乌伊岭建新采石场、乌马河伊林采石场、翠峦区马口采石场、铁力市神树石长采石场和铁力市振兴采石场。还对伊春市五营区杨树河铅锌多金属普查、伊春市五营区西山铅锌矿普查和伊春市富源矿业有限公司Ⅶ号铁矿、伊春金林矿业有限公司西林铅锌矿等重点项目和矿山实行挂牌督办，按时限有序推进，实行常态化管理。

【牡丹江国土局推进矿产资源勘查】 2011年，牡丹江市国土资源局编制出台《矿产资源进一步勘查工作方案》，《方案》进一步明确了大力争取国家和省投资，开展公益性地质调查，开放地质勘查市场，充分发挥市场配置资源的基础性作用，拉动商业地质勘查，逐步建立以政府投资为主导、国有矿山企业、国有地勘单位和多种所有制企业协调发展的多元化勘查投资体制，实现地质找矿新突破的工作思路。提出采取加大投资力度、融资和引资力度，采用矿权拍卖、股份制经营、引进外资等方式。结合该市矿产资源调查评价工作，划出大架子山－大盘道、张广才岭、老爷岭、太平岭能源、贵金属、有色金属、非金属勘查重点区域，提出重点勘查金、铜、煤、铁及大理岩等矿产资源的工作目标。

【鹤岗国土局地质勘项目管理】 为进一步加强地质勘查项目管理，营造良好的地质勘查环境，鹤岗市国土资源局组成调研组深入省厅驻农垦宝泉岭分局国土资源局开展调研和座谈。围绕探矿权管理的现状及存在问题，2个单位进行了交流和磋商，达成共识。市国土资源局将农垦管辖范围内的探矿权设置情况有关资料抄送宝泉岭分局；市、县国土资源局对农垦管辖范围内的地质勘查项目野外施工监督检查和勘查成果验收邀请宝泉岭分局有关人员参加；市、县国土资源局将地质勘查项目开工报告抄送宝泉岭分局，探矿权人或勘查单位进入勘查区工作，就临时占地对农场职工土地补偿费或青苗补偿费达不成一致意见时，由宝泉岭分局协助协商解决；市、县国土资源局和宝泉岭分局进一步加强矿业权监督管理，齐抓共管，营造宽松地质勘查环境。

【讷河市砂石整顿及税费征管】 2011年讷河市把严厉打击无证采矿、乱采滥挖行为作为工作重点进行攻坚，出动车辆52台次，人员187人次，对全市25个采砂点进行了全面排查，查处了19家无证开采的采砂点，当即勒令停工，强制关闭，封存机械设备28台套。对符合砂石开采条件的地段进行疏导审批，由国土、水利、畜牧、林业、国税、地税等部门共同确定采量、税费，统一进行挂牌出让，共出让3个标段，收取建筑用砂石税费116.4922万元。通过严厉打击无证开采、乱采滥挖行为，遏制了违法违规现象发生，提高了采矿权人的法律意识，及时办理了采矿许可证，维护了正常的矿业权市场秩序，保护了合法采矿者的权益。

【鹤岗采矿权有效持证率】 鹤岗市国土资源局围绕服务全市经济社会发展和国土资源中心工作，加强矿产资源管理，鹤岗市214家各类矿山全部实行有偿开采，有效持证率达到100%。在办理矿山采矿许可证延续、变更手续时主动协调市煤炭局、安监局等部门，在最短时间内出具文件和说明，保证了矿山企业及时上报有关材料。在对省国土资源厅采矿登记审核过程中，市国土资源局始终站在帮助矿山企业解决问题、服务矿山企业的角度，从政务大厅受理到领导审批全过程跟踪办理。对审查中出现的问题，请教有关专家，保证了办证质量。进一步加强年检工作，从单项检查矿产资源开发利用情况变为全面综合性执法检查，并不断加大日常巡回检查，规范了矿政管理。

【嫩江县巩固砂金禁采成果】 嫩江县政府多年来一直加大砂金整治力度,采取有力措施巩固禁采成果。2011年组织召开打击砂金盗采专项工作会议,由嫩江县领导牵头,国土、公安、林业等多部门组成联合执法检查组,抽调10名工作人员、2台执法巡查车辆,组成2个长期驻守的巡防组,对北部山区砂金矿区进行全面不间断的巡回检查,对砂金矿区、过采区进行死看死守,防止出现砂金盗采行为。共对重点矿区检查120余次,驱赶盗采人员100余人次,清理非法进入矿区和非法采金行为10余起,扣押和清除采金设备12件。

【黑龙江省汛期地质灾害防治会议】 2011年6月24日黑龙江省汛期地质灾害防治工作会议在哈尔滨召开,会议全面贯彻落实全国汛期地质灾害防治工作视频会议精神,总结2010年地质灾害防治工作和分析2011年面临的防灾形势,全面部署2011年的汛期地质灾害防治工作。黑龙江省国土资源厅副厅长周亚明出席会议并讲话,黑龙江省国土资源厅、各市国土资源局及相关部门负责人参加会议。各有关部门通过筛查确定了442个地质灾害群测群防点、146处重要地质灾害隐患点,确定了防治方案,制定了防范措施,对已确认的340所有地质灾害威胁的学校进行了排查和防范部署,确定了监测人、责任人,确定汛期24小时适时监测,发放"防灾明白卡",以确保学校员工和学生的生命财产安全。周亚明要求2011年汛期的地质灾害防治工作要重点做好"强化五项工作"、"提高四种能力",将黑龙江省地质灾害防治的各项措施落实到位。地质环境处处长李树桐对做好防灾、减灾工作,强调要做好6个方面的具体工作。

【明水县国土局地质灾害防治】 2011年进入汛期以来,明水县国土资源局贯彻执行"以防为主,防治结合,群策群防"的工作方针,根据辖区的基本情况,制定详细具体的防范应急方案,开展地质灾害防治工作,取得良好实效。县国土资源局编制了年度方案和隐患点应急预案,开展了排查,落实了责任,完善群测群防网络,提前做好地质灾害各项防范准备;组织相关职能科室做好地质灾害巡查、监测工作,及时掌握各地质灾害隐患点的动态变化;坚持执行24小时值班和速报制度,密切关注降水降雨情况;与县气象局联合开展气象预警预报工作,在有关媒体上及时发布最新气象动态;地质灾害应急分队工作人员手机24小时处于开机状态,准备好一切设施设备,随时处置突发性地质灾害。由于预案方案到位,监测预警到位,责任措施到位,设备人员到位,应急处置到位,全县各地质灾害监测点没有发生一起因地质灾害造成的人员伤亡和财产损失。

【首届龙江地矿论坛】 2011年2月22日,黑龙江省地质矿产局在哈尔滨举办首届龙江地矿论坛。这次论坛的主题是提升龙江地质矿产勘查理论和技术水平,扩大龙江地质矿产工作的影响,拓展龙江矿业发展思路和发展空间,促进龙江矿业经济发展。论坛聘请赵鹏大、胡平、施俊法、汪兴无、于援帮等5位专家学者,分别就《矿产资源定量预测理论及方法》、《地质勘查中的物探新方法》、《全球矿业形势与勘查技术进展》、《黑龙江省经济形势与任务》及《黑龙江省地质找矿形势及省地矿局整体工作部署》做了精彩报告。黑龙江省地矿局局长徐飞鹏在致辞中谈到此次"龙江地矿论坛"的创办是地矿事业发展进程中的一件大事,力求将论坛打造成找矿新理论的宣传阵地,找矿新技术新方法展示的舞台,地质工作者交流体会倾述情感的载体,凝聚人心、鼓舞士气、奔向新目标的加油站,以此助推黑龙江省矿业经济的加快发展。

【鹤岗国土资源局矿补费收缴】 鹤岗市国土资源局从矿法宣传入手,逐步加大矿产资源补偿费征管力度,严格实行申报缴纳,矿山企业每月1～10日前上报《矿产资源补偿费月申报表》、《矿产品生产销售资料报表》,按两表中的矿产品数量、销售收入、当月应缴纳的矿产资源补偿费,企业将当月应缴的补偿费存到补偿费专户后,凭银行回执领取矿产资源补偿费自收汇缴专用收据,由局财务科统一上缴市财政局;非金属矿山的矿产资源补偿费则采取通知缴纳和现场征收的方式。该局通过储量动态监测成果与补偿费征收挂钩,通过动态监测,摸清了各生产矿井实际产量,防止个别企业偷漏、瞒报资源补偿费的现象发生,基本保证了应收尽收。市国土资源局还把"两证"年检与补偿费征收相结合,对2010年度欠缴资源补偿费的矿山一律不予年检。当年共收缴矿产资源补偿费3400万元,创造历史最高水平。

【龙煤七台河分公司缴纳矿补费】 龙煤七台河分公司积极缴纳矿产资源补偿费,截至2011年9月底,已经缴纳入库3600万元。七台河市国土资源局及直属分局针对大型国企的特点,服务与监管并重,在突出扶持、服务的基础上,逐步依法规范企业行为,促其履行法定义务。做到依法征收矿产资源补偿费,建立明确清晰的申报缴纳制度及审核台账,依据准确清楚,及时依法催缴入库;加强主要领导的沟通,建立互信,局长李树峰、主管副局长贾立秋等领导率市国土资源局相关科室主动上门就涉及土地和矿产业务与龙煤七台河分公司领导举行联席会议,现场研究解决问题,为企业排忧解难;还进行多层次、全方位的联系沟通,清除梗阻环节,保障了征缴工作顺利进行。

【鹤岗乙类采矿权竞买】 2011年9月29日,在鹤岗市举行的乙类矿山采矿权挂牌出让竞买现场会上,青石山2011—1号建筑用花岗岩矿体采矿权报价为40万元,但最终竞出810万元"天价"。市国土资源局对辖区内的14处乙类矿产的采矿权以挂牌方式公开出让,通过在媒体上刊登公告和报名等程序,有13处矿体的采矿权分别只有1个竞买人,且报价高于底价,符合挂牌出让的有关规定,确认成交。但青石山2011—1号花岗岩矿体采矿权却出现7个竞买人,报价最高已达350万元,而还有竞买人继续报价,为最终确定竞买人,该局举行了竞买现场会,在竞买过程中始终充满紧张气氛,3家竞买人都不甘放弃,经过五轮竞买后,最终鹤矿集团多种经营总公司以810万元"天价"拿下了这一矿体开采权。

【黑龙江省地勘五院赴老挝开展地质找矿工作】 2011年1月,黑龙江省地质勘查五院野外队来到老挝乌多姆巴勉省豪威夫星河地区,工作人员克服了热带雨林地区交通不便,生活条件艰苦的困难,已完成1:2万测线13千米,1:2万高磁测量13平方千米,完成槽探工作量1000立方米,钻探工作量500米。

【黑龙江省九零四水勘院在绥化打出地热水】 由黑龙江省九零四水勘院承担的绥化福有商贸公司地热2号井勘探项目于2011年完成。该项目设计井深1800米,于2011年9月26日开工,经过46天施工,实际完成井深1808.39米,并完成了抽水试验工作。在洗井过程中出现自喷现象,管内水位高出地表0.5米,最终经抽水试验和测温确定单井出水量每小时20吨,井口水温60摄氏度,为绥化地区出水温度最高的地热井。经水质化验,该井地热水为富偏硅酸、氟、锂、锶等多种矿物质医疗矿泉水。

(黑龙江省国土资源厅)

江苏省

【矿产资源勘查】 1.*矿产资源特点*。江苏省矿产资源种类较为齐全,分布相对集中,优势矿产和特色矿产明显,重要的工业原料矿产仍显不足。具有矿产种类多,人均占有少;小型矿床多、大型矿床少;非金属矿产多,支柱性矿产少以及资源二次综合利用潜力大的特点。

2.*地质勘查投入与勘查成果*。2011年江苏省地质勘查投入26706.14万元,其中中央财政拨款6389.22万元。年末勘查从业人员12883人,其中技术人员5755人。全省本年完成阶段性勘查的矿产地25个,新发现矿产地4个,提高规模、类型的矿产地1个。

3.*颁发勘查许可证和采矿许可证情况*。2011年,江苏省颁发勘查许可证69个。按项目性质分,新登记项目14个,变更项目8个,延续项目33个,保留探矿权项目14个;按勘查阶段分,普查项目48个,详查项目11个,勘探项目10个;按矿产种类分,能源矿产12个,黑色金属矿产18个,有色金属矿产21个,贵金属矿产3个,稀有金属矿产1个,非金属矿产14个。

2011年,江苏省颁发采矿许可证1014个,其中,新立53个,变更登记113个,延续登记848个。省级颁发采矿许可证46个,其中,新立采矿申请登记7个,延续登记29个,变更登记10个。

【矿产资源开发利用】 矿产资源是自然资源的重要组成部分,是国民经济和社会发展的重要物质基础。2011年度江苏省各类矿山企业开发利用矿产50种,形成了以能源、建材、冶金辅助原料、化工原料及其他非金属矿为主的矿产资源特色和优势。

截至2011年底,江苏省共有各类矿山企业1592个,较2010年减少244个,减幅达13.29%。按矿山经济类型分:国有企业81个,集体企业319个,私营企业901个,外资企业17个,其他企业274个。

江苏省矿业从业人员总数17.08万人,较2010年减少2.16万人,减幅达11.23%。其中国有企业7.11万人,集体企业1.97万人,私营企业4.78万人,外资企业0.18万人,其他企业3.04万人。

2011年度,江苏省年产矿石量2.24亿吨,比2010年增加0.11亿吨,增幅达5.16%。其中固体矿产2.19亿吨,液体矿产403.35万吨,气体矿产53.06万吨。2011年度,全省矿业工业总产值达375.42亿元,比2010年增加82.43亿元,增幅达28.13%;矿产品销售收入347.26亿元,比2010年增加87.15亿元,增幅达33.51%。

【矿业权市场管理】 1.*矿业权市场*。2011年江苏省出让探矿权2宗,出让价款934.20万元;转让探矿权1宗,转让价款426.64万元。

2011年江苏省出让采矿权205宗,出让价款7.61亿元;转让采矿权4宗,转让价款5597.00万元。

2.*违法案件查处情况*。2011年,江苏省本期发现违法案件共计817件,本期立案679件,涉及土地面积2.05万亩,其中耕地0.98万亩;本期结案704件,罚没款7361.46万元。

(江苏省国土资源厅)

浙 江 省

【矿产资源概况】 2011 年，浙江省开发利用的矿产 58 种，其中能源矿产 1 种，金属矿产 10 种，非金属矿产 33 种，普通建筑用石、砂、土矿产 13 种，水气矿产 1 种。与 2010 年度相比减少了石煤、冶金用石英岩、建筑用页岩、建筑用闪长岩 4 种矿产。2011 年度浙江省矿产资源开发利用统计汇总情况见表 1。

2011 年，浙江省各级国土资源管理部门认真贯彻落实科学发展观，坚持以实施新一轮矿产资源规划为引领，加强空间引导和约束，矿产资源开发利用布局和结构得到进一步优化；以矿产开发整合为特色，继续深入推进矿产开发整合工作，矿产开发规模化水平得到进一步提升；以绿色矿山建设为抓手，大力发展绿色矿业，积极推进废弃矿山治理，矿山生态环境得到进一步改善，为浙江省经济社会发展资源保障和生态保护做出了积极贡献。

表 1　　2011 年度浙江省矿产资源开发利用统计汇总

矿种	矿山总数（个）	从业人数（人）	矿石采掘量（万吨）	工业总产值（万元）	年利税总额（万元）	利润总额（万元）	税金总额（万元）
合计	1709	58050	69511.79	1500034.06	246970.75	112771.95	134198.81
地下热水	3	210	56.66	2506.00	268.05	94.00	174.05
铁矿	8	678	119.46	14886.87	4239.77	1138.19	3101.58
铜矿	6	1193	39.56	37033.00	20648.48	12347.13	8301.35
铅矿	5	50	5.16	1825.88	434.32	226.45	207.87
锌矿	15	648	13.70	4113.82	1453.11	713.00	740.10
钨矿	3	182	0.00	0.00	0.00	0.00	0.00
锡矿	1	20	0.50	30.00	0.00	0.00	0.00
钼矿	11	778	21.74	24790.89	179.82	-2748.81	2928.63
锑矿	1	16	0.31	160.40	-240.45	-241.08	0.63
金矿	8	1218	2.02	26296.18	3188.00	1847.00	1341.00
银矿	2	101	3.45	3674.00	2432.00	1453.00	979.00
普通萤石	82	2058	69.67	35131.59	8965.61	4090.01	4875.59
熔剂用灰岩	4	460	429.96	10586.02	2082.19	760.00	1322.19
冶金用白云岩	3	41	36.91	283.92	48.12	10.00	38.12
冶金用脉石英	1	15	0.78	46.74	7.60	5.00	2.60
耐火黏土	1	12	0.70	63.27	12.00	5.00	7.00
硫铁矿	3	957	4.67	725.67	131.45	50.00	81.45
明矾石	1	1622	11.88	6571.00	679.00	-242.00	921.00
硅灰石	1	79	16.30	2445.00	407.00	5.00	402.00
长石	1	1	0.00	0.00	0.00	0.00	0.00
叶蜡石	25	891	81.11	5951.58	1540.87	765.49	775.38
沸石	2	15	3.65	177.24	18.50	4.50	14.00
方解石	30	301	142.61	7409.21	1201.29	333.90	867.39
水泥用灰岩	101	2883	7818.88	112235.39	28228.45	8218.88	20009.57

续表 1-1

矿种	矿山总数（个）	从业人数（人）	矿石采掘量（万吨）	工业总产值（万元）	年利税总额（万元）	利润总额（万元）	税金总额（万元）
建筑石料用灰岩	54	1627	2115.06	44007.99	7195.04	3350.31	3844.73
饰面用灰岩	1	6	0.00	0.00	0.00	0.00	0.00
制灰用石灰岩	18	220	687.81	10247.03	1189.30	703.00	486.30
建筑用白云岩	6	114	35.10	1228.10	145.00	54.00	91.00
玻璃用石英岩	7	426	317.41	8850.72	1023.16	155.00	868.16
水泥配料用砂岩	6	48	113.94	1933.13	234.11	150.72	83.39
砖瓦用砂岩	8	236	15.83	4431.90	454.44	266.70	187.74
建筑用砂岩	50	2147	6326.44	137676.43	10067.87	2121.75	7946.12
建筑用砂	15	1189	4028.20	106395.80	20626.59	3922.80	16703.79
玻璃用脉石英	1	3	0.00	0.00	0.00	0.00	0.00
砖瓦用页岩	213	7982	528.16	71915.90	8044.91	5324.67	2720.24
水泥配料用页岩	16	294	897.27	8610.27	1251.94	670.14	581.80
高岭土	10	83	6.74	2376.23	1073.11	513.60	559.51
陶瓷土	1	10	4.80	144.00	86.00	3.50	82.50
膨润土	5	44	17.48	1975.00	830.00	400.00	430.00
砖瓦用黏土	97	2227	231.00	23070.68	3803.72	2926.40	877.32
水泥配料用黏土	2	49	32.77	2310.30	326.00	106.00	220.00
水泥配料用泥岩	1	14	34.94	894.00	136.00	26.00	110.00
建筑用玄武岩	17	246	141.17	3417.70	485.46	241.00	244.46
饰面用辉绿岩	6	46	30.45	774.29	109.41	58.78	50.63
建筑用辉绿岩	6	51	2.94	245.25	161.86	144.75	17.11
建筑用安山岩	5	986	2947.93	81765.93	18993.34	6920.66	12072.68
饰面用闪长岩	3	17	0.52	119.60	4.00	1.50	2.50
建筑用花岗岩	50	1405	1596.89	39435.26	4652.27	2307.67	2344.60
饰面用花岗岩	11	202	21.20	2964.56	335.70	239.00	96.70
珍珠岩	4	30	2.01	201.40	16.30	11.70	4.60
水泥用凝灰岩	2	25	32.88	367.14	72.60	25.00	47.60
建筑用凝灰岩	721	22952	40438.00	641921.29	88905.00	52800.42	36104.58
饰面用大理岩	1	14	0.13	36.40	4.80	4.00	0.80
建筑用大理岩	2	50	2.00	101.44	23.65	9.50	14.15
水泥用大理岩	1	3	0.00	0.00	0.00	0.00	0.00
玻璃用大理岩	1	15	0.75	15.00	-64.10	-75.00	10.90

续表 1-2

矿种	矿山总数（个）	从业人数（人）	矿石采掘量（万吨）	工业总产值（万元）	年利税总额（万元）	利润总额（万元）	税金总额（万元）
饰面用板岩	6	70	4.23	1352.80	279.00	228.00	51.00
矿泉水	44	790	18.06	4304.87	579.09	325.72	253.37

【矿产资源开发利用】 1. 矿山企业概况。2011 年浙江省共有持证矿山 1709 个，从业人员 58050 人，矿石采掘量 69511.79 万吨，实现矿业总产值 150 亿元，利润 112771.95 万元，税金 134198.81 万元。与 2010 年相比，矿山数和从业人员分别减少了 10.05% 和 0.37%，矿石采掘量增长了 37.39%，矿山总产值增长了 39.35%，利润增加了 49.30%，税金增加了 18.77%（表 2，图 1）。

表 2　2007～2011 年浙江省主要矿业指标对比表

年份	矿山数（个）	从业人员（人）	矿石采掘量（万吨）	矿业总产值（万元）	利润总额（万元）	税金总额（万元）
2007	3224	102059	45105.39	886814.32	68567.78	91484.54
2008	2738	79718	44353.53	897021.36	54138.27	93166.07
2009	2393	68765	46697.51	896866.73	51349.00	86783.85
2010	1900	58263	50595.52	1076477.42	75534.39	112991.21
2011	1709	58050	69511.79	1500034.06	112771.95	134198.81

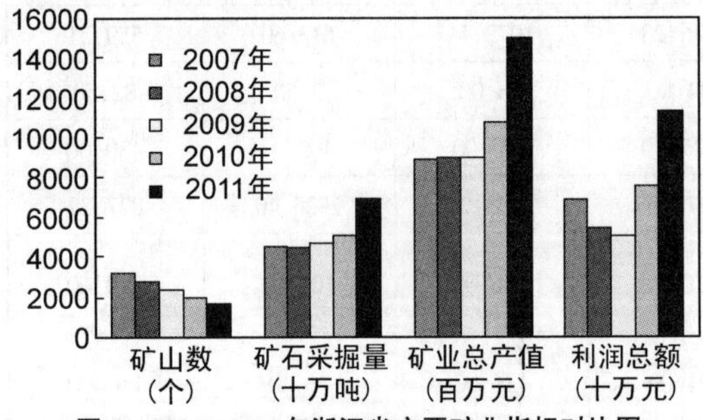

图 1　2007～2011 年浙江省主要矿业指标对比图

浙江省矿业劳动生产率持续提高，人均矿石采掘量、人均矿业产值和人均利税逐年上升，2011 年人均矿石采掘量比 2010 年增长 37.93%，人均矿业产值增长 39.82%，人均利税达 4.25 万元/人·年，增长 31.17%（表 3，图 2）。

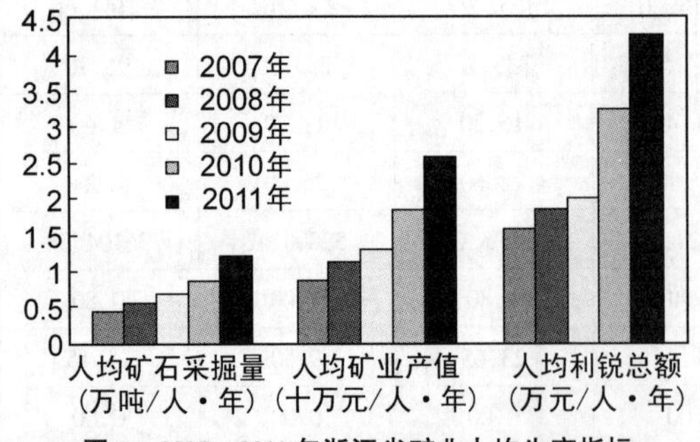

图 2　2007～2011 年浙江省矿业人均生产指标变化情况图

表 3　2007～2011 年浙江省矿业人均生产指标变化情况表

年份	人均矿石采掘量（万吨/人·年）	人均矿业产值（万元/人·年）	人均利税总额（万元/人·年）
2007 年	0.44	8.69	1.57
2008 年	0.56	11.25	1.85
2009 年	0.68	13.04	2.01
2010 年	0.87	18.48	3.24
2011 年	1.20	25.84	4.25

2. 矿业结构。①按矿业结构分析。2011 年矿业结构与 2010 年基本一致，即普通建筑用石、砂、土无论产量还是产值均居主导地位，非金属矿产次之，金属矿产再次之，能源矿产和水气矿产所占比重很小。与 2010 年相比，普通建筑用石、砂、土和非金属矿产产值占矿业总产值的比重继续上升，金属矿产矿山数比 2010 年增加了 2 个，能源矿产矿山数减少了 2 个，水气矿产矿山数减少了 4 个（表 4，图 3～6）。

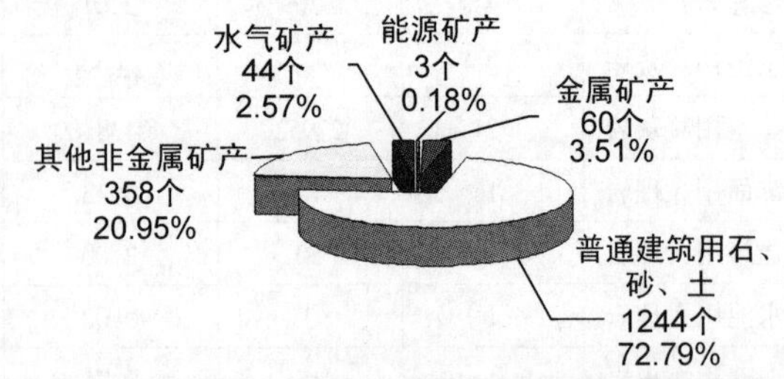

图 3　2011 年浙江省各类矿产矿山数构成图

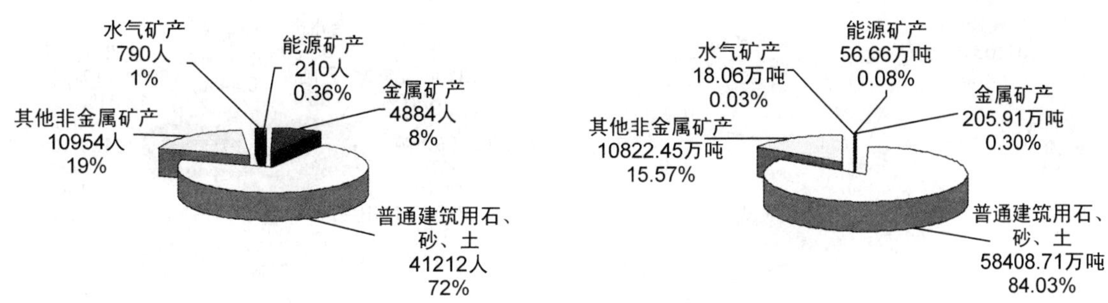

图4　2011年浙江省各类矿产从业人员构成图　　**图5　2011年浙江省各类矿产矿石采掘量构成图**

表4　2011年浙江省矿业结构统计表

矿产分类	矿山数（个）	从业人员（人）	矿石采掘量（万吨）	矿业总产值（万元）	利润总额（万元）	税金总额（万元）
合计	1709	58050	69511.79	1500034.06	112771.95	134198.81
能源矿产	3	210	56.66	2506.00	94.00	174.05
金属矿产	60	4884	205.91	112811.04	14734.89	17600.16
普通建筑用石、砂、土	1244	41212	58408.71	1155613.67	80390.62	83168.53
其他非金属矿产	358	10954	10822.45	224798.48	17226.72	33002.70
水气矿产	44	790	18.06	4304.87	325.72	253.37

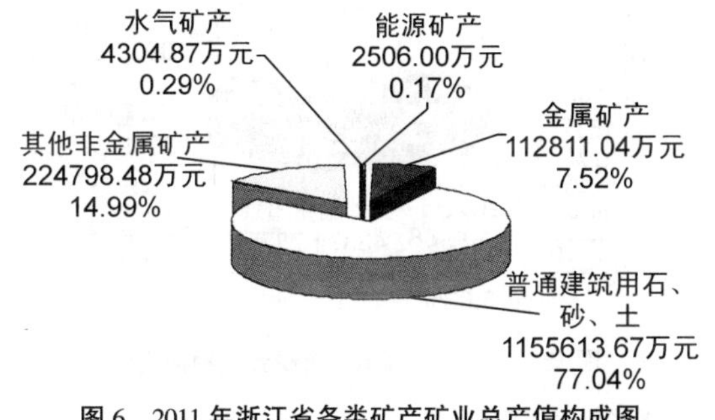

图6　2011年浙江省各类矿产矿业总产值构成图

②按生产状态分析。浙江省生产矿山1292个，占矿山总数的68%；停产矿山302个，占总数的15.89%；关闭矿山165个，占总数的8.68%；筹建矿山136个，占总数的7.16%；其他矿山5个，占总数的0.26%（表5，图7～8）。

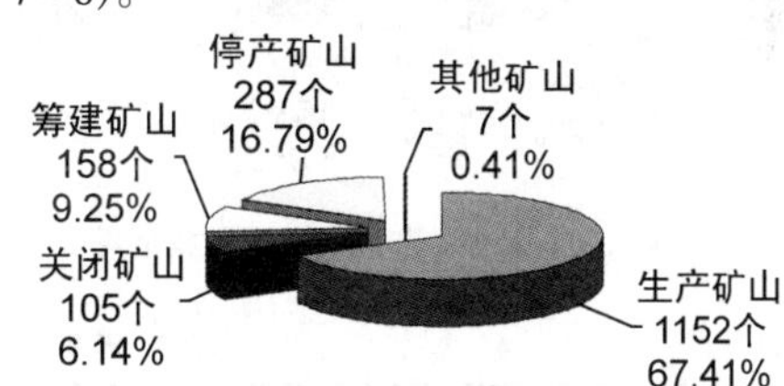

图7　2011年浙江省矿山生产状态图（矿山数构成）

表5　2011年浙江省矿山生产状态表

矿山生产状态	矿山数（个）	从业人员（人）	矿石采掘量（万吨）	矿业总产值（万元）	利润总额（万元）	税金总额（万元）
合计	1709	58050	69511.79	1500034.06	112771.95	134198.81
生产	1152	46870	63285.72	1412683.68	108542.90	129897.35
关闭	105	1890	2796.22	32559.48	2003.50	1908.52
筹建	158	4406	2305.04	31103.56	733.40	1080.12
停产	287	4693	1022.15	23491.02	1468.15	1299.52
其他	7	191	102.66	196.32	24.00	13.30

【浙江省各市矿产资源开发利用】　浙江省矿产开发地区分布不平衡，以湖州市、舟山市、宁波市、杭州市开发强度大，其矿业总产值居全省前列，分别占全省的24.85%、18.62%、11.45%、10.90%。矿山数以金华市

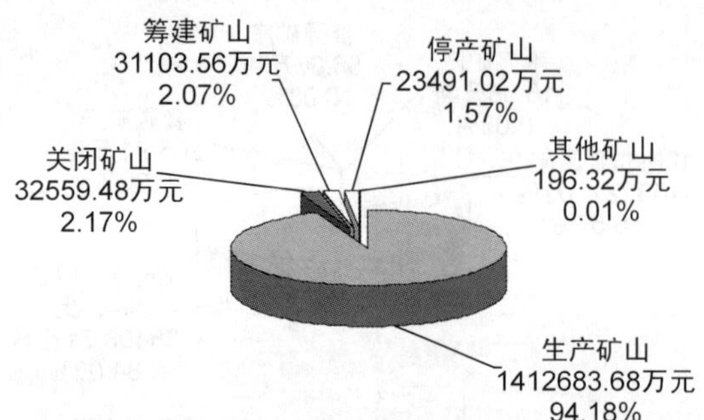

图 8　2011 年浙江省矿山生产状态图(矿业总产值构成)

最多,达 267 个;嘉兴市最少,仅 17 个。从业人员金华市最多,达 8428 人;嘉兴市最少,为 882 人。矿石采掘量以湖州市最高,达 15639.43 万吨;丽水市最低,仅 307.87 万吨。利润与 2010 年相比,除绍兴市外,其余各市均有增长;杭州市最高,达 3.04 亿元;嘉兴市最低,为 532.17 万元。税金以湖州市最高,达 4.34 亿元;台州市最低,仅 3250.04 万元。人均采掘量以舟山市最高,达到 3.14 吨/人·年,丽水市最低,仅为 0.06 万吨/人·年;人均产值以舟山市最高,达 66.49 万元/人·年,金华市最低,为 10.49 万元/人·年(表 6,图 9～12)。

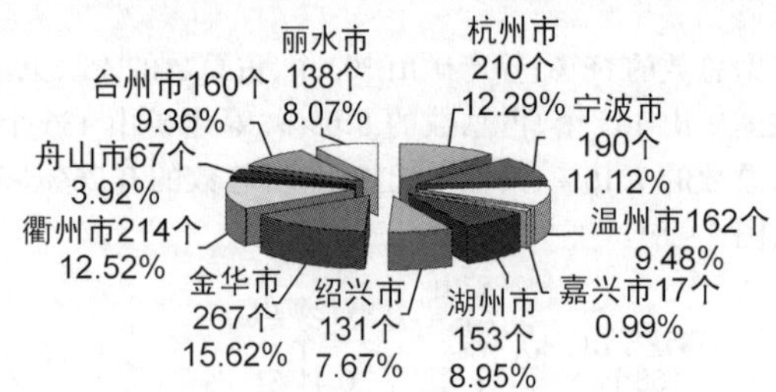

图 9　2011 年浙江省各市矿山数构成图

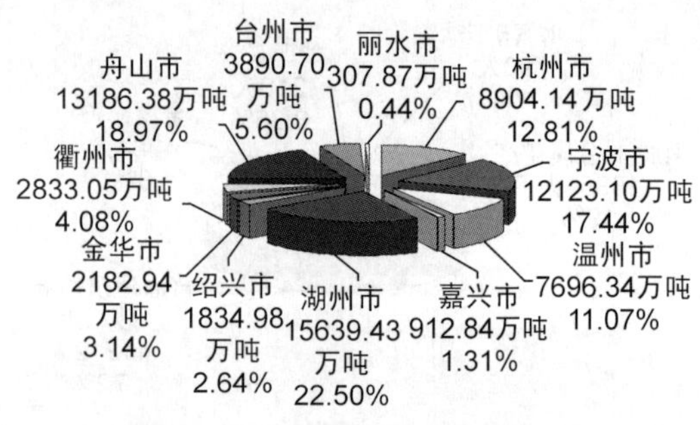

图 10　2011 年浙江省各市采掘量构成图

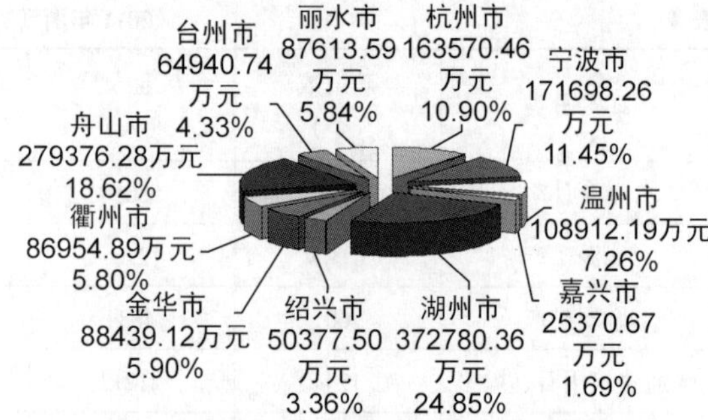

图 11　2011 年浙江省各市矿业总产值构成图

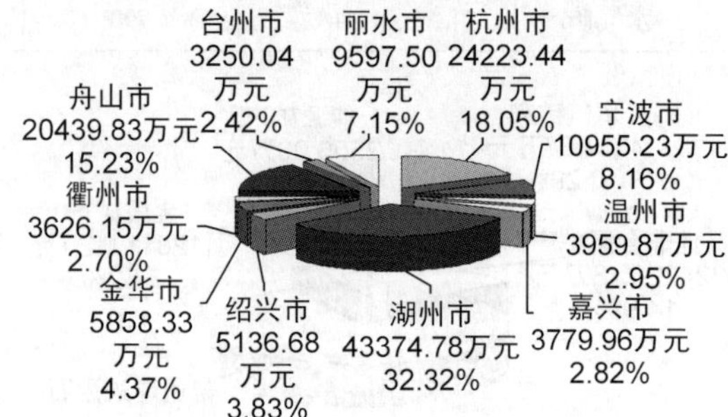

图 12　2011 年浙江省各市税金总额构成图

表 6　**2011 年浙江省各市矿产资源开发利用情况**

地区	矿山数(个)	从业人员(人)	矿石采掘量(万吨)	矿业总产值(万元)	利润总额(万元)	税金总额(万元)	人均采掘量(万吨/人·年)	人均产值(万元/人·年)
合计	1709	58050	69511.79	1500034.06	112771.95	134198.81	1.20	25.84
杭州市	210	7303	8904.14	163570.46	30449.12	24223.44	1.22	22.40
宁波市	190	4798	12123.10	171698.26	17361.96	10955.23	2.53	35.79
温州市	162	6280	7696.34	108912.19	12176.50	3959.87	1.23	17.34
嘉兴市	17	882	912.84	25370.67	532.17	3779.96	1.03	28.76
湖州市	153	7323	15639.43	372780.36	13566.11	43374.78	2.14	50.91
绍兴市	131	3251	1834.98	50377.50	3509.62	5136.68	0.56	15.50
金华市	267	8428	2182.94	88439.12	5477.05	5858.33	0.26	10.49
衢州市	214	4571	2833.05	86954.89	10798.67	3626.15	0.62	19.02
舟山市	67	4202	13186.38	279376.28	11305.33	20439.83	3.14	66.49

续表 6

地区	矿山数（个）	从业人员（人）	矿石采掘量（万吨）	矿业总产值（万元）	利润总额（万元）	税金总额（万元）	人均采掘量（万吨/人·年）	人均产值（万元/人·年）
台州市	160	5578	3890.70	64940.74	4663.40	3250.04	0.70	11.64
丽水市	138	5434	307.87	87613.59	2932.03	9594.50	0.06	16.12

【矿山经济类型】 浙江省矿山经济类型以私营企业、有限责任公司和集体企业为主,上述三类矿山企业的矿山数、从业人员和总产值分别占全省总数84.26%、76.44%、74.91%。而国有企业的矿山数、从业人员、总产值仅分别占全省总数的4.68%、12.78%、12.90%,但较2010年有所上升。外商投资企业各项指标均较低。上述表明浙江省矿业资本主要为民营资本和集体资本,产业外向度低,国有资本持有率低,这与浙江省整体经济面貌基本一致(表7)。

表 7　**2011年浙江省不同经济类型矿山企业开发利用情况**

企业经济类型	矿山数（个）	从业人员（人）	矿石采掘量（万吨）	矿业总产值（万元）	利润总额（万元）	税金总额（万元）
合计	1709	58050	69511.79	1500034.06	112771.95	134198.81
一、内资企业	1691	56846	66677.94	1421924.28	110686.79	123019.16
国有企业	80	7416	11168.12	193510.25	13503.57	21144.28
集体企业	104	2873	3207.35	65841.07	5935.54	7242.90
股份合作企业	54	1473	911.28	24640.36	1990.93	1891.79
联营企业	3	46	90.00	1380.00	0.00	0.00
有限责任公司	339	17240	27804.79	598862.41	36951.61	48906.66
股份有限公司	62	2388	2548.85	51177.20	8713.10	5824.02
私营企业	997	24260	19435.22	458985.36	41110.04	36414.36
其他企业	52	1150	1512.33	27527.64	2482.00	1595.15
二、港、澳、台商投资企业	4	312	678.74	19305.60	717.00	2632.00
港、澳、台、商投资企业	4	312	678.74	19305.60	717.00	2632.00
三、外商投资企业	14	892	2155.12	58804.18	1368.16	8547.66
外商投资企业	14	892	2155.12	58804.18	1368.16	8547.66

【矿山企业规模】 2011年,浙江省有大型矿山878个(其中建筑石料矿山809个),中型矿山168个,小型矿山589个,小矿74个。大、中型矿山矿石采掘量达62854.79万吨,矿业总产值1211477.04万元,利润84615.85万元,税金100609.28万元;分别占总量的90.42%、80.76%、75.03%和74.97%(表8)。

表 8　**2011年浙江省不同规模矿山企业开发利用情况**

矿产分类	矿山数（个）	从业人员（人）	矿石采掘量（万吨）	矿业总产值（万元）	利润总额（万元）	税金总额（万元）
合计	1709	58050	69511.79	1500034.06	112771.95	134198.81
大型	878	33241	60847.50	1110511.36	76847.11	93016.73
中型	168	6300	2007.29	100965.68	7768.74	7592.55
小型	589	16886	6591.02	272183.52	25784.89	32115.18
小矿	74	1623	65.99	16373.50	2371.22	1474.35

大型矿山无论是人均采掘量、人均产值,还是人均利润和人均税金都比中、小型矿山和小矿高,其原因是大型矿山管理规范,生产集约化,技术先进,劳动生产率和资源利用水平较高(表9,图13)。

表9 2011年浙江省不同规模矿山企业人员效率情况

矿山规模	人均采掘量(万吨/人·年)	人均产值(万元/人·年)	人均利润(万元/人·年)	人均税金(万元/人·年)
大型	1.83	33.41	2.31	2.80
中型	0.32	16.03	1.23	1.21
小型	0.39	16.12	1.53	1.90
小矿	0.04	10.09	1.46	0.91

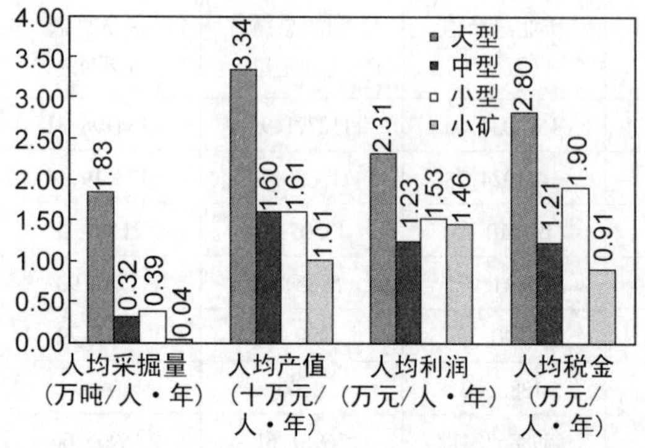

图13 2011年浙江省不同规模矿山企业人员效率图

【普通建筑用石、砂、土开发利用】 2011年浙江省开发利用的普通建筑用石、砂、土矿产(以下简称乙类矿产)共13种;其中建筑用石料矿产9种,建筑用砂、砖瓦用砂岩、砖瓦用页岩、砖瓦用黏土各1种,与2010年相比减少了建筑用页岩和建筑用闪长岩2种建筑用石料矿产。2011年浙江省乙类矿产有矿山1244个,从业人员41212人,矿石采掘量58408.71万吨,实现矿业总产值1155613.67万元,利润总额80390.62万元,其矿山数量、从业人员、矿石采掘量、矿业总产值和利润均占总量的70%以上,税金也占总量的60%以上,在浙江省矿业中的主导地位十分显著。与2010年相比,乙类矿产矿山数、从业人员略有减少,分别减少9.99%、1.87%,而矿石采掘量、工业总产值和利润增长较大,分别增长40.46%、44.48%、64.61%。

1. 普通建筑用石料。2011年度开发的普通建筑用石料有凝灰岩、安山岩、灰岩、砂岩、花岗岩、玄武岩、大理岩、白云岩、辉绿岩9个矿种,有矿山911个,从业人员29578人,矿石采掘量53605.53万吨,实现矿业总产值949799.39万元,利润总额67950.06万元,其矿山数、从业人数、产量、产值和利润分别占乙类矿产的73.23%、71.77%、91.78%、82.19%和84.52%,占绝对主导地位。与2010年相比,矿山数减少了6.95%,从业人数、矿石采掘量、工业总产值和利润和分别增长了4.28%、45.19%、53.83%和81.09%(表10)。

表10 2007~2011年浙江省普通建筑用石料主要指标变化情况

年份	矿山数(个)	从业人员(人)	矿石采掘量(万吨)	矿业总产值(万元)	利润总额(万元)
2007年	1519	34075	33770.09	433966.40	21832.08
2008年	1291	29261	33077.81	472792.30	27530.89
2009年	1169	30103	36007.58	542280.16	30160.85
2010年	979	28365	36921.22	617452.44	37522.08
2011年	911	29578	53605.53	949799.39	67950.06

普通建筑用石料作为基础建设的基本原料,其资源分布具有普遍性,但开发地域性明显,宁波、湖州、台州、杭州、舟山等经济发展水平高、交通便利的地区建筑石料开发程度较高,宁波市矿石采掘量居全省首位,占全省的22.57%;湖州市矿业总产值和利税总额均居首位,分别占全省的30.01%和43.88%(表11和表12)。

表11 2011年浙江省普通建筑用石料开发利用情况(按地区)

地区	矿山数(个)	从业人员(人)	矿石采掘量(万吨)	矿业总产值(万元)	利润总额(万元)	税金总额(万元)
合计	911	29578	53605.53	949799.39	67950.06	62679.44
杭州市	80	3726	4735.16	78684.42	11569.67	9642.05
宁波市	180	4632	12096.85	170388.08	17199.56	10869.65
温州市	129	3229	7120.07	88597.84	11710.72	1623.32

续表 11

地区	矿山数（个）	从业人员（人）	矿石采掘量（万吨）	矿业总产值（万元）	利润总额（万元）	税金总额（万元）
嘉兴市	16	872	907.84	25295.67	529.17	3709.66
湖州市	91	4814	11834.20	285076.80	9499.37	27502.08
绍兴市	53	1294	1165.00	18939.09	1248.28	1515.53
金华市	91	1220	1222.83	25630.72	3453.80	920.73
衢州市	38	521	783.41	14063.23	2333.50	665.05
舟山市	65	3856	9808.38	186512.28	7788.33	4847.83
台州市	137	4894	3858.60	54653.76	2601.25	1199.70
丽水市	31	520	73.19	1957.49	16.41	183.84

表 12　**2011 年浙江省普通建筑用石料开发利用情况（按规模）**

规模	矿山数(个)	从业人员(人)	矿石采掘量（万吨）	矿业总产值（万元）	利润总额（万元）	人均采矿量（万吨/人·年）	人均产值（万元/人·年）
合计	911	29578	53605.53	949799.39	67950.06	1.81	32.11
大型	809	27337	51328.68	904110.24	64103.05	1.88	33.07
中型	21	407	306.99	4303.39	358.90	0.75	10.57
小型	79	1810	1969.86	41385.75	3488.11	1.09	22.87
小矿	2	24	0.00	0.00	0.00	0.00	0.00

建筑石料是浙江省矿产开发整合的重点矿种，通过矿产资源规划的实施和近几年的矿产开发整合，浙江省已形成湖州、杭州外围、宁绍平原南缘、温台沿海平原内侧等大型石料开发基地，矿山布局渐趋合理，矿山企业规模化、集约化程度不断提高。2011 年浙江省建筑石料有大型矿山 809 个，占全省建筑石料矿山总数的 88.80%，其产量、产值分别占总量的 95.75%和 95.19%。大型矿山无论从资源储量、矿石质量、生产技术、资源利用率、环保和安全生产诸多方面都具有较大优势。全省建筑用石料矿山平均实际生产规模为 60.32 万吨，比 2010 年有大幅提高；年产矿石量 100 万吨以上的矿山有 106 个，50 万～100 万吨的矿山有 124 个，两者之和占普通建筑用石料矿总数的 25.25%，较 2010 年提高 6.3 个百分点。

建筑石料矿山按其产品流向和用途可分以下三类：

外销型矿山：宁波、湖州、嘉兴、舟山等地的部分石料开采基地凭借水陆交通之便利，矿产品销往上海、苏南等经济发达地区。矿山开采较规范、规模大、产量高。除了一般的碎石产品作建筑石料用外，部分品质优良的精品碎石产品可用于高等级公路路面和铁路路基道碴等，矿产品价格较高，经济效益较好。

自用型矿山：满足本区域基础设施或当地基本建设、道路及房地产业的需求，矿山布局、规模、服务年限受地域和经济发展形势限制。

工程性矿山：浙江省 2011 年有工程性矿山 193 个（生态环境修复性治理类矿山亦归入此类）。工程性矿山主要为沿海及海岛围垦造地、国家大型储油基地、船坞、码头等重大工程建设项目提供矿产资源保障，重点分布于宁波、温州、舟山、台州等地。工程性矿山具有开采期限短、采掘量大的特点。工程性矿山为海洋经济发展示范区、舟山群岛新区、义乌国际综合贸易试验区等三大国家战略和温州瓯飞围垦工程等提供了矿产资源保障，保障了重点工程建设项目顺利推进。

2. *砖瓦用黏土、砂页岩*。2011 年浙江省砖瓦用黏土、砂页岩矿山数、从业人员、矿石采掘量继续下降，与 2010 年相比分别下降了 12.88%、12.84%和 19.41%，矿业总产值、税金止降回升，与 2010 年相比上升了 7.07%、4.13%，利润则上升了 8.61%（表 13）。

①砖瓦用黏土。2011 年浙江省有砖瓦用黏土矿山 97 个，其中有 42 个矿山处于停产或关闭状态，从业人员 2227 人，矿石采掘量 231.00 万吨，实现矿业总产值 23070.68 万元，税金总额 877.32 万元，上述 4 个指标分别较 2010 年下降了 36.60%、41.10%、30.16%、7.36%、4.83%；利润总额 2926.40 万元比 2010 年增加 22.35%，扭转了连续 4 年的下滑趋势（表 14）。

表 13　2011 年浙江省砖瓦用黏土、砂页岩矿开发利用情况

矿种名称	矿山数(个)	从业人员(人)	矿石采掘量(万吨)	实际生产能力(万吨/年)	矿业总产值(万元)	利润总额(万元)	税金总额(万元)
合计	318	10445	774.99	948.02	99418.48	8517.77	3785.30
砖瓦用砂岩	8	236	15.83	15.83	4431.90	266.70	187.74
砖瓦用页岩	213	7982	528.16	695.74	71915.90	5324.67	2720.24
砖瓦用黏土	97	2227	231.00	236.45	23070.68	2926.40	877.32

表 14　2007～2011 年浙江省砖瓦用黏土主要指标变化情况

年份	矿山数(个)	从业人员(人)	矿石采掘量(万吨)	矿业总产值(万元)	利润总额(万元)	税金总额(万元)
2007 年	696	33199	1779.96	129689.30	9183.70	9033.81
2008 年	557	21280	1478.06	112706.27	6249.96	8008.73
2009 年	336	10815	543.32	44690.88	5835.04	5835.04
2010 年	153	3781	330.75	24904.4	2391.86	921.83
2011 年	97	2227	231.00	23070.68	2926.40	877.32

2011 年，宁波、湖州关停了砖瓦用黏土矿；浙江省 97 个砖瓦用黏土矿分布于温州、嘉兴、绍兴、金华、衢州、丽水 6 个市。衢州市砖瓦用黏土产量、产值分别占全省的 76.28%和 73.46%。与 2010 年相比，绍兴市、金华市、丽水市矿山个数和矿石采掘量都在下降(表 15)。

表 15　2011 年浙江省各市砖瓦用黏土开发利用情况

地区	矿山数(个)	从业人员(人)	矿石采掘量(万吨)	矿业总产值(万元)	利润总额(万元)	税金总额(万元)
合计	97	2227	231.00	23070.68	2926.40	877.32
温州市	2	1	0.00	0.00	0.00	0.00
嘉兴市	1	10	5.00	75.00	3.00	70.30
绍兴市	24	73	4.50	100.00	25.00	7.50
金华市	18	788	31.17	4397.00	324.60	120.60
衢州市	45	1149	176.20	16948.00	2498.60	633.12
丽水市	7	206	14.13	1550.68	75.20	45.80

②砖瓦用砂、页岩。砖瓦用砂页岩包括砖瓦用砂岩、砖瓦用页岩两个矿种，以开发砖瓦用页岩占主导。2011 年浙江省有砖瓦用砂、页岩矿山 221 个，从业人员 8218 人，矿石采掘量 543.99 万吨，实现矿业总产值 76347.80 万元，利润总额 5591.37 万元，税金总额 2907.98 万元。2011 年砖瓦用砂页岩矿山数较 2010 年增加了 9 个，矿石采掘量比 2010 年减少了 13.77%，矿业总产值、利润总额分别比 2010 年增长 12.36%、2.58%。

浙江省砖瓦用砂页岩开发利用主要集中分布在金华和衢州两个市，两市的产量、产值、利润和税金分别占全省总量的 77.19%、86.16%、94.13%和 83.47%(表 16)。

表 16　2011 年浙江省各市砖瓦用砂、页岩开发利用情况

地区	矿山数(个)	从业人员(人)	矿石采掘量(万吨)	矿业总产值(万元)	利润总额(万元)	税金总额(万元)
合计	221	8218	543.99	76347.80	5591.37	2907.98
杭州市	20	546	36.30	2881.83	－71.68	181.67

续表 16

地区	矿山数(个)	从业人员(人)	矿石采掘量(万吨)	矿业总产值(万元)	利润总额(万元)	税金总额(万元)
湖州市	4	103	32.35	1610.00	73.10	50.40
绍兴市	5	75	26.51	801.55	19.70	26.00
金华市	113	5476	278.95	40308.83	2525.15	1651.58
衢州市	50	1507	140.96	25469.30	2738.00	775.83
台州市	6	242	15.62	2050.24	153.00	100.78
丽水市	23	269	13.30	3226.05	154.10	121.72

3. *建筑用砂*。2011 年浙江省有建筑用砂矿山 15 个，从业人员 1189 人，矿石采掘量 4028.20 万吨，实现矿业总产值 106395.80 万元，利润总额 3922.80 万元，税金总额 16703.79 万元，矿山数下降较多，较 2010 年下降了 60.53%，从业人员较 2010 年下降了 27.81%，矿石采掘量、矿业总产值、利润总额和税金总额分别较 2010 年增长了 8.84%、18.83%、12.99%、23.83%（表 17）。

表 17　2007～2011 年浙江省建筑用砂主要指标变化情况

年份	矿山数(个)	从业人员(人)	矿石采掘量(万吨)	矿业总产值(万元)	利润总额(万元)	税金总额(万元)
2007 年	70	2316	1511.13	21164.55	2361.93	2547.12
2008 年	51	1807	2252.03	36557.53	1479.10	5135.25
2009 年	41	1642	1886.17	38126.85	1311.14	4225.66
2010 年	38	1647	3701.09	89533.97	3471.90	13489.82
2011 年	15	1189	4028.20	106395.80	3922.80	16703.79

浙江省建筑用砂矿山分为河砂和海砂，其中河砂矿山有 12 个，主要分布在温州和丽水，其矿山数量虽然占建筑用砂矿山总数的 80%，但矿石采掘量和矿业总产值分别仅占建筑用砂矿山总数的 13.66% 和 11.85%，利润和税金仅分别占总数的 10.34% 和 6.45%。海砂矿山有 3 个，分布在舟山和温州两市（表 18、表 19）。海砂的矿业总产值、利润、税金分别占浙江省总量的 88.15%、89.66%、93.55%。

从以上数据可知，浙江省建筑用砂主要以海砂为主，海砂的过度开采对海洋生态环境、航行及港口安全、渔业资源等带来严重影响和危害，宁波海域已全面禁止开采海砂。自 20 世纪 90 年代起，浙江省已大规模推广使用机制砂，积极推进机制砂开发以解决海砂全面禁采后的资源保障问题是建筑用砂的发展方向。

表 18　2011 年浙江省各市建筑用砂开发利用情况

地区	矿山数(个)	从业人员(人)	矿石采掘量(万吨)	矿业总产值(万元)	利润总额(万元)	税金总额(万元)
合计	15	1189	4028.20	106395.80	3922.80	16703.79
宁波市	1	10	21.00	330.00	32.00	14.70
温州市	4	683	524.00	11212.00	219.00	935.29
绍兴市	1	15	18.00	300.00	30.00	5.00
金华市	1	7	2.00	84.00	20.00	1.20
舟山市	2	346	3378.00	92864.00	3517.00	15592.00
台州市	1	8	2.00	50.00	6.00	5.40
丽水市	5	120	83.20	1555.80	98.80	150.20

表 19　　2011 年浙江省各市河砂开发利用情况

地区	矿山数(个)	从业人员(人)	矿石采掘量(万吨)	矿业总产值(万元)	利润总额(万元)	税金总额(万元)
合计	12	818	550.20	12603.80	405.80	1077.50
宁波市	1	10	21.00	330.00	32.00	14.70
温州市	3	658	424.00	10284.00	219.00	901.00
绍兴市	1	15	18.00	300.00	30.00	5.00
金华市	1	7	2.00	84.00	20.00	1.20
台州市	1	8	2.00	50.00	6.00	5.40
丽水市	5	120	83.20	1555.80	98.80	150.20

【其他非金属矿产开发利用】　浙江省非金属矿产资源较丰富，叶蜡石、明矾石、萤石、伊利石、硅藻土、沸石、水泥用灰岩、膨润土、高岭土、珍珠岩、硅灰石、长石、玻璃用石英岩保有资源储量居全国前列；其中除萤石、水泥用灰岩外，总体开发程度较低。除普通建筑用石、砂、土外，2011 年浙江省开发的非金属矿产有 33 种，矿山 358 个，从业人员 10954 人，矿石采掘量 10822.45 万吨，实现矿业总产值 224798.48 万元，利润总额 172263.72 万元，税金 33002.70 万元；其矿山数量、从业人员、矿石采掘量、矿业总产值、利润和税金分别占总量的 20.95%、18.87%、15.57%、14.99%、15.28% 和 24.59%。与 2010 年相比，非金属矿产矿山数减少 12.04%，从业人员、矿石采掘量、工业总产值、利润和税金却分别增长 1.12%、23.98%、14.28%、7.28% 和 8.15%。

1. *石灰石*。浙江省石灰石主要分布在浙赣与沪杭铁路西北侧的杭州市所辖的富阳、建德、桐庐，湖州市所辖的长兴、安吉，金华市所辖的兰溪和衢州市所辖的常山、江山等县(市、区)，浙江东部绍兴、诸暨等地也有分布，主要赋矿层位为奥陶系上统三衢山组、石炭系中统黄龙组与上统船山组、三叠系下统青龙组，绍兴－诸暨一带主要利用寒武系灰岩，全省资源储量在 250 亿吨以上。

浙江省石灰岩主要应用领域为水泥、建筑石料、饰面板材、制灰、冶金、脱硫及碳酸钙等(表 20)。

表 20　　2011 年浙江省石灰岩矿山统计

矿种名称	矿山数(个)	从业人员(人)	矿石采掘量(万吨)	矿业总产值(万元)	利润总额(万元)	税金总额(万元)
熔剂用灰岩	4	460	429.96	10586.02	760.00	1322.19
水泥用灰岩	101	2883	7818.88	112235.39	8218.88	20009.57
建筑石料用灰岩	54	1627	2115.06	44007.99	3350.31	3844.73
饰面用灰岩	1	6	0.00	0.00	0.00	0.00
制灰用石灰岩	18	220	687.81	10247.03	703.00	486.30

水泥用灰岩是浙江省重要优势矿产资源，开发强度一直很大，2011 年矿石采掘量和矿业总产值分别位居各矿种的第 2 位和第 3 位。2011 年浙江省有水泥用灰岩矿山 101 个，从业人员 2883 人，矿石采掘量 7818.88 万吨，矿业总产值 112235.39 万元，利润 8218.88 万元。与 2010 年相比，矿山数、从业人员下降了 6.48%和 4.57%，矿石采掘量、矿业总产值和利润总额分别增长了 16.83%、14.75%和 40.87%(表 21)。

水泥用灰岩区域开发利用情况与资源分布一致，杭州、湖州两市矿石采掘量、工业总产值分别占全省总量的 74.04%和 78.75%。与其他地市相比，金华市水泥矿山经济效益一直较差，2011 年出现 2313.40 万元亏损，已连续几年出现亏损，主要原因是同业间低价竞争影响利润(表 22)。

表 21　　2007 ~ 2011 年浙江省水泥用灰岩开发利用情况

年份	矿山数(个)	从业人员(人)	矿石采掘量(万吨)	矿业总产值(万元)	利润总额(万元)
2007 年	168	4922	5552.32	68834.33	3209.75

续表 21

年份	矿山数(个)	从业人员(人)	矿石采掘量(万吨)	矿业总产值(万元)	利润总额(万元)
2008 年	150	3239	5132.44	67062.37	3309.45
2009 年	128	3415	5668.56	80716.49	5341.10
2010 年	108	3021	6692.52	97810.95	5834.55
2011 年	101	2883	7818.88	112235.39	8218.88

表 22　　**2011 年浙江省各市水泥用灰岩开发利用情况**

地区	矿山数(个)	从业人员(人)	矿石采掘量（万吨）	矿业总产值（万元）	利润总额（万元）	税金总额（万元）
合计	101	2883	7818.88	112235.39	8218.88	20009.57
杭州市	31	872	3233.82	34250.77	5524.48	4591.73
湖州市	29	1227	2554.99	54132.09	2869.60	12444.80
绍兴市	15	188	422.61	3528.39	491.00	367.00
金华市	11	297	543.76	8804.20	-2313.40	2025.41
衢州市	15	299	1063.70	11519.94	1647.20	580.63

与 2010 年相比，2011 年全省年产 50 万吨以上的水泥用灰岩矿山数 40 个，在总量中的比重由 33.33% 上升至 39.63%；年产 100 万吨以上矿山的人均产值由 41.46 万元/人增加到 53.76 万元/人，增幅为 29.67%（表 23）。

表 23　　**2011 年浙江省水泥用灰岩矿山生产规模及劳动生产率统计**

矿山规模（万吨/年）	矿山数（个）	从业人员(个)	年产矿量（万吨）	矿业总产值（万元）	利润总额（万元）	人均产值（万元/人·年）
大于 100.0	22	1333	5273.45	71666.51	7051.28	53.76
50.0~100.0	18	580	1421.28	21696.21	368.50	37.41
5.0~50.0	40	759	1111.95	18765.01	771.10	24.72
小于 5.0	21	211	12.19	107.65	28.00	0.51
合计	101	2883	7818.88	112235.39	8218.88	38.93

2. *普通萤石*。萤石为浙江省传统优势矿产资源，开采历史悠久。目前浙江的萤石主要流向于氟化工、冶金行业和出口三方面，以浙江衢化氟化学有限公司为代表的氟化工企业是萤石矿产的主要流入地。随着萤石矿产的勘查，近年来已基本形成了遂昌黄沙腰、常山蕉坑坞、江山甘坞口、兰溪柏社、云和石塘、临安新桥、泰顺前坪仔等新的大型萤石资源基地。

2011 年，浙江省有萤石矿山 82 个，从业人员 2058 人，矿石采掘量 69.66 万吨，实现矿业总产值 35131.59 万元，利润总额 4090.01 万元，税金总额 4875.59 万元。与 2010 年相比，矿山数、矿石采掘量分别减少 10.87%、9.25%，从业人数、矿业总产值、利润和税金分别增加 4.95%、40.36%、81.36%和 40.38%（表 24）。浙江省萤石开发分布于 7 个市，金华和丽水两市的矿山数、矿石采掘量、矿业总产值和利润总额分别占总量的 47.56%、60.98%、59.53%和 82.91%。萤石产业地区分布格局基本保持不变，与资源赋存条件一致（表 25）。

表 24　　**2007~2011 年浙江省萤石开发利用情况**

年份	矿山数(个)	从业人员(人)	矿石采掘量（万吨）	矿业总产值（万元）	利润总额（万元）	税金总额（万元）
2007 年	122	2624	92.24	19514.38	1326.86	1628.21

续表 24

年份	矿山数(个)	从业人员(人)	矿石采掘量(万吨)	矿业总产值(万元)	利润总额(万元)	税金总额(万元)
2008年	102	2247	81.57	19175.01	1017.21	2220.02
2009年	95	1935	65.55	15035.91	448.98	1590.98
2010年	92	1961	76.76	25030.31	2255.22	3473.08
2011年	82	2058	69.66	35131.59	4090.01	4875.59

表 25　　2011年浙江省各市普通萤石开发利用情况

地区	矿山数(个)	从业人员(人)	矿石采掘量(万吨)	矿业总产值(万元)	利润总额(万元)	税金总额(万元)
合计	82	2058	69.66	35131.59	4090.01	4875.59
杭州市	15	278	5.65	3324.51	141.97	208.24
湖州市	2	71	1.93	1468.26	34.90	4.75
绍兴市	10	109	4.45	629.99	55.00	40.00
金华市	16	339	14.75	5960.18	1456.20	916.43
衢州市	5	91	5.73	4448.99	29.20	341.77
台州市	11	302	9.41	4346.14	437.90	954.45
丽水市	23	868	27.73	14953.52	1934.84	2409.96

2011年萤石市场持续向好,萤石精矿粉价格从年初的1500元/吨涨至年中的近3000元/吨,下半年回调至2400元/吨左右。在采掘量较2010年有所减少的情况下,产值、利润、税金等经济指标大幅上升。

浙江省的萤石开采强度一直较大,但产业集中度较低,以小型矿为主。为保护优势资源,国家对萤石资源开采总量进行调控,浙江省已将萤石列入限采矿种。加强了萤石的采选准入管理,对萤石矿山的资源储量、开采规模、生产条件、环境保护和技术设备等方面提出了限制性措施,对原有矿山企业进行了技术改造,对萤石矿产资源开发进行了整合与规范,取得了明显成效。2011年,大型、中型萤石矿的矿山数只占全省萤石矿总数的8.54%,但从业人员、矿石采掘量、矿业总产值、利润总额和税金总额分别占全省萤石矿的25.32%、27.14%、24.50%、51.31%和30.65%。尤其是利润总额达到了全省萤石矿总利润的一半以上。2011年产量大于1万吨的矿山达20个,比2010年度增加了17.65%。

3. *明矾石*。浙江省明矾石资源储量居全国第一。2011年浙江省明矾石矿山仅温州矾矿1家,从业人员1622人,矿石采掘量11.88万吨,较2010年减少了49.68%;矿业总产值5471万元与2010年基本持平;利润呈亏损状态,为-242万元,较2010年下降了2456.45万元;税金921万元,较2010年下降了19.59%(表26)。

表 26　　2007~2011年浙江省明矾石生产主要指标变化情况

年份	矿山数(个)	从业人员(人)	矿石采掘量(万吨)	矿业总产值(万元)	利润总额(万元)	税金总额(万元)
2007年	1	1982	13.21	4371.00	-775.76	534.65
2008年	1	1920	21.92	5770.50	-930.42	784.78
2009年	1	1845	11.51	5930.00	-71.80	956.56
2010年	1	1817	23.61	6478	2214.45	1145.38
2011年	1	1622	11.88	6571	-242	921

温州矾矿是一家集采矿、冶炼于一体的国有中型企业,主要产品有钾明矾、明矾石及综合利用系列产品(水泥膨化剂、聚合铝、铵明矾、泡打粉等),广泛应用于食品添加剂、水产品腌制、净水、制革、制药和食品添加剂等领域。2010年扭转了多年亏损的局面,2011年又处于亏损状态。2011年,在采的鸡笼山矿段可采资源已接近枯竭。

4. *玻璃用石英岩*。2011年浙江省有玻璃用石英岩矿山7个,从业人员426人,矿石采掘量317.41万吨,实现矿业总产值8850.72万元,利润总额155.00万元,税金总额868.16万元。与2010年相比,矿石采掘量增加了近一倍,但矿业总产值、利润总额和税金总额分别下降了40.77%、69.12%、53.03%(表27)。

矿山分布在杭州、湖州两市,杭州的矿山已关闭,2011年只有湖州有玻璃用石英岩矿山处于生产状态(表28)。

表27　　2007~2011年浙江省玻璃用石英岩生产主要指标变化情况

年份	矿山数(个)	从业人员(人)	矿石采掘量(万吨)	矿业总产值(万元)	利润总额(万元)	税金总额(万元)
2007年	10	868	104.66	4912.18	143.80	659.83
2008年	11	834	124.34	5231.00	194.00	1634.18
2009年	9	350	173.03	5343.65	276.10	1019.49
2010年	8	450	166.89	14943.64	501.98	1848.28
2011年	7	426	317.41	8850.72	155.00	868.16

表28　　2011年浙江省各市玻璃用石英岩开发利用情况

地区	矿山数(个)	从业人员(人)	矿石采掘量(万吨)	矿业总产值(万元)	利润总额(万元)	税金总额(万元)
合计	7	426	317.41	8850.72	155.00	868.16
杭州市	1	5	0.00	0.00	0.00	0.00
湖州市	6	421	317.41	8850.72	155.00	868.16

建材市场是玻璃及玻璃制品主要流入地,2011年由于受国家对房地产行业调控的影响,玻璃用石英岩的产量及利润都呈下降态势。

5. *叶蜡石*。浙江省叶蜡石矿产资源丰富,查明储量居全国之首,主要分布于温州、丽水、绍兴、衢州。2011年,全省有叶蜡石矿山25个,从业人员891人,矿石采掘量81.11万吨,实现矿业总产值5951.58万元,利润总额765.49万元,税金总额775.38万元。与2010年相比除利润有所下降外其余各项经济指标都有所上升,与2010年相比矿山数、从业人数、产量、产值和税金分别增加了13.64%、0.90%、24.48%、47.20%、79.59%,利润下降了27.44%(表29、表30)。

表29　　2007~2011年浙江省叶蜡石生产主要指标变化情况

年份	矿山数(个)	从业人员(人)	矿石采掘量(万吨)	矿业总产值(万元)	利润总额(万元)	税金总额(万元)
2007年	26	513	55.24	3443.52	357.26	359.93
2008年	22	870	7695	4933.79	189.36	531.96
2009年	22	743	61.69	3755.86	755.33	290.78
2010年	22	883	65.16	4043.10	1054.95	431.76
2011年	25	891	81.11	5951.58	765.49	775.38

表30　　2011年浙江省各市叶蜡石开发利用情况

地区	矿山数(个)	从业人员(人)	矿石采掘量(万吨)	矿业总产值(万元)	利润总额(万元)	税金总额(万元)
合计	25	891	81.11	5951.58	765.49	775.38

续表 30

地区	矿山数(个)	从业人员(人)	矿石采掘量(万吨)	矿业总产值(万元)	利润总额(万元)	税金总额(万元)
杭州市	1	15	3.55	710.60	28.00	13.00
温州市	4	471	32.69	1971.00	449.62	447.88
绍兴市	2	51	1.81	119.60	10.25	9.55
衢州市	6	74	21.42	1300.80	121.00	19.60
丽水市	12	280	21.64	1849.58	156.62	285.35

浙江省叶蜡石主要应用于耐火材料、陶瓷、玻璃纤维、橡胶、沥青添加剂、造纸、颜料、制药和塑料制品的充填料、表层涂料等工业原料、催化剂及载体、白水泥原料、雕刻工艺品等。

2011 年,浙江省叶蜡石产量有所提升,利润却呈下降态势。这主要是由于浙江省叶蜡石应用领域处于较落后的状态,产品附加值低,叶蜡石产品出口层次低,绝大部分为加工度较浅、技术含量不高的初级产品,出口的低端产品与国际市场对高端产品的巨大需求形成很大反差。超细粉碎、表面改性和人造金刚石传压介质等方面研究程度不高,与叶蜡石开发利用发达国家还有相当大的差距。

随着国际市场非金属材料应用领域不断扩大,叶蜡石等非金属材料具有广阔的市场前景,因此应加大叶蜡石应用研究的投入力度,尽快提升产品技术含量,调整产品结构,加大高附加值产品的生产和出口,是当前所有叶蜡石企业和有关部门面临的共同任务,也是促进行业持续稳定发展的关键。

6. *饰面用石材*。2011 年浙江省饰面用石材开采矿种有灰岩、辉绿岩、闪长岩、花岗岩、大理岩、板岩等 6 种,有矿山 28 个,从业人员 355 人,矿石采掘量 56.53 万吨,实现矿业总产值 5247.65 万元,利润总额 531.28 万元,税金总额 201.63 万元。与 2010 年相比,矿山数减少 7 个,产量、产值和利润分别下降 31.68%、30.01%、14.14%;税金与 2010 年相比增加了 50.63%(表 31)。

表 31　　2007~2011 年浙江省饰面用石材生产主要指标变化情况

年份	矿山数(个)	从业人员(人)	矿石采掘量(万吨)	矿业总产值(万元)	利润总额(万元)	税金总额(万元)
2007 年	52	643	102.94	8028.62	630.20	191.03
2008 年	45	599	123.19	11496.11	715.56	194.55
2009 年	42	505	114.66	9697.49	856.70	187.03
2010 年	35	371	82.74	7497.94	618.75	133.86
2011 年	28	355	56.53	5247.65	531.28	201.63

开采的 6 个矿种中,饰面用辉绿岩的产量居首位,饰面用花岗岩产值、利润居首位(表 32 和表 33)。

表 32　　2011 年浙江省饰面用石材主要矿种开发利用情况

矿种	矿山数(个)	从业人员(人)	矿石采掘量(万吨)	矿业总产值(万元)	利润总额(万元)	税金总额(万元)
饰面用灰岩	1	6	0.00	0.00	0.00	0.00
饰面用辉绿岩	6	46	30.45	774.29	58.78	50.63
饰面用闪长岩	3	17	0.52	119.60	1.50	2.50
饰面用花岗岩	11	202	21.20	2964.56	239.00	96.70
饰面用大理岩	1	14	0.13	36.40	4.00	0.80
饰面用板岩	6	70	4.23	1352.80	228.00	51.00
合计	28	355	56.53	5247.65	531.28	201.63

表 33　　2011 年浙江省各市饰面用石材开发利用情况

年份	矿山数(个)	从业人员(人)	矿石采掘量(万吨)	矿业总产值(万元)	利润总额(万元)	税金总额(万元)
合计	28	355	56.53	5247.65	531.28	201.6
杭州市	6	128	5.95	1112.56	20.00	18.80
温州市	4	21	0.52	119.60	1.50	2.50
湖州市	1	26	6.53	457.00	80.00	68.00
金华市	5	52	26.62	665.00	40.00	40.00
衢州市	11	123	16.53	2880.50	396.00	72.30
丽水市	1	5	0.38	12.99	-6.22	0.03

浙江省饰面用石材开采分布在衢州、金华、杭州等7个市。衢州市的矿山数、产值、利润和税金最高，分别占全省总量的39.29%、54.89%、74.54%和35.86%；金华市的矿石采掘量最高，为26.62万吨，占全省总量的47.09%。

石材产业处于建筑产业链的末端，浙江省的石材生产企业绝大多数无建筑装饰设计资质，人才奇缺，尤其是科技力量薄弱，没有一个比较正规的企业研发机构，新产品和品牌产品少，适应不了新市场、新消费、新工艺的需求。在整个建筑业市场上认可度较低，在政府与重大工程的供料和投标上一直处于被动和配角地位，给企业的生产造成了极大困难。

7. 高岭土。浙江省高岭土以地开石型为主，开采区集中于丽水的松阳、绍兴的诸暨等地。2011年全省有高岭土矿山10个，从业人员83人，矿石产量6.74万吨，矿业总产值2376.23万元，利润总额513.60万元。与2010年相比，矿山数、从业人数、产量和产值分别减少33.33%、41.13%、79.42%、21.88%，利润增加了16.94%（表34）。

表 34　　2007～2011 年浙江省高岭土生产主要指标变化情况

年份	矿山数(个)	从业人员(人)	矿石采掘量(万吨)	矿业总产值(万元)	利润总额(万元)
2007年	29	287	19.15	1732.23	302.41
2008年	21	228	40.34	2629.49	359.25
2009年	18	184	29.53	2136.34	213.98
2010年	15	141	23.03	3041.90	439.20
2011年	10	83	6.74	2376.23	513.60

高岭土应用广泛，可应用于陶瓷、玻纤、造纸、塑料、橡胶、油漆、石油化工、新型技术材料等行业。目前我国已掌握了高岭土的提纯、分选、煅烧、增白、降粘、改性等技术。

8. 膨润土。2011年浙江省有膨润土矿山5个，从业人员44人，矿石产量17.48万吨，矿业总产值1975.00万元，利润总额400万元。与2010年相比，矿山数减少1个，从业人员减少了40人，产量、产值和利润总额分别增加了62.60%、64.58%和31.58%（表35）。

表 35　　2007～2011 年浙江省膨润土矿生产主要指标变化情况

年份	矿山数(个)	从业人员(人)	矿石采掘量(万吨)	矿业总产值(万元)	利润总额(万元)
2007年	10	197	19.78	1358.25	122.79
2008年	9	97	16.19	1769.00	498.61
2009年	7	71	15.65	2627.00	418.00
2010年	6	84	10.75	1200.00	304.00
2011年	5	44	17.48	1975.00	400.00

浙江膨润土目前主要产区在安吉县北部高禹等地。膨润土广泛应用于冶金、机械铸造、钻井、石油化工、轻工、农林牧、建筑工程等领域。浙江省膨润土深加工技术在国内处于领先地位,浙江膨润土加工企业所需原矿,主要依靠外省购入。

9.硫铁矿。浙江省硫铁矿生产逐步萎缩,矿石产量、产值均处于低谷。2011 年全省有矿山 3 个,位于衢州市龙游县,生产矿山 2 个,分别为浙江巨化化工矿业有限公司灵山矿和龙游县东山硫锌矿,从业人员 957 人,矿石采掘量 4.67 万吨,矿业总产值 725.67 万元,利润 50 万元,税金 81.45 万元。与 2010 年相比,矿石采掘量减少了 3.31%,矿业总产值增加了 43.65%,税金减少了 70.15%,利润总额为 50 万元,扭转了多年亏损的局面(表 36)。

2011 年,中国硫酸市场价格仍有波动,但较往年相比已平稳很多,由年初的 440 元/吨,6 月上升到 520 元/吨,至 10 月份基本保持稳定,11 月起快速下滑,降至年末的 400 元/吨。

表 36 2007~2011 年浙江省硫铁矿生产主要指标变化情况

年份	矿山数(个)	从业人员(人)	矿石采掘量(万吨)	矿业总产(万元)	利润总额(万元)	税金总额(万元)
2007 年	3	1189	7.21	360.31	-2034.99	322.13
2008 年	3	1195	4.37	446.19	-1432.08	437.95
2009 年	3	477	3.75	193.95	-1692.00	499.00
2010 年	2	466	4.83	505.18	-1367.94	272.84
2011 年	3	957	4.67	725.67	50.00	81.45

10.其他优势非金属矿。浙江省伊利石黏土、硅藻土、沸石资源储量分别全国第二、三、五位,由于加工应用研究未取得突破性进展,开发日趋萎缩。硅藻土和伊利石黏土矿分别于 2008 年和 2009 年关闭;沸石仅有金华市婺城区和丽水市缙云有 2 个小型矿山,2011 年产量为 3.65 万吨,产值为 117.24 万元,与 2010 年相比均有大幅上升。

【金属矿产开发利用】 浙江省金属矿产资源匮乏,以铁、铜、钼、铅锌、金、银为主,小型矿山和小矿山占全部金属矿山总数的 93.33%,仅个别达到大中型规模,且矿石组成复杂,共伴生多种元素。2011 年,浙江省有金属矿山 60 个,从业人员 4884 人,矿石采掘量 205.91 万吨,实现矿业总产值 112811.04 万元,利润总额 14734.89 万元。与 2010 年相比,金属矿产矿山数增加了 2 个,矿石采掘量有所减少,矿业总产值增长了 52.47%,利润总额增长了 43.58%。2011 年,全球经济复苏缓慢,我国经济发展仍保持快速增长,GDP 增长 9.1%,固定资产投资快速增长。虽然受全球矿业影响,资源价格剧烈振荡,国内主要金属矿产品价格总体回升向好,是导致浙江省金属矿产开采业经济指标稳步增长的主要原因(表 37)。

表 37 2007~2011 年浙江省金属矿产主要指标一览

年份	矿山数(个)	从业人员(人)	矿石采掘量(万吨)	矿业总产值(万元)	利润总额(万元)
2007 年	73	8391	216.49	121483.60	2470.79
2008 年	68	6586	201.42	89599.60	9220.06
2009 年	61	4441	182.06	47155.22	3597.65
2010 年	58	4452	211.79	73986.99	10262.52
2011 年	60	4884	205.91	112811.04	14734.89

1.铜矿。2011 年浙江省有铜矿矿山 6 个,从业人员 1193 人,矿石采掘量 39.56 万吨,实现矿业总产值 37033.00 万元,利润总额 12347.13 万元,税金总额 8301.35 万元。与 2010 年相比,矿石采掘量下降了 7.79%,产值、利润、税金分别增加了 36.88%、21.17% 和 20.31%。浙江省铜矿生产以杭州建铜集团有限公司和绍兴铜都矿业有限公司为主,两矿山合计矿石产量和矿业产值均占全省总量的 85%以上(表 38)。

表 38　　2007～2011 年浙江省铜矿生产主要指标对比

年份	矿山数(个)	从业人员(人)	矿石采掘量(万吨)	矿业总产值(万元)	利润总额(万元)	税金总额(万元)
2007 年	7	1147	38.95	35795.50	10649.85	6116.96
2008 年	7	1302	38.39	35218.01	8017.50	5981.74
2009 年	6	1205	40.11	20665.13	5729.45	5164.20
2010 年	6	1233	42.90	27055.81	10189.73	6900.16
2011 年	6	1193	39.56	37033.00	12347.13	8301.35

2011 年铜价浮动走低,第 4 季度更是出现大幅下挫的行情,1～8 月,我国铜平均价格为 68000 元/吨,2 月份达 74000 元/吨,9 月起铜价震荡下跌,年末跌至 54000 元/吨。目前国内铜消费回暖缓慢,预计 2012 年浙江省铜矿生产将保持基本稳定。

浙江省铜矿资源较少,而铜加工能力又比较强,位居全国前列。为此,浙江省铜矿企业应首先立足提高现有资源开发利用水平,加强生产性勘探以增加资源储量;同时还要大胆地走出去购买矿产资源,增加资源储备。

2. *钼矿*。浙江省钼矿集中分布于丽水市青田、松阳、景宁和莲都四县(区),2011 年全省钼矿有 11 个,从业人员 778 人,矿石采掘量 21.74 万吨,实现矿业总产值 24790.89 万元,利润总额 -2748.81 万元。与 2010 年相比,矿石采掘量增加了 47.79%、矿业总产值增长了近两倍(表 39)。

表 39　　2007～2011 年浙江省钼矿生产主要指标变化情况

年份	矿山数(个)	从业人员(人)	矿石采掘量(万吨)	矿业总产值(万元)	利润总额(万元)
2007 年	11	2965	13.70	52337.12	10780.00
2008 年	10	1711	18.85	29126.32	-1032.00
2009 年	10	816	7.77	5597.05	-3196.00
2010 年	10	695	14.71	8721.20	-3938.00
2011 年	11	778	21.74	24790.89	-2748.81

2011 年国内钼价相对低迷,钼价整体仍维持在近年来的低位,前十月钼精矿均价与 2010 年基本持平,10 月起一直下跌,年底跌至 1800 元/吨,全年钼精矿年均价为 2050 元/吨。钼矿价格自 2008 年下跌后尚未回升,钼矿企业连续四年亏损。与 2010 年相比,2011 年亏损额下降了 30.20%。

3. *金矿*。2011 年,浙江省有金矿矿山 8 个,从业人员 1218 人,矿石采掘量 2.02 万吨,实现矿业总产值 26296.18 万元,利润总额 1847 万元。与 2010 年相比,矿石采掘量减少了 26.81%,矿业总产值增长了 163.18%,利润增加了 33.65%(表 40)。2011 年黄金价格呈现二阶段走势,前九个月急速上涨,并在 9 月初创历史新高,后三个月急速下降,但总体上仍然连续第 11 年实现上涨。2011 年黄金价格增长是浙江省金矿保持良好经济效益的主要原因。

表 40　　2007～2011 年浙江省金矿生产主要指标变化情况

年份	矿山数(个)	从业人员(人)	矿石采掘量(万吨)	矿业总产值(万元)	利润总额(万元)
2007 年	8	1731	4.80	9021.72	1701.06
2008 年	8	1719	4.13	8511.00	1065.01
2009 年	7	894	3.41	9614.45	1018.47
2010 年	7	868	2.76	9991.67	1382.00
2011 年	8	1218	2.02	26296.18	1847.00

浙江省金矿资源较少,主要分布于丽水、绍兴和金华三地,2011 年仅有生产矿山 2 个,分别为浙江省遂昌金矿有限公司和浙江鑫盛黄金有限公司璜山金矿。浙江省遂昌金矿有限公司是浙江省规模最大的金矿,其

矿业总产值和利润占全省总量的97%以上,历经数十年开采,保有资源储量日趋减少,矿山采取了限产、提高资源利用率、加快铅锌矿开发利用的工作,实现矿山由采选金银为主向采选铅锌为主的平稳过渡等相应措施。

4. 铅锌矿。2011年,浙江省有铅锌矿山20个,从业人员698人,矿石采掘量18.86万吨,实现矿业总产值5939.70万元,利润总额939.45万元,税金总额947.97万元。矿山企业经济数据与2010年相比,矿石采掘量和利润与2010年基本持平,矿业总产值和税金大幅下降了49.93%和44.80%(表41)。

表41　　2007~2011年浙江省铅锌矿生产主要指标变化情况

年份	矿山数(个)	从业人员(人)	矿石采掘量(万吨)	矿业总产值(万元)	利润总额(万元)	税金总额(万元)
2007年	33	1029	20.75	14388.04	895.84	2239.07
2008年	31	943	19.37	7614.49	402.28	941.17
2009年	23	669	19.99	7544.82	388.53	1038.91
2010年	22	821	18.53	11861.72	922.24	1717.53
2011年	20	698	18.86	5939.70	939.45	947.97

浙江省铅锌矿规模较小,除3个小型矿山外,其余均为小矿,主要分布于绍兴、丽水、杭州;浙江佳和矿业集团有限公司龙泉铅锌矿和浙江诸暨七湾矿业有限公司铅锌矿是省内规模最大的铅锌矿山,两个矿山的矿石采掘量、矿业总产值、利润、税金分别占全省总量的60.34%、57.18%、76.84%和70.94%。

2011年铅锌行业全年基本呈现了国内供给过剩、市场需求放缓、价格区间震荡等特点。铅价格已从年初的16900元/吨回降至15500元/吨左右,降幅为8.28%。锌价格从年初的18800元/吨回落至17000元/吨左右,降幅为9.57%。

浙江省铅锌有一定资源储量,但以贫矿为主,开采受到一定程度限制。浙江省铅锌加工业较发达,资源自给程度较低;同时,与其他金属矿产相比,浙江省铅锌矿尚具有较大的找矿潜力,应继续加大勘查投入,力争有新的突破。

5. 铁矿。2011年浙江省有铁矿山8个,从业人员678人,矿石采掘量118.51万吨,实现矿业总产值14776.87万元,利润总额1136.19万元。与2010年相比,矿石采掘量下降了7.50%,矿业总产值增加了6.93%、利润增加了3.43%(表42)。

表42　　2007~2011年浙江省铁矿生产主要指标变化情况

年份	矿山数(个)	从业人员(人)	矿石采掘量(万吨)	矿业总产值(万元)	利润总额(万元)
2007年	6	721	128.46	6385.18	492.46
2008年	7	699	112.31	6953.05	1170.41
2009年	8	662	105.83	2730.73	-225.80
2010年	8	662	128.12	13818.86	1098.55
2011年	8	678	118.51	14776.87	1136.19

浙江省铁矿开采集中在绍兴、丽水、台州、杭州四市,2011年有生产矿山5个,停产矿山1个,另外2个为筹建矿山。浙江漓铁集团有限公司东西矿为全省第一大铁矿,其矿石采掘量占全省总量的89.23%,产值、税金占总量的70.76%和76.96%。

【能源矿产开发利用】 1.石煤。近年来,随着生态省建设进程的加快,矿山企业环境准入门槛日益提高,石煤生产渐趋萎缩,2010年浙江省石煤矿山仅有2家,均处于停产状态,今年已全部关停,石煤已经退出浙江省能源市场(表43)。

表43　　2007~2011年浙江省石煤生产主要指标变化情况

年份	矿山数(个)	从业人员(个)	矿石采掘(万吨)	矿业总产值(万元)	利润总额(万元)
2007年	28	361	339.24	3408.48	639.00

续表 43

年份	矿山数(个)	从业人员(个)	矿石采掘(万吨)	矿业总产值(万元)	利润总额(万元)
2008 年	11	211	120.30	1222.00	120.00
2009 年	7	127	71.00	1310.00	39.00
2010 年	2	4	0	0	0
2011 年	0	0	0	0	0

2. 地热。2011 年浙江省有地热矿山 3 个。分布于金华武义、温州泰顺两地,从业人员 210 人,地下热水开采量 56.66 万立方米,年投资额 968 万元,实现矿业总产值 2506.00 万元,比 2010 年增加了 23.69%(表 44)。地热是可再生清洁型能源,在能源矿产品严重紧缺的局面下,大力开发地热资源是实现能源消费多元化和保持区域经济可持续发展的有效途径。

表 44　　2007～2011 年浙江省地热生产主要指标变化情况

年份	矿山数(个)	从业人员(人)	地下热水开采量(万立方米)	矿业总产值(万元)
2007 年	2	210	5.82	1912.50
2008 年	2	210	5.82	1901.00
2009 年	2	205	5.82	978.85
2010 年	3	221	53.01	2026.00
2011 年	3	210	56.66	2506.00

【水气矿产开发利用】 2011 年浙江省开发利用的水气矿产仅矿泉水一种,有矿山 44 个,从业人员 790 人,产量 18.06 万吨,实现矿业总产值 4304.86 万元,利润总额 325.72 万元。与 2010 年相比,产量增长了 2.38%,矿业总产值增长了 9.92%;利润下降了 15.21%(表 45)。除嘉兴和舟山两市外,其余地区均有矿泉水分布,其中温州和宁波两市数量最多,两市之和达 24 个;湖州市产值最高,为 2314.00 万元。

表 45　　2007～2011 年浙江省矿泉水生产主要指标变化情况

年份	矿山数(个)	从业人员(人)	产量(万吨)	矿业总产值(万元)	利润总额(万元)
2007 年	54	1465	42.76	3116.02	112.91
2008 年	51	1325	41.08	3087.69	162.90
2009 年	51	780	40.28	4453.72	319.71
2010 年	48	761	17.64	3916.29	384.16
2011 年	44	790	18.06	4304.86	325.72

【2011 年度矿产开发利用特点】 1.矿山生产规模明显扩大。2011 年,浙江省全面实施矿产资源规划和深入推进矿产资源勘查开发整合工作,浙江省矿山布局更趋合理,矿山结构进一步优化,矿山企业生产效率稳步提升。矿山数量继续减少,矿山数较 2010 年减少了 10.05%;矿山生产规模明显扩大,矿山平均矿石采掘量增长了 52.72%,突破 40 万吨/矿·年(表 46,图 14)。

2011 年,浙江省矿业从业人员继续减少,矿山平均矿业总产值、人均矿石采掘量及人均矿业总产值逐年增加,生产效率持续提升。与 2010 年相比,矿山平均矿业总产值增加了 52.51%,超过 800 万元/矿·年,人均矿石采掘量增长了 37.93%,人均矿业产值提高了 37.67%;上述各项指标均创历史新高。

表 46　　2007～2011 年浙江省矿业生产规模和生产效率对比表

年份	矿山数(个)	矿山平均矿石采掘量(万吨/矿·年)	矿山平均矿业总产值(万元/矿·年)	人均矿采掘量(万吨/人·年)	人均矿业产值(万元/人·年)
2007 年	3224	13.99	275.07	0.44	8.69

续表 46

年份	矿山数(个)	矿山平均矿石采掘量(万吨/矿·年)	矿山平均矿业总产值(万元/矿·年)	人均矿采掘量(万吨/人·年)	人均矿业产值(万元/人·年)
2008 年	2965	16.46	332.85	0.56	11.25
2009 年	2393	19.51	374.79	0.68	13.04
2010 年	1900	26.63	566.57	0.87	18.48
2011 年	1709	40.67	877.73	1.20	25.84

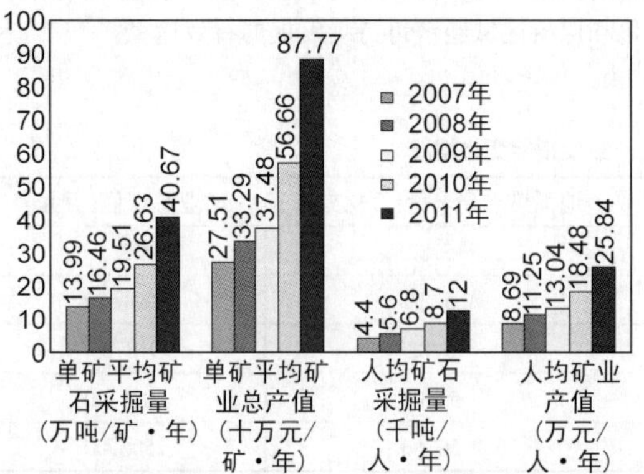

图 14　2007～2011 年浙江省矿业生产规模和生产效率对比情况图

2. *矿业经济效益显著增长*。2011 年，虽然全球经济低迷，但国内经济增长依然保持了较大增幅，矿产品价格稳步回升，基础设施建设对普通建筑用石砂土需求维持高位，浙江省矿业经济效益增速加快。2011 年浙江省矿业实现利润 11.28 亿元，较 2010 年增长 49.30%；上缴税金 13.42 亿元，较 2010 年增长 18.77%。全省仅有 37 个矿山企业出现亏损，累计亏损额为 9522.59 万元；287 个矿山停产，较 2010 年减少 15 个，停产矿山占矿山总数的比例较 2010 年增加了 0.90%。

矿业经济效益增长的主要原因是普通建筑用石砂土矿产利润大幅增长。2011 年浙江省普通建筑用石砂土矿产利润比 2010 年增长 31554.18 万元，增长了 64.61%，占全省矿业利润增长额的 84.74%。

3. *矿产利用效率稳中有降*。2011 年浙江省矿业在国民经济中的比重有所提高，全省矿业在国民经济中的比重从 2010 年的 0.40%升为 0.47%。由于 2011 年矿石采掘量增长迅速，单位生产总值和矿石消耗量的数值有所增加，从 2010 年的 1.86 吨/万元升至 2.17 吨/万元(表 47，图 15)。

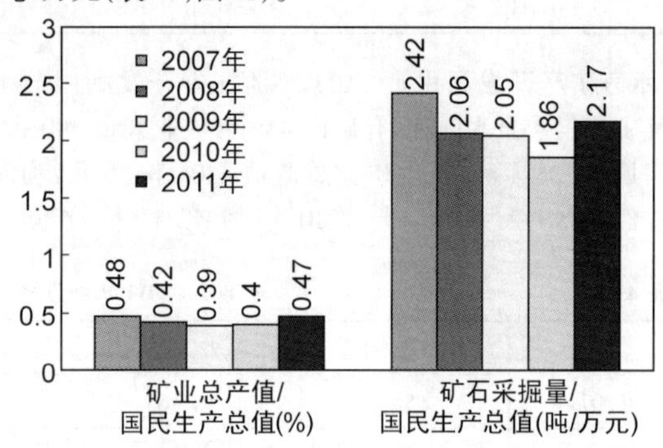

图 15　2007～2011 年浙江省矿业生产指标与国民生产总值变化图

表 47　2007～2011 年浙江省矿业生产指标与国民生产总值变化情况表

年份	生产总值(亿元)	矿业总产值(亿元)	矿业总产值/国民生产总值(%)	矿石产量/万吨	矿石产量/国民生产总值(吨/万元)
2007 年	18638	88.68	0.48	45105.39	2.42
2008 年	21487	89.70	0.42	44353.53	2.06
2009 年	22832	89.69	0.39	46697.51	2.05
2010 年	27227	109.35	0.40	50595.52	1.86
2011 年	32000	150.00	0.47	69511.79	2.17

4. *矿业投资额度大幅增长*。2011 年，浙江省矿业投资 44.10 亿元，较 2010 年增长 8.14 亿元，增幅为 22.63%。增幅较 2010 年有所降低，投资主体趋于理性，全省矿业投资已逐渐步入与地方经济发展、矿产资源市场需求相适应的良性发展轨道(表 48，图 16)。

投资资金来源仍以民间为主，其中私营企业投资 14.02 亿元，有限责任公司投资 11.65 亿元，上述两种经济类型投资额占全省投资总额的 58.21%；投资方向主要集中在建筑用凝灰岩(27.93 亿元)、建筑用花岗岩(4.56 亿元)和水泥用灰岩(1.72 亿元)等矿种上,上述 3 个矿种占全省矿业总投资额的 77.57%。

表 48　2007~2011 年浙江省各市矿业投资对比表

地区	投资额/亿元				
	2007 年	2008 年	2009 年	2010 年	2011 年
合计	18.14	25.00	23.00	35.95	44.10
杭州市	2.75	8.08	2.16	3.92	4.58
宁波市	1.96	2.20	2.09	4.64	4.10
温州市	1.29	1.05	1.61	1.41	2.15
嘉兴市	0.10	0.26	1.05	0.14	6.04
湖州市	2.34	4.10	4.44	6.97	5.79
绍兴市	1.29	0.68	0.69	1.08	1.19
金华市	1.70	2.24	2.15	1.90	2.12
衢州市	1.05	1.09	0.93	0.97	1.21
舟山市	0.97	1.85	2.57	8.92	8.58
台州市	3.61	2.24	3.94	3.67	6.49
丽水市	1.08	1.21	1.37	2.33	1.94

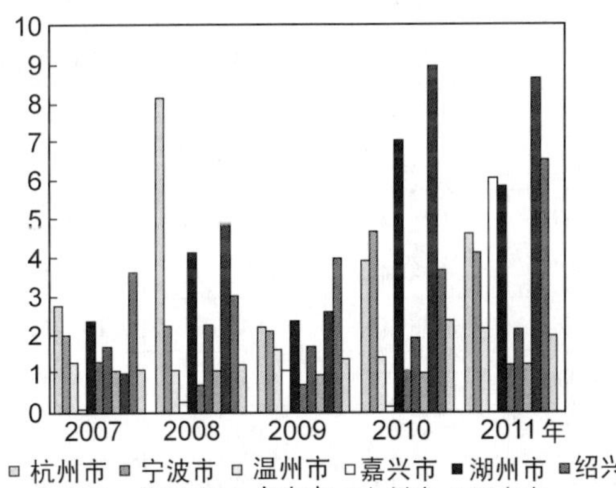

图 16　2007~2011 年浙江省各市矿业投资对比图

各地区矿业投资状况相差较大,2011 年矿业投资排名前三位的为舟山、台州和嘉兴,三市合计占全省矿业总投资的 47.87%。嘉兴市矿业投资增长额居全省之首,投资额增长了 5.90 亿元,增长了近 43 倍。丽水市矿业投资由 2010 年的 2.33 亿元降至 1.94 亿元,较 2010 年减少了 16.74%,降幅最大。

5. 矿山生态环境持续改善。绿色矿山建设活动对进一步提升浙江省矿产资源开发利用水平、改善矿山自然生态环境、促进浙江省矿业经济与生态环境和谐发展、推进生态省建设具有重要意义。近年来,浙江省矿业开发已从开发保护并重的阶段向保护优先条件下的开发转变。截至 2011 年底,浙江省各级绿色矿山应建 404 家,在建 239 家,其中已建成 87 家,建成率 21.5%。全省绿色矿山的创建工作逐步走上制度化、规范化和常态化的轨道。全省废弃矿山治理率达到 91%,全省已累计治理废弃矿井 290 个,治理率 10.3%。

2011 年,矿山开采区占有土地面积为 19963.99 公顷,实际使用土地面积 14080.23 公顷,开采区占有土地面积较 2010 年增加 9.90%,实际使用土地面积较 2010 年增加 10.19%,土地利用率较 2010 年基本持平,闲置土地面积比 2010 年增加 9.21%。应治理的矿山土地面积 5393.89 公顷,实际治理面积 548.05 公顷,为应治理面积的 10.16%(表 49,图 17)。

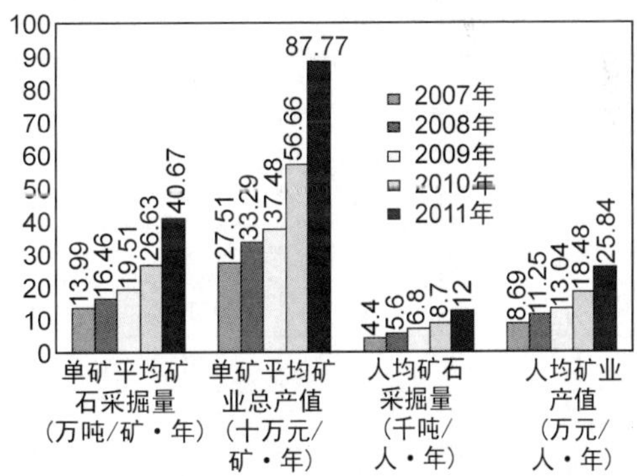

图 17　2007~2011 年浙江省矿山土地使用和治理情况对比图

表 49　2007~2011 年浙江省矿山土地使用和治理情况对比表

年　度	开采区占有土地面积(公顷)	开采区使用土地面积(公顷)	应治理面积(公顷)	已治理面积(公顷)	治理投资额(万元)
2007 年	23428.48	16836.71	5117.57	1604.28	7341.84
2008 年	21934.96	16144.15	4684.37	1611.32	6879.33
2009 年	21932.29	14730.46	5756.06	1850.66	10990.02
2010 年	18165.96	12778.41	5150.17	556.24	18819.65
2011 年	19963.99	14080.23	5393.89	548.05	22579.02

2011年，浙江省废石堆场为176个，比2010年增加8个，累计存放量比2010年减少25.19万吨，当年排放量减少1.31万吨，当年处理量增加51.64万吨，较2010年增加80.65%；尾矿库为39个，累计存放量与2010年基本持平，当年排放量和处理量与2010年都有所增加，分别增加了42.94%和59.50%，处理量占累计存放量的3.85%，较2010年增加57.14%，但矿山固体废弃物综合利用程度仍然偏低(表50)。

表50　　**2007~2011年浙江省固体废弃物排放及处理情况对比表**

年度	废石堆(个)	累计存放量(万吨)	当年排放量(万吨)	当年处理量(万吨)	尾矿库(个)	累计存放量(万吨)	当年排放量(万吨)	当年处理量(万吨)
2007年	239	741.66	116.05	99.83	87	3470.14	172.68	65.86
2008年	197	789.53	154.95	78.67	83	3395.93	161.50	61.21
2009年	209	1657.42	198.32	192.08	82	4070.07	198.07	108.69
2010年	168	992.42	70.60	64.03	40	4219.98	197.02	103.39
2011年	176	967.23	69.29	115.67	39	4280.97	281.62	164.91

表51　　**2011年度浙江省矿产资源开发利用统计汇总**

矿种	矿山总数(个)	从业人员(人)	矿石采掘量(万吨)	工业总产值(万元)	年利税总额(万元)	利润总额(万元)	税金总额(万元)
合计	1709	58050	69511.79	1500034.06	246970.75	112771.95	134198.81
地下热水	3	210	56.66	2506.00	268.05	94.00	174.05
铁矿	8	678	119.46	14886.87	4239.77	1138.19	3101.58
铜矿	6	1193	39.56	37033.00	20648.48	12347.13	8301.35
铅矿	5	50	5.16	1825.88	434.32	226.45	207.87
锌矿	15	648	13.70	4113.82	1453.11	713.00	740.10
钨矿	3	182	0.00	0.00	0.00	0.00	0.00
锡矿	1	20	0.50	30.00	0.00	0.00	0.00
钼矿	11	778	21.74	24790.89	179.82	-2748.81	2928.63
锑矿	1	16	0.31	160.40	-240.45	-241.08	0.63
金矿	8	1218	2.02	26296.18	3188.00	1847.00	1341.00
银矿	2	101	3.45	3674.00	2432.00	1453.00	979.00
普通萤石	82	2058	69.67	35131.59	8965.61	4090.01	4875.59
熔剂用灰岩	4	460	429.96	10586.02	2082.19	760.00	1322.19
冶金用白云岩	3	41	36.91	283.92	48.12	10.00	38.12
冶金用脉石英	1	15	0.78	46.74	7.60	5.00	2.60
耐火黏土	1	12	0.70	63.27	12.00	5.00	7.00
硫铁矿	3	957	4.67	725.67	131.45	50.00	81.45
明矾石	1	1622	11.88	6571.00	679.00	-242.00	921.00
硅灰石	1	79	16.30	2445.00	407.00	5.00	402.00
长石	1	1	0.00	0.00	0.00	0.00	0.00
叶蜡石	25	891	81.11	5951.58	1540.87	765.49	775.38
沸石	2	15	3.65	177.24	18.50	4.50	14.00

续表 51

矿种	矿山总数（个）	从业人员（人）	矿石采掘量（万吨）	工业总产值（万元）	年利税总额（万元）	利润总额（万元）	税金总额（万元）
方解石	30	301	142.61	7409.21	1201.29	333.90	867.39
水泥用灰岩	101	2883	7818.88	112235.39	28228.45	8218.88	20009.57
建筑石料用灰岩	54	1627	2115.06	44007.99	7195.04	3350.31	3844.73
饰面用灰岩	1	6	0.00	0.00	0.00	0.00	0.00
制灰用石灰岩	18	220	687.81	10247.03	1189.30	703.00	486.30
建筑用白云岩	6	114	35.10	1228.10	145.00	54.00	91.00
玻璃用石英岩	7	426	317.41	8850.72	1023.16	155.00	868.16
水泥配料用砂岩	6	48	113.94	1933.13	234.11	150.72	83.39
砖瓦用砂岩	8	236	15.83	4431.90	454.44	266.70	187.74
建筑用砂岩	50	2147	6326.44	137676.43	10067.87	2121.75	7946.12
建筑用砂	15	1189	4028.20	106395.80	20626.59	3922.80	16703.79
玻璃用脉石英	1	3	0.00	0.00	0.00	0.00	0.00
砖瓦用页岩	213	7982	528.16	71915.90	8044.91	5324.67	2720.24
水泥配料用页岩	16	294	897.27	8610.27	1251.94	670.14	581.80
高岭土	10	83	6.74	2376.23	1073.11	513.60	559.51
陶瓷土	1	10	4.80	144.00	86.00	3.50	82.50
膨润土	5	44	17.48	1975.00	830.00	400.00	430.00
砖瓦用黏土	97	2227	231.00	23070.68	3803.72	2926.40	877.32
水泥配料用黏土	2	49	32.77	2310.30	326.00	106.00	220.00
水泥配料用泥岩	1	14	34.94	894.00	136.00	26.00	110.00
建筑用玄武岩	17	246	141.17	3417.70	485.46	241.00	244.46
饰面用辉绿岩	6	46	30.45	774.29	109.41	58.78	50.63
建筑用辉绿岩	6	51	2.94	245.25	161.86	144.75	17.11
建筑用安山岩	5	986	2947.93	81765.93	18993.34	6920.66	12072.68
饰面用闪长岩	3	17	0.52	119.60	4.00	1.50	2.50
建筑用花岗岩	50	1405	1596.89	39435.26	4652.27	2307.67	2344.60
饰面用花岗岩	11	202	21.20	2964.56	335.70	239.00	96.70
珍珠岩	4	30	2.01	201.40	16.30	11.70	4.60
水泥用凝灰岩	2	25	32.88	367.14	72.60	25.00	47.60
建筑用凝灰岩	721	22952	40438.00	641921.29	88905.00	52800.42	36104.58
饰面用大理岩	1	14	0.13	36.40	4.80	4.00	0.80
建筑用大理岩	2	50	2.00	101.44	23.65	9.50	14.15
水泥用大理岩	1	3	0.00	0.00	0.00	0.00	0.00
玻璃用大理岩	1	15	0.75	15.00	-64.10	-75.00	10.90
饰面用板岩	6	70	4.23	1352.80	279.00	228.00	51.00
矿泉水	44	790	18.06	4304.87	579.09	325.72	253.37

（浙江省国土资源厅　浙江省地质调查院）

安徽省

【矿产资源开发概况】 2011年，安徽省开发利用的矿产有95种，各种经济类型矿山3722个，其中：生产矿山2418个，筹建矿山188个，待关闭或整合矿山396个，停产矿山720个。矿业从业人数36.15万人，年产矿石量5.17亿吨，工业总产值1184.44亿元，矿产品销售收入1033.72亿元，利润总额138.09亿元。与2010年比较，矿山企业数、从业人数、年产总矿石量、工业总产值、矿产品销售收入、利润分别增(减)了－13.13%、－3.44%、5.41%、12.37%、20.44%、39.84%。因继续加大小矿山的关闭、整合力度，矿山总数再次大幅度下降，但矿石总产量仍有所增加，产值、利税均有较大幅度的增长。

矿产资源开发利用情况按能源矿产、黑色金属、有色金属、贵金属、冶金辅助原料非金属、化工原料非金属、建材及其他非金属和水气矿产等八大类矿种划分情况详见表1。

表1 **2011年安徽省矿产资源开发利用情况(八大类矿产)**

矿类	矿山数(个)	从业人员(人)	年产矿量(万吨)	工业总产值(万元)	综合利用产值(万元)	销售收入(万元)	利润总额(万元)
合计	3722	361490	51658	11844371	948812	10337182	1380855
能源矿产	198	212823	13511	6978788	502745	6002352	368531
黑色金属矿产	155	25741	2417	998168	94136	750667	207749
有色金属矿产	156	15131	811	314896	72003	276302	84381
贵金属矿产	37	2739	114	72870	10749	59999	25490
冶金辅助原料非金属矿产	107	3006	1341	182868	9652	181772	14992
化工原料非金属矿产	39	5674	489	151916	54696	134941	14461
建材和其他非金属矿产	3019	96261	32956	3144656	204830	2931052	665253
水气矿产	11	115	20	208	0	96	－1

2011年，安徽省矿业总产值超百亿元的有淮南市、淮北市和铜陵市，其中，淮南市矿业工业总产值达385.04亿元，与2005年160亿元相比增长了2倍多；铜陵市矿业总产值首次突破百亿元大关；2011年矿业总产值超过50亿元的还有马鞍山、六安庆、阜阳、宿州、宣城等5市，与2010年相比，六安市增幅最大，达87%。安徽省矿产资源开发利用情况分行政区汇总情况详见表2。

表2 **2011年安徽省矿产资源开发利用情况(按行政区分)**

名称	矿山数(个)	从业人员(人)	年产矿量(万吨)	工业总产值(万元)	综合利用产值(万元)	销售收入(万元)	利润总额(万元)
合计	3722	361490	51658	11844371	948812	10337182	1380855
合肥市	272	11235	3444	313893	50628	309502	110184
芜湖市	176	7914	4445	230495	22794	229564	58754
蚌埠市	193	5815	194	13534	0	13534	1487
淮南市	54	87101	7913	3850402	84702	3402287	156638
马鞍山市	146	13201	4081	504161	126260	498721	29709
淮北市	76	77196	3811	1835651	463288	1441792	32447
铜陵市	131	16746	3402	1035786	125830	865612	262708
安庆市	302	7321	3997	476333	4011	465901	153900
黄山市	94	1220	278	6706	1389	5666	570

续表 2

名称	矿山数（个）	从业人员（人）	年产矿量（万吨）	工业总产值（万元）	综合利用产值（万元）	销售收入（万元）	利润总额（万元）
滁州市	242	12147	2734	202859	15140	157716	31783
阜阳市	566	24785	1943	576485	2	548063	151020
宿州市	442	43064	4636	775356	757	695670	58804
六安市	403	25656	3106	715407	22229	458226	134815
亳州市	62	11358	957	350895	5170	302582	37010
池州市	199	6319	2850	395016	19283	385019	46406
宣城市	364	10412	3865	561391	7330	557325	114620

【矿产资源开发特点】 1. 小型及小型以下矿山偏多。安徽省共有大型矿山 203 个，中型矿山 184 个，小型矿山 1214 个及小矿 2121 个，小型及小型以下矿山约占矿山总数 90%，其中普通建筑用砂石黏土矿山占矿山总数的 67.5%。

2. 优势矿种开发占据显著地位。煤、铁、铜、硫铁矿、水泥用灰岩是安徽省矿业开发的优势矿种，这 5 个矿种年产矿石总量约占全省年产矿石总量的 60%，工业总产值、矿产品销售收入、利润均占全省总数的 90%以上（图 1）。

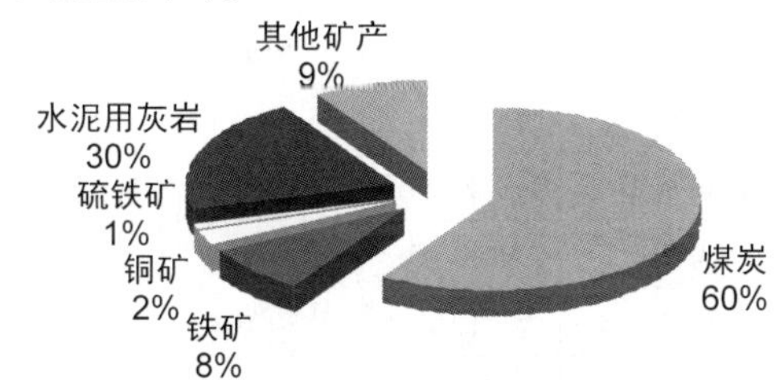

图 1　5 种优势矿产占安徽省矿业总产值比例

3. 大型矿业集团矿业开发地位突显。安徽省集体和私营经济类型的矿山企业在矿山数量上占绝对多数，达 80.26%。但大中型矿山企业在安徽省的矿业经济中仍占主导地位，淮南矿业集团有限公司等 7 大矿业集团的矿山总数仅占全省矿山总数的 2.31%，但其矿石产量、年工业总产值和利润总额分别占相应总量的 47%、76%、72%、（表 3，图 2～4）。

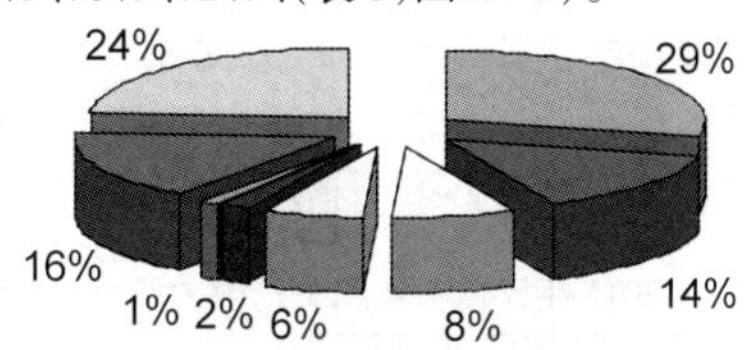

图 2　7 大矿业集团占安徽省矿业总产值比例

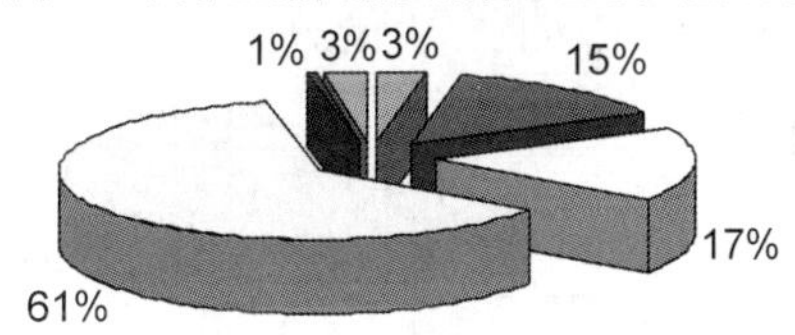

图 3　安徽省矿山企业类型比例

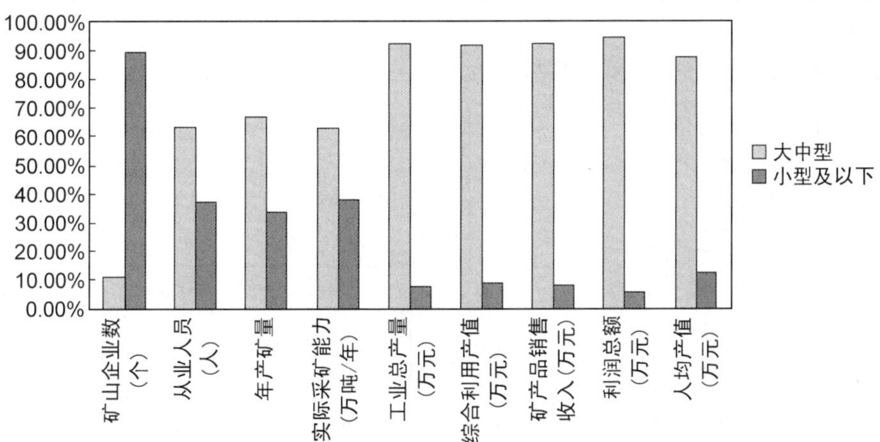

图 4　安徽省大中型矿山与小型及小型以下矿山经济指标占总量百分比对照

表3　2011年安徽省矿产资源开发利用情况(按经济类型分)

经济类型	矿山数(个)	从业人员(人)	年产矿量(万吨)	工业总产值(万元)	综合利用产值(万元)	销售收入(万元)	利润总额(万元)
合计	3722	361490	51658	11844371	1007129	10337182	1377501
国有企业	116	162815	14212	6293807	460919	5404831	273377
集体企业	549	28550	1889	116361	5162	104559	9432
股份制企业	629	92070	19229	4403337	363918	3880725	904013
私营企业	2300	74652	15042	963466	163727	886427	183062
合资、外资企业	23	1368	601	52914	12430	48605	6094
其他企业	105	2035	685	14486	973	12035	1523

【矿山生产能力】　2011年安徽省矿业生产状况较为平稳,能源矿产(煤矿)矿山企业的实际采矿能力略超设计采矿能力,黑色金属矿产的实际采矿能力和选矿能力仅为设计采矿和选矿能力的一半,主要是安徽省部分大型铁矿正处于基建状态,未来几年,安徽省铁矿实际采矿能力和选矿能力将有大幅提高。安徽省各类矿山主要矿种的生产能力情况详见表4。

表4　2011年安徽省矿山生产能力统计　单位:万吨

矿种	设计采矿能力	设计选矿能力	实际采矿能力	实际选矿能力
能源矿产	13254	8320.74	13869.69	7986.92
黑色金属矿产	6787.7	5952.64	3289.08	2958.3
有色金属矿产	1612.33	1538.93	1320.16	1290.54
贵金属矿产	214.91	171.66	169.9	137.94
冶金辅助原料非金属矿产	1990.2	97.7	1893.51	45.62
化工原料非金属矿产	1121.5	537	1069.78	525.97
建材和其他非金属矿产	43712.65	5074.23	37955.42	4235.27

【矿产发展趋势】　1. *矿产资源开发利用主要指标对比*。2006~2011年安徽省矿产资源开发利用情况主要指标对比情况见图5。矿山总数、从业人数逐年减少,矿石产量、矿业产值、销售收入、利润总额逐年增长。

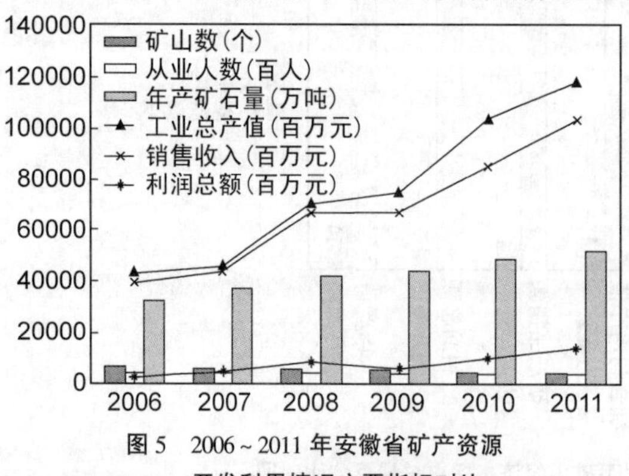

图5　2006~2011年安徽省矿产资源开发利用情况主要指标对比

2. *主要矿种矿石产量对比*。2011年与2010年相比,煤、铁、铜、硫铁矿、水泥用灰岩5种优势矿产矿石产量仍呈增长趋势,砖瓦用黏土用量大幅下降(表5)。

表5　2010年与2011年安徽省主要矿种矿石产量对比

矿种名称	2011年产矿石量(万吨)	2010年产矿石量(万吨)	增(+)减(-)量(万吨)
煤炭	13393.85	12910.95	482.9
石煤	42.23	49.9	-7.67
地下热水	74.93	66.23	8.7
铁矿	2415.05	2161.68	253.37
锰矿	1.7	0.6	1.1
铜矿	706.4	672.54	33.86
铅矿	25.85	14.66	11.19
锌矿	11.17	14.44	-3.27
钨矿	17.05	3.2	13.85
钼矿	8.18	7.78	0.4
锑矿	1	0	1
金矿	110.56	102.66	7.9
银矿	3.3	1.1	2.2
普通萤石	21.86	17.21	4.65
熔剂用灰岩	775.35	637.84	137.51
冶金用白云岩	534.6	476.79	57.81
硫铁矿	247.85	179.37	68.48
电石用灰岩	86.73	96.52	-9.79
方解石	251.86	285.37	-33.51
水泥用灰岩	14409.02	12652.14	1756.88

续表 5

矿种名称	2011 年产矿石量（万吨）	2010 年产矿石量（万吨）	增(+)减(-)量（万吨）
建筑石料用灰岩	10082.16	9765.86	316.3
制灰用石灰岩	138.64	138.48	0.16
玻璃用白云岩	6.2	20.62	-14.42
建筑用白云岩	698.75	516.48	182.27
玻璃用石英岩	200.07	195.44	4.63
水泥配料用砂岩	183.37	363.9	-180.53
建筑用砂岩	270.57	393.66	-123.09
建筑用砂	355.58	519.56	-163.98
玻璃用脉石英	35.71	51.9	-16.19
高岭土	16.23	13.45	2.78
膨润土	29.82	27.18	2.64
砖瓦用黏土	3118.74	4318.39	-1199.65
水泥配料用黏土	51.8	97.8	-46
建筑用玄武岩	1110.35	550.72	559.63
建筑用安山岩	601.25	236.9	364.35
建筑用闪长岩	285.07	203.1	81.97
建筑用花岗岩	292.26	188.53	103.73
饰面用花岗岩	15.17	30.81	-15.64
矿泉水	19.71	25.81	-6.1

【探矿权采矿权管理】 截至 2011 年底，安徽省共保有有效探矿权 1273 个（不含油气及煤层气项目），比 2010 年（1367 个）下降 6.88%。2011 年勘查登记发证 522 个，其中新立 23 个，变更 202 个，延续 258 个，其他 39 个。全年批准登记勘查面积 5917.68 平方千米（不含油气勘查面积，见表 6）。各类企业、各类矿产发证比例详见图 6、图 7。

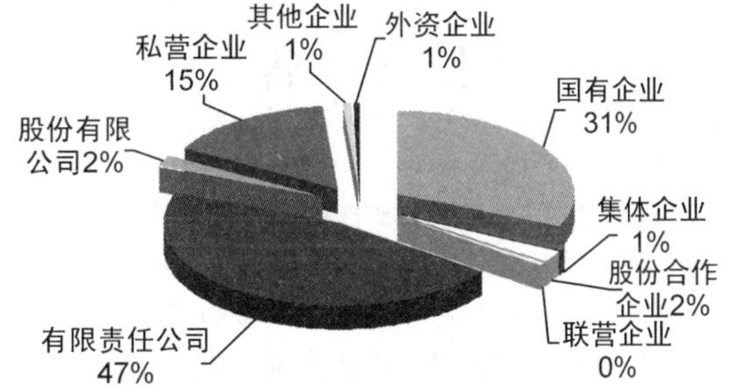

图 6　安徽省各类企业发证比例

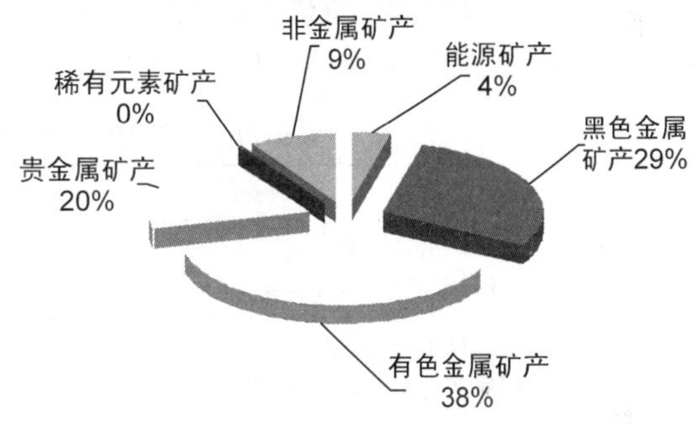

图 7　安徽省各类矿产发证比例

表 6　**2011 年安徽省矿产资源勘查许可证登记发证情况**

企业类型	当年批准登记发证数（件）												批准登记面积（平方千米）
	合计	能源矿产			黑色金属矿产	有色金属矿产	贵金属矿产		稀有、稀土矿产	非金属矿产			
		小计	煤	地热			小计	金矿		小计	水气矿产	化工矿产	
国有企业	164	10	4	6	47	50	40	34	1	16	3		3250.22
集体企业	4				2	2							12.82
股份合作企业	12	1	1		3	5	2	2		1			42.2
联营企业	2				1	1							8.94
有限责任公司	241	8	7	1	64	98	47	41		24	4	2	2000.71
股份有限公司	12				4	4	2	2		2	1		168
私营企业	80	1	1		28	37	10	8		4			407.16
其他企业	4	1	1		1	2							18.67
外资企业	3				1		2	2					8.96
总　计	522	21	14	7	151	199	103	89	1	47	8	2	5917.68

2011年,安徽省国土资源厅收取探矿权使用费179.9万元,出让的探矿权项目20个,探矿权价款8915万元,其中挂牌出让的4个,价款8915万元;2011年,收取采矿权使用费33.17万元,收取采矿权价款10.83亿元;2011年,全省转让探矿权84个,转让交易额33.36亿元。

(安徽省国土资源厅　夏登云)

河　南　省

【矿产资源概况】　河南省矿产资源主要分布在京广线以西和豫南的丘陵、山区,豫东平原仅有中原油田和永城煤田。煤炭资源集中分布在京广线以西;钼矿资源主要集中分布在洛阳市栾川县、汝阳县境内,豫南信阳市钼矿勘查工作已取得重大突破,显现了豫西、豫南连片的分布态势;石油、天然气资源集中分布在豫东北—濮阳市和豫西南—南阳市;铝土矿集中分布在郑州以西到三门峡一带。

截至2011年底,河南省已发现的矿种为136种,查明资源储量的矿种共计99种;已开发利用的为90种,其中能源矿产6种,金属矿产21种,非金属矿产61种,水气矿产2种。矿业产值连续多年处于全国前5位,是我国重要的矿业大省。

【矿产资源储量】　截至2011年底,载入河南省矿产资源储量简表(矿产资源储量数据库)的固体矿产共90种,当年新增矿区56个,矿区数为1966个。

1. *矿产保有查明资源储量在全国的位次*。河南省已探明储量的矿产资源中,居全国首位的有钛矿(金红石矿物)、镁矿、钼矿、蓝晶石、红柱石、天然碱、化肥用橄榄石、玻璃用灰岩、水泥配料用黏土、水泥混合材用玄武岩、伊利石黏土、建筑用灰岩、珍珠岩等13种,居前3位的有36种,居前5位的有52种;居前10位的有92种(表1)。

表1　　截至2010年底河南省矿产保有查明资源储量在全国的位次

位次	矿种	矿种(亚)数
1	钛矿(金红石矿物)、镁矿、钼矿、蓝晶石、红柱石、天然碱、化肥用橄榄岩、玻璃用灰岩、水泥配料用黏土、水泥混合材用玄武岩、伊利石黏土、建筑用灰岩、珍珠岩	13
2	铝土矿、耐火黏土、铸型用砂岩、耐火用橄榄岩、玻璃用凝灰岩、伴生磷、水泥用灰岩、白钨矿、水泥用大理岩、建筑用凝灰岩、饰面用安山岩、蓝石棉、天然油石	13
3	钨矿、铼矿、铁矾土、方解石、泥灰岩、水泥配料用黄土、建筑用角闪岩、建筑用安山岩、建筑用闪长岩、建筑用页岩	10
4	镓矿、普通萤石、熔剂用灰岩、含钾岩石、岩棉用玄武岩、建筑用玄武岩、建筑用大理岩、建筑用砂、建筑用白云岩、石墨(晶质)、建筑用砂岩	11
5	金矿、砖瓦用砂岩、片麻岩、陶瓷用砂岩、镍矿	5
6	钛矿((金红石 TiO_2)、炼焦用煤、锂矿(Li_2O)、铯矿、玻璃用石英岩、冶金用石英岩、硅灰石、滑石、海泡石黏土、建筑用辉绿岩	10
7	铷矿、电石用灰岩、铸石用玄武岩、化工用白云岩、含钾砂页岩、玻璃用脉石英、水泥用凝灰岩、建筑用花岗岩、饰面用板岩、陶粒用黏土、饰面用灰岩	11
8	沸石、混合钨矿、饰面用大理岩	3
9	煤炭、铅矿、锑矿、铍矿(BeO)、玉石、盐矿、石榴子石、制灰用灰岩、石墨(隐晶质)、透辉石、玻璃用脉石英	11
10	铁矿、铟矿、化肥用蛇纹岩、砖瓦用页岩、普通萤石(萤石矿物或 CaF_2)	5
11	油页岩、钽矿(Ta_2O_5)、菱镁矿、硫铁矿、重晶石、叶蜡石、饰面用辉绿岩	7
12	石油、钒矿、钛矿(磁铁矿 TiO_2)、石膏	4
13	铌矿(Nb_2O_5)、冶金用白云岩、饰面用花岗岩	3
14	锌矿、银矿、锗矿、水泥配料用砂岩	4
15	玻璃用白云岩、高岭土、砖瓦用黏土、伴生硫	4
16	天然气、磷矿、云母(片云母)	3

续表 1

位次	矿种	矿种(亚)数
17	镉矿、冶金用脉石英、压电水晶、玻璃用砂岩	4
18	锰矿、熔炼水晶、铜矿、长石、砷	5
19	膨润土	1
20	富铜矿(Cu>1%)	1
21	钴矿	1
24	陶瓷土	1

资料来源:《截至2011年底全国矿产资源储量汇总表》。

2. 优势矿产。储量与开发具有较大优势的矿产有煤、石油、天然气、铝土矿、钼、金、银、炼镁用白云岩、耐火黏土、萤石、水泥灰岩、玻璃用砂、玉石、天然碱等,其中煤、铝土矿、耐火黏土、钼、金等矿产采选加工业在全国占有重要地位,对河南省社会经济的发展具有重大影响。

河南省矿产资源丰富,但部分矿种资源缺乏,铁矿95%为贫矿;磷矿资源贫乏;锰、金刚石等矿产严重不足;铜、铅、锌的资源比较紧张。

在已探明储量的矿产资源中,优势矿产可归纳为煤、石油、天然气"三大能源矿产";钼、金、铝、银"四大金属矿产";天然碱、盐矿、耐火黏土、蓝石棉、珍珠岩、水泥灰岩、石英砂岩"七大非金属矿产"。

3. 主要矿种资源储量变化。2011年底矿产保有查明资源储量发生变化的(亚)矿种有73种,其中:保有储量变化幅度30%以上的(亚)矿种有:锑矿、建筑用大理岩、玻璃用白云岩、铜矿、建筑用白云岩、建筑用安山岩、建筑用辉绿岩、耐火用橄榄岩、陶瓷用砂岩、粉石英、水泥配料用砂岩、玉石、长石、建筑用闪长岩。

4. 主要矿种资源储量及消耗情况。2011年河南省主要矿产因开采造成资源储量消耗较大的有普通萤石、金矿、银矿、玉石、玻璃用石英岩、铜矿、熔剂用灰岩,资源储量消耗比例大于20%。煤和铝土矿的资源储量消耗比例分别为14.02%和20%。煤矿的储采比高于全国平均水平,属于强力开发。铝土矿的保有资源储量总量虽大,但富矿石所剩不多。据氧化铝实际产量判断,每年的铝土矿实际消耗量远大于年度矿石统计量(表2)。

表2　截至2011年底河南省主要矿种资源储量及消耗情况统计

矿种	查明资源储量					保有储量全国位次(2010年底)
	单位	累计查明	2011年底保有	历年开采消耗	消耗占累计百分率	
煤炭	千吨	29566893	25163228	4403665	14%	9
铁矿	矿石 千吨	1665127	1518385	146769	8%	10
铜矿	铜 吨	855079	664087	190992	22%	18
铅矿	铅 吨	3860239	2876696	983543	25%	10
锌矿	锌 吨	3467057	2666654	800403	23%	14
铝土矿	矿石 千吨	881771	700958	180813	20%	2
钼矿	钼 吨	4836759	4549142	287617	5%	1
金矿	金 千克	1025787	455747	570040	55%	5
银矿	银 吨	13430	7768	5662	42%	14
普通萤石	CaF_2 千吨	9313	3501	5812	62%	4
熔剂用灰岩	矿石 千吨	1129471	922133	207338	18%	4
耐火黏土	矿石 千吨	342567	295732	46835	13%	2
硫铁矿	矿石 千吨	236752	203064	33688	14%	11
天然碱	矿石 千吨	93117	82806	10311	11%	1

续表 2

矿种	查明资源储量					保有储量全国位次(2010年底)
	单位	累计查明	2011年底保有	历年开采消耗	消耗占累计百分率	
电石用灰岩	矿石 千吨	205005	194698	10307	5%	7
化肥用蛇纹岩	矿石 千吨	77820	76604	1216	1%	10
盐矿	NaCl 千吨	8587445	8521368	66077	0%	9
玉石	矿石 吨	15220	9913	5307	34%	9
水泥用灰岩	矿石 千吨	7664303	7288047	376256	4%	2
玻璃用石英岩	矿石 千吨	135001	100188	34813	25%	6
膨润土	矿石 千吨	19926	18642	1284	6%	19
珍珠岩	矿石 千吨	140570	112988	27582	19%	1
饰面用大理岩	矿石 千立方米	47483	44127	3356	7%	8
水泥用大理岩	矿石 千吨	483222	447506	35716	7%	2

【矿产地质勘查】 1. *勘查队伍*。1998年,国家对地勘队伍的管理体制实行改革,从事固体矿产地质的勘查队伍多实行属地化管理,石油天然气地质队伍划归全国性行业集团公司。目前在河南省境内从事矿产勘查的地质队伍有地矿、石油、煤炭、有色、化工、建材、核工业、武警黄金系统等。2011年末从事矿产地质勘查从业人员16254人。

2. *矿权办理及矿权价款收入情况*。2011年共受理探矿权申请548件,办结546件。办结案件中,新立31件,延续290件,保留133件,转让36件,注销9件,备案30件。

2011年共受理各类采矿登记申请504件,办结536件(含2011年之前受理件)。办结案件中,划定矿区范围45件,新立登记39件,转让8件,变更182件,延续239件,注销登记8件,做出不予登记15件。

2011年共征收采矿权价款14.6亿元,采矿权使用费419.1万元;征收探矿权价款5.72亿元,探矿权使用费302万元。

3. *地质勘查资金投入情况*。2011年共开展各类矿产勘查项目463项,投入资金总额148003.53万元,其中,中央财政投入5439.24万元,地方财政投入103429.06万元,社会资金投入39135.23万元。各项出资比例为:中央财政3.68%,地方财政69.88%,社会资金26.44%。

2011年河南省形成工作量的地质勘查投入,按矿种分:煤炭65679.34万元、铁13007.91万元、钒2173.3万元、铜4933.48万元、铅锌4820.42万元、铝土矿3108.63万元、钨214万元、钼12005.1万元、锑289.05万元、岩金14629.24万元、银1796.3万元、铌钽矿480.01万元;投入工作量:钻探949363米,坑探21064米,槽探18.6429万立方米,浅井718米;投入勘探工作量较多的矿种为煤炭、铁矿、金矿、钼矿、铝土矿、铅锌矿、铜矿(表3)。

表3 **2011年河南省勘查资金和主要工作量完成情况**

矿产类别	勘查项目(个)	投入资金总额(万元)				主要实物工作量			
		中央财政	地方财政	社会资金	合计	钻探(米)	坑探(米)	槽探(万立方米)	浅井(米)
合计	463	5439.24	103429.06	39135.23	148003.53	949363	21064	18.6429	718
一、能源	129	149.7	62153.66	20421.37	82724.73	595173	0	0.08	0
煤炭	112	149.7	45138.4	20391.24	65679.34	486307	0	0.08	0
石煤	16		16968.14	30.13	16998.27	107366			
地热	1		47.12	0	47.12	1500			
二、黑色金属	67	1969.14	9254.08	3957.99	15181.21	96127	2283	3.3347	704

续表 3

矿产类别	勘查项目(个)	投入资金总额(万元)				主要实物工作量			
		中央财政	地方财政	社会资金	合计	钻探(米)	坑探(米)	槽探(万立方米)	浅井(米)
铁	59	1810	9164.43	2033.48	13007.91	69695	2283	2.6586	704
钒	8	159.14	89.65	1924.51	2173.3	26432		0.6761	
三、有色金属	145	1922.25	15558.39	7890.04	25370.68	118874	5651	8.4496	0
铜	36	398.71	3718.85	815.92	4933.48	13655	0	2.3859	0
铅锌	50	445.67	991.49	3383.26	4820.42	16214	4901	2.1709	0
铝土矿	12	677.87	2191.76	239	3108.63	25018		0.0521	
钨	1		214	0	214			0.086	
钼	44	400	8153.24	3451.86	12005.1	61372	750	3.3913	
锑	2		289.05	0	289.05	2615		0.3635	
四、贵金属	84	1398.15	11685.28	3362.11	16445.54	91291	10158	4.2632	5
铂族金属	1			20	20	175		0.0523	
岩金	74	1398.15	10637.15	2593.94	14629.24	71578	10058	3.5598	5
银	9		1048.13	748.17	1796.3	19538	100	0.6511	
五、稀有矿产	2		480.01	0	480.01	1249		0.1937	9
铌钽矿	2		480.01	0	480.01	1249		0.1937	9
六、化工建材及其他非金属	36		4297.64	3503.72	7801.36	46650	2973	2.3217	
普通萤石	1		9.6	0	9.6			0.04	
冶金用白云岩	3		432.43	0	432.43	311		0.15	
冶金用石英岩	1			5	5			0.008	
铁矾土	1			45	45	306			
硫铁矿	5			967.45	967.45	5728	2973	0.0628	
天然碱	2		1267.02	2056.85	3323.87	13800			
含钾岩石	1		102.45	0	102.45	670		0.07	
盐矿	3		1806.55	0	1806.55	21408			
光学萤石	2			95.34	95.34			0.109	
硅灰石	1			2	2				
长石	1			2	2				
高岭土	2			22	22				
水泥用灰岩	5		587.52	247.08	834.6	3634		1.7489	
凹凸棒石黏土	1			35	35	793			
建筑用灰岩	1			2	2				
建筑用大理岩	4			24	24			0.053	
建筑用白云岩	1		41.57	0	41.57			0.02	
饰面用大理岩	1		50.5	0	50.5			0.06	

4. 主要地质勘查成果。2011年,河南省地质勘查及找矿工作取得了新进展。新增查明矿产资源储量(333以上)煤炭9.5761吨,铁(矿石量)9.6158亿吨,钒(V_2O_5)21.3万吨,铝土矿(矿石量)1445.3万吨,铅(金属量)8.9703万吨,锌(金属量)8.479万吨,钼(金属量)23.8449万吨,银(金属量)0.48吨,岩金(金属量)9.5947吨。新发现矿产地32处,完成阶段性勘查的中型、大型矿产地27处(表4)。

表4　2011年度河南省主要矿产新增查明矿产资源储量和新发现矿产地情况

矿　种	计量单位	新增查明矿产资源储量(333及以上)			2011年新增矿产地(个)			
		合计	已提交	已控制	合计	大型	中型	小型
	合计	414659.1373	311996.9	102662.3	17	7	3	7
一、能源		9.5761	2.0463	7.5298	4	2	0	2
煤炭	原煤亿吨	9.5761	2.0463	7.5298	4	2	0	2
二、黑色金属		30.9158	25.3126	5.6032	4	2	2	0
铁	矿石亿吨	9.6158	4.0126	5.6032	2	2	0	0
钒	V_2O_5万吨	21.3	21.3	0	2	0	2	0
三、有色金属		414387.179	311789.2	102598	5	0	1	4
铅	金属万吨	8.9703	3.9703	5	1	0	0	1
锌	金属万吨	8.479	3.429	5.05	1	0	0	1
铝土矿	矿石万吨	1445.3	0	1445.3	0	0	0	0
钼	金属万吨	23.8449	23.7796	0.0653	3	0	1	2
四、贵金属		10.0747	4.3537	5.721	0	0	0	0
岩金	金属吨	9.5947	3.8737	5.721	0	0	0	0
银	金属吨	0.48	0.48	0	0	0	0	0
五、稀有矿产		0	0	0	0	0	0	0
六、化工建材及其他非金属		221.3917	176.0026	45.3891	4	3	0	1
冶金用石英岩	矿石万吨	3.91	3.91		0	0	0	0
铁矾土	矿石万吨	20.77	20.77		0	0	0	0
硫铁矿	矿石万吨	98.0426	58.0426	40	0	0	0	0
长石	矿物万吨	4.47		4.47	1	0	0	1
水泥用灰岩	矿石亿吨	0.9191	0	0.9191	1	1	0	0
建筑用大理岩	矿石万立方米	93.28	93.28		0	0	0	0

2011年取得重要成果的勘查项目9个,主要有:河南省安阳县水冶镇东煤普查、河南省巩义市新中亚沟-池沟矿区水泥灰岩普查、河南省滑县王三寨煤普查、河南省濮阳县梨园岩盐矿普查、河南省商丘一带航磁异常查证、新疆哈密市东戈壁钼矿勘探、河南省新蔡县练村-顿岗一带铁矿勘查、新疆塔什库尔干地区铁铅锌矿远景调查、河南省新安煤田新义二井深部煤普查等。

【矿产资源开发利用】 1. 固、液体矿石产量。2011年度,河南省固、液体矿石产量为29013.59万吨,比2010年增加163.55万吨。其中:国有矿山企业固体矿产年产量6627.49万吨;其他经济类型矿山(点)固体矿产年产量为22386.1万吨。石油年产量485.5万吨,比2010年减少12.4万吨;天然气年产量50164万立方米,比2010年减少17324万立方米。

2011年河南省固体矿产矿石总产量中,产量大于1000万吨的有煤矿、钼矿、水泥用灰岩、建筑石料用灰岩;产量大于100万吨的矿产依次为铁矿、铝土矿、金矿、熔剂用灰岩、盐矿、砖瓦用页岩、水泥用大理岩等7种。主要矿产产量见表5。

表 5　　2011 年度河南省矿产资源开发利用情况统计汇总(按矿产种分列)

序号	矿种	矿山企业个数(个)	从业人员(人)	年产矿量		工业总产值(万元)	矿产品销售收入(万元)	利润总额(万元)
				万吨	亿立方米			
1	合计	3589	521963	29013.59	0	11239652.05	9611157.06	1841753.8
2	煤炭	653	427413	14584.47	0	8145945.6	7713641.81	1298119.3
3	石煤	1	83	0	0	0	0	0
4	地下热水	4	270	59.8	0	2938	2938	332.9
5	铁矿	174	10173	411.04	0	187997.05	143694.37	43789.91
6	锰矿	1	20	0.78	0	80	80	23.4
7	钛矿	1	2	0	0	0	0	0
8	钒矿	9	40	7	0	350	350	30
9	铜矿	13	729	5.85	0	4232.8	4232.8	380
10	铅矿	131	3225	31.89	0	141618	138362.68	88768.86
11	锌矿	14	148	0.53	0	62.5	62.5	5
12	铝土矿	85	4990	301.19	0	47299.82	46262.9	13603.26
13	钼矿	20	11005	2509.3	0	1569483.28	617251.08	199086.97
14	锑矿	4	183	0	0	0	0	0
15	金矿	98	22150	691.58	0	444292.79	377758.74	99165.21
16	银矿	9	1097	36.68	0	38249	37857.35	13666.7
17	锂矿	3	81	0	0	0	0	0
18	蓝晶石	3	146	2.42	0	2430	1121	387
19	矽线石	1	0	0	0	0	0	0
20	红柱石	1	256	0	0	0	0	0
21	普通萤石	216	2041	15.7	0	8578.03	8101.85	1626.44
22	熔剂用灰岩	18	1305	381.03	0	4615.5	4539.7	259.4
23	冶金用白云岩	11	305	4.77	0	122	120.7	0
24	冶金用石英岩	13	71	2.2	0	130	60	6
25	冶金用脉石英	11	96	0	0	0	0	0
26	耐火黏土	25	462	4.02	0	3408.84	3318.84	-113.57
27	铁矾土	9	137	0	0	0	0	0
28	耐火用橄榄岩	2	30	3.06	0	97.92	50	2.4
29	硫铁矿	9	1628	28.65	0	13262.47	12219.47	1373.65
30	重晶石	20	238	1.89	0	286.5	286.5	82
31	天然碱	2	1881	90.56	0	215483	141588	42749
32	含钾岩石	7	6	0	0	0	0	0
33	化肥用蛇纹岩	3	12	0	0	0	0	0
34	盐矿	6	3737	342.08	0	94535	94420.32	4850
35	石墨	16	364	1.96	0	326	269.5	24

续表 5-1

序号	矿种	矿山企业个数(个)	从业人员(人)	年产矿量		工业总产值(万元)	矿产品销售收入(万元)	利润总额(万元)
				万吨	亿立方米			
36	硅灰石	4	63	0.71	0	297	297	21.3
37	滑石	9	36	0.15	0	4.5	4.5	1
38	云母	3	10	0	0	0	0	0
39	长石	24	268	0.47	0	4.68	4.68	0
40	石榴子石	1	0	0	0	0	0	0
41	沸石	2	68	0	0	0	0	0
42	石膏	8	71	0	0	0	0	0
43	方解石	15	38	15.07	0	435	280	113
44	宝石	1	3	0	0	0	0	0
45	玉石	1	146	0.01	0	250	250	-57.5
46	玻璃用灰岩	1	10	6	0	120	120	10
47	水泥用灰岩	156	4202	2412.86	0	187377.86	156399.38	15024.08
48	建筑石料用灰岩	1073	12944	5947.04	0	75878.82	66383.52	8948.52
49	制灰用石灰岩	22	285	44.27	0	823.22	821.72	47
50	泥灰岩	3	75	22.6	0	810	130	10.5
51	玻璃用白云岩	4	62	0.65	0	65	65	1
52	建筑用白云岩	49	648	34.09	0	751.23	389.83	110.5
53	玻璃用石英岩	50	731	95.52	0	2784.89	2770.89	52.1
54	玻璃用砂岩	8	66	0.2	0	26	6	0.6
55	水泥配料用砂岩	22	94	6.32	0	361	211	33.6
56	砖瓦用砂岩	11	119	13	0	253	250	29
57	陶瓷用砂岩	1	30	10	0	62	60	5
58	建筑用砂岩	18	347	34.67	0	1144.6	863.7	-34.55
59	建筑用砂	49	422	66.43	0	2781.92	1426.92	294.59
60	玻璃用脉石英	24	211	3.14	0	314	314	54.4
61	水泥配料用脉石英	1	12	1.61	0	161.19	161.19	56.42
62	粉石英	1	0	0	0	0	0	0
63	砖瓦用页岩	65	922	180.25	0	4773.43	4748.43	796.71
64	水泥配料用页岩	1	0	0	0	0	0	0
65	建筑用页岩	17	829	60.15	0	6550.2	6450.2	375.7
66	高岭土	10	100	0	0	0	0	0
67	陶瓷土	3	29	0	0	0	0	0
68	伊利石黏土	1	3	0	0	0	0	0
69	膨润土	6	68	0.3	0	10.5	10.5	1
70	砖瓦用黏土	20	567	44.67	0	1085	648.58	93

续表 5-2

序号	矿种	矿山企业个数(个)	从业人员(人)	年产矿量		工业总产值(万元)	矿产品销售收入(万元)	利润总额(万元)
				万吨	亿立方米			
71	陶粒用黏土	2	12	1	0	200	90	25
72	水泥配料用红土	1	10	7.56	0	75.6	75.6	26.46
73	建筑用辉石岩	1	4	0	0	0	0	0
74	饰面用玄武岩	2	0	0	0	0	0	0
75	水泥混合材玄武岩	1	16	0	0	0	0	0
76	建筑用玄武岩	13	130	4	0	550	38.7	13
77	饰面用辉绿岩	2	28	0	0	0	0	0
78	建筑用辉绿岩	5	22	0	0	0	0	0
79	建筑用辉长岩	1	12	0	0	0	0	0
80	饰面用安山岩	2	4	0	0	0	0	0
81	建筑用安山岩	10	91	12.74	0	64	15.6	2.3
82	建筑用闪长岩	2	18	0	0	0	0	0
83	建筑用正长岩	1	2	0	0	0	0	0
84	建筑用花岗岩	62	532	85.79	0	6329	3364.7	869.2
85	饰面用花岗岩	56	571	67.4	0	4097	3164	1018
86	珍珠岩	4	1027	40	0	8000	6920	4200
87	浮石	1	3	0	0	0	0	0
88	霞石正长岩	2	31	0	0	0	0	0
89	水泥用凝灰岩	5	6	0	0	0	0	0
90	建筑用凝灰岩	26	304	75.74	0	1423.51	963.51	60.38
91	饰面用大理岩	61	498	15.26	0	1866	1404	378.5
92	建筑用大理岩	33	311	74	0	1195.5	776.5	236.5
93	水泥用大理岩	2	376	105	0	2460	2440	726
94	片麻岩	4	9	1	0	50	35	0
95	矿泉水	8	116	5.47	0	392.3	214.3	-6.34
96	其他矿产 1	5	27	0	0	0	0	0

2. *矿山企业现价工业总产值*。2011 年度河南省矿山企业采选工业总产值 11239652.05 万元，比 2010 年度增加了 819024.05 万元。矿山企业工业总产值中，国有企业为 3089465.22 万元，占全省矿业总产值的 27.48%，其他经济类型矿山(点)为 8150186.83 万元，占 72.52%。石油、天然气开采业规模以上工业增加值为 1656500 万元。

3. *独立核算采矿单位数及从业人数*。2011 年度河南省共有 3577 个各类经济性质的独立核算采矿单位从事矿业生产活动，开发利用矿产数为 96 种(含亚矿种)。国有矿山企业数 143 个，其他经济类型矿山(点)为 3446 个。生产矿山(点)为 1267 个，筹建矿山 213 个，停产矿山 1927 个，关闭矿山 128 个，其他 42 个。

2011 年度河南省从事矿业生产人数为 52.19 万人，比 2010 年减少 0.81 万人。国有矿山企业为 15.72 万人，占 33%，其他经济类型矿山(点)34.47 万人，占 67%。石油、天然气开采业从业人数 10.84 万人，比 2010 年增加 1.18 万人。

4. *河南省辖各市矿产开发状况*。2011 年，河南省辖各市矿业总产值前 10 位的行政区分别为：洛阳市、平顶山市、郑州市、商丘市、三门峡市、新乡市、焦作市、鹤壁市、许昌市、南阳市。

洛阳市工业总产值244.3亿元，高居全省第1；平顶山市矿业总产值221.35亿元，全省第2；郑州矿业工业总产值172.33亿元，为全省第3位(表6)。

表6　　**2011年度河南省各市矿业开发情况一览**

行政区名称	矿山个数(个)	从业人员(人)	年产矿量(万吨)	工业总产值(万元)	综合利用产值(万元)	矿产品销售收入(万元)	利润总额(万元)
合计	3589	521963	29013.59	11239652.1	842241.03	9611157.06	1841753.8
郑州市	576	128544	5289.11	1723317.97	249082.71	1671437.8	183137.29
洛阳市	698	56644	4676.57	2443350.04	276996.62	1417744.09	428361.78
平顶山市	258	111167	4863.49	2213599.57	37421.17	2076934.32	243699.46
安阳市	145	14194	674.77	123748.32	75078	106220.07	5451.62
鹤壁市	134	32214	1099.8	491600.72	39652	481684.26	－39327.31
新乡市	145	8524	2228.3	671084.06	0	551693.94	193408.01
焦作市	95	30705	1470.45	463501.21	30616.43	406596.06	－78432.18
济源市	66	5095	184.75	64297.9	10508.9	50115.7	15992.56
许昌市	263	34824	2370.72	385753.28	23500	373797.42	76666.64
三门峡市	268	56933	2295.15	815623.42	26964.32	764981.46	111803.36
南阳市	360	9569	911.78	288020.63	1982	197070.51	58247.02
商丘市	10	25420	1555.64	1417862.14	45331.6	1387722.12	620598.83
信阳市	275	5397	616.94	86724.89	24739.28	84944.21	16580.01
驻马店市	296	2733	776.13	51167.9	368	40215.1	5566.7

【地质环境管理】 1.地质灾害防治。编制《矿山地质环境保护“十二五”规划》、《地质灾害防治“十二五”规划》；开展地质灾害隐患点全面排查，对重要隐患点编制防灾预案，向受地质灾害威胁的群众发放防灾明白卡2万多份，发放《河南省地质灾害防治手册》等宣传材料近10万余份；发布地质灾害预警预报信息25次，其中3级24次、4级1次；开展地质灾害应急演练；加强地质灾害群测群防“十有县”建设，新创建19个，共有群测群防“十有县”47个。2011年，河南省共发生地质灾害49起，其中：滑坡15起，崩塌7起，地面塌陷25起，地裂缝2起，灾害共造成1人死亡，经济损失为13958.88万元。成功预报5起，搬迁避让人员350人，避免人员伤亡333人。

2.地质环境资金投入。经财政部、国土资源部审核，安排河南省地质环境项目4个，下达资金4965万元，其中：矿山地质环境治理项目3个，地质遗迹保护项目1个；河南省焦作市、灵宝市2个资源枯竭型城市各获得中央财政矿山地质环境治理资金9000万元；省财政安排地质环境类项目共计33个，53864.06万元，其中矿山地质环境治理恢复项目共16个，地质灾害治理项目共10个，地质遗迹保护项目7个。

3.地质遗迹保护和地质公园建设。验收了3个国家级地质遗迹保护项目；汝阳、栾川地质发掘的恐龙骨骼化石在美国等地成功展出，古生物化石发掘研究和国际交流水平进一步提高；成功申报汝阳恐龙和尧山为国家地质公园。河南省地质公园共有23个，其中世界地质公园4个，国家地质公园7个，省级地质公园12个。

（河南省矿业协会）

湖　北　省

·矿产资源·

【概况】 1.种类丰富，总量较大，资源禀赋居全国中游。截至2011年底，湖北省已发现149个矿种(按亚矿种计188个)，其中有查明资源储量矿种92个(按亚矿种计106个)，已发现但无查明资源储量矿种57个(按亚矿种计83个)(表1)。已发现矿种数是全国172个的86.6%，有查明资源储量矿种数是全国160个的57.5%。截至2011年底，湖北省各矿种保有查明资源储量见表1。

截至2011年底，湖北省保有查明资源储量全国排位中，有57个（亚矿种）矿种居前10位，其中有16个（亚矿种）矿种居前3位，有8个矿种居首位。与2010年相比，有16个矿种排位上升，有17个矿种排位下降。累托石黏土、溴、石榴子石（矿石）、碘、钛矿等矿产保有查明资源储量中占全国总量的50%以上。截至2011年底湖北省保有查明资源储量全国排位见表2。截至2011年底湖北省保有查明资源储量全国排位见表3。

表1　　截至2011年底湖北省保有矿产资源储量及变化情况汇总表

矿产名称		单位	矿区数（个）	基础储量		资源量	资源储量	增减量					增减百分率（%）
					储量			采出量	损失量	勘查增减量	重算增减	合计	
煤炭		千吨	284	325010.03	7148.45	468760.71	793770.74	6953.46	920.66	11937.7	-710.29	3353.27	0.42
石煤		千吨	29	65182.4	5779	301033.44	366215.84	27.44	13.62	46468.1	-862.1	45564.94	14.21
铁矿		矿石千吨	216	592423.77	62769.7	2447100.01	3039523.78	11612.5	2150.12	72582.7	-18300	40519.66	1.35
锰矿		矿石千吨	11	7778.68	—	9304.1	17082.78	302.1	18.6	1023	-8.48	693.82	4.23
铬矿		矿石千吨	3	—	—	241.7	241.7					—	—
钛矿	钛铁矿	TiO_2 吨	4	10532310	—	3667122	14199432			17108	-250100	-232992	-1.61
	金红石	TiO_2 吨	5	—	—	5764531.75	5764531.75				127.75	127.75	—
	钛铁矿	矿物 吨	2	—	—	40694.33	40694.33				38451.3	38451.33	1714.28
钒矿		V_2O_5 吨	37	251699	—	3099150.3	3350849.3	184		670270	-348297	321789.3	10.62
铜矿		铜吨	120	1175469.19	22722.72	1169955.16	2345424.35	54340.9	5600.63	565737	65.67	505860.84	27.5
铅矿		铅吨	32	52201.43	—	338380.36	390581.79			27224	4275.92	31499.92	8.77
锌矿		锌吨	32	204926.55	—	1096407.36	1301333.91			121737	-7027.6	114709.44	9.67
铝土矿		矿石千吨	7	5028.7	—	8391.3	13420			-299	4088	3789	39.34
镁矿		矿石千吨	5	8404	2296	9913	18317	85		-753	668	-170	-0.92
镍矿		镍吨	2	19225	—	186867	206092					—	—
钴矿		钴吨	16	7397.56	—	19485.74	26883.3	321.26	49.64	-219	1089.74	499.84	1.89
钨矿		WO_3 吨	11	5848.49	—	49705.09	55553.58	238.6	36.92	566.5	0	291	0.53
锡矿		锡吨	2	—	—	3217	3217					—	—
钼矿		钼吨	34	834.67	—	64676.62	65511.29	585.51	34.56	4215.26	552.36	4147.55	6.76
汞矿		汞吨	2	1308	—	—	1308					—	—
锑矿		锑吨	4	9368.13	—	5528.43	14896.56			304	1968.43	2272.43	18
金矿		金千克	101	66559.08	6029.05	82426.91	148985.99	4607	426.7	41860	-6978	29848.09	25.05
银矿		银吨	67	1538.41	11.2	3924.75	5463.16	67.92	9.97	452.09	-1315.2	-940.99	-14.69
铌矿		Nb_2O_5 吨	25	—	—	931754	931754					—	—
钽矿		Ta_2O_5 吨	24	—	—	1037	1037					—	—
锂矿		Li_2O 吨	1	10280	—	4510	14790					—	—
铌矿		LiCl 吨	1	—	—	3090851	3090851					—	—

续表 1-1

矿产名称	单位	矿区数(个)	基础储量		资源量	资源储量	增减量					增减百分率%
				储量			采出量	损失量	勘查增减量	重算增减	合计	
锆矿	锆英石吨	2	—	—	737.75	737.75				633.75	633.75	609.38
锶矿	天青石吨	3	1591648	—	2663240	4254888					—	—
铷矿	Rb_2O 吨	1	—	—	22716	22716					—	—
铯矿	Cs_2O 吨	1	—	—	12232	12232					—	—
稀土矿	稀土氧化物 吨	2	—	—	1245625	1245625					—	—
铷矿	独居石吨	6	11844.2	510	10033.55	21877.75				139.75	139.75	0.64
锗矿	锗吨	1	—	—	20.06	20.06					—	—
镓矿	镓吨	10	165	—	2226.59	2391.59	13.35	0.92	177	185.86	348.59	17.06
铟矿	铟吨	1	—	—	10	10					—	—
铊矿	铊吨	1	—	—	12.95	12.95					—	—
铼矿	铼吨	2	0.11	—	0.13	0.24	0.02	0.01			-0.03	-11.11
镉矿	镉吨	7	831.56	—	1772.28	2603.84			808	0.43	808.43	45.03
硒矿	硒吨	6	11	—	1281.32	1292.32	13.26	0.55	3	21.13	10.32	0.8
碲矿	碲吨	2	—	—	43.48	43.48	4.34	0.18			-4.52	-9.42
普通萤石	萤石或 CaF_2 千吨	9	182.62		867.08	1049.7	4	0	9	-19.2	-14.17	-1.33
熔剂用灰岩	矿石千吨	18	418908	121593	204898	623806	1101	56			-1157	-0.19
冶金用白云岩	矿石千吨	23	209832	102073	529024.7	738856.7	109	10	51573	-132312	-80857.7	-9.86
冶金用石英岩	矿石千吨	4	25098	6002	1421	26519					—	—
冶金用砂岩	矿石千吨	2	15264	—	11417	26681					—	—
冶金用脉石英	矿石千吨	1	354	—	—	354					—	—
耐火黏土	矿石千吨	16	23625.04	20356	100754.5	124379.54	9	0.18	2822		2812.82	2.31
硫铁矿	矿石千吨	50	38331.14	818	137113.96	175445.1	37.91	11.55	782	4618.53	5351.07	3.15
冶金用脉石英	硫千吨	35	4006.17	—	6001.57	10007.74	159.29	22.79	263.42	151.91	233.25	2.39
芒硝	Na_2SO_4 千吨	21	240080.86	13892.17	1883412.65	2123493.51	597.55	1410.74			-2008.29	-0.09
重晶石	矿石千吨	12	2541.36	92	2330.37	4871.73	115	36		493.15	342.15	7.55
电石用灰岩	矿石千吨	9	11466	1126	103326	114792	165	7			-172	-0.15

续表 1-2

矿产名称	单位	矿区数(个)	基础储量		资源量	资源储量	增减量					增减百分率%
				储量			采出量	损失量	勘查增减量	重算增减	合计	
化工用白云岩	矿石千吨	1	—	—	1336.4	1336.4				0.4	0.4	0.03
含钾砂页岩	矿石千吨	8	1842	—	347511.13	349353.13				-95764	-95763.87	-21.51
化肥用橄榄岩	矿石千吨	1	33.45	—	39734	39767.45					—	—
化肥用蛇纹岩	矿石千吨	5	80944	31134	89225	170169					—	—
泥炭	矿石千吨	11	2069.58	—	1338.75	3408.33	79.1	8.75	177		89.15	2.69
盐矿	NaCl 千吨	23	3705572.63	598582.9	22432257.77	26137830.4	6490	13109.3			-19599.33	-0.07
碘矿	碘吨	1	—	—	110975	110975					—	—
溴矿	溴吨	1	—	—	3907569	3907569					—	—
硼矿	B_2O_3 千吨	1	—	—	5249	5249					—	—
磷矿	矿石千吨	115	818700.37	65	3513638.81	4332339.18	19203.3	4461.47	321412	30641.5	328389.13	8.2
石墨	晶质石墨千吨	5	3436.14	56	4053.98	7490.12	130	7.1	6124.6		5987.5	398.47
硅灰石	矿石千吨	4	703.95	—	2426.67	3130.62	16.59	2.66		0.27	-18.98	-0.6
滑石	矿石千吨	1	93.05	—	340.28	433.33				0.33	0.33	0.08
云母	工业原料云母 吨	3	32	—	53	85					—	—
长石	矿石千吨	3	928	—	31494	32422	40	2			-42	-0.13
石榴子石	矿石千吨	4	387.2	—	259448.27	259835.47	2	0.8		0.27	-2.53	—
云母	石榴子石吨	1	—	—	492343	492343					—	—
透辉石	矿石千吨	1	—	—	2416	2416					—	—
透闪石	矿石千吨	1	—	—	604	604					—	—
石膏	矿石千吨	27	279033.95	138405	1837224.26	2116258.21	1205.2	915.36	-1285.5	38.28	-3367.78	-0.16
方解石	矿石千吨	1	—	—	60	60					—	—
玉石	矿石吨	2	—	—	109	109					—	—
水泥用灰岩	矿石千吨	88	2230561.94	873017.1	1613534.99	3844096.93	21732	583.51	108830	-55959	30555.87	0.8
建筑石料用灰岩	矿石千立方米	4	31061.06	4770	40418	71479.06	194.5	1.12	-26994		-27189.44	-27.56

续表 1－3

矿产名称	单位	矿区数（个）	基础储量		资源量	资源储量	增减量					增减百分率%
				储量			采出量	损失量	勘查增减量	重算增减	合计	
制灰用石灰岩	矿石千吨	1	6098.64	—	2397.01	8495.65	46	2.42	8544.07		8495.65	—
泥灰岩	矿石千吨	1	24290	21860	4500	28790					—	—
建筑用白云岩	矿石千立方米	1	41277.76	—	59847.76	101125.52	84.48			101210	101125.52	—
玻璃用砂岩	矿石千吨	6	14715	2250	9710	24425	100	15	－591		－706	－2.81
水泥配料用砂岩	矿石千吨	14	127441.5	32406	85396	212837.5	245	7.5	20095		19842.5	10.28
建筑用砂岩	矿石千立方米	1	—	—	18	18					18	—
建筑用砂	矿石千立方米	3	3510	—	20606	24116					—	—
水泥配料用砂	矿石千吨	2	12540	11280	2110	14650						
玻璃用脉石英	矿石千吨	2	575	508	807	1382					—	—
水泥配料用页岩	矿石千吨	5	8668	7320	2730	11398					—	—
高岭土	矿石千吨	8	4659.3	363	36671.1	41330.4	16	1	25517		25500	161.08
陶瓷土	矿石千吨	3	152	136	1588	1740					—	—
累托石黏土	矿石千吨	2	4031.85	—	9039.4	13071.25	110	73		0.25	－182.75	－1.38
膨润土	矿石千吨	8	14061	9937	50853	64914	17		－55212		－55229	－45.97
水泥配料用黏土	矿石千吨	19	74665	21386	7774	82439					—	—
水泥配料用黄土	矿石千吨	1	—	—	690	690					—	—
水泥配料用泥岩	矿石千吨	1	6190	5570	4340	10530					—	—
建筑用辉绿岩	矿石千立方米	1	23670	11069.8	—	23670	65	9.8			－74.8	－0.32
建筑用花岗岩	矿石千立方米	1	12763.7	—	2690	15453.7	14	0.7			－14.7	－0.1
饰面用花岗岩	矿石千立方米	8	8090	680	5400	13490					—	—

续表 1-4

矿产名称	单位	矿区数（个）	基础储量		资源量	资源储量	增减量					增减百分率%
				储量			采出量	损失量	勘查增减量	重算增减	合计	
饰面用大理岩	矿石千立方米	9	7984.9	9.1	8101.8	16086.7	1.2				-1.2	-0.01
水泥用大理岩	矿石千吨	1	—	—	740	740					—	—
饰面用板岩	矿石千立方米	2	740	630	810	1550					—	—

资料来源：湖北省国土资源厅《截至2011年底湖北省矿产资源储量统计表》。

表2　　湖北省矿产种类一览

矿产大类	有查明资源储量的矿种（括号内为亚矿种）		已发现或已开发利用但尚未查明资源储量矿种	
	数量	名称	数量	名称
能源矿产	7	煤、石煤、石油、天然气、地热、铀、钍	2	油页岩、油砂
金属矿产	41	铁、锰、铬、钛、钒、铜、铅、锌、铝土矿、镁、镍、钴、钨、锡、钼、汞、锑、金、银、铌、钽、锂、锆、锶、铷、铯、镧、钕、镨、钐、铈、钇、铕、锗、镓、铊、铟、铼、镉、硒、碲	8	铂、钯、钌、锇、铱、铑、铍、铪
非金属矿产	42	普通萤石、灰岩（熔剂用灰岩、制灰用石灰岩、电石用灰岩、水泥用灰岩、建筑石料用灰岩）、白云岩（冶金用白云岩、化工用白云岩、建筑用白云岩）、冶金用石英岩、砂岩（冶金用砂岩、建筑用砂岩）、脉石英（冶金用脉石英、玻璃用脉石英）、耐火黏土、硫铁矿、芒硝、重晶石、含钾砂页岩、化肥用橄榄岩、化肥用蛇纹岩、泥炭、盐矿、碘矿、溴矿、硼矿、磷矿、石墨、硅灰石、滑石、云母、长石、石榴子石、透辉石、透闪石、石膏、方解石、玉石、泥灰岩、砂岩（玻璃用砂岩、水泥配料用砂岩）、砂岩（建筑用砂、水泥配料用砂）、水泥配料用页岩、高岭土、陶瓷土、累托石黏土、膨润土、其他黏土（水泥配料用黏土、水泥配料用黄土、水泥配料用泥岩）、建筑用辉绿岩、花岗岩（建筑用花岗岩、饰面用花岗岩）、大理岩（饰面用大理岩、水泥用大理岩）、饰面用板岩	47	钾盐、宝石、金刚石、自然硫、刚玉、叶蜡石、蓝晶石、硅线石、红柱石、石棉、蓝石棉、蛭石、沸石、毒重石、冰洲石、菱镁矿、玛瑙、粉石英、天然油石、硅藻土、凹凸棒石黏土、海泡石黏土、铁钒土、玄武岩、珍珠岩、黑曜岩、松脂岩、凝灰岩、安山岩、浮石、霞石正长岩、火山灰、片麻岩、角闪岩、闪长岩、镁盐、砷、粗面岩、湖盐、天然卤水、含钾岩石、水晶、电气石、明矾石、颜料矿物、白垩、伊利石黏土
水气矿产	2	地下水、矿泉水		
合计	92		57	

资料来源：湖北省国土资源厅《截至2011年底湖北省矿产资源储量统计表》。

表3　截至2011年底湖北省保有查明资源储量全国排位

序号	矿种	单位	保有资源储量	占全国比重	排序
1	煤炭	亿吨	7.94	0.06%	25
2	石煤	亿吨	3.66	5.44%	4

续表 3-1

序号	矿种	单位	保有资源储量	占全国比重	排序
3	石油	万吨	733.47	0.30%	17
4	天然气	亿立方米	3.08	0.01%	20

续表 3-2

序号	矿种	单位	保有资源储量	占全国比重	排序
5	铁矿	矿石亿吨	30.39	4.09%	9
6	锰矿	矿石万吨	1708.28	2.22%	9
7	铬矿	矿石万吨	24.17	2.08%	9
8	钛矿(原生钛铁矿)	TiO_2 万吨	1419.94	2.02%	4
	钛矿(金红石)	矿物万吨	576.3	55.47%	1
	钛矿(金红石)	TiO_2 万吨	0.15	0.03%	8
	钛矿(钛铁砂矿)	矿物万吨	4.07	0.07%	11
9	钒矿	V_2O_5 万吨	335.08	6.78%	4
10	铜矿	铜万吨	234.55	2.72%	11
11	铅矿	铅万吨	39.06	0.70%	23
12	锌矿	锌万吨	130.13	1.12%	20
13	铝土矿	矿石万吨	1342	0.35%	11
14	镁矿	矿石万吨	1831.7	1.53%	12
15	镍矿	镍万吨	20.61	2.20%	9
16	钴矿	钴万吨	2.69	4.16%	9
17	钨矿	WO_3 万吨	5.55	0.89%	14
18	锡矿	锡万吨	0.32	0.07%	15
19	钼矿	钼万吨	6.55	0.34%	23
20	锑矿	锑万吨	1.49	0.65%	13
21	汞矿	汞吨	1308	2.04%	9
22	金矿	金吨	148.99	2.01%	20
23	银矿	银吨	5463.16	2.92%	11
24	铌矿	Nb_2O_5 吨	931754	20.73%	2
25	钽矿	Ta_2O_5 吨	1037	0.83%	9
26	锂矿	Li_2O 万吨	1.48	0.56%	7
	锂矿	LiCl 万吨	309.09	15.18%	2
27	铷矿	Rb_2O 吨	22716	1.27%	7
28	铯矿	Cs_2O 吨	12232	3.18%	3
39	锗矿	锗吨	20.06	0.36%	14
30	镓矿	镓吨	2391.59	0.81%	8
31	铟矿	铟吨	10	0.08%	14
32	铊矿	铊吨	12.95	0.11%	6
33	锶矿(天青石)	天青石万吨	425.5	9.35%	4
34	锆矿(锆英石)	矿物万吨	0.07	0.01%	13
35	铼矿	铼吨	0.24	0.11%	7

续表 3-3

序号	矿种	单位	保有资源储量	占全国比重	排序
36	镉矿	镉吨	2603.84	0.91%	16
37	硒矿	硒吨	1292.32	9.02%	4
38	碲矿	碲吨	43.48	0.65%	6
39	重晶石	矿石万吨	487.18	1.68%	11
40	耐火黏土	矿石万吨	12437.95	4.95%	7
41	硫铁矿	矿石万吨	17544.51	3.09%	11
	伴生硫	硫万吨	1000.78	2.16%	13
42	泥炭	矿石万吨	340.84	1.24%	12
43	盐矿	NaCl 亿吨	261.38	1.99%	3
44	磷矿	矿石亿吨	43.32	22.38%	1
45	芒 硝	Na_2SO_4 亿吨	21.23	2.09%	3
46	溴	溴吨	390.76	89.19%	1
47	硼矿	B_2O_3 万吨	524.9	7.28%	4
48	石榴子石	矿石万吨	25983.55	74.35%	1
	石榴子石	矿物万吨	49.23	29.86%	2
49	方解石	矿石万吨	6	0.01%	16
50	碘	碘吨	110975	57.30%	1
51	电石用灰岩	矿石万吨	11479.2	2.00%	12
52	含钾砂页岩	矿石万吨	34935.31	7.33%	5
53	化肥用橄榄岩	矿石万吨	3976.74	34.98%	2
54	化肥用蛇纹岩	矿石亿吨	17016.9	1.41%	7
55	化工用白云岩	矿石万吨	133.64	0.74%	8
56	熔剂用灰岩	矿石亿吨	6.24	4.55%	8
57	冶金用白云岩	矿石亿吨	7.39	6.58%	5
58	冶金用石英岩	矿石万吨	2651.9	2.59%	11
59	冶金用砂岩	矿石万吨	2668.1	9.12%	4
60	冶金用脉石英	矿石万吨	35.4	0.54%	17
61	玉石	矿石万吨	0.01	0.00%	12
62	硅灰石	矿石万吨	313.06	2.04%	8
63	滑石	矿石万吨	43.33	0.16%	17
64	长石	矿石万吨	3242.2	1.44%	7
65	高岭土	矿石万吨	4133.04	1.82%	9
66	陶瓷土	矿石万吨	174	0.15%	26
67	玻璃用砂岩	矿石万吨	2442.5	2.75%	11
68	玻璃用脉石英	矿石万吨	138.2	2.14%	10

续表 3－4

序号	矿种	单位	保有资源储量	占全国比重	排序
69	水泥用灰岩	矿石亿吨	38.44	3.50%	12
70	水泥用大理岩	矿石万吨	74	0.02%	19
71	泥灰岩	矿石万吨	2879	30.41%	1
72	水泥配料用砂岩	矿石万吨	21283.75	10.32%	2
73	水泥配料用砂	矿石万吨	1465	11.32%	4
74	水泥配料用页岩	矿石万立方米	1139.8	0.94%	15
75	水泥配料用黏土	矿石万吨	8243.9	3.56%	13
76	水泥配料用黄土	矿石万吨	69	0.21%	11
77	水泥配料用泥岩	矿石万吨	1053	1.53%	9
78	普通萤石	萤石矿物 CaF_2 万吨	104.97	0.57%	15
79	云母(片云母)	原料云母矿物吨	85	0.02%	20
80	累托石黏土	矿石万吨	1307.12	91.98%	1
81	膨润土	矿石万吨	6491.4	2.38%	13
82	建筑用砂	矿石万立方米	2411.6	5.32%	5
83	建筑用灰岩	矿石万立方米	7147.91	4.75%	6
84	建筑用辉绿岩	矿石万立方米	2367	40.20%	1
85	建筑用花岗岩	矿石万立方米	1545.37	1.92%	8
86	饰面用花岗岩	矿石万立方米	1349	0.56%	20
87	饰面用大理岩	矿石万立方米	1608.67	1.15%	18
88	饰面用板岩	矿石万立方米	155	3.04%	5
89	石墨(晶质)	矿物千吨	749.01	3.91%	6
90	透辉石	矿石万吨	241.6	0.64%	8
91	透闪石	矿石万吨	60.4	7.07%	4
92	石膏	矿石亿吨	21.16	2.61%	8

资料来源：全国矿产资源储量汇总表、湖北省国土资源厅《截至 2011 年底湖北省矿产资源储量统计表》。

2. 化工、建材及部分冶金矿产丰富，能源等矿产短缺。磷、盐、石膏、水泥用石灰岩等为湖北省优势矿产，高磷赤铁矿、芒硝、钛、钒、累托石黏土等为湖北省潜在优势矿产；铁、铜等资源较为丰富；水泥配料、玻璃硅质原料、冶金辅助原料、建筑用花岗岩、饰面石材资源前景较好；镁、铌、钽、铷、铯、锂、铊、稀土、硒、锶、金、银、铅、锌、溴、碘、硼、石墨、化工用白云岩、膨润土、耐火黏土、石墨、石榴子石、化肥用橄榄岩、建筑用辉绿岩等矿产和地热、矿泉水资源潜力较大；菊花石、百鹤玉、绿松石等矿产具地方特色。但湖北省缺煤、少油、乏气，铝、钨、锡、钼、锑等资源前景不容乐观，铂族金属、钾盐、铬铁矿等资源严重短缺。

3. 资源分布广泛，地域特色明显。湖北省 13 个市(州)和 4 个省直管行政区均有矿产资源分布。其中富铁、富铜和金、钨、钼、钴、锶等矿产集中分布于鄂东南地区；磷、硫、铁、煤等矿产主要分布于鄂西、鄂西南地区；重稀土、钛、萤石、重晶石、云母、长石等矿产主要分布于鄂东北地区；石油、岩盐、石膏、芒硝、溴、碘、硼、铷、铯、锂等矿产主要分布于鄂中南地区；银、金、钒、轻稀土等矿产在鄂西北地区占据重要地位。

4. 共伴生矿多，主要矿产资源集中度高。湖北省 70% 以上金属矿床为共生矿床，80% 以上金属矿床伴生多种有用组份。铁、铜、岩金、银、石墨、磷、硫、芒硝、石膏、水泥用灰岩、岩盐等主要矿产 80% 以上资源储量被大中型矿区(矿床)占有，有利于建立较完备、规模化矿山及矿产品加工业体系。

5. 矿床规模总体偏小，贫矿、难采选矿多。湖北省共发现非油气类矿产地 1774 处，其中大型 131 处，中型 308 处，小型 1335 处，所占比例见图 1。煤矿层薄、面广、质差；高磷赤铁矿、铝土矿、钛(金红石)矿、稀土矿、磷矿、硫铁矿等贫矿多、富矿少、有害杂质含量高、矿物嵌布粒度细、矿石质量差、开发利用难度大、成本高。

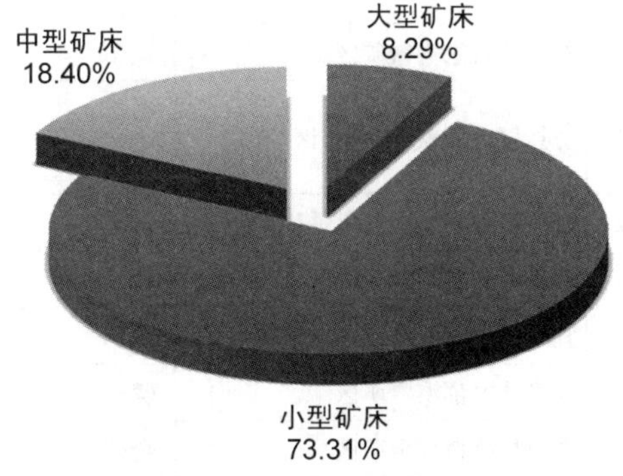

图 1　湖北省矿产地规模比例图

【矿产资源储量】　1. 上表矿区数量变化情况。根据地质勘查报告评审备案文件及矿区核查检测资料，2011 年湖北省新增上表矿区数 56 个(表 4)，上表矿区总数达到1282个，其中大型80处(含特大型一处)，中型214处，小型964处、小矿15处、暂无指标的9处。

新增上表矿区涉及19个矿种，以铁、煤、磷、钒矿为主，新增上表矿区规模达大型2处、中型9处、小型45处，勘查工作程度达到勘探1处、详查6处、普查48处、检测1处。

新增上表矿区查明资源储量煤炭11805.78千吨、石煤28832千吨、铁矿石20893.25千吨、钒矿(V_2O_5)321724吨、镉矿(镉金属)808吨、镓矿(镓金属)17吨、钼矿(钼金属)60吨、铜矿(铜金属)2393吨、铅矿(铅金属)34353.39吨、锌矿(锌金属)122695.47吨、金矿(金金属)498.36千克、银矿(银金属)38.8吨、钛铁矿(TiO_2)17108吨、高岭土(矿石)25517千吨、耐火黏土(矿石)2822千吨、磷矿石147946.3千吨、硫铁矿石4.86千吨、水泥用灰岩59209千吨。

表4 **2011年度湖北省新增上表矿区情况一览**

序号	矿区名称	矿产名称	资源储量单位	查明资源储量	勘查程度	矿床规模
1	黄石市陆顺铁铜钼矿区	铁矿	矿石 千吨	90	普查	小型
		铜矿	铜 吨	882		
		钼矿	钼 吨	60		
		金矿	金 千克	32		
		银矿	银 吨	0.63		
		硫铁矿	硫 千吨	4.86		
2	阳新县龙港镇金凤煤矿区	煤炭	千吨	293.62	普查	小型
3	大冶市富家山金铜钨矿区	铜矿	铜 吨	933	普查	小型
		金矿	金 千克	103		
4	郧县翻山垭铁矿区	铁矿	矿石 千吨	79	普查	小型
5	郧县青木沟钒矿区	钒矿	V_2O_5 吨	127308	普查	中型
6	郧县大柳钒矿区	钒矿	V_2O_5 吨	83841	普查	小型
7	郧县王庄铁矿区	铁矿	矿石 千吨	6093	普查	小型
8	郧县金门硐金矿区	金矿	金 千克	65.31	普查	小型
9	郧西县周家山铁、多金属矿区	铁矿	矿石 千吨	8726	普查	小型
		铅矿	铅 吨	1600		
		锌矿	锌 吨	11397		
10	竹山县南家沟铁矿区	铁矿	矿石 千吨	940	普查	小型
11	房县村口峪铁、铅锌矿区	铅矿	铅 吨	4081.39	普查	小型
		锌矿	锌 吨	776.47		
12	丹江口市二龙庙河磁铁矿区	铁矿	矿石 千吨	872	普查	小型
13	宜昌磷矿走马岭磷矿区	磷矿	矿石 千吨	46525	普查	中型
14	宜昌市夷陵区清溪沟铁矿区	铁矿	矿石 千吨	452	详查	小型
15	远安县桃郁溪磷矿区	磷矿	矿石 千吨	13905	普查	中型
16	秭归县溪口坪金矿区	金矿	金 千克	13.05	普查	小型
17	长阳县马坪铁矿区	铁矿	矿石 千吨	234.5	普查	小型
18	五峰土家族自治县赛宝煤矿区	煤炭	千吨	14.75	普查	小型
19	南漳县楼子沟煤矿区	煤炭	千吨	1294.41	详查	小型
20	南漳县邓家崖磷矿区毛户矿段	磷矿	矿石 千吨	949.3	普查	小型

续表 4-1

<table>
<tr><th>序号</th><th>矿区名称</th><th>矿产名称</th><th>资源储量单位</th><th>查明资源储量</th><th>勘查程度</th><th>矿床规模</th></tr>
<tr><td>21</td><td>保康县竹园沟磷矿区</td><td>磷矿</td><td>矿石 千吨</td><td>37519</td><td>普查</td><td>中型</td></tr>
<tr><td>22</td><td>保康县桥沟磷矿区</td><td>磷矿</td><td>矿石 千吨</td><td>36332</td><td>普查</td><td>中型</td></tr>
<tr><td>23</td><td>宜城市黄牛山水泥用石灰岩矿区</td><td>水泥用灰岩</td><td>矿石 千吨</td><td>20551</td><td>详查</td><td>中型</td></tr>
<tr><td>24</td><td>宜城市胡咀－马头山水泥用灰岩矿区</td><td>水泥用灰岩</td><td>矿石 千吨</td><td>38658</td><td>详查</td><td>中型</td></tr>
<tr><td>25</td><td>鄂州市余山下铁矿区</td><td>铁矿</td><td>矿石 千吨</td><td>318</td><td>普查</td><td>小型</td></tr>
<tr><td>26</td><td>钟祥市梅树岩磷矿区</td><td>磷矿</td><td>矿石 千吨</td><td>364</td><td>详查</td><td>小型</td></tr>
<tr><td>27</td><td>安陆市曹程－汤寨钒矿区</td><td>钒矿</td><td>V2O5 吨</td><td>110008</td><td>普查</td><td>中型</td></tr>
<tr><td>28</td><td>罗田县潘家湾铁矿区</td><td>铁矿</td><td>矿石 千吨</td><td>23.73</td><td>普查</td><td>小型</td></tr>
<tr><td>29</td><td>蕲春县斑鸠脑铁矿区</td><td>铁矿</td><td>矿石 千吨</td><td>116.02</td><td>普查</td><td>小型</td></tr>
<tr><td>30</td><td>团风县贾庙铁矿区</td><td>铁矿</td><td>矿石 千吨</td><td>1681.38</td><td>详查</td><td>小型</td></tr>
<tr><td rowspan="6">31</td><td rowspan="6">红安县石家冲多金属矿区</td><td>铅矿</td><td>铅 吨</td><td>13775</td><td rowspan="6">普查</td><td rowspan="6">小型</td></tr>
<tr><td>锌矿</td><td>锌 吨</td><td>18280</td></tr>
<tr><td>金矿</td><td>金 千克</td><td>285</td></tr>
<tr><td>银矿</td><td>银 吨</td><td>13</td></tr>
<tr><td>镓矿</td><td>镓 吨</td><td>17</td></tr>
<tr><td>镉矿</td><td>镉 吨</td><td>183</td></tr>
<tr><td rowspan="3">32</td><td rowspan="3">湖北省蕲春县石鼓冲钒钛磁铁矿区</td><td>铁矿</td><td>矿石 千吨</td><td>147.2</td><td rowspan="3">检测</td><td rowspan="3">小型</td></tr>
<tr><td>钛矿</td><td>钛铁矿 TiO_2 吨</td><td>17108</td></tr>
<tr><td>钒矿</td><td>V_2O_5 吨</td><td>567</td></tr>
<tr><td>33</td><td>麻城市四斗塝磁铁矿区</td><td>铁矿</td><td>矿石 千吨</td><td>452.5</td><td>普查</td><td>小型</td></tr>
<tr><td>34</td><td>麻城市木子店杨家山铁矿区</td><td>铁矿</td><td>矿石 千吨</td><td>220.56</td><td>普查</td><td>小型</td></tr>
<tr><td>35</td><td>麻城市木子店镇二斗垄铁矿区</td><td>铁矿</td><td>矿石 千吨</td><td>43.99</td><td>普查</td><td>小型</td></tr>
<tr><td>36</td><td>麻城市木子店镇柳子冲铁矿区</td><td>铁矿</td><td>矿石 千吨</td><td>21.96</td><td>普查</td><td>小型</td></tr>
<tr><td>37</td><td>麻城市龙王尖铁矿区</td><td>铁矿</td><td>矿石 千吨</td><td>44.17</td><td>普查</td><td>小型</td></tr>
<tr><td rowspan="2">38</td><td rowspan="2">麻城市宋家湾铁铜矿区</td><td>铁矿</td><td>矿石 千吨</td><td>46</td><td rowspan="2">普查</td><td rowspan="2">小型</td></tr>
<tr><td>铜矿</td><td>铜 吨</td><td>4</td></tr>
<tr><td>39</td><td>麻城市木子店镇夏家湾铁矿区</td><td>铁矿</td><td>矿石 千吨</td><td>47.68</td><td>普查</td><td>小型</td></tr>
<tr><td>40</td><td>麻城市名山铁矿区</td><td>铁矿</td><td>矿石 千吨</td><td>57.22</td><td>普查</td><td>小型</td></tr>
<tr><td>41</td><td>咸宁市大屋邵－张家铺冶金用白云岩矿区</td><td>冶金用白云岩</td><td>矿石 千吨</td><td>51573</td><td>普查</td><td>大型</td></tr>
<tr><td>42</td><td>通城县古木坑高岭土矿区</td><td>高岭土</td><td>矿石 千吨</td><td>25517</td><td>普查</td><td>大型</td></tr>
<tr><td>43</td><td>随州市淮河熊湾铁矿区</td><td>铁矿</td><td>矿石 千吨</td><td>186.34</td><td>勘探</td><td>小型</td></tr>
<tr><td>44</td><td>湖北省恩施市干沟－找龙坝石煤矿区</td><td>石煤</td><td>千吨</td><td>28832</td><td>普查</td><td>小型</td></tr>
<tr><td>45</td><td>恩施市校场坝煤矿区</td><td>煤炭</td><td>千吨</td><td>1200</td><td>普查</td><td>小型</td></tr>
<tr><td>46</td><td>恩施市车坝耐火黏土矿区</td><td>耐火黏土</td><td>矿石 千吨</td><td>1867</td><td>普查</td><td>小型</td></tr>
</table>

续表 4-2

<table>
<tr><th>序号</th><th>矿区名称</th><th>矿产名称</th><th>资源储量单位</th><th>查明资源储量</th><th>勘查程度</th><th>矿床规模</th></tr>
<tr><td>47</td><td>利川市扇子片煤矿区</td><td>煤炭</td><td>千吨</td><td>354</td><td>普查</td><td>小型</td></tr>
<tr><td>48</td><td>建始县瓦厂坪煤矿区</td><td>煤炭</td><td>千吨</td><td>2401</td><td>普查</td><td>小型</td></tr>
<tr><td>49</td><td>建始县小茅田煤矿区</td><td>煤炭</td><td>千吨</td><td>2606</td><td>普查</td><td>小型</td></tr>
<tr><td>50</td><td>建始县窑厂耐火黏土矿区</td><td>耐火黏土</td><td>矿石 千吨</td><td>955</td><td>普查</td><td>小型</td></tr>
<tr><td>51</td><td>宜恩县冷水溪铜矿区</td><td>铜矿</td><td>铜 吨</td><td>574</td><td>普查</td><td>小型</td></tr>
<tr><td>52</td><td>咸丰县杨洞煤田新场井田</td><td>煤炭</td><td>千吨</td><td>1284</td><td>普查</td><td>小型</td></tr>
<tr><td>53</td><td>鹤峰县中营煤炭勘查区</td><td>煤炭</td><td>千吨</td><td>1667</td><td>普查</td><td>小型</td></tr>
<tr><td>54</td><td>鹤峰县二台坪煤矿区</td><td>煤炭</td><td>千吨</td><td>691</td><td>普查</td><td>小型</td></tr>
<tr><td>55</td><td>鹤峰县走马矿区王家湾矿段</td><td>磷矿</td><td>矿石 千吨</td><td>12352</td><td>普查</td><td>中型</td></tr>
<tr><td rowspan="4">56</td><td rowspan="4">神农架林区沐浴河铅锌矿区</td><td>铅矿</td><td>铅 吨</td><td>14897</td><td rowspan="4">普查</td><td rowspan="4">小型</td></tr>
<tr><td>锌矿</td><td>锌 吨</td><td>92242</td></tr>
<tr><td>银矿</td><td>银 吨</td><td>25.17</td></tr>
<tr><td>镉矿</td><td>镉 吨</td><td>625</td></tr>
</table>

资料来源：湖北省国土资源厅矿产资源储量管理处（截至日期为2011年12月31日）。

2. 保有资源储量变化情况。2011年度，湖北省保有资源储量变化情况见表1。与2010年相比，保有资源储量减少幅度较大的矿种见图2。

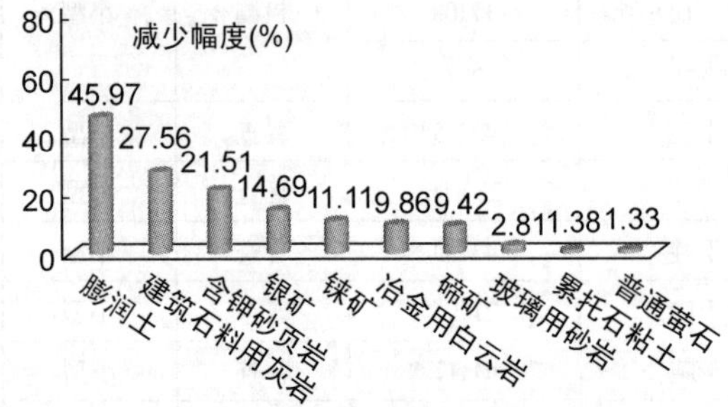

图2　2011年度湖北省保有资源储量减少幅度较大矿产对比

其中，膨润土、建筑石料用灰岩、玻璃用砂岩主要因勘查减少，含钾砂页岩、银矿、冶金用白云岩、普通萤石主要因核实重算减少，铼矿、碲矿、累托石黏土因开采减少。

与2010年相比，保有资源储量增加幅度较大的矿种见图3。

其中，锆矿、铝土矿、锑矿主要因核实重算增加，镓矿因勘查和核实重算增加，其他矿种均因勘查增加。此外，制灰用石灰岩、建筑用白云岩、建筑用砂岩为新增上表矿种。

3. 重要矿产资源状况。根据矿产资源在国民经济中的地位与作用、开发利用现状及保有资源储量等综合分析，煤、铁、铜、金、银、磷、盐、芒硝、石膏、硫铁矿、水泥用灰岩、熔剂用灰岩为省内重要矿种，其查明资源储量、保有资源储量、分布地域见表5，保有资源储量与消耗资源储量对比情况见图4。

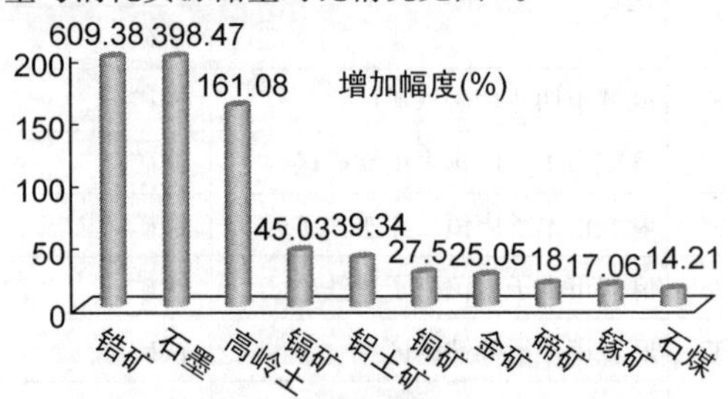

图3　2011年度湖北省保有资源储量增加幅度较大矿产对比

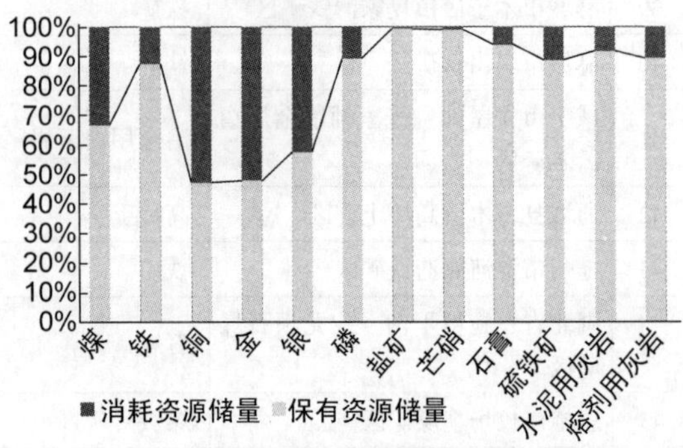

图4　湖北省重要矿产保有资源储量与消耗资源储量对比

表 5　　湖北省重要矿产资源储量统计

矿种	单位	保有资源储量	查明资源储量	分布的主要地域
煤	矿石千吨	793770.74	1188835.16	宜昌市、恩施州、荆门市、黄石市
铁	矿石千吨	3039523.78	3473500.24	鄂东黄石－鄂州、鄂西宜昌－恩施
铜	铜吨	2345424.35	4946822.04	黄石市、鄂州市
金	金千克	148985.99	310316.57	大冶市、阳新县、嘉鱼县、夷陵区、秭归县
银	银吨	5463.16	9462.08	黄石市、宜昌市、十堰市
磷	矿石千吨	4332339.18	4848327.74	宜昌市、神农架、荆门市、襄樊市、孝感市、鹤峰县
盐	NaCl 千吨	26137830.4	26349346	云梦县、应城市、天门市、潜江市
芒硝	Na_2SO_4 千吨	2123493.51	2143919	云梦县、应城市及天门市、潜江市
石膏	矿石千吨	2116258.21	2253005.08	荆门市、江夏区、应城市、云梦县、当阳市
硫铁矿	矿石千吨	175445.1	197593.88	宜昌市、恩施州、鄂州市、襄樊市
水泥用灰岩	矿石千吨	3844096.93	4182027.2	荆门市、宜昌市、黄石市、黄冈市、咸宁市、襄阳市
熔剂用灰岩	矿石千吨	623806	699048	宜都市、长阳县、大冶市、江夏区

资料来源：湖北省国土资源厅矿产资源储量管理处（截至日期为 2011 年 12 月 31 日）。

2005～2011 年，湖北省重要矿产查明资源储量与保有资源储量增减变化呈现以下特点：金属矿产持平或略呈上升趋势，非金属矿产呈上升趋势，尤其是磷矿逐年上升幅度极为明显，具体变化情况见图 5～12。

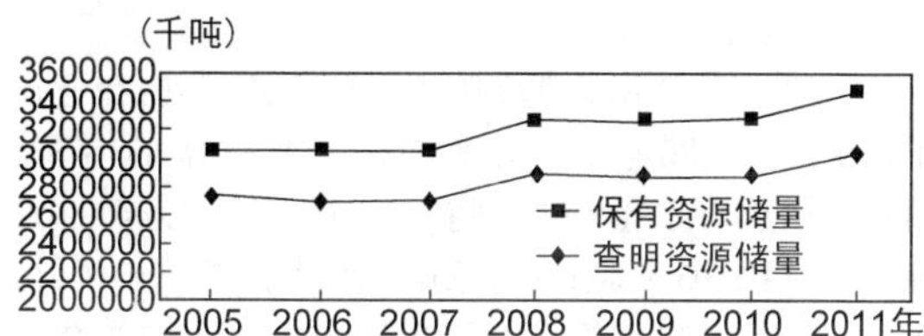

图 5　2005～2011 年湖北省铁矿查明资源储量与保有资源储量变化

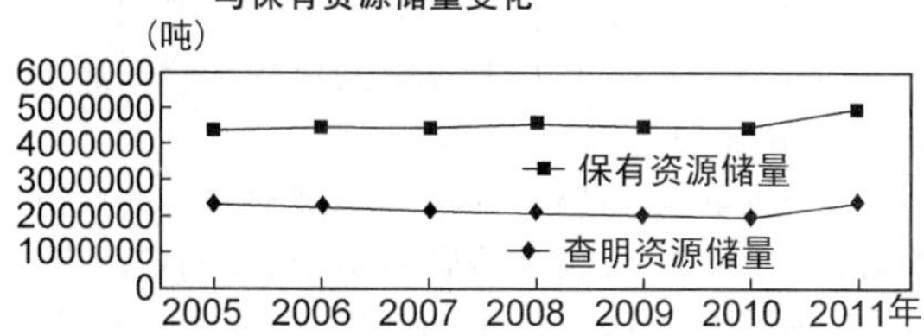

图 6　2005～2011 年湖北省铜矿查明资源储量与保有资源储量变化

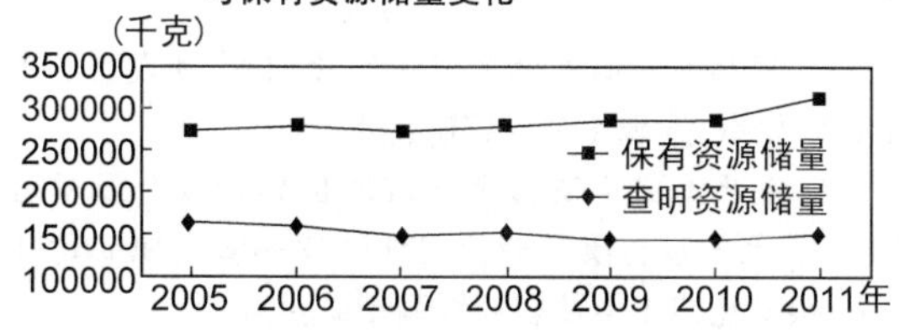

图 7　2005～2011 年湖北省金矿查明资源储量与保有资源储量变化

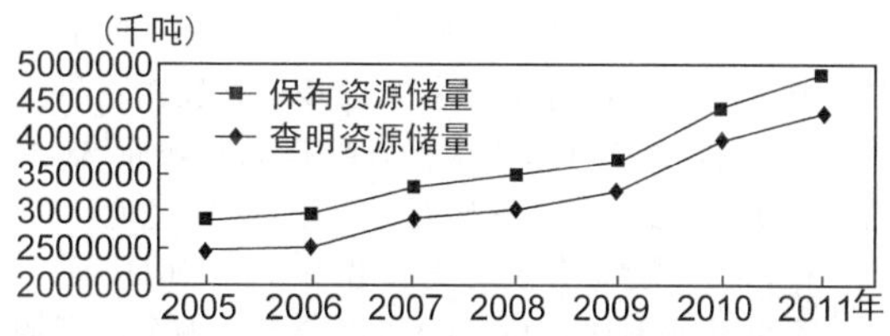

图 8　2005～2011 年湖北省磷矿查明资源储量与保有资源储量变化

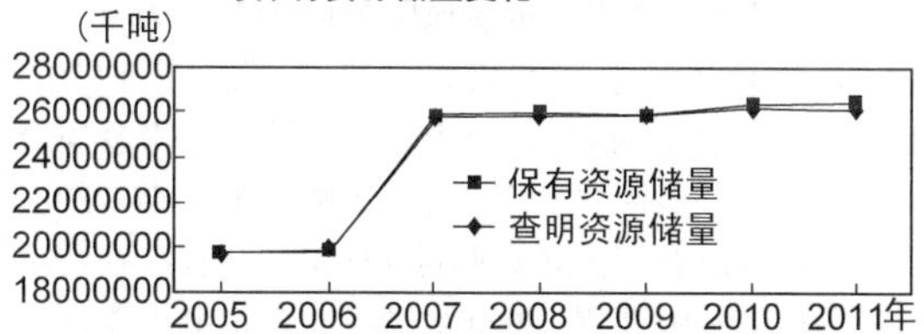

图 9　2005～2011 年湖北省盐矿查明资源储量与保有资源储量变化

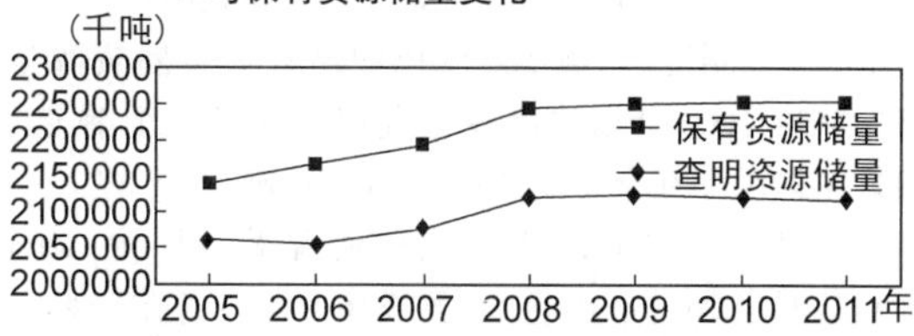

图 10　2005～2011 年湖北省石膏查明资源储量与保有资源储量变化

【主要矿产资源潜力】　根据"湖北省矿产资源潜力评价(2011)"对磷矿、铜矿等 11 种矿产研究资料分析，湖北省主要矿产找矿潜力巨大，若勘探工作进一步加深，

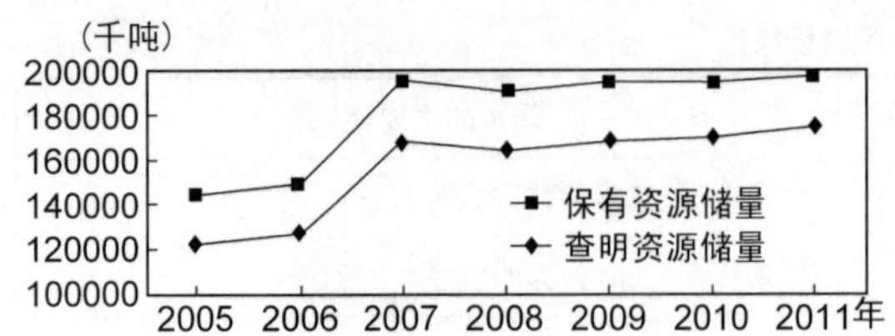

图11 2005~2011年湖北省硫铁矿查明资源储量与保有资源储量变化

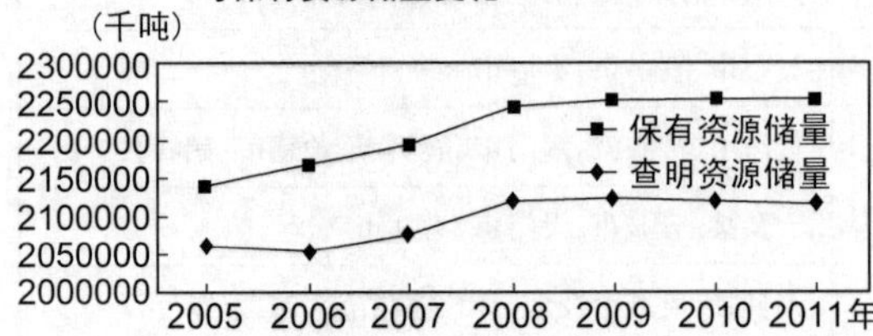

图12 2005~2011年湖北省煤炭查明资源储量与保有资源储量变化

可以大幅度增加资源量。

1. *磷矿*:"湖北省磷矿资源潜力评价(2011年)"共圈定143个预测区,预测500米以浅潜在磷矿石资源量40.23亿吨,1000米以浅潜在磷矿石资源量71.29亿吨,2000米以浅潜在磷矿石资源量114.62亿吨。

2. *铁矿*:"湖北省铁矿资源潜力评价(2011年)"共圈定162个预测区。预测500米以浅潜在铁矿石资源量39.92亿吨,1000米以浅潜在铁矿石资源量58.56亿吨,2000米以浅潜在铁矿石资源量64.30亿吨。

3. *铜矿*:"湖北省铜矿资源潜力评价(2011年)",共圈定51个预测区,预测500米以浅潜在铜金属资源量283.45万吨,1000米以浅潜在铜金属资源量541.04万吨,2000米以浅潜在铜金属资源量662.00万吨。

4. *铅锌矿*:"湖北省铅锌矿资源潜力评价(2011年)"圈定80个预测区,预测500米以浅潜在铅金属资源量757.99万吨、潜在锌金属资源量186.44万吨,1000米以浅潜在铅金属资源量796.19万吨、潜在锌金属资源量198.93万吨,2000米以浅潜在铅金属资源量796.19万吨、潜在锌金属资源量198.93万吨。

5. *金矿*:"湖北省金矿资源潜力评价(2011年)"圈定100个预测区,预测500米以浅潜在金金属资源量353.00吨,1000米以浅潜在金金属资源量521.49吨,2000米以浅潜在金金属资源量619.91吨。

6. *稀土矿*:"湖北省稀土矿资源潜力评价(2011年)"共圈定26个预测区,预测500米以浅潜在轻稀土氧化物487.51万吨、潜在独居石砂矿1.55万吨、潜在重稀土氧化物9.50万吨。

7. *钨矿*:"湖北省钨矿资源潜力评价(2011年)"共圈定6个预测区,预测500米以浅潜在钨金属8.52万吨,1000米以浅潜在钨金属资源量23.83万吨。

8. *钼矿*:"湖北省钼矿资源潜力评价(2011年)"共圈定28个预测区,预测500米以浅潜在钼金属资源量51.78万吨。

9. *铝土矿*:"湖北省铝土矿资源潜力评价(2011年)"共圈定25个预测区,预测500米以浅潜在铝土矿矿石资源量6637.2万吨,1000米以浅潜在铝土矿矿石资源量7964.9万吨。

10. *锑矿*:"湖北省锑矿资源潜力评价(2011年)"共圈定24个预测区,预测500米以浅潜在锑金属资源量10.60万吨,1000米以浅潜在锑金属资源量13.08万吨。

11. *煤炭*:"湖北省煤炭资源潜力评价(2011年)"共圈定188个预测区,预测600米以浅潜在煤炭资源量5.91亿吨,1000米以浅潜在煤炭资源量10.69亿吨、1500米以浅潜在煤炭资源量15.23亿吨。

·矿产资源勘查·

【矿产远景调查】 2011年度,湖北省开展矿产远景调查项目11个。其中,中央财政专项资金项目9个,省地质勘查基金项目2个。完成调查面积2046平方千米。列举部分项目情况如下:

1. *湖北白河口-东溪矿产远景调查*:共圈定了11个较重要地球化学异常区,经初步估算,其中三甲垭异常区V_2O_5远景资源量达30万吨,达中型规模;七星寨异常区V_2O_5远景资源量达1万吨,银金属资源量28.2吨,达小型规模。

2. *湖北长阳曾家墩地区铅锌矿远景调查*:在七丘铅锌矿区内共圈定6个铅锌矿体,初步估算333+334铅锌金属总资源量5.91万吨,其中锌金属量为4.89万吨,伴生铅1.05万吨;在曾家墩-李家湾钼钒矿区,初步估算333+334钼钒矿石资源量851.3万吨,钼金属资源量0.96万吨,钒矿远景资源量6.24万吨。

3. *湖北通城地区铜金钨多金属矿产远景调查*:圈出Au、Cu、Pb、Zn、W等15种元素的地球化学异常353处,综合异常22处,局部磁异常4处。

4. *湖北嘉鱼-蒲圻地区矿产远景调查*:圈定各种单元素异常372个,综合异常28处;初步划定两个V级成矿远景区,北部为蛇屋山矿区及外围金矿V级成矿远景区,南部为堤塘魏家-桐梓岭铜多金属V级成矿远景区。

5. *湖北恩施高罗地区矿产远景调查*:新发现2个铅锌矿化点,发现1个铅锌矿化带。

6. *湖北天宝-陕西鱼肚河地区铅锌多金属矿远景调查*:新发现竹溪县望鱼河地区锌铜多金属矿化体3个,银矿化体1个及多处锌铜钼矿化点。

【固体矿产勘查】 2011年度开展的湖北省内矿产资

源勘查项目共计130个。其中中央财政出资项目10个,湖北省地质勘查基金出资项目44个,其他资金出资项目76个。新发现矿产地18处,其中,大型3处、中型7处、小型8处,提交查明资源储量:金5吨、锌5万吨、铅1万吨、钼1万吨、五氧化二钒2.31万吨、磷矿石2.93亿吨、硫铁矿6014.11万吨、石膏6458万吨。列举部分项目情况如下。

1. 湖北省应城潘集矿区纤维石膏矿普查:估算纤维石膏333资源量6014.32万吨,达大型矿床规模。

2. 湖北省郧西县马鞍关矿区硫铁矿普查:估算硫铁矿333矿石资源量120万吨,334矿石资源量100万吨。

3. 湖北省宜昌市夷陵区燕子岩磷矿普查:估算333矿石资源储量1792万吨,达到中型磷块岩矿床规模。

4. 湖北省宜昌磷矿小阳坪矿段普查:初步估算主要工业矿层(Ph_2^2)及次要工业矿层(Ph_1^3)333+334磷矿石资源量总计9087万吨。其中主要工业矿层(Ph_2^2)333磷矿石资源量5202万吨,P_2O_5平均品位20.55%,334磷矿石资源量1442万吨;次要工业矿层(Ph_1^3)333磷矿石资源量1974万吨,P_2O_5平均品位25.36%,334磷矿石资源量468万吨。333磷矿石资源量合计7177万吨,占比例78.97%。

5. 湖北省荆门市沙洋县常家湾石膏矿普查:初步估算333石膏矿石资源量2459万吨。

6. 湖北省阳新县鸡笼山金矿接替资源勘查:新增查明333+334铜金属资源量0.05万吨,333+334金金属资源量1.06吨,333+334钼金属资源量7.36吨。其中333金金属资源量0.22吨。

7. 湖北省阳新县丰山铜矿接替资源勘查:探获333铜金属量9.26万吨,334铜金属量3.45万吨。

8. 湖北省郧西县赵家院铁矿普查:估算333+334铁矿石资源储950万吨。

9. 湖北省宜城市胡咀-马头山矿区水泥用石灰岩矿详查:探获331+332+333水泥用灰岩矿石量3866万吨,其中331资源量1209万吨,332资源量1820万吨,333资源量837万吨。

【石油天然气勘探】 截至2011年底,江汉油田共拥有省内勘查区块7个,面积39830.67平方千米;拥有湖北省内采矿区块32个,面积645.20平方千米。

2011年,江汉油田在湖北省勘查区快内完成二维地震515.7千米,三维地震588.57平方千米;完钻探井35口,进尺8.49万米,地勘总投资69834万元。在江汉盆地新增探明含油面积2.74平方千米,探明石油地质储量368.12万吨,可采储量82.76万吨;新增控制含油面积3.19平方千米,控制石油地质储量590.91万吨,可采储量130.18万吨;新增预测含油面积2.18平方千米,预测石油地质储量231.42万吨,可采储量23.14万吨。在建始南部区块新增控制含气面积100.94平方千米,控制天然气地质储量165.96×10^8立方米;新增预测含气面积117.62平方千米,预测天然气地质储量236.6×10^8立方米。分析确定湖北省境内存在七套非常规天然气(主要为页岩气,其次为致密矿岩气)烃源层,预测全省页岩气资源量9万亿立方米左右。在利川市建南镇成功建成HF-1页岩气生产井(为全国最早建成的两个页岩气生产井之一),日产页岩气2233立方米。

·矿产资源开发利用·

【概况】 2011年,全年矿业总产值1929027.26万元,人均产值13.00万元,自2001年以来总体上呈逐年上升的趋势(图13)。

【矿业投入】 2011年度,湖北省矿业投资503.77亿元,与2010年相比,投资金额有显著增长。其中矿业固定资产投资同比增长18.90%,基本建设投资同比增长35.31%,技术改造投资同比增长20.41%。各矿类投资情况见表6。

表6　湖北省2011年矿业投资情况一览表　单位:亿元

投资类别	全省	煤炭采选业	石油和天然气开采业	黑色金属矿采选业	有色金属矿采选业	非金属矿采选业	其他
固定投资	265.36	45.88	37.49	28.01	17.81	131.98	4.19
基本建设	119.82	8.69	2.44	15.62	6.36	83.93	2.78
技术改造	118.59	36.22	34.90	10.07	10.10	26.85	0.46

资料来源:湖北省统计局。

2004~2011年湖北省矿业各项投资变化情况总体呈上升趋势,如图14~16所示。

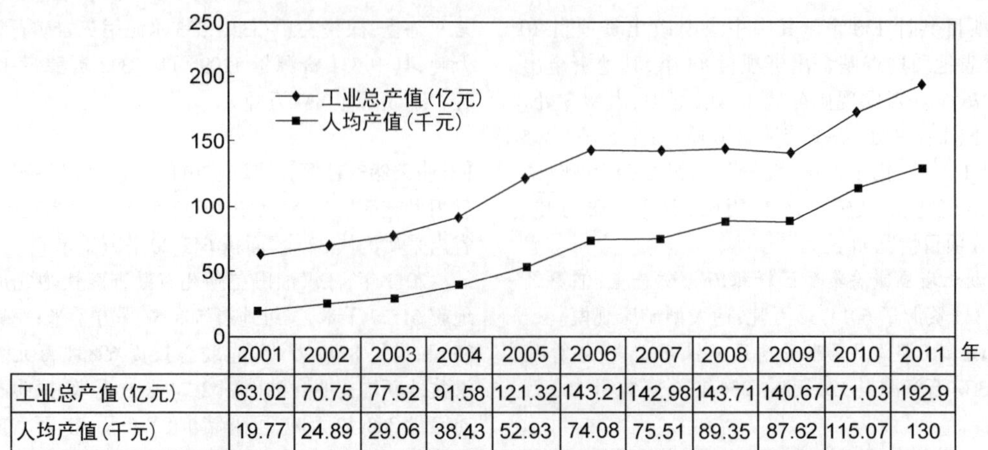

	2001	2002	2003	2004	2005	2006	2007	2008	2009	2010	2011
工业总产值(亿元)	63.02	70.75	77.52	91.58	121.32	143.21	142.98	143.71	140.67	171.03	192.9
人均产值(千元)	19.77	24.89	29.06	38.43	52.93	74.08	75.51	89.35	87.62	115.07	130

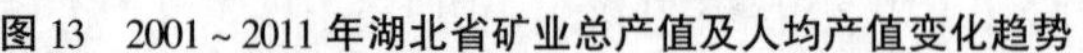
图 13　2001～2011 年湖北省矿业总产值及人均产值变化趋势

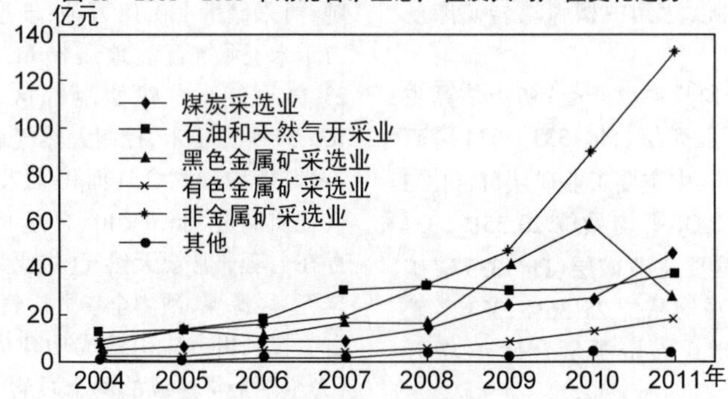

图 14　2004～2011 年湖北省矿业固定资产投资变化

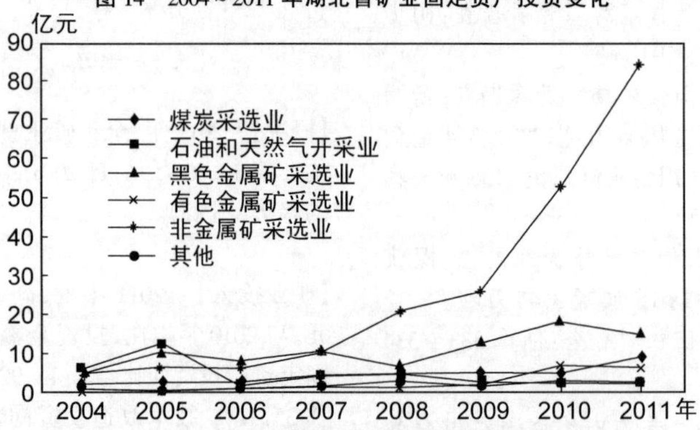

图 15　2004～2011 年湖北省矿业基本建设投资变化图

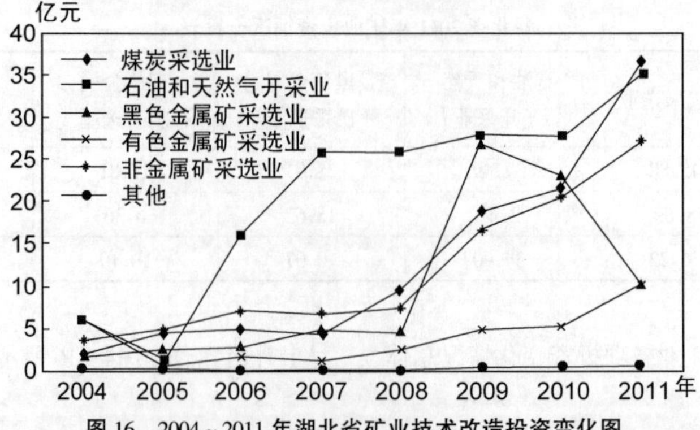

图 16　2004～2011 年湖北省矿业技术改造投资变化图

【矿山企业】 据统计，2011年湖北省各类矿山企业3857家(不含石油、天然气生产企业)，其中大型企业30家，中型企业106家，小型企业1705家，小矿2016家。从事矿业生产人员148401人。自2001年以来，矿山企业数及从业人员总体呈缓慢下降趋势（图16）。

2011年度各地区矿山企业数量、从业人员、矿业总产值及利润总额见表7，占全省比例见图18～22。

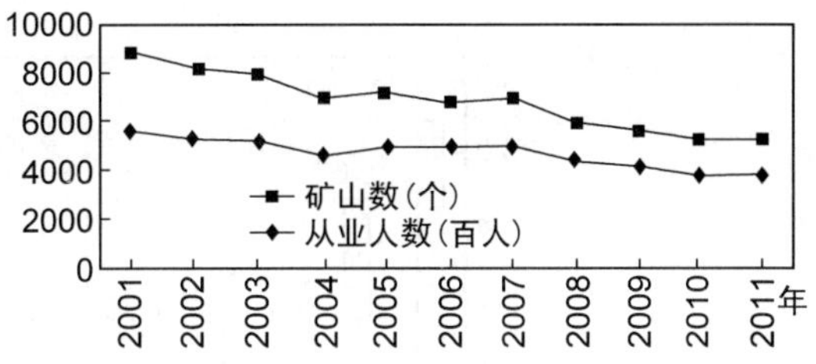

图17 2001～2011年湖北省矿山数及从业人员变化趋势

表7 2011年湖北省矿山企业按地区统计表

行政区分类	矿山数(个)	从业人数(个)	工业总产值(万元)	矿产品销售收入(万元)	利润总额(万元)
武汉市	49	1967	7233.2	7118.2	－1102.49
黄石市	357	33043	589125.4	589897.24	111171.94
十堰市	353	6378	26000.2	20828.2	2777.55
宜昌市	612	24669	345526.43	324924.42	62638.64
襄樊市	229	6084	74530.08	62639.43	10106.43
鄂州市	87	6105	206499.34	206121.16	68363.18
荆门市	290	10908	47424.66	47419.66	7962.1
孝感市	155	13302	105938.55	103189.79	17086.16
荆州市	236	13585	52491.29	49635.01	8902.9
黄冈市	344	7145	217155.1	197508.6	15500.4
咸宁市	274	5260	79827	79482.54	9421.44
随州市	112	2193	13875.1	13835	2587
恩施州	649	10548	61525.7	59820.35	12475.8
省直辖行政区	110	7214	101875.21	69391.7	11747.49
合计	3857	148401	1929027.26	1831811.3	339638.54

资料来源：湖北省矿山企业矿产资源开发利用情况统计年报(2011年)(未含油、气)。

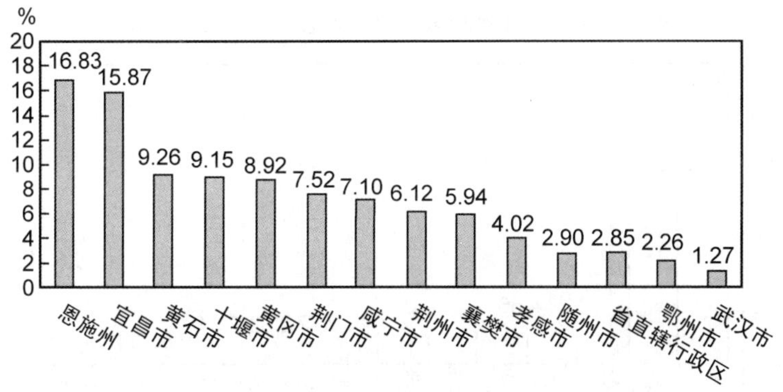

图18 2011年湖北省各地区矿山企业数量占全省比例

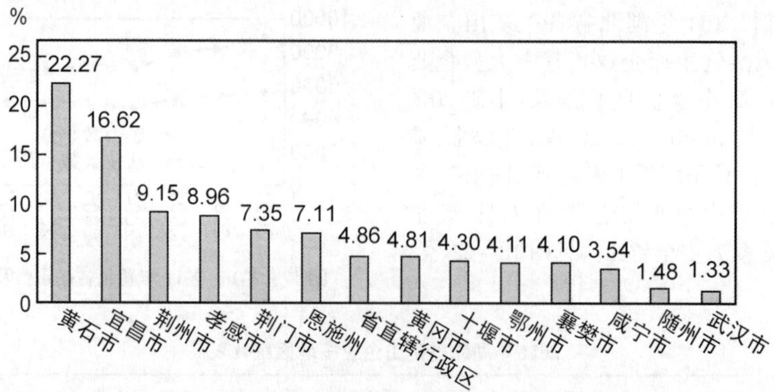

图 19 2011 湖北省年各地区矿山企业从业人数占全省比例

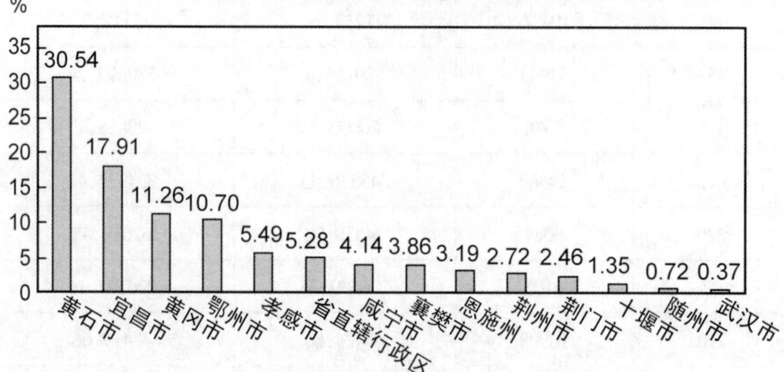

图 20 2011 年湖北省各地区矿山矿业总产值占全省比例

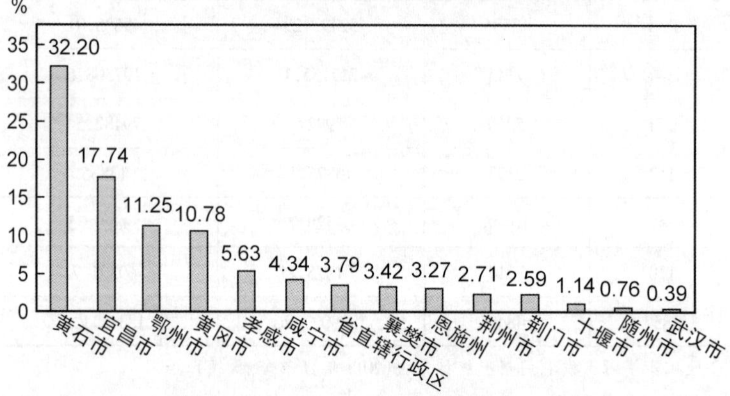

图 21 2011 年湖北省各地区矿山矿产品销售收入占全省比例

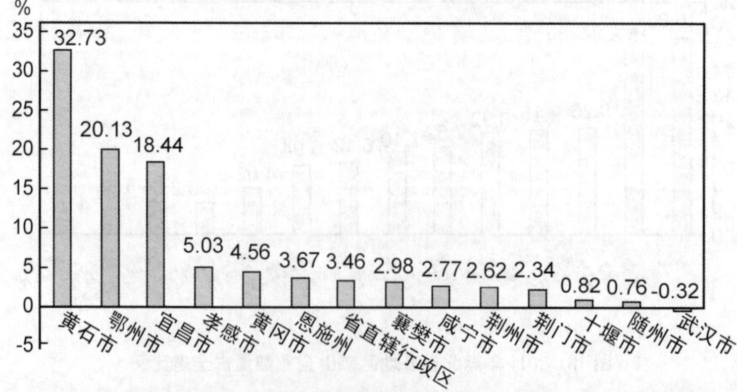

图 22 2011 年湖北省各地区矿业总利润占全省比例

按经济类型统计，2011 年度全省矿山企业数量、从业人员、矿业总产值及利润总额见表 8，占全省比例见图 23～26。

表 8　　2011 年湖北省矿山企业按经济类型统计

经济类型	矿山企业数（个）	从业人数（人）	工业总产值（万元）	销售收入（万元）	利润总额（万元）
国有企业	81	28450	583153.45	580571.9	134082.54
集体企业	459	20338	72971.15	68446.01	11122.59
股份合作企业	40	1644	18385.1	17367.54	2047.3
联营企业	31	889	9700.6	6651.6	1999.6
有限责任公司	676	35348	472252.66	448895.74	83006.96
股份有限公司	193	16078	419722.39	376372.35	68496.21
私营企业	2232	42505	294124.91	275202.67	33910.1
其他企业	127	1707	45683	45501.5	1815.4
港、澳、台商投资企业	8	492	1950	1734	320
外商投资企业	10	950	11084	11068	2837.84
合计	3857	148401	1929027	1831811	339638.5

资料来源：湖北省矿山企业矿产资源开发利用情况统计年报(2011 年，未含油、气)。

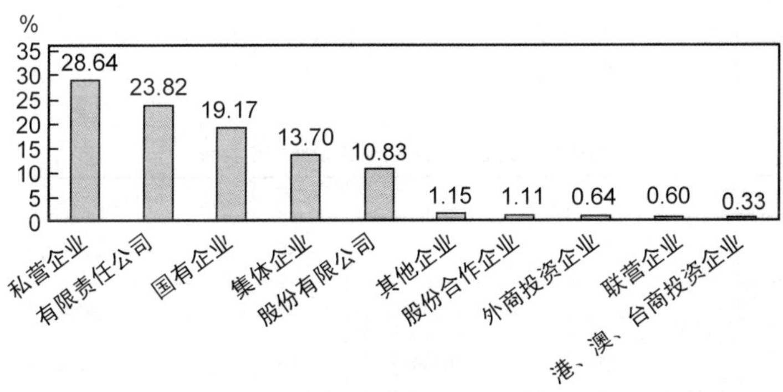

图 23　2011 年湖北省各经济类型矿山从业人数占全省比例

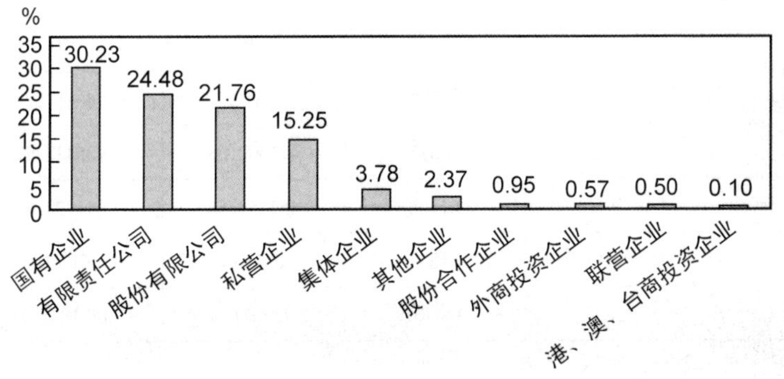

图 24　2011 年湖北省各经济类型矿山矿业总产值占全省比例

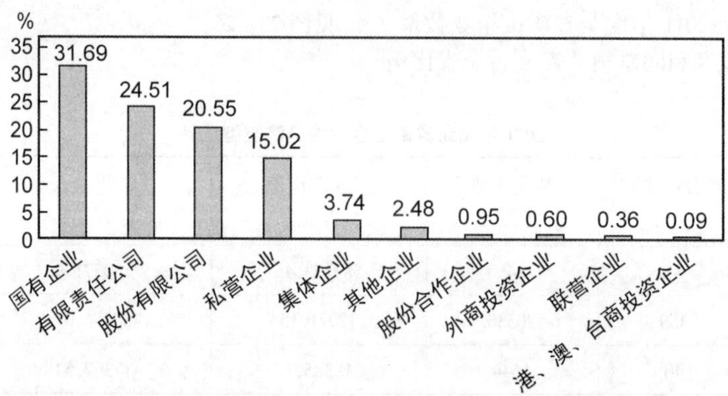

图25 2011年湖北省各经济类型矿山矿产品销售总收入占全省比例

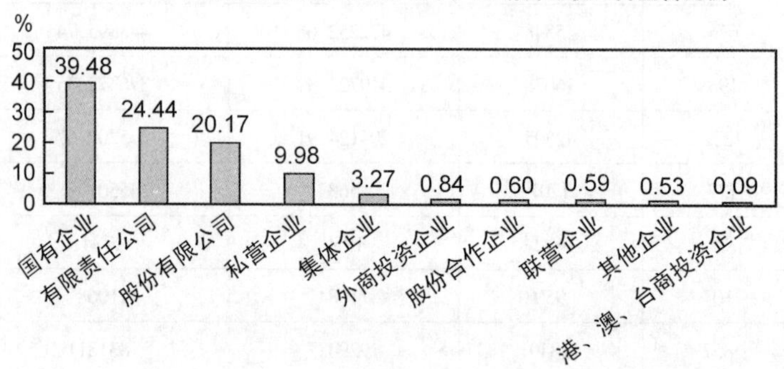

图26 2011年湖北省各经济类型矿山总利润占全省比例

按矿种统计，2011年度全省各矿种矿山企业数量、从业人员、矿业总产值及利润总额见表9，占全省比例见图27～31。

表9 **2011年湖北省(非油气)矿山企业按矿类统计**

矿类	矿山企业数(个)	从业人员(人)	工业总产值(万元)	矿产品销售收入(万元)	利润总额(万元)
能源矿产	398	29847	199801.43	187312.11	22205.04
黑色金属矿产	92	19738	570209.32	566545.83	109221.16
有色金属矿产	58	8691	163079.91	164038.44	44870.25
贵重金属矿产	26	5016	61239.00	59255.60	23085.09
稀有稀土金属矿产	2	121	0.00	0.00	0.00
冶金辅助原料非金属矿产	70	2740	7210.19	6681.59	－1536.37
化工原料非金属矿产	252	20877	472602.63	435437.51	91848.35
建材和其他非金属矿产	2950	61262	454253.28	411922.63	49882.42
水气矿产	9	109	631.50	617.60	62.60
合计	3857	148401	1929027.26	1831811.31	339638.54

资料来源:2011年湖北省矿产资源开发利用情况统计年报。

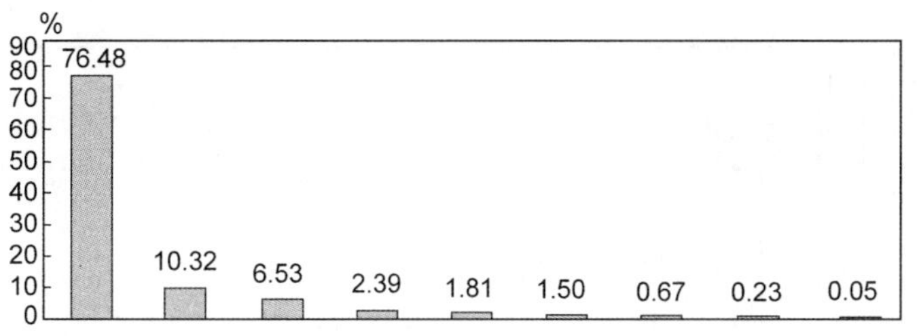

图 27　2011 年湖北省各矿种矿山企业数量占全省比例

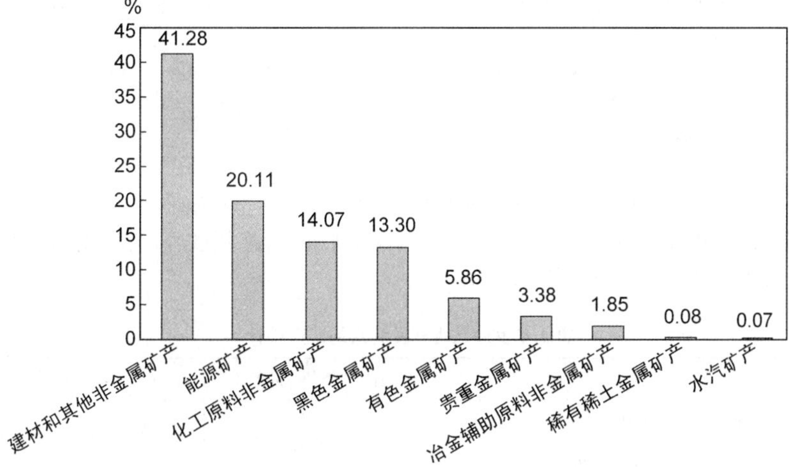

图 28　2011 年湖北省各矿种矿山从业人数占全省比例

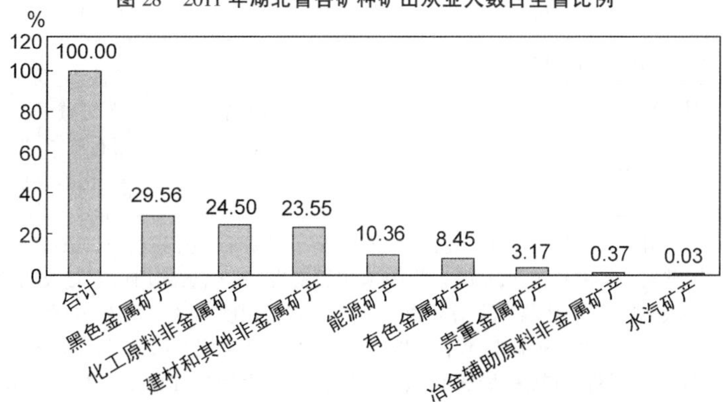

图 29　2011 年湖北省各矿种矿山矿业总产值占全省比例

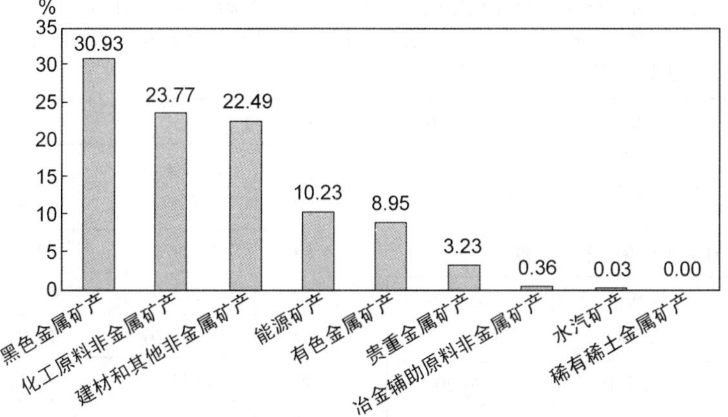

图 30　2011 年湖北省各矿种矿山矿产品销售总收入占全省比例

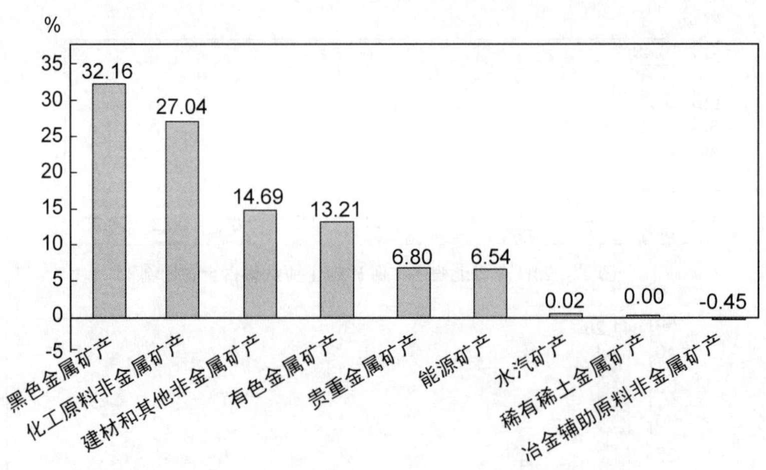

图31　2011年湖北省各矿种矿山总利润占全省比例

【分矿种开发利用】 2011年,湖北省开发利用的矿种共106种(表10)。与2010年相比,停采了水泥用辉绿岩,增加了化肥用砂岩、工艺水晶、玻璃用砂。

表10　2011年度湖北省开发利用的矿产统计

<table>
<tr><th>矿产类别(种数)</th><th>矿产名称</th><th>矿产类别(种数)</th><th>矿产名称</th></tr>
<tr><td>水气矿产(2)</td><td>地下水、矿泉水</td><td rowspan="3">冶金辅助原料矿产(8)</td><td rowspan="3">普通萤石、熔剂用灰岩、冶金用白云岩、冶金用石英岩、铸型用砂岩、冶金用脉石英、耐火黏土、熔剂用蛇纹岩</td></tr>
<tr><td>能源矿产(5)</td><td>煤、石煤、石油、天然气、地下热水</td></tr>
<tr><td>黑色金属矿产(4)</td><td>铁矿、锰矿、钛矿、钒矿</td></tr>
<tr><td>有色金属矿产(6)</td><td>铜矿、铅矿、锌矿、钨矿、钼矿、锑矿</td><td rowspan="3">化工原料非金属矿产(13)</td><td rowspan="3">硫铁矿、自然硫、重晶石、电石用灰岩、制碱用灰岩、化工用白云岩、化肥用石英岩、化肥用砂岩、化肥用橄榄岩、化肥用蛇纹岩、泥炭、盐矿、磷矿</td></tr>
<tr><td>贵金属矿产(2)</td><td>金矿、银矿</td></tr>
<tr><td>稀有分散元素矿产(1)</td><td>锶矿(天青石)</td></tr>
<tr><td>建筑材料及其他非金属矿产(65)</td><td colspan="3">石墨、硅灰石、滑石、长石、工艺水晶、石榴子石、透辉石、透闪石、蛭石、石膏、方解石、玉石、水泥用灰岩、建筑石料用灰岩、饰面用灰岩、制灰用石灰岩、白垩、玻璃用白云岩、建筑用白云岩、玻璃用石英岩、玻璃用砂岩、玻璃用砂、水泥配料用砂岩、砖瓦用砂岩、建筑用砂岩、陶瓷用砂岩、建筑用砂、水泥配料用砂、玻璃用脉石英、陶粒页岩、砖瓦用页岩、水泥配料用页岩、建筑用页岩、高岭土、陶瓷土、伊利石黏土、累托石黏土、膨润土、砖瓦用黏土、陶粒用黏土、水泥配料用黏土、水泥配料用红土、水泥配料用泥岩、建筑用橄榄岩、铸石用辉绿岩、建筑用辉石岩、建筑用玄武岩、建筑用角闪岩、建筑用辉绿岩、建筑用安山岩、建筑用闪长岩、建筑用花岗岩、饰面用花岗岩、建筑用凝灰岩、饰面用大理岩、建筑用大理岩、水泥用大理岩、饰面用板岩、水泥配料用板岩、片麻岩、饰面用辉绿岩、饰面用闪长岩、建筑用正长岩、珍珠岩、其他矿产</td></tr>
</table>

2011年,湖北省生产固体矿产矿石量15943.03万吨,液体矿产444.26万吨,气体矿产1.55亿立方米,自2001年以来总体呈上升趋势(表11,图32)。

表11　2001~2011年湖北省矿石总产量

年份	固体矿产(万吨)	液体矿产(万吨)	气体矿产(万立方米)
2001	11682.37	252.18	5576.20
2002	11946.30	386.18	7005.00

续表11-1

年份	固体矿产(万吨)	液体矿产(万吨)	气体矿产(万立方米)
2003	13129.01	392.91	7182.00
2004	12212.94	303.82	7653.00
2005	12232.50	303.73	8026.00
2006	13638.36	304.12	10000.00
2007	15388.88	304.59	10000.00

续表 11 - 2

年份	固体矿产（万吨）	液体矿产（万吨）	气体矿产（万立方米）
2008	14261.50	433.33	11500.00
2009	14028.96	403.50	11500.00
2010	15351.10	434.44	14100.00
2011	15943.03	434.76	15530

资料来源：资料来源：湖北省矿山企业矿产资源开发利用情况统计年报(2011)、湖北省统计局。

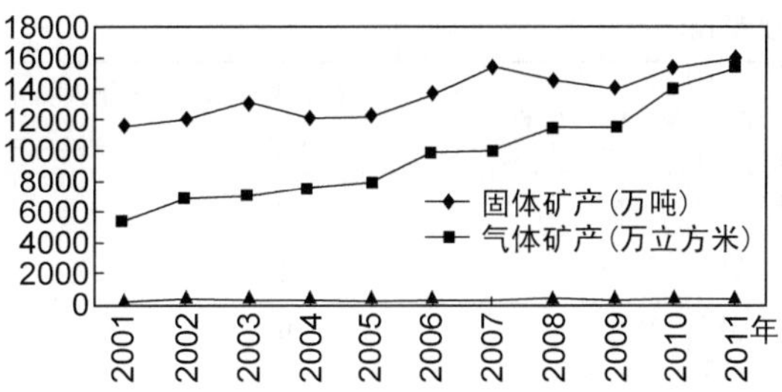

图 32　2001～2011 年湖北省矿石年总产量变化图

湖北省 2011 年分矿种矿业开发利用情况见表 12。

表 12　　2011 年湖北省分矿种开发利用情况一览

序号	矿种	矿山企业数（个）	从业人员（人）	年产矿量（万吨）	工业总产值（万元）	矿产品销售收入（万元）	利润总额（万元）
1	煤炭	368	28681	719.43	191807.63	179727.31	20427.84
2	石煤	14	266	2.99	650.20	641.20	0.00
3	石油	29	18980	78.50	390800.0	390800.0	－87400.0
4	天然气	1		15530(万 m^3)	14500.0	14500.0	
5	地下热水	16	900	353.80	7343.60	6943.60	1777.20
6	铁矿	77	18243	853.56	520484.32	517726.83	107455.16
7	锰矿	5	989	30.21	49225.00	48469.00	1756.00
8	钛矿	2	5	0.00	0.00	0.00	0.00
9	钒矿	8	501	2.00	500.00	350.00	10.00
10	铜矿	45	8125	463.48	158648.47	159607.00	43853.95
11	铅矿	2	76	0.00	0.00	0.00	0.00
12	锌矿	3	83	0.00	0.00	0.00	0.00
13	钨矿	1	140	6.50	1860.00	1860.00	200.00
14	钼矿	5	228	6.60	2411.44	2411.44	786.30
15	锑矿	2	39	0.01	160.00	160.00	30.00
16	金矿	24	4628	309.47	58374.00	57999.60	23020.09
17	银矿	2	388	11.43	2865.00	1256.00	65.00
18	锶矿	2	121	0.00	0.00	0.00	0.00
19	普通萤石	30	295	3.50	368.00	191.00	40.00
20	熔剂用灰岩	6	2126	187.54	4941.90	4887.80	－1816.09
21	冶金用白云岩	5	59	32.50	265.00	265.00	13.00
22	冶金用石英岩	18	152	14.85	875.29	632.79	86.72
23	铸型用砂岩	1	2	0.00	0.00	0.00	0.00
24	冶金用脉石英	6	41	2.00	270.00	270.00	20.00
25	耐火黏土	2	33	2.20	190.00	135.00	30.00
26	熔剂用蛇纹岩	2	32	4.00	300.00	300.00	90.00

续表 12－1

序号	矿种	矿山企业数（个）	从业人员（人）	年产矿量（万吨）	工业总产值（万元）	矿产品销售收入（万元）	利润总额（万元）
27	自然硫	1	1	0.00	0.00	0.00	0.00
28	硫铁矿	9	60	0.00	0.00	0.00	0.00
29	重晶石	94	979	26.01	3729.26	3506.76	684.00
30	电石用灰岩	6	353	32.90	592.50	592.50	97.50
31	制碱用灰岩	1	30	6.00	90.00	90.00	5.00
32	化工用白云岩	2	30	5.00	50.00	50.00	32.00
33	化肥用石英岩	7	98	10.53	373.91	373.91	65.51
34	化肥用砂岩	1	10	0.21	8.40	8.40	1.00
35	化肥用橄榄岩	1	10	0.00	0.00	0.00	0.00
36	化肥用蛇纹岩	2	27	0.00	0.00	0.00	0.00
37	泥炭	17	453	12.75	957.50	927.50	77.34
38	盐矿	10	3672	888.29	87180.91	85191.81	6414.68
39	磷矿	101	15154	1582.14	379620.15	344696.63	84471.32
40	石墨	2	146	1.50	968.38	968.38	0.00
41	工艺水晶	1	20	0.00	0.00	0.00	0.00
42	硅灰石	49	627	28.01	3363.61	3156.47	258.80
43	滑石	10	81	1.75	373.00	304.50	54.40
44	长石	13	157	12.10	1018.00	1018.00	315.00
45	石榴子石	3	69	0.70	399.57	399.57	－79.94
46	透辉石	2	7	1.00	35.00	35.00	6.70
47	蛭石	5	49	2.50	280.00	240.00	60.00
48	透闪石	1	3	0.00	0.00	0.00	0.00
49	石膏	41	3971	128.12	15006.14	14727.78	1075.28
50	方解石	123	919	26.14	1944.47	1901.62	183.22
51	玉石	2	8	0.00	35.00	0.00	0.00
52	水泥用灰岩	90	4910	3194.92	218733.47	190542.98	16067.20
53	建筑石料用灰岩	1039	13024	3948.58	73292.58	70759.46	13473.76
54	饰面用灰岩	23	229	28.78	1233.50	1233.50	146.12
55	制灰用石灰岩	57	1062	339.31	6495.47	6252.47	614.53
56	白垩	1	8	0.20	20.00	16.00	4.00
57	玻璃用白云岩	3	56	2.10	70.00	32.10	3.80
58	建筑用白云岩	119	1574	475.22	12019.44	10047.34	1523.10
59	玻璃用石英岩	23	304	6.13	897.64	792.64	87.00
60	玻璃用砂岩	4	70	40.00	1000.00	700.00	260.00
61	水泥配料用砂岩	37	479	109.95	2911.00	2711.00	211.00
62	砖瓦用砂岩	8	188	7.60	99.00	97.10	22.70

续表 12－2

序号	矿种	矿山企业数（个）	从业人员（人）	年产矿量（万吨）	工业总产值（万元）	矿产品销售收入（万元）	利润总额（万元）
63	陶瓷用砂岩	4	26	2.00	60.00	60.00	20.00
64	建筑用砂岩	30	471	83.69	952.00	889.00	161.00
65	玻璃用砂	1	2	0.00	0.00	0.00	0.00
66	建筑用砂	33	431	125.64	1009.50	959.50	286.00
67	水泥配料用砂	1	51	0.00	0.00	0.00	0.00
68	玻璃用脉石英	17	161	17.30	2380.00	2380.00	255.00
69	陶粒页岩	2	107	4.80	210.00	210.00	20.00
70	砖瓦用页岩	75	1183	170.29	4186.50	3537.20	530.16
71	水泥配料用页岩	69	1557	91.43	2285.53	2187.52	297.98
72	建筑用页岩	9	75	2.26	42.05	42.05	4.00
73	高岭土	59	937	27.21	2030.44	1894.44	304.52
74	陶瓷土	3	41	3.12	153.60	153.60	80.00
75	伊利石黏土	1	6	0.00	0.00	0.00	0.00
76	累托石黏土	1	125	0.00	0.00	0.00	0.00
77	膨润土	24	130	4.70	215.70	215.00	66.00
78	砖瓦用黏土	357	20803	765.42	56636.16	51822.28	9631.98
79	陶粒用黏土	8	120	1.60	235.00	235.00	17.55
80	水泥配料用黏土	1	1	0.00	0.00	0.00	0.00
81	水泥配料用红土	5	38	1.00	200.00	200.00	20.00
82	水泥配料用泥岩	2	10	1.00	10.00	10.00	1.80
83	建筑用橄榄岩	1	30	8.00	320.00	320.00	30.00
84	建筑用辉石岩	1	3	0.00	0.00	0.00	0.00
85	建筑用玄武岩	13	141	19.80	408.00	408.00	94.00
86	建筑用角闪岩	6	59	11.07	182.00	181.60	8.00
87	铸石用辉绿岩	1	10	0.00	0.00	0.00	0.00
88	饰面用辉绿岩	2	18	6.00	0.00	0.00	0.00
89	建筑用辉绿岩	54	750	146.19	3997.07	3840.67	260.70
90	建筑用安山岩	7	21	1.00	33.00	32.00	4.20
91	建筑用闪长岩	19	224	24.70	651.00	586.00	64.00
92	饰面用闪长岩	2	3	0.00	0.00	0.00	0.00
93	建筑用正长岩	3	46	1.56	48.00	48.00	5.00
94	建筑用花岗岩	117	1444	382.45	7513.18	7129.48	1051.10
95	饰面用花岗岩	126	1767	109.50	17891.98	17355.88	862.56
96	珍珠岩	1	1	0.00	0.00	0.00	0.00
97	建筑用凝灰岩	2	0	0.00	0.00	0.00	0.00
98	饰面用大理岩	56	586	6.12	3407.50	2752.00	436.00
99	建筑用大理岩	47	539	63.20	3071.00	2662.70	323.90
100	水泥用大理岩	3	63	21.00	262.50	262.50	21.30

续表 12－3

序号	矿种	矿山企业数（个）	从业人员（人）	年产矿量（万吨）	工业总产值（万元）	矿产品销售收入（万元）	利润总额（万元）
101	饰面用板岩	42	279	9.32	746.00	820.00	93.70
102	水泥配料用板岩	3	16	0.70	35.00	31.50	0.00
103	片麻岩	81	986	259.55	4868.50	4744.00	712.20
104	矿泉水	8	96	2.39	589.50	577.60	59.60
105	地下水	1	13	0.07	42.00	40.00	3.00
106	其他矿产	5	40	0.70	16.80	16.80	－66.90
	合计	3857	148401	16299.26	1929027.26	1831811.31	339638.54

资料来源：湖北省矿山企业矿产资源开发利用情况统计年报（2011年）、江汉油田勘探处。

1．矿山企业数量排名前10位：建筑石料用灰岩（1039个）、煤炭（368个）、砖瓦用黏土（357个）、饰面用花岗岩（126个）、方解石（123个）、建筑用白云岩（119个）、建筑用花岗岩（117个）、磷矿（101个）、重晶石（94个）、水泥用灰岩（90个）。

2．从业人数排名前10位：煤炭（28681人）、砖瓦用黏土（20803人）、石油天然气（18980人）、铁矿（18243人）、磷矿（15154人）、建筑石料用灰岩（13024人）、铜矿（8125人）、水泥用灰岩（4910人）、金矿（4628）、石膏（3971人）。

3．年产矿石量排名前10位：建筑石料用灰岩（3948.58万吨）、水泥用灰岩（3194.92万吨）、磷矿（1582.14万吨）、盐矿（888.29万吨）、铁矿（853.56万吨）、砖瓦用黏土（765.42万吨）、煤炭（719.43万吨）、建筑用白云岩（475.22万吨）、铜矿（463.48万吨）、建筑用花岗岩（382.45万吨）。

4．矿产品销售总收入排名前10位：铁矿（517726.83万元）、石油（405300.0万元）、磷矿（344696.63万元）、水泥用灰岩（190542.98万元）、煤炭（179727.31万元）、铜矿（159607.00万元）、盐矿（85191.81万元）、建筑石料用灰岩（70759.46万元）、金矿（57999.60）、砖瓦用黏土（51822.28万元）。

5．工业总产值排名前10位：铁矿（520484.32万元）、石油（405300.0万元）、磷矿379620.15万元）、水泥用灰岩（218733.47万元）、煤炭（191807.63万元）、铜矿（158648.47万元）、盐矿（87180.91万元）、建筑石料用灰岩（73292.58万元）、金矿（58374.00）、砖瓦黏土（56636.16万元）。

6．人均产值排名前10位：锰矿（49.77万元）、水泥用灰岩（44.55万元）、铁矿（28.53万元）、磷矿（25.05万元）、石油（21.35万元）、盐矿（23.74万元）、铜矿（19.53万元）、玻璃用脉石英（14.78）、玻璃用砂岩（14.29万元）、钨矿（13.29）、金矿（12.61万元）

7．利润总额排前10位：铁矿（107455.16万元）、磷矿（84471.32万元）、铜矿（43853.95万元）、金矿（23020.09万元）、煤炭（20427.84万元）、水泥用灰岩（16067.20万元）、建筑石料用灰岩（13473.76万元）、砖瓦用黏土（9631.98万元）、盐矿（6414.68万元）、地下热水（1777.20）。

8．人均利润排名前10位：铁矿（5.89万元）、磷矿（5.57万元）、铜矿（5.40万元）、金矿（4.97万元）、玻璃用砂岩（3.71）、钼矿（3.45万元）、水泥用灰岩（3.27万元）、熔剂用蛇纹岩（2.81万元）、长石（2.01万元）、地下热水（1.97万元）。

【矿区开发利用】 2011年，湖北省开发利用矿区731个（表13）。建筑石料用灰岩、锗矿等17个矿种（亚矿种）22个矿区全部利用，稀土、铬矿、水泥用大理岩等35个矿种（亚矿种）113个矿区全部未利用。开发利用矿区数最多的前10个矿种依次为煤炭、铁矿、磷矿（矿石）、铜矿（非伴生铜）、水泥用灰岩、银矿（伴生银）、硫铁矿（矿石）、金矿（伴生金）、金矿（岩金）、硫铁矿（伴生硫）、钼矿。

表13　**2011年湖北省矿区开发利用情况简表**

矿产名称	已利用矿区数（个）	矿区总数（个）	利用比例（%）	查明资源储量	利用资源储量	利用比例（%）
煤炭	153	286	53	1188835.16	567742.66	48

续表 13－1

矿产名称	已利用矿区数(个)	矿区总数(个)	利用比例(%)	查明资源储量	利用资源储量	利用比例(%)
石煤	8	30	27	379018.00	116788.00	31
铁矿	69	219	32	3473500.24	816389.03	24
锰矿	4	11	36	19484.67	11173.04	57
铬矿		3	0	241.70		0
钛矿(钛铁矿)	2	4	50	14294311.00	10182887.00	71
钛矿(金红石)	1	2	50	5771555.00	1327344.00	23
钛矿(钛铁矿砂矿)		2	0	40694.33		0
钛矿(金红石砂矿)		3	0	117685.75		0
钒矿	9	40	23	3396221.30	1186993.00	35
铜矿(非伴生矿)	48	113	42	4272142.84	3505840.95	82
铜矿(伴生铜)	10	19	53	674679.20	636108.72	94
铅矿	10	36	28	443620.33	111282.11	25
锌矿	9	33	27	1410076.77	327521.50	23
铝土矿	2	8	25	14376.90	336.00	2
镁矿(炼镁白云岩)	2	5	40	18457.00	5807.00	31
镍矿	1	2	50	206254.00	26806.00	13
钴矿	14	18	78	57421.09	38419.31	67
钨矿(原生矿)	4	10	40	92968.00	36234.00	39
钨矿(伴生矿)	1	1	100	254.00	254.00	100
锡矿(原生矿)		1	0	808.00		0
锡矿(伴生矿)		1	0	2409.00		0
钼矿	16	34	47	76206.03	59631.15	78
汞矿		2	0	1314.00		0
锑矿	2	5	40	40096.43	35776.00	89
金矿(岩金)	23	57	40	145153.54	110584.99	76
金矿(砂金)	1	7	14	5065.12	992.25	20
金矿(伴生金)	25	46	54	160097.91	138770.58	87
银矿(非伴生矿)	4	16	25	2919.28	1390.65	48
银矿(伴生银)	32	60	53	6542.80	4675.25	71
铌矿(氧化铌)		25	0	931853.00		0
钽矿(氧化钽)		24	0	1079.00		0
锂矿(Li_2O)	1	1	100	17950.00	5270.00	29
锂矿(LiCl)		1	0	3090851.00		0
锆矿(锆英石砂矿)		2	0	737.75		0
锶矿(天青石)	1	3	33	4629701.00	2797605.00	60

续表 13－2

矿产名称	已利用矿区数(个)	矿区总数(个)	利用比例(%)	查明资源储量	利用资源储量	利用比例(%)
铷矿(液体 Rb_2O)		1	0	22716.00		0
铯矿		1	0	12232.00		0
重稀土(氧化物)		1	0	30541.00		0
轻稀土(独居石砂矿)		6	0	21877.75		0
轻稀土(氧化物)		1	0	1215084.00		0
锗矿	1	1	100	35.06	35.00	100
镓矿	4	11	36	2570.86	362.00	14
铟矿	1	1	100	12.00	12.00	100
铊矿	1	1	100	62.81	62.81	100
铼矿	2	2	100	1.03	0.97	94
镉矿	3	7	43	3105.53	1388.02	45
硒矿	3	7	43	1662.49	321.82	19
碲矿	2	3	67	116.00	72.00	62
普通萤石(萤石)	1	1	100	9.00	9.00	100
普通萤石(CaF_2)	5	9	56	3571.13	3237.23	91
熔剂用灰岩	5	19	26	699048.00	200092.00	29
电石用灰岩	1	9	11	117527.00	17749.00	15
建筑石料用灰岩	4	4	100	78598.10	28648.10	36
水泥用灰岩	36	88	41	4182027.20	1380283.50	33
制灰用石灰岩	1	1	100	8544.07	8544.07	100
冶金用白云岩	6	24	25	760797.00	83311.00	11
化工用白云岩	1	1	100	1406.30	1061.00	75
建筑用白云岩	1	1	100	102940.00	46460.00	45
冶金用石英岩	1	4	25	28499.00	7060.00	25
冶金用脉石英		1	0	380.00		0
冶金用砂岩		2	0	27007.00		0
水泥配料用砂岩	6	14	43	222504.00	79261.00	36
建筑用砂岩	1	1	100	19.00	19.00	100
玻璃用砂岩	1	6	17	27992.00	1122.00	4
耐火黏土	2	16	13	127353.30	5335.20	4
硫铁矿(矿石)	27	55	49	197593.88	109035.98	55
硫铁矿(伴生硫)	22	39	56	17239.93	9480.07	55
芒硝(Na_2SO_4)	10	21	48	2143919.00	707798.00	33
重晶石	6	12	50	16941.40	12629.43	75
含钾砂页岩	2	8	25	350775.13	161581.00	46

续表 13－3

矿产名称	已利用矿区数(个)	矿区总数(个)	利用比例(%)	查明资源储量	利用资源储量	利用比例(%)
化肥用橄榄岩	1	1	100	39856.00	116.00	0
化肥用蛇纹岩	2	5	40	170816.00	49604.00	29
泥炭	6	11	55	3821.50	1313.50	34
盐矿(固体 NaCl)	11	21	52	23265911.00	7054274.00	30
盐矿(液体 NaCl)		2	0	3083435.00		0
碘矿(液体)		1	0	110975.00		0
溴矿		1	0	3907569.00		0
硼矿(液体)		1	0	5249.00		0
磷矿(矿石)	59	115	51	4848327.74	1963205.17	40
石墨(晶质石墨)	2	5	40	9808.27	7418.98	76
硅灰石	3	4	75	8288.77	7336.84	89
滑石	1	1	100	443.49	443.49	100
云母		3	0	85.00		0
长石	1	3	33	33394.00	3780.00	11
石榴子石(矿石)	3	4	75	264740.77	64766.84	24
石榴子石(砂矿)		1	0	492343.00		0
透辉石		1	0	2416.00		0
透闪石		1	0	604.00		0
石膏	15	27	56	2253005.08	758090.50	34
方解石		1	0	60.00		0
玉石	2	2	100	685.00	685.00	100
泥灰岩		1	0	28790.00		0
建筑用砂	1	3	33	24150.00	16110.00	67
水泥配料用砂		2	0	14650.00		0
玻璃用脉石英	1	2	50	4462.00	2874.00	64
水泥配料用页岩		5	0	13210.00		0
高岭土	4	8	50	41992.40	11331.60	27
陶瓷土		3	0	1833.00		0
累托石黏土	1	2	50	14527.25	8524.00	59
膨润土	3	8	38	65519.00	10733.00	16
水泥配料用黏土	3	21	14	85063.00	7061.00	8
水泥配料用黄土		1	0	690.00		0

续表 13-4

矿产名称	已利用矿区数(个)	矿区总数(个)	利用比例(%)	查明资源储量	利用资源储量	利用比例(%)
水泥配料用泥岩		1	0	10530.00		0
建筑用辉绿岩	1	1	100	24060.00	14050.00	58
建筑用花岗岩	1	1	100	16730.00	10090.00	60
饰面用花岗岩		8	0	13540.00		0
饰面用大理岩	2	9	22	17078.80	600.00	4
水泥用大理岩		1	0	740.00		0
饰面用板岩		2	0	1600.00		0

资料来源:湖北省矿山企业矿产资源开发利用情况统计年报(2011年),注:资源储量单位参照表1。

【矿产资源品产量】 2011年,湖北省矿产资源主要工业产品产量见表14。

表14 2011年湖北省矿产资源主要工业产品产量

序号	名称	计量单位	产量		
			2010年	2011年	增减(%)
1	原 煤	万 吨	1291.71	719.43	-44.3
2	原 油	万 吨	86.50	88.00	1.73
3	铁矿石(原矿)	万 吨	1528.17	1790.79	17.19
4	生 铁	万 吨	2311.04	2520.69	9.07
5	钢	万 吨	2498.67	2752.15	10.14
6	成品钢材	万 吨	2894.72	3593.90	24.15
7	10种有色金属	万 吨	86.06	94.97	10.35
8	原盐	万吨	598.55	615.53	2.84
9	纯 碱	万 吨	143.03	145.24	1.55
10	烧 碱	万 吨	76.02	85.69	12.72
11	硫铁矿石(折含硫35%)	万 吨	14.11	27.06	91.76
12	硫 酸	万 吨	925.76	741.97	-19.85
13	磷矿石(折含五氧化二磷30%)	万 吨	2370.07	2768.71	16.82
14	化肥(折100%)	万 吨	899.08	1018.16	13.24
15	合成氨(无水氨)	万 吨	392.04	360.54	-8.03
16	氮肥	万 吨	414.21	439.38	6.08
17	化学农药	万 吨	19.71	21.24	7.75
18	石膏	万 吨	173.54	128.12	-26.17
19	水 泥	万 吨	8982.87	9342.95	4.01
20	平板玻璃	万重量箱	3528.15	6824.57	93.43

续表 14

序号	名称	计量单位	产量		
			2010年	2011年	增减(%)
21	塑料制品	万 吨	120.46	198.45	64.74
22	陶瓷质砖	亿平方米	1.75	3.09	76.85
23	卫生陶瓷	万件	993.00	1384.39	39.42
24	大理石、花岗石板材	万平方米	1320.00	1195.38	-9.44

资料来源:1. 湖北统计局;2. 湖北省矿山企业矿产资源开发利用情况统计年报(2011)。

主要工业产品产量较2010年增幅较大的依次有平板玻璃、硫铁矿矿石、陶瓷质砖、塑料制品、卫生陶瓷、成品钢材,产量增幅24.15%~93.43%;减幅较大的主要为原煤、石膏、硫酸、大理石、花岗石板材、合成氨,产量减少幅度8.03%~44.3%。部分矿种相关加工产品产量自2003年以来增长的趋势见图33。

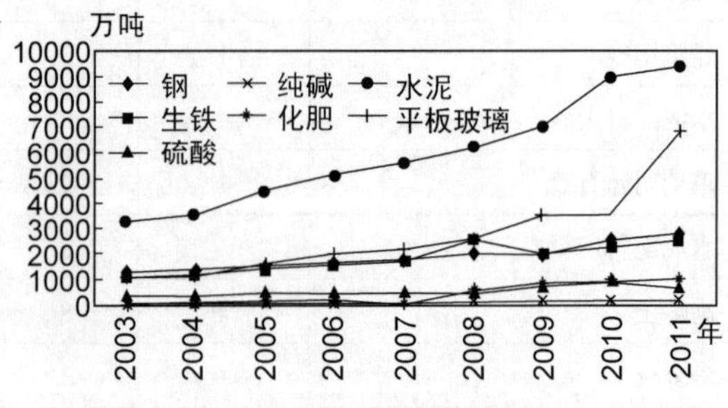

图33 2003~2011年湖北省主要矿种相关加工产品产量变化

【矿产品进出口贸易】 2011年,湖北省矿产品进出口贸易总额大幅回升,为53.05亿美元,同比增加51.36%。其中,进口额49.55亿美元,同比增加40.68%;出口额

3.50亿美元,同比增加71.68%(表15)。

表15 **湖北省2011年度部分矿产品进出口情况一览**

序号	矿产品名称	出口金额（美元）	同比增减（%）	进口金额（美元）	同比增减（%）
1	食用盐	5725930	136.8	14043	0.55
2	其他盐	4334509	-13.71	2232124	646892.46
3	纯氯化钠	197429	-6.43		
4	各种硫磺,但升华、沉淀及胶态硫磺除外	7043	新增	173314064	37.31
5	鳞片天然石墨	1786574	4714.27	7092	-87.29
6	球化石墨	0	0		
7	其他粉末或粉片天然石墨	284811	-67.06	84608	62.48
8	天然石墨(粉末或粉片除外)	0	0		
9	硅砂及石英砂			424652	389.6
10	其他天然砂			0	0
11	石英	457928	-48.05	0	0
12	高岭土	32630	5887.16	299307	-44.83
13	不论是否煅烧的其他高岭土类似土	6210	新增		
14	膨润土	78982	351.33	4952	-96.38
15	耐火黏土			50687	-1.19
16	其他黏土	54811	新增	948	-21.13
17	红柱石、蓝晶石及硅线石			0	0
18	白垩			895	新增
19	火泥及第纳斯土	194328	新增	0	0
20	未碾磨磷灰石	30417799	19.59		
21	天然硫酸钡(重晶石)	44229	-2.99	26406	46.01
22	硅藻土			31753	140.95
23	其他硅质化石粗粉及类似的硅质土			21886	12.17
24	刚玉岩、天然刚玉砂和石榴石及其他天然磨料	0	0		
25	板岩	29045	373.12		
26	原状或粗加修整的大理石及石灰华	9815	新增	471853	825.27
27	用锯或其他方法切割成矩形的大理石及石灰华	37027	-85	32214	-93.27
28	仅用锯或其他方法切割成矩形的花岗岩	8953	新增		
29	原状或粗加修整的花岗岩			1149	-54.78
30	砂岩	3930	新增	1971	47.2
31	其他碑用或建筑用石	11	新增	1800	新增
32	卵石、砾石及碎石,圆石子及燧石	47884	1.06		
33	大理石的碎粒、碎屑及粉末	0	0		
34	未煅烧或烧结白云石	1185	新增		

续表 15-1　　湖北省 2011 年度部分矿产品进出口情况一览

序号	矿产品名称	出口金额（美元）	同比增减（%）	进口金额（美元）	同比增减（%）
35	2515 及 2516 所列各种石料的碎粒、碎屑及粉末			0	0
36	碱烧镁(轻烧镁)			0	0
37	化学纯氧化镁	3	新增	4175	229.78
38	其他氧化镁	0	0	27006	-4.06
39	生石膏;硬石膏	597339	6.77		
40	牙科用熟石膏	16152	421.03		
41	其他熟石膏	3277998	4.07	26320	75.37
42	石灰石助熔剂;用于制造石灰或水泥的钙质石	5981	新增	0	0
43	生石灰	21203	7992.75	35372	27.17
44	熟石灰	2398	37.74	1280	新增
45	水泥熟料	0	0	727	新增
46	白水泥,不论是否人工着色	13533	175.4		
47	其他硅酸盐水泥	564361	260.84		
48	矾土水泥	705	0		
49	其他水凝水泥	133204	-73.99		
50	原状云母及劈开的云母片			4739427	-12.29
51	云母粉	2136	-88.75	20336	766.1
52	已破碎或已研粉的滑石			2	新增
53	长石	0	0	350	-43.91
54	按重量计氟化钙含量在 97%以上的萤石	3898377	166		
55	未膨胀的蛭石、珍珠岩石	469	-81.1	0	0
56	硅灰石	78	新增	23625	8.73
57	未列名矿产品	447993	0.86	101394	-66.64
58	平均粒度小于 0.8 毫米的未烧结铁矿砂及其精矿			1004547560	212.68
59	平均粒度在 0.8 毫米及以上,但小于 6.3 毫米的未烧结矿砂及其精矿			2000510762	7.55
60	平均粒度在 6.3 毫米及以上的未烧结铁矿砂及其精矿			731443177	50.18
61	已烧结的铁矿砂及其精矿			84566521	新增
62	锰矿砂及其精矿			12172011	-14.35
63	铜矿砂及其精矿			509728954	43.85
64	镍矿砂及其精矿			29	-100
65	钴矿砂及其精矿			14165722	新增
66	铅矿砂及其精矿			28903	2102.97
67	铬矿砂及其精矿			801525	-97.03
68	钛矿砂及其精矿			1584	新增

续表 15－2　　湖北省 2011 年度部分矿产品进出口情况一览

序号	矿产品名称	出口金额（美元）	同比增减（%）	进口金额（美元）	同比增减（%）
69	锆矿砂及其精矿			300506	219.05
70	其他铌、钽、钒矿砂及其精矿			282	新增
71	其他贵金属矿砂及其精矿			562202	新增
72	其他未列名矿砂及其精矿			0	0
73	冶炼钢铁所产生的粒状熔渣			87805	新增
74	其他矿渣及矿灰，包括海藻灰（海草灰）	1612221	242.5		
75	无烟煤			0	0
76	炼焦煤			55493849	47.73
77	其他烟煤			13277541	新增
78	褐煤，不论是否粉化			383	新增
79	焦炭及半焦炭			440	－23.08
80	萘			7178508	－38.75
81	沥青	8402	27906.67		
82	沥青焦	317	新增		
83	橡胶溶剂油、油漆溶剂油、抽提溶剂油			0	0
84	未列名轻油及其制品			1598132	14344.43
85	其他煤油馏分			220672	－14.88
86	轻柴油	12420399	－1.62	20173487	53.19
87	5－7 号燃料油	263761672	95.07	238855603	113.19
88	其他柴油及其他燃料油	15014018	41.3	18821058	101.31
89	润滑油	254285	289.42	3836306	－30.74
90	润滑脂	0	0	137783	－38.11
91	润滑油基础油			14439	－23.1
92	液体石蜡和重质液体石蜡			19780	－3.3
93	其他重油；以上述油为基础成分的未列名制品	200454	1111.86	33717	－90.27
94	凡士林	87118	－19.74		
95	石蜡，按重量计含油量小于 0.75%	1164890	－23.35	219725	－3.84
96	微晶石蜡	90836	90.06	120561	12919.55
97	其他石蜡、矿物蜡及合成方法制得的类似产品	1684217	42.38	544525	－6.01
98	已煅烧石油焦，含硫量小于 0.8%			115787	89.54
99	石油沥青	590906	新增	53483734	－46.59
100	乳化沥青	64770	－28.35		
101	以天然沥青等为基本成分的沥青混合物	65309	469.74	271565	－6.27

资料来源：湖北省商务厅。

注：湖北省 2011 年铁矿进口量数据，因涉及商业机密，海关未提供其具体数据。

1.2011年湖北省出口金额排名前10位：5－7号燃料油、未碾磨磷灰石、其他柴油及其他燃料油、轻柴油、食用盐、其他盐、按重量计氟化钙含量在97%以上的萤石、其他熟石膏、鳞片天然石墨、其他石蜡矿物蜡及合成方法制得的类似产品。

2.与2010年相比，出口增加幅度排名前10位：沥青、生石灰、高岭土、鳞片天然石墨、以其他重油为基础成分的未列名制品、以天然沥青等为基本成分的沥青混合物、牙科用熟石膏、板岩、膨润土、润滑油。

3.与2010年相比，减少幅度排名前10位：云母粉、用锯或其他方法切割成矩形的大理石及石灰华、未膨胀的蛭石珍珠岩石、其他水凝水泥、其他粉末或粉片天然石墨、石英、乳化沥青、石蜡按重量计含油量小于0.75%、凡士林、其他盐。

4.与2010年相比，新增出口品种：石油沥青、火泥及第纳斯土、其他黏土、原状或粗加修整的大理石及石灰华、仅用锯或其他方法切割成矩形的花岗岩、各种硫磺（升华沉淀及胶态硫磺除外）、不论是否煅烧的其他高岭土类似土、石灰石助熔剂和用于制造石灰或水泥的钙质石、砂岩、未煅烧或烧结白云石、沥青焦、硅灰石、其他碑用或建筑用石、化学纯氧化镁。

5.2011年没有出口矿种：矾土水泥、球化石墨、天然石墨（粉末或粉片除外）、刚玉岩天然刚玉砂和石榴石及其他天然磨料、大理石的碎粒碎屑及粉末、其他氧化镁、水泥熟料、长石、润滑脂。

6.2011年湖北省进口金额排名前10位：平均粒度在0.8～6.3毫米的未烧结铁矿砂及其精矿、平均粒度小于0.8毫米的未烧结铁矿砂及其精矿、平均粒度在6.3毫米及以上的未烧结铁矿砂及其精矿、铜矿砂及其精矿、5－7号燃料油、各种硫磺（升华沉淀及胶态硫磺除外）、已烧结的铁矿砂及其精矿、炼焦煤、石油沥青、轻柴油。

7.与2010年相比，进口增加幅度排名前10位：其他盐、未列名轻油及其制品、微晶石蜡、铅矿砂及其精矿、原状或粗加修整的大理石及石灰华、云母粉、硅砂及石英砂、化学纯氧化镁、锆矿砂及其精矿、平均粒度小于0.8毫米的未烧结铁矿砂及其精矿。

8.与2010年相比，进口减少幅度排名前10位：镍矿砂及其精矿、铬矿砂及其精矿、膨润土、用锯或其他方法切割成矩形的大理石及石灰华、其他重油；以上述油为基础成分的未列名制品、鳞片天然石墨、未列名矿产品、原状或粗加修整的花岗岩、石油沥青、高岭土。

9.与2010年相比，新增进口品种：已烧结的铁矿砂及其精矿、钴矿砂及其精矿、其他烟煤、其他贵金属矿砂及其精精矿、冶炼钢铁所产生的粒状熔渣、其他碑用或建筑用石、钛矿砂及其精矿、熟石灰、白垩、水泥熟料、褐煤，不论是否粉化、其他铌、钽、钒矿砂及其精矿、已破碎或已研粉的滑石。

10.2011年底进口的品种：未膨胀的蛭石、珍珠岩石、石英、火泥及第纳斯土、石灰石助熔剂（用于制造石灰或水泥的钙质石）、其他天然砂、红柱石蓝晶石及硅线石、2515及2516所列各种石料的碎粒碎屑及粉末、碱烧镁（轻烧镁）、其他未列名矿砂及其精矿、无烟煤、橡胶溶剂油、油漆溶剂油、抽提溶剂油。

【矿产品供需现状】 近年来湖北省经济发展进入快车道，特别是"中部崛起"战略的实施使得湖北经济发展保持着良好势头。矿产资源是工业战车的粮食，而湖北省矿产资源保障形势日益严峻。能源矿产中煤、石油、天然气资源极少，将长期依赖外地购入；黑色金属中铁、锰、铬、钒、钛是湖北省潜在优势矿种，但资源勘探不足，开发利用研究不足，供需缺口日益扩大，自给程度在不断下降；有色金属中金矿可进一步查明的资源及开发能力有限，铅、锌、银等矿产有资源潜力，通过加强勘查新增资源储量后可基本上满足省内需求，铌、钽、锂、锶、稀土、铯、铷等稀少矿产通过提高开发能力可以自给。化工及建材用非金属矿产中磷、盐、芒硝、水泥用灰岩、石膏自给有余，可向省外拓展产品市场，重晶石、化肥用橄榄岩与蛇纹岩、石墨、玻璃原料等矿产基本可满足本省需求，累托石黏土等是湖北省潜在优势矿产，硫、钾盐仍然是湖北省紧缺矿产。

1.能源矿产。2011年，湖北省煤炭消耗量约1.2亿吨，省内产量719.43万吨，其余外购，自给率不足10%，其中电煤消耗约4027万吨，比2010年同期增加597.3万吨，全省统调电厂调入电煤4306万吨，比2010年同期增加821万吨，电煤外购比例在98%以上。全年原油加工量1003.6万吨，与2010年持平，省内自产原油88万吨，其余外购，原油自给率8.8%。全年消耗天然气约15亿立方米，省内自产1.55亿立方米，其余由外省输入，自给率10%。省内煤炭保有资源储量7.94亿吨，占全国比重0.06%；石油保有储量3.66亿吨，占全国比重5.44%；天然气保有储量3.08亿立方米，占全国比重0.01%。省内能源矿产贫乏，不能自给，供需缺口随着经济发展逐渐扩大，依靠省外购入以保障能源供应的格局将长期存在。

2.黑色金属矿产。2011年铁矿原矿石产量1790.8万吨，同比增长17.19%，需求量大约7500万吨，自给率23.9%。2011年锰矿砂及其精矿进口额1217万美元，同比下降14.35%。省内铁矿保有资源储量30.39亿吨，占全国比重4.09%；锰、铬、钒保有资源储量占全国比重分别为2.22%、2.08%、6.78%。铁及其他黑色金属有一定的资源储量保障，但大部分属于难以选冶的矿产类型，例如，铁矿多为高磷赤铁矿，钒矿多赋存与页岩和石煤中，以目前技术水平，选冶成本高、污染大，难以大规模开发利用。若不能解决选冶成本、污染问题，在较长时间内仍然需要大量外购以满足消耗需求。

3. *有色金属矿产*。2011 年，湖北省精炼铜产量 35.2 万吨，同比增长 10.98%，铅产量 23.49 万吨，同比增长 74.04%。锌产量 0.8 万吨，同比增长 83.46%。原铝产量 35.47 万吨，同比下降 8.77%，银锭产量 379.3 吨，同比增长 16.47%。全年铜矿产出不足 2.5 万吨(金属量)，极少量铅锌矿以伴生元素产出，铝土矿产量极少，银矿产出不足 11000 千克(金属量)。湖北省铜、铅矿、锌矿、铝土矿、银矿保有资源储量分别为 234.55 万吨、39.06 万吨、130.13 万吨、1342 万吨、5463 吨。占全国保有资源储量比重分别为 2.72%、0.7%、1.12%、0.35%、2.92%。铜等有色金属资源储量保障能力弱，远远落后于选冶能力，在没有取得重大找矿突破，大幅增加资源储量的情况下，依靠外购满足工业生产需要的状况无法改变。

4. *化工及建材非金属矿产*。2011 年，湖北省磷矿石产量 2768.7 万吨(折含五氧化二磷 30%)，同比增长 41.91%，磷灰石出口额 3042.9 万美元，同比增长 19.6%，原盐产量 615.5 万吨，同比增长 7.22%，食用盐出口额 572.6 万美元，同比增长 136.8%。盐矿产量约 888 万吨。硫酸产量 741.97 万吨，同比增长 13.3%，省内年产硫铁矿 27.06 万吨(折含硫 35%)，同比增长 88.61%，湖北省磷矿保有资源储量 43.32 亿吨，占全国比重 22.38%，各省排位第 1，盐矿保有资源储量 261.38 亿吨，占全国比重 1.99%，各省排位第 3，硫铁矿矿石保有资源储量 17544.51 万吨，占全国比重 3.09%，伴生硫 1000.78 万吨，占全国比重 2.16%。湖北省化工用非金属中磷、盐资源储量丰富，生产能力强，能够满足省内需要，同时也是出口创汇的重要矿业产品。硫是湖北省紧缺矿种，资源储量严重不足，需要通过外购满足省内需要，取得找矿突破或者有效改进选冶技术才能提高硫资源保障能力。

2011 年，水泥产量 9342.9 万吨，同比增长 10.33%，出口创汇约 71.18 万美元，湖北省水泥用灰岩保有资源储量 38.44 亿吨，占全国比重 3.5%，对工业生产保障程度较高，满足自需的同时，可以外销。

·矿产资源管理·

【矿产资源规划管理】 《鄂东南铜铁金勘查开发利用与保护规划》和《湖北省铀矿资源勘查与保护规划》已完成，《湖北省超低品位铁矿勘查开发利用与保护规划》第一阶段编制工作结束。

8 个矿产资源节约与综合利用示范工程通过审查并被批准，获得专项资金 9400 万元。宜昌地区中低品位磷矿综合利用、鄂西高磷铁矿综合利用两个示范基地，经国土资源部、财政部批准，正式挂牌。矿产资源节约与综合利用项目数据库已通过专家审查。

为推进全省绿色矿山建设，湖北省向国土资源部申报的 11 家绿色矿山试点企业，有 10 家获得批准。

【地质矿产勘查管理】 1. *完成了“十二五”地质找矿工作的总体布局*。确定了以《湖北省地质勘查规划(2011～2015 年)》为总体框架，以《部省合作开展湖北省地质找矿工作实施方案》为战略平台，以《湖北省地质找矿战略行动方案(358 计划)》为实施重点，以《湖北省稀土等矿产勘查规划》为专项补充的全省地质勘查规划体系，初步实现了全省地质勘查工作的统一部署，完成了“十二五”地质找矿工作的总体布局。

2. *相关政策法规出台*。湖北省政府、省国土资源厅分别出台了《关于成立湖北省地质找矿整装勘查工作领导小组的通知》(鄂政办发〔2011〕87 号)、《关于印发<湖北省地质勘查基金项目管理暂行办法>、<湖北省地质勘查基金项目专家工作规则>的通知》(鄂土资发〔2011〕94 号)等系列文件。省地勘基金管理中心制定了《湖北省地质勘查基金管理中心章程》等内部管理制度。《湖北省地质勘查基金勘查项目权益管理暂行办法》正在修订。较为完整的省地勘基金管理体系基本形成。

3. *启动了湖北省地质找矿战略行动*。2011 年，湖北省启动了湖北省地质找矿战略行动，研究部署了大冶市阳新岩体西北段铜铁金多金属矿整装勘查、宜昌磷矿北部整装勘查等 7 个首批整装勘查项目。

【矿产资源储量及地质资料管理】 1. *资源储量动态管理系统初步形成*。截至 2011 年 12 月底，22 个矿种 740 个矿区实地核查以及 22 个单矿种利用现状调查汇总成果通过国土资源部验收。初步拟定《关于改进和加强矿产资源储量管理的通知》等规范性文件。宣恩县矿山储量动态监管试点和储量动态监管信息系统建设工作启动。“湖北省矿产资源储备方案与政策措施研究”完成，矿产地储备工作正式启动。

2. *矿产资源集约和综合利用扎实推进*。“湖北省盐矿资源战略研究”、“江汉盆地天然卤水勘查开发战略方向研究”、“合理开发利用硅石资源，打造湖北省现代硅产业”等多项专题研究完成。省政府、省国土资源厅出台了《关于进一步加强磷矿、鄂西高磷铁矿开发管理的意见》(鄂政发〔2011〕41 号)等文件。2011 年度申请获批国家矿产资源节约集约和综合利用专项 20 项，专项资金1.42亿元。夷陵、大冶、嘉鱼三个资源大县(市、区)已被国土资源部公示为国土资源节约集约模范县(市、区)。

3. 矿产资源资产化管理取得重要进展。启动了“矿业权评估存在问题与政策措施”专题研究工作。完成61宗矿业权评估审查备案工作,备案价款共计45837.332万元。截至2011年12月12日,湖北省全年征收入库矿产资源补偿费为9566.9万元,超过年度目标57.7%。

4. 地质资料管理和利用进一步规范。厅属地质资料馆硬件设施建设基本完成,内部管理与资料借阅使用相关制度已经制定,2011年积累成果地质资料4812档。全省地质资料汇交监管平台建设方案初步制定。启动了地质钻孔基本信息清查摸底工作。黄石市地质资料信息服务集群化和产业化试点工作继续推进,全面开展地质资料标准化格式化数字化。

【矿产资源开发管理】 1. 全面完成全省进一步推进矿产资源开发整合工作任务。通过本轮整合,湖北省矿山数进一步压缩到3857家,湖北省湖北柳树沟矿业有限责任公司丁西磷矿、保康尧治河矿业有限公司九里川磷矿被评选为全国第一批整合先进矿山。

2. 重要矿种管理水平得到提高。开展鄂西高磷铁矿开发秩序专项整治行动,有效维护了矿山正常的开发与管理秩序,促进了资源的保护与合理开发利用;提出了钟祥7家磷矿整顿关闭意见。根据湖北省国土资源厅印发的《关于加强硅石类矿产勘查开发管理工作的通知》,上收了二氧化硅含量在99%以上小型硅石矿的开采发证权。将萤石、钨、锑矿主采控制指标进行分解具体落实到矿山。

3. 省级矿业权有形市场初步形成。湖北省编委于2011年8月批准省国土资源厅成立湖北省矿业权储备交易中心,具体承担全省矿业权储备交易工作。

4. 推进全省矿产资源整装勘查工作。起草《湖北省国土资源厅关于加强省级整装勘查区矿业权管理的通知(征求意见稿)》,对省级整装勘查区的设立和工作部署、矿业权管理等方面的工作进行了安排,提出了管理措施;同时在全省266个矿业权设置方案编制单元中,选取26个编制单元作为“找矿突破战略行动”重点区域。

5. 继续推进矿业权管理信息系统(一张图)工程和综合监管平台系统建设。建立了省和试点市(县)三级数据中心。

6. 开展探矿权采矿权年检工作。通过矿业权年检工作,取缔非法采矿点37处,注销采矿许可证85个,吊销采矿许可证1个,查处越界开采62起,追缴矿产资源补偿费250.16万元,罚没款184.57万元,停产整顿18家,限期整改124家。

7. 探矿权采矿权审批登记工作。全年共受理探矿权各类报件368宗;共受理了采矿权各类报件458宗。收缴省级发证矿业权价款6.1亿元。

【矿山地质环境管理】 1. 按照先急后缓的原则,继续加大矿山地质环境治理工作力度。向国土资源部申报的咸宁市矿山地质环境治理工程等3个项目获得批准,总经费5000万元;争取国家安排湖北省黄石市、大冶市、钟祥市和潜江市4个资源枯竭城市矿山地质环境治理重点工程,总经费4.5亿元;省级财政安排了8个矿山地质环境治理项目,总经费2200万元,国家和省两级共投入资金合计5.22亿元,比2010年增加1.312亿元,同比增长34%。极大的促进了湖北省矿山地质环境恢复治理工作。

2. 超额完成矿山地质环境备用金收缴年度目标。2011年共有416家省级发证矿山缴存矿山地质环境恢复治理备用金2.15亿元,对矿山环境的治理恢复起到了极大的保障作用。

3. 矿山地质环境保护与治理恢复方案编制审查工作进展良好。2011年共有省级发证的82家矿山企业编制了矿山地质环境保护与治理恢复方案,并经过省国土资源厅组织的专家审查。

4. 矿山地质环境治理项目验收。2011年共验收了39个矿山地质环境治理项目,其中国家和省级财政投资项目9个,总资金(含地方配套)5090万元,矿山企业出资开展治理项目3个,总投资5678万元,治理成效良好。

【地质矿产科技管理】 1. 加强了地质矿产科技项目的立项、申报和实施管理。招标确定了《鄂东南地区中酸性岩体成矿地质特征及深部成矿预测》等厅管项目,《湖北省铌稀土矿物质赋存状态及综合利用研究》等部管科技项目获批,向部申报了“国土资源部稀土和稀有稀散金属矿产实验测试及勘查重点实验室”,评审验收了《鄂西北地区贫磁铁矿成矿规律研究及潜力评价》等项目。

2. 积极申请推荐科技奖励。推荐《湖北武当－神龙架地区铅锌矿评价》等项目申报2011年度国土资源科学技术奖,推荐省地矿局鄂西北所张智卿等申报李四光地质科学奖野外奖等奖项。

3. 开展科技外事合作。积极参与国外矿产资源风险勘查,2个预查项目、3个远景评价项目获批,共争取资金1112万元。

(湖北省矿业联合会)

湖 南 省

【矿产资源概况】 经湖南省国土资源厅备案,湖南省主要矿种新增查明的资源储量:原煤0.534亿吨、铁0.058亿吨(矿石)、钒343.42万吨(V_2O_5)、铜27619吨、锡166542吨、岩金39.45吨、银3012吨、铅723833吨、锌917554吨、钼44091吨、钨348554吨(WO_3)、锑209317吨、铋62725吨、铍30053吨(BeO)、水泥用灰岩0.747亿吨、普通萤石0.115亿吨(CaF_2)。

新发现各类矿产地17处,其中:大型4处:铍、玻璃用砂岩、石膏、稀有矿产各1处;中型7处:贫铁、锑、矿泉水、钼矿、岩金各1处、钨矿2处;小型6处:锰、镍、钼、铅锌矿各1处、钨矿2处。湖南省2011年度新发现矿产地情况见表1。湖南省2011年度重要矿产勘查成果汇总情况见表2。

湖南省14个市州的矿产资源规划均获省政府批复。全省90个需编制规划的县市区中,有63个获得批复,其余27个已完成成果编制并上报待批。为规范矿产资源总体规划调整工作,加强规划实施管理,专题研究发文对矿产资源总体规划调整的原则、条件和程序等做出了明确规定。

表1　　2011年度湖南省新发现矿产地统计

矿种	矿产地(项目名称)	矿产规模	计量单位	新增矿产资源		
				332及以上	333	334
贫铁	湖南省蓝山县大塘矿区铁矿详查	中型	矿石亿吨	0.08	0.029	
铍	湖南省郴州市临武县热水坳矿区铍多金属矿详查	大型	BeO吨	21512		
石膏	湖南省邵东县廉桥矿区流双区段石膏矿预查	大型	矿石万吨			12000
锑	湖南省冷水江市稻草湾锑矿普查	中型	金属万吨		1.30	2.90
玻璃用砂岩	湖南省石门县向老湾矿区矽砂矿详查	大型	矿石万吨	1044	436	
矿泉水	湖南省慈利县宜冲桥矿区地热资源普查	中型	允许开采量立方米/日		768	
锰	湖南省益阳市安化县苏家坪矿区锰矿普查	小型	矿石万吨		56.38	66.98
钒	湖南省保靖县夯沙矿区钒矿详查	中型	V_2O_5万吨	23.60	31.60	
钼	湖南省张家界市永定区三岔矿区镍钼矿普查	中型	金属吨		2220	11690
镍	湖南省张家界市永定区三岔矿区镍钼矿普查	小型	金属吨		1790	9780
钨	湖南省城步苗族自治县平滩矿区钨矿普查	中型	WO_3万吨			4.20
钼	湖南省炎陵县联坑钼多金属矿区(湖南省茶陵－宁岗地区矿产远景调查)	小型	金属万吨			1
钨	仓田钨矿(湖南省茶陵－宁岗地区矿产远景调查)	中型	WO_3万吨			1
铅锌	横岗铅锌矿(湖南省茶陵－宁岗地区矿产远景调查)	小型	金属万吨			5
钨	湖南常宁地区矿产远景调查(湖南省常宁市旱禾冲钨多金属矿)	小型	WO_3万吨			1
钨	湖南省临湘市鹅公坑矿区钨矿(湖南幕阜山地区铜金钨矿产远景调查)	小型	WO_3万吨			0.2869
岩金	湖南省平江县铁罗洞矿区金矿(湖南幕阜山地区铜金钨矿产远景调查)	中型	金属吨			6.03
稀有矿产	湖南紫云山矿产远景调查(双峰大坪铷铌钽多金属矿)	大型	吨			Rb_2O:20276.8吨 Nb_2O_5:1018.39吨 Ta_2O_5:1009.29吨 BeO:7046.87吨

表 2　　2011 年度湖南省重要矿产勘查成果汇总

项目名称	投资额度(万元)				主要实物工作量				规模	新增矿产资源储量					备注
	合计	中央财政投入	地方财政投入	社会资金投入	钻探(万米)	坑探(万米)	槽探(万立方米)	浅井(万米)		矿种	计量单位	合计	333及以上	334	
湖南省郴耒煤田北段樟树—湘阴渡区煤炭整装勘查	210		210		0.20165				中型	煤	原煤亿吨			0.8	对湖南缺煤省份资源量5000万吨左右是重大成果
湖南省株洲市攸县兰村矿区柳树冲区段深部(扩界)煤炭详查	3900.80			3900.80	3.3697				中型	煤	原煤亿吨			0.9	
湖南省永州市零陵区祁零盆地锰矿整装勘查	269		269		0.1516		0.9747		大型	锰矿	矿石万吨	3810	274	3536	
湖南省花垣县大脑坡矿区铅锌矿普查	87.2			87.2	0.2022				大型	铅锌	金属万吨	470		470	为远景铅锌金属量，以锌为主
湖南省郴州市东坡－高垄山地区铅锌钨锡多金属矿整装勘查	410		410		0.1255		1.0927		大型	钨	WO_3万吨	5.05	1.00	4.05	找矿类型和潜力上有重大突破，资源量为初步估算结果，未经主管部门评审
湖南省平江县万古矿区童源－和尚坡矿段金矿详查	1367.93			1367.93	1.4248	0.2717	0.0876		大型	金矿	金属吨	21.2	13.7	7.5	
湖南省郴州市临武县热水坳矿区铍多金属矿详查	520			520	0.9327		0.0438		大型	铍	BeO吨	21512	21512		将要提交最终报告
湖南省大堰垱矿区钙芒硝矿详查	89.1		89.1		0.0765				大型	钙芒硝	Na_2SO_4万吨	14000	14000	82.09	
湖南省澧县金罗矿区双庆矿段石膏矿普查	22.7		22.7						大型	石膏	矿石万吨	6511	3333	3178	已完野外工作，现处报告编制阶段

【矿产资源总体规划】《湖南省国土资源“十二五”规划》通过评审。配合省政府法制办完成《湖南省矿产资源开采登记条件规定》的进一步修订工作，已于 2011 年 11 月以第 257 号省长令的形式公布。制定出台《湖南省地质勘查项目管理办法》、《湖南省测绘资质管理实施细则》、《关于加强矿产资源开发利用方案管理有关问题的通知》等规范性文件 12 件，对《湘潭市集体土地上房屋拆迁补偿安置办法》等三个市州的房屋拆迁补偿安置标准进行了审查修订，重新清理涉及征地拆迁的规范性文件 24 件，并严格按照《湖南省规范性文件管理办法》的规定提出合法性审查意见，报省政府法制办进行“三统一”。

【矿业权市场】 1. 探矿权交易。探矿权管理得到进一步规范。2011 年出让探矿权 19 宗，网上挂牌 11 宗，成交 9 宗，出让金额 4407 万元。全年办理探矿权转让

23宗，转让金额3.09亿元，并且从2011年4月1日起探矿权转让全部进入国土资源交易中心进行公开交易，转让探矿权共6宗，转让金额2.83亿元。全年共办理探矿行政审批事项2023宗，其中受理审批探矿权转让许可23宗、探矿权许可650宗、探采重叠会审1350宗。全年共审查勘查实施方案276个，其中重编重申22个、不按200号文要求提高勘查阶段，被缩减面积的探矿权8个。圈而不探的行为大幅减少，达到详查程度的探矿权比往年大幅增加。探矿权转采矿权的比率也明显上升。

2. *采矿权交易*。采矿权市场化程度大幅提升。2011年共出让采矿权474宗，出让价款4.79亿元，出让的采矿权中，协议出让71宗，占总宗数的15%，价款3698万元，占总价款的7.71%；招、拍、挂出让396宗，占总宗数的83.5%；价款4.42亿元；占总价款的92.3%。采矿权转让26宗。

【矿产开发管理】 1. *矿产资源整合*。国家部署的资源整合专项行动后，湖南省将资源整合推向了常态化管理，积极引进战略投资者，对资源整合矿山实行简易程序发证等优惠政策，全省资源整合又有新的突破。郴州市北湖区鲁塘矿区、新田岭矿区、桂阳县青兰雷坪矿区、怀化市柳林汊金矿区及花垣矿区资源深度整合取得了明显成效。其中郴州市北湖区鲁塘矿区引进中国建材集团，共投入超过2亿元，整体收购北湖区鲁塘石墨矿区以及相邻的桂阳县荷叶太清矿区，整合成为了一个主体；湘西花垣县更是将辖区内所有铅锌矿区和锰矿区确定为进一步整合的重点矿区，积极推进铅锌矿和锰矿的整合。

2. *采矿权换证*。全面完成了矿业权实地核查工作，并依据矿业权实地核查成果，开展采矿权数据更新和换证工作。采矿权换证工作已经基本完成，矿山已经全部换发了80坐标系的采矿许可证。

2011年，湖南省国土资源厅共受理了639个采矿登记申请项目，审查完毕702个采矿申请项目(含2010年受理的)，共颁发了630个采矿许可证，共审查批准了182家矿山的开发利用方案。2011年度湖南省采矿权出让、转让情况见表3～5。2011年度湖南省采矿许可证发证情况见表6～8。

表3　2011年度湖南省采矿权出让、转让情况(按行政区)　计量单位:个、万元、平方千米

所在行政区	采矿权出让							采矿权转让	
	合计		探矿权转采矿权	协议出让		招拍挂出让		个数	价款金额
	个数	价款金额	个数	个数	价款金额	个数	价款金额		
合计	474	47908.49	7	71	3698.04	396	44210.45	26	
省级	16	7903	7	4	3043	5	4860	21	
长沙市	22	301.97		10	114.97	12	187		
株洲市	27	6266				27	6266	1	
湘潭市	30	967.95		12	356	18	611.95		
衡阳市	31	185.01				31	185.01		
邵阳市	32	3007.3				32	3007.3		
岳阳市	30	24349.39		20	181.07	10	24168.32		
常德市	18	586				18	586		
张家界市	13	232				13	232		
益阳市	82	356		24		58	356	1	
郴州市	13	282				13	282	1	
永州市	30	734				30	734		
怀化市	40	1422.87				40	1422.87		
娄底市	15	1121				15	1121		
自治州	75	194		1	3	74	191	2	

表 4　　2011 年度湖南省采矿权出让、转让情况(按经济类型)　　计量单位:个、万元、平方千米

经济类型	采矿权出让							采矿权转让	
	合计		探矿权转采矿权	协议出让		招拍挂出让		个数	价款金额
	个数	价款金额	个数	个数	价款金额	个数	价款金额		
合计	474	47908.49	7	71	3698.04	396	44210.45	26	
国有企业	2	221	1	1	221			2	
集体企业	10	125.37		4	50.37	6	75	4	
股份合作企业	2	38				2	38		
联营企业	5	18				5	18		
有限责任公司	113	35213.76	5	15	3079.99	93	32133.77	14	
股份有限公司	2	33	1			1	33		
私营企业	292	11235.854		47	316.01	245	10919.844	5	
其他企业	13	119.67		2	23.67	11	96		
合资经营企业(港、澳、台)									
合作经营企业(港、澳、台)									
港、澳、台独资经营企业									
港、澳、台投资股份有限公司									
中外合资经营企业									
中外合作经营企业									
外资企业									
外商投资股份有限公司									
个体经营	12	117.98		2	7	10	110.98		
个体户	12	121				12	121	1	
个人合伙	11	664.856				11	664.856		

表 5　　2011 年度湖南省采矿权出让、转让情况(按矿种)　　计量单位:个、万元、平方千米

主要矿种	采矿权出让							采矿权转让	
	合计		探矿权转采矿权	协议出让		招拍挂出让		个数	价款金额
	个数	价款金额	个数	个数	价款金额	个数	价款金额		
合计	474	47908.49	7	71	3698.04	396	44210.45	26	
煤								16	
石油									
油页岩									
天然气									
二氧化碳									
煤层气									
地热									

续表 5

主要矿种	采矿权出让							采矿权转让	
	合计		探矿权转采矿权	协议出让		招拍挂出让		个数	价款金额
	个数	价款金额	个数	个数	价款金额	个数	价款金额		
放射性矿产									
铁矿	2	498	1			1	498	2	
锰矿								1	
铬铁矿									
钴矿									
铜矿	1	275				1	275		
铝土矿									
铅矿	1		1					1	
锌矿	1	15				1	15		
金矿	2	221	1	1	221				
银矿									
铂矿									
镍矿									
钨矿									
锡矿	1		1					1	
锑矿	1		1						
钼矿	1		1						
稀土									
磷矿									
钾盐									
硫(硫铁矿)									
锶矿									
金刚石									
铌矿									
钽矿									
石棉									
矿泉水	1	82		1	82				
其他	463	46817.49	1	69	3395.04	393	43422.45	5	

表 6　　**2011 年度湖南省采矿许可证发证情况(按行政区)**　　单位:个、万元、平方千米

所在行政区	采矿许可证发证								
	许可证数			登记面积			生产规模		采矿权使用费
	有效	新立	注销	有效	新立	注销	有效	新立	
合计	6196	388	558	2628.5927	94.9574	43.9252	12642.366	955.32	489

续表 6

所在行政区	采矿许可证发证								
	许可证数			登记面积			生产规模		采矿权使用费
	有效	新立	注销	有效	新立	注销	有效	新立	
省级	1477	16	19	2011.64	30.27	11.89			237.4
长沙市	415	12	34	34.6863	0.8402	0.8055	1012.686	10	10.65
株洲市	266	27	9	61.55	26.18	0.24			17.6
湘潭市	156	18	45	15.43	0.37	1.5			9.4
衡阳市	409	15	4	95.5503	1.1354	0.0821	2336.07	75.7	23.95
邵阳市	429	31	7	16.918	9.3853	0.36			19.6
岳阳市	213	7	63	175.2717	11.062	13.1176	9293.61	869.62	19.1
常德市	310	18	14	15.34	0.78	0.92			15.55
张家界市	81	13		8.19	0.73				4.2
益阳市	211	58		40.85	2.3				13.2
郴州市	357	13	39	21.97	0.97	1.49			18.25
永州市	499	30	128	56.59	1.21	1.39			28.9
怀化市	494	40	55	41.7464	4.8745	4.64			26.5
娄底市	348	9		11.8	0.77				17.65
自治州	531	81	141	21.06	4.08	7.49			27.05

表 7　　2011 年度湖南省采矿许可证发证情况(按经济类型)　　单位:个、万元、平方千米

经济类型	采矿许可证发证								
	许可证数			登记面积			生产规模		采矿权使用费
	有效	新立	注销	有效	新立	注销	有效	新立	
合计	6196	388	558	2628.5927	94.9574	43.9252	12642.366	955.32	489
国有企业	157	2	6	440.7168	1.45	2.4458	11		50.27
集体企业	652	6	28	305.7719	0.255	2.465	152.79		48.4
股份合作企业	120	2	15	54.2678	0.03	0.6533	40		9.8
联营企业	217	5	7	19.7354	0.07	1.74	0.5		11.6
有限责任公司	824	86	19	1174.6496	64.9639	4.2226	1440.06	38.64	144.67
股份有限公司	92	2	7	97.8923	4.41	0.2622	6150.392		13.05
私营企业	3516	223	383	474.875	9.4375	25.1713	3321.444	57.68	182.2
其他企业	94	11	46	4.0169	0.61	0.26	40		4.65
合资经营企业(港、澳、台)	1			5.15					0.55
合作经营企业(港、澳、台)									
港、澳、台独资经营企业	2			12.11					1.25
港、澳、台投资股份有限公司									
中外合资经营企业									

续表 7

经济类型	采矿许可证发证								
	许可证数			登记面积			生产规模		采矿权使用费
	有效	新立	注销	有效	新立	注销	有效	新立	
中外合作经营企业									
外资企业	2			0.47					0.1
外商投资股份有限公司	1			0.0193			5		0.05
个体经营	267	5	5	8.4599	0.145	0.646	431.86	10	10.76
个体户	184	43	42	7.7614	2.31	6.059	31.26		9.25
个人合伙	67	3		22.6964	11.276		1018.06	849	2.4

表 8　　2011 年度湖南省采矿许可证发证情况(按矿种)　　单位:个、万元、平方千米

主要矿种	采矿许可证发证								
	许可证数			登记面积			生产规模		采矿权使用费
	有效	新立	注销	有效	新立	注销	有效	新立	
合计	6196	388	558	2628.5927	94.9574	43.9252	12642.366	955.32	489
煤	906		11	1063.95		5.89			128.15
石油									
油页岩									
天然气									
二氧化碳									
煤层气									
地热	3			238.7					23.95
放射性矿产									
铁矿	125	2		110.51	0.94				14.85
锰矿	81		5	97.07		3.23			11.8
铬铁矿									
钴矿									
铜矿	35	1		50.009	0.51		3		5.7
铝土矿	2			4.98					0.55
铅矿	84	1	2	114.6746	0.48		45		13.95
锌矿	34	1	1	29.5947	0.07	0.02	30		3.85
金矿	73	2	1	97.6779	2.67	0.11	28.5		11.32
银矿	1			0.48					0.05
铂矿									
镍矿	1			0.76					0.1
钨矿	10			63.08					6.55
锡矿	9	1		31.76	14.6				3.35

续表 8

主要矿种	采矿许可证发证								
	许可证数			登记面积			生产规模		采矿权使用费
	有效	新立	注销	有效	新立	注销	有效	新立	
锑矿	18	1		22.35	0.99				2.7
钼矿	11	1		11.97	1.65				1.5
稀土	3			1.0362			22		0.6
磷矿	20			15.34					2
钾盐									
硫(硫铁矿)	6			9.9					1.15
锶矿									
金刚石									
铌矿	2			0.2654			6		0.1
钽矿									
石棉									
矿泉水	8	1		1.2022	0.18		300.3		0.4
其他	4764	377	538	663.2827	72.8674	34.6752	12207.566	955.32	256.38

3. *采矿许可证登记*。湖南省采矿许可证新立388个,有效6196个,其中非金属矿产39个,能源矿产906个,黑色金属206个,有色金属204个,贵金属74个,稀土矿产3个,其他4764个(图1)。批准登记面积2628.59平方千米,采矿权使用费489万元。

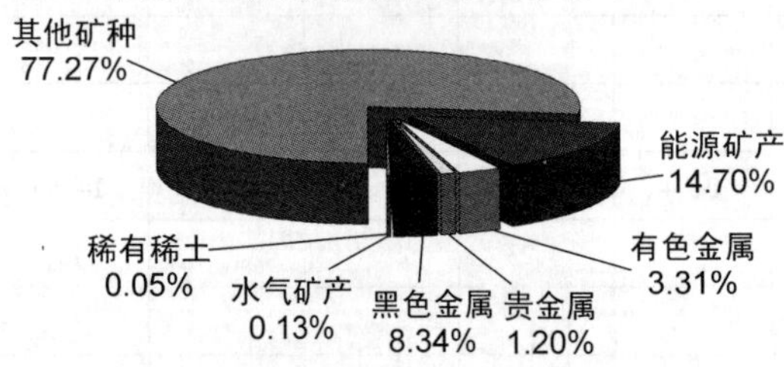

图1 湖南省批准登记采矿许可证情况(按矿种分类)

从开采矿产的企业经济类型看,主要以私营企业和有限责任公司为主,分别为3516个和824个;其余分别为国有企业157个、集体企业652个、股份合作企业120个、股份有限公司92个、联营企业217个,个体经营267个、个体户184个、外资企业2个、其他企业94个(图2)。

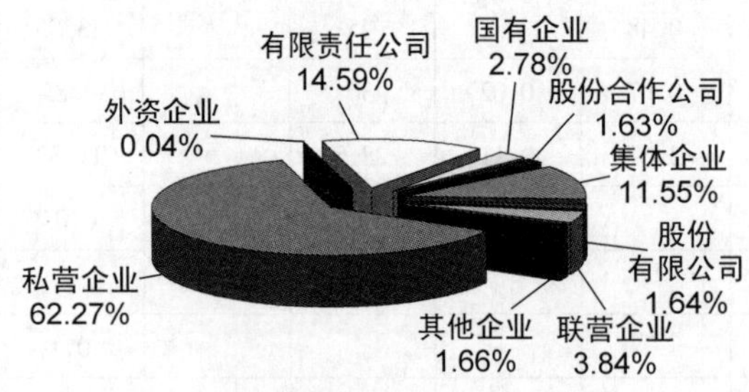

图2 湖南省批准登记采矿许可证情况(按经济类型企业分类)

【矿产储量管理】 矿产资源利用现状调查工作全面完成。湖南省矿产资源利用现状调查涉及的矿种为24个,其中属全国要求的有煤、铁、锰、铜、铅、锌、铝土矿、镍、钨、锡、锑、钼、锂、稀土、金、银、磷、硫铁矿、硼、重晶石、萤石等21种,自选的为铋、铷、铯等3种。本次共确定675个核查矿区,其中已利用核查区458个,未利用核查矿区217个。3月底,矿区核查成果已全部通过省级验收。目前,24个矿种的单矿种省级汇总成果已通过部验收,其中磷、稀土、钨、铁、锑、铅、金7个矿种的单矿种省级汇总成果获得优秀。

2011年共完成各类储量报告的评审备案197个,完成矿业权评估报告备案159个(采矿权141个,探矿权18个),询价备案115个。

【地质勘查管理】 危机矿山接替资源找矿项目全面完成。2011年,湖南省实施危机矿山接替资源找矿16个项目全面完成,取得了可喜的找矿成果,初步估算资源储量:钨30万吨,锡19万吨,钼7.5万吨,铋8.2万吨,铜13.5万吨,铅锌217万吨,锑24.2万吨,锰矿石300

万吨，金 60.7 吨，银 2900 吨，煤 1100 万吨，高岭土 2000 万吨，磷矿石 200 万吨，有效地延长了矿山的服务年限，稳定职工队伍 5.5 万余人。其中：桂阳黄沙坪铅锌矿接替资源勘查、桂阳宝山铅锌银矿接替资源勘查等一批项目成果与质量位均居全国前列，受到了国土资源部的表彰。

湖南省地质勘查投入持续增长，2011 年投入地质勘查资金 8.4 亿元，其中争取中央投资 2 亿元，省级财政投资 3.4 亿元，引导商业性投资 3 亿元。

2011 年湖南省投放有效勘查许可证 417 个，其中能源矿产 48 个，地热 2 个，黑金属矿产 48 个，有色金属 129 个，其他 71 个，金矿 119 个，有效登记面积 4331.42 平方千米，收取探矿权使用费 143.69 万元（图 3）。2011 年度湖南省探矿权许可证发证情况见表 9。

表 9　　2011 年度湖南省探矿权许可证发证情况

计量单位：个、万元、平方千米

主要矿种	勘查许可证发证						
	许可证数			登记面积			采矿权使用费
	有效	新立	注销	有效	新立	注销	
合计	351	22	81	3508.14	202.92	662.95	120.12
煤	48		20	256.51		100.13	11.5
石油							
油页岩							
天然气							
二氧化碳							
煤层气							
地热	2	1	1	44.14	39.04	11.86	0.65
放射性矿产							
铁矿	21	3	9	209.1	9.54	83.13	2.74
锰矿	27	3	8	251.97	27.22	110.47	7.56
铬铁矿							
钴矿							
铜矿	23	3	6	320.26	14.54	45.82	9.03
铝土矿							
铅矿	42	4	13	542.31	42.28	109.79	17.82
锌矿	13		3	147.39		9.64	5.23
金矿	119	7	14	1326.32	61.86	113.58	50.23
银矿	1			1.71			0.09
铂矿							
镍矿	1			3.94			0.08
钨矿	8			91.96			3.57
锡矿	13		2	127.49		67.97	5.23
锑矿	24	1	2	105.25	8.44	3.98	3.46
钼矿	5		3	33.91		6.58	1.55
稀土							
磷矿	2			13.53			0.54
钾盐							
硫（硫铁矿）							
锶矿							
金刚石	1			19.18			0.19
铌矿	1			13.17			0.66
钽矿							
石棉							
矿泉水							
其他	66	12	13	823.28	125.04	89.13	23.57
总计	417	34	94	4331.42	327.96	752.08	143.69

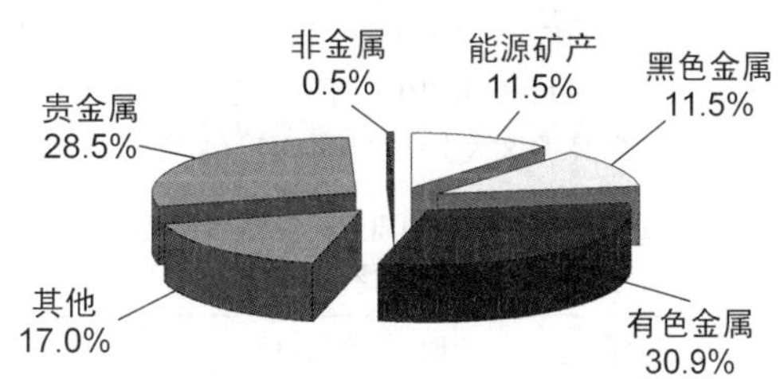

图 3　湖南省各类矿产勘查许可证发证情况

【地质环境保护】　1. 地质灾害预警预报。完善了地质灾害监测预警、群测群防和应急处置体系。组织开展汛期前的地质灾害隐患巡查工作，派出巡查组 80 多人次，巡查路线 3 万千米，巡查灾害隐患点 339 处。发放防灾明白卡 190631 张，建立和完善警示牌 12079 个，发放宣传资料 366764 份，落实排险处置措施 3860 处。在湖南省已有 54 个群测群防“十有县”的基础上，又有 40 个县市通过国土资源部验收，并在全省已发现的 8475 处地质灾害隐患点全部建立了群测群防体系，落实防灾监测责任人 2 万余人，对存在重大危险的隐患点，都建立了地质灾害应急转移预案，确定了临灾判别依据、安全转移路线；由于应急措施有力，在 6 月 10 日凌晨安化县平口镇兴国村的山体滑坡中，避免了13户35人伤亡，避免经济损失150万元。

2.地质灾害防治。2011年，湖南省共发生各类地质灾害8844处，其中达部统计标准地质灾害686处，死亡11人，失踪1人，伤7人，直接经济损失2.46亿元。灾害数量和人员伤亡为近年来最低水平。成功避让地质灾害16起，避免人员伤亡282人，避免财产损失1505万元。

按期如质地完成了53个地质灾害防治项目，基本消除或有效减轻了当地地质灾害点的隐患和威胁；共争取到中央财政地质环境项目资金44680万元，其中部切块下达的和按项目下达的地质灾害治理资金11780万元，耒阳市等3个资源枯竭型城市和永州等3个矿山地质环境治理项目资金30500万元，争取省级财政地质灾害防治和地质环境保护资金7500万元。

组织召开了全省矿山地质环境调查评价总报告评审会。该项目历时5年，共调查7328个矿山，编制调查评价报告121份，建立矿山地质环境档案7328套，开展了5个专题研究。

2011年共缴存矿山环境治理备用金3.16亿元，认定矿山地质环境恢复治理验收报告190个，督促矿业权人投入矿山地质环境恢复治理资金达1亿元。

3.地质遗迹保护。桑植芙蓉龙化石和古丈“金钉子”剖面保护2个项目已完工；莨山和飞天山2个国家地质公园地质遗迹保护项目正处于紧张施工阶段。2010年度项目均已下达了批复。争取到张家界等5个地质遗迹保护项目资金2400万元。2011年度湖南省地质遗迹自然保护区及地质公园建设情况见表10。

表10　　2011年度湖南省地质遗迹自然保护区及地质公园建设情况

指标名称	代码	值	单位	备注
一、地质遗迹自然保护区				
保护区	01	3	个	01 > = 02
其中：古生物化石	02	1	个	01 > = 03
国家级	03	3	个	03 > = 04
其中：古生物化石	04	1	个	
保护区面积	05	358	公顷	05 > = 06
其中：古生物化石	06	58	公顷	05 > = 07
国家级	07	358	公顷	07 > = 08
其中：古生物化石	08	58	公顷	
累计建设投资	09	1740	万元	09 > = 10
其中：古生物化石	10	940	万元	09 > = 11

续表10

指标名称	代码	值	单位	备注
本年投资	11	0	万元	10 > = 12
其中：古生物化石	12	0	万元	11 > = 12
二、地质公园				
地质公园	13	23	个	13 > = 14 > = 15
国家级	14	9	个	13 = 21 + 22 + 23
世界级	15	1	个	
取得地质公园资格	16	9	个	
地质公园面积	17	352800	公顷	17 > = 18 > = 19
国家级	18	173500	公顷	
世界级	19	39800	公顷	
取得地质公园资格的面积	20	103100	公顷	
地质公园类别				
地质构造、剖面和形迹	21	0	个	
古生物化石	22	0	个	
地质地貌景观	23	23	个	
累计建设投资	24	152172	万元	24 > = 25
本年投资	25	2400	万元	

【科研投入与科研成果】　编制了湖南省国土资源厅“十二五”科技发展规划；“湖南锡田地区钨锡矿成矿规律及靶区预测研究”、“中部两型社会建设土地利用管理关键技术研究”、“南岭成矿带（湖南段）尾矿调查及综合利用研究”等3个部公益性行业专项已顺利通过国土资源部和科技部审查；全年申报科技项目35项，经费共计470万元。

境外矿产资源勘探和开发合作意向项目15个；获批国外风险勘查专项项目34个，获得补助资金1.5978亿元，申报了2012年境外找矿项目66个。

湖南省共获批风险勘查专项项目34个，共获得补助资金1.5978亿元，是2010年8196万元的近两倍。同时，组织申报了2012年境外找矿项目，项目总数为66个，拟申请2012年专项补助资金近5亿元。

【矿产违法案件查处】　持续整顿规范矿产资源开发秩序，开展整治矿山超越界开采专项行动。2011年矿产资源违法案件共立案692件，比2010年（797件）减少了13.17%，其中勘查类违法案件7件，占1.01%；开采类违法案件685件，占98.99%；从违法主体看，企事业单位200件，集体79件，个人413件。另有2010年未结案件13件。2011年结案687件，比2010年(812件)减少了15.39%，其中勘查7件，开采666件，处理2010年未结案14件。2011年度湖南省矿产违法案件及查处情况统计见表11。

表11　2011年度湖南省矿产违法案件及查处情况统计

	勘查(件)	开采(件)				
	非法转让探矿权	无证开采	越界开采	非法转让采矿权	破坏性开采	其他
2010年度	0	316	411	8	0	42
2011年度	1	296	368	1	3	17
增减情况(%)	100	-6.32	-10.46	-87.5	300	-59.52

2011年罚没款1864.57万元。取缔8个非法采矿点，抓获非法矿主8人，刑事拘留2人，网上追逃1人，党纪政纪处分4名失职渎职的国家干部。

2011年立案查处的矿产违法案件中，以开采类违法行为最突出，全年共查处685起，占本年立案的98.99%，其中尤以无证开采、越界开采现象普遍，共查处664起，占本年查处的开采类违法案件的96.93%。开采类违法中个人违法案件409件，占全年查处案件总数的59.71%。2011年度湖南省矿产资源勘查和开采违法案件查处情况见表12。

表12　2011年度湖南省矿产资源勘查和开采违法案件查处情况

	吊销勘查许可证(件)	吊销采矿许可证(件)	罚没款(万元)
总计	——	——	1864.57

(湖南省国土资源厅)

海　南　省

【矿产资源概况】　截至2011年底，海南省共发现各类矿产88种；经评价有工业储量的矿产70种。其中，已探明列入资源储量统计的矿产有60种、产地476处；已列入《2011年海南省矿产资源储量表》的有固体矿产54种(硫铁矿和伴生硫合为一种)，矿区(井田、区块)251个，产地360处。其中金属矿产18种，矿区(井田、区块)112个，产地199处；非金属矿产(包括煤、油页岩)36种，矿区(井田、区块)139个，产地161处。

海南省矿产资源种类比较齐全且资源储量相对丰富。在探明储量的60种矿产中，保有资源储量列全国前10位的矿产有：玻璃用砂(1)、锆英石砂矿(1)、钛铁矿砂矿(1)、饰面用花岗岩(3)、油页岩(4)、蓝宝石(4)、富铁矿(6)、高岭土(9)、红柱石(9)、铝土矿(10)等。此外，还有丰富的饮用天然矿泉水、医疗热矿水等；具有优势的矿产资源主要有海洋石油、海洋天然气、富铁矿、锆英石砂矿、钛铁矿砂矿、玻璃用砂、饮用天然矿泉水、医疗热矿水等；具特色和比较优势的矿产资源有高岭土、黄金、饰面用花岗岩、蓝宝石、钴、油页岩、石墨等。

【地质勘查单位及资金投入】　1.地质勘查单位。2011年海南省开展地质勘查单位共有26个(含6个外省地质勘查单位)，本省有地勘单位20家，其中国有地勘单位16家，隶属于海南省地质矿产勘查局；其他地勘单位4家。现有在职人员2063人，其中地质勘查从业人员有1447人。具有地质勘查资质的单位有20家。

2.地质勘查资金投入。2011年海南省内实施各类地质勘查项目共计534项，投入资金共33290.3万元，同比2010年(32777.8万元)增加512.5万元，增加了1.56%。

资金来源：中央财政4483万元，占总量的13.47%，同比增长18%；地方财政5475.51万元，占总量的16.45%，同比减少24.41%；社会资金23331.79万元，占总量的70.08%同比增长17.25%。

资金投向：矿产资源勘查项目382项(矿种20种)，共投入各类地勘经费25763.13万元，占总量的77.39%，同比2010年(28774.5万元)减少3011.37万元，减少了10.47%；实施基础地质调查项目13项，投入经费共1720.9万元，占总量的5.17%，同比2010年(1539.5万元)增加181.4万元，增加了11.78%；实施水工环地质调查评价项目130项，共投入经费5559.77万元，占总量的16.70%，同比2010年(985.1万元)增加4574.67万元，增加了464.39%；地质勘查科技研究项目9项，占总量的0.67%，投入经费224.5万元，同比2010年(1478.7万元)减少1254.2万元，减少了84.82%；其他(资料信息类)资金投入22万元，占总量的0.07%。

【矿产资源勘查】　1.矿产资源勘查的投资和工作量投入现状。2011年海南省实施野外工作省内各类矿产资源勘查项目有382项(矿种20种)，共投入各类勘查经费25763.13万元(其中中央财政资金957万元，地方财政资金2364.4万元，社会资金22441.73万元)；2011年共计完成钻探106315米，坑探4897米，槽探34.4023万立方米，浅井3034米。

主要矿种勘查资金和完成钻探工作量分别为：铁矿勘查项目8项，投入社会资金1136.38万元，完成钻探9774米、槽探0.5419万立方米;铜矿勘查项目15项,投入各类地勘经费1453.78万元(其中地方财政资金390万元,社会资金1063.78万元),完成钻探4824米、槽探1.9519万立方米;铅锌矿勘查项目112项,投入社会资金5524.52万元,完成钻探10809米、坑探625米、槽探8.2675万立方米、浅井105米;铝土矿勘查项目1项,投入中央财政资金300万元,完成钻探150米、槽探0.05万立方米、浅井120米;钴矿勘查项目6项,投入社会资金165.13万元,完成槽探0.0999万立方米、浅井1559米;钨矿勘查项目1项,投入社会资金20万元;钼矿勘查项目77项,投入各类地勘经费5714.85万元(其中中央财政资金500万元,社会资金5214.85万元),完成钻探18676米、坑探850米、槽探8.2115万立方米,浅井250米;金矿勘查项目136项,投入各类地勘经费7850.47万元(其中中央财政资金157万元,社会资金7423.47万元),完成钻探35579米、坑探3422米、槽探13.305万立方米、浅井621米;稀有矿产类勘查项目8项,投入各类地勘经费1926.6万元(其中地方财政资金180万元,社会资金1746.6万元),完成钻探20072米、槽探0.556万立方米,浅井365米;化工建材及其他非金属类勘查项目15项,投入各类地勘经费1883.4万元(其中地方财政资金1736.4万元,社会资金147万元),完成钻探6248米、槽探1.4187万立方米,浅井14米;水气矿产类勘查项目2项,共投入地方财政资金58万元,完成钻探183米。

2. *新增的探明矿产资源储量情况*。新增查明主要矿种资源/储量:铁—矿石量(333及以上)0.0631亿吨、钛铁矿砂矿—TiO_2(333及以上)矿物150.3764万吨、钨—WO_3(333及以上)0.3169万吨、钼—金属量(333及以上)17617.3821吨、金—金属量(333及以上)3.4333吨、锆—锆英石矿物(333及以上)29.1169万吨、玻璃用砂—矿石量(333及以上)15620.21万吨、水泥用灰岩—矿石量(333及以上)1.0582亿吨、建筑用砂—矿石量(333及以上)5144.22万立方米。

2011年完成阶段性勘查的矿产地19处:大型5处、中型4处、小型10处。新发现矿产地4处:其中中型1处、小型3处。提高规模级别的矿产地中型1处。

【基础地质调查】 海南省2011年实施基础地质调查项目13个,投入经费共计1720.9万元,其中中央财政投入964万元,占总量的56.01%;地方财政投入756.9万元,占总量的43.98%。

其中:区域地质调查类项目共2个,投入中央财政资金共300万元;区域地球物理调查类项目共2个,投入地方财政资金共372.9万元;区域遥感地质调查项目2个,投入中央财政资金80万元;1:5万区域地质矿产调查项目4个,共投入经费共784万元。其中中央财政400万元,地方财政384万元。

【矿产资源勘查重要成果】 2011年,海南省屯昌县海株岭金矿区详查,海南省保亭县新村矿区铜钼矿地质详查,海南西南部沿海陆地锆钛砂矿、石英砂矿资源预查-普查等项目取得了重要成果。

1. *海南省屯昌县海株岭金矿区详查*。该项目为商业性勘查项目,累计投入工作量:槽探4826.79立方米,钻孔31个,总进尺4071.11米,坑探440.8米,岩矿石化学采样及测试分析714个,选矿试验采样1个。共探获金(122b+333+334)金属资源储量2427.908千克。其中详查区V_1、V_2、V_4等脉共探获(122b)+(333)矿产资源储量矿石量307931.65吨、金属量1409.673千克,平均品位4.58克/吨。同时在V_3号氧化矿体上探获推断的内蕴经济资源量(333)矿石量451141.20吨、金属量413.861千克,平均品位0.92克/吨,属于低品位氧化矿石。此外,尚在V_{2-2}号脉上下盘共四条平行盲脉及北部V_{2-1}以及V_5~V_{10}六条矿脉中圈定估算了预测的资源量(334):矿石量253740.60吨、金属量604.374千克。矿床已有规模为小型。矿石工业类型为中等品位硫化物含Au矿石。矿床成因类型为岩浆期后中温热液蚀变岩型。

2. *海南省保亭县新村矿区铜钼矿地质详查*。该项目为商业性勘查项目,详查共圈定矿体35个,探获工业矿体和低品位矿体(333+334)矿石量1266.53万吨,钼金属量10874.88吨,平均品位0.0859%。其中推断的内蕴经济资源量(333、占37%)矿石量439.37万吨,钼金属4000.10吨,平均品位0.0932%;预测的内蕴经济资源量(334、占63%)矿石量837.16万吨,钼金属6874.79吨,平均品位0.0821%。初步认为该矿床为斑岩型细脉浸染型矿床,矿床规模为中型。

3. *海南西南部沿海陆地锆钛砂矿、石英砂矿资源预查-普查*。该项目为地方财政出资勘查项目。普查共探获推断内蕴资源量(333)锆英石21.9977万吨、钛铁矿128.6342万吨,皆为大型。佛罗锆英石平均品位为1.44千克/立方米、钛铁矿平均品位为6.72千克/立方米;利国锆英石平均品位为1.17千克/立方米、钛铁矿平均品位为7.79千克/立方米。本区锆、钛砂矿体赋存于第四系中更新统北海组(Qp^2b)、全新统洪冲积层(Qh)含锆英石、钛铁矿中粗-中细粒含黏土石英砂和含锆英石、钛铁矿中细-粉细粒石英砂和中细-粉细粒黏土质中细砂中,为冲洪积型层状锆钛砂矿床。

4. *海南省乐东县后万岭铅锌矿详查*。该项目为商业性勘查项目,2006年开展详查工作,勘查区面积10.58平方千米。累计投入工作量:槽探6734立方米,岩芯钻探19521.72米，水文地质钻孔228.73米。本次详查共圈定铅锌矿体6条。获得各类型铅锌矿石总量为1723.94万吨，金属量：铅79944吨，平均品位0.46%；锌239977吨，平均品位1.39%。其中，探明的经济基础储量(121b)矿石量为86.56万吨，金属量：铅3836吨，平均品位0.44%，锌15940吨，平均品位1.84%；控制的经济基础储量(122b)矿石量为576.51万吨，金属量：铅30292吨，平均品位0.53%，锌114456吨，平均品位1.99%；探明的次边际经济资源量(2S21)矿石量为37.20万吨，金属量：铅520吨、锌1808吨；控制的次边际经济资源量(2S22)矿石量为587.15万吨，金属量：铅11010吨、锌25034t；推断的内蕴经济资源量(333)矿石量为436.52万吨，金属量：铅34286吨，平均品位0.79%，锌82739吨，平均品位1.90%。

估算的伴生组分资源/储量结果为：铜金属量8552吨，品位0.25%；银金属量121757公斤，品位11.07克/吨。

【矿产资源开发利用】 1. *持证开采矿山企业*。2011年海南省共有持证开采矿山企业329家(不含油气、地热、矿泉水，下同)，其中内资企业326家。港、澳、台商独资经营企业2家，中外合资经营企业1家。按矿山规模统计，大型39家，中型18家，小型235家，小矿37家。分别占矿山总数的11.85%、5.47%、71.43%、11.25%。

2. *采掘原矿总量*。据统计，2011年全年开采32种矿产，2011年全年采掘原矿总量7126.07万吨，其中：铁矿石579.51万吨、钛铁矿砂矿1215.8万吨(钛铁矿精矿4.2766万吨)、锆英石砂矿2112.79万吨(锆英石精矿1.9623万吨)、金矿29.63万吨(黄金1025.448千克)，水泥用灰岩(含水泥用大理岩)矿石1366.18万吨，玻璃用砂矿106.62万吨。由于海南省生产矿山企业数比2010年大幅减少，海南省固体矿产采掘矿石量较2010年增加了228.26万吨增加3.31%。

3. *持证开采矿山企业完成工业总产值*。2011年海南省持证开采矿山企业完成工业总产值391031.78万元(现价)。其中能源矿产(煤炭)总产值117.6万元，占总产值的0.03%；黑色金属矿产开发总产值286572.05万元(铁矿总产值276985.12万元)，占总产值的73.29%；有色金属开发总产值754.18万元，占总产值的0.19%；贵金属开发总产值33097.66万元，占总产值的8.46%；稀有稀土金属矿产开发总产值21339.74万元，占总产值的5.46%；冶金辅助原料非金属矿产开发总产值585.7万元，占总产值的0.15%；化工原料非金属矿产开发总产值368.08万元，占总产值的0.09%；建材及其他非金属矿产开发总产值48196.76万元，占总产值的12.33%。

4. *持证开采矿山企业从业人员*。2011年海南省持证开采矿山企业从业人员12506人，其中能源矿产(煤炭)从业人员183人，占总人员的1.46%；黑色金属开发从业人员5206人，占总人员的41.63%；有色金属矿产开发从业人员351人，占总人员的2.81%；贵金属开发从业人员1655人，占总人员的13.23%；稀有稀土金属矿产开发从业人员761人，占总人员的6.09%；冶金辅助原料非金属矿产开发从业人员67人，占总人员的0.54%；化工原料非金属矿产开发从业人员20人，占总人员的0.16%；建材及其他非金属矿产开发从业人员4263人，占总人员的34.09%。

5. *持证开采矿山企业年利润*。2011年海南省持证开采矿山企业年利润144035.19万元，其中，能源矿产(煤炭)年利润-65万元，黑色金属矿产年利润128235.38万元，有色金属矿产年利润-445.83万元，贵金属矿产年利润9714.59万元，稀有稀土金属矿产年利润926.56万元，冶金辅助原料矿产年利润-8.48万元，化工原料矿产年利润25.96万元，建材及其他非金属矿产年利润5652.01万元。与2010年相比，海南省持证开采矿山企业年利润增加26761.54万元，增加22.82%。

6. *矿产资源补偿费征收*。2011年海南省矿产资源补偿费应收6533.92万元，实缴5796.6万元。全省采矿权使用费应收196.96万元，实缴134.9万元。

7. *矿山企业工业总产值、销售收入、利润总额*。2011年海南省矿山企业个数下降，较2010年减少98个，主要是由于海南省大部分市县砂石土采矿权到期后注销。2011年海南省矿山企业工业总产值、销售收入、利润总额均大幅增长，主要由于2011年铁矿、黄金、锆精矿等矿产品价格上扬。与2010年相比，铁矿产品产量382.3483万吨，增加14.27%；铁矿产品平均销售价格上涨约8.61%，工业总产值276985.12万元，增加24.27%；销售收入270182.75万元，增加18.11%；年利润总额124804万元，增加21.68%。黄金产量1025.448千克，下降1.20%；黄金销售价格上涨20.14%，工业总产值33097.66万元，增加18.60%；销售收入31152.3万元，增加11.63%；年利润总额9714.59万元，增加86.67%。锆精矿产量1.9623万吨，下降13.58%；锆精矿平均销售价格上涨约66.80%，工业总产值21339.74万元，增加了96.70%；销售收入15087.03万元，增加66.77%；年利润总额926.56万元，增加180.37%。

为了保护和合理利用矿产资源，提高资源利用效益，近年海南省开展了整顿和规范矿产资源开发秩序工作，编制了矿产资源开发利用规划，积极稳妥地推进矿产资源开发整合工作。至今,海南省矿业秩序治理整顿已初见成效,关闭了部分无采矿许可证的小矿,海南省小矿数量近两年来显著减少,各类矿产资源开发利用经济效益较大提高。

【探矿权登记发证情况】 2011年受理勘查登记190宗,已办结179宗(新立1宗,延续152宗,变更20宗,转让1宗,抵押1宗,保留3宗,注销1宗)。2011全年共投入各类勘查经费25763.13万元(其中中央财政资金957万元,地方财政资金2364.4万元,社会资金22441.73万元);2011年共计完成钻探106315米,坑探4897米,槽探34.4023万立方米,浅井3034米。

【勘查项目年检工作】 至2011年底,海南省共有固体矿产探矿权537宗,登记面积10672平方千米,其中部级发证23宗,省级发证514宗。2011年度应检探矿权537宗,实检537宗,年检率100%;全省实地抽查61宗,抽查率11.36%。

【矿产资源开采监督管理】 *1.采矿登记发证情况。*2011年度受理采矿登记28宗,正在办理5宗,退件1宗,办结22宗(其中划定矿区范围批复4宗,新立3宗,变更3宗,延续4宗,抵押1宗,注销1宗,开发利用方案备案6宗)。各市、县颁发采矿许可证33宗,其中延续26宗,变更7宗。

*2.矿山年检和矿产督察工作。*开展矿山年检工作,2011年海南省有证矿山329宗(不含油气、地热、矿泉水),应检矿山329宗,实检329宗,年检率100%;需要限期整改的矿山30宗,其中,部省级矿山18宗,市县级矿山18宗,对年检不合格的矿山责令限期整改。

*3.核查处理非法采矿行为。*2011年度,海南省查处乱采滥挖、浪费资源、破坏环境等矿山违法采矿行为75起,罚没款130.65万元,追缴矿产资源补偿费11.50万元;查处侵权越界行为10起,罚没矿石4.1588万吨,注销采矿许可证93个。

【水文地质、地质环境与地质灾害调查评价】 海南省开展水文地质、环境地质和地质灾害调查评价等项目130个,共投入经费5559.77万元,其中:中央财政2387万元,占总量的42.93%;地方财政2282.71万元,占总量的41.05%;社会资金890.06万元,占总量的16%。

分类项目实施情况:水文地质调查评价类项目共22个,投入各类资金共4401.92万元,其中中央财政资金共1987万元,地方财政资金共1991.1万元,社会资金共423.82万元。

环境地质调查评价类项目3个投入各类资金共415万元,其中中央财政资金共400万元,地方财政资金共15万元。

地质灾害调查类项目122个投入各类资金共742.85万元,其中地方财政资金共276.61万元,社会资金共466.24万元。

海南省地下水监测点设立情况:累计设立水位监测点125个(新增6个),水质监测点32个(新增6个)。由于历年来水井老化、市政工程破坏等原因,正在运行的水位监测点有34个,其中国家级点11个,省级点23个;正在运行的水质监测点有19个,国家级点9个,省级点10个。累计设立地质灾害群测群防点96个,2011年度没有新设立。

【地质科技研究与技术创新】 2011年海南省实施地质科技研究与技术创新项目9项,投入资金额度224.5万元,其中中央财政资金175万元,地方财政资金49.5万元。

【地质工作社会化服务】 2011年海南省馆藏有2030种成果地质资料,资料图文数字化累计完成2030种,地质资料数字化完成1737种。馆藏资料利用359份,共11107件,为194人次提供了地质资料服务,上网查询675502人次。

(海南省国土环境资源厅 陈 冠)

重 庆 市

【矿产资源概况】 截至2011年底,重庆市已发现69种矿产(含亚矿种),占全国172种矿产的(含亚矿种)40.1%;具有查明资源储量的矿产57种(能源矿产5种、金属矿产13种、非金属矿产37种、水资源矿产2种),占全国159种(含亚矿种)的35.8%。查明矿产资源储量排全国前10位的矿产主要有毒重石等17种,详见表1。

表1 2011年底重庆市主要矿产资源储量汇总

矿种	单位	资源量	查明资源储量
毒重石	矿石万吨	1533.96	2057.64
粉石英	矿石万吨	1775.00	1775.00
陶瓷用砂岩	矿石万吨	1091.00	1586.20
铁矾土	矿石万吨	13102.47	13102.47
水泥配料用泥岩	矿石万吨	8296.00	12196.00

续表 1

矿种	单位	资源量	查明资源储量
盐矿	NaCl 亿吨	0.51	0.61
	矿石亿吨	46.53	51.37
汞矿	汞吨	12397.00	14314.00
铸型用砂岩	矿石万吨	1126.00	1126.00
锶矿	天青石万吨	155.55	239.17
铝土矿	矿石万吨	4103.06	10993.24
镁矿	矿石万吨	7530.30	7739.20
玻璃用砂岩	矿石万吨	2097.00	4168.20
滑石	矿石万吨	276.80	346.70
重晶石	矿石万吨	432.61	739.97
砖瓦用砂岩	矿石万吨	24.00	151.40
天然气	亿立方米	剩余技术可采储量	累计探明地质储量
		1955.33	5433.18

【矿业权证发放】 截至 2011 年底，市级有效的勘查许可证和采矿权许可证 1031 个(图 1)，其中，勘查许可证 161 个(其中能源矿产 70 个，金属矿产 63 个，非金属矿产 28 个)；采矿权许可证 870 个(其中能源矿产 747 个，金属矿产 86 个，非金属矿产 28 个，水气矿产 9 个)。

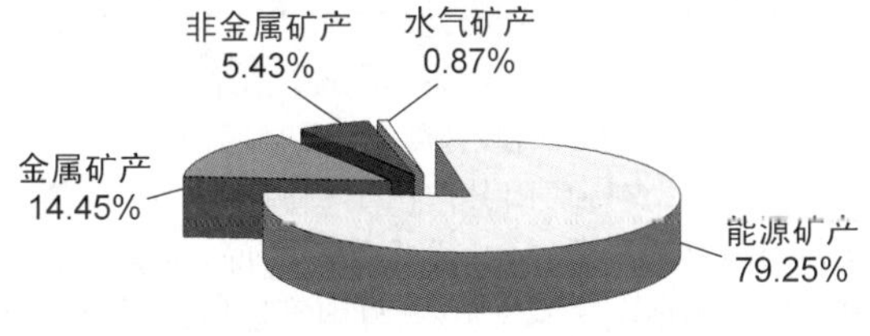

图 1　截至 2011 年底重庆市级有效的矿业权证情况(按矿种分)

【矿业权市场】 2011 年，市级批准采矿权转让 6 宗，转让合同金额 978.60 万元。重庆市采矿权出让 888 宗，共征收采矿权价款 6.03 亿元，其中市级采矿权出让 287 宗，采矿权价款合同金额 5.65 亿元，地质矿产勘查周转金合同金额 4.74 亿元。

2011 年征收入库矿产资源补偿费 1.99 亿元，上缴中央财政 9962.83 万元，同比增长 20.5%。

【地质勘查】 2011 年，重庆市地质勘查年度安排资金总额 4.72 亿元，同比增长 26.45%(图 2)。其中，中央财政安排资金 6846 万元，占总额的 14.50%，同比增长 11.52%；市级财政(含区县垫资)安排资金 3.10 亿元，占总额的 65.60%；区县垫资和社会投入资金 9396 万元，占总额的 19.90%。其中，基础性、公益性地质调查投入 1.39 亿元，占总量 29.5%，矿产资源勘查投入 3.33 亿元，占总量 70.5%。

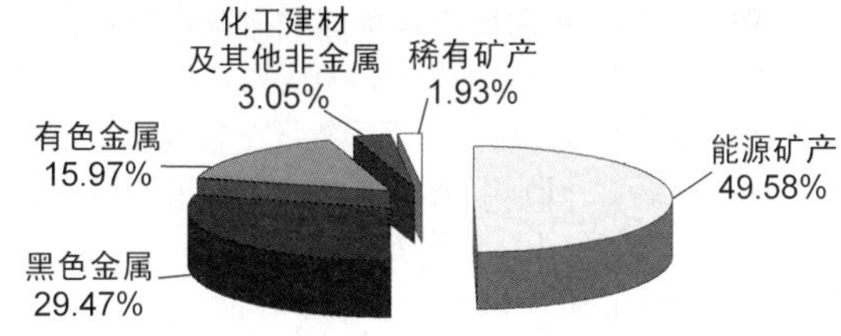

图 2　2011 年重庆市矿产勘查投入情况

获批中央财政国外矿产资源风险勘查专项资金项目 7 项，争取补助资金 3621 万元，支持重庆市博赛矿业(集团)有限公司在加纳阿瓦索开展红土型铝土矿勘查，川东南地质大队在赞比亚开展铁、铜、钴、铀、金等贵金属勘查。

2011 年，重庆市共实施矿产资源勘查项目 261 项(其中能源矿产 99 项，黑色金属 48 项，有色金属 65 项，化工建材及非金属 49 项)，完成阶段性勘查矿产地 43 处，其中普查 28 处，详查 11 处。

2011 年，重庆市新增查明矿产资源储量主要有：煤炭 29937.6 万吨、铝土矿 231.8 万吨、铁矿石 571.3 万吨、锰矿 612.4 万吨、锶矿 22.8 万吨、岩盐 11.5 亿吨、新增地热水井 2 口，单井水温大于 40℃，水量大于 1000 立方米/日。

【矿产资源整合】 2011 年，全年完成煤矿资源资产整合并颁发新采矿许可证的煤矿共 721 个(煤矿总数 744 个，其中新建矿 62 个)，占应发采矿许可证的煤矿总数的 97%。綦江县安稳煤矿、永川区祝胜煤矿获得全国第一批矿产资源整合先进矿山通报表彰。努力推进主城区采石场整合关闭，北碚区天府镇采石场由 8 家整合为 3 家，大渡口区小南海水泥灰岩矿由 12 家整合为 3 家，关闭了 38 家非煤矿山(沙坪坝区 8 家、巴南区 15 家、南岸区 2 家、渝北区 13 家)。

【矿产资源执法监察】 2011 年立案 69 件。按违法主体划分，个人违法 22 件，集体违法 3 件，企事业单位违法 44 件。

2011 年共结案 68 件(扣除处理上年未结案件 2 件)，结案率 98.55%；其中无证开采 16 件，越界开采 50 件，无证勘查 1 件，其他 1 件；收缴罚款 289.11 万元。

【地质灾害防治】 截至 2011 年底，重庆市已排查出地质灾害隐患点 1.7 万余处。

2011 年，重庆市共发生地质灾害 133 起，同比减少 70.44%，其中滑坡 78 起，崩塌 43 起，泥石流 1 起，地面塌陷11起。地质灾害造成2人死亡,4人受伤,造成直接经济损失约6400万元,同比增长36.17%。全年成功预报地质灾害16起,避免伤亡558人。

2011年,重庆市向国土资源部和财政部申请到中央特大地质灾害专项补助资金4005万元,对城口县咸宜乡场镇地质灾害综合整治工程等5个特大型地质灾害治理项目给予补助;申请到中央特大型地灾专项切块补助资金7599万元,对重庆文理学院卫星湖校区后山泥石流治理工程等14个项目给予补助。同时,市级地质灾害防治专项资金投入7232.3万元对17个工程治理项目、427个搬迁避让项目等地质灾害防治项目给予补助。

2011年,重庆市共完成地质环境影响评估2096个,其中规划类380个,建设类1716个(一级373个,二级572个,三级771个)。

2011年,重庆市连续第四年实施地质灾害防治搬迁避让"金土工程"。全市23个区县共搬迁避让受地质灾害威胁群众11938人,超额98.97%完成了市委市政府下达的目标任务。2008~2011年,重庆市共搬迁避让受威胁群众42916人。

【三峡库区地质灾害防治】 2011年,重庆市全面落实三峡库区175米试验性蓄水地质灾害安全监测与防范的各项措施。对库区5000多处地质灾害隐患点进行了再排查及检查,重点排查了受175米水位影响的1419处;安排200余名技术人员现场驻守,做好应急处置技术支撑;库区22个区县地防办和地质环境监测站共275人以及库区292个乡镇958名干部负责应急管理,6210名村社干部和群测群防员从事监测预警工作。成功处置巫山县望霞危岩、青石村滑坡、龚家坊危岩、云阳县峰包岭滑坡等重大地质灾害灾(险)情,创造了重庆库区连续十年地质灾害"零伤亡"的奇迹。

重庆市三峡库区三期第二批应急治理项目通过国家级最终验收。搬迁避让项目已实施完成438处,搬迁安置了56754人。2547处群测群防项目和210处专业监测项目运行良好。三峡后续工作规划通过国务院审批。全库区地质灾害防治后续工作规划总投资约139.86亿元,其中重庆市100.57亿元,占81.3%。

【地质环境监测和地质遗迹保护】 1.*"红层找水"民心工程和岩溶找水示范工程*。2011年,重庆市在14个区县共实施浅机井28500口,解决了约14万人的饮水困难,超额完成市委、市政府下达的目标任务。

2011年,重庆市在渝东南岩溶缺水地区开展岩溶找水示范工程并取得重大突破,分别在涪陵区的罗云乡、酉阳县的毛坝场镇等地实施岩溶深钻井9口,累计每天出水量8500吨,可解决约8万人的饮水困难。

2.*地下水动态监测*。重庆市共设地下水动态监测点32个,其中国家级监测点14个,市级监测点18个。分布于南岸区、沙坪坝区、北碚区、铜梁县、巴南区、九龙坡区、渝北区、合川区、长寿区、武隆县和万州区等11个区县。

3.*地热资源*。重庆市已查明的中低温地热水114处,其中:天然温泉26处,坑道温泉16处,钻井温泉72处。2011年,重庆市成功举办"中国温泉之都"授牌仪式。市政府第108次常务会审议通过《重庆市地热资源管理办法》(市政府第256号令),于2011年11月1日起施行。

4.*地质遗迹保护*。2011年,重庆市地质遗迹调查及保护利用规划项目通过野外资料验收,完成调查面积8.24万平方千米,调查地质遗迹点4712个,采集标本528件。2011年,重庆市向国家争取地质遗迹保护项目5个,争取中央财政补助资金1840万元。

2011年,支持酉阳县向国土资源部成功申报"重庆酉阳国家地质公园"。截至2011年底,重庆市已揭碑开园国家地质公园4个,获得国家地质公园建设资格的地质公园3个。其中綦江木化石-恐龙国家地质公园和万盛石林国家地质公园正在抓紧建设中。《重庆万盛石林国家地质公园规划》、《重庆綦江国家地质公园规划》已通过国土资源部组织的专家审查。重庆市正在大力推进大足玉龙山和北碚金刀峡申报市级地质公园的前期工作。重庆市地质公园情况见表2。

表2 **重庆市地质公园一览**

序号	地质公园名称	级别	所在位置	面积(平方千米)	批准时间(年)	开园时间(年)
1	重庆武隆岩溶国家地质公园	国家级	武隆仙女山、天生三桥、芙蓉洞和芙蓉江	454.70	2004	2005
2	长江三峡(重庆)国家地质公园	国家级	奉节、巫山、巫溪三县	12500.00	2004	2010
3	重庆黔江小南海国家地质公园	国家级	黔江区	197.00	2004	2005

续表 2

序号	地质公园名称	级别	所在位置	面积/平方千米	批准时间/年	开园时间/年
4	重庆云阳龙缸国家地质公园	国家级	云阳县	296.00	2005	2008
5	重庆綦江国家地质公园	国家级	綦江区	99.82	2009	
6	重庆万盛国家地质公园	国家级	綦江区	101.36	2009	
7	重庆酉阳地质公园	国家级	酉阳县	113.50	2011	

【矿山地质环境治理】 重庆市国土资源和房屋管理局印发《关于矿山地质环境恢复治理项目监督管理的补充通知》(渝国土房管发〔2011〕3 号),进一步规范矿山环境恢复治理项目管理。2011 年,共有 3 个项目治理工作全部完成并通过业主验收;7 个项目完成勘查评审审批,其中 4 个项目完成初步设计评审审批,进入施工招标程序。2011 年,重庆市向国家成功申报矿山地质环境恢复治理项目 2 个,共争取中央补助资金 3000 万元。

【矿山企业开发利用】 截至 2011 年底,矿山企业,3020 家(其中,大型矿山 46 家,中型 105 家,小型及其以下矿山 2869 家)。3020 家矿山企业中,有 115 家已在 2011 年 12 月 30 日前关闭,2011 年底实际持证矿山数为 2905 家。

2011年重庆市矿业从业总人数197312人,年产矿量 15972 万吨,工业总产值为 23221115 万元,利润总额 186899 万元。

与 2010 年相比,相关指标变动情况见表 3 和表 4。2011 年度重庆市非油气矿产资源开发利用情况见表 5。

表 3　重庆市矿山经济指标总体对比情况

项目	2010 年度	2011 年度	增减数	增减幅度
矿山企业个数(个)	3381	3020	-361	-10.7%
从业人数(人)	205189	197312	-7877	-3.8%
年产矿石摄(万吨)	16075	15972	-103	-0.6%
工业总产值(万元)	1879834	2322115	+442281	+23.5%
利润总额(万元)	154616	186899	+32283	+20.8%

表 4　重庆市主要矿种与 2010 年相比变动情况

矿种	矿山数量增减(个)	年产矿石量增减量(万吨/万立方米)	增减幅度(%)	工业总产值增减量(万元)	增减幅度(%)
煤炭	-130	-32.98	-0.8%	+237976	+18.9
地热水	+19	+20	+6.9	+562	+13.4
铁矿	0	-7.5	-83.33	-800	-44.44
锰矿	+2	+36.39	+27.5	+2628.31	+2.37
锌矿	+1	+2.59	+147.16	+7744	+540.78
铝土矿	0	+29.76	+109.41	+5716.8	+273.48
锶矿	-1	-2.1	-26.92	-545,4	-20.63
普通萤石	0	-4.01	-17.43	+199	+1.84
耐火黏土	0	-0.85	-16.83	-113.7	-10.28
盐矿	0	+116.4	+256.95	+43550.23	+340.51
水泥用灰岩	-18	+665	+23.2	+54297	+29.9
建筑石料用灰岩	-90	-164	-2.7	-35	-0.2
砖瓦用页岩	-79	-167.39	-11.06	+34402.11	+40.24

表 5　　2011 年度重庆市非油气矿产资源开发利用情况表(按矿种分列)

矿种	矿山企业数(个)					从业人员(人)	年产矿量(万吨)	实际采矿能力(万吨/年)	工业总产值(万元)	综合利用产值(万元)	矿产品销售收入(万元)	利润总额(万元)
	合计	大型	中型	小型	小矿							
合计	3020	46	105	2177	692	197312	15972.83	18510.83	2322115.3	344395.34	2080202.61	186899.26
煤炭	723	5	17	409	292	135816	3856.51	4264.89	1493310.03	220372.21	1438628.77	131476.35
石煤	1	0	0	0	1	5	1	1	70	0	70	7
地下热水	28	1	7	20	0	1138	292.85	0	4753.51	0	1023.1	605
铁矿	7	0	1	6	0	419	1.5	1.5	1000	0	456	-1200
锰矿	65	0	5	60	0	6160	177.49	173.51	113407.24	5592	97975.02	8045.2
钒矿	1	0	0	1	0	20	0	0	0	0	0	0
锌矿	9	0	0	1	8	369	4.35	8.5	9176	321	9176	1517.95
铝土矿	7	0	2	5	0	1326	56.96	56.96	7807.2	0	4307.2	150
汞矿	10	0	0	6	4	155	21.12	17.44	1550	880	330	80
锶矿	11	0	0	9	2	1457	6.2	6.6	2097.8	0	2034.8	773
普通萤石	51	0	6	34	11	599	41.39	53.59	10997	6900	4073.4	1607.07
熔剂用灰岩	9	0	0	7	2	1038	123.02	125.02	19047.2	0	2391.87	706.08
冶金用白云岩	4	1	0	3	0	211	72.4	77.4	2715	500	2715	200
冶金用石英岩	3	0	0	3	0	90	4	4	140.1	0	112.2	25.2
冶金用砂岩	13	0	0	11	2	242	11.01	12.51	423.3	0	365.7	51.87
铸型用砂岩	1	0	0	1	0	20	5	5	200	0	200	40
铸型用砂	2	0	0	2	0	25	3.47	3.47	12.49	129	122.16	8.67
耐火黏土	13	0	1	11	1	103	4.2	29.2	992.3	500	505.92	178.8
硫铁矿	3	0	0	3	0	501	0	3	0	0	0	0
重晶石	37	1	3	32	1	337	19.2	47.9	2720	1880	640	330
毒重石	14	0	2	11	1	600	35.1	32.6	17922.1	0	17412.04	2074.71
电石用灰岩	3	0	0	0	3	52	40.9	41	1018	0	970	282
化工用白云岩	1	0	0	1	0	10	1.2	1.2	144	0	144	14.4
化肥用石英岩	2	0	0	2	0	40	0	10	0	0	0	0
盐矿	3	2	0	1	0	1562	161.7	146	56340	30660	49729.23	507.5

续表 5-1

矿种	矿山企业数					从业人员（人）	年产矿量（万吨）	实际采矿能力（万吨/年）	工业总产值(万元)	综合利用产值（万元）	矿产品销售收入（万元）	利润总额（万元）
	合计	大型	中型	小型	小矿							
硅灰石	4	1	0	3	0	60	15	15	300	60	180	60
滑石	1	0	0	1	0	78	8	8	240	2	240	67
石膏	44	0	0	29	15	903	75.95	129.1	3464	285	3359	341.2
方解石	24	0	0	21	3	263	10.4	40.5	1761	1000	786	330
玻璃用灰岩	1	0	0	1	0	13	4.06	4.06	324.8	0	324.8	65
水泥用灰岩	171	11	9	134	17	4785	3531.07	4370.96	235860.63	2100.5	181980.48	5874.96
建筑石料用灰岩	800	2	5	584	209	14059	5100.51	5877.73	127441.01	20270.86	110825.8	11895.38
饰面用灰岩	12	0	0	6	6	99	26.8	50.2	2104.5	0	2090.5	711.6
制灰用石灰岩	18	0	0	13	5	276	150	175.5	3778	348	3900	326
建筑用白云岩	2	0	1	1	0	20	5.7	5	200	200	160	10
玻璃用石英岩	15	0	1	12	2	371	51.13	53.13	5033.9	305	4373.9	-139.62
玻璃用砂岩	7	0	3	3	1	39	0	38.22	0	0	0	0
水泥配料用砂岩	28	0	3	23	22	580	118.09	191.17	40624.21	23614.68	2074.75	227.13
砖瓦用砂岩	1	0	0	1	0	26	2.6	2.6	55	0	55	23
陶瓷用砂岩	6	0	0	6	0	98	8	12	265.5	55	265.5	13
建筑用砂岩	95	0	4	74	17	1579	210.79	276.89	6146.65	837	5556.1	1049.54
玻璃用砂	5	0	0	5	0	82	8	11	1630	400	1200	60
建筑用砂	11	0	0	8	3	161	28.92	43.5	714.62	105	376.42	78.9
水泥配料用砂	7	0	0	1	6	45	11.16	11.16	169.45	0	168.42	30
水泥配料用脉石英	1	0	0	0	1	7	0.2	0.2	40	0	40	5
陶粒页岩	1	0	0	1	0	6	1	1	490	0	490	22

续表 5－2

矿种	矿山企业数(个)					从业人员(人)	年产矿量(万吨)	实际采矿能力(万吨/年)	工业总产值(万元)	综合利用产值(万元)	矿产品销售收入(万元)	利润总额(万元)
	合计	大型	中型	小型	小矿							
砖瓦用页岩	589	0	25	505	59	17955	1419.92	1707.94	119892.48	24198.09	107277.46	16459.96
水泥配料用页岩	9	0	0	9	0	103	18.2	39.93	502.6	0	502.6	136.5
建筑用页岩	78	0	4	68	6	2003	147.82	177.66	14204.98	1128	12932.23	1483.9
高岭土	6	0	0	5	1	63	3.5	9.5	427	16	427	22.5
陶瓷土	2	0	0	1	1	43	1	1	20	0	20	0.5
凹凸棒石黏土	1	0	0	1	0	8	0.2	0.2	1000	100	600	89
伊利石黏土	3	0	1	2	0	44	3.77	3.77	179	0	166	5.69
累托石黏土	1	0	0	1	0	2	0.02	0	0	0	0	0
陶粒用黏土	7	0	2	4	1	128	9.4	9.4	378.62	235	258.62	28.5
水泥配料用黏土	2	0	0	0	2	9	0	3	0	0	0	0
保温材料用黏土	1	0	0	1	0	20	0	0	0	0	0	0
水泥用凝灰岩	1	0	0	1	0	25	0.2	0.2	15	1	15	1
饰面用大理石	27	22	1	1	3	489	34.3	84	4172	1400	1724	43
饰面用板岩	1	0	0	1	0	2	0	0	0	0	0	0
片石	4	0	1	2	1	78	11.35	26.12	1033.12	0	888.12	7.9
砚石	1	0	0	0	1	1	0	0	0	0	0	0
矿泉水	9	0	1	6	2	460	6.31	0	3395.96	0	3369.5	75.92
其他矿产1	3	0	0	3	0	33	8.9	8.9	291	0	193	16

（重庆市国土资源房屋管理局）

四 川 省

【矿产资源概况】 1.查明矿产资源。截至2011年底，四川省已发现矿种135种，按亚矿种算为166种。具有查明资源储量的矿种有82种，按亚矿种计算为101种。这些矿产包括：

①能源矿产：4种，包括：煤炭，石油，天然气，铀。

②金属矿产：35种，包括：铁，锰，铬，钛，钒，铜，铅，锌，铝土，镁矿，镍，钴，钨，锡，铋，钼，汞，锑，铂族金属，金，银，铌，钽，铍，锂，锆，铷，铯，稀土(轻稀土矿)，锗，镓，铟，镉，硒，碲。

③非金属矿产：41种，亚矿种60种，包括：盐矿，磷

矿,硫铁矿,芒硝,菱镁矿,萤石(普通萤石、光学萤石),石灰岩(水泥用灰岩、熔剂用灰岩、化肥用灰岩、电石用灰岩),白云岩(冶金用白云岩、玻璃用白云石),脉石英(冶金用脉石英、玻璃用脉石英),石英岩(冶金用石英岩),砂岩(冶金用砂岩、铸型用砂岩、玻璃用砂岩、水泥配料用砂岩、砖瓦用砂岩),铸型用砂,黏土(耐火黏土、海泡石黏土、高岭土、陶瓷土、水泥配料用黏土),膨润土,白垩,硅藻土,蛇纹岩(熔剂用蛇纹岩、化肥用蛇纹岩),重晶石,毒重石,含钾岩石,钾盐,碘矿,溴矿,砷矿,硼矿,石墨,水晶(压电水晶、熔炼水晶),滑石,石棉(石棉、蓝石棉),云母,长石,石榴子石,石膏,玉石,页岩(砖瓦用页岩、水泥配料用页岩、含钾砂页岩),水泥配料用泥岩,建筑用玄武岩,饰面用花岗岩,霞石正长岩,饰面用大理岩,砚石。

④水气矿产:2 种,包括:地下热水,矿泉水。

2011 年,进入四川省查明矿产资源储量统计表的亚矿种有 96 种,未包括石油、天然气、铀矿、地下热水和矿泉水。

四川有查明矿产资源储量的(亚)矿种按以上 4 大类划分(图 1)。

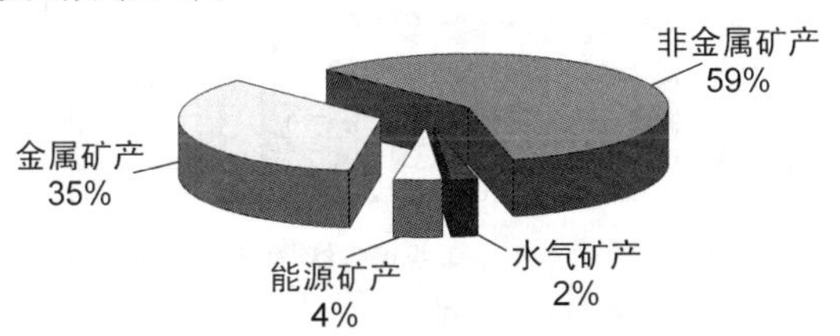

图 1　2011 年四川省查明资源储量矿产种类构成

2. *查明及开发利用矿产在全国的排位*。根据国土资源部《2010 年全国矿产资源储量通报》的最新统计,除石油、水气矿产外,包括天然气在内,四川省查明及开采利用的矿种,包括同一矿种的不同矿产形式,其排位情况如下:

①36 种矿产在全国同类矿产中居前三位,有 57 种居前五位:

第一位:钒矿(V_2O_5),钛矿(TiO_2),锂矿(Li_2O),砂金,硫铁矿(矿石),芒硝(矿石),轻稀土矿(氧化物总量 2010 年未纳入统计,据 2009 年统计资料),盐矿(矿石),熔炼水晶,光学萤石,饰面用石灰岩,铸型用砂岩,砚石,白垩,共 14 种。

第二位:铁矿,钴矿,铂钯矿(未分),镉矿,天然气,化肥用石灰岩,石墨,石棉(矿物),共 8 种。

第三位:铂族金属(合计),铂矿(金属量),钯矿(金属量),铍(绿柱石),锂矿(LiCl、锂辉石),锆矿(ZrO_2),熔剂用石灰岩,毒重石,石榴子石(矿石),碘矿,溴矿,天然沥青,砖瓦用砂岩,共 14 种。

第四位:富锰矿,镍矿,锗矿,炼镁白云岩,熔剂用蛇纹岩,富磷矿($P_2O_5>30\%$),蓝石棉,玻璃用白云岩,海泡石黏土,共 9 种。

第五位:富铁矿,富铬矿,铯矿(Cs_2O),钽矿(Ta_2O_5),磷矿,钾盐(KCl),含钾岩石,霞石正长岩,云母(片云母),水泥用石灰岩,建筑用页岩,硅藻土,共 12 种。

②排第六至第十位的矿产:

第六位:铅矿,锌矿,铷矿(Rb_2O),硒矿,硼矿(B_2O_3),菱镁矿,冶金用砂岩,芒硝(Na_2SO_4),水泥配料用泥岩,玻璃用砂岩,饰面用大理岩,11 种。

第七位:锰矿,铌矿(Nb_2O_5),玻璃用脉石英,压电水晶(单晶),共 4 种。

第八位:富铜,水泥配料用砂岩,砖瓦用页岩,共 3 种。

第九位:锡矿,金矿(总量),铝土矿,高铝黏土,硬质黏土,富硫铁矿($S>35\%$),共 6 种。

第十位:含钾砂页岩,冶金用石英岩,共 2 种。

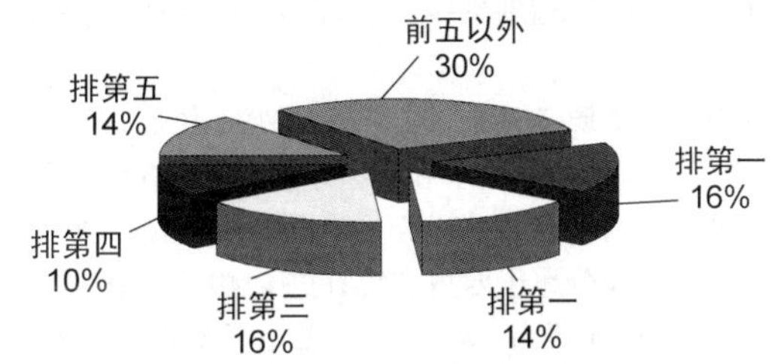

图 2　2011 四川有关矿产在全国排位构成

四川有查明资源储量在全国排前 5 位的矿产其数量构成如图 2 所示。排全国第 1 位的 14 个矿产中,白垩为四川省独有,其余 13 个矿产查明资源储量占全国同类矿产总量的百分比见表 1 和图 3。

表 1　四川在全国排第一位矿产占全国总量的百分比

序号	矿种	资源储量单位	查明资源储量		百分比(%)
			全国	四川省	
1	白垩	矿石 万吨	3.5	3.5	100.00
2	砚石	矿石 万吨	5463.3	5432.8	99.44
3	光学萤石	矿物 千克	247.0	228.0	92.31
4	钛矿	TiO_2万吨	67883.26	59339.70	87.41
5	盐矿	矿石 亿吨	216.13	180.51	83.52
6	芒硝	矿石 亿吨	258.49	185.61	71.81
7	锂矿	Li_2O 万吨	261.46	144.45	55.25
8	钒矿	V_2O_5万吨	4381.85	1763.39	40.24
9	轻稀土矿	氧化物 万吨	433.1	174.3	40.24
10	饰面用石灰岩	矿石 万立方米	14363.70	4489.00	31.25
11	铸型用砂岩	矿石 万吨	8238.68	2286.4	27.45

续表 1

序号	矿种	资源储量单位	查明资源储量		百分比（%）
			全国	四川省	
12	砂金	金，吨	512.86	127.75	24.91
13	熔炼水晶	矿物 吨	7169.00	1774.00	24.75
14	硫铁矿	矿石 万吨	569020.88	110041.85	19.34

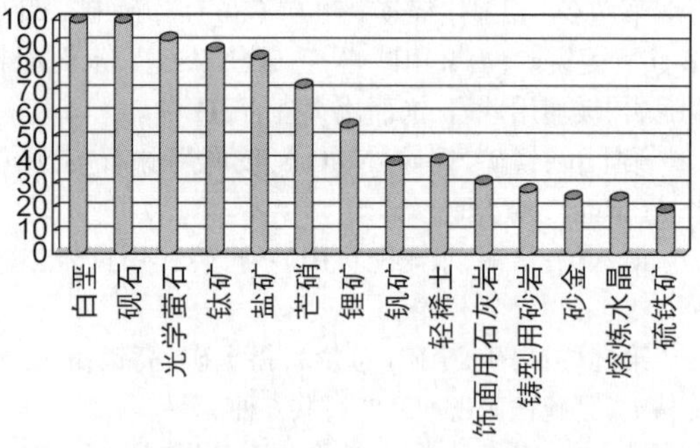

图 3　四川在全国排第一位矿产占全国总资源储量百分比

【查明矿产资源年度统计】　截至 2011 年底，除石油、天然气、铀矿、地下热水和矿泉水以外，有查明资源储量，进入四川省查明矿产资源储量统计表的有 96 个矿种，其矿产地分布于四川省统计的 2149 个矿区。其矿产地数量按矿类分：煤 616 个，黑色金属矿产 256 个，有色金属矿产 371 个、贵金属矿产 160 个，稀有及稀土金属产 81 个，冶金辅助原料非金属矿产 68 个，化工原料非金属矿产 226 个，建材和其他非金属矿产 371 处，其构成见图 4。

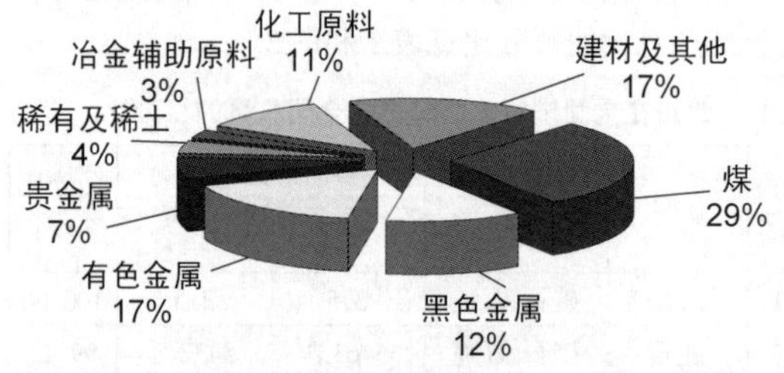

图 4　2010 年四川有查明资源储量矿产地数量构成

注：四川省天然气、石油、铀矿、地下热水、矿泉水等矿产的查明资源储量，未参加上述统计。

【查明矿产资源储量年度变化】　根据年度统计，四川主要矿产的保有资源储量在 2011 年都有变化。其中，煤、铁、锰、钛、铜、铅锌、锂、（轻）稀土、岩盐、硫铁矿、磷等矿产有所减少，钒、金、银、芒硝、水泥用灰岩等矿产则有所增加，铂族金属、晶质石墨矿等基本无变化。其变化原因主要为开采消耗，有新增查明资源储量，核实重算对矿产保资源储量数据的增减也有较大影响（图 5～22）。

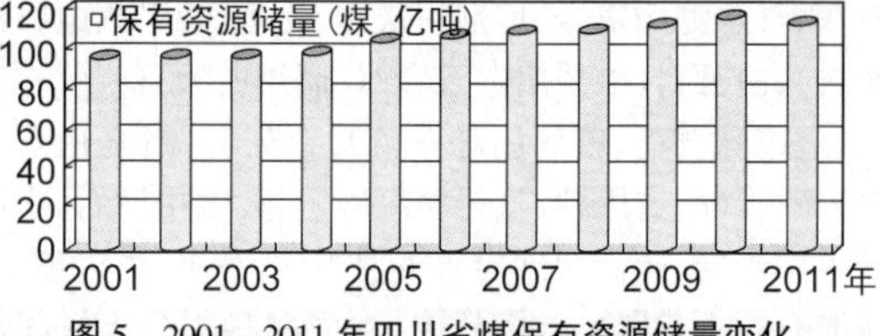

图 5　2001～2011 年四川省煤保有资源储量变化

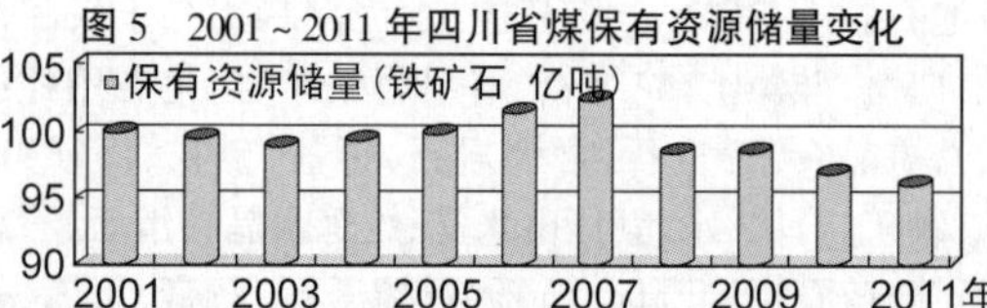

图 6　2001～2011 年四川省铁矿保有资源储量变化

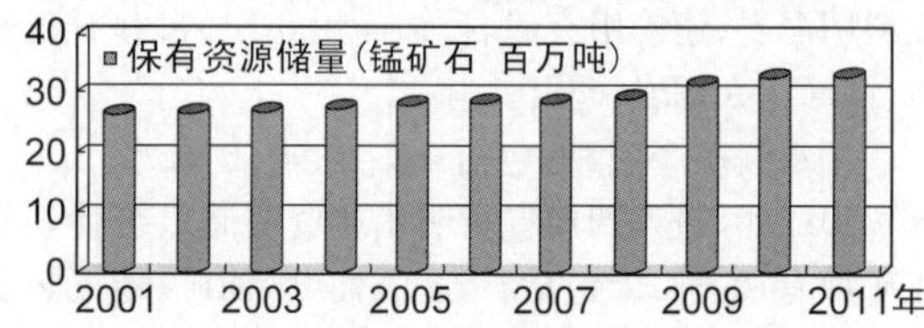

图 7　2001～2011 年四川省锰矿保有资源储量变化

图 8　2001～2011 年四川省钛（矿石 TiO_2）保有资源储量变化

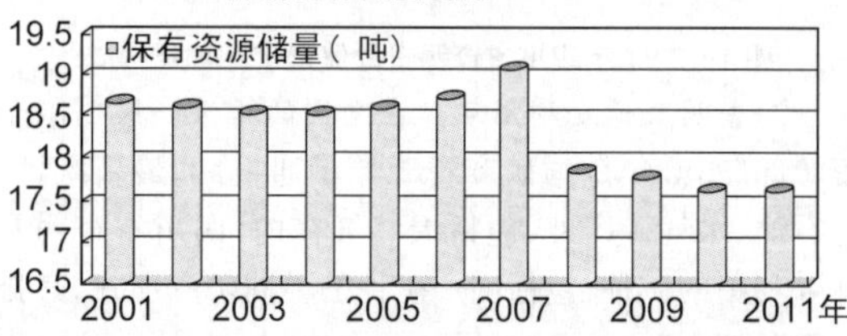

图 9　2001～2011 年四川省钒（V_2O_5）保有资源储量变化

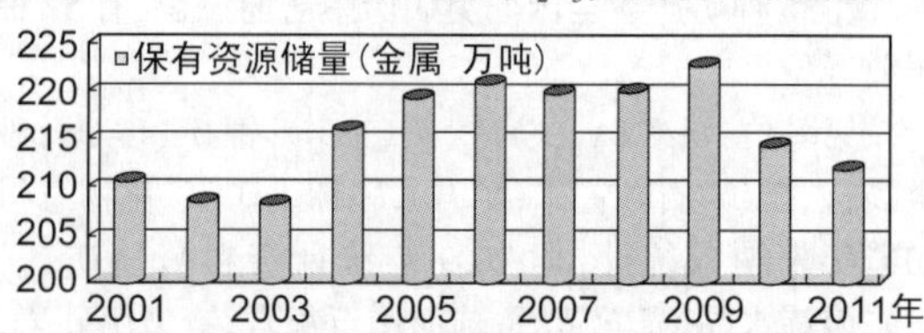

图 10　2001～2011 年四川省铜保有资源储量变化

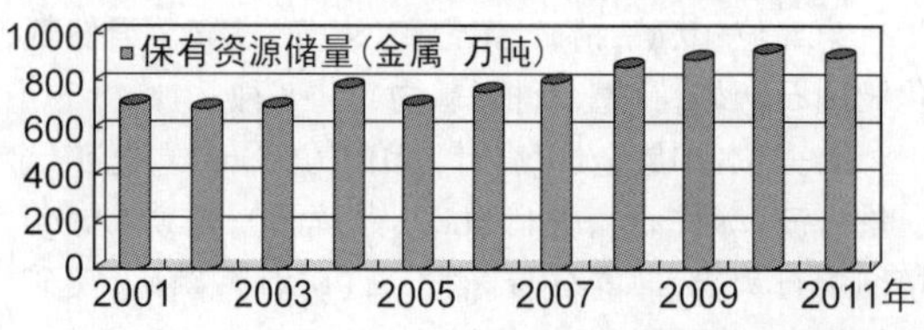

图 11　2001～2011 年四川省铅锌保有资源储量变化

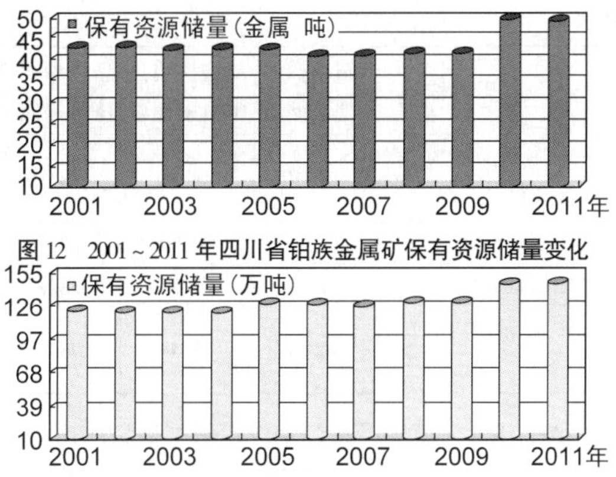

图 12　2001～2011 年四川省铂族金属矿保有资源储量变化

图 13　2001～2011 年四川省锂(Li_2O)保有资源储量变化

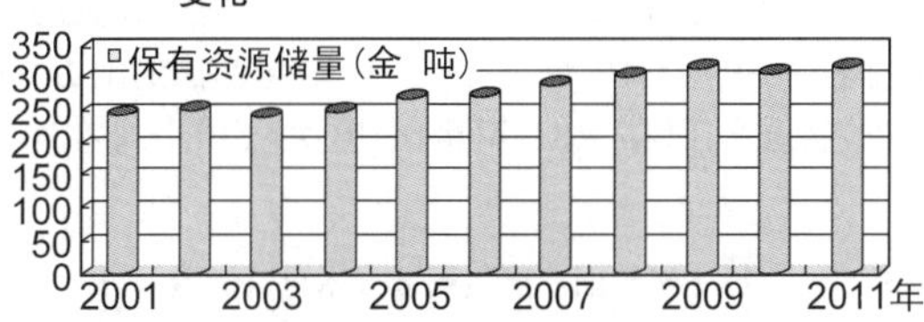

图 14　2001～2011 年四川省金保有资源储量变化

图 15　2001～2011 年四川省银保有资源储量变化

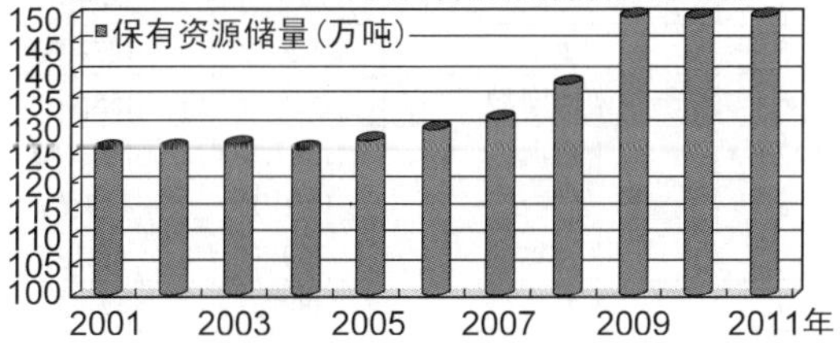

图 16　2001～2011 年四川省轻稀土(氧化物)保有资源储量变化

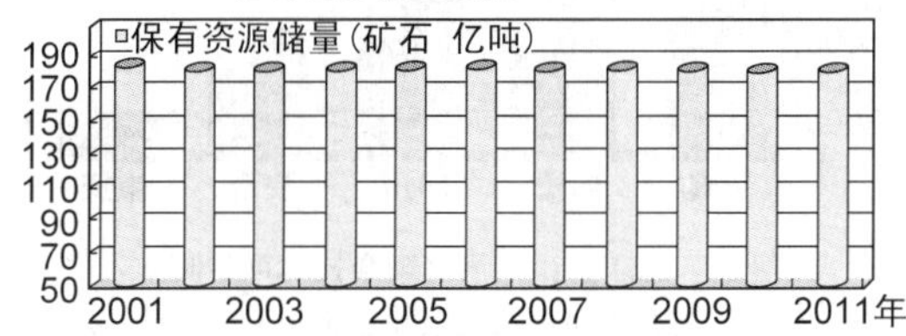

图 17　2001～2011 年四川省岩盐矿保有资源储量变化

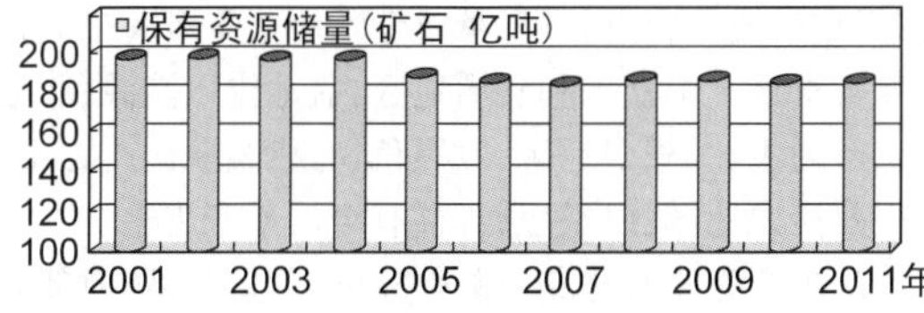

图 18　2001～2011 年四川省芒硝矿保有资源储量变化

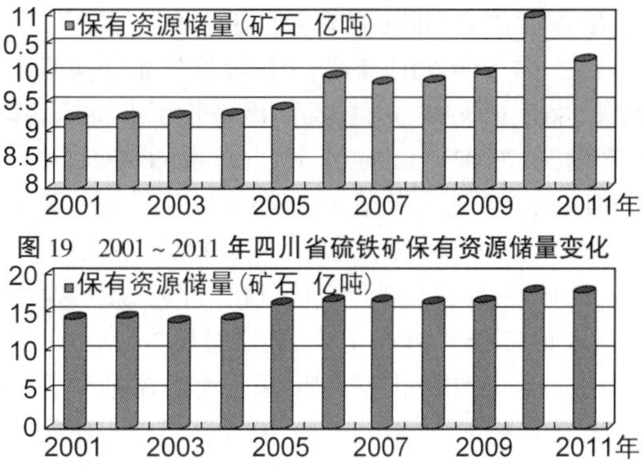

图 19　2001～2011 年四川省硫铁矿保有资源储量变化

图 20　2001～2011 年四川省磷矿保有资源储量变化

图 21　2001～2011 年四川省水泥用灰岩保有资源储量变化

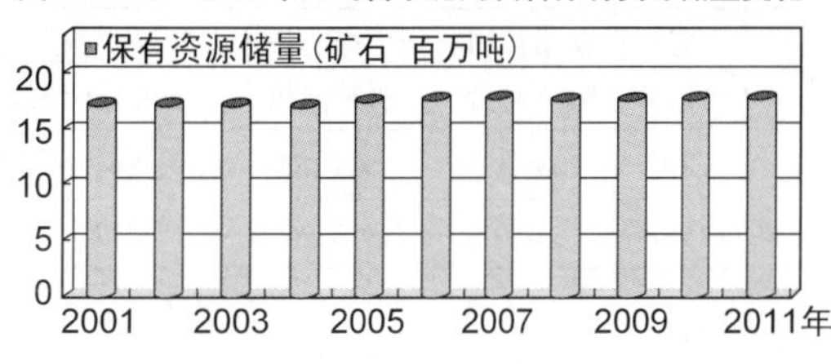

图 22　2001～2011 年四川省晶质石墨保有资源储量变化

【石油和天然气资源】　1. 石油资源。根据 2011 年全国油气矿产储量通报，截至 2011 年底，全国石油累计探明地质储量 327.41×10^8 吨，同比增长 4.3%，其中已开发 247.15×10^8 吨，占总量 75.5%，未开发 80.26×10^8 吨，占总量 24.5%。四川省属于少油地区，其地质储量位于全国省市区的前 10 名之外。但是四川省 2011 年凝析油新增探明的地质储量列入了全国大于 100 万吨的 3 个省(区或海域)之一，并排于第一位(表 2)。

表 2　2011 年全国凝析油新增探明地质储量大于 100×10^4 吨的省(区或海域)　单位：$\times 10^4$ 吨

序号	省(区或海域)	新增探明地质储量	新增探明技术可采储量	新增探明经济可采储量
1	四川(安岳)	1393.27	334.38	147.51
2	新疆	468.73	123.32	110.50
3	东海海域	168.41	49.58	49.01

2. 天然气资源。根据 2011 年全国油气矿产储量通报，截至 2011 年底，全国天然气(包括气层气、溶解

气)勘查新增探明地质储量 7224.82×10^8 立方米,同比增长 22.2%。至 2011 年底,全国天然气累计探明地质储量 98683.91×10^8 立方米,同比增长了 8.0%。其中已开发 59179.07×10^8 立方米,占总量 60.0%;未开发 39504.84×10^8 立方米,占总量 40.0%。

四川省是天然气中气层气资源较为丰富的省(区、市及海域)之一。2011 年全国气层气勘查新增探明地质储量 6486.05×10^8 立方米,同比增长 26.2%。

2011 年,全国气层气新增探明地质储量大于 1000×10^8 立方米的省(区)有 2 个,合计新增探明地质储量 4498.10×10^8 立方米,占总量的 69.4%;新增探明技术可采储量 2424.08×10^8 立方米,占总量的 68.4%;新增探明经济可采储量 1521.73×10^8 立方米,占总量的 61.6%。四川是其中之一,并排第 1 位(表 3,图 23)。

表 3　2011 年全国气层气新增探明地质储量大于 1000×10^8 立方米的省(区)

单位:×10^8 立方米

序号	省(区)	新增探明地质储量	新增探明技术可采储量	新增探明经济可采储量
1	四川	2605.19	1430.82	844.26
2	内蒙古	1892.91	993.26	577.47

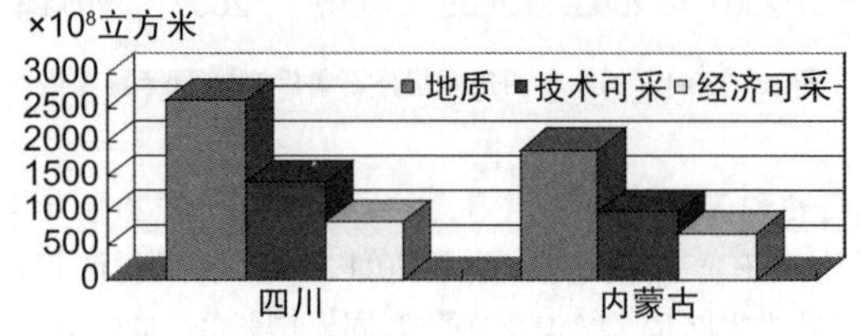

图 23　2011 年新增探明气层气储量主要地区

2011 年全国气层气新增探明地质储量大于 100×10^8 立方米的气田有 10 个,四川省中石油西南安岳排名第 3(表 4)。

表 4　2011 年全国气层气新增探明地质储量大于 100×10^8 立方米的气田

单位:×10^8 立方米

序号	气田名称	新增探明地质储量	新增探明技术可采储量	新增探明经济可采储量
1	中石油长庆苏里格	1717.55	911.44	630.91
2	中石化南方元坝	1498.40	925.23	565.33
3	中石油西南安岳	910.72	409.83	210.85
4	中石油塔里木大北	506.20	329.03	283.34
5	中石油吉林龙深	317.87	135.86	85.70
6	中石化华北大牛地	241.53	120.77	63.79

续表 4

序号	气田名称	新增探明地质储量	新增探明技术可采储量	新增探明经济可采储量
7	中海油深圳流花名 29-1	153.45	98.35	98.35
8	中石油吐哈巴喀	132.35	50.30	42.58
9	中石油青海台南	110.26	51.57	38.73
10	中海油湛江东方 1-1	108.97	73.43	73.41

2011 年,全国气层气剩余技术可采储量前 10 位的省(区、市或海域)合计有 37201.08×10^8 立方米,占全国总量的 97.6%;剩余经济可采储量 27506.03×10^8 立方米,占全国总量的 98.3%。四川省在这前 10 位的省中排名第 3(表 5,图 24)。另外,中石化勘探的南方(四川省)普光气田在 2011 年全国 10 大气田中排在第 2 位。

表 5　2011 年全国气层气剩余技术可采储量前 10 位的省(区、市或海域)

单位:×10^8 立方米

序号	省(区、市或海域)	剩余技术可采储量	剩余经济可采储量
1	新疆	8426.10	7265.22
2	内蒙	8018.15	5209.16
3	四川	7980.10	5515.70
4	陕西	5242.30	3869.49
5	重庆	19.55.33	1279.20
6	南海海域	1825.18	1555.61
7	青海	1314.61	1178.40
8	黑龙江	1170.80	748.63
9	吉林	780.34	431.38
10	东海海域	488.17	471.54

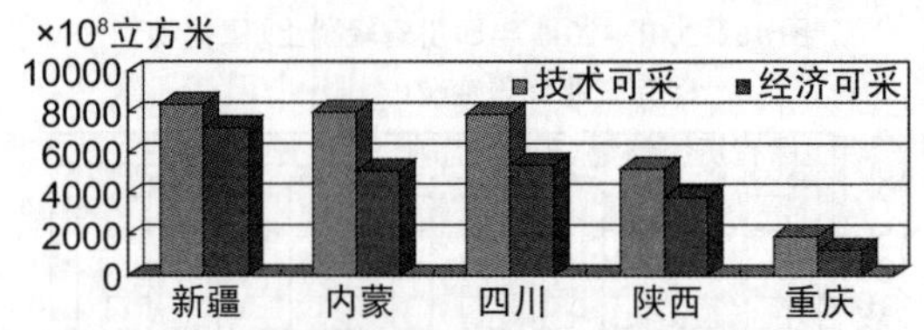

图 24　2011 全国气层气剩余技术可采储量前五位的省(区、市或海域)

【四川矿产资源特点】　1.矿产资源的分布形成了三大资源集中区。①盆地和盆周地区:盆地内以能源、非金属矿产为主;②攀西地区:以黑色、有色金属矿产为主;③川西高原地区:以贵金属、稀有金属矿产为主。

2.矿产资源的特点。矿种齐全、总量丰富,但部分矿产人均资源占有量低;矿产资源多分布在三大资源集中区,交通方便,配套程度较高,有利于开发建设;共、伴生矿产多,有综合利用价值,但采、选、冶有一定难度;重要矿产富矿不足,但具有良好的找矿前景。

【矿产资源储量管理】 1.*资源储量管理专项工作*。根据国土资源部的部署,由2007年开始,至2010年必须完成的四川省矿产资源利用现状调查专项工作,需开展25个矿种1153个矿区的资源储量核查,预算经费约9723万元。因遭受"5.12"特大地震、工作经费未及时落实等原因,该项工作的正常开展受到影响。省政府及国土资源厅对该项工作相当重视,在积极投入省内灾后重建各项工作的同时,实现了项目的组织保证和经费保障,2011年该项工作完成。

2011年,加快推进矿产资源利用现状调查项目,截至2011年底,四川已全面完成部要求的24个矿种936个核查矿区的核查工作,在规定期限内提交了成果报告和数据库,并分八批报全国项目办,通过了审查。

2.*矿产资源储量评审备案*。2011年,共完成各类矿产资源储量评审备案174份,其中:储量核实报告153份,地质勘查报告21份。按照川国土资发(2006)61号文规定,对全省29个违法开采矿山(点)破坏矿产资源的储量调查报告,按程序进行了合规性审查、鉴定。

3.*矿产资源储量登记*。2011年办理了各类矿产资源储量登记283件,其中占用储量量登记228件。查明储量登记52件,压覆储量登记3件。在228件占用矿产资源储量登记中,有煤矿180件,黑色金属矿9件,有色金属矿16件,稀有、稀土金属矿2件,水泥原料非金属矿5件,化工原料非金属矿14件,水气矿产2件(图25)。按矿山建设规模分,大型8个,中型11个,小型185个,小矿24个(图26)。按登记性质划分:申请采矿权的14件,采矿权延续的30件,扩大矿区范围的8件,转让采矿权的8个,涉及矿产资源整合的168个(图27)。

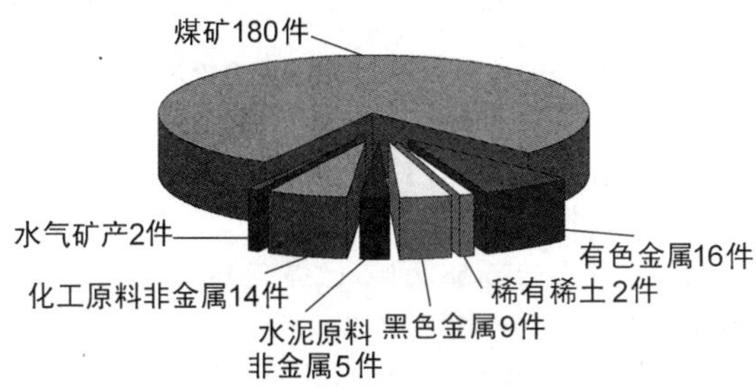

图25　2011年四川省登记矿产类别构成

在52件查明资源储量的登记中,根据矿产类型分:有煤矿7处,有色金属矿产12处,贵金属矿产6处,稀有、稀土矿产3处,黑色金属矿产5处,水泥建材非金属矿产3处,化工原料非金属矿产3处,冶金辅助原料矿产1处,饰面石材矿产4处,玻璃原料矿产1处,水气矿产7处(图28)。按矿区规模分:有大型6处,中型13处,小型33处(图29)。按工作程度分:有勘探12处,详查38处,普查2处(图30)。

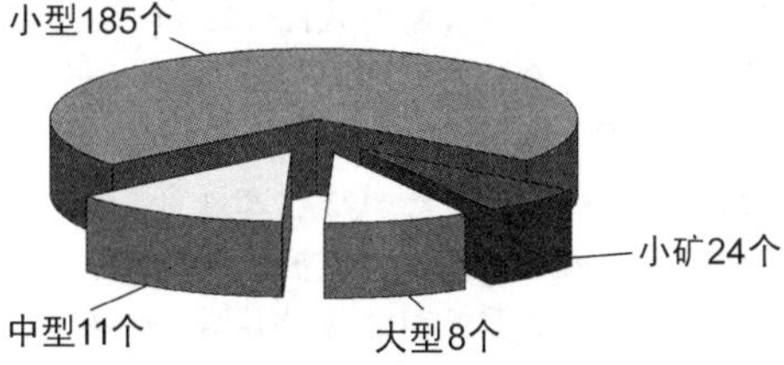

图26　2011年四川省登记矿山建设规模构成

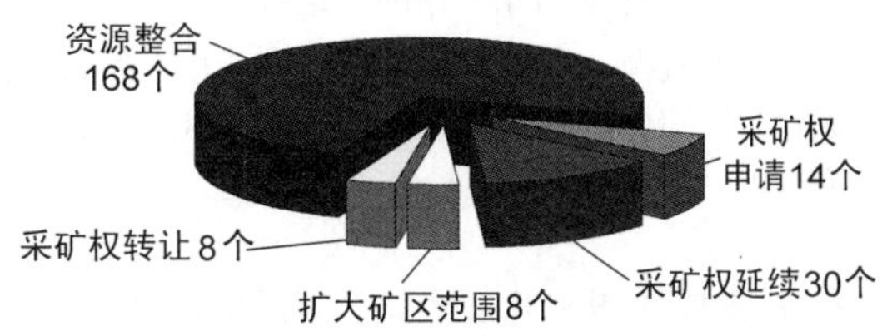

图27　2011年四川省登记申报性质构成

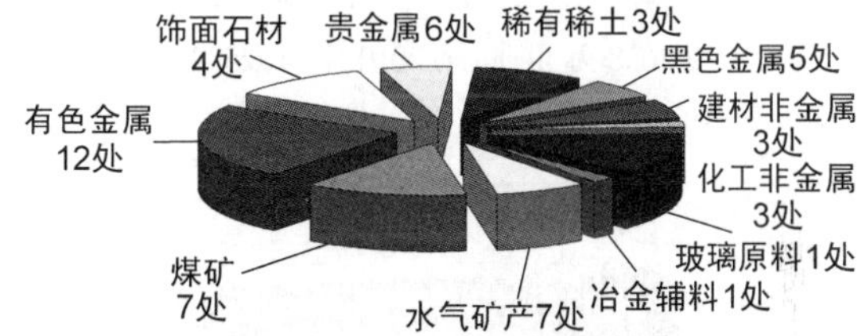

图28　2011年四川省查明矿产资源登记矿产类别构成

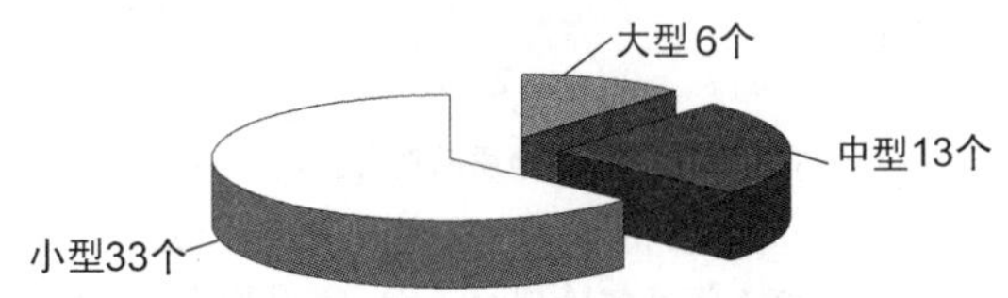

图29　2011年四川省查明矿产登记矿区规模构成

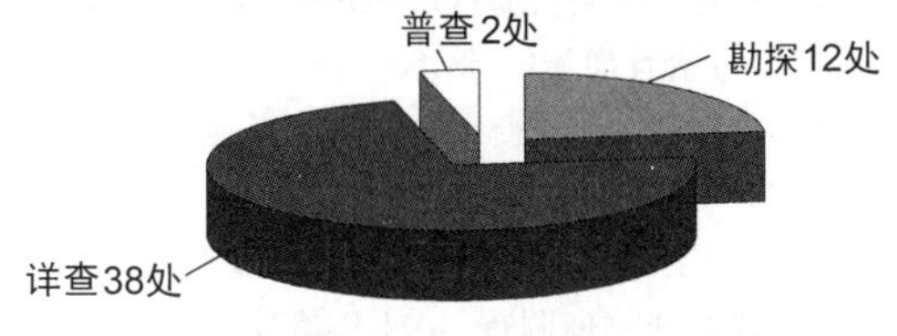

图30　2011年四川省查明矿产登记勘查程度构成

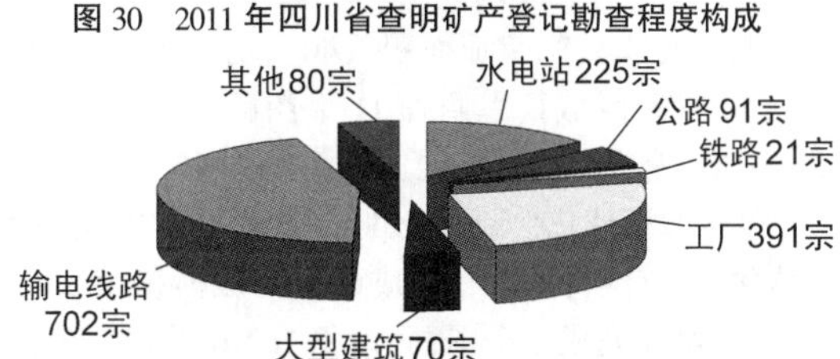

图31　2011年四川省建设压覆矿产资源项目性质结构

3. *矿产资源储量统计*。2011年，四川共有7522个矿山列入统计。

4. *建设项目压覆矿产资源审查和审批*。2011年，四川省国土资源厅共受理建设项目压覆矿产资源情况调查1580宗，是2010年同期工作量的约三倍，其中：水电站225宗，公路91宗，铁路21宗，工厂391宗，大型建筑物（建筑群）70宗，输电线路702宗，其他项目80宗（图31）。对存在压覆矿产的全部45个项目严格按程序进行了压覆审批。

5. *矿产资源储量动态监管*。2011年，对四川省近6000个矿山开展了储量动态监督管理工作。

6. *矿业权评估管理和资源补偿费、矿权价款征收工作*。2011年分6批对246个项目组织了矿业权评估，完成了相关备案工作。2011年建立了全省国土资源系统矿产资源补偿费征收统计网络直报系统，并进入试运行阶段。2011年征收资源补偿费4.2亿元，超额完成四川省矿产资源补偿费征收任务。

【地质勘查】 1. *项目及资金投入*。四川省2011年共实施各类基础地质、矿产勘查、地质环境与地质灾害调查评价项目、科研等项目共计2070项，实现各种地勘经费投入202638万元；同比2010年（182589万元）增加10.98%（图32）。

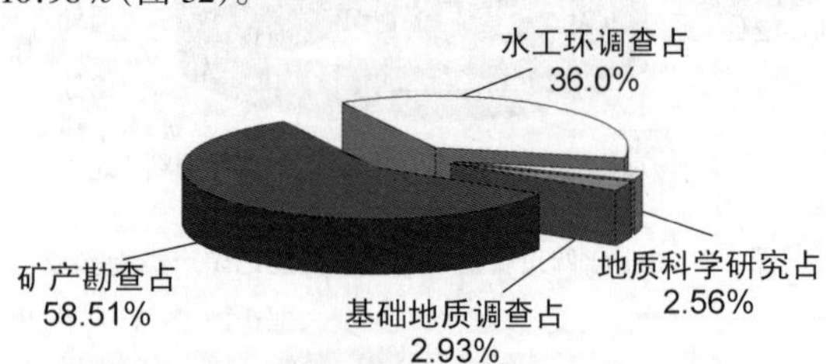

图32　2011四川省地质勘查资金投入结构

2. *基础地质调查*。①区域地质调查：1:25万区域地质调查：2011年度实施项目3个，完成面积35800平方千米。全省已累计完成17个图幅，面积284026平方千米，占四川全省面积的58.56%。

1:5万区域地质调查：2011年度实施项目7个，完成面积4246平方千米。已累计完成274个图幅，面积123181平方千米，占四川全省面积的25.40%。

②区域地球物理调查：2011年度实施1:20万区域重力调查项目1个，完成面积1640平方千米。已累计完成1:20万区域重力调查11个图幅，78633平方千米，占四川全省面积的16.21%。

③区域地球化学调查：2011年度实施1:25万区域地球化学调查项目1个，完成面积完成面积10276平方千米，累计完成1个图幅，面积16276平方千米，占四川全省面积的3.36%。四川全省已累计完成1:20万区域地球化学调查84个图幅，面积406800平方千米，占四川全省面积的83.88%。

④航空遥感地质调查：2011年度实施项目2个，完成面积8398平方千米。1:5万～1:25万遥感地质调查已累计完成面积400955平方千米，由于部分地区出现重叠，覆盖面积仅占四川省面积的53.12%。

⑤1:5万区域地质矿产调查：2011年度没有实施项目。已累计完成矿产远景调查60个图幅，面积26877平方千米，占四川省面积的5.54%。

⑥其他：2011年实施四川省“金土地工程”农业地质调查项目、安宁河谷地区西昌市及德昌县农业地质调查评价、1:50万地质遗迹调查与区划及示范研究、阿坝州生态地球化学调查、省内三稀金属资源战略调查等项目5个。

3. *矿产勘查*。①2011年矿产勘查资金投入及主要实物工作量：四川省实施省内各类矿产勘查项目共计789项，共投入各类地勘经费118566万元，其中中央财政资金4560万元，地方财政资金34696万元，社会资金79310万元。其资金来源、投入矿种结构见图33和图34。全年共完成主要实物工作量钻探60.53×10^4米，坑探6.10×10^4米，槽探42.38×10^4立方米，浅井0.06×10^4米。

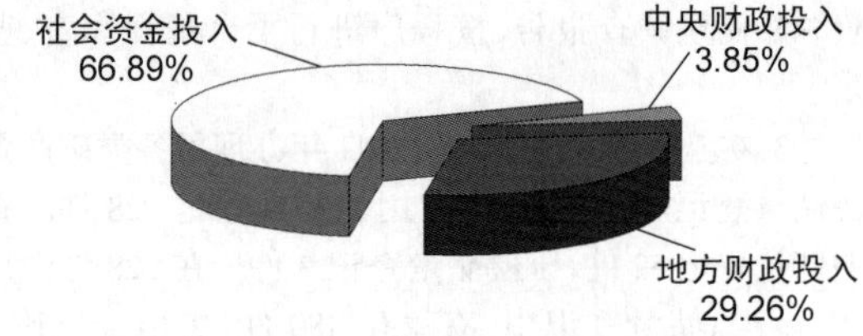

图33　2011年四川省矿产勘查资金来源结构

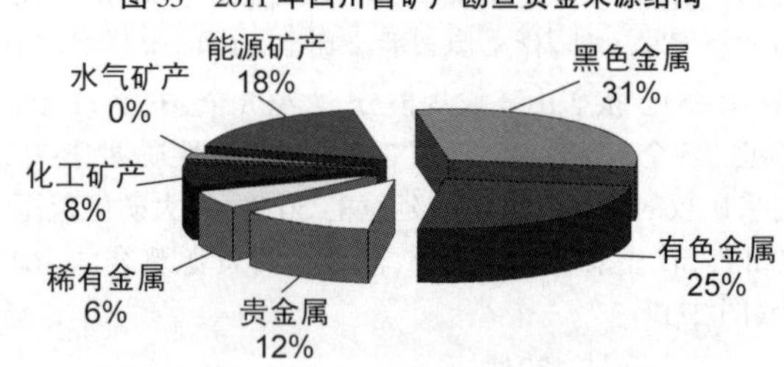

图34　2011年四川省矿产勘查资金投入结构

【矿产勘查主要成果】 1. 锰：矿石，351.77万吨，已提交220万吨，控制131.77万吨。

2. 钒：矿石，276.58万吨，已提交18.08万吨，控制258.5万吨。

3. 钛：矿石，8901.05万吨，已提交257.25万吨，控制8643.8万吨。

4. 铜：金属量，30.68万吨，已提交。

5. 铅：金属量，42.87万吨，已提交41.62万吨，控制1.25万吨。

6.锌:金属量,36.08万吨,已提交35.70万吨,已控制0.38万吨。

7.锡:金属量,0.14万吨,控制。

8.金:金属量,6.15吨,已提交0.2吨,控制5.95吨。

9.银:金属量,2.29吨,控制。

10.铍:BeO,480.12吨,控制。

11.锂:Li_2O,68.85万吨,已提交67.24吨,控制1.61吨。

12.磷矿:矿石,32658.46万吨,已提交22092.55万吨,控制10565.91万吨。

13.长石:矿石,11.59万吨,控制。

14.建筑用页岩:矿石,9.84×10^4立方米,已提交的。

15.饰面用蛇纹岩:矿石27.65×10^4立方米,已提交。

16.石膏:矿石,1037万吨,已提交。

17.芒硝:矿石,9023.55万吨,控制。

18.普通萤石:矿石,231万吨,已提交。

19.石英:矿石,27.64万吨,已提交。

20.玻璃用砂岩:矿石,1.9万吨,已提交。

【油气资源勘查】 1.矿业权设置情况。①探矿权:至2011年,四川省共设置油气探矿权43个(表6)。

②采矿权:四川省共设置油气采矿权89个(表7)。

表6　2011年度四川省油气勘查探矿权设置情况

探矿权数 / 勘查单位		矿权(个)	面积($\times10^4$平方千米)	省内(个)	面积($\times10^4$平方千米)	跨省市(个)	面积($\times10^4$平方千米)
中石油	西南分公司	23	14.28	11	6.72	12	7.56
	浙江油田公司	2	1.19	2	1.19		
中石化	西南油气公公司	8	1.21	8	1.21		
	勘探南方分公司	8	4.22	8	4.22		
	中原分公司	1	8.14	1	8.14		
四川省煤田地勘院		1	0.01	1	0.01		
合计		43	29.05	31	21.49	12	7.56

表7　2011年度四川省油气采矿权设置情况

探矿权数 / 勘查单位	矿权数(个)	面积(平方千米)	省内矿权数(个)	面积(平方千米)	跨省市矿权数(个)	面积(平方千米)
中石油西南分公司	82	9692.88	70	8296.89	12	1395.98
中石化西南油气分公司	6	1072.31	6	1072.31		
中石化中原油田分公司	1	301.53	1	301.53		
合计	89	11066.72	77	9670.74	12	1395.98

2.油气督察情况。2011年,在国土资源部地质勘查司指导下,经现场督察,各项勘查、开采工作能遵守国家矿业权管理法律法规,按照设计方案执行,履行法律义务,无违规现象出现。在施工中注意环保和安全,与当地政府和群众关系融洽,矿业秩序良好、安全,与当地政府和群众关系融洽,矿业秩序正规。

【地质勘查队伍】 2011年,四川省内注册地,开展非油气类地质勘查资质的地勘单位有86个,较2010年增加了7个;外省在四川省从事地质勘查工作的单位有40个,在四川省从事非油气地质勘查工作的地勘单位总数达到了126个。

四川省内注册登记进行地质勘查的86个单位,登记有各类各级地质查勘资质共310项。其中甲级128项,占总数41.29%;乙级108项,占总数34.84%;丙级74项,占总数的23.87%(图35)。

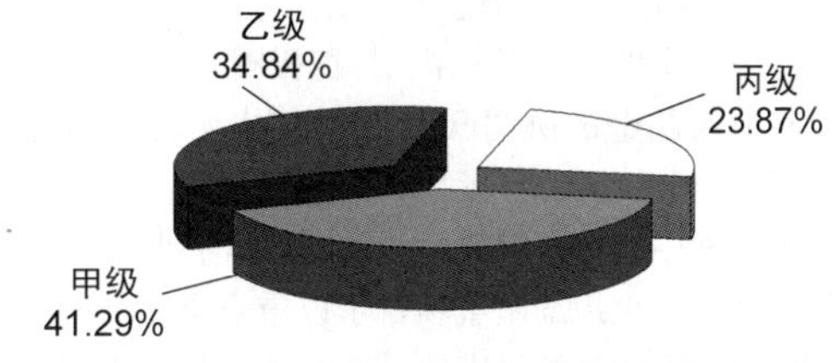

图35　2011年四川登记勘查资质等级构成

四川省从事固体矿产、水气矿产勘查的单位主要有省地质矿产勘查开发局、煤田地质局、冶金地质勘查局、核工业地质局等厅局级单位及武警黄金十二支队、省化工地质勘查院、四川盐业地质钻井大队、中国建筑材料工业地质勘查中心四川总队等专业队伍。从事石油、天然气勘探和开采的有中国石油化工股份有限公司西南分公司、南方公司和中国石油天然气股份有限公司西南油气分田公司等地质勘查单位。此外，成都理工大学、成都地质矿产研究所、成都矿产综合利用研究所和成都探矿工艺研究所等单位在开展教育、科研的同时也承担了部分地质勘查任务。

【地质勘查管理】 1.专项勘查规划、行业资质管理及年度工作新领域。①专项规划：初步完成了攀西地区稀土矿勘查专项规划编制；完成了攀枝花钒钛磁铁矿整装勘查区矿业权设置方案的编制，通过了国土资源部专家审查；完成了省国家规划矿区煤炭矿业权设置（修编）方案编制及省级初审；启动了四川省“十二五”地勘规划编制工作。

②行业资质管理：根据国土资源部要求，组织了全省80个地勘单位进行了2010年度地勘成果暨地勘单位基本情况培训及现场填报工作；根据部勘查司要求组织了2010年地勘成果网上填报工作；完成了全省地质勘查成果（上半年）报送工作。

组织开展了地质勘查资质乙丙级专家审查及审批工作；完成了国土资源部组织的“十一五”国土资源成果展中公益性大调查及地质找矿成果相关内容的准备工作。

③年度地质勘查工作新领域：在多次勘查现场调研基础上，就新能源今后的发展方向及对四川经济的影响凝聚了共识，并向省政府回复报告；组织相关部门及机构就四川省页岩沉积环境、构造特征及页岩气成矿条件、背景及资源潜力进行了研讨并形成了专家意见书。

2.地勘基金管理。①严格专家对省地勘基金矿产勘查项目设计进行了审查和相关项目的立项论证，对立项依据、成矿背景、工作部署、技术方法、目标任务、经费概算等方面进行了独立审查，确保了项目立项质量和公开、公正、公正和透明。

②为落实地质找矿新机制，积极推动中央地勘基金与省地勘基金的协调联动，推动“找矿突破战略行动”总体方案的落实，开展了与国土资源部中央地质勘查基金管理中心关于将攀西钒钛磁铁矿整装勘查区重大项目列入中央地勘基金项目予以重点支持的对接工作，进展良好，通过组织省地勘基金项目的重点投入和地勘单位的努力，2011年在矿产勘查工作中取得了显著的成果。

3.探矿权审批登记。①探矿权的新立、变更、延续审批：2011年，四川共受理探矿权申请项目1090个，经审查不符合申请条件的349个（部分退件经完善后又重新申报），对符合法定条件的908个进行了审批登记，其中新立141个，变更255个，延续491个，其他21个（图36）。同时注销了44个探矿权。2011年，省级共颁发1998个探矿权，批准登记面积40407.52平方千米。

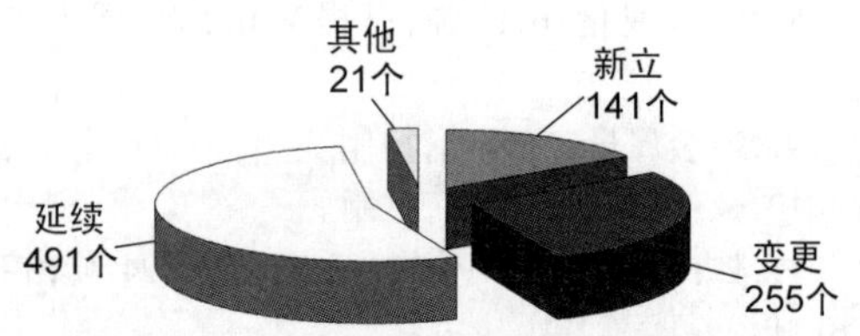

图36　2011年四川省探矿权审批登记情况（个）

②探矿权市场建设情况：按照“探矿权招标拍卖挂牌出让”的有关规定，全年共计拍卖挂牌出让探矿权34个，成交价款50983.2万元。其中拍卖21个成交金额46714.2万元，挂牌13个成交金额4269万元（图37）。审批同意探矿权转让的88个，成交26438.98万元。其中43个为出售，出售价款为11506.4万元；15个为作价出资，作价出资为3670万元；30个为出售及作价出资，出售部份价款：10253.4万元，作价出资为1010.18万元（图38）；2个不同意转让。

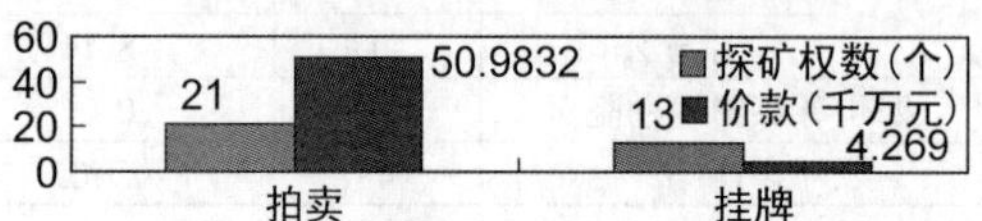

图37　2011年四川省探矿权拍卖挂牌出让成交构成

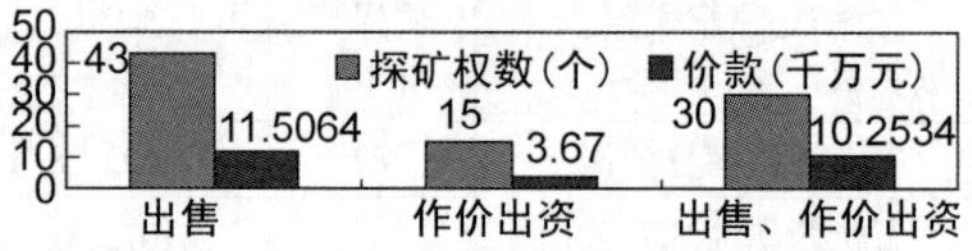

图38　2011年四川省探矿权审批转让成交构成

【矿产资源开发利用】 矿产资源的开发利用，使四川形成了许多以矿业开采加工为基础的大型工矿企业和众多中、小矿山。矿产资源采、选及加工已构成支撑四川省石油、天然气、煤炭、冶金、有色、化工、盐业、建材等相关产业的基础。

1.矿山企业。①数量变化及产值：受国家和四川省矿产资源政策的影响，四川省内矿山的数量在2003年以前逐年增长，2003年达到8202个，此后到2008年矿山数量逐年减少，2008为7520个。但是2009年省内矿山数量增长明显，达到7949个，比2008年增加了429个，年增长率达到5.7%，2010年四川省矿山总数达到7963，比2009年增加了14个，2011年为7911个，比2010年减少52个。2011年四川省矿山的数量减少的主要原因政府对矿产资源的整合调整，矿山数量减少，但矿山的规模却在增大（图39）。

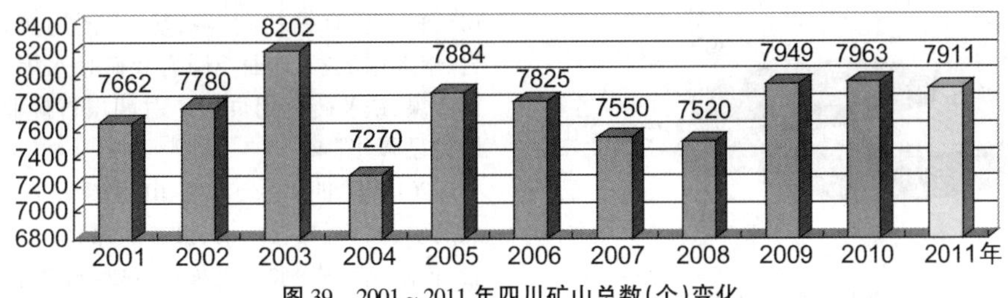

图39 2001～2011年四川矿山总数(个)变化

矿产资源开发利用的工业总产值2003年以后逐年增长，到2009年达到349.56亿元，在2008年的基础上增加了9.3%，2010年达到386.91亿元，比2009年增加了10.7%，说明四川省在2008年“5·12”汶川大地震以后经济发展已得到迅速恢复。2011年，为413.42亿元，增幅为6.8%，反映了四川的矿业经济在调整中继续发展(图40)。

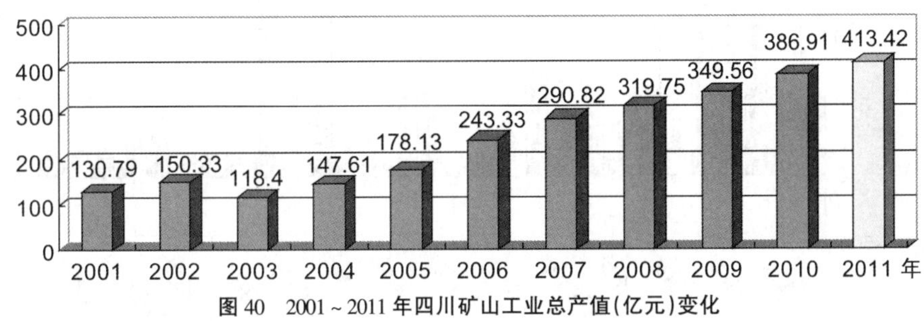

图40 2001～2011年四川矿山工业总产值(亿元)变化

②采矿业从业人员情况：2011年，四川全省采矿业从业人员据不完全统计约有42.44万人，较2010年的42.95万人减少了0.51万人。

③矿山企业的性质及结构：截至2011年底，四川全省7911个矿山企业中，内资企业7876个，占全省矿山总数的99.56%，港、澳、台及外资企业只有35家，占的比例很小(图41)。

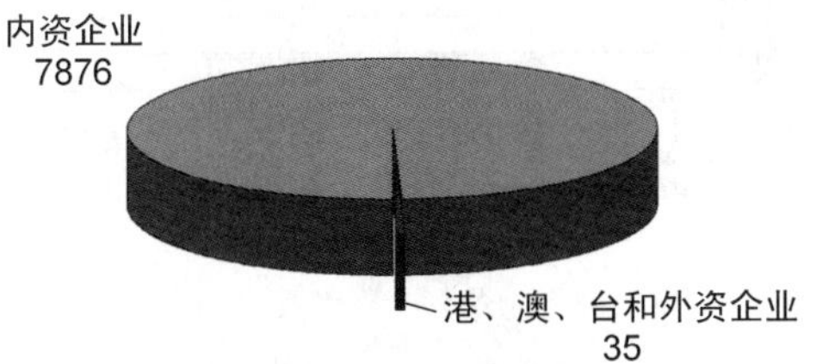

图41 2011年四川省矿山内外资企业比较(个)

在全省7876个内资企业中，国有125个，集体529个，股份合作90个，联营24个，有限责任公司761个，股份有限公司353个，私营5912个，其他82个(图42)。

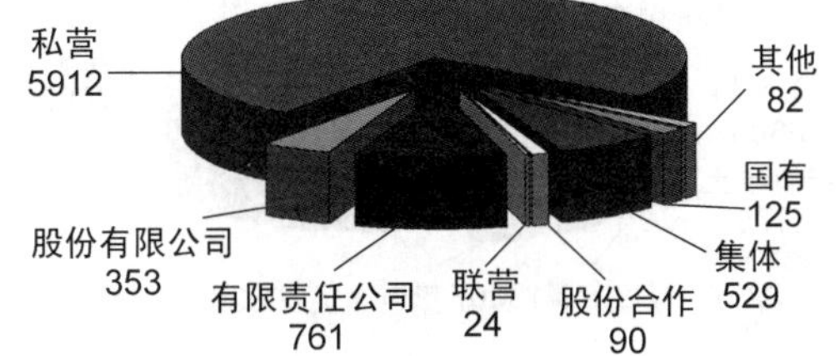

图42 至2011年四川省内资矿山企业性质构成(个)

私营企业占四川省国内企业矿山总数的75.06%，占全省矿山总数的74.73%。省内125个国有矿山企业，仅占全省矿山总数的1.58%。

④各类矿山企业对四川矿业经济的贡献：在四川省矿山工业总产值中，贡献超过10%的分别是私营、有限责任公司、国有和股份有限公司的矿山企业，其矿业工业总产值分别占四川全省矿业工业总产值的36.12%、22.85%、19.06% 14.52%。私营和有限责任公司的矿山企业的工业总产值占四川全省矿山工业总产值的58.97%(图43)。

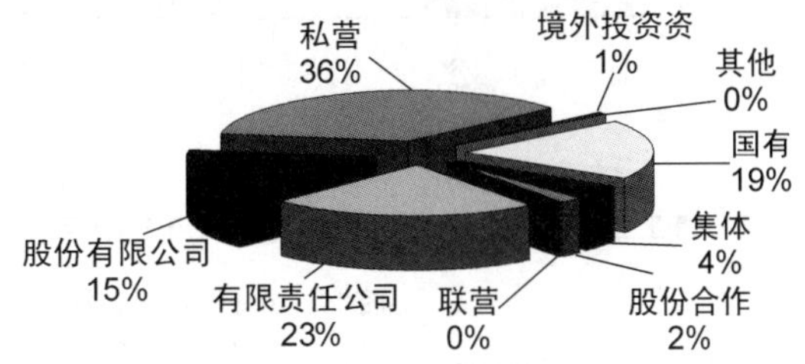

图43 2011年四川省内资矿山企业对全省矿业经济的贡献

2.*矿山规模及开发矿种*。①矿山规模：2011年，四川全省矿山总数为7911个，总数较2010年减少52个。与2010年相比，大型矿山从86个增加至90个，中型矿山从396个减少至374个，小型矿山从4472个减少至4366个，小矿从3009个增加至3089个。在矿山数量上，小型矿山和小矿仍占有绝对的优势(图44)。

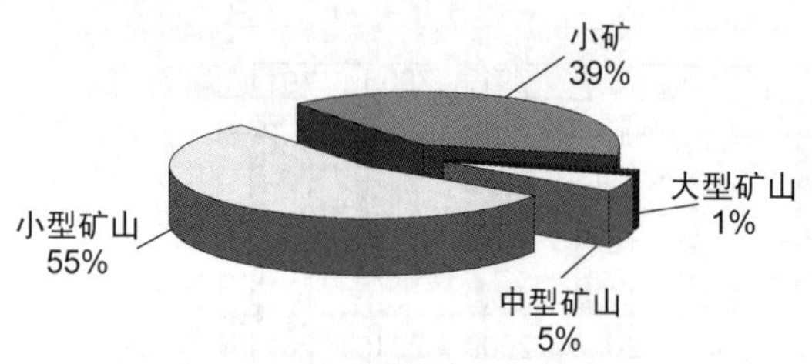

图44　2011年四川省矿山规模构成

②开发矿产：四川开发的矿产并进入统计的共有105种，主要有钙芒硝、磷、盐、水泥用灰岩、建筑用砂岩、熔剂用灰岩、饰面花岗岩及矿泉水等矿产（图45）。其中煤、铁及砖瓦用页岩矿对四川省矿业经济的贡献最为显著（图46）。

2011年，四川采矿业矿山生产工业总产值超过亿元的矿产品有煤、铁、铜、铅、锌、镍、金、稀土、熔剂用灰岩、芒硝、盐、磷、水泥用灰岩、建筑石材用灰岩、砖瓦用页岩、建筑用页岩及矿泉水等。各类矿产对四川矿业经济的贡献见图47。

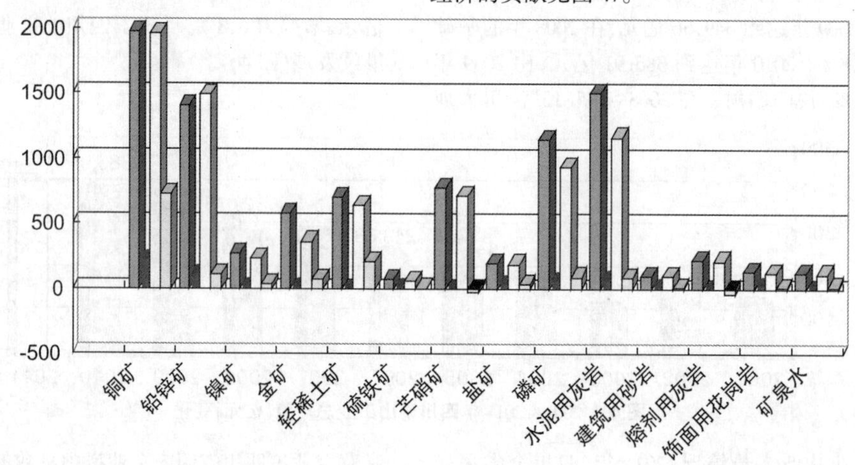

图45　2011年四川省除煤、铁、砖瓦用页岩外部分矿种主要经济指标比较

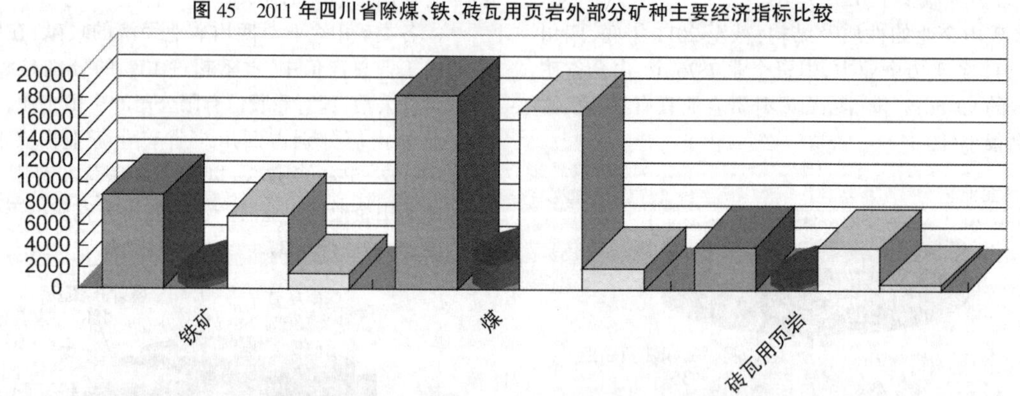

图46　2011年四川省铁、煤及砖瓦用页岩主要经济指标比较

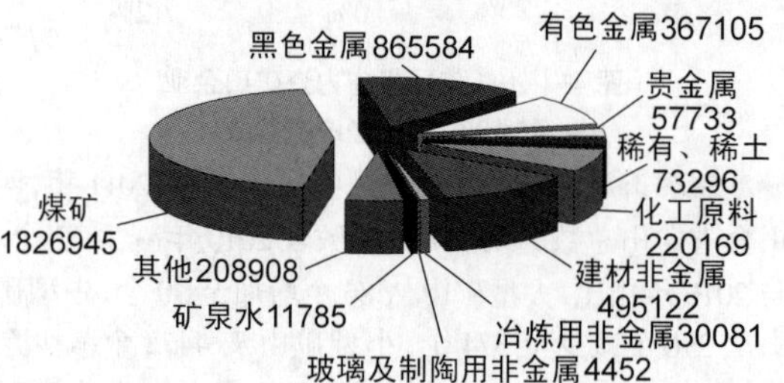

图47　2011年四川省各类矿产对省矿业经济的贡献（百万元）

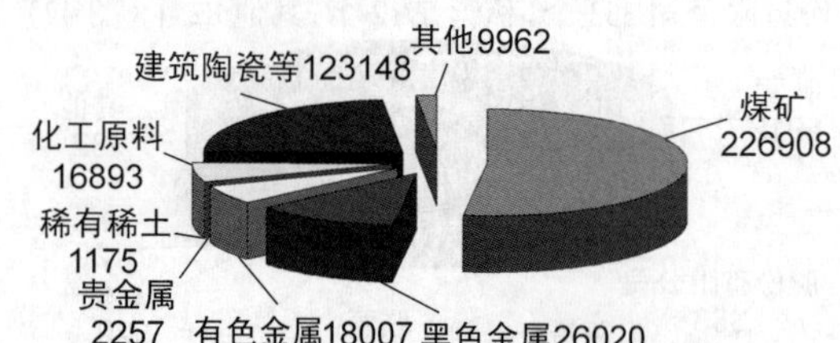

图48　2011年四川省矿业从业人员在各矿种中的分布（人）

3.矿山从业人员分布。统计至2011年底,四川从事采矿业生产的人员中,53.47%在煤矿山中,29.02%在建材、陶瓷用非金属矿的矿山中(图48)。

【矿产资源开发管理】 1.采矿权登记。2011年,四川省划定矿区范围75个,新设采矿权20个,延续登记259个,变更登记356个,注销登记85个;采矿权转让审批76个(图49)。按照国土资源部有关矿业权有形市场出让转让信息公示分开有关要求,及时对采矿权出让、转让的信息进行了公示公开作。

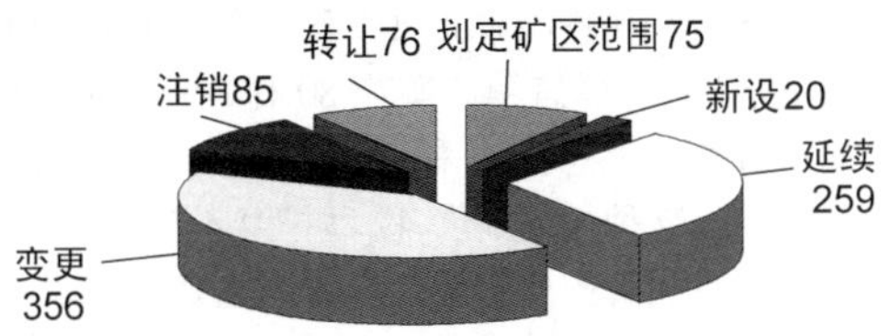

图49 2011年四川省登记审批采矿权类别构成(个)

2.矿产资源开发利用监督管理。完成开发利用年度统计工作并通过了国土资源部的验收,并在《四川省矿产资源年报》上发布。在总结年度工作基础上,全面落实并执行了采矿权标示制度。加强对矿山开采活动的监督管理,做好矿产督察。至2011年底,四川省共有国土资源部新聘任的第三批国家级矿产督察员10名(2010年第3号令),新聘任省级矿产督察员22名。年度的督察工作按部、省要求开展了对省内重点矿山的督察。落实、强化国家对稀土等矿产资源的控量开采制度。部下达四川省2011年度控量开采矿种的指标为:稀土氧化物24400吨,锑金属量200吨。根据四川省的实际情况,及时分解下达到相关的凉山州和雅安市,并签定了责任书。为加强控量矿山日常监督管理,按照部要求建立了控量矿山协管员队伍,对控量矿山的采矿活动进行监管。严格矿产资源开发利用方案编制、审批工作的管理,认真做好矿山开发利用方案备案登记。

3.配合有关部门做好矿政服务和监督管理工作。配合四川省经济和信息化委员会开展煤炭资源整合有关工作,按照省煤炭资源整合办公室要求,参与研究解决煤炭资源整合中的有关问题。配合四川省安全生产监督管理局、四川省煤炭安全监察局开展矿山安全生产监管工作。根据国土资源部和四川省政府要求,及时发文要求省内各级国土资源管理部门安排部署打击非法生产建设经营的专项行动。牵头组织开展省政府交办的邻水、峨眉山等矿产涉及国防基地安全的调查工作,向省政府上报了调查报告。

4.采矿权有偿取得及矿产资源市场化配置。①采矿权价款评估及矿产资源补偿费征收管理。

按照国土资源部有关规范矿业权价款评估委托工作的规定和要求,2011年上半年组织了3批14家评审机构参加的81个项目的矿业权评估。评估工作实现了全过程公开、公正、公平。

2011年1~5月,全省征收入库4300多万元。

2011年下半年该项工作按照四川省政府"三定方案"由矿产资源开发管理处移交至矿产资源储量管理处。

②矿产资源的市场配置矿业权市场建设。2011年,四川省以招拍挂出让采矿权206个,出让金额1.56亿元。起草《四川省矿业权交易规则》,指导市级国土资源管理部门建立和完善矿业权有形市场,依法开展采矿权出让和转让工作。根据四川省政府要求向省政务中心四川省矿业权交易中心移交矿业权交易的有关工作。

5.解决核查中发现的问题。2010年,四川省各市级国土资源管理部门根据矿业权实地核查成果换证基础上,对核审查工作中发现的问题分因提出了处置意见。2011年,因地质资料、测量等技术原因造成采矿权许可证范围与实际开采范围有一致的问题进行逐步解决。

6.整合矿山颁证工作。2011年,根据国土资源部等12部门下发的《关于进一步推进矿产资源开发整合工件的通知》(国土资发〔2009〕141号)要求,四川完成的全省矿产资源开发整合工作通过了部的验收,并对整合矿山按照整合方案逐一进行采矿权登记。

7.稀土资源开发专项整治及区域联合行动。四川省按照《贯彻落实〈国务院关于促进稀土行业持续健康发展的若干意见〉的通知》(国土资发〔2011〕105号)有关要求,开展稀土矿业权清理,打击各类违法行为,加强稀土控量开采管理,不断提升稀土资源的开发利用水平。按照部建立稀土整治区域联合行动的要求,四川省配合内蒙、山东,四川省凉山州配合包头、济宁开展北方稀土专项整治区域联合行动各项工作有序推进。

8.矿产资源节约与综合利用专项管理。会同四川省财政厅组织开展了2011年省级矿产资源节约与综合利用专项的专家审查及立项工作。推进四川攀枝花钒钛磁铁矿节约综合利用示范基地建设纳入全国第一批40个示范基地之一,争取到中央财政资金的大力支持。

【地质资料数据中心建设与服务】 1.成果地质资料汇交及服务。2011年汇交成果地质资料220份,其中A类67份,B类153份;向全国地质资料馆转交A类成果地质资料201份,全部验收合格。汇交的22份成果地质资源中有区域地质4种,矿产地质167种,水文工程1种，环境灾害27种，物化遥6种，地质科研6种，其他9种。至2011年底，四川省国土资源资料馆成果地质资料馆藏总数为18894种，其中保密（涉密和部分涉密）的为12470种。成果地质资料利用人次为340人次，利用份次为1273份次，利用件次为32440件次，网站点击数为109074次。

2.建设地质资料数据中心。2011年，四川省国土资源资料馆共计完成成果地质资料数字化14864份，占馆藏资料总数的78.7%；2011年数字化4252种。馆藏成果地质资料电子文件共1102份。不断增加《四川省成果地质资料目录数据库》信息量。

3.建立健全地质资料信息共享和社会化服务体系。2011年网站上新增管理信息24条，共计新增和更新目录检索数据592条，现可供查询成果地质资料目录数据17383条（不包括涉密资料），网站总访问量超过10万人次。

（四川省矿业协会　曾令新）

贵州省

【矿产资源概况】　贵州素有“沉积岩王国”之称，具有成矿地质条件好，矿产资源丰富、优势矿产突出，矿产分布相对集中、规模大、质量好、潜力大、远景好，共生、伴生矿产较多等特点，优势矿产在全国的地位显著。

贵州省已发现各类矿产127种，占全国172种的73.84%；查明有资源储量的矿产80种，占全国159种的50.31%；列入储量表74种，其中，50种位居全国总量的前10位，22种排前3位，12种排第4至第5位。

2011年贵州省矿产资源储量统计见表1。

表1　2011年贵州省矿产资源储量统计

序号	矿种名称	资源储量单位	2010年		2011年保有矿产资源储量					增减情况	全国排位
			产地数	资源储量	产地数	储量	基础储量	资源量	资源储量		
1	煤炭	亿吨	992	590.15	763	39.51	57.87	411.34	469.22	↓	5
2	铁矿	亿吨	185	8.08	177	0.09	0.13	10.97	11.1	↑	15
3	锰矿	万吨	45	10214.6	43	2293.81	2930.22	8223.7	11153.92	↑	3
4	钒矿	万吨	23	92.83	28	159.44	159.44	↑	8		
5	铜矿	万吨	18	11	20	0.13	0.18	11.34	11.52	↑	26
6	铅矿	万吨	102	72.27	99	0.84	1.23	61.94	63.17	↓	16
7	锌矿	万吨	142	226.6	133	7.31	11.05	215.94	226.99	↑	15
8	铝土矿	亿吨	109	5.76	85	0.8	1.15	4.76	5.91	↑	4
9	镁（炼镁白云岩）	万吨	10	5365.41	10	1496.80	1906.00	3459.41	5365.41	8	
10	镍矿	吨	21	290150.48	23	27513.69	39304.7	286488.37	325793.07	↑	7
11	钨矿	吨	3	10538.84	3			7456.64	7456.64	↓	17
12	锡矿	吨	2	9194.00	2		7760.6	7760.6	↓	12	
13	钼矿	吨	29	400207.60	30	50721.23	72296.67	409882.97	482179.64	↑	10
14	汞矿	万吨	68	3.04	60	0.68	1.08	2.01	3.09	↑	1
15	锑矿	万吨	27	27.97	24	3.02	4.84	25.97	30.81	↑	4
16	金矿（岩金）	吨	64	263.85	65	29.13	47.56	212.39	259.95	↓	6
	砂金	千克	1	99.00	1			99.00	99.00		23
17	银矿	吨	11	339.68	13	16.4	23.43	133.86	157.29	↓	26
18	铌钽矿	吨	1	146.00	1			146.00	146.00		5
19	锂矿	Li_2O吨	2	131525.97	2			127434.97	127434.97	↓	4

续表 1－1

序号	矿种名称	资源储量单位	2010 年		2011 年保有矿产资源储量					增减情况	全国排位
			产地数	资源储量	产地数	储量	基础储量	资源量	资源储量		
20	稀土矿	万吨	1	149.79	2			92.09	92.09	↓	2
21	锗矿	吨	3	161.00	3			1129.31	1129.31	↑	8
22	镓矿	吨	42	34728.85	30	2641.53	3789.66	33758.62	37548.62	↑	3
23	铟矿	吨	4	64.00	3			0.00	0.00	1	
24	铼矿	吨	1	2.00	1	0.00			0.00	↓	
25	镉矿	吨	4	4555.43	4	354.32	522.16	1720.42	2242.58	↓	12
26	硒矿	吨	9	382.00	9			367.53	367.53	↓	7
27	碲矿	吨	1	9.00	1	0.00			0.00	↓	
28	普通萤石(萤石)	万吨	33	357.65	33	0.00	7.7	304.77	312.47	↓	5
29	熔剂用灰岩	万吨	15	23314.86	15	11060.28	13780.86	9500.00	23280.86	↓	20
30	冶金用白云岩	万吨	7	9486.23	7	3042.37	3811.73	5674.50	9486.23	23	
31	冶金用砂岩	万吨	11	8493.63	12	4072.50	5597.50	2915.3	8512.8	↑	2
32	铸型用砂岩	万吨	2	1734.00	2	514.80	572.00	1162.00	1734.00	3	
33	冶金用脉石英	万吨	5	174.35	5			174.35	174.35		11
34	耐火黏土	万吨	22	5614.21	15	836.84	1026.40	4587.81	5614.21		10
35	硫铁矿	亿吨	108	7.1	111	0.38	0.55	7.07	7.62	↑	3
	伴生硫铁矿	万吨	5	74.66	5	23.94			23.94	↑	23
36	重晶石	万吨	68	13086.46	75	210.98	355.42	8938.72	9294.14	↓	1
37	电石用灰岩	万吨	9	8335.35	9	4340.10	4822.50	3510.85	8333.35	↓	14
38	化工用白云岩	万吨	4	2417.00	4	418.50	760.00	1657.00	2417.00		4
39	化肥用砂岩	万吨	3	10596.70	3	145.80	183.30	10413.40	10596.70		1
40	含钾砂页岩	万吨	7	4829.50	7			4829.50	4829.50		8
41	含钾岩石	万吨	1	63.79	1			63.79	63.79		7
42	泥炭	万吨	4	203.45	4		133.92	69.53	203.45		16
43	碘矿	吨	6	9331.04	9	2662.28	3558.35	46056.63	49614.98	↑	4
44	砷矿	吨	5	51516.00	6			49158.58	49158.58	↓	1
45	磷矿	亿吨	72	26.98	63	3.52	5.03	26.46	31.49	↑	3
46	金刚石	克	1	755.00	1			755.00	755.00		5
47	压电水晶	千克	13	6201.00	13	155.00	291.00	5910.00	6201.00		8
48	熔炼水晶	吨	11	1110.00	11	89.00	160.00	950.00	1110.00		3
49	光学水晶	千克	3	175.00	3		3.00	172.00	175.00		1
50	石棉	万吨	2	0.90	2		0.90	0.90		16	
51	石膏	万吨	9	9805.27	9	6.20	7.79	9797.48	9805.27		19
52	方解石	万吨	7	452.54	7			452.54	452.54		8

续表 1－2

序号	矿种名称	资源储量单位	2010 年		2011 年保有矿产资源储量					增减情况	全国排位
			产地数	资源储量	产地数	储量	基础储量	资源量	资源储量		
53	玻璃用灰岩	万吨	1	38.7	1	27.00	30.00	8.70	38.70		3
54	水泥用灰岩	亿吨	103	18.34	103	8.88	10.70	7.62	18.32	↓	21
55	建筑石料用灰岩	万立方米	458	18078.98	480	1075.37	1310.05	16322.38	17632.43	↓	2
56	饰面用灰岩	万立方米	22	3706.30	22	945.30	1049.30	2655.72	3705.02	↓	2
57	制灰用石灰岩	万吨	6	4815.85	6	169.00	188.00	4615.67	4803.67	↓	5
58	玻璃用白云岩	万吨	2	280.00	2	215.00	238.00	42.00	280.00		13
59	建筑用白云岩	万立方米	61	3606.74	61	1027.47	1268.81	2274.50	3543.31	↓	2
60	玻璃用砂岩	万吨	7	5122.83	7	1954.47	2172.47	2950.36	5122.83		7
61	水泥配料用砂岩	万吨	21	9421.58	21	3542.00	4088.18	5333.40	9421.58		9
62	砖瓦用砂岩	万立方米	6	1773.48	6	1223.00	1359.00	411.44	1770.44	↓	1
63	陶瓷用砂岩	万吨	2	1042.50	2	30.50	33.90	1008.60	1042.50		2
64	建筑用砂	万立方米	136	5887.59	137	207.57	898.14	4874.76	5772.90	↓	3
65	玻璃用脉石英	万吨	1	1.40	1	0.90	1.40		1.40		19
66	砖瓦用页岩	万立方米	128	4803.67	128	381.22	409.92	4285.47	4695.39	↓	4
67	水泥配料用页岩	万吨	10	2676.62	10	900.80	1000.80	1675.82	2676.62		11
68	高岭土	万吨	23	579.91	23	10.40	15.00	563.66	578.66	↓	19
69	陶瓷土	万吨	16	1408.76	16	72.20	85.20	1323.56	1408.76		14
70	砖瓦用黏土	万立方米	12	1639.67	12	870.50	970.40	669.27	1639.67		4
71	水泥配料用黏土	万吨	49	10779.14	49	5398.00	6020.20	4758.94	10779.14		7
72	饰面用辉绿岩	万立方米	3	455.96	3	264.00	293.00	162.96	455.96		1
73	饰面用花岗岩	万立方米	2	352.00	2	14.00	16.00	336.00	352.00		22
74	饰面用大理岩	万立方米	4	53.00	4	9.90	19.00	34.00	53.00		28
	合计		3453		3163						

【煤矿矿产开发利用】 763 处煤炭矿区，资源总量797.45 亿吨，其中，累计查明资源储量 487.86 亿吨，保有资源储量 469.224 亿吨，预测资源量 328.23 亿吨。已利用矿区 541 处，占用资源储量 230.39 亿吨，预测资源量 58.41 亿吨，占资源总量的 36.21%；未利用 222 处，资源储量 238.83 亿吨，预测资源量 269.82 亿吨，占资源总量的 63.78%，主要分布在六盘水、毕节市境内。

【磷矿矿产开发利用】 63 处磷矿区，资源总量 34.40 亿吨，其中，累计查明资源储量 33.65 亿吨，保有资源储量 31.49 亿吨，预测资源量 2.91 亿吨。已利用矿区 33 处，占用资源储量 9.43 亿吨，预测资源量 0.66 亿吨，占保有资源总量的 29.33%；未利用 30 处，资源储量 22.06 亿吨，预测资源量 2.25 亿吨，占总量的 70.67%，主要分布于织金县、开阳县、瓮安县、福泉市等地。

【铝土矿矿产开发利用】 85 处铝土矿区，资源总量 6.33 亿吨，其中，累计查明资源储量 6.46 亿吨，保有资源储量 5.91 亿吨，预测资源量 0.42 亿吨。已利用 45 处，占用资源储量 1.89 亿吨，预测资源量 0.11 亿吨，占总量的 31.63%；未利用 40 处，资源储量 4.04 亿吨，预测资 0.31 亿吨，占总量的 68.67%，主要分布在清镇市、务正道、修文县、凯里－黄平和遵义县等地。

【金矿矿产开发利用】 66 处金矿区，资源总量 273.67 吨，其中，累计查明资源储量 366.92 吨，保有资源储量 259.95 吨，预测资源量 13.72 吨。已利用 36 处，占用资源储量 112.75 吨，预测资源量 7.31 吨，占总量的 43.86%；未利用 30 处，资源储量 147.30 吨，预测资源量 6.51 吨，占总量的 56.14%，主要分布于兴仁县、贞丰县、普安县、册亨县等地。

【锰矿矿产开发利用】 43 处锰矿区，资源总量 13389.2 万吨，其中，累计查明资源储量 14123.73 万吨，保有资源储量 11153.9 万吨，预测资源量 2235.3 吨。已利用 22 处，占用资源储量 8617.87 万吨，预测资源量 950.3 万吨，占总量的 85.78%；未利用 21 处，资源储量 2536.05 万吨，预测资源量 1284.7 万吨，占总量的 14.22%，主要分布在铜仁、遵义境内。

【锑矿矿产开发利用】 24 处锑矿区，资源总量 390803.0 吨，其中，累计查明资源储量 706129.7 吨，保有资源储量 308109.04 吨，预测资源量 82693.96 吨。已利用 13 处，占用资源储量 151579.23 吨，预测资源量 37221.28 吨，占总量的 48.31%；未利用 11 处，资源储量 156529.81 吨，预测资源量 45472.68 吨，占总量的 51.69%，主要分布在榕江县、独山县等地。

【重晶石矿产开发利用】 75 处重晶石矿区，资源总量 12625.15 万吨，其中，累计查明资源储量 10345 万吨，保有资源储量 9294.15 万吨，预测资源量 3331.01 万吨。已利用 72 处，占用资源储量 9089 万吨，预测资源量 2155.88 万吨，占总量的 89.07%；未利用 3 处，资源储量 205.15 万吨，预测资源量 1175.13 万吨，占总量的 10.93%，主要分布在天柱、麻江、习水和镇宁县境内。

【水泥用灰岩矿产开发利用】 103 处矿区，资源总量 18.32 亿吨，其中，累计查明资源储量 19.19 亿吨，保有资源储量 18.32 亿吨。已利用 69 处，占用资源储量 5.69 亿吨，占总量的 31.12%；未利用 34 处，资源储量 12.63 亿吨，占总量的 68.88%，全省均有分布。

【矿产资源开发利用】 矿产开发管理有序，资源利用有所提升。矿山开采规模化、集约化程度进一步提升，强力推进贵州省 7 个优势矿种整合，在整合矿区 1771 个，减少矿权 1064 个的基础上，新整合矿区 128 个，减少矿权 78 个，并通过监察部门牵头检查验收。

2011 年贵州省矿产资源开发利用情况见表 2～4。近年来贵州省矿业产值变化及优势矿种矿山企业变动趋势见图 1～3。

推进矿产资源管理政策参与宏观调控，全面整顿和规范矿产资源开发秩序，优化开发布局，促进节约集约开发利用。

煤炭矿业权审批管理改革试点有序推进，新增煤炭产能 1080 万吨/年。

矿业权市场建设深入推进，省、市两级矿业权有形市场基本建成，矿业权交易实现“五公开”，交易规则统一运行，矿业权网上出让交易试点稳步推进。

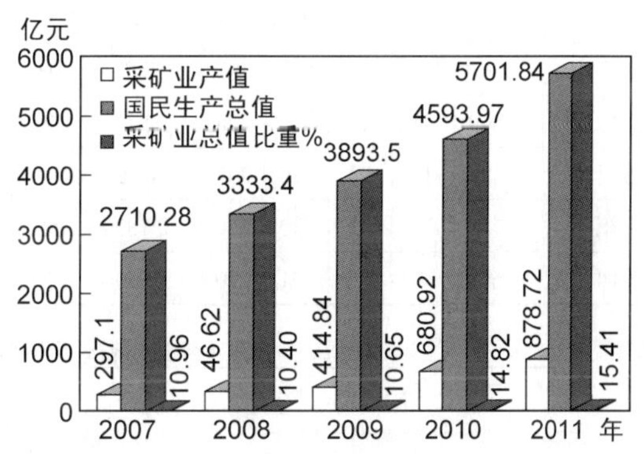

图 1　2007～2011 年贵州省采矿业产值占国民生产总值比重

表 2　2011 年贵州省矿产资源开发利用情况（按经济分类分列）

企业经济类型	矿山企业数（个）					矿山从业人员（人）	年产矿量（万吨）	实际采矿能力（万吨/年）	工业总产值（万元）	综合利用产值（万元）	矿产品销售收入（万元）	利润总额（万元）
	合计	大型	中型	小型	小矿							
贵州省	7848	85	220	4553	2990	293794	28837.55	34350.88	8787224.25	1720459.21	7591788.77	1859480.71
一、内资企业	7837	83	218	4547	2989	291633	28552.58	34060.30	8639640.25	1633381.21	7450192.27	1811970.71
国有企业	163	18	24	103	18	30683	3646.11	4041.46	2087747.99	212878.00	1752172.26	314653.51
集体企业	137	1	7	93	36	4952	261.50	348.56	74001.23	5564.40	66127.87	16934.30
股份合作企业	67	4	1	53	9	3451	201.18	1231.64	76627.85	12422.16	64935.85	14438.45
联营企业	35	2	25	8	1992	142.27	138.76	51319.70	2966.00	45033.80	5813.06	
有限责任公司	316	25	39	214	38	28363	4027.91	3202.40	788767.52	147371.77	648535.52	142897.44
股份有限公司	181	11	21	118	31	16315	1997.39	2126.69	989061.74	58496.50	952648.14	225184.28

续表 2

企业经济类型	矿山企业数(个)					矿山从业人员(人)	年产矿量(万吨)	实际采矿能力(万吨/年)	工业总产值(万元)	综合利用产值(万元)	矿产品销售收入(万元)	利润总额(万元)
	合计	大型	中型	小型	小矿							
私营企业	6400	23	122	3757	2498	199906	16762.13	21489.07	4460925.26	1180666.78	3815081.67	1050434.67
其他企业	538	1	2	184	351	5971	1514.09	1481.72	111188.96	13015.60	105657.16	41615.00
二、港、澳、台商投资企业	3	1		2		589	30.39	37.00	20500.00		20200.00	2400.00
三、外商投资企业	8	1	2	4	1	1572	254.58	253.58	127084.00	87078.00	121396.50	45110.00

表 3

2011 年贵州省矿产资源开发利用情况(按行政区分列)

名　称	矿山企业数(个)					矿山从业人员(人)	年产矿量(万吨)	实际采矿能力(万吨/年)	工业总产值(万元)	综合利用产值(万元)	矿产品销售收入(万元)	利润总额(万元)
	合计	大型	中型	小型	小矿							
合计	7848	85	220	4553	2990	293794	28837.55	34350.88	8787224.25	1720459.21	7591788.77	1859480.71
贵阳市	452	10	20	327	95	17089	1787.70	2012.53	466893.51	54395.50	462128.93	105032.40
六盘水市	392	10	27	332	23	48323	4357.48	4198.08	3164686.57	230299.70	2644159.75	499035.80
遵义市	1216	5	33	899	279	29490	3231.78	3634.29	312084.68	60780.50	286981.12	54154.96
安顺市	678	3	10	213	452	20307	2257.36	4499.00	443955.41	28763.01	430188.92	127821.23
毕节市	1764	9	40	925	790	97167	7146.09	8199.76	2885985.78	873440.42	2502354.32	768700.73
铜仁市	869	15	16	410	428	8874	1410.49	1443.96	138329.98	28756.06	102143.99	18818.17
黔南州	1102	15	34	716	337	24006	4694.22	5910.52	200706.46	11571.69	187569.89	19189.93
黔东南州	711	14	21	310	366	13183	1155.71	1209.15	79017.44	16862.30	74394.74	18382.15
黔西南州	664	4	19	421	220	35355	2796.72	3243.59	1095564.42	415590.03	901867.11	248345.34

表 4

2011 年贵州省矿产资源开发利用情况(按矿种分列)

矿种	矿山企业数(个)					矿山从业人员(人)	年产矿量(万吨)	实际采矿能力(万吨/年)	工业总产值(万元)	综合利用产值(万元)	矿产品销售收入(万元)	利润总额(万元)
	合计	大型	中型	小型	小矿							
合计	7848	85	220	4553	2990	293794	28837.55	34350.88	8787224.25	1720459.21	7591788.77	1859480.71
煤炭	1776	16	69	1654	37	210913	12525.34	16202.04	7611061.75	1482821.00	6503967.98	1585268.31
地下热水	1	1				16	1.00	1.00	200.00	200.00	12.00	
铁矿	51	1	35	15	1335	83.40	119.88	42934.20	3160.40	37088.77	4125.60	
锰矿	55	10	12	32	1	2475	136.41	138.27	74550.64	8824.00	44293.03	3392.27
钒矿	7	5	1	1		228	0.50	12.24	131.00	8.00	60.00	20.00
铜矿	3			3		141	3.60	3.60	525.00	100.00	525.00	
铅矿	33			23	10	2519	5.10	414.15	3706.00	2000.00	3700.00	198.00
锌矿	80	39	41	1757	9.15	188.58	18980.13	3389.50	15825.03	578.60		
铝土矿	99	1	6	61	31	2772	199.32	226.05	47863.20	20112.00	43969.62	5109.80
镍矿	1			1	80	0.02	0.10	800.00	770.00	800.00	10.00	
钼矿	7			4	3	326						

续表 4－1

矿种	矿山企业数(个)					矿山从业人员(人)	年产矿量(万吨)	实际采矿能力(万吨/年)	工业总产值(万元)	综合利用产值(万元)	矿产品销售收入(万元)	利润总额(万元)
	合计	大型	中型	小型	小矿							
汞矿	21	5	16	334	7.29	9.55	5145.00	3000.00	5145.00	2501.00		
锑矿	10	1	54	628	1.49	4.59	1712.32	37.00	435.00	150.00		
金矿	49	4	3	37	5	3161	183.36	179.94	188020.60	104366.00	179033.90	80371.00
普通萤石	35	1	31	3	505	5.21	8.34	3972.30	2250.00	3970.30	1454.60	
熔剂用灰岩	4	1	2	1	231	41.50	73.00	800.00	142.00	28.00		
建筑用白云岩	246	1		140	105	2160	480.81	579.98	10336.81	1480.00	8920.98	1423.05
玻璃用石英岩	3	1		2		136						
水泥配料用砂岩	3			3		28	5.50	5.00	80.00	50.00	80.00	23.00
砖瓦用砂岩	12		1	11		167	22.65	28.65	1870.00	82.00	1742.00	167.00
建筑用砂岩	545	1	6	520	18	4593	1061.49	1047.07	26858.10	4390.70	21886.95	6014.45
建筑用砂	1232		1	200	1031	10471	2310.36	2668.06	50750.91	4395.98	47641.88	15168.75
水泥配料用砂	1			1	1							
砖瓦用砂	92			3	89	595	10.40	80.60	10400.00		10400.00	559.00
水泥配料用脉石英	1			1		3						
粉石英	6		1	5		48	1.00	17.00	280.00	69.00	80.00	12.00
砖瓦用页岩	355	1	34	305	15	5678	589.05	788.21	28575.32	3621.90	27131.78	6602.20
水泥配料用页岩	2		1		1	10	6.65	6.65	41.55		41.55	15.00
建筑用页岩	194		22	170	2	2482	374.98	399.29	18238.17	5105.27	17889.17	4424.20
高岭土	23	1		16	6	122	0.20	7.70	20.00	15.00	20.00	3.00
陶瓷土	3		2	1		50	13.00	13.00	1000.00		894.00	20.00
凹凸棒石黏土	1			1		10						
瓦用黏土	8			1	7	52	4.40	490	145.00	2.00	41.00	24.00
陶粒用黏土	9		2	6	1	171	12.35	13.35	1545.00		1233.34	90.00
水泥配料用黄土	1			1		5	5.20	5020	78.00		78.00	12.00
饰面用玄武岩	2	2				45	4.00	4.00	360.00	40.00	270.00	30.00
建筑用玄武岩	8	5	3			107	13.60	29.10	738.00	680.00	656.50	187.00
建筑用辉绿岩	1	1				1						
建筑用花岗岩	1	1				2						
建筑用凝灰岩	6	1	3	2		49	6.80	8.30	92.00	0.80	92.00	10.00
饰面用大理岩	7			7		63	3.37	2.75	180.00	60.00	180.00	62.000
建筑用大理岩	1			1		1						
饰面用板岩	14	4	4	6		165	12.64	15.53	707.00		659.00	131.20

续表 4－2

矿种	矿山企业数(个)					矿山从业人员(人)	年产矿量(万吨)	实际采矿能力(万吨/年)	工业总产值(万元)	综合利用产值(万元)	矿产品销售收入(万元)	利润总额(万元)
	合计	大型	中型	小型	小矿							
矿泉水	2	1		1	26	1.50	1.82	105.00	5.00	105.00	50.00	
其他矿产 1	3			3	24	10.20	10.20	145.60	104.60	145.60	51.00	

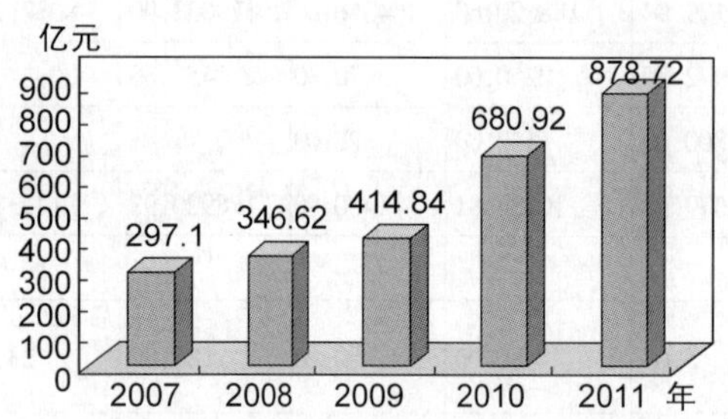

图 2　2007～2011 年贵州省矿业产值变化

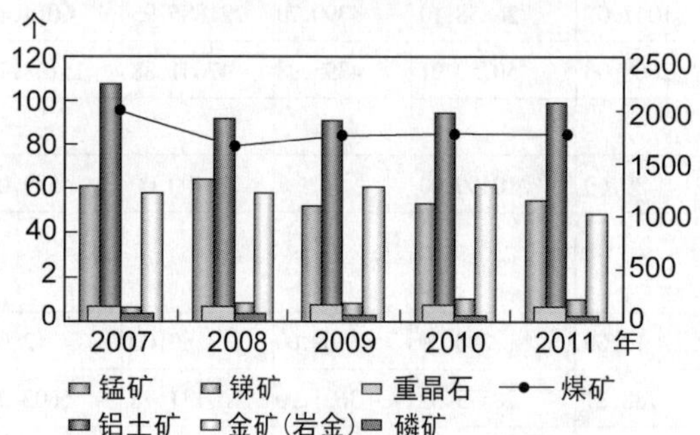

图 3　2007～2011 年贵州省优势矿种矿山企业变动趋势

【地质勘查】　2011 年 10 月,国务院第 176 次常务会议审议通过《找矿突破战略行动纲要(2011～2020 年)》,地质找矿工作正式上升为国家战略。《纲要》提出了“3 年有重大进展,5 年有重大突破,8～10 年重塑我国矿产勘查开发格局”的“358”战略目标;明确了基础地质调查与研究、重要矿产勘查、矿产资源节约与综合利用 3 个方面的主要任务。找矿突破战略行动致力于打造市场导向的制度平台,第一是找矿投人平台;第二是利益共享平台;第三是政策完善平台。

以煤、磷、铝、锰、金、铅锌、稀土、页岩气等优势矿产和精细化工原料、新型节能环保建材为重点,加大矿产资源调查评价、勘查、开发利用与保护力度,为建设国家重要的煤电磷、煤电铝、煤电钢、煤电化等一体化资源深加工基地和精细化工、新型节能环保建材基地提供资源保障。

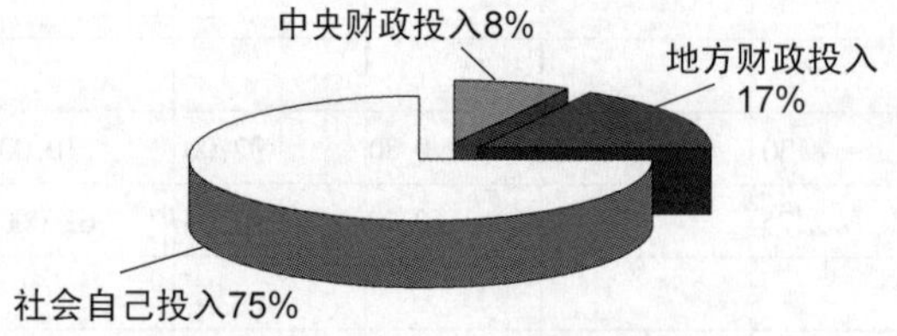

图 4　2011 年贵州省地质勘查投资结构情况

贵州省地质勘查单位 60 个,从业人员 1 万多人,主要分属于省地矿局、省有色地质矿产勘查局、省煤田地质局以及化工建材部门。

地质勘查投入小幅增长,全省投入矿产勘查资金 11.97 亿元。近年来,贵州省地质勘查投资结构情况以及地质勘查投资情况见图 4～6。

勘查成果显著,新发现矿产地 18 处(大型 4 处、中型 7 处、小型 7 处);提高勘查程度矿产地 10 处(大型 6 处、小型 4 处)。

完成阶段性勘查的矿产地 171 处,煤、磷、铝、金、锰、铁、锑、锌、铅、钼、钒、铜、银、镓、硫铁矿等矿产的查明资源均有所增长。

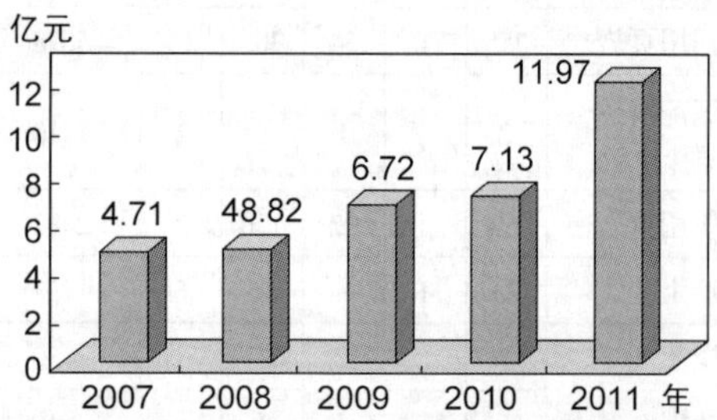

图 5　2007～2011 年贵州省地质勘查投资情况

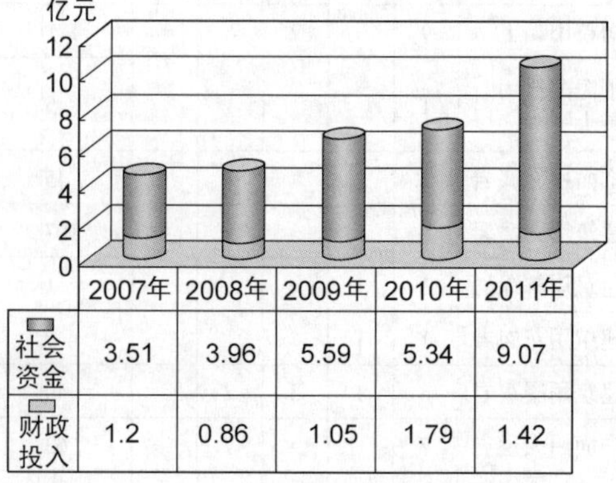

图 6　2007～2011 年贵州省地质勘查投资结构情况

经地质勘查工作,查明矿产资源储量:煤炭:

15.3896 亿吨,其中新增 16384 万吨;铁矿:3094 万吨、锰矿:6128.54 万吨、钒矿:37.33 万吨、铜矿:1348 吨、锑矿:760 吨、锌矿:24.8412 万吨、铅矿:11.526 万吨、铝土矿:7137.37 万吨、钼矿:1.6078 万吨、金矿:28.5125 吨、银矿:6.14 吨、镓矿:422.1 吨、硫铁矿:40.63 吨、磷矿:6.2617 亿吨。

【矿产资源大调查】 开展煤、铁、铝、铜、金、铅、锌、银、磷、稀土、锑、钨等矿种的潜力评价,总结成矿规律,圈定 700 个找矿靶区。

开展锰、镍钼钒、硫、重晶石、萤石、汞、冶镁白云岩等 9 个矿种潜力评价工作,松桃、从江、遵义 3 个地区已圈出了锰矿找矿靶区,对资源量进行初步预测。

开展黔北煤矿大方矿区、花溪 – 龙里 – 惠水煤矿区、黔西南金矿戈塘集中开采区 3 个 1∶5 万工作区矿产资源开发状况、矿山地质环境、规划执行情况的遥感调查与监测。

完成了黔西南金矿戈塘集中开采区、黔北煤矿大方矿区、花溪 – 龙里 – 惠水煤矿区的矿产资源开发状况遥感调查与监测。

完成乌江思南以上干流、松桃河、锦江流域地下水勘查及大方县东关地下河调查,基本查明了区内的地质环境问题、分布状况、成因,并紧密结合地方需求,对区内规划近期实施的农村饮水不安全点进行了水文地质调查,为实施饮水安全工程提供安全水源 50 处。

全面开展了煤、铁、铝、铜、铅、锌、银、锰、镍、钼、钨、锡、金、锑、汞、磷、稀土、硫、萤石、重晶石、冶镁白云岩和铀矿共 22 个矿种的成矿规律研究和资源潜力预测评价,进行全省各类矿产未来勘查规划部署的研究工作,重点完成贵州省优势矿产资源的潜力评价工作,其中铝土矿、磷矿、煤矿资源潜力评价报告被全国矿产资源潜力评价项目办公室综合评定为优秀。

(贵州省国土资源厅)

陕 西 省

【矿产资源概况】 陕西省矿产资源丰富,具有分布广、种类全、区域特色明显的特征,是我国矿产资源大省之一。陕北及渭北蕴藏优质煤、石盐、石油、天然气、铝土、水泥灰岩等矿产;关中有煤、钼、金、非金属建材、地下热水和矿泉水等矿产;陕南秦巴山区以有色金属、贵金属、黑色金属和非金属矿产为主。

陕西省已查明资源储量的矿产 94 种,其中能源矿产 6 种,黑色金属矿产 5 种,有色金属矿产 10 种、贵金属矿产 2 种、稀有稀土金属及放射性元素矿产 11 种、冶金辅助原料非金属矿产 9 种、化工原料非金属矿产 13 种,建材及其他非金属矿产 36 种,水气矿产 2 种。列入储量表的矿种 89 种,矿区 1010 处。

陕西省列入矿产资源储量表的矿产保有资源储量潜在总值超过 42 万亿元,约占全国的 1/3,居全国之首。

陕西省查明储量居全国前 10 位的矿种有 60 多种。储量居全国前列的重要矿产有:盐矿、煤、石油、天然气、钼、汞、金、水泥用石灰岩,不仅资源量可观,且质量较好,在国内、省内市场具有明显优势。陕西省 15 种重要矿产在全国及西部排列位次情况见表 1。

2011 年底陕西省共有矿山企业 5337 家,从业人员 305581 人(不含长庆),其中规模以上企业 712 家。

表 1 陕西省 15 种重要矿产在全国及西部排列位次

矿种	位次		矿种	位 次	
	全国	西部		全国	西部
煤	4	3	钼 矿	6	2
石 油	5	2	金 矿	11	6
天然气	4	4	银 矿	20	8
铁 矿	17	7	硫铁矿	18	7
铜 矿	18	8	磷 矿	7	4
铅 矿	14	8	盐 矿	1	1
锌 矿	12	7	水泥用灰岩	4	1
铝土矿	12	5			

注:1.西部十二省(市、区)为陕西、青海、内蒙古、四川、新疆、贵州、云南、宁夏、甘肃、广西、重庆、西藏;2.铀矿未统计。

【地质勘查及油气开发】 1.地质勘查投入情况。2011 年度,陕西省境内开展地质项目共 780 项,较 2010 年减少 28.6%;投入资金总额为 159729.98 万元,较 2010 年增长 7.5%。其中:基础地质调查项目 11 项,投入资金 2830 万元;地质科学研究与技术方法创新 23 项,投入资金 3635 万元;地质灾害、地质环境和地下水调查评价项目 92 项,投入资金 10666.98 万元;矿产资源勘查项目 654 项,投入资金 142598 万元。中央财政投入

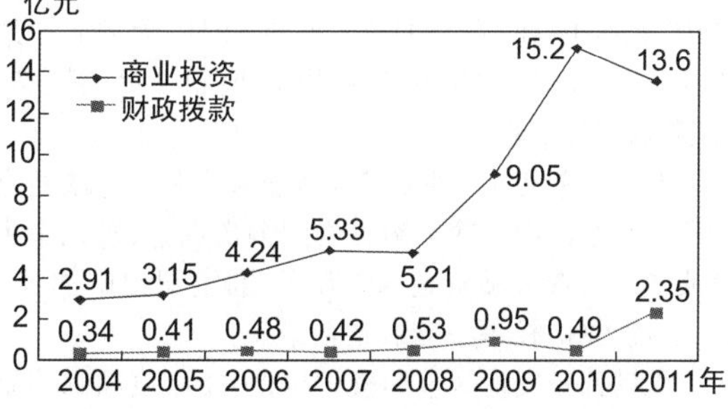

图 1 2004～2011 年陕西省地质勘查投入情况

资金10737万元，占投资总额的7.77%，较2010年减少13.52%；省级财政投入资金12799万元，占投资总额的8.01%，较2010年减少43.12%；社会资金投入136193.98万元，占投资总额的85.26%，较2010年增长22.68%。2004～2011年地质勘查投入情况见图1。

2. 陕西省勘查项目矿产种类构成。2011年，陕西省矿产资源勘查项目654项。勘查项目构成：能源70项、黑色金属116项、有色金属247项、贵金属184项、稀有金属6个、非金属20项、水气矿产11项，中央财政投入资金2716万元、较2010年减少16.69%，省级财政投入资金10732万元、较2010年减少42.64%，社会资金129150万元、较2010年增长28.37%。2011年矿产勘查项目情况统计见表2。

表2　　2011年陕西省矿产勘查项目情况统计

类别	勘查项目		投入资金	
	个数	所占比例（%）	金额（万元）	所占比例（%）
能源矿产	70	10.70	65809	46.15
黑色金属	116	17.74	14206	9.96
有色金属	247	37.77	29977	21.02
贵金属	184	28.13	29111	20.41
稀有矿产	6	0.92	261	0.2
非金属	20	3.06	2253	1.58
水气矿产	11	1.68	981	0.68
合计	654		142598	

3. 陕西省新增矿产资源储量情况。2011年新增探明各类矿产资源储量：煤55.25亿吨、铁矿石量0.3791亿吨、锰矿石量327.85万吨、V_2O_5资源量473.73万吨、铜3.19万吨、铅金属量3.07万吨、锌金属量3.50万吨、金金属量25.9吨、硫铁矿62.28万吨。新发现矿产地8处，其中：大型煤矿产地1处、中型煤、铌、钒、硫铁矿矿产地各1处、小型煤、钒、岩金矿产地各1处。本年提高规模级别的矿产地2处，其中：中型煤、钒各1处。全年完成阶段性勘查的矿产地65个，其中：大型10处、中型11处、小型43处；大型矿产地煤9处、钒1处；中型矿产地煤5处，钒2处，铁、锰、金、硫铁矿各1处。

4.2011年度陕西省矿产勘查重大成果。①陕西省山阳－柞水池沟－冷水沟斑岩型铜矿调查，投入中央地质矿产勘查专项资金400万元，圈定铜钼矿体带1条，长度1400米，具一定找矿前景。

②陕西镇安地区金调查评价，2011年度项目经费400万元，圈定可供进一步工作的找矿靶区2处，新发现矿（化）体9条。

③陕西省宁陕－柞水铅锌多金属矿调查，2011年度项目经费400万元，圈定铅锌矿（化）体8条。

④陕西省洛南县陈耳金矿接替资源勘查，2011年投入532万元，通过深部探矿工程施工，新增金资源量5吨。

⑤陕西省富县直罗镇芦村勘查区煤炭资源普查，投入资金294万元，新增煤炭资源量1.3447亿吨。

⑥陕西省榆林市子洲县永兴煤矿（整合区）勘探，投入资金655万元，新增（333）以上资源量0.5815亿吨。

⑦陕西省山阳县鱼洞地区钒矿详查，投入资金420.5万元，新增V_2O_5（333）以上资源量20.53万吨。

⑧陕西省平利县红土沟－三口井钒矿详查，投入资金127.33万元，新增V_2O_5（333）以上资源量9.94万吨。

⑨陕西省汉阴县坝王沟金矿普查，投入资金640.82万元，新增金（333）以上资源量1.4吨。

5. 石油天然气勘查开发。2011年度，石油天然气勘查陕西省境内共投入资金583475万元，新增探明石油地质储量37008.89万吨，新增石油控制地质储量13821.0万吨，新增天然气探明地质储量3139.16万立方米。

【矿权管理与开发整顿】 1. 矿权管理。2011年共颁发勘查许可证435个，其中新立47个，面积1559.14平方千米；变更312个，面积6138.28平方千米；延续42个，面积3462.89平方千米；保留34个，面积119.94平方千米；注销探矿权14个，批准转让探矿权62宗，转让价款1090631.8万元。陕西省勘查许可证分类情况见图2。

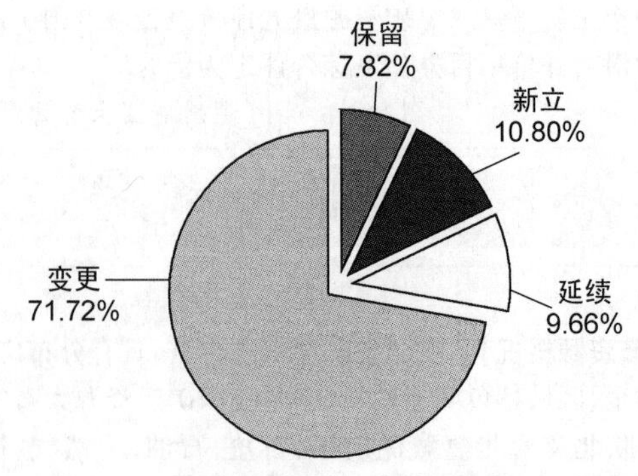

图2　陕西省勘查许可证分类

按照国土资源部《地质勘查资质监督管理办法》要求，加强地质勘查行业管理。全年共办理地质勘查资质变更12家，新受理地质勘查资质15家，注销1家。

加强采矿权管理，严格规范采矿权审批工作。2011年，共审批采矿权923个，其中新立49个，变更、延续680个,划定矿区范围99个,转让21个,注销74个。

按照矿业权实地核查结果,完成830个采矿许可证的登记换证工作。

2. *矿产资源勘查开发整顿*。在以往整顿和规范矿产资源开发秩序工作的基础上,2011年,陕西省组织开展新一轮矿产资源勘查开发秩序专项行动。全省共查处无证勘查、开采行为400余起,非法转让探矿权、采矿权行为28起,越层、越界开采行为40起,开采矿种与采矿许可证不符以及超越生产规模开采行为11起,破坏矿产资源和地质环境行为4起。

2011年,共拆除、炸毁、封堵、关闭非法采矿点477处,没收采矿机具1857台(件),没收非法开采矿石6.2万吨,没收非法所得及罚款2026.62万元。

3. *矿业权价款和资源补偿费*。按照《陕西省矿业权评估委托及监督管理暂行规定》,坚持价款评估"走高线"原则,确保采矿权评估质量及规范操作,并严格执行矿业权价款和补偿费收缴有关规定,不断加大收缴力度。2011年,探矿权评估备案项目15宗,备案价款206.81亿元;委托采矿权价款评估项目94个,完成采矿权价款评估报告备案151宗,备案价款51.18亿元;全年收缴采矿权价款37.74亿元,矿产资源补偿费7.7亿元。

【矿产资源储量】 按照国土资源部的核查矿种范围,陕西省矿产储量利用现状调查完成国家规定核查的煤、铁、锰等17个矿种的565个单元的核查工作,完成报告终审565份。17个矿种的资源利用现状调查成果汇总报告全部通过国家验收,其中煤、铁、铅、锌等13个主要矿种汇总成果获得优秀,得到国土资源部储量司的充分肯定和好评。

2011年共完成矿产资源储量报告评审备案152份,其中地质勘查报告56份,矿产资源储量核实及检测报告65份,重要建设项目矿产资源储量压覆核实报告31份。

【矿产资源规划】 《陕西省矿产资源总体规划(2008~2015)》已于2010年正式发布实施。截至2011年底,10个市级矿产资源规划已全部通过预审,其中西安、宝鸡、汉中、商洛、安康、铜川和延安市规划经省政府审核同意正式下发批复,其他市的规划正在审核。县级矿产资源规划已预审的有25个县,经审查批复的有21个县,其他县级规划正在预审或报批之中。

【矿产品产供销】 1. *矿业产值与矿产品*。陕西省共有各类矿山企业(点)5337个。按行业划分统计:能源矿山649个(煤炭矿山527个,石油、天然气开采企业2个,其他矿山120个),黑色金属矿山149个,有色金属矿山154个,贵金属矿山94个,冶金辅助原料非金属矿山49个,化工原料矿山130个,建材及其他非金属矿山4088个,水气矿山24个。

2011年陕西省规模以上矿业及相关加工制造业完成工业总产值8989.58亿元。其中采矿业产值3632.65亿元,占全省规模以上工业总产值14283.48亿元的25.43%。全省矿山企业实现销售收入3322.56亿元,税金总额836.51亿元,实现利润999.97亿元。

煤炭开采和洗选业工业总产值1868.60亿元,实现主营业务收入1867.11亿元,税金总额271.15亿元,实现利润614.56亿元;石油和天然气开采业工业总产值1650.39亿元,实现主营业务收入2051.16亿元,实现利税1207.86亿元;黑色金属矿采选业工业总产值57.50亿元,实现主营业务收入50.17亿元,实现利税1207.86亿元;有色金属矿采选业工业总产值138.09亿元,实现主营业务收入123.11亿元,税金总额10.54亿元,实现利润26.87亿元;非金属矿采选业工业总产值26.95亿元,实现主营业务收入25.52亿元,税金总额1.60亿元,实现利润2.05亿元。2004~2011年陕西省采矿业总产值变化趋势见图3。

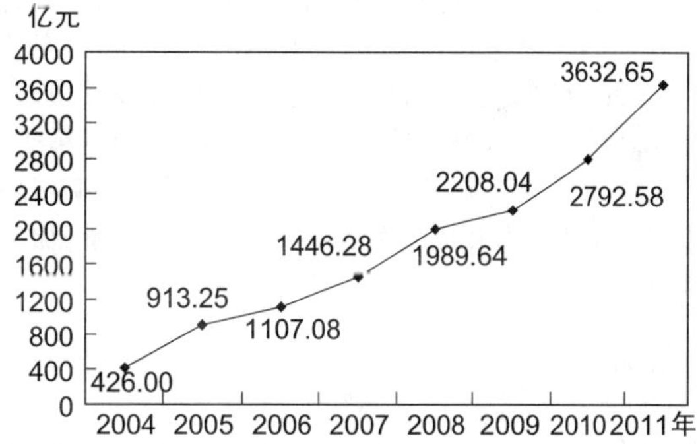

图3 2004~2011年陕西省采矿业总产值变化趋势

2. *主要矿产品产量*。2011年,陕西省规模以上工业矿产品产量大部分继续保持增长。其中,原煤41135.08万吨,天然气272.21亿立方米,原油3225.42万吨,铁矿石991.80万吨,钼精矿(45%)3.96万吨,硫铁矿(35%)47.98万吨,磷矿石($P_2O_5$30%)1.15万吨,原盐41.87万吨,水泥6430.63万吨,平板玻璃1302.83万重量箱。2011年陕西省主要矿产品产量增减变化情况见表3。

3. *矿产品进出口贸易*。2011年,陕西省矿产品进出口总值17.37亿美元,增长40.4%,其中出口4.21亿美元,下降0.8%,进口13.16亿美元,增长61.8%(图4)。2011年陕西省矿产品进出口占同期全省进出口总值的11.9%,出口和进口总值分别占同期全省出口和进口的6%和17.3%。

表3　2011年陕西省主要矿产品产量增减变化情况

产品名称	单位	2010年	2011年	增长率(%)
原　煤	万吨	36115.50	41135.08	13.9
原　油	万吨	3017.28	3225.42	6.9
天然气	亿立方米	223.47	272.21	21.8
铁矿石原矿量	万吨	845.5	991.80	17.3
硫铁矿石(S35%)	万吨	47.80	47.98	0.4
原　盐	万吨	40.98	41.87	2.2
水泥	万吨	5463.79	6430.63	17.7
平板玻璃	万重量箱	1291.57	1302.83	0.9

①矿产口出口:2011年陕西省出口矿产品的种类共有142种,其中出口总值超过500万美元的矿产品有13种,主要是:未锻轧镁、硅铁、工业硅、钼矿砂及其精矿、钼制品、钙、锶或钡的化合物、非工业钻石、水泥等。矿产品出口的主要国家和地区为:日本、荷兰、美国、韩国、印度。

② 矿产口进口:2011年陕西省进口矿产品的种类共有116种,其中进口总值超过500万美元的矿产品有14种,主要是:铁矿砂及其精矿、锌矿砂及其精矿、晶体硅、铅矿砂及其精矿、石油沥青、镍矿砂及其精矿、非工业钻石、银矿砂及其精矿、未锻轧的铌等。矿产品进口的主要国家和地区为:澳大利亚、美国、秘鲁、加拿大、巴西。

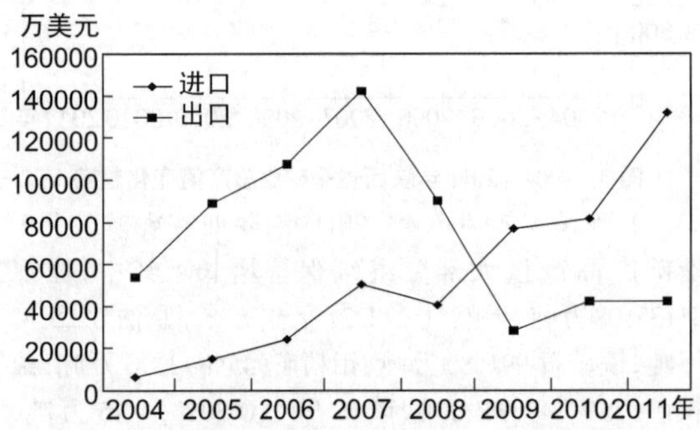

图4　2004~2011年陕西省矿产品国际贸易变化情况

【地质环境】　1. 地质环境监测。2011年,陕西省共建设地质环境监测站77个,其中省级1个,市级10个,县(区)级66个。建设地质灾害监测点12855个,地下水监测点296个,共有从业人员597人,其中专业技术人员99人。

2. 地质灾害及防治。2011年陕西省共发生地质灾害667起,与2010年相比下降了43.8%。其中滑波397起,崩塌196起,地面塌陷53起,泥石流18起,地裂缝3起,造成69人死亡,1人失踪,15人受伤,直接经济损失21863.92万元(图5)。

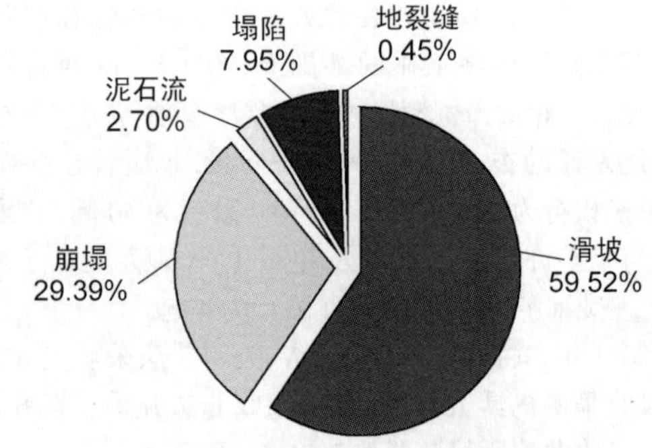

图5　2011年陕西省发生地质灾害构成

按照国务院《地质灾害防治条例》和《国务院关于加强地质灾害防治工作的决定》精神,2011年,陕西省出台了《陕西省人民政府关于贯彻国务院加强地质灾害防治工作决定的实施意见》、《关于加强地质灾害防治资质管理的通知》等规范性文件,率先在全国设立了"地质灾害警示碑",建立了省级地质灾害防治项目库和省级地质灾害应急专家库,建立了省级地质灾害应急片区专家汛期24小时应急机制。2011年,陕西省成功预报地质灾害52起,避免了3332人的伤亡,避免经济损失8152.50万元,2011年陕西省因灾造成死亡人数较2010年下降74.1%。陕西省6名优秀群测群防员受到国土资源部表彰,19个县被国土资源部命名为地质灾害群测群防"十有县"。

2011年完成地质灾害危险性评估项目759个,地质灾害治理项目44个,投入治理资金13378万元。

3. 矿山地质环境。矿山地质环境治理实现新的突破,积极推进《陕西省矿山地质环境治理恢复保证金管理办法》的出台工作,目前,该办法已送至陕西省政府法制办审批。督促各市县全面开展矿山地质环境保护与治理恢复方案编制审查工作,同时要求各级国土资源主管部门加强矿山地质环境保护与治理恢复工作监管,督促采矿权人按照审查批准的治理方案开展治理工作,将治理方案的编制和实施情况作为采矿许可证年检的重要内容。2011年,全省预缴存矿山地质环境治理恢复保证金4.2亿多元,采矿权人依法履行矿山地质环境保护与治理义务得到进一步落实。

2011年,矿业开采新增占用、损坏土地面积1267.15公顷,恢复治理矿山158个,恢复治理面积233.50公顷,投入矿山环境治理资金13867.14万元,其中:中央财政投入13500万元,地方财政投入45.14万元,企业投入322万元。

4. 地质遗迹保护和地质公园建设。地质遗迹保护项目再结硕果，申报国家地质公园取得明显进展。2011年陕西省争取中央财政地质遗迹保护项目4个，资金1432万元。柞水溶洞、耀州照金丹霞两个省级地质公园揭碑开园，并报部申请国家地质公园。督促指导各地质公园按时完成保护项目，有效保护了地质遗迹资源。

（陕西省国土资源厅）

甘 肃 省

【矿产资源概况】 截至2011年底，甘肃省已发现各类矿产179种（含亚矿种，下同），其中，已查明矿产资源储量的111种，占全省已发现矿种的62%，未查明资源储量的68种，占全省已发现矿种的38%。列入《甘肃省矿产资源储量表》的固体矿产95种、矿产地1184处（含共伴生矿产，下同），其中固体燃料矿产地234处，黑色金属矿产地119处，有色金属矿产地253处，贵重金属矿产地273处，稀有稀土分散元素矿产地34处，化工原料非金属矿产地75处，冶金辅助原料非金属矿产地42处，建材及其他非金属矿产地154处；勘查程度勘探阶段259个、详查阶段291个、普查阶段634个。

【地质勘查】 2011年，甘肃省开展矿产勘查项目389个，投入地勘资215148.86万元，其中中央财政投入10162.90万元，地方财政投入66304.15万元，社会资金投入138681.81万元（图1）。勘查矿种主要为煤、铁、锰、铜、锌、铅、钨、钼、金等；其中，能源矿产勘查项目36个，黑色金属勘查41个、有色金属89个、贵金属187个、稀有矿产6个，化工建材矿产26个，水气4个。全年共完成钻探1014996米，槽探539311立方米，坑54117米，浅井632米。新增煤炭资源量25.59亿吨，锌69.16万吨，金31吨，铁矿石1.12亿吨。

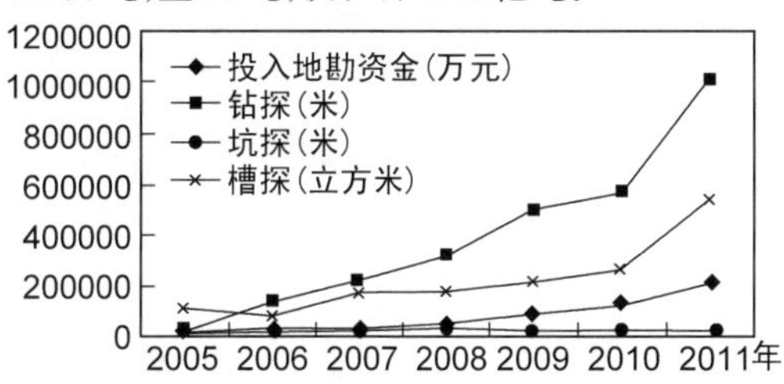

图1 2005～2011年甘肃省地勘资金投入及工作量对比

【地质勘查成果】 2011年甘肃省在地质勘查方面取得了以下重要成果：

1. 甘肃省崇信县赤城煤田南部煤炭资源普查。通过2011年的勘查工作，该煤田新增煤炭资源量2.8亿吨。

2. 甘肃省灵台县独店勘查区煤炭普查。通过2011年的勘查工作，该煤田新增煤炭资源量17.3826亿吨。

3. 甘肃省肃北县德勒诺尔铁矿普查。共求得铁矿石资源量14072.20万吨，平均品位TFe26.26%。

4. 甘肃省合作市早子沟金矿详查。2011年早子沟金矿的勘查工作以深部找矿为主，初步估算新增金资源量15吨，取得了矿区找矿的重大进展。早子沟金矿区累计提交金资源储量达到68吨，是西秦岭地区继大水、阳山、寨上之后又一处特大型金矿。

【矿产资源潜力评价】 甘肃省矿产资源潜力评价工作自2007年正式启动以来，首先对全省铁、铝、铜镍、铅锌、金、钨、锑、钾、稀土、磷12矿种（组）进行了资源潜力评价。2009年12月完成了全省铁、铝2矿种矿产资源潜力评价工作，2010年1月提交了甘肃省铁、铝土矿资源潜力评价成果报告。2011年4月提交了铜镍、铅锌、金、钨、锑、钾、稀土、磷12矿种（组）矿产资源潜力评价成果报告，并通过了全国项目办验收。预测成果为：铁矿共圈出最 小预测区148个，铝土矿圈出最小预测区5个，铁铜镍矿圈出最小预测区119个，金矿圈出最小预测区247个，钨矿圈定最小预测区33个，铅锌矿圈定最小预测区40个，锑矿圈定最小预测区23个，磷矿圈定最小预测区33个，钾盐矿圈定最小预测区27个，稀土矿圈出最小预测区5处。完成的10份单矿种（组）潜力评价成果报告中，铁、铜镍、铅锌、金、钾盐5份报告国土部验收为优秀，其他矿种成果报告为良好。

2011年甘肃省新启动了铬、锰、锡、钼、银、硼、硫、萤石、菱镁矿、重晶石矿产资源潜力评价工作，年底已完成了10矿种矿产预测工作。

【矿产资源储量利用现状调查】 该项目从2007年开展以来，截至2011年12月，甘肃省矿产资源储量利用现状调查项目共落实项目经费3851万元，其中中央财政承担1511万元、地方财政承担2340万元。

甘肃省开展了煤、铁、锰、铬、铜、铅、锌、镍、钨、锡、钼、锑、金、银、菱镁矿、硫铁矿、磷、钾盐、重晶石、萤石等20个矿种的储量利用现状调查，在全国历时一年的验收中，甘肃省参与的20个矿种中钨、锑、铜、锌、金、镍、、锰、煤、菱镁矿、硫铁矿、重晶石、萤石评审验收结果为优秀，磷的评审结果为良$^{+}$，铁、铅、钼、银、铬、锡、钾盐评审结果为良好。全国项目办已验收20个矿种形成单矿区报告463份，核查矿区报告17个，数据库成果500个；单矿种汇总报告20份，数据库20个，各类图件5893张，项目现进入汇总报告成果编制和两库衔接阶段。

【矿业权市场建设】 2011年，甘肃省级矿业权有形市场已经基本建设完成。市场配备了功能齐全、设施完善的矿业权交易大厅、招标大厅、矿业权协议转让室、公示大厅、报件及咨询室，以及电子大屏、电子触摸查询机、视频监控录播系统等硬件设施，总面积约900平方米。2011年，甘肃省政府正式出台了《甘肃省人民政府关于健全完善矿业权有形市场的意见》，全省矿业权交易规章制度得以进一步完善，全省矿业权交易市场进入快速发展的轨道。

2011年，甘肃省级矿业权市场进场协议转让签约鉴证矿业权4宗，转让金额33.96亿元。全省公开出让矿业权共211宗，其中招标5宗，挂牌195宗，拍卖11宗，总成交价款6026.55万元，充分体现了市场配置资源的优势。

【矿产资源补偿费征收】 2011年，甘肃省矿产资源补偿费征收管理工作通过建立市县矿产资源补偿费目标责任管理体系，抓大中型企业、重点地区和主要矿种矿产资源补偿费征收，加大清缴力度等措施，超额完成了矿产资源补偿费征管工作任务，实现矿产资源补偿费征收入库4.03亿元，其中甘肃省国土资源厅直接征收矿产资源补偿费3.74亿元，14个市(州)征收矿产资源补偿费0.29亿元(图2，图3)。

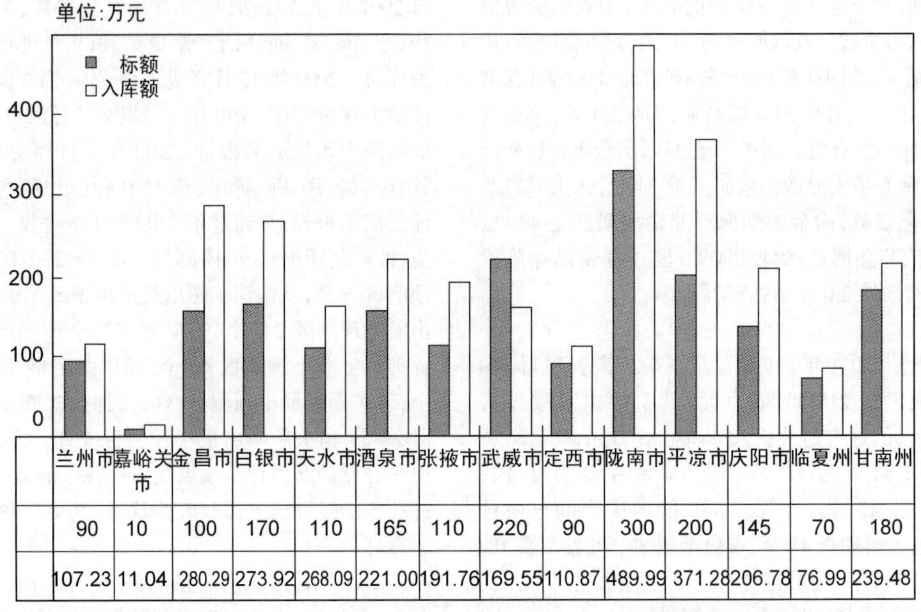

	兰州市	嘉峪关市	金昌市	白银市	天水市	酒泉市	张掖市	武威市	定西市	陇南市	平凉市	庆阳市	临夏州	甘南州
	90	10	100	170	110	165	110	220	90	300	200	145	70	180
	107.23	11.04	280.29	273.92	268.09	221.00	191.76	169.55	110.87	489.99	371.28	206.78	76.99	239.48

图2 2011年度甘肃省各市州矿产资源补偿费征收入库情况

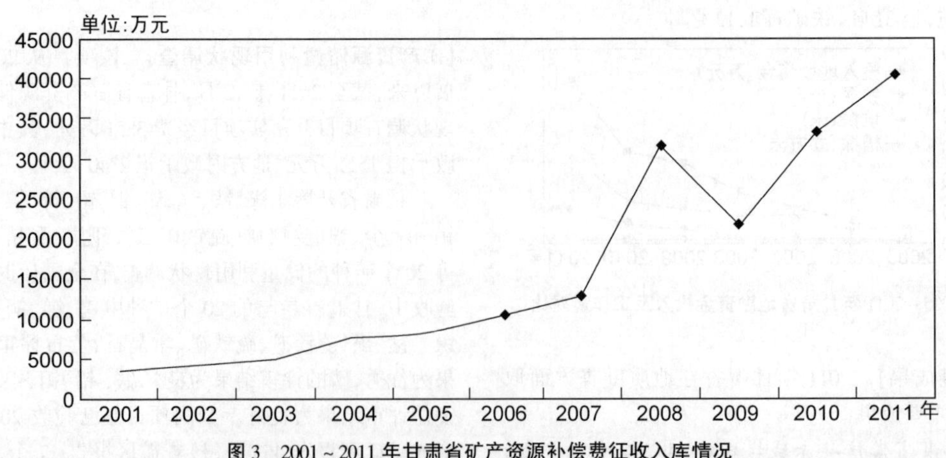

图3 2001～2011年甘肃省矿产资源补偿费征收入库情况

【地质勘查基金】 2011年,甘肃省地质勘查基金分3批次安排项目29个,投入资金60000万元,其中甘肃煤田地质局承担陇东煤炭勘查项目6个,下达项目资金45000万元,并且带动了企业资金的投入;省地矿局、有色地勘局和省核地质局承担金属矿等勘查项目23个,项目资金15000万元,省财政补充地质勘查基金账户60000万元(表1)。地勘基金项目找矿效果明显,陇东煤炭勘查进展顺利金属矿勘查取得重大突破,在阿克塞县发现大型锰矿床一处,在肃北县等地,新发现稀有金属矿多处,并在外围发现大量找矿线索,有可能形成特大矿床。

表1　**2011年甘肃省地勘基金项目资金投入情况**

序号	项目名称	性质	投资金额(万元)	承担单位
1	甘肃省泾川县高平镇煤炭资源普查	续作	3600	甘肃省煤炭地质勘查院
2	甘肃省灵台县独店乡煤炭资源普查	续作	4100	甘肃省煤炭地质勘查院
3	甘肃省合水县西一宁县北部煤炭资源普查	续作	7800	甘肃省煤炭地质勘查院
4	甘肃省合水县东一宁县北部煤炭资源普查	续作	2500	甘肃省煤炭地质勘查院
5	甘肃省灵台县独店勘查区煤炭详查	续作	10000	甘肃省煤炭勘地质查院
6	甘肃省合水县东一宁县北部勘查区煤炭详查	续作	17000	甘肃省煤炭地质勘查院
7	甘肃肃北县黑山梁钨钼矿普查	续作	1000	甘肃省地质调查院
8	甘肃省清水县后山里铜及多金属矿普查	续作	500	甘肃省地矿局第一勘查院
9	甘肃省漳县盐矿资源普查	新立	500	甘肃省地矿局第一勘查院
10	甘肃省民勤县湖水盆地北缘煤炭资源综合预查	新立	1500	甘肃省地矿局第三勘查院
12	甘肃省武山县新庄里金矿普查	新立	800	甘肃省地矿局第一勘查院
13	甘肃省肃北县白头山铷矿普查	新立	300	甘肃省地质调查院
14	甘肃阿克塞县六五沟石榴子石矿普查	新立	350	甘肃省地质调查院
15	甘肃省天水市秦州区滴水坪铁矿普查	新立	450	甘肃省地矿局第一助查院
16	甘肃省阿克塞县安南坝青砂沟锰矿详查	新立	2000	甘肃省地矿局第二勘查院
17	甘肃省天祝县臭牛沟煤炭详查	续作	2000	甘肃有色地质勘查局三队
18	甘肃省肃南县西柳沟铁铅矿普查	续作	500	甘肃省有色地调院
19	甘肃省肃北县鹰嘴山西锰铁矿普查	续作	465	甘肃有色地质勘查局四队
20	甘肃省肃北县狼娃山金矿普查	续作	135	甘肃有色地质勘查局总队
21	甘肃天祝县大科石滩铜铅锌多金属矿普查	新立	180	甘肃有色地质勘套一〇六队
22	甘肃省肃南县大柳沟钢矿普查	新立	170	甘肃有色地质勘查一〇六队
23	甘肃省礼县杨家河铁金矿普查	新立	250	甘肃有色地质勘查三队
24	甘肃省临潭县张旗地区锑矿普查	续作	300	甘肃省核地质二一九大队
25	甘肃省二牧井地区饲矿普查	续作	180	甘肃省核地质二一二大队
26	甘肃省山丹县独峰顶地区207铀钼床外围详查	续作	200	甘肃省核地质二一二大队
27	甘肃省徽县周家山金矿普查	续作	305	甘肃省核地质二一三火队
28	甘肃省礼县何家沟金矿预查	新立	80	甘肃省核地质二一三火队
29	甘肃省成县申家河地区铁及多金属矿普查	新立	135	甘肃省核地质二一九大队

【矿产执法监察】 2011年,甘肃省共立案查处矿产资源领域违法案件149件,其中企事业单位越界勘查1件,个人无证开采110件,企事业单位无证开采14件,乡村集体无证开采1件,企事业单位越界开采12件,

个人越界开采4件,其他7件。处理结案149件,结案率100%,罚没款145.78万元。

【矿产资源总体规划】 2011年,全面完成省、市、县级矿产资源总体规划编制任务。甘肃省级矿产资源总体规划已批准发布实施;全省除临夏州及其所辖的8个县市外,13个市级规划已经省政府批准实施,78个县市区规划经省厅委托的市州国土资源局全部予以批准实施。组织完成了钨钼(稀土、锡)、锑、萤石矿产资源勘查开发利用和鄂尔多斯盆地(甘肃部分)矿产资源勘查开采4个专项规划以及金川铜镍多金属矿综合利用、窑街煤炭资源综合利用两大国家级示范基地建设总体规划的编制。

【国土资源节约集约利用】 2011年,大力推进资源节约与综合利用。国家下达甘肃省中央财政矿产资源节约与综合利用专项资金支持的“以奖代补”项目19个,示范工程项目14个,落实资金2.1265亿元。金川铜镍多金属矿综合利用、窑街煤炭资源综合利用两大示范基地被国土资源部、财政部列入首批国家级矿产资源综合利用示范基地并签署部省共建协议,拟在“十二五”期间投入11.4亿元(其中,2011年度已全额下达2.2亿元,省财政按5%配套下达1100万元)。

在全省开展国土资源节约集约模范县创建活动。推荐武威市凉州区、白银市白银区、平凉市华亭县为甘肃省创建活动试点县(区)。三个试点县(区)积极探索国土资源节约集约利用的新途径和新模式,走出了富有地方特色的新路子,为全省深入推进这项活动积累了的经验,提供了借鉴。武威市凉州区、平凉市华亭县被国土资源部授予“国土资源节约集约模范县(区)”称号。

【地质灾害防治】 2011年,甘肃省共发生地质灾害115起,其中特大型1起、大型1起、中型15起、小型98起(表2);根据成因分析:自然引发103起、人为诱发12起;按灾害种类分:滑坡48起、崩塌31起、泥石流25处、地面塌陷4起、地裂缝4处、地面沉降4处。灾害共造成4人死亡、1人失踪、10人受伤,经济损失51428.15万元。共完成应急调查20次,提交调查报告20份、地质灾害信息速报34期。全年共发布地质灾害气象预警预报信息54次,其中Ⅱ级12次、Ⅲ级33次、Ⅳ级9次。

各级国土资源管理部门不断强化对地质灾害易发区内各类工程建设地质灾害防治工作的监督管理,全年完成省级地质灾害危险性评估报告备案174宗,其中一级159宗、二级2宗、三级13宗。完成省厅发证的矿山地质环境治理方案审查备案49宗。

表2　　2011年甘肃省地质灾害灾情统计

统计项目＼月			1	2	3	4	5	6	7	8	9	10	11	12	累计
灾情总数(起)				6	3	6	6	19	21	21	22	2	6	3	115
总引发因素(起)		自然		5	3	5	3	19	20	19	22	2	4	1	103
		人为		1		1	3	0	1	2	0	0	2	2	12
灾害级别(起)		特大型			1						0	0	0	0	1
		大型							1		0	0	0	0	1
		中型		1		1			3	4	5	1	1	0	16
	小型	达到统计标准		5	2	3	9	10	15	17	1	6	1	71	
		未达到统计标准				3	3	10	7	2	0	0	0	2	27
灾害类型(起)		滑坡		4	2	4	4		7	7	11	2	4	3	48
		崩塌		2	1	1	2	3	6	8	9	0	1	0	31
		泥石流						14	5	6	0	0	0	0	25
		塌陷				1				1	2	0	0	0	4
		地裂缝						2		0	0	0	1	0	3
		地面沉降							3	1	0	0	0	0	4

续表 2

统计项目＼月		1	2	3	4	5	6	7	8	9	10	11	12	累计
伤亡人数（人）	死亡		1			2		1	0	0	0	0	0	4
	失踪					1			0	0	0	0	0	1
	受伤		1			1	1	4	3	0	0	0	0	10

【矿山地质环境】 2011 年,2529 个矿山企业缴纳了 20660.54 万元矿山环境恢复治理保证金。全年共安排地质环境项目 75 个,共投入中央和省级经费 67305 万元,其中国家级矿山地质环境治理项目 7 个 27500 万元、地质灾害防治项目 15 个 21747 万元、地质遗迹保护项目 4 个 2200 万元;省级地下水勘查项目 19 个 1428 万元、地质灾害防治项目 9 个 8030 万元、地质遗迹保护项目 15 个 3000 万元、矿山地质环境治理 6 个 3400 万元。

【地质遗迹保护】 2011 年甘肃省国土资源厅对申报省级地质公园的兰州天府沙宫、金塔大墩门、敦煌鸣沙山月牙泉、两当云屏三峡等四个地质遗迹进行了专家论证、考察。

张掖彩色丘陵丹霞地貌、永靖县炳林石林两个省级地质公园已经初步具备建设国家地质公园的条件,申报材料已报国土资源部。

【灾后重建与灾害应急管理】 *1. 舟曲特大泥石流灾害灾后恢复重建地质灾害防治工程。*

① 地质灾害遥感调查及基础测绘。基准建设、县城及周边 90 平方千米 1:10000 测绘,规划区 25 平方千米 1:1000 测绘已全面完成,测绘数据已正式提交舟曲县和相关部门使用,地理信息数据库建设基本完成,26 处重大地质灾害遥感调查项目已完成。

② 重建安置区工程地质勘查。项目已由舟曲县政府招标,并完成了相关工作。甘肃省国土资源厅组织专家审查了项目成果,舟曲县正在对部分工作进行补充完善。

③ 地质灾害综合治理工程。工程包括 26 个地质灾害治理项目,其中 1 个地裂缝治理项目经省建办批复,交由县政府实施,1 个特大型滑坡治理项目,经专家论证,并报经省灾后重建领导小组批复,改为监测预警。其余 24 个地质灾害治理项目进展顺利,截至 12 月 10 日,共完成货币工作量 44939.78 万元,占项目总投资(7.73 亿元)的 58.14%。

④ 专业监测网络建设。已完成前期现场地质调查,制定了 23 条泥石流沟、14 处滑坡和不稳定斜坡自动化监测网络建设方案,购置了 1244.95 万元的监测设备,占项目总投资 46.11%。

⑤ 地质灾害群测群防网络及地质灾害应急能力建设。完成现场地质调查和实施方案编制,正在建设群测群防网络平台,举办了 2 期群测群防监测员培训班,参训人员达 150 人。防灾减灾教育基地按要求由县政府统一实施。

2. 东乡县县城特大滑坡灾害灾后恢复重建。 2011 年 3 月 2 日,东乡族自治县县城撒尔塔广场发生特大滑坡,甘肃省国土资源省厅迅速开展应急处理,组织编制了《东乡县城地质灾害防治灾后重建规划》,该《规划》纳入了省级灾后重建规划,共投资 58772 万元,其中中央地质灾害防治资金 46772 万元,省级 12000 万元。

3. 白银市资源枯竭城市采煤塌陷区综合治理。 2010 年国家下达甘肃省白银市一期综合治理经费 1 亿元,省级配套 1500 万元,地方自筹 1500 万元,截至 2011 年底,一期工程进展顺利,部分工程已经完工。2011 年国家下达二期资金 9000 万元,二期施工图设计审查已经完成,进入招投标准备阶段。

(甘肃省国土资源厅)

青 海 省

【矿产资源开发利用概况】 *1. 矿山数。* 截至 2011 年底,青海省共有各类矿山 930 家(青海油田分公司各矿山计为 1 家,其中生产矿山 588 家,停产矿山 218 家,筹建矿山 124 家。上报了统计基础表的矿山 930 家,统计基础表上报率 100%。各地矿山数排序:海东地区 290 家、海西州 270 家、西宁市 121 家、海北州 121 家、海南州 67 家、黄南州 46 家,玉树州 10 家、果洛州 5 家。2011 年度青海省矿产资源开发利用情况见表 1～4。

2. 从业人员。 青海省从事矿业开发的总人数为 74229 人,比 2010 年增加 4723 人。其中内资企业 70792 人,港、澳、台投资企业 481 人,外商投资企业 2956 人。从业人员增加的主要原因:随着经济社会对矿产品的需求增长,2011 年新增矿山企业 97 家,从而使矿山从

业人员增加。

3. *开发利用矿种及年产矿石量*。青海省开发利用矿产71种，年产矿石总量9255.48万吨(其中固体矿8506.3万吨，液体矿218.49万吨，气体矿650096万立方米合530.69万吨，比2010年增加1500.57万吨。年产矿石量100万吨以上的矿种共18种，依次为：钾盐(光卤石、煤炭、天然气、建筑用砂、水泥用大理岩、铜矿、砖瓦用黏土、铁矿、锂矿、盐矿、制碱用石灰岩、石油、石棉、水泥用灰岩、金矿、铅矿、制灰用石灰岩、建筑用花岗岩。年产矿石量增加50万吨以上的矿产依次为：钾盐(光卤石)增加542.3万吨，水泥用大理岩增加269.6万吨，建筑用砂增加249.73万吨，煤炭增加210.08万吨，铁矿增加175.96万吨，制碱用灰岩增加111.41万吨，天然气增加72.72万吨，以上矿种合计增加1631.8万吨；年产矿石量减少50万吨以上的矿产有锂矿和水泥用灰岩，锂矿减少102万吨，水泥用灰岩减少117.31万吨，共减少219.31万吨。

4. *矿业开发总产值*。青海省矿业开发实现工业总产值5071254.26万元，较2010年增加了1158254.9万元。矿业开发总产值10000万元以上的矿产有16种，依次为：石油、天然气、煤炭、钾盐、铜矿、铅矿、金矿、铁矿、玉石、锂矿、镍矿、水泥用灰岩、盐矿、砖瓦用黏土、石棉、水泥用大理岩。矿业开发总产值增加10000万元以上的矿产有8种，依次为：石油天然气增加761542万元，煤炭增加249295.5万元，铁矿增加67248万元，铜矿增加25249.74万元，镍矿增加25223.44万元，金矿增加21172.11万元，玉石增加20731.7万元，以上矿种共增加1170462.49万元。矿业开发总产值减少10000万元以上的矿产为：锂矿减少29412.66万元，水泥用灰岩减少13092.37万元，以上矿种共减少42505.03万元。全省矿业开发从业人员年人均产值68.32万元/人，青海省各地区年人均产值排序情况如下：果洛州194.94万元/人、海西州93.74万元/人、海南州17.46万元/人、海东地区11.75万元/人、海北州10.75万元/人、西宁市8.45万元/人、玉树州5.07万元/人、黄南州2.74万元/人。

5. *矿业开发增加值*。青海省矿业开发共实现增加值2843710.7万元，较2010年度增加了678417.67万元。其中，增加值实现10000万元以上的矿产共有10种，依次为：石油天然气、钾盐、煤炭、铜矿、金矿、铅矿、铁矿、锂矿、玉石。增加值增加10000万元以上的矿产共有5种，依次为：石油天然气增加334098万元，煤炭增加245627.75万元、钾盐增加101835.07万元，铁矿增加18065.01万元以上矿种增加值共增加699625.83万元增加值减少10000万元以上的有金矿和锂矿，其中金矿减少19145.23万元、锂矿减少15835.59万元，共减少34980.82万元。

6. *利润总额*。青海省矿业开发实现利润总额1106139.69万元，较2010年度增加了260279.41万元。实现利润1000万元以上的矿产共有15种，依次为：石油、天然气、钾盐、煤炭、铜矿、金矿、铅矿、镍矿、玉石、铁矿、砖瓦用黏土、水泥用灰岩、水泥用大理岩、盐矿、建筑用砂。利润增加1000万元以上的矿产共有10种，依次为：石油天然气增加183199万元、钾盐增加66116.01万元、金矿增加15398.23万元玉石增加6789万元、镍矿增加6475.72万元、铁矿增加5097.84万元、盐矿增加1879.74万元、煤炭增加1726.48万元、砖瓦黏土增加1536.69万元，共增加利润288218.71万元；利润减少1000万元以上的矿产有1种，即水泥用大理岩减少1252万元。

7. *企业规模和经济类型*。青海省有大型矿山33家，中型矿山42家，小型矿山320家，小矿535家；内资企业917家，港、澳、台投资企业6家，外商投资企业7家。

【矿产资源开发利用情况简析】 1. *矿业经济持续增长*。随着国内外市场对矿产品需求的不断增长，青海省矿业开发经济也呈逐年增长趋势，近3年来(2009~2011年)矿业开发总产值分别为304.2亿元、391.3亿元、507.13亿元；增加值分别为164.67亿元、216.53亿元、284.37亿元；利润总额分别为71.8亿元、84.59亿元、110.61亿元。从统计数据可以看出，矿业开发经济增长幅度较大，2011年全省矿业开发总产值已超500亿元，再创新高，矿业开发增加值、利润等主要经济指标均有较大增长。

2. *全省矿山规模总体结构没有明显改变*。青海省有大型矿山33家，中型矿山42家，小型矿山320家，小矿535家，分别占全省矿山总数的3.55%、4.52%、34.41%、57.52%，与2010年的统计数据相比，矿山规模总体结构没有明显变化。

3. *少数矿山在全省矿业经济发展中起着重要的支撑作用*。2011年青海省产值500万元以上的矿山有83家(表5)，占全省矿山总数的8.92%，从业人员53356人，占全省矿业开发从业人员的71.88%，年产矿石总量7859.98万吨(其中固体矿7127.14万吨、液体矿202.15万吨、气体矿650096万立方米合530.69万吨)，占全省年产矿石总量的84.92%；实现总产值5019601.56万元，占全省矿业开发总产值的98.98%实现增加值2833865.78万元，占全省矿业开发增加值的99.65%；实现利润1100095.42万元，占全省矿业开发利润的99.45%。可见，少数矿山在全省矿业经济发展中起着重要作用。2011年度青海省大型矿山企业统计见表6。2011年度青海省中型矿山企业统计见表7。

表1　　2011年度青海省矿产资源开发利用情况分矿种统计表

序号	矿种	矿山个数（个）	从业人员（人）	年产矿石量			工业总产量（万元）	工业增加值（万元）	综合利用产值（万元）	矿产品销售收入（万元）	年利润（万元）
				固体矿（万吨）	液体矿（万吨）	气体矿（万立方米）					
	合计	930	74229	8506.3	218.49	650096	5071254.26	2843710.7	72622.85	3438095.78	1106139.69
1	石油	1	22105		192.46		2,498,643	1,554,555	0	1,132,243	363,499
2	天然气					650096					
3	煤炭	52	14545	1617.32		0	866197.12	458953.11	1500	833224.77	183803.19
4	地下热水	4	60		14.08	0	182	14.5	0	157	19.5
5	铁矿	46	3700	270.2	0	0	77025.29	21790.94	9714	55376.92	5446.5
6	锰矿	4	34	0	0	0	0	0	0	0	0
7	铬矿	2	27	0.08	0	0	75	14	0	75	0
8	铜矿	21	2263	350.72	0	0	188496.05	106201.91	6281.95	184374.73	72368.62
9	铅矿	27	1358	134.21	0	0	147538.5	33045.69	209.3	105081.23	40048.66
10	锌矿	2	322	11.5	0	0	4721.8	2092	2177.85	1886.19	236.1
11	镍矿	5	599	35.03	0	0	35404.42	9966.48	300	35401.1	11637.22
12	钨矿	1	46	0.14	0	0	27	0	27	0	－8.62
13	钼矿	1	20	0	0	0	0	0	0	0	0
14	锑矿	1	41	0.15	0	0	234.4	0	0	182.4	－194.52
15	金矿	21	1846	172.49	0	0	137425.5	60630.28	438.63	135860.85	49403.14
16	锂矿	1	1404	218	0	0	40711.34	12213.41	40711.34	33156.58	10
17	锶矿	1	16	1.9	0	0	600	0	0	266	118
18	普通萤石	9	135	2.55	0	0	192.4	40	0	182.4	40
19	冶金用白云岩	6	67	8	0	0	159	18.3	0	159	14.9
20	冶金用石英岩	48	977	76.45	0	0	2197.8	608.9	0	2197.8	350
21	自然硫	1	30	0	0	0	0	0	0	0	0
22	芒硝	3	37	1.15	0	0	176	10	0	164.5	0
23	电石用灰岩	1	21	0	0	0	0	0	0	0	0
24	制碱用灰岩	16	487	199.61	0	0	4789.56	1007.23	0	5389.56	287.37
25	含钾岩石	4	39	0.63	0	0	75.6	7.5	0	23.48	－30
26	盐矿	15	2022	216.59	0	0	26986	7742.6	0	13539.9	2357.6
27	镁盐	4	198	50	0	0	3012	596	2912	2185.49	716.04
28	钾盐	14	5617	3226.6	0	0	856020.57	535382.35	971.68	766044.92	378492.75
29	硼矿	1	173	3.2	0	0	5146.8	3965.81	0	1357.36	407.5
30	硅灰石	1	3	0	0	0	0	0	0	0	0

续表 1－1

序号	矿种	矿山个数（个）	从业人员（人）	年产矿石量			工业总产量（万元）	工业增加值（万元）	综合利用产值（万元）	矿产品销售收入（万元）	年利润（万元）
				固体矿（万吨）	液体矿（万吨）	气体矿（万立方米）					
31	滑石	2	18	0	0	0	0	0	0	0	0
32	石棉	7	2070	176.95	0	0	21068	8685	765	14962	－138
33	长石	4	12	0.1	0	0	3	0	0	3	0.8
34	石榴子石	2	4	0	0	0	0	0	0	0	0
35	叶蜡石	1	1	0	0	0	0	0	0	0	0
36	石膏	25	266	36.17	0	0	955.1	207.7	0	955.1	100
37	方解石	2	15	0.5	0	0	77.33	0	0	13	9
38	玉石	7	575	0.82	0	0	52575.7	10075	6493.1	20214	7091
39	水泥用灰岩	14	538	175.5	0	0	35062	8661.3	60	35057	3502.9
40	建筑石料用灰岩	14	126	16.19	0	0	538	164.8	0	521.8	71.5
41	饰面用灰岩	1	15	0	0	0	0	0	0	0	0
42	制灰用石灰岩	9	196	124.22	0	0	2665.3	492.6	10	2664.3	263.9
43	玻璃用白云岩	1	12	2	0	0	70	40	0	70	12
44	建筑用白云岩	7	62	8.15	0	0	216.5	74.5	0	216.5	24.5
5	玻璃用石英岩	7	96	4.2	0	0	241	40	0	240	21.5
46	建筑用砂岩	1	10	2	0	0	90	12	0	90	5
47	建筑用砂	152	1890	447.79	0	0	7066.62	1816.09	0	5931.29	1192.8
48	水泥标准砂	2	27	6	0	0	120	27	0	120	30
49	砖瓦用砂	1	60	2.4	0	0	220	44	0	220	1.12
50	陶粒页岩	2	18	0	0	0	0	0	0	0	0
51	高岭土	1	12	0	0	0	0	0	0	0	0
52	膨润土	1	2	0	0	0	0	0	0	0	0
53	砖瓦用黏土	224	8014	280.46	0	0	25411.01	3456.52	0	24060.26	3767.97
54	陶粒用黏土	4	93	0.84	0	0	115.32	55.65	0	100.02	－16.44
55	水泥配料用黏土	7	65	8	0	0	126	26	0	126	11
6	建筑用橄榄岩	1	2	0	0	0	0	0	0	0	0
57	饰面用蛇纹岩	24	203	0.14	0	0	273.9	0	0	272.9	122.76
58	建筑用玄武岩	4	17	1.79	0	0	27	11	0	27	8

续表 1－2

序号	矿种	矿山个数（个）	从业人员（人）	年产矿石量			工业总产量（万元）	工业增加值（万元）	综合利用产值（万元）	矿产品销售收入（万元）	年利润（万元）
				固体矿（万吨）	液体矿（万吨）	气体矿（万立方米）					
59	建筑用角闪岩	1	11	0	0	0	0	13	0	0	0
60	建筑用辉长岩	4	33	47.22	0	0	413.1	41.3	0	410.7	3.5
61	建筑用安山岩	1	15	52	0	0	10	0	0	10	0
62	建筑用闪长岩	1	60	5.72	0	0	37	3.2	0	37	2.1
63	建筑用花岗岩	40	477	101.72	0	0	1749.83	404.25	42	1599.66	464
64	饰面用花岗岩	6	130	5.93	0	0	45.1	9	0	36.2	－9.4
65	玻璃用凝灰岩	1	5	0	0	0	0	0	0	0	0
66	饰面用大理岩	8	75	2.09	0	0	188.4	40.45	0	185.4	11
67	建筑用大理岩	9	170	4.38	0	0	210	72.85	0	110	7
68	水泥用大理岩	10	217	389.5	0	0	17829.9	335	0	15242	2986
69	饰面用板岩	2	20	6	0	0	200	30	0	200	30
70	水泥配料用板岩	2	26	1	0	0	38	7	9	38	4
71	矿泉水	5	308		11.95	0	7574	9.48	0	5832	－22463

表 2　**2011 年度青海省矿产资源开发利用情况分经济类型统计表**

企业经济类型	矿山数（个）	从业人数（人）	年产矿石量			工业总产值（万元）	工业增加值（万元）	综合利用产值（万元）	销售收入（万元）	年利润（万元）
			固体矿（万吨）	液体矿（万吨）	气体矿（万立方米）					
合　计	930	74229	8506.30	218.49	650096	5071254.26	2843710.7	72622.85	3438095.78	1106139.69
一、内资企业	917	70792	8063.78	218.49	650096	4766070.42	2754348.57	66310.85	3181033.48	1036140.43
国有企业	37	24973	285.61	192.46	650096	2538592.01	1567055.25	1223.63	1164531.18	368191.04
集体企业	68	2556	85.44	0	0	13130.4	1176.4	0	12982.1	889.94
股份合作企业	11	219	5.31	0	0	328.5	72	0	323.5	28
联营企业	3	88	1.7	0	0	938	95.3	10	230	10.1
有限责任公司	185	20106	2742.77	26.03	0	611490.77	251322.13	57383.37	495832.58	105334.34
股份有限公司	49	4442	2809.03	0	0	1005655.07	734644.09	300	939963.78	485898.78
私营企业	455	17108	1964.12	0	0	590095	198784.1	7351.85	561371.74	74460.23

续表 2

企业经济类型	矿山数(个)	从业人数(人)	年产矿石量			工业总产值(万元)	工业增加值(万元)	综合利用产值(万元)	销售收入(万元)	年利润(万元)
			固体矿(万吨)	液体矿(万吨)	气体矿(万立方米)					
其他企业	109	1300	169.8	0	0	5840.67	1199.3	42	5798.6	1328
二、港、澳、台商投资企业	6	481	84.36	0	0	14249	1086	6312	11789.85	-21677.94
港、澳、台商投资企业	6	481	84.36	0	0	14249	1086	6312	11789.85	-21677.94
三、外商投资企业	7	2956	358.16	0	0	290934.84	88276.13	0	245272.45	91677.2
外商投资企业	7	2956	358.16	0	0	290934.84	88276.13	0	245272.45	91677.2

表 3　**2011 年度青海省矿产资源开发利用情况分矿山企业规模统计表**

序号		矿山数(个)	从业人数(人)	年产矿石量			工业总产值(万元)	工业增加值(万元)	综合利用产值(万元)	销售收入(万元)	年利润(万元)
				固体矿(万吨)	液体矿(万吨)	气体矿(万立方米)					
	合计	930	74229	8506.3	218.49	650096	5071254.26	2843710.67	72622.85	3438095.78	1106139.69
1	大型	33	42603	4710.47	202.15	650096	4446963.61	2650015.71	47791.92	2924702.47	1019522.55
2	中型	42	9408	1702.62	0.2	0	391470.25	148296.6	4983.68	339595.05	66440.83
3	小型	320	10675	1480.67	0	0	134842.81	28748.97	12649.85	112415.76	7978.34
4	小矿	535	11543	612.54	16.14	0	97977.59	16649.39	7197.4	61382.5	12197.97

表 4　**2011 年度青海省矿产资源开发利用情况分行政区统计表**

序号	地区名称	矿山数(个)	从业人数(人)	年产矿石量			工业总产值(万元)	工业增加值(万元)	综合利用产值(万元)	销售收入(万元)	年利润(万元)
				固体矿(万吨)	液体矿(万吨)	气体矿(万立方米)					
	合计	930	74229	8506.3	218.49	650096	5071254.26	2843710.7	72622.85	3438095.78	1106139.69
1	西宁市	121	8216	424.67	0	0	69390.3	11731.2	1560	69390.3	5311.5
2	海东地区	290	6403	753.52	0.26	0	75238.07	15138.27	376	74093.85	18768.42
3	海北藏族自治州	121	5711	375.72	0	0	61409.4	28760.56	931	40438.48	7061.69
4	黄南藏族自治州	46	752	37	0	0	2061.5	555.1	0	1555.8	364.2
5	海南藏族自治州	67	2411	400.27	14.08	0	42096.23	10356.5	2312	36418.75	11097.48
6	果洛藏族自治州	5	785	283.67	0	0	153026.89	95585.56	4456.95	153026.89	63221.15
7	玉树藏族自治州	10	161	2.6	0	0	815.5	316.98	0	815.5	11.7
8	海西蒙古族藏族自治州	270	49790	6228.85	204.15	650096	4667216.37	2681266.53	62986.9	3062356.21	1000303.55

表 5　　2011 年度青海省采掘业总产值大于 500 万元以上矿山统计表

序号	矿山名称	从业人数（人）	自产矿石量			工业总产值（万元）	工业增加值（万元）	综合利用产值（万元）	销售收入（万元）	年利润（万元）
			固体矿（万吨）	液体矿（万吨）	气体矿（万立方米）					
	合计	53356	7127.14	202.15	650096	5019601.56	2833865.78	70352.07	3384023.23	1100095.42
1	中国石油天然气股份有限公司青海油田分公司	22176		192.46	650096	2498643	1554555	0	1132243	363499
2	柴达木察尔汗钾镁盐矿别勒滩矿区	500	1376			508047.42	316800	0	468240	260424.7
3	天峻县聚乎更矿区二井田	3867	591.9			447819	170381	0	447819	64047
4	聚乎更矿区一露天煤矿首采区	465	392.9			264753.67	257163.89	0	255284.3	126928.1
5	青海威斯特铜业有限责任公司德尔尼铜矿	668	283.68			153026.89	95585.56	4456.95	153026.89	63221.15
6	西部矿业股份有限公司锡铁山铅锌矿	683	125.72			140642.7	30705.23	0	99051.63	38938.05
7	青海盐湖钾肥股份有限公司察尔汗盐湖钾镁盐矿	1066	560			131979.58	123097	0	123600	74961.3
8	青海大柴旦矿业有限公司滩间山金矿	453	124.9			116661.98	47010.55	0	116661.98	42535.68
9	青海昆仑矿业有限责任公司察尔汗盐湖钾镁盐矿	1586	335.6			80432	58174.73	0	79916.65	28729.05
10	格尔木昆仑宝玉石有限责任公司纳赤台地区三岔口软玉矿	400	0.55			49294.2	8995	4658.6	17019	6427
11	青海省霍布逊地矿化工(集团)有限公司察尔汗盐湖霍布逊区段北段钾镁盐矿	401	180			43444.5	13338.62	971.68	35100	5133.08
12	青海省中信国安科技发展有限公司西台吉乃尔盐湖锂盐矿	1404	218			40711.34	12213.41	40711.34	33156.58	10
13	格尔木庆华矿业有限责任公司肯德可克铁矿	1407	119			36581	10700	0	21157	2760
14	平安县元石山铁镍矿	500	34.63			35244.5	9957.2	300	35244.5	11630.62
15	青海中航资源有限责任公司马海钾矿	500	209			33750	1000	0	19031	3000
16	义马煤业集团青海省义海能源有限责任公司大煤沟矿	806	165.35			30580.94	6247.5	0	30501.38	－11712.12
17	高泉昆源煤矿	284	122.21			30578.73	2065.19	0	30578.73	2224.32
18	青海赛什塘铜业有限责任公司赛什塘铜矿	743	58.54			26501.16	7851.35	0	26549.84	10547.47

续表 5－1

序号	矿山名称	从业人数（人）	自产矿石量			工业总产值（万元）	工业增加值（万元）	综合利用产值（万元）	销售收入（万元）	年利润（万元）
			固体矿（万吨）	液体矿（万吨）	气体矿（万立方米）					
19	青海煤业集团有限责任公司大通煤矿	4200	117.63			25888.6	1800	1500	25888.6	420
20	青海省西海煤炭开发有限责任公司海塔尔矿	315	33.35			25730	14151.5	0	6930.8	263.44
21	冷湖镇大盐滩钾镁盐矿区	550	300			21261	9017	0	12344.5	1766
22	青海水泥股份有限公司石灰石矿	90	60			20400	8000	0	20400	2900
23	青海创安有限公司茫崖石棉矿	1951	161.9			17099	7258	0	14023	0
24	青海省茫崖康泰钾肥开发有限责任公司大浪滩梁中钾矿	220	150			16000	9400	0	12600	2171
25	青海省西海煤炭开发有限责任公司柴达尔矿	656	43.97			14141.5	1564.2	0	9100.43	395.16
26	青海海鑫矿业有限公司门源松树南沟金矿西矿区	172	25.63			13767	10567	0	13767	6047
27	青海煤业鱼卡有限公司鱼卡煤炭尕秀区段	705	91.82			12500	1145	0	9163.22	130
28	青海省西钢矿业开发有限责任公司都兰县洪水河铁矿	280	32.44			10645	3795	0	10741.15	400.12
29	青海晶鑫钾肥有限公司尕斯库勒钾矿	245	60			9150	560	0	6000	2360
30	青海省盐业股份有限公司茶卡制盐分公司	600	61.99			9019	3427	0	2720	－161
31	都兰县多金属矿业有限责任公司白石崖7号铅锌矿	160	13.48			8278	4300	0	7367	301
32	都兰县双庆矿业有限责任公司双庆铅锌矿	160	11.16			8040	0	4780	4390	1000
33	格尔木胜华矿业有限责任公司索拉吉尔铜矿	208	1.5			7250	2500	1800	3080	－1600
34	青海第二水泥厂石山石灰石矿	15	20			7200	150	60	7200	500
35	青海省盐业股份有限公司柯柯盐厂	600	49			7129	2709	0	3009	－344
36	格尔木盐化（集团）有限责任公司察尔汗盐矿	437	15.3			6303	1260	0	3990	1996

续表 5－2

序号	矿山名称	从业人数（人）	自产矿石量			工业总产值（万元）	工业增加值（万元）	综合利用产值（万元）	销售收入（万元）	年利润（万元）
			固体矿（万吨）	液体矿（万吨）	气体矿（万立方米）					
37	民和北山大理岩矿	63	27			6210	0	0	6210	3000
38	大柴旦大华化工有限公司大柴旦湖A区硼钾矿	160	30			5800	0	0	2617.7	－1975
39	青海中联矿业有限责任公司大柴旦行委双口山多金属矿	55	5			5716	2013.46	0	4899.8	1266.01
40	民和县楼子沟三岔沟石灰岩矿	8	12.5			5340	0	0	5340	12
41	青海中天硼锂矿业有限公司大柴旦湖硼矿区	173	3.2			5146.8	3965.81	0	1357.36	407.5
42	共和县金河水泥有限公司江仓龙哇大理石岩矿	25	270			5087.9	0	0	2500	－130
43	兴海县鹏飞有色金属采选有限公司兴海县什多龙铅锌矿	302	11			4704	2092	2177	1886.19	228.3
44	青海省都兰县五龙沟金矿有限责任公司五龙沟金矿	98	4.5			3300	2000	0	3300	600
45	青海大头羊煤业有限责任公司大头羊工区一矿	200	8.42			3033.25	2123	0	2955.42	1004
46	青海隆安煤业有限公司绿草沟煤矿	142	6.5			3011.13	60.84	0	1248.25	－768.46
47	青海省海西州莫河畜牧场茶卡盐湖盐矿	97	35.3			3000	188.6	0	2353.7	846.6
48	青海香江盐湖开发有限公司团结湖镁盐矿	26	30			2912	586	2912	2159.85	707.06
49	青海江河源水泥有限责任公司巴汉石灰岩矿	40	7			2800	0	0	2800	32
50	冷湖俄北钾肥有限责任公司北部新盐带钾矿	80	8			2651.07	1560	0	2651.07	1222.32
51	青海金洋煤业有限公司东柴旦分矿	100	11			2518	0	0	2152	－137.32
52	格尔木市五金机电批发市场有限责任公司野牛沟拖拉海软玉矿	60	0.15			2512.5	988	1834.5	2427	439
53	海西钢矿业开发有限责任公司门丹峡石灰岩矿	65	50.1			2506	120	0	2506	13
54	青海大头羊煤业有限责任公司大头羊工区二矿	156	6.9			2481.75	1737.45	0	2421	1004
55	西宁新鑫矿业有限公司兴海县白尕湖铁矿	68	5.01			2402.48	0	0	2402.48	0

续表 5-3

序号	矿山名称	从业人数（人）	自产矿石量			工业总产值（万元）	工业增加值（万元）	综合利用产值（万元）	销售收入（万元）	年利润（万元）
			固体矿（万吨）	液体矿（万吨）	气体矿（万立方米）					
56	互助县花石山石灰岩矿	100	120			2400	480	0	2400	240
57	青海省祁连纤维材料有限公司小八宝石棉矿	23	3.75			2304	856.2	460	485	60
58	青海锦泰矿业有限公司巴仑马海钾矿	110	8			2000	1200	0	2600	-205.7
59	都兰县海寺铁矿	21	17.42			1900	100	1800	1900	0
60	青海西钢矿业开发有限责任公司都兰县胜利铁矿	21	12.11			1886	1334	0	1827.68	1033.2
61	青海山金矿业有限公司都兰县果洛龙洼金矿	103	3.7			1660.56	661.97	0	905.14	85.99
62	青海祁连纤维材料有限责任公司双岔沟石棉矿	33	2.6			1536	570.8	305	325	40
63	德令哈市益盛矿业有限公司旺尕秀石灰岩矿	21	55.18			1489.75	298	0	1489.75	89.39
64	循化县谢坑铜金矿	42	2			1480	120	25	1480	200
65	中盐青海昆仑碱业有限公司柯柯盐矿	40	51			1450	145	0	1400	15
66	冷湖昆湖钾肥有限责任公司钾镁湖钾矿	120	8			1400	1200	0	1239	1000
67	循化县道帏乡比隆沟石灰石矿	25	10			1400	250	0	1400	15
68	青海开源煤矿有限责任公司海西州开源煤矿	80	3.6			1059	0	0	1059	-68
69	青海西旺矿业开发有限公司小卧龙铁矿	21	17.02			1000	200	800	1000	0
70	青海西旺矿业开发有限公司都兰县白石崖铁矿区外围铁矿	44	5.23			1000	200	800	1000	0
71	德令哈市柴达木防沙治沙有限责任公司陶斯图石灰岩矿	40	35.27			952.4	130.48	0	952.4	57.14
72	乌兰县金穗农牧工商有限责任公司赛坝沟金矿	56	0.7			906	90.3	0	199	10.1
73	德令哈市康利达矿业有限公司陶斯图石灰岩矿	135	31.92			861.89	172.38	0	861.89	51.71
74	青海中航玉丰矿业有限公司大灶火西南山青玉矿	60	0.12			768	92	0	768	225
75	青海西海煤电有限责任公司默勒三矿	208	6.39			766.84	153.37	0	766.84	0

续表 5－4

序号	矿山名称	从业人数（人）	自产矿石量			工业总产值（万元）	工业增加值（万元）	综合利用产值（万元）	销售收入（万元）	年利润（万元）
			固体矿（万吨）	液体矿（万吨）	气体矿（万立方米）					
76	青海昆龙伟业实业投资有限公司格尔木市拉陵灶火铁矿	100	4.6			720	400	0	720	－200
77	青海青羊沟煤炭有限责任公司祁连县青羊沟煤矿	76	2.86			656.93	133	0	656.93	0
78	格尔木昆成矿业开发有限责任公司小南川铁矿	120	1.3			650	0	0	165	0
79	乐都县水泉沟水泥用大理岩矿	22	40			640	150	0	640	50
80	青海金瑞矿业发展股份有限公司大风山锶矿	16	1.9			600	0	0	266	118
81	青海铭鑫格尔木矿业有限责任公司全红山铁矿	69	0.74			528.6	27.31	0	528.6	9.46
82	化隆县甘都砖瓦厂	40	3			522	20.88	0	174	34
83	昆仑山矿泉水有限公司格尔木市玉珠峰饮用天然矿泉水	219		9.69		7437	0	0	5730	－22385

表 6　　2011 年度青海省大型矿山企业统计表

序号	矿山名称	从业人数（人）	自产矿石量			工业总产值（万元）	工业增加值（万元）	综合利用产值（万元）	销售收入（万元）	年利润（万元）
			固体矿（万吨）	液体矿（万吨）	气体矿（万立方米）					
	合计	42603	4710.47	202.15	650096	4446963.61	2650015.71	47791.92	2924702.47	1019522.55
1	中国石油天然气股份有限公司青海油田分公司	22176		192.46	650096	2498643	1554555	0	1132243	363499
2	柴达木察尔汗钾镁盐矿别勒滩矿区	500	1376			508047.42	316800	0	468240	260424.7
3	天峻县聚乎更矿区二井田	3867	591.9			447819	170381	0	447819	64047
4	聚乎更矿区一露天煤矿首采区	465	392.9			264753.67	257163.89	0	255284.3	126928.1
5	青海威斯特铜业有限责任公司德尔尼铜矿	668	283.68			153026.89	95585.56	4456.95	153026.89	63221.15
6	西部矿业股份有限公司锡铁山铅锌矿	683	125.72			140642.7	30705.23	0	99051.63	38938.05
7	青海盐湖钾肥股份有限公司察尔汗盐湖钾镁盐矿	1066	560			131979.58	123097	0	123600	74961.3
8	青海大柴旦矿业有限公司滩间山金矿	453	124.9			116661.98	47010.55	0	116661.98	42535.68
9	青海省中信国安科技发展有限公司西台吉乃尔盐湖锂盐矿	1404	218			40711.34	12213.41	40711.34	33156.58	10

续表 6－1

序号	矿山名称	从业人数（人）	自产矿石量			工业总产值（万元）	工业增加值（万元）	综合利用产值（万元）	销售收入（万元）	年利润（万元）
			固体矿（万吨）	液体矿（万吨）	气体矿（万立方米）					
10	格尔木庆华矿业有限责任公司肯德可克铁矿	1407	119			36581	10700	0	21157	2760
11	青海煤业集团有限责任公司大通煤矿	4200	117.63			25888.6	1800	1500	25888.6	420
12	冷湖镇大盐滩钾镁盐矿区	550	300			21261	9017	0	12344.5	1766
13	青海创安有限公司茫崖石棉矿	1951	161.9			17099	7258	0	14023	0
14	青海省盐业股份有限公司茶卡制盐分公司	600	61.99			9019	3427	0	2720	－161
15	青海省盐业股份有限公司柯柯盐厂	600	49			7129	2709	0	3009	－344
16	格尔木盐化（集团）有限责任公司察尔汗盐矿	437	15.3			6303	1260	0	3990	199
17	青海中天硼锂矿业有限公司大柴旦湖硼矿区	173	3.2			5146.8	3965.81	0	1357.36	407.5
18	互助县花石山石灰岩矿	100	120			2400	480	0	2400	240
19	青海省祁连纤维材料有限公司小八宝石棉矿	23	3.75			2304	856.2	460	485	60[illegible]
20	青海祁连纤维材料有限责任公司双岔沟石棉矿	33	2.6			1536	570.8	305	325	40
21	中盐青海昆仑碱业有限公司柯柯盐矿	40	51			1450	145	0	1400	15
22	青海金瑞矿业发展股份有限公司大风山锶矿	16	1.9			600	0	0	266	118
23	青海省第六地质矿产勘查院都兰县五龙沟矿区红旗沟－深水潭金矿	180	12			358.63	215.26	358.63	358.63	14.27
24	乐都县迭尔沟达拉道班大理岩矿	25	9			81	50	0	81	5
25	乐都县雨润镇头牛沟水泥用大理岩矿	20	9			81	50	0	81	5
26	大通县城市投资建设开发有限责任公司宝库乡大三岔长石矿	6	0.1			3	0	0	3	0.8
27	德令哈市青海碱业有限公司柏树山石灰岩矿	40	0			0	0	0	0	0
28	祁连县八宝镇综合开发公司小八宝联营石棉矿	2	0			0	0	0	0	0
29	茫崖兴元钾肥开发有限责任公司大浪滩钾矿	44	0			0	0	0	0	0
30	青海五彩碱业有限公司察尔汗钾镁盐矿田北霍布逊湖矿段钠盐矿	200	0			0	0	0	0	0

续表 6－2

序号	矿山名称	从业人数（人）	自产矿石量			工业总产值（万元）	工业增加值（万元）	综合利用产值（万元）	销售收入（万元）	年利润（万元）
			固体矿（万吨）	液体矿（万吨）	气体矿（万立方米）					
31	青海大柴旦矿业有限公司青龙沟金矿	453	0			0	0	0	0	0
32	青海碱业有限公司盐湖东部盐矿	2	0			0	0	0	0	0
33	昆仑山矿泉水有限公司格尔木市玉珠峰饮用天然矿泉水	219		9.69		7437	0	0	5730	－22385

表 7　**2011 年度青海省中型矿山企业统计表**

序号	矿山名称	从业人数（人）	自产矿石量			工业总产值（万元）	工业增加值（万元）	综合利用产值（万元）	销售收入（万元）	年利润（万元）
			固体矿（万吨）	液体矿（万吨）	气体矿（万立方米）					
	合计	9408	1702.82	0.2	0	391470.25	148296.62	4983.68	339595.05	66440.83
1	青海昆仑矿业有限责任公司察尔汗盐湖钾镁盐矿	1586	335.6	0	0	80432	58174.73	0	79916.65	28729.05
2	青海省霍布逊地矿化工(集团)有限公司察尔汗盐湖霍布逊区段北段钾镁盐矿	401	180	0	0	43444.5	13338.62	971.68	35100	5133.09
3	平安县元石山铁镍矿	500	34.63	0	0	35244.5	9957.2	300	35244.5	11630.62
4	青海中航资源有限责任公司马海钾矿	500	209	0	0	33750	1000	0	19031	3000
5	义马煤业集团青海省义海能源有限责任公司大煤沟矿	806	165.35	0	0	30580.94	6247.5	0	30501.38	－11712.12
6	青海赛什塘铜业有限责任公司赛什塘铜矿	743	58.54	0	0	26501.16	7851.35	0	26549.84	10547.47
7	青海省西海煤炭开发有限责任公司海塔尔矿	315	33.35	0	0	25730	14151.5	0	6930.8	263.44
8	青海水泥股份有限公司石灰石矿	90	60	0	0	20400	8000	0	20400	2900
9	青海省茫崖康泰钾肥开发有限责任公司大浪滩梁中钾矿	220	150	0	0	16000	9400	0	12600	2171
10	青海省西海煤炭开发有限责任公司柴达尔矿	656	43.97	0	0	14141.5	1564.2	0	9100.43	395.16
11	青海海鑫矿业有限公司门源松树南沟金矿西矿区	172	25.63	0	0	13767	10567	0	13767	6047
12	青海煤业鱼卡有限公司鱼卡煤炭尕秀区段	705	91.82	0	0	12500	1145	0	9163.22	130
13	青海省西钢矿业开发有限责任公司都兰县洪水河铁矿	280	32.44	0	0	10645	3795	0	10741.15	400.12

续表 7-1

序号	矿山名称	从业人数（人）	自产矿石量			工业总产值（万元）	工业增加值（万元）	综合利用产值（万元）	销售收入（万元）	年利润（万元）
			固体矿（万吨）	液体矿（万吨）	气体矿（万立方米）					
14	青海晶鑫钾肥有限公司尕斯库勒钾矿	245	60	0	0	9150	560	0	6000	2360
15	民和北山大理岩矿	63	27	0	0	6210	0	0	6210	3000
16	青海省海西州莫河畜牧场茶卡盐湖盐矿	97	35.3	0	0	3000	188.6	0	2353.7	846.6
17	青海香江盐湖开发有限公司团结湖镁盐矿	26	30	0	0	2912	586	2912	2159.85	707.06
18	青海西钢矿业开发有限责任公司门丹峡石灰岩矿	65	50.1	0	0	2506	120	0	2506	13
19	青海锦泰矿业有限公司巴仑马海钾矿	110	8	0	0	2000	1200	0	2600	-205.7
20	青海西旺矿业开发有限公司都兰县白石崖铁矿区外围铁矿	44	5.23	0	0	1000	200	800	1000	0
21	德令哈市康利达矿业有限公司陶斯图石灰岩矿	135	31.92	0	0	861.89	172.38	0	861.89	51.71
22	西宁银龙铁道工程有限公司格尔木分公司南山口东花岗岩矿	20	8.8	0	0	200	0	0	120	0
23	互助县塘川镇汪家村下沙沟石膏矿	19	6	0	0	150	30	0	150	15
24	互助县塘川镇贺家沟石膏矿	18	6	0	0	150	30	0	150	15
25	乌兰建伟矿业发展有限公司乌兰县沙柳泉钾长石矿	10	0.34	0	0	62.6	6.2	0	13.64	-15
26	青海省奥凯煤业发展集团有限责任公司江仓矿区一井田	181	6.5	0	0	57.16	6.86	0	6355	10.53
27	青海金俄资源开发有限责任公司李家山香林沟硅石矿	45	2.3	0	0	57	4	0	57	7.8
28	青海海西化工建材股份有限公司柏树山石灰岩石（新矿）	50	0	0	0	5	0	0	0	0
29	互助县塘川镇庙儿沟石膏矿	20	0	0	0	0	0	0	0	0
30	格尔木金涌矿业开发有限责任公司茫崖行委虎头崖多金属矿	115	0	0	0	0	0	0	0	0
31	海东地区国土勘测规划院互助奎浪沟石灰岩矿	10	0	0	0	0	0	0	0	0

续表 7－2

序号	矿山名称	从业人数（人）	自产矿石量			工业总产值（万元）	工业增加值（万元）	综合利用产值（万元）	销售收入（万元）	年利润（万元）
			固体矿（万吨）	液体矿（万吨）	气体矿（万立方米）					
32	都兰县兰天矿业有限责任公司哈莉哈德山锰矿	2	0	0	0	0	0	0	0	0
33	都兰县热水钼矿	20	0	0	0	0	0	0	0	0
34	都兰宏源实业有限公司清水河铁矿	2	0	0	0	0	0	0	0	0
35	青海五原矿业有限公司沙柳泉钾长石矿	10	0	0	0	0	0	0	0	0
36	青海启源矿业开发有限公司兴海县索拉沟铜多金属矿	150	5	0	0	0	0	0	0	0
37	青海昆仑碱业有限公司艾吉格力石灰岩矿	21	0	0	0	0	0	0	0	0
38	青海省西海煤炭开发有限责任公司柴达尔先锋煤矿	656	0	0	0	0	0	0	0	0
39	青海联邦新型建材有限公司柏木峡矿区陶粒板岩 $2^{\#}$ 矿	10	0	0	0	0	0	0	0	0
40	青海西海煤电有限责任公司祁连县默勒二矿	180	0	0	0	0	0	0	0	0
41	青海西部镁业科技发展有限责任公司团结湖镁盐矿	64	0			0	0	0	0	0
42	青海高原特色资源开发有限责任公司昂思多青 $2^{\#}$ 泉矿泉水	46		0.2		12	0.48	0	12	0

3. 小矿山多，但在全省矿业经济中地位不突出。青海省共有小型及以下矿山 855 家，占全省矿山的 91.94%，从业人员 22218 人，占全省矿业开发从业人员的 29.93%。年产矿石量 2109.35 万吨，占全省年产矿石量的 22.79%，实现总产值 232820.4 万元，占全省矿业开发总产值的 4.59%，实现利润 20176.31 万元，占全省矿业开发利润的 1.82%。可见，全省小型及以下矿山数量多，但对全省矿业经济的发展贡献不大。

（青海省国土资源厅）

新疆维吾尔自治区

【非油气矿产资源开发利用】 2011 年度新疆全区矿山企业数 3744 个，其中固体矿产矿山企业 3737 个。2011 年度新疆维吾尔自治区矿产资源开发利用情况列于表 1～3。

2011 年全区矿山数较 2010 年 3328 个增加了 416 个，数量增加主要原因为划定矿区范围转入了采矿登记手续，办理了采矿许可证，尤其是因新疆跨越式发展建设需要，地方颁发的砂石料、黏土等矿产矿山数量增加，数量较大。

由于 2010 年多个筹建矿山在 2011 年开始投入生产、矿产品价格回升、各矿山基本进入正常生产，同时矿山数量增加、矿山生产建设规模扩大等原因，2011 年矿量总产量 26647.87 万吨，较 2010 年 24339.5 万吨增加 2308.37 万吨，增幅 9.48%；矿业总产值 365.48 亿元，较 2010 年 269.88 亿元增加 95.6 亿元，增幅 35.4%。

表 1　　2011 年度新疆维吾尔自治区矿产资源开发利用情况(按矿种分列)

矿种	矿山企业数(个)					从业人员(人)	年产矿量		实际采矿能力(万吨/年)	工业总产值(万元)	综合利用产值(万元)	矿产品销售收入(万元)	利润总额(万元)
	合计	大型	中型	小型	小矿		万吨	万立方米					
合计	3744	41	183	2030	1490	151712	26647.87	0	25700.68	3654857.37	111178.68	3372295.2	755617.07
煤炭	417	9	36	356	16	57655	11738.68	0	9544.68	1497382.77	22157.19	1355862.82	158525.47
油页岩	3	0	2	1	0	59	0	0	238	0	0	0	0
天然沥青	1	0	0	0	1	3	0	0	0	0	0	0	0
地下热水	5	0	0	5	0	144	28.2	0	0	100.26	0	100.26	50
铁矿	157	2	17	84	54	11502	3471.67	0	3369.09	610876.31	26814.65	566374.53	150850.63
锰矿	19	0	0	11	8	454	14.99	0	14.99	7794.53	0	3542.97	495
铬矿	7	0	0	3	4	99	3.59	0	3.59	5708.49	0	3177.5	1400
钒矿	1	0	0	1	0	1	0	0	0	0	0	0	0
铜矿	80	3	2	49	26	5577	678.8	0	376.8	283053.37	6285.34	255905.45	120801.72
铅矿	34	0	0	17	17	1208	30.64.	0	31.05	13878.94	6963.66	11245.89	3959.02
锌矿	140	2	7	5	749	37.02	0	37.02	13546.85	401	12729.74	188.44	
铝土矿	1	0	0	0	36	0	0	0	0	0	0	0	
镍矿	16	2	4	8	2	4246	269.76	0	270.76	146704.68	0	124838.7	39550.79
钴矿	1	0	0	1	0	3	0	0	0	0	0	0	0
钨矿	3	0	0	2	1	69	1.37	0	1.37	603.71	0	603.71	17.74
锡矿	2	0	0	0	2	8	0	0	0.8	0	0	0	0
钼矿	4	0	2	2	0	90	0	0	0	0	0	0	0
金矿	147	2	8	97	40	6130	234.05	0	40.62	200680.39	5735.3	191895.98	47292.18
铍矿	1	0	0	0	1	14	0	0	0	0	0	0	0
锂矿	4	0	0	3	1	836	18.1	0	18.1	2654.7	0	1654.64	944.39
锶矿	1	0	0	0	1	50	1.47	0	1.47	133.34	0	133.34	0
红柱石	2	1	0	1	0	249	11.01	0	11.01	4676.51	0	4676.51	1537
菱镁矿	1	0	0	1	0	30	0	0	0	0	0	0	0
普通萤石	4	0	0	3	1	22	0.54	0	0.54	198.8	0	198.8	28.98
熔剂用灰岩	2	0	0	0	2	4	0	0	0	0	0	0	0
冶金用白云岩	9	0	0	7	2	66	47.67	0	47.67	1981.39	0	1654.35	136.97
冶金用石英岩	5	0	0	2	3	22	0	0	0	0	0	0	0
冶金用脉石英	1	0	0	1	0	5	0	0	0	0	0	0	0
耐火黏土	2	0	0	2	0	22	1.39	0	16	15.44	5	15.44	2.1
硫铁矿	2	0	0	1	1	238	16	0	16	3840	0	3840	250
钠硝石	4	0	0	2	2	92	0	0	0	0	0	0	0

续表 1－1

矿种	矿山企业数(个)					从业人员(人)	年产矿量		实际采矿能力(万吨/年)	工业总产值(万元)	综合利用产值(万元)	矿产品销售收入(万元)	利润总额(万元)
	合计	大型	中型	小型	小矿		万吨	万立方米					
明矾石	1	0	0	1	0	5	0	0	0	0	0	0	0
芒硝	4	1	1	2	0	879	93.89	0	93.8	10220	2	5334.4	660
重晶石	6	0	0	5	1	26	0	0	0.2	0	0	0	0
电石用灰岩	1	0	0	1	0	10	0	0	0	0	0	0	0
盐矿	21	5	1	12	3	1016	221.27	0	221.87	3198.1	0	26501.87	2806.48
钾岩	2	1	0	1	0	2503	393.81	0	393.81	394030.35	37924	393662.41	180579.88
菱矿	6	0	0	5	1	218	0	0	0	0	0	0	0
石墨	1	1	0	0	0	10	0	0	0	0	0	0	0
硅灰石	2	0	0	2	0	7	0.71	0	0.7	24	0	2	0
滑石	4	0	0	3	1	14	0.2	0	0.2	30	0	30	1
石棉	7	3	2	2	0	989	163.34	0	129.82	6617.41	657	5317.41	100.26
云母	6	0	0	0	6	25	0.01	0	0.01	20	5	20	0.5
碎云母	1	0	0	1	0	5	0	0	0	0	0	0	0
长石	2	0	0	1	1	3	0	0	0	0	0	0	0
石榴子石	1	0	0	1	0	19	0.02	0	0.02	39	0	39	2
叶蜡石	2	0	0	2	0	39	0	0	6	0	0	0	0
蛭石	4	0	0	4	0	120	4	0	4	1850	0	1850	152
石膏	42	0	2	25	15	39	92.77	0	94.08	3467.87	705.5	3197.97	588.17
方解石	1	0	0	1	0	6	0	0	0	0	0	0	0
宝石	4	0	0	0	4	44	0	0	0	95	0	0	0
玉石	72	0	0	24	48	737	3.61	0	3.6	7309.11	490	6291.04	490.4
水泥用灰岩	132	4	11	94	23	2514	2123.47	0	2221.54	51363.25	62.5	48255.65	2887.69*
建筑石料用灰岩	23	0	0	19	4	257	64.47	0	60.81	1244.62	0	1244.62	127.97
制灰用石灰岩	18	0	1	14	3	462	262.59	0	262.69	7639.26	0	7151.47	1227
泥灰岩	3	0	0	1	2	58	1.56	0	1.56	85.75	0	85.75	15
玻璃用白云岩	1	0	0	1	0	10	0	0	0	0	0	0	0
建筑用白云岩	10	0	0	2	8	64	11.76	0	11.75	202.13	0	202.13	37.4
玻璃用石英岩	3	0	0	3	0	57	11.22	0	11.22	1539	0	995.56	39.5
玻璃用砂岩	2	0	0	2	0	6	0	0	0	0	0	0	0
水泥配料用砂岩	8	0	0	4	4	95	31.31	0	39.31	844.46	0	84.46	70.5

续表 1－2

矿种	矿山企业数(个)					从业人员(人)	年产矿量		实际采矿能力(万吨/年)	工业总产值(万元)	综合利用产值(万元)	矿产品销售收入(万元)	利润总额(万元)
	合计	大型	中型	小型	小矿		万吨	万立方米					
建筑用砂岩	18	0	0	12	6	157	16.28	0	24.48	341.4	2.6	197.02	81.65
玻璃用砂	1	0	0	1	0	3	0.65	0	0.65	36	0	35.75	10
建筑用砂	795	2	77	323	393	8181	2743.41	0	3674.73	5400.68	325.9	52432.12	7814.87
砖瓦用砂	5	0	0	1	4	335	7.16	0	7.16	481.3	50	481.3	26.75
玻璃用脉石英	5	0	0	3	2	47	9.33	0	9.33	567.54	0	567.54	107.38
水泥配料用脉石英	3	0	0	0	3	72	13	0	13	595	0	595	13
粉石英	1	0	0	0	1	5	0	0	0	0	0	0	0
陶粒页岩	7	0	0	7	0	83	2.85	0	7.4	198.63	0	198.63	6.15
砖瓦用页岩	8	0	0	5	3	75	21.08	0	39.88	1502.4	15	149.99	168.24
水泥配料用页岩	20	0	3	15	2	118	52.97	0	240.97	1084.4	0	1034.21	89.39
高岭土	2	0	0	2	0	32	0	0	4.5	0	0	0	0
陶瓷土	8	0	0	8	0	56	4.97	0	9.21	137	0	137	35.3
膨润土	10	1	1	6	2	71	31.36	0	22.86	4247	400	1272	381
砖瓦用黏土	1311	0	5	597	709	38836	3063	0	3221.09	253645.52	723.04	249397.06	27591.41
陶粒用黏土	4	0	0	4	0	115	567	0	6.07	502.5	0	302.5	25.56
水泥配料用黏土	24	0	0	6	18	170	20.97	0	35.97	636.45	0	586.45	119.13
水泥配料用红土	2	0	0	2	0	8	0	0	0	0	0	0	0
水泥配料用黄土	2	0	0	0	2	27	1.56	0	1.56	125	0	125	23
水泥配料用泥岩	7	0	0	3	4	312	56.37	0	62.8	893.03	0	718.03	120.96
建筑用玄武岩	13	1	2	5	5	254	62.98	0	62.95	3	1069.5	80.62	
建筑用角闪岩	1	0	0	0	1	10	0	0	0	0	0	0	0
饰面用辉绿岩	4	0	0	4	0	40	0.13	0	0.13	108.89	0	108.89	11.29
饰面用辉长岩	2	0	0	1	1	22	0.04	0	0.04	37.5	0	37.5	4.46
建筑用辉长岩	2	0	1	1	0	64	3.18	0	3.18	49.04	0	49.04	9
建筑用安山岩	10	0	1	9	0	123	42.59	0	42.59	874.49	0	874.49	31.8

续表 1-3

矿种	矿山企业数(个)					从业人员(人)	年产矿量		实际采矿能力(万吨/年)	工业总产值(万元)	综合利用产值(万元)	矿产品销售收入(万元)	利润总额(万元)
	合计	大型	中型	小型	小矿		万吨	万立方米					
建筑用闪长岩	6	0	0	6	0	51	10	0	10	116.8	0	116.8	3
饰面用闪长岩	1	0	0	1	0	2	0	0	0	0	0	0	0
建筑用花岗岩	21	1	1	15	4	191	38.88	0	39.54	1757.75	0	1747.75	116.57
饰面用花岗岩	42	0	0	38	4	970	49.46	0	48	10150.49	1433	10116.61	1483.82
珍珠岩	2	0	0	2	0	18	0	0	1	0	0	0	0
霞石正长岩	1	1	0	0	0	1	0	0	0	0	0	0	0
水泥用凝灰岩	1	0	0	1	0	3	2.08	0	2.08	50	0	50	2
火山灰	2	0	0	2	0	10	9.4	0	9.4	207	0	207	20.7
饰面用大理岩	2	0	0	2	0	30	58.05	0	58	2000	0	2030	600
水泥用大理岩	4	0	0	4	0	71	115.4	0	115.4	2192.5	0	2192.5	530
片石	11	0	0	9	2	200	32.14	0	32.14	317.41	15	317.41	63.15
矿泉水	2	0	0	0	2	78	0.5	0	0	966.68	0	966.68	3

表 2　　2011 年度新疆维吾尔自治区矿产资源开发利用情况(按行政区分列)

名称	矿山企业数(个)					从业人员(人)	年产矿量		实际采矿能力(万吨/年)	工业总产值(万元)	综合利用产值(万元)	矿产品销售收入(万元)	利润总额(万元)
	合计	大型	中型	小型	小矿		万吨	万立方米					
合计	3744	41	183	2030	1490	151712	26647.87	0	25700.68	3654857.37	111178.68	3372295.2	755617.07
乌鲁木齐	223	5	10	195	13	11389	1735.26	0	1833.72	337986.01	21722.59	195864.58	13015.15
克拉玛依市	31	2	1	26	2	999	114.48	0	113.26	3247.55	0	3268.63	177.95
吐鲁番地区	254	6	15	127	106	8641	2154.09	0	2152.63	212300.36	1547	212298.69	25724.35
哈密地区	304	5	22	182	95	16981	2016.08	0	2058.38	373507.37	0	368450.81	649191.86
昌吉回族自治州	414	6	74	283	51	25024	4671.64	0	6113.47	457458.59	2	455098.07	76048.29
博尔塔拉蒙古自治州	101	0	0	49	52	2411	559.92	0	533.93	26500.32	32	20722.57	2822.8
巴音郭楞蒙古自治州	294	5	6	150	133	12421	1868.28	0	1802.89	574325.28	39334.4	564759.59	200705.27
阿克苏地区	273	1	9	125	138	11840	2472.5	0	2472.5	366538.38	0	366538.38	61116.77
克州	188	0	1	61	126	3319	657.58	0	653.98	92090.54	30594.61	68378.62	7590.74

续表 2

名称	矿山企业数(个)					从业人员(人)	年产矿量		实际采矿能力(万吨/年)	工业总产值(万元)	综合利用产值(万元)	矿产品销售收入(万元)	利润总额(万元)
	合计	大型	中型	小型	小矿		万吨	万立方米					
喀什地区	478	0	2	79	397	10618	1463.11	0	1428.67	112647.69	614.44	106801.48	19837.35
和田地区	231	0	8	42	181	5716	389.83	0	389.83	24860.53	361	24860.53	3757.67
伊犁哈萨克自治州	403	2	6	395	0	14227	2110.8	0	19121.68	233180.94	4860.7	229696.41	28023.73
塔城地区	346	4	9	226	107	14935	1420.81	0	1420.2	204693.61	400	183078.35	-1318.84
阿勒泰地区	173	5	11	68	89	12594	2682.91	0	2684.86	626681.35	11709.94	563639.64	252280.26
省直辖行政单位	31	0	9	22	0	597	129.68	0	129.68	8838.86	0	8838.86	915.72

表 3　　**2011 年度新疆维吾尔自治区矿产资源开发利用情况(按经济类型分列)**

企业经济类型	矿山企业数(个)					从业人员(人)	年产矿量		实际采矿能力(万吨/年)	工业总产值(万元)	综合利用产值(万元)	矿产品销售收入(万元)	利润总额(万元)
	合计	大型	中型	小型	小矿		万吨	万立方米					
合计	3744	41	183	2030	1490	151712	2b647.87	0	25700.68	3654857.37	111171.68	3372295.2	755617.07
内资企业	3729	38	179	2026	1486	148648	24398.6	0	25384.91	3624752.58	111178.68	3345123.44	747319.07
国有企业	201	6	32	132	31	25402	4328.4	0	4327.09	683282.88	26944.19	547588.54	76486.07
集体企业	104	0	1	68	35	3399	264.75	0	304.22	35620.18	69	35044	5259.23
股份合作企业	35	2	2	25	6	1860	552.35	0	603.6	55537.72	147	55442.84	4363.72
联营企业	23	0	1	10	12	705	132.74	0	137.65	28399.65	42	28397.65	2255.3
有限责任公司	867	21	61	540	245	46417	8040.04	0	8138.4	1635713.3	57230.3	1558006.11	403961.18
股份有限公司	163	6	11	108	38	11465	1997.7	0	2218.12	521785.03	254	492867.6	158474.97
私营企业	2279	3	69	1118	1089	5.8030	8905.97	0	9479.38	656613.96	26392.19	620042.29	96175.5
其他企业	57	0	2	25	30	1370	176.64	0	176.44	7799.87	100	7734.4	343.11
港、澳、台商投资企业	1	1	0	0	0	1	0	1	0	0	0	0	0
外商投资企业	14	2	4	4	4	3063	48.37	0	315.77	30104.78	0	27171.76	8298

(新疆维吾尔自治区国土资源厅)

政 策 法 规

中华人民共和国国务院令

第 592 号

《土地复垦条例》已经 2011 年 2 月 22 日国务院第 145 次常务会议通过，现予公布，自公布之日起施行。

总　理　温家宝

二〇一一年三月五日

土地复垦条例

第一章　总　则

第一条　落实十分珍惜、合理利用土地和切实保护耕地的基本国策，规范土地复垦活动，加强土地复垦管理，提高土地利用的社会效益、经济效益和生态效益，根据《中华人民共和国土地管理法》，制定本条例。

第二条　本条例所称土地复垦，是指对生产建设活动和自然灾害损毁的土地，采取整治措施，使其达到可供利用状态的活动。

第三条　生产建设活动损毁的土地，按照"谁损毁，谁复垦"的原则，由生产建设单位或者个人（以下称土地复垦义务人）负责复垦。但是，由于历史原因无法确定土地复垦义务人的生产建设活动损毁的土地（以下称历史遗留损毁土地），由县级以上人民政府负责组织复垦。

自然灾害损毁的土地，由县级以上人民政府负责组织复垦。

第四条　生产建设活动应当节约集约利用土地，不占或者少占耕地；对依法占用的土地应当采取有效措施，减少土地损毁面积，降低土地损毁程度。

土地复垦应当坚持科学规划、因地制宜、综合治理、经济可行、合理利用的原则。复垦的土地应当优先用于农业。

第五条　国务院国土资源主管部门负责全国土地复垦的监督管理工作。县级以上地方人民政府国土资源主管部门负责本行政区域土地复垦的监督管理工作。

县级以上人民政府其他有关部门依照本条例的规定和各自的职责做好土地复垦有关工作。

第六条　编制土地复垦方案、实施土地复垦工程、进行土地复垦验收等活动，应当遵守土地复垦国家标准；没有国家标准的，应当遵守土地复垦行业标准。

制定土地复垦国家标准和行业标准，应当根据土地损毁的类型、程度、自然地理条件和复垦的可行性等因素，分类确定不同类型损毁土地的复垦方式、目标和要求等。

第七条　县级以上地方人民政府国土资源主管部门应当建立土地复垦监测制度，及时掌握本行政区域土地资源损毁和土地复垦效果等情况。

国务院国土资源主管部门和省、自治区、直辖市人民政府国土资源主管部门应当建立健全土地复垦信息管理系统，收集、汇总和发布土地复垦数据信息。

第八条　县级以上人民政府国土资源主管部门应当依据职责加强对土地复垦情况的监督检查。被检查的单位或者个人应当如实反映情况，提供必要的资料。

任何单位和个人不得扰乱、阻挠土地复垦工作，破坏土地复垦工程、设施和设备。

第九条　国家鼓励和支持土地复垦科学研究和技术创新，推广先进的土地复垦技术。

对在土地复垦工作中作出突出贡献的单位和个人，由县级以上人民政府给予表彰。

第二章　生产建设活动损毁土地的复垦

第十条　下列损毁土地由土地复垦义务人负责复

垦：

(一)露天采矿、烧制砖瓦、挖沙取土等地表挖掘所损毁的土地；

(二)地下采矿等造成地表塌陷的土地；

(三)堆放采矿剥离物、废石、矿渣、粉煤灰等固体废弃物压占的土地；

(四)能源、交通、水利等基础设施建设和其他生产建设活动临时占用所损毁的土地。

第十一条 土地复垦义务人应当按照土地复垦标准和国务院国土资源主管部门的规定编制土地复垦方案。

第十二条 土地复垦方案应当包括下列内容：

(一)项目概况和项目区土地利用状况；

(二)损毁土地的分析预测和土地复垦的可行性评价；

(三)土地复垦的目标任务；

(四)土地复垦应当达到的质量要求和采取的措施；

(五)土地复垦工程和投资估(概)算；

(六)土地复垦费用的安排；

(七)土地复垦工作计划与进度安排；

(八)国务院国土资源主管部门规定的其他内容。

第十三条 土地复垦义务人应当在办理建设用地申请或者采矿权申请手续时，随有关报批材料报送土地复垦方案。

土地复垦义务人未编制土地复垦方案或者土地复垦方案不符合要求的，有批准权的人民政府不得批准建设用地，有批准权的国土资源主管部门不得颁发采矿许可证。

本条例施行前已经办理建设用地手续或者领取采矿许可证，本条例施行后继续从事生产建设活动造成土地损毁的，土地复垦义务人应当按照国务院国土资源主管部门的规定补充编制土地复垦方案。

第十四条 土地复垦义务人应当按照土地复垦方案开展土地复垦工作。矿山企业还应当对土地损毁情况进行动态监测和评价。

生产建设周期长、需要分阶段实施复垦的，土地复垦义务人应当对土地复垦工作与生产建设活动统一规划、统筹实施，根据生产建设进度确定各阶段土地复垦的目标任务、工程规划设计、费用安排、工程实施进度和完成期限等。

第十五条 土地复垦义务人应当将土地复垦费用列入生产成本或者建设项目总投资。

第十六条 土地复垦义务人应当建立土地复垦质量控制制度，遵守土地复垦标准和环境保护标准，保护土壤质量与生态环境，避免污染土壤和地下水。

土地复垦义务人应当首先对拟损毁的耕地、林地、牧草地进行表土剥离，剥离的表土用于被损毁土地的复垦。

禁止将重金属污染物或者其他有毒有害物质用作回填或者充填材料。受重金属污染物或者其他有毒有害物质污染的土地复垦后，达不到国家有关标准的，不得用于种植食用农作物。

第十七条 土地复垦义务人应当于每年12月31日前向县级以上地方人民政府国土资源主管部门报告当年的土地损毁情况、土地复垦费用使用情况以及土地复垦工程实施情况。

县级以上地方人民政府国土资源主管部门应当加强对土地复垦义务人使用土地复垦费用和实施土地复垦工程的监督。

第十八条 土地复垦义务人不复垦，或者复垦验收中经整改仍不合格的，应当缴纳土地复垦费，由有关国土资源主管部门代为组织复垦。

确定土地复垦费的数额，应当综合考虑损毁前的土地类型、实际损毁面积、损毁程度、复垦标准、复垦用途和完成复垦任务所需的工程量等因素。土地复垦费的具体征收使用管理办法，由国务院财政、价格主管部门商国务院有关部门制定。

土地复垦义务人缴纳的土地复垦费专项用于土地复垦。任何单位和个人不得截留、挤占、挪用。

第十九条 土地复垦义务人对在生产建设活动中损毁的由其他单位或者个人使用的国有土地或者农民集体所有的土地，除负责复垦外，还应当向遭受损失的单位或者个人支付损失补偿费。

损失补偿费由土地复垦义务人与遭受损失的单位或者个人按照造成的实际损失协商确定；协商不成的，可以向土地所在地人民政府国土资源主管部门申请调解或者依法向人民法院提起民事诉讼。

第二十条 土地复垦义务人不依法履行土地复垦义务的，在申请新的建设用地时，有批准权的人民政府不得批准；在申请新的采矿许可证或者申请采矿许可证延续、变更、注销时，有批准权的国土资源主管部门不得批准。

第三章　历史遗留损毁土地和自然灾害损毁土地的复垦

第二十一条 县级以上人民政府国土资源主管部门应当对历史遗留损毁土地和自然灾害损毁土地进行调查评价。

第二十二条 县级以上人民政府国土资源主管部门应当在调查评价的基础上，根据土地利用总体规划编制土地复垦专项规划，确定复垦的重点区域以及复垦的目标任务和要求，报本级人民政府批准后组织实施。

第二十三条 对历史遗留损毁土地和自然灾害损毁土地，县级以上人民政府应当投入资金进行复垦，或者按照“谁投资，谁受益”的原则，吸引社会投资进行复垦。土地权利人明确的，可以采取扶持、优惠措施，鼓励土地权利人自行复垦。

第二十四条 国家对历史遗留损毁土地和自然灾害损毁土地的复垦按项目实施管理。

县级以上人民政府国土资源主管部门应当根据土地复垦专项规划和年度土地复垦资金安排情况确定年度复垦项目。

第二十五条 政府投资进行复垦的，负责组织实施土地复垦项目的国土资源主管部门应当组织编制土地复垦项目设计书，明确复垦项目的位置、面积、目标任务、工程规划设计、实施进度及完成期限等。

土地权利人自行复垦或者社会投资进行复垦的，土地权利人或者投资单位、个人应当组织编制土地复垦项目设计书，并报负责组织实施土地复垦项目的国土资源主管部门审查同意后实施。

第二十六条 政府投资进行复垦的，有关国土资源主管部门应当依照招标投标法律法规的规定，通过公开招标的方式确定土地复垦项目的施工单位。

土地权利人自行复垦或者社会投资进行复垦的，土地复垦项目的施工单位由土地权利人或者投资单位、个人依法自行确定。

第二十七条 土地复垦项目的施工单位应当按照土地复垦项目设计书进行复垦。

负责组织实施土地复垦项目的国土资源主管部门应当健全项目管理制度，加强项目实施中的指导、管理和监督。

第四章　土地复垦验收

第二十八条 土地复垦义务人按照土地复垦方案的要求完成土地复垦任务后，应当按照国务院国土资源主管部门的规定向所在地县级以上地方人民政府国土资源主管部门申请验收，接到申请的国土资源主管部门应当会同同级农业、林业、环境保护等有关部门进行验收。

进行土地复垦验收，应当邀请有关专家进行现场踏勘，查验复垦后的土地是否符合土地复垦标准以及土地复垦方案的要求，核实复垦后的土地类型、面积和质量等情况，并将初步验收结果公告，听取相关权利人的意见。相关权利人对土地复垦完成情况提出异议的，国土资源主管部门应当会同有关部门进一步核查，并将核查情况向相关权利人反馈；情况属实的，应当向土地复垦义务人提出整改意见。

第二十九条 负责组织验收的国土资源主管部门应当会同有关部门在接到土地复垦验收申请之日起60个工作日内完成验收，经验收合格的，向土地复垦义务人出具验收合格确认书；经验收不合格的，向土地复垦义务人出具书面整改意见，列明需要整改的事项，由土地复垦义务人整改完成后重新申请验收。

第三十条 政府投资的土地复垦项目竣工后，负责组织实施土地复垦项目的国土资源主管部门应当依照本条例第二十八条第二款的规定进行初步验收。初步验收完成后，负责组织实施土地复垦项目的国土资源主管部门应当按照国务院国土资源主管部门的规定向上级人民政府国土资源主管部门申请最终验收。上级人民政府国土资源主管部门应当会同有关部门及时组织验收。

土地权利人自行复垦或者社会投资进行复垦的土地复垦项目竣工后，由负责组织实施土地复垦项目的国土资源主管部门会同有关部门进行验收。

第三十一条 复垦为农用地的，负责组织验收的国土资源主管部门应当会同有关部门在验收合格后的5年内对土地复垦效果进行跟踪评价，并提出改善土地质量的建议和措施。

第五章　土地复垦激励措施

第三十二条 土地复垦义务人在规定的期限内将生产建设活动损毁的耕地、林地、牧草地等农用地复垦恢复原状的，依照国家有关税收法律法规的规定退还已经缴纳的耕地占用税。

第三十三条 社会投资复垦的历史遗留损毁土地或者自然灾害损毁土地，属于无使用权人的国有土地的，经县级以上人民政府依法批准，可以确定给投资单位或者个人长期从事种植业、林业、畜牧业或者渔业生产。

社会投资复垦的历史遗留损毁土地或者自然灾害损毁土地，属于农民集体所有土地或者有使用权人的国有土地的，有关国土资源主管部门应当组织投资单位或者个人与土地权利人签订土地复垦协议，明确复垦的目标任务以及复垦后的土地使用和收益分配。

第三十四条 历史遗留损毁和自然灾害损毁的国有土地的使用权人，以及历史遗留损毁和自然灾害损毁的农民集体所有土地的所有权人、使用权人，自行将损毁土地复垦为耕地的，由县级以上地方人民政府给予补贴。

第三十五条 县级以上地方人民政府将历史遗留损毁和自然灾害损毁的建设用地复垦为耕地的，按照国家有关规定可以作为本省、自治区、直辖市内进行非农建设占用耕地时的补充耕地指标。

第六章 法律责任

第三十六条 负有土地复垦监督管理职责的部门及其工作人员有下列行为之一的，对直接负责的主管人员和其他直接责任人员，依法给予处分；直接负责的主管人员和其他直接责任人员构成犯罪的，依法追究刑事责任：

(一)违反本条例规定批准建设用地或者批准采矿许可证及采矿许可证的延续、变更、注销的；

(二)截留、挤占、挪用土地复垦费的；

(三)在土地复垦验收中弄虚作假的；

(四)不依法履行监督管理职责或者对发现的违反本条例的行为不依法查处的；

(五)在审查土地复垦方案、实施土地复垦项目、组织土地复垦验收以及实施监督检查过程中，索取、收受他人财物或者谋取其他利益的；

(六)其他徇私舞弊、滥用职权、玩忽职守行为。

第三十七条 本条例施行前已经办理建设用地手续或者领取采矿许可证，本条例施行后继续从事生产建设活动造成土地损毁的土地复垦义务人未按照规定补充编制土地复垦方案的，由县级以上地方人民政府国土资源主管部门责令限期改正；逾期不改正的，处10万元以上20万元以下的罚款。

第三十八条 土地复垦义务人未按照规定将土地复垦费用列入生产成本或者建设项目总投资的，由县级以上地方人民政府国土资源主管部门责令限期改正；逾期不改正的，处10万元以上50万元以下的罚款。

第三十九条 土地复垦义务人未按照规定对拟损毁的耕地、林地、牧草地进行表土剥离，由县级以上地方人民政府国土资源主管部门责令限期改正；逾期不改正的，按照应当进行表土剥离的土地面积处每公顷1万元的罚款。

第四十条 土地复垦义务人将重金属污染物或者其他有毒有害物质用作回填或者充填材料的，由县级以上地方人民政府环境保护主管部门责令停止违法行为，限期采取治理措施，消除污染，处10万元以上50万元以下的罚款；逾期不采取治理措施的，环境保护主管部门可以指定有治理能力的单位代为治理，所需费用由违法者承担。

第四十一条 土地复垦义务人未按照规定报告土地损毁情况、土地复垦费用使用情况或者土地复垦工程实施情况的，由县级以上地方人民政府国土资源主管部门责令限期改正；逾期不改正的，处2万元以上5万元以下的罚款。

第四十二条 土地复垦义务人依照本条例规定应当缴纳土地复垦费而不缴纳的，由县级以上地方人民政府国土资源主管部门责令限期缴纳；逾期不缴纳的，处应缴纳土地复垦费1倍以上2倍以下的罚款，土地复垦义务人为矿山企业的，由颁发采矿许可证的机关吊销采矿许可证。

第四十三条 土地复垦义务人拒绝、阻碍国土资源主管部门监督检查，或者在接受监督检查时弄虚作假的，由国土资源主管部门责令改正，处2万元以上5万元以下的罚款；有关责任人员构成违反治安管理行为的，由公安机关依法予以治安管理处罚；有关责任人员构成犯罪的，依法追究刑事责任。

破坏土地复垦工程、设施和设备，构成违反治安管理行为的，由公安机关依法予以治安管理处罚；构成犯罪的，依法追究刑事责任。

第七章 附 则

第四十四条 本条例自公布之日起施行。1988年11月8日国务院发布的《土地复垦规定》同时废止。

国务院关于促进稀土行业持续健康发展的若干意见

国发〔2011〕12号

各省、自治区、直辖市人民政府，国务院各部委、各直属机构：

稀土是不可再生的重要战略资源，在新能源、新材料、节能环保、航空航天、电子信息等领域的应用日益广泛。有效保护和合理利用稀土资源，对于保护环境，加快培育发展战略性新兴产业，改造提升传统产业，促进稀土行业持续健康发展，具有十分重要的意义。经过多年发展，我国稀土开采、冶炼分离和应用技术研发取得较大进步，产业规模不断扩大。但稀土行业发展中仍存在非法开采屡禁不止，冶炼分离产能扩张过快，生态环境破坏和资源浪费严重，高端应用研发滞后，出口秩序较为混乱等问题，严重影响行业健康发展。要进一步提高对有效保护和合理利用稀土资源重要性的认识,采取有效措施,切实加强稀土行业管理,加快转变稀土行业发展方式,促进稀土行业持续健康发展。现提出以下意见:

一、明确指导思想、基本原则和发展目标

(一)指导思想。以邓小平理论和"三个代表"重要思想为指导,深入贯彻落实科学发展观,加快转变稀土行业发展方式,促进稀土产业结构调整,严格控制开采和冶炼分离能力,大力发展稀土新材料及应用产业,进一步巩固和发挥稀土战略性基础产业的重要作用,确保稀土行业持续健康发展。

(二)基本原则。坚持保护环境和节约资源,对稀土资源实施更为严格的保护性开采政策和生态环境保护标准,尽快完善稀土管理法律法规,依法打击各类违法违规行为;坚持控制总量和优化存量,加快实施大企业大集团战略,积极推进技术创新,提升开采、冶炼和应用技术水平,淘汰落后产能,进一步提高稀土行业集中度;坚持统筹国内国际两个市场、两种资源,积极开展国际合作;坚持与地方经济社会发展相协调,正确处理局部与整体、当前与长远的关系。

(三)发展目标。用1~2年时间,建立起规范有序的稀土资源开发、冶炼分离和市场流通秩序,资源无序开采、生态环境恶化、生产盲目扩张和出口走私猖獗的状况得到有效遏制;基本形成以大型企业为主导的稀土行业格局,南方离子型稀土行业排名前三位的企业集团产业集中度达到80%以上;新产品开发和新技术推广应用步伐加快,稀土新材料对下游产业的支撑和保障作用得到明显发挥;初步建立统一、规范、高效的稀土行业管理体系,有关政策和法律法规进一步完善。再用3年左右时间,进一步完善体制机制,形成合理开发、有序生产、高效利用、技术先进、集约发展的稀土行业持续健康发展格局。

二、建立健全行业监管体系,加强和改善行业管理

(四)严格稀土行业准入管理。对稀土资源实施更为严格的保护性开采政策和生态环境保护标准,严把行业和环境准入关。加快制定和完善稀土开采及生产标准,明确稀土矿山和冶炼分离企业的产品质量、工艺装备、生产规模、能源消耗、资源综合利用、环境保护、清洁生产、安全生产和社会责任等方面的准入要求。实施严格的环境准入制度,严格执行《稀土工业污染物排放标准》,制定稀土行业环境风险评估制度。

(五)完善稀土指令性生产计划管理。实施严格的稀土指令性生产计划编制、下达和监管制度。加强稀土开采、冶炼分离、出口等计划间的相互衔接。对稀土冶炼分离企业实行生产许可。建立稀土开采、冶炼分离和产品流通台账和专用发票管理制度。采用信息技术实现稀土开采、冶炼分离、出口企业联网,实行在线监控。

(六)提高稀土出口企业资质门槛。稀土出口企业必须符合行业规划、产业政策、行业准入、环保标准等要求。进一步提高稀土出口企业资质标准。加强对出口企业的监督管理,强化行业自律,对存在从非法渠道采购产品出口及其他严重扰乱出口经营秩序等违法行为的企业,依法追究相应法律责任。

(七)加强稀土出口管理。按照限制"两高一资"产品出口的有关政策,在严格控制稀土开采和生产总量的同时,严格控制稀土金属、氧化物、盐类和稀土铁合金等初级产品出口,有关开采、生产、消费及出口的限制措施应同步实施。统筹考虑国内资源和生产、消费以及国际市场情况,合理确定年度稀土出口配额总量。完善出口配额分配方式,严惩倒卖稀土出口配额行为。细化稀土产品税号和海关商品编码,并将稀土产品列入法定检验目录。严格海关监管,规范企业申报管理,完善海关检测方法和手段,加强对海关一线查验、检测设备投入,建立稀土开采、生产与出口企业间票据联动制度。加强对稀土行业准入后企业生产经营的监督管理,防止变相出口稀土产品。

(八)健全税收、价格等调控措施。大幅提高稀土资源税征收标准,抑制资源开采暴利。改革稀土产品价格形成机制,加大政策调控力度,逐步实现稀土价值和价格的统一。落实矿山生态环境治理和生态恢复保证金制度,严格企业生态环境保护与恢复的经济责任。

(九)认真执行有关法律法规和制度。严格执行矿产资源法、海关法等有关法律法规的规定,依法加强对稀土的勘查开采、冶炼加工、产品流通、推广应用、战略储备、进出口等环节的管理。抓紧研究制定或修改完善稀土等稀有金属管理的有关法律法规。

三、依法开展稀土专项整治,切实维护良好的行业秩序

(十)坚决打击非法开采和超控制指标开采。国土资源部要进一步巩固稀土矿产开发秩序专项整治成果,加大稀土勘查开采监管力度,严格稀土开采总量控制指标管理,加强对重点稀土产区的联合监管。坚决取缔非法开采,严格禁止超控制指标开采,对重大非法开采案件要挂牌督办,依法追究企业和相关人员责任。重新审核已颁发的勘查许可证和开采许可证,向社会公布合法采矿企业名单。加快建立规范稀土开采秩序和监管的长效机制。

(十一)坚决打击违法生产和超计划生产。工业和信息化部要会同有关部门立即开展稀土生产专项整治行动,向社会公布合法生产企业名单,加强对国家稀土指令性生产计划执行情况的监督检查。对无计划、超计划生产企业要责令停止国家指令性计划管理产品的生产,追查矿产品来源,对违法收购和销售的企业依法予以处罚,取消生产许可和销售资质,并由工商行政管理部门限期办理变更登记、注销登记或者依法吊销营业执照。

(十二)坚决打击破坏生态和污染环境行为。环境保护部要立即对稀土开采及冶炼分离企业开展环境保护专项整治行动,严格执行国家和地方污染物排放标准。对未经环评审批的建设项目,一律停止建设和生产;对没有污染防治设施及污染防治设施运行不正常、超标排放或超过重点污染物排放总量控制指标的企业,依法责令立即停产,限期治理,逾期未完成治理任务的,依法注(吊)销相关证照。

(十三)坚决打击稀土非法出口和走私行为。海关总署要会同商务部等有关部门立即开展稀土出口秩序专项整治行动,加大审单、查验力度,依法严惩伪报、瞒报品名,以及分批次、多口岸以“货样广告品”、“快件”等方式非法出口和走私稀土行为。

四、加快稀土行业整合,调整优化产业结构

(十四)深入推进稀土资源开发整合。国土资源部要会同有关部门,按照全国矿产资源开发整合工作的整体部署,挂牌督办所有稀土开发整合矿区,深入推进稀土资源开发整合。严格稀土矿业权管理,原则上继续暂停受理新的稀土勘查、开采登记申请,禁止现有开采矿山扩大产能。

(十五)严格控制稀土冶炼分离总量。“十二五”期间,除国家批准的兼并重组、优化布局项目外,停止核准新建稀土冶炼分离项目,禁止现有稀土冶炼分离项目扩大生产规模。坚决制止违规项目建设,对越权审批、违规建设的,要严肃追究相关单位和负责人责任。

(十六)积极推进稀土行业兼并重组。支持大企业以资本为纽带,通过联合、兼并、重组等方式,大力推进资源整合,大幅度减少稀土开采和冶炼分离企业数量,提高产业集中度。推进稀土行业兼并重组要坚持统筹规划、政策引导、市场化运作,兼顾中央、地方和企业利益,妥善处理好不同区域和上下游产业的关系。工业和信息化部要会同有关部门尽快制定推进稀土行业兼并重组的实施方案。

(十七)加快推进企业技术改造。鼓励企业利用原地浸矿、无氨氮冶炼分离、联动萃取分离等先进技术进行技术改造。加快淘汰池浸开采、氨皂化分离等落后生产工艺和生产线。发展循环经济,加强尾矿资源和稀土产品的回收再利用,提高稀土资源采收率和综合利用水平,降低能耗物耗,减少环境污染。支持企业将技术改造与兼并重组、淘汰落后产能相结合,加快推进技术进步。

五、加强稀土资源储备,大力发展稀土应用产业

(十八)建立稀土战略储备体系。按照国家储备与企业(商业)储备、实物储备和资源(地)储备相结合的方式,建立稀土战略储备。统筹规划南方离子型稀土和北方轻稀土资源的开采,划定一批国家规划矿区作为战略资源储备地。对列入国家储备的资源地,由当地政府负责监管和保护,未经国家批准不得开采。中央财政对实施资源、产品储备的地区和企业给予补贴。

(十九)加快稀土关键应用技术研发和产业化。按照发展战略性新兴产业总体要求,引导和组织稀土生产应用企业、研发机构和高等院校,大力开发深加工和综合利用技术,推动具有自主知识产权的科技成果产业化,为发展战略性新兴产业提供支撑。

六、加强组织领导,营造良好的发展环境

(二十)建立完善协调机制。要进一步发挥稀有金属部际协调机制的作用,统筹研究国家稀土发展战略、规划、计划和政策等重大问题。在工业和信息化部设立稀土办公室,统筹做好稀土行业管理工作;负责协调制定稀土开采、生产、储备、进出口计划等,纳入国家国民经济和社会发展年度计划,牵头做好年度计划实施、行业准入和稀土新材料开发推广等工作。

(二十一)明确责任和分工。国务院有关部门按职能分工,做好相应管理工作,承担相应的责任,并严格实行问责制。坚决改变重计划、轻落实,重审批、轻监管的现状。工业和信息化部负总责,并负责稀土行业管理,制定指令性生产计划,维护稀土生产秩序,指导组建稀土行业协会。工业和信息化部、商务部、新闻办牵头做好我稀土政策的对外宣传和释疑工作。发展和改革委牵头做好稀土投资规模和出口总量控制工作。发展和改革委、财政部、国土资源部共同牵头研究建立稀土战略储备。财政部牵头研究制定财税支持政策。国土资源部负责稀土资源勘查开采和总量控制管理、矿业秩序整顿和资源地储备。环境保护部负责环保专项整治,严格环境准入,加强污染防治。商务部负责出口配额管理,妥善协调与各国贸易关系。海关总署负责严格出口监管和打击走私。质检总局负责严格出口检验监管和打击逃漏检行为。监察部负责对地方政府和有关部门落实稀土政策情况进行监督检查,对工作不力,影响稀土行业持续健康发展的,要严肃追究责任。有关地方政府对本地区稀土行业的管理负总责,要层层落实责任制,督促稀土企业依法经营,严格按照国家计划组织生产经营,严格履行社会责任,切实保护资源和环境。

(二十二)正确引导舆论。加强稀土行业管理是保护生态环境和资源、促进稀土行业持续健康发展的需要,是转变稀土行业发展方式、发展战略性新兴产业的需要，是提高稀土行业整体效益、维护人民群众长远利益的需要。要正确引导舆论，积极宣传加强稀土行业管理的重要意义和积极作用，争取国内外的理解和支持。

国务院各有关部门和有关地方政府要进一步统一思想，增强大局意识、责任意识，加强组织领导和协调配合，抓好督促检查，落实责任制，确保各项政策措施落到实处，切实加强稀土资源的有效保护和合理利用，促进稀土行业持续健康发展。

国务院

二〇一一年五月十日

国务院关于加强地质灾害防治工作的决定

国发〔2011〕20号

各省、自治区、直辖市人民政府，国务院各部委、各直属机构：

我国是世界上地质灾害最严重、受威胁人口最多的国家之一，地质条件复杂，构造活动频繁，崩塌、滑坡、泥石流、地面塌陷、地面沉降、地裂缝等灾害隐患多、分布广，且隐蔽性、突发性和破坏性强，防范难度大。特别是近年来受极端天气、地震、工程建设等因素影响，地质灾害多发频发，给人民群众生命财产造成严重损失。为进一步加强地质灾害防治工作，特作如下决定。

一、指导思想、基本原则和工作目标

（一）指导思想。全面贯彻党的十七大和十七届三中、四中、五中全会精神，以邓小平理论和“三个代表”重要思想为指导，全面贯彻落实科学发展观，将“以人为本”的理念贯穿于地质灾害防治工作各个环节，以保护人民群众生命财产安全为根本，以建立健全地质灾害调查评价体系、监测预警体系、防治体系、应急体系为核心，强化全社会地质灾害防范意识和能力，科学规划，突出重点，整体推进，全面提高我国地质灾害防治水平。

（二）基本原则。坚持属地管理、分级负责，明确地方政府的地质灾害防治主体责任，做到政府组织领导、部门分工协作、全社会共同参与；坚持预防为主、防治结合，科学运用监测预警、搬迁避让和工程治理等多种手段，有效规避灾害风险；坚持专群结合、群测群防，充分发挥专业监测机构作用，紧紧依靠广大基层群众全面做好地质灾害防治工作；坚持谁引发、谁治理，对工程建设引发的地质灾害隐患明确防灾责任单位，切实落实防范治理责任；坚持统筹规划、综合治理，在加强地质灾害防治的同时，协调推进山洪等其他灾害防治及生态环境治理工作。

（三）工作目标。“十二五”期间，完成地质灾害重点防治区灾害调查任务，全面查清地质灾害隐患的基本情况；基本完成三峡库区、汶川和玉树地震灾区、地质灾害高易发区重大地质灾害隐患点的工程治理或搬迁避让；对其他隐患点，积极开展专群结合的监测预警，灾情、险情得到及时监控和有效处置。到2020年，全面建成地质灾害调查评价体系、监测预警体系、防治体系和应急体系，基本消除特大型地质灾害隐患点的威胁，使灾害造成的人员伤亡和财产损失明显减少。

二、全面开展隐患调查和动态巡查

（四）加强调查评价。以县为单元在全国范围全面开展山洪、地质灾害调查评价工作，重点提高汶川、玉树地震灾区以及三峡库区、西南山区、西北黄土区、东南沿海等地区的调查工作程度，加大对人口密集区、重要军民设施周边地质灾害危险性的评价力度。调查评价结果要及时提交当地县级以上人民政府，作为灾害防治工作的基础依据。

（五）强化重点勘查。对可能威胁城镇、学校、医院、集市和村庄、部队营区等人口密集区域及饮用水源地，隐蔽性强、地质条件复杂的重大隐患点，要组织力量进行详细勘查，查明灾害成因、危害程度，掌握其发展变化规律，并逐点制定落实监测防治措施。

（六）开展动态巡查。地质灾害易发区县级人民政府要建立健全隐患排查制度，组织对本地区地质灾害隐患点开展经常性巡回检查，对重点防治区域每年开展汛前排查、汛中检查和汛后核查，及时消除灾害隐患，并将排查结果及防灾责任单位及时向社会公布。省、市两级人民政府和相关部门要加强对县级人民政府隐患排查工作的督促指导，对基层难以确定的隐患，要及时组织专业部门进行现场核查确认。

三、加强监测预报预警

（七）完善监测预报网络。各地区要加快构建国土、气象、水利等部门联合的监测预警信息共享平台，建立预报会商和预警联动机制。对城镇、乡村、学校、医院及其他企事业单位等人口密集区上游易发生滑坡、山洪、泥石流的高山峡谷地带，要加密部署气象、水文、地质灾害等专业监测设备，加强监测预报，确保及时发现险情、及时发出预警。

（八）加强预警信息发布手段建设。进一步完善国家突发公共事件预警信息发布系统，建立国家应急广播体系，充分利用广播、电视、互联网、手机短信、电话、宣传车和电子显示屏等各种媒体和手段，及时发布地质灾害预警信息。重点加强农村山区等偏远地区紧急预警信息发布手段建设，并因地制宜地利用有线广播、高音喇叭、鸣锣吹哨、逐户通知等方式，将灾害预警信息及时传递给受威胁群众。

(九)提高群测群防水平。地质灾害易发区的县、乡两级人民政府要加强群测群防的组织领导，健全以村干部和骨干群众为主体的群测群防队伍。引导、鼓励基层社区、村组成立地质灾害联防联控互助组织。对群测群防员给予适当经费补贴，并配备简便实用的监测预警设备。组织相关部门和专业技术人员加强对群测群防员等的防灾知识技能培训，不断增强其识灾报灾、监测预警和临灾避险应急能力。

四、有效规避灾害风险

(十)严格地质灾害危险性评估。在地质灾害易发区内进行工程建设，要严格按规定开展地质灾害危险性评估，严防人为活动诱发地质灾害。强化资源开发中的生态保护与监管，开展易灾地区生态环境监测评估。各地区、各有关部门编制城市总体规划、村庄和集镇规划、基础设施专项规划时，要加强对规划区地质灾害危险性评估，合理确定项目选址、布局，切实避开危险区域。

(十一)快速有序组织临灾避险。对出现灾害前兆、可能造成人员伤亡和重大财产损失的区域和地段，县级人民政府要及时划定地质灾害危险区，向社会公告并设立明显的警示标志；要组织制定防灾避险方案，明确防灾责任人、预警信号、疏散路线及临时安置场所等。遇台风、强降雨等恶劣天气及地震灾害发生时，要组织力量严密监测隐患发展变化，紧急情况下，当地人民政府、基层群测群防组织要迅速启动防灾避险方案，及时有序组织群众安全转移，并在原址设立警示标志，避免人员进入造成伤亡。在安排临时转移群众返回原址居住前，要对灾害隐患进行安全评估，落实监测预警等防范措施。

(十二)加快实施搬迁避让。地方各级人民政府要把地质灾害防治与扶贫开发、生态移民、新农村建设、小城镇建设、土地整治等有机结合起来，统筹安排资金，有计划、有步骤地加快地质灾害危险区内群众搬迁避让，优先搬迁危害程度高、治理难度大的地质灾害隐患点周边群众。要加强对搬迁安置点的选址评估，确保新址不受地质灾害威胁，并为搬迁群众提供长远生产、生活条件。

五、综合采取防治措施

(十三)科学开展工程治理。对一时难以实施搬迁避让的地质灾害隐患点，各地区要加快开展工程治理，充分发挥专家和专业队伍作用，科学设计，精心施工，保证工程质量，提高资金使用效率。各级国土资源、发展改革、财政等相关部门，要加强对工程治理项目的支持和指导监督。

(十四)加快地震灾区、三峡库区地质灾害防治。针对汶川、玉树等地震对灾区地质环境造成的严重破坏，在全面开展地震影响区地质灾害详细调查评价的基础上，抓紧编制实施地质灾害防治专项规划，对重大隐患点进行严密监测，及时采取搬迁避让、工程治理等防治措施，防止造成重大人员伤亡和财产损失。组织实施好三峡库区地质灾害防治工作，妥善解决二、三期地质灾害防治遗留问题，重点加强对水位涨落引发的滑坡、崩塌监测预警和应急处置。

(十五)加强重要设施周边地质灾害防治。对交通干线、水利枢纽、输供电输油(气)设施等重要设施及军事设施周边重大地质灾害隐患，有关部门和企业要及时采取防治措施，确保安全。经评估论证需采取地质灾害防治措施的工程项目，建设单位必须在主体工程建设的同时，实施地质灾害防护工程。各施工企业要加强对工地周边地质灾害隐患的监测预警，制定防灾预案，切实保证在建工程和施工人员安全。

(十六)积极开展综合治理。各地区要组织国土资源、发展改革、财政、环境保护、水利、农业、安全监管、林业、气象等相关部门，统筹各方资源抓好地质灾害防治、矿山地质环境治理恢复、水土保持、山洪灾害防治、中小河流治理和病险水库除险加固、尾矿库隐患治理、易灾地区生态环境治理等各项工作，切实提高地质灾害综合治理水平。要编制实施相关规划，合理安排非工程措施和工程措施，适当提高山区城镇、乡村的地质灾害设防标准。

(十七)建立健全地面沉降、塌陷及地裂缝防控机制。建立相关部门、地方政府地面沉降防控共同责任制，完善重点地区地面沉降监测网络，实行地面沉降与地下水开采联防联控，重点加强对长江三角洲、华北地区和汾渭地区地下水开采管理，合理实施地下水禁采、限采措施和人工回灌等工程，建立地面沉降防治示范区，遏制地面沉降、地裂缝进一步加剧。在深入调查的基础上，划定地面塌陷易发区、危险区，强化防护措施。制定地下工程活动和地下空间管理办法，严格审批程序，防止矿产开采、地下水抽采和其他地下工程建设以及地下空间使用不当等引发地面沉降、塌陷及地裂缝等灾害。

六、加强应急救援工作

(十八)提高地质灾害应急能力。地方各级人民政府要结合地质灾害防治工作实际，加强应急救援体系建设,加快组建专群结合的应急救援队伍,配备必要的交通、通信和专业设备,形成高效的应急工作机制。进一步修订完善突发地质灾害应急预案,制定严密、科学的应急工作流程。建设完善应急避难场所,加强必要的生活物资和医疗用品储备,定期组织应急预案演练,提高有关各方协调联动和应急处置能力。

(十九)强化基层地质灾害防范。地质灾害易发区要充分发挥基层群众熟悉情况的优势,大力支持和推进乡、村地质灾害监测、巡查、预警、转移避险等应急能力建设。在地质灾害重点防范期内,乡镇人民政府、基层群众自治组织要加强对地质灾害隐患的巡回检查,对威胁学校、医院、村庄、集市、企事业单位等人员密集场所的重大隐患点,要安排专人盯守巡查,并于每年汛期前至少组织一次应急避险演练。

(二十)做好突发地质灾害的抢险救援。地方各级人民政府要切实做好突发地质灾害的抢险救援工作,加强综合协调,快速高效做好人员搜救、灾情调查、险情分析、次生灾害防范等应急处置工作。要妥善安排受灾群众生活、医疗和心理救助,全力维护灾区社会稳定。

七、健全保障机制

(二十一)完善和落实法规标准。全面落实《地质灾害防治条例》,地质灾害易发区要抓紧制定完善地方性配套法规规章,健全地质灾害防治法制体系。抓紧修订地质灾害调查评价、危险性评估与风险区划、监测预警和应急处置的规范标准,完善地质灾害治理工程勘查、设计、施工、监理、危险性评估等技术要求和规程。

(二十二)加强地质灾害防治队伍建设。地质灾害易发区省、市、县级人民政府要建立健全与本地区地质灾害防治需要相适应的专业监测、应急管理和技术保障队伍,加大资源整合和经费保障力度,确保各项工作正常开展。支持高等院校、科研院所加大地质灾害防治专业技术人才培养力度,对长期在基层一线从事地质灾害调查、监测等防治工作的专业技术人员,在职务、职称等方面给予政策倾斜。

(二十三)加大资金投入和管理。国家设立的特大型地质灾害防治专项资金,用于开展全国地质灾害调查评价,实施重大隐患点的监测预警、勘查、搬迁避让、工程治理和应急处置,支持群测群防体系建设、科普宣教和培训工作。地方各级人民政府要将地质灾害防治费用和群测群防员补助资金纳入财政保障范围,根据本地实际,增加安排用于地质灾害防治工作的财政投入。同时,要严格资金管理,确保地质灾害防治资金专款专用。各地区要探索制定优惠政策,鼓励、吸引社会资金投入地质灾害防治工作。

(二十四)积极推进科技创新。国家和地方相关科技计划(基金、专项)等要加大对地质灾害防治领域科学研究和技术创新的支持力度,加强对复杂山体成灾机理、灾害风险分析、灾害监测与治理技术、地震对地质灾害影响评价等方面的研究。积极采用地理信息、全球定位、卫星通信、遥感遥测等先进技术手段,探索运用物联网等前沿技术,提升地质灾害调查评价、监测预警的精度和效率。鼓励地质灾害预警和应急指挥、救援关键技术装备的研制,推广应用生命探测、大型挖掘起重破障、物探钻探及大功率水泵等先进适用装备,提高抢险救援和应急处置能力。加强国际交流与合作,学习借鉴国外先进的地质灾害防治理论和技术方法。

(二十五)深入开展科普宣传和培训教育。各地区、各有关部门要广泛开展地质灾害识灾防灾、灾情报告、避险自救等知识的宣传普及,增强全社会预防地质灾害的意识和自我保护能力。地质灾害易发区要定期组织机关干部、基层组织负责人和骨干群众参加地质灾害防治知识培训,加强对中小学学生地质灾害防治知识的教育和技能演练;市、县、乡级政府负责人要全面掌握本地区地质灾害情况,切实增强灾害防治及抢险救援指挥能力。

八、加强组织领导和协调

(二十六)切实加强组织领导。地方各级人民政府要把地质灾害防治工作列入重要议事日程,纳入政府绩效考核,考核结果作为领导班子和领导干部综合考核评价的重要内容。要加强对地质灾害防治工作的领导,地方政府主要负责人对本地区地质灾害防治工作负总责,建立完善逐级负责制,确保防治责任和措施层层落到实处。地质灾害易发区要把地质灾害防治作为市、县、乡级政府分管领导及主管部门负责人任职等谈话的重要内容,督促检查防灾责任落实情况。对在地质灾害防范和处置中玩忽职守,致使工作不到位,造成重大人员伤亡和财产损失的,要依法依规严肃追究行政领导和相关责任人的责任。

(二十七)加强沟通协调。各有关部门要各负其责、密切配合,加强与人民解放军、武警部队的沟通联络和信息共享,共同做好地质灾害防治工作。国土资源部门要加强对地质灾害防治工作的组织协调和指导监督;发展改革、教育、工业和信息化、民政、住房城乡建设、交通运输、铁道、水利、卫生、安全监管、电力监管、旅游等部门要按照职责分工,做好相关领域地质灾害防治工作的组织实施。

(二十八)构建全社会共同参与的地质灾害防治工作格局。广泛发动社会各方面力量积极参与地质灾害防治工作,紧紧依靠人民解放军、武警部队、民兵预备役、公安消防队伍等抢险救援骨干力量，切实发挥工会、共青团、妇联等人民团体在动员群众、宣传教育等方面的作用，鼓励公民、法人和其他社会组织共同关心、支持地质灾害防治事业。对在地质灾害防治工作中成绩显著的单位和个人，各级人民政府要给予表扬奖励。

国务院

二〇一一年六月十三日

中华人民共和国国务院令

第605号

《国务院关于修改〈中华人民共和国资源税暂行条例〉的决定》已经2011年9月21日国务院第173次常务会议通过，现予公布，自2011年11月1日起施行。

总理 温家宝

二〇一一年九月三十日

国务院关于修改《中华人民共和国资源税暂行条例》的决定

国务院决定对《中华人民共和国资源税暂行条例》作如下修改：

一、第一条修改为："在中华人民共和国领域及管辖海域开采本条例规定的矿产品或者生产盐(以下称开采或者生产应税产品)的单位和个人，为资源税的纳税人，应当依照本条例缴纳资源税。"

二、第二条修改为："资源税的税目、税率，依照本条例所附《资源税税目税率表》及财政部的有关规定执行。

"税目、税率的部分调整，由国务院决定。"

三、第三条修改为："纳税人具体适用的税率，在本条例所附《资源税税目税率表》规定的税率幅度内，根据纳税人所开采或者生产应税产品的资源品位、开采条 件等情况，由财政部商国务院有关部门确定；财政部未列举名称且未确定具体适用税率的其他非金属矿原矿和有色金属矿原矿，由省、自治区、直辖市人民政府根据 实际情况确定，报财政部和国家税务总局备案。"

四、第五条、第六条合并作为第四条，修改为："资源税的应纳税额，按照从价定率或者从量定额的办法，分别以应税产品的销售额乘以纳税人具体适用的比例税率或者以应税产品的销售数量乘以纳税人具体适用的定额税率计算。"

五、第四条作为第五条，修改为："纳税人开采或者生产不同税目应税产品的，应当分别核算不同税目应税产品的销售额或者销售数量；未分别核算或者不能准确提供不同税目应税产品的销售额或者销售数量的，从高适用税率。"

六、增加一条，作为第六条："纳税人开采或者生产应税产品，自用于连续生产应税产品的，不缴纳资源税；自用于其他方面的，视同销售，依照本条例缴纳资源税。"

七、第八条中的"课税数量"修改为"销售额或者销售数量"。

八、第十五条修改为："本条例实施办法由财政部和国家税务总局制定。"

九、将所附的《资源税税目税额幅度表》修改为：

资源税税目税率表

税目		税率
一、原油		销售额的5%～10%
二、天然气		销售额的5%～10%
三、煤炭	焦煤	每吨8～20元
	其他煤炭	每吨0.3～5元
四、其他非金属矿原矿	普通非金属矿原矿	每吨或者每立方米0.5～20元
	贵重非金属矿原矿	每千克或者每克拉0.5～20元
五、黑色金属矿原矿		每吨2～30元
六、有色金属矿原矿	稀土矿	每吨0.4～60元
	其他有色金属矿原矿	每吨0.4～30元
七、盐	固体盐	每吨10～60元
	元液体盐	每吨2～10元

本决定自2011年11月1日起施行。

《中华人民共和国资源税暂行条例》根据本决定作相应的修改并对条文顺序作相应调整，重新公布。

中华人民共和国资源税暂行条例

(1993年12月25日中华人民共和国国务院令第139号发布 根据2011年9月30日《国务院关于修改〈中华人民共和国资源税暂行条例〉的决定》修订)

第一条 在中华人民共和国领域及管辖海域开采本条例规定的矿产品或者生产盐(以下称开采或者生产应税产品)的单位和个人,为资源税的纳税人,应当依照本条例缴纳资源税。

第二条 资源税的税目、税率,依照本条例所附《资源税税目税率表》及财政部的有关规定执行。

税目、税率的部分调整,由国务院决定。

第三条 纳税人具体适用的税率,在本条例所附《资源税税目税率表》规定的税率幅度内,根据纳税人所开采或者生产应税产品的资源品位、开采条件等情况,由财政部商国务院有关部门确定;财政部未列举名称且未确定具体适用税率的其他非金属矿原矿和有色金属矿原矿,由省、自治区、直辖市人民政府根据实际情况确定,报财政部和国家税务总局备案。

第四条 资源税的应纳税额,按照从价定率或者从量定额的办法,分别以应税产品的销售额乘以纳税人具体适用的比例税率或者以应税产品的销售数量乘以纳税人具体适用的定额税率计算。

第五条 纳税人开采或者生产不同税目应税产品的,应当分别核算不同税目应税产品的销售额或者销售数量;未分别核算或者不能准确提供不同税目应税产品的销售额或者销售数量的,从高适用税率。

第六条 纳税人开采或者生产应税产品,自用于连续生产应税产品的,不缴纳资源税;自用于其他方面的,视同销售,依照本条例缴纳资源税。

第七条 有下列情形之一的,减征或者免征资源税:

(一)开采原油过程中用于加热、修井的原油,免税。

(二)纳税人开采或者生产应税产品过程中,因意外事故或者自然灾害等原因遭受重大损失的,由省、自治区、直辖市人民政府酌情决定减税或者免税。

(三)国务院规定的其他减税、免税项目。

第八条 纳税人的减税、免税项目,应当单独核算销售额或者销售数量;未单独核算或者不能准确提供销售额或者销售数量的,不予减税或者免税。

第九条 纳税人销售应税产品,纳税义务发生时间为收讫销售款或者取得索取销售款凭据的当天;自产自用应税产品,纳税义务发生时间为移送使用的当天。

第十条 资源税由税务机关征收。

第十一条 收购未税矿产品的单位为资源税的扣缴义务人。

第十二条 纳税人应纳的资源税,应当向应税产品的开采或者生产所在地主管税务机关缴纳。纳税人在本省、自治区、直辖市范围内开采或者生产应税产品,其纳税地点需要调整的,由省、自治区、直辖市税务机关决定。

第十三条 纳税人的纳税期限为1日、3日、5日、10日、15日或者1个月,由主管税务机关根据实际情况具体核定。不能按固定期限计算纳税的,可以按次计算纳税。

纳税人以1个月为一期纳税的,自期满之日起10日内申报纳税;以1日、3日、5日、10日或者15日为一期纳税的,自期满之日起5日内预缴税款,于次月1日起10日内申报纳税并结清上月税款。

扣缴义务人的解缴税款期限,比照前两款的规定执行。

第十四条 资源税的征收管理,依照《中华人民共和国税收征收管理法》及本条例有关规定执行。

第十五条 本条例实施办法由财政部和国家税务总局制定。

第十六条 本条例自1994年1月1日起施行。1984年9月18日国务院发布的《中华人民共和国资源税条例(草案)》、《中华人民共和国盐税条例(草案)》同时废止。

附:

资源税税目税率表

税目		税率
一、原油		销售额的5%~10%
二、天然气		销售额的5%~10%
三、煤炭	焦煤	每吨8~20元
	其他煤炭	每吨0.3~5元
四、其他非金属矿原矿	普通非金属矿原矿	每吨或者每立方米0.5~20元
	贵重非金属矿原矿	每千克或者每克拉0.5~20元
五、黑色金属矿原矿		每吨2~30元
六、有色金属矿原矿	稀土矿	每吨0.4~60元
	其他有色金属矿原矿	每吨0.4~30元
七、盐	固体盐	每吨10~60元
	液体盐	每吨2~10元

国家安全生产监督管理总局令

第37号

《国家安全监管总局关于修改〈煤矿安全规程〉第二编第六章防治水部分条款的决定》已经2011年1月17日国家安全生产监督管理总局局长办公会议审议通过,现予公布,自2011年3月1日起施行。

局长　骆琳

二〇一一年一月二十五日

国家安全监管总局关于修改《煤矿安全规程》第二编第六章防治水部分条款的决定

国家安全生产监督管理总局决定对《煤矿安全规程》第二编第六章防治水部分条款作如下修改:

一、第二百五十一条修改为:“煤矿企业、矿井应当配备满足工作需要的防治水专业技术人员,配齐专用探放水设备,建立专门的探放水作业队伍,建立健全防治水各项制度,装备必要的防治水抢险救灾设备。”

二、第二百五十二条修改为:“煤矿企业、矿井应当编制本单位的防治水中长期规划(5~10年)和年度计划,并认真组织实施。

“煤矿企业、矿井应当对矿井水文地质类型进行划分,定期收集、调查和核对相邻煤矿和废弃的老窑情况,并在井上、下工程对照图和矿井充水性图上标出其井田位置、开采范围、开采年限、积水情况。矿井应当建立水文地质观测系统,加强水文地质动态观测和水害预测分析工作。”

增加一款,作为本条第三款:“水文地质条件复杂、极复杂矿井应当每月至少开展1次水害隐患排查及治理活动,其他矿井应当每季度至少开展1次水害隐患排查及治理活动。”

三、第二百五十四条修改为:“煤矿企业、矿井应当查清矿区及其附近地面河流水系的汇水、渗漏、疏水能力和有关水利工程等情况;了解当地水库、水电站大坝、江河大堤、河道、河道中障碍物等情况;掌握当地历年降水量和最高洪水位资料,建立疏水、防水和排水系统。”

增加一款,作为本条第二款:“煤矿企业、矿井应当建立灾害性天气预警和预防机制,加强与周边相邻矿井的信息沟通,发现矿井水害可能影响相邻矿井时,立即向周边相邻矿井进行预警。”

四、第二百五十五条修改为:“矿井井口和工业场地内建筑物的地面标高必须高于当地历年最高洪水位;在山区还必须避开可能发生泥石流、滑坡等地质灾害危险的地段。

“矿井井口及工业场地内主要建筑物的地面标高低于当地历年最高洪水位的,应当修筑堤坝、沟渠或者采取其他可靠防御洪水的措施。不能采取可靠安全措施的,应当封闭填实该井口。”

五、第二百五十六条修改为:“当矿井井口附近或者开采塌陷波及区域的地表有水体时,必须采取安全防范措施,并遵守下列规定:

“(一)严禁开采和破坏煤层露头的防隔水煤(岩)柱。

“(二)在地表容易积水的地点,修筑泄水沟渠,或者建排洪站专门排水,杜绝积水渗入井下。

“(三)当矿井受到河流、山洪威胁时,修筑堤坝和泄洪渠,有效防止洪水侵入。

“(四)对于排到地面的矿井水,妥善疏导,避免渗入井下。

“(五)对于漏水的沟渠(包括农田水利的灌溉沟渠)和河床,及时堵漏或者改道。地面裂缝和塌陷地点及时填塞。进行填塞工作时,采取相应的安全措施,防止人员陷入塌陷坑内。

“(六)当有滑坡、泥石流等地质灾害威胁煤矿安全时,及时撤出受威胁区域的人员,并采取防止滑坡、泥石流的措施。”

六、第二百五十七条修改为:“严禁将矸石、炉灰、垃圾等杂物堆放在山洪、河流可能冲刷到的地段,防止淤塞河道、沟渠。”

增加一款,作为本条第二款:“煤矿发现与矿井防治水有关系的河道中存在障碍物或者堤坝破损时,应当及时清理障碍物或者修复堤坝,并报告当地人民政府相关部门。”

七、第二百五十八条修改为:“使用中的钻孔,应当安装孔口盖。报废的钻孔应当及时封孔,并将封孔资料和实施负责人的情况记录在案、存档备查。”

八、第二百五十九条修改为:“相邻矿井的分界处,应当留防隔水煤(岩)柱。矿井以断层分界的,应当在断层两侧留有防隔水煤(岩)柱。

“防隔水煤(岩)柱的尺寸,应当根据相邻矿井的地质构造、水文地质条件、煤层赋存条件、围岩性质、开采方法以及岩层移动规律等因素,在矿井设计中确定。

“矿井防隔水煤(岩)柱一经确定,不得随意变动,并通报相邻矿井。严禁在各类防隔水煤(岩)柱中进行采掘活动。”

九、第二百六十条修改为:“在采掘工程平面图和矿井充水性图上必须标绘出井巷出水点的位置及其涌水量、积水的井巷及采空区的积水范围、底板标高和积水量等。在水淹区域应当标出探水线的位置。”

十、第二百六十一条修改为:“每次降大到暴雨时和降雨后,应当有专业人员分工观测井上积水情况、洪水情况、井下涌水量等有关水文变化情况以及矿区附近地面有无裂缝、老窑陷落和岩溶塌陷等现象,并及时向矿调度室及有关负责人报告,并将上述情况记录在案、存档备查。”

增加一款,作为本条第二款:“情况危急时,矿调度室及有关负责人应当立即组织井下撤人,确保人员安全。”

十一、第二百六十二条修改为:“受水淹区积水威胁的区域,必须在排除积水、消除威胁后方可进行采掘作业;如果无法排除积水,开采倾斜、缓倾斜煤层的,必须按照《建筑物、水体、铁路及主要井巷煤柱留设与压煤开采规程》中有关水体下开采的规定,编制专项开采设计,由煤矿企业主要负责人审批后,方可进行。”

增加一款,作为本条第二款:“严禁在水体下、采空区水淹区域下开采急倾斜煤层。”

十二、第二百六十三条修改为:“在未固结的灌浆区、有淤泥的废弃井巷、岩石洞穴附近采掘时,应当按照受水淹积水威胁进行管理,并执行本规程第二百五十九条、第二百六十条、第二百六十二条的规定。”

十三、第二百六十四条修改为:“开采水淹区域下的废弃防隔水煤柱时,应当彻底疏干上部积水,进行可行性技术评价,确保无溃浆(沙)威胁。严禁顶水作业。”

十四、第二百六十五条修改为:“井田内有与河流、湖泊、溶洞、含水层等存在水力联系的导水断层、裂隙(带)、陷落柱等构造时,应当查明其确切位置,按规定留设防隔水煤(岩)柱,并采取有效的防治水措施。”

十五、第二百六十六条修改为:“采掘工作面或其他地点发现有煤层变湿、挂红、挂汗、空气变冷、出现雾气、水叫、顶板来压、片帮、淋水加大、底板鼓起或产生裂隙、出现渗水、钻孔喷水、底板涌水、煤壁溃水、水色发浑、有臭味等透水征兆时,应当立即停止作业,报告矿调度室,并发出警报,撤出所有受水威胁地点的人员。在原因未查清、隐患未排除之前,不得进行任何采掘活动。”

十六、第二百六十七条修改为:“矿井采掘工作面探放水应当采用钻探方法,由专业人员和专职探放水队伍使用专用探放水钻机进行施工。同时应当配合其他方法(如物探、化探和水文地质试验等)查清采掘工作面及周边老空水、含水层富水性以及地质构造等情况,确保探放水的可靠性。”

十七、第二百六十八条修改为:“煤层顶板有含水层和水体存在时,应当观测垮落带、导水裂缝带、弯曲带发育高度,进行专项设计,确定安全合理的防隔水煤(岩)柱厚度。当导水裂缝带范围内的含水层或老空积水影响安全掘进和采煤时,应当超前进行钻探,待彻底疏放水后,方可进行掘进回采。”

十八、第二百六十九条修改为:“开采底板有承压含水层的煤层,应当保证隔水层能够承受的水头值大于实际水头值,制定专项安全技术措施。

“专项安全技术措施由煤矿企业技术负责人审查,报煤矿企业主要负责人审批。”

十九、第二百七十条修改为:“当承压含水层与开采煤层之间的隔水层能够承受的水头值小于实际水头值时,应当采用疏水降压、注浆加固底板和改造含水层或充填开采等措施,并进行效果检测,保证隔水层能够承受的水头值大于实际水头值,有效防止底板突水。

“上述措施由煤矿企业技术负责人审查,报煤矿企业主要负责人审批。”

二十、第二百七十一条修改为:“矿井建设和延深中,当开拓到设计水平时,只有在建成防、排水系统后,方可开始向有突水危险地区开拓掘进。”

二十一、第二百七十二条修改为:“煤系顶、底部有强岩溶承压含水层时,主要运输巷和主要回风巷应当布置在不受水威胁的层位中,并以石门分区隔离开采。”

二十二、第二百七十三条第二款修改为:“在其他有突水危险的采掘区域,应当在其附近设置防水闸门;不具备设置防水闸门条件的,应当制定防突水措施,由煤矿企业主要负责人审批。”

删除本条第四款。

二十三、第二百七十五条修改为:“井筒穿过含水层段的井壁结构应当采用有效防水混凝土或设置隔水层。”

增加一款,作为本条第二款:“井筒淋水超过每小时6立方米时,应当进行壁后注浆处理。”

二十四、第二百七十七条修改为:"立井基岩段施工时,对含水层数多、含水层段又较集中的地段,应当采用地面预注浆。含水层数少或含水层数分散的地段,应当在工作面进行预注浆,并短探、短注、短掘。"

二十五、第二百七十八条修改为:"矿井应当配备与矿井涌水量相匹配的水泵、排水管路、配电设备和水仓等,确保矿井排水能力充足。

"矿井井下排水设备应当满足矿井排水的要求。除正在检修的水泵外,应当有工作水泵和备用水泵。工作水泵的能力,应当能在20小时内排出矿井24小时的正常涌水量(包括充填水及其他用水)。备用水泵的能力应当不小于工作水泵能力的70%。检修水泵的能力,应当不小于工作水泵能力的25%。工作和备用水泵的总能力,应当能在20小时内排出矿井24小时的最大涌水量。

"排水管路应当有工作和备用水管。工作排水管路的能力,应当能配合工作水泵在20小时内排出矿井24小时的正常涌水量。工作和备用排水管路的总能力,应当能配合工作和备用水泵在20小时内排出矿井24小时的最大涌水量。

"配电设备的能力应当与工作、备用和检修水泵的能力相匹配,能够保证全部水泵同时运转。"

二十六、第二百八十条修改为:"矿井主要水仓应当有主仓和副仓,当一个水仓清理时,另一个水仓能够正常使用。

"新建、改扩建矿井或者生产矿井的新水平,正常涌水量在1000立方米/小时以下时,主要水仓的有效容量应当能容纳8小时的正常涌水量。

"正常涌水量大于1000立方米/小时的矿井,主要水仓有效容量可以按照下式计算:

$$V = 2(Q + 3000)$$

式中V为主要水仓的有效容量,立方米;Q为矿井每小时的正常涌水量,立方米。

"采区水仓的有效容量应当能容纳4h的采区正常涌水量。

"水仓进口处应当设置箅子。对水砂充填和其他涌水中带有大量杂质的矿井,还应当设置沉淀池。水仓的空仓容量应当经常保持在总容量的50%以上。"

二十七、第二百八十二条修改为:"新建矿井揭露的水文地质条件比地质报告复杂的,应当进行水文地质补充勘探,及时查明水害隐患,采取可靠的安全防范措施。井下探放水应当采用专用钻机、由专业人员和专职探放水队伍进行施工。"

二十八、第二百八十三条修改为:"井筒开凿到底后,应当先施工永久排水系统。永久排水系统应当在进入采区施工前完成。在永久排水系统完成前,井底附近应当先设置具有足够能力的临时排水设施,保证永久排水系统形成之前的施工安全。"

二十九、第二百八十四条修改为:"井下采区、巷道有突水或者可能积水的,应当优先施工安装防、排水系统,并保证有足够的排水能力。"

三十、第二百八十五条修改为:"矿井应当做好充水条件分析预报和水害评价预报工作,加强探放水工作。

"探放水应当使用专用钻机、由专业人员和专职队伍进行设计、施工,并采取防止瓦斯和其他有害气体危害等安全措施。探放水结束后,应当提交探放水总结报告存档备查。

"探水孔的布置和超前距离,应当根据水压大小、煤(岩)层厚度和硬度以及安全措施等,在探放水设计中作出具体规定。探放老空积水最小超前水平钻距不得小于30米,止水套管长度不得小于10米。"

增加一款,作为本条第四款:"在地面无法查明矿井全部水文地质条件和充水因素时,应当采用井下钻探方法,按照有掘必探的原则开展探放水工作,并确保探放水的效果。"

三十一、第二百八十六条修改为:"采掘工作面遇有下列情况之一时,应当立即停止施工,确定探水线,由专业人员和专职队伍使用专用钻机进行探放水,经确认无水害威胁后,方可施工:

"(一)接近水淹或可能积水的井巷、老空或相邻煤矿时。

"(二)接近含水层、导水断层、溶洞和导水陷落柱时。

"(三)打开隔离煤柱放水时。

"(四)接近可能与河流、湖泊、水库、蓄水池、水井等相通的断层破碎带时。

"(五)接近有出水可能的钻孔时。

"(六)接近水文地质条件不清的区域时。

"(七)接近有积水的灌浆区时。

"(八)接近其他可能突水的地区时。"

三十二、第二百八十七条修改为:"对于煤层顶、底板带压的采掘工作面,应当提前编制防治水设计,制定并落实开采期间各项安全防范措施。"

三十三、第二百八十八条修改为:"井下探放水应当使用专用钻机、由专业人员和专职队伍进行施工。严禁使用煤电钻等非专用探放水设备进行探放水。探放水工应当按照有关规定经培训合格后持证上岗。

"安装钻机进行探水前,应当符合下列规定:

"(一)加强钻孔附近的巷道支护,并在工作面迎头打好坚固的立柱和拦板。

"(二)清理巷道,挖好排水沟。探水钻孔位于巷道低洼处时,配备与探放水量相适应的排水设备。

"(三)在打钻地点或其附近安设专用电话,人员撤离通道畅通。

“(四)依据设计,确定主要探水孔位置时,由测量人员进行标定。负责探放水工作的人员必须亲临现场,共同确定钻孔的方位、倾角、深度和钻孔数量。”

三十四、第二百八十九条修改为:“在预计水压大于0.1兆帕的地点探水时,应当预先固结套管,在套管口安装闸阀,进行耐压试验。套管长度应当在探放水设计中规定。预先开掘安全躲避硐,制定包括撤人的避灾路线等安全措施,并使每个作业人员了解和掌握。”

三十五、第二百九十条修改为:“钻孔内水压大于1.5兆帕时,应当采用反压和有防喷装置的方法钻进,并制定防止孔口管和煤(岩)壁突然鼓出的措施。”

三十六、第二百九十一条修改为:“在探放水钻进时,发现煤岩松软、片帮、来压或者钻眼中水压、水量突然增大和顶钻等透水征兆时,应当立即停止钻进,但不得拔出钻杆;现场负责人员应当立即向矿井调度室汇报,立即撤出所有受水威胁区域的人员到安全地点。然后采取安全措施,派专业技术人员监测水情并进行分析,妥善处理。”

三十七、第二百九十二条修改为:“探放老空水前,应当首先分析查明老空水体的空间位置、积水量和水压等。探放水应当使用专用钻机,由专业人员和专职队伍进行施工,钻孔应当钻入老空水体最底部,并监视放水全过程,核对放水量和水压等,直到老空水放完为止。

“探放水时,应当撤出探放水点以下部位受水害威胁区域内的所有人员。

“钻探接近老空水时,应当安排专职瓦斯检查员或者矿山救护队员在现场值班,随时检查空气成分。如果瓦斯或者其他有害气体浓度超过有关规定,应当立即停止钻进,切断电源,撤出人员,并报告矿井调度室,及时采取措施进行处理。”

三十八、第二百九十三条修改为:“钻孔放水前,应当估计积水量,并根据矿井排水能力和水仓容量,控制放水流量,防止淹井;放水时,应当设有专人监测钻孔出水情况,测定水量和水压,做好记录。如果水量突然变化,应当立即报告矿调度室,分析原因,及时处理。”

三十九、第二百九十四条修改为:“排除井筒和下山的积水及恢复被淹井巷前,应当制定可靠的安全措施,防止被水封住的有毒、有害气体突然涌出。

“排水过程中,应当定时观测排水量、水位和观测孔水位,并由矿山救护队随时检查水面上的空气成分,发现有害气体,及时采取措施进行处理。”

本决定自2011年3月1日起施行。

国家安全生产监督管理总局令

第38号

新修订的《尾矿库安全监督管理规定》已经2011年4月18日国家安全生产监督管理总局局长办公会议审议通过,现予公布,自2011年7月1日起施行。国家安全生产监督管理总局2006年公布的《尾矿库安全监督管理规定》(国家安全生产监督管理总局令第6号)同时废止。

局长　骆琳

二〇一一年五月四日

尾矿库安全监督管理规定

第一章　总　则

第一条　为了预防和减少尾矿库生产安全事故,保障人民群众生命和财产安全,根据《安全生产法》、《矿山安全法》等有关法律、行政法规,制定本规定。

第二条尾矿库的建设、运行、回采、闭库及其安全管理与监督工作,适用本规定。

核工业矿山尾矿库、电厂灰渣库的安全监督管理工作,不适用本规定。

第三条　尾矿库建设、运行、回采、闭库的安全技术要求以及尾矿库等别划分标准,按照《尾矿库安全技术规程》(AQ2006-2005)执行。

第四条　尾矿库生产经营单位(以下简称生产经营单位)应当建立健全尾矿库安全生产责任制,建立健全安全生产规章制度和安全技术操作规程,对尾矿库实施有效的安全管理。

第五条　生产经营单位应当保证尾矿库具备安全生产条件所必需的资金投入,建立相应的安全管理机构或者配备相应的安全管理人员、专业技术人员。

第六条　生产经营单位主要负责人和安全管理人

员应当依照有关规定经培训考核合格并取得安全资格证书后，方可任职。

直接从事尾矿库放矿、筑坝、巡坝、排洪和排渗设施操作的作业人员必须取得特种作业操作证书，方可上岗作业。

第七条 国家安全生产监督管理总局负责对国务院或者国务院有关部门审批、核准、备案的尾矿库建设项目进行安全设施设计审查和竣工验收。

前款规定以外的其他尾矿库建设项目安全设施设计审查和竣工验收，由省级安全生产监督管理部门按照分级管理的原则作出规定。

尾矿库日常安全生产监督管理工作，实行分级负责、属地监管原则，由省级安全生产监督管理部门结合本行政区域实际制定具体规定，报国家安全生产监督管理总局备案。

第八条鼓励生产经营单位应用尾矿库在线监测、尾矿充填、干式排尾、尾矿综合利用等先进适用技术。

一等、二等、三等尾矿库应当安装在线监测系统。

鼓励生产经营单位将尾矿回采再利用后进行回填。

第二章　尾矿库建设

第九条 尾矿库建设项目包括新建、改建、扩建以及回采、闭库的尾矿库建设工程。

尾矿库建设项目安全设施设计审查与竣工验收应当符合有关法律、行政法规及《非煤矿矿山建设项目安全设施设计审查与竣工验收办法》的规定。

第十条 尾矿库的勘察单位应当具有矿山工程或者岩土工程类勘察资质。设计单位应当具有金属非金属矿山工程设计资质。安全评价单位应当具有尾矿库评价资质。施工单位应当具有矿山工程施工资质。施工监理单位应当具有矿山工程监理资质。

尾矿库的勘察、设计、安全评价、施工、监理等单位除符合前款规定外，还应当按照尾矿库的等别符合下列规定：

(一)一等、二等、三等尾矿库建设项目，其勘察、设计、安全评价、监理单位具有甲级资质，施工单位具有总承包一级或者特级资质；

(二)四等、五等尾矿库建设项目，其勘察、设计、安全评价、监理单位具有乙级或者乙级以上资质，施工单位具有总承包三级或者三级以上资质，或者专业承包一级、二级资质。

第十一条 尾矿库建设项目初步设计应当包括安全设施设计，并编制安全专篇。安全专篇应当对尾矿库库址及尾矿坝稳定性、尾矿库防洪能力、排洪设施和安全观测设施的可靠性进行充分论证。

第十二条 尾矿库库址应当由设计单位根据库容、坝高、库区地形条件、水文地质、气象、下游居民区和重要工业构筑物等情况，经科学论证后，合理确定。

第十三条 尾矿库建设项目应当进行安全设施设计并经安全生产监督管理部门审查批准后方可施工。无安全设施设计或者安全设施设计未经审查批准的，不得施工。

严禁未经设计并审查批准擅自加高尾矿库坝体。

第十四条 尾矿库施工应当执行有关法律、行政法规和国家标准、行业标准的规定，严格按照设计施工，确保工程质量，并做好施工记录。

生产经营单位应当建立尾矿库工程档案和日常管理档案，特别是隐蔽工程档案、安全检查档案和隐患排查治理档案，并长期保存。

第十五条 施工中需要对设计进行局部修改的，应当经原设计单位同意；对涉及尾矿库库址、等别、排洪方式、尾矿坝坝型等重大设计变更的，应当报原审批部门批准。

第十六条 尾矿库建设项目安全设施试运行应当向安全生产监督管理部门备案，试运行时间不得超过6个月，且尾砂排放不得超过初期坝坝顶标高。试运行结束后，应当向安全生产监督管理部门申请安全设施竣工验收。

第十七条 尾矿库建设项目安全设施经安全生产监督管理部门验收合格后，生产经营单位应当及时按照《非煤矿矿山企业安全生产许可证实施办法》的有关规定，申请尾矿库安全生产许可证。未依法取得安全生产许可证的尾矿库，不得投入生产运行。

生产经营单位在申请尾矿库安全生产许可证时，对于验收申请时已提交的符合颁证条件的文件、资料可以不再提交；安全生产监督管理部门在审核颁发安全生产许可证时，可以不再审查。

第三章　尾矿库运行

第十八条 对生产运行的尾矿库，未经技术论证和安全生产监督管理部门的批准，任何单位和个人不得对下列事项进行变更：

(一)筑坝方式；

(二)排放方式；

(三)尾矿物化特性；

(四)坝型、坝外坡坡比、最终堆积标高和最终坝轴线的位置；

(五)坝体防渗、排渗及反滤层的设置；

(六)排洪系统的型式、布置及尺寸；

(七)设计以外的尾矿、废料或者废水进库等。

第十九条 尾矿库应当每三年至少进行一次安全

现状评价。安全现状评价应当符合国家标准或者行业标准的要求。

尾矿库安全现状评价工作应当有能够进行尾矿坝稳定性验算、尾矿库水文计算、构筑物计算的专业技术人员参加。

上游式尾矿坝堆积至二分之一至三分之二最终设计坝高时，应当对坝体进行一次全面勘察，并进行稳定性专项评价。

第二十条 尾矿库经安全现状评价或者专家论证被确定为危库、险库和病库的，生产经营单位应当分别采取下列措施：

（一）确定为危库的，应当立即停产，进行抢险，并向尾矿库所在地县级人民政府、安全生产监督管理部门和上级主管单位报告；

（二）确定为险库的，应当立即停产，在限定的时间内消除险情，并向尾矿库所在地县级人民政府、安全生产监督管理部门和上级主管单位报告；

（三）确定为病库的，应当在限定的时间内按照正常库标准进行整治，消除事故隐患。

第二十一条 生产经营单位应当建立健全防汛责任制，实施24小时监测监控和值班值守，并针对可能发生的垮坝、漫顶、排洪设施损毁等生产安全事故和影响尾矿库运行的洪水、泥石流、山体滑坡、地震等重大险情制定并及时修订应急救援预案，配备必要的应急救援器材、设备，放置在便于应急时使用的地方。

应急预案应当按照规定报相应的安全生产监督管理部门备案，并每年至少进行一次演练。

第二十二条 生产经营单位应当编制尾矿库年度、季度作业计划，严格按照作业计划生产运行，做好记录并长期保存。

第二十三条 生产经营单位应当建立尾矿库事故隐患排查治理制度，按照本规定和《尾矿库安全技术规程》的规定，定期组织尾矿库专项检查，对发现的事故隐患及时进行治理，并建立隐患排查治理档案。

第二十四条 尾矿库出现下列重大险情之一的，生产经营单位应当按照安全监管权限和职责立即报告当地县级安全生产监督管理部门和人民政府，并启动应急预案，进行抢险：

（一）坝体出现严重的管涌、流土等现象的；

（二）坝体出现严重裂缝、坍塌和滑动迹象的；

（三）库内水位超过限制的最高洪水位的；

（四）在用排水井倒塌或者排水管（洞）坍塌堵塞的；

（五）其他危及尾矿库安全的重大险情。

第二十五条 尾矿库发生坝体坍塌、洪水漫顶等事故时，生产经营单位应当立即启动应急预案，进行抢险，防止事故扩大，避免和减少人员伤亡及财产损失，并立即报告当地县级安全生产监督管理部门和人民政府。

第二十六条 未经生产经营单位进行技术论证并同意，以及尾矿库建设项目安全设施设计原审批部门批准，任何单位和个人不得在库区从事爆破、采砂、地下采矿等危害尾矿库安全的作业。

第四章 尾矿库回采和闭库

第二十七条 尾矿回采再利用工程应当进行回采勘察、安全预评价和回采设计，回采设计应当包括安全设施设计，并编制安全专篇。

安全预评价报告应当向安全生产监督管理部门备案。回采安全设施设计应当报安全生产监督管理部门审查批准。

生产经营单位应当按照回采设计实施尾矿回采，并在尾矿回采期间进行日常安全管理和检查，防止尾矿回采作业对尾矿坝安全造成影响。

尾矿全部回采后不再进行排尾作业的，生产经营单位应当及时报安全生产监督管理部门履行尾矿库注销手续。具体办法由省级安全生产监督管理部门制定。

第二十八条 尾矿库运行到设计最终标高或者不再进行排尾作业的，应当在一年内完成闭库。特殊情况不能按期完成闭库的，应当报经相应的安全生产监督管理部门同意后方可延期，但延长期限不得超过6个月。

库容小于10万立方米且总坝高低于10米的小型尾矿库闭库程序，由省级安全生产监督管理部门根据本地实际制定。

第二十九条 尾矿库运行到设计最终标高的前12个月内，生产经营单位应当进行闭库前的安全现状评价和闭库设计，闭库设计应当包括安全设施设计，并编制安全专篇。

闭库安全设施设计应当经有关安全生产监督管理部门审查批准。

第三十条 生产经营单位申请尾矿库闭库工程安全设施验收，应当具备下列条件：

（一）尾矿库已停止使用；

（二）闭库前的安全现状评价报告已报有关安全生产监督管理部门备案；

（三）尾矿库闭库工程安全设施设计已经有关安全生产监督管理部门审查批准；

（四）有完备的闭库工程安全设施施工记录、竣工报告、竣工图和施工监理报告等；

（五）法律、行政法规和国家标准、行业标准规定的其他条件。

第三十一条 生产经营单位向安全生产监督管理部门提交尾矿库闭库工程安全设施验收申请报告，应当包括下列内容及资料：

（一）尾矿库库址所在行政区域位置、占地面积及尾矿库下游村庄、居民等情况；

（二）尾矿库建设和运行时间以及在建设和运行中曾经出现过的重大问题及其处理措施；

（三）尾矿库主要技术参数，包括初期坝结构、筑坝材料、堆坝方式、坝高、总库容、尾矿坝外坡坡比、尾矿粒度、尾矿堆积量、防洪排水型式等；

（四）闭库工程安全设施设计及审批文件；

（五）闭库工程安全设施设计的主要工程措施和闭库工程施工概况；

（六）闭库工程安全验收评价报告；

（七）闭库工程安全设施竣工报告及竣工图；

（八）施工监理报告；

（九）其他相关资料。

第三十二条 尾矿库闭库工作及闭库后的安全管理由原生产经营单位负责。对解散或者关闭破产的生产经营单位，其已关闭或者废弃的尾矿库的管理工作，由生产经营单位出资人或其上级主管单位负责；无上级主管单位或者出资人不明确的，由安全生产监督管理部门提请县级以上人民政府指定管理单位。

第五章 监督管理

第三十三条 安全生产监督管理部门应当严格按照有关法律、行政法规、国家标准、行业标准以及本规定要求和“分级属地”的原则，进行尾矿库建设项目安全设施设计审查、竣工验收和闭库工程安全设施验收；不符合规定条件的，不得批准或者通过验收。进行审查或者验收，不得收取费用。

第三十四条 安全生产监督管理部门应当建立本行政区域内尾矿库安全生产监督检查档案，记录监督检查结果、生产安全事故及违法行为查处等情况。

第三十五条 安全生产监督管理部门应当加强对尾矿库生产经营单位安全生产的监督检查，对检查中发现的事故隐患和违法违规生产行为，依法作出处理。

第三十六条 安全生产监督管理部门应当建立尾矿库安全生产举报制度，公开举报电话、信箱或者电子邮件地址，受理有关举报；对受理的举报，应当认真调查核实；经查证属实的，应当依法作出处理。

第三十七条 安全生产监督管理部门应当加强本行政区域内生产经营单位应急预案的备案管理，并将尾矿库事故应急救援纳入地方各级人民政府应急救援体系。

第六章 法律责任

第三十八条 安全生产监督管理部门的工作人员，未依法履行尾矿库安全监督管理职责的，依照有关规定给予行政处分。

第三十九条 生产经营单位或者尾矿库管理单位违反本规定第八条第二款、第十九条、第二十条、第二十一条、第二十二条、第二十三条、第二十四条、第二十六条、第二十九条第一款规定的，给予警告，并处1万元以上3万元以下的罚款；对主管人员和直接责任人员由其所在单位或者上级主管单位给予行政处分；构成犯罪的，依法追究刑事责任。

第四十条 生产经营单位或者尾矿库管理单位违反本规定第十八条规定的，给予警告，并处3万元的罚款；情节严重的，依法责令停产整顿或者提请县级以上地方人民政府按照规定权限予以关闭。

第四十一条 生产经营单位违反本规定第二十八条第一款规定不主动实施闭库的，给予警告，并处3万元的罚款。

第四十二条 本规定规定的行政处罚由安全生产监督管理部门决定。

法律、行政法规对行政处罚决定机关和处罚种类、幅度另有规定的，依照其规定。

第七章 附 则

第四十三条 本规定自2011年7月1日起施行。国家安全生产监督管理总局2006年公布的《尾矿库安全监督管理规定》（国家安全生产监督管理总局令第6号）同时废止。

国家发展改革委关于印发煤层气（煤矿瓦斯）开发利用“十二五”规划的通知

发改能源〔2011〕3041号

有关省（区、市）及新疆生产建设兵团发展改革委、经贸（信）委、煤炭行业管理部门、煤矿瓦斯防治（集中整治）领导小组，有关中央企业：

为加快煤层气（煤矿瓦斯）开发利用，保障煤矿安全生产，增加清洁能源供应，促进节能减排，保护生态环境，国家发展和改革委员会、国家能源局组织编制了《煤层气(煤矿瓦斯)开发利用"十二五"规划》。现印发给你们,请认真贯彻执行。

国家发展和改革委员会

二〇一一年十一月二十六日

附件:

煤层气(煤矿瓦斯)开发利用"十二五"规划

前　言

煤层气(煤矿瓦斯)是优质清洁能源。我国埋深2000米以浅煤层气地质资源量约36.81万亿立方米,居世界第三位。国家高度重视煤层气开发利用和煤矿瓦斯防治工作,"十一五"期间煤层气开发初步实现商业化、规模化,煤矿瓦斯防治工作取得显著成效。

根据《中华人民共和国国民经济和社会发展第十二个五年规划纲要》,国家发展和改革委员会、国家能源局组织有关单位在充分调研、广泛吸取各方面意见和建议的基础上,编制了《煤层气(煤矿瓦斯)开发利用"十二五"规划》(以下简称《规划》)。

《规划》分析了煤层气(煤矿瓦斯)开发利用现状和面临的形势,提出了未来五年我国煤层气(煤矿瓦斯)开发利用的指导思想、基本原则、发展目标、重点任务和保障措施。

《规划》提出,要以邓小平理论、"三个代表"重要思想为指导,深入贯彻落实科学发展观,坚持市场引导,强化政策扶持,加大科技攻关,统筹布局,合理开发,加快沁水盆地和鄂尔多斯盆地东缘煤层气产业化基地建设,推进重点矿区煤矿瓦斯规模化抽采利用,保障煤矿安全生产,增加清洁能源供应,保护生态环境。

《规划》是指导我国煤层气(煤矿瓦斯)开发利用、引导社会资源配置、决策重大项目、安排政府投资的重要依据。

第一章　发展现状

一、"十一五"期间的主要成就

"十一五"期间,国家制定了一系列政策措施,强力推进煤层气(煤矿瓦斯)开发利用,煤层气地面开发实现历史性突破,煤矿瓦斯抽采利用规模逐年快速增长,煤矿瓦斯防治能力明显提高,奠定了进一步加快发展的基础。

(一)煤层气实现规模化开发利用

国家启动沁水盆地和鄂尔多斯盆地东缘两个产业化基地建设,实施煤层气开发利用高技术产业化示范工程,建成端氏—博爱、端氏—沁水等煤层气长输管线,初步实现规模化、商业化开发,形成了煤层气勘探、开发、生产、输送、销售、利用等一体化产业格局。重点煤层气企业加快发展,对外合作取得新进展,潘庄、枣园项目进入开发阶段,柳林、寿阳等项目获得探明储量。"十一五"期间,煤层气开发从零起步,施工煤层气井5400余口,形成产能31亿立方米。2010年,煤层气产量15亿立方米,商品量12亿立方米。新增煤层气探明地质储量1980亿立方米,是"十五"时期的2.6倍。

(二)煤矿瓦斯抽采利用取得重大进展

国家强力推进煤矿瓦斯"先抽后采、抽采达标",加强瓦斯综合利用,安排中央预算内资金支持煤矿瓦斯治理示范矿井和抽采利用规模化矿区建设,煤矿瓦斯抽采利用量逐年大幅度上升。2010年,煤矿瓦斯抽采量75亿立方米、利用量23亿立方米,分别比2005年增长226%、283%。山西、贵州、安徽等省瓦斯抽采量超过5亿立方米,晋城、阳泉、淮南等10个煤矿企业瓦斯抽采量超过1亿立方米。

(三)煤矿瓦斯防治形势稳步好转

国家加快调整煤炭工业结构,淘汰煤矿落后产能,将煤层气(煤矿瓦斯)抽采利用作为防治煤矿瓦斯事故的治本之策。加大安全投入,安排中央预算内投资150亿元,带动地方和企业投资1000亿元以上。加强基础管理工作,组织专家"会诊",编制瓦斯地质图。落实企业主体责任,开展瓦斯专项整治,强化监管监察。煤矿瓦斯防治形势持续稳步好转,瓦斯事故和死亡人数逐年大幅度下降。2010年与2005年相比,煤矿瓦斯事故起数、死亡人数分别下降65%、71.3%,10人以上瓦斯事故、死亡人数分别下降73.1%、83.5%。

(四)煤层气开发利用技术水平进一步提高

实施大型油气田及煤层气开发国家科技重大专项,攻克了多分支水平井钻完井等6项重大核心技术和井下水平定向钻孔钻进等47项专有技术。组建了煤矿瓦斯治理国家工程研究中心和煤层气开发利用国家工程研究中心。完成国家科技支撑计划"煤矿瓦斯、火灾与顶板重大灾害防治关键技术研究","973"计划"预防煤矿瓦斯动力灾害防治关键技术研究"等项目,实施10项瓦斯治理技术示范工程和8项技术与装备研发,获得了煤与瓦斯突出机理的新认识,取得了低透气性煤层群无煤柱煤与瓦斯共采关键技术等一批重大成果。

(五)煤层气开发利用政策框架初步形成

国务院办公厅印发了《关于加快煤层气(煤矿瓦斯)抽采利用的若干意见》(国办发〔2006〕47号),有关部门出台了煤炭生产安全费用提取、煤层气抽采利用企业税费减免、财政补贴、瓦斯发电上网及加价、人才培养等扶持政策,初步形成了煤层气(煤矿瓦斯)开发利用政策框架。国有重点煤矿企业累计提取煤炭生产安全费用1500亿元。企业开发利用煤层气(煤矿瓦斯),中央财政每立方米补贴0.2元,2007年以来累计补贴7.2亿元。新增3家企业煤层气对外合作专营权。初步建立了煤层气(煤矿瓦斯)勘探、开发、安全等标准体系,发布了低浓度瓦斯输送和利用等行业标准。

(六)煤层气开发利用节能减排效益开始显现

煤层气(煤矿瓦斯)利用范围不断拓展,广泛应用于城市民用、汽车燃料、工业燃料、瓦斯发电等领域,煤矿瓦斯用户超过189万户,煤层气燃料汽车6000余辆,瓦斯发电装机容量超过75万千瓦,实施煤矿瓦斯回收利用CDM项目60余项。低浓度瓦斯发电开始推广,风排瓦斯利用示范项目已经启动。"十一五"期间,累计利用煤层气(煤矿瓦斯)95亿立方米,相当于节约标准煤1150万吨,减排二氧化碳14250万吨。

(七)煤矿瓦斯防治组织领导体系逐步完善

成立了12个部门和单位组成的煤矿瓦斯防治部际协调领导小组,26个产煤省(区、市)相应成立领导小组,形成了部门协调、上下联动、齐抓共管、综合防治的工作体系,研究解决了一批煤矿瓦斯防治和煤层气开发利用方面的重大问题。实行目标管理,对各产煤省(区、市)及重点煤层气企业下达年度瓦斯抽采利用和煤层气地面开发利用目标,实施季度考核通报。每年召开全国煤矿瓦斯防治现场会或电视电话会议,推广先进经验,提升防治理念,安排部署工作。举办了10期培训班,45户安全重点监控煤矿企业、78个重点产煤市以及部门负责人近1000人参加培训,近6000人到矿区学习交流。积极协调解决矿业权重叠问题,核减5~10年内影响煤炭开采的煤层气矿业权面积1.1万平方千米,协调煤炭企业与煤层气企业合作开发矿业权面积0.8万平方千米。

二、存在的主要问题

(一)勘探投入不足

煤层气勘探风险大、投入高、回收期长。国家用于煤层气基础勘探资金少,规定的最低勘探投入标准低,探矿权人投资积极性不高,社会资金参与煤层气勘探存在障碍,融资渠道不畅,勘查程度低。目前,煤层气探明地质储量2734亿立方米,仅为预测资源总量的0.74%,难以满足大规模产能建设需要。

(二)抽采条件复杂

我国煤层气赋存条件区域性差异大,多数地区呈低压力、低渗透、低饱和特点,除沁水盆地和鄂尔多斯盆地东缘外,其他地区目前实现规模化、产业化开发难度大。高瓦斯和煤与瓦斯突出矿井多,随着开采深度加大,地应力和瓦斯压力进一步增加,井下抽采难度增大。

(三)利用率低

部分煤层气项目管道建设等配套工程滞后,下游市场不完善,地面抽采的煤层气不能全部利用。煤矿瓦斯抽采项目规模小、浓度变化大、利用设施不健全,大量煤矿瓦斯未有效利用,2010年利用率仅为30.7%。

(四)关键技术有待突破

煤层气(煤矿瓦斯)开发利用基础研究薄弱。现有煤层气勘探开发技术不能适应复杂地质条件,钻井、压裂等技术装备水平较低,低阶煤和高应力区煤层气开发等关键技术有待研发。煤与瓦斯突出机理仍未完全掌握,深部低透气性煤层瓦斯抽采关键技术装备水平亟待提升。

(五)扶持政策需要进一步落实和完善

瓦斯发电机组规模小、布局分散,致使部分地区瓦斯发电上网难,加价扶持政策落实不到位。煤层气法律法规和标准规范尚不健全。煤层气(煤矿瓦斯)开发利用经济效益差,现有补贴标准偏低。高瓦斯和煤与瓦斯突出矿井开采成本高、安全投入大,需要国家在税费等方面出台扶持政策。

(六)协调开发机制尚不健全

煤层气和煤炭是同一储层的共生矿产资源。长期以来,两种资源矿业权分别设置,一些地区存在矿业权交叉重叠问题,有关部门采取了清理措施,推动合作开发,但煤层气和煤炭协调开发机制尚未全面形成,既不利于煤层气规模化开发,也给煤矿安全生产带来隐患。

第二章　发展环境

一、能源需求持续增长

"十二五"时期,我国经济继续保持平稳较快发展,工业化和城镇化进程继续加快,能源需求将持续增长。受资源赋存条件制约,石油天然气供需矛盾突出,对外依存度逐年攀升。煤层气(煤矿瓦斯)开发利用可有效增加国内能源供应,具有广阔的发展前景。

二、能源结构调整加快

"十二五"时期,国家加快转变经济发展方式,推动能源生产和利用方式变革,着力构建安全、稳定、经济、清洁的现代能源产业体系,需要进一步加大能源结构调整力度。大力推进煤层气(煤矿瓦斯)开发利用,有利于优化能源结构,提高能源利用效率。

三、安全要求越来越高

以人为本、关爱生命、构建和谐社会,要求加快安全高效煤矿建设，不断提高煤矿安全生产水平，煤矿瓦斯防治任务更加艰巨。加快煤层气（煤矿瓦斯）开发利用，强力推进煤矿瓦斯先抽后采、抽采达标，有利于从根本上预防和避免煤矿瓦斯事故。

四、资源节约力度加大

“十二五”时期，国家确定单位国内生产总值能源消耗降低 16%，对节能提出了更高要求。煤层气（煤矿瓦斯）是优质化石能源，有利于分布式能源系统推广应用，提高能源利用效率。随着技术不断进步，抽采利用率提高，可大量节约资源，提高综合利用水平。

五、环境保护约束增强

“十二五”时期，国家确定单位国内生产总值二氧化碳排放降低 17%，对控制温室气体排放提出了更高要求。煤层气（煤矿瓦斯）的温室效应是二氧化碳的 21 倍，每利用 1 亿立方米相当于减排二氧化碳 150 万吨。加快煤层气（煤矿瓦斯）开发，不断提高利用率，可大幅度降低温室气体排放，保护生态环境。

第三章　指导思想、基本原则和发展目标

一、指导思想

以邓小平理论和“三个代表”重要思想为指导，深入贯彻落实科学发展观，加快转变煤层气产业发展方式，坚持市场引导，强化政策扶持，加大科技攻关，统筹规划，合理开发，加快煤层气产业发展，加大煤矿瓦斯抽采利用力度，推进采煤采气一体化，保障煤矿安全生产，增加清洁能源供应，促进节能减排，保护生态环境。

二、基本原则

坚持地面开发与井下抽采相结合，构建高效协调开发格局；坚持自营开发与对外合作相结合，实现规模化产业化开发；坚持就近利用与余气外输相结合，形成以用促抽良性循环；坚持基础研究与技术创新相结合，突破开发利用技术瓶颈；坚持市场引导与政策扶持相结合，促进产业又好又快发展；坚持安全环保与资源利用相结合，加快推进和谐社会建设。

三、发展目标

2015 年，煤矿瓦斯事故起数和死亡人数比 2010 年下降 40%以上；煤层气（煤矿瓦斯）产量达到 300 亿立方米，其中地面开发 160 亿立方米，基本全部利用，煤矿瓦斯抽采 140 亿立方米，利用率 60%以上；瓦斯发电装机容量超过 285 万千瓦，民用超过 320 万户。“十二五”期间，新增煤层气探明地质储量 1 万亿立方米，建成沁水盆地、鄂尔多斯盆地东缘两大煤层气产业化基地。

第四章　规划布局和主要任务

一、煤层气勘探

以沁水盆地和鄂尔多斯盆地东缘为重点，加快实施山西柿庄南、柳林、陕西韩城等勘探项目，为产业化基地建设提供资源保障。推进安徽、河南、四川、贵州、甘肃、新疆等省区勘探，实施宿州、焦作、织金、准噶尔等勘探项目，力争在新疆等西北地区低阶煤煤层气勘探取得突破，探索滇东黔西高应力区煤层气资源勘探有效途径。到 2015 年，新增煤层气探明地质储量 1 万亿立方米。

二、煤层气（煤矿瓦斯）开发

（一）地面开发

“十二五”期间，重点开发沁水盆地和鄂尔多斯盆地东缘，建成煤层气产业化基地，已有产区稳产增产，新建产区增加储量、扩大产能，配套完善基础设施，实现产量快速增长。继续做好煤矿区煤层气地面开发。开展安徽、河南、四川、贵州、甘肃、新疆等省区煤层气开发试验，力争取得突破。到 2015 年，煤层气产量达到 160 亿立方米。

1. 沁水盆地煤层气产业化基地建设

沁水盆地位于山西省东南部，含煤面积 2.4 万平方千米，埋深 2000 米以浅煤层气资源量 3.7 万亿立方米，探明地质储量 1834 亿立方米，已建成产能 25 亿立方米，初步形成勘探、开发、生产、输送、销售和利用等一体化产业基地。“十二五”期间，建成寺河、潘河、成庄、潘庄、赵庄项目，加快建设大宁、郑庄、柿庄南等项目，新建马必、寿阳、和顺等项目。项目总投资 378 亿元，到 2015 年形成产能 130 亿立方米，产量 104 亿立方米。

2. 鄂尔多斯盆地东缘煤层气产业化基地建设

鄂尔多斯盆地东缘地跨山西、陕西、内蒙古三省区，含煤面积 2.5 万平方千米，埋深 1500 米以浅煤层气资源量 4.7 万亿立方米，探明地质储量 818 亿立方米，已建成产能 6 亿立方米。“十二五”期间，建成柳林、韩城－合阳项目，加快建设三交、大宁－吉县、韩城－宜川、保德－河曲等项目，新建临兴、延川南等项目。项目总投资 203 亿元，到 2015 年，形成产能 57 亿立方米，产量 50 亿立方米。

3. 其他地区煤层气开发

加快辽宁阜新、铁法矿区煤层气开发，推进河南焦作、平顶山、贵州织金－安顺等项目开发试验。项目总投资 23 亿元，到 2015 年，形成产能 9 亿立方米，产量 6 亿立方米。

（二）井下抽采

“十二五”期间，全面推进煤矿瓦斯先抽后采、抽采达标，重点实施煤矿瓦斯抽采利用规模化矿区和瓦斯治理示范矿井建设，保障煤矿安全生产。2015 年，煤矿瓦斯抽采量达到 140 亿立方米。

1. 重点矿区规模化抽采

在山西、辽宁、安徽、河南、重庆、四川、贵州等省市 33 个煤矿企业、8 个产煤市（区），开展煤矿瓦斯规模化

抽采利用重点矿区建设。重点落实区域综合防突措施,新建、改扩建抽采系统,增加抽采管道、专用抽采巷道和钻孔工程量,配套建设瓦斯利用工程。到2015年,建成36个年抽采量超过1亿立方米的煤矿瓦斯抽采利用规模化矿区,工程总投资562亿元。

2.煤矿瓦斯治理示范矿井建设

建成黑龙江峻德矿、安徽潘一矿等瓦斯治理示范矿井。分区域选择瓦斯灾害严重、有一定发展潜力的煤矿,再建设一批瓦斯治理示范矿井,推进瓦斯防治理念、技术、管理、装备集成创新,探索形成不同地质条件下瓦斯防治模式,发挥区域示范引导作用。

三、煤层气(煤矿瓦斯)输送与利用

(一)煤层气输送与利用

煤层气以管道输送为主,就近利用,余气外输。依据资源分布和市场需求,统筹建设以区域性中压管道为主体的煤层气输送管网,适度发展煤层气压缩和液化。开展煤层气分布式能源示范项目建设。优先用于居民用气、公共服务设施、汽车燃料等,鼓励用于建材、冶金等工业燃料。在沁水盆地、鄂尔多斯盆地东缘及豫北地区建设13条输气管道,总长度2054千米,设计年输气能力120亿立方米。

(二)煤矿瓦斯输送与利用

煤矿瓦斯以就地发电和民用为主,高浓度瓦斯力争全部利用,推广低浓度瓦斯发电,加快实施风排瓦斯利用示范项目和瓦斯分布式能源示范项目,适度发展瓦斯浓缩、液化。鼓励大型矿区瓦斯输配系统区域联网,集中规模化利用;鼓励中小煤矿建设分散式小型发电站或联合建设集配管网、集中发电,提高利用率。到2015年,瓦斯利用量84亿立方米,利用率60%以上;民用超过320万户,发电装机容量超过285万千瓦。

四、煤层气(煤矿瓦斯)科技攻关

(一)加强重大基础理论研究

重点开展煤层气成藏规律、高渗富集规律研究及有利区块预测评价,低阶煤煤层气资源赋存规律研究,煤与瓦斯突出机理研究等。

(二)加强关键技术装备研发

开展构造煤煤层气勘探、低阶煤测试、空气雾化钻进、煤层气模块化专用钻机、多分支水平井钻完井、水平井随钻测量与地质导向、连续油管成套装备、清洁压裂液、氮气泡沫压裂、水平井压裂、高效低耗排采、低压集输等地面开发技术与重大装备研发。

研究地面钻井煤层预抽、采动卸压抽采、采空区抽采一井多用技术,研发煤与瓦斯突出预警和监控、瓦斯参数快速测定、深部煤层和低透气性煤层瓦斯安全高效抽采、低浓度瓦斯和风排瓦斯安全高效利用等关键技术及装备,示范区域性井上下联合抽采技术,推广低浓度瓦斯安全输送技术及装备。

第五章　环境影响评价

一、环境影响分析

(一)地面开发

煤层气井、集输站场等施工期间,对环境的影响主要来自噪声、污水和固体废弃物。施工车辆、机械和人员活动产生的噪声对周围的影响是暂时的,施工结束后就会消失。工程废水对周围环境的影响较小。固体废弃物产生数量不大,经过妥善处理,不会对环境产生大的影响。场地平整、管沟开挖、施工机械车辆、人员活动等会造成一定的土壤扰动和植被破坏,通过采取生态恢复措施,不会影响生态系统的稳定性和完整性。

煤层气开采期间,对大气的影响主要来自于站场、清管作业及放空燃烧排放的少量烟气;水污染物来自站场排放的少量废水。根据现有煤层气生产井废水化验资料,各项指标浓度均低于《污水综合排放标准》(GB8978-1996)。

(二)井下抽采

煤矿井下瓦斯抽采装置、地面瓦斯处理场站及储气等配套设施的建设期间,施工时对环境的影响主要是少量的扬尘、污水、噪声和固体废弃物,影响较小。

(三)管道输气

煤层气(煤矿瓦斯)输气管道施工期间对环境的影响主要包括噪声、污水、固体废弃物等对沿线土壤、植被造成的扰乱。管道建成后,管道、沿途输气站会对沿线地区的敏感目标存在一定的环境风险。

二、环境保护措施

(一)环境保护

煤层气(煤矿瓦斯)排放严格执行《煤层气(煤矿瓦斯)排放标准(暂行)》(GB21522-2008)。煤层气(煤矿瓦斯)开采企业建立环保管理制度,负责监督环境保护措施的落实,协调解决有关问题。对规划建设的项目依法开展环境影响评价,严格执行环保设施与主体工程同时设计、同时施工、同时投入使用的"三同时"制度。

建设煤层气管道时应提高焊接质量,避免泄漏事故。对清管作业及站场异常排放的煤层气,应进行火炬燃烧处理。选用低噪声设备,必要时进行降噪隔声处理。站场周围进行绿化,以控制噪声、吸收大气中的有害气体、阻滞大气中颗粒物质扩散。

实行最严格的节约用地制度,项目建设要节约集约利用土地,不占或少占耕地,对依法占用土地造成损毁的,施工结束后应及时组织复垦,减少土地损毁面积,降低土地损毁程度。在选场、选站、选线过程中必须避开生活饮用水水源地、自然保护区、名胜古迹,尽量避绕经济作物种植区、林地、水域、沼泽地。

经济作物种植区施工时，避免占用基本农田保护区，尽量降低对农业生态环境的干扰和破坏。林地施工时，禁止乱砍滥伐野外植被，做好野生动物保护工作。施工结束后，应尽快进行生态补偿，恢复地貌和土壤生产力。

在国家重点生态功能区或生态脆弱区等生态保护重点地区开采煤层气，应实施更加严格的环境影响评价制度和环境监管制度，采取先进的咨询管理、工程技术等措施，合理规划、合理利用、合理施工，尽量减少对当地生态环境的影响。

(二)环境监测

项目建设前，必须系统监测项目所在区域环境质量状况，以便对比分析。应选择一定数量的煤层气井，监测其在钻井、压裂、排采等作业过程对井场及周边生态环境、声学环境、地表水及地下水的影响。应对管道沟两侧1米内，以及集输站周围的生态环境进行监测；对加压站、发电站厂界外1千米范围内的声学环境影响进行监测；对管道两侧各40米范围内和加压站场四周50米范围内环境风险评价；对煤层气开采井网分布范围内的地下水影响进行评价。

三、环境保护效果

实现煤层气(煤矿瓦斯)开发利用"十二五"规划目标，将累计利用煤层气(煤矿瓦斯)658亿立方米，相当于节约标准煤7962万吨，减排二氧化碳约9.9亿吨。煤层气(煤矿瓦斯)替代煤炭燃烧利用，可有效降低二氧化硫、烟尘等大气污染物排放总量，减少粉煤灰占地产生的环境问题，避免煤炭加工、运输时产生的扬尘等大气污染，有利于改善大气环境。

第六章　保障措施

一、加强行业发展指导和管理

煤矿瓦斯防治部际协调领导小组发挥组织协调、综合管理职能作用，统筹煤层气产业发展规划，规范市场秩序，完善技术标准，推进重点项目建设，协调解决重大问题。健全法律法规体系，加强体制机制创新，制定煤层气产业政策、开发利用管理办法等制度，规范指导煤层气产业发展。贯彻落实《国务院办公厅转发发展改革委安全监管总局关于进一步加强煤矿瓦斯防治工作若干意见的通知》(国办发〔2011〕26号)，实施煤层气(煤矿瓦斯)开发利用目标管理，季度通报，年度考核。建立煤矿企业瓦斯防治能力评估制度，落实煤矿瓦斯先抽后采、抽采达标规定，将瓦斯抽采能力、瓦斯抽采达标煤量等指标纳入煤矿生产能力核定标准。强化监管监察，严格瓦斯超限管理。加强煤层气行业监测、统计等基础管理工作。推进支撑体系建设，为行业提供研究咨询服务。培育大型煤层气骨干企业，鼓励成立专业化瓦斯抽采利用公司，推动产业化开发、规模化利用。

二、加大勘探开发投入

加大煤层气勘查资金投入。继续安排中央预算内投资支持煤矿安全改造及瓦斯治理示范矿井建设。提高勘探投入最低标准，促进煤层气企业加大勘探投入。引导大型煤层气企业增加风险勘探专项资金，加快重点区块勘探开发。加强对外合作管理，吸引有实力的境外投资者参与煤层气风险勘探和试验开发。鼓励民间资本参与煤层气勘探开发、煤层气储配及长输管道等基础设施建设。拓宽企业融资渠道，支持符合条件的煤层气企业发行债券、上市融资，增强发展能力。

三、落实完善扶持政策

严格落实煤层气(煤矿瓦斯)抽采企业税费优惠、瓦斯发电上网及加价等政策。研究提高煤层气(煤矿瓦斯)抽采利用补贴标准。研究高瓦斯和煤与瓦斯突出矿井加大安全投入的税收支持政策。研究完善煤炭生产安全费用使用范围，支持涉及安全生产的煤矿瓦斯利用项目。执行国家关于高浓度瓦斯禁止排放的规定，研究制定低浓度瓦斯和风排瓦斯利用鼓励政策，提高利用率。优先安排煤层气(煤矿瓦斯)开发利用项目及建设用地。推动煤层气(煤矿瓦斯)管网基础设施建设，国家统筹规划煤层气公共主干管网建设，支持地方和企业建设煤层气专用管网，鼓励煤层气接入天然气长输管网和城市公共供气管网。

四、加强科技创新和人才培养

继续实施国家科技重大专项、科技支撑计划、"973"计划、"863"计划，加强基础理论研究，加快关键技术装备研发，着重解决煤层气产业发展中重大科学技术问题。加强国际合作和交流，积极引进煤层气勘探开发利用先进技术。建立和完善以企业为主体、市场为导向、产学研用相结合的煤层气(煤矿瓦斯)技术创新体系。发挥技术咨询服务机构作用，统筹考虑现有科研布局，整合现有科研资源，加强煤矿瓦斯治理国家工程研究中心和煤层气开发利用国家工程研究中心等专业机构建设，提高自主创新能力，推进技术装备国产化。建立健全煤层气标准体系，加快出台勘查、钻井、压裂、集输等方面标准。鼓励高校与用人企业合作，采用订单式等培养模式联合培养煤层气相关专业人才。

五、创新协调开发机制

建立完善煤层气和煤炭共同勘探、合作开发、合理避让、资料共享等制度。新设探矿权必须对煤层气、煤炭资源综合勘查、评价和储量认定。煤层气产业发展应以规模化开发为基础，应当规模化开发的煤层气资源，不具备地面开发能力的煤炭矿业权人，须采取合作方式进行开发。煤炭远景开发区实行"先采气后采煤"，新设煤层气矿业权优先配置给有实力的企业。煤矿生产区(煤炭采矿权范围内)实行“先抽后采”、“采煤采气一体化”。已设置煤层气矿业权但未设置煤炭矿业权,根据煤炭建设规划五年内需要建设的,按照煤层气开发服务于煤炭开发的原则,调整煤层气矿业权范围,保证煤炭开采需要。煤炭企业和煤层气企业要加强协作,建立开发方案互审、项目进展通报、地质资料共享的协调开发机制。

财政部　国土资源部关于印发中央地质勘查基金管理办法的通知

财建〔2011〕2号

中央有关部门,有关中央管理企业,各省、自治区、直辖市、计划单列市财政厅(局)、国土资源厅(局)

为加强中央地质勘查基金管理,提高资金使用效益,鼓励和引导社会资金投入矿产资源勘查,建立矿产资源勘查投入良性循环机制,根据《国务院关于加强地质工作的决定》(国发〔2006〕4号)和国家有关法律法规的规定,我们制定了《中央地质勘查基金管理办法》,现印发给你们,请遵照执行。

附件:中央地质勘查基金管理办法

财政部

国土资源部

二〇一一年二月十七日

附件:

中央地质勘查基金管理办法

第一章　总　则

第一条　为加强中央地质勘查基金(以下简称地勘基金)管理,提高资金使用效益,鼓励和引导社会资金投入矿产资源勘查,建立矿产资源勘查投入良性循环机制,根据《国务院关于加强地质工作的决定》(国发〔2006〕4号)和国家有关法律法规的规定,制定本办法。

第二条　地勘基金是指中央财政在一般预算内安排的着重用于国家确定的重点矿种和重点成矿区带前期勘查的财政预算资金以及探矿权采矿权价款(以下称矿业权价款)以折股形式上缴所形成的股权收益。

本办法适用于对财政预算资金的管理;对股权的管理按照国家出资形成的矿业权价款折股管理的有关规定执行。

第三条　地勘基金投资应当着力发挥政策调控和分担勘查风险的作用,优先支持国家确定的重点矿种、重要成矿区带的地质找矿工作,引导和拉动社会资金投入矿产资源勘查。

地勘基金支持的矿产资源勘查工作程度原则上控制到普查,其中煤炭资源勘查工作程度可以控制到必要的详查。对可以全部由企业投资的商业性矿产资源勘查项目,地勘基金原则上不再投资,不与市场争权,不与企业争利。

第四条　地勘基金主要用于支持下列矿种的勘查:

(一)煤、铁、铜、铝、铅、锌、钾盐、锰、镍、铀、金等重要矿种;

(二)钨、锡、锑、钼、稀土、高铝黏土、萤石等国家规定实行保护性开采的特定矿种或国家限制开采总量的重要矿种;

(三)按照有关规定应当由地勘基金出资勘查的其他重要矿种。

第五条　地勘基金全额投资的勘查成果,除国家另有规定外,一律采用市场方式出让矿业权;地勘基金与社会资本或其他资金合作投资的勘查成果,可以通过项目合同约定成果处置。

第六条　地勘基金的使用和管理必须遵守国家有关法律、行政法规和财务规章制度;项目的确定要充分发挥专家作用;遵循诚实申请、公正受理、公平竞争、公开透明、科学管理、专款专用、良性循环的原则。

第二章　管理机构职责分工

第七条　地勘基金由财政部、国土资源部共同管理,财政部、国土资源部共同委托地勘基金管理机构负责地勘基金组织实施及日常管理工作。

第八条　财政部主要负责地勘基金的预算和资金管理。具体职责如下:

(一)确定地勘基金年度总预算及资金来源;

(二)审定并批复地勘基金项目预算及组织实施费

预算；

（三）审核办理资金拨付并对地勘基金的预算执行和资金使用情况进行监督检查；

（四）审批地勘基金年度财务决算。

第九条 国土资源部主要负责地勘基金项目的管理。具体职责如下：

（一）会同财政部发布地勘基金项目立项指南并组织项目的审核、论证；

（二）依法协调和处置相关的矿业权设置；

（三）编报地勘基金项目预算及组织实施费预算；

（四）汇总编制项目支出用款计划，办理资金支付；

（五）汇总编报地勘基金年度财务决算；

（六）监督检查地勘基金项目执行情况。

第十条 省级财政主管部门和国土资源主管部门（以下简称省级管理部门）按照各自的职责协助财政部和国土资源部管理地勘基金项目，负责地勘基金项目的初审和矿业权核查、协调，协助项目实施日常监督管理和项目成果验收。

第三章 项目及预算管理

第十一条 根据全国矿产资源规划和地质勘查规划，国土资源部会同财政部编制发布地勘基金项目立项指南。

第十二条 根据矿产勘查项目的不同情况，地勘基金分别采取全额投资、合作投资两种投资方式。

下列矿产勘查项目，由地勘基金全额投资：

（一）煤炭国家规划矿区的煤炭勘查项目；

（二）钨、锡、锑、钼、稀土、高铝黏土、萤石等国家规定实行保护性开采的特定矿种或限制开采总量的重要矿种勘查项目；

（三）生态脆弱区和跨省（自治区、直辖市）的矿产勘查项目；

（四）尚未登记矿业权、且社会资金不愿承担投资风险的其他重要矿产勘查项目。

已登记矿业权的矿产勘查项目，地勘基金采取合作投资方式。原矿业权人按矿业权评估价或以实际投资额计算出资比例，并有权按货币资金方式追加投资、提高投资比例。原矿业权人持有的由国家出资勘查形成的矿业权，拟与地勘基金进行合作投资的，应当按国家有关规定对矿业权权益进行处置或者对权益处置方式进行约定。

第十三条 尚未登记矿业权的地勘基金项目按照下列方式论证立项：

（一）煤炭勘查项目，由省级国土资源主管部门提出勘查区块和项目建议，报经国土资源部批准后，由地勘基金管理机构发布公告，主要通过招投标等竞争方式确定项目承担单位；

（二）地勘基金管理机构根据国家现有地质工作成果论证提出的勘查项目，经省级国土资源主管部门出具同意为地勘基金设置探矿权的相关文件后，由地勘基金管理机构发布公告，主要通过招投标等竞争方式确定项目承担单位；

（三）地质勘查单位和其他有关单位可以根据前期地质工作成果，提出尚未登记探矿权的项目申请，经项目所在地的省级国土资源主管部门初审并出具同意为地勘基金设置探矿权的相关文件后，将申报材料报送地勘基金管理机构。项目经地勘基金管理机构组织专家论证通过后，由申报单位承担项目勘查工作。

第十四条 已登记矿业权的勘查项目，由矿业权人编制项目申报材料，经项目所在地省级国土资源主管部门或申报单位的上级主管部门初审后向地勘基金管理机构提出立项申请，地勘基金管理机构组织专家对项目进行论证。

第十五条 地勘基金项目立项论证通过后，地勘基金管理机构将优选承担单位情况和项目立项论证结果向社会公示。

第十六条 公示无异议的项目，由项目承担单位编制项目设计，报地勘基金管理机构组织专家审查认定。

地勘基金管理机构根据审查认定的项目设计编制地勘基金项目预算建议和组织实施费预算建议，经国土资源部审核同意后报财政部，财政部审核后向国土资源部批复预算。

地勘基金项目预算一经批复，原则上不得调整。确需调整的，必须按照规定程序报批。

第十七条 项目实施过程中，项目承担单位应当按要求报告项目执行情况。项目结束后按规定进行项目验收，并按国家有关规定汇交项目成果资料和有关地质资料。

第四章 财务管理

第十八条 地勘基金实行项目管理，分账核算，专款专用，任何单位和个人不得挤占、截留和挪用。

第十九条 地勘基金支出范围包括项目费和组织实施费。

（一）项目费是指项目承担单位用于实施项目的各类费用，主要包括人员费、专用燃料和材料费、水电费、交通费、差旅费、会议费、印刷费、用地补偿费、劳务费、咨询费、委托业务费、租赁费和其他相关费用，以及企业法人性质的勘查单位应发生的设备折旧、应缴税金、利润等。

其中：人员费，指直接从事项目工作人员的工资性费用。项目组成员工资性费用属于财政拨款安排的，由所在单位按照国家规定的标准从财政拨款中足额支付给项目组成员，不得在项目经费中重复列支。

专用燃料和材料费，指项目耗用的专用材料、专用工具和仪器、工作设备的燃料\低值易耗品等费用。

水电费，指用于项目的水费、电费、污水处理费等费用。

交通费，指用于项目的各类交通工具的租用费、燃料费、维修费、过桥过路费、保险费、安全奖励费等费用。

差旅费，指项目工作人员因项目工作出差的住宿费、旅费、伙食补助费、杂费等费用。

会议费，指项目实施过程中组织召开的与项目实施有关的专题研究、学术会议中按规定开支的房租费、伙食补助费以及文件资料的印刷费、会议场地租用费等。

印刷费，指项目实施过程中印刷报告、资料、图件的费用。

用地补偿费，指因项目实施过程中占用土地需支付的临时性设施拆建费、临时性土地占用费、青苗树木赔偿费等。

劳务费，指支付给项目临时聘用人员的劳务费用。

咨询费，指项目聘请专家或咨询机构进行业务技术咨询、评审发生的费用。

委托业务费，指项目实施过程中委托外单位进行测试、施工、加工、软件研制的费用等。

租赁费，指项目实施过程中租用专用通讯网、仪器设备等发生的费用。

其他相关费用，指除上述费用之外与项目实施有关的其他费用。

以上各项费用，国家有开支标准的，按国家有关规定执行。

(二)组织实施费是指地勘基金管理机构开展项目审查、论证、招标，对项目进行监督检查、项目监理、项目验收、矿业权评估以及其他日常管理等所发生的各类费用。

第二十条 项目经费支出应严格控制在预算核定的额度内，按规定的费用开支范围和标准对项目进行成本核算，不得虚列、多提、多摊费用；不得扩大开支范围，提高开支标准。下列费用不得列入项目支出：

(一)应由事业费、基本建设资金、其他专项资金开支的费用；

(二)归还贷款本息；

(三)投资性支出、捐赠及赞助；

(四)各种罚款、违约金、滞纳金等支出；

(五)其他与项目无关的费用。

第二十一条 项目因不可抗力或者有关合作方终止合作需中途撤销或者中止的，按规定经地勘基金管理机构同意后，项目承担单位应当按完成的工作量和规定的预算标准进行财务清算，并将剩余经费按原渠道退回。

第二十二条 项目资金拨付按照财政国库集中支付制度的规定办理。

第二十三条 项目工作结束进行项目成果验收的同时，项目承担单位应按照实际完成的有效工作量和国家规定的预算标准进行项目经费结算。有结余资金的，按照国家财政拨款结余资金管理的有关规定执行。

第二十四条 地勘基金管理机构按照年度财务决算的有关规定编制年度地勘基金财务决算报送国土资源部，国土资源部审核后纳入部门决算一并报财政部。

第五章 成果管理及矿业权处置

第二十五条 项目成果是指地勘基金项目实施形成的地质资料和矿业权等，按照国家有关规定进行管理。

第二十六条 地勘基金实行退出机制。地勘基金项目完成后，对不能取得矿产资源量、没有进一步勘查意义的，地勘基金投资按规定程序经批准后予以核销。

对能取得矿产资源量、可供进一步勘查的，由地勘基金全额投资的项目，按照国家有关规定通过市场方式有偿出让矿业权；合作投资的项目，地勘基金按照项目合同约定转让其权益，合作的其他投资方有优先购买权。

地勘基金项目因不可抗力或者有关合作方终止合作需中途撤销或者中止的，其投资及相关成果依照前两款的规定处置。

第二十七条 地勘基金全额投资的项目，其矿业权出让收入按照矿业权价款管理的有关规定在中央和地方之间分成。

第二十八条 合作投资的地勘基金项目，根据合同的约定，由合作各方按投资比例分享权益；其中，地勘基金所得收益按照矿业权价款管理的有关规定在中央和地方之间分成。

第二十九条 项目承担单位按知识、技术、管理等要素贡献应享受的奖励，按照国家有关规定执行。

第六章 监督检查

第三十条 财政部、国土资源部不定期地组织有关机构对地勘基金使用情况和项目执行情况进行监督检查。

第三十一条 地勘基金管理机构要建立项目管理的监督约束机制和项目监理制度，实施对项目的全过程监管。实行项目报告制度，及时处理和纠正项目执行和项目经费使用中的问题。

第三十二条 项目承担单位应加强项目资金和技术质量管理,严格遵守有关财务会计制度和技术规范,并积极配合有关部门组织的监督检查。

第三十三条 存在下列情况之一的,财政部、国土资源部将视情况采取通报批评、停止拨款、终止项目、收回已拨项目经费、取消项目申报资格等措施予以相应的处罚。构成犯罪的,移送司法机关处理。

(一)虚报项目的;

(二)擅自转包项目、改变项目设计、调整项目经费预算的;

(三)伪造、隐匿技术资料和成果资料的;

(四)以任何名义截留、挪用、挤占项目经费,随意转拨项目资金的;

(五)违反财务会计制度和本办法规定的;

(六)其他违反法律、法规、制度规定的。

第三十四条 对因组织实施不力或者管理不善等人为因素造成项目中途撤销、未通过竣工验收、未按国家规定汇交成果资料的,除应当将剩余经费如数上缴外,项目承担单位还应当进行整改。整改不合格的项目承担单位不得承担地勘基金项目。

第三十五条 管理机构人员在项目审查、论证、招标和管理中弄虚作假、徇私舞弊、以权谋私的,按有关法律法规的规定处理。

第七章 附 则

第三十六条 本办法由财政部会同国土资源部负责解释。

第三十七条 本办法自发布之日起施行,《中央地质勘查基金(周转金)管理暂行办法》(财建〔2006〕342号)同时废止。

第三十八条 地勘基金管理机构应当根据本办法制定具体实施办法,报财政部、国土资源部批准后实行。

财政部 国土资源部关于印发《中央地质勘查基金项目权益管理暂行办法》的通知

财建〔2011〕3号

国务院有关部委、有关直属机构,各省、自治区、直辖市、计划单列市财政厅(局)、国土资源厅(局),有关中央管理企业:

为完善中央地质勘查基金勘查项目权益管理,规范中央地质勘查基金投资勘查涉及各方的权益关系,根据《财政部国土资源部关于印发中央地质勘查基金管理办法的通知》(财建〔2011〕2号)精神和国家相关法律法规,我们制定了《中央地质勘查基金项目权益管理暂行办法》,现印发给你们,请遵照执行。

附件:中央地质勘查基金项目权益管理暂行办法

财政部

国土资源部

二〇一一年四月二日

附件:

中央地质勘查基金项目权益管理暂行办法

第一章 总 则

第一条 为完善中央地质勘查基金(以下简称地勘基金)勘查项目的权益管理,规范地勘基金投资勘查涉及各方的权益关系,根据《中央地质勘查基金管理办法》(财建〔2011〕2号)和国家有关法律法规,制定本办法。

第二条 地勘基金全额投资、合作投资勘查项目的权益管理适用本办法。全额投资勘查项目是指地勘基金全额投资尚未登记探矿权的勘查项目;合作投资勘查项目是指地勘基金投资原探矿权人(合作方)持有探矿权(以下简称原探矿权)的勘查项目。

第三条 地勘基金勘查项目的权益管理应遵循地质工作规律和经济规律,兼顾中央、地方、矿业权人及勘查单位的权益。

第四条 地勘基金勘查项目权益管理包括探矿权登记、探矿权作价出资、投资合同签署、基金退出及成果处置、收益分配等相关管理。

第二章 探矿权登记

第五条 地勘基金投资勘查项目应依法取得探矿权:

(一)全额投资勘查项目,除国家另有规定外,地勘基金管理机构为探矿权申请人。勘查单位申请地勘基金全额投资勘查项目,应向项目所在地省级国土资源行政主管部门申请取得同意为地勘基金设置探矿权的相关文件,由地勘基金管理机构按照有关规定申请登记探矿权。

(二)合作投资勘查项目,原探矿权应合法有效。

第六条 地勘基金勘查项目的探矿权管理事项按照以下规定办理:

(一)全额投资勘查项目。探矿权申请、延续、变更登记及年检事宜由地勘基金管理机构按照规定向登记管理机中央地质勘查基金项目权益管理暂行办法关申请办理。项目承担单位负责协助地勘基金管理机构办理有关事项。

(二)合作投资勘查项目。在合作投资勘查期间,不变更探矿权人名称,仍由原探矿权人持有合作投资勘查项目的探矿权(以下简称合作探矿权)。需要变更合作探矿权其他登记事项的,原探矿权人应与地勘基金管理机构协商并取得一致意见后办理。合作探矿权的延续、年检等事宜由原探矿权人按照有关规定办理,并缴纳相关费用。

第三章 探矿权作价出资

第七条 探矿权作价出资是指符合本办法第六条第二款规定的合作方式,对拟作为资本投入的探矿权价值进行评价、估算,以确定探矿权作价出资额的行为。

第八条 地勘基金与合作方投资勘查项目的,合作各方依法按出资额的比例实行出资人相应的权益、责任和义务。探矿权作价出资额,可按以下两种方式确定。

(一)实际投资额方式。实际投资额方式是指原探矿权人取得探矿权后至申请与地勘基金合作期间,在勘查项目探矿权涉及的范围内,以勘查投入的全部实际工作量,按照现行的地勘基金勘查项目预算标准,计算勘查投入经费总额,作为计算原探矿权出资比例的方法。实际投资额涉及的核算范围按照国家关于地质矿产勘查投入核算范围的有关规定核算。原探矿权含有其他方投入的,实际投资额的计算时间原则上可以追溯到1998年。

采用实际投资额方式确定探矿权作价的,报告由原探矿权人报经项目所在地省级国土资源行政主管部门、或上级主管部门、或委托具有资质的相关中介机构审核签署意见。经合作双方确认后,可作为原探矿权的作价出资额和计算投资比例的依据。

(二)矿业权价值评估方式。原探矿权人委托或经协商由地勘基金管理机构委托具有资质的矿业权评估机构,按照矿业权评估准则及相关规定对原探矿权价值进行评估。经双方确定的矿业权评估值作为原探矿权的作价出资额和计算投资比例的依据。

第九条 合作投资勘查项目进行探矿权处置时,应按合同约定委托具有资质的矿业权评估机构按照矿业权评估准则及相关规定对合作探矿权价值进行评估。

第十条 合作投资勘查项目探矿权价值评估依据的地质报告应经评审,并符合以下要求。

(一)原探矿权评估依据的地质报告须经项目所在地省级国土资源行政主管部门或勘查单位所属上级主管部门评审。

(二)合作探矿权评估依据的地质报告须经省级国土资源行政主管部门或地勘基金管理机构评审。

第四章 投资及追加投资合同的签署

第十一条 地勘基金采取合作投资方式投资勘查项目的,地勘基金管理机构应与原探矿权人签署合作勘查投资合同。签署初始投资合同后,根据项目实施进展情况,分期签署追加投资合同,约定合作各方投资权益比例及其他相关事项。相关合同文本由地勘基金管理机构统一制定。

第十二条 原探矿权人持有含国家出资勘查形成的探矿权,拟与地勘基金进行合作投资的,应先按国家有关规定缴纳探矿权价款;也可以合同方式约定,在合作勘查结束并进行合作探矿权转让处置时,由原探矿权人向国家补缴原探矿权价款。

第十三条 合作勘查期间,经合作双方协商,原探矿权人可以货币资金方式追加投资、提高投资比例。原探矿权人在勘查前期未以资金方式投资的,若重新选择以货币资金方式追加投资、提高投资比例,可以将合作方的追加投资视作连续投资,调整投资比例。

第十四条 原探矿权人追加投资后的最终投资比例上限原则上可在初始投资合同约定比例的基础上上浮20个百分点。

第十五条 合作勘查投资合同签署后,地勘基金管理机构应将合同文本函送探矿权登记审批管理机关备案。未经合作各方的一致同意,探矿权登记审批管理机关不受理合作投资勘查项目探矿权的任何变更处置事宜。

第五章 退出勘查及探矿权处置

第十六条 除国家另有规定外,地勘基金在项目完成普查或必要的详查后退出勘查。

第十七条 地勘基金勘查项目完成后,未能取得矿产资源量且不具有进一步勘查意义的,根据勘查项目成果验收结论由成果验收审查专家组提出地勘基金投入核销建议,经地勘基金管理机构按照有关规定审核批准后予以核销,并报财政部、国土资源部备案。全额投资的探矿权由地勘基金管理机构申请注销;合作投资的由原探矿权人处置,地勘基金不再享有任何责、权、利。

第十八条 地勘基金勘查项目完成后,能够取得矿产资源量且具有进一步勘查意义的,全额投资勘查项目按照国家有关规定通过市场竞争方式有偿出让;合作投资勘查项目,地勘基金按照合同的约定转让其权益,合作的其他投资方有权以探矿权评估值优先购买。

第十九条 地勘基金合作投资勘查项目探矿权处置的价格不得低于评估值。

第二十条 地勘基金勘查项目探矿权按照以下规定确定处置权属:

(一)全额投资勘查项目。除国家另有规定外,勘查项目的探矿权由探矿权登记审批管理机关处置。探矿权属于国务院国土资源行政主管部门审批登记的,原则上委托项目所在地省级国土资源行政主管部门进行处置。

(二)合作投资勘查项目。合作各方按照合作勘查投资合同的约定依法处置探矿权。属于地勘基金管理机构处置的,其探矿权由探矿权登记审批管理机关依法处置,探矿权属于国务院国土资源行政主管部门审批登记的,原则上委托项目所在地省级国土资源行政主管部门进行处置。

第二十一条 全额投资勘查和合作投资勘查项目探矿权收益中的地勘基金所得或分成部分,原则上委托项目所在地省级国土资源行政主管部门和同级财政行政主管部门按照国家关于探矿权采矿权价款收入管理的规定收缴。

第二十二条 省级国土资源行政主管部门应及时将地勘基金项目的探矿权处置方案、处置结果和价款缴纳等情况报国土资源部及地勘基金管理机构。

第二十三条 暂不能出让或转让探矿权的地勘基金勘查项目,交由探矿权登记审批管理机关备案管理,处置时按照国家有关规定及投资合同约定处置。

第二十四条 地勘基金项目查明的矿产资源储量应按现行规定履行评审备案,办理资源储量登记和资料汇交手续。

第六章 收益分配

第二十五条 全额投资勘查项目探矿权的出让收入按照国家对矿业权价款的有关规定管理。

第二十六条 合作投资勘查项目取得的探矿权转让收益由地勘基金、合作勘查投资各方按合作勘查投资合同的约定分享权益,地勘基金的收益部分按照国家对矿业权价款的有关规定管理。

第二十七条 地勘基金项目取得重大成果的,根据国家有关规定,给予勘查单位奖励。

第七章 附 则

第二十八条 本办法由财政部、国土资源部负责解释。

第二十九条 本办法自发布之日起实施。

国土资源部 财政部关于建立中央地质勘查基金与省级地质勘查基金协调联动机制的指导意见

国土资发〔2011〕56号

各省、自治区、直辖市国土资源厅(国土环境资源厅、国土资源局、国土资源和房屋管理局、规划和国土资源管理局)、财政厅(局):

为加快建立适应社会主义市场经济要求的地质找矿新机制,进一步规范地质勘查基金(以下简称"地勘基金")运行管理,建立中央和省级地勘基金政策一致、投向互补的协调联动机制,充分发挥中央和地方两级地勘基金的整体功能,共同促进地质找矿重大突破,提出以下指导意见:

一、准确把握地勘基金的定位

地勘基金是社会主义市场经济条件下,矿产资源管理的重要手段和调控工具。地勘基金的运行管理应遵循地质工作规律和市场经济规律,有效衔接公益性地质工作和商业性矿产勘查,加大重点矿种和重要成矿区带前期勘查投入力度,积极运用市场机制,通过降低勘查风险,着力发挥地勘基金投资对社会资金的引导和拉动作用,促进勘查市场繁荣。地勘基金坚持"不与市场争权、不与企业争利"的运作原则。除依照国家矿产资源调控政策规定应由地勘基金全额出资开展前期勘查的矿产外,凡社会资本愿意独立承担风险的勘查项目,地勘基金原则上不再参与;社会资本申请与地勘基金合作且符合地勘基金投资方向的,地勘基金可按照"风险共担、利益共享"的原则,与社会资本合作投资找矿;社会资本不愿承担投资风险的重要矿产前期勘查工作,可由地勘基金全额投资。

完善地勘基金退出机制。除煤炭资源勘查项目可以控制到必要的详查外,地勘基金支持的勘查工作程度原则上控制在普查以下(含普查)。达到规定的勘查工作程度后，采取出让或转让矿业权的方式，由社会资本开展进一步勘查工作，地勘基金相应退出。

省级地勘基金的设立文件及相关管理制度应及时报送国土资源部、财政部。

二、协调两级地勘基金的投资方向

按照合理分工、有效衔接、投向互补的原则，进一步明确两级地勘基金的投资重点。中央地勘基金重点支持国家大宗急需紧缺矿产的预查和普查，根据国家矿产资源调控政策，全额出资开展煤炭国家规划矿区、国家规定实行保护性开采的特定矿种或限制开采总量的重要矿种、生态脆弱区和跨省区重要矿产的前期勘查。省级地勘基金可根据本省（区、市）矿产资源的特点、总体地质工作程度和区域工业布局等因素确定投资重点，除了在支持国家大宗急需紧缺矿产和国家规定实行保护性开采的特定矿种或限制开采总量的重要矿种勘查方面与中央地勘基金形成互补外，重点支持地方经济社会发展所需矿产的前期勘查和其他地质工作。基础地质工作程度较低且没有设立公益性地质调查专项资金的省份，省级地勘基金可安排适当比例资金用于开展相应的基础地质和矿产调查评价工作，以加快推进本省的地质找矿工作整体进程。

三、统一两级地勘基金的权益处置的政策

加快建立统一、规范、合理的地勘基金收益分配制度。理顺中央和地方的收益分配关系，两级地勘基金独资项目及其与社会资金合作项目的收益，按照国家关于矿业权价款管理的有关规定管理，省级分成的部分原则上要进一步向资源原产地倾斜。

勘查单位承担地勘基金项目所享受的奖励，按照国家有关规定执行，具体办法由财政部、国土资源部另行制定。

属于国务院国土资源行政主管部门处置的中央地勘基金全额出资项目成果，原则上委托省级国土资源行政主管部门处置。

四、加强两级地勘基金的勘查合作

按照“统筹规划、分工协作、形成合力”的原则，根据国家地质找矿工作统一部署，加强两级地勘基金的勘查合作。根据不同省份的实际情况，分别采取按矿种、工作区域进行横向衔接或按勘查阶段进行纵向衔接等形式，明确合作内容、方式、各自分工及具体实施方案，协调工作部署和资金投入，共同推进重点成矿区带的找矿工作。

五、建立业务指导和协调配合机制

建立中央地勘基金对省级地勘基金的业务指导关系，完善两级地勘基金定期联系和会商机制，及时研究、交流地勘基金管理业务，协调会商工作部署、项目选区及合作勘查涉及的相关事宜。建立地勘基金信息抄送制度，及时通报两级地勘基金管理动态，推进信息共享。加强工作协调与配合，两级地勘基金在规划部署、立项论证、项目监管、成果验收等工作环节，可互派人员参加，中央地勘基金和省级地勘基金相互协助，做好项目实施外部环境的协调工作，逐步形成上下一致、协调配合的联动工作机制。

本指导意见自发布之日起执行，有效期五年。

国土资源部

财政部

二〇一一年五月四日

国土资源部　财政部关于首批矿产资源综合利用示范基地名单的公告

2011年第23号

按照《国土资源部 财政部关于开展矿产资源综合利用示范基地建设工作的通知》（国土资发〔2011〕88号）文件要求，经地方各级人民政府相关主管部门、行业协会、有关中央企业论证推荐，国土资源部、财政部审核同意，确定长庆姬塬油田特低渗透油藏综合利用示范基地等40家为首批矿产资源综合利用示范基地，现予以公告。

附件：首批矿产资源综合利用示范基地名单

国土资源部

财政部

二〇一一年九月二十三日

附件：

首批矿产资源综合利用示范基地名单

一、油气类（共6个）

1.长庆姬塬油田特低渗透油藏综合利用示范基地

建设单位：中国石油天然气股份有限公司长庆油田分公司

2.吐哈盆地致密砂岩气高效开发示范基地

建设单位:中国石油天然气股份有限公司吐哈油田分公司

3.山东胜利油田低渗油藏综合利用示范基地

建设单位:中国石油化工股份有限公司胜利油田分公司

4.贵州黄平页岩气综合利用示范基地

建设单位:中国石油化工股份有限公司华东分公司

5.陕西延长页岩气高效开发示范基地

建设单位:陕西延长石油(集团)有限责任公司

6.吉林桦甸油页岩综合利用示范基地

建设单位:吉林成大弘晟能源有限公司、桦甸市丰泰油页岩综合开发有限公司

二、煤炭类(共5个)

7.准格尔矿区煤炭绿色开采及伴生资源综合利用示范基地

建设单位:神华集团准格尔能源有限责任公司

8.山东新汶煤炭资源综合利用示范基地

建设单位:山东能源新汶矿业集团有限责任公司

9.甘肃窑街煤炭资源综合利用示范基地

建设单位:窑街煤电集团有限公司

10.山西大同塔山特厚煤层资源综合利用示范基地

建设单位:大同煤矿集团有限责任公司

11.安徽省淮北矿区煤炭资源综合利用示范基地

建设单位:淮北矿业(集团)有限责任公司、皖北煤电集团有限责任公司

三、黑色金属类(共4个)

12.四川省攀枝花钒钛磁铁矿综合利用示范基地

建设单位:攀枝花钢铁(集团)公司、四川龙蟒集团、四川安宁铁钛股份有限公司

13.河北冀东地区铁矿资源综合利用示范基地

建设单位:河北钢铁集团矿业有限公司、首钢矿业公司

14.安徽省马鞍山铁矿资源综合利用示范基地

建设单位:马钢(集团)控股有限公司

15. 湖北省鄂西地区宁乡式铁矿综合利用示范基地

建设单位:武钢恩施铁矿开发有限公司、湖北华信矿业有限公司

四、有色金属类(共14个)

16.甘肃省金川铜镍多金属矿资源综合利用示范基地

建设单位:金川集团有限公司

17.湖南省柿竹园多金属资源综合利用示范基地

建设单位:湖南柿竹园有色金属有限责任公司

18.广西平果低品位铝土矿综合利用示范基地

建设单位:中国铝业股份有限公司广西分公司

19.广西南丹大厂锡多金属矿资源综合利用示范基地

建设单位:广西华锡集团股份有限公司

20.河南栾川钨钼铁资源综合利用示范基地

建设单位:洛阳栾川钼业集团股份有限公司

21.江西省铜矿资源综合利用示范基地

建设单位:江西铜业集团公司

22.江西赣南钨矿资源综合利用示范基地

建设单位:江西钨业集团有限公司

23.福建省上杭紫金山铜金及有色金属资源综合利用示范基地

建设单位:紫金矿业集团股份有限公司

24.云南省红河州个旧市锡多金属矿资源综合利用示范基地

建设单位:云南锡业集团(控股)有限责任公司

25.广东省韶关大宝山铁铜硫资源综合利用示范基地

建设单位:广东省大宝山矿业有限公司

26.吉林省白山浑江镁、赤铁矿、煤炭资源综合利用示范基地

建设单位:白山市天安金属镁矿业有限公司、白山市大通矿业集团有限责任公司、通化矿业(集团)有限责任公司

27.哈尔滨铜锌铁资源综合利用示范基地

建设单位:哈尔滨松江铜业(集团)有限公司、哈尔滨金大铜锌矿业有限责任公司

28.安徽省铜陵有色金属资源综合利用示范基地

建设单位:铜陵有色金属集团控股有限公司

29.陕西省金堆城钼矿资源综合利用示范基地

建设单位:金堆城钼业股份有限公司

五、稀有稀土类(共4个)

30.内蒙古白云鄂博稀土、铁及铌矿资源综合利用示范基地

建设单位:包头钢铁(集团)有限责任公司

31.江西赣州稀土资源综合利用示范基地

建设单位:赣州稀土矿业有限公司

32.山东黄金资源综合利用示范基地

建设单位:山东招金集团有限公司

33.河南灵宝－卢氏矿集区金银多金属资源综合利用示范基地

建设单位:灵宝市金源矿业有限责任公司、灵宝黄金股份有限公司、中国黄金集团中原矿业有限公司

六、非金属类(共6个)

34.辽宁凤城翁泉沟硼铁矿综合利用示范基地

建设单位:辽宁首钢硼铁有限责任公司

35.云南磷矿资源综合利用示范基地

建设单位:云南磷化集团有限公司

36.贵州开阳磷矿资源综合利用示范基地

建设单位:贵州开磷(集团)有限责任公司

37.青海柴达木盆地盐湖综合利用示范基地

建设单位:青海盐湖工业集团股份有限公司、青海中航资源有限公司、青海中信国安科技发展有限公司

38.湖北宜昌中低品位磷矿综合利用示范基地

建设单位:湖北兴发化工集团股份有限公司、湖北宜化集团矿业有限责任公司

39.浙江萤石资源综合利用示范基地

建设单位:浙江武义神龙浮选有限公司、浙江金华东方萤石有限公司、金石资源集团有限公司

七、铀矿(共1个)

40.新疆伊犁铀矿资源综合利用示范基地

建设单位:新疆中核天山铀业有限公司

关于设立首批稀土矿产国家规划矿区的公告

2011年第1号

为加强我国稀土资源保护和合理开发,根据《中华人民共和国矿产资源法》及其相关法规和《全国矿产资源规划》的有关规定,国土资源部决定在我国离子型稀土资源分布集中的江西省赣州市划定设立首批稀土国家规划矿区。现将首批稀土国家规划矿区名单及范围予以公告。

附表:首批稀土矿产国家规划矿区名单及范围

国土资源部

二〇一一年一月四日

附表: **首批稀土矿产国家规划矿区名单及范围**

序号	规划矿区名	坐标范围	面积/平方千米
1	龙南重稀土规划矿区(1)	114.5451,24.4332,114.5842,24.4557 114.5837,24.5307,114.5630,24.5224 114.4938,24.5151,114.4832,24.4826 114.5009,24.4826,114.4950,24.4710 114.4730,24.4707,114.4715,24.4455 114.5451,24.4332,0,0	246
2	龙南重稀土规划矿区(2)	114.4133,24.4902,114.4133,24.4815 114.4335,24.4900,114.4622,24.4813 114.4655,24.4839,114.4709,24.5141 114.4638,24.5157,114.4403,24.5118 114.4244,24.5011,114.4232,24.5037 114.4046,24.5033,114.4022,24.4901 114.4133,24.4902.0,0	49
3	寻乌轻稀土规划矿区	115.4538,24.4735,115.4455,24.4833 115.4146,24.5019,115.4016,24.4904 115.3658,24.4848,115.3954,24.5449 115.4406,24.5458,115.4834,24.5359 115.4658,24.5115,115.4538,24.4735 0,0	154
4	定南中稀土规划矿区	114.5724,25.0235,115.0720,25.0611 115.0911,25.0610,115.1010,25.0452 115.0959,24.5406,115.0803,24.5241 115.0217,24.5235,114.5741,24.5722 114.5724,25.0235,0,0	432

续表(首批稀土矿产国家规划矿区名单及范围)

序号	规划矿区名	坐标范围	面积/平方千米
5	赣县(北)中稀土规划矿区	115.0821,26.1620,115.1347,26.1622 115.1424,26.0435,115.0726,26.0042 115.0823,26.0833,0,0	248
6	赣县(中)重稀土规划矿区	115.1054,25.4528,115.1057,25.4241 115.0352,25.4227,115.0533,25.4524 115.0325,25.4836,115.0139,25.5050 115.0743,25.5424,115.1100,25.5523 115.1241,25.5149,115.0955,25.4910 115.0902,25.4536,115.1054,25.4528 0,0	246
7	赣县(南)中稀土规划矿区	114.5056,25.3653,114.5050,25.3632 114.5226,25.3454,114.5457,25.3408 114.5806,25.3456,114.5809,25.3715 114.5730,25.3716,114.5642,25.3602 114.5538,25.3553,114.5506,25.3637 114.5349,25.3607,114.5256,25.3647 114.5056,25.3653,0,0	40
8	安远中、重稀土规划矿区	115.3036,25.1320,115.1917,25.0511 115.1906,25.0953,115.2054,25.1443 115.2518,25.1632,115.2548,25.1802 115.2620,25.1810,115.3112,25.1943 115.3714,25.2002,115.3738,25.1330 115.3036,25.1320,0,0	395
9	信丰(北)中稀土规划矿区	115.0326,25.2702,115.1226,25.3111 115.1244,25.3030,115.0844,25.2533 0,0	60
10	信丰(南)中、重稀土规划矿区	115.0257,25.1414,115.0214,25.1301 115.0058,25.1212,115.0040,25.1040 115.0256,25.0931,115.0125,25.0727 115.0310,25.0603,115.0918,25.0625 115.1123,25.0832,115.1321,25.1154 115.0939,25.1153,115.0537,25.1402 115.0257,25.1414,0,0	209
11	全南中稀土规划矿区	114.4951,25.0134,114.4735,25.0605 114.4356,25.0718,114.4011,25.0652 114.3144,24.5943,114.3654,24.5643 114.4357,24.5606,114.5049,24.5728 114.5131,25.0012,114.4951,25.0134 0,0	455

关于设立首批铁矿国家规划矿区的公告

2011年第2号

为加强我国铁矿资源保护和合理开发,根据《中华人民共和国矿产资源法》及其相关法规和《全国矿产资源规划》的有关规定,国土资源部决定在钒钛磁铁矿资源集中分布的四川省攀西地区划定设立首批铁矿国家规划矿区。现将首批铁矿国家规划矿区名单及范围予以公告。

附表:首批铁矿国家规划矿区名单及范围

国土资源部

二〇一一年一月四日

附表: 首批铁矿国家规划矿区名单及范围

序号	规划矿区名称	坐标范围	面积/平方千米
1	攀枝花钒钛磁铁矿国家规划矿区	101.4320,26.4200,101.4910,26.4200 101.4310,26.3000,101.3900,26.3000 101.4150,26.4020,101.4320,26.4200,0,0	200.76
2	白马钒钛磁铁矿国家规划矿区	102.0047,27.0759,102.0830,27.0800 102.1000,26.5600,102.0047,26.5600 102.0047,27.0759,0,0	266.18

国土资源部关于进一步完善采矿权登记管理有关问题的通知

国土资发〔2011〕14号

各省、自治区、直辖市国土资源厅(国土环境资源厅、国土资源局、国土资源和房屋管理局、规划和国土资源管理局),新疆生产建设兵团国土资源局:

为进一步完善采矿权登记管理,规范采矿权市场秩序,维护采矿权人的合法权益,促进矿产资源合理开发利用,依据《中华人民共和国矿产资源法》、《矿产资源开采登记管理办法》和《探矿权采矿权转让管理办法》等相关法律法规规定,现就进一步完善矿产资源开采登记管理(石油、天然气和煤层气除外)的有关问题通知如下:

一、规范划定矿区范围管理

(一)划定矿区范围是指登记管理机关对划定矿区范围申请人提出的可供开采矿产资源范围及拟设开采工程分布范围的立体空间区域,依法审查批准的行政行为。划定矿区范围的批准文件是申请人开展采矿登记各项准备工作的依据。

登记管理机关原则上应根据可供开采矿产资源范围审批划定矿区范围。拟设开采工程分布范围超出探矿权范围的,经登记管理机关组织专家论证通过后,方可批准申请划定矿区范围。

(二)划定矿区范围依据的矿产资源储量的勘查程度,应符合现行规程规范要求,大中型煤矿应达到勘探程度;非煤矿山、小型煤矿原则上应达到勘探程度;简单矿床应达到详查程度并符合开采设计要求;《关于进一步规范矿业权出让管理的通知》(国土资发〔2006〕12号)中规定的第三类矿产应达到矿山建设要求的地质工作程度,具体要求由各省(区、市)国土资源主管部门另行规定。

(三)划定矿区范围必须符合矿产资源规划和矿业权设置方案。国家规划矿区内矿业权设置方案未经批准的,原则上不受理新立矿业权申请;国家规划矿区内探矿权人持其探矿权申请采矿权,申请范围与矿产资源规划和矿业权设置方案不符的,原则上应调整到与矿产资源规划和矿业权设置方案一致后申请划定矿区范围。

涉及矿产资源规划和矿业权设置方案调整的,登记管理机关应发布公告,调整期间暂停受理相关矿区的新立矿业权的业务。

(四)申请划定矿区范围的,除《国土资源部行政审批事项办事指南》和《关于调整探矿权采矿权申请资料有关问题的公告》等有关规定的要件外,还应符合以下要求:

1.探矿权人申请划定矿区范围的,应出具经年检合格的勘查许可证。

2.以协议方式出让的,凭登记管理机关同意以协议方式出让采矿权的文件,编制资源储量核实报告,经评审、备案后,凭相关文件申请划定矿区范围。

3.按矿产资源开发整合要求设立或变更采矿权的,申请人可凭依照规定批准的矿产资源整合方案,申请办理矿区范围的资源储量核实、评审、备案;凭评审备案文件申请划定矿区范围。

(五)申请划定的矿区范围与周边毗邻的采矿权应按设计规范的规定保留安全间距。

(六)已设采矿权利用原有生产系统申请扩大矿区

范围的，应符合国家产业政策、矿产资源规划和矿业权设置方案。扩区范围的地质工作程度应满足设立采矿权的要求；不能满足的，应申请探矿权。

满足设立采矿权要求的，申请人应在完成资源储量评审后，申请划定矿区范围；依据划定矿区范围批准文件，申请资源储量备案；涉及采矿权价款的，应按规定完成价款评估。采矿权扩区范围原则上限于原采矿权深部及周边零星分散且不宜单独另设采矿权的资源。

应申请探矿权的，第一类矿产的勘查空白区，按新立探矿权办理；其他勘查区，原则上按周边及深部不宜单独另设探矿权、采矿权的范围办理。

（七）需超过上一条规定扩大矿区范围的，登记管理机关应按照矿产资源规划和矿业权设置方案，重新设立矿业权，原采矿权人可以参与竞争。需按协议方式出让的，按《关于进一步规范矿业权出让管理的通知》（国土资发〔2006〕12 号）等规定的省级人民政府正式行文报国土资源部批准的程序和条件办理。

（八）矿区范围内涉及多个矿种的，采矿权申请人应按储量评审报告审定的主矿种申请划定矿区范围，并对共伴生资源综合利用，对共伴生资源综合利用有限制性规定的，按有关规定办理。

（九）探矿权人在取得划定矿区范围批复后，需要变更划定矿区范围批复持有人的，应在办理完成探矿权转让变更手续后，由探矿权受让人凭转让变更后的勘查许可证，申请办理划定矿区范围持有人的变更手续。

通过招标拍卖挂牌等竞争方式取得划定矿区范围批复的，竞得人需要变更划定矿区范围持有人的，经登记管理机关审查并经公示无异议后，可以变更划定矿区范围持有主体。

以协议出让方式划定的矿区范围，除根据企业经营需要设立全资子公司外，不得变更持有人。

（十）探矿权人在取得划定矿区范围批复后至取得采矿权前，探矿权有效期届满，可按有关规定申请办理探矿权保留。

（十一）探矿权人拟以部分勘查区块申请采矿权的，应在全区地质工作程度达到详查以上并申请探矿权分立后，按规定申请划定矿区范围。

（十二）非企业自身原因导致无法在规定期限内申请采矿登记的，申请人凭相关证明材料，在划定矿区范围预留期届满 30 日前，申请延续划定矿区范围预留期。延续期限每次不得超过原预留期限。

二、进一步规范采矿权新立、延续和审批管理

（十三）申请采矿权应具有独立企业法人资格，企业注册资本应不少于经审定的矿产资源开发利用方案测算的矿山建设投资总额的 30%，外商投资企业申请限制类矿种采矿权的，应出具有关部门的项目核准文件。

申请人在取得采矿许可证后，必须具备其他有关法定条件后方可实施开采作业。

采矿权人应当严格按照经审查批准的相关要件实施开采作业，接受相关部门的监督管理。

（十四）除同属一个矿业权人的情形外，矿业权在垂直投影范围内原则上不得重叠。涉及和石油、天然气等特定矿种的矿业权重叠的，应当签署互不影响，确保安全生产的协议后，办理采矿许可证。

（十五）探矿权人申请采矿许可证的，探矿权人在提出采矿登记申请时，应同时向登记管理机关提交探矿权注销申请，登记管理机关在批准采矿权新立时，同时注销该探矿权。勘查登记与采矿登记不属于同一登记机关的，采矿权新立一经批准，探矿权人应向原勘查登记管理机关提交探矿权注销申请，并凭探矿权注销通知（证明）领取采矿许可证。

（十六）采矿许可证剩余有效期不足一年的，负责采矿权年检的国土资源主管部门可以根据当地政府的有关社会服务要求，提醒告知采矿权延续事项。采矿许可证剩余有效期不足 3 个月的，登记管理机关应在本级或上级机关的门户网站上滚动提示采矿权延续事项。

采矿权人在采矿许可证有效期届满前无法完成延续要件准备的，应向登记管理机关书面说明原因，登记管理机关可以在原采矿许可证上加注有效期顺延 3 个月。

（十七）因新增审批要件（要求）造成无法按正常规定办理采矿权延续的，登记管理机关可根据实际需要顺延 1～2 年，并在采矿许可证副本上注明其原因和要求。

（十八）采矿权人申请采矿权延续登记，应出具经年检合格的采矿许可证，属《矿产资源开采登记管理办法》附录所列的矿种大中型资源储量规模的，凭近三年经评审备案的资源储量报告确定剩余查明资源储量；其余的可根据需要凭当年或上一年度经审查合格的矿山储量年报作为剩余查明资源储量的依据。采矿许可证延续的期限应与矿区范围内剩余的可开采利用的查明资源储量相适应，但不得超过国家规定的最长有效期限。采矿权延续申请批准后，其有效期应始于延续采矿许可证原有效期截止之日。

三、严格采矿权转让、变更条件和审批管理

（十九）转让采矿权受让人应具备本通知第十三条规定的采矿权申请人条件，并承继该采矿权的权利、义务。

（二十）采矿权转让涉及管理权限调整的，原登记管理机关完成转让审批并提出转报意见后，由调整后的登记管理机关办理采矿权变更登记。

（二十一）国有矿山企业申请转让采矿权的，应当获得其上级主管部门或单位的同意。

（二十二）有下列情形之一的采矿权不得转让：

1.采矿权部分转让的；

2.被纳入矿产资源开发整合方案的采矿权向非整合主体转让的；

3.按国家产业政策属于关闭矿山的；

4.按国家有关规定属于禁止开采区域的；

5.采矿权抵押备案期内未经抵押权人同意的；

6.采矿权处于国土资源行政主管部门立案查处、法院查封、扣押或公安、税务、检察机关等通知立案查处状态的。

除母公司与全资子公司之间的采矿权转让外，以协议出让方式取得的采矿权投产未满5年不得转让，确需转让的按原协议出让程序办理。

(二十三)采矿权原则上不得分立，因开采条件变化等特殊原因确需分立的，应符合矿产资源规划和矿业权设置方案，或由省级以上登记管理机关组织专家对分立方案进行论证，论证通过并公示无异议的，经登记管理机关同意后，准予变更登记。

(二十四)人民法院将采矿权拍卖或裁定给他人，受让人应依法申请变更登记。申请变更登记的受让人应具备本通知第十三条规定的资质条件，登记管理机关凭生效的判决文件，依法予以办理采矿权变更登记。

(二十五)除《矿产资源开采登记管理办法》第十五条规定的情形外，凡增加或减少主要开采矿种的、变更生产规模的、变更矿山名称的，采矿权人应当在采矿许可证有效期内，向登记管理机关申请变更登记。

申请变更主要开采矿种的，应提交相关的储量评审备案文件，并根据需要提交经审查批准的矿产资源开发利用方案、环境影响评价报告和矿山安全生产监管部门的审查意见。由高风险矿种变更为低风险矿种的，还应缴纳矿业权价款；变更为国家实行开采总量控制矿种的，还应符合国家有关宏观调控的规定和开采总量控制要求，并需经专家论证通过、公示无异议。

申请扩大生产规模的，应提交经审查批准的矿产资源开发利用方案、环境影响评价报告及矿山安全生产监管部门的审查意见；申请变更矿山名称的，应提交相关的依据性文件。

煤炭采矿权人申请扩大生产规模的，还应当提交有关行业管理部门核定生产能力的文件；实行开采总量控制的矿种申请扩大生产规模的，还应符合开采总量控制指标的有关规定。

(二十六)除法律法规规定或特定情形外，采矿权转让人和受让人应同时提交转让和变更申请，登记管理机关应同时办理转让审批和变更登记。

(二十七)采矿许可证剩余有效期不足4个月，采矿权人申请转让、变更的，受让人应同时向登记管理机关申请办理延续登记。

四、规范采矿权抵押备案、注销条件

(二十八)采矿权人申请抵押备案的，应向登记管理机关提交以下资料：

1.抵押备案申请书；

2.抵押合同；

3.贷款合同；

4.采矿权有偿取得(处置)凭证；

5.采矿许可证(复印件)等相关要件。

到原登记管理机关办理备案手续，符合规定的，登记管理机关向抵押双方出具备案证明。

(二十九)登记管理机关予以备案的采矿权抵押申请，应具备以下条件：

1.矿业权价款已按规定缴清；

2.采矿权权属无争议；

3.采矿权未被法定机关扣压、查封；

4.采矿权抵押期没有超过采矿许可证有效期；

5.采矿权未处于抵押备案状态或债权人间就受偿关系达成协议。

(三十)符合抵押备案条件的，登记管理机关出具抵押备案的通知，通知内容包括：抵押期限、采矿权转让和抵押实现的条件及抵押备案解除的条件等相关事项；并就抵押双方对标的物价值认定自行承担全部责任、采矿权人因违反矿产资源法律法规受罚后果自负等予以告知。

(三十一)采矿权抵押合同解除后20个工作日内，采矿权人应持抵押双方签署的抵押备案解除申请书及备案文件到原抵押备案机关申请抵押备案解除。

(三十二)采矿权人具有下列情形之一的，经公告、并已送达采矿许可证注销通知期满60个工作日后仍不申请办理注销的，原登记管理机关可以直接注销采矿许可证。

1.县级以上人民政府因安全生产问题决定关闭且企业法人不再存续的；

2.企业法人主体资格灭失并且没有合法权利义务承继主体的；

3.法律法规规定的其他需要直接注销的情形。

五、其他有关规定

(三十三)外商投资开采矿产资源的，应符合外商投资产业指导目录的有关规定，依照对内资企业发证的权限颁发采矿许可证。

(三十四)采矿许可证遗失或损毁的，采矿权人应及时在采矿登记机关所在地的主流媒体上刊登遗失声明满30日后，持补领申请书及遗失声明登载物原件到原登记管理机关申请补办采矿许可证。

采矿许可证被损坏的，采矿权人应携带能被鉴别为原采矿权许可证的残留件到登记管理机关申请补办采矿许可证。

登记管理机关补办的采矿许可证登记内容应与原证一致，并应注明补领时间。

（三十五）采矿权人可以在采矿许可证有效期内依法回收利用其尾矿资源和采矿废石，无需另行办理采矿登记；形成尾矿资源和采矿废石的采矿权已经灭失的，登记管理机关应在保障安全和保护环境的前提下，按新立采矿权的程序出让尾矿资源采矿权。

（三十六）在划定矿区范围、采矿权新立、延续、转让和变更等过程中涉及采矿权有偿处置的，应按《关于深化探矿权采矿权有偿取得制度改革有关问题的通知》等有关规定执行。

（三十七）申请人到登记管理机关办理登记手续的，应出具企业法人执照、法定代表人证明和本人身份证等原件，经核实无误后，方可将复印件作为申报要件；委托他人办理的，被委托人应出具企业法定代表人的书面委托书和本人身份证。

（三十八）登记管理机关接收采矿权登记申请资料后应出具回执。

需要申请人补正资料的，登记管理机关应书面通知申请人限期补充或者修改。采矿权申请人应在规定的期限内提交补正的资料。

补正资料及听证、鉴定、专家评审、向有关管理机关函调等所需时间不计入审批期限。

（三十九）采矿权申请人对其提供的申请材料的真实性负责；通过隐瞒有关情况、提供虚假材料或者拒绝提供反映其活动情况真实材料等不正当手段骗取采矿登记的，一经发现依据有关规定处理；构成犯罪的，移交司法机关依法追究责任。

（四十）各省（区、市）国土资源主管部门可根据实际情况，制定具体实施办法，并报部备案。对《关于进一步规范矿业权出让管理的通知》（国土资发〔2006〕12号）规定的第三类矿产，可根据实际情况适当简化采矿登记申报要件要求。

各级国土资源主管部门要按照本通知的要求，进一步规范和加强采矿登记工作的管理。国土资源部和地方各级国土资源主管部门以往规定与本通知不一致的，以本通知为准。各地在执行中如有问题请及时报部。

国土资源部

二〇一一年一月二十日

国土资源部关于继续暂停受理煤炭探矿权申请的通知

国土资发〔2011〕18号

各省、自治区、直辖市国土资源厅（国土环境资源厅、国土资源局、国土资源和房屋管理局、规划和国土资源管理局）：

为保障和促进我国煤炭工业健康可持续发展，防止煤炭资源勘查投资过多而出现产能过剩问题，经研究，决定在2013年12月31日前继续在全国范围内暂停受理新的煤炭探矿权申请。现就有关事项通知如下：

一、除下列情形外，全国继续暂停受理新的煤炭探矿权申请。

（一）国务院批准的重点煤炭资源开发项目及使用中央地质勘查基金开展的煤炭资源预查、普查和必要的详查项目。

（二）使用省级财政安排的地质勘查专项资金开展的煤炭资源预查、普查和必要的详查项目，并由省级人民政府正式来函商国土资源部同意的项目。

（三）为国家煤炭工业发展“十二五”规划中煤炭资源开发项目配套的勘查项目和大中型矿山企业资源枯竭的已设煤炭采矿权周边及深部的不宜单独设置采矿权的零星分散煤炭资源勘查项目，并由省级人民政府正式来函商国土资源部同意的项目。

二、使用中央地质勘查基金或省级财政安排的地质勘查专项资金的煤炭资源勘查项目，不吸收社会资金参与勘查，申报时还应提交项目立项文件和勘查专项资金计划（或预算）文件，在完成预查、普查和必要的详查工作后，依法注销探矿权，实行矿产地储备，不得做到勘探后直接设置采矿权。

三、暂停期间，国土资源部和各省级国土资源行政主管部门继续暂停受理第一条规定以外的煤炭探矿权申请。同时要加强对煤炭资源勘查工作的监管，做好煤炭探矿权的管理。如发现有违规出让煤炭探矿权行为的，将依法追究相关负责人和工作人员的责任。

国土资源部

二〇一一年一月三十一日

国土资源部关于设立首批找矿突破战略行动整装勘查区的公告

2011 年第 10 号

为切实提高我国矿产资源保障能力,构建适应社会主义市场经济体制的地质找矿新机制,努力实现地质找矿重大突破,国土资源部决定从 2011 年起,组织实施全国地质找矿突破战略行动。根据找矿突破战略行动总体部署,在全国设立首批 47 片找矿突破战略行动整装勘查区,现将其名单及范围予以公告。

为保障整装勘查工作合理布局、有序推进,国土资源部正在组织各省级国土资源行政主管部门编制整装勘查区矿业权设置方案。自本公告发布之日起,暂停受理整装勘查区内矿业权空白区的新立探矿权采矿权申请(已设探矿权转采矿权仍可正常办理),待整装勘查区矿业权设置方案批准后,按方案要求整合和出让矿业权。

附表:首批找矿突破战略行动整装勘查区名单及范围

国土资源部

二〇一一年三月二日

附表:首批找矿突破战略行动整装勘查区名单及范围

序号	整装勘查区名称	东经	北纬	面积(平方千米)
1	鄂尔多斯盆地砂岩型铀矿整装勘查			
2	伊犁盆地砂岩型铀矿整装勘查			
3	二连盆地铀矿整装勘查			
4	辽宁鞍山－本溪地区铁矿整装勘查(本溪)	123°36′60″	41°20′00″	356
		123°31′45″	41°15′30″	
		123°42′38″	41°05′00″	
		123°52′00″	41°05′00″	
	辽宁鞍山－本溪地区铁矿整装勘查(东西带)	123°14′15″	41°05′00″	301
		123°53′00″	41°05′00″	
		123°53′00″	41°02′00″	
		123°14′15″	41°02′00″	
	辽宁鞍山－本溪地区铁矿整装勘查(南北带)	123°00′00″	41°13′45″	114
		123°06′45″	41°05′00″	
		123°10′45″	41°05′00″	
		123°04′30″	41°15′00″	
5	河北滦南－遵化地区铁矿整装勘查	117°50′00″	39°48′00″	9636
		117°50′00″	40°18′00″	
		119°06′00″	40°18′00″	
		119°06′00″	39°20′00″	
		118°17′00″	39°20′00″	
		118°17′00″	39°48′00″	
6	山东单县－河南商丘地区铁矿整装勘查(河南)	115°00′09″	35°00′05″	9313
		114°59′56″	34°20′08″	
		115°11′22″	34°12′58″	
		115°36′57″	34°02′06″	
		116°00′06″	34°01′40″	
		116°04′53″	33°53′16″	
		116°14′56″	33°48′37″	
		116°22′35″	33°50′04″	
		116°32′60″	34°05′50″	
		116°34′43″	34°16′23″	
		116°12′55″	34°23′40″	
		116°06′04″	34°35′33″	
		115°30′36″	34°34′39″	
		115°24′59″	34°49′12″	
		115°06′39″	35°00′00″	
	山东单县－河南商丘地区铁矿整装勘查(山东)	115°32′30″	34°47′30″	1684
		115°26′30″	34°42′45″	
		115°31′00″	34°35′00″	
		115°38′15″	34°34′30″	
		115°41′30″	34°36′30″	
		115°49′00″	34°34′30″	
		115°59′15″	34°38′00″	
		116°14′00″	34°35′15″	
		116°21′00″	34°38′45″	
		116°21′00″	34°47′30″	

续表

序号	整装勘查区名称	东经	北纬	面积(平方千米)
7	河南舞阳—新蔡地区铁矿整装勘查	113°34′56″	34°12′07″	8606
		113°25′54″	33°25′29″	
		113°25′30″	33°11′24″	
		115°11′05″	32°24′30″	
		115°11′05″	32°40′31″	
		114°19′26″	33°12′03″	
		113°49′08″	33°22′52″	
		113°46′23″	34°11′44″	
8	新疆西天山阿吾拉勒铁矿矿集区整装勘查	82°45′00″	43°35′00″	7430
		82°45′00″	43°46′00″	
		84°00′00″	43°46′00″	
		86°06′00″	43°13′00″	
		86°00′00″	43°05′00″	
9	四川攀西地区钒钛磁铁矿整装勘查(攀枝花)	101°49′34″	26°58′19″	491
		101°53′13″	26°58′18″	
		101°53′15″	26°49′54″	
		101°39′41″	26°22′54″	
		101°37′53″	26°22′50″	
		101°37′51″	26°27′06″	
		101°41′50″	26°40′21″	
		101°49′33″	26°49′28″	
	四川攀西地区钒钛磁铁矿整装勘查(红格)	101°56′41″	26°43′45″	59
		102°01′32″	26°43′44″	
		102°01′29″	26°38′00″	
		102°03′14″	26°37′59″	
		102°03′15″	26°25′33″	
		101°54′59″	26°25′29″	
		101°55′00″	26°29′59″	
		101°56′43″	26°29′59″	
	四川攀西地区钒钛磁铁矿整装勘查(白马)	102°06′40″	27°22′20″	635
		102°11′04″	27°22′19″	
		102°08′36″	27°07′34″	
		102°10′38″	26°54′31″	
		102°00′35″	26°54′36″	
		102°00′37″	27°07′15″	
	四川攀西地区钒钛磁铁矿整装勘查(太和1)	102°02′14″	28°01′11″	256
		102°08′17″	28°01′09″	
		102°13′07″	27°50′00″	
		102°05′59″	27°50′00″	
		102°02′04″	27°56′43″	
	四川攀西地区钒钛磁铁矿整装勘查(太和2)	102°12′17″	27°34′59″	366
		102°19′38″	27°35′00″	
		102°24′15″	27°23′15″	
		102°24′14″	27°19′00″	
		102°16′50″	27°19′00″	
		102°16′50″	27°23′22″	
10	甘肃北山营毛沱—玉石山地区铁铜金钨多金属矿整装勘查	95°00′00″	41°40′00″	6954
		95°00′00″	41°10′00″	
		96°30′00″	41°10′00″	
		96°30′00″	41°40′00″	
11	云南牟定安益地区铁矿整装勘查	101°52′01″	26°03′15″	1634
		101°53′22″	26°03′15″	
		101°52′54″	25°53′44″	
		101°55′22″	25°36′55″	
		101°54′46″	25°23′34″	
		101°35′00″	25°23′56″	
		101°35′23″	25°41′37″	
		101°41′14″	25°41′31″	
		101°45′33″	25°54′51″	
12	江西赣中地区铁矿整装勘查	114°59′20″	27°27′00″	2366
		114°59′38″	27°36′31″	
		114°59′58″	27°39′15″	
		115°00′00″	27°42′00″	
		114°57′05″	27°42′00″	
		114°52′07″	27°44′14″	
		114°50′58″	27°43′29″	
		114°45′00″	27°39′00″	
		114°39′06″	27°44′13″	
		114°33′00″	27°47′00″	
		114°15′00″	27°46′00″	
		113°56′56″	27°38′43″	
		113°47′00″	27°34′00″	
		113°43′00″	27°25′44″	
		113°40′00″	27°21′00″	
		113°41′15″	27°21′00″	
		113°47′59″	27°22′08″	
		113°49′00″	27°22′02″	
		113°49′59″	27°22′59″	
		113°55′09″	27°25′54″	
		113°55′27″	27°27′57″	
		114°07′17″	27°30′52″	
		114°09′00″	27°32′16″	
		114°25′00″	27°44′00″	
		114°26′58″	27°42′12″	
		114°28′52″	27°40′59″	
		114°28′55″	27°39′49″	
		114°30′58″	27°39′52″	
		114°34′45″	27°39′17″	
		114°38′00″	27°36′00″	
		114°39′45″	27°33′30″	
		114°39′45″	27°30′00″	
		114°45′00″	27°30′00″	

续表

序号	整装勘查区名称	东经	北纬	面积（平方千米）
13	福建龙岩马坑－大田汤泉地区铁矿整装勘查	117°34′15″	25°59′30″	8377
		117°50′30″	25°59′30″	
		117°50′30″	26°00′00″	
		117°56′30″	26°00′00″	
		117°56′30″	25°48′30″	
		117°55′15″	25°48′30″	
		117°55′15″	25°26′15″	
		118°00′00″	25°26′13″	
		118°00′00″	25°07′30″	
		117°12′45″	25°07′30″	
		117°12′45″	24°49′45″	
		116°26′00″	24°49′45″	
		116°26′00″	25°04′15″	
		116°35′00″	25°04′15″	
		116°35′00″	25°02′30″	
		116°40′30″	25°02′30″	
		116°40′30″	25°04′15″	
		116°57′30″	25°04′15″	
		116°57′30″	25°17′30″	
		117°15′00″	25°17′30″	
		117°15′00″	25°35′00″	
		117°16′15″	25°35′00″	
		117°16′15″	25°39′45″	
		117°34′15″	25°39′45″	
14	安徽庐枞地区铁铜矿整装勘查	117°18′22″	31°21′05″	4080
		117°06′18″	31°10′15″	
		117°06′16″	30°48′37″	
		117°00′00″	30°45′14″	
		116°59′59″	30°39′55″	
		117°16′56″	30°39′51″	
		117°30′44″	30°46′18″	
		117°43′52″	30°48′39″	
		117°44′08″	31°20′57″	
15	新疆祁漫塔格地区铁铜多金属矿产整装勘查	85°44′35″	37°25′44″	31460
		88°17′55″	38°11′43″	
		90°19′15″	38°08′26″	
		90°26′55″	37°57′28″	
		90°22′56″	37°51′15″	
		90°29′13″	37°42′36″	
		90°38′34″	37°41′48″	
		90°52′41″	36°55′50″	
		88°59′42″	37°33′21″	
		86°59′30″	37°13′13″	

续表

序号	整装勘查区名称	东经	北纬	面积（平方千米）
16	新疆西昆仑塔什库尔干铁矿整装勘查	75°15′00″	37°40′00″	4800
		76°00′00″	37°40′00″	
		76°00′00″	37°00′00″	
		75°15′00″	37°00′00″	
17	黑龙江多宝山－大新屯地区铜金矿整装勘查	125°30′00″	50°40′00″	14286
		125°30′00″	49°40′00″	
		126°15′00″	49°40′00″	
		126°15′00″	49°50′00″	
		127°00′00″	49°50′00″	
		127°00′00″	50°10′00″	
		127°30′00″	50°10′00″	
		127°21′50″	50°16′20″	
		127°15′15″	50°27′05″	
		127°18′35″	50°36′30″	
		127°10′00″	50°50′00″	
		125°45′00″	50°50′00″	
18	青海祁曼塔格地区铁铜矿整装勘查	90°31′04″	37°57′21″	24160
		90°32′59″	37°45′35″	
		91°06′02″	37°29′35″	
		91°17′29″	37°10′05″	
		91°19′11″	37°00′06″	
		90°48′42″	36°51′46″	
		90°44′10″	36°40′03″	
		91°02′30″	36°31′54″	
		91°03′18″	36°25′48″	
		93°14′56″	36°09′42″	
		93°35′54″	36°42′58″	
19	云南香格里拉格咱地区铜多金属矿整装勘查	99°36′47″	28°33′12″	4136
		99°57′20″	28°33′01″	
		99°59′25″	28°28′20″	
		100°03′00″	28°26′10″	
		100°03′00″	28°22′20″	
		100°08′30″	28°20′00″	
		100°08′30″	28°13′00″	
		100°00′15″	28°11′00″	
		100°06′52″	27°58′00″	
		100°06′52″	27°38′53″	
		99°42′33″	27°39′02″	
		99°42′44″	28°06′06″	
		99°36′37″	28°06′08″	

续表

序号	整装勘查区名称	东经	北纬	面积（平方千米）
20	江西东乡－德兴地区铜金矿整装勘查	118°11′24″	29°24′09″	9312
		118°05′56″	29°21′42″	
		118°01′30″	29°21′30″	
		117°53′58″	29°18′00″	
		117°36′03″	29°08′54″	
		117°33′30″	29°05′30″	
		117°30′00″	29°05′30″	
		117°30′00″	29°04′30″	
		117°23′28″	29°04′30″	
		117°13′13″	28°53′42″	
		116°53′53″	28°50′15″	
		116°42′43″	28°39′20″	
		116°22′12″	28°06′45″	
		116°38′57″	27°53′51″	
		116°55′11″	28°04′01″	
		117°28′55″	28°30′43″	
		117°34′06″	28°41′00″	
		117°35′20″	28°42′30″	
		117°59′00″	29°06′45″	
		118°03′25″	29°14′11″	
		118°04′00″	29°17′35″	
		118°07′17″	29°18′00″	
21	江西九瑞地区铜多金属矿整装勘查	115°14′45″	29°36′00″	3140
		115°14′45″	29°20′00″	
		115°31′42″	29°19′58″	
		115°35′00″	29°18′00″	
		115°39′30″	29°18′00″	
		115°52′36″	29°23′52″	
		115°52′52″	29°26′08″	
		116°00′00″	29°30′00″	
		116°00′00″	29°44′00″	
		115°56′15″	29°42′25″	
		115°48′55″	29°44′58″	
		115°42′12″	29°49′24″	
		115°36′09″	29°49′46″	
		115°32′15″	29°47′30″	
		115°30′30″	29°47′30″	
		115°28′09″	29°46′00″	
		115°28′16″	29°44′10″	
		115°26′15″	29°43′30″	
		115°24′36″	29°41′04″	

续表

序号	整装勘查区名称	东经	北纬	面积（平方千米）
22	广东雪山嶂地区铜多金属矿整装勘查	113°30′00″	24°40′00″	7848
		113°47′45″	24°40′00″	
		113°47′45″	24°39′45″	
		113°52′00″	24°39′45″	
		113°52′00″	24°40′00″	
		113°54′45″	24°40′00″	
		113°54′45″	24°35′45″	
		114°00′00″	24°35′45″	
		114°00′00″	24°38′00″	
		113°57′00″	24°38′00″	
		113°57′00″	24°40′00″	
		114°10′00″	24°40′00″	
		114°10′00″	24°38′00″	
		114°14′00″	24°38′00″	
		114°14′00″	24°37′00″	
		114°16′00″	24°37′00″	
		114°16′00″	24°35′00″	
		114°17′00″	24°35′00″	
		114°17′00″	24°34′00″	
		114°20′30″	24°34′00″	
		114°20′30″	24°30′30″	
		114°23′00″	24°30′30″	
		114°23′00″	24°29′00″	
		114°28′00″	24°29′00″	
		114°28′00″	24°30′00″	
		114°29′00″	24°30′00″	
		114°29′00″	24°31′00″	
		114°34′00″	24°31′00″	
		114°34′00″	24°27′45″	
		114°35′00″	24°27′45″	
		114°35′00″	24°27′30″	
		114°39′00″	24°27′30″	
		114°39′00″	24°28′00″	
		114°39′45″	24°28′00″	
		114°39′45″	24°26′30″	
		114°40′00″	24°26′30″	
		114°40′00″	24°00′00″	
		114°23′00″	24°00′00″	
		114°23′00″	24°01′00″	
		114°18′30″	24°01′00″	
		114°18′30″	24°00′00″	
		113°30′00″	24°00′00″	
		113°30′00″	24°24′00″	
		113°30′15″	24°24′00″	
		113°30′15″	24°25′15″	
		113°30′00″	24°25′15″	
		113°30′00″	24°32′45″	
		113°34′15″	24°32′45″	
		113°34′15″	24°37′45″	
		113°30′00″	24°37′45″	

续表

序号	整装勘查区名称	东经	北纬	面积(平方千米)
23	西藏米拉山地区铜钼矿整装勘查	90°45′00″	29°20′00″	12290
		91°00′00″	29°20′00″	
		91°00′00″	29°30′00″	
		92°00′00″	29°30′00″	
		92°00′00″	29°20′00″	
		93°00′00″	29°20′00″	
		93°00′00″	29°55′00″	
		90°45′00″	29°55′00″	
24	西藏山南地区铜多金属矿整装勘查	91°00′00″	29°10′00″	5300
		92°30′00″	29°10′00″	
		92°30′00″	29°20′00″	
		92°00′00″	29°20′00″	
		92°00′00″	29°30′00″	
		91°00′00″	29°30′00″	
25	西藏尼木地区铜矿整装勘查	89°45′00″	29°20′00″	3600
		90°15′00″	29°20′00″	
		90°15′00″	30°00′00″	
		89°45′00″	30°00′00″	
26	西藏多龙地区铜多金属矿整装勘查	82°45′00″	32°10′00″	13000
		83°48′00″	32°10′00″	
		83°48′00″	33°20′00″	
		82°45′00″	33°20′00″	
27	河南渑池礼庄寨－平顶山地区铝土矿整装勘查(陕县－渑池－新安)	111°23′50″	34°47′42″	1090
		111°34′50″	34°42′29″	
		111°39′29″	34°47′32″	
		111°50′54″	34°47′18″	
		112°06′41″	34°38′35″	
		112°21′02″	34°56′46″	
		112°08′34″	34°58′20″	
		111°58′54″	34°46′27″	
		111°38′19″	34°54′03″	
	河南渑池礼庄寨－平顶山地区铝土矿整装勘查(偃师－禹州)	112°06′50″	34°31′08″	4833
		112°06′31″	34°26′54″	
		112°08′45″	34°25′25″	
		112°30′04″	34°31′30″	
		112°55′03″	34°31′40″	
		113°05′46″	34°35′56″	
		113°06′09″	34°41′18″	
		113°27′27″	34°38′19″	
		113°25′42″	34°33′36″	
		113°08′13″	34°24′13″	
		113°07′24″	34°07′40″	
		112°33′40″	34°07′06″	
		112°52′33″	33°46′57″	
		113°29′44″	34°02′39″	
		113°34′43″	34°12′06″	
		113°28′00″	34°18′40″	
		113°39′31″	34°38′49″	
		113°03′18″	34°46′39″	
		112°53′42″	34°35′35″	
		112°29′46″	34°35′32″	

续表

序号	整装勘查区名称	东经	北纬	面积(平方千米)
28	云南广南－丘北－砚山地区铝土矿整装勘查(大铁)	103°45′39″	24°04′23″	3929
		103°45′49″	23°47′03″	
		103°54′18″	23°47′07″	
		103°54′16″	23°51′27″	
		104°16′10″	23°51′35″	
		104°16′12″	23°47′15″	
		104°25′51″	23°47′17″	
		104°25′50″	23°51′37″	
		104°36′26″	23°51′39″	
		104°36′25″	23°54′54″	
		105°02′56″	23°54′56″	
		105°02′57″	24°06′51″	
		104°44′03″	24°06′50″	
		104°44′02″	24°17′40″	
		104°36′21″	24°17′39″	
		104°18′42″	24°04′36″	
	云南广南－丘北－砚山地区铝土矿整装勘查(天生桥－阿猛)	103°49′25″	23°40′35″	3201
		103°49′32″	23°26′30″	
		104°02′29″	23°21′10″	
		104°15′03″	23°21′14″	
		104°15′07″	23°09′19″	
		104°26′01″	23°09′22″	
		104°25′58″	23°21′17″	
		104°34′42″	23°39′44″	
		104°39′09″	23°41′55″	
		104°39′59″	23°47′20″	
		104°22′19″	23°45′39″	
		104°12′56″	23°40′44″	
	云南广南－丘北－砚山地区铝土矿整装勘查(西畴县木者－铁厂)	104°45′54″	23°24′35″	707
		105°00′00″	23°14′51″	
		105°14′25″	23°19′00″	
		104°51′46″	23°32′11″	
	云南广南－丘北－砚山地区铝土矿整装勘查(广南甲坝)	105°11′46″	23°51′41″	1147
		105°11′44″	23°27′50″	
		105°27′00″	23°27′49″	
		105°27′05″	23°51′39″	
	云南广南－丘北－砚山地区铝土矿整装勘查(富宁县谷桃)	105°48′13″	23°39′38″	498
		105°48′10″	23°32′00″	
		105°53′00″	23°32′00″	
		106°01′00″	23°29′00″	
		106°06′45″	23°33′00″	
		106°06′45″	23°39′30″	

续表

序号	整装勘查区名称	东经	北纬	面积(平方千米)
29	贵州务正道铝土矿整装勘查	107°33′22″	29°11′20″	3251
		107°30′57″	29°07′13″	
		107°20′33″	28°33′15″	
		107°26′41″	28°20′14″	
		107°33′04″	28°20′07″	
		107°53′47″	28°51′14″	
		107°58′32″	28°59′38″	
		107°58′37″	29°02′10″	
		107°53′41″	29°02′16″	
		107°51′45″	28°57′42″	
		107°48′27″	28°59′05″	
		107°49′18″	29°08′41″	
		107°45′17″	29°11′58″	
		107°41′47″	29°12′02″	
		107°39′29″	29°09′45″	
30	广西扶绥－龙州地区铝土矿整装勘查	108°29′53″	23°20′07″	16138
		108°30′04″	23°00′10″	
		108°05′14″	23°00′06″	
		108°05′20″	22°24′56″	
		107°29′59″	22°09′58″	
		106°44′06″	22°09′34″	
		106°43′56″	22°21′04″	
		106°35′34″	22°20′58″	
		106°35′51″	22°33′34″	
		106°43′57″	22°33′41″	
		106°44′03″	22°39′02″	
		106°47′19″	22°42′17″	
		106°47′21″	22°45′31″	
		106°50′10″	22°45′33″	
		106°50′03″	22°54′23″	
		107°04′51″	22°54′32″	
		107°04′40″	23°11′14″	
		107°44′46″	23°11′28″	
		107°44′34″	23°20′14″	
31	重庆武隆－南川地区铝土矿整装勘查	107°10′49″	29°08′55″	2300
		107°20′43″	29°10′00″	
		107°23′30″	29°13′30″	
		107°34′06″	29°13′16″	
		107°35′29″	29°10′01″	
		107°37′08″	29°10′38″	
		107°39′30″	29°10′06″	
		107°39′05″	29°13′14″	
		107°50′42″	29°12′58″	
		107°57′30″	29°21′24″	
		108°06′39″	29°32′20″	
		108°06′38″	29°36′04″	
		107°28′09″	29°30′00″	

续表

序号	整装勘查区名称	东经	北纬	面积(平方千米)
32	山东莱州－招远地区金矿整装勘查	119°45′00″	37°26′30″	7562
		119°45′00″	36°45′30″	
		120°40′00″	36°45′30″	
		120°40′00″	37°40′00″	
		120°19′30″	37°40′00″	
33	黑龙江东安－汤旺河地区金矿整装勘查	128°45′00″	48°40′00″	16721
		128°30′00″	48°40′00″	
		128°30′00″	48°00′00″	
		130°30′00″	48°00′00″	
		130°45′00″	48°20′00″	
		130°15′00″	48°30′00″	
		130°15′00″	48°50′00″	
		130°00′00″	48°50′00″	
		130°00′00″	49°00′00″	
		129°45′00″	49°00′00″	
		129°45′00″	49°10′00″	
		129°15′00″	49°10′00″	
		129°15′00″	49°20′00″	
		128°45′00″	49°20′00″	
34	甘肃岷县寨上－马坞地区金矿整装勘查	104°00′00″	34°20′00″	3594
		105°00′00″	34°20′00″	
		105°00′00″	34°40′00″	
		103°56′00″	34°40′00″	
		103°56′00″	34°25′20″	
35	甘肃崖湾－大桥地区金锑矿整装勘查	103°45′00″	34°40′00″	9391
		103°45′00″	34°10′00″	
		104°45′00″	33°30′00″	
		105°30′00″	33°30′00″	
		105°45′00″	33°40′00″	
		105°45′00″	33°50′00″	
		105°00′00″	33°50′00″	
		104°45′00″	34°20′00″	
		104°15′00″	34°20′00″	
		104°00′00″	34°20′00″	
36	青海曲麻莱县大场地区金矿整装勘查	95°44′14″	35°34′25″	860
		95°44′14″	35°21′22″	
		96°02′49″	35°18′47″	
		96°17′54″	35°13′08″	
		96°32′16″	35°13′17″	
		96°32′16″	35°23′47″	
		96°09′35″	35°32′18″	
37	内蒙古哈达门沟地区金矿整装勘查	109°28′00″	40°40′00″	291
		109°28′00″	40°48′00″	
		109°42′00″	40°48′00″	
		109°42′00″	40°40′00″	

续表

序号	整装勘查区名称	东经	北纬	面积（平方千米）
38	小秦岭金矿田深部及外围金矿整装勘查（河南）	110°22′00″	34°34′00″	138
		110°22′00″	34°31′00″	
		110°22′18″	34°31′00″	
		110°22′18″	34°21′33″	
		110°50′51″	34°21′45″	
		111°02′05″	34°20′10″	
		111°19′33″	34°15′22″	
		111°37′34″	34°30′20″	
		111°37′38″	34°38′27″	
		111°21′48″	34°38′31″	
		111°00′00″	34°34′08″	
		110°46′00″	34°34′00″	
39	西藏工布江达县金达地区铅锌矿整装勘查	91°30′00″	29°55′00″	9341
		93°00′00″	29°55′00″	
		93°00′00″	30°30′00″	
		91°30′00″	30°30′00″	
40	青海沱沱河地区铅锌矿整装勘查	91°30′00″	34°40′00″	23246
		91°30′00″	34°21′00″	
		91°00′00″	34°21′00″	
		91°00′00″	33°50′00″	
		91°30′00″	33°50′00″	
		91°30′00″	33°10′00″	
		93°00′00″	33°10′00″	
		93°00′00″	34°15′00″	
		91°50′00″	34°40′00″	
41	云南保山－龙陵地区铅锌矿整装勘查	99°16′31″	25°12′56″	2367
		99°23′49″	25°12′55″	
		99°23′44″	24°48′59″	
		99°18′54″	24°29′37″	
		99°07′23″	24°17′58″	
		99°02′31″	24°23′07″	
		99°09′30″	24°51′04″	
		99°02′45″	24°59′00″	
42	湖南花垣－凤凰地区铅锌矿整装勘查	109°16′45″	28°38′00″	4399
		109°44′15″	28°38′30″	
		109°44′45″	27°42′00″	
		109°27′15″	27°41′45″	
		109°26′00″	27°45′00″	
		109°19′30″	27°47′15″	
		109°18′00″	27°58′00″	
		109°21′45″	28°03′15″	
		109°17′45″	28°02′45″	
		109°20′45″	28°16′00″	
		109°15′45″	28°20′30″	
		109°16′15″	28°29′45″	

续表

序号	整装勘查区名称	东经	北纬	面积（平方千米）
43	青海杂多县然者涌－莫海拉亨地区铅锌矿整装勘查	95°09′22″	33°18′16″	2668
		95°09′01″	33°06′54″	
		95°57′24″	32°43′33″	
		95°57′46″	33°04′39″	
		95°19′34″	33°21′16″	
44	河南栾川地区铅锌矿整装勘查	111°14′19″	34°11′29″	4738
		111°14′00″	33°58′00″	
		111°14′00″	33°43′00″	
		111°26′15″	33°33′45″	
		111°47′40″	33°25′52″	
		111°56′56″	33°25′52″	
		111°56′56″	33°31′49″	
		111°54′30″	34°00′15″	
		111°39′32″	34°14′28″	
		111°36′45″	34°16′14″	
		111°36′45″	34°16′14″	
		111°34′00″	34°15′45″	
45	内蒙古东乌旗地区铅锌矿整装勘查	116°33′00″	45°27′00″	14071
		117°00′00″	46°13′00″	
		118°26′00″	46°41′30″	
		119°07′00″	46°38′30″	
		119°07′00″	46°25′00″	
		118°44′30″	45°58′30″	
		116°45′00″	45°27′00″	
46	山西霍西－河东地区铝土矿整装勘查（临县－柳林）	111°00′18″	38°57′24″	062
		111°00′21″	38°23′03″	
		111°13′22″	38°22′52″	
		111°10′17″	38°57′22″	
	山西霍西－河东地区铝土矿整装勘查（孝义－霍州）	111°33′55″	37°16′20″	2386
		111°33′40″	37°09′48″	
		111°35′28″	37°09′42″	
		111°35′23″	37°07′45″	
		111°31′26″	37°07′44″	
		111°31′21″	37°06′55″	
		111°29′39″	37°06′53″	
		111°29′36″	37°05′32″	
		111°30′18″	37°05′29″	
		111°30′14″	37°04′47″	
		111°27′32″	37°04′39″	
		111°27′19″	37°00′10″	
		111°30′01″	37°00′04″	
		111°30′01″	36°49′54″	
		111°34′05″	36°49′53″	
		111°34′16″	36°47′44″	
		111°35′35″	36°47′39″	
		111°35′33″	36°38′01″	
		111°41′23″	36°37′56″	
		111°41′49″	36°34′38″	
		111°53′32″	36°34′36″	
		111°54′16″	37°16′15″	

续表

序号	整装勘查区名称	东经	北纬	面积(平方千米)
47	山西五台－恒山地区铁矿整装勘查(灵丘)	113°30′41″	39°24′11″	1553
		113°55′23″	39°16′09″	
		113°59′03″	39°16′08″	
		113°59′23″	39°20′05″	
		114°05′11″	39°21′10″	
		114°07′43″	39°13′27″	
		114°12′31″	39°11′39″	
		114°20′06″	39°15′13″	
		114°14′06″	39°22′32″	
		114°28′22″	39°25′58″	
		114°18′35″	39°34′30″	
	山西五台－恒山地区铁矿整装勘查(繁峙－代县－五台)	112°46′15″	38°56′13″	1449
		113°00′54″	38°50′12″	
		113°13′08″	38°52′06″	
		113°22′29″	38°55′35″	
		1 13°24′40″	38°59′18″	
		113°18′50″	38°59′38″	
		113°20′04″	39°05′24″	
		113°44′36″	39°15′53″	
		113°35′04″	39°18′45″	

国土资源部关于2011年第一批变更、注销地质勘查资质证书的公告

2011年第15号

根据《地质勘查资质管理条例》(国务院令第520号)的有关规定,现将2011年国土资源部第一批变更、注销地质勘查资质证书予以公告。

附表:2011年国土资源部第一批变更地质勘查资质证书公告表

国土资源部

二〇一一年三月二十四日

附表:

2011年国土资源部第一批变更地质勘查资质证书公告表

序号	证书编号	单位名称	住所	法定代表人	邮政编码	联系电话	资质类别和资质等级	有效期限
1	01201021100167	云南省有色地质局三〇八队	云南省红河州个旧市金湖东路	谭木昌	661000	0873－225233	固体矿产勘查:甲级;地质钻探:甲级。	2010年10月26日至2013年12月29日
2	01201021100168	武汉地质工程勘察院	武汉市汉阳十里铺夏家湾特1号	刘勇	420051	027－84625231	液体矿产勘查:甲级;固体矿产勘查:甲级;水文地质、工程地质、环境地质调查:甲级。	2010年10月26日至2013年12月29日
3	01201021100169	青海省第一地质矿产勘查院	平安县平安镇兰青路	党兴彦	810600	0972－8610200	固体矿产勘查:甲级。	2010年10月26日至2013年12月29日
4	01201021500170	内蒙古地质工程有限责任公司	呼和浩特市新城区海拉尔大街18号	王伟	010020	0471－3381258	固体矿产勘查:甲级;地质钻探:甲级。	2010年10月26日至2013年12月29日

续表

序号	证书编号	单位名称	住所	法定代表人	邮政编码	联系电话	资质类别和资质等级	有效期限
5	01201021100171	浙江省第七地质大队	浙江省丽水市三岩寺	陈启强	323000	05782151912	区域地质调查:甲级;固体矿产勘查:甲级;地质钻(坑)探:甲级。	2010年10月26日至2013年12月29日
6	01201021100172	河南省有色金属地质矿产局第三地质大队	河南省郑州市郑东新区商住物流园区	秦臻	450016	0371－68109275	固体矿产勘查:甲级。	2010年10月26日至2013年12月29日
7	01201021100173	河南省有色金属地质矿产局第四地质大队	河南省郑州市郑东新区金水东路16号	王志山	450016	0371－69179202	固体矿产勘查:甲级。	2010年10月26日至2013年12月29日
8	01201021100174	江西省地质矿产勘查开发局九一五地质大队	江西省南昌市二七南路552号	王敏	331202	0795－7312279	地质钻(坑)探:甲级。	2010年10月26日至2013年12月29日
9	01201021100175	江西省地质矿产勘查开发局赣西地质调查大队	江西省南昌市二七南路552号	王永珏	330201	0791－5032801	区域地质调查:甲级;固体矿产勘查:甲级。	2010年10月26日至2013年12月29日
10	01201021100176	河南省地质矿产勘查开发局第一地质调查队	河南省郑州市金水区金水路28号(现址:洛阳市龙门大道573号)	于伟	471000	0379－65952400	区域地质调查:甲级;固体矿产勘查:甲级;水文地质、工程地质、环境地质调查:甲级;地质钻(坑)探:甲级。	2010年10月26日至2013年12月29日
11	01201021100177	贵州省有色金属和核工业地质勘查局七总队	贵阳市南明区见龙洞路118号	向贤礼	550005	0851－5400305	固体矿产勘查:甲级。	2010年10月26日至2015年04月18日
12	01201021100178	四川省地质矿产勘查开发局一一三地质队	泸州市江阳区江阳南路21号	肖华	646000	0830－3195124	固体矿产勘查:甲级;地质钻探:甲级。	2010年10月26日至2013年12月29日

续表

序号	证书编号	单位名称	住所	法定代表人	邮政编码	联系电话	资质类别和资质等级	有效期限
13	01201021100179	山东泰山地质勘查公司	泰安市东岳大街100号	吴钦宝	271000	0538－8265645	液体矿产勘查：甲级；气体矿产勘查：甲级；固体矿产勘查：甲级；水文地质、工程地质、环境地质调查：甲级；地球物理勘查：甲级；地质钻探：甲级；地质实验测试（岩矿测试）：甲级。	2010年10月26日至2013年12月29日
14	01201021100180	广东省地质局七五七地质大队	广东省江门市河南中沙41号	程少华	529040	0750－3890785	区域地质调查：甲级；固体矿产勘查：甲级；地质钻探：甲级。	2010年11月18日至2014年04月07日
15	01201021100181	河南省有色金属地质矿产局第三地质大队	河南省郑州市郑东新区金水东路16号	秦臻	450016	0371－68109275	固体矿产勘查：甲级。	2010年11月18日至2013年12月29日
16	01201021100182	宁夏回族自治区国土资源调查监测院	宁夏银川市胜利南街541号	张黎	750021	0951－2030433	固体矿产勘查：甲级；水文地质、工程地质、环境地质调查：甲级。	2010年11月18日至2013年12月29日
17	01201021100183	河南省有色金属地质矿产局第二地质大队	河南省郑州市郑东新区商住物流园区	秦跃海	450016	0371－68109682	固体矿产勘查：甲级。	2010年11月18日至2013年12月29日
18	01201021100184	新疆维吾尔自治区地质矿产勘查开发局第一地质大队	鄯善县连木沁镇	张东兴	838204	0995－8330666	固体矿产勘查：甲级；地质钻探：甲级。	2010年11月18日至2013年12月29日
19	01201021100185	黑龙江省地质矿产测试应用研究所	哈尔滨市香坊区区新乡里街5号	时永明	150036	0451－55665035	地质实验测试：甲级。	2010年11月18日至2013年12月29日
20	01201021100186	江西有色地质勘查四队	景德镇市黄泥头	刘建春	333001	0798－8481309	固体矿产勘查：甲级；地质钻探：甲级。	2010年11月18日至2013年12月29日
21	01201021100187	福建省196地质大队	福建省漳州市龙文区水仙大街南侧	江锦祥	365500	0598－5823321	固体矿产勘查：甲级。	2010年11月18日至2013年12月29日

续表

序号	证书编号	单位名称	住所	法定代表人	邮政编码	联系电话	资质类别和资质等级	有效期限
22	01201021100188	福建省121地质大队	龙岩市新罗区中粉路35号	王有东	364021	0597－2751262	固体矿产勘查：甲级；地质钻（坑）探：甲级。	2010年11月18日至2014年02月11日
23	01201021100189	福建省197地质大队	福建省泉州市洛江区万荣街东辰大厦B幢	戴定贤	362000	0595－22189538	固体矿产勘查：甲级。	2010年11月18日至2013年12月29日
24	01201021100190	西北有色地质勘查局七一一总队	陕西省汉中市东一环路160号	张军	724212	0916－3298715	固体矿产勘查：甲级；地质钻探：甲级。	2010年11月18日至2013年12月29日
25	01201021100191	陕西省地质矿产勘查开发局汉中地质大队	陕西省汉中市东塔北路	冯铁军	723000	0916－2223446	区域地质调查：甲级；固体矿产勘查：甲级；地质钻探：甲级。	2010年11月18日至2013年12月29日
26	01201021100192	广东省地质局七〇六地质大队	韶关市武江区（河西）13公里	王曙光	512028	0751－8130718	固体矿产勘查：甲级。	2010年11月18日至2013年12月29日
27	01201021100193	辽宁省第八地质大队	本溪市平山区东明路	李超阳	117000	0414－2808391	固体矿产勘查：甲级。	2010年12月15日至2013年12月29日
28	01201021100194	江苏省地质矿产局第一地质大队	南京市中华门外油坊桥	田开洋	210041	025－52804162	固体矿产勘查：甲级；水文地质、工程地质、环境地质调查：甲级。	2010年12月15日至2013年12月29日
29	01201021100195	青岛地质工程勘察院	胶州市胶州东路181号	李新勇	266300	0532－85826156	液体矿产勘查：甲级；固体矿产勘查：甲级；水文地质、工程地质、环境地质调查：甲级。	2010年12月15日至2013年12月29日
30	01201021100196	陕西省煤田地质局一三一队	陕西省韩城市象山路	穆伟	715400	0913－5259084	气体矿产勘查：甲级；固体矿产勘查：甲级；地质钻探：甲级。	2010年12月15日至2013年12月29日
31	01201021500197	武汉科岛地理信息工程有限公司	武汉市青山区和平大道1250号	杨占东	430081	027－86854140	地球物理勘查：甲级。	2010年12月15日至2013年12月29日
32	01201021100198	四川省地质矿产勘查开发局九一五水文地质工程地质队	四川省眉山市东坡区苏祠路	莫裕科	620010	0833－8181916	液体矿产勘查：甲级；水文地质、工程地质、环境地质调查：甲级。	2010年12月15日至2013年12月29日

续表

序号	证书编号	单位名称	住所	法定代表人	邮政编码	联系电话	资质类别和资质等级	有效期限
33	01201021100199	山东省地矿工程勘察院	济南市经十东路294号	侯新文	250014	0531－81856957	液体矿产勘查：甲级；固体矿产勘查：甲级；水文地质、工程地质、环境地质调查：甲级；地质钻（坑）探：甲级。	2010年12月15日至2013年12月29日
34	01201021100200	安徽省煤田地质局水文勘探队	宿州市东郊矿建路4号	赵宏海	234000	0557－3311533	液体矿产勘查：甲级；固体矿产勘查：甲级；水文地质、工程地质、环境地质调查：甲级；地质钻探：甲级。	2010年12月31日至2013年12月29日
35	01201021100201	上海京海工程技术有限公司	上海市浦东新区东方路971号17DE座	徐丽娟	200122	021－51336390	地球物理勘查：甲级。	2010年12月31日至2013年12月29日
36	01201021100202	湖南省核工业地质局三一一大队	湖南省岳阳县荣新路	肖国强	414100	0730－7656058	固体矿产勘查：甲级；地质钻探：甲级。	2010年12月31日至2013年12月29日
37	01201021100203	江苏地质矿产设计研究院（中国煤炭地质总局徐州检测中心）	江苏省徐州市纺织路1号	吴林祥	221006	0516－85767567	地质实验测试（岩矿测试、岩土试验）：甲级。	2010年12月31日至2014年09月26日
38	01201021500204	大冶有色金属股份有限公司	湖北省黄石市下路大道115号	张麟	435005	0714－5392709	地质钻探：甲级。	2010年12月31日至2013年12月29日
39	01201021100205	江苏省核工业二七二地质大队	南京市察哈尔路16号	陈国祥	210003	025－83347326	固体矿产勘查：甲级；水文地质、工程地质、环境地质调查：甲级；地质钻（坑）探：甲级。	2010年12月31日至2013年12月29日
40	01201021100206	山东省煤田地质局物探测量队	山东省泰安市郊区粥店办事处南岭	刘太忠	271021	0538－8428000	固体矿产勘查：甲级；地球物理勘查：甲级。	2010年12月31日至2013年12月29日

续表

序号	证书编号	单位名称	住所	法定代表人	邮政编码	联系电话	资质类别和资质等级	有效期限
41	01201021100207	山东省地质矿产勘查开发局第八地质大队(山东省第八地质矿产勘查院)	日照市海滨五路35号	吉孟瑞	276826	0633－2219211	固体矿产勘查:甲级;地质钻探:甲级。	2010年12月31日至2015年10月24日
42	01201021100208	甘肃有色地质勘查局天水总队	甘肃天水市麦积区花牛路43号	张树宏	741025	0938－2580165	固体矿产勘查:甲级;地球物理勘查:甲级;地球化学勘查:甲级;地质钻探:甲级。	2010年12月31日至2013年12月29日
43	01201021100209	四川省地质矿产勘查开发局川西北地质队	四川省绵阳市剑门路西段88号	吴天学	621000	0816－2363823	区域地质调查:甲级;固体矿产勘查:甲级。	2010年12月31日至2014年04月07日
44	01201021100210	黑龙江省煤田地质二〇四勘探队	七台河市桃山区景丰路22号	肖建伟	154600	0464－8258971	气体矿产勘查:甲级;固体矿产勘查:甲级;地质钻探:甲级。	2010年12月31日至2013年12月29日
45	01201021100211	黑龙江省九〇四水文地质工程地质勘察院	哈尔滨市松北区松北一路38号	祁福利	150028	0451－53161042	液体矿产勘查:甲级;水文地质、工程地质、环境地质调查:甲级;地质钻探:甲级。	2010年12月31日至2014年04月07日
46	01201021100212	江苏华东新能源勘探有限公司(江苏省有色金属华东地质勘查局八一三队)	南京市白下区石门坎102号	张全胜	210007	025－84688813	液体矿产勘查:甲级;水文地质、工程地质、环境地质调查:甲级。	2010年12月31日至2013年12月29日
47	01201021100213	江苏华东地球化学勘查有限公司(江苏省有色金属华东地质勘查局八〇六队)	南京市白下区石门坎102号	马春	210007	025－84688826	地球化学勘查:甲级。	2010年12月31日至2013年12月29日

续表

序号	证书编号	单位名称	住所	法定代表人	邮政编码	联系电话	资质类别和资质等级	有效期限
48	01201021100214	江苏华东八一四地球物理勘查有限公司（江苏省有色金属华东地质勘查局八一四队）	南京市白下区石门坎102号	刘益中	212005	0511－85613814	地球物理勘查：甲级。	2010年12月31日至2013年12月29日
49	01201021100215	江苏华东地质工程有限公司（江苏省有色金属华东地质勘查局八一〇队）	南京市栖霞区栖霞街134－1号	胡新贵	210007	025－84688820	地质钻探：甲级。	2010年12月31日至2013年12月29日
50	01201021100216	江苏华东地质调查有限责任公司（华东有色地质矿产勘查开发院）	南京市栖霞经济开发区霞兴路2－23号	许建荣	210007	025－84688152	区域地质调查：甲级；固体矿产勘查：甲级。	2010年12月31日至2013年12月29日
51	01201121100001	中国冶金地质总局西北局五队	甘肃省酒泉市盘旋东路6号	杨海兵	735000	0937－5910701	固体矿产勘查：甲级。	2011年03月01日至2013年12月29日
52	01201121100002	河北省地质矿产勘查开发局第四地质大队	河北省承德市双桥区偏岭地质科技大厦	李健	067000	0314－2286130	固体矿产勘查：甲级；地质钻探：甲级。	2011年03月01日至2013年12月29日
53	01201121100003	宁夏回族自治区地质调查院	宁夏银川市北京西路199号	余秋生	750021	0951－2035891	区域地质调查：甲级；固体矿产勘查：甲级。	2011年03月01日至2013年12月29日
54	01201121100004	河南省地质矿产勘查开发局区域地质调查队	郑州市中原区煤仓北路17号	刘成社	450051	0371－60131792	区域地质调查：甲级；固体矿产勘查：甲级。	2011年03月01日至2013年12月29日

续表

序号	证书编号	单位名称	住所	法定代表人	邮政编码	联系电话	资质类别和资质等级	有效期限
55	01201121100005	宁夏矿业开发公司	银川市西夏区北京西路199号	闫正罡	750021	0951－2022747	固体矿产勘查:甲级。	2011年03月01日至2014年02月11日
56	01201121100006	黑龙江省齐齐哈尔矿产勘查开发总院	黑龙江省齐齐哈尔市建华区中华西路185号	潘河	161006	0452－2726192	区域地质调查:甲级;液体矿产勘查:甲级;固体矿产勘查:甲级;水文地质、工程地质、环境地质调查:甲级;地质钻(坑)探:甲级。	2011年03月01日至2013年12月29日
57	01201121100007	山东省第一地质矿产勘查院	济南市甸新东路18号	丁峰	250014	0531－88596310	区域地质调查:甲级;液体矿产勘查:甲级;固体矿产勘查:甲级;水文地质、工程地质、环境地质调查:甲级;地球物理勘查:甲级;地球化学勘查:甲级;地质钻探:甲级。	2011年03月01日至2013年12月29日
58	01201121100008	中国冶金地质总局地球物理勘查院	河北省保定市阳光北大街139号	陈海弟	071051	0312－5905220	固体矿产勘查:甲级;地球物理勘查:甲级;地球化学勘查:甲级;航空地质调查(地球物理):甲级。	2011年03月01日至2013年12月29日
59	01201121100009	山东省煤田地质局第三勘探队	山东省泰安市泰山区泰山大街869号	吴茂禄	271000	0538－8413948	固体矿产勘查:甲级;地质钻探:甲级。	2011年03月01日至2013年12月29日
60	01201121300010	北京地大捷飞勘测技术研究院	北京市海淀区西五道口45号乙3栋305室	曾校丰	100083	010－82359168	地球物理勘查:甲级。	2011年03月01日至2014年02月11日
61	01201121100011	湖北煤炭地质勘查院	湖北省武汉市武昌区武珞路465号	彭国勤	430070	027－87814185	固体矿产勘查:甲级;地质钻探:甲级。	2011年03月01日至2013年12月29日
62	01201121100012	河南省地质矿产勘查开发局第一水文地质工程地质队	河南省郑州市金水区郑花路86号	王军领	450045	0371－60239800	液体矿产勘查:甲级;水文地质、工程地质、环境地质调查:甲级。	2011年03月01日至2013年12月29日

续表

序号	证书编号	单位名称	住所	法定代表人	邮政编码	联系电话	资质类别和资质等级	有效期限
63	01201121100013	山东省地质矿产勘查开发局第二水文地质工程地质大队(山东省鲁北地质工程勘察院)	德州市德兴北路30号	周世海	253015	0534-2321892	液体矿产勘查:甲级;水文地质、工程地质、环境地质调查:甲级;地质钻探:甲级。	2011年03月01日至2013年12月29日

2011年国土资源部第一批注销地质勘查资质证书公告表

序号	原证书编号	单位名称	住所	法定代表人	邮政编码	联系电话	原资质类别和资质等级	注销时间
1	01201011100038	广东省地质建设工程集团公司	广东省越秀区东风东路739号地质大厦9、10楼	陈鸿敏	510080	020-87651072	区域地质调查:甲级;液体矿产勘查:甲级;固体矿产勘查:甲级;水文地质、工程地质、环境地质调查:地球物理勘查:甲级;甲级;地质钻探:甲级。	2010年9月28日

国土资源部关于加强矿业权评估行业管理的通知

国土资发〔2011〕40号

各省、自治区、直辖市国土资源厅(国土环境资源厅、国土资源局、国土资源和房屋管理局、规划和国土资源管理局),中国矿业权评估师协会:

为加强矿业权评估行业管理,进一步规范矿业权价款评估工作,依据矿产资源管理法律法规,按照《中共国土资源部党组关于印发深化改革创新制度建立国土资源系统反腐倡廉工作长效机制实施方案的通知》(国土资党发〔2010〕37号)要求,现就有关事项通知如下:

一、切实提高对加强矿业权评估行业管理重要意义的认识

改革开放以来,随着我国矿业权有偿取得制度的建立,矿业权价款评估应运而生,在各级国土资源主管部门和行业协会、评估机构、评估师的共同努力下,矿业权评估事业不断发展壮大,并在推进矿业权市场建设中发挥了重要作用。但矿业权价款评估是一项全新的工作,实践中还需要进一步完善和规范管理。目前存在的主要问题是:矿业权评估理论研究有待进一步深化,对矿业权价款评估工作的重要意义及其概念、内涵和作用认识不足;建立全国统一的矿业权价款评估市场仍然存在较大难度;矿业权评估业务受不正当干扰的现象依然存在;行业公信力不强、诚信自律管理制度尚不健全;少数评估机构和评估师行为不规范、素质不高;省级国土资源主管部门监督管理职能不明确,作用未能充分发挥。

为有效解决上述问题,推动矿业权评估事业的健康发展,各级国土资源主管部门要从深化社会主义市场经济体制改革、规范矿政管理、维护国家利益和矿业权人合法权益的高度,提高对做好矿业权评估行业管理工作重要性的认识、切实加强领导、完善制度、理顺关系、明确职责、加强监督管理,通过对矿业权评估行业管理的不断规范和完善,促进矿业权市场的建设。

二、准确把握矿业权价款评估工作的地位和作用

各级国土资源主管部门应进一步统一认识,准确把握矿业权价款评估工作的地位和作用。矿业权价款评估是具有矿业权评估师执业资格的人员和矿业权评估资质的机构基于委托关系,对约定矿业权的价款进行评价、估算,并通过评估报告的形式提供咨询意见的市场服务行为。依据矿产资源法律法规,凡属于国家出资勘查形成的矿产地均应进行矿业权价款评估,矿业权申请人要缴纳矿业权价款。矿业权评估机构以其公信力参与矿业权价款评估,矿业权价款评估结论是确定矿业权价款的重要参考依据。矿业权管理机关在按规定收取矿业权价款时,应参考矿业权价款评估结论,合理确定矿业权价款。

三、理顺关系,明确职责

做好矿业权评估行业管理是国土资源主管部门和矿业权评估行业协会的一项重要职责。各级国土资源主管部门要严格按照国家有关资产评估的政策、要求,认真执行国土资源部关于矿业权评估的有关制度,切实加强矿业权评估监督管理。

(一)省级国土资源主管部门监督管理的主要任务是:

1. 宣传贯彻国家有关资产评估的政策、规定,严格执行国土资源部矿业权评估有关文件要求;

2. 履行矿业权评估活动属地化管理职责,对矿业权评估机构和评估师的评估活动进行监督管理;

3. 对部负责备案的矿业权评估项目开展情况进行备案,协助部了解矿业权价款评估项目有关情况。

省级以下国土资源主管部门要按照矿业权审批权限,严格执行部矿业权评估管理有关规定,做好本级出让矿业权的价款评估管理工作。

(二)中国矿业权评估师协会要在国土资源部指导下,严格按照协会章程,切实采取措施,加强业务建设和行业自律。主要任务是:

1.开展矿业权评估理论方法研究,制定并完善中国矿业权评估准则体系;

2.编制并组织实施矿业权评估行业发展规划;

3.制定矿业权评估行业自律规范,开展行业自律监督检查,惩戒违反行业自律规范的行为;

4.负责矿业权评估机构和评估师执业资质资格管理,健全完善准入、退出机制;

5.组织开展矿业权评估从业人员业务培训与交流等。

四、切实强化国土资源主管部门对矿业权评估行业的监督管理

(一)实行矿业权评估活动监督属地化管理。各级国土资源主管部门要认真执行国土资源部关于矿业权评估工作的各项制度和办法,重点加强对矿业权评估机构和评估师执业行为的监督管理。对矿业权评估机构和评估师执业行为监督管理总的原则是实行矿业权评估活动属地化管理。属于本级国土资源主管部门出让矿业权开展的矿业权价款评估活动,由本级国土资源主管部门负责监督管理。省(区、市)国土资源主管部门要将当年矿业权价款评估报告中主要参数表(表式详见附件1)于年底报国土资源部。

(二)建立评估活动备案制度。凡承担国土资源部出让矿业权价款评估的机构,自取得项目评估任务并到现场开展评估活动起一个月内必须持矿业权评估机构资质和业务合同复印件到当地省(区、市)国土资源主管部门进行备案(备案表格式见附件2),评估项目现场工作完成后及时向备案部门报告工作情况。省(区、市)国土资源主管部门每年要将矿业权评估活动备案情况汇总报国土资源部,并可以根据情况,组织对矿业权评估活动进行调查了解,对上级交办的和社会反映矿业权评估存在违法、违规行为的要依法调查,并将调查结果报国土资源部处理。

五、进一步规范矿业权价款评估管理和评估机构及评估师的执业行为

进一步规范矿业权价款评估管理和评估机构及评估师的执业行为是落实部"两整治一改革"预防和治理矿业权评估领域腐败行为发生的一项重要措施。

(一)进一步规范矿业权价款评估管理。各级国土资源主管部门要认真执行部已下发文件的要求,在出让矿业权价款评估选择矿业权评估机构时,严格按照公开、公平、公正的原则,一律采用摇号等公开的方式确定,不得设置没有部文件依据的矿业权评估机构和评估师的准入条件,选择结果通过媒体公示;评估报告合规性审查通过后,要将评估报告有关内容及合同在媒体公示。

(二)进一步规范评估机构和评估师的执业行为。矿业权评估机构及评估师在执业时,要严格执行矿业权评估管理办法、矿业权评估准则、矿业权评估执业自律管理等相关规定,严格履行评估合同,认真开展实地调查,尽职、尽责地开展评估活动。矿业权评估机构及评估师不准利用执业之便,索取、收受合同约定以外的酬金或其他财物等不正当利益;不准与利益相关人串通,出具虚假或有重大差错或遗漏的评估报告。

(三)建立评估合同履约考核制度。矿业权评估机构要严格执行合同约定的时限条款,凡申请延期的,原则上延长一次,时间不超过10个工作日。由于矿业权评估机构自身的原因,逾期还不能完成的,国土资源主管部门要给予警告并在网上公告,自公告之日起取消其半年内参加摇号报名资格。中国矿业权评估师协会根据国土资源主管部门的公告将有关情况记录在矿业权评估机构的诚信档案,对情节严重的不得通过年检。

六、切实加强矿业权评估机构及评估师资质、资格管理

(一)建立健全评估机构准入、退出机制。评估机构资质和评估师资格管理是矿业权评估行业健康发展的重要保证。中国矿业权评估师协会要按照国土资源部要求，严格执行《矿业权评估管理办法（试行）》（国土资发〔2008〕174号）、《矿业权评估师执业资格制度暂行规定》（人发〔2000〕82号）、《矿业权评估机构资质管理暂行办法》（矿评协字〔2007〕8号）和《中国矿业权评估师协会自律管理规定》（矿评协发〔2008〕5号），按照矿业权评估行业发展规划，综合考虑市场规模，控制发展矿业权评估机构的数量。严格按照有关规定，建立评估机构准入退出机制。对评估机构评估业务人员等发生变化，已不具备国土资发〔2008〕174号文件第十八条规定的条件；连续两年未开展评估业务或连续两年未通过年检；违反本通知第五条规定"两不准"要求，经查证属实的，应取消其资质。

（二）加强矿业权评估师执业注册管理。凡未在中国矿业权评估师协会进行执业注册的矿业权评估师，签署的矿业权评估报告不具法律效力。矿业权评估师在评估活动中违反本通知第五条"两不准"要求，经查证属实的，一律注销注册，吊销矿业权评估师资格证书。

七、完善制度，落实矿业权评估行业自律的相关规定

建立并贯彻实施自律制度是保证行业健康发展、提高行业公信力的重要任务，中国矿业权评估师协会是矿业权评估行业自律管理的责任单位，要在国土资源部指导监督下做好矿业权评估行业自律管理工作。

（一）认真将行业自律规定落到实处。要认真履行矿评协发〔2008〕5号等相关规定，督促矿业权评估机构、矿业权评估师和从业人员在执业中遵守国家法律、法规与行业规范，恪守"独立、客观、公正"原则，维护委托人和相关人合法权益。

（二）进一步完善矿业权评估准则体系。根据矿业权市场建设和矿业权出让方式的新情况、新要求，组织开展矿业权评估理论方法研究，进一步完善矿业权评估准则体系，不断满足矿政管理和矿业权市场发展的需要。

（三）建立健全行业内部自我约束、自我纠错机制。要认真组织开展矿业权评估机构年检，并将年检情况向国土资源部报告后向社会公告；对各评估机构的评估工作质量进行检查，不断提高评估工作水平；进一步完善矿业权评估机构和矿业权评估师诚信档案管理制度，做好矿业权评估机构和矿业权评估师诚信档案的建设、管理和维护工作，矿业权评估机构和矿业权评估师的基本信息、诚信档案等情况应向社会公开。

（四）进一步做好宣传、培训和服务工作。要主动接受社会监督，收集社会对矿业权评估工作的评议、意见和建议等有关信息，定期在全行业通报。加强对矿业权评估工作的宣传，积极回应社会、媒体有关矿业权评估工作的评论，取得社会对矿业权评估工作的理解和支持。加大对矿业权管理相关制度和自律管理规定的培训，牢固树立依法依规从业的思想意识，做到警钟长鸣。

各省（区、市）国土资源主管部门和中国矿业权评估师协会要根据本通知要求，从落实行业监督管理和行业自律管理的职责入手，结合实际情况，进一步细化管理措施，加强行政监督，强化行业管理，改进工作方法，提升矿业权评估行业监督管理水平。各省（区、市）国土资源主管部门和中国矿业权评估师协会每年3月将上年度矿业权评估行业监督管理情况进行总结，形成报告后报国土资源部。在落实本通知过程中遇到的问题，要及时向部报告。

矿业权转让等其他咨询评估活动的管理比照上述原则办理。

各省（区、市）国土资源主管部门可按上述原则制定具体管理办法。从发文之日起，本通知的有效期为八年。

附件1：××××矿业权评估报告参数表

附件2：××公司矿业权评估工作备案表

国土资源部

二〇一一年三月三十日

附件1：

××××矿业权评估报告参数表

出让机关		
评估委托人		
受让人		
评估机构名称		
评估方法		
评估基准日		
技术参数	矿业权面积	
	资源储量（分类别）	
	生产规模	
	矿山理论服务年限	
	评估服务年限	
	产品方案	
	采选冶指标	
	……	
经济参数	固定资产投资	
	产品价格（不含税）	
	成本（分项列）	
	……	
其他评估参数	效用系数（分f1、f2列示）	
	调整系数	
	地质风险系数	
	……	

附件 2:

××公司矿业权评估工作备案表

<table>
<tr><td>评估机构名称</td><td colspan="3"></td></tr>
<tr><td>评估项目名称</td><td colspan="3"></td></tr>
<tr><td>评估项目来源</td><td colspan="3"></td></tr>
<tr><td>评估签约时间</td><td></td><td>申请备案时间</td><td></td></tr>
<tr><td>评估工作备案材料</td><td colspan="3">1.(机构资质复印件)
2.(合同复印件)
3.(机构法人授权书)
机构经办人: 年 月 日</td></tr>
<tr><td>备案部门意见</td><td colspan="3">负责人: 经办人: 年 月 日</td></tr>
<tr><td>评估现场工作完成情况</td><td colspan="3">(完成时间、工作内容)
机构经办人: 年 月 日</td></tr>
<tr><td>备案部门意见</td><td colspan="3">(该评估机构已完成现场调查并按规定备案)
负责人: 经办人: 年 月 日</td></tr>
</table>

中华人民共和国国土资源部公告

2011 年第 25 号

关于调整探矿权申请资料有关问题的公告

根据《地质资料管理条例实施办法》(国土资源部令第 16 号)和《国土资源部办公厅关于加强探矿权人放弃勘查区块地质资料汇交管理的通知》(国土资厅发〔2011〕51 号)有关规定,现对调整探矿权申请资料有关问题公告如下:

一、自 2012 年 1 月 1 日起,探矿权变更登记申请,凡涉及缩小勘查区块范围,且在申请放弃勘查区块范围内开展了地质工作的,向国土资源部、各省(区、市)国土资源主管部门申报的规定要件中,需要增加申请放弃区块的《地质资料汇交凭证》。

二、自 2012 年 1 月 1 日起,探矿权变更登记申请,凡涉及缩小勘查区块范围,且在申请放弃勘查区块范围内没有开展地质工作的,向国土资源部、各省(区、市)国土资源主管部门申报的规定要件中,需要增加矿产资源勘查年检管理机关出具的《申请放弃勘查区块无需汇交地质资料意见表》。

上述报件应同时按《国土资源部关于探矿权、采矿权申请资料实行电子文档申报的公告》(国土资源部公告2007年第12号)规定提交电子文档。

国土资源部
二〇一一年十月十八日

国土资源部关于进一步完善矿业权管理促进整装勘查的通知

国土资发〔2011〕55号

各省、自治区、直辖市国土资源厅(国土环境资源厅、国土资源局、国土资源和房屋管理局、规划和国土资源管理局),中国地质调查局、中央地质勘查基金管理中心:

2006年国土资源部下发《关于进一步规范矿业权出让管理的通知》(国土资发〔2006〕12号,以下简称12号文)、《关于进一步加强煤炭资源勘查开采管理的通知》(国土资发〔2006〕13号,以下简称13号文)以来,矿业权分类管理全面实施,煤炭矿业权设置方案制度率先推行,在规范矿业权管理,提高矿产资源保障能力等方面取得了明显成效。为进一步深化矿业权分类管理,优化矿产资源勘查开采布局,落实地质找矿新机制,保障找矿突破战略行动顺利实施,现就进一步完善矿业权管理(石油、天然气除外),促进整装勘查有关问题通知如下。

一、完善矿业权分类管理

(一)细化完善勘查风险分类。继续按照12号文的规定,实行矿业权分类管理。省级国土资源主管部门可结合本地实际,依据12号文中“矿产勘查开采分类目录”,综合考虑矿床类型、勘查深度和地质工作程度等因素,提出调整完善的建议,经专家论证、社会公示、报部批准后予以实施。

(二)全面实行矿业权设置方案制度。对于高风险勘查,以整装勘查区为重点,根据地质构造条件,区域成矿规律,矿产资源潜力评价、储量利用调查和矿业权实地核查成果,编制矿业权设置方案,合理划分探矿权区块。对整装勘查区以外的高风险勘查,也要积极推进矿业权设置方案的编制。对于煤炭以外的其他低风险勘查,参照13号文关于煤炭资源的管理,根据资源赋存状况和地质构造条件,编制矿业权设置方案;资源情况不清的,先由国家出资开展预查和必要的普查工作。对于无风险矿种,由国家出资开展必要的地质工作后,直接编制采矿权设置方案。矿业权设置方案的编制以矿产资源规划为依据,整装勘查区的矿业权设置方案应与整装勘查实施方案相衔接。通过实施矿业权设置方案制度,保障和促进矿产资源勘查开采合理布局。矿业权设置方案具体编制要求见附件。

国家规划矿区、对国民经济具有重要价值的矿区、整装勘查区的矿业权设置方案由省级国土资源主管部门编制,国土资源部审批;其他矿业权设置方案由省级国土资源主管部门组织编制并审批,其中涉及《矿产资源勘查区块登记管理办法》(国务院令第240号)和《矿产资源开采登记管理办法》(国务院令第241号)规定的34个重要矿种的矿业权设置方案,报部备案。

矿业权设置方案未经批准或备案,不得新设低风险勘查和无风险矿种的矿业权,不得新设整装勘查区高风险勘查的探矿权,国家为编制矿业权设置方案开展的勘查工作除外。各地应根据矿业权出让的需要,选择重点地区优先组织编制矿业权设置方案。审批机关应保证审批时效,及时批复。对各类已设矿业权,凡不符合矿业权设置方案要求的,应按方案逐步推进矿业权整合,促进矿产资源勘查开采合理布局。涉及整合的勘查许可证采矿许可证的审批要件、办理程序、发证权限,以及相关优惠政策,按现有相关规定执行。整装勘查区内,按照《国土资源部办公厅关于矿产资源整装勘查区暂停受理新立探矿权采矿权申请的通知》(国土资电发〔2011〕22号)要求,暂缓审批的已受理矿业权申请,如不符合矿业权设置方案,应按方案调整后进入审批程序。

(三)规范完善矿业权出让。按照12号文规定,对高风险勘查,坚持申请在先的探矿权出让管理制度,进一步强化勘查实施方案审查。对整装勘查区高风险勘查,通过编制矿业权设置方案,保障合理布局。对低风险勘查和无风险矿种,坚持主要以招标拍卖挂牌方式出让矿业权,综合资金、技术、业绩、诚信等要素设置竞争条件,防止简单地“唯价高者得”。全面执行矿业权出让进场公开公示相关规定,接受社会监督。

(四)严格矿业权协议出让管理。除按照12号文规定可以协议出让的四种情形之外,已设探矿权需要整合或因整体勘查扩大勘查范围涉及周边零星资源的,可以协议方式出让探矿权。各地不得擅自扩大协议出让范围。

矿业权协议出让须经国土资源主管部门批准后,再按照规定的发证权限颁发勘查许可证采矿许可证。34个重要矿种的协议出让,由国土资源部批准。其中,因矿业权整合或扩大勘查开采范围需要协议出让,属于授权省级国土资源主管部门发证权限范围的,由省级国土资源主管部门批准。34个重要矿种以外其它矿种协议出让的批准权限，由省级国土资源主管部门制定具体规定，报部备案后执行。

二、促进整装勘查快速突破

（五）划定整装勘查区。按照找矿突破战略行动的总体部署，在全国重点成矿区带，以国家紧缺矿产为主攻矿种，优选成矿条件好、找矿风险大而又具有找矿突破潜力的地区设立整装勘查区，集中实施整装勘查。整装勘查区名单及范围由国土资源部确定并统一发布。

（六）加快整装勘查区矿业权设置方案编制和审查。本通知印发之日起3个月内，省级国土资源主管部门完成整装勘查区内主攻矿种的矿业权设置方案的编制工作，报国土资源部审查批准后实施，并可根据勘查工作进展适时滚动修编，报部备案。整装勘查区应优先保证主攻矿种勘查，非主攻矿种新设置的矿业权原则上不得影响主攻矿种的整装勘查。情形特殊的，须报国土资源部批准。

（七）优选实施整装勘查的探矿权人。整装勘查区内已设探矿权符合矿业权设置方案要求的，探矿权人应按照统一的整装勘查工作部署，保障勘查资金投入和勘查进度。资金能力不足的，应引入社会资金合资勘查，也可申请国家资金联合勘查，风险共担、利益共享。

已设探矿权不符合矿业权设置方案的，要充分运用经济手段，促进矿业权整合，实施整装勘查。在符合整合主体标准的前提下，应优先从原探矿权人中产生整合主体；对原探矿权人均达不到整合主体标准的，可以引入新的主体，整合矿业权。暂不具备整合条件的探矿权人，应按照统一的整装勘查工作部署，保障勘查资金投入和整装勘查的工作进度。不参加整合又达不到整装勘查要求的探矿权人，由整合主体给予合理的补偿后退出。

整装勘查区内主攻矿种空白区的矿业权设置，要与推进已设矿业权整装勘查相结合，可优先配置给整合主体；其他空白区，按照矿业权设置方案和相关规定向社会公开出让，不收价款。出让中应遵循“三优先”原则，即投入大、勇于进行深部钻探验证的优先；国有地勘单位和社会资本联合成立企业，实行资本和找矿技术相结合的优先；勘查单位和矿山企业联合成立企业，实行探采一体化的优先。

（八）落实探矿权人整装勘查责任。整装勘查区内的探矿权人应按照整装勘查实施方案，编制探矿权范围内的勘查实施方案，保证勘查投入和勘查进度，并承诺如果投入和进度等未达到整装勘查要求，探矿权到期不再申请延续。由于勘查进展等原因导致整装勘查要求发生变化的，探矿权人可申请登记管理机关组织专家论证。经论证确认达到整装勘查要求的，可予以延续。

整装勘查区主攻矿种的新设探矿权，需向登记管理机关提交评审通过的勘查实施方案和承诺书；已设探矿权，应在整装勘查实施方案批准后3个月内，向登记管理机关提交修编并评审通过的勘查实施方案和承诺书，否则探矿权到期不予延续。

整装勘查实施方案应根据地质勘查工作进展滚动调整，探矿权范围内的勘查实施方案根据整装勘查区勘查实施方案及时修编。

（九）严格规范探矿权转让及矿种变更。整装勘查区主攻矿种的新设探矿权必须达到普查以上（含普查）工作程度、地质勘查报告经评审备案后才能转让。受让方必须具备实施整装勘查的能力。勘查矿种变更、整装勘查区设立前已设探矿权的转让，严格按照《国土资源部关于进一步规范探矿权管理有关问题的通知》（国土资发〔2009〕200号）规定执行。

三、强化保障措施

（十）进一步规范财政出资勘查行为。中央和地方财政资金（不含地质勘查基金，下同），主要用于基础性地质工作和矿产远景调查等公益性地质工作，为社会资金开展高风险勘查提供支撑。社会资金不愿投入的高风险勘查，财政资金可投入开展勘查工作，原则上完成预查后，编制矿业权设置方案，向社会公开出让探矿权。

地质勘查基金主要发挥政策调控和分担勘查风险的作用，可与社会投资人联合开展高风险勘查，也可根据国家矿产地储备的需要，针对特殊矿种和特殊地区合资或独资开展相应的勘查工作。

对于青藏、新疆、西南三江和大兴安岭等地的生态环境敏感地区，应鼓励优势企业开展风险勘查，但要强化管理，明确开采时应服从国家规划和产业政策，切实保护生态环境、维护民族地区的社会稳定。社会资金不愿进入的地区，财政资金及地质勘查基金可投资勘查，并适当提高勘查程度。对于适宜开采的大型矿产地，要引进大企业采用先进技术进行勘查开采。

（十一）发挥国有地勘单位地质找矿主力军作用。由省级国土资源主管部门对国有地勘单位技术力量和矿业权持有情况进行全面摸底、调查分析，在符合矿业权设置方案的前提下，根据技术能力、勘查力量和找矿业绩，为国有地勘单位合理配置高风险勘查空白区的探矿权，调动其找矿积极性，鼓励走探采一体化道路。中央驻地方国有地勘单位按属地原则，享受同等政策。

具体配置办法及转让处置要求由省级国土资源主管部门根据本地实际情况制定，矿业权配置情况及时报部备案。

(十二)提高整装勘查区矿业权审批效率。各级国土资源主管部门要开辟整装勘查区矿业权审批快速通道,主动服务,积极协调,加强联系,简化程序,提高效率。

(十三)强化信息化监管手段。经批准或备案的矿业权设置方案,要按照国土资源部统一要求,纳入"国土资源综合信息监管平台",实现矿业权设置方案的信息化管理。以往已经批准或备案的矿业权设置方案,省级国土资源主管部门要在本通知印发之日起6个月内,按照附件要求完成相关数据整理,报国土资源部。不按矿业权设置方案设置矿业权、擅自扩大协议出让范围、调整勘查风险类别未报部批准的,不予矿业权配号。

(十四)切实保障勘查质量。整装勘查区内承担勘查工作的单位原则上应具备相应的甲级勘查资质。勘查单位应严格按照地质勘查规范实施勘查工作,承担技术质量责任。省级国土资源主管部门要对整装勘查区的勘查项目组织抽查,发现质量问题,按照有关规定严肃处理。对编造虚假地质资料等弄虚作假的矿业权人和勘查单位,建立诚信记录,情节严重的,取消申请探矿权采矿权资格和勘查资质。

本通知自发布之日起执行,有效期8年。12号文附件"矿产勘查开采分类目录"的调整要求及第五条规定以本通知为准。本通知规定的整装勘查区矿业权管理措施,对其它具备条件的地区也可参照执行。省级国土资源主管部门可结合本地实际,制定具体实施办法并报部备案。执行中出现的问题及时报部。

附件:矿业权设置方案编制要求

国土资源部

二〇一一年四月二十九日

附件:

矿业权设置方案编制要求

矿业权设置方案是在矿产资源规划的基础上,对一定区域内探矿权采矿权空间布局的详细安排,是探矿权采矿权新立和调整的重要依据。

一、总体要求

(一)编制矿业权设置方案要以矿产资源法律法规、相关规范性文件、矿产资源规划等为依据,充分利用矿产资源潜力评价、储量利用调查和矿业权实地核查成果和既有地质矿产信息等资料,坚持整装勘查、集约开发的原则,优化矿产资源勘查开采布局。

(二)对高风险勘查区域,要以整装勘查区为重点编制矿业权设置方案。对低风险勘查区域,根据资源赋存状况和地质构造条件,编制矿业权设置方案;资源情况不清的,先由国家出资开展预查和必要的普查工作。其中,煤炭矿业权设置方案编制按已有文件要求执行。对无风险矿种,由国家出资开展必要的地质工作后,直接编制采矿权设置方案。

(三)编制矿业权设置方案,要在广泛征求地方政府、相关管理部门、矿业权人及利益相关人意见的基础上,组织专家进行充分论证,划分探矿权采矿权区块,合理确定矿业权数量和规模。编制区域凡可能涉及实行开采总量控制矿种成矿地质条件的地区,均应组织专家进行专题论证,论证结果应在矿业权设置方案中作专题说明,并在划分探矿权区块时,严格落实开采总量控制矿种的矿业权管理规定。

(四)国家规划矿区、对国民经济具有重要价值的矿区,以及整装勘查区的矿业权设置方案,由省级国土资源主管部门委托有相应资质的单位编制。其他区域矿业权设置方案的组织编制,由省级国土资源主管部门自行规定。

(五)已设矿业权不符合矿业权设置方案的,应按矿业权设置方案逐步调整和整合。

(六)矿业权设置方案实行动态管理,滚动修编。矿业权设置方案实施过程中,2/3以上探矿权地质勘查工作程度有了阶段性提高,根据已进行的地质勘查工作情况,需对矿业权设置方案进行调整的;因矿产资源开发整合,区域内1/3以上已设矿业权涉及范围调整的,由负责组织编制的国土资源主管部门提出修编意见。

(七)为加快整装勘查区矿业权设置方案编制,根据近期勘查工作部署,可以突出主攻矿种和重点区域。对面积较大的整装勘查区,可以划分多个编制单元,分步编制矿业权设置方案。

二、技术要求

矿业权设置方案由方案文本、附图、附表组成。矿业权设置方案文本应包括总则、地质成矿背景及社会经济发展分析、矿业权划分方案及结论、保障措施、附则等主要内容。

主要技术要求如下:

(一)概述编制区域地理位置、范围(拐点坐标)、面积、交通、自然条件、社会经济状况、地质工作情况、地质特征、资源储量、矿产资源开发利用情况等。

(二)依据编制区域自然地理条件、成矿规律、地质构造、开采技术条件、资源赋存条件、地质工作程度、经济技术条件及勘查开采现状、基础设施布局、行政区划、整装勘查实施方案等,提出探矿权采矿权的划分方案,并对确定设置的探矿权采矿权的数量、位置、范围等合理性进行论证。

(三)矿业权设置方案结论,要对设置的探矿权采矿权数量、位置、范围、面积、拐点坐标、标高、资源储量等进行描述。

(四)结合当地实际情况,制定经济、法律、技术和行政等方面保障矿业权设置方案实施的措施。

（五）在附则中说明方案编制的资料来源、与相关规划、整装勘查实施方案的衔接等情况；方案的审批、修改与解释权限。

（六）用表格形式列出已设探矿权采矿权的证号、名称、拐点坐标、面积、有效期、查明和占用的资源储量、开采设计规模等详细情况（具体见附表1～5）。

（七）矿业权设置方案平面图要有地理要素、地质矿产要素、地质勘查程度、已设探矿权采矿权名称和范围、拟设探矿权采矿权名称（或编号）和范围、探矿权采矿权整合的范围等内容。在图左侧分别以附表形式简要列出已设探矿权采矿权名称、面积等情况；在图右侧分别以附表形式简要列出拟设探矿权采矿权名称（或编号）、面积等情况。具体要求如下：

1.地理部分。以经适当简化的本地区基础地理图为底图绘制。包括县级以上行政区划界限、乡镇以上居民点、铁路和主干公路、重要水系、重要山峰和标志点。

2.基础部分。标明编制区域的范围、地质工作程度（调查评价、预查、普查、详查、勘探）及范围；断层、褶皱等；已设探矿权采矿权范围；拟设探矿权采矿权范围。

3.矿业权设置方案平面图以编制区域为对象，比例尺以能清晰显示、标注各类探矿权、采矿权范围为原则确定。已设探矿权以蓝色实线圈画，已设采矿权以绿色实线圈画；拟设探矿权以蓝色虚线圈画，并以蓝色填充，拟设采矿权以绿色虚线圈画，并以绿色填充。地理要素和地质矿产要素图例遵照国家标准（或行业标准）。

4.编制矿业权设置方案所采用资料的年份截止到上年年底。

（八）上报的矿业权设置方案最终成果包括纸质件3份、电子文档、电子报盘数据。矿业权设置方案电子报盘软件另行发布。

附表1　　**××区矿业权设置方案基本情况表**

区域名称	区域类别	拐点坐标	区内主要矿种	涉及开采总量控制矿种情况	面积（平方千米）	编制机关	批准机关	备注

注：1.区域名称是指矿业权设置方案编制区域的名称，应包含区域所在行政单元名称，如XX省XX县XX区域；跨行政区域的，应列出所跨行政单元共同的上级行政单元名称；

2.区域类别包括国家规划矿区、对国民经济具有重要价值的矿区、整装勘查区、省级重点矿区（勘查区）和一般矿区（勘查区）；

3.拐点坐标应填写方案编制区域各拐点在1980年西安坐标系下的经纬度坐标或直角坐标；

4.区内主要矿种应列出该编制区域的主要矿种和主要共伴生矿种；

5.编制机关是指方案组织编制的机关，批准机关是指方案组织审查批准的机关；

6.对整装勘查区，如果编制了多个矿业权设置方案，应在备注中注明该编制单元属于XX整装勘查区。

附表2　　**××区已设探矿权基本情况表**

序号	图面号	许可证号	项目名称	探矿权人名称	勘查主矿种	区块范围（拐点坐标）	区块面积（平方千米）	勘查阶段	资源储量单位	预获资源储量	有效期起	有效期止	登记发证机关	备注

注：1.图面号是指在矿业权设置方案平面图上，该已设探矿权的图面编号；

2.许可证号是指所列探矿权的勘查许可证号；

3.项目名称是指所列探矿权对应的勘查项目名称；

4.勘查主矿种是指该探矿权勘查许可证上所列的主要勘查矿种；

5.区块范围填所列探矿权区块各拐点在1980年西安坐标系下的经纬度坐标；

6.勘查阶段主要是指勘查许可证载明的地质工作阶段，如预查、普查、详查、勘探等；

7.资源储量是指按照《固体矿产资源/储量分类（1999）》分类中333级别以上储量和资源量的总和；资源储量单位参照《国土资源部关于开展矿产资源储量登记工作的通知》（国土资发〔2004〕35号）中附录一《矿产名称、统计对象及资源储量单位》的要求；

8.对审批通过的矿业权设置方案，在方案修编前，可暂不填本表。

附表 3

××区已设采矿权基本情况表

序号	图面号	许可证号	采矿权人名称	矿山名称	开采主矿种	矿区范围（拐点坐标）	矿区面积（平方千米）	资源储量单位	占用资源储量	服务年限（年）	开采设计规模	实际产能	有效期起	有效期止	登记发证机关	备注

注：1.图面号是指在矿业权设置方案平面图上，该已设采矿权的图面编号；

2.许可证号是指所列采矿权的采矿许可证号；

3.矿山名称是指所列采矿权对应的矿山名称；

4.开采主矿种是指该采矿权采矿许可证上所列的主要开采矿种；

5.矿区范围填所列采矿权范围各拐点在 1980 年西安坐标系下的直角坐标；

6.占用资源储量是指该采矿权占用的按照《固体矿产资源/储量分类（1999）》分类中 333 级别以上储量和资源量的总和；资源储量单位参照《关于开展矿产资源储量登记工作的通知》（国土资发〔2004〕35 号）中附录一《矿产名称、统计对象及资源储量单位》的要求；已设采矿权占用多种矿产并分别计算了资源储量的，以主要矿产、共生矿产、伴生矿产的顺序，分别填写各矿产的相关数据；

7.服务年限是指按照矿产资源开发利用方案和矿山设计，该矿山拟开采的年限；8.开采设计规模是指按照矿产资源开发利用方案和矿山设计，该矿山的年度开采量；实际产能是指在矿山投入生产后，根据市场需求和实际生产情况，该矿山每年的实际开采量；固体矿产的开采设计规模和实际产能均按矿石量计，计量单位参照《国土资源部关于调整部分矿种矿山生产建设规模标准的通知》（国土资发〔2004〕208 号）的标准；

9.对审批通过的矿业权设置方案，在方案修编前，可暂不填本表。

附表 4

××区拟设探矿权设置方案表

序号	图面号	区块名称	勘查主矿种	涉及开采总量控制矿种	区块范围（拐点坐标）	区块面积（平方千米）	现有勘查程度	风险类别	设置类型	拟设探矿权勘查阶段	备注

注：1 图面号是指在矿业权设置方案平面图上，该拟设探矿权的图面编号；

2.区块名称是指在编制矿业权设置方案过程中，对拟新设、调整或整合的探矿权区块临时赋予的名称；拟保留的已设探矿权沿用已有勘查项目名称；

3.勘查主矿种是指该拟设或保留探矿权区块拟勘查的主要矿种；

4.区块范围是指该拟设或保留探矿权区块各拐点在 1980 年西安坐标系下的经纬度坐标；

5.现有勘查程度是指该拟设或保留探矿权区块在编制方案时已达到的地质工作程度，包括调查评价、预查、普查、详查、勘探等；

6.风险类别是指按照本通知要求，经各省调整并报部备案后的勘查风险分类，该拟设或保留探矿权区块的勘查风险，分高风险、低风险、无风险三类；

7.设置类型包括：空白区新设、已设探矿权保留、已设探矿权调整、已设探矿权整合四种类型；如拟设探矿权由已设探矿权经调整，或由多个已设探矿权经整合后设置，则应在备注中注明调整或整合前探矿权名称和证号；

8.拟设探矿权勘查阶段包括预查、普查、详查、勘探四个阶段。

附表 5

××矿区拟设采矿权设置方案表

序号	图面号	矿区名称	开采主矿种	涉及开采总量控制矿种	矿区范围（拐点坐标）	矿区面积（平方千米）	设置类型	资源储量单位	查明（占用）	资源储量	备注

注：1.图面号是指在矿业权设置方案平面图上，该拟设采矿权的图面编号；

2.矿区名称是指在编制矿业权设置方案过程中，对拟新设、调整或整合的采矿权临时赋予的名称；拟保留的已设采矿权沿用已有矿山名称；

3.开采主矿种是指该拟设或保留采矿权拟开采的主要矿种；

4.矿区范围是指该拟设或保留采矿权范围各拐点在 1980 年西安坐标系下的直角坐标；

5.设置类型包括：探矿权转采矿权、已设采矿权保留、已设采矿权调整、已设采矿权整合四种类型；如拟设采矿权由探矿权经申请转采矿权、或由已设采矿权经调整，或由多个已设探矿权采矿权经整合后设置，则应在备注中注明转采、调整或整合前的矿业权名称和证号；

6.对拟设采矿权填查明资源储量，对已设保留采矿权填占用资源储量；资源储量是指该采矿权占用的按照《固体矿产资源/储量分类（1999）》分类中 333 级别以上储量和资源量的总和；资源储量单位参照《国土资源部关于开展矿产资源储量登记工作的通知》（国土资发〔2004〕35 号）中附录一《矿产名称、统计对象及资源储量单位》的要求；已设采矿权占用多种矿产并分别计算了资源储量的，以主要矿产、共生矿产、伴生矿产的顺序，分别填写各矿产的相关数据。

国土资源部关于表扬全国矿业权实地核查工作先进集体和先进个人的通报

国土资发〔2011〕82号

各省、自治区、直辖市国土资源主管部门、矿业权实地核查项目办公室,中国核工业集团公司:

自2008年全国矿业权实地核查工作启动以来,各级国土资源管理部门精心组织实施,实地核查承担单位和技术支撑单位积极支持配合,全国共有各级管理人员5000多人、1081个承担单位的2.3万名技术人员参加了工作,累计投入经费22.6亿元。经过近三年的努力,对全国36755个探矿权和110493个采矿权进行了实地核查,圆满完成了工作任务,实现了预期目标。通过矿业权实地核查,及时发现和解决了矿业权存在的矿界位移、交叉重叠、越界、信息遗漏等问题,获得了全面、真实、可靠的矿业权基本数据,为推进矿产资源科学规范管理,依法维护矿业权人权益奠定了坚实的基础。

各级国土资源管理部门和矿业权实地核查人员在实地核查工作中不畏艰险、迎难而上,克服了时间紧、任务重、要求高、经费不足、条件恶劣等困难,涌现出一批先进典型和感人事迹,充分体现出国土资源管理事业工作者的战斗力和敬业精神。为充分肯定各级国土资源管理部门和实地核查人员的突出贡献,对他们在矿业权实地核查工作中付出的艰辛劳动予以鼓励,在各省级国土资源管理部门推荐的基础上,经全国矿业权实地核查先进集体和先进个人评选委员会审核,决定对江苏省国土资源厅等307个先进集体和中国地质调查局发展研究中心总工程师谭永杰等418个先进个人予以通报表扬。

希望受到通报表扬的先进集体和先进个人发扬成绩,珍惜荣誉,在今后的工作中再接再厉,再创佳绩,推动矿产资源管理工作再上新台阶。各地要认真组织学习、宣传先进单位和先进个人的事迹,以他们为榜样,深入贯彻落实科学发展观,用实际行动投身到创先争优活动中去,积极进取,开拓创新,充分发挥积极性、主动性和创造性,以更大的工作热情,更扎实的工作作风,进一步巩固和应用好矿业权实地核查工作成果,建立完善数据动态更新机制,推进成果数据共享,加快成果数据的深化应用,为全面推进国土资源管理事业又好又快发展做出更大的贡献。

附件1:全国矿业权实地核查工作先进集体名单(共307个)

附件2:全国矿业权实地核查工作先进个人名单(共418人)

国土资源部

二〇一一年六月十六日

附件1:

全国矿业权实地核查工作先进集体名单(共307个)

一、全优奖(5个)

江苏省国土资源厅

辽宁省国土资源厅

湖北省国土资源厅

重庆市国土资源和房屋管理局

山东省国土资源厅

二、优秀成果奖(5个)

浙江省国土资源厅

天津市国土资源和房屋管理局

陕西省国土资源厅

河北省国土资源厅

湖南省国土资源厅

三、最佳奋斗奖(5个)

西藏自治区国土资源厅

黑龙江省国土资源厅

四川省国土资源厅

贵州省国土资源厅

青海省国土资源厅

四、特别表扬奖(3个)

中国地质调查局发展研究中心

中国煤炭地质总局航测遥感局

国土资源部信息中心

五、先进市(县)局和优秀承担单位(289个)

北京市(4个)

北京市一〇一地质大队

北京市国土资源局房山分局

北京市国土资源局昌平分局

北京市地质工程设计研究院

天津市(4个)

天津市地质调查研究院

天津地热勘查开发设计院

天津市国土资源和房屋管理局宁河县国土资源分局

天津市国土资源和房屋管理局宝坻国土资源分局

河北省(11个)

河北省地质调查院
秦皇岛市国土资源局
邢台市国土资源局
宽城县国土资源局
武安市国土资源局
鹿泉市国土资源局
易县国土资源局
赤城县国土资源局
河北省地勘局秦皇岛矿产水文工程地质大队
河北省地勘局测绘院
河北省地勘局第五地质大队

山西省(16个)

山西省煤炭地质物探测绘院
长治市国土资源局
忻州市国土资源局
晋中市国土资源局
山阴县国土资源局
太原市国土资源局万柏林分局
阳泉市国土资源局郊区分局
灵丘县国土资源局
阳城县国土资源局
安泽县国土资源局
河津市国土资源局
吕梁市国土资源局离石分局
山西省矿山调查测量队
山西地信数码科技有限公司
临汾市测绘院
中国煤炭地质总局一二九勘探队

内蒙古自治区(16个)

内蒙古国土资源信息院
呼伦贝尔市国土资源局
锡林郭勒盟国土资源局
阿拉善盟国土资源局
武川县国土资源局
乌拉特中旗国土资源局
宁城县国土资源局
鄂托克旗国土资源局
达茂旗国土资源局
乌海市国土资源局海勃湾分局
通辽市科尔沁区国土资源局
内蒙古地质勘查有限责任公司
内蒙古自治区第六地质矿产勘查开发院
阿拉善盟国土资源勘测规划院
内蒙古赤峰地质矿产勘查开发院
内蒙古自治区第五地质矿产勘查开发院

辽宁省(11个)

辽宁省地质矿产调查院
营口市国土资源局
铁岭市国土资源局
大石桥市国土资源局
铁岭县国土资源局
岫岩满族自治县国土资源局
阜新蒙古族自治县国土资源局
清原满族自治县国土资源局
辽宁省第九地质大队
辽宁省有色地质局一〇八队
大连九成测绘信息有限公司

吉林省(5个)

吉林省国土资源信息中心
吉林市国土资源局
安图县国土资源局
通化县国土资源局
吉林省地矿测绘院

黑龙江省(6个)

黑龙江省地质矿产测试应用研究所
黑河市国土资源局
哈尔滨市阿城区国土资源局
庆安县国土资源局
黑龙江省区域地质调查所
黑龙江省地质矿产局测绘院

上海市(1个)

上海市地质调查研究院

江苏省(5个)

江苏省地质调查研究院
南京市国土资源局
江都市国土资源局
金坛市国土资源局
江苏省地质矿产局第二地质大队

浙江省(6个)

浙江省地质调查院
衢州市国土资源局
富阳市国土资源局
海盐县国土资源局
中国建筑材料工业地质勘查中心浙江总队
金华市复原地质矿山有限公司

安徽省(11个)

安徽省国土资源信息中心
池州市国土资源局
安庆市国土资源局
淮北市国土资源局

芜湖市国土资源局
蚌埠市国土资源局
金寨县国土资源局
黄山区国土资源局
安徽省地质测绘技术院
中国建筑材料工业地质勘查中心安徽总队
华东冶金地质勘查局 811 地质队
福建省(6 个)
福建省地质矿产勘查开发局测绘管理办公室
三明市国土资源局
漳平市国土资源局
永安市国土资源局
福建省地质测绘院
福建省国土测绘院
江西省(17 个)
江西省国土资源勘测规划院
南昌市国土资源局
宜春市国土资源局
九江市国土资源局
赣州市矿产资源管理局
浮梁县国土资源局
新余市国土资源局渝水分局
萍乡市国土资源局安源地质矿产分局
贵溪市国土资源局
玉山县国土资源局
新干县国土资源局
乐安县国土资源局
九江地质工程勘察院
江西省煤田地质局二二六地质队
江西省核工业地质局二六三大队
江西有色地质勘测二队(江西金鹏地质矿业有限公司)
江西省核工业地质局二六四大队
山东省(12 个)
山东省国土测绘院
潍坊市国土资源局
烟台市国土资源局
济南市国土资源局
泰安市国土资源局
淄博市国土资源局临淄分局
新泰市国土资源局
沂水县国土资源局
嘉祥县国土资源局
山东省明嘉勘察测绘有限公司
山东方元地理信息工程有限责任公司
山东省鲁南地质工程勘察院
河南省(11 个)
河南省国土资源科学研究院
郑州市国土资源局
洛阳市国土资源局
栾川县地质矿产局
登封市国土资源局
渑池县国土资源局
安阳县矿产资源管理中心
汝州市地质矿产局
河南省地质测绘总院
河南省有色金属地质矿产局第二地质大队
河南省煤田地质局物探测量队
湖北省(11 个)
湖北省土地规划勘测院
宜昌市国土资源局
咸宁市国土资源局
鄂州市国土资源局
武汉市江夏区国土资源和规划局
恩施州利川市国土资源局
黄石市阳新县国土资源局
荆门市钟祥市国土资源局
湖北省鄂东南地质大队
中化地质矿山总局湖北地质勘查院
荆州市土地勘测规划院
湖南省(11 个)
湖南省国土资源信息中心
郴州市国土资源局
邵阳市国土资源局
双峰县国土资源局
沅陵县国土资源局
安化县国土资源局
浏阳市国土资源局
衡东县国土资源局
湖南省地质矿产勘查开发局四〇三队
张家界市基础地理信息中心
武冈市国土资源勘测院
广东省(5 个)
广东省地质调查院
广东省地质测绘院
清远市国土资源局
四会市国土资源局
阳春市国土资源局
广西壮族自治区(11 个)
广西壮族自治区国土资源规划院
钦州市国土资源局
河池市国土资源局

浦北县国土资源局
南丹县国土资源局
陆川县国土资源局
鹿寨县国土资源局
那坡县国土资源局
钦州市测绘院
河池市规划勘察测绘院
广西地图院

海南省(3 个)

五指山市国土环境资源局
昌江黎族自治县国土环境资源局
海南省地质调查院

重庆市(6 个)

重庆地质矿产研究院
南川区国土资源和房屋管理局
万盛区国土资源局
奉节县国土资源和房屋管理局
重庆市地质矿产勘查开发局 205 地质队
重庆一三六地质队

四川省(16 个)

四川省国土勘测规划研究院
泸州市国土资源局
攀枝花市国土资源局
南充市国土资源局
峨眉山市国土资源局
彭州市国土资源局
绵竹市国土资源局
荥经县国土资源局
达县国土资源局
会理县国土资源局
兴文县国土资源局
四川省地质矿产勘查开发局四〇三地质队
四川省煤田地质局一三五队
四川省煤田地质局一四一队
四川省地质矿产勘查开发局攀西地质队
四川省地质矿产勘查开发局化探队

贵州省(17 个)

贵州省国土资源勘测规划院
遵义市国土资源局
安顺市国土资源局
黔南布依族苗族自治州国土资源局
息烽县国土资源局
织金县国土资源局
晴隆县国土资源局
德江县国土资源局
天柱县国土资源局
大方县国土资源局
六盘水市国土资源局钟山分局
贵州省第一测绘院
贵州地矿测绘院
贵州省地矿局一〇二地质大队
贵州省有色金属和核工业地质勘查局二总队
贵州富利东矿产资源技术咨询服务有限公司
贵州有色都匀测绘院

云南省(16 个)

云南省国土资源规划设计研究院
昆明市国土资源局
曲靖市国土资源局
临沧市国土资源局
开远市国土资源局
保山市国土资源局隆阳分局
富源县国土资源局
马关县国土资源局
宾川县国土资源局
盐津县国土资源局
东川区国土资源局
昆明市国土规划勘察测绘研究院
云南省地矿测绘院
云南正瑞鑫矿业有限公司
云南华联矿产勘探有限责任公司
西南有色昆明勘测设计(院)股份有限公司

西藏自治区(5 个)

西藏自治区测绘局
日喀则地区国土资源局
革吉县国土资源局
西藏自治区测绘院
西安煤航信息产业有限公司

陕西省(11 个)

陕西省国土资源规划与评审中心
延安市国土资源局
商洛市国土资源局
渭南市国土资源局
眉县国土资源局
华县国土资源局
洛南县国土资源局
汉中市国土资源局汉台分局
神木县矿产资源管理办公室
陕西省核工业地质局二二四大队
陕西省煤田地质局一八六队

甘肃省(11 个)

甘肃省矿产资源储量评审中心
定西市国土资源局

平凉市国土资源局
金塔县国土资源局
肃南裕固族自治县国土资源局
民勤县国土资源局
华亭县国土资源局
宁县国土资源局
甘肃省测绘工程院
甘肃省地质矿产勘查开发局第二地质矿产勘查院
甘肃有色地质勘查局天水总队

青海省(4个)

青海省国土规划研究院
青海省海西蒙古族藏族自治州国土资源局
青海省门源回族自治县国土资源局
青海省第一测绘院

宁夏回族自治区(3个)

宁夏回族自治区国土资源调查监测院
石嘴山市国土资源局
泾源县国土资源局

新疆维吾尔自治区(16个)

新疆维吾尔自治区地质矿产研究所
阿勒泰地区国土资源局
和田地区国土资源局
乌鲁木齐市国土资源局
巩留县国土资源局
和布克赛尔蒙古自治县国土资源局
奇台县国土资源局
哈密市国土资源局
和静县国土资源局
拜城县国土资源局
塔什库尔干塔吉克自治县国土资源局
伊犁哈萨克自治州国土资源勘测规划院
新疆地矿局第二地质大队
新疆地矿局第三地质大队
新疆地矿局第四地质大队
新疆地矿局第七地质大队

中国核工业集团公司(1个)

中国核工业集团公司矿冶部

附件2:

全国矿业权实地核查工作先进个人名单(共418人)

一、特别贡献奖(10人)

谭永杰　中国地质调查局发展研究中心总工程师
付晶泽　中国地质调查局发展研究中心处长
杨建锋　中国地质调查局发展研究中心副处长
孙炳旭　中国煤炭地质总局航测遥感局高级工程师
徐仁勇　重庆市南川区国土资源和房屋管理局副局长
张志敏　辽宁省国土资源厅处长
刘震平　江苏省国土资源厅处长
陈　洁　湖北省国土资源厅副调研员
焦殿阳　辽宁省第九地质大队测量队长
葛送来　浙江省地质调查院高级工程师

二、突出贡献奖及优秀青年奖(408人)

北京市(6人)

齐如明　北京市地质工程设计研究院院长
秦　沛　北京市地质工程设计研究院总工程师
王国辅　北京市国土资源局密云分局副局长
王晓梅　北京市地质工程设计研究院技术负责
华金玉　北京市国土资源局主任科员
王志强　北京市地质工程设计研究院工程师

天津市(5人)

李俊琴　天津市国土资源和房屋管理局副处长
李　波　天津市国土资源和房屋管理局干部
曾梅香　天津地热勘查开发设计院副所长
王永立　天津市地质调查研究院工程师
万广欣　天津市地质调查研究院工程师

河北省(17人)

李营华　河北省国土资源厅处长
严卫清　河北省国土资源厅副处长
裴晓东　河北省地质调查院院长
徐建生　河北省地质调查院副院长
马顺清　河北省地质调查院副总工程师
齐信军　河北省衡水市国土资源局副局长
刘维奇　河北省唐山市国土资源局处长
王凤军　河北省固安县国土资源局副局长
李宏伟　河北省河间市国土资源局副局长
丁建伟　河北省第二测绘院生产计划处处长
关宗江　河北省地球物理勘查院测绘工程所所长
李　勇　河北水文工程地质勘察院副总工程师
刘慎栋　河北省地勘局第十一地质大队队长助理
许　涛　中国冶金地质总局第一勘查院秦皇岛分院测量队长
李惠忠　河北省地矿局石家庄综合地质大队副总工程师
王东剑　河北省地质调查院矿业权核查项目部干部
陈伟东　河北省地质调查院矿业权核查项目部干部

山西省(22 人)
阎　旭　山西省国土资源厅处长
李　锐　山西省国土资源厅副处长
李　军　山西省太原市国土资源局副局长
杨建民　山西省朔州市国土资源局副局长
段沛然　山西省阳泉市国土资源局科长
李彦峰　山西省晋中市国土资源局科长
苗红斌　山西省武乡县国土资源局局长
冯宏斌　山西省临汾市国土资源局科长
刘世繁　山西省晋城市国土资源局科长
柴　柱　山西省大同市国土资源局科长
董月田　山西省忻州市国土资源局科长
翟俊素　山西省国土资源厅干部
郜向贞　山西省国土资源厅科长
鲁小红　山西省矿山调查测量队外业分队长
卫继周　山西省煤炭地质物探测绘院院长
王祖敏　山西省煤炭地质物探测绘院副院长
郑民刚　山西省煤炭地质物探测绘院副总工程师
郑秀丽　山西省煤炭地质物探测绘院地理信息中心主任
吴杨云　山西省煤炭地质物探测绘院核查办负责人
崔玉柱　山西省煤炭地质物探测绘院副总工程师
杨　波　山西省煤炭地质物探测绘院办公室负责人
张卫国　山西省国土资源厅主任科员

内蒙古自治区(18 人)
宋　华　内蒙古自治区国土资源厅处长
岳林浩　内蒙古自治区国土资源厅副处长
徐国权　内蒙古国土资源信息院总工程师
吴　青　内蒙古国土资源信息院副主任
姜建利　内蒙古国土资源信息院副主任
俞　柏　内蒙古国土资源信息院工程师
高翔宇　内蒙古自治区呼和浩特市国土资源局副科长
白永昌　内蒙古自治区乌海市国土资源局副局长
郭战斌　内蒙古自治区通辽市国土资源局科长
王海峰　内蒙古自治区兴安盟科右中旗国土资源局副局长
盖　君　内蒙古自治区包头市国土资源局副主任科员
马小兵　内蒙古自治区乌兰察布市国土资源局科长
张兴亚　内蒙古自治区巴彦淖尔市国土资源局科长
张　静　内蒙古自治区阿拉善盟国土资源局科长
张　辉　内蒙古自治区赤峰市国土资源局局长
赵小树　内蒙古自治区鄂尔多斯市国土资源局科长
张荣刚　内蒙古自治区呼伦贝尔市国土资源局副局长
竺金峰　内蒙古自治区锡林郭勒盟国土资源局副科长

辽宁省(13 人)
马　原　辽宁省国土资源厅处长
郝　军　辽宁省国土资源厅副处长
王福棠　辽宁省国土资源厅副处长
刘春阔　辽宁省国土资源厅高级工程师
赵　磊　辽宁省国土资源厅工程师
綦　巍　辽宁省国土资源厅宣传中心主任
刘宝良　辽宁省国土资源调查规划局副局长
蔡洪春　辽宁省国土资源厅信息中心副主任
孙　战　辽宁省国土资源厅权属中心副主任
潘锦华　辽宁省国土资源调查规划局科长
贺茂林　辽宁省国土资源调查规划局副科长
王圣连　辽宁省有色地质局高级工程师
刘　峰　辽宁省国土资源厅信息中心高级工程师

吉林省(10 人)
杨振华　吉林省国土资源厅处长
吕海臣　吉林省国土资源厅处长
王晓威　吉林省国土资源厅副处长
张　赜　吉林省国土资源信息中心科长
毕洪亮　吉林省吉林市国土资源局副调研员
赵东亮　吉林省长春市国土资源局处长
于志忠　吉林省地矿测绘院副总工程师
邢殿海　吉林省第二地质调查所测绘队长
么铅民　吉林省安图县国土资源局局长
王春媛　吉林省白山市江源区国土资源局副局长

黑龙江省(11 人)
刘升林　黑龙江省国土资源厅副巡视员
刘　军　黑龙江省国土资源厅处长
赵我为　黑龙江省国土资源厅调研员
路延廷　黑龙江省国土资源厅副调研员
闫　冰　黑龙江省国土资源厅科长
王洪斌　黑龙江省哈尔滨市国土资源局处长
刘明玉　黑龙江省黑河市国土资源局副局长
潘　河　黑龙江省齐齐哈尔矿产勘查开发总院院长
翟福君　黑龙江省地质矿产测试应用研究所副所长
吴　猛　黑龙江省地质矿产测试应用研究所副主任
王洪刚　黑龙江省地质矿产测试应用研究所科员

上海市(2 人)
吴继红　上海市地质调查研究院干部
李辉利　上海市地质调查研究院干部

江苏省(9 人)
吴雪梅　江苏省国土资源厅副处长
赵洪源　江苏省徐州市国土资源局副局长
邢卫兵　江苏省南通市国土资源局处长

禹会成　江苏省连云港市国土资源局处长
王建龙　江苏省镇江市国土资源局处长
王国强　江苏省泰州市国土资源局处长
周清锋　江苏省地质调查研究院主任
孙　磊　江苏省地质调查研究院主任
何　伟　江苏省地质调查研究院工程师

浙江省(9人)

陈　勃　浙江省杭州市国土资源局副主任科员
黄志群　浙江省金华市国土资源局处长
田　俊　浙江省衢州市国土资源局副局长
麻季福　浙江省舟山市国土资源局干部
沈朝钢　浙江省临海市国土资源局科长
史岩高　浙江省丽水市国土资源局主任科员
王孔忠　浙江省地质调查院副院长
石玉山　浙江省国土资源厅干部
廖福源　浙江省地质调查院工程师

安徽省(16人)

孔繁茂　安徽省国土资源厅处长
陈礼纪　安徽省国土资源厅副处长
李金沐　安徽省地测院干部
许卫军　安徽省国土资源信息中心科长
郑　敏　安徽省合肥市国土资源局副局长
燕　宇　安徽省亳州市国土资源局科员
王兰萍　安徽省宿州市埇桥区国土资源局干部
冯　梅　安徽省阜阳市地质环境监测中心科员
张力平　安徽省淮南市国土资源局副科长
孙忠民　安徽省滁州市国土资源局副科长
周燕萍　安徽省马鞍山市国土资源局科长
光　西　安徽省巢湖市国土资源局科员
侯卫东　安徽省旌德县国土资源局干部
孙静林　安徽省铜陵市国土资源局副主任科员
严四华　安徽省地质矿产勘查局326地质队干部
莫家根　安徽省煤田地质局勘查研究院高级工程师

福建省(10人)

李松太　福建省泉州市国土资源局科长
陈　斌　福建省漳州市国土资源局副科长
刘福昌　福建省龙岩市国土资源局科长
王国强　福建省大田县国土资源局干部
陈登鸿　福建省南平市国土资源局科员
林伯勇　福建省福州市国土资源局科员
肖忠文　福建省厦门市国土房产局主任科员
刘俊雄　福建省地质测绘院副总工程师
朱世勇　福建省地质测绘院工程师
张永术　福建省地质测绘院泉州分院院长

江西省(18人)

龚　健　江西省国土资源厅处长
郑斌勇　江西省国土资源厅处长
刘　军　江西省国土资源厅处长
李爱新　江西省国土资源勘测规划院院长
匡英剑　江西省国土资源勘测规划院副院长
李艳红　江西省国土资源勘测规划院科长
江　振　江西省国土资源勘测规划院副科长
潘海燕　江西省国土资源勘测规划院副科长
张　勇　江西省国土资源勘测规划院助理工程师
苏远晖　江西省国土资源勘测规划院干部
俞晓红　江西省南昌市国土资源局处长
刘建华　江西省赣州市矿产资源管理局科员
丁高胜　江西省宜春市国土资源局副局长
申劲松　江西省测绘局第一测绘院副院长
钟定波　江西省地勘局赣西地质调查大队院长
龚　强　江西省勘察设计研究院副分院长
雷宏涛　江西省核工业地质局二六四大队主任
彭正泉　江西省地质矿产勘查开发局赣南地质调查大队干部

山东省(16人)

李克强　山东省国土资源厅处长
潘拥军　山东省国土资源厅科长
贾广庆　山东省国土资源厅科长
吴立行　山东省财政厅主任科员
李国梁　山东省国土测绘院副主任
宋拥军　山东省国土测绘院副主任
胡维武　山东省济南市国土资源局副局长
宋长清　山东省淄博市国土资源局副局长
饶　峰　山东省枣庄市国土资源局科长
黄建华　山东省烟台市国土资源局科长
许静波　山东省潍坊市国土资源局副调研员
孙运昌　山东省威海市国土资源局科长
贾陆兵　山东省日照市国土资源局调研员
王高利　山东省临沂市国土资源局科员
李玉明　山东省菏泽市国土资源局局长
高俊峰　山东省莱芜市国土资源局科员

河南省(15人)

孔大刚　河南省国土资源厅处长
冯进城　河南省国土资源科学研究院院长
林应满　河南省国土资源科学研究院党委书记
李　浩　河南省国土资源厅副处长
李召明　河南省国土资源厅副处长
原振雷　河南省国土资源科学研究院所长
朱德友　中化地质矿山总局河南地质勘查院高级工程师
刘世洲　河南省信阳市国土资源局科长
张德清　河南省南阳市国土资源局科长

董正锐　河南省平顶山市国土资源局科长
薛永东　河南省济源市国土资源局科长
王宏伟　河南省栾川县地质矿产局副局长
张延楼　河南省登封市国土资源局副局长
崔　剑　河南省地质调查院助理工程师
李文香　河南省地质测绘总院助理工程师

湖北省(17人)

熊保成　湖北省国土资源厅处长
胡　凯　湖北省土地规划勘测院副院长
杨文森　湖北省土地规划勘测院工程师
张　玲　中化地质矿山总局湖北地质勘查院工程师
袁希平　湖北省武汉市蔡甸区矿产资源管理总站站长
姚贵学　湖北省神农架林区国土资源局科长
刘为华　湖北省荆州市国土资源局副科长
孟　涛　湖北省襄樊市保康县国土资源局副局长
高志峰　湖北省黄冈市国土资源局科长
鲁华山　湖北省孝感市国土资源局副局长
黎世舫　湖北省十堰市国土资源局科长
袁振林　湖北省潜江市国土资源勘测规划院科长
徐　军　湖北省仙桃市国土资源规划勘测院院长
蔡文革　湖北省广水市国土资源局科长
程　普　湖北省土地规划勘测院助理工程师
孟　俊　湖北省恩施州国土资源局科员
李　俊　湖北省荆门市国土规划勘测院科长

湖南省(15人)

辛建鑫　湖南省国土资源厅处长
刘　莉　湖南省国土资源厅副处长
柳杏辉　湖南省国土资源厅副处长
姚建新　湖南省怀化市国土资源局副科长
周怡湘　湖南省株洲市国土资源局副调研员
王兴元　湖南省永州市国土资源局副科长
曾志祥　湖南省娄底市国土资源局副局长
张天宝　湖南省益阳市国土资源局科长
朱水湘　湖南省衡阳市国土资源局副调研员
肖祥红　湖南省第二测绘院科长
汪寅生　湖南省地质调查院工程师
王滨清　湖南省工程勘察院副总工程师
刘　辉　湖南省地球物理地球化学勘查院副总工程师
刘　波　湖南省常德市国土资源局副主任
黄平辉　湖南省核工业地质局三一一大队干部

广东省(10人)

陈厚松　广东省国土资源厅处长
钟秋良　广东省国土资源厅副处长
张志杭　广东省国土资源厅副主任科员
李法南　广东省国土资源厅科员
罗大略　广东省地质调查院副总工程师
陈俊锋　广东省地质调查院工程师
陈浩权　广东省地质调查院工程师
杨锦华　广东省韶关市国土资源局科长
钟声波　广东省梅州市国土资源局副主任科员
陈周平　广东省河源市国土资源局副科长

广西壮族自治区(15人)

陆景宇　广西壮族自治区国土资源厅处长
覃春生　广西壮族自治区国土资源规划院副总工程师
韦栋梁　广西壮族自治区国土资源规划院院长助理
李其林　广西壮族自治区钦州市国土资源局科长
曹志森　广西壮族自治区河池市国土资源局科长
陈传凯　广西壮族自治区贵港市国土资源局科长
周北红　广西壮族自治区玉林市国土资源局科长
廖顺华　广西地图院科长
叶长干　广西壮族自治区钦州市测绘院总工程师
蒋发顺　广西地图院主任
王　伟　广西壮族自治区国土测绘院分院长
莫海寿　广西壮族自治区贵港市国土资源测绘院室主任
覃　攀　广西壮族自治区河池市规划勘察测绘院副总工程师
韩　东　广西壮族自治区百色市国土资源局主任科员
黄荣强　广西壮族自治区国土资源规划院副所长

海南省(5人)

陈贤世　海南省国土环境资源厅调研员
陈沐龙　海南省地质调查院副院长
王　波　海南省儋州市国土环境资源局副局长
王　平　海南省昌江黎族自治县国土环境资源局干部
高芳蕾　海南省地质调查院干部

重庆市(11人)

邱佳正　重庆市国土资源和房屋管理局处长
万传毅　重庆市国土资源和房屋管理局副处长
李大华　重庆地质矿产研究院院长
张正才　重庆市北碚区国土资源管理分局纪检组长
莫建兵　重庆地质矿产研究院副院长
黄永强　重庆市南川区国土资源和房屋管理局科长
曾传彬　重庆市永川区国土资源和房屋管理局科长
胡　波　重庆地质矿产研究院副所长
李国辉　重庆市南桐工程勘察有限公司总工程师
周其明　重庆市长寿区国土资源和房屋管理局矿管办主任

高　军　重庆市城口县国土资源和房屋管理局副局长

四川省(19人)

李智林　四川省国土资源厅副处长
蒋建中　四川省国土资源厅副调研员
赵齐宣　四川省遂宁市国土资源局副局长
唐　青　四川省成都市国土资源局助理调研员
熊海波　四川省攀枝花市国土资源局科员
陈关顺　四川省凉山州国土资源局副科长
郭　胜　四川省隆昌县国土资源局干部
李成亮　四川省雅安市国土资源局科长
邓良春　四川省达州市国土资源局科长
孙冀川　四川省乐山市国土资源局工程师
陈纪军　四川省泸州市国土资源局科长
李世富　四川省南充市国土资源局高坪分局干部
吴　刚　四川省绵阳市国土资源局工程师
税国勇　四川省广元市国土资源局科长
周　林　四川省眉山市国土资源局副科长
刘克万　四川省宜宾市国土资源局主任科员
胡　东　四川省地质矿产勘查开发局四〇三地质队主任助理
李发斌　四川省国土勘测规划研究院研究员
景　明　四川省国土勘测规划研究院工程师

贵州省(18人)

王爱民　贵州省国土资源厅副处长
孙　钊　贵州省国土资源厅主任科员
张海峰　贵州省国土资源厅主任科员
欧　文　中国建筑材料工业地质勘查中心贵州总队干部
姚志勇　贵州省国土资源勘测规划院所长
管永胜　贵州省国土资源勘测规划院干部
夏正清　贵州省第一测绘院助理工程师
姚　勇　贵州省测绘产品质量监督检查站主任
周　龙　贵州省修文县国土资源局科长
石云辉　贵州省遵义市国土资源局科长
伍成忠　贵州省安顺市国土资源局科员
范　鑫　贵州省水城县国土资源局干部
陈　彬　贵州省毕节地区国土资源局科长
包红宇　贵州省铜仁地区国土资源局干部
樊启和　贵州省瓮安县国土资源局干部
陈　炜　贵州省天柱县国土资源局副局长
卢　波　贵州省普安县国土资源局干部
冉文瑞　贵州省国土资源勘测规划院干部

云南省(18人)

邹　忠　云南省国土资源厅处长
谭继中　云南省国土资源厅副处长
周　海　云南省国土资源厅副主任科员
杨广全　云南省国土资源规划设计研究院院长
张述清　云南省国土资源规划设计研究院副总工程师
杨　艳　云南省地质技术信息中心副主任
廖志坚　云南省地质技术信息中心干部
陈茂林　云南省昆明市国土资源局副局长
马　毅　云南省红河州国土资源局矿管分局分局长
蒋志荣　云南省楚雄州国土资源局科长
彭　忠　云南省芒市国土资源局科员
龚　璃　云南省玉溪市新平县国土资源局科长
曾耀平　云南省华坪县国土资源局副局长
赵志鹏　云南省兰坪县国土资源局工程师
冯建文　云南省普洱市澜沧县国土资源局副局长
张志武　云南省保山市昌宁县国土资源局科员
龚善荣　云南南方地勘工程总公司副院长
史华林　中国有色金属工业昆明勘察设计研究院副总工程师

西藏自治区(6人)

次旺多吉　西藏自治区国土资源厅副巡视员
次仁旺堆　西藏自治区测绘院副院长
次仁顿珠　西藏阿里地区国土资源局副局长
旺　拉　西藏日喀则地区国土资源局科员
李忠军　西安煤航信息产业有限公司总经理
巴桑元旦　西藏自治区国土资源厅干部

陕西省(15人)

王明卫　陕西省国土资源规划与评审中心室主任
高莉莉　陕西省国土资源规划与评审中心室主任
郑宁平　陕西省国土资源信息中心科长
朱兴国　陕西省西安市国土资源局副调研员
罗小争　陕西省铜川市国土资源局科长
景宏斌　陕西省宝鸡市国土资源局科员
昝民安　陕西省咸阳市国土资源局科长
樊小宁　陕西省渭南市国土资源局副主任科员
陈长林　陕西省安康市国土资源局科员
任彦平　陕西省商洛市国土资源局科长
靳生强　陕西省洋县国土资源局副局长
张小林　陕西省府谷县国土资源局科长
邢宪龙　陕西省地质矿产勘查开发局副院长
胡　祺　陕西省核工业地质局二二四大队副总工程师
任永贤　陕西省榆林市国土资源局科员

甘肃省(15人)

谢建强　甘肃省矿产资源储量评审中心项目办副主任
王蜀媛　甘肃省国土资源厅副处长

程星海　甘肃省测绘工程院副院长
丁得祥　甘肃省榆中县国土资源局主任
冯永祥　甘肃省嘉峪关市国土资源局科员
潘万虎　甘肃省金昌市国土资源局副局长
宋明忠　甘肃省白银市国土资源局科长
王　虹　甘肃省天水市国土资源局副局长
师延文　甘肃省武威市国土资源局凉州区分局干部
常小平　甘肃省张掖市国土资源局干部
刘四保　甘肃省陇南市国土资源局副科长
胡良平　甘肃省临夏州国土资源局副科长
王志强　甘肃省甘南州国土资源局科长
火飞飙　甘肃省国土资源厅副主任科员
曹长喜　甘肃省国土资源厅副主任科员

青海省(7人)

高聚平　青海省国土资源厅处长
魏云祥　青海省国土资源厅干部
李锦军　青海省海北州国土资源局科长
张　军　青海省国土规划研究院工程师
孙茂军　青海省第一测绘院副院长
郑永虎　青海省地矿测绘院副总工程师
胡旭莉　青海省第三地质矿产勘查院干部

宁夏回族自治区(5人)

马　涛　宁夏回族自治区国土资源厅副处长
吕昌国　宁夏回族自治区国土资源调查监测院副总工程师
刘　峥　宁夏回族自治区国土资源调查监测院室主任
张效华　宁夏回族自治区国土资源调查监测院干部
王玉才　宁夏回族自治区石嘴山市国土资源局科长

新疆维吾尔自治区(19人)

王庆明　新疆维吾尔自治区国土资源厅处长
祁世军　新疆维吾尔自治区地质矿产研究所所长
高　鹏　新疆维吾尔自治区地质矿产研究所总工程师
黄启锋　新疆维吾尔自治区地质矿产研究所技术负责
李　琰　新疆维吾尔自治区伊犁州国土资源局科长
李玉学　新疆维吾尔自治区塔城地区国土资源局副科长
张新泰　新疆维吾尔自治区阿勒泰地区国土资源局局长
张玉珉　新疆维吾尔自治区博州国土资源局副局长
鲜　明　新疆维吾尔自治区昌吉州国土资源局科长
聂卫东　新疆地矿局第六地质大队测量主管
刘进喜　新疆维吾尔自治区吐鲁番地区国土资源局局长
张　涛　新疆维吾尔自治区巴州国土资源局副科长
连周继　新疆维吾尔自治区阿克苏市国土资源局科长
钟春华　新疆维吾尔自治区克州国土资源局干部
李远春　新疆维吾尔自治区喀什地区国土资源局科员
孙义选　新疆维吾尔自治区和田地区国土资源局科长
杜世宝　新疆维吾尔自治区乌鲁木齐市国土资源局副局长
张天赐　新疆维吾尔自治区克拉玛依市国土资源局科长

中国核工业集团公司(1人)

金家明　中国核工业集团公司矿冶部处长

全国项目办(16人)(略)

国土资源部(2人)

常玉刚　国土资源部矿产开发管理司处长
胡斌华　国土资源部矿产开发管理司副调研员

中国地质调查局(1人)

王全明　中国地质调查局资源评价部副主任

国土资源部信息中心(1人)

周　桅　国土资源部信息中心副处长

中国地质调查局发展研究中心(6人)

李景朝　中国地质调查局发展研究中心副处长
易继宁　中国地质调查局发展研究中心助理工程师
郭　佳　中国地质调查局发展研究中心助理工程师
路玉林　中国地质调查局发展研究中心高级工程师
赵　琳　中国地质调查局发展研究中心助理工程师
吴　轩　中国地质调查局发展研究中心工程师

中国煤炭地质总局航测遥感局(4人)

康高峰　中国煤炭地质总局航测遥感局遥感应用研究院院长
王飞跃　中国煤炭地质总局航测遥感局遥感应用研究院副总
林　燕　中国煤炭地质总局航测遥感局遥感应用研究院副所长
胡智峰　中国煤炭地质总局航测遥感局遥感应用研究院工程师

吉林大学(1人)

王永志　吉林大学仪器科学与电气工程学院副教授

中国地质大学(北京)(1人)

曹希绅　中国地质大学(北京)管理学院副院长

国土资源部关于表扬第一批全国矿产资源开发整合先进矿山的通报

国土资发〔2011〕91号

各省、自治区、直辖市国土资源主管部门：

《国务院办公厅转发国土资源部等部门对矿产资源开发进行整合意见的通知》(国办发〔2006〕108号)及国土资源部等12部门《关于进一步推进矿产资源开发整合工作的通知》(国土资发〔2009〕141号)下发以来，地方各级党委、政府高度重视，认真贯彻落实，积极推进整合，取得了明显成效。

为总结整合工作经验，发挥典型引导示范作用，推动整合工作常态化管理和矿产开发结构持续调整优化，经县级人民政府、市级国土资源主管部门和省级国土资源主管部门推荐，部组织实地抽查、专家评审和公示，从近6万个参与矿产资源开发整合矿山中，遴选产生第一批全国矿产资源开发整合先进矿山。部决定对遴选出的河北省邢台恒源化工集团有限公司硫铁矿等47个矿山(名单附后)予以通报表扬。

这次通报表扬的矿山，是近年来在矿产资源开发整合中涌现出的先进典型，在推进整合中认真贯彻落实科学发展观，把握机遇，不断优化矿产资源开发布局，推动产业升级，增强了企业竞争力；落实节约优先战略，进一步提高矿产资源开发的规模化、集约化程度，促进了矿产资源高效开发利用；显著提高矿山安全生产条件，明显改善矿山生态环境，实现了矿区和谐稳定。希望受通报表扬的矿山珍惜荣誉，再接再厉，在矿产资源开发中再创佳绩。同时，全国各类矿山企业要以这些先进矿山为榜样，统筹兼顾经济效益、资源效益、安全效益、环境效益和社会效益，进一步调整优化矿产开发结构，转变发展方式，促进矿业经济可持续健康发展。

各级国土资源主管部门要以这次通报表扬为契机，大力宣传推广整合先进矿山的经验，进一步探索完善整合工作常态化管理机制，全面落实矿产资源规划和矿业权设置方案制度，健全完善矿业权有形市场，严格矿业权准入条件和退出机制，促进矿业权合理布局和矿产资源集约高效利用，为不断提高矿产资源保障能力作出新的贡献。

附件：第一批全国矿产资源开发整合先进矿山名单

国土资源部

二〇一一年七月一日

附件：

第一批全国矿产资源开发整合先进矿山名单

河北省(2个)

邢台恒源化工集团有限公司硫铁矿

唐山三友矿山有限公司石灰石矿

山西省(2个)

山西灵石红杏旺盛煤业有限公司

太原东山五龙煤业有限公司

内蒙古自治区(2个)

包头钢铁(集团)有限责任公司白云鄂博铁矿

内蒙古伊泰宝山煤炭有限责任公司宝山煤矿

辽宁省(3个)

鞍钢集团矿业公司胡家庙子铁矿

辽宁连山钼业(集团)元宝山采矿有限公司

大石桥市官屯镇大岭村镁石十五矿

江苏省(1个)

中盐金坛盐化有限责任公司金坛盐矿

浙江省(1个)

宁波市鄞州高桥镇岐湖村集中开采区建筑石料矿

安徽省(3个)

巢湖市钱家山石灰岩矿

安徽省涡阳县石弓山建筑石料用灰岩矿

宣城市狸桥镇金云村三岔路采石厂

福建省(2个)

福建马坑矿业股份有限公司马坑铁矿

国产实业(福建)水泥有限公司东中田地石灰石矿

江西省(3个)

江西铜业股份有限公司德兴铜矿

江西省修水香炉山钨业有限责任公司

兴国县中萤矿业有限公司隆平萤石矿

山东省(3个)

招金矿业股份有限公司河东金矿

新泰市朝阳煤矿

五莲县泉华石业有限公司十二号矿

河南省(2个)

栾川县鑫川公司石宝沟-鱼库铅锌矿

灵宝市金源矿业有限公司金源三矿

湖北省(2个)

保康尧治河矿业有限公司九里川磷矿

湖北柳树沟矿业股份有限公司丁西磷矿

湖南省(1个)

湖南有色新田岭钨业有限公司(二矿段)

广东省(1个)

梅州市文华矿山有限公司长隆山石灰石矿场

重庆市(2个)

綦江县安稳煤炭有限公司

重庆市永川区泰升煤业有限公司祝胜煤矿

四川省(3个)

盐边县攀西红格矿业有限责任公司红格铁矿

四川冕宁矿业有限公司三岔河稀土矿

四川江铜稀土有限责任公司(牦牛坪稀土矿)

贵州省(1个)

遵义县山盆镇隆鑫煤矿

云南省(3个)

云南天宁矿业有限公司安宁磷矿

云南金鼎锌业有限公司兰坪铅锌矿

文山麻栗坡紫金钨业集团有限公司南温河乡南秧田钨矿

西藏自治区(1个)

西藏墨竹工卡甲玛铜多金属矿区0-16-40-80、0-15线矿段

陕西省(3个)

洛南县九龙矿业有限公司王河沟钼矿

陕西太白黄金矿业有限责任公司太白县太和金矿

延安市宝塔区宝贸煤矿有限责任公司

甘肃省(2个)

甘肃洛坝有色金属集团有限公司

甘肃厂坝有色金属有限责任公司厂坝铅锌矿

青海省(2个)

青海霍布逊地矿化工(集团)有限公司察尔汗盐湖霍布逊区北段钾镁盐矿

青海西海煤电有限责任公司默勒二矿、默勒三矿

新疆维吾尔自治区(2个)

清河县惠源矿业有限责任公司青河县老山口铁矿区Ⅳ矿段铁矿

新疆中非夏子街膨润土有限责任公司新疆和布克赛尔膨润土矿

国土资源部关于发布《矿山地质环境保护与恢复治理方案编制规范》推荐性行业标准的公告

2011年第21号

《矿山地质环境保护与恢复治理方案编制规范》推荐性行业标准已通过全国国土资源标准化技术委员会审查,现予批准、发布,于2011年8月31日起实施。编号如下:

DZ/T0223-2011《矿山地质环境保护与恢复治理方案编制规范》

替代标准:

DZ/T0223-2007《矿山环境保护与综合治理方案编制规范》

特此公告。

国土资源部

二○一一年七月七日

国土资源部关于表扬全国危机矿山接替资源找矿先进集体和先进个的通报

国土资发〔2011〕176号

各省,自治区、直辖市及副省级城市国土资源主管部门,中国地质调查局及部其他直属单位,部机关各司局:

全国危机矿山接替资源找矿专项(以下简称专项),实施以来,在专项领导小组和项目管理办公室的领导下,有关省级项目主管部门、矿山企业、地勘单位、科研院所和专家认贯彻落实2004年国务院第63次常务会议精神,按照专项的统一部署和要求,积极进取、勇于创新、攻坚克难、甘于奉献,实现了矿山深部和外

围找矿的重大突破,涌现出了一批先进单位和个人,为专项开展提供了有力的服务和支撑。

为表扬专项行动中表现突出、成绩显著的集体和个人,进一步推动矿山深部和外围找矿实现重大突破,部决定对中国地质调查局发展研究中心等187个先进集体、叶天竺等165名先进个人予以通报表扬。

希望收到通报表扬的集体和个人再接再厉,努力工作,充分发挥先锋模范和带头作用,推动地质找矿工作取得重大突破。希望全系统干部职工向先进集体和先进个人学习,开拓创新,继续发挥积极性、主动性和创造性,为国家地质事业作出新到的贡献!

附件:全国危机矿山接替资源找矿先进集体和先进个人名单

国土资源部

二〇一一年十月二十八日

附件:

全国危机矿山接替资源找矿先进集体和先进个人名单

一、特别贡献奖8项

叶天竺国土资源部咨询研究中心教授级高工

中国地质调查局发展研究中心

有色金属矿产地质调查中心

辽宁省冶金地质勘查局地质勘查研究院

中国冶金地质总局山东正元地质勘查院

河南省地质矿产勘查开发局第一地质调查队

湖南省湘南地质勘察院

广西壮族自治区二一五地质队

二、先进集体180个

其中,重大找矿突破奖34项、重要找矿进展奖56项、优秀组织管理奖90项。

重大找矿突破奖

中国冶金地质总局第三地质勘查院

中国人民武装警察部队黄金地质研究所

中国建筑材料工业地质勘查中心湖南总队

中化地质矿山总局地质研究院

中化地质矿山总局湖北地质勘查院

首钢地质勘查院地质研究所

河北金厂峪矿业有限责任公司

唐山开滦建设(集团)有限责任公司

东北煤田地质局一〇七勘探队

辽宁省有色地质局一〇三队

黑龙江龙煤地质勘探有限公司

黑龙江省煤田地质一〇八勘探队

黑龙江省第一地质勘察院

江苏长江地质勘查院

江西铜业集团地勘工程有限公司

河南省煤炭地质勘察研究院

湖南省地质矿产勘查开发局四一八队

湖南省有色地质勘查局一总队

湖南省有色地质勘查局二一七队

广东省地质局七〇五地质大队

广东省地质局七〇四地质大队

广东省有色金属地质勘查局地质勘查研究院凡口项目组

桂林矿产地质研究院

海南省地质勘查局资源环境调查院

海南省地质调查院

重庆一三六地质队

四川省化工地质勘查院

四川省煤田地质工程勘察设计研究院

成都地质矿产研究所

云南省有色地质局三〇八队

陕西省核工业地质局二一一大队

甘肃省地质矿产勘查开发局第三地质矿产勘查院

宁夏回族自治区国土资源调查监测院

新疆维吾尔自治区煤田地质局一五六煤田地质勘探队

重要找矿进展奖

中国地质调查局发展研究中心“危机矿山勘查项目成果

报告编制GIS系统研究”项目组

中国地质调查局发展研究中心潜力调查项目组

国土资源实物地质资料中心

中国科学院广州地球化学研究所矿产资源预测团队

中国地质科学院勘探技术研究所

中国地质科学院地质力学研究所矿田构造研究室

中国地质科学院地球物理地球化学勘查研究所电磁综合研究室

中国地质大学(武汉)

中国矿业大学(北京)

桂林理工大学

昆明理工大学

中国冶金地质总局地球物理勘查院

中国冶金地质总局中南地质勘查院

有色金属矿产地质调查中心北京地质调查所

中国核工业集团公司核工业地质局二七〇研究所

中国核工业集团公司核工业地质局二九〇研究所
中国建筑材料工业地质勘查中心贵州总队
北京矿产地质研究院
河北省地质矿产勘查开发局第四地质大队
河北省地质矿产勘查开发局石家庄综合地质大队
山西省第三地质工程勘察院
山西省地质勘查局二一一地质队
内蒙古赤峰地质矿产勘查开发院
辽宁省有色地质局一〇一队
辽宁省有色地质局一〇五队
江苏省地质调查研究院
江苏省地质矿产勘查局第一地质大队
江苏华东地质调查有限责任公司
徐州长城基础工程有限公司
安徽省化工地质勘查总院
铜陵有色金属集团控股有限公司矿产资源中心
华东冶金地质勘查研究院
福建省闽西地质大队
福建省 121 煤田地质勘探队
江西省地质矿产勘查开发局赣西地质调查大队
江西有色地质矿产勘查开发院
山东省第一地质矿产勘查院
山东省第三地质矿产勘查院
山东省地质调查院
河南省地质矿产勘查开发局第一地质勘查院
湖北省鄂西北地质矿产调查所
湖北省鄂东南地质大队
湖南省地质矿产勘查开发局四一八队
湖南省地质矿产勘查开发局四〇二队
湖南省有色地质勘查局二总队
广东省有色金属地质勘查局地质勘查研究院
广西壮族自治区区域地质调查研究院
重庆市地质矿产勘查开发局二〇五地质队
四川省地质矿产勘查开发局二〇七地质队
四川省冶金地质勘查院
贵州省地质矿产勘查开发局一一七地质大队
云南省有色地质局楚雄勘查院
云南省有色地质局地质地球物理化学勘查院
陕西省地质矿产勘查开发局汉中地质大队
陕西省地质矿产勘查开发局区域地质矿产研究院
新疆维吾尔自治区地质矿产勘查开发局第四地质大队

优秀组织管理奖

中国地质调查局发展研究中心技术管理处
中国冶金地质总局地质勘查部
有色金属矿产地质调查中心地质处
中国核工业地质局地质计划处
中核金原铀业有限责任公司
中核抚州金安铀业有限公司
中国煤炭地质总局地质矿业部
中国建筑材料工业地质勘查中心地勘事业部
中国人民武警部队黄金指挥部司令部地质处
中化地质矿山总局地质勘查处
首钢矿业公司
中国黄金集团夹皮沟矿业有限公司
河北省国土资源厅地质勘查处
山西省国土资源厅地质勘查管理处
山西煤炭运销集团大同晋银矿业有限公司
内蒙古自治区国土资源厅地质勘查处
内蒙古包头鑫达黄金矿业有限责任公司
苏尼特金曦黄金矿业有限责任公司
辽宁省国土资源厅地质勘查处
阜新矿业(集团)有限责任公司
吉林省国土资源厅地质勘查处
黑龙江省国土资源厅地质勘查处
江苏省国土资源厅地质勘查处
浙江国土资源厅地质勘查处
浙江省有色金属地质勘查局
安徽省国土资源厅地质勘查处
安徽省公益性地质调查管理中心
安徽省皖北煤电集团有限责任公司通防地测部
铜陵有色金属集团控股有限公司
福建省国土资源厅地质勘查管理处
福建省潘洛铁矿有限责任公司
江西省国土资源厅地质勘查处
江西铜业集团银山矿业有限责任公司
新余良山矿业有限责任公司
山东省国土资源厅地质勘查处
山东省地质科学实验研究室
烟台市牟金矿业有限公司
招远市蚕庄金矿
山东金岭铁矿
山东华宁矿业集团有限公司
河南省国土资源厅地质勘查处
河南省国土资源科学研究院
湖北省国土资源厅地质勘查处
湖北昌达化工有限责任公司
湖北三鑫金铜股份有限公司
湖南省国土资源厅地质勘查处
湖南省地质研究所
湖南黄金洞矿业有限责任公司
湖南柿竹园有色金属有限责任公司

湖南新龙矿业有限责任公司
湖南黑金时代长沙矿业有限公司(原湖南省长沙矿业集团有限责任公司)
水口山有色金属有限责任公司
锡矿山闪星锑矿有限责任公司
湖南瑶岗仙矿业有限责任公司
湖南安化渣滓溪矿业有限公司
湖南宝山有色金属矿业有限责任公司
湖南有色金属股份有限公司黄沙坪矿业分公司
广东省国土资源厅地质勘查管理处
深圳市中金岭南有色金属股份有限公司
广西壮族自治区国土资源厅地质勘查处
广西黄金公司
广西佛子冲矿业有限公司
海南省国土环境资源厅地质勘查与矿产开发管理处
海南矿业联合有限公司
重庆市国土资源和房屋管理局矿产资源勘查储量处
四川省国土资源厅地质勘查处
四川里伍铜业股份有限公司
四川省攀枝花煤业(集团)有限责任公司
四川省盐源县平川铁矿
德阳昊华清平磷矿有限公司
贵州省国土资源厅地质勘查处
云南省国土资源厅地质勘查处
云南省国土资源厅矿产资源储量评审中心
云南锡业集团(控股)有限责任公司
云南澜沧铅矿有限公司
云南永昌铅锌股份有限公司
云南星焰有色金属股份有限公司
西藏自治区国土资源厅地质勘查处
西藏自治区地质调查院技术管理室
西藏山南江南矿业有限责任公司
西藏矿业发展股份有限公司生产技术开发部
陕西省国土资源厅地质勘查处
陕西略阳铧厂沟金矿
陕西省宁强锰矿
甘肃省国土资源厅地质勘查处
甘肃玛曲格萨尔黄金实业股份有限公司
青海省国土资源厅勘查储量处
青海赛什塘铜业有限责任公司
宁夏回族自治区国土资源厅地质勘查处
新疆维吾尔自治区国土资源厅地质勘查处

三、先进个人 164 人

其中,优秀监审专家 108 人、组织管理先进个人 56 人。

优秀监审专家奖 108 人

严铁雄　国土资源部咨询研究中心
钱大都　国土资源部咨询研究中心
孙文珂　国土资源部咨询研究中心
王保良　中国地质调查局
刘士毅　中国地质调查局发展研究中心
余中平　中国冶金地质总局
董第光　有色金属矿产地质调查中心
周建民　中化地质矿山总局研究院
齐文秀　有色金属矿产地质调查中心
周绍芝　中国冶金地质总局第三地质勘查院
李生元　中国冶金地质总局第三地质勘查院
高　昌　天津市地质矿产勘查开发局
赵明合　河北省国土资源厅
陈华山　河北省地质矿产勘查开发局
施性明　首钢地质勘查院地质研究所
周永娴　山西省国土资源厅
王　英　内蒙古第四地质矿产勘查开发院
程正海　内蒙古地质矿产勘查开发局
张治国　辽宁省核工业地质勘查局
邓延昌　辽宁省有色地质局勘查总院
郑长生　辽宁省有色地质勘查局
张运良　辽宁省富源矿产资源储量评估公司
郭海林　东北煤田地质局
李海清　东北煤田地质局
陈尔臻　吉林省地质矿产勘查开发局
柴旭峰　吉林省第六地质调查所
吴玉章　吉林省地质矿产勘查开发局
刘东源　吉林省煤田地质勘探设计研究院
徐衍强　黑龙江省国土资源厅
房学增　黑龙江省有色地质勘查局
李书德　黑龙江省煤田地质局
陆瑞宝　江苏省国土资源厅
张立公　江苏省有色金属华东地质勘查局
叶水泉　江苏省有色金属华东地质勘查局
张永山　浙江省国土资源厅
傅浩权　浙江省第四地质大队
汪家驵　安徽省地质矿产勘查局三二二地质队
叶诗忠　安徽省煤田地质局
徐其林　安徽省煤田地质局
许发有　安徽省地质矿产勘查局三二一地质队
丁鹏飞　安徽省勘查技术院
丁文灿　安徽省煤田地质局
李春仁　福建省国土资源厅
叶允钩　福建省地质矿产开发局
姚星堂　江西地矿局赣西地调大队
张克俭　江西有色地质勘查局
黄世全　江西有色地质勘查局

魏新华　山东省国土资源厅
龚兴兴　山东省国土资源厅
苏守德　山东省地勘局地矿处
李宏骥　山东省地质矿产开发局
孙景运　山东省冶金地质勘查局
郁万彩　山东省煤田地质局
赵庆忠　山东省冶金地质勘查局
刘俊成　河南省国土资源厅
杨文智　河南省国土资源厅
高华明　河南省国土资源厅
曲明绪　河南省国土资源厅
牛昆山　河南煤田地质局
祝乃仓　河南省煤田地质局物探队
王永基　中国冶金地质总局中南局
李松生　湖北省地质矿产勘查开发局
张宏泰　湖北地质矿产勘查开发局
李江洲　湖北省地质科学研究所
黄懋鸿　湖南省国土资源厅
蒋中和　湖南省地质矿产勘查开发局
雷志源　湖南省有色地质勘查局
王新元　湖南省有色地质勘查局
周志权　湖南省地质环境监测总站
伍广宇　广东省地质勘查局
陈易玖　广东省地质勘查局
罗德宣　广西壮族自治区地质矿产勘查开发局
杭长松　广西壮族自治区国土资源厅
张启才　广西壮族自治区地质矿产勘查开发局
黄启勋　广西壮族自治区地质矿产勘查开发局
黄香定　海南省地质矿产勘查开发局
徐金洪　重庆一三六地质队
卢贤志　四川省化工地质勘查院
夏培兴　四川省煤田地质局
黄与能　四川省地质矿产勘查局
薛友智　四川省冶金地质勘查院
周存中　四川省冶金地质勘查院
刘福生　四川省地质矿产勘查开发局物探队
陈舜牧　贵州省国土资源厅
冯学仕　贵州省地质矿产勘查开发局
张翼飞　云南省国土资源厅
黎功举　云南省有色地质勘查局
陈天佑　云南省有色地质勘查局
龚　琳　云南省有色地质勘查局
陈元坤　云南省地质勘查局物探队
李荣辉　云南省有色地质勘查局
赵金祥　陕西省国土资源厅
宋小文　陕西省地质矿产勘查开发局
甘宝新　西北有色地质勘查局
张云明　西北有色地质勘查局
卫旭辰　陕西省地质矿产勘查开发局
屈开硕　陕西省地质矿产勘查开发局一队
任丰寿　甘肃省地质矿产勘查开发局
张廷瑞　甘肃省地质矿产勘查开发局
任家琪　青海省地质矿产勘查开发局
庞存廉　青海省地质矿产勘查开发局
王有标　新疆地质矿产勘查开发局
王鸿津　新疆地质矿产勘查开发局
陈然志　江西省核工业地质局
张宝武　广东省核工业地质局
周殿佑　湖北省地质矿产勘查开发局
王福同　新疆地质矿产勘查开发局
周凤桐　中国地质科学院物化探研究所

组织管理先进个人奖 56 人

蔡　纲　中国地质调查局发展研究中心
吕志成　中国地质调查局发展研究中心
舒　斌　中国地质调查局发展研究中心
颜廷杰　中国地质调查局发展研究中心
张　志　中国地质调查局发展研究中心
石显耀　中国地质调查局发展研究中心
薛建玲　中国地质调查局发展研究中心
李敬霞　中国地质调查局发展研究中心
张志辉　中国地质调查局发展研究中心
王新春　中国地质调查局发展研究中心
周尚国　中国冶金地质总局
方维萱　有色金属矿产地质调查中心
周圣华　有色金属矿产地质调查中心
李友良　中国核工业地质局
张石良　中核金原铀业有限责任公司
熊军中　国建筑材料工业地质勘查中心
李文良　中国人民武装警察部队黄金地质研究所
姚超美　中化地质矿山总局
赵财胜　国土资源部科技合作司
高昌杰　河北省国土资源厅地质勘查处
路瑞田　山西省国土资源厅地质勘查管理处
刘海明　内蒙古自治区国土资源厅地质勘查处
孙　相　林辽宁省国土资源厅地质勘查处
徐春雷　吉林省国土资源厅地质勘查处
崔英华　黑龙江省国土资源厅地质勘查处
李　宏　黑龙江省地质调查研究总院
陶　源　江苏省国土资源厅地质勘查处
肖书明　江苏省地质调查研究院
黄建平　江苏省地质调查研究院
王书远　安徽省国土资源厅地质勘查处

李积琼　福建省国土资源厅地质勘查处
刘　军　江西省国土资源厅地质勘查处
金汝敏　山东省国土资源厅地质勘查处
李光明　山东省地质科学实验研究院
唐伟刚　河南省国土资源厅地质勘查处
宋　锋　河南省国土资源科学研究院
李纪平　湖北省国土资源厅地质勘查处
周亚斌　湖南省国土资源厅地质勘查处
刘清华　湖南省地质调查院
周厚祥　湖南省地质研究所
邢长平　广东省国土资源厅地质勘查与环境处
黎修旦　广西壮族自治区国土资源厅地质勘查处
陈贤世　海南省国土环境资源厅地质勘查与矿产开发管理处
贾志强　四川省国土资源厅地质勘查处
陈高武　重庆市国土资源和房屋管理局矿产资源勘查储量处
张　灿　重庆市地质调查院
叶玉国　贵州省国土资源厅地质勘查处
俞少颖　云南省地质勘查基金管理中心
赵咸明　西藏自治区国土资源厅地质勘查处
张智义　陕西省国土资源厅地质勘查处
姜建超　陕西省国土资源资产利用研究中心
柳永刚　甘肃省国土资源厅地质勘查处
刘寅秀　青海省国土资源厅开发管理处
芦文全　青海省国土资源厅勘查项目管理中心
贺永红　宁夏回族自治区国土资源厅地质勘查处
戚　莓　新疆维吾尔自治区国土资源厅地质勘查处

国土资源部关于印发《矿产资源节约与综合利用“十二五”规划》的通知

国土资发〔2011〕184号

各省、自治区、直辖市国土资源主管部门，各有关单位，部机关各司局：

为贯彻落实资源节约优先战略，加强矿产资源节约与综合利用，提高资源开发利用效率和水平，加快转变矿业发展方式，增强资源保障能力，部组织制定了《矿产资源节约与综合利用“十二五”规划》，现印发给你们，请认真贯彻执行。

附件：矿产资源节约与综合利用“十二五”规划

国土资源部

二〇一一年十一月十五日

附件：

矿产资源节约与综合利用“十二五”规划

为了深入贯彻落实节约优先战略，加强矿产资源节约与综合利用，全面提高矿产资源开发利用效率和水平，加快转变矿业发展方式，立足国内提高资源保障能力，推进建设资源节约型、环境友好型社会，按照《中华人民共和国矿产资源法》、《中华人民共和国循环经济促进法》等的有关要求，依据《国民经济和社会发展第十二个五年规划纲要》、《全国矿产资源规划（2008～2015年）》，制定《矿产资源节约与综合利用“十二五”规划》（以下简称《规划》）。

《规划》是依法监督和管理矿产资源开发利用活动的重要依据，开展矿产资源节约与综合利用必须符合本规划，相关财政专项资金安排应根据本规划进行部署。

《规划》以2010年为基期，2011～2015年为规划期。

《规划》范围未包括香港特别行政区、澳门特别行政区和台湾省。

一、现状与形势

（一）矿产资源节约与综合利用取得明显进展

改革开放以来，我国矿产资源节约与综合利用成绩显著，已成为有效缓解资源短缺、减少环境污染、促进节能减排的重要途径，对保障经济社会可持续发展作出了重大贡献。

矿产资源节约与综合利用水平显著提高。我国矿产资源总量大，贫矿多，难采、难选矿多，资源节约与综合利用难度大。经过多年着力探索，我国矿产资源综合利用水平不断提高，许多大中型矿山开展了综合勘查、综合评价和综合利用。其中，一些重点大中型煤炭矿区采区回采率达到80%以上，金属矿山露天开采回采率达到85%以上，地下开采回采率达到80%以上；不少矿山铁矿选矿回收率达到85%左右，有色金属选矿回收率达到80%，磷、硫等达到60%；50%以上的钒、22%以上的黄金、50%以上的铂、钯、碲、镓、铟、锗等稀有金属来自于综合利用。近年来，随着矿产品价格持续攀升和开发利用技术不断进步，矿产资源综合利用日益受到矿山企业的重视，一大批低品位、共伴生、复杂难选冶等矿产得到开发利用,尾矿、煤矸石及粉煤灰等固体废弃物得到积极利用,资源节约和综合利用工作已成为调整产业结构、提高经济效益、改善环境、创造就业机会的重要途径。

矿产资源节约与综合利用技术取得较大进步。矿产资源开采新技术不断突破,部分重要矿产资源采选技术达到或接近世界先进水平。利用 CO_2 驱油技术、多分支井采油技术、一次采全高的综合机械化开呆技术、矸石转换采煤技术等已实现工业化应用;陡帮式开采技术、无底柱分段崩落采矿技术、充填采矿技术等一大批新技术得以推广;细磨－细筛－磁选、粗粒抛尾、细筛－磁选－反浮选等工艺技术的应用,使铁矿的精矿品位和回收率达到了较高水平;采用高效浮选新药剂、分支串流浮选、电化学控制浮选技术以及闪速浮选工艺等,提高了有色金属矿分选效率;拜耳法选矿的工业应用,使我国大量铝硅比小于 5 的铝土矿资源获得充分利用;黄金堆浸技术的采用,大大降低了金矿工业品位和生产成本;晶质石墨的多段磨矿、多段精选工艺的改进,提高了石墨回收率和精矿品位。

矿产开发利用装备水平不断提高。开采加工智能化,采选设备大型化加快发展。自主研发了 1200 万吨煤炭综采成套装备,全国已建成 30 余个千万吨级矿井,大幅提高作业效率,显著降低能耗;自主研发了超大型浮选机等一批高效分选设备,显著提高了金属矿产的选矿效率和资源回收利用水平;非金属矿超细粉碎和精细分级设备基本实现国产化;燃用煤矸石、煤泥等低热值燃料得到有效利用,提高了废物利用效率,降低了污染物排放。

矿产资源节约与综合利用管理逐步得到加强。逐步建立起对稀土、钨、锑、高铝粘土和萤石等优势矿种的年度开采总量控制制度,推动了资源节约和保护。加大矿产资源开发整合力度,完成 5000 多个重点矿区的整合任务,煤、铁、锰、铜、铝、铅、锌、钼、金、钨、锡、锑、稀土、钾盐、磷等 15 个重要矿种开发利用规模化、集约化程度和资源利用水平明显提高。积极推进并逐步完善矿产资源有偿使用制度,形成了矿产资源规划分区管理、开发准入等制度。将矿山企业的“三率”考核明确列为矿山年检的重要内容,强化矿产资源开发效率的过程监管。启动矿产资源节约与综合利用专项,实施“以奖代补”和综合利用示范工程,有力促进了资源开发利用效率和水平的提高。

(二)我国矿产资源节约与综合利用潜力巨大

矿产资源综合利用潜力巨大。近年来,随着我国矿产资源调查评价与勘查工作的不断加强,新发现矿产地和资源储量不断增加,但由于一些矿产综合利用技术工艺尚未完全过关,相当一部分矿产仍然难以开发利用。据测算,在全国已探明矿产储量中,至少有 60 亿吨铁矿、20 亿吨锰矿、200 万吨钼矿、500 万吨铜矿处于呆滞状态。致密砂岩气、页岩气等非常规能源资源潜力大,开发利用前景好。通过加强综合利用、科技攻关和工程示范等,盘活一批难利用矿产资源,促使资源利用达到“从无矿到有矿、从小矿到大矿、从一矿到多矿、从贫矿到富矿”的效果,对于提高国内资源保障能力,加快转变资源利用方式具有重要现实意义。

矿山企业开展综合利用的前景广阔。初步调查显示,虽然不少矿山企业开展了矿产资源综合回收,但总体水平不高,进一步开展资源综合利用的潜力很大。据测算,通过综合利用和提高利用效率,现有矿山在动用相同资源储量的情况下,每年可为国家多提供煤炭 2.5 亿吨、煤层气 32.5 亿立方米、石油 1000 万吨以上,引导和促进矿山企业开展矿产资源综合利用,资源效益、经济效益和社会效益十分可观。

(三)矿产资源节约与综合利用面临新的挑战

立足国内提高保障能力要求进一步加强资源节约与综合利用。近 20 年来,矿产资源供应总量大幅增长,但仍难以满足经济社会快速发展的需求,矿产资源对外依存度不断提高,石油、铁矿、铝土矿、铜、钾盐等大宗矿产对外依存度均已超过 50%。随着世界政治经济格局深刻变化和全球资源竞争日趋激烈,导致利用国外资源的风险和难度加大,立足国内提高保障能力需要不断加强资源节约与综合利用,释放和盘活一批资源储量,增强矿产资源供应能力。

加快经济发展方式转变对资源节约与综合利用提出了更高要求。我国以相对不足的矿产资源,支撑了改革开放以来国民经济 30 多年的快速增长,但我国资源利用方式总体上还相对粗放,开发利用效率不高,造成资源浪费和环境污染问题。为适应建设资源节约型、环境友好型社会的总体要求,必须加快转变资源利用方式,以科技进步为手段,以管理创新为基础,以矿产资源节约与综合利用为重要着力点,发展绿色矿业和循环经济,全面提高矿产资源开发利用效率和水平。

资源节约与综合利用水平与新形势新要求有较大差距。我国矿产资源节约与综合利用规模和水平总体上与经济社会发展的迫切需求还不相适应。资源节约与综合利用的基础工作相对薄弱,对矿产资源综合利用现状水平和潜力掌握不够。先进适用技术推广和应用不够,资金投入相对不足,影响了资源节约与综合利用规模的扩大。激励政策有待加强,监督管理体制机制有待健全,对资源开发利用效率的准入、监管和考核还不到位。矿产资源节约与综合利用的区域水平存在差异较大,一些地区矿产资源规模开发与集约利用水平还较低。

二、总体要求与规划目标

(一)总体要求

全面贯彻落实节约优先战略,按照加快转变经济发展方式和建设资源节约型、环境友好型社会的要求,以矿产资源合理利用与保护为主线,以转变资源开发利用方式为核心,以技术创新和制度创新为动力,以矿山企业为主体,以市场需求为导向,强化政策引导和制度约束,严格资源开发利用效率准入,加强资源开发利用过程监管,扩大资源节约与综合利用规模,确保资源的高效开发和有效保护,全面提高矿产资源开发利用水平,推动矿业走节约、绿色、高效的可持续发展之路。

一是坚持把提高开发效率作为节约资源和增强保障能力的重要途径。加快推进管理创新和技术创新,推动资源开发技术、工艺和装备的升级换代,大力推进矿产资源的合理开发利用,着力提高开采回采率和选矿回收率,确保在动用相同资源储量的情况下,大幅增加重要矿产资源的供应能力,实现高效开发和节约资源。

二是坚持把提升综合利用水平作为转变矿业发展方式的重要方向。大力推进低品位、共伴生、难选冶资源以及尾矿和固体废弃物的综合利用,大力发展矿产资源领域循环经济,落实节能减排、保护矿山环境等有关要求,促进矿地和谐,推动绿色矿业发展。

三是坚持把解决具有全局性意义的综合利用问题作为推动工作的主要着力点。突出重点矿种、重点地区和关键问题,组织技术攻关和推广,加快建设一批“关系全局,意义深远,带动性强”的资源综合利用示范基地和示范工程,带动矿产资源节约与综合利用整体水平的提高。

四是坚持把构建长效机制作为推进节约与综合利用工作的重要保障。综合采用法律、技术、经济和行政等多种手段,完善激励引导机制,充分调动政府、企业、事业单位、行业协会、科研院所等各方面的力量,落实矿山企业主体责任,强化监督管理,全面推进资源节约和综合利用工作。

(二)规划目标

“十二五”期间矿产资源节约与综合利用的总体目标是:

1.重要矿产资源节约与综合利用状况基本查清。用3年时间,完成我国油气、煤炭、铁、铜、铝等23个重要矿种资源开发利用效率现状调查,完成大中型矿山资源综合利用潜力评估,建立全国重要矿产资源综合利用信息化管理平台。

2.矿产资源高效开发和节约利用水平全面提高。到2015年,大中型重点矿山开发效率保持在较高水平,石油采收率保持在30%以上,煤炭采区回率保持在85%以上,铁、铜、铝等重要矿产资源开采回采率保持在85%以上、选矿回收率保持在80%以上。小型矿山开发水平得到全面提高,开采回采率、选矿回收率在现状基础上,平均提高3~5个百分点。2015年与2010年相比,在动用相同资源储量的情况下,多回收资源5%。

3.矿产资源综合利用水平和规模显著提高。80%的达到综合利用品位的共伴生矿产得到全面回收。8%~15%的石油、天然气、铁、锰、铜等重要矿产的难利用资源转化为可利用资源。尾矿实现减量化应用和有价元素综合回收。东部、中西部和东北煤矸石综合利用分别达到90%、60%、75%。通过综合利用,增加和盘活石油15亿吨、铁矿90亿吨、铜矿1500万吨、锰矿2500万吨、铅锌500万吨、金600吨等。

4.建成一批示范工程和示范基地。建设60个以上矿产资源综合利用示范基地,形成一批产、学、研一体化平台,扩大综合利用规模,解决一批具有全局意义的综合利用问题,提高资源供给能力。实施600个左右示范工程,推广应用一批呆选关键技术,带动同类矿山提高资源节约与综合利用水平。

5.建立健全资源节约与综合利用长效机制。形成完善的资源节约与综合利用标准规范,总量控制、开发准入、监督管理和评估考核机制初步形成,资源节约与综合利用激励约束政策不断完善,矿产资源节约与综合利用技术研发和服务体系基本建立。

(三)重点领域

油气资源。主要开展低丰度、低渗和超低渗油气,稠油的二次和三次开采,促进油气的高效开采。按照炼油-化工-发电-多金属-建材一体化联合生产模式,加强油页岩的综合开发。积极开展页岩气、致密砂岩气等综合开发利用,着力开辟能源资源新领域。

煤炭与煤层气资源。重点推进中西部地区特厚煤层的高效开采,提高开采回采率。加快开展南方中薄煤层的机械开采和缺煤地区的极薄煤层开采。加强煤系伴生高岭石、硫铁矿、天然焦等资源综合开发利用。中东部地区重点推进“以矸换煤”绿色开采,有效解决“三下”压煤问题。大力推进煤层气规模化开采,提高煤层气开发水平。

铀矿资源。重点开展北方重要盆地砂岩型、南方硬岩型铀矿资源综合利用,提高对核电发展的保障能力。

金属矿产。着力提高金属矿产采选水平,重点开展大型露天矿、深部及复杂地下矿的高效、安全开采,发展溶浸采矿、深井采矿和无废采矿,提高金属矿产开采回采率,推广先进适用的资源综合回收工艺、选矿技术和设备,提高金属矿产选矿回收率。加强低品位铁、铜、镍、钨、锡、钼、铝土矿及伴生资源综合利用。开展白云鄂博轻稀土和赣南重稀土综合利用。开展低品位金矿及共伴生资源综合利用。

化工及非金属矿产。重点开展西部钾盐资源，滇、黔、鄂等地区磷矿，辽宁硼铁矿、黑龙江石墨、浙江等地区萤石资源及其他特色非金属资源，以及辽宁菱镁矿，浙江、吉林、甘肃、新疆等地区膨润土，辽宁海城、山东胶东和广西桂林等地区滑石，江苏苏州、福建龙岩地区高岭土等特色资源综合开发利用，推进化工及非金属矿产绿色安全环保高效开发与利用。

矿山尾矿和固体废弃物。重点推动煤矸石回填和建筑材料生产等，大幅提高煤矸石综合利用水平，解决煤矸石占地和环境污染问题。积极开展粉煤灰综合利用，支持开展粉煤灰中铝和镓等元素的综合回收利用。加快推进金属尾矿资源综合利用，重点开展铁尾矿伴生多金属、有色金属尾矿中有用组分高效分离提取，开展金矿尾矿低成本高效胶结充填采矿等，不断拓展金属和非金属矿山固体废弃物的综合利用领域，扩大尾矿利用规模。

三、全面调查资源节约与综合利用现状及潜力

坚持政府组织、行业支撑、企业主体，实施综合利用现状调查和潜力评价，用3年时间，完成油气、煤炭、铁、铜、铝等重要矿产调查评价工作，为深入推进节约与综合利用工作和加强管理提供坚实基础。

（一）重要矿产资源节约与综合利用现状调查

坚持统一组织、统一思路、统一要求、统一标准和统一进度，完成石油、天然气、煤炭、煤层气、铁、锰、铜、铅、锌、铝土矿、镍、钨、锡、锑、钼、稀土、金、磷、硫铁矿、钾盐、石墨、高铝矾土和萤石等23个重要矿种的调查评价工作，查明开采回采率、选矿回收率及共伴生矿产综合利用率，查明低品位、难选冶矿、矿山固体废弃物和多金属尾矿等综合利用情况，了解矿山企业的新技术、新工艺和新设备应用和推广情况。

专栏一　低品位、难选冶及固体废弃物资源综合利用现状调查工作重点
1.油气资源：以胜利、辽河、河南、新疆等地区稠油及渤海湾、松辽、塔里木、鄂尔多斯、准格尔等地区低渗透油气资源为重点。 2.煤炭资源：以山西、陕西、内蒙、新疆、五南、贵州、安徽、山东等地区的煤炭资源开发及煤矸石综合利用为重点。 3.黑色金属矿产：以攀西钒钛磁铁矿、冀东低品位铁矿、鄂西高磷赤铁矿及广西隆安、广西大新、云南文山、云南建新、内蒙额仁陶勒盖、湖南湘西等地区锰矿为重点。 4.有色全属矿产：以江西德兴，湖南郴州、云南三江、甘肃余川等低品位铜镍矿，山西北部、河南西部低品位铝土矿，贵州、重庆、广西高硫高铁铝土矿，河南、陕西、内蒙、贵州低品位钼矿等为重点。 5.责金属矿产：以山东、河南、福建低品位金矿，青海、新疆、石南难选冶金矿为重点。 6.化工及非金属矿产：以云南、湖北低品位磷矿及新疆、青海盐湖资源为重点。

（二）评价矿产资源节约与综合利用潜力

在矿产资源综合利用现状调查的基础上，构建评价指标体系和评价方法，全面评价低品位、共伴生及尾矿资源综合利用潜力，明确工作方向和重点，引导综合利用工作的合理布局。

开展典型共伴生矿主矿产、伴生矿产的技术经济评价，合理制订综合开发利用的工业指标。

采用先进的信息技术手段，建立矿产资源节约与综合利用现状调查信息数据库，形成“全国重要矿产资源综合利用”信息化管理平台，为管理部门准确掌握和动态更新全国矿产资源综合利用相关信息提供高效科学的途径。

四、大力开展先进适用关键技术的研发和推广

加大政策引导和资金支持力度，加快建设郑州、成都等矿产资源综合利用技术研发推广中心，鼓励行业骨干龙头企业与高等院校和科研院所合作，建设一批各具特色的产学研一体化平台，加强资源节约关键技术攻关，充分发挥行业协会的桥梁纽带和服务作用，加强对先进成熟技术和装备的交流与推广。

（一）开展节约与综合利用关键技术攻关

引导完善多元化投入格局，建立产学研联合攻关的矿产资源节约与综合利用技术研发体系，强化技术创新能力建设，以提高“三率”水平为重点，部署开展8大领域的技术攻关，研发一批具有自主知识产权的新技术、新工艺和新装备，提供一批可供推广的科技成果，提高矿产资源勘查、开采及选矿技术的整体水平。

专栏二　技术攻关工作重点	
低品位矿高效利用技术	低成本的无废或少废开采、复杂难采矿的高效开采、残矿资源综合回收等技术。
安全高效采矿技术	中低品位矿堆浸和原地浸出技术，原生硫化矿浸出技术，低品位铝土矿选冶联合技术，低品位铁矿粗粒抛尾技术等。
复杂共伴生矿资源高效利用技术	高选择性低毒（无毒）选冶药剂研制，难利用黑色金属矿高教利用技术，复杂难处理有色会属矿选矿技术，复杂难处理稀有、稀土、贵会属提取技术，盐湖资源高效利用技术，非金属矿高效利用技术，高硫煤脱硫技术、难选煤洗选技术等。
大型、高效、低能耗设备研制技术	大型、高效、节能的采选关键设备及其辅助设备，微细粒矿物提纯及复合力场选矿设备，新型非金属矿专用粉碎、分选、改性加工装备。
尾矿及固体废弃物高效利用技术	尾矿及固体废弃物回收利用、无害化处置、再生资源化及生态修复技术。

续表

非传统资源与替代资源高效利用技术	海洋矿产资源高效利用,新型非传统矿高效利用,能源补充与替代资源开发利用,油砂、油页岩开发利用等技术。
石油天然气高效利用技术	低品位油气田高效开发,原油深度加工,煤层气、页岩气、致密砂岩气勘探开发配套技术,低渗透、稠油等高效开采技术。
煤炭资源洁净利用技术	煤炭地下气化,煤炭洁净加工、转化与利用等关键工艺和产业化技术。

(二)大力推广先进适用的技术与装备

严格执行《矿产资源节约与综合利用鼓励、限制和淘汰技术目录》,全面推广安全高效采矿、矿产资源高效利用、尾矿及固体废弃物综合利用、矿山环境修复等技术,引导矿山企业在能源矿产、黑色金属、有色金属、非金属、矿山尾矿和废弃物综合利用等方面积极采用先进技术、工艺和设备,淘汰落后技术设备与落后产能,促进矿产资源领域节能减排和节约与综合利用。

专栏三　重点推广的先进适用技术与装备	
高效采矿	薄煤层机械化高效开采、煤矸石井下充填置煤成套技术与装备;煤层气地面抽采、煤层气强化开采关键技术;CO_2 驱油、多分支井采油技术;露天矿陡帮开采、露天与地下联合高效开采技术;大间距集中化无底柱开采、安全高效低成本全尾砂充填采矿等地下开采技术。
能源综合利用	旋流-静态微泡柱分离方法、复合式干法选煤、煤泥分级浮选等煤炭分选技术;煤泥干扰床分选、高效重介质选煤工艺及装备等;常减压蒸馏技术等石油高效加工利用技术;煤层气、页岩气、油砂、油页岩、页岩气综合利用技术;地热、浅层地温能综合利用技术。
黑色金属矿节约与综合利用	微细粒磁铁矿全磁分选、磁铁矿细筛-再磨再选、贫磁铁矿预选、贫磁铁矿弱磁-反浮选、弱磁性铁矿高梯度磁选抛尾、粗粒结晶磁铁矿磁-浮联合等高效选矿技术;永磁中磁场磁选机、大型永磁筒式磁选机、磁场筛选机等高效选矿设备。
有色及贵金属矿节约与综合利用	异步混合浮选、电化学控制浮选、铝土矿选择性磨矿-粗细分选脱硅等高效选矿技术;低品位铜矿浸出-萃取-反革-电积法、直接湿法炼锌、低品位氧化镍矿煤基直接还原镍铁等高效提取技术;原矿焙烧提余、难浸会精矿生物氧化预处理提金、复杂难处理金矿循环流态化焙烧等综合利用工艺技术;大型机械搅拌式充气浮选机等高效选矿装备。

续表

非金属矿节约与综合利用	中低品位磷矿浮选、磷矿酸性废水循环利用、胶磷矿微差比重分选、磷矿伴生氟碘资源回收、从碳酸盐型富锂卤水中提取锂等先进技术;鳞片石墨多段磨矿多段选别、微晶石墨提纯、高岭土选矿与提纯、低品位萤石和伴生矿物选矿、低品位菱镁矿选矿提纯、低品位膨润土提纯改性、硅砂无氟浮选、煤系高岭土资源煅烧、非会属矿粉体表面改性和湿法超细研磨等。
尾矿及固体废弃物综合利用	铁尾矿再选、有色金属冶炼废渣中有价金属综合利用、氰化尾渣中有价金属综合回收、石棉尾矿高效综合利用、磷石膏生产硫酸铵、硫酸渣高效选铁、硼泥综合利用技术等固体废弃物利用技术。

五、加快建设综合利用示范基地和示范工程

继续组织实施矿产资源节约与综合利用专项,创新工作思路,从支持单个项目的做法,转为加大对集中连片的重点支持,建设一批矿产资源综合利用示范基地,在重点矿种、关键领域和重点地区取得突破性整体进展。实施一批示范工程,树立高效、绿色、安全、环保的先进典型,推广先进适用技术和科学管理模式,引导和带动矿产资源节约与综合利用水平的全面提高。

(一)建设矿产资源综合利用示范基地

按照"关系全局、意义深远、带动性强"的原则,依托大型骨干矿业集团,以能源矿产、国家急需大宗支柱性矿产和"三稀"(稀有、稀土、稀散)等重要优势矿产为重点,选择资源分布相对集中、潜力大、综合利用前景好的矿产资源集中区,建设60个以上的示范基地。

通过示范基地建设,整体提高开发效率和水平,盘活大批资源,提高供给能力。加快转变矿业发展方式,积极发展绿色矿业,统筹推进示范基地的资源综合利用、技术创新、环境保护、节能减排、矿地和谐等建设工作,提升矿山企业经营管理水平,推进绿色矿山建设,显著提高矿业发展水平。实行资源配置和矿业用地等倾斜政策,依法优先配置资源和提供用地,鼓励矿山企业做大做强,积极为地方经济发展做出贡献。

加强综合利用产、学、研一体化平台建设。推动采选及综合利用关键技术创新,加强标准规范、典型经验和生产管理模式的总结推广,示范带动同类型矿山综合利用水平的整体提高。

(二)实施矿产资源节约与综合利用示范工程

以大中型矿山为主体,兼顾不同地区的小型矿山企业,实施600个左右矿产资源节约与综合利用示范工程,重点推进油页岩、煤矸石、难选冶黑色金属、共伴生有色多金属、矿山固体废弃物、多金属尾矿资源、中低品位矿产资源、新型矿产资源等综合开发利用。充分发挥示范工程的引导作用,推广一批先进适用的综

合专栏四矿产资源综合利用示范基地建设重点

专栏四　矿产资源综合利用示范基地建设重点
1.**油气资源**:松辽、鄂尔多斯、准格尔及渤海湾等区域稠油、低渗、超低渗油气资源高效开发;桦甸抚顺、准格尔、柴达木、茂名、龙口、窑街等地区油页岩综合开发利用;沁水、鄂尔多斯等地区煤层气高效开发;贵州、重庆东南部、四川西部、鄂尔多斯等地区页岩气高效开发;吐哈、青海、四川、鄂尔多斯等地区致密砂岩气综合开发。
2.**煤炭资源**:山西、陕西、内蒙古、新疆、贵州、宁夏、安徽等地区特厚煤层、稀缺煤种及煤系伴生资源综合开发,山东、河南、山西、河北、辽宁、古林、黑龙江等中东部地区"以矸换煤"绿色高效开采。
3.**黑色金属**:四川、河北、辽宁、福建等地区钒钛磁铁矿、低品位铁矿,辽宁、山西、甘肃、湖北、河北等地区难利用铁矿,广西、湖南、五南、贵州、重庆和辽宁等地区锰矿综合开发。
4.**有色金属**:江西、安徽、云南、甘肃、新疆、黑龙江、内蒙古、福建、西藏等地区低品位铜矿及共伴生矿产;河南、吉林、陕西、内蒙古、江西、甘肃、湖南等地区钼、镍、锡等多金属矿产;山西、贵州、河南、广西等地区铝土矿等综台利用;湖南、江西、河南、甘肃、广西、福建、广东等地区钨多金属资源等综合开发。
5.**稀有、稀土及贵金属**:内蒙古、江西等地区稀土,吉林、黑龙江、山东、陕西、河南、湖南、福建等地区低品位金矿及共伴生资源与尾矿等综合利用。
6.**化工及非金属**:青海、新疆等地区钾盐资源,五南、贵州、湖北等地区磷矿资源,辽宁硼铁矿、黑龙江石墨、山东长石、浙江萤石资源及其他特色非金属资源等综合利用。
7.**铀矿**:北方砂岩型、南方硬岩型铀矿资源等综合利用。利用工艺、技术和装备,带动整个行业矿产资源节约与综合利用水平的提高。

六、加快构建资源节约与综合利用长效机制

加快健全完善标准体系、准入管理、过程监管、评估考核等资源节约与综合利用监督管理制度体系和激励引导机制。

(一)健全完善标准规范体系

加快矿产资源综合利用领域基础性、通用性标准以及强制性国家标准研制,为强化监督管理、推动矿产资源节约与综合利用技术进步、引导和规范矿产资源节约与综合利用提供技术依据。"十二五"期间重点完成矿产资源综合利用评价规范、矿产资源节约与综合利用指标体系、尾矿处理技术要求、复合共生矿选矿综合回收标准、铁矿综合利用技术要求、多金属共生矿综合利用评价矿床分类导则、矿山综合开采技术标准、尾矿利用技术要求、共伴生矿选矿回收标准、矿山生产技术规范及矿山选矿回收技术标准等规范标准研制工作。

(二)严格矿产资源勘查开发准入管理

严格矿产资源综合勘查和综合评价的地质勘查报告和勘查方案评审制度,探矿权人在勘查主要矿种的同时,必须对共生、伴生矿产资源进行综合勘查和综合评价。对没有进行综合勘查和综合评价的地质勘探报告不予审批。

将矿产资源开发利用效率作为勘查开发的重要准入条件,严格管理。认真执行《矿产资源节约与综合利用鼓励、限制和淘汰技术目录》,新建或改扩建矿山不得采用国家限制和淘汰的呆选技术、工艺和设备,达不到要求的不得颁发采矿许可证,已采用限制类技术的,应督促企业加大改造力度,逐步淘汰落后产能。严格审查矿产资源开发利用方案,凡不符合矿产资源规划,没有综合开发利用方案或开发利用方案未实现资源综合利用的,不予批准颁发采矿许可证。严格控制高耗能、高污染、严重浪费资源和缺乏资源综合利用设计的矿山建设立项。

严格执行规划分区管理制度。对于规划确定的具有资源保护功能的限制勘查开采区域,要加强矿产资源开发利用技术经济评价,对暂不能综合开采和综合利用的矿产及尾矿资源,要明确规模、技术、资金投入、资源利用效率的准入门槛,予以有效保护。坚决杜绝禁止勘查规划区和禁止开采规划区内的矿业活动。对于重点开采规划区,要严格按照规划和矿业权设置方案,推进规划区内的矿产资源开发整合,提高规模开采和集约利用水平。

(三)加强资源节约与综合利用监管和考核

加强矿产资源开采总量控制和管理,促进资源节约。对钨、锑、稀土、萤石和高铝黏土等优势矿产继续实行年度开采总量控制制度,加大开采总量控制指标执行情况的监督检查力度,确保执行到位。适当控制煤炭等大宗矿产资源采矿权投放的数量和规模,维持资源供需平衡,避免资源浪费。严格限制供过于求,以及下游产业发展过快、产能过剩、耗能大、污染重的矿产开发。

认真执行矿山企业年检制度,强化对"三率"的监管与考核,确保节约与综合利用方案有效实施。充分发挥执法监察队伍和矿产督察员队伍的作用,与国土资源综合监管平台相衔接,开展矿产资源勘查开发动态巡查和遥感监测,实施立体监管,加大对矿产资源节约与综合利用状况的现场督察。加强储量动态监测、开发利用统计年报与开发利用方案核查,对未按批准的开发利用方案或矿山设计进行开采,或开采回采率达不到设计要求的,责令其停止生产、限期整改,对整改后仍达不到要求的,要坚决予以关闭。完善矿产资源开发监管责任体系,建立多级联动的责任机制,加大基层监管组织资金、人员和技术投入,实行监管任务责任到人、监控到矿。

(四)建立资源节约与综合利用激励引导机制

综合采用经济、技术、行政、法律等手段,建立促进

资源节约与综合利用的激励引导机制，鼓励和引导矿山企业通过加强管理和技术创新来提高资源节约与综合利用水平。

落实奖励措施和税费减免政策。采取“以奖代补”方式，对节约与综合利用取得显著成绩的矿山企业给予奖励，激励矿山企业推进科技进步，严格规范管理，不断提高综合利用水平。对从尾矿中回收矿产品、开采未达到工业品位或者未计算储量的低品位矿产资源，减缴矿产资源补偿费。积极配合有关部门，落实国家关于资源综合利用减免所得税、部分产品减免增值税、资源补偿费征收与回采率挂钩等政策法规，发挥引导和推进作用，充分调动矿山企业节约降耗、综合利用的积极性。

实行国土资源优惠政策。对于资源利用效率高、技术先进的矿山企业在资源配置、开采总量指标分配上实行倾斜政策，依法优先提供矿业用地。

积极协调相关部门，加大财政资金支持力度，争取信贷金融支持。鼓励、带动矿山企业和社会资金加大投入，进行自主研发资源节约与综合利用新技术、新设备，加快产业升级换代，促进资源合理利用和节能技术进步，全面提高资源综合利用效率和水平。

七、规划实施保障措施

（一）强化规划实施责任机制

各级国土资源管理部门要采取措施，认真履行职责，严格执行规划，加强对矿产资源节约与综合利用工作的领导、组织与协调，将规划提出的各项目标任务逐级分解，落实到重点地区和企业，明确责任，抓好落实。建立规划实施年度考核机制，把矿产资源节约与综合利用现状调查及潜力评价、技术研发与推广、示范工程和示范基地建设、政策制度制定等各项任务目标完成情况，纳入管理目标体系进行考核，作为主要领导业绩考核的重要依据。

（二）健全资源节约与综合利用配套支持政策

进一步完善资源有偿使用制度，健全资源开发成本合理分摊机制，完善反映市场供求关系、资源稀缺程度、环境损害成本的矿产资源价格形成机制，利用价格杠杆促进资源节约，促使矿山企业形成珍惜利用矿产资源的内在约束力，促进资源综合开采和节约利用。加强与财政等部门的沟通协调，推进矿产资源税费征收与综合利用水平相挂钩，推进资源补偿费征收与储量消耗挂钩，减少资源浪费。

（三）加强人才培养和国际交流合作

推动先进开发技术、管理经验、信息化技术等方面的合作与交流，建立矿产资源节约与综合利用技术交流与合作平台，加强在资源节约和综合利用的行政管理、财政税收政策、技术标准和规范建设等方面的国际合作交流，加强在综合勘查、综合开采和综合利用技术领域的合作。

加强矿产资源节约与综合利用支撑单位的能力建设，提高服务水平。培育一批德才兼备、素质优良的矿产资源节约与综合利用科技队伍，加强基层矿产资源管理人员的教育和培训，提高基层矿产资源节约与综合利用管理队伍业务素质。

（四）提高全民资源节约与综合利用意识

广泛开展国情和节约资源国策的教育，切实增强全民资源忧患和保护意识，树立节约观念，提高全民执行节约资源国策的自觉性。大力宣传矿产资源节约与综合利用的相关法律、法规及激励约束政策，引导企业自觉做好资源节约与综合利用工作。

中华人民共和国国土资源部公告
新发现矿种公告

2011 年第 30 号

根据《中华人民共和国矿产资源法实施细则》的有关规定，经国务院批准，现将我国新发现的页岩气予以公布。

附件：新发现矿种公告

国土资源部

二〇一一年十二月三日

附件：

新发现矿种公告

矿种名称	发现单位	发现时间	主要用途	产地名称	产地地理坐标	
					经度(E)	纬度(N)
页岩气	国土资源部油气资源战略研究中心、重庆市国土资源和房屋管理局、中国地质大学(北京)、重庆地质矿产研究院	2009 年 11 月	民用和工业燃料，化工和发电	彭水县	29°41′42″	108°24′30″

国土资源部关于命名山东临沂等25个地区“中国温泉之乡(城)”的通知

国土资函〔2011〕1007号

各省、自治区、直辖市国土资源主管部门,中国地质调查局及部其他直属单位,部机关各司局:

为合理开发利用地热资源、减少二氧化碳排放、促进地区经济发展和环境保护,强化地热资源管理,经中国温泉之乡(城、都)和地热能开发利用示范单位评审委员会评审通过,同意命名山东临沂等25个地区为中国温泉之乡(城)。

命名的地区要以科学发展观为指导,按照“资源清楚、利用高效、管理到位、环境优美、传承文化、持续利用”的基本要求,完善“中国温泉之乡(城)”发展建设总体规划和地热资源管理办法,加强地热(温泉)资源开发利用的统一管理与保护,优化资源配置,做好梯级开发和多样化开发工作,为促进地热资源保护、保障地热资源可持续利用、普及地热科技知识和发展低碳经济做出贡献。

各级国土资源行政主管部门要加强对中国温泉之乡(城、都)的规范管理,协助地方政府按期完成中国温泉之乡(城、都)建设的各项工作。

附件:第二批中国温泉之乡(城、都)名单

国土资源部

二〇一一年十二月三十日

附件:　　第二批中国温泉之乡(城、都)名单

序号	命名地区	名称
1	山东临沂	中国温泉之乡
2	陕西咸阳	
3	湖北咸宁	
4	湖南郴州	
5	广东清远	
6	北京小汤山	
7	天津东丽湖	
8	重庆巴南	
9	黑龙江林甸	
10	陕西临潼	
11	山东威海	
12	河北雄县	
13	贵州石阡	
14	江苏东海	
15	海南琼海	
16	江苏南京汤山	
17	湖北应城	
18	广东阳江	
19	广东恩平	
20	福建永泰	
21	河北霸州	
22	河北固安	
23	福建连江	
24	安徽合肥	
25	贵州思南	

国土资源部关于印发《矿业权交易规则(试行)》的通知

国土资发〔2011〕242号

各省、自治区、直辖市国土资源主管部门:

为规范各地矿业权交易机构和矿业权人交易行为,促进矿业权市场健康发展,现将《矿业权交易规则(试行)》印发给你们,请遵照执行。

附件:矿业权交易规则(试行)

国土资源部

二〇一一年十二月三十一日

附件:

矿业权交易规则(试行)

第一章　总　则

第一条　为规范矿业权交易机构和矿业权人交易行为,确保矿业权市场交易公开、公平、公正,维护国家权益和矿业权人合法权益,根据《中华人民共和国矿产资源法》等相关规定及国土资源部对矿业权有形市场建设的有关要求,制定本规则。

第二条 本规则所称矿业权是指探矿权和采矿权,矿业权交易是指县级以上人民政府国土资源主管部门(以下简称国土资源主管部门)出让矿业权和矿业权人转让矿业权的行为。

矿业权出让是指国土资源主管部门根据矿业权审批权限和矿产资源规划及矿业权设置方案,以招标、拍卖、挂牌、申请在先、协议等方式依法向探矿权申请人授予探矿权和以招标、拍卖、挂牌、探矿权转采矿权、协议等方式依法向采矿权申请人授予采矿权的行为。

矿业权转让是指矿业权人将矿业权依法转移给他人的行为。

第三条 矿业权交易适用本规则。

第四条 矿业权交易主体是指依法参加矿业权交易的出让人、转让人、受让人、投标人、竞买人、中标人和竞得人。矿业权交易主体资质应符合法律、法规的有关规定。

出让人是指国土资源主管部门。转让人是指已拥有合法矿业权的矿业权人。受让人是指符合探矿权、采矿权申请条件或受让条件的、具有独立承担民事责任的法人。

以招标方式出让、转让的,参与投标各方为投标人,中标方为中标人;以拍卖和挂牌方式出让、转让的,参与竞拍和竞买各方均为竞买人,竞得方为竞得人。

第五条 矿业权交易机构是指依法设立,并属国土资源主管部门管理或经国土资源主管部门委托的,为矿业权出让、转让提供交易服务的事业单位法人或企业法人。

矿业权交易机构应当具有固定交易场所、完善的交易管理制度、相应的设备和专业技术人员,并在上一级国土资源主管部门备案。

矿业权交易机构可委托具有相应资质的交易代理中介机构完成具体的招标、拍卖程序工作。

第六条 矿业权交易机构应按照本规则组织矿业权交易,公开交易服务指南、交易程序、交易流程、格式文书等,自觉接受国土资源主管部门的监督,加强自律管理,维护市场秩序,保证矿业权交易活动的正常进行。

第七条 矿业权出让转让应按照审批管理权限,在依法设立的同级矿业权交易机构或国土资源主管部门委托的矿业权交易机构中进行。

国土资源部招标拍卖挂牌出让矿业权的和须到国土资源部办理矿业权转让审批手续的,由部委托省级人民政府国土资源主管部门在省级矿业权交易机构中组织实施、鉴证、公示。

第八条 矿业权出让交易必须在矿业权交易机构提供的固定交易场所或矿业权交易机构提供的互联网络交易平台上进行,矿业权转让必须在矿业权交易机构提供的固定交易场所或矿业权交易机构提供的互联网络交易平台上鉴证和公示。

第九条 以招标、拍卖、挂牌方式出让矿业权的,矿业权交易机构按照国土资源主管部门下达的委托书组织。

以招标、拍卖、挂牌方式转让矿业权的,转让人与矿业权交易机构签订委托合同,由矿业权交易机构组织交易。委托合同应包括下列内容:

(一)转让人和矿业权交易机构的名称、场所;

(二)委托服务事项及要求;

(三)服务费用;

(四)违约责任;

(五)纠纷解决方式;

(六)需要约定的其他事项。

第二章 公告与登记

第十条 矿业权交易机构依据出让人、转让人提供的相关材料发布出让、转让公告,编制招标拍卖挂牌相关文件。

第十一条 矿业权交易机构应在下列平台同时发布公告:

(一)国土资源部门户网站(矿业权出让转让公示公开系统);

(二)同级国土资源主管部门门户网站;

(三)矿业权交易机构交易大厅或互联网络交易平台;

(四)有必要采取的其他方式。

第十二条 出让、转让公告应包括以下内容:

(一)出让人、转让人和矿业权交易机构的名称、场所;

(二)出让、转让矿业权的简要情况,包括项目名称、地理位置、拐点坐标、采矿权的开采标高、面积、矿种、资源储量(勘查工作)情况、出让年限或勘查许可证(采矿许可证)有效期等;

(三)投标人或竞买人的资质条件;

(四)出让、转让方式及交易的时间、地点;

(五)获取招标、拍卖、挂牌文件的途径和申请登记的起止时间及方式;

(六)确定受让人的标准和方法;

(七)交易保证金的缴纳和处置;

(八)风险提示;

(九)对交易矿业权存有异议的提示;

(十)需要公告的其他内容。

第十三条 以招标方式出让、转让矿业权的,应在投标截止日30日前发布公告。

以拍卖、挂牌方式出让、转让矿业权的，应在公开拍卖日或挂牌起始日20日前发布公告。

第十四条 矿业权交易机构应按公告载明的时间、地点、方式，接受竞买人或投标人的书面申请；竞买人或投标人应提供其符合矿业权受让人主体资质的有效证明材料，并对其真实性和合法性负责。

矿业权受让人资质证明材料应包括：企业法人营业执照或事业单位法人证书、法定代表人身份证明以及按规定应当提供的其他材料。

第十五条 经矿业权交易机构审核符合受让人资质条件的竞买人或投标人，按照交易公告缴纳交易保证金后，经矿业权交易机构书面确认后取得交易资格。

第三章 交易形式及流程

第十六条 矿业权交易机构应按公告确定的时间、地点组织交易，并书面通知出让人、转让人和取得交易资格的竞买人或投标人参加。

第十七条 招标、拍卖出让或转让矿业权的，每宗标的的投标人或竞买人不得少于三人。少于三人的，出让人或转让人应按照相关规定停止拍卖或重新组织或选择其他方式交易。

第十八条 招标、拍卖、挂牌等竞争方式出让或转让矿业权的，招标标底、拍卖和挂牌底价、起始价由出让人、转让人按国家有关规定确定。

招标标底、拍卖和挂牌底价在交易活动结束前须保密且不得变更。

无底价拍卖的，应在竞价开始前予以说明；无底价挂牌的，应在挂牌起始日予以说明。

第十九条 投标人应在投标截止时间之前，将投标文件密封送达矿业权交易机构，矿业权交易机构应当场签收保存，在开标前不得开启；投标截止时间之后送达的，矿业权交易机构应当拒收。

在投标截止时间之前，投标人可以补充、修改但不得撤回投标文件，补充、修改的内容作为投标文件的组成部分。

第二十条 开标时，由出让人、转让人、投标人检查投标文件的密封情况，当众拆封，由矿业权交易机构工作人员宣读投标人名称、投标价格和投标文件的主要内容。

矿业权交易机构依照有关规定组建评标委员会，按招标公告确定的评标标准和方法，择优确定中标人。

第二十一条 拍卖会依照下列程序组织竞价：

(一)拍卖主持人点算竞买人；

(二)拍卖主持人介绍拍卖标的简要情况；

(三)拍卖主持人宣布拍卖规则和注意事项，说明本次拍卖有无底价设置；

(四)拍卖主持人报出起始价；

(五)竞买人应价；

(六)拍卖主持人宣布拍卖交易结果。

第二十二条 挂牌期间，矿业权交易机构应在挂牌起始日公布挂牌起始价、增价规则、挂牌时间等；竞买人在挂牌时间内填写报价单报价，报价相同的，最先报价为有效报价；矿业权交易机构确认有效报价后，更新挂牌价。

在挂牌期限截止前30分钟仍有竞买人要求报价的，矿业权交易机构应以当时的挂牌价为起始价进行现场竞价或网上限时竞价。

挂牌时间不得少于10个工作日。

第二十三条 拍卖会竞价结束、挂牌期限届满，矿业权交易机构依照下列规定确定是否成交：

(一)有底价的，不低于底价的最高报价者为竞得人；无底价的，不低于起始价的最高报价者为竞得人。

(二)无人报价或竞买人报价低于起始价的，不成交。

第四章 确认及中止、终止

第二十四条 招标成交的，矿业权交易机构应通知中标人在接到通知之日起5个工作日内签订成交确认书；拍卖、挂牌成交的，应当场签订成交确认书。

第二十五条 成交确认书应包括下列基本内容：

(一)出让人或转让人和中标人或竞得人及矿业权交易机构的名称、场所；

(二)出让、转让的矿业权名称、交易方式；

(三)成交时间、地点和成交价格；

(四)出让人或转让人和中标人或竞得人对交易过程和交易结果的确认；

(五)矿业权出让(转让)合同的签订时间；

(六)交易保证金的处置办法；

(七)需要约定的其他内容。

第二十六条 矿业权交易机构应在招标、拍卖、挂牌工作结束后，5个工作日内通知未中标、竞得的投标人、竞买人办理交易保证金退还手续。退还的交易保证金不计利息。

第二十七条 出让人或转让人与受让人应根据成交确认书签订矿业权出让(转让)合同。矿业权出让(转让)合同应包括下列基本内容：

(一)出让人或转让人、受让人和矿业权交易机构的名称、场所、法定代表人；

(二)出让、转让矿业权的简要情况，包括地理位置、范围、面积，地质勘查工作程度、资源开发利用和矿山环境保护以及土地复垦要求等；

(三)出让矿业权的年限或转让矿业权的许可证

号、发证机关、有效期限；

（四）成交价格、付款方式或权益实现方式等；

（五）申请办理矿业权登记手续的时限及要求；

（六）争议解决方式及违约责任；

（七）需要约定的其他内容。

第二十八条 矿业权交易过程中，存在下列情形之一的，矿业权交易行为中止；矿业权交易行为中止的原因消除后，应及时恢复矿业权交易。

（一）公示公开期间出让、转让的矿业权权属争议尚未解决；

（二）交易主体有矿产资源违法行为，尚未处理，或者矿产资源违法行为的行政处罚尚未执行完毕；

（三）因不可抗力应当中止矿业权交易的其他情形。

第二十九条 矿业权交易过程中，出现下列情形之一的，矿业权交易行为终止。

（一）交易主体提出终止交易；

（二）因不可抗力应当终止矿业权交易；

（三）法律法规规定的其他情形。

第三十条 交易主体需要中止、终止或恢复矿业权交易的，应向矿业权交易机构出具书面意见。

矿业权交易机构提出中止、终止或恢复矿业权交易，出让矿业权的，需经主管或委托的国土资源主管部门核实同意，并出具书面意见；转让矿业权的，需经转让委托人同意，并出具书面意见。

矿业权交易机构应及时发布中止、终止或恢复交易的公告。

第五章 公示公开

第三十一条 招标、拍卖、挂牌方式出让矿业权的，应公示的主要内容包括：

（一）中标人或竞得人的名称、场所；

（二）成交时间、地点；

（三）中标或竞得的勘查区块、面积、开采范围的简要情况；

（四）矿业权成交价及缴纳时间、方式；

（五）申请办理矿业权登记的时限；

（六）对公示内容提出异议的方式及途径；

（七）应当公示的其他内容。

第三十二条 申请在先、探矿权转采矿权（含划定矿区范围申请和采矿权登记申请）、以协议方式出让矿业权（协议出让采矿权的含划定矿区范围申请和采矿权登记申请）的，在国土资源主管部门正式受理后，将相关信息直接进场公开。应公开的主要内容包括：

（一）申请人名称；

（二）项目名称或矿山名称；

（三）申请矿业权的取得方式；

（四）申请矿业权的范围（含坐标、采矿权的开采标高、面积）及地理位置；

（五）勘查开采矿种、开采规模；

（六）应当公开的其他内容。

第三十三条 矿业权转让应公示的主要内容包括：

（一）转让人名称、法定代表人、场所；

（二）项目名称或矿山名称；

（三）受让人名称、法定代表人、场所；

（四）转让矿业权许可证号、发证机关、有效期限；

（五）转让矿业权的矿区（勘查区）地理位置、坐标、采矿权的开采标高、面积、勘查成果情况、资源储量情况；

（六）转让价格、转让方式；

（七）对公示内容提出异议的方式及途径；

（八）应当公示的其他内容。

第三十四条 转让人、受让人通过矿业权交易机构协商议价或自行达成协议的，须在矿业权交易机构鉴证下签订矿业权转让合同，转让人受让人主要事项公示无异议的，矿业权交易机构应在5个工作日内出具鉴证文书。

鉴证文书应包括以下内容：

（一）转让的矿业权项目名称或矿山名称，矿业权许可证号，转让人、受让人名称；

（二）签订交易合同的时间、地点；

（三）需要注明的其他内容。

第三十五条 矿业权交易机构应在矿业权交易合同签订之日起5个工作日内，同时在国土资源部门户网站（矿业权出让转让公示公开系统）、同级国土资源主管部门门户网站、矿业权交易机构交易大厅或互联网络交易平台公示交易结果和相关情况，公示期不少于10个工作日；有必要采取的其他公示方式，公示期也不少于10个工作日。

第三十六条 矿业权交易机构据其性质依照所在地价格主管部门批准的收费标准收取交易服务费，收费标准应予公开。矿业权转让鉴证、公示收费要与提供的服务相匹配，并确定合理的下限和上限。

第三十七条 矿业权交易成交相关信息公示无异议的，中标人或竞得人履行相关手续后，持成交确认书、矿业权出让（转让）合同及其他所需相关材料，向有审批权限的国土资源主管部门申请办理矿业权登记手续。协议转让矿业权的转让人、受让人履行相关手续后，转让人、受让人持交易鉴证文书、转让合同及其他所需相关材料，向有审批权限的国土资源主管部门申请办理转让审批变更登记手续。

国土资源部委托省级人民政府国土资源主管部门在省级矿业权交易机构实施交易的，中标人或竞得人、转让人、受让人还需持省级人民政府国土资源主管部门对出让转让交易结果的认定材料，方可办理登记手续。

第六章　交易监管

第三十八条　国土资源主管部门应对不同性质的矿业权交易机构分类加强指导和监督，建立矿业权交易年度工作报告和通报制度。省级以下(含)人民政府国土资源主管部门是同级矿业权交易机构的主管部门，负责对矿业权交易的监督管理，并对重大矿业权交易活动加强事前指导和全程实时监控。上级国土资源主管部门负责监督下级国土资源主管部门的矿业权交易活动。上级矿业权交易机构对下级矿业权交易机构提供业务指导。

第三十九条　矿业权交易机构应对每一宗矿业权交易建立档案，收集、整理自接受委托至交易结束全过程产生的相关文书并分类登记造册。

第七章　法律责任及争议处理

第四十条　矿业权交易过程中，转让人、受让人有违法、违规行为的，由国土资源主管部门依法予以处理；造成经济损失的，由责任人承担经济赔偿责任。情节严重、构成犯罪的，移交司法机关处理。

第四十一条　中标人或竞得人存在合同双方约定的违约行为时，中标或竞得结果无效，所缴纳的交易保证金不予退还。

第四十二条　矿业权交易过程中，矿业权交易机构及其工作人员有违法、违规行为的，由国土资源主管部门依法予以处理；造成经济损失的，应承担经济赔偿责任；情节严重、构成犯罪的，移交司法机关处理。

第四十三条　交易过程中发生争议，合同有约定的，按合同执行；合同未约定的，由争议当事人协商解决，协商不成的，可向有关仲裁机关申请仲裁或依法向人民法院起诉。

第八章　附　则

第四十四条　矿业权交易活动中涉及到的所有费用，均以人民币计价和结算。

第四十五条　油气和国家规定不宜公开矿种的矿业权交易不适用本规则。

本规则发布前，国土资源部以往有关矿业权交易的规定与本规则不一致的，以本规则为准；省级人民政府国土资源主管部门制定的有关规范矿业权交易的文件与本规则不一致的，按照本规则执行。

省级人民政府国土资源主管部门应结合本地实际制定交易实施细则，并报国土资源部备案。

国土资源部将对矿业权交易有关规定及时进行清理。

第四十六条　本规则自 2012 年 3 月 1 日实行，有效期五年，由国土资源部负责解释。

国土资源部办公厅关于矿产资源整装勘查区暂停受理新立探矿权采矿权申请的通知

国土资电发〔2011〕22 号

各省、自治区、直辖市国土资源厅(国土环境资源厅、国土资源和房屋管理局、房屋土地资源管理局、规划和国土资源局)：

为深化矿业权管理制度改革，落实地质找矿新机制，促进地质找矿快速突破，部正在研究矿产资源整装勘查区矿业权管理措施。为做好衔接，自本通知印发之日起，《国土资源部关于设立首批找矿突破战略行动整装勘查区的公告》(2011 年第 10 号)确定的整装勘查区内矿业权空白区，暂停受理新立探矿权采矿权申请(已设探矿权转采矿权仍可正常办理)；已受理尚未完成审批程序的，暂缓审批；部暂停整装勘查区内矿业权空白区的矿业权配号。

请各省级国土资源行政主管部门抓紧组织编制整装勘查区矿业权设置方案报部审批(具体要求部将另行通知)，矿业权设置方案批准后，按矿业权设置方案的要求设置矿业权。整装勘查区矿业权设置方案批复前，国家和省级重点项目、按照整装勘查部署急需新立探矿权采矿权的，由省级国土资源行政主管部门报部批准后，可以设置矿业权。

国土资源部办公厅

二〇一一年三月二日

国土资源部办公厅关于组织申报国家级绿色矿山试点单位的通知

国土资厅函〔2011〕574号

各省、自治区、直辖市国土资源主管部门，部机关各司局、各有关单位：

按照《国土资源部关于贯彻落实全国矿产资源规划发展绿色矿业建设绿色矿山工作的指导意见》(国土资发〔2010〕119号)的要求，为做好国家级绿色矿山试点单位的遴选工作，现将有关事项通知如下：

一、申报主体

申报主体为独立矿山企业(含油气企业)，须持有合法有效采矿许可证。

二、申报条件

申报国家级绿色矿山试点单位，应满足以下条件：

(一)依法办矿。严格遵守《矿产资源法》等法律法规，合法经营，证照齐全；矿产资源开发利用活动符合矿产资源规划的要求和规定，符合国家产业政策；认真执行《矿产资源开发利用方案》、《矿山地质环境保护与治理恢复方案》、《土地复垦方案》等，对无偿取得的采矿权已经进行了有偿处置；五年内未受到相关的行政处罚，未发生严重违法事件。

(二)规范管理。具有完善的资源开发利用、环境保护、土地复垦、生态重建、安全生产等规章制度和保障措施，矿山管理科学、规范。

(三)综合利用。大力发展循环经济，完成了资源综合利用规划(设计)指标，“三率”指标达到或超过国家规定标准，综合利用水平达到国内同类矿山领先水平。

(四)技术创新。重视科技进步，积极开展科技创新，矿山企业每年用于科技创新的资金投入不低于矿山企业总产值的1%，生产技术居国内同类矿山先进水平，符合《矿产资源节约与综合利用鼓励、限制和淘汰技术目录》(国土资发〔2010〕146号)的有关要求。

(五)节能减排。积极开展节能减排工作，节能降耗、“三废”排放等达国家规定标准，采用无废或少废工艺，矿山选矿废水重复利用率达到90%以上或实现零排放，矿山固体废弃物综合利用率达到国内同类矿山先进水平。

(六)环境保护。认真落实矿山环境恢复治理保证金制度，严格执行环境保护“三同时”制度，编制了矿山环境保护与治理恢复方案，矿山地质环境恢复治理水平明显高于矿产资源规划确定的本区域平均水平，近3年内未发生重大地质灾害，矿区绿化覆盖率达到可绿化区域面积的80%以上。

(七)土地复垦。认真开展土地复垦工作，落实土地复垦责任，实现“边生产、边建设、边复垦”。

(八)社区和谐。自觉履行社会责任，具有良好的企业形象，能够及时妥善解决各类矛盾，社区关系和谐。

(九)企业文化。拥有符合企业特点的企业文化，企业职工文明建设和技术培训体系健全。

三、申报材料

申报“国家级绿色矿山试点单位”需要报送以下材料：

(一)国家级绿色矿山试点单位申报书；

(二)国家级绿色矿山试点单位申报图册。

各材料具体填报要求，详见附件1、附件2。

四、申报程序

(一)国家级绿色矿山试点单位申报按照自愿申请的原则，由矿山企业向所在地省级国土资源主管部门提出申请，并按要求认真准备相关申报材料后，正式报送省级国土资源主管部门。

(二)省级国土资源主管部门组织省矿业联合会对申报材料进行认真审核，并签署审核意见，将本省的申报材料汇总后统一报送国土资源部。对申报企业存在疑义的，需进行现场考察。

(三)受国土资源部委托，中国矿业联合会邀请相关行业协会共同组织专家对申报材料进行评估论证，并报请国土资源部审核。

(四)国土资源部对建议名单进行审定并正式公告。

(五)获得“国家级绿色矿山试点单位”的矿山企业，要于名单公布之日起3个月内编制完成“国家级绿色矿山建设规划”(具体编制要求见附件3)，由矿山所在地省级国土资源主管部门审核通过后统一报部备案。

(六)试点矿山通过12年的规划实施，经评估合格后，将挂牌正式命名为国家级绿色矿山，促使矿山企业提高自觉建设绿色矿山的积极性。

五、申报数量

各省国土资源主管部门在遴选过程中，要突出本省矿山企业的典型性和代表性，原则上每个省每年申报数量不超过5个，资源大省不超过10个。

六、其他要求

(一)各省国土资源主管部门要高度重视绿色矿山

创建工作，认真贯彻落实《国土资源部关于贯彻落实全国矿产资源规划发展绿色矿业建设绿色矿山工作的指导意见》(国土资发〔2010〕119号)的文件要求，认真组织符合条件的矿山企业做好申报工作，切实指导做好本省范围内绿色矿山建设工作。

(二)试点矿山要按照规划确定的目标任务，认真开展规划实施。经评估核查不符合《国家级绿色矿山基本条件》的，取消绿色矿山试点单位的资格。具体核查或评估有关要求，另行制定。

(三)要认真探索和积累试点工作中的经验与方法，为全面推进绿色矿山建设积累经验，为进一步完善绿色矿山建设相关制度和绿色矿山考核指标提供参考。试点工作中如遇到重大问题要及时向部报告，以便及时妥善解决，确保试点工作顺利进行。

七、时间要求

国家级绿色矿山原则上每年推荐一次。请各省级国土资源主管部门抓紧做好第二批国家级绿色矿山申报工作，于2011年9月15日前，将本省的申报材料一式十份(以及电子文档一份)报部。

联系电话：

国土资源部规划司 010－66558142 66558129(传真)

附件：1.国家级绿色矿山试点单位申报书

2.国家级绿色矿山试点单位申报材料编写要求

3.国家级绿色矿山建设规划编制提纲

国土资源部办公厅

二〇一一年七月八日

附件1：

国家级绿色矿山试点单位
申　报　书

申报矿山名称：______

法定代表人(签字)：______

(申报矿山企业盖章)

国土资源部 制

年　月　日

一、申报矿山基本信息表

申报矿山名称			
所属企业名称			
企业性质		成立时间	
地理位置		矿区面积	
矿山职工数		采矿许可证有效期限	
开采矿种		开采方式	
保有资源储量		开采规模	
采选工艺设备			
综合利用情况			
矿业权有偿处置情况			
矿山地质环境恢复治理情况			
土地复垦情况			
联系人	E－mail		
电　话	传　真		
手　机	邮　编		
通讯地址			

二、审核意见

矿山所在地市、县级国土资源主管部门审核意见
(盖章) 年　月　日
矿山所在地省级国土资源主管部门审核意见
(盖章) 年　月　日

三、申报矿山概况

详细介绍申报矿山概况，包括自然条件、经济社会条件、资源赋存条件、矿山开发利用现状、土地利用现状、矿山基础设施条件等。

四、申报基础与条件

分章节说明申报矿山目前已经具备绿色矿山试点单位的有关情况，包括已有工作基础，进展情况，取得的初步成效等。

(一)依法办矿方面。

(二)规范管理方面。

(三)综合利用方面。

(四)技术创新方面。

(五)节能减排方面。

(六)环境保护方面。

(七)土地复垦方面。

(八)社区和谐方面。

(九)企业文化方面。

(十)其他需要说明的内容,如获得的荣誉、称号等。

五、绿色矿山建设目标与重点

本矿山推进绿色矿山建设的预期目标,以及下一步工作的主要任务及举措。

六、保障措施

企业推进绿色矿山建设过程中,从加强企业管理,落实企业主体责任,加强机制体制建设等方面入手,提出切实、可行的保障措施,确保绿色矿山建设的顺利进行。

七、附件:

1.相关证照复印件,包括矿长资格证、安全资格证、安全生产许可证、采矿许可证、企业法人营业执照等相关材料复印件,特殊类型的矿山按有关要求提交证件复印件。以上证件原则上采用彩色复印件。

2.其他证明材料复印件,包括矿山地质环境恢复保证金缴存证明、矿业权有偿处置相关证明等。

附件 2:

国家级绿色矿山试点单位申报材料编写要求

根据《国土资源部关于贯彻落实全国矿产资源规划发展绿色矿业建设绿色矿山工作的指导意见》(国土资发〔2010〕119 号)的文件要求,结合首批国家级绿色矿山试点单位评估工作的实际情况,对国家级绿色矿山试点单位申报材料编写要求如下:

一、国家级绿色矿山申报书

申报书是绿色矿山评估遴选的重要依据,要给予高度重视,全面细致的阐述矿山企业在创建绿色矿山过程中所取得的成绩,按照附件 1 中所列提纲,对照《国家级绿色矿山基本条件》的有关要求认真编写,内容要实事求是,突出重点、亮点和特色,文字表述简洁明了,数据翔实,图文并茂,精心排版,精致印刷。

(一)申报矿山基本信息表填写说明

基本信息表由申请矿山逐一认真填写,其中:

申报矿山名称:指从事采、选(冶)的独立矿山企业。

所属企业名称:指申报矿山所隶属的公司或单位。

企业性质:矿山企业营业执照指明的企业所有制性质。

成立时间:营业执照登记年月。

地理位置:指矿山所在地,具体填写到县一级。如矿山跨不同的行政区划,请分别填写。

矿区面积:包括采矿许可证的矿区范围和其他用地总面积。

采矿许可证有效期限:自××年×月至××年×月。

开采矿种:填写主要矿种。

开采方式:指露天开采或地下开采或露天 - 地下联合开采。

保有资源储量:主要矿种的保有资源储量。

开采规模:大型、中型、小型。

采选工艺设备:矿山企业目前采用的采选工艺、设备。

综合利用情况:矿山企业目前的综合利用水平。

矿业权有偿处置情况:矿业权是否已经有偿处置。

矿山地质环境恢复治理情况:恢复治理完成情况,以及恢复治理方案编制和保证金缴纳情况等。

土地复垦情况:土地复垦进展情况,以及土地复垦方案编制情况。尚未编制土地复垦方案的,应按《土地复垦条例》的有关规定进行编报。

(二)格式要求

1.封面。标题为:“国家级绿色矿山试点单位申报书”,字体方正大标宋简体,字号为二号(申报书三个字另起一行,字号为小初)。书脊处注明申报矿山名称。

2.正文。小四号字体,中文为宋体、英文为 Times New Roman,1.5 倍行距,段前距段后距各 0.5 行,不加粗,首行缩进 2 个字符。

3.表格格式。五号字体,中文为宋体、英文为 Times New Roman;表的格式请用全线表,线粗 0.75 磅;表标题请用五号字体,1.5 倍行距,无段前段后距;表标题与前边、表格最下方与下方正文空一行,五号字体,1.5 倍行距,无段前段后距。

4.图片格式。申报书内的图名和图内文字请用 5 号字,中文用宋体、英文用 Times New Roman;图名请置于图片下方,请用五号字体,1.5 倍行距,无段前段后距;图名与后边正文空一行,五号字体,单倍行距,无段前段后距;图最上边亦与上方正文空一行五号字体,单倍行距,无段前段后距。

5.正文和表格中标点符号和计量单位。请用中文的引号(“”)和逗号(,),括号请统一用中文输入法下的括号();中英文均为半角符号;冒号请用中文的冒号(如11:22:33);单位符号按下列表述:克/升、克/毫升、(25℃)、℃、MAC(毫克/立方米)/克/立方厘米、/吨、≥(英文半角)、%(英文半角)等;表示范围请用英文半角破折号,如20-30。

二、国家级绿色矿山建设申报图册

成果图册是客观反映申报矿山各项工作的材料,各申报矿山须围绕绿色矿山建设的有关要求,认真梳理总结企业在生产工艺改进、土地复垦、和谐社区、生态建设、矿山地质环境恢复治理等方面取得的重大成果,突出亮点,展示矿山建设的最新进展和先进理念,争取做到图片精美、引人注目。为突出工作进展及成效,最好采用新旧图片对比的形式。

图册封面采用统一格式,标题为:“国家级绿色矿山试点单位申报图册”,字体方正大标宋简体,字号为二号(申报图册四个字另起一行,字号为小初)。落款为××××矿山,时间为大写阿拉伯数字“二〇××年×月×日”,三号楷体。书脊处注明申报矿山名称。

三、视频资料

具备条件的矿山企业,提交上述材料的同时,可一并提供绿色矿山建设宣传视频,视频时间一般不超过15分钟。

附件3:

国家级绿色矿山建设规划编制提纲

一、前言

1.矿山概况(包括自然条件、经济社会条件、资源赋存条件、矿山开发利用现状、土地利用现状、矿山基础设施条件、企业取得荣誉等)。

2.规划编制依据、规划期等;

二、指导思想与原则

规划编制的指导思想、基本原则。

三、规划目标

围绕绿色矿山建设在资源合理利用、节能减排、保护生态环境和促进矿地和谐等方面的的总体目标及分年度目标。

四、绿色矿山建设具体任务

围绕以下重点方面,提出绿色矿山建设的具体任务及年度工作安排。

1.资源节约与综合利用方面;

2.科技创新方面;

3.地质环境保护、地质灾害防治、土地复垦方面;

4.科学管理方面;

5.社区和谐方面。

涉及具体配套工程的,需详细说明工程的具体内容、资金筹措及进度安排等有关内容。

五、保障措施

确保规划实施的保障措施、相关政策措施建议等。

国土资源部办公厅关于加快推进建立地(市)级矿业权交易机构的通知

国土资厅发〔2011〕42号

各省、自治区、直辖市国土资源主管部门:

为落实国土资源系统“两整治一改革”专项行动工作的总体部署,根据《国土资源部关于建立健全矿业权有形市场的通知》(国土资发〔2010〕145号,以下简称145号文)的有关要求,现就加快推进建立地(市)级矿业权交易机构有关事项通知如下:

一、加快建立和完善地(市)级矿业权交易机构

(一)加快建设步伐。各省级国土资源主管部门要根据145号文关于市级矿业权交易机构的建立由省级部门视实际情况自行决定的要求,制订辖区内地(市)级矿业权有形市场建设方案,按方案对于应建但尚未建成交易机构的地(市),要督促其加快建设步伐,确保在2011年10月底前建成,做到机构挂牌、人员到位并按职能运转。原则上矿产资源丰富的地(市)应建立矿业权交易机构。

(二)合理选择组建形式。地(市)级土地交易机构建设和运行体系已较完备,为避免重复建设,对尚未建立矿业权交易机构的,可依托已有的土地交易机构建立,也可采取新建、在已有事业单位增加职能或利用政府建立的产权、公共资源交易平台等方式建设。

(三)做好与省级交易机构的衔接。地(市)级矿业权交易机构要与省级矿业权交易机构在功能和运行上做好衔接,按方案确定不建矿业权交易机构的地(市),要在省级或委托的地(市)级交易机构中开展矿业权交易活动。县级原则上不建矿业权交易机构,交易活动应明确在所属地(市)或经省级国土资源主管部门批准确认的其他地(市)级及以上矿业权交易机构中进行。

(四)加强制度建设。各省级国土资源主管部门要组织指导做好加强制度建设的工作,对于已建成的地(市)级矿业权交易机构,要完善交易和服务功能,健全交易管理制度;对于未建成的,要将机构建设与制度建设同步进行。

二、确保将矿业权出让转让信息公示公开制度落实到位

(一)严格执行矿业权出让转让公示公开制度。严格落实《国土资源部办公厅关于做好矿业权有形市场出让转让信息公示公开有关工作的通知》(国土资厅发〔2011〕19号,以下简称19号文)的规定,根据矿业权审批权限,按照“谁发证、谁发布”的原则,运行操作矿业权出让转让公示公开系统,确保出让转让信息在交易机构大厅、同级国土资源主管部门门户网站和国土资源部矿业权市场网上同步公开。

(二)指导细化公示公开操作措施。省级国土资源主管部门要分类组织指导地(市)级矿业权交易机构做好本级的或授权、委托的矿业权交易活动,细化公示公开的具体措施。

三、积极探索推进矿业权出让网上交易

(一)准确定位网上交易。矿业权出让网上交易须由国土资源主管部门按法定出让权限通过互联网向社会发布出让公告和竞买须知,竞买人在网上递交竞买申请,经系统确认资格后,通过互联网进行报价、竞价,由系统自动确认竞得人。网上交易能进一步提高矿业权管理工作的信息化、科技化水平,最大限度地公开出让信息,避免人为干预,是加强矿产资源管理领域廉政建设的重要举措。

(二)组织开展地(市)级矿业权出让网上交易试点。网上交易对网络技术的安全性和稳定性要求高,为稳妥推进矿业权出让网上交易工作,各省级国土资源主管部门应根据信息化建设水平以及对不同矿种申请人资质条件要求,先选择有条件的地(市)开展矿业权出让网上交易试点,及时总结经验,逐步推行。

四、做好各项保障工作

(一)统筹协调。各省级国土资源主管部门在推进地(市)级矿业权交易机构建设过程中,要加强政策宣传,做好机构、编制、经费的协调,为建立地(市)级矿业权交易机构创造有利条件。

(二)加强指导和监督。各省级国土资源主管部门要按照145号文和19号文的要求,加强对地(市)级国土资源主管部门建立和完善矿业权有形市场工作的指导和监管;各地(市)级国土资源主管部门要对本级矿业权交易机构交易过程和结果进行监督,严厉查处违反交易规则的行为,促进矿业权市场健康发展。

(三)做好总结上报工作。请各省级国土资源主管部门于2011年8月31日前,按附件1和附件2要求,将本辖区内地(市)级矿业权交易机构建设进展情况报部;市级矿业权交易机构建成后应向省级国土资源主管部门备案,11月20日前要将地(市)级矿业权交易机构建设总结、备案汇总情况和推行矿业权出让网上交易试点总结情况一并报部。11月1日以后应建未建的,在“两整治一改革”工作检查验收时有关矿业权有形市场建设部分将不予通过,部将停止该地(市)辖区内的矿业权配号。

联系人:王德杰

联系电话:010－66558255 010－66558259(传真)

邮箱地址:djwang@mail.mlr.gov.cn

附件1:____省(区、市)已建、拟建地(市)级矿业权交易机构汇总表

附件2:____省(区、市)不建地(市)级矿业权交易机构汇总表

国土资源部办公厅

二〇一一年八月十二日

附件1:

____省(区、市)已建、拟建地(市)级矿业权交易机构汇总表 **填表时间: 年 月 日**

序号	地(市)名称	矿业权交易机构名称	组建时间(年月日)		矿业权交易机构性质				矿业权交易机构组建方式			备注
			已建	拟建	全额拨款	差额拨款	自收自支	其他	单建	与土地交易机构合并	其他	

附件 2:

___省(区、市)不建地(市)级矿业权交易机构汇总表

填表时间:　年　月　日

序号	地(市)名称	不建的原因	经省级国土资源主管部门确认的拟委托进行矿业权出让转让信息公示公开交易机构的名称(地点)	备注

国土资源部办公厅关于通过实施统一配号进一步加强地质勘查资质管理信息化建设的通知

国土资厅发〔2011〕65 号

各省、自治区、直辖市国土资源厅(国土环境资源厅、国土资源局、国土资源和房屋管理局、规划和国土资源管理局):

为提高地质勘查资质管理水平,完善地质勘查资质信息系统建设,更好地应用信息化手段促进地质勘查资质管理工作的规范化,实现政务信息公开,提高透明度,现就通过实施统一配号进一步加强地质勘查资质管理信息化建设有关事项通知如下:

一、实施统一配号的重要意义

地质勘查资质管理是地质勘查行业管理的一项重要工作。近年来,部省两级国土资源主管部门不断推进地质勘查资质管理信息化建设,有力地支持了地质勘查资质管理工作。但也存在一些薄弱环节,主要是信息渠道不畅,全国地质勘查资质数据库更新和共享不及时等问题,尚难实现对全国地质勘查资质审批发证信息的规范、准确和实时掌握。

实施全国地质勘查资质证书统一配号是应用信息化技术提高地质勘查资质管理水平的手段,不是设置新的行政审批事项,也不是增加资质审批的前置条件。通过实施统一配号,进一步加强地质勘查资质管理信息化建设:一是有利于促进全国地质勘查资质审批发证数据及时、准确、规范入库,提高数据质量和工作效率,满足矿政管理"一张图"建设的需要;二是有利于促进各省(区、市)国土资源主管部门及时、全面、准确地掌握本省(区、市)地质勘查资质基本情况,提高地质勘查资质监督管理的质量和效率;三是有利于促进地质勘查资质管理工作的规范化,实现地质勘查资质政务信息公开,提高透明度,方便地勘单位、公众快捷查询和社会监督。

二、统一配号的主要内容

(一)实施全国地质勘查资质证书统一配号

实施统一配号后,部省两级国土资源主管部门仍按《地质勘查资质管理条例》规定的职权审批地质勘查资质申请,在准予批准后,通过国土资源主干网向"全国地质勘查资质证书统一配号系统"(以下简称"配号系统")提交配号申请,获取统一配发的地质勘查资质证书证号。

(二)实施集中受理审查报盘数据统一上报

实施统一配号后,部省两级国土资源主管部门仍按"国土资源部关于贯彻实施《地质勘查资质管理条例》有关问题的通知"(国土资发〔2008〕131 号)要求,对每年两次集中受理审查接收的新设、延续申请电子报盘数据,在规定的时间内通过"配号系统"上报,由部组织统一对申请电子报盘数据进行人员重复聘用、超龄、身份证号存疑等检查。

(三)实施全国地质勘查资质证书统一公告和信息共享

实施统一配号后,部省两级国土资源主管部门通过统一配号颁发的地质勘查资质证书,将由"配号系统"自动在国土资源部门户网站上进行统一公告,并面向地勘单位、公众提供地质勘查资质证书查询服务。全国地质勘查资质审批发证信息,将通过"配号系统",对部省两级国土资源主管部门实现共享。

三、实施"配号系统"的几点要求

(一)通过实施统一配号进一步加强地质勘查资质管理信息化建设是地质勘查资质管理的一项重要工作,各省(区、市)国土资源主管部门要高度重视,加强领导,精心组织,周密部署,认真实施,切实做好各项准

备工作(包括网络连接、软硬件建设等),确保统一配号工作落实到位。

(二)为保证全国地质勘查资质审批发证数据齐全、规范和准确,自本通知下发之日起,各省(区、市)国土资源主管部门要组织有关人员,对本省(区、市)地质勘查资质审批发证数据进行全面核实整理,确保与全国地质勘查资质数据库一致,并于"配号系统"正式运行前,将核实整理后的本省(区、市)地质勘查资质数据库及工作情况书面及电子文档报部。

(三)"配号系统"部署在国土资源主干网,于2012年1月1日起开通试运行,3月1日起正式运行。自"配号系统"正式运行之日起,所有地质勘查资质新设、变更、延续、补证等申请事项,各地质勘查资质发证机关在准予批准后,需通过"配号系统"获取统一配发的地质勘查资质证书证号;注销申请事项,在准予注销后,通过"配号系统"提交注销备案数据。

(四)"配号系统"正式运行前颁发的地质勘查资质证书仍继续有效;"配号系统"正式运行后新颁发的地质勘查资质证书未经统一配号的为无效证书。

(五)为做好全国地质勘查资质证书统一配号工作,保证实施统一配号的质量与进度,部将适时对各省(区、市)国土资源主管部门有关人员进行培训,具体时间、地点另行通知。

联系人及电话:

袁　琦(部勘查司)　010-66558391

王　红(部信息中心)　010-66558650

国土资源部办公厅

二〇一一年十二月二十六日

国土资源部办公厅关于国土资源大调查项目探矿权转让有关问题的通知

国土资厅发〔2011〕68号

各省、自治区、直辖市国土资源主管部门,中国地质调查局,中央地质勘查基金管理中心:

为规范国家出资勘查项目的探矿权管理,经部研究决定,使用国土资源大调查专项资金开展勘查工作取得的探矿权转让,其成果处置按照《财政部国土资源部关于加强对国家出资勘查探明矿产地及权益管理有关事项的通知》(财建〔2010〕1018号)的有关规定执行。自本通知印发之日起,国土资源部办公厅《关于暂停办理国土资源大调查项目探矿权转让的通知》(国土资厅发〔2006〕62号)停止执行。

国土资源部办公厅

二〇一一年十二月三十一日

统 计 资 料

2011年全国省、市、县级国土资源管理机构数

表1 单位：个

	合 计	省 级	市(地)级	县(区)级
全 国	**3304**	**32**	**449**	**2823**
北 京	17	1	16	
天 津	12	1	11	
河 北	193	1	11	181
山 西	144	1	11	132
内蒙古	129	1	14	114
辽 宁	78	1	14	63
吉 林	54	1	10	43
黑龙江	120	1	16	103
上 海	18	1	17	
江 苏	107	1	13	93
浙 江	106	1	11	94
安 徽	112	1	16	95
福 建	88	1	11	76
江 西	110	1	11	98
山 东	171	1	17	153
河 南	163	1	18	144
湖 北	110	1	17	92
湖 南	129	1	14	114
广 东	164	1	21	142
广 西	93	1	19	73
海 南	19	1	2	16
重 庆	39	1	38	
四 川	203	1	21	181
贵 州	109	1	9	99
云 南	162	1	16	145
西 藏	82	1	7	74
陕 西	124	1	11	112
甘 肃	99	1	16	82
青 海	49	1	7	41
宁 夏	23	1	5	17
新 疆	277	2	29	246

注：新疆包含自治区和生产建设兵团。

2011 年地质勘查投入和新发现

表 2

地 区	地质勘查经费(万元)			
	合计	中央财政拨款	地方财政拨款	企事业资金
全 国	**11181853.67**	**756149.43**	**1037516.46**	**9388187.78**
北 京	70140.10	1650.00	10282.14	58207.96
天 津	66414.83	650.00	704.83	65060.00
河 北	543613.68	10026.00	76375.39	457212.29
山 西	200332.24	10350.43	62046.52	127935.29
内蒙古	920116.84	79874.00	103676.00	736566.84
辽 宁	294125.80	8869.00	41264.57	243992.23
吉 林	338735.06	7204.50	4185.05	327345.51
黑龙江	363358.89	22823.00	39027.00	301508.89
上 海	85647.00	240.00	2530.00	82877.00
江 苏	220352.52	3596.00	7538.50	209218.02
浙 江	34372.34	3742.00	5629.09	25001.25
安 徽	153509.61	8065.00	24407.82	121036.79
福 建	44850.57	12338.00	11310.66	21201.91
江 西	124704.25	17428.00	33121.97	74154.28
山 东	596922.77	4385.00	30184.10	562353.67
河 南	455706.44	6470.00	110540.39	338696.05
湖 北	176887.00	7981.00	6807.99	162098.01
湖 南	77049.05	16765.00	22938.60	37345.45
广 东	55725.39	8134.00	6273.50	41317.89
广 西	76129.85	7564.00	14721.34	53844.51
海 南	70525.30	1960.00	5475.51	63089.79
重 庆	89217.81	4310.00	33724.49	51183.32
四 川	967750.76	18080.00	97606.69	852064.07
贵 州	139706.65	10758.00	17698.56	111250.09
云 南	205465.34	17661.00	20896.37	166907.97
西 藏	89914.05	58309.00	6021.71	25583.34
陕 西	718410.02	10269.00	13732.31	694408.71
甘 肃	421409.06	15511.00	70160.15	335737.91
青 海	378466.46	64528.00	59975.67	253962.79
宁 夏	118974.13	12355.00	6484.86	100134.27
新 疆	1901580.14	82748.00	91466.69	1727365.45
其 他	1181739.72	221505.50	707.99	959526.23

矿产地情况——按地区分列

机械岩芯钻探工作量（米）	坑探工作量（米）	年末勘查从业人员(人)	技术人员
30085346	**873128**	**448394**	**214273**
30232		12705	9563
93417		20310	5334
1222750	8270	40828	17387
1117847	10713	10013	7041
3850103	38406	14178	6116
722784	15667	25093	10725
845600	14511	15586	6402
1023270	2059	37309	10330
7		4796	1446
197009	4957	9814	5623
116492	9905	3013	2311
1440496	2018	10882	6256
333079	17852	7209	4073
924452	40466	10151	7182
1246669	5059	30107	14434
975264	22984	30478	15525
231059	7423	10944	6794
490910	10690	9540	6738
287189	12016	7869	6441
356176	41127	6282	4262
198810	4897	1447	1311
188497	10189	8818	3532
797541	63409	33871	14035
1244703	13451	4691	3643
2143031	216259	6849	5648
117110	2254	852	682
1742641	118050	40229	13829
1636086	54117	6097	4590
892395	13294	5642	2995
494011	945	1866	1429
4877943	111430	20131	7881
247700	710	794	715

2011年地质勘查投入和新发现

表3

矿　种	地质勘查		
	合计	中央财政拨款	地方财政拨款
总　计	**11181853.67**	**756149.43**	**1037516.46**
煤炭	1165117.42	28537.00	313804.65
石油天然气	6676008.84	16301.00	
煤层气	70975.70	1728.43	
天然沥青	487.61		
油页岩	6754.40	300.00	258.25
石煤	42405.19		24405.61
地热	56357.70		24768.09
铁矿	395512.31	35689.00	104518.63
锰矿	31933.03	620.00	9471.50
铬矿	1712.28		
钒矿	22800.50		2097.13
钛矿	3458.74		517.12
铜矿	441860.66	47680.00	57242.02
锑矿	13704.03	1796.00	1288.55
汞矿	380.94	218.00	82.19
铋矿	587.79		375.43
锌矿	62800.36		5900.52
铅矿	215635.42	14240.00	27598.01
铝土矿	46816.37	10178.00	13708.59
镁矿	1094.62		624.09
镍矿	20717.55	2230.00	3435.94
钴矿	2898.88		228.40
钨矿	33862.01	2148.00	5986.32
锡矿	17737.74	1340.00	3457.00
钼矿	156876.90	732.00	17843.89

矿产地情况——按矿种分列(一)

经费(万元) 企事业资金	机械岩芯钻探工作量(米)	坑探工作量(米)	新发现矿产地(个)
9388187.78	**30085346**	**873128**	**290**
822775.78	9877572	28396	62
6659707.84	5130426		38
69247.27	90503		
487.61	6586		
6196.15	47468	67	1
17999.59	351583	890	
31589.62	400862		1
255304.68	3893405	57336	26
21841.53	172376	18821	1
1712.28	10109	1012	
20703.37	135013	7436	5
2941.62	20011	1426	1
336938.64	1744734	130639	13
10619.48	34038	8722	3
80.75			
212.36	1002		
56899.84	426055	87920	5
173797.41	909501	183878	14
22929.78	367350	4500	5
470.53	3437		
15051.61	110646	1629	1
2670.47	21547	620	
25727.69	254791	10595	7
12940.74	118350	6177	
138301.01	1218518	26014	8

2011年地质勘查投入和新发现

续表 3

矿种	地质勘查		
	合计	中央财政拨款	地方财政拨款
铂族金属	792.75		
岩金	498755.29	27146.00	52089.54
砂金	6916.95		1610.52
银矿	47683.10	1022.00	18665.33
铌矿	3266.94		524.45
钽矿	633.97		40.48
铍矿	5776.44	1100.00	28.93
锂矿	7665.37		636.57
锶矿	684.40		528.63
铷矿	2488.80		1140.48
铯矿	1085.83		
锆矿	969.66		
稀土矿	10652.57	1420.00	5907.39
锗矿	813.79		813.79
铼矿	22.03		
蓝晶石	288.82		
矽线石	67.82		67.82
红柱石	83.59		
菱镁矿	430.61		145.88
普通萤石	7790.45	112.00	492.43
熔剂用灰岩	1386.15		648.13
冶金用白云岩	2953.42		1995.97
冶金用石英岩	1079.98		690.24
砂岩	96.34		
冶金用脉石英	300.59		
耐火黏土	189.41		101.75
铁矾土	49.26		
硫	6248.82		596.97
磷	28206.01		2358.45
钾盐	8981.04	7890.00	282.11

矿产地情况——按矿种分列(二)

经费(万元)	机械岩芯钻探工作量(米)	坑探工作量(米)	新发现矿产地(个)
企事业资金			
792.75	3557	421	
419519.74	2778674	217034	30
5306.43	22728	2960	
27995.77	308763	24321	2
2742.49	11318	2596	
593.49	3300	300	
4647.50	33810	649	
7028.80	51318	1390	
155.76	1240		
1348.31	27791		2
1085.83	4970		
969.66	100		
3325.18	94989		2
22.03			
288.82		61	
	909		
83.59	49		
284.73	14200		
7186.01	63001	10379	1
738.02	5251		
957.45	8564		2
389.74	4933	84	
96.34	139		
300.59	1303		
87.66	934		
49.26	306		
5651.85	49262	6835	
25847.55	225153	19604	2
808.93	5594		

2011年地质勘查投入和新发现

续表 3

矿　种	地质勘查		
	合计	中央财政拨款	地方财政拨款
钠硝石	2474.95		
明矾石	3.66		
芒硝	1285.30		246.04
重晶石	587.04		12.66
天然碱	3995.56		1206.24
灰岩	18763.18		4069.09
化工用白云岩	516.79		433.59
钾岩	108.77		99.42
化肥用橄榄岩	5.36		
化肥用蛇纹岩	144.17		144.17
泥炭	221.68		46.97
矿盐(包括地下卤水)	17323.85	1496.00	2894.26
砷矿	76.63		
硼矿	447.85		316.47
金刚石	1118.18		1118.18
水晶	11.23		
刚玉	49.90		
电气石	16.28		16.28
石榴子石	651.81		621.21
方解石	472.30		
光学萤石	715.41		96.75
宝石	298.63		271.26
玉石	491.51	480.00	
玛瑙	54.20		54.20
硅灰石	654.91		490.08
滑石	830.57		632.95
长石	615.55		286.81
叶蜡石	199.30		
高岭土	3064.04		1711.71
陶瓷用砂岩	276.71		113.88
陶瓷土	1251.40		417.87
霞石正长岩	12.04		
玻璃用白云岩	118.31		

矿产地情况——按矿种分列(三)

经费(万元) 企事业资金	机械岩芯钻探工作量(米)	坑探工作量(米)	新发现矿产地(个)
2474.95		3983	
3.66			
1039.26	9732		
574.38	4400	800	
2789.32	17253		
14694.09	126950		1
83.20	3086		
9.35	952		
5.36			
	300		
174.70	1089		
12933.59	75192	380	3
76.63	965		
131.37	3857		
	7276		
11.23			
49.90			
			1
30.60	1820		
472.30	1735		
618.66	1975	460	
27.37		450	
11.51			
	420		
164.83	1348		
197.62	5853	248	1
328.74	4174	306	1
199.30	1427	80	
1352.33	28372	287	1
162.84	950		
833.53	7437		
12.04			
118.31	1854		

2011 年地质勘查投入和新发现

续表 3

矿　种	地质勘查		
	合计	中央财政拨款	地方财政拨款
石英	2447.14		1199.97
玻璃用凝灰岩	524.78		
玻璃用大理岩	241.51		175.69
水泥砂	444.92		
水泥配料用页岩	36.13		
水泥土	145.17		
水泥用辉绿岩	49.92		
水泥混合材用玄武岩	38.32		
水泥用凝灰岩	38.76		
水泥用大理岩	652.43		213.39
砖瓦用页岩	120.55		3.62
砖瓦用黏土	1074.86		1006.21
黏土	61.00		
膨润土	2400.03		2060.74
硅藻土	166.19		
建筑用砂	168.81		
建筑用灰岩	959.88		135.63
建筑用角闪岩	9.04		9.04
建筑用辉绿岩	7.12		
建筑用凝灰岩	360.18		
建筑用玄武岩	236.96		
建筑用闪长岩	27.51		14.38
建筑用花岗岩	399.14		
建筑用大理岩	239.18		36.71
建筑用白云岩	117.64		37.59
建筑用砂岩	149.85		118.21
建筑用页岩	13.14		
饰面用辉长岩	75.15		
饰面用正长岩	43.79		

矿产地情况——按矿种分列(四)

经费(万元) 企事业资金	机械岩芯钻探工作量(米)	坑探工作量(米)	新发现矿产地(个)
1247.17	11936		
524.78	715		
65.82	1105		
444.92	2894		
36.13	30		
145.17	814		
49.92	448		
38.32			
38.76			9
439.05	7437		1
116.93	150		4
68.65	3597		
61.00	793		
339.29	21323		8
166.19	1734		
168.81	452		
824.24	671		
7.12			
360.18	230		2
236.96	1267		
13.14			
399.14	1525		
202.47	803		
80.05	180	60	5
31.64			
13.14			
75.15	100		
43.79	300		

2011 年地质勘查投入和新发现

续表 3

矿　种	地质勘查		
	合计	中央财政拨款	地方财政拨款
饰面用角闪岩	76.30		76.30
饰面用花岗岩	1819.11		785.72
饰面用灰岩	4.38		
饰面用大理岩	2393.61		997.17
饰面用蛇纹岩	720.06		
饰面用板岩	809.31	500.00	289.60
片麻岩	128.09		
珍珠岩	391.21		363.49
陶粒用页岩	256.92		251.44
陶粒用黏土	160.90		160.90
石墨	4953.44		2166.50
石棉	85.07		
云母	229.30		
透闪石	45.69		45.69
沸石	81.81		
石膏	3294.22		2311.02
玻璃用脉石英			
玻璃用石英岩			
水泥配料用砂岩			
粉石英			
岩棉用玄武岩	27.71		27.71
矿泉水	1490.33		84.63
地下水	7396.65		2903.61
二氧化碳气	437.91		
其他	954088.28	551246.00	299763.60

矿产地情况——按矿种分列(五)

经费(万元) 企事业资金	机械岩芯钻探工作量(米)	坑探工作量(米)	新发现矿产地(个)
	497		
1033.39	5161		3
4.38	20		
1396.44	6573	41	2
720.06	1356		
19.71		886	
128.09	317		
27.72	3314		
5.47	2229		
	1155		
2786.95	33579	195	1
85.07		226	
229.30	1792		
81.81	127		
983.21	23365	1066	6
			1
			1
			4
			1
1405.69	1900		1
4493.04	68848		
437.91	57		
103078.68	500096	948	1

2011年地质勘查新查明矿产资源——按矿种分列(一)

表4

矿　　种	计量单位	新查明矿产资源储量（333及以上）
煤炭	亿吨(原煤)	1223.01
石油	万吨(原油)	128817.75
天然气	亿立方米(气量)	7129.30
油页岩	亿吨(矿石)	3.13
石煤	亿吨(矿石)	983.75
地热	电(热)兆瓦(能)	28.29
铁矿	亿吨(矿石)	44.84
锰矿	万吨(矿石)	21984.80
铬矿	万吨(矿石)	0.87
钒矿	万吨(V_2O_5)	874.18
钛矿	万吨(TiO_2)	718.10
铜矿	万吨(金属)	306.18
锑矿	万吨(金属)	18.21
汞矿	吨(金属)	678.00
锌矿	万吨(金属)	418.30
铅矿	万吨(金属)	488.01
铝土矿	万吨(矿石)	42055.72
镁矿	万吨(矿石)	21633.00
镍矿	万吨(金属)	10.04
钨矿	万吨(WO_3)	116.91
锡矿	吨(金属)	68403.60
钴矿	吨(金属)	1652.61
钼矿	万吨(金属)	137.40
金矿	吨(金属)	543.71
银矿	吨(金属)	2358.69
铌矿	万吨(Nb_2O_5)	28.80
铍矿	吨(BeO)	21853.93
锆矿	万吨(矿物)	17.66
锂矿	万吨(Li_2O)	87.19
铷矿	吨(Rb_2O)	235000.00
稀土矿	万吨(TR_2O_3)	4.91
陶粒用页岩	万吨(矿石)	482.34
溶剂用灰岩	万吨(矿石)	7.53
制灰用灰岩	万吨(矿石)	640.01
冶金用白云岩	万吨(矿石)	3821.55
铁矾土	万吨(矿石)	20.77
冶金用石英岩	万吨(矿物)	122985.12
磷矿	万吨(矿石)	199341.54
硫铁矿	万吨(矿石)	3927.33
钾盐	万吨(KCl)	761.96
芒硝	万吨(Na_2S0_4)	21168.00
重晶石	万吨(矿石)	431.00
硼矿	万吨(B_2O_3)	2.00

2011年地质勘查新查明矿产资源——按矿种分列(二)

续表4

矿　　种	计量单位	新查明矿产资源储量（333及以上）
泥炭	万吨(矿石)	2212.62
矿盐(包括地下卤水)(NaCl)	亿吨(NaCl)	274.37
普通萤石	万吨(CaF_2)	376.99
叶蜡石	万吨(矿石)	302.07
高岭土	万吨(矿石)	23489.81
钙芒硝	万吨(Na_2S0_4)	14000.00
绢云母	万吨(矿物)	386.20
石墨(晶质)	万吨(矿石)	421.91
石膏	万吨(矿石)	13048.00
饰面用角闪岩	万立方米(矿石)	174.50
饰面用花岗岩	万立方米(矿石)	2931.08
饰面用大理岩	万立方米(矿石)	676.06
片麻岩	万立方米(矿石)	556.10
方解石	万吨(矿物)	7673.94
石榴子石	万吨(矿物)	20.00
滑石	万吨(矿石)	600.13
陶瓷土	万吨(矿石)	9069.63
粉石英	万吨(矿石)	1016.54
沸石	万吨(矿石)	1861.34
长石	万吨(矿石)	453.02
霞石正长岩	万吨(矿石)	8150.32
凹凸棒石黏土	万吨(矿石)	612.46
玻璃用石英岩	万吨(矿石)	21072.75
玻璃用砂岩	万吨(矿石)	17102.11
玻璃用脉石英	万吨(矿石)	932.98
砖瓦用黏土	万吨(矿石)	223.82
砖瓦用页岩	万立方米(矿石)	144.91
水泥用灰岩	亿吨(矿石)	53.64
水泥混合材用玄武岩	万吨(矿石)	758.00
水泥配料用砂岩	万吨(矿石)	3174.00
水泥配料用黏土	万吨(矿石)	1983.00
水泥配料用页岩	万立方米(矿石)	40.10
水泥用辉绿岩	万立方米(矿石)	232.47
水泥用大理岩	万吨(矿石)	6657.05
膨润土	万吨(矿石)	13049.94
硅藻土	万吨(矿石)	199.70
建筑用玄武岩	万立方米(矿石)	259.88
建筑用闪长岩	万立方米(矿石)	588.63
建筑用灰岩	万立方米(矿石)	5518.51
建筑用凝灰岩	万立方米(矿石)	48000.00
建筑用辉绿岩	万立方米(矿石)	124.77
建筑用灰岩	万立方米(矿石)	3871.16
建筑用花岗岩	万立方米(矿石)	1122.56
建筑用大理岩	万立方米(矿石)	5192.10
建筑用白云岩	万立方米(矿石)	348.23
电气石	万吨(矿物)	8.40
矿泉水	立方米日(允许开采量)	4152.98
地下水	立方米日(允许开采量)	370672.08

2011年矿产资源勘查许可证发证及探矿权

表5

经济类型	勘查许可证发证						
	许可证数			登记面积			探矿权使用费
	有效	新立	注销	有效	新立	注销	
合　计	**36237**	**1366**	**1037**	**4992080.24**	**68511.22**	**50612.13**	**24355.04**
国有企业	10436	623	270	297890.23	23235.99	3648.31	9809.79
集体企业	208	6	17	3220.59	128.60	71.69	115.17
股份合作企业	410	15	14	7650.97	273.07	103.59	281.97
联营企业	94	1	7	1745.80	3.55	31.12	47.83
有限责任公司	19797	603	459	381596.53	11434.12	5336.03	11936.19
股份有限公司	2276	48	50	4257247.91	32433.63	39453.98	828.65
私营企业	2548	62	167	31522.81	945.74	1184.83	916.36
其他企业	212	8	32	3670.20	56.52	179.05	83.17
合资经营企业(港、澳、台资)	19			416.59			18.49
合作经营企业(港、澳、台资)	19		1	657.91		7.68	32.89
港、澳、台商独资经营企业	16		2	773.27		9.63	23.47
港、澳、台商投资股份有限公司	4		1	174.46		1.81	1.98
中外合资经营企业	39		7	860.76		212.97	40.25
中外合作经营企业	105		4	2683.58		134.79	121.60
外资企业	54		6	1968.63		236.65	97.23
外商投资股份有限公司							

出让、转让情况——按企业经济类型分列

单位：宗、平方千米、万元

探矿权出让							探矿权转让	
合计		申请在先	协议出让		"招、拍、挂"出让		宗数	转让金额
宗数	价款金额	宗数	宗数	价款金额	宗数	价款金额		
1366	**205571.30**	**831**	**106**	**77361.38**	**429**	**128209.92**	**485**	**117951.72**
623	8232.44	582	16	403.29	25	7829.15	21	88980.00
6	419.00	3	2	5.00	1	414.00	2	
15	2567.31	7	2	41.33	6	2525.98	4	1300.00
1	22.00				1	22.00		
603	176718.89	189	70	72298.08	342	104420.81	417	22457.36
48	7049.61	32	2	41.61	16	7008.00	17	4036.07
62	9364.68	16	9	4274.70	37	5089.98	24	1178.29
8	1197.37	2	5	297.37	1	900.00		

2011年矿产资源勘查许可证发证及探矿权

表 6

地　区	勘查许可证发证						
	许可证数			登记面积			探矿权使用费
	有效	新立	注销	有效	新立	注销	
全　国	**36237**	**1366**	**1037**	**4992080.24**	**68511.22**	**50612.13**	**24355.04**
国土资源部	2891	109	8	4357762.83	39291.42	39000.00	4521.63
北　京	32	7		53.88	4.29		0.74
天　津	38	24	15	93.87	23.95	194.53	3.22
河　北	630	5	12	3388.65	67.46	26.21	141.58
山　西	149	3		1643.70	14.57		58.92
内蒙古	3855	154	4	104321.84	4792.94	18.31	3187.19
辽　宁	1025	72	21	14548.90	1753.80	190.41	386.34
吉　林	1099	83		16115.09	1254.82		532.37
黑龙江	760	28	31	32022.12	991.77	595.73	1231.66
上　海							
江　苏	185	14	22	989.97	143.88	150.69	27.79
浙　江	436	19	23	5097.42	393.51	95.36	133.63
安　徽	1362	21	17	17713.30	515.31	200.30	508.78
福　建	406	18	23	4114.19	164.56	227.66	164.60
江　西	1733	30	128	18705.95	156.45	1178.82	617.35
山　东	1333	73	49	14246.57	1095.88	797.87	589.06
河　南	999	19	4	9862.48	467.12	18.37	355.21
湖　北	347	25	74	2283.96	259.62	339.83	74.28
湖　南	566	33	94	5422.69	338.64	744.10	179.10
广　东	355	23		4012.72	501.96		141.24
广　西	2027	1	90	43420.67	48.37	1300.13	1335.80
海　南	468	1		8973.07	1.28		208.42
重　庆	188	31	10	3739.34	328.73	88.16	74.69
四　川	2111	138	18	43185.96	2966.09	116.58	878.85
贵　州	1050	29	10	16601.07	374.21	93.54	478.61
云　南	2952	184	347	66213.56	4452.61	4043.15	2338.01
西　藏	764	3	25	29008.35	342.37	932.43	1148.59
陕　西	862	45		18235.62	1109.21		715.68
甘　肃	892	2	4	17654.73	13.87	59.25	816.88
青　海	587	80	2	17401.25	2815.10	14.10	575.51
宁　夏	55	1	6	1024.21	4.36	186.60	38.11
新　疆	6080	91		114222.28	3823.07		2891.19

出让、转让情况——按地区分列

单位：宗、平方千米、万元

探矿权出让							探矿权转让	
合计		申请在先	协议出让		“招、拍、挂”出让		宗数	价款金额
宗数	价款金额	宗数	宗数	价款金额	宗数	价款金额		
1366	**205571.30**	**831**	**106**	**77361.38**	**429**	**128209.92**	**485**	**117951.72**
109	1.00	106	1	1.00	2		41	5095.90
7	43.50		7	43.50				
24	1479.04		24	1479.04				
5	60.00		1		4	60.00	6	155.00
3	8276.00				3	8276.00		
154	13947.29	84	21	1694.29	49	12253.00	73	3833.80
72	68897.69	69	1	68177.69	2	720.00	40	30240.54
83	4735.59	31	13	579.01	39	4156.58	35	161.75
28	614.98	27	1	614.98			8	55034.11
14	934.20	12	1	842.66	1	91.54		
19	1487.46	16	1	20.46	2	1467.00	17	1724.33
21	1200.00	16			5	1200.00	3	20.00
18	4932.00	13	1	10.00	4	4922.00	2	
30	5630.00				30	5630.00	23	2580.00
73	283.55	67			6	283.55	57	155.10
19	295.00	14			5	295.00	3	12.94
25	352.20	20	2	200.00	3	152.20	5	91.29
33	7277.00	16			17	7277.00	1	
23	644.00	21			2	644.00	8	150.00
1		1					3	60.00
1	10.00				1	10.00		
31	80.00	30			1	80.00	3	
138	18921.00	96	14		28	18921.00	24	2965.00
29	11138.26	19			10	11138.26		
184	41251.78	15	2	15.00	167	41236.78	88	1450.00
3		3					9	2724.95
45	8391.03	5	2	20.00	38	8371.03	1	
2	69.98	1			1	69.98	5	8800.00
80	3637.94	71	7	3632.94	2	5.00	18	1247.01
1		1					1	1450.00
91	980.80	77	7	30.80	7	950.00	11	

2011 年矿产资源勘查许可证发证及探矿权

表 7

矿　种	勘查许可证发证						
	许可证数			登记面积			探矿权使用费
	有效	新立	注销	有效	新立	注销	
总 计	**36237**	**1366**	**1037**	**4992080.24**	**68511.22**	**50612.13**	**24355.04**
煤炭	2412	54	118	138233.76	6902.01	953.01	5707.47
油页岩	54	6	1	3141.12	275.12	11.67	109.40
石油天然气	987	21	7	4180000.00	32000.00	39000.00	
煤层气	98	1	1	53000.00	45.00		
石煤	6	1	1	102.63	16.71	15.15	2.99
油砂	4			122.95			1.68
天然沥青	4			17.52			0.51
地热	542	106	53	10415.98	1306.67	620.04	258.76
铁矿	3850	166	190	51876.15	2842.42	1857.47	1707.96
锰矿	815	29	60	12503.72	550.49	699.61	376.04
铬铁矿	64	1	2	1279.57	7.01	85.12	44.64
钛矿	88	2	9	1818.89	55.14	149.96	45.37
钒矿	197	7	13	3536.30	143.04	106.55	81.62
金红石	17		2	177.83		18.73	4.24
铜矿	7310	229	115	153679.30	6169.57	1424.79	4218.46
铅矿	4236	128	100	81908.61	3151.76	1164.49	2416.90
锌矿	592	17	12	9156.82	326.02	110.99	278.81
铝土矿	330	8	3	10436.00	106.84	106.74	287.31
镁矿	6			46.77			0.75
镍矿	182	3		4051.88	53.60		127.60
钴矿	19			322.53			9.22
钨矿	107			1182.69			55.12
锡矿	196	7	6	2821.10	64.04	115.13	88.45
铋矿	11			283.61			9.12
钼矿	784	18	22	12949.80	413.08	261.03	379.91
汞矿	16	2		306.98	9.69		7.14
锑矿	164	2	4	1860.02	61.60	18.65	64.08
多金属	2048	99	35	55018.27	3880.51	509.23	1400.17
铂矿	35		4	749.31		128.31	33.70
钯矿	2			75.96			3.80
砂金	27	1	1	491.32	8.08	3.14	16.02
金矿	7681	237	124	144853.12	6311.22	1683.55	4854.12
银矿	659	18	7	14575.01	475.53	73.10	442.25

出让、转让情况——按矿种分列(一)

单位：宗、平方千米、万元

探矿权出让								探矿权转让	
合计		申请在先	协议出让		“招、拍、挂”出让			宗数	转让金额
宗数	价款金额	宗数	宗数	价款金额	宗数	价款金额			
1366	**205571.30**	**831**	**106**	**77361.38**	**429**	**128209.92**		**485**	**117951.72**
54	1085.03	44	9		1	1085.03		45	34489.39
6	87.50	4			2	87.50			
21		19			2				
1		1							
1		1							
106	4613.39	45	34	1531.26	27	3082.13		3	20.80
166	101846.46	69	17	69034.16	80	32812.30		60	33741.59
29	1851.00	18			11	1851.00		13	88.01
1	239.00				1	239.00			
2	14.00	1	1	14.00					
7	4072.00	5			2	4072.00		4	
229	17432.98	150	2		77	17432.98		117	14122.94
128	9438.63	79	6	115.83	43	9322.80		76	3692.74
17	1377.97	8	6	909.47	3	468.50		6	
8	3300.00	6			2	3300.00		4	210.00
3	23.00	2			1	23.00		2	1490.00
7	417.00	1	2		4	417.00		6	
								1	40.00
18	1183.00	15			3	1183.00		27	1283.30
2		2							
2	1515.00	1			1	1515.00		2	120.58
99	5011.00	77			22	5011.00		29	2159.13
								1	
1	10.00				1	10.00		1	
237	9846.07	177	14	686.41	46	9159.66		16	16373.23
18	870.63	13	2	40.63	3	830.00		12	365.02

2011年矿产资源勘查许可证发证及探矿权

续表 7

矿　种	勘查许可证发证						
	许可证数			登记面积			探矿权使用费
	有效	新立	注销	有效	新立	注销	
铌钽矿	107	1	4	2393.66	25.02	60.60	58.72
铌矿	19			270.34			9.41
钽矿	10		1	117.84		1.65	4.16
铍矿	45	5		683.48	121.46		12.48
锂矿	35	4		1184.05	172.11		32.70
锆矿	6			167.78			3.43
锶矿(天青石)	9	3	1	99.48	5.79	15.31	3.31
铷矿	2			33.75			1.69
铯矿	2			30.60			0.47
重稀土矿	4			136.04			4.15
轻稀土矿	7			62.38			3.04
锗矿	3		2	57.96		12.42	1.69
铊矿	1			6.56			0.33
铼矿	8	1		107.66	64.12		1.59
蓝晶石	5		1	62.93		3.95	3.09
矽线石	4			22.77			1.09
红柱石	8			94.87			2.12
菱镁矿	7	1		92.74	8.69		2.04
萤石(普通)	342	7	16	2934.07	34.66	72.48	85.18
熔剂用石灰岩	14		2	88.54		12.25	2.25
冶金用白云岩	25	3		138.05	17.05		4.35
冶金用石英岩	11	2		54.16	20.38		1.56
冶金用砂岩	1	1		25.85	25.85		0.26
冶金用脉石英	5		1	39.49		0.55	1.29
耐火黏土	8			78.92			44.00
其他黏土	4			121.08			6.05
耐火用橄榄岩	3			11.66			0.58
熔剂用蛇纹岩	1			2.06			0.10
自然硫	4			22.70			1.04
硫铁矿	239	13	5	3438.35	255.80	89.30	92.99
钠硝石	23			1158.19			35.50
明矾石	2			2.12			0.11
芒硝(含钙芒硝)	13	5		233.44	88.08		7.13
重晶石	58	3	6	1253.63	13.21	64.58	31.52

出让、转让情况——按矿种分列(二)

单位：宗、平方千米、万元

探矿权出让							探矿权转让	
合计		申请在先	协议出让		“招、拍、挂”出让		宗数	转让金额
宗数	价款金额	宗数	宗数	价款金额	宗数	价款金额		
1		1					1	
							2	
5		5						
4	258.00		1		3	258.00	1	650.00
3		3						
							1	
1		1						
							1	80.00
1		1					1	
7	1312.46		1	20.46	6	1292.00	12	474.33
3		3						
2	30.00	1			1	30.00	1	1393.16
1		1						
13	170.00	10			3	170.00	5	
5	217.00				5	217.00	1	
3	52.00	2			1	52.00	5	100.00

2011年矿产资源勘查许可证发证及探矿权

续表7

矿种	勘查许可证发证						探矿权使用费
	许可证数			登记面积			
	有效	新立	注销	有效	新立	注销	
天然碱	2			189.37			3.79
电石用灰岩	12	1		115.55	22.22		4.34
制碱用灰岩	1			7.48			0.37
含钾岩石	10			178.84			6.26
化肥用橄榄岩	1			3.77			0.19
化肥用蛇纹岩	3			91.94			2.19
泥炭	10	1	1	267.67	29.74	1.83	8.45
矿盐	3			54.97			2.49
岩盐	61	8		1663.81	189.19		35.14
湖盐	5		2	95.45		206.20	1.90
镁盐	1		1	0.98		0.91	0.05
天然卤水	2		1	137.55		67.70	6.88
钾盐	54	8		4621.74	626.81		177.36
砷	3			19.96			0.98
磷矿	212	12	14	2988.37	124.09	113.88	98.17
金刚石	19		1	667.37		64.92	18.50
石墨	56	2	3	917.07	38.87	17.12	28.20
水晶	2	1		10.02	7.72		0.19
刚玉	1			45.98			2.30
硅灰石	33	6	9	416.29	80.25	34.05	12.19
滑石	18			98.87			4.10
石棉(温石棉)	1			18.06			0.18
云母	20	1	1	140.62	26.89	0.03	5.28
长石	59	6	2	345.88	46.04	8.72	11.89
电气石	7			80.54			3.91
石榴子石	11	2		91.91	17.41		2.24
叶蜡石	16	1	2	57.62	5.28	15.47	1.75
透辉石	4			56.10			1.62
蛭石	3		2	3.08		2.76	0.08
沸石	5	1		77.15	13.14		3.27
透闪石	2	1		4.99	3.11		0.13
石膏	77	4	5	792.03	27.06	49.29	32.64
方解石	39			223.50			5.30
光学萤石	5			110.76			2.81

出让、转让情况——按矿种分列(三)

单位：宗、平方千米、万元

探矿权出让							探矿权转让	
合计		申请在先	协议出让		“招、拍、挂”出让		宗数	转让金额
宗数	价款金额	宗数	宗数	价款金额	宗数	价款金额		
1		1						
1	40.00				1	40.00		
8	111.54	4	3	20.00	1	91.54		
8	3283.76	7	1	3283.76				
12	13215.00	3	2	200.00	7	13015.00	2	700.00
2	5455.00				2	5455.00		
1	12.00				1	12.00		
6	909.98		1	614.98	5	295.00	1	8.20
							2	12.00
1	29.00				1	29.00		
6	57.00	3			3	57.00	1	
2		2						
1	10.00				1	10.00	1	1250.00
1		1						
1		1						
4	47.95	2	1	6.95	1	41.00		

2011年矿产资源勘查许可证发证及探矿权

续表 7

矿 种	勘查许可证发证						
	许可证数			登记面积			探矿权使用费
	有效	新立	注销	有效	新立	注销	
宝石	6			89.46			1.74
玉石	20	6	1	242.06	66.60	5.53	8.34
玛瑙	3	1		92.73	27.94		1.14
石灰岩	70	7	6	711.96	166.36	21.54	19.62
玻璃用石灰岩	1			1.37			0.05
水泥用石灰岩	160	13	19	971.70	164.11	79.04	25.46
饰面用灰岩			1			0.49	
制灰用石灰岩	1			22.26			0.22
含钾岩石	25	1	1	298.31	8.44	19.57	10.02
泥灰岩	1		1	22.05		1.19	0.88
白云岩	27	5		279.70	66.49		7.01
玻璃用白云岩	1			16.79			0.84
石英岩	26	4	1	310.41	16.04	3.72	11.11
冶金用石英岩	5			26.93			0.65
玻璃用石英岩	20	1		148.57	26.00		5.60
砂岩	8		1	30.72		4.17	1.23
玻璃用砂岩	4	1		29.15	2.88		0.35
水泥配料用砂岩	7	2	2	18.97	5.92	5.89	0.49
陶瓷用砂岩	5			37.34			1.08
天然石英砂	5			25.53			1.24
玻璃用砂	4			66.16			1.64
建筑用砂	1			4.36			0.22
脉石英	18	5		201.76	63.93		2.27
玻璃用脉石英	6			37.54			0.89
粉石英	3			13.20			0.39
硅藻土	11		1	68.31		12.69	3.14
页岩	2			1.65			0.08
陶粒用页岩	8		2	14.99		7.20	0.40
砖瓦用页岩	3		1	7.69		2.26	0.38
高岭土	77	13	6	709.79	170.89	59.03	22.36
陶瓷土	25	2	1	133.42	2.66	11.57	3.70
凹凸棒石黏土	12			131.15			3.74
海泡石黏土	3			36.34			1.12
伊利石黏土	2			13.67			0.65

出让、转让情况——按矿种分列(四)

单位：宗、平方千米、万元

探矿权出让							探矿权转让	
合计		申请在先	协议出让		“招、拍、挂”出让		宗数	转让金额
宗数	价款金额	宗数	宗数	价款金额	宗数	价款金额		
6	69.00	3			3	69.00	2	7.00
1		1						
7	9.00	5			2	9.00	2	
13	10898.66	5	2	852.66	6	10046.00	4	1468.50
1	200.00				1	200.00		
5	10.00	3			2	10.00		
4	138.00				4	138.00	1	
1		1						
1	6.00				1	6.00		
2	1597.00				2	1597.00		
							1	
							1	21.00
5	2011.50	1			4	2011.50		
13	615.50	3			10	615.50	2	3034.65
2	138.00				2	138.00		

2011年矿产资源勘查许可证发证及探矿权

续表 7

矿种	勘查许可证发证						
	许可证数			登记面积			探矿权使用费
	有效	新立	注销	有效	新立	注销	
膨润土	32	1		520.99	14.70		9.89
陶粒用黏土	1	1		3.62	3.62		0.04
水泥用黏土			1			1.78	
水泥配料用泥岩	1			0.86			0.04
橄榄岩	1			1.28			0.06
建筑用橄榄岩	1			5.10			0.25
蛇纹岩	6	1		39.06	19.68		0.82
饰面用蛇纹岩	3			15.01			0.70
玄武岩	4		1	68.60		1.55	1.21
铸石用玄武岩	1			5.05			0.05
辉绿岩	5			8.01			0.21
饰面用辉绿岩	3		1	11.08		2.63	0.36
建筑用安山岩	1	1		2.55	2.55		0.03
闪长岩	1			5.88			0.06
花岗岩	16	2		77.21	15.54		0.93
建筑用花岗岩	2			8.37			0.16
饰面用花岗岩	49	9	2	282.55	62.59	13.15	6.22
麦饭石	2	1		11.81	11.10		0.13
珍珠岩	6	2		284.22	37.86		5.07
黑曜岩	1	1		25.74	25.74		0.26
浮石			1			8.40	
霞石正长岩	2			11.03			0.41
凝灰岩	1			4.27			0.21
火山渣	1			3.50			0.14
大理岩	20	1		169.88	7.70		5.54
饰面用石料(大理石)	13	1		66.13	2.59		1.93
建筑用大理岩	1			13.89			0.69
水泥用大理石	16	1		139.53	13.20		4.26
饰面用板岩	1			2.12			0.06
角闪岩	1			28.62			0.29
硼矿	47	2	1	610.61	24.58	1.37	25.66
矿泉水	61	11	6	190.62	67.28	11.87	3.61
地下水	37	3	6	3907.83	129.04	140.52	172.54
二氧化碳气	4		1	100.01		164.54	3.25

出让、转让情况——按矿种分列(五)

单位：宗、平方千米、万元

探矿权出让							探矿权转让	
合计		申请在先	协议出让		“招、拍、挂”出让		宗数	转让金额
宗数	价款金额	宗数	宗数	价款金额	宗数	价款金额		
1		1					2	
1	17.00				1	17.00		
1		1						
1	6.00				1	6.00		
2	62.00				2	62.00		
9	166.00	4			5	166.00	3	555.00
1		1						
2		2						
1		1						
1	30.80		1	30.80				
1		1						
1		1						
2		2					2	
11	91.30	3			8	91.30	1	
3	61.18	2			1	61.18	1	1.15

2011年矿产资源采矿许可证发证及采矿权出让、

表8

经济类型	采矿许可证发证						
	许可证数			登记面积			探矿权使用费
	有效	新立	注销	有效	新立	注销	
合　计	**107289**	**5955**	**8031**	**220717.11**	**5758.90**	**2992.00**	**14511.25**
国有企业	2920	98	356	11430.15	121.82	382.26	1229.90
集体企业	8408	116	1285	3029.34	25.28	317.30	622.95
股份合作企业	1097	30	92	868.40	14.24	15.33	129.45
联营企业	7430	613	376	810.59	96.30	36.93	411.05
有限责任公司	28215	2142	1139	58276.00	3183.60	1092.20	6717.25
股份有限公司	2780	96	170	130101.94	1363.43	254.27	1378.95
私营企业	54013	2740	4421	15031.79	934.12	872.84	3803.50
其他企业	1966	105	167	182.98	7.33	9.60	106.80
合资经营企业(港、澳、台资)	75	2	3	271.31	0.71	0.68	29.10
合作经营企业(港、澳、台资)	8		1	5.69		0.07	0.80
港、澳、台商独资经营企业	85	6	3	168.39	2.05	0.16	19.25
港、澳、台商投资股份有限公司	15	1		9.52	0.91		1.25
中外合资经营企业	137	4	8	227.50	4.90	8.05	26.45
中外合作经营企业	37	1	7	159.88	2.95	1.86	17.05
外资企业	72	1	2	77.98	1.27	0.43	10.05
外商投资股份有限公司	31		1	65.74		0.02	7.55

转让情况——按企业经济类型分列

单位：宗、平方千米、万元

采矿权出让							采矿权转让	
合计		探矿权转采矿权宗数	协议出让		“招、拍、挂”出让		宗数	转让金额
宗数	价款金额		宗数	价款金额	宗数	价款金额		
5955	**2198508**	**499**	**567**	**1319863**	**4889**	**878645**	**1680**	**977830**
98	51917	8	27	34231	63	17686	38	28542
116	21913	16	24	2051	76	19862	29	3675
30	16354		4	15710	26	644	5	7027
613	11737	9	74	514	530	11223	82	3369
2142	1675872	368	247	939991	1527	735881	925	730853
96	319706	27	16	309265	53	10441	41	49964
2740	83869	56	167	17456	2517	66413	535	146227
105	3650	6	8	645	91	3005	14	1398
2	763	1			1	763	6	6090
							1	
6	229	3			3	229	1	40
1	9993				1	9993		
4	2505	3			1	2505	2	45
1		1					1	600
1		1						

2011年矿产资源采矿许可证发证及

表 9

地区	采矿许可证发证						
	许可证数			登记面积			采矿权使用费
	有效	新立	注销	有效	新立	注销	
全　国	**107289**	**5955**	**8031**	**220717.11**	**5758.90**	**2992.00**	**14511.25**
国土资源部	1354	25	3	140667.81	1845.61	181.00	2384.30
北　京	161	2	63	185.99	0.89	19.19	23.10
天　津	385	19	17	16.34	0.68	0.88	19.55
河　北	3862	153	424	2303.56	156.82	101.84	362.25
山　西	5205	306	559	9266.09	26.34	302.15	1127.95
内蒙古	4708	200	43	5149.79	153.19	5.46	677.45
辽　宁	3723	87	217	1752.86	66.80	22.05	310.20
吉　林	2247	294	206	696.28	32.57	11.68	165.90
黑龙江	3149	214	193	2370.75	26.81	44.90	361.55
上　海	70	1		14.06	0.18		4.30
江　苏	1586	64	258	586.40	14.26	150.55	129.95
浙　江	1503	212	401	222.53	30.50	170.89	82.15
安　徽	3294	54	218	1059.48	17.27	14.87	243.45
福　建	2039	32	145	1751.45	29.56	6.27	248.00
江　西	6241	209	92	2246.37	51.19	7.74	473.25
山　东	4314	271	457	3360.96	71.84	38.82	510.90
河　南	3845	128	165	5150.24	223.03	10.20	650.05
湖　北	3576	230	310	1771.73	95.00	51.22	314.15
湖　南	6861	391	522	2726.19	98.59	40.65	553.00
广　东	2003	58	93	448.68	9.96	26.24	124.15
广　西	4538	274	309	1573.06	64.89	36.33	346.60
海　南	356	10	106	379.26	41.84	4.92	52.50
重　庆	3007	72	469	2653.00	98.47	52.96	381.65
四　川	8155	287	351	4899.68	286.23	79.22	822.10
贵　州	8854	526	406	6855.76	627.71	166.79	1036.95
云　南	8328	497	358	4620.09	217.27	368.12	779.20
西　藏	147	48		803.71	53.95		84.85
陕　西	5346	316	120	5363.72	770.82	126.44	739.80
甘　肃	3252	314	165	2471.41	371.53	42.55	379.80
青　海	860	100	67	5747.94	27.12	127.26	608.15
宁　夏	520	46	135	532.24	15.23	8.30	76.30
新　疆	3800	515	1159	3069.68	232.75	772.51	437.75

采矿权出让、转让情况——按地区分列

单位：宗、平方千米、万元

采矿权出让							采矿权转让	
合计		探矿权转采矿权宗数	协议出让		“招、拍、挂”出让		宗数	转让金额
宗数	价款金额		宗数	价款金额	宗数	价款金额		
5955	**2198508**	**499**	**567**	**1319863**	**4889**	**878645**	**1680**	**977830**
25	377645	19	5	369647	1	7998	3	4052
2	46		2	46			3	805
19	307	13	5	306	1	1	2	
153	36805	40	19	25754	94	11051	75	24832
306	23431	4	9	2	293	23429	264	173772
200	28622	40	28	21976	132	6646	10	2970
87	11032	25	32	7695	30	3337	42	19359
294	18423	21	145	598	128	17825	32	26263
214	5881	3	5	4829	206	1052	61	45531
1		1					1	30
64	132256	6			58	132256	5	17190
212	283935	13	42	57656	157	226279	24	39945
54	17828	8	2	6	44	17822	27	18267
32	1046	10	10	589	12	457	33	3453
209	162080	11	10	170	188	161910	68	12127
271	44052	15	7	330	249	43722	37	38570
128	9124	26	13	2675	89	6449	49	59263
230	19378	17	8	9393	205	9985	69	19971
391	25232	9	6	3054	376	22178	31	23991
58	16596	4	3	94	51	16502	35	5452
274	4851	12	14	358	248	4493	37	17465
10	48549	1			9	48549	2	315
72	20908	15	2	941	55	19967	33	5099
287	28013	16	13	14959	258	13054	296	46302
526	34591	18	24	16451	484	18140	85	95619
497	19241	65	21	9142	411	10099	156	99488
48	67	22	18	58	8	9	1	850
316	257492	24	59	254126	233	3366	10	2684
314	503986	7	22	494650	285	9336	72	110022
100	15463	2	9	539	89	14924	21	21613
46	16980	1	1	15647	44	1333	7	5531
515	34648	31	33	8172	451	26476	89	36999

2011年矿产资源采矿许可证发证及

表 10

矿种	采矿许可证发证							
	许可证数			登记面积			生产规模[①]	
	有效	新立	注销	有效	新立	注销	有效	新立
合计	**107289**	**5955**	**8031**	**220717.11**	**5758.90**	**2992.00**	**1471818.05**	**116947.45**
煤炭	13253	125	1182	56961.09	1824.60	853.10	408307.25	15009.00
油页岩	18	2		61.27	20.69		714.00	180.00
石油天然气	647	4	3	115708.00	1034.00	181.00		
煤层气	9			1292.00				
石煤	216	15	11	232.65	35.02	1.64	1413.76	475.41
油砂	1			1.94			14.40	
天然沥青	5		1	12.73		0.76	6.40	
地热	835	55	24	870.54	57.42	3.01	20696.31	1521.58
铁矿	3783	157	211	4959.56	314.28	115.84	89578.70	4273.12
锰矿	461	16	30	633.07	22.11	9.16	1913.75	46.50
铬铁矿	26	2	4	21.61	0.25	0.59	47.70	6.60
钛矿	113	4	1	114.56	43.62	0.07	5375.97	3538.37
钒矿	98	7	2	276.61	18.29	2.86	2118.79	113.00
金红石	4			8.05			79.59	
铜矿	848	26	31	1123.77	38.74	33.57	16838.83	448.00
铅矿	1051	30	30	1577.50	98.73	22.05	5855.72	203.84
锌矿	443	12	14	669.56	32.44	28.85	2656.47	107.80
铝土矿	261	12	4	773.53	45.64	1.20	3874.70	142.00
镁矿	6			4.10			212.30	
镍矿	53	3	2	68.80	2.70	0.86	754.18	14.00
钴矿	5			7.05			193.50	
钨矿	149	1	3	410.97	1.08	0.91	1780.83	3.20
锡矿	148	3	4	299.88	16.93	2.21	1199.93	19.50
铋矿	4			0.92			11.50	
钼矿	180	8	4	367.09	20.09	0.79	8957.03	529.50
汞矿	34	3	4	52.42	5.13	8.07	59.23	1.85
锑矿	75	1		146.62	0.99		283.52	3.00

①生产规模的单位:固体矿产按万吨年,气体矿产按万立方米年,地下水按立方米日计。

采矿权出让、转让情况——按矿种分列(一)

单位：宗、平方千米、万元

采矿权出让								采矿权转让	
采矿权使用费	合计		探矿权转采矿权宗数	协议出让		“招、拍、挂”出让		宗数	转让金额
	宗数	价款金额		宗数	价款金额	宗数	价款金额		
14511.25	**5955**	**2198508**	**499**	**567**	**1319863**	**4889**	**878645**	**1680**	**977830**
6028.40	125	1173203	41	74	1158738	10	14465	430	573382
6.60	2	10		2	10			1	1059
	4		4						
29.85	15	743	1	11	610	3	133	6	4410
0.20									
1.45									
117.90	55	896	36	13	471	6	425	12	3768
600.75	157	193380	121	19	38550	17	154830	136	73778
75.75	16	1399	7	2	332	7	1067	13	1622
3.00	2	27	1			1	27	1	
14.90	4	40120	1			3	40120		
29.85	7	320	5			2	320		
0.90									
134.45	26	1183	21	4	908	1	275	28	16876
186.60	30		28	2				24	10267
78.60	12	1238	7	2	71	3	1167	6	1668
84.35	12	917	7	4	883	1	34	14	950
0.55									
8.45	3		3						
0.85								1	2400
44.25	1	2054				1	2054	1	7799
33.80	3		3					2	270
0.20									
41.30	8		8					6	584
6.05	3	126		1	9	2	117		
16.70	1		1					3	1134

2011年矿产资源采矿许可证发证及

续表10

矿　种	采矿许可证发证							
	许可证数			登记面积			生产规模	
	有效	新立	注销	有效	新立	注销	有效	新立
多金属	6		1	21.90		7.89	239.70	
铂矿	6			6.59			95.00	
砂金	53	20	15	192.24	82.22	156.45	1470.27	233.98
金矿	1496	60	86	2915.45	226.29	93.70	11123.85	708.80
银矿	107	6		173.31	25.19		1067.43	172.50
铌钽矿	12	1		21.27	1.03		170.30	4.00
铌矿	4	1		2.84	2.52		33.80	15.00
钽矿	4	1		15.49	0.77		80.00	3.00
铍矿	3		3	3.94		0.83	12.50	
锂矿	13	1	4	307.83	0.65	17.04	83.36	9.00
锆矿	27		5	92.81		1.99	10994.38	
锶矿(天青石)	15		1	33.33		2.64	71.90	
重稀土矿	21			30.79			211.70	
轻稀土矿	91		3	68.99		0.05	691.52	
锗矿	3			7.49			129.00	
碲矿	3			2.05			2.40	
蓝晶石	8			4.03			30.00	
矽线石	4	1	2	3.10	1.92	1.72	23.00	6.00
红柱石	11			10.86			268.00	
菱镁矿	121	5	7	35.96	2.65	1.48	1798.35	197.00
萤石(普通)	1293	23	87	891.22	10.25	12.51	1898.13	58.20
熔剂用石灰岩	177	6	6	72.96	3.53	0.83	6114.51	680.00
冶金用白云岩	179	2	7	36.06	0.14	2.18	2356.20	45.00
冶金用石英岩	203	11	12	74.93	5.73	7.93	747.20	37.00
冶金用砂岩	24		2	14.95			52.60	
铸型用砂岩	16		3	1.28		0.02	36.35	
铸型用砂	54	7	7	17.48	0.37	0.10	397.95	24.10
冶金用脉石英	146	3	10	149.43	15.50	4.73	340.60	21.00
耐火黏土	260	6	13	127.14	1.93	4.71	767.78	10.60
铁钒土	22		7	8.12		0.41	32.28	

采矿权出让、转让情况——按矿种分列(二)

单位：宗、平方千米、万元

采矿权使用费	采矿权出让							采矿权转让	
	合计		探矿权转采矿权宗数	协议出让		“招、拍、挂”出让		宗数	转让金额
	宗数	价款金额		宗数	价款金额	宗数	价款金额		
2.35									
0.85									
20.40	20	8094	3	3	436	14	7658		
330.25	60	14557	39	20	14517	1	40	46	11787
20.35	6	440	4	1	123	1	317	3	2276
2.55	1		1						
0.45	1		1						
1.65	1		1						
0.45									
31.05	1	222		1	222			1	6683
9.85									
3.85									
3.45									
9.50								1	350
0.85									
0.30									
0.65									
0.40	1		1						
1.30									
7.85	5	1815	1	4	1815			5	701
126.40	23	4499	7			16	4499	23	4705
13.40	6	4096	2			4	4096	1	300
10.30	2		2						
14.75	11	337	1	1	10	9	327	10	387
2.30								2	5
0.85									
3.85	7	91				7	91		
19.35	3	1074		1	138	2	936	4	639
21.05	6	744				6	744	6	435
1.70								1	

2011年矿产资源采矿许可证发证及

续表10

矿种	采矿许可证发证							
	许可证数			登记面积			生产规模	
	有效	新立	注销	有效	新立	注销	有效	新立
其他黏土	62	4	6	324.97	3.40	0.06	419.12	32.00
铸型用黏土	1	1		2.26	2.26		3.00	3.00
耐火用橄榄岩	2			2.09			30.00	
熔剂用蛇纹岩	3	1	1	0.54	0.03	0.03	75.00	20.00
自然硫	1			10.16			3.80	
硫铁矿	272	11	23	348.78	11.16	12.50	2790.95	106.00
钠硝石	3			37.02			3.05	
明矾石	2		2	1.33		0.07	23.00	
芒硝(含钙芒硝)	77	3	3	511.56	9.85	6.88	4160.20	475.00
重晶石	500	38	30	563.84	52.12	20.17	1135.39	90.13
毒重石	38	1		28.53	0.78		103.20	1.00
天然碱(Na_2CO_3)	18		2	59.14		90.19	357.70	
颜料黄土	1			0.35			0.50	
电石用灰岩	55	2	4	19.30	0.27	0.44	1432.10	105.00
制碱用灰岩	27		2	6.83		0.07	719.70	
化肥用石灰岩	10			1.34			3047.20	
化肥用白云岩	7		1	0.72		0.30	32.70	
化肥用石英岩	11	1	2	4.33	0.43	0.80	61.50	3.00
化肥用砂岩	22			7.13			181.50	
含钾岩石	13			6.48			75.50	
含钾砂页岩	1			0.03			3.00	
化肥用蛇纹岩	5			1.90			22.50	
泥炭	62	3	4	37.89	0.66	0.45	196.96	13.00
矿盐	12			96.48			236.80	
岩盐	100	6	4	222.86	22.44	11.32	5970.71	681.00
湖盐	37	2	6	570.61	30.00	22.47	1436.60	103.00
镁盐	4			42.87			112.00	
天然卤水	46			613.81			4423.36	
钾盐	17		3	9120.63		102.74	760.70	
溴矿	58		3	67.78		0.37	14.60	

采矿权出让、转让情况——按矿种分列(三)

单位：宗、平方千米、万元

采矿权使用费	采矿权出让							采矿权转让	
	合计		探矿权转采矿权宗数	协议出让		“招、拍、挂”出让		宗数	转让金额
	宗数	价款金额		宗数	价款金额	宗数	价款金额		
35.00	4	9026				4	9026	1	
0.25	1	5				1	5		
0.30									
0.15	1	60				1	60		
1.05									
42.50	11	2930	5	2	67	4	2863	7	5829
3.75								2	
0.20									
53.20	3	22	2			1	22	2	1510
70.45	38	2235	2	2	46	34	2189	3	307
3.90	1	15				1	15		
6.40									
0.05									
3.95	2	276				2	276	3	2304
1.80								2	67
0.55									
0.30									
0.75	1	22				1	22		
1.50									
1.05									
0.05									
0.35								1	136
5.50	3	226		1	102	2	124		
9.90									
24.70	6	4862	2	1	610	3	4252	4	9595
57.90	2	6258				2	6258	2	7380
4.40									
62.45								1	
912.50								2	
8.95									

2011年矿产资源采矿许可证发证及

续表 10

主要矿种	采矿许可证发证							
	许可证数			登记面积			生产规模	
	有效	新立	注销	有效	新立	注销	有效	新立
砷矿	7		1	6.18		0.10	4.86	
磷矿	346	25	7	751.22	81.68	4.99	12145.69	1912.00
金刚石	4			1.32				
石墨	165	10	24	122.30	12.85	11.60	1090.95	98.90
水晶	8	1		2.14	0.16		0.07	0.01
工艺水晶	2	2		0.65	0.65		0.31	0.31
硅灰石	209	10	15	65.88	4.77	2.42	587.94	21.30
滑石	154	4	19	69.09	2.24	1.71	466.96	23.00
石棉(温石棉)	35		4	15.86		2.38	231.47	
云母	30	1	13	20.32	1.28	5.06	48.01	3.00
长石	416	24	9	186.81	5.40	1.26	1296.06	38.98
电气石	4		1	9.00		0.92	2.99	
石榴子石	24		1	7.42		0.68	55.35	
叶蜡石	76	2	4	29.40	0.12	1.53	1268.64	10.00
透辉石	33	1	1	5.49	0.72		156.50	5.00
蛭石	22		1	14.00		0.04	63.90	
沸石	64		7	13.29		0.35	208.85	
透闪石	10	2		1.54	0.20		55.72	41.00
石膏	644	24	58	588.94	9.27	20.63	6733.16	274.00
方解石	826	54	51	229.50	14.73	11.32	3114.48	221.89
光学萤石	3			1.81			1.55	
宝石	10		6	11.91		16.12	10.63	
玉石	105	18	14	87.66	16.99	7.98	587.42	21.04
玛瑙	4			11.54			0.80	
石灰岩	6526	323	587	939.05	51.10	32.01	62308.56	5294.56
玻璃用石灰岩	3	1		0.12	0.10		8.50	2.00
水泥用石灰岩	2470	107	169	950.40	95.31	27.39	127541.85	14107.20
建筑石料用灰岩	13452	755	901	1418.74	55.54	29.26	133323.12	11044.29
饰面用灰岩	81	16	9	24.56	6.97	1.54	335.35	90.97
制灰用石灰岩	467	10	40	66.72	8.04	0.94	5201.27	171.50

采矿权出让、转让情况——按矿种分列(四)

单位：宗、平方千米、万元

采矿权出让								采矿权转让	
采矿权使用费	合计		探矿权转采矿权宗数	协议出让		“招、拍、挂”出让		宗数	转让金额
	宗数	价款金额		宗数	价款金额	宗数	价款金额		
0.80									
83.95	25	34424	14	9	24144	2	10280	3	2837
0.25									
16.75	10	236	5	2	129	3	107	2	858
0.50	1		1						
0.10	2	4	1	1	4				
14.20	10	305		3	36	7	269	2	116
11.70	4	2714		2	94	2	2620	3	1450
2.85									
2.70	1	33				1	33	2	21
32.65	24	1079		4	24	20	1055	9	461
1.00									
1.50								2	260
5.40	2		2						
1.85	1	70		1	70			1	9
2.15								1	369
3.80								2	23
0.50	2	11	1			1	11	1	28
77.65	24	1183	2	2	15	20	1168	16	4871
54.35	54	2732	3			51	2732	12	561
0.25									
1.50								2	52
11.50	18	5406	3	5	80	10	5326	3	5353
1.25									
381.20	323	30934				323	30934	89	6005
0.15	1	5				1	5		
182.05	107	102932	25	17	13148	65	89784	59	54993
749.10	755	47842		2	621	753	47221	161	12980
5.45	16	804				16	804	2	78
26.65	10	270	1	3	118	6	152	11	423

2011年矿产资源采矿许可证发证及

续表 10

主要矿种	采矿许可证发证							
	许可证数			登记面积			生产规模	
	有效	新立	注销	有效	新立	注销	有效	新立
含钾岩石	23	1	1	8.5	0.24	0.01	140.25	3.00
泥灰岩	52	2	6	7.50	0.04	0.28	234.55	3.60
白垩	4			2.08			29.00	
白云岩	604	25	28	136.79	15.23	5.60	5067.26	213.45
玻璃用白云岩	18			9.86			148.00	
建筑用白云岩	1067	88	55	95.09	7.57	2.47	14514.39	1129.64
石英岩	807	48	44	283.25	24.63	4.39	3637.32	300.90
冶金用石英岩	75	3	3	23.11	0.74	0.29	221.60	9.00
玻璃用石英岩	208	12	7	59.40	3.26	0.40	3405.83	166.20
砂岩	1572	115	200	116.47	4.45	13.45	11037.06	592.65
玻璃用砂岩	88	8	8	15.09	1.32	0.42	993.72	167.00
水泥配料用砂岩	239	23	17	82.85	11.37	2.18	2831.33	298.00
砖瓦用砂岩	276	29	13	241.48	228.01	0.18	1413.09	162.64
陶瓷用砂岩	75	5	6	25.26	1.46	0.46	353.60	44.00
建筑用砂岩	257	131	1	29.63	19.61	0.31	3188.16	1216.97
天然石英砂	163	15	9	132.07	38.12	0.82	1673.65	347.88
玻璃用砂	32	2		18.73	0.13		915.44	29.80
海砂	6			1.34			725.97	
建筑用砂	5464	1002	528	1619.14	454.55	151.92	50875.78	10747.19
水泥配料用砂	25	3	2	3.91	0.62	0.06	259.12	22.40
水泥标准砂	4			0.31			8.40	
砖瓦用砂	43	3	27	4.03	0.11	1.16	167.46	9.28
脉石英	238	10	7	98.73	5.75	0.29	497.01	21.88
玻璃用脉石英	86	4	4	35.00	0.77	0.62	237.03	3.55
粉石英	23	3		8.58	1.84		97.70	8.00
硅藻土	31	2		25.46	0.36		196.30	10.00
页岩	1769	103	160	95.61	10.48	6.99	12485.71	1145.71
陶粒用页岩	29	2	3	6.84	0.12	0.11	509.20	16.55
砖瓦用页岩	6658	473	250	697.33	21.38	5.09	27945.92	2658.13
水泥配料用页岩	117	22	15	73.98	46.99	1.81	1502.38	540.50

采矿权出让、转让情况——按矿种分列(五)

单位：宗、平方千米、万元

采矿权出让								采矿权转让	
采矿权使用费	合计		探矿权转采矿权宗数	协议出让		“招、拍、挂”出让		宗数	转让金额
	宗数	价款金额		宗数	价款金额	宗数	价款金额		
1.6	1	41				1	41	1	97
3.00	2	8				2	8		
0.30									
38.65	25	1330	1			24	1330	13	505
1.80									
55.85	88	6355		5	176	83	6179	8	380
56.75	48	3207		6	531	42	2676	7	295
5.10	3	6	1	1	5	1	1	3	115
13.40	12	3149		1	6	11	3143	2	57
82.95	115	4206				115	4206	25	758
4.90	8	1014				8	1014	1	
17.25	23	2843	1			22	2843	4	1000
36.70	29	694				29	694		
5.20	5	1097				5	1097	1	
14.05	131	3276	3	10	46	118	3230	7	422
19.20	15	5303	1			14	5303	3	11
3.15	2	183				2	183		
0.35									
393.55	1002	32614	17	171	901	814	31713	41	2262
1.40	3	118				3	118		
0.20									
2.15	3	9		1		2	9	1	5
17.65	10	437		1	11	9	426	4	205
6.15	4	96				4	96		
1.65	3	45	1			2	45		
3.45	2	3	1			1	3	1	1490
91.65	103	1354				103	1354	28	619
1.75	2	325				2	325	2	7
382.80	473	5557				473	5557	73	3470
12.00	22	1883				22	1883	2	161

2011年矿产资源采矿许可证发证及

续表 10

主要矿种	采矿许可证发证							
	许可证数			登记面积			生产规模	
	有效	新立	注销	有效	新立	注销	有效	新立
高岭土	493	37	23	373.07	46.19	5.18	2838.53	149.27
陶瓷土	618	41	29	218.95	12.37	2.14	2989.61	413.30
凹凸棒石黏土	25	2		22.93	0.85		213.31	15.00
海泡石黏土	4			3.84			3.54	
伊利石黏土	54	1	2	37.15	0.36	0.02	139.80	0.90
累托石黏土	1			0.63			5.00	
膨润土	258	7	16	152.33	7.66	14.21	1279.06	17.74
砖瓦用黏土	17186	646	1318	1634.79	46.59	187.00	110087.75	3230.31
陶粒用黏土	76	5	13	206.90	1.74	1.54	252.68	14.82
水泥用黏土	160	6	15	49.46	1.41	1.74	1840.36	62.58
水泥配料用红土	22		1	4.89		0.12	93.10	
水泥配料用黄土	7	1		0.83	0.29		239.58	153.00
水泥配料用泥岩	30	1	8	7.60	0.02	2.48	502.33	10.00
保温材料用黏土	10		1	4.36		0.31	42.11	
橄榄岩	10			29.66			96.98	
建筑用橄榄岩	4			1.68			15.58	
蛇纹岩	43	2	1	25.81	0.06	0.21	341.82	40.00
饰面用蛇纹岩	14	1	1	3.86	0.04	0.04	18.72	1.64
玄武岩	681	42	75	86.66	4.66	3.06	8125.08	1342.55
铸石用玄武岩	11		1	0.72		0.42	113.45	
岩棉用玄武岩	2		3	0.26		0.15	17.00	
建筑用玄武岩	102	34		6.68	3.38		2609.91	1314.33
辉绿岩	162	15	12	44.41	13.10	3.37	922.02	175.80
水泥用辉绿岩	4	1	1	0.67	0.13	0.06	35.90	30.00
铸石用辉绿岩	2			0.05			8.00	
建筑用辉绿岩	200	13	9	43.70	2.01	1.65	1770.41	113.50
饰面用辉绿岩	86	4	3	15.44	1.40	0.49	282.48	19.14
安山岩	123	7	4	7.63	0.41	0.05	1650.30	55.64
饰面用安山岩	5			0.75			24.88	
建筑用安山岩	514	32	19	139.55	2.47	1.03	8946.18	448.66

采矿权出让、转让情况——按矿种分列(六)

单位：宗、平方千米、万元

采矿权出让								采矿权转让	
采矿权使用费	合计		探矿权转采矿权宗数	协议出让		“招、拍、挂”出让		宗数	转让金额
	宗数	价款金额		宗数	价款金额	宗数	价款金额		
53.00	37	2134	4			33	2134	10	775
44.40	41	2442		2	67	39	2375	8	1367
3.05	2	86				2	86		
0.45									
5.30	1	6				1	6		
0.10									
24.15	7	329				7	329	2	
945.30	646	7351				646	7351	64	101991
23.40	5	127				5	127		
10.65	6	629				6	629	5	180
1.35									
0.35	1	64				1	64		
1.80	1	74				1	74	1	70
0.80									
3.25								1	500
0.30									
4.00	2	275				2	275		
0.85	1	41				1	41		
37.80	42	64517	1	10	267	31	64250	15	442
0.55								1	22
0.10									
5.25	34	51078		1	38	33	51040	1	300
10.65	15	267	4	1	70	10	197	4	60
0.20	1	159				1	159		
0.10									
11.80	13	2080	1			12	2080	1	5
4.80	4	559	1			3	559	4	800
6.25	7	60		1	18	6	42	1	182
0.25									
37.45	32	522	2	3	11	27	511	9	995

2011年矿产资源采矿许可证发证及

续表10

主要矿种	采矿许可证发证							
	许可证数			登记面积			生产规模	
	有效	新立	注销	有效	新立	注销	有效	新立
闪长岩	108	2	6	21.03	0.02	0.20	2731.44	4.89
建筑用闪长岩	294	21	19	19.07	0.74	0.73	3674.69	296.79
水泥混合材料用闪长玢岩	1			0.01			5.20	
花岗岩	907	43	105	244.54	74.88	291.16	8148.17	799.50
建筑用花岗岩	3298	200	292	761.81	16.98	11.57	64571.28	4868.91
饰面用花岗岩	1433	135	263	227.81	12.82	12.65	8935.26	1030.98
麦饭石	8			9.73			17.63	
珍珠岩	60	2	4	14.97	0.03	0.53	281.65	3.50
浮石	19	2	2	2.75	0.31	0.22	36.82	4.10
粗面岩	19	2		5.38	3.09		213.15	8.14
铸石用粗面岩	1			0.11			19.00	
霞石正长岩	14	2		9.79	0.13		365.00	55.00
凝灰岩	99	6	6	15.75	0.25	0.19	1464.63	95.84
水泥用凝灰岩	15		2	6.51		0.09	182.39	
建筑用石料(凝灰岩)	2187	227	195	397.70	26.95	17.95	62657.63	15669.37
火山灰	3			0.60			16.50	
水泥用火山灰	3		1	0.13		0.07	9.50	
火山渣	8	3		2.64	0.14		75.50	2.80
大理岩	336	9	31	118.37	4.37	4.44	3451.42	68.80
饰面用石料(大理石)	435	36	53	177.98	9.97	14.81	1934.74	192.82
建筑用大理岩	463	21	30	82.81	4.26	2.89	4552.13	323.73
水泥用大理石	107	6	11	28.74	2.04	0.43	4456.62	369.06
玻璃用大理石	4			1.00			21.87	
板岩	252	33	22	87.61	19.04	4.50	1924.38	264.81
饰面用板岩	89	4	12	36.52	0.46	1.62	348.62	12.81
水泥配料用板岩	11	3		1.53	0.23		67.20	15.01
片麻岩	392	39	25	34.11	3.65	142.39	5252.27	1195.48
角闪岩	44	2	29	11.44	0.11	1.61	474.39	27.30
硼矿	61	2	4	337.19	0.82	0.65	515.45	15.00
矿泉水	871	20	86	452.20	18.36	25.88	4453.13	272.18
地下水	17			29.14			1161.97	
二氧化碳气	2			131.81			88.00	
其他	6			5.98				

采矿权出让、转让情况——按矿种分列(七)

单位：宗、平方千米、万元

采矿权出让								采矿权转让	
采矿权使用费	合计		探矿权转采矿权宗数	协议出让		“招、拍、挂”出让		宗数	转让金额
	宗数	价款金额		宗数	价款金额	宗数	价款金额		
6.65	2	98				2	98	2	37
15.35	21	449		4	92	17	357	1	56
0.05									
61.05	43	2167	4	8	124	31	2043	17	1434
223.55	200	78219	4	14	123	182	78096	38	3425
81.20	135	7556		7	498	128	7058	13	948
1.30									
3.85	2	20				2	20	1	
0.95	2	55				2	55		
1.35	2	15		1	5	1	10		
0.05									
1.50	2	456				2	456		
5.55	6	120	1	2	90	3	30	1	6
1.20									
134.40	227	184229	3	63	57269	161	126960	7	129
0.15									
0.15									
0.50	3	37				3	37		
24.20	9	626	2			7	626	7	129
33.25	36	1171		12	420	24	751	6	439
27.25	21	1869		1		20	1869	7	1014
6.95	6	141	1	2	95	3	46	3	1339
0.20									
19.20	33	516	3	2	7	28	509	2	5
6.85	4	77				4	77	2	61
0.55	3	32				3	32		
20.65	39	2388		9	204	30	2184	6	138
2.70	2	145				2	145	1	
35.65	2	43	1	1	43			3	68
70.75	20	1620	14	5	1595	1	25	9	1943
3.45									
13.25									
0.75									

2011年矿产资源勘查开采

表 11

	合计	国家机关			
			省级机关	市级机关	县级机关
一、2010年未结案件	**998**	**1**			**1**
二、2011年立案	**7481**				
勘查	294				
无证勘查	79				
越界勘查	24				
非法转让探矿权	5				
其他	186				
开采	7175				
无证开采	5048				
越界开采	1443				
非法转让采矿权	44				
破坏性开采	21				
其他	619				
不按规定缴纳矿产资源补偿费	12				
非法批准					
违法发证					
勘查许可证					
采矿许可证					
其他					
三、2011年结案	**7638**				
处理2010年未结案	464				
勘查	243				
无证勘查	38				
越界勘查	19				
非法转让探矿权	5				
其他	181				
开采	6920				
无证开采	4851				
越界开采	1399				
非法转让采矿权	42				
破坏性开采	18				
其他	610				
不按规定缴纳矿产资源补偿费	11				
非法批准					
违法发证					
勘查许可证					
采矿许可证					
其他					
四、2011年未结案件	**841**	**1**			**1**

违法案件查处情况

计量单位：件

企事业单位		集体		个人
	外商		乡村	
189		**18**	**10**	**790**
2007	**6**	**148**	**31**	**5326**
226				68
32				47
24				
4				1
166				20
1779	6	148	31	5248
563		68	22	4417
914	6	76	8	453
29		2	1	13
1		1		19
272		1		346
2				10
1992	**6**	**151**	**34**	**5495**
75		4	3	385
199				44
13				25
19				
4				1
163				18
1716	6	147	31	5057
541		68	22	4242
876	6	76	8	447
29		2	1	11
1		1		16
269				341
2				9
204		**15**	**7**	**621**

2011 年矿产资源勘查、开采违法案件查处情况——按地区分列(一)

表 12　　计量单位：件

	合计	北京	天津	河北	山西	内蒙古	辽宁	吉林
一、2010 年未结案件	**998**			**24**	**111**	**7**	**310**	**11**
二、2011 年立案	**7481**	**88**	**38**	**352**	**220**	**462**	**804**	**211**
勘查	294			22	5	62	14	5
无证勘查	79			18	5	5	10	3
越界勘查	24					4		
非法转让探矿权	5						1	
其他	186			4		53	3	2
开采	7175	88	38	330	215	399	789	206
无证开采	5048	88	38	278	170	273	711	181
越界开采	1443			38	33	89	53	22
非法转让采矿权	44							
破坏性开采	21			7		1		2
其他	619			7	12	36	25	1
不按规定缴纳矿产资源补偿费	12					1	1	
非法批准								
违法发证								
勘查许可证								
采矿许可证								
其他								
三、2011 年结案	**7638**	**88**	**38**	**343**	**318**	**449**	**829**	**216**
处理 2010 年未结案	464			21	109	7	68	11
勘查	243			5	3	58	10	3
无证勘查	38			1	3	1	6	1
越界勘查	19					4		
非法转让探矿权	5						1	
其他	181			4		53	3	2
开采	6920	88	38	317	206	383	750	202
无证开采	4851	88	38	265	161	258	678	179
越界开采	1399			38	33	89	47	20
非法转让采矿权	42							
破坏性开采	18			7		1		2
其他	610			7	12	35	25	1
不按规定缴纳矿产资源补偿费	11					1	1	
非法批准								
违法发证								
勘查许可证								
采矿许可证								
其他								
四、2011 年未结案件	**841**			**33**	**13**	**20**	**285**	**6**

2011 年矿产资源勘查、开采违法案件查处情况——按地区分列(二)

续表 12 计量单位：件

	黑龙江	上海	江苏	浙江	安徽	福建	江西	山东
一、2010 年未结案件				**20**	**24**	**34**	**37**	**8**
二、2011 年立案	**293**		**11**	**223**	**91**	**793**	**153**	**77**
勘查				4	2	2	8	2
无证勘查				2	1	1	4	
越界勘查				2			3	
非法转让探矿权								
其他					1	1	1	2
开采	293		11	219	89	791	141	75
无证开采	151		8	177	22	743	103	56
越界开采	126		3	41	63	17	29	13
非法转让采矿权					2			
破坏性开采						3		
其他	16			1	2	28	9	6
不按规定缴纳矿产资源补偿费							4	
非法批准								
违法发证								
勘查许可证								
采矿许可证								
其他								
三、2011 年结案	**293**		**11**	**223**	**98**	**822**	**141**	**83**
处理 2010 年未结案				12	13	33	6	6
勘查				2	1	2	6	2
无证勘查						1	4	
越界勘查				2			1	
非法转让探矿权								
其他					1	1	1	2
开采	293		11	209	84	787	125	75
无证开采	151		8	168	17	739	89	56
越界开采	126		3	41	63	17	28	13
非法转让采矿权					2			
破坏性开采						3		
其他	16				2	28	8	6
不按规定缴纳矿产资源补偿费							4	
非法批准								
违法发证								
勘查许可证								
采矿许可证								
其他								
四、2011 年未结案件				**20**	**17**	**5**	**49**	**2**

2011年矿产资源勘查、开采违法案件查处情况——按地区分列(三)

续表 12　　　　计量单位：件

	河南	湖北	湖南	广东	广西	海南	重庆	四川
一、2010年未结案件	**8**	**4**	**31**	**31**	**122**	**15**	**2**	**96**
二、2011年立案	**117**	**98**	**692**	**296**	**322**	**61**	**69**	**127**
勘查	4	3	7	1	9		1	9
无证勘查	4	3	3	1			1	5
越界勘查			2		1			
非法转让探矿权			1					
其他			1		8			4
开采	113	94	685	295	313	61	68	118
无证开采	83	65	296	286	165	47	16	43
越界开采	23	22	368	9	21	14	51	51
非法转让采矿权		2	1					
破坏性开采			3					
其他	7	5	17		127		1	24
不按规定缴纳矿产资源补偿费		1						
非法批准								
违法发证								
勘查许可证								
采矿许可证								
其他								
三、2011年结案	**118**	**94**	**687**	**282**	**383**	**55**	**70**	**86**
处理2010年未结案	2	4	14	14	74	4	2	
勘查	4	1	7		9		1	2
无证勘查	4	1	3				1	
越界勘查			2		1			
非法转让探矿权			1					
其他			1		8			2
开采	112	89	666	268	300	51	67	84
无证开采	82	61	286	259	152	44	16	31
越界开采	23	21	361	9	21	7	50	32
非法转让采矿权		2	1					
破坏性开采			2					
其他	7	5	16		127		1	21
不按规定缴纳矿产资源补偿费								
非法批准								
违法发证								
勘查许可证								
采矿许可证								
其他								
四、2011年未结案件	**7**	**8**	**36**	**45**	**61**	**21**	**1**	**137**

2011年矿产资源勘查、开采违法案件查处情况——按地区分列(四)

续表 12

计量单位：件

	贵州	云南	西藏	陕西	甘肃	青海	宁夏	新疆
一、2010年未结案件	**47**	**28**		**4**		**13**	**6**	**5**
二、2011年立案	**568**	**243**	**7**	**121**	**149**	**48**	**61**	**686**
勘查	29	13		2	2	8		80
无证勘查	2	1		1		3		6
越界勘查	6	4			1			1
非法转让探矿权	2					1		
其他	19	8		1	1	4		73
开采	539	230	7	119	147	40	61	601
无证开采	130	156	7	93	125	32	53	452
越界开采	143	61		17	16	3	8	109
非法转让采矿权	31	1		3		1		3
破坏性开采		3		1				1
其他	235	9		5	6	4		36
不按规定缴纳矿产资源补偿费								5
非法批准								
违法发证								
勘查许可证								
采矿许可证								
其他								
三、2011年结案	**580**	**253**	**7**	**125**	**149**	**47**	**63**	**687**
处理2010年未结案	29	16		4			6	9
勘查	25	13		2	2	8		77
无证勘查	1	1		1		3		6
越界勘查	3	4			1			1
非法转让探矿权	2					1		
其他	19	8		1	1	4		70
开采	526	224	7	119	147	39	57	596
无证开采	119	153	7	93	125	31	49	448
越界开采	143	61		17	16	3	8	109
非法转让采矿权	31			3		1		2
破坏性开采		1		1				1
其他	233	9		5	6	4		36
不按规定缴纳矿产资源补偿费								5
非法批准								
违法发证								
勘查许可证								
采矿许可证								
其他								
四、2011年未结案件	**35**	**18**				**14**	**4**	**4**

2011年全国石油天然气

表 13

地 区	油气田总数(个)				从业人数(人)	油产量(万吨)	气产量(亿立方米)
		大型	中型	小型			
总 计	**900**	**101**	**229**	**570**	**604348**	**20287.26**	**1012.79**
天 津	23	3	7	13	15210	478.32	4.46
河 北	62	1	17	44	29042	586.11	8.09
辽 宁	40	4	9	27	31707	1000.01	7.22
吉 林	41	4	12	25	27643	748.93	19.60
黑龙江	53	9	13	31	92137	4007.58	31.03
江 苏	57		5	52	7486	189.02	0.54
山 东	72	11	40	21	82098	2734.00	5.00
河 南	48	2	12	34	50093	503.24	28.35
湖 北	30	1	1	28	14198	96.50	1.60
浙 江	3			3	380	5.00	
广 西	1			1	80	2.50	0.01
广 东	4		1	3	135	19.77	1.96
四 川	145	7	16	122	38303	16.17	242.64
甘 肃	7		2	5	12068	51.01	0.19
青 海	25	4	3	18	16371	195.00	65.01
陕 西	58	12	21	25	136897	3228.30	258.33
新 疆	88	18	27	43	46096	2547.64	234.03
渤 海	56	13	21	22	1081	2709.46	17.97
南 海	75	12	20	43	2148	1157.56	79.10
东 海	12		2	10	1175	11.14	7.66

注:1 中国石油长庆、华北、大港和西南经济数据未按省分列,本汇总表将中国石油长庆全部计入陕西,中国石油华北全部计入河北,中国石油大港全部计入天津,中国石油西南全部计入四川。

2.本表不包括煤层气。

开发利用情况——按地区分列

工业总产值（万元）	工业增加值（万元）	销售收入（万元）	年利税总额（万元）	实缴补偿费（万元）
108487463	**87962222**	**103603119**	**68022811**	**944295**
2249015	1839343	2166106	1360636	17054
3001741	2587669	3206744	1726473	28339
3856157	2611957	3558407	1476281	31687
2430887	2005562	2455121	1313856	13017
20201839	20285621	20294850	16932770	135189
901560	639330	901620	432841	5605
15124200	12505300	13111001	8566275	70555
4590345	2459978	4310166	1736718	23910
774285	575600	775900	230200	3023
24062	8363	23724	-9190	164
440247	110062	404213	57187	80
122996	99815	122996	51572	1179
2453778	1574509	2759100	240823	19364
1492135	380506	1472074	166459	146
2498643	1554555	1750507	998845	4218
15213292	12642844	14640444	10358461	113026
13529754	12151950	13726995	9873697	116257
12371845	11202953	11926751	9815238	361482
6970825	2661887	5792157	2684449	
239857	64418	204244	9219	

2011年全国石油天然气开发

表14

经济类型	油气田总数(个)				从业人数(人)	油产量(万吨)	气产量(亿立方米)
		大型	中型	小型			
总　计	**900**	**101**	**229**	**570**	**604348**	**20287.26**	**1012.79**
国有企业	21		10	11	66049	1382.26	12.27
国有联营企业	1			1	80	2.50	0.01
股份有限公司	878	101	219	560	538219	18902.50	1000.51

利用情况——按经济类型分列

工业总产值（万元）	工业增加值（万元）	销售收入（万元）	年利税总额（万元）	实缴补偿费（万元）
108487463	**87962222**	**103603119**	**68022811**	**944295**
3223143	1997030	3206642	2193205	4126
440247	110062	404213	57187	80
104824073	85855130	99992264	65772419	940089

2011年全国非油气矿产资源

表 15

地区	矿山企业数（个）					从业人员（人）
		大 型	中 型	小 型	小 矿	
全 国	**107730**	**3723**	**5341**	**53430**	**45236**	**6920018**
北 京	219	22	52	134	11	33479
天 津	396	96	123	164	13	8378
河 北	4724	74	155	2398	2097	327922
山 西	5144	242	626	2513	1763	868304
内蒙古	4336	123	282	1962	1969	274292
辽 宁	3941	92	111	2337	1401	292110
吉 林	2163	142	270	981	770	134504
黑龙江	3788	484	231	1353	1720	348576
上 海	78	2	2	73	1	4269
江 苏	1589	162	350	1076	1	159909
浙 江	1707	878	167	588	74	56930
安 徽	3722	203	184	1214	2121	361490
福 建	2369	140	206	1476	547	92908
江 西	6136	25	129	3269	2713	233109
山 东	4377	185	399	2911	882	576411
河 南	3589	123	316	1883	1267	521963
湖 北	3857	30	106	1705	2016	148401
湖 南	7456	52	135	2283	4986	323194
广 东	2199	60	49	1799	291	62971
广 西	4559	39	69	1784	2667	115595
海 南	329	39	18	235	37	12506
重 庆	3020	46	105	2177	692	197312
四 川	7911	92	372	4358	3089	424370
贵 州	7848	85	220	4553	2990	293794
云 南	8042	37	136	4284	3585	343427
西 藏	101	7	13	56	25	6209
陕 西	5361	110	203	2243	2805	269194
甘 肃	3470	46	65	1112	2247	173450
青 海	929	32	42	320	535	52053
宁 夏	625	14	22	158	431	51044
新 疆	3745	41	183	2031	1490	151944

开发利用情况——按地区分列

年产矿量（原矿，万吨）	工业总产值（万元）	综合利用产值（万元）	矿产品销售收入（万元）	利润总额（万元）
906835.20	**193798455.64**	**15250219.91**	**167217927.34**	**37311564.69**
1433.55	833340.43	96103.90	759801.55	281363.25
3706.04	43366.84	2613.60	29133.64	1339.17
63315.38	10893015.52	432560.51	8411905.36	2036888.61
83038.38	40211111.05	5063197.80	33367580.61	7385196.21
105235.87	23928343.31	1892476.41	20243748.04	5106807.95
37618.30	6962611.44	190511.73	6184876.98	1443565.35
17944.10	2761463.54	11235.90	2347200.87	405893.01
18975.61	3708600.79	109328.15	3539784.49	493864.92
156.30	120009.25	2445.10	112977.08	2550.44
22160.43	2843561.57	71903.16	2561969.35	446670.25
69510.23	1486804.36	44096.92	1343067.88	112764.95
51657.59	11844370.67	948812.06	10337181.57	1380854.89
17187.09	1944819.26	266115.09	1883586.88	655875.24
31107.56	3676574.71	624162.12	3209967.93	468252.85
49334.46	15450915.81	917127.24	13354392.58	3697926.86
29013.59	11239652.05	842241.03	9611157.06	1841753.80
16299.26	1929027.26	134666.12	1831811.31	339638.54
31017.61	3560948.34	159653.98	2956627.90	468602.50
27340.09	1429738.22	34141.47	1160374.25	264322.57
21869.73	1398630.13	128552.69	1103724.84	291325.14
7126.07	391031.78	15609.42	371674.29	144035.19
16028.23	2322115.30	344395.34	2080432.61	186899.26
29384.66	4134157.86	345747.97	3683825.77	483974.63
28837.55	8796771.64	1720459.21	7591636.77	1859480.71
27415.23	6451685.12	390475.74	5313625.38	886304.19
555.33	233267.71	2431.99	181433.58	51283.81
43927.37	13469613.74	24040.73	12713951.69	4020191.69
12192.08	3141707.12	166531.85	3111899.51	402096.47
8532.33	2572611.27	72622.85	2305852.32	742640.47
8687.09	2231937.58	84781.16	2008734.04	616609.23
26228.08	3786651.98	111178.68	3503991.21	792592.54

2011 年全国非油气矿产资源

表 16

	矿山企业数（个）					从业人员（人）
		大型	中型	小型	小矿	
总计	**107730**	**3723**	**5341**	**53430**	**45236**	**6920018**
一、内资企业	107160	3580	5239	53170	45171	6844064
国有企业	3525	591	606	1787	541	1782878
集体企业	9799	111	334	4539	4815	476198
股份合作企业	1522	87	120	787	528	123654
联营企业	572	15	36	289	232	35457
有限责任公司	12915	952	1433	7199	3331	1474441
股份有限公司	4434	382	557	2462	1033	916108
私营企业	69071	1355	2005	34019	31692	1949427
其他企业	5322	87	148	2088	2999	85901
二、港、澳、台商投资企业	211	42	38	106	25	20345
三、外商投资企业	359	101	64	154	40	55609

开发利用情况——按经济类型分列

年产矿量（原矿，万吨）	工业总产值（万元）	综合利用产值（万元）	矿产品销售收入（万元）	利润总额（万元）
906835.20	**193798455.64**	**15250219.91**	**167217927.34**	**37311564.69**
879527.24	188415108.17	14863391.97	162740561.63	35966627.55
188516.11	63271511.29	4262041.38	54438815.89	10261785.90
36821.46	5160197.48	320078.52	4801245.21	708875.76
14175.01	3477575.98	170026.35	3113301.03	737803.31
4477.44	1151204.93	125537.32	828859.07	265702.23
217543.26	45358455.07	3674328.46	39296029.40	9501616.01
124862.55	41116538.86	3388422.46	34817635.94	9560892.93
275351.20	28286225.51	2897239.93	24884727.16	4824579.66
17780.21	593399.05	25717.55	559947.91	105371.74
6020.11	1096434.97	99144.94	1029700.79	339123.01
21287.85	4286912.49	287683.00	3447664.92	1005814.13

2011 年全国非油气矿产资源

表 17

矿种	矿山企业数（个）					从业人员（人）
		大型	中型	小型	小矿	
总计	**107730**	**3723**	**5341**	**53430**	**45236**	**6920018**
煤炭	13360	621	1301	7624	3814	3953304
油页岩	21		4	11	6	3353
油砂	2			2		2
石煤	239		1	43	195	2732
天然沥青	6			1	5	52
地下热水	949	218	212	451	68	41370
铁矿	4203	109	262	2394	1438	400110
锰矿	549	21	39	333	156	34941
铬矿	34		1	17	16	1267
钛矿	124	8	3	77	36	2813
钒矿	111	11	16	60	24	6142
铜矿	853	20	51	488	294	116599
铅矿	910	5	19	459	427	45732
锌矿	797	6	42	463	286	68852
铝土矿	263	6	23	169	65	14523
镁矿	16		2	6	8	219
镍矿	65	4	10	32	19	14310
钴矿	5	1		4		72
钨矿	155	4	22	106	23	38066
锡矿	159	4	13	74	68	29076
铋矿	3			2	1	90
钼矿	200	12	30	110	48	31724
汞矿	37			15	22	935
锑矿	98	2	3	53	40	13480
铂矿	5	1	1	3		88
金矿	1637	58	122	828	629	167261
银矿	93	5	4	55	29	11236

注：* 为国家统计局数据。

开发利用情况——按矿种分列(一)

年产矿量（原矿，万吨）	工业总产值（万元）	综合利用产值（万元）	矿产品销售收入（万元）	利润总额（万元）
906835.20	**193798455.64**	**15250219.91**	**167217927.34**	**37311564.69**
319070.39 (352000.00*)	132241963.27	10304550.00	116865059.67	25802167.76
208.79	27731.71	19.60	27502.01	2475.85
270.21	15376.07	132.50	14960.30	5208.70
0.50	174.00		50.00	10.00
11382.17	201101.20		165824.01	12323.18
87941.25 (132694.20)*	18286669.52	638162.86	14777552.01	3785159.59
820.94	673329.01	16119.00	366548.74	30741.72
21.07	85790.19		63872.20	12553.24
1296.30	30022.33	9689.95	26623.07	5076.83
87.91	40946.50	8.00	29250.54	1346.50
11957.41	3643407.65	416719.79	3128570.72	734913.06
1115.45	972051.03	183004.32	866316.11	235622.03
2574.58	1977223.72	276829.89	1565846.77	505589.39
1493.51	196711.36	56281.33	179091.64	28418.13
56.70	1187.00	174.00	1158.80	107.00
1273.41	1399248.21	66339.08	1171152.64	79339.54
5.56	754.18		1056.30	–445.83
1359.74	710781.99	46566.03	651703.93	161124.57
946.00	672419.63	33020.28	607911.82	206968.83
2.10	422.40	135.00	422.40	9.12
5731.38	2300468.39	184106.64	1154129.23	304441.16
38.19	21909.00	3880.00	20689.00	7660.20
127.83	171794.36	70603.00	134156.27	27811.70
0.35	1370.50		1370.50	–353.38
10704.15	5451551.98	716761.36	4936659.41	1883338.61
399.35	339600.80	113810.03	303919.20	66146.68

2011年全国非油气矿产资源

续表 17

矿种	矿山企业数（个）					从业人员（人）
		大型	中型	小型	小矿	
铌钽矿	12		2	6	4	1049
铌矿	1				1	10
钽矿	5			4	1	544
铍矿	1				1	14
锂矿	15	2	1	6	6	2929
锆矿	22	18	3	1		765
锶矿	17	1		12	4	1862
重稀土矿	20		1	18	1	550
轻稀土矿	90		7	74	9	1788
锗矿	2			2		361
碲矿	3				3	57
蓝晶石	6		1	4	1	196
矽线石	4	1		3		353
红柱石	10	2	3	5		817
菱镁矿	124	5	14	74	31	8248
普通萤石	1255	9	33	652	561	23363
熔剂用灰岩	300	15	24	137	124	18050
冶金用白云岩	363	10	10	222	121	7947
冶金用石英岩	572	2	13	314	243	7522
冶金用砂岩	45		1	37	7	392
铸型用砂岩	15			11	4	194
铸型用砂	82		3	61	18	1866
冶金用脉石英	336		1	193	142	2730
耐火黏土	275	1	6	140	128	6320
铁矾土	22			4	18	179
铸型用黏土	2			2		29
耐火用橄榄岩	6	1		5		135
熔剂用蛇纹岩	10	2	5	2	1	643
自然硫	2				2	31

开发利用情况——按矿种分列(二)

年产矿量（原矿，万吨）	工业总产值（万元）	综合利用产值（万元）	矿产品销售收入（万元）	利润总额（万元）
134.66	22310.00	12779.00	17993.70	811.00
20.57	3709.26		2839.26	631.90
250.73	46885.72	41016.34	38130.32	1292.39
2112.79	21339.74	6747.67	15087.03	926.56
11.57	3231.14		2834.14	906.90
792.24	70458.98		52908.93	4719.56
919.83	133551.86	201.58	114383.99	25279.04
3.00	900.00		900.00	30.00
2.42	2130.00	95.00	1121.00	387.00
2.00	100.00		100.00	60.00
13.80	4956.51		4899.81	1563.00
912.00	171681.62	392.00	82387.75	10727.04
565.59	268672.75	16268.70	233279.80	40499.19
5404.37	384434.80	16219.77	303594.28	14878.06
1799.69	110284.57	55250.42	58034.53	-4007.02
490.96	56272.13	1005.11	52652.62	3768.49
25.11	1032.30	63.12	832.20	167.96
32.25	928.21		914.21	160.16
174.87	19110.64	239.00	18909.76	1061.32
84.82	8248.27	843.19	7760.07	410.85
178.56	28396.86	2788.00	19186.99	2744.94
0.68	40.00		40.00	4.00
1.00	20.00	20.00	20.00	6.00
11.36	1457.92		1136.60	10.40
80.59	3439.21	210.00	3183.18	512.44

2011年全国非油气矿产资源

续表 17

矿　种	矿山企业数（个）					从业人员（人）
		大　型	中　型	小　型	小　矿	
硫铁矿	280	10	6	163	101	20381
钠硝石	5			2	3	127
明矾石	6	2		4		1660
芒硝	78	17	22	30	9	11749
重晶石	515	14	14	313	174	6820
毒重石	37		3	26	8	829
天然碱	15	1	2	6	6	3156
电石用灰岩	95	3	6	46	40	2079
制碱用灰岩	69	4	3	43	19	1510
化肥用灰岩	15			15		282
化工用白云岩	26			17	9	286
化肥用石英岩	18			14	4	360
化肥用砂岩	11			8	3	655
含钾砂页岩	3				3	8
含钾岩石	42	1	6	27	8	367
化肥用橄榄岩	1			1		10
化肥用蛇纹岩	21		1	12	8	447
泥炭	42	1	1	7	33	745
盐矿	202	81	31	70	20	53958
镁盐	4		2	2		198
钾盐	17	5	7	4	1	8475
溴矿	58			21	37	3071
砷矿	7			5	2	95
硼矿	64	3	3	51	7	2621
磷矿	359	24	82	215	38	42552
金刚石	5	5				701
石墨	170	25	21	80	44	8193
压电水晶	1			1		10
熔炼水晶	4			1	3	26

开发利用情况——按矿种分列(三)

年产矿量(原矿,万吨)	工业总产值(万元)	综合利用产值(万元)	矿产品销售收入(万元)	利润总额(万元)
858.55	329333.26	61611.72	236395.19	37139.83
12.88	6581.00	56.47	5534.85	-242.00
2095.29	256993.20	6304.92	240428.46	18162.37
303.05	54623.39	3646.10	50492.42	16440.31
45.90	18583.77	50.00	18073.71	2344.71
246.56	266491.00	38404.00	149388.00	45453.00
855.07	29623.24	474.15	28350.49	2950.28
672.99	38866.06	20257.18	14694.27	1282.67
41.00	650.00	6.00	410.00	5.80
27.74	1300.78	100.00	1244.15	225.80
23.06	1349.33	100.00	1324.28	175.51
1.51	139.40	89.00	139.40	14.00
0.80	38.00		38.00	2.00
47.27	2184.20	252.00	1707.08	2.40
4.74	219.87	16.00	219.87	9.96
28.13	1822.50	231.00	1712.50	267.74
8428.15	1409730.99	247871.56	1025907.40	96665.29
50.00	3012.00	2912.00	2185.49	716.04
3646.10	1259110.79	38895.68	1168561.33	563783.63
23.52	135911.23	51672.74	127473.03	15634.62
0.99	163.00		163.00	2.50
98.37	22768.37	200.00	16785.93	4401.75
5595.76	1363878.22	112541.49	1155298.28	243494.56
				-471.00
610.31	104216.64	442.00	98909.78	7911.53
0.10	73.00		72.00	25.00

2011年全国非油气矿产资源

续表 17

矿种	矿山企业数（个）					从业人员（人）
		大型	中型	小型	小矿	
工艺水晶	2			1	1	21
硅灰石	242	3	6	137	96	3137
滑石	166	7	9	91	59	6035
石棉	38	10	4	22	2	4971
云母	35			21	14	369
长石	410	1	7	199	203	4795
电气石	3			1	2	19
石榴子石	21			9	12	242
叶蜡石	79	3	17	41	18	1384
透辉石	33			18	15	516
蛭石	22			20	2	274
沸石	73		2	36	35	903
透闪石	11			5	6	55
石膏	623	32	78	318	195	32185
方解石	755	4	31	327	393	7138
光学萤石	11			5	6	170
宝石	10			3	7	125
玉石	114			40	74	1999
玛瑙	4				4	216
玻璃用灰岩	5			3	2	36
水泥用灰岩	3473	273	301	1923	976	112329
建筑石料用灰岩	17239	91	244	7736	9168	224288
饰面用灰岩	136	1	4	51	80	1788
制灰用石灰岩	1001	5	10	521	465	17212
泥灰岩	25			14	11	276
白垩	2			1	1	10
玻璃用白云岩	48	1		23	24	1001
建筑用白云岩	1288	14	24	761	489	16647
玻璃用石英岩	500	19	35	284	162	7253

开发利用情况——按矿种分列(四)

年产矿量(原矿,万吨)	工业总产值(万元)	综合利用产值(万元)	矿产品销售收入(万元)	利润总额(万元)
151.81	19988.09	1539.00	17394.55	1587.85
214.42	44482.73	2594.59	25012.25	6045.17
407.83	32125.41	1462.00	24719.41	1067.76
7.18	899.40	5.00	899.40	71.00
317.67	23594.58	459.08	20353.20	2982.22
4.44	1054.07	141.00	633.20	-36.74
121.63	9454.93	617.50	8137.34	1030.17
79.43	4886.85	774.00	3956.42	722.06
8.99	2433.00	9.00	2393.00	230.00
89.19	2137.79	143.00	1993.79	187.35
0.44	20.00		20.00	4.00
2729.93	139612.38	2626.87	133113.81	7355.53
725.22	47499.55	3928.89	43551.07	5424.52
0.50	21.80		21.80	
2.00	384.20	50.00	167.10	31.19
25.00	67446.45	7163.10	33895.53	7810.50
0.06	867.00		867.00	42.00
11.06	454.80	10.00	454.80	76.00
98608.57	7935493.15	742947.69	6170708.72	1177253.79
78354.14	1417025.99	136323.27	1276096.87	202741.01
197.94	14619.44	602.50	7573.44	1643.52
5576.28	160894.73	4386.52	128050.12	12117.51
48.62	1420.65	95.00	633.95	58.68
0.20	20.00		16.00	4.00
185.46	5163.25	97.00	2896.66	360.40
6465.62	270565.90	41690.49	260828.54	14557.23
1096.38	59699.27	14412.86	49444.90	5596.62

2011 年全国非油气矿产资源

续表 17

矿　种	矿山企业数（个）					从业人员（人）
		大　型	中　型	小　型	小　矿	
玻璃用砂岩	127	6	39	58	24	2244
水泥配料用砂岩	273	5	31	141	96	4963
砖瓦用砂岩	233		12	129	92	4629
陶瓷用砂岩	77		5	58	14	780
建筑用砂岩	2422	46	109	1487	780	27149
玻璃用砂	68	8	16	32	12	2202
建筑用砂	5121	29	121	1675	3296	53353
水泥配料用砂	23	1	1	6	15	430
水泥标准砂	7			3	4	131
砖瓦用砂	130			21	109	1561
玻璃用脉石英	234	1	1	125	107	2074
水泥配料用脉石英	24		2	10	12	250
粉石英	45		4	27	14	425
硅藻土	36		7	26	3	1079
陶粒用页岩	31	1	6	21	3	801
砖瓦用页岩	7164	13	458	4327	2366	174093
水泥配料用页岩	183	7	18	96	62	3154
建筑用页岩	892		35	547	310	16902
高岭土	535	19	28	341	147	12563
陶瓷土	621	12	28	446	135	6429
凹凸棒石黏土	36	4	7	22	3	1263
海泡石黏土	6			3	3	60
伊利石黏土	41		4	30	7	727
累托石黏土	24			10	14	691
膨润土	276	6	27	189	54	5439
砖瓦用黏土	18019	5	462	6117	11435	658044
陶粒用黏土	299	2	6	168	123	5335
水泥配料用黏土	175	2	5	79	89	2339
水泥配料用红土	24		1	4	19	259

开发利用情况——按矿种分列(五)

年产矿量(原矿,万吨)	工业总产值(万元)	综合利用产值(万元)	矿产品销售收入(万元)	利润总额(万元)
519.35	37502.75	40.30	36030.75	10558.80
1213.48	179518.53	24698.68	38945.78	9117.35
606.83	36772.10	1225.65	26784.11	2529.72
83.81	2081.71	136.00	1975.91	462.90
11338.97	258848.88	10712.14	235262.76	23419.54
499.71	28442.79	1342.00	22072.72	2236.98
27061.21	462096.10	28195.26	428674.35	69959.35
289.45	5570.47	70.00	5484.44	148.04
9.87	1262.52	10.00	1262.52	167.77
93.95	14033.30	208.50	11896.68	644.43
151.77	10515.65	582.00	10418.90	1046.55
38.51	1254.82	5.00	1254.12	164.52
15.80	2026.00	71.60	1826.00	199.00
18.69	25044.40		10805.56	3.89
29.59	1939.83	52.00	1939.83	100.15
14905.24	996347.37	88412.48	910398.71	107001.95
1245.21	15564.96	283.00	15016.63	1672.47
2147.59	106565.83	10942.92	91821.16	18094.53
1012.24	188380.56	14276.35	175802.93	33448.93
965.73	48173.80	4391.43	41980.17	5065.46
26.94	10327.30	122.20	9203.44	754.10
	108.00			
13.18	736.51		717.51	53.89
9.92	968.00	12.00	968.00	101.63
332.35	54409.30	1917.34	52191.16	6267.95
37523.41	2271309.32	139403.28	2114808.85	236346.88
250.34	15621.32	844.00	14026.76	1164.49
879.11	14619.51	1518.00	13250.25	1644.97
24.45	1060.58	256.00	1049.98	94.46

2011 年全国非油气矿产资源

续表 17

矿　种	矿　山　企　业　数　（个）					从业人员（人）
		大　型	中　型	小　型	小　矿	
水泥配料用黄土	10		1	7	2	189
水泥配料用泥岩	32	2	1	13	16	639
保温材料用黏土	6			3	3	105
白云母黏土矿	9			2	7	160
建筑用橄榄岩	11		1	8	2	268
饰面用蛇纹岩	63			47	16	630
饰面用辉石岩	2			2		45
建筑用辉石岩	10			3	7	65
铸石用玄武岩	10	2		5	3	97
岩棉用玄武岩	1			1		3
饰面用玄武岩	83	3	2	39	39	980
水泥混合材玄武岩	15	1		9	5	81
建筑用玄武岩	711	119	56	379	157	11814
角闪岩	5		1	4		49
建筑用角闪岩	43		3	22	18	571
水泥用辉绿岩	2			2		50
铸石用辉绿岩	3			1	2	23
饰面用辉绿岩	203	6	1	93	103	1871
建筑用辉绿岩	287	16	14	163	94	2895
饰面用辉长岩	13			7	6	111
建筑用辉长岩	25	3	3	13	6	305
饰面用安山岩	3		1	1	1	13
建筑用安山岩	708	196	38	320	154	11840
建筑用闪长岩	334	60	14	148	112	5176
水泥混合材用闪长粉岩	44	1	1	27	15	376
饰面用二长岩	1		1			15
建筑用二长岩	5	1		3	1	156
饰面用正长岩	2			2		10
建筑用正长岩	10			8	2	93

开发利用情况——按矿种分列(六)

年产矿量（原矿，万吨）	工业总产值（万元）	综合利用产值（万元）	矿产品销售收入（万元）	利润总额（万元）
69.84	783.22		783.22	71.50
172.38	2672.58	7.98	2368.39	258.96
1.60	17.20		17.20	5.20
2.12	435.00	343.00	256.00	185.10
51.00	1105.40		1105.40	63.98
18.12	2323.70	1.00	2322.70	953.26
11.85	390.92		390.92	2.00
14.05	126.15		126.15	40.00
27.39	4785.90	394.00	4695.90	829.05
14.80	648.40		648.40	3.00
9490.26	100800.82	1192.10	93917.73	9421.90
8.20	256.74		176.74	125.00
126.07	2076.60	367.00	1819.20	145.30
5.86	620.00	10.00	610.00	36.50
147.34	12590.01	1373.00	11683.51	2404.09
599.28	13217.79	475.18	12744.05	1836.32
5.67	476.50	130.00	392.50	42.46
94.99	975.64	12.43	941.49	64.50
9134.19	169020.19	1380.73	155130.15	16561.82
2197.61	31527.42	527.00	28958.92	3293.53
11.10	2152.92	120.40	2144.42	419.50
222.22	3152.88	5.75	3031.24	145.40
0.32	6.40		6.40	
14.04	230.40	1.00	230.40	13.00

2011 年全国非油气矿产资源

续表 17

矿种	矿山企业数（个）					从业人员（人）
		大型	中型	小型	小矿	
建筑用花岗岩	4398	376	243	2770	1009	61179
饰面用花岗岩	1609	14	21	1007	567	28219
麦饭石	14			9	5	127
珍珠岩	58	3	2	43	10	1835
建筑用流纹岩	4			4		45
黑耀岩	3			2	1	7
浮石	21			15	6	382
水泥用粗面岩	2			1	1	
铸石用粗面岩	14			9	5	103
霞石正长岩	9	1	2	4	2	203
玻璃用凝灰岩	1			1		5
水泥用凝灰岩	26	3	2	13	8	332
建筑用凝灰岩	1443	755	42	417	229	32125
火山灰	9			7	2	29
火山渣	6			4	2	112
饰面用大理岩	519	34	19	217	249	8536
建筑用大理岩	537	17	13	350	157	6704
水泥用大理岩	199	41	30	85	43	5221
玻璃用大理岩	33	1		30	2	153
饰面用板岩	232	8	15	137	72	2559
水泥配料用板岩	21		1	11	9	215
片石	253		5	89	159	2931
片麻岩	381	3	17	230	131	4469
千枚岩	1			1		22
砚石	4			2	2	37
矿泉水	834	45	66	590	133	26307
地下水	5			3	2	70
其他矿产 *	247		1	185	61	6034

注：* 为其他矿产包括铀矿及未命名矿产。

开发利用情况——按矿种分列(七)

年产矿量（原矿，万吨）	工业总产值（万元）	综合利用产值（万元）	矿产品销售收入（万元）	利润总额（万元）
32682.28	500841.05	17737.98	450176.94	66619.47
2910.56	307770.54	26471.68	266972.80	48601.81
1.55	404.98		142.34	8.00
58.15	10099.30	1289.00	8714.30	4501.80
7.71	232.90	163.00	95.90	32.00
16.30	301.40	35.00	384.40	79.50
12.08	350.60	160.00	250.60	70.10
4.32	253.90		253.90	
43.92	684.64	3.00	684.64	82.00
43156.48	692268.15	16148.19	593952.54	59263.49
10.90	290.00		290.00	54.70
5.24	203.80		203.60	42.78
667.83	73325.40	1957.67	68125.56	27597.76
2128.81	27211.44	1414.58	24491.42	4663.91
2735.03	122070.87	330.00	112470.77	12806.55
30.99	939.50	10.00	935.06	42.00
241.14	10133.22	184.50	8836.83	1269.00
87.69	1371.56	9.00	1362.56	198.65
682.62	13350.46	2144.08	12459.86	2372.34
1080.83	22248.49	2332.00	18209.55	3584.89
1.16	27.87		27.87	
0.59	39.16	1.00	38.66	6.03
1439.87	444875.07	5.00	370097.17	-6219.44
7.14	107.97		105.97	-10.79
3016.44	29731.22	4491.60	24403.89	5839.07

2011年我国主要矿产

表18

矿产品名称	进口				
	国家和地区	数量(吨)	占总量(%)	金额(千美元)	占总值(%)
煤　炭	**合计**	**222279182**	**100.0**	**23892743**	**100.0**
	印度尼西亚	101034069	45.5	9051169	37.9
	澳大利亚	32558455	14.6	5147889	21.5
	越南	22065736	9.9	1830064	7.7
	蒙古	20324037	9.1	1598814	6.7
	朝鲜	11178766	5.0	1152036	4.8
	俄罗斯联邦	10671582	4.8	1585973	6.6
	南非	9255559	4.2	1162524	4.9
	美国	5050549	2.3	857655	3.6
	其他国家或地区	10140429	4.6	1506618	6.3
原　油	**合计**	**253779546**	**100.0**	**196664467**	**100.0**
	沙特阿拉伯	50277709	19.8	39009001	19.8
	安哥拉	31149726	12.3	24809023	12.6
	伊朗	27756600	10.9	21826851	11.1
	俄罗斯联邦	19724509	7.8	16316256	8.3
	阿曼	18153209	7.2	13818395	7.0
	伊拉克	13773637	5.4	10438936	5.3
	苏丹	12989270	5.1	9415737	4.8
	委内瑞拉	11517740	4.5	7237069	3.7
	哈萨克斯坦	11211009	4.4	8858660	4.5
	科威特	9541519	3.8	7342880	3.7
	阿联酋	6735182	2.7	5518532	2.8
	巴西	6709844	2.6	4883057	2.5
	刚果(布)	5630643	2.2	4351443	2.2
	澳大利亚	4080158	1.6	3292890	1.7
	也门	3098061	1.2	2578992	1.3
	利比亚	2591651	1.0	2049756	1.0
	哥伦比亚	2234491	0.9	1586079	0.8
	阿尔及利亚	2172725	0.9	1931962	1.0
	其他国家或地区	14431863	5.7	11398948	5.8
铁矿砂及其精矿	**合计**	**685839593**	**100.0**	**112374653**	**100.0**
	澳大利亚	296681918	43.3	49672449	44.2
	巴西	142734705	20.8	25722842	22.9
	印度	73055843	10.7	9663826	8.6
	南非	36150416	5.3	6404831	5.7

品进出口情况(一)

出口				
国家和地区	数量(吨)	占总量(%)	金额(千美元)	占总值(%)
合计	**14665165**	**100.0**	**2717504**	**100.0**
日本	6272271	42.8	1195019	44.0
韩国	5659770	38.6	1042756	38.4
中国台湾	2198297	15.0	349399	12.9
朝鲜	204214	1.4	47888	1.8
印度	173383	1.2	47050	1.7
土耳其	113587	0.8	27019	1.0
缅甸	11115	0.1	1869	0.1
荷兰	9137	0.1	2197	0.1
其他国家或地区	23391	0.2	4309	0.2
合计	**2517149**	**100.0**	**1907008**	**100.0**
日本	1202955	47.8	937259	49.1
朝鲜	526176	20.9	518361	27.2
韩国	314002	12.5	110127	5.8
美国	239511	9.5	173378	9.1
泰国	81438	3.2	62588	3.3
新加坡	66642	2.6	45431	2.4
澳大利亚	48141	1.9	32452	1.7
马来西亚	38284	1.5	27412	1.4
合计	**5051**	**100.0**	**1124**	**100.0**
蒙古	2960	58.6	620	55.2
巴基斯坦	887	17.6	246	21.9
日本	723	14.3	52	4.6
韩国	243	4.8	114	10.1

2011年我国主要矿产

续表 18

矿产品名称	进口				
	国家和地区	数量(吨)	占总量(%)	金额(千美元)	占总值(%)
铁矿砂及其精矿	伊朗	16633651	2.4	2377750	2.1
	俄罗斯联邦	15612002	2.3	2767713	2.5
	乌克兰	12511341	1.8	2312019	2.1
	加拿大	12082823	1.8	2429799	2.2
	印度尼西亚	11873641	1.7	1074671	1.0
	秘鲁	9666434	1.4	1466649	1.3
	智利	8723644	1.3	1606998	1.4
	蒙古	5497169	0.8	553102	0.5
	马来西亚	5421158	0.8	613872	0.5
	委内瑞拉	5121162	0.7	948950	0.8
	毛里塔尼亚	4969538	0.7	839449	0.7
	其他国家或地区	29104148	4.2	3919733	3.5
锰矿砂及其精矿	**合计**	**12974895**	**100.0**	**2674563**	**100.0**
	澳大利亚	4371237	33.7	1051475	39.3
	南非	3456187	26.6	687072	25.7
	加蓬	1444384	11.1	352261	13.2
	加纳	848484	6.5	144144	5.4
	巴西	788754	6.1	161523	6.0
	马来西亚	677976	5.2	86212	3.2
	缅甸	565593	4.4	48094	1.8
	印度	128690	1.0	14815	0.6
	其他国家或地区	693590	5.3	128967	4.8
铜矿砂及其精矿	**合计**	**6375500**	**100.0**	**15518136**	**100.0**
	智利	1418893	22.3	3797685	24.5
	秘鲁	1015718	15.9	2507121	16.2
	澳大利亚	579469	9.1	1657616	10.7
	蒙古	509476	8.0	1030357	6.6
	墨西哥	460608	7.2	1326277	8.5
	加拿大	292107	4.6	833732	5.4
	美国	276245	4.3	618830	4.0
	菲律宾	228564	3.6	287552	1.9
	哈萨克斯坦	224232	3.5	446411	2.9
	毛里塔尼亚	205045	3.2	487622	3.1
	其他国家或地区	1165143	18.3	2524933	16.3

品进出口情况(二)

出 口				
国家和地区	数量(吨)	占总量(%)	金额(千美元)	占总值(%)
伊拉克	66	1.3	51	4.5
澳大利亚	38	0.8	6	0.5
巴西	38	0.8	7	0.6
安哥拉	30	0.6	4	0.4
赞比亚	22	0.4	8	0.7
新加坡	20	0.4	15	1.3
德国	19	0.4	1	0.1
南非	5	0.1		
合计	**109161**	**100.0**	**28333**	**100.0**
印度	81047	74.2	19189	67.7
越南	15927	14.6	4890	17.3
伊朗	10682	9.8	3763	13.3
意大利	428	0.4	90	0.3
日本	281	0.3	161	0.6
韩国	220	0.2	22	0.1
土库曼斯坦	120	0.1	40	0.1
蒙古	119	0.1	56	0.2
其他国家或地区	337	0.3	122	0.4
合计	65	100.0	58	100.0
印度尼西亚	44	67.7	23	39.7
意大利	20	30.8	29	50.0
印度	1	1.5	6	10.3

2011年我国主要矿产

续表 18

矿产品名称	进口				
	国家和地区	数量(吨)	占总量(%)	金额(千美元)	占总值(%)
镍矿砂及其精矿	**合计**	**48055679**	**100.0**	**4904204**	**100.0**
	印度尼西亚	25597549	53.3	2718617	55.4
	菲律宾	22041427	45.9	1372486	28.0
	澳大利亚	276673	0.6	623114	12.7
	赞比亚	41716	0.1	68922	1.4
	俄罗斯联邦	37122	0.1	28239	0.6
	西班牙	29021	0.1	47662	1.0
	其他国家或地区	32171	0.1	45164	0.9
钴矿砂及其精矿	**合计**	**348191**	**100.0**	**850936**	**100.0**
	刚果(金)	322916	92.7	772051	90.7
	南非	11893	3.4	27099	3.2
	古巴	7141	2.1	41104	4.8
	刚果(布)	2583	0.7	6381	0.7
	加拿大	1933	0.6	541	0.1
	赞比亚	1261	0.4	2799	0.3
	美国	262	0.1	510	0.1
	国家或地区不详的	101		202	
	其他国家或地区	101		249	
氧化铝	**合计**	**1880463**	**100.0**	**778810**	**100.0**
	澳大利亚	1820567	96.8	694651	89.2
	印度	31740	1.7	12543	1.6
	日本	15103	0.8	28924	3.7
	法国	7399	0.4	8258	1.1
	德国	2166	0.1	18290	2.3
	美国	1377	0.1	10085	1.3
	韩国	1290	0.1	1002	0.2
	其他国家或地区	821		4057	0.6
铅矿砂及其精矿	**合计**	**1444399**	**100.0**	**3056927**	**100.0**
	秘鲁	246937	17.1	865977	28.3
	美国	171357	11.9	322596	10.6
	俄罗斯联邦	160974	11.1	291206	9.5
	澳大利亚	122755	8.5	264333	8.6
	南非	69709	4.8	154660	5.1
	朝鲜	57010	3.9	23723	0.8
	伊朗	55250	3.8	71289	2.3
	墨西哥	52558	3.6	199720	6.5
	土耳其	50457	3.5	98977	3.2
	德国	50299	3.5	57127	1.9
	其他国家或地区	407093	28.2	707319	23.1

品进出口情况(三)

出口				
国家和地区	数量(吨)	占总量(%)	金额(千美元)	占总值(%)
合计	**100**	**100.0**	**5**	**100.0**
韩国	100	100.0	5	100.0
合计	**76282**	**100.0**	**53506**	**100.0**
俄罗斯联邦	29342	38.5	14321	26.8
韩国	13538	17.7	10575	19.8
朝鲜	12141	15.9	5394	10.1
日本	6761	8.9	3365	6.3
越南	2677	3.5	1650	3.1
美国	1876	2.5	7302	13.6
蒙古	1865	2.4	203	0.4
其他国家或地区	8082	10.6	10696	20.0
合计	**10076**	**100.0**	**54078**	**100.0**
澳大利亚	10076	100.0	54078	100.0

2011年我国主要矿产

续表 18

矿产品名称	进口				
	国家和地区	数量(吨)	占总量(%)	金额(千美元)	占总值(%)
锌矿砂及其精矿	**合计**	**2936117**	**100.0**	**2049905**	**100.0**
	澳大利亚	1109271	37.8	825547	40.3
	秘鲁	497713	17.0	455864	22.2
	韩国	135450	4.6	19435	0.9
	哈萨克斯坦	116164	4.0	69266	3.4
	蒙古	107889	3.7	83753	4.1
	俄罗斯联邦	92610	3.2	34335	1.7
	爱尔兰	87713	3.0	76578	3.7
	美国	80812	2.8	79649	3.9
	印度	72413	2.5	56081	2.7
	其他国家或地区	636082	21.7	349397	17.0
锡矿砂及其精矿	**合计**	**28790**	**100.0**	**113037**	**100.0**
	缅甸	20634	71.7	35163	31.1
	玻利维亚	4072	14.1	40247	35.6
	澳大利亚	1738	6.0	21980	19.4
	老挝	801	2.8	3084	2.7
	尼日利亚	459	1.6	4024	3.6
	其他国家或地区	1086	3.8	8539	7.6
铬矿砂及其精矿	**合计**	**9442675**	**100.0**	**2663791**	**100.0**
	南非	4674555	49.5	1249605	46.9
	土耳其	1611992	17.1	504560	18.9
	阿曼	643065	6.8	117294	4.4
	巴基斯坦	439216	4.7	123584	4.6
	印度	438529	4.6	183141	6.9
	阿尔巴尼亚	356597	3.8	108239	4.1
	伊朗	330023	3.5	101805	3.8
	其他国家或地区	948698	10.0	275563	10.3
钨矿砂及其精矿	**合计**	**9224**	**100.0**	**159067**	**100.0**
	俄罗斯联邦	2040	22.1	35529	22.3
	加拿大	1924	20.9	39031	24.5
	越南	1681	18.2	26888	16.9
	卢旺达	1114	12.1	21770	13.7
	蒙古	953	10.3	15006	9.4
	泰国	235	2.5	2377	1.5
	其他国家或地区	1277	13.8	18466	11.6

品进出口情况(四)

出口				
国家和地区	数量(吨)	占总量(%)	金额(千美元)	占总值(%)
合计	**7331**	**100.0**	**5002**	**100.0**
韩国	7331	100.0	5002	100.0
合计	**2347**	**100.0**	**1363**	**100.0**
荷兰	2160	92.0	1231	90.3
韩国	120	5.1	95	7.0
朝鲜	60	2.6	19	1.4
中国台湾	7	0.3	17	1.2
澳大利亚				
芬兰				
美国			1	0.1
合计	**72**	**100.0**	**726**	**100.0**
中国香港	52	72.2	386	53.2
中国台湾	20	27.8	340	46.8

2011年我国主要矿产

续表 18

矿产品名称	进口				
	国家和地区	数量(吨)	占总量(%)	金额(千美元)	占总值(%)
钼矿砂及其精矿	**合计**	**15397**	**100.0**	**316484**	**100.0**
	智利	4620	30.0	97242	30.7
	美国	4517	29.3	97320	30.8
	墨西哥	3240	21.0	68058	21.5
	比利时	1280	8.3	27738	8.8
	蒙古	784	5.1	9893	3.1
	朝鲜	326	2.1	3803	1.2
	泰国	277	1.8	5441	1.7
	其他国家或地区	353	2.3	6989	2.2
钛矿砂及其精矿	**合计**	**2270668**	**100.0**	**548582**	**100.0**
	越南	789997	34.8	175652	32.0
	澳大利亚	435083	19.2	140122	25.5
	印度	389013	17.1	93934	17.1
	莫桑比克	147553	6.5	26867	4.9
	韩国	123147	5.4	11148	2.0
	斯里兰卡	72344	3.2	14246	2.6
	其他国家或地区	313531	13.8	86613	15.8
铌钽钒矿砂及其精矿	**合计**	**8313**	**100.0**	**205660**	**100.0**
	马来西亚	2565	30.9	13778	6.7
	巴西	1413	17.0	21713	10.6
	卢旺达	1165	14.0	56120	27.3
	尼日利亚	1077	13.0	26527	12.9
	泰国	682	8.2	6571	3.2
	埃塞俄比亚	286	3.4	21789	10.6
	印度	275	3.3	4487	2.2
	其他国家或地区	850	10.2	54675	26.6
锑精矿	**合计**	**60150**	**100.0**	**206695**	**100.0**
	塔吉克斯坦	13812	23.0	30014	14.5
	俄罗斯联邦	10704	17.8	55166	26.7
	加拿大	9570	15.9	50742	24.5
	泰国	8013	13.3	8675	4.2
	缅甸	6228	10.4	8127	3.9
	其他国家或地区	11823	19.7	53971	26.1
稀土金属矿	**合计**	**5119**	**100.0**	**17463**	**100.0**
	泰国	4249	83.0	12459	71.3
	马来西亚	451	8.8	4836	27.7
	吉尔吉斯斯坦	31	0.6	85	0.5
	越南	383	7.5	58	0.3
	其他国家或地区	5	0.1	25	0.1

品进出口情况(五)

出口				
国家和地区	数量(吨)	占总量(%)	金额(千美元)	占总值(%)
合计	**18732**	**100.0**	**374992**	**100.0**
韩国	7649	40.8	161901	43.2
荷兰	3726	19.9	78735	21.0
日本	2477	13.2	53323	14.2
泰国	1398	7.5	17229	4.6
印度	1041	5.6	21760	5.8
中国台湾	698	3.7	10518	2.8
俄罗斯联邦	592	3.2	12896	3.4
其他国家或地区	1151	6.1	18630	5.0
合计	10640	100.0	12616	100.0
泰国	4813	45.2	5414	42.9
日本	1745	16.4	2143	17.0
印度尼西亚	1190	11.2	1565	12.4
新加坡	1170	11.0	1375	10.9
马来西亚	620	5.8	900	7.1
菲律宾	296	2.8	436	3.5
其他国家或地区	806	7.6	783	6.2
合计	**69**	**100.0**	**2820**	**100.0**
阿联酋	47	68.1	1410	50.0
印度	22	31.9	1410	50.0
合计	**321**	**100.0**	**1905**	**100.0**
印度	321	100.0	1905	100.0

2011 年我国主要矿产

续表 18

矿产品名称	进口				
	国家和地区	数量(吨)	占总量(%)	金额(千美元)	占总值(%)
稀土金属及其混合物	**合计**	**2**	**100.0**	**695**	**100.0**
	日本	2	100.0	195	28.1
	美国			485	69.8
	中国台湾			7	1.0
	意大利				
	英国			8	1.2
稀土化合物及混合物	**合计**	**1476**	**100.0**	**65956**	**100.0**
	法国	647	43.8	4701	7.1
	中国	399	27.0	43906	66.6
	吉尔吉斯斯坦	224	15.2	509	0.8
	日本	59	4.0	6576	10.0
	美国	45	3.0	2749	4.2
	缅甸	38	2.6	88	0.1
	朝鲜	37	2.5	111	0.2
	德国	15	1.0	4751	7.2
	其他国家或地区	12	0.8	2565	3.9
磷 矿	**合计**	**53**	**100.0**	**85**	**100.0**
	巴基斯坦	38	71.7	7	8.2
	巴西	7	13.2	3	3.5
	伊朗	3	5.7	1	1.2
	加拿大	2	3.8	49	57.6
	其他国家或地区	3	5.7	25	29.4
磷 肥	**合计**	**879604**	**100.0**	**456411**	**100.0**
	俄罗斯联邦	341822	38.9	152434	33.4
	挪威	193204	22.0	110696	24.3
	美国	107594	12.2	44156	9.7
	比利时	75748	8.6	41798	9.2
	摩洛哥	55316	6.3	34529	7.6
	芬兰	46766	5.3	26730	5.9
	突尼斯	37899	4.3	24032	5.3
	罗马尼亚	8866	1.0	4584	1.0
	其他国家或地区	12398	1.4	17452	3.8

品进出口情况(六)

出口				
国家和地区	数量(吨)	占总量(%)	金额(千美元)	占总值(%)
合计	**2505**	**100.0**	**497937**	**100.0**
日本	2392	95.5	476074	95.6
德国	56	2.2	11156	2.2
荷兰	24	1.0	2450	0.5
美国	10	0.4	1567	0.3
韩国	7	0.3	489	0.1
中国澳门	6	0.2	4200	0.8
中国香港	4	0.2	444	0.1
奥地利	3	0.1	794	0.2
其他国家或地区	3	0.1	763	0.2
合计	**13481**	**100.0**	**2041593**	**100.0**
日本	6252	46.4	1034781	50.7
美国	2368	17.6	294690	14.4
法国	1748	13.0	245343	12.0
中国香港	957	7.1	126249	6.2
德国	505	3.7	100347	4.9
意大利	364	2.7	45703	2.2
韩国	350	2.6	69060	3.4
荷兰	221	1.6	39849	2.0
其他国家或地区	716	5.3	85571	4.2
合计	**659664**	**100.0**	**103707**	**100.0**
韩国	461817	70.0	73780	71.1
日本	182030	27.6	27905	26.9
菲律宾	9006	1.4	1153	1.1
马来西亚	5460	0.8	636	0.6
其他国家或地区	1351	0.2	233	0.2
合计	**9411985**	**100.0**	**4522585**	**100.0**
印度	4547617	48.3	2233932	49.4
巴西	1151229	12.2	466976	10.3
印度尼西亚	582849	6.2	254547	5.6
越南	436039	4.6	251330	5.6
泰国	414705	4.4	209036	4.6
孟加拉国	314946	3.3	173074	3.8
巴基斯坦	307675	3.3	175577	3.9
澳大利亚	219113	2.3	93876	2.1
其他国家或地区	1437812	15.3	664237	14.7

2011 年我国主要矿产

续表 18

矿产品名称	进口				
	国家和地区	数量(吨)	占总量(%)	金额(千美元)	占总值(%)
钾肥	**合计**	**6967527**	**100.0**	**2975433**	**100.0**
	俄罗斯联邦	2429483	34.9	983761	33.1
	加拿大	1721489	24.7	743364	25.0
	以色列	1265682	18.2	541026	18.2
	白俄罗斯	633765	9.1	280051	9.4
	约旦	406332	5.8	174453	5.9
	德国	209642	3.0	93837	3.2
	挪威	96602	1.4	55348	1.9
	智利	91498	1.3	42162	1.4
	比利时	42444	0.6	23915	0.8
	其他国家或地区	70590	1.0	37516	1.3
盐	**合计**	**4140857**	**100.0**	**197977**	**100.0**
	澳大利亚	2274424	54.9	105669	53.4
	印度	901560	21.8	37476	18.9
	墨西哥	879332	21.2	45206	22.8
	日本	52004	1.3	3027	1.5
	沙特阿拉伯	25556	0.6	897	0.5
	韩国	2678	0.1	3105	1.6
	丹麦	1289		473	0.2
	其他国家或地区	4014	0.1	2124	1.1
硫磺	**合计**	**9525482**	**100.0**	**2025136**	**100.0**
	沙特阿拉伯	1923528	20.2	424176	20.9
	哈萨克斯坦	1360350	14.3	250115	12.4
	加拿大	1052201	11.0	238337	11.8
	日本	1051132	11.0	223206	11.0
	卡塔尔	813825	8.5	183910	9.1
	韩国	745932	7.8	162681	8.0
	伊朗	715084	7.5	148247	7.3
	俄罗斯联邦	658541	6.9	128076	6.3
	阿联酋	383852	4.0	83705	4.1
	科威特	339080	3.6	74628	3.7
	其他国家或地区	481957	5.1	108055	5.3
天然石墨	**合计**	**27684**	**100.0**	**6127**	**100.0**
	朝鲜	27330	98.7	4688	76.5
	德国	191	0.7	673	11.0
	日本	57	0.2	480	7.8
	美国	44	0.2	97	1.6
	加拿大	19	0.1	19	0.3
	瑞士	19	0.1	95	1.6
	西班牙	10		19	0.3
	其他国家或地区	14	0.1	56	0.9

品进出口情况(七)

国家和地区	出口			
	数量(吨)	占总量(%)	金额(千美元)	占总值(%)
合计	**51308**	**100.0**	**24068**	**100.0**
印度尼西亚	19874	38.7	7638	31.7
越南	9428	18.4	3684	15.3
日本	8831	17.2	4918	20.4
缅甸	6884	13.4	3165	13.2
老挝	1394	2.7	642	2.7
斯里兰卡	1318	2.6	565	2.3
墨西哥	1120	2.2	1000	4.2
秘鲁	500	1.0	491	2.0
孟加拉国	294	0.6	439	1.8
其他国家或地区	1665	3.2	1526	6.3
合计	**1574240**	**100.0**	**114634**	**100.0**
韩国	732711	46.5	50551	44.1
日本	449631	28.6	33024	28.8
朝鲜	65574	4.2	2843	2.5
马来西亚	57603	3.7	4406	3.8
越南	55054	3.5	3612	3.2
菲律宾	42634	2.7	2786	2.4
中国香港	40520	2.6	3040	2.7
其他国家或地区	130513	8.3	14372	12.5
合计	**8501**	**100.0**	**2936**	**100.0**
泰国	3833	45.1	858	29.2
安哥拉	820	9.6	293	10.0
朝鲜	757	8.9	228	7.8
中国香港	487	5.7	159	5.4
孟加拉国	434	5.1	255	8.7
缅甸	391	4.6	143	4.9
澳大利亚	350	4.1	145	4.9
韩国	311	3.7	148	5.0
印度尼西亚	281	3.3	105	3.6
加拿大	213	2.5	203	6.9
其他国家或地区	624	7.3	399	13.6
合计	**343891**	**100.0**	**253390**	**100.0**
日本	197704	57.5	104571	41.3
荷兰	24791	7.2	14529	5.7
美国	18586	5.4	25692	10.1
韩国	15603	4.5	16543	6.5
意大利	12956	3.8	14487	5.7
土耳其	10377	3.0	13021	5.1
德国	10063	2.9	13142	5.2
其他国家或地区	53811	15.6	51405	20.3

2011年我国主要矿产

续表18

矿产品名称	进口				
	国家和地区	数量(吨)	占总量(%)	金额(千美元)	占总值(%)
高岭土	**合计**	**444841**	**100.0**	**121515**	**100.0**
	美国	314016	70.6	81208	66.8
	巴西	83968	18.9	21628	17.8
	英国	15905	3.6	4220	3.5
	日本	5442	1.2	7622	6.3
	越南	4429	1.0	583	0.5
	法国	3168	0.7	1208	1.0
	马来西亚	2851	0.6	372	0.3
	德国	2742	0.6	815	0.7
	澳大利亚	2544	0.6	1233	1.0
	朝鲜	2306	0.5	85	0.1
	其他国家或地区	7470	1.7	2541	2.1
重晶石	**合计**	**610**	**100.0**	**368**	**100.0**
	美国	131	21.5	76	20.7
	德国	112	18.4	57	15.5
	韩国	84	13.8	45	12.2
	泰国	76	12.5	36	9.8
	荷兰	65	10.7	44	12.0
	西班牙	57	9.3	24	6.5
	巴基斯坦	27	4.4	3	0.8
	其他国家或地区	58	9.5	83	22.6
大理石	**合计**	**9100130**	**100.0**	**1630994**	**100.0**
	土耳其	3447949	37.9	657920	40.3
	埃及	1878619	20.6	206683	12.7
	西班牙	819553	9.0	163004	10.0
	伊朗	561409	6.2	102326	6.3
	意大利	499699	5.5	143615	8.8
	希腊	383492	4.2	81412	5.0
	其他国家或地区	1509409	16.6	276034	16.9
花岗石	**合计**	**3978874**	**100.0**	**815650**	**100.0**
	印度	2152205	54.1	379024	46.5
	巴西	771386	19.4	195170	23.9
	芬兰	290735	7.3	52908	6.5
	挪威	172098	4.3	46585	5.7
	葡萄牙	136664	3.4	25241	3.1
	西班牙	89456	2.2	16387	2.0
	南非	64542	1.6	13704	1.7
	日本	47436	1.2	14347	1.8
	其他国家或地区	254352	6.4	72284	8.9

品进出口情况(八)

国家和地区	出口			
	数量(吨)	占总量(%)	金额(千美元)	占总值(%)
合计	**1200450**	**100.0**	**103559**	**100.0**
中国台湾	462076	38.5	20489	19.8
日本	147280	12.3	18954	18.3
中国香港	132797	11.1	2933	2.8
韩国	82110	6.8	8237	8.0
越南	75902	6.3	6198	6.0
泰国	50961	4.2	6370	6.2
菲律宾	46342	3.9	2242	2.2
马来西亚	41600	3.5	5703	5.5
荷兰	25979	2.2	3580	3.5
印度尼西亚	24055	2.0	4850	4.7
其他国家或地区	111348	9.3	24003	23.2
合计	**2893941**	**100.0**	**241911**	**100.0**
美国	1958102	67.7	149090	61.6
荷兰	287635	9.9	32796	13.6
印度尼西亚	137789	4.8	9693	4.0
沙特阿拉伯	100112	3.5	6872	2.8
墨西哥	67000	2.3	4938	2.0
马来西亚	55930	1.9	4447	1.8
日本	51376	1.8	6510	2.7
其他国家或地区	235997	8.2	27565	11.4
合计	**86600**	**100.0**	**9629**	**100.0**
中国台湾	58751	67.8	4225	43.9
中国香港	7148	8.3	1022	10.6
泰国	5437	6.3	631	6.6
新加坡	4136	4.8	1310	13.6
意大利	2145	2.5	410	4.3
印度	1988	2.3	236	2.5
其他国家或地区	6995	8.1	1795	18.6
合计	**1251522**	**100.0**	**28615**	**100.0**
中国台湾	1051513	84.0	12130	42.4
德国	43731	3.5	2167	7.6
韩国	38180	3.1	3681	12.9
荷兰	30783	2.5	1969	6.9
中国香港	14972	1.2	568	2.0
意大利	12917	1.0	672	2.3
比利时	12741	1.0	647	2.3
泰国	10306	0.8	1135	4.0
其他国家或地区	36379	2.9	5646	19.7

2011 年我国主要矿产

续表 18

矿产品名称	进口				
	国家和地区	数量(吨)	占总量(%)	金额(千美元)	占总值(%)
菱镁矿	**合计**	**147656**	**100.0**	**57427**	**100.0**
	朝鲜	134002	90.8	29213	50.9
	日本	8144	5.5	19259	33.5
	以色列	1259	0.9	3468	6.0
	美国	1095	0.7	1982	3.5
	加拿大	1015	0.7	301	0.5
	土耳其	728	0.5	558	1.0
	韩国	219	0.1	320	0.6
	荷兰	201	0.1	439	0.8
	中国	172	0.1	167	0.3
	德国	157	0.1	480	0.8
	其他国家或地区	664	0.4	1240	2.2
石膏	**合计**	**21441**	**100.0**	**9462**	**100.0**
	泰国	9253	43.2	2171	22.9
	美国	3711	17.3	1951	20.6
	西班牙	3160	14.7	925	9.8
	德国	2028	9.5	811	8.6
	法国	877	4.1	295	3.1
	日本	877	4.1	1806	19.1
	英国	642	3.0	812	8.6
	马来西亚	361	1.7	82	0.9
	其他国家或地区	532	2.5	609	6.4
石棉	**合计**	**254190**	**100.0**	**76503**	**100.0**
	俄罗斯联邦	213177	83.9	66215	86.6
	哈萨克斯坦	40912	16.1	10189	13.3
	加拿大	96		51	0.1
	德国	2		9	
	日本	1		9	
	意大利	1		15	
	其他国家或地区	1		15	
水泥	**合计**	**2405380**	**100.0**	**111933**	**100.0**
	越南	1464400	60.9	63619	56.8
	日本	772740	32.1	31416	28.1
	中国澳门	94772	3.9	6704	6.0
	中国台湾	44019	1.8	1901	1.7
	韩国	17357	0.7	1536	1.4
	泰国	3463	0.1	612	0.5
	荷兰	2808	0.1	2179	1.9
	法国	2089	0.1	902	0.8
	其他国家或地区	3732	0.2	3064	2.7

品进出口情况(九)

国家和地区	出口			
	数量(吨)	占总量(%)	金额(千美元)	占总值(%)
合计	**2072128**	**100.0**	**662227**	**100.0**
荷兰	393575	19.0	174102	26.3
日本	370199	17.9	105139	15.9
美国	366599	17.7	143233	21.6
中国台湾	206690	10.0	21140	3.2
韩国	127327	6.1	28506	4.3
马来西亚	73139	3.5	9003	1.4
南非	61532	3.0	13324	2.0
泰国	54287	2.6	6602	1.0
印度尼西亚	52893	2.6	9512	1.4
意大利	46301	2.2	22122	3.3
其他国家或地区	319586	15.4	129544	19.6
合计	**415295**	**100.0**	**20772**	**100.0**
韩国	122744	29.6	5457	26.3
越南	101419	24.4	1876	9.0
中国台湾	62019	14.9	1894	9.1
俄罗斯联邦	61581	14.8	897	4.3
蒙古	19277	4.6	1025	4.9
日本	9403	2.3	1970	9.5
菲律宾	6508	1.6	969	4.7
中国香港	6308	1.5	1255	6.0
其他国家或地区	26036	6.3	5429	26.1
合计	**56454**	**100.0**	**19735**	**100.0**
印度尼西亚	39134	69.3	12864	65.2
印度	6992	12.4	2422	12.3
泰国	2160	3.8	502	2.5
斯里兰卡	1484	2.6	1126	5.7
菲律宾	1270	2.2	602	3.1
乌兹别克斯坦	1060	1.9	412	2.1
其他国家或地区	4354	7.7	1807	9.2
合计	**10609790**	**100.0**	**620354**	**100.0**
安哥拉	2722351	25.7	156426	25.2
蒙古	820166	7.7	48967	7.9
中国香港	699967	6.6	39476	6.4
美国	593538	5.6	31378	5.1
刚果(布)	592709	5.6	32275	5.2
喀麦隆	575000	5.4	32874	5.3
中国台湾	419643	4.0	16957	2.7
秘鲁	415836	3.9	19396	3.1
其他国家或地区	3770580	35.5	242605	39.1

2011 年我国主要矿产

续表 18

矿产品名称	进口				
	国家和地区	数量(吨)	占总量(%)	金额(千美元)	占总值(%)
滑石	**合计**	**50179**	**100.0**	**23232**	**100.0**
	巴基斯坦	23119	46.1	3950	17.0
	朝鲜	9457	18.8	1484	6.4
	中国	4791	9.5	5107	22.0
	美国	3277	6.5	2152	9.3
	日本	2936	5.9	5241	22.6
	韩国	1829	3.6	816	3.5
	中国台湾	1348	2.7	947	4.1
	其他国家或地区	3422	6.8	3535	15.2
萤石	**合计**	**96065**	**100.0**	**11466**	**100.0**
	蒙古	91599	95.4	11058	96.4
	缅甸	4104	4.3	205	1.8
	南非	162	0.2	54	0.5
	德国	120	0.1	63	0.5
	印度	48		4	
	日本	9		32	0.3
	瑞典	8		20	0.2
	意大利	6		6	0.1
	其他国家或地区	9		24	0.2
天然硼砂及精矿	**合计**	**48151**	**100.0**	**17484**	**100.0**
	土耳其	31976	66.4	13048	74.6
	玻利维亚	15309	31.8	4271	24.4
	朝鲜	812	1.7	79	0.5
	美国	35	0.1	43	0.2
	英国	18		41	0.2
	中国台湾	1		1	
	其他国家或地区			1	
天然硼酸盐及硼酸	**合计**	**247536**	**100.0**	**97840**	**100.0**
	土耳其	242027	97.8	96230	98.4
	玻利维亚	2163	0.9	599	0.6
	智利	1660	0.7	404	0.4
	阿根廷	1628	0.7	571	0.6
	秘鲁	56		33	
	美国	2		3	

品进出口情况(十)

	出口			
国家和地区	数量(吨)	占总量(%)	金额(千美元)	占总值(%)
合计	**671274**	**100.0**	**156695**	**100.0**
日本	188226	28.0	49834	31.8
美国	94354	14.1	19121	12.2
泰国	89077	13.3	24023	15.3
韩国	79574	11.9	14006	8.9
印度尼西亚	30203	4.5	6891	4.4
马来西亚	25547	3.8	4488	2.9
中国台湾	20737	3.1	3542	2.3
其他国家或地区	143556	21.4	34790	22.2
合计	**722400**	**100.0**	**256840**	**100.0**
印度	134746	18.7	47514	18.5
美国	131883	18.3	62490	24.3
日本	104278	14.4	42415	16.5
荷兰	84982	11.8	32194	12.5
韩国	83774	11.6	17108	6.7
中国台湾	65642	9.1	12502	4.9
加拿大	41455	5.7	17369	6.8
中国香港	37913	5.2	13431	5.2
其他国家或地区	37727	5.2	11817	4.6
合计	**2561**	**100.0**	**932**	**100.0**
韩国	1421	55.5	291	31.2
日本	504	19.7	273	29.3
澳大利亚	367	14.3	196	21.0
朝鲜	111	4.3	53	5.7
印度尼西亚	51	2.0	26	2.8
克罗地亚	24	0.9	14	1.5
其他国家或地区	83	3.2	79	8.5
合计	**62**	**100.0**	**33**	**100.0**
日本	40	64.5	20	60.6
韩国	22	35.5	13	39.4

2011 年矿山

表 19

地区	矿业开采累计占用、损坏土地面积	2011 年矿业开采新增占用、损坏土地面积	累计恢复治理的矿山数	2011 年恢复治理的矿山数
全 国	**2659850.60**	**78206.56**	**25896**	**6066**
北 京	21950.00		48	5
天 津	1646.00		20	4
河 北	67452.09	3503.24	1871	532
山 西	118362.24	3384.75	472	31
内蒙古	425845.49	26317.00	1171	42
辽 宁	122336.65	2191.03	620	191
吉 林	19848.28	833.75	290	191
黑龙江	902265.25	1883.21	843	71
上 海	31.00		5	1
江 苏	25043.02	691.69	1019	119
浙 江	11728.39	475.61	1946	121
安 徽	72321.97	2942.85	307	96
福 建	5570.04	761.79	939	454
江 西	82488.60	1157.28	1430	210
山 东	29422.34	4012.23	1761	262
河 南	48036.95	1229.37	515	60
湖 北	32723.44	1703.11	1219	718
湖 南	23413.23	592.73	2532	724
广 东	12656.33	882.61	1645	342
广 西	55787.49	1873.99	400	64
海 南	6104.88	1155.78	330	170
重 庆	116857.93		28	3
四 川	9502.48	2069.49	444	130
贵 州	13126.85	689.10	918	305
云 南	30295.48	2168.80	1542	414
西 藏	9074.40		58	2
陕 西	53413.33	1267.15	1143	158
甘 肃	49180.27	1494.91	1051	351
青 海	244003.00	3.00	77	3
宁 夏	6232.60	186.39	175	47
新 疆	43130.62	14735.70	1077	245

环境保护情况(一)

单位:万元、个、公顷

累计恢复治理面积		2011 年投入矿山环境治理资金			
	2011 年恢复治理面积		中央财政	地方财政	企业投入
523354.40	**71405.80**	**969858.49**	**451726.00**	**223589.26**	**294543.23**
1760.50	360.00	11249.86	9133.00	2116.86	
349.00	77.00	5862.00			5862.00
13112.94	1752.05	36380.64	17500.00	4930.00	13950.64
25322.41	468.60	18887.90	12784.00	2265.00	3838.90
119266.74	4011.00	29160.00	4500.00	24660.00	
44665.30	36620.60	59416.04	58380.00	1036.04	
2033.65	324.14	43406.01	25700.00	5000.00	12706.01
39264.62	592.78	20834.95	11500.00	8580.00	754.95
15.12	2.08	800.00			800.00
9834.01	516.78	47407.69	3500.00	30752.51	13155.18
4344.61	515.78	21865.46	5100.00	11532.87	5232.59
12051.39	788.56	66010.93	25500.00	17094.41	23416.52
3214.71	626.12	7652.60	1785.00	1235.99	4631.61
13626.45	5749.39	28742.53	19500.00	5579.63	3662.90
37728.82	3817.10	83567.20	17600.00	16475.92	49491.28
7821.50	2259.77	79146.49	22757.00	.0046744.79	9644.70
3425.27	535.30	71335.50	50000.00	5163.00	16172.50
4767.32	639.84	78465.61	30500.00	14936.67	33028.94
5843.45	479.41	15708.67	1900.00	6469.00	7339.67
3791.95	1073.59	19198.84	16500.00	625.00	2073.84
5004.46	732.36	3696.01		267.20	3428.81
5318.40	570.00	17370.00	15000.00	2370.00	
4554.36	756.93	22036.04	9000.00	5454.04	7582.00
1198.53	271.74	40544.77	5008.00	1179.80	34356.97
8218.96	1854.73	63170.88	23670.00	4355.39	35145.49
7802.00	90.80	1909.00	1909.00		
9856.18	233.50	13867.14	13500.00	45.14	322.00
5077.39	1001.33	29800.00	27500.00	2300.00	
114007.00	2004.00	4500.00	4500.00		
3617.25	963.32	16547.30	16500.00		47.30
6460.17	1717.27	11318.43	1000.00	2420.00	7898.43

2011 年矿山

续表 19

地区	累计投入矿山环境治理资金				矿山地质环境
		中央财政	地方财政	企业投入	保证金缴存数额
全　国	**4714437.92**	**1595193.20**	**1235174.52**	**1884070.20**	**13063205.78**
北　京	38776.91	32393.00	5800.91	583.00	20774.90
天　津	37642.00	16280.00		21362.00	1100.00
河　北	182339.54	104331.06	31003.79	47004.69	75985.25
山　西	374066.54	67044.00	243116.29	63906.25	403.50
内蒙古	180217.11	44917.35	75548.51	59751.25	132832.77
辽　宁	296167.95	145030.04	39261.56	111876.35	72255.03
吉　林	108681.39	80880.00	10290.00	17511.39	31208.08
黑龙江	155033.43	76367.00	71544.13	7122.30	21400.85
上　海	4640.00	1810.00	30.00	2800.00	80.00
江　苏	311444.68	38550.00	205978.55	66916.13	13187.87
浙　江	119267.48	11502.00	74706.31	33059.17	63755.33
安　徽	337200.83	70615.00	39786.61	226799.22	150477.46
福　建	110417.45	9005.00	4036.91	97375.54	49694.54
江　西	157013.88	70480.00	19079.78	67454.10	79388.98
山　东	437294.17	70920.00	137664.39	228709.78	209980.34
河　南	232622.84	57334.00	80838.80	94450.04	65000.99
湖　北	152805.79	91720.00	22011.00	39074.79	30483.46
湖　南	355990.87	115280.00	62089.36	178621.51	76223.97
广　东	121781.11	13353.97	17206.85	91220.29	40127.70
广　西	91681.90	64885.00	14960.16	11836.74	41316.22
海　南	12979.70	1761.93	1820.79	9396.98	732.36
重　庆	56726.36	29370.00	5462.00	21894.36	16744.00
四　川	57753.81	16858.87	15077.74	25817.20	78843.81
贵　州	99050.08	27844.00	3226.90	67979.18	334249.82
云　南	266352.55	51667.00	9426.48	205259.07	11358074.44
西　藏	16558.00	14819.00		1739.00	1209.00
陕　西	101367.87	60960.00	6316.80	34091.07	
甘　肃	85392.70	67740.00	14029.00	3623.70	21184.54
青　海	72715.50	67870.00	4845.50		18600.00
宁　夏	71147.88	57450.00	13204.97	492.91	2175.04
新　疆	69307.61	16155.00	6810.43	46342.18	56924.53

环境保护情况(二)

单位:万元、个、公顷

治理恢复保证金返还数额	取得资格的矿山公园			取得资格的矿山公园面积		
		国家级	省级		国家级	省级
139659.77	**63**	**60**	**3**	**286416.40**	**283316.40**	**931.00**
11070.00	3	3		6641.00	6641.00	
6.00						
788.34	4	4		450.00	450.00	
	2	2		5531.92	5531.92	
	5	4	1	41358.00	41358.00	
17.00	1	1		2500.00	2500.00	
211.83	2	2		11143.93	11143.93	
20.00	6	6		85719.00	85719.00	
376.24	2	2		339.00	339.00	
2858.32	3	3		6181.00	6181.00	
8206.81	3	3		4273.00	4273.00	
351.98	1	1		25263.60	25263.60	
4.00	3	3		4637.00	4637.00	
258.75	4	4		4779.00	4779.00	
72.00	5	3	2	1961.00	1961.00	
499.30	2	2		5000.00	5000.00	
10867.59	2	2		4280.00	4280.00	
6198.69	4	4		2370.00	201.00	
91.31	2	2		5560.00	5560.00	
77.60						
	1	1		181.00		181.00
3016.52	2	2		4550.00	3800.00	750.00
92035.79	1	1		10540.00	10540.00	
2020.40	1	1		10282.00	10282.00	
3.00						
148.20	2	2		2095.95	2095.95	
	1	1		40000.00	40000.00	
463.10	1	1		780.00	780.00	

2011 年地质遗迹自然保

表 20

地区	地质遗迹自然保护区					
	保护区					保护区
		古生物化石	国家级			古生物化石
				古生物化石		
全 国	**135**	**39**	**40**	**12**	**1751904**	**434696**
北 京	3	1			5737	
天 津	2		2		36813	
河 北	4	2	2	1	9250	6271
山 西						
内蒙古	17	9	1	1	218567	211113
辽 宁	6	4	2	1	100408	96487
吉 林	5		2		54363	
黑龙江	3	1			231244	3844
上 海						
江 苏	1	1			18	18
浙 江	3		1		4536	
安 徽	2	2			2270	2270
福 建	4		4		13184	
江 西						
山 东	4	2	1	1	892	150
河 南	7	2	2	1	146639	78065
湖 北	2				1041	
湖 南	3	1	3	1	358	58
广 东	8	3			41812	5696
广 西	7	2	3	2	2613	1732
海 南	3					
重 庆	7	1	7	1	13833	173
四 川						
贵 州	22	5	3	2	54299	22921
云 南	2	2			1858	1858
西 藏	3				560540	
陕 西	10		4		120024	
甘 肃						
青 海						
宁 夏	4	1	2	1	38201	4040
新 疆	3				93400	

护区及地质公园建设(一)

单位:万元、个、公顷

地质遗迹自然保护区					
面积		累计建设投资			
国家级				2011 年投资	
	古生物化石		古生物化石		古生物化石
405210	**151309**	**241701**	**31025**	**37911**	**4891**
36813		1170		450	
2537	1015	8550	360	1260	
46410	46410	9987	7245	500	500
1396	46	20244	3120	15692	20
11765		5273		200	
		25111		800	
		3300	3300	340	340
275.00		10842		680	
		813	813	310	310
13184.00		35170		10	
120.00	120	1831	955	550	50
104615.00	78015	5409	40	440	10
41.40		5350		2050	
358.00	58	1740	940		
29200.00		17213	2003	220	160
1739.70	1732	866	224	73	70
		301			
13835.58	173	25342	630	1840	631
24600.00	19700	13295	7516	6097	800
		2378	2378	1400	1400
		160			
101320.00		43195		3699	
17000.00	4040	3430	1500	1200	600
		730		100	

2011年地质遗迹自然保

续表20

地区	地质公园						
	地质公园				地质公园面积		
		国家级	世界级	取得地质公园资格		国家级	世界级
全　国	**320**	**138**	**24**	**140**	**8077271**	**5593592**	**1158658**
北　京	7	3	1	2	154612	56350	49000
天　津	1	1		1	34200	34200	
河　北	14	7		2	532612	407318	
山　西	14	4		10	124102	124102	
内蒙古	12	3	2	7	662217	278710	197337
辽　宁	5	4		2	257150	255321	
吉　林	8	1		2	325281	38278	
黑龙江	23	5	2	3	1121312	776386	212000
上　海	1	1		1	14500	14500	
江　苏	5	2		1	10979	492	
浙　江	8	4	1	3	70908	44316	29460
安　徽	16	7	1	4	163553	112912	28900
福　建	10	8	2	2	172549	143619	49250
江　西	8	4	1	1	365809	203613	142833
山　东	25	6	1	21	356118	231560	15860
河　南	15	11	4	14	405547	377587	256825
湖　北	20	4		11	574686	261775	
湖　南	23	6	1	9	352800	140200	39800
广　东	9	7	2	7	101820	101820	30700
广　西	10	5	2	4	156140	110640	41500
海　南	3	1	1	1	337398	10800	10800
重　庆	7	3		3	13836	13448	
四　川	23	12	2	4	473646	314387	19393
贵　州	14	6		6	326151	219160	
云　南	10	6	1	4	298654	298654	35000
西　藏	5	2			78406	462480	
陕　西	9	3		4	125886	119805	
甘　肃	4	4		3	54700	54700	
青　海	4	4		1	174900	174900	
宁　夏	4	1		3	38201	12960	
新　疆	3	3		4	198600	198600	

护区及地质公园建设(二)

单位:万元、个、公顷

地质公园					
取得地质公园资格的面积	地质公园类别			累计建设投资	
	地质构造、剖面和形迹	古生物化石	地质地貌景观		2011 年投资
4320775	**39**	**26**	**255**	**3173604**	**258812**
34437	1	1	5	179000	1700
34200	1			5792	180
27218	3	1	10	87115	26190
127882	1	1	12	59701	2052
221969		3	9	20612	5300
22388	1	1	3	56025	9804
			8	14794	1400
		1	22	68815	
			1	4580	1350
3800			5	51375	5776
16704	1	1	6	36184	5443
26612	3		13	57261	9616
5643	2		8	234891	15541
13766			8	216408	8300
61289	2	1	22	136453	22012
340131	4	1	10	152940	26092
2394572	2	2	16	49999	9056
103100			23	152172	2400
135920			9	89626	31586
17170	1		9	12601	2120
2487			3	3808	517
387.88		1	6	20369	1840
102377	8	3	12	556639	12560
189876	2	3	9	16132	5827
101514		3	7	212215	2376
	3		2	7964	539
27223	2		7	323968	7247
74434		1	3	17177	2800
55400			4	7068	2288
34161	2	1	1	3430	1200
146117		1	2	318490.8	35700.0

2011 年矿泉水

表 21

地区	矿泉水			
	注册登记的矿泉水水源数		矿泉水源年检情况	
		国家级	参加年检数量	年检合格数量
全　国	**1423**	**196**	**1025**	**981**
北　京	44		24	24
天　津	15		15	14
河　北	53	17	45	44
山　西	59	14	43	36
内蒙古	66	19	44	44
辽　宁	54	2	46	46
吉　林	398	16	59	58
黑龙江			68	68
上　海	12		12	12
江　苏	25	2	27	27
浙　江	45		44	42
安　徽	21	4	10	10
福　建			37	34
江　西	47	9	44	44
山　东	121	9	117	116
河　南	28		29	27
湖　北	12	3	7	7
湖　南	5	2	5	5
广　东	104	4	102	94
广　西	31	2	30	14
海　南	10			
重　庆	12		12	12
四　川	112	81	126	126
贵　州	22	1	10	8
云　南	56	4	31	31
西　藏				
陕　西	52		24	24
甘　肃	5	1	2	2
青　海	4	4	4	4
宁　夏	8	2	8	8
新　疆	2			

及地热情况

单位：万立方米、个、家

可开采矿泉水资源量		地热			
	2011 年矿泉水开采总量	可开采地热资源量	2011 年新增地热资源量	地热总开采量	2011 年新增地热开采量
1302699.00	**49328.11**	**35732042.55**	**17917.64**	**2055993.64**	**3581.47**
1137.56	7.74				
11300.00	2328.70	7606.60		2976.00	246.00
476845.21	137.25	23276455.26		3621.62	110.90
14.85		19500.00			
2040.00	43.00	340.00	11.00	188.00	8.00
3691.61	173.10	1120551.80	2842.30	1113733.31	820.71
146000.00	100.00	189.00		189.00	
1009.21	343.95	127.75		120.45	
		14.00			
2922.46	33.99	10475.15	6816.56	397.78	267.71
397.33	27.60	144.90	23.03	96.76	21.00
3890.40	17.00	319.22	39.42	98.03	2.93
153.48	56.23	700.97	0.05	300.35	27.15
626.25	132.88	1184.34	582.02	542.67	106.18
630.05	332.00	10566226.48	186.30	1345.41	128.60
8430.04	831.04	63928.00	5000.00	5764.00	
561013.63	5051.46	525.06		112.00	
791.00	2.53	2200.00		153.00	
4123.85	284.66	155838.51	120.92	914728.96	134.30
1628.79	186.80	224.00		43.06	
7000.00	60.00	26670.00	2000.00	4320.00	120.00
14827.20	841.69	12558.00		585.50	
247.10	3.89	277.25	277.25		
46734.39	37773.97	30183.09	18.79	522.25	125.99
6025.00	290.00	430000.00		5841.00	1441.00
266.41	16.57	1554.90		79.49	
693.00	228.00	941.00		182.00	
256.10	24.00	2802.47			
4.08	0.06	504.80		53.00	21.00

2011年矿产资源勘查、开采违法案件查处结果

表22 计量单位：件、万元

	吊销勘查许可证	吊销采矿许可证	罚没款
全　　国		**1**	**43549.91**
北　　京			311.30
天　　津			60.67
河　　北			436.12
山　　西			1065.48
内蒙古			13489.86
辽　　宁			6121.25
吉　　林			450.82
黑龙江			2105.16
上　　海			
江　　苏			50.18
浙　　江			4434.85
安　　徽			626.96
福　　建			1180.80
江　　西			530.31
山　　东			337.23
河　　南			242.34
湖　　北			271.82
湖　　南			1864.57
广　　东			780.48
广　　西			787.69
海　　南			140.28
重　　庆			289.11
四　　川			474.17
贵　　州		1	1317.23
云　　南			402.90
西　　藏			3.00
陕　　西			1537.92
甘　　肃			145.78
青　　海			106.93
宁　　夏			532.04
新　　疆			3452.66

附 录

2010～2011年世界矿产资源勘查开发和矿产品供需形势

一、世界矿业发展状况

2010年全球矿业总体上处于快速反弹后的剧烈震荡期，勘查开发投入增加，矿产品生产快速恢复后增长趋缓；矿产品贸易增长，相关能源原材料价格高位震荡，铜、金价格创下历史新高；受多种因素影响，一些矿业开发项目进展缓慢；主要资源国家矿业政策发生调整，资源民族主义和贸易保护主义抬头；矿山重特大安全事故频发，环境问题更加突出。

2011年受欧洲主权债务危机的影响，全球经济进入深入调整之中。全球经济格局发生重大变化，发达经济体发展速度变慢，新兴经济体发展较快。伴随全球经济格局的变化，全球矿业格局也在悄然发生变化。中国、印度、巴西和俄罗斯等新兴经济体在全球矿业的比重增加，无论是生产、消费还是贸易，影响力逐步扩大。

尽管全球经济不景气，但矿业依然表现出经济发展的中流砥柱作用，成为世界各国非常重视的产业，特别是资源比较丰富的国家，围绕资源税费进行的利益博弈和争夺日趋激烈。非洲和中东政局动荡，日本核危机以及诸多海上油气生产安全事故等不确定性因素、不可控性因素给全球矿业发展带来较大的影响。据巴克莱投资银行对投资范围遍及五大洲的全球351个大型和独立石油公司的统计（World Oil，Feb.，2012），2011年全球油气勘查和开发计划实际投资约为5445亿美元，较2010年的4418亿美元增长23.2%。2011年11月，加拿大金属经济集团（Metals Economics Group）公布了该公司第22个年度世界矿业公司勘查预算调查结果。经过对2400家矿业公司（勘查预算高于10万美元）的调查统计，总计预算为163亿美元。考虑到被调查公司勘查预算占全球勘查预算的95%，因此MEG估计2011年世界非燃料固体矿产勘查费用为182亿美元，较2010年的121亿美元增长50.4%，短期内矿产勘查投资没受到矿产品价格大幅波动的影响。

全球矿产品生产和消费随经济波动而变化，矿产品价格剧烈动荡，多数矿产品在2011年上半年呈持续上升趋势，并在年中创下历史最高纪录，随后呈现快速下跌趋势。2011年，全球粗钢产量为14.9亿吨，较2010年增长6.8%；2010～2011年，铁矿石价格在140～180美元/吨之间震荡。2011年伦敦金属交易所铜均价为3.64美元/磅，较2010年的3.42美元/磅上升6.4%。出于对全球经济的担忧，作为硬通货的黄金价格一路走高，并在2011年8月份突破1800美元/盎司的历史新高；受金价影响，国际白银价格也出现大幅上涨，并在2011年中创历史新高，随后震荡下行。2011年其他矿产品如铜、稀土、铀等矿产也出现震荡趋势。

矿产品价格普遍上涨，澳大利亚、智利和巴西等国矿产品出口额大幅增长。2011年澳大利亚资源和能源出口额达到创纪录的1900亿澳元，较2010年增长15%；铁矿石出口额为593亿澳元，增加99亿澳元，增幅20%；动力煤出口额为156亿澳元，增加24亿澳元，增幅18%；炼焦煤出口额为313亿澳元，增加17亿澳元，增幅6%。2011年，智利矿产品出口总额为500亿美元，较2010年增长11.5%，其中铜矿出口额435亿美元，较2010年的393亿美元增长10.7%。2011年巴西铁矿石出口量为3.31亿吨，出口额为418亿美元，较2010年的285亿美元增长46.7%。

由于矿产品价格上涨，全球矿业巨头利润上升，但是矿业公司市值却出现下跌，因此2011年是充满矛盾和分歧的一年。据普华永道统计，2011年全球前40家矿业公司收入超过7000亿美元，较2010年增长26%；净利润为1330亿美元，增长21%；但是市值却下降了25%。与2010年度相比，矿业公司经营状况喜忧参半，虽经营收入增加，但利润变化情况不一样。必和必拓公司2011年经营收入为717.39亿美元，较2010年的527.98亿美元增长35.9%；经营利润从127.22亿美元增加到236.48亿美元，增幅85.9%。力拓公司2011年经营收入605.37亿美元，较2010年的565.76亿美元增长7.0%；净利润为58.26亿美元，较2010年的

143.24亿美元下降59.3%。巴西矿业巨头淡水河谷2011年经营收入为589.90亿美元,较2010年的452.93亿美元增长30.2%,净利润为228.85亿美元,较2010年增长32.6%。

2009年3月份后矿业资本市场逐步恢复,2010年矿业公司市值上升趋缓,而2011年则出现了普遍下降。2011年底,全球前10位公司市值合计10580亿美元,较2010年底的13850亿美元下降了23.6%,已经接近2009下半年的水平。其中必和必拓从4720亿美元下降到3644亿美元,降幅22.8%;力拓公司从2829亿美元下降到2038亿美元,降幅28.0%,淡水河谷从1773亿美元下降到1197亿美元,降幅32.5%。

从长期看,随着全球经济企稳和复苏,新一轮的矿产品供需矛盾将更加突出,将促使矿业勘查开发投资进一步增长。虽然追求低碳经济可能降低对化石燃料的需求,但随着印度、越南、印度尼西亚等南亚国家以及非洲部分国家工业化时代的到来,将使得世界能源原材料需求量大幅增长,各国对资源的争夺更加激烈。国际局势动荡、地缘政治危机、恐怖袭击,自然灾害、环境污染,原材料和人力成本上升、矿工罢工,以及公司虚报储量丑闻等种种因素,对矿业本身的发展造成了一定的影响。矿业是经济发展的基础产业,而不是夕阳产业。在21世纪里,经济全球化和技术进步继续对全球矿业产生着重大影响。

(一)全球矿业巨头开始新一轮并购热潮,资产成为主要并购对象,垄断世界矿业的局面进一步巩固

依托跨国公司,发达国家以资本和技术为手段,通过市场控制和政治联盟,在全球范围内进行资源争夺,以获取最佳的资源和最高的回报。主要表现为:矿业资金跨国流动,矿产资源跨国勘查、开发、生产和销售,矿业公司跨国并购和跨国上市,大型矿产勘查和开发项目多国、多家公司联合投资,以及矿业信息、知识、技术和管理经验的国际传播等。其结果是:矿产资源被全球矿业巨头瓜分,跨国公司进一步在全球范围内寻找勘查和开发目标;发达国家和跨国矿业公司对世界矿业和矿产资源控制程度仍占绝对优势;矿业公司间竞争更加激烈。

网络通信和现代化交通工具也为矿业全球化提供了极大的便利。在现代信息技术的催化作用下,矿业全球化继续向纵深发展。矿业资本、技术、人才等生产要素和矿产品的流动和配置,以越来越大的规模在全球范围内展开,各个国家的矿业如同经济一样被越来越深地融入统一的世界市场体系,国家与国家之间矿业和矿产品的依存关系达到了前所未有的广度和深度。

1.以获取优良资产、实现规模经营和提高效益为目的的全球矿业并购大幅回升,发达国家仍为主体,新兴经济体成为重要力量

20世纪80年代以来,以全球化、私有化、自由化和市场化为标志,以获取有竞争力矿权地(矿床和矿山)、企业兼并、引入低成本先进生产技术和加强效益成本控制管理为手段,以增强国际竞争能力为核心,以提高经济效益为目的的国际矿业(包括矿产勘查开发)自身调整不断向纵深发展,矿业格局在悄然发生一些积极的变化。不但在矿业巨头与中小公司之间发生兼并,越来越多的大型矿业公司之间的兼并事件也时有发生。但是,由于近年矿产品价格暴涨,使得矿业公司并购成本大幅增加,对低成本的大型矿产地的争夺更趋激烈,非传统矿产资源成为竞购的对象。

2002~2011年,交易额在2500万美元以上的全球贱金属并购案合计达303件,交易额共计2345.53亿美元;金的并购案361个,交易额共计1287.58亿美元,详见表1。在过去的10年中,平均每年并购额在363.31亿美元,其中贱金属占64.6%,金占35.4%。在303起贱金属并购事件中,187起为铜,占62%,55起为镍,占18%,61起为锌,占20%。同期金并购案361起,平均金额3.57亿美元。

表1　2002~2011年贱金属和金矿业并购金额　单位:亿美元

年份	贱金属并购		金并购		金和贱金属并购合计	
	案件(起)	金额	案件(起)	金额	案件(起)	金额
2002	5	15.65	14	34.91	19	50.56
2003	6	23.51	30	49.62	36	73.12
2004	16	22.44	13	43.48	29	65.92
2005	27	263.35	29	164.68	56	428.03
2006	26	711.09	40	233.76	66	944.85
2007	42	431.78	43	119.76	85	551.54
2008	39	322.29	37	89.10	76	411.39

续表 1

年 份	贱金属并购		金 并 购		金和贱金属并购合计	
	案件(起)	金 额	案件(起)	金 额	案件(起)	金 额
2009	31	68.17	43	72.64	74	140.81
2010	61	197.65	58	295.50	119	493.15
2011	50	289.61	54	184.14	104	473.75
合计	303	2345.53	361	1287.58	664	3633.11

注:统计的个案交易值在 2500 万美元以上。
资料来源:Metal Economics Group Strategic Report, Vol.25, No.2 2012。

2010 年黄金和贱金属并购案件 119 起,并购金额 493.15 亿美元,较 2009 年的 140.81 亿美元大幅增长 250.2%。其中贱金属购并案 61 起,并购金额 197.65 亿美元,较 2009 年增长 189.9%。黄金并购案 58 起,并购金额 295.50 亿美元,较 2009 年增长了 306.8%。

2011 年黄金和贱金属并购案件 104 起,并购金额 473.75 亿美元,较 2010 年的 493.15 亿美元下降了 3.9%。其中贱金属购并案 50 起,并购金额 289.61 亿美元,较 2010 年上升 46.5%。黄金并购案 54 起,并购金额 184.14 亿美元,较 2010 年下降 37.7%。

贱金属并购涉及矿山资产价值 6974 亿美元,主要分布在拉丁美洲(4365 亿美元,占 62%),其次是澳洲 - 大洋洲(989 亿美元,占 14%)、非洲(843 亿美元,占 12%)、亚洲(322 亿美元,占 5%)、北美(261 亿美元,占 4%),欧洲最少(193 亿美元,占 3%)。加拿大为贱金属矿山资产最大的买家,购买矿山资产价值 1259 亿美元,占 18%,其次是日本(1426 亿美元)和中国(1066 亿美元)。

黄金并购涉及的矿山资产价值 2582 亿美元,主要分布在非洲(771 亿美元,占 30%),其次是亚洲(543 亿美元,占 21%)、北美洲(465 亿美元,占 18%)、拉丁美洲(257 亿美元,占 10%)、欧洲(328 亿美元,占 13%)、澳洲 - 大洋洲(176 亿美元,占 7%),原苏联最少(42 亿美元,占 2%)。加拿大是 2011 年黄金矿山资产最大的买家,购买矿山资产价值 800 亿美元,占 31%,其次是中国(518 亿美元)和哈萨克斯坦(267 亿美元)。

2011 年最大的贱金属并购案是巴里克黄金公司以 77.0 亿美元的价格击败竞争对手收购来自加拿大的埃奎诺克斯矿业公司(Equinox Minerals),后者的主要资产是赞比亚的鲁姆瓦纳铜矿山和沙特阿拉伯的赛义德山铜矿,通过这次并购,巴里克公司扩大了在非洲和中东地区的矿山资产。最大黄金并购案为嘉能可国际公司(Glencore International)以 32 亿美元收购哈金克公司 42% 的股份(Kazzinc),后者在俄罗斯赤塔州拥有阿尔滕奥(Altynau)和新希罗金斯科耶(Novoshirokinskoye)金矿。

近年来,虽然全球经济不景气,但是出于战略考虑,全球石油巨头和一些国家石油公司加大对上游油气领域的投资力度,同时通过收购一些有增长潜力的公司和非传统油气资产,以扩大产能、替换储备。2011 年石油和天然气行业的并购额为 1371 亿美元,较 2010 年的 1973 亿美元下降了 30.5%(表 2)。

表 2 **2010 ~ 2011 年全球石油上游工业并购交易** **单位:亿美元**

国家或地区	2010 年		2011 年	
	并购案件(起)	交易总金额	并购案件(起)	交易总金额
美 国	117	540	106	673
加拿大	98	345	50	129
其 他	86	1088	123	569
总 计	301	1973	279	1371

资料来源:J.S.Herold《2012 Global Upstream M&A Review》。

2010 年,相对于公司并购来说,全球油气资产成为并购的主要目标,占并购总额的 75%,而公司本身并购没有超过 100 亿美元的案例。2010 年度最大的交易为巴西政府向国有石油公司(Petrobras)转让价值 425.50 亿美元的石油资产,巴西石油公司将拥有更多海上石油勘探开发的权利。其次是印度矿商韦丹塔(Vedanta)矿业公司收购苏格兰石油勘探商凯尔恩能源公司(Cairn Energy),这也是继必和必拓之后又一家持有大量石油业务权益的矿商。中国石油和壳牌公司联合收购箭牌能源公司(Arrow Energy),价值 39 亿美元。

中国石化收购了康菲公司(ConocoPhillips)在加拿大的油砂资产,价值46.5亿美元。

与2010年相比,2011年尽管公司并购额大幅上升,但是因为资产并购额下降了50%,因此油气上游总体并购额降至2008年以来的最低点。北美地区油气上游总体并购额所占比例较上年上升,但油气资产并购额较上年下降,而其他地区则略微上升。金融投资机构、国家石油公司和矿业巨头是油气公司和资产的主要买家,其并购的主要目标是北美地区的油气资产。巴西深水盆地油气田、非洲和亚洲等地区的油气资产也是重要的并购目标。非传统油气资源继续成为并购的主要对象。2011年最大的公司并购案为必和必拓以152亿美元收购美国页岩气勘探开发公司Petrohawk Energy公司。最大资产并购案为金德摩根(Kinder Morgan)以90亿美元收购埃尔帕索公司(El Paso Corporation)在美国的油气资产(表3)。

表3　　2010~2011年世界石油公司间的重要并购事件

时间	并(收)购公司和新公司名称	交易额/亿美元
2010年		
4月	美国阿帕奇石油公司(Apache)收购海洋能源公司(Mariner Energy)	46.85亿美元
5月	荷兰皇家壳牌公司收购东方资源公司(East Resources, KKR)	47.00亿美元
8月	印度韦丹塔(Vedanta)公司收购苏格兰石油勘探公司凯尔恩能源公司(Cairn Energy)	98.88亿美元
9月	巴西政府向巴西国家石油公司(Petrobras)转让石油资产	425.50亿美元
11月	布里达斯(Bridas)和中海油联合购买英国石油公司在拉丁美洲的资产	70.60亿美元
2011年		
2月	英国石油公司(BP)收购信实能源公司(Reliance Industries)在亚太地区油气资产	72.00亿美元
7月	必和必拓公司收购美国霍克石油公司(Petrohawk Energy)	152.23亿美元
10月	金德摩根(Kinder Morgan)公司收购埃尔帕索公司(El Paso corporation)在美国油气资产	90.00亿美元
	挪威国家石油公司(Statoil ASA)收购布里格姆勘探公司(Brigham Exploration)	48.22亿美元
11月	科尔伯格-克拉维斯(KKR)收购美国萨姆松投资公司(Samson Invest. Co.)	72.00亿美元

资料来源:J.S.Herold《2012 Global Upstream M&A Review》。

2.跨国矿业公司加强对重要矿山资产的争夺,谋求长期控制全球资源市场,其生产经营垄断局面短时间内难以打破

全球经济不景气,矿产品价格动荡,公司经营喜忧参半,但矿业巨头仍加紧对全球重要矿山资产的争夺。近些年,力拓控制了蒙古奥尤陶勒盖铜金矿、几内亚西芒杜铁矿等世界级矿床。淡水河谷不甘落后,不但获得了利比里亚的铁矿资源,而且控制了几内亚铁矿的重要出口通道——利比里亚铁路的运营权,同时也获得了西芒杜铁矿区的部分矿权。不但如此,两个矿业巨头还对南部非洲的炼焦煤资源展开了争夺,莫桑比克的优质煤炭资源基本上被这两个公司控制,其他矿业公司苦于实力和经验不足,只能眼看着这些资产被抢走。必和必拓、淡水河谷近些年加强了对全球钾盐项目的投资。

全球矿业企业的大规模联合和兼并,使得全球矿业的集中度进一步提高,跨国矿业公司对市场的控制力和影响力进一步扩大。经过多年并购扩张后,必和必拓、力拓和淡水河谷等三大矿业巨头基本上控制了全球铁矿市场,牢固掌握了铁矿价格话语权。俄罗斯、巴西、中国和印度等“金砖国家”的矿业公司,也试图通过并购方式,走向国际资本市场和资源配置,为国内不断发展的经济提供资源保障。在全球前10大油气公司和矿业公司中,不断出现俄罗斯、中国和印度公司的身影。例如,原油产量前10位的公司中,有3个来自俄罗斯;中国神华、印度煤业也出现在市值前10位的矿业公司中。

据统计,目前参与世界矿业经营活动的公司有8000家左右,但大部分矿山产量仅由少数几家公司控制。全球前50家矿业公司的产值几乎占全球矿业的一半,且基本上被英、美、加、澳和南非的矿业公司垄断,其产值占50家公司总产值的60%;另外几家公司是巴西的淡水河谷公司,智利国家铜业公司(Codelco),俄罗斯的诺里尔斯克,墨西哥的Grupo Mexico等。据瑞典原材料集团(RMG)估计,随着矿山产量逐渐向南半球转移,发展中国家矿业公司所占的比例有望增长。

根据瑞典原材料集团统计,从矿业公司对金属控制的集中程度看,最大的矿业公司控制了世界16.3%

的铁矿石产量、11.0%的铜矿产量、9.6%的金产量和22.4%的钾盐产量。前10家公司控制了世界49.2%的铁矿石，52.4%的铜矿产量，40.2%的金产量和91.4%的钾盐产量。前10大公司占世界矿业产值的比重为30.1%。随着跨国矿业公司的联合和规模的扩大，目前全球铁矿石生产和出口市场主要由淡水河谷、必和必拓和力拓三大公司操纵着，三大铁矿石公司产量占全球铁矿石生产的比例由1984年的14.6%上升到2010年的35.0%，淡水河谷控制着欧洲市场，后两个主宰着亚洲市场，合计占全球铁矿石贸易的份额已达到80%。

在石油领域，尽管美国和欧洲的跨国石油公司在20世纪70年代以后已失去了对全球许多地区石油储量的控制权，但仍占除原苏联地区以外全世界石油产量的1/4左右。2010年全球著名的埃克森美孚公司、英国石油公司、雪佛龙公司、皇家荷兰/壳牌集团、美国康菲公司、俄罗斯卢克石油公司、道达尔公司、俄罗斯苏尔古特油气公司、俄罗斯TNK－BP公司和美国西方石油公司等10大跨国石油公司原油产量占全球总产量的19.8%（表4），较2009年的22.2%下降2.4个百分点。

表4　　**全球10大跨国矿业公司和石油公司**

10大矿业公司[①]		10大石油公司[②]	
公司名称	市值（亿美元）	公司名称	石油产量（万吨*）
必和必拓（BHPB，澳大利亚/英国）	3644	埃克森美孚公司	12110（3.1%）
力拓（Rio Tinto，英国/澳大利亚）	2038	BP公司	11870（3.0%）
淡水河谷（CVRD，巴西）	1197	俄罗斯卢克石油公司	9710（2.5%）
英美集团（Anglo American，英国）	842	雪佛龙公司	9615（2.4%）
神华能源（Shenhua Energy，中国）	785	皇家荷兰/壳牌集团	8545（2.2%）
巴里克（Barrick Gold，加拿大）	480	道达尔公司	6700（1.7%）
斯特拉塔（Xstrata，瑞士）	470	美国康菲公司	6340（1.6%）
印度煤业（Coal India，印度）	382	俄罗斯苏尔古特油气公司	5980（1.5%）
自由港－迈克默伦（Freeport－Mc.C&G，美国）	371	俄罗斯TNK－BP公司	4285（1.1%）
加拿大钾盐公司（PotashCorp，加拿大）	370	美国西方石油公司	2755（0.7%）
合　　计	10580	合　　计	77910（19.8%）

注：*括号中百分数为占世界总产量的比例。

资料来源：①Mining Journal 2012，No.1，公司市值包括集团公司、有限公司和控股子公司；②《国际石油经济》2012.1－2。

3.跨国矿业公司主导全球矿业融投资

必和必拓、力拓、淡水河谷等前10位跨国矿业公司市值占全球前100位矿业公司市值的比例达到61%，矿业巨头已经成为全球资本市场的主要融资者，其一举一动都会给资本市场带来巨大的影响。矿业巨头也是世界级矿业项目的主要投资者，据普华永道统计，2011年全球前40家矿业公司项目投资达到980亿美元。

经济全球化的迅速发展使得矿业公司勘查开发活动的地域范围更加广阔，得以站在全球的视点上角逐世界矿业市场。在油气勘查开发方面，拥有雄厚资金的大型跨国石油公司一直立足于全球油气资源，如壳牌石油公司在全球90多个国家和地区从事石油勘探和生产活动，拥有最先进的技术，每天的油气产量超过320万桶，在35个国家拥有55个石油精炼厂的股权；埃克森美孚实行全球化经营策略，在21个国家有37个精炼厂，其上游的勘探和开采业务遍及40多个国家，在陆地和海洋石油开采业务方面具有世界主导地位；雪佛龙德士古公司涉足20多个国家的油气勘探开发。20世纪90年代以来，美国、加拿大和欧洲的一些中小石油公司积极向海外拓展，其中美国已经有1000多家中小型油气公司专门从事油气的勘探、开发以及信息和技术服务。

非燃料固体矿产勘查方面，美国公司大部分的勘查活动是在国外，目前仅在内华达、爱达荷和阿拉斯加等州有少量勘查活动，根据加拿大Infomine数据库统计，美国处于勘查活动的矿权地不到北美地区的20%。1991年加拿大矿业公司在59个国家活动，1996年增加到95个国家，1999年则在100多个国家的3000多个矿权地进行活动，目前则可能有5000个矿权地。澳大利亚、南非以及欧洲的老牌矿业国英国、法国等国的矿业公司向国外矿产勘查投资的数量和比重迅速增长。新兴工业化国家如韩国、马来西亚等和发展中国家如印度、巴西等,在国外的矿产勘查和开发项目也在增多。在矿产开发方面,近年每年全球的大型矿业开发项目中,矿业公司跨国开发的项目占2/3左右。

4.矿业大国政策发生调整,资源民族主义抬头,社区反对矿业活动频繁,矿业公司经营活动受到严重影响

20世纪90年代以来,矿业全球化、私有化以及矿业并购活跃,大多数发展中国家实行了矿业对外开放政策,促使全球固体矿产勘查开发的重心逐渐由发达国家向发展中国家转移,资源丰富的发展中国家占全球固体矿产勘查开发投资的比例逐年上升,由90年代初期的36%上升到1997年的最高峰56.4%,成为全球矿业勘查开发的热点地区。此后,由于受1997~1998年的亚洲金融危机和全球性经济不景气影响,世界矿业萧条,发达国家矿业公司在上述地区的勘查投资预算有所收缩,且投资大都用在已有项目的开发上。2000年后,随着矿产品价格快速上涨,一些过去投资比较少的国家如巴西、俄罗斯和蒙古成为投资的新热点。

2011年拉美、非洲和亚太地区(不包括澳大利亚)占全球非燃料固体矿产勘查投资比例下降到45%,其中亚太地区由高峰期1997年的11%下跌到5%,非洲由1998年17.5%下降到15%,拉美比例也有所下降,但仍继续保持其优势地位,居全球第1位,占25.0%。在非燃料固体矿产开发投资方面,世界大型矿产开发(采选)项目总投资预算中,发展中国家占3/4,比1990年高出10个百分点。2011年6760亿美元(不包括延期项目)的矿山开发投资预算中,拉美、大洋洲和非洲所占比例约为60%。

在矿产生产,特别是原矿生产中,发展中国家占有较大的比重,在固体矿产生产中所占比例为:矿山产量占一半左右,精炼产量约占1/3左右,分别比20世纪80年代初各增长约15个百分点。目前,70%以上的黄金产于中国、俄罗斯和印尼等发展中国家。在石油生产中,发展中国家所占比例超过60%,比80年代初增长了约10个百分点。

近年来,一些资源丰富的矿业大国,为了本国的民族利益,不断调整矿业政策,如提高资源税费,限制矿产投资领域,停止颁发采矿证,减少矿产品产量,控制矿产品出口,发展下游产业等一系列措施,限制资源的过快消耗,确保矿业的可持续发展。

据安永统计,2010~2011年,至少有25个国家已经或者表示将通过提高税率或权利金水平增加政府收入。根据目前的矿产品价格,税率平均已经增长了5%。安永在报告中指出,资源民族主义给全球矿业带来了巨大的成本压力,将影响目标投资国的选择。一些国家,如委内瑞拉、玻利维亚等国家,通过成立国家矿业公司,加强国家对战略性矿产资源的控制,提高国家矿产资源开发的水平,促进经济的发展。

作为矿业改革的一部分,巴西政府计划将矿业权利金提高一倍,届时整个矿业税收增加100%。根据目前的法律规定,在巴西经营的矿业公司必须按照净收入的0.2%~3%上缴权利金。其中铝土矿、锰、岩盐和钾盐按照3%征收,铁矿石、化肥用矿产和煤按照2%征收,金按照1%征收,宝石、彩石、碳化物和贵金属按照0.2%征收。2011年6月份,巴西参议院批准了一项要求盐下油田权利金必须在各州之间进行平均分配的修正案。根据上述法案,油气盆地所在的州收缴的权利金必须上交给联邦政府,通过国家财富基金进行分配。

秘鲁新总统乌马拉签署实施三个新的法案,将矿业部门总体税率从38.5%提高至42.7%。新法案实施后,政府每年将从矿业公司手中增加10.8亿美元的收入,这笔资金将用于改善秘鲁最贫困地区的基础设施。其中新权利金制度将根据营业利润征收,根据营业利润率的不同而按照1%~12%收取,而目前的权利金是按照销售收入的1%~3%征收。特别矿业税有17个税级,根据营业利润率按照2%~8.40%征收。利润率在0~10%的按照最低标准征收,而利润率在85%以上的按照最高标准征收。第三个法案针对持有固定合同的公司,按照营业利润率的4%~13.1%征收。新税制将把没有固定合同公司的税收水平从42.8%提升至46.5%,而拥有固定合同的公司税率则从35.6%上升至40.2%。

委内瑞拉、厄瓜多尔、哥伦比亚等资源丰富国家采取了更为强硬的矿产资源政策,收回了西方矿业公司的部分矿权为政府所有,并成立国有矿业公司从事战略矿产勘查开发,加强对战略性矿产资源的控制。

矿业公司的经营活动受到了来自政府干涉、当地居民破坏、矿工罢工以及非政府组织的影响。美国南方铜业公司、纽蒙特公司在秘鲁的项目遭到了当地居民的强烈抗议,引发激烈冲突并造成人员伤亡,项目暂停,矿业权甚至被收回,其他国家,如印度尼西亚、巴布亚新几内亚和哥伦比亚等国家也因为环境问题,一些世界级的矿床被迫暂缓开发。南非、秘鲁和墨西哥等国家也频遭罢工困扰,矿工罢工和反矿事件已成为全球矿产品市场受到的重要影响因素。

(二)科技推动全球勘查开发活动向更深、更高和更寒地区发展,但矿业人才缺乏仍然是矿业发展的制约因素

不断依靠技术进步,大幅度降低生产成本,提高资源保障能力，追求低碳经济，尽量减少环境污染，是21世纪矿业可持续发展的动力。几十年来，随着找矿难度的增加和可供开发的高品位、易开采、易选冶矿的减少，利用常规方法进行矿产勘查开发效果不断降低。为此，矿业界在科学技术研究和开发领域做出了不懈的努力，特别是发达国家的大型跨国公司把加大科技投入，通过技术创新掌握矿产勘查、开发核心技术作为其保持竞争优势的主要措施，这也是国外一些大矿业公司长期立于不败之地的重要原因。如埃克森公司运用新技术使其每年新增探明油气储量都超过了油气产量。

先进的科学技术对推进全球矿产资源勘查开发和利用效率发挥着越来越大的作用。技术进步在矿产勘查、开采、选冶和加工利用等各个环节发挥着巨大的功效。近年来，三维地震成像技术、水平井、斜井技术以及水下采油技术、计算机的广泛应用和人工智能等高新技术的应用在为石油业提高效率创造效益做出了巨大贡献的同时，开始被铜、金等固体矿产的勘探所吸收和再创新。

技术进步使矿产勘查开发的地域范围更广、更高、更深，成本更低。如在陆上，矿产勘查开发向寒冷的北极地区进发，特别是格陵兰、加拿大西北地区和北欧地区，近些年来铀、铁、铜、稀土、金等矿产勘查取得了重大进展，比如格陵兰的科瓦内湾（Kvanefjeld）稀土－铀矿的稀土资源量已超过1000万吨，雪铁龙湾（CITRONEN FJORD）铅锌矿也属世界级等。2000年以来，中国西藏连续发现的驱龙、甲玛等铜矿都处于5000米左右的高海拔地区。全球深海石油勘查开发进展迅速，2007年以来，巴西国家石油公司（Petrobras）在东南沿海桑托斯盆地及其他深海盆地已经获得多个重要油气发现，其中图皮油田储量可达80亿桶，巴西能源管理部门ANP预测，该国海上盐下石油储量可能高达800亿桶。巴西海上油田勘探取得的成果，一定程度上改变了南美甚至世界油气格局。依靠先进的钻探技术，美国发现了储量非常丰富的页岩油气和致密油气，其中天然气储量非常丰富，以致于在未来100年内可以摆脱对进口的过分依赖。页岩油气勘探开发技术发展迅速，一些油气资源短缺的国家非常看重此项技术突破，阿根廷很快掀起了页岩油气的勘探热潮，并取得了重要进展。南非德兰士瓦省兰德金矿山开发深度达到5000多米。除了深水油气田，水下钻石外，水下煤炭和金属矿产开采最近几年也取得了比较大的进展，特别是在巴布亚新几内亚的俾斯麦海域，加拿大初级勘探公司鹦鹉螺资源公司在深海1500米处，找到了品位丰富的硫化物矿床。德比尔斯和英美集团成立了一家专门从事海底矿产勘查开发的公司。

快速、实时、可视、准确和高效是现代矿产勘探技术发展的方向。正是依靠激发极化（IP）技术，艾芬豪发现了世界级的蒙古奥尤陶勒盖铜金矿和民主刚果卡莫阿铜矿。目前，这项技术进一步发展。传统激发极化技术一般应用在矿山，探测深度浅，但是，加拿大公司新研制的宙斯系统能够在区域规模使用，最大探测深度可达3500米，将极大地提高大规模区域地质调查的效率和效益，减少土地使用成本，提高成功率，宙斯的独特功能是能够转化、接受和分析形状规则、振幅高的电荷，用于准确分析信息丰富但强度弱的电信号，多为矿体和弱矿化围岩高强度激发极化后产生的。Gedex有限公司的深部石油、天然气和固体矿产探测技术能够精确绘制地下密度图像，性能较目前的系统有大的提高，使得以前的盲飞勘查变成能够“看见”矿床位置，无论是准确性还是速度都是前所未有的。澳大利亚Intellection公司的矿物处理技术——Qemscant便携式商业应用模型已经在世界上多个地学实验室采用。此种产品使用无液氦探测仪，将提高样品准备、分析的速度，与以往的同种设备相比，至少增快5倍，从而加速勘查进程，同时也能使选矿厂实验室分析人员在不同的地点随时进行测试。

许多大石油公司都在施行“数字油田”战略，比如壳牌的“智能油田”，其目的就是要从现有油藏中获得更多的产量。在非常规能源矿产领域，壳牌加拿大公司油砂中沥青回收的增多泡沫处理技术（Enhanced froth treatment technology）通过提高石蜡泡沫处理工艺的温度，比其他传统工艺能够去除更多的沙粒、黏土细粒和其他杂质。同时设备规模更小、用水更少、耗能更低，有效降低温室效应，而总体回收效益能够提升10%。阿尔伯塔省的阿萨巴斯卡油砂项目将采用壳牌的此项技术。壳牌加拿大公司和其合作伙伴西部油砂公司以及雪佛龙德士古公司计划投资73亿加元扩建姆斯克格矿山（Muskeg）和沥青提取厂。

未来，随着矿产勘查开发的科技进步和社会发展，隐伏矿、低品位矿、难选冶矿和共伴生矿，以及开发条件差的矿产开发机会也将增多。技术进步使可利用矿产资源的品位显著降低。许多以前难以利用的低品位、难选冶矿变得具有经济意义，从而使许多矿产的储量得到增加，金、铜尤为突出。美国天然气实现自给完全得益于东部地区页岩气的开发，而页岩气开发依靠的是先进的钻探技术，这种技术可以击碎地底的页岩并进行水平钻探，开采储藏在页岩层的天然气，是过去10年里最重大的能源技术革新。红土型镍矿的利用，使得全球镍资源储量大幅增加。生物－氧化作用和生物浸出技术的进一步发展，已使金矿石开采品位降到0.7克/吨，最低达0.257克/吨。美国纽蒙特公司研制的适用于低品位的细粒金矿石生物浸出工艺，使金的回收率从20%提高到60%。20世纪50年代，美国、澳大利亚、加拿大和南非等国家金矿平均开采品位为10克/吨，目前仅为1.8克/吨。溶剂萃取电积法（Sx－Ew）炼铜技术进一步完善，铜矿石开采品位可降至0.2%～0.4%，最低达0.04%，用该法生产铜的产量迅速增大，在世界铜总产量中所占的比例由1991年的8.5%上升到2010年的19.4%。Xstrata公司在麦克阿瑟河（McArthur River）铅锌银矿山采用了MIM公司的Albion工艺，此种工艺将在未来10年中给锌矿等金属选冶带来一次新的革命。

新技术、新方法和替代产品的应用极大地提高了矿产资源的利用效率，延缓了矿产资源的耗竭速度。如在能源领域，日本、美国和欧盟等都把节能和提高能效纳入能源安全战略。近年来，节能技术、新能源和可再生能源技术取得突破性进展。过去几十年中，为缓解对石油、天然气和煤炭等不可再生能源的需求，改善环境，许多国家和政府都十分重视开发和利用新能源和可再生能源，如太阳能、风能、地热能、生物质能及潮汐能等。随着铁矿石和冶金辅助原料价格不断攀升，国际上正在谋求炼铁技术的革命性突破，比如力拓公司研制的Hismelt熔融还原炼铁技术，浦项研制的高铬不锈钢技术以及不使用焦炭的Finex式炼铁技术等，都将降低钢铁工业成本。

采矿环境技术进步使矿业对环境的污染逐步得到控制。目前，矿业界正尽最大努力以实现矿山固体、液体和气体污染物的近零排放。许多国家已经从粉煤灰中回收铀、镓等金属元素。如酸性废水排放是许多国家一个重大的矿山环境难题，最近在美国加利福尼亚州北部红山铜矿，用特殊的细菌microbe处理，显著降低了酸性废水的排放，可以使粉尘遏制和控制技术进步也使采矿更安全、对人体危害更小。澳大利亚矿物科学研究院，正在研制一种综合利用尾矿废渣废水的技术，可以大大降低废渣、水的排放量，从而使得尾矿大大减少，避免尾矿占用大量土地和减少污染。2020年，加拿大油砂工业排放的二氧化碳占当地从目前的5%增长到16%。加拿大联邦政府和阿尔伯塔省出资25亿美元开发二氧化碳收集和储藏技术。

矿产品价格上涨，矿产开发投资大幅增加，众多矿业项目的实施都需要大批专业技术人才来完成。但由于多年来矿业总体形势不景气，大量人才流失，高等院校矿业院校人才培养断档，澳大利亚和智利等资源丰富的国家都遇到人才不足的困难。澳大利亚不但缺少矿产资源勘查开发方面的工程师，同时也缺少矿产品贸易方面的人才。虽然澳大利亚矿业收入逐年增长，但未来10年人才缺乏将制约矿业部门的发展。政府采取了培训等多种办法，但收效甚微。同样在蒙古，虽然矿产资源丰富，但由于当地缺少矿业方面的技术人才和熟练的技术工人，限制了该国矿业的发展。在加拿大阿尔伯塔省，油砂工业成为该省乃至加拿大能源工业发展的重点，但油砂采矿需要充足的劳动力，而阿尔伯塔省熟练技工的缺口为7.5万～10万人，不得不从邻近的安大略省等省份，甚至全球吸引人才。

总之，矿业全球化和科技进步使21世纪的世界矿业进入一个新的时代，那就是土地和资本作为竞争优势的地位逐渐弱化，矿业企业今后的成功将更多地依赖于理念、管理、技术创新及其应用，即人才和技术。

二、世界矿产资源勘查和开发形势

（一）世界油气勘探开发投入平稳增长

受世界经济持续增长等多种因素影响，2003年以来全球油气需求日益高涨，油价不断攀升，从而拉动世界油气勘探开发活动不断增强。2008年金融危机后，全球油价剧烈震荡对油气勘探开发投资产生了一定的影响，但全年投资仍然维持在较高的水平，油气勘探开发投资对金融危机的影响反应滞后，2009年油气勘探开发投资出现缩减，而在2010年以后油气勘探开发投资又呈现持续增长态势。

据美国巴克莱投资银行（Barclays Capital）《年度勘探与开发投资调查》的统计表明，2003～2008年，全球油气勘探开发投资连续6年增长（图1）。2008年实际投资为4535.62亿美元，较2007年增长39.8%；2009年勘探开发投资3950亿美元，减少12.9%；2010年勘探开发投资预算为4390亿美元，增长11%。预计2012年，全球油气勘探开发投资超过5980亿美元，比2011年增长16%。

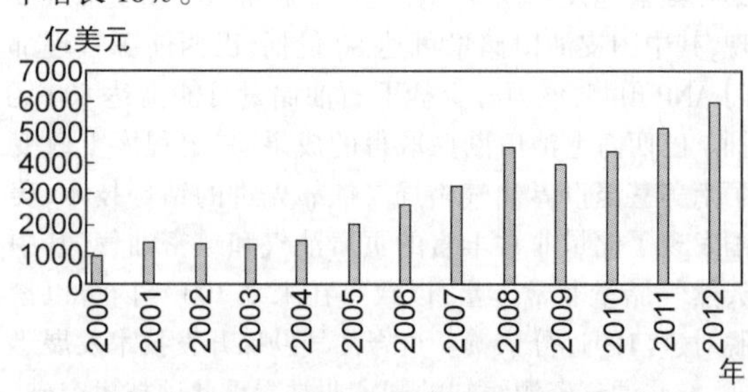

图1　2000～2012年世界油气勘探开发投资

注：2011年和2012年为估计数

巴克莱投资银行认为，2009年投资缩减是对油价的大幅下跌、有限的现金流和紧缩的信贷市场的反应，并认为原油50美元/桶和天然气5美元/立方米会触动投资的大量减少。虽然一些大型油气公司投资预算减少，但仍然维持在较高的水平（表5），一些大型公司会大幅降低投入，如切萨皮克能源公司（Cheaspeake）和德文能源公司(Devon)在美国分别消减51%和44%,赫斯基能源公司(Husky Energy Inc)和德文能源公司在加拿大分别消减47%和71%。

另据《油气杂志》报道,美国油气项目投资,2009年为2481亿美元,2010年为2709亿美元,增长9.2%;2011年将达2840亿美元,增长4.9%。其中上游项目投资(主要是勘探和钻探),2009年为2091亿美元,2010年为2450亿美元,增长17.2%;2011年为2589亿美元,增长5.7%。加拿大油气项目投资,2009年为370亿美元,2010年为507亿美元,增长37.1%;2011年为526亿美元,增长3.7%。其中上游项目投资(主要是勘探和钻探),2009年为223亿美元,2010年为325亿美元,增长45.7%;2011年为335亿美元,增长3.1%。加拿大在油砂方面的投资很大,2009年投资112亿美元,比投资最高的2008年的181亿美元下降38.1%;2010年投资130亿美元,增长16.1%;2011年投资150亿美元,增长15.4%。

表5　　一些大型油气公司全球勘探开发预算

单位:亿美元

公司名称	2010年	2009年	2008年
巴西国家石油公司(Petrobras)	200	160	166
美国埃克森美孚(ExxonMobil)	180	162	145
荷兰皇家壳牌公司(Royal Dutch Shell)	160	170	164
美国雪佛龙公司(Chevron)	129	136	118
法国道达尔公司(Total)	124	124	118
意大利埃尼公司(Eni)	100	100	110
英国石油公司(BP)	85	85	95
美国康菲公司(ConocoPhillips)	56	49	55
合计	1034	986	970

资料来源: Barclays Capital,World Oil,2010,2009(2009年数据已进行调整)。

值得注意的是,近年来近海钻探非常活跃,并不断向深海方向发展。目前全球海洋油气勘探领域正在不断扩大,在100多个海上油气勘探的国家中,有50%的国家正在对深海进行勘探。世界新增油气储量已由陆地、浅水转向广阔的深水水域。近年全球获得的重大勘探发现中,有近50%来自深水水域,墨西哥湾、巴西海域、西非海域以及被称为第2个波斯湾的南中国海是最有希望的深水油气区。据《2003~2007年世界深水报告》披露,全球成熟浅水区域油气新发现规模正大幅下降,近5年欧洲近海投产油气田的平均规模约为9000亿桶油当量,而今后其规模将减少50%以上。

(二)世界非燃料固体矿产勘查开发投资持续增加

1.世界非燃料固体矿产勘查投资继续快速增长

在经历国际金融危机不断扩散和加深的影响,2009年世界固体矿产勘查投资大幅下降后,在短短的一年时间内,伴随着金属价格的大幅上扬,勘查投入就出现恢复性增长,2010年和2011年固体矿产勘查投资保持持续增长态势。实际上,这是矿业周期较长,对跌宕变化的世界经济反应滞后的表现。据加拿大金属经济集团(MEG)年度报告统计,2009年,受国际金融危机影响,勘查投资77亿元,减少42%。需要强调的是,自2007年以来,统计中增加了铀矿,上述数据不包括铀矿投资,包括铀矿投资为84亿美元。2010年,勘查投入112亿美元,增长45%;包括铀矿投资为121亿美元,增长44%。2011年,固体矿产勘查投入172亿美元,增长54%;包括铀矿投资为182亿美元,增长50%(表6)。2012年,包括铀矿勘查投入为215亿美元,增长19%。值得注意的是2012年初级勘查公司投入增速放缓,仅增长5%,占全球总投入的39%,是9年来的最低点。

表6　　世界油气勘探与开发投资　　单位:亿美元

年　份	估计的总预算	与上年变化/%	与上年变化
2002	19	-14	-3
2003	24	+26	5
2004	38	+58	14
2005	51	+34	13
2006	75	+47	24
2007	105	+40	30
2008	132	+26	27
2009	77	-42	-55
2010	121	+57	44
2011	182	+50	61

注:表中数据不包括铀矿勘查投资。

资料来源:据Metals Economics Group, Corporate Exploration Strategy, 2009; Metals Economics Group, World exploration trend 2011。

由于金融危机的影响,矿产勘查投资连续六年大幅度增长的势头在2009年戛然而止,但全球经济复苏比预料的更快、更好,总体上看,全球矿产资源需求的基本面并未改变,特别是新兴国家的迅速崛起,发展中国家的加快发展,使得矿产品需求保持旺盛态势,矿产品价格在较高的价位震荡上扬,使得矿业成为推动经济复苏的重要因素。

2.拉美、加拿大、非洲等矿产勘查活跃

2011年，拉丁美洲仍然是勘探投资额最高的地区，占全球投资的25%，特别是墨西哥、秘鲁、智利、巴西和阿根廷等国吸引力颇强，占南美地区勘查投入的80%，20年来拉丁美洲都是勘探投资额最高的目标地区(图2)。

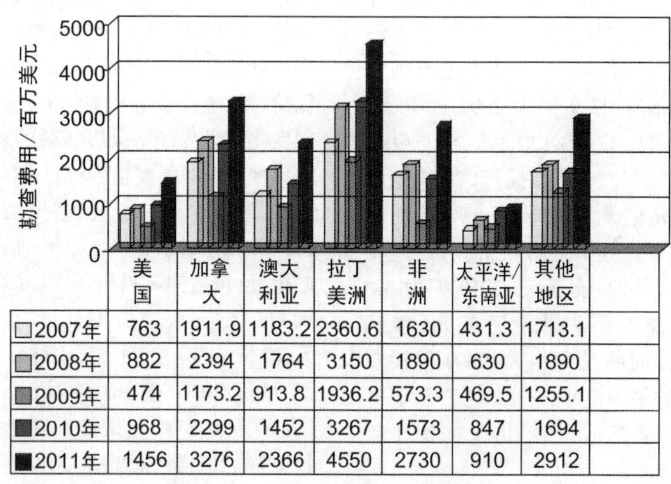

图2 2007~2011年世界固体矿产勘查费用区域分布

2010年，十大勘查投资目标国家的投资经费合计占世界总经费的69%。加拿大、澳大利亚和美国保持前三位，墨西哥和秘鲁分别居第四和第五位(表7)。值得关注的是中国矿产勘查投资排名近几年逐渐攀升，从2008年的第10名，到2009年的第8名，再到2010年的第7名。

2011年，十大勘查投资目标国变化不大，2010年排名第五和第六位的秘鲁和智利互换了位次，哥伦比亚取代阿根廷占据第十位。十大勘查投资目标国占世界勘查投资总额的2/3。

表7 2010年与2011年世界十大勘查投资目标国勘查经费及位次变化

国家	2010年		2011年		
	位次	占总投资的比例(%)		位次	占总投资的比例(%)
加拿大	1	19	加拿大	1	18
澳大利亚	2	12	澳大利亚	2	12
美国	3	8	美国	3	8
墨西哥	4	6	墨西哥	4	6
秘鲁	5	5	智利	5	5
智利	6	5	秘鲁	6	5
中国	7	4	中国	7	4
俄罗斯	8	4	俄罗斯	8	3
巴西	9	3	巴西	9	3
阿根廷	10	3	哥伦比亚	10	2

另据加拿大自然资源部的统计，加拿大境内矿产勘查和评价的投资连续7年增长，由2007年的19亿加元增加到26亿加元，增长37%，总投资突破1987年创造的24亿加元的最高纪录。小型公司在加拿大勘查工作所占比例越来越大，从1999年的1.75亿加元增加到2007年的17亿加元，自2004年以来一直高于大型公司，现在占到总投资的65%。

对于大型矿业公司而言，勘查投资的主要地区是拉美、加拿大和非洲。一般占其勘查投资的50%以上,甚至达90%以上。主要国家矿业公司的勘查投资见表8。

表8　西方矿业公司和世界非燃料矿产勘查投资预算　单位:亿美元

国家和地区	2002年	2003年	2004年	2005年	2006年	2007年	2008年	2009年	2010年	2011年
美　国	1.25 (7.2)	1.53 (7.0)	2.83 (11.2)	3.96 (8.1)	5.48 (7.7)	7.63 (7.6)	9.078 (7.2)	4.74 (6.5)	(8)	(8)
加拿大	3.17 (18.3)	4.71 (21.5)	6.97 (27.5)	9.28 (19.0)	13.75 (19.3)	19.12 (19.1)	24.017 (19.1)	11.732 (16)	(19)	(18)
澳大利亚	3.04 (17.6)	3.39 (15.5)	5.24 (20.6)	6.15 (12.6)	7.54 (10.6)	11.83 (11.9)	17.086 (13.6)	9.138 (12.5)	(12)	(12)
拉丁美洲	4.48 (26.0)	5.18 (23.6)	7.74 (21.8)	11.33 (23.1)	17.11 (24.0)	23.61 (23.6)	31.288 (25)	19.362 (26.5)	(27)	(26)
非　洲	2.57 (14.8)	3.74c (17.1)	5.73 (16.1)	8.11 (16.5)	11.68 (16.4)	16.30 (16.3)	18.834 (15)	10.945 (15)	(13)	(15)
太平洋/东南亚	0.85 (4.9)	0.93 (4.2)	1.55 (4.4)	2.09 (4.3)	2.79 (3.9)	4.31 (4.3)	691.2 (5)	4.695 (6.4)	(7)	(6)
其他地区	1.97 (11.4)	2.44 (11.1)	5.48 (15.4)	8.04 (16.4)	12.95 (18.1)	17.13 (17.2)	18.797 (15)	12.551 (17.1)	(14)	(15)
公司合计	17.3	21.9	35.5	48.9	71.3	99.9	126	73.2	106.8	172.5
世界总计	19.0	24.0	39.0	51.0	75	105	132	77	112	182
统计公司数(家)	724	917	1139	1431	1624	1821	1912	1846	2089	2400
公司年投资规模(万美元)	>10	>10	>10	>10	>10	>10	>10	>10	>10	>10

注:1.西方矿业公司不包括小公司、地方性的私人公司和政府集团;2.括号内数字为占公司合计的百分数;3.西方矿业公司在世界各地的勘查投资总计数占全球商业性金属勘查费用的90%左右。

资料来源:Metals Economics Group Strategic Report,1997~2010。

3.勘查矿种仍以金、铜为主

金一直是最具吸引力的勘查矿种,长期保持在勘查投资一半左右。2009年,金矿勘查投资34.82亿美元,比2008年减少29%,占总投资的47.6%。最近几年,特别是金融危机以来,全球地缘政治的不确定性、美元疲软等,黄金的增值保值作用明显,金价持续上扬,从而促进了与金相关勘查经费的增加。2010年,金矿勘查投资54亿美元,比2009年增加19亿美元,占勘查总投入的比例重新超过50%。2011年,金矿勘查占预算投资的比重为43%。

2009年,贱金属勘查投资26.22亿美元,比2008年减少了49%,在勘查总经费中所占比重为35.8%。当然,贱金属勘查投资仍比1997年的高峰低了23%。其中,铜矿勘查投资自2002年以来一直占贱金属的57%至62%之间,而镍与锌勘查投资所占比例呈现反向趋势。2010年,贱金属占投资的33%。2011年,贱金属勘查投资所占比重进一步下降,为28%(表9)。

2010年,其他矿种中银所占份额超过1/3,其次钾盐和磷酸盐占1/5以上,由于市场对锂和稀土等资源的关注,这些矿产勘查预算大幅增长,比2009年增长近4倍。2011年,值得 注意的本统计中增加了铁矿的勘查投资,占勘查投资的10%,其中澳大利亚最多为10.8亿美元,几内亚和巴西铁矿勘查投资分别居第二和第三位,分别投资1.13亿美元和1.11亿美元。

表9　2000~2010年各类固体矿产勘查投资比例变化

年份	金矿(%)	贱金属矿产(%)	其他矿产(%)
2001	42.5	38.9(其中铜20.6)	18.6(其中金刚石9.9)
2002	45.2	29.6(其中铜17.6)	25.2(其中金刚石13.5)
2003	48.1	26.6(其中铜15.5)	25.3(其中金刚石14.6)
2004	49.8	26.4(其中铜16.3)	23.9(其中金刚石13.3)
2005	47.3	29.5(其中铜16.2)	23.2(其中金刚石12.8)
2006	44.7	32.4(其中铜19.2)	22.9(其中金刚石12.0)
2007	41.9	35.7(其中铜19.6)	22.4(其中金刚石9.9)
2008	39.1	40.8(其中铜23.3)	20.1(其中金刚石7.6)
2009	47.6	35.8(其中铜26.2)	16.6(其中金刚石5.4)
2010	51	33	16(其中金刚石3)
2011	43	28	29(其中金刚石2)

资料来源:Metals Economics Group Strategic Report,1999~2009;Metals Economics Group,World exploration trends 2011,A special report form Metals Economic Group for the PDAC Internation Convention。

2010年和2011年世界主要固体矿产勘查投资分布比例见图3。

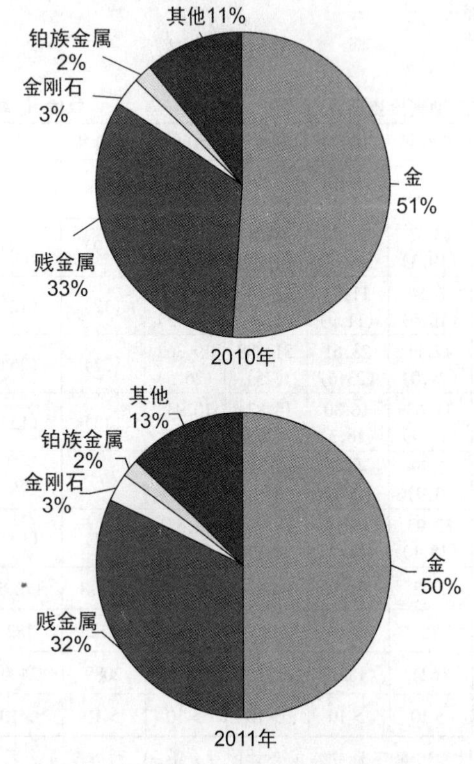

图3 2010～2011年世界主要矿种勘查所占比例

2010年,各阶段勘查的计划支出都有增加,后期阶段勘探比例持续提高。后期阶段预算同比增幅最高(比2009年提高52%),达到占全球总预算的大约42%,而草根勘查预算与全球增幅保持一致,其份额保持稳定,略低于33%。矿场勘查预算同比增长35%,在全球预算中所占份额降至25%。2011年,各阶段勘查预算支出所占比重变化不大,草根勘查所占比重维持在33%,后期勘查略有下降,为41%,矿场勘查阶段所占比重略有增加,为26%。

从不同勘查阶段投资比重的变化趋势看,用于矿区外围和深部的矿场勘查投资呈持续上升趋势,从2003年的20.1%上升到2011年的26%。而草根勘探所占比例则相应地从48.7%下降到33%。后期可行性研究勘探所占比例总体上也呈上升趋势,从31.2%上升到41%。也就是说,随着找矿难度增加,矿业公司更加注重在老矿区深部或外围找矿,而在新区进行勘探风险性不断增加,投资减少(表10)。

据金属经济集团的统计,从投资公司总部所在地来看,2009年勘查投资(不包括铀)居前三位的依次为加拿大、澳大利亚和欧洲。总部在加拿大的公司投资24.75亿美元,占投资总额的33.8%;澳大利亚14.48亿美元,占19.8%;欧洲9.64亿美元,占13.2%(图4)。

表10 固体矿产勘查各阶段投资比例的变化(%)

勘查阶段	2003年	2004年	2005年	2006年	2007年	2008年	2009年	2010年	2011年
草根勘查	48.7	42.3	40.2	38.8	38.8	36.1	32.1	33	33
后期－可行性研究	31.2	35.8	40.2	42.8	40.6	41.5	40.6	42	41
矿场勘查	20.1	21.9	19.6	18.4	20.6	22.4	27.3	25	26

资料来源:Metals Economics Group Strategic Report,2003～2011年。

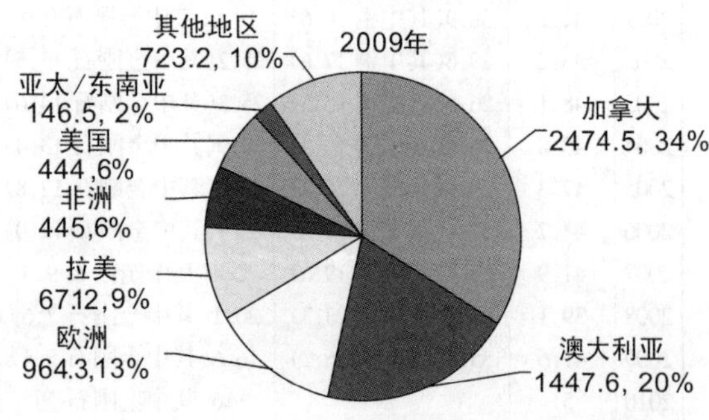

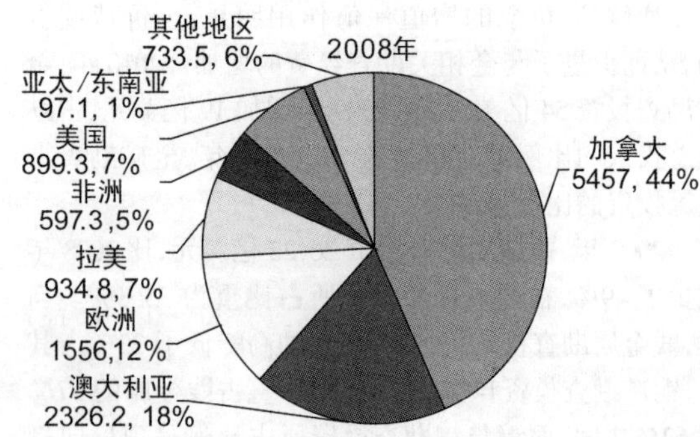

图4 2009年公司总部所在地投资分布(百万美元和百分比)

矿业开发投资持续走强。2008年,矿业开发的统计数据并未受到金融危机的严重影响,投资总额为4090亿美元,比2007年增长32.8%,2009年投资4650亿美元,比2008年增长13.7%,2010年投资5620亿美元,比2009年增长20.9%,2011年投资6760亿美元,比2010年增长20.4%,从开发的矿种来看,3种主要金属矿产铁矿石、铜、镍金所占的费用合计达4050亿美元,占调查费用的59.9%,其中铁矿石占31.8%,铜占26.5%,反映这两个矿种是全球非燃料固体矿产开发的投资重点,特别是铁矿石所占比重持续攀升(表11)。

2011年，矿业开发投资的十大目标国依次是澳大利亚、加拿大、智利、巴西、俄罗斯、秘鲁、美国、南非、菲律宾和几内亚，十国合计投资4710亿美元，占总投资的70%。2010年，矿业开发的十大目标国依次是澳大利亚、加拿大、巴西、智利、秘鲁、俄罗斯、南非、美国、菲律宾和墨西哥，十国合计投资3810亿美元，占总投资的82%。除了澳大利亚和加拿大多年来一直位居前列外，值得关注的是南美地区，智利、巴西、秘鲁等国形成了集团优势，是极具前景的矿业开发地区。

表11 2000～2010年各类固体矿产勘查投资比例变化

矿种	矿业投资(亿美元)	所占比例(%)
铜	2150	32
铁矿石	1790	26
金	1110	17
镍	640	9
铂族金属	160	2
铀	250	4
铅/锌	180	3
金刚石	80	1
其他	400	6
总计	6760	100

注：据E & MJ, Jan/Feb. 2012年整理。

(三)矿产勘查活动的开展，促进了矿产储量的增长

1.世界油气储量不断增长

随着全球原油价格的不断攀升，油气勘探与开发日趋活跃，最近10年世界石油和天然气的储量持续增长，而且石油储量增长还有加快趋势。据BP统计，从2001年到2011年，全球石油储量由12674亿桶增加到16526亿桶，天然气由168.5万亿立方米增加到208.4万亿立方米，十年间石油和天然气的储量分别增长30.4%和23.7%(表12)。需要指出的是，油气生产的“峰值”尚未出现，储量还在继续增长。

表12 十年世界油气储量变化情况

年份	世界石油/10^9桶①	世界天然气/10^{12}立方米
2011	1652.6	208.4
2010	1622.1	196.1
2009	1518.2	187.3
2008	1475.4	185.1
2007	1404.5	176.5
2006	1364.5	173.2
2005	1357.0	172.3
2004	1346.2	171.8
2003	1340.0	171.3
2002	1321.9	169.6
2001	1267.4	168.5
十年变化率	30.4%	23.7%

注：①数据据BP。

2.找矿勘查不断取得进展

由于技术进步和坚持不懈的超前地质勘探工作，使得近十年来全球重要矿产资源的储量大都有不同程度的增加。按照目前世界矿产开采水平，总的来说，证实储量可保证开采20～40年，某些矿种的保证年限还要长得多，如石油为40多年，天然气近60多年，煤100多年。如果加上预测资源量，保证年限还会大大增加。

除煤、锰、铬铁矿、锡、锑、汞、钽和铌、菱镁矿等矿种外，大部分矿种资源储量有不同程度的增长，尤其是石油和天然气等能源矿产储量增长超过20%，铜和镍等重要金属矿产储量增长超过60%，铁矿石等储量增长也超过20%，锂储量增长近3倍(表13)。

表13 世界主要矿产储量

矿 产	单 位	储量 2001年	储量 2011年	矿 产	单 位	储量 2001年	储量 2011年
煤	亿吨	9842.1	8609.4	钽	吨	3.9	12.0
石油	亿吨	1408.0	2342.5	铼	吨	2500	2500
天然气	万亿立方米	168.5	208.4	铌	万吨	350	300
铀①	万吨	234.0	251.6	锂	万吨	340	1300
铁矿石	亿吨	1400	1700	锶	万吨	680	680
锰矿石	万吨	67000	63000	铊	吨	380	380
铬矿石	亿吨	36	>4.8	钍	万吨(ThO_2)	120	140
镍	万吨	5800	8000	锆	万吨(ZrO_2)	3600	5200
钴	万吨	320	750	钇	万吨(Y_2O_3)	51	54

续表 13

矿产	单位	储量		矿产	单位	储量	
		2001 年	2011 年			2001 年	2011 年
钨	万吨	190	310	石棉	万吨	大	大
钼	万吨	560	1000	石墨	万吨	1500	7700
钒	万吨	1000	1400	萤石	万吨	22000	24000
铜	万吨	34000	69000	重晶石	万吨	16000	24000
铅	万吨	6400	8500	石膏	亿吨	大	大
锌	万吨	19000	25000	滑石	万吨	大	大
铝土矿	亿吨	240	290	硅藻土	亿吨	8.0	大
菱镁矿	亿吨(Mg)	25	25	硅灰石	万吨	27315	>9000
金红石	万吨(TiO_2)	4700	4200	高岭土	亿吨	大	大
钛铁矿	万吨(TiO_2)	34000	65000	珍珠岩	亿吨	7.0	7.0
锡	万吨	960	480	天然碱	亿吨	240	240
锑	万吨	210.0	180.0	金刚石	亿克拉	5.8	6.0
汞	万吨(Hg)	12.0	9.3	硫	亿吨	13	50
铋	万吨	11	32	磷酸盐岩	亿吨	120	710
金	吨	50000	51000	钾盐	亿吨(K_2O)	84	95
银	万吨	28	53	硼矿	万吨(B_2O_3)	17000	21000
铂族金属	吨	71000	66000	蛭石	万吨	5000	>6060
稀土	万吨(REO)	10000	11000	碘	万吨	1500	1500
镉	万吨	60	64	硒	万吨	7.0	9.3
铯	万吨	10	7	碲	吨	20000	24000

注：①.表示每千克成本≤80 美元。

资料来源：1.Mineral Commodity Summaries 2002，2012；2.BP Statistical Review of World Energy June 2012。

3.政府加大了对矿产资源勘查评价导向

为了促进矿产勘查，为国家的经济发展提供有力的矿产资源保障，世界主要矿业大国或资源丰富的国家，采取各种措施，促进矿产勘查工作，并针对全球金融危机提出了应对政策措施，引领矿业的繁荣发展；继续加强基础性公益性地质调查，降低勘查投资风险；开展了一些重大矿产勘查开拓性项目，加强对矿产勘查的引导，形成了政府与企业合力推动矿产勘查的良好局面。在澳大利亚、加拿大和美国等国，还呈现出中央政府与省（州）政府分工协作推动矿产勘查工作的局面。

澳大利亚政府在引导和促进矿产勘查方面，做了大量工作，实施和推进矿产勘查开拓型计划，以降低勘查投资风险，并形成了从联邦政府到州政府，联合高等院校和企业，共同推进矿产勘查工作的良好局面。澳大利亚联邦科学与工业研究组织（CSIRO）通过实施“旗舰项目——地下矿产”，解决矿业工业的实际问题，迎接矿产勘查方面的挑战，研究的重点一是发现澳大利亚的矿产资源，研发新的技术和理念，长期目标是补充澳大利亚的资源基础；二是实现未来矿山的转型，通过创新采矿技术，降低成本、提高效率和安全，把目前经济上不合算的资源转变成有利可图的储量；三是确保澳大利亚未来矿产储量的安全，寻求开启以往不经济矿体价值的途径；四是通过系统的创新推进可持续的加工，确保矿业持续发展，为澳大利亚经济不断创造财富。2010 年一季度，澳大利亚创新、工业和科学研究部正式成立深部勘查技术合作研究中心（DET CRC），以降低发现矿床的成本。该中心重点解决三个问题，一是研制更为快捷、更为便宜、更大深度和更加安全的钻探新技术；二是研制与小口径钻孔及数据传输和数据集成技术协调的井下传感器，以确保能够快速决策；三是发展基于实用、可测试的三维模型的靶区选择新战略。该研究中心由联邦科学与工业研究组织与阿德莱德大学及 Curtin University of Technology 联合组建，企业合作者包括澳大利亚巴里克黄金公司和必和必拓等大型矿业企业，每个州及联邦地质调查机构都是合作者，预计 8 年投资 1 亿澳元。

加拿大从 1989 年发起全国勘查技术项目（EXTECH），迄今已实施了四个阶段，作为一个多学科、多部门、综合性的贱金属矿产地质调查项目，涉及的部门既有地调局的下属部门及省级地调机构，又有大学及企业。涉及的学科有地质学、矿床学、热水蚀变与热水沉积、第四纪地质、地球化学、冰川学、水地球化学及水文学、生物地球化学以及空中、地面、地下地球物理测量、GIS 技术等。目的是促进加拿大矿产勘探新方法的发展。加拿大地调局矿产研究提供的地学创新和见识可以帮助矿产勘查业发现维持加拿大作为世界矿产和金属最大提供者的地位。这项开创性计划目的是改进在已建立矿区勘查中应用的概念和技术，这些概念和技术是通过研制区域性和矿床尺度的综合性模型及地球物理和地球化学方法和设备而确立的。加拿大政府把其 15% 不可归还的勘查投资税贷（ITCE）政策延续延长，有效促进了矿产勘查投资。许多省、地区的政府还有进一步促进矿产勘查的措施，如大不列颠哥伦比亚省、马尼托巴省、安大略省和萨斯喀彻温省等在联邦政府的 ITCE 框架内制定了相应的税贷政策，并不断延长。加拿大地调局自 2000 年启动靶区地球科学计划（TGI）以来，已经延续了四次。最近的第四期计划 TGI－4 的目标是提高深部勘查效率，重点放在现有矿区和新矿区及其周围，引领基于地球科学的新技术开发，更好地寻找深部矿床，加拿大联邦政府将在未来 5 年投入 2500 万加元，通过与省、科学院和矿业界的合作，使得靶区地球科学计划取得更好的效果，聚焦于资料丰富的现有矿区和新兴矿区，优化与勘查相关的地球科学知识的开发，开发新的和提高已有的地球科学知识和技术，以便更好地理解、模拟和探测加拿大的主要成矿系统，实现更精准的靶区定位，减少投资风险和成本。

全球矿产资源勘查与评价工作最近几年发生了一些值得重视的变化，一是各国政府高度重视资源供应安全问题，加大了对矿产勘查的力度，积极引导企业、降低勘查风险，努力寻找新的资源，提高矿产资源的供应能力。二是加强了新能源和替代能源的寻找和勘查。页岩气、煤层气等非常规天然气勘查评价非常活跃，美国、欧盟、日本等国加强对高新技术所需矿产资源的研究，希望在 21 世纪新能源的竞争中占据主导地位，美国对全球页岩气资源的评价，对美国及其他 32 个国家页岩气资源评价结果表明，技术可采资源量为 6622 万亿立方英尺（187.4 万亿立方米），仅仅是这 33 个国家的页岩气就与目前全球的天然气储量（187.1 万亿立方米）相当，从而引发了全球页岩气勘探开发的热潮。欧盟专门研究了高技术矿产，对紧缺的矿物原材料给予高度重视，并拟加大萤石、镁、石墨、稀土元素等 14 钟紧缺矿物原材料的勘查开发。三是加强了矿产资源评价工作，如美国的国家矿产资源调查计划，澳大利亚昆士兰政府发布“矿产勘查安全指南”，帮助勘查经营者和承包人制定安全计划。四是注重勘查技术的研制和综合。从加拿大的全国勘查技术项目，到澳大利亚的玻璃地球计划，研制新技术、发展新方法，成为人们在矿产勘查中取得成功所追求的目标。五是出台应对金融危机的政策，加强矿产勘查，维持矿业的繁荣。六是加大边缘地区的勘查，如极地和大洋矿产勘查，努力寻找替代矿产资源基地，最近几年北极地区成为国际矿产资源勘查开发和竞争的新热点，俄罗斯、日本、法国、德国和印度等国，已经提出要在太平洋和印度洋等国际海域进行勘查，重点是块状硫化物矿床、富钴锰结壳、含镍结核、喷流沉积矿床等。

三、世界矿产品供需形势

2011 年，世界经济延续了 2010 年的复苏态势，但受欧洲债务危机漫延、全球通胀压力加大、日本大地震、西亚北非局势动荡等多重因素影响，国际金融危机继续深化，世界经济复苏势头有所减弱。新兴市场经济体经济增长速度放慢，但仍为世界经济增长的主要拉动力量，经济增速减缓也使大宗商品需求减弱，矿产品价格上涨势头得以抑制。

进入 2012 年，世界经济复苏显现积极信号，美日经济表现好于预期，就业、消费和工业生产有所回暖，欧洲债务危机得到一定程度控制，新兴经济体促进经济增长政策力度加强。但世界经济和金融市场面临的风险和挑战仍然很多，世界经济总体增长乏力的态势没有改变。世界经济复苏与增长前景仍不明朗。

1. 世界经济增长全面减速，能源产量和消费量增速普遍变缓

2011 年，随着全球经济的继续恢复，全球能源消费呈现明显增长势头，能源消费总量比 2010 年增长 2.5%，接近历史平均值，但低于 2010 年 5.1% 的消费增长率。新兴经济国家能源消费全部呈现增长，其中中国占全球能源消费增长的 71%。受日本地震和海啸的影响，经合组织国家能源消费量明显下降，其中日本能源消费下降幅度最大。化石燃料消费量的增长造成 CO_2 排放量继续增长，但排放量的增长速度已经大大减缓。

2011 年，世界能源价格有升有降，石油价格在年

内首次突破100美元/桶,达到了历史第二高价格的记录(仅低于1864年的价格)。石油价格是在4月利比亚供应中断后突破100美元/桶大关的。天然气价格在欧洲和亚洲涨势明显,但年内价格波动幅度较大。煤价在所有地区均上涨明显。

2011年世界一次能源消费量增长2.5%,大体上与10年平均增长率一致。经合组织国家一次能源消费量下降0.8%,为近4年来的第三次下降。非经合组织国家一次能源消费量增长5.3%,与10年平均增长率一致。2011年,所有地区能源消费量增长速度均有所减慢。石油仍然是世界主要燃料,占全球能源消费量的33.1%,但是石油市场在所有能源市场中所占份额连续第12年减少,而且为1965年以来所占份额最低。

从世界一次能源消费结构来看,石油、煤炭和天然气仍为主要消费能源。但从主要能源消费国来看,美国、日本、德国和英国的消费结构基本相似,均以石油为主,煤和天然气为辅,另外少部分核电补充;法国核电和石油同为主要消费支柱,天然气为辅助能源;俄罗斯则以天然气为主要消费能源,石油和煤炭为辅助能源;中国和印度的消费结构类似,煤炭为主要消费能源,其次为石油、水电(表14)。

表14　2011年世界一次能源消费量居前10位的国家

单位:百万吨石油当量

国家	一次能源消费量	占一次能源消费量的比重(%)					
		石油	天然气	煤	核电	水电	可再生能源
世界总计	12274.62	33.1	23.7	30.3	4.9	6.4	1.6
中国	2613.21	17.7	4.5	70.4	0.7	6.0	0.7
美国	2269.33	36.7	27.6	22.1	8.3	3.3	2.0
俄罗斯	685.63	19.8	55.7	13.3	5.7	5.4	0.0
印度	559.10	29.0	9.8	52.9	1.3	5.3	1.6
日本	477.59	42.2	19.9	24.7	7.7	4.0	1.6
加拿大	330.27	31.2	28.6	6.6	6.5	25.8	1.3
德国	306.41	36.4	21.3	25.3	8.0	1.4	7.6
巴西	266.88	45.2	9.0	5.2	1.3	36.4	2.8
韩国	263.01	40.3	15.9	30.2	12.9	0.4	0.2
法国	242.90	34.1	14.9	3.7	41.2	4.2	1.8

资料来源:BP Statistical Review of World Energy June 2012。

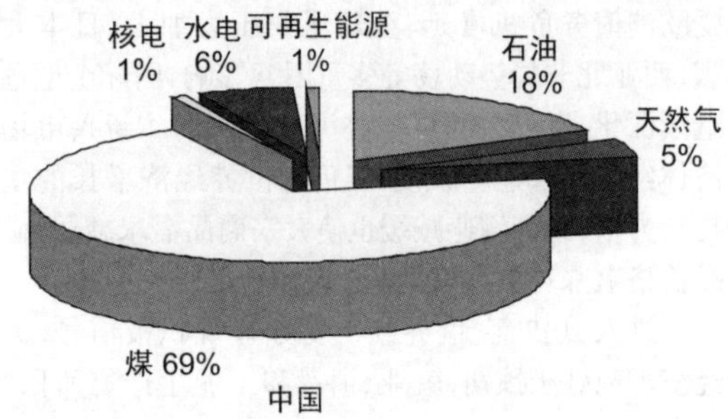

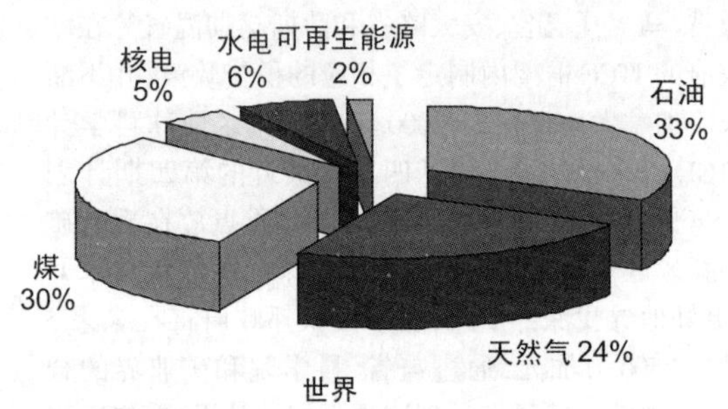

图5　2011年世界和中国能源消费结构

2011年,中国一次能源消费总量为26.13亿吨石油当量,比2010年增长了8.8%,占世界总量的21.3%。中国是世界最大煤炭生产国和消费国,同时也是世界最大水电生产国。2011年亚太地区一次能源消费总量为48.03亿吨石油当量,比2010年增长了5.4%,一次能源消费总量占世界总量的39.1%。亚太地区,特别是中国仍然在全球能源消费市场中占主导地位(图5)。

2010年世界石油产量为39.97亿吨,比2009年增长了1.3%(表15),即每日增产110万桶。石油输出国组织国家产量为16.96亿吨,比2009年增长3.0%。非石油输出国组织国家的石油产量(不包括原苏联国家)为16.40亿吨,比2009年下降了0.1%。在石油输出国组织国家中,增产最多的是沙特阿拉伯,平均每日增产120万桶,其他增产较多的还有阿联酋、卡塔尔和伊拉克等,这几个国家的大量增产完全弥补了利比亚石油减产(日减产120万桶)带来的供应缺口。与此同时,沙特阿拉伯、阿联酋和卡塔尔的石油产量也均创造了本国石油产量的历史最高纪录。2011年,非石油输出国组织国家石油产量普遍下降,但美国、加拿大、俄罗斯和哥伦比亚等国石油产量的大幅增加大大弥补了英国和挪威等老牌石油生产国大幅减产带来的缺口。美国石油产量连续第三年增产,平均日增产28.5万桶,也是本年非石油输出国组织中石油产量增产最多的生产国。在主要石油生产国中,沙特阿拉伯的石油产量为5.26亿吨,占当年世界产量的13.2%,比2010年增长12.7%,净增产5924.7万吨。阿联酋的产量增幅14.2%,净增产1867.4万吨。中国石油产量为2.04亿吨，比 2010 年增长了 0.3%，占当年世界产量的 5.1%。利比亚为 2011 年石油产量下降最多的国家。非石油输出国国家产量占全球产量的 41.0%，比 2010 年所占份额减少了 17.2%。

由于石油精炼能力增加了 140 万桶/日，全球精炼生产能力利用率下降到 81.2%。生产能力的增加全部集中在非经济合作与发展组织国家，而经济合作与发展组织国家精炼能力减少了 31 万桶/日。美国精练生产能力大幅度增加，首次成为有史以来的石油精炼产品净出口国。

表 15　　2006～2010 年世界主要矿产品产量

矿　产	单　位	2006 年	2007 年	2008 年	2009 年	2010 年
钢	亿吨	13.44	13.3	12.2	14.3	15.3
铁矿石	亿吨	20	22	23	25.9	28
锰矿石和精矿	万吨，锰	3336	3554.11	3287.44	4216.71	4592.82
铬矿石和精矿	万吨	2373.23	2432.02	2023.76	2714.96	2692.54
镍(矿山产量)	万吨	156.81	149.7	136.26	152.93	183.14
镍(精炼)	万吨	144.65	135.57	135.76	143.28	166.17
钴	吨	65500	75900	62077	79270	82247
钨(矿山产量)	吨	64055	64717	76301	82874	90396
钼(矿山产量)	万吨	21.35	22.33	22.37	24.23	26.91
钒(矿山产量)	吨	58500	55500	53500	57600	60000
铜(矿山产量)	万吨	1554.8	1567.08	1588.19	1613.44	1624.24
铜(精炼)	万吨	1804.01	1849.6	1861.26	1917.66	1979.13
铅(矿山产量)	万吨	368.32	380.79	385.82	437.54	470.01
铅(精炼)	万吨	822.07	892.97	886.51	946.99	1003.91
铅(再生)	万吨	438.93	462.57	476.09	516.29	523.57
锌(矿山产量)	万吨	1107.13	1180.85	1153.91	1237.34	1276.16
锌锭	万吨	1141.95	1172.55	1128	1286.47	1314
铝土矿	万吨	20901.44	21746.89	19303.79	22230.37	24058.67
氧化铝	万吨	5448.4	5595.8	4994.6	5161.7	5312.4
原铝	万吨	3818.6	3966.89	3712.67	4191.13	4462.41
再生铝	万吨	966.22	879.1	778.24	823.22	871.57
镁	万吨	784.47	735.75	594.2	751.4	759.7
钛(矿山产量)	万吨 TiO_2	508.92	505.04	444.63	508.32	509.67
海绵钛	万吨	15.04	16.44	14.24	15.42	20.33
金红石精矿	万吨	56.4	63.9	55	67	70
钛铁矿精矿	万吨	572	580	530	580	600
锡(矿山产量)	万吨	34.63	31.49	31.65	31.79	30.06

续表 15

矿　　产	单 位	2006 年	2007 年	2008 年	2009 年	2010 年
锡(精炼)	万吨	35.06	34.34	33.57	35.55	36.67
锑(矿山产量)	吨	181468	119374	130813	152851	153742
镉	吨	18198.5	21986.9	20729.1	23123.3	22988.7
汞(矿山产量)	吨	1293.2	1796.1	1476.8	1784.9	1767.2
铋(矿山产量)	吨	4530.3	4726.47	4023.7	3698.1	3643.9
金(矿山产量)	吨	2324.4	2286.3	2481.1	2549.5	2588.7
银(矿山产量)	吨	20482.3	20764.7	21879.8	23395.6	23756
铂(矿山产量)	吨	202.2	182.9	187.9	189.7	198.6
稀土氧化物	吨	124000	124000	133000	133000	130000
硒	吨	2150.07	2240	2174.8	2120.3	2108.5
碲	吨	259.1	268.15	242.9	225	234.2
硫	万吨	6840	6960	6790	6810	6900
磷酸盐岩	万吨	15600	16100	16600	18100	19100
钾(K_2O)	万吨	3460	3500	2080	3370	3700
硼	万吨,B_2O_3	384	435	351	408	430
纯碱	万吨	4500	4600	4400	4750	4900
(天然+合成)						
萤　石	万吨	569	604	546	601	620
重晶石	万吨	763	805	613	785	780
石　墨	万吨	111	112	110	925	925
石　膏	万吨	15400	15900	14800	14700	14800
石　棉	万吨	220	209	207	201	200
膨润土	万吨	1190	1170	966	1060	1130
滑石和叶蜡石	万吨	762	751	743	721	720
高岭土	万吨	3900	3590	3300	3310	3330
硅藻土	万吨	210	220	184	182	180
石　油	亿吨	39.01	39.15	38.69	39.45	39.97
天然气	万亿立方米	2.96	3.06	2.96	3.18	3.28
煤	亿吨	64.08	67.94	69.05	72.55	76.95
铀(矿山产量)	吨	41282	43853	50535	54090	51875

资料来源:1.Mineral Commodity Summaries,2010,2011,2012;2.World Metal Statistics,March 2012;3.World Metal Statistics,Yearbook 2012;4.Minerals Yearbook,2009,2010;5.Industrial Mineral,2010,2011;6.BP Statistical Review of World Energy,June 2012。

2011年世界石油消费量为40.59亿吨，比2010年增长0.7%(表16)，即日消费量8800万桶的创纪录水平，但仍为当年化石燃料中消费量增长率最低的能源。亚太地区消费量13.16亿吨，比2010年增长2.7%，占当年世界石油消费量的32.4%。美国为世界最大的石油消费国，2011年石油消费量为8.34亿吨，连续第六年下降，较2010年下降了1.9%，在世界石油消费中所占比重为20.5%，只比整个欧洲的消费量略低。中国的石油消费量为4.62亿吨，比2010年增长5.5%，占世界石油消费量总量的11.4%。经济合作与发展组织国家消费量20.92亿吨，比2010年下降1.2%(日减少60万桶)，为六年来的第五次下降，也是自1995年以来的最低消费水平。非经济合作与发展组织国家消费量为19.67亿吨，比2010年增长2.8%，平均日增加消费量120万桶。中国仍为石油消费量增长最快国家，但低于10年消费平均增长率。全球消费量增长主要得益于世界经济的恢复和全球石油精炼产品消费量的迅速增长。从主要消费地区来看，亚太地区、北美地区和欧洲地区仍是石油的主要消费区，在世界消费总量中所占比例分别为32.4%、25.3%和22.1%。但从世界范围来看，2011年所有地区石油消费量均出现不同程度增长。

表16　　2007～2011年世界部分矿产品消费量

矿　产	单　位	2007年	2008年	2009年	2010年	2011年
镍(精炼)	万吨	135.54	129.82	130.63	142.42	165.38
原铝	万吨	3744.1	3690.41	3511.24	4057.49	4280.94
铜(精炼)	万吨	1814.05	1815.26	1817.78	1933.17	1947.19
铅(精炼)	万吨	838.19	894.37	882.53	954.12	1002.65
锌锭	万吨	1131.01	1150.83	1107.06	1246.4	1258.74
锡(精炼)	万吨	35.67	35.45	32.59	36.76	38.33
镉	吨	16058.2	16422.3	15846.4	16482.8	16175.3
金(需求)	吨	3985	4014	4379	4459	4486
银(需求)	吨	32582	33316	34868	37351	
铂	万盎司	827	799	704	767.5	
钯	万盎司	788.5	826.5			
石油	亿吨	39.7	39.6	39.09	40.32	40.59
天然气	万亿立方米	2.94	3.01	2.93	3.15	3.22
煤	亿吨油当量	31.84	32.86	33.47	35.32	37.24

资料来源：1. World Metal Statistics, Yearbook 2012；2. World Metal Statistics, March 2012；3. Minerals Yearbook, 2009, 2010；4. BP Statistical Review of World Energy, June 2012；5. 中国贵金属，2011年，2010年，2009年。

由于世界石油生产和消费存在极为严重的区域不平衡性，因此世界石油贸易量很大。2011年世界石油贸易量为26.85亿吨，平均日消费量54.6万桶，比2010年增长了1.9%。其中原油贸易量18.95亿吨(表17)，成品油贸易量7.91亿吨。石油贸易量占世界石油消费量的62%，比10年前增长了58%；原油贸易量占世界石油产量的47.4%。世界石油贸易一般分为原油贸易和成品油贸易，2011年原油贸易量占全球石油贸易量的71%。北美既是石油的主要生产区，又是石油的主要消费区，但由于石油消费增长迅速，本地供给远远满足不了不断增长的需求水平，因此北美地区也是世界最大的石油进口地区。2011年美国的原油进口总量为4.45亿吨，较2010年下降了2.4%，占世界原油进口总量的23.5%。亚洲目前与美洲并列世界第一大石油消费区，2011年原油进口量8.79亿吨，占世界总量的46.4%。中国和日本分别是世界第二和第三大石油消费国。中国近年来石油年进口依赖程度不断上升，2011年中国进口原油2.53亿吨，比2010年增长了7.7%，原油进口量占当年原油消费量的54.8%，居世界第二位。日本国内石油资源极少，几乎完全依赖于进口,2011年原油进口总量为1.77亿吨,占世界总进口量的9.4%。欧洲是发达国家集中的地区,石油消费量很高,但只有俄罗斯、挪威和英国三个重要石油生产国,石油产量无法满足本地区的石油需求,因此每年都要从其他地区进口大量石油,石油进口主要来自中东地区。中东地区石油出口总量占世界出口总量的46.4%;前苏联地区石油出口量占世界出口总量的16.9%。美国石油净进口量比2005年高峰期低29%。中国和日本石油净进口量均比上年略有下降。

表17

2009~2011年世界部分矿产品贸易量

矿产	单位	进口			出口		
		2009年	2010年	2011年	2009年	2010年	2011年
镍(东西方贸易)	万吨	64.01	66.87	68.95	57.64	58.21	70.24
铝土矿	万吨	4458.09	5715.71	7503.38	3291.49	5132.52	6868.08
氧化铝	万吨	2826.55	2823.35	2449.26	3149.43	3670.24	3724.53
铝	万吨	1822.22	2044.41	2073.73	1928.85	2087.53	2136.11
铜(精炼)	万吨	816.41	795.47	773.77	864.17	836.2	835.2
铅(精炼)	万吨	173.86	164.81	170.87	168.35	157.36	175.29
锌锭	万吨	366.62	364.96		383.95	384.11	434.01
锡(精炼)	万吨	26.88	27.49	28.46	24.42	26.31	27.66
石油(原油)	亿吨	18.93	18.76	18.95	18.93	18.76	18.95
天然气	亿立方米	8765.4	9752.2	10252.3	8765.4	9752.2	10252.3

资料来源: 1.World Metal Statistics, Yearbook 2012; 2.World Metal Statistics, March 2012; 3.Minerals Yearbook, 2009, 2010; 4.BP Statistical Review of World Energy, June 2012; 5.中国贵金属,2011年,2010年,2009年。

2011年布伦特平均油价为111.26美元/桶,比2010年上涨40%(表18)。年初利比亚石油供应中断以及一些生产国供应出现问题推动了石油价格的急剧上涨。

表18

2007~2011年世界主要市场原油价格

单位:美元/桶

年份	WTI	布伦特	迪拜	米纳斯	塔皮斯	辛塔	大庆	欧佩克
2007	72.26	72.52	68.37	73.51	77.85	70.17	71.39	69.10
2008	100.06	97.26	94.18	101.00	104.90	93.74	96.73	92.73
2009	61.92	61.67	61.91	64.95	65.07	60.63	59.96	61.06
2010	79.45	79.50	78.08	82.27	82.72	78.10	78.45	77.39
2011	95.04	111.26	106.18	_	_	_	_	_

资料来源: 国际石油经济,2012年,第3期。

2011年世界天然气产量为32762亿立方米,比2010年增长3.1%。美国是世界天然气产量增长的主要驱动力,也是连续第五年占有最大增量。美国天然气产量增加7.7%,产量再创历史记录,继续为世界第一大天然气生产国。非传统资源的开发和大量钻探工作的投入是美国天然气产量增加的主要原因。其他产量增长较多的生产国还有卡塔尔(增长25.8%),俄罗斯(增长3.1%)和土库曼斯坦(40.6%),这些国家的大幅度增产大大弥补了利比亚(减产75.6%)和英国(减产20.8%)产量下降带来的损失。受印度和印度尼西亚天然气产量大幅减产的影响,亚太地区天然气产量比上年下降了0.9%。卡塔尔占有了世界天然气第二大增量(增产301亿立方米),源于其向阿联酋管道天然气供应量持续增加。利比亚和英国为2011年天然气产量下降最大的国家,分别比2010年减产127亿立方米和119亿立方米。

2011年世界天然气消费量32229亿立方米,比2010年增长了2.2%,即增加699亿立方米。除欧洲外,其他地区的消费量均呈现不同程度增长。中国天然气消费量增长最多,比2010年增长21.5%,达到新的历史记录。美国(增加168亿立方米)、沙特阿拉伯(增加116亿立方米)、日本(增加110亿立方米)和俄罗斯(增加104亿立方米)消费量也有较大幅度增长,均创下各自的历史记录。受经济不景气,天然气价格高涨,暖冬和可再生能源发电量的持续增长等因素的影响,欧盟国家天然气消费量出现了有史以来的最大下降,减少了490亿立方米。

受天然气消费量增长速度普遍放缓的影响,2011年全球天然气贸易量仅增长4%,比2010年减少了近4个百分点。液化天然气发货量3308亿立方米,比2010年增长了10.1%,主要是因为卡塔尔发货量增长了34.8%,其增加量占当年液化天然气发货量增量的87.7%。液化天然气进口国中,日本、韩国、英国和西班牙进口量增长最多。液化天然气贸易量占世界天然气贸易量的32.3%。管道天然气发货量增长1.3%,主要是因为俄罗斯出口量增加。

2011年煤消费量比2010年增长5.4%,为2011年度消费增长最快的化石燃料。目前煤消费量占世界能源消费量的30.3%,为1969年以来所占份额最高的一年。中国2011年煤消费量31.1亿吨,比2010年增长9.7%,占世界煤消费量的49.4%,占世界煤消费量增量的84.9%。由于美国消费量下降较多,导致北美国家消费量比2010年下降4.6%。世界其他地区消费量则均比上年有所增长,但增长速度普遍变缓。受美国和日本消费量下降影响,经合组织国家消费量比2010年下降1.1%。在中国消费量大幅增长的拉动下,非经合组织国家消费量比2010年增长8.4%。全球煤产量增长6.1%,中国增长8.8%,约占全球增长的2/3。亚太国家产量也增长较大,占世界产量的份额达67.9%。

2011年世界核能产量下降4.3%,为有史以来的最大下降。日本和德国核能产量下降幅度最大,分别下降了44.3%和23.2%。中国和欧洲水电发电量大幅下降,但北美国家由于雨量充沛水电发电量大幅增长,进而使2011年世界水电发电量增长了1.6%。中国水电发电量比2010年下降3.9%,占世界总量的19.8%。可再生能源的消费量继续增长,在全球能源消费构成中所占比例逐渐加大。受有利的环境政策影响,中国和美国风能发电能力大幅增加。

总的来看,全球重要产油区,西亚北非地区的一些国家自2011年初始局势出现动荡不安,导致国际油价大幅飙升。石油输出国组织产量近期因西亚、北非局势不稳而略有下降,但其剩余产能及非石油输出国组织成员国的产量增加足以满足缺口,供需可以实现基本平衡。日本核泄漏事件令全球重新谨慎审视未来核电产业发展,对原油价格走高产生有力支撑。在此背景下,替代能源的重要作用日趋显现。天然气和煤炭在能源市场的比重上升,特别是相对而言价格低廉、供应充足、使用安全的煤炭,需求将快速增长,未来煤炭价格与油价的联动性将进一步增强。

2. 世界钢铁市场需求增速趋缓,铁合金金属矿产品产、消量增速普遍放缓

进入2011年以来,全球经济逐步复苏,钢铁行业的生产积极性明显增加,钢铁需求回升。据世界钢铁协会(world steel Association)统计,2011年全球粗钢产量增长6.8%,至15.27亿吨;除日本和西班牙以外的其他所有钢铁生产大国产量均实现增长。2011年6月份以前全球粗钢产量的上升主要受全球经济继续复苏的影响,全球粗钢产能利用率整体攀升,即使出现了日本地震这样的影响到日本粗钢产量同比下降的事件也未能阻止全球粗钢产量的上升之势。不过2011年6月份以后,随着世界经济复苏的进程的放缓,全球钢材消费量的复苏显然受到一定程度的抑制进而影响到全球粗钢产量的下降,6月份以后全球粗钢月度日产量明显降低。受包括中国在内全球钢铁企业重新计划减量生产的影响,四季度全球粗钢产量有环比继续下降的趋势,不过即使如此全球粗钢产量在2011年也再创历史新高。

分地区来看,2011年全球粗钢产量只有非洲比上年减少,其他地区粗钢产量皆呈现正增长趋势,其中欧盟、北美洲、独联体等地区钢产量增速低于全球钢产量增速,主要是由欧美发达国家中主要产钢国产量增速较低所致;而南美洲、中东、亚洲以及非欧盟和独联体之外的欧洲国家钢产量增速则明显偏高;非洲钢产量减少则是受部分国家战乱影响。欧盟国家中粗钢产量比较高的是德国、意大利、法国和西班牙,其中德国钢产量最高,产量4429万吨,占世界钢产量比重为2.9%;欧盟外欧洲国家中,产量最高的是土耳其,2011年产量为3410万吨,产量同比增幅高达17.0%,在欧洲各国中增幅最高;独联体国家中俄罗斯钢产量最高,产量6874万吨,不过较去年同期增幅仅2.9%,其占世界钢产量比重为4.5%。美洲国家中钢产量较高分别是美国、巴西和墨西哥,美国产量为8625万吨,同比增幅7.1%,占世界钢产量的比重为5.6%。亚洲国家中产钢量最高的是中国,产量6.83亿吨,占全球粗钢产量比重达到了44.7%,比2010年增长7.2%;产量增幅最高的是韩国,其6847万吨的钢产量较2010年同期增幅高达16.2%;日本则由于地震影响钢厂生产的原因,产量同比下降1.8%,为10760万吨。扣除中国后全球粗钢产量在2011年达到了80680万吨,同比增幅为2.0%,低于全球粗钢产量的增幅,说明中国粗钢产量

的增长对世界粗钢产量的继续增加具有重大贡献。

中国是世界第一大产钢国,并且是产量增加最多的国家,2011 年的粗钢产量为 6.83 亿吨,较 2010 年增长 7.2%。2011 年中国粗钢产量占全球粗钢总产量的比例提高至 44.7%。而排名 2 到 6 位的日本、美国、印度、俄罗斯和韩国 5 国的钢产量总和仅为中国钢产量的 59.0%。日本为第二大产钢国,产量为 1.1 亿吨,同比下降 1.8%。美国钢产量为 8625 万吨,排世界第三,俄罗斯钢产量为 7220 万吨,世界产量排名第四。其他重要产钢国有印度、韩国、德国、乌克兰、巴西和土耳其等。从 2000 年开始,“金砖四国”(中国、巴西、印度和俄罗斯)的钢产量占世界钢产量的比重迅速提高,从 2001 年的 31%提高到 2011 年的 60.2%,在此期间中国粗钢产量的增量占世界粗钢产量增量的绝大部分,世界新增粗钢产量基本上来自中国。

2011 年世界铁矿石产量 28.0 亿吨,比 2010 年增长 8.1%。除了澳大利亚、巴西和印度等少数国家增产较多外,大部分国家铁矿石产量都与 2010 年持平或略有下滑。2011 年中国铁矿石产量为 6.0 亿吨(按照世界平均 63%~64%的品位折算),较 2010 年增加 0.7 亿吨,同比增幅为 12.1%。其他重要铁矿石生产国有澳大利亚(4.8 亿吨)、巴西(3.9 亿吨)和印度(2.4 亿吨)。

随着世界经济的进一步恢复,2011 年世界铁矿石海运贸易量估计为 10.9 亿吨,与 2010 年相比增长 2.8%,出口增长主要来自澳大利亚和巴西。世界铁矿石主要出口国有澳大利亚、巴西、印度、南非、加拿大和瑞典等国。2011 年澳大利亚是世界最大的铁矿石出口国,共计出口铁矿石 4.23 亿吨,同比增长 5.2%;巴西出口量增长 3.9%至 3.23 亿吨;印度是第三大出口国,出口量为 0.92 亿吨,比 2010 年下降了 4.2%。

多年以来,全球铁矿石的海上贸易一直由澳大利亚、巴西以及印度和南非等国控制。最近几年世界铁矿石贸易格局发生了巨大变化,中国已经完全取代日本和西欧成为铁矿石的主要进口国。虽然中国拥有很大的铁矿石工业,但是其铁矿石产量难以满足国内日益增长的需求,目前很大比例需要通过进口铁矿石来解决,从而造成近年中国铁矿石进口量持续大幅度增长。中国是世界最大的铁矿石进口国,2011 年进口铁矿石 6.49 亿吨,约占世界铁矿石进口总量的 60%,比 2010 年增长 4.8%。我国铁矿石的来源主要包括国产矿和进口原矿,国产矿来自钢铁企业的自有矿山和独立的矿山企业,进口矿主要来自澳大利亚、巴西和印度等国。尽管我国铁矿石产量近年来保持连续增长,由 2001 年的 2.2 亿吨增长至 2011 年的 13.3 亿吨,年均增长率为 19.9%。然而,我国铁矿石品位低于世界平均水平,所以中国铁矿石最终产品的数量要比原矿产量低许多,远不能满足我国钢铁生产需求。因此,进口铁矿石是我国铁矿石消费的重要来源。我国铁矿石进口量由 2002 年的 1.12 亿吨增长至 2011 年的 6.86 亿吨,年均增长率为 22.4%,我国对进口铁矿石的依存度受近两年需求增速放缓的影响已经从 2009 年的近 70%降至 2011 年的不到 60%。

2011 年对于全球钢铁企业都不可回避的一个问题,即炼钢原燃料成本的增加,作为炼钢主要的原料的铁矿石、废钢和焦炭价格在 2011 年都出现了明显的攀升,尤其是铁矿石价格涨幅更是惊人。原来全球主要矿石供应商之一的印度已经限制铁矿石,尤其是高品位铁矿石的出口;而另外几家主要铁矿石主要供应商巴西和澳大利亚的三大矿山因坐拥足以垄断全球铁矿石供应的资源而“漫天要价”,使得国际铁矿石供应市场几乎完全处于卖方市场,致使铁矿石价格在 2011 年几乎呈现出一路攀升的单边上涨局面。而在这方面,作为全球第一大铁矿石进口目的地的中国首当其冲受到最大冲击,钢铁行业出现销售额上涨而利润却下降的情况。2011 年 1~9 月份中国进口铁矿石价格达到 165.74 美元/吨,较 2010 年全年价格上涨幅度达到 36.2%,因铁矿石价格上涨而带来的炼钢成本的增加已经成为钢铁企业的“不可承受之重”。钢铁生产成本增加带来利润的降低,而在利润的降低将使得全球产能已经过剩的钢铁企业竞争激烈程度加剧,因而直接导致了贸易保护主义之风愈演愈烈,贸易摩擦也随之不断升级。另外铁矿石价格的持续上涨也引发了新的资源投资热潮,尤其是中国钢铁企业“走出去”投资矿山的明显增加;而铁矿石资源比较丰富的印度,钢铁企业则开始着手到境外去投资焦煤资源;当然作为铁矿石供应方的各大矿山在“惜售保价”的同时也没有忘记扩大未来产能。

2011 年以来,随着全球经济增速放缓和钢铁需求下降,世界钢铁工业的发展普遍放慢,2011 年世界铁合金金属的产量、消费量和价格虽然有增有减,但增减幅度均明显变小。

2011 年世界不锈钢产量仅比 2010 年增长 0.2%,从而导致铁合金矿产产量增速普遍放缓(部分矿产产量小幅下降)。2011 年世界铬铁矿产量 2692.5 万吨,比 2010 年下降 0.8%。南非铬铁矿产量为 1076.2 万吨,同比下降 0.5%。中国拥有巨大的铬铁生产能力,但由于中国国内铬矿资源缺乏,矿石产量很少,加上矿石质量差,大部分资源地处边远地区,运输困难,运费高等原因,因此不得不进口大量的铬铁矿,从而使近年铬矿进口量保持持续增长态势。中国目前为世界重要的不锈钢生产国,2011 年不锈钢产量 1125.6 万吨,占世界总产量的 36.4%,预计今后几年将成为世界重要的不锈钢出口国。钒铁市场从2009年开始供大于求，2011年钒铁市场继续呈现供大于求。2011年世界钒产量为6.0万吨，比2010年增长4.2%，2011年中国钒产量2.3万吨，比2010年增长4.3%，占世界总产量的38.3%；南非占33.3%；俄罗斯占25%。钢铁工业消费了钒产量的92%，钒的生产及消费市场均与钢铁行业密切相关。随着世界经济的逐渐恢复，2011年国际市场钒铁和五氧化钒价格只出现了小幅上涨。2011年，钒铁均价为16美元/磅，五氧化钒均价为6.65美元/磅，均比2010年略高。2011年，世界钼矿山产量26.91万吨，比2010年增长11.1%，而同期中国的钼矿山产量却增长12.7%，即从2010年的9.36万吨增至2011年的10.55万吨。中国钼产量位列全球第一，占当年全球产量的39.2%。2011年世界钼产量23.3万吨，消费量估计为20.8万吨，供应过剩8800吨，由此导致钼价持续下跌，市场需求低迷。2011年初世界经济复苏形势尚好，市场对实体经济复苏预期乐观，钼价延续2010年上涨态势。然而3月份日本地震及海啸之后引发日本钼需求短期下降，5月份美国第二次量化宽松货币政策(QE2)接近结束，美元升值，钼价环比下降。8月份，美国主权信用被标普从AAA降为AA+，欧债危机再次爆发，加之欧美一系列数据表明经济复苏前景黯淡，多重打击令投资者信心严重不足，纷纷逃离市场，钼价一跌再跌。其中，2011年欧洲桶装氧化钼均价为15.4美元/磅钼，同比下降1.8%，全年高位为2月份的17.8美元/磅钼，低位为10月份的12.7美元/磅钼；西方钼铁(65%~70%Mo)均价为37.9美元/千克，同比下降3.2%，全年高位为2月份的44.1美元/千克，低位为10月份的31.3美元/千克。

总的来看，2011年铁合金金属生产在世界钢铁生产增速放缓的影响下，市场需求普遍下降，部分矿产出现了不同程度的供应过剩，由此导致大部分铁合金金属矿产品价格下跌。

世界经济持续低迷，钢铁需求增速不高。尽管新兴市场一直保持着领先于发达国家的需求增速，但预计今后几年主要消费国需求增速可能放缓。在各国回归制造业、促进基础工业投资的政策刺激下，全球钢铁产能不断攀升。全球铁矿石、焦炭、能源等原燃料价格持续处于高位的局面不会出现根本性改变，钢铁生产成本增加。预计今年全球铁矿石市场将会整体供给略大于需求。但由于供应高度垄断，矿企对生产供应有较强调节能力，加之澳大利亚等主要矿石出口国的产业和贸易政策增加交易成本，因此铁矿石价格不会出现较大幅度下跌，相关铁合金矿产品的价格也将保持缓慢下跌趋势。

3. 有色金属市场供应充足，大多数矿产品价格涨幅趋缓

2011年，世界6种主要有色金属(铜、铝、铅、锌、锡、镍)总产量为8962万吨，比2010年增长6.8%，其中镍产量增长幅度最大，为16.0%，铝和铅产量次之分别为6.5%和6.0%，铜和锡均增长了3.2%，锌增长幅度最小，仅增长了2.1%。上述6种有色金属消费量合计为8693万吨，比2010年增长10.8%，其中镍消费量增长幅度最大，为16.1%，铝和铅次之，分别增长了5.5%和5.1%，锡消费量增长了4.3%，而锌和铜消费量增涨幅度很小，仅分别增长了1.0%和0.7%。铝和锌供应较充足，铜供应略有盈余，铅和镍基本供需平衡，锡存在一定程度的供应缺口(表19)。

表19　　2011世界主要有色金属供求状况　　单位：万吨

项　目	铜	铝	铅	锌	锡	镍
世界产量	1979	4462	1004	1314	36.67	166
世界消费量	1947	4281	1003	1259	38.33	165
供求平衡	32	181	1	55	-1.66	1
库存量	98.48	699.85	58.1	161.91	2.99	9.68
年底库存消费比(周)	2.6	8.5	3.0	6.7	4.1	3.1
正常库存消费比(周)	5.5	5.5	4	5	5	5
产量与2010年相比增长(%)	3.2	6.5	6.0	2.1	3.2	16.0
消费量与2010年相比增长(%)	0.7	5.5	5.1	1.0	4.3	16.1

资料来源：根据《World Metal Statistics》Yearbook 2012资料计算。

2011年,中国、俄罗斯、巴西、印度和南非等金砖国家的经济持续增长,对有色金属的需求继续增加,6种主要有色金属产量所占世界产量的比例已达51.0%,6种主要有色金属消费量所占世界消费量的比例已达49.9%,金砖国家经济发展的快慢对世界有色金属工业的兴衰有着决定性作用。

2011年,随着世界经济的恢复,世界有色金属市场也逐渐步入良好发展轨道。大多数有色金属矿产供需两旺,年平均价格普遍大幅度上涨(表20)。全年LME有色金属年均价格的总体水平高于2010年,但价格上涨幅度已经明显低于上年。在6种主要有色金属中,锡和铜为价格上涨幅度最大的矿产品,他们的年平均价分别比2010年上涨了28.0%和17.1%;铅和铝的年平均价分别比2010年上涨了11.8%和10.4%;镍和锌的年平均价格上涨幅度最小,只分别上涨了5.0%和1.5%。其他有色金属价格虽然也普遍上涨,但上涨幅度明显低于2010年。

表20　2008~2011年LME主要金属现货价格(年平均价)　单位:美元/吨

品　种	2008年	2009年	2010年	2011年	2011年比2010年增长(%)
铜	6956	5150	7535	8821	17.1
铝	2573	1665	2173	2398	10.4
镍	21111	14655	21809	22894	5.0
锡	18510	13574	20406	26113	28.0
铅	2091	1719	2149	2402	11.8
锌	1875	1655	2161	2193	1.5
金(美元/盎司)	872.54	972.97	1225.46	1569.58	28.1
银(美元/盎司)	15.02	14.65	20.16	35.11	74.2

资料来源:《World Metal Statistics》Yearbook 2012。

2011年世界精炼铜产量1979.13万吨,比2010年增长3.2%,消费量1947.19万吨,同比增长0.7%,市场供应略有过剩。在世界主要消费地区中,亚洲地区的铜消费量占世界铜消费量的63.2%。中国仍是拉动世界铜消费增长的主要动力,2011年中国消费量增长了7.2%,净增消费量52.9万吨,而同期世界消费量仅增加了14.0万吨;美国由于建筑业和汽车制造业市场消费依然乏力,全年消费量基本与上年持平。总之,2011年在美国经济继续恢复减慢、欧债危机漫延和新兴经济国家经济增长减速的共同影响下,市场需求乏力,国际市场铜价呈现持续缓慢下跌的态势。1月LME三个月期铜平均价为9535美元/吨,现货平均价为9556美元/吨。此后随着全球经济形势的发展,铜价开始了波动下跌的历程。现货全年最高价为2月的10148美元/吨,最低为10月的6785美元/吨;年底LME三个月期铜平均价跌至7592美元/吨,现货平均价跌至7568美元/吨,分别比年初下跌了20.4%和20.8%。

2011年世界原铝产量为4462.41万吨,比2010年增长6.5%。世界原铝消费量为4280.94万吨,比2010年增长了5.5%,净增消费量223.45万吨;而中国原铝消费量增加了177.42万吨,汽车产量缓慢增长以及房地产产业的好转是中国铝消费量增长的主要原因。从世界范围来看,原铝的主要消费市场还是在亚洲,特别是中国。2011年亚洲原铝消费量2651.13万吨,占当年世界消费量的61.9%,而中国所占比例高达41.6%。由于西方主要工业国的实体经济从世界性经济危机中迅速恢复,从而导致西方原铝需求增加,西方世界原铝消费量2293.31万吨,比2010年增长2.0%,所占世界消费量的份额达54.1%。虽然需求增加,但市场供应量大大高于需求,由此导致市场供应过剩,世界铝商业库存开始增加,12月底库存699.9万吨,较2010年年底增加了近20万吨。2010年国际市场铝价也呈现波动性下滑的势头,但波动范围和上涨幅度均大大小于铜。伦敦金属交易所三个月铝期货价格在2011年1月为2455.43美元/吨,之后,随着全球需求的回暖,铝价开始上涨,在4月初达到全年的峰值2685.50美元/吨,之后从5月开始铝价一路下跌,并在12月达到2032.35美元/吨的全年最低价位。2011年LME现货平均价和三月期货平均价分别为2398.27美元/吨和2421.812美元/吨,分别比上年平均价增长10.4%和10.2%。

2011年世界精铅产量为1003.91万吨,较2010年增长6.0%,消费量1002.65万吨,同比增长5.1%,供应略有过剩。中国是世界精铅生产和消费大国,2011年精铅产量461.52万吨,比2010年增长9.9%。自2003年中国超过美国成为全球第一大精铅生产国后,产量逐年增长,而且占世界产量的比例也在不断增加,2011年已经达到46%。同年中国精铅消费量462.99万吨,占世界消费量的比例为46.2%。当年中国精铅消费量增加了41.71万吨,而同年世界消费量增加了35.54万吨,这反映出中国精铅的生产和消费对世界精铅的生产消费形势有着及其重要的影响。2011年中国精铅出口量1.02万吨,仅占当年世界精铅出口量的0.6%,出口量比2010年少了1万多吨。全年LME铅价总体呈现前高后低的态势,LME三月期铅从年初开始一路走高,4月涨至2684美元/吨,此后5月下跌至2401美元吨之后再度上涨,至7月达到全年价位高点2698美元/吨。此后LME三月期铅的表现可用一泻千里来描述,10月下旬最低跌破1800美元/吨至1772美元/吨。2011年LME现货平均价为2402美元/吨,比2010年上涨11.8%;三月期货平均价为2393美元/吨,同比上涨10.2%。铅价上半年总体保持相对高位主要是因为当时市场对欧债危机缓解、全球经济总体向好信心依然较强,美元持续走软。下半年欧债危机进一步蔓延深深地打击了投资者市场信心,从而导致铅价一跌再跌。

2011年,世界锌产量为1311.72万吨,比2010年增长2.2%,世界锌消费量为1259.04万吨,同比增长1.5%。世界锌消费增长仍主要来自中国。中国由于近几年镀锌板产量持续大幅增加导致锌消费持续增长。2011年锌消费量546.99万吨,比2010年增长3.1%,净增16.43万吨。2011年国际锌市场供大于求,全年供应过剩55万吨左右,由此导致LME库存增加到82.03万吨。2011年LME锌现货平均价为2193美元/吨,比2010年上涨了1.5%;三个月期货锌年平均价为2212美元/吨,同比上涨1.2%。2011年LME期货平均价最高为2月的2490美元/吨,最低为10月的1881美元/吨,跌幅高达32.4%。2011年LME现货平均价最高为2月的2545美元/吨,最低为9月的1750美元/吨,跌幅高达45.4%。2011年年底LME锌金属库存为35.17万吨,比2010年增加了14.3万吨。

2011年,世界锡产量为36.67万吨,比2010年增长3.2%;世界锡消费量为38.33万吨,同比增长4.3%。2011年国际锡市场供不应求状况未见好转,供应缺口为1.7万吨。中国、印度尼西亚和马来西亚等主要生产国产量大幅增加(三个国家净增加1.7万吨),但由于上半年市场需求旺盛,全年市场供应出现短缺。2011年四季度,LME库存急剧下降,在三个月内下降到2010年9月份水平,仅12000吨左右。造成库存下降的原因有二:一是印尼冶炼厂停止出口切断了LME库存的主要来源;二是中国在国内外价差较大的情况下,大量进口锡锭。2011年,伦敦金属交易所锡现货和三月期货年均价分别为26113美元/吨和26114美元/吨,同比上涨28.0%和27.9%。2011年,国际锡价呈现先涨后跌的走势。上半年价格在24600~33255美元/吨间波动。一季度,价格整体延续2010年下半年以来的上涨势头,虽期间受利比亚政局动乱和日本大地震的影响出现短时回落,但受全球锡市供不应求趋势的影响,仍不断打破历史纪录,并最终于4月初创下33255美元/吨新高,之后,锡价进入下跌通道,6月最低跌至24600美元/吨。进入下半年以后,受欧洲债务危机等宏观经济因素影响,锡市消费清淡,锡价呈现波动下滑,年末一度跌破19000美元/吨,最低为18610美元/吨,比4月初的高点回落约44.0%。2011年锡价涨幅在伦敦金属交易所基本金属中居首位。

2011年世界精炼镍产量166.17万吨,比2010年增长16.0%,消费量为165.38万吨,同比增长16.1%,但全年镍市场供应略有过剩。2011年中国镍产量为59.58万吨,消费量为82.86万吨,供应缺口为23.28万吨。世界镍产量大幅增加的原因有二:一是随着世界不锈钢产量的增长,镍的需求大幅增加,许多前几年因各种因素减产或停产的企业陆续恢复生产,导致全球镍产量增加明显;二是中国镍铁产量的快速增加。2011年我国镍铁产量为25万吨(镍金属量),已超过我国原生镍产量的1/2,镍铁在我国乃至全球镍行业的地位愈发重要。根据中国海关统计数据显示,2011年中国进口镍矿总计4806万吨,比2010年增长92.4%。同时中国仍保持较大的精炼镍的进口量,全年进口精炼镍21.2万吨,占当年世界精炼镍进口贸易量的30.8%。国际镍业研究小组INSG在2012年2月16日的月度报告中称,2011年全球镍市场供应过剩17000吨。截至2011年年底,全球镍库存90500吨。2011年,伦敦金属交易所镍现货年平均价为22894美元/吨,比2010年上涨5.0%。2011年初,伦敦金属交易所镍价继续着2010年的上涨走势。2月现货价格最高达到29030美元/吨。之后至6月,价格一直在28000~21000美元/吨之间波动,从7月开始,受欧洲债务危机等宏观经济因素影响,镍价开始一路下滑,到年底跌至18154美元/吨。

2011年,受中国钨矿产量继续大幅增长影响,世界钨矿山产量比2010年增长了9.1%,增加产量7522吨,但主要增量仍然来自中国,当年中国钨产量增加4500吨,占世界钨矿产量增量的59.8%。2011年,国内需求依然强劲,钨在特钢和硬质合金中的消费量继续增长，加上钨在材料工业、化工工业中的消费增长，估计国内钨消费将达到3.7万吨金属量，较2010年增长10%左右。2011年国内黑钨精矿年均价13.9万元/吨，比2010年的8.4万元/吨上涨65%。全年黑钨精矿价格曾两次冲至高点。5月中旬，受前5个月环保治理整顿、电力持续紧张以及部分炒作和惜售因素的影响，钨精矿价格迅猛上涨至15.8万元/吨的高点。之后部分贸易商抛货引发价格回落，6月底，钨精矿价格回落至13万元/吨。之后到8月初再次回到15.7万元/吨的高位。然而，随着2011年第四季度世界经济持续恶化，国内经济增速放缓，下游钨消费需求开始显著下降，特别是硬质合金行业生产和消费大幅减少，直接导致钨市疲软，价格开始下滑。11月价格下跌至13万元/吨，但与其他有色品种相比，钨价并没有持续大幅下跌，而是在12月份从13万元的价位小幅上涨，并最终以13.6~13.8万元/吨的价格收尾。据统计，欧洲APT价格基本跟随国内市场价格波动，只是相比较而言，波动幅度较小。2011年欧洲APT的平均价格在429美元/吨度，比2010年的238美元/吨度，上涨80%。全年最高价格出现在6月中旬，一度冲高至485美元/吨度，年末以430~445美元/吨度的价格报收。

总之，2011年在美国长期主权信用评级被下调、中国房地产调控、欧债危机漫延和新兴经济国家经济增长减速的共同影响下，有色金属市场需求乏力，铜、铝、铅、锌、镍等主要有色金属的产量和消费量尽管仍呈增长趋势，但增速普遍放慢。年初以铜为代表的有色金属价格走势也继续金融危机后的上涨行情，LME三月期铜价格于2011年2月15日以10184美元/吨创下历史新高(已超出金融危机前的最高价8940美元/吨)，SHFE三月期铜价格于2011年2月15日以76950元/吨创出金融危机后的新高。但是，2011年下半年，尤其进入四季度，在需求减弱、库存减少等多种因素作用下，以原油为代表的大宗商品和以铜为代表的有色金属价格纷纷出现大幅度下跌，全年有色金属价格走势呈现“前高后低”走势。2012年，有色金属市场仍在分化。受需求转旺、成本抬升、资金追捧等因素影响，铜价将呈震荡上行走势。目前铝产能过剩状况可能延续数年，铝市将呈弱势格局。

4. 贵金属金融属性增强，投资需求增加

2011年，对于贵金属市场来说是不平凡的一年，在这一年中战争、自然灾害、债务危机、政治变局以及经济增长放缓各种因素交织，使得无论是黄金还是白银，或是铂金、钯金等贵金属均走势跌宕，国际金价尽管延续了第11年的连续涨势，但在四季度出现“下滑”态势；白银价格在经历2010年近84%的上涨后3年来首次年度下挫，跌幅达到10.44%；铂金和钯金走势同样低迷，尽管钯金在2010年创下高达96.6%的涨幅，但是2011年却大幅下滑18.16%，铂金2011年也出现大幅下滑，经济增长放缓导致的工业需求下降是影响贵金属市场的主要原因。

据世界黄金协会统计，2011年世界黄金总供应量为4486吨，比2010年增长0.6%。造成供应量增加的主要原因仍然是矿产金总供应量大幅增加。2011年世界矿产金产量连续第三年增长，为2818吨，比2010年增长16%，再创历史记录。世界黄金价格近年持续增长是矿产金产量持续增加的主要动力。中国2011年矿产金产量371吨，为连续第12年增长，比上年增长5.7%，仍为世界第一大黄金生产国，产量占世界的份额为13.2%。尽管中国矿产金产量增加，但印度尼西亚矿产金产量大幅度下降使亚洲成为当年全球矿产金产量唯一大幅下降的地区。而非洲尽管南非矿产金产量继续持续下降，但由于布基纳法索、坦桑尼亚、科特迪瓦、苏丹和厄立特里亚的大幅增产使得非洲成为当年全球增产最多的地区。2011年全球再生金供应量1661吨，比2010年下降3.4%，占当年世界总供应量的47%。主要为发展中国家回收疲软所致。2011年官方净买入黄金455吨，创下20世纪60年代中期以来净买入的最高纪录。从需求方面来看，2011年世界黄金的总需求量4486吨，比2010年增长0.6%，其中珠宝首饰消费黄金1973吨，比2010年下降2.2%；是黄金的主要需求领域，占2011年黄金总需求的44%。实物金条投资达到1209吨的历史新高，比2010年增长37%，在总需求中所占份额也从2010年的19.8%增长到2011年的27%。制造业需求2759吨，比2010年下降0.9%，占总需求量的61.5%。全球首饰业消费疲软是制造业需求下降的主要原因。然而由于中国首饰业需求增长15%，达到496吨的历史新纪录，拉动了中国制造业需求的增长，由此使全球制造业需求仅仅轻微下降。此外，随着美元与其他主要货币汇率的波动，黄金的货币功能和战略保值功能愈来愈显重要，各国增加黄金储备以抵御贬值风险，因此增加黄金储备需求逐渐增大。

2011年全年黄金平均价格1571.52美元/盎司，比2010年上涨28.3%，再创历史记录。这一增幅为2006年以来年度最大增幅，远高于2001~2011年17%的年均增长率，为2001年年平均价271.04美元/盎司的5.8倍。2011年初到2月初，国际市场金价延续2010年年底下跌趋势，1月28日跌至全年低点1316美元/盎司。之后金价小幅波动上涨，至6月已经上涨至1505.50美元/盎司。从7月开始至9月初，金价经历了一轮大幅上涨过程，金价一路飞涨，至9月创下了1896.50美元/盎司的历史记录。2011年黄金市场现货年均价为1569.58美元/盎司,比2010年上涨了28%。总的来看,对世界经济恢复缺失信心和投资需求增长是国际市场黄金价格波动上涨的主要因素。

据黄金矿业服务公司(GFMS)统计,主要受黄金及铅锌矿的附带产量上升影响,2011年全球银矿产量上升1.4%,至7.616亿盎司。墨西哥成为最大白银生产国,其后是秘鲁、中国、澳大利亚及智利。全球2011年白银碎料供应量升至2.567亿盎司,因银价高企加速了银饰及银器的周转速度,全年白银制造业需求下降1.5%,至8.766亿盎司;但仍创下2000年来第二高位。其中,白银的工业使用量下降2.5%,至4.865亿盎司。2011年前三季度白银的工业需求旺盛,但欧债危机对第四季度工业需求造成严重影响。尽管需求总量小幅下降,但中国由于家庭消费、汽车制造及基础设施建设等消费领域需求旺盛导致的制造业白银需求上升5%。

2011年,国际白银价格出现近10年来的最好行情。年白银平均价达到35.11美元/盎司,比2010年上涨74.2%,再创1980年以来的历史新高。强劲的投资需求是银价再创新高的主要因素。2011年1~4月份白银价格一路上涨,飙升至49美元/盎司历史纪录后,在短短3日内暴跌33%,至33美元附近。5~9月份银价阶段性缓慢回涨至40美元/盎司,在9月下旬一路下探至26.1美元/盎司,跌幅36%。9~12月份,银价在30~35美元/盎司区间波动,并与12月底下探至3个月内低点26.16美元/盎司。2012年年初回涨至30美元/盎司。2011年LBMA白银定盘年均价35.31美元/盎司,同比2010年20.16美元/盎司,增幅75.14%。

从近几年的国际银市场来看,白银价格的走势与市场供求状况不存在必然联系。当国际市场白银价格超过6.0美元/盎司时,直接左右市场的就不是供需关系,而是投机、汇率等因素。近几年的国际白银市场多次证明了这一点,目前的白银供需现状对市场产生的直接影响力很小。短期内经济形势、美元汇率变化、黄金市场价格的波动、投资活动的剧烈变化、国际石油价格等仍然是决定银价的主要因素。同时,由于白银主要为铜、铅、锌和黄金等矿产的伴生矿产,因此白银相关金属行情的好坏,也影响着白银的市场。

2011年全球铂供应量为198.6吨,比2010年增长4.7%。主要供应地区有南非、俄罗斯、北美及津巴布韦。南非为世界最大铂生产国,2011年铂产量148.0吨,占世界产量的74.5%。俄罗斯为世界第2大铂生产国,2011年铂产量25.8吨,与2010年持平。铂总需求将达到251.3吨,上涨2.2%,除投资需求出现下降以外,其他各领域需求小幅增长或基本持平。但由于汽车行业、首饰行业铂回收量增加,2011年供应略大于需求,市场出现小幅过剩。

2011年铂价呈现前三季度箱体震荡,第四季度大幅走低的趋势。8月末铂价创三年新高,突破1900美元/盎司,但很快陷入下滑,9月份铂价跌幅超过400美元/盎司。年底,铂价再次下挫,跌穿1400美元/盎司,最低跌至1338美元/盎司,创近两年新低。铂价下跌原因有多种:供需出现过剩,欧债危机愈演愈烈,美元指数飙升,投资资金撤离,全球经济前景黯淡,日本地震及海啸,汽车增速不及预期等多种因素相互影响,将铂价打压至谷底。

2011年由于日本地震及欧洲债务危机蔓延,全球汽车生产成为重灾区。汽车生产疲软影响钯的需求,同时全球经济的不稳定令投资者从风险资产撤离,2011全年钯价也呈先涨后跌趋势,但整体与2010年相比下跌明显,年底收于636美元/盎司,比2010年下滑156美元。

总之,2011年,受世界经济形势恢复减缓、欧债危机漫延、日本地震和新兴工业国家经济发展速度减慢等因素的影响,世界主要矿产品市场供应和需求的增长均明显减慢,大多数矿产品年均价格虽然比上年有所上涨,但年内价格普遍呈先涨后跌趋势,而且下跌势头漫延到2012年年初。尽管中国、印度、巴西和俄罗斯等国经济增长速度大大放缓,矿产品需求增长幅度下降,但仍对世界矿产品市场的稳定增长有着巨大的拉动作用。

参考文献

1. British Petroleum Company. BP Statistical Review of World Energy, London, June 2012.

2. British Petroleum Company. BP Statistical Review of World Energy, London, June 2011.

3. James C. West etc., 2012. Global E&P expenditures to contract 12%. World Oil, Feb. p38 – 41.

4. Magnus Ericsson, 2012. E & MJ's annual survey of global mining investment. E & MJ, Jan/Feb. p24 – 29.

5. Marilyn Radler, 2010. E & P in sharper focus for 2010 capital expenditures. Oil & Gas Journal, 108(8), p24 – 27.

6. Marilyn Radler, 2011. Capital budgets to rise this year in North American and worldwide. Oil & Gas Journal, 109(10), p26 – 30.

7. Metals Economic Group, 2010. Corporate exploration strategies Volume I: a worldwide analysis.

8. Metals Economic Group, 2011. Corporate exploration strategies Volume I: a worldwide analysis.

9. Metals Economics Group. Base metals and gold acquisitions activity. Strategic Report, March/April 2012, p7 –

29.

10. Simon Walker, 2010, Breaking the rare - earth monopoly: a look at the rare - earth industry, and current developments aimed at reducing dependence on Chinese exports. E & MJ, December, p46 - 53.

11. U.S. Geological Survey. Mineral Commodity Summaries, January 2011, 2012.

12. World Bureau of Metal Statistics. World Metal Statistics, Yearbook 2012.

13. World Bureau of Metal Statistics. World Metal Statistics, Yearbook 2011.

14. 中国有色金属工业协会金银分会、中国有色金属工业信息中心,贵金属,2011年,2012年。

15. 中国有色金属工业信息中心,中国铅锌锡锑,2011年,2012年。

16. 中国有色金属工业协会,中国金属通报,2011年,2012年。

(刘树臣　闫卫东　奚　甡)

2011年全球油气资源勘探开发形势

2011年全球石油供需增速放缓,总体供略小于求。国际油价大幅攀升,高位徘徊震荡。油气勘探市场活跃,储量、产量保持了稳中有升的态势。石油剩余探明储量(以下简称石油储量)达到2086亿吨,同比增长3.6%;全球天然气剩余探明储量(以下简称天然气储量)达到191万亿立方米,同比增长1.5%。石油产量36.28亿吨,稳中略有上升,同比增长0.6%。天然气产量3.23万亿立方米,保持增长趋势,同比增长1.6%。

一、石油储量继续攀升

1.全球石油储量。2011年,全球探明石油剩余可采储量2086.61亿吨,同比增长3.6%。自1980年以来,石油剩余可采储量保持了缓慢上升态势,有三次较大的抬升,一是1986年、1988年同比增幅分别为13.8%和9.8%;二是2002年同比增幅5.4%;三是2010年同比增幅8.5%。2011年仍保持2010年的增长趋势(图1)。

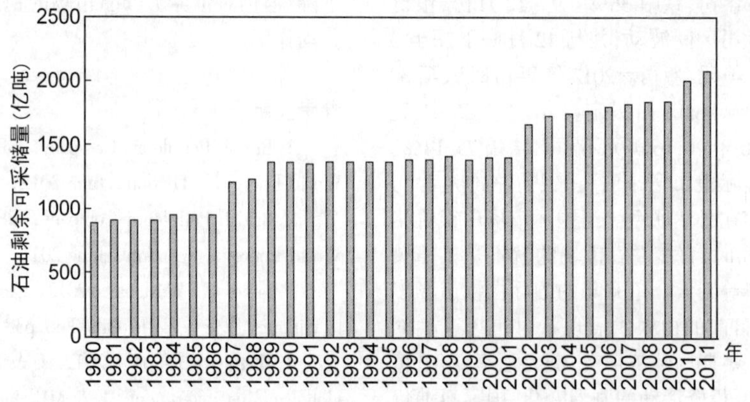

图1　1980~2011年世界石油剩余可采储量

2.各地区石油储量。中东地区的石油储量达1095亿吨,同比增长6.2%,占全球的52%;欧佩克石油储量1524亿吨,增幅4.5%,占全球的73%;亚太地区石油储量增长最大,同比增长12.7%;西半球地区石油储量略增,仍约占全球的30%;东欧及原苏联地区石油储量为137亿吨,增长0.1%;非洲地区2011年增势放缓,增长0.5%;西欧地区油气储量继续下滑2.5%左右(表1)。

3.主要国家石油储量。伊朗、厄瓜多尔增长10%以上,分别达到207亿吨和9.9亿吨,伊拉克猛增24%至196亿吨。委内瑞拉石油储量与2010年相同,仍为289亿吨[①]。挪威、英国、荷兰等国家依然储量接替不力,丹麦和意大利的石油储量大增了10%左右。特别需要提出的是,越南和澳大利亚出现两个极端,越南的石油储量增幅高达633%,而澳大利亚由于改用传统分类估算方法,石油储量下降57%。

石油储量排名前5位的国家仍为沙特阿拉伯、委内瑞拉、加拿大、伊朗和伊拉克,5国合计总储量1231亿吨,占全球的63%(表2,图2)。

①注:欧佩克的年度审查报告认为,委内瑞拉的石油储量应为406亿吨超过了排名第一的沙特阿拉伯的石油储量362亿吨。

表 1　　2011 年世界各地区石油储量统计表

地区	2011 年(万吨)	2010 年(万吨)	增幅(%)
欧佩克	15244521	14586164	4.5
亚太	621366	551390	12.7
西欧	146636	168243	-2.5
东欧及原苏联	1370676	1351890	0.1
中东	10953525	10313938	6.2
非洲	1701495	1693276	0.5
西半球小计	6072402	6052984	0.3
世界总计	20866101	20131712	3.6

数据来源：世界《油气杂志》。

表 2　　2011 年世界石油储量排名前 5 位国家

国家	2011 年(亿吨)	2010 年(亿吨)	增幅(%)
沙特阿拉伯	362.3562	359.726	1.7
委内瑞拉	289.274	2892.74	0
加拿大	237.8428	240.0192	-0.9
伊朗	207.0822	187.6849	10.3
伊拉克	196.0274	157.5342	24.4

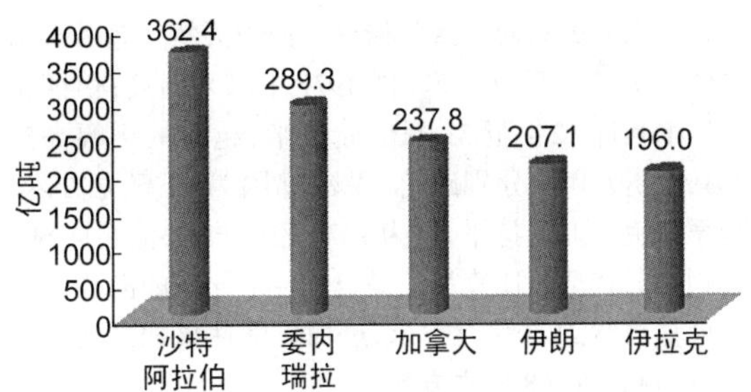

图 2　2011 年世界石油储量排名前 5 位国家

二、天然气储量保持高位增长

1. 全球的天然气剩余可采储量。2011 年，世界天然气探明剩余可采储量 191.05 万亿立方米，较 2010 年增长 1.5%。自 1980 年以来天然气储量持续增长，其中，1992 年、2003 年和 2009 年上升了三个台阶，分别同比增长 11.65%、10.45% 和 5.68%。2011 年仍保持这种上升趋势(图 3)。

2. 各地区的天然气储量。中东地区的增长依然表现抢眼，增长了 4.2%，达到 79 万亿立方米，占全球的 41%；欧佩克天然气储量 94 万亿立方米，增幅 3.7%，占全球的 49%；西半球地区天然气储量大幅增长 5.8% 至 17.6 万亿立方米；东欧及原苏联地区天然气储量为 62 万亿立方米，增幅不大，占全球的 32%；非洲地区由增长变为下降，同比降低 1.6%；亚太地区天然气储量下降了 6%；西欧地区油气储量继续下滑 3% 左右(表 3)。

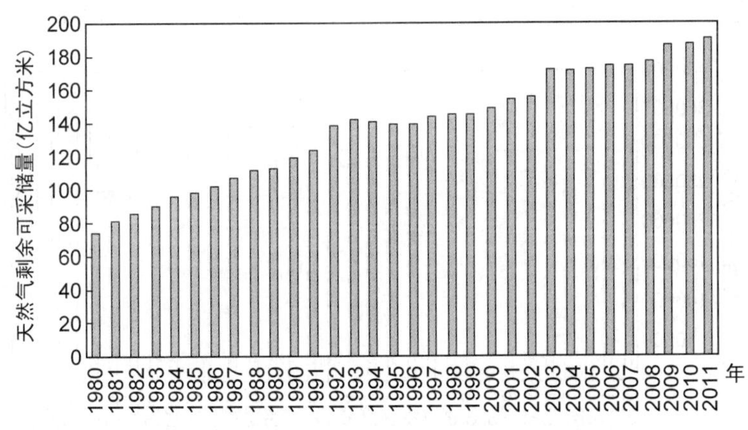

图 3　1980～2011 年世界天然气剩余可采储量

表 3　　2011 年世界各地区天然气储量统计表

地区	2011 年(亿立方米)	2010 年(亿立方米)	增幅(%)
欧佩克	942995	909302	3.7
亚太	142930	152212	-6.1

续表 3

地区	2011 年(亿立方米)	2010 年(亿立方米)	增幅(%)
西欧	38972	43558	-3.1
东欧及原苏联	615644	613006	-0.1
中东	792869	760700	4.2
非洲	144248	146599	-1.6
西半球小计	175813	166253	5.8
世界总计	1910477	1882328	1.5

数据来源：世界《油气杂志》。

3.主要国家的天然气储量。美国天然气储量大增11%至7.72万亿立方米，创1971年以来新高；伊朗也迅速增长近12%至33万亿立方米；越南的增幅高达263%，澳大利亚分别跌落74%，韩国为71亿立方米，莫桑比克与上年持平，仍为1274亿立方米，但埃尼SPA公司称其在莫桑比克海上曼巴南－1发现的潜在天然气储量可达2123亿立方米，进而可能使该地区的天然气潜力高达6368亿立方米。

天然气储量排名前5位的国家为俄罗斯、伊朗、卡塔尔、沙特阿拉伯和美国，5国合计总储量118万亿立方米，占全球的64%。美国超越土库曼斯坦跻身5强。美国天然气可采储量占全球天然气可采总储量的4.1%，而俄罗斯占23.9%，储量实力仍然是俄罗斯为大(表4,图4)。

表4　2011年世界天然气储量排名前5位国家

国家	2011年(亿立方米)	2010年(亿立方米)	增幅(%)
俄罗斯	475726	475726	0
伊朗	330743	296102	11.7
卡塔尔	252021	253664	－0.6
沙特阿拉伯	80137	78070	2.8
美国	77166	69279	11.4

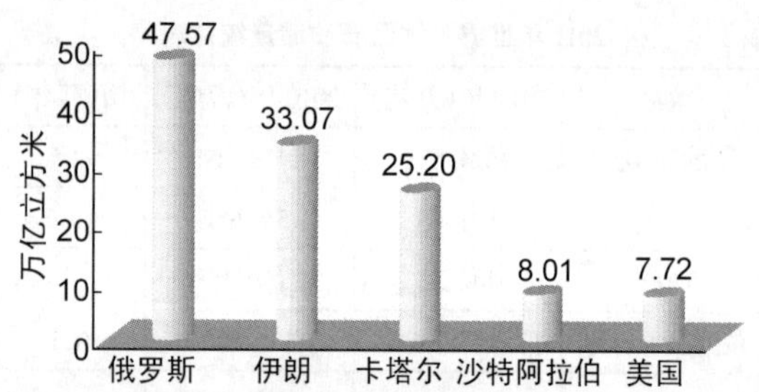

图4　2011年世界天然气储量排名前5位国家

三、原油产量稳中略有上升

1.全球的石油产量。2011年，全球石油产量36.28亿吨，较2010年36.05亿吨增幅0.6%。自1980年经历了1981～1982年、1987年、1999年和2001年几个同比下降，总体趋势为上升态势。2009年出现同比下降2.6%，是1982年以来出现的最大降幅，2010～2011年全球石油产量保持稳定略增形势，2010年同比增长1.7%。2011年同比只增长0.6%(图5)。

2.各地区的石油产量。中东地区增长表现抢眼，增长5%至11.3亿吨，占全球的31%；欧佩克略增0.7%至14.85亿吨，占全球的41%。非洲利比亚局势动荡，西欧地区老油田衰竭严重，均减产10%以上；亚太地区普遍减产，总产量下降2.6%(表5)。

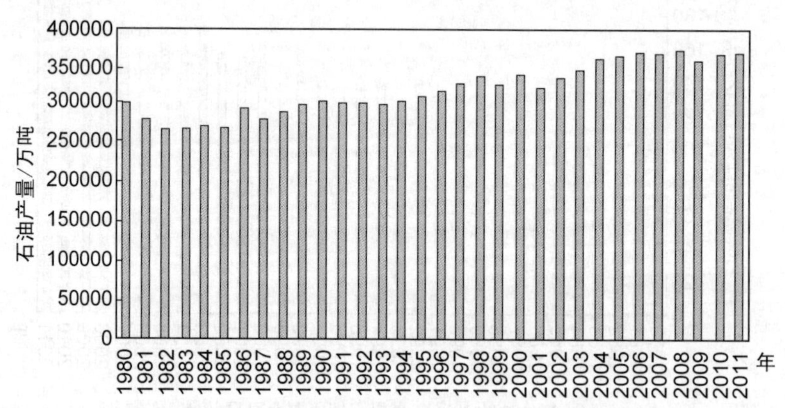

图5　1980～2011年世界石油产量

表5　2011年世界各地区石油产量统计表

地区	2011年(万吨)	2010年(万吨)	增幅(%)
欧佩克	148467	145518.5	0.7
亚太	37332.5	37918.5	－2.6
西欧	15930.5	26500	－12.2
东欧及原苏联	67136	58200	0.6
中东	112975	106474.0	5.4
非洲	39716	44911.5	－10.9
西半球	89709	86610	1.8
世界总计	362799	360548.0	0.6

数据来源：美国《油气杂志》。

3.主要国家的石油产量。沙特阿拉伯增幅10.7%，位居各国之首；加拿大、哥伦比亚和美国带动西半球地区石油产量有接近2%的增长；俄罗斯增幅1.2%。石油产量排名前5位的国家仍为俄罗斯、沙特阿拉伯、美国、中国和伊朗，石油总产量占全球产量的45%(表6,图6)。

四、天然气产量保持长期上行趋势

1.全球的天然气产量。2011年，全球天然气估计产量32286亿立方米，较2010年同比增长1.6%。

1980年以来总体呈长期上行趋势。2009年出现了30多年的首次下降,随着需求的回升,2010年天然气产量恢复增长,达到3.19万亿立方米,同比增长11.4%,重回3万亿立方米以上。2011年仍保持这种势头(图7)。

表6　　2011年世界石油产量排名前5位国家

国家	2011年(万吨)	2010年(万吨)	增幅(%)
俄罗斯	51625	50900	1.2
沙特阿拉伯	45000	41450	10.7
美国	28000	27450	2.3
中国	20450	20275	0.1
伊朗	17900	18500	－3.2

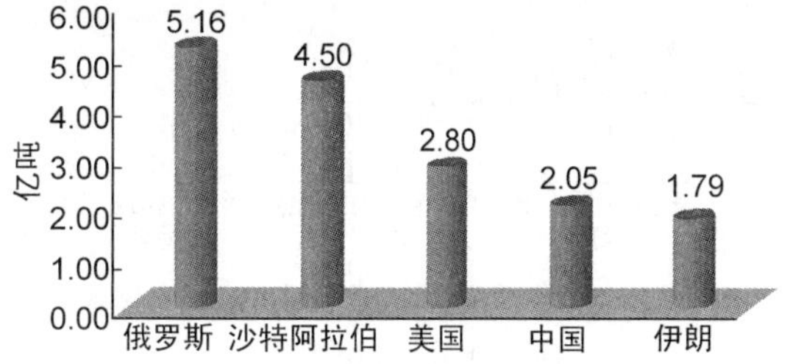

图6　2011年世界石油产量排名前5位国家

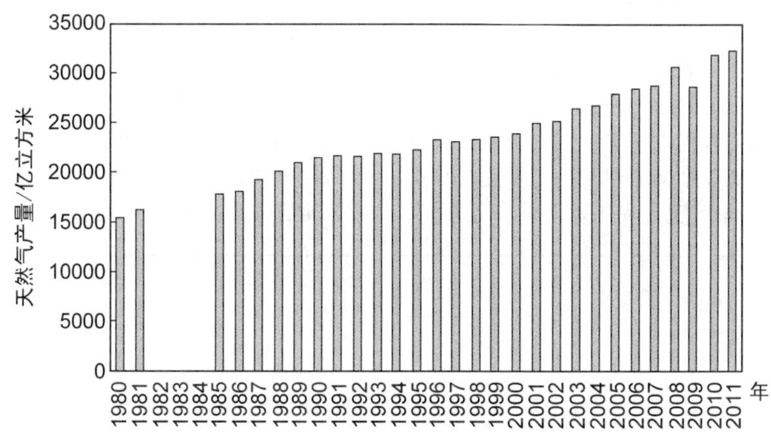

图7　1980～2011年世界天然气产量

2.各地区天然气产量。2011年,原苏联、北美、亚太和中东是世界天然气主要生产地区。产量同比增幅大的是中东、北美和亚太地区。北美非常规气供应继续增加,美国非常规气在天然气产量中占比超过50%。欧洲和非洲是天然气减产地区,产量同比下降超过10%(表7)。

表7　　2011年世界各地区天然气产量统计

地区	2011年(亿立方米)	2010年(亿立方米)	增幅(%)
北美	8859.7	8550.0	3.6
中南美	1501.6	1494.7	0.5
欧洲	2635.4	2949.0	－10.6
前苏联	8200.6	8198.2	0.0
中东	4814.0	4296.8	12.0
非洲	1534.9	1720.9	－10.8
亚太	4740.4	4581.3	3.5
世界总计	32286.6	31790.6	1.6
欧佩克	5614.3	5338.3	5.2

注:2011年为估计值。数据来源:美国《油气杂志》。

3.主要国家的天然气产量。天然气产量排名前10位的国家,美国和俄罗斯仍然是前两位,年产量均超过6000亿立方米。历年来,天然气产量排名美国次于俄罗斯,但由于美国加速开采页岩气,从2009年起,美国天然气产量高于俄罗斯。伊朗、沙特阿拉伯和卡塔尔增幅较大,对世界天然气供应起着重要的影响。挪威、阿尔及利亚和印度尼西亚是主要减产国家(表8,图7)。

表8　　2011年世界天然气产量排名前10位国家

国家	2011年(亿立方米)	2010年(亿立方米)	增幅(%)
美国	6738.8	6385.6	5.5
俄罗斯	6305.3	6243.0	1.0
伊朗	1714.1	1369.7	25.1
加拿大	1435.3	1440.8	－0.4
卡塔尔	1161.0	1098.0	5.7
中国	1021	936.5	7.3
挪威	972	1062.9	－8.5
阿尔及利亚	772.1	843.3	－8.4
印度尼西亚	768.0	800.3	－4.0
沙特阿拉伯	757.0	710.3	6.6

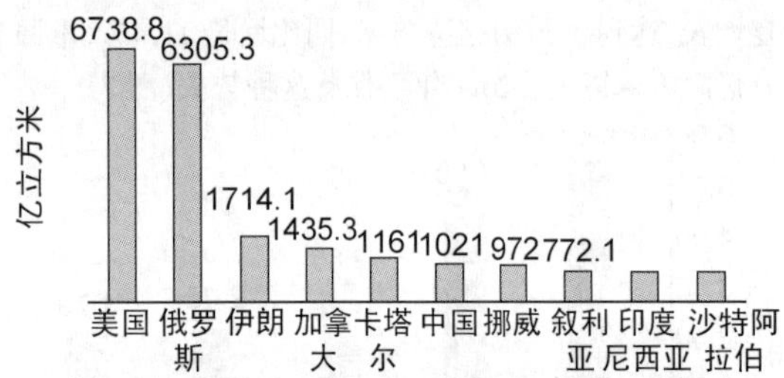

图7　2011年世界天然气产量排名前10位国家

五、石油贸易及油价

1.总体供小于求,基本面偏紧。2011年,包括中国、印度在内的很多发展中国家以及沙特阿拉伯等主要石油出口国,石油消费快速增长。利比亚战乱使该国160万桶/日的产量几乎完全中断,导致前三季度供需基本面偏紧,世界石油需求平均为8872万桶/日,供应为8806万桶/日,缺口为66万桶/日,三季度缺口扩大至111万桶/日。四季度随着利比亚产量部分恢复,缺口收窄至69万桶/日。

全球油气勘探市场非常活跃。尽管全球金融危机的阴影尚未褪去,但随着油价上行和现有油田储量的持续减少,埃克森美孚、BP、壳牌等大型国际石油公司都加大了油气勘探投入力度。这些大型国际石油公司今年在油气勘探领域的投资将达到700亿美元,是2007年以来的最高水平。而且,勘探区域也扩展到了那些没有生产油气的国家和地区,比如南美的法属圭亚那和东非的肯尼亚。

2011年全球油气勘探开发投资额继续增长,增幅约为12%,初步统计投资总额高达4060亿美元。石油公司加大上游投资力度,石油和非常规油气将更受重视。

2.国际油价保持高位震荡态势。2011年国际油价走势总体上先升后降,保持高位震荡态势(图8)。世界原油(WTI)平均价格95美元/桶,较2010年的80美元/桶增长了15美元。

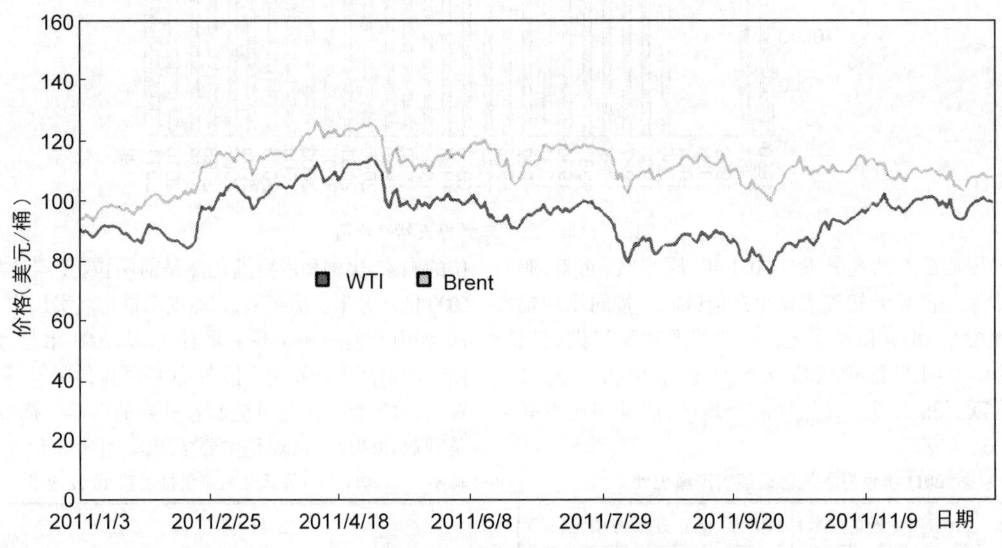

图8　2011年国际油价走势图

2011年纽约商品交易所轻质原油(WTI)期价以每桶91.24美元开盘,年终最后一个交易日收于每桶99.06美元,较2010年上涨8.4%。在年初受地缘政治局势影响升至每桶114.83美元的高点后,纽约油价连续下挫至每桶74.95美元的年内低点,但随后又再度上行突破100美元关口,WTI波动范围为75.3~113.7美元/桶,波幅为51%。

布伦特原油期价以每桶94.69美元开盘,年终最后一个交易日收于每桶106.64美元,年中高点达到每桶126.34美元,全年涨幅达到12.6%,布伦特原油波动范围为93.7~126.5美元/桶,波幅为35%。WTI与布伦特油价差持续扩大并创30美元/桶的历史新高。

国际油价高位震荡的主要原因为:2011年总体供小于求为油价高位运行提供支撑;中东北非战乱、日本地震等突发事件主导第一阶段油价高企;美国抑制油价过快增长、欧债危机恶化导致油价回落;经济向好预测、叙利亚局势动荡、伊朗核问题升温支持油价低位反弹;投机炒作更加猖獗,投机规模创历史新高。

六、非常规油气开发利用情况

能源供给的不确定性和二氧化碳减排压力,以及常规油气田资源的日渐枯竭和开发难度的加大,迫使各国政府及能源企业加快油页岩、油砂、致密气、煤层气、页岩气等非常规能源开发利用的步伐。

1. 美国。美国页岩气资源丰富，是世界上最早从事页岩气资源研究和勘探开发的国家，其开采技术已经成熟并进入了大规模商业化开发阶段。美国能源信息署(EIA)2010年5月发布的《2010年年度能源展望》预测，美国页岩气和煤层气产量占天然气总产量的比例将从2008年的17%上升到2035年的34%，其中页岩气的贡献将进一步加大，未来美国天然气可采储量的增长将主要来自非常规天然气藏。受非常规能源迅猛发展影响，美国能源巨头在页岩气和油气领域的投资力度进一步加大(表9)。美国开发利用页岩气的成功经验有力的推动了全球非常规能源开发利用的热潮。

2. 欧洲。2011年4月，EIA发表的一份报告表示，波兰可能拥有欧洲大陆最大，而且是最容易开采的页岩气蕴藏。9月2日，波兰智库Kosciuszko研究院发布的报告预测，未来10年，以波兰为首的页岩气革命将横扫欧洲，引领欧洲天然气产业格局将发生显著变化。乌克兰境内的页岩气储量也比较丰富，据初步估计，大约在1.5万亿~2.5万亿立方米之间，欧洲最大的石油公司荷兰壳牌集团将投资8亿美元在乌克兰境内开采页岩气。

3. 日本。由于国内能源储量缺乏，在美国成功经验的巨大示范作用下，三井物产、三菱商事、丸红商事以及日挥株式会社等日本企业相继进军欧美地区，进行非常规油气资源领域的并购活动，以期实现多元化能源安全战略，并获得丰厚的回报。

表9　2011年美国能源企业在页岩气领域的部分投资并购活动或相关计划

公司	项目
埃克森美孚	5月份与法国道达尔达成协议，双方计划组建合资公司，共同在波兰的海乌姆(Chelm)地区和沃克欧艾斯(Werkowice)地区寻找页岩气。6月2日宣布已以16.9亿美元价格完成对美国马塞勒斯页岩区两家天然气生产商业务的收购。
雪佛龙	2月18日宣布正式完成了对阿特拉斯能源公司的收购，交易总额43亿美元
	5月份购买了马塞勒斯页岩另外22.8万英亩探区的钻井和开发权。
康菲	2011年康菲公司的资本支出将从原定的125亿美元增加到150亿美元，用以并购更多深水和页岩资产。
马拉松石油	6月1日表示已同意出资35亿美元购买私募股权公司KKR在美国南得克萨斯州持有的部分石油资产，这也是迄今伊格福德(Eagle Ford)油页岩地区最大的交易之一，包括在伊格福德油页岩地区14.1万英亩的面积。通过该交易，马拉松石油公司将获得Eagle Ford页岩区大约14.1万英亩土地的能源勘探和开采权。

七、油气重大发现

2011年全球有十个重大油气发现(表11)。

表11　2011年全球十大油气重大发现

国家	发现日期	岩性	烃类型	规模(储量)	发现公司
阿根廷	2011年11月	页岩	油	9.27亿桶	Repsol YPF
澳大利亚	2011年4月	砂岩	天然气	净产层厚度130米	Apache
巴伦支海(挪威)	2011年8月	砂质泥岩、碳酸盐岩	天然气	100亿~500亿立方米	道达尔
墨西哥湾(美国)	2011年6月	砂岩	油	7亿桶油当量	埃克森美孚
伊拉克	2011年1月	未知	天然气	6.8万亿~9.1万亿立方英尺	Heritage
马来西亚海上	2011年2月	未知	天然气	2.6万亿立方英尺	Petronas
马来西亚海上	2011年11月	未知	主要为油	2.2亿桶油当量	Petronas
莫桑比克海上	2011年11月	砂岩	天然气	22.5万亿立方英尺	Eni
莫桑比克海上	2011年2月	砂岩	天然气	73米有效产层	Anadarko
美国页岩油气	2011年11月	页岩	石油、天然气	5亿~15亿桶油当量	Anadarko

八、2012年展望

2012年世界经济形势总体复苏的不稳定性、不确定性上升，增速将进一步放慢，欧债危机和伊朗核问题成为最主要风险因素，预计全球经济增长3.2%左右，增速低于2011年。发达国家经济复苏乏力，发展中国家仍将是世界经济增长的主要引擎，但面临通胀和外需低迷双重压力，经济增速将继续放缓。

1.2012年，世界经济影响国际油价波动

非欧佩克供应增长，以及利比亚产量恢复等因素将导致石油供应增长明显大于需求，世界供需基本面将去年好转，对油价形成利空。世界经济形势变化将成为国际油价运行的主线；欧债危机和美国经济的增长成为扰动世界经济的主要因素；投机者利用此题材做空动力明显大于做多。美元预计出现阶段升值与阶段贬值交替局面，油价将随之而上下波动。

预计2012年油价总体将呈震荡走势，波幅可能与今年相似，平均水平将低于2011年，WTI均价为90～95美元/桶，布伦特为100～105美元/桶。预计WTI与布伦特之间的价差将有所缩小，总体在5～15美元之间。如果伊朗问题进一步激化升级，石油供给发生中断，国际油价将发生更大波动。

2.2012年供需形势好于2011年

从需求看，在整体经济形势下行压力较大的情况下，主要能源研究机构纷纷下调对世界石油需求增长的预估。据国际能源机构最新预测，2012年世界石油需求为8900万桶/日，增长126万桶/日。世界石油需求增长全部来自非欧佩克国家，而下调也是基于对发展中国家经济增速放缓的预期。

从供应看，增长主要集中在非欧佩克产量、欧佩克天然气液和利比亚的产量恢复情况。国际能源机构最新预测，2012年非欧佩克国家供应为5368万桶/日，增长100万桶/日，欧佩克天然气液为635万桶/日，增长55万桶/日，两者总计155万桶/日，如果不考虑欧佩克的产量变化，弥补100万桶/日的需求增长后还有富余。2012年欧佩克的产量变化主要取决于利比亚、伊拉克产量增长情况以及欧佩克的下一步产量政策。

3. 全球油气勘探开发活动将保持强劲增长势头，深水、非常规油气和LNG是热点

预测2012年全球油气勘探开发投资总额将再创新高，在2011年增长12%的基础上，再增长10%，达到5980亿美元，增幅连续三年超过10%。受近年来重大油气发现的鼓舞，世界油气勘探投资增长趋势尤为突出，2012年全球勘探投资占勘探开发投资总额的比例将继续增加，估计达42%。

2012年全球共有在建项目379个，主要在巴西、加拿大、澳大利亚和伊拉克等国，且多为非常规项目，包括LNG、重油开发、深水油气田开发和非常规油气等，项目难度将有所加大，成本进一步上升。这些项目在2012年将继续成为全球油气新增产能建设的重点，按期投产将油气产量发挥重大作用。

《2012海洋勘探展望》预期，2012年全年将钻“具有高影响力”的井284口，可带来产量1亿桶油当量。巴西海上、伊拉克、北美非常规油气将成为油气产能建设的重点领域。随着东非海上和地中海陆续有油气新发现，加之北极油气勘探升温，东非、西非、地中海和北极地区将成为世界油气勘探关注的新领域。

（国土资源部油气资源战略研究中心）

2011年全球产金量排名前10的金矿

1. **格拉斯堡金矿**(Grasberg Mine)　矿山位于印度尼西亚的巴布亚省，是是世界上最大的黄金生产地，也是世界上第三大铜矿，开采公司为美国的自由港－麦克莫兰铜金公司，该矿开采状态：露天开采和地下开采兼有。2011年黄金产量为144.4万盎司(45吨)，该矿2010年金产量为202万盎司(63吨)。

2. **科特兹金矿**(Cortez)　矿山位于美国内华达州埃尔科西省，开采公司为加拿大的巴里克黄金公司，该矿开采状态：露天开采。2011年产量为142.1万盎司(44吨)，2010年产金114万盎司(36吨)。

3. **雅那科察金矿**(Yanacocha)　矿山位于秘鲁卡哈马卡省，是拉丁美洲最大的金矿，开采公司为美国的纽蒙特矿业公司，该矿开采状态：露天开采。2011年产量为129.3万盎司(39吨)，2010年产金146万盎司(45吨)。

4. **黄金出击金矿**(Gold strike)　矿山位于美国内华达州埃尔科西北，开采公司为加拿大的巴里克黄金公司，该矿的开采状态：露天开采和地下开采兼有，2011年产量为108.8万盎司(34吨)，2010年产金124万盎司(39吨)。

5. **维拉德罗金矿**(Veladero)　矿山位于阿根廷圣胡安，该矿黄金储量约1280万盎司，开采公司为加拿大的巴里克黄金公司，开采状态：露天开采。2011年产量为957000盎司(30吨)，2010年产金112万盎司(35吨)。

6. **瓦尔河金矿**　矿山位于南非克斯道伯，开采公司为安格鲁阿山帝公司，开采状态：地下开采。2011年产量为83.1万盎司(26吨)。

7. **西方智慧金矿** 矿山位于南非卡尔通威尔，开采公司为全球第三大黄金公司南非的安格鲁阿山帝公司，该矿为开采状态：地下开采，2011 年产量为 79.2 万盎司(24 吨)。

8. **北拉古纳斯金矿**(Lagunas Norte) 矿山位于秘鲁圣地亚哥，开采公司为加拿大的巴里克黄金公司，该矿的开采状态：露天开采，2011 年产量为 77 万盎司(23 吨)，2010 年产金 80.8 万盎司(25 吨)。

9. **卡尔古利**(Kalgoorlie) 位于澳大利亚卡尔古利金矿，开采公司为加拿大的巴里克黄金公司，开采状态：露天开采，2011 年产量为 75 万盎司(23.4 吨)，2010 年产金 78.8 万盎司(24.6 吨)。

10. **伯丁顿** 位于澳大利亚伯丁顿，是澳大利亚目前最大的金矿，开采公司为美国的纽蒙特矿业公司，开采状态：露天开采，2011 年产量：74.1 万盎司(23 吨)，该矿是 2009 年开始开采，设计生产能力为 100 万盎司(30 吨)。

(中国黄金协会)

2011 年矿山事故记事

1 月 10 日 贵州遵义市务川县石朝乡青龙煤矿(建设矿井，设计生产能力 9 万吨/年)发生透水事故，当班 7 人，3 人安全升井，4 人死亡。

1 月 13 日 湖南省衡阳市蓬塘乡天江煤矿发生一起瓦斯爆炸事故，造成 4 人下落不明。事发当班下井人员 9 人，5 人顺利升井，4 名被困人员中，1 人为安全副矿长、1 名大工、2 名小工。

1 月 17 日 广西平果县果化镇一非法采石点发生压埋事故，造成 3 人死亡。

1 月 25 日 广西河池地区宜州市龙头锰矿从矿山地面炸药库运送48千克炸药和若干雷管前往矿口，车辆离开炸药库房 50 多米时发生爆炸，车上 3 人下落不明。

2 月 9 日 陕西咸阳市泾阳县冀东海德堡水泥有限公司(中外合资企业)兴隆镇白马杨采矿石料输送竖井内石料(约 2 千立方米)发生一起塌落事故，5 名正在检修工作人员被塌落石块封堵在井内。造成 5 人死亡。

2 月 16 日 湖南衡阳市耒阳市小水镇州里村煤矿(乡镇有证)发生一起瓦斯突出事故，经初步了解，当班 9 人下井，其中 4 人自行升井，2 人受伤，3 人死亡。

2 月 24 日 吉林延边州和龙市庆兴煤业南洋二井(乡镇有证)发生瓦斯燃烧事故，造成 5 人死亡，6 人轻伤。

2 月 27 日 重庆涪陵区小溪煤矿(证照齐全) S1104 运输巷上冲溜煤眼施工掘进过程中，发生煤炭垮塌，掩埋 3 名矿工死亡。

3 月 3 日 陕西省宝鸡市陇县温水镇自家滩石料厂(个体)，在采石安装雷管过程中发生爆炸，5 名作业人员被压在塌方的巨石下，后被压人员已全部找到，经确认已死亡。

同日 湖南郴州市嘉禾县肖家镇水花岭煤矿井下 -30 米水平发生一起瓦斯爆炸事故，造成 2 人死，4 人失踪。

3 月 5 日 辽宁阜新市阜蒙县伊马图西部煤矿发生瓦斯爆炸事故，当班下井 15 人，造成 5 人死亡，8 人受伤。

3 月 9 日 贵州省毕节地区百里杜鹃管委会普底乡广木煤矿1202掘进巷道发生煤与瓦斯突出事故，造成 9 人死亡，当班 29 人，安全升井 20 人。

3 月 11 日 湖南娄底市冷水江市岩口镇金月二矿发生一起瓦斯爆炸事故，造成 6 人死亡，3 人失踪，5 人受伤。

3 月 12 日 贵州六盘水市盘县特区松河乡新成煤业复采单元四采区，发生一起瓦斯爆炸事故。当时井下 34 人，15 人生还，19 人死亡。

3 月 13 日 云南曲靖市陆良县宏盈磷业有限公司在清理2存黄磷炉1# 精制槽中的泥磷时，槽中泥磷发生自燃，正在槽中清理泥磷的 4 名工人被困槽中，共造成 3 名工人死亡，1 人受伤。

3 月 16 日 云南曲靖市富源县黄泥河镇戛拉煤矿，主平硐 C718 煤层掘进工作面，放炮时发生一起煤与瓦斯突出事故。当班 85 人入井，事故发生后，74 人安全升井，事故造成 9 人死亡，2 人受伤。

3 月 17 日 辽宁丹东市凤城县，赛马镇武胜村黄金良煤矿，井下正 70 运输顺槽发生一起瓦斯爆炸事故，当班下井 6 人，其中 1 人升井，4 人死亡，1 人失踪。

3 月 22 日 新疆乌鲁木齐天山区鹤翔能源有限责任公司巴波萨依煤矿发生冒顶事故，3 人死亡。

同日 四川省广元市旺苍县五权镇金溪水泥厂采石场山体发生垮塌，初步估计垮塌量在几十万立方米左右，造成该厂在此看守的 2 人和五权镇戊名石灰厂维修挖掘机的 4 名维修工共 6 人失踪。

3 月 24 日 吉林白山市浑江区通沟煤矿发生瓦斯爆炸事故，事故共造成 13 人死亡、6 人受伤。

3 月 28 日 云南省红河州泸西县奋发煤矿 1 号井(属整合矿井)发生斜井跑车运输事故，造成 4 人死亡，1 人轻伤。

同日 贵州六盘水市盘县淤泥乡，罗多煤矿11007回风上山掘进工作面发生一起煤与瓦斯突出事故，当班下井93人，其中82人安全升井，3人受伤，8人死亡。

3月29日 辽宁葫芦岛市连山钼业元宝山采矿公司，发生一起冒顶事故，造成3人死亡。

3月31日 吉林舒兰矿业集团公司四矿，井下－200米水平右部15层综采工作面发生溃水（泥）事故，当班下井27人，其中23人安全升井，造成4人被困。

4月1日 河北唐山市开平区洼里乡洼里煤矿发生透水事故，当班下井8人，其中1人升井，7人被困。

4月2日 新疆乌鲁木齐艾维尔沟矿区，新疆焦煤集团主焦煤分公司（原2130煤矿）主斜井延伸项目掘进头发生冒顶事故，10人遇难。

4月3日 云南曲靖市宣威县宝山乡，包村煤矿1号井发生瓦斯爆炸事故，造成6人死亡。

4月5日 甘肃省庆阳市正宁县，中国华能集团甘肃能源开发有限公司核桃峪煤矿措施立井发生矸石提升罐笼坠落事故，当时井下有作业人员7名，事故发生后，1人安全升井，其余6人下落不明。

4月6日 湖北恩施州来凤县百福司镇合光村石堤坝组向挺采石场（年产规模5万吨）发生一起塌方事故（约500立方），造成3人死亡，伤2人。

同日 云南东源罗平煤业有限公司阳光煤矿在人行斜井＋1780井底车场实施防突钻孔施工过程中发生煤与瓦斯突出事故，造成6人死亡，1人受伤。当班入井人员42人，事故发生后安全升井35人。

4月8日 新疆塔城地区乌苏市吉祥煤矿发生一起运输事故，造成3人死亡。

4月12日 湖南张家界市桑植县，正鑫矿业开发有限公司人参坪炭质页岩矿井，井下3平巷掘进通风系统处发生瓦斯燃烧事故，当班下井8人，造成3人死亡（其中参与救援过程中死亡1人），1人重伤。

4月15日 云南宣威市海岱镇杨梅山煤矿在1760水平上山发生一起煤与瓦斯突出事故。造成12人死亡，3人受伤。

4月17日 湖南省衡阳市衡山县，长江镇石子村十四组一非法采金小矿点发生窒息事故，造成4人死亡。

同日 山西省长治市长治县，山西省煤运公司王庄洗煤有限公司在2#皮带输送口处理溜煤眼堵塞时．煤堆发生滑坡，3名工人被掩埋死亡。

4月24日 黑龙江双鸭山市宝清县，广城煤矿井下二段右一片上山切眼贯通作业时发生透水事故，该事故共造成4人死亡，2人受伤。

同日 贵州六盘水市盘县水塘子镇，小凹子煤矿井下1139运输巷发生透水事故，当班下井45人，其中37人安全升井，8人下落不明。

4月26日 黑龙江省鸡西市滴道区，桂发煤矿发生瓦斯爆炸事故，造成9人死亡。发生事故后，该矿隐瞒不报，经群众举报查实。

4月27日 甘肃省白银有色集团有限公司厂坝铅锌矿救护队3人在吊坝沟上沟一矿洞日常巡查，直至下午2时巡查人员仍未升井。下午4时10分，矿部接到报告后组织公司有关部门6人进洞接应。随后，2人出现气体中毒症状出洞求救。矿方又组织人员入井施救。先后入井巡查、施救共三批14人，升井5人，有9人未升井，且情况不明。

4月29日 青海省海北州祁连县多洛煤矿西风井发生一起瓦斯事故，造成5人死亡。

4月30日 山东潍坊市潍坊特钢集团有限公司因强雷电袭击，造成潍坊供电公司泉河220千伏变电站110千伏线路停电，致使潍坊特钢集团有限公司整厂设备停止运行，65吨锅炉房引风机停止工作，炉膛内出现正压，导致煤气泄漏，现场操作人员在手动关闭进气阀、打开放散阀过程中，发生操作人员煤气中毒事故。造成3人死亡，17人留院观察治疗，无生命危险。

5月3日 湖北恩施州建始县业州镇，银智煤矿发生一起顶板事故，造成3人死亡。

5月4日 辽宁鞍山市，鞍钢附企公司中板带钢厂，3名除尘工人在鞍钢生产协力中心炼铁工区更换电除尘布袋时发生氮气窒息事故，造成3人死亡。

5月6日 山西省阳煤集团宏厦一建矿建第二项目部742队在二矿北茹11采区回风巷配巷施工风桥时发生一起窒息事故，造成3人死亡。

5月9日 云南昆明市东川区，新民冶金有限公司由工程承包方温州建峰矿山工程有限公司，4名工人于21时进入新建矿山1250中段主运输平巷进行钻孔作业，22时左右作业面顶部一块1立方米左右的岩石发生冒顶，现场3人被压当场死亡，1人受伤。

同日 新疆塔城地区乌苏市八音沟丛龙煤矿发生一起顶板事故，造成3人死亡。

5月10日 河南济源市王屋镇东西山选矿厂一在建水塔发生坍塌事故，造成6人死亡，2人受伤。

5月13日 黑龙江省双鸭山市四方台区龙祥四井发生一起瓦斯事故，造成4人死亡，1人重伤。

5月17日 云南省昭通市威信县南风煤矿发生煤与瓦斯突出事故。当班下井20人，13人安全升井，7人死亡。

5月17日 湖南湘煤集团金竹山矿业有限公司一平硐煤矿（国有重点）21采区2137工作面发生瓦斯突出事故，当时15人下井，截至17日17时，7人安全升井,8人死亡,事故抢救结束。

5月19日　江西上饶市铅山县广发煤矿(乡镇)发生一起垮塌事故,3人被困。

5月20日　湖北恩施州咸丰县,五丘田煤矿有限责任公司斜井发生一起跑车事故,造成3人死亡,1人受伤。

同日　云南昭通市彝良县昌能煤矿发生一起有害气体中毒事故,当班下井人员28人,其中25人安全升井,3人遇难。

5月22日　湖南娄底市冷水江市中连乡,民兴煤矿发生煤与瓦斯突出事故,造成7人死亡,1人受伤。

同日　陕西渭南韩城市龙门镇上白矾村,3名村民在白矾河道阳山庄选矿厂废弃堆渣下方,私自非法选矿时发生矿渣滑坡,造成3人死亡。

同日　四川自贡市荣县,新胜煤矿井下4313采煤工作面切眼掘进头发生瓦斯爆炸事故,当班井下192人,有副矿长带班,事故造成6人死亡,20人受伤。

5月26日　湖南郴州市宜章县,瑶岗仙矿区东部13中段65号脉(已废弃被关闭),7人非法进入进行盗采钨砂导致漏底,其中4人逃出矿洞,3人被埋下落不明。

5月28日　山东淄博市桓台县唐山镇的山东宝源化工股份有限公司,在生产过程中发生爆炸燃烧,造成2人场死亡,1人重伤,8人轻伤。截止目前,1名重伤人员经抢救无效死亡,另8名轻伤者伤情稳定,无生命危险。

5月29日　贵州贵阳市乌当区金阳新区朱昌镇,富宏煤矿(乡镇技改井)南下山掘进工作面发生透水事故,13名矿工遇难。

5月30日　湖南省郴州市嘉禾县行廊镇定里煤矿发生一起顶板事故,造成3人死亡。

6月1日　云南省昭通市昭阳区小水井煤矿2144回采工作面发生顶板垮塌事故,造成4人死亡。

6月2日　广东佛山市南海市大沥镇,占美金属有限公司铝棒生产车间深水井发生爆炸,造成3人死亡、8人受伤。

6月3日　湖南娄底市双峰县洪山殿镇,双桥煤矿－60米水平西二石门过煤门砌碹时发生煤与瓦斯突出事故,当班下井28人,其中21人安全升井,2人死亡,5人下落不明。

6月4日　广安市化蓥市鑫福煤业有限公司天池煤矿发生一起瓦斯爆炸事故,当班下井42人中,38人安全升井,造成4人死亡。

6月5日　吉林省舒兰市宝源煤矿(乡镇煤矿),发生一起瓦斯爆炸事故,造成4人死亡。

6月16日　广东省清远市连南县寨岗镇石径村中坑组飞沙坑一废弃多年的萤石矿窿,有7名群众擅自进入后发生不明气体中毒(缺氧)事故,造成3人死亡,4人受伤。

6月17日　内蒙鄂尔多斯市达拉特旗昭君镇,中国华能集团公司北方联合电力有限责任公司吴四圪堵煤矿夜班工人乘坐下井车(载14人)行至井下辅助运输大巷拐弯处,在躲避车辆过程中,撞到巷道帮上,造成车上6人死亡,8人受伤。

6月20日　湖南省衡阳市耒阳市三都镇都兴煤矿发生一起透水事故,5人死亡,8人下落不明。

6月21日　湖北十堰市竹山县桥东煤矿,安全矿长带2名安检人员到井下进行巡查时,在检查途中突然发生顶板垮落,致使3人被困。

同日　辽宁抚顺矿业集团有限公司老虎台煤矿,井下7304采煤工作面突然发生透水事故,造成3人死亡。

同日　安徽铜陵市铜陵县汪冲煤矿井下－130米煤运输巷发生冒顶事故,3人遇难。

6月24日　福建省龙岩市永定县培丰镇洪源村塘边山铁矿发生一起山体坍塌事件,造成7人死亡,5人受伤。

6月28日　河北省邯郸市冀中能源峰峰集团羊东矿一坑口工业广场煤柱溜子道掘进工作面发生冒顶事故,造成2人死亡,1人被困。

同日　山东省淄博市淄川区寨里镇山头村一私开煤井发生透水事故,造成6人被困井下。

同日　黑龙江省哈尔滨市木兰县建国乡境内,黑龙江海外民爆化工有限公司木兰分公司院内包装车间工地,在楼板浇筑过程中,发生一起模板支架坍塌事故,造成3人死亡,4人受伤。

7月2日　甘肃省张掖市山丹县金湾煤矿发生一起较大事故,已确认5人死亡,1人重伤。

同日　贵州省黔南州平塘县克度镇牛棚煤矿发生透水事故,2人遇难,21人被困井下。

同日　广西区来宾市合山煤业公司八矿樟村井发生采空区垮塌,泥浆溃入井下(开采急倾斜煤层,采空区连通地面),10人死亡,10人被困。

7月6日　山东省枣庄防备煤矿有限公司井下－225米水平运输下山底部车场一台空气压缩机着火,28人下落不明。

7月7日　新疆哈密地区巴里坤县鑫源煤矿＋759水平西翼采煤工作面密闭内发生爆炸事故,造成4人死亡,1人重伤。

7月11日　山东潍坊市昌邑县正东矿业有限公司(铁矿)发生井下透水事故,事故发生时,井下共有31人,安全升井7人,造成24人被困。

7月12日 重庆奉节县岩湾乡板桥沟煤矿(2006年已关闭)井下发生1起瓦斯爆炸事故,当班井下共4人作业,事故造成4人死亡。

同日 神华集团神东煤炭集团公司寸草塔二矿在22113皮带巷挑顶作业时,发生局部瓦斯燃烧事故,造成3人死亡,2人轻伤。

7月15日 湖南省郴州市临武县水东煤矿+100米水平二四采区发生一起瓦斯突出事故,造成6人死亡。

7月16日 重庆市奉节县康乐镇三根煤矿井下西翼回风巷上山掘进工作面因放炮的炮烟引发窒息事故,造成3人死亡。

7月20日 湖南湘西自治州花垣县排吾乡磊鑫公司、文华公司两个锰矿洞发生透水事故,2人遇难,11人被困井下。

7月20日 陕西渭南市祥顺矿业公司蒿岔峪张西沟一矿井(金矿),一名作业工人扒开通风巷道一封堵的废弃坑口,进入废弃采空区寻找矿石时晕倒。工队负责人立即带领另两名工人,携带氧气袋进行施救。两名工人进入废弃采空区救人时先后晕倒,3人经抢救无效死亡。

同日 贵州遵义市遵义县平正乡富强煤矿发生一起煤与瓦斯突出事故,当班下井28人,23人安全升井,2人死亡,1人下落不明,2人轻伤。

7月28日 河北省唐山市迁西县金信铁选厂红石崖咀铁矿灌洞洼采区发生地表塌陷,造成3人失踪,4人轻伤。

8月1日 四川雅安市荥经县胥家湾煤业有限责任公司采煤工作面联络巷维护刮板机时,发生瓦斯爆炸事故,事故当班9人入井(无带班领导),其中4人安全升井,造成4人死亡,安全救出1人。

8月4日 山东省济南章丘市盘峪花岗岩矿发生塌方事故,造成3人死亡。

8月9日 陕西省蒲白矿务局白水矿23515掘进工作面,在进行维护棚子作业时,发生冒顶事故,造成3人死亡,1人受伤。

8月12日 云南省红河州泸西县东源泸西煤业有限公司东升公司一号井副井发生一起跑车事故,造成4人死亡,6人受伤。

8月14日 贵州省六盘水市盘县过河口煤矿发生一起煤与瓦斯突出事故。当班下井11人,其中1人获救生还,10人遇难。

8月18日 贵州省毕节地区中城能源公司肥田煤矿主斜井掘进工作面发生一起煤与瓦斯突出事故,造成7人死亡,9人受伤。

8月19日 内蒙古乌海市海南区长富煤矿发生透水事故,当时井下有8名作业人员,其中2人安全升井,6人被困井下。

8月20日 江西省瑞昌市南义一号煤矿西翼下山维修工作面发生冒顶事故,当时井下有5人作业,其中2人安全出井,3人被困。

同日 四川省宜宾市兴文县永安煤矿井下2321采煤工作面补切煤眼掘进时,发生煤与瓦斯突出事故。当班井下26人作业,该事故点7人作业,其中4人安全出井,造成3人死亡。

8月23日 黑龙江省七台河市勃利县恒太煤矿四井发生透水事故,1人遇难,3人下落不明。

8月25日 安徽省六安市霍邱县马钢(集团)控股有限公司张庄铁矿在-224米井筒施工过程中发生塌方事故,井下施工人员共30人,20人升井,7人死亡,3人受伤。

8月26日 四川省达州市宣汉县上陕乡柳茂村原将军山井,发生一起因非法盗采导致的瓦斯爆炸事故,共造成4人死亡、3人受伤。

8月29日 四川达州市大竹县曾家沟煤矿发生透水事故,14名工人被困井下,事故共造成12人遇难,2人受伤,搜救工作结束。

9月6日 贵州省遵义市红花岗区长征镇统子窝锰矿井下巷道掘进过程中,发生一起窒息事故,当班下井7人,无领导带班,其中4人安全升井,3人死亡。

9月9日 贵州省黔东南州天柱县荣怀投资发展有限公司金凉冲金矿1号坑口,发生一起顶板事故,造成4人死亡。

9月11日 云南省曲靖市富源县中安镇杨家沟煤矿二号井1780水平进风巷与回风巷间的联络巷发生冒顶事故,造成3人被困。

9月14日 宣城市宣州区境内的宣城市鑫源矿业有限公司-470米作业点发生一起煤与瓦斯突出事故事故,造成4人死亡。

9月16日 山西朔州市山阴县,中煤集团金海洋集团元宝湾煤矿,6103综掘工作面在掘进过程中掘透老空区积水,发生透水事故,造成11人死亡。

同日 安徽省淮北市杜集区淮北金石矿业有限公司(基建井)发生一起电缆坠井事故,造成地面4人被电缆带入井筒死亡。

9月22日 湖北省恩施州利川市柏杨镇白果湾硫铁矿在组织工人扩修厂房至井口之间的公路时,发生山体滑坡,造成5人被埋死亡。

9月24日 云南省曲靖市麒麟区东山镇祠堂坡煤矿发生一起顶板事故,当班下井23人,造成5人死亡,2人受伤。

9月26日 广西罗城县东门镇石村一非法盗采

小煤窑4人被困井下，造成3人死亡，1人下落不明。

9月27日 黑龙江省双鸭山市宝山区天隆矿业有限公司二井掘进工作面，与本层采空区掘透，发生透水事故，事故当班下井28人，带班领导为技术矿长（安全升井），其中22人安全升井，造成1人死亡，5人被困。

9月29日 内蒙古锡林郭勒盟东乌旗兴业集团融冠矿业公司主二井（金属矿）发生一起坠罐事故，造成3人死亡。

同日 陕西省渭南市陕西煤业集团韩城矿业有限公司下峪口煤矿（省属企业）发生一起煤与瓦斯突出事故，造成3人死亡。

同日 湖南省衡阳市常宁市盐湖镇七一煤矿副井－60M水平岩巷掘进工作面发生一起瓦斯爆炸事故，造成7人死亡，1人受伤。

10月2日 青海省海西州格尔木市欣坤矿业有限责任公司东大滩金锑矿，有3名施工人员进入矿井。在当日早晨8时，该公司矿区工作人员在矿洞口发现3名施工人员中毒立即组织抢救，经抢救无效3人均死亡。

10月4日 贵州省黔南州荔波县安平煤矿发生瓦斯事故，造成17人死亡，1人被困。

10月5日 重庆市长寿区润江水泥厂江南粉末站，在建的熟料进料口钢管支架发生倒塌，造成3人死亡，2人受伤。

同日 江苏省南京钢铁有限联合公司炼铁厂五号高炉在停炉准备过程中发生铁水外溢事故，事故造成11人死亡，2人受伤。

10月11日 黑龙江省鸡西市鸡东县金地煤矿发生一起透水事故，造成13人遇难。

10月12日 贵州毕节地区百管委东风永跃煤矿**2443**运输巷掘进工作面发生一起煤与瓦斯突出事故，造成2人死亡，4人下落不明。

同日 重庆巫山县麒麟煤矿井下＋877米水平上山掘进过程中打穿老窑，发生透水事故，造成1人死亡，2人下落不明。

10月15日 重庆市石柱县老鹰堂煤矿井下＋180水平南翼工作面发生一起煤层燃烧事故，造成4人死亡，3人受伤。

10月16日 陕西省铜川市耀州区田玉煤矿掘进工作面发生瓦斯事故，当班下井21人，其中10人获救升井，造成11人遇难。

10月17日 湖南郴州市苏仙区中信兴光矿业有限公司**550**采场中段发生大面积冒顶，造成2人死亡，1人被困。

同日 重庆市奉节县大树镇富发煤矿风井，因不法人员非法开采造成一起瓦斯爆炸事故，共造成13人死亡、2人受伤。

10月20日 辽宁省朝阳市凌源市河坎子乡一金矿（无工商营业执照、采矿许可证、安全生产许可证）发生冒顶片帮事故，救援已经结束，共造成3人死亡、2人轻伤。

10月27日 广东省肇庆市怀集县一非法铁矿开采窝点发生矿窿冒顶片帮事故，造成3人死亡，2人受伤。

同日 河南焦煤集团九里山矿16采区16031上风道掘进工作面发生一起煤与瓦斯突出事故，突出煤量1600吨，突出瓦斯18.83万立方米，事故造成18人死亡，5人受伤。

10月29日 湖南省衡阳市衡山县长江镇霞流冲煤矿发生瓦斯爆炸事故，事故发生时，当班下井35人，最终，29人遇难，5人获救升井，1人从风井自救升井。

10月30日 四川省甘孜州泸定县兴隆镇银厂沟铅锌矿**11**号井洞实施放炮作业后，该矿组织3名矿工进洞疏通放炮堵塞的通风洞后下落不明，另10名矿工进洞救援时，又有1人中毒倒地，事故共造成2人死亡，2人下落不明，9人中毒。

11月3日 河南省义马煤业集团公司千秋煤矿21221工作面运输巷发生冲击地压事故，经初步核查，事发区域共有75人作业，经过全力救援，前后三批共65人脱险升井，造成10人死亡，64人受伤。

11月6日 吉林省松源市松原石油化工股份有限公司气分装置车间发生闪爆引发火灾，造成3人死亡，8人受伤。

11月7日 甘肃省平凉市崇信县新周煤业公司井下暗斜井用矿车下放皮带过程中，矿车掉道，车内皮带滚下940水平车场，夹伤在车场作业的5名职工，其中3人经抢救无效死亡，2人轻伤。

11月10日 云南省曲靖市师宗县私庄煤矿发生煤与瓦斯突出事故。造成21人遇难，尚有22人被困。

11月13日 甘肃省白银市景泰县四个山乡通达煤矿发生一起透水事故，造成1人遇难，6人下落不明。

11月15日 湖北省宜昌市秭归县磨坪乡冷家湾煤矿发生一起煤与瓦斯突出事故，造成6人死亡。

11月18日 内蒙古自治区锡林郭勒盟塬林煤矿采煤工作面发生顶板事故，造成4人遇难，1人被困。

11月20日 宁夏吴忠市盐池县鸿祥石料厂在装填炸药过程中发生爆炸事故，共造成3人死亡。

11月22日 广西桂林市全州县大西江镇香花村委沙丘坪村附近梓溪源本地**8**名村民进入一个废弃多年的铅锌矿窿道内查看是否有矿可采，由于通风不良，造成7人中毒死亡，1人逃生。

11月23日 湖北省恩施州鹤峰县燕子乡采石场

发生一起边坡坍塌事故，造成3人死亡。

11月25日 山西临汾市霍州煤电集团晋南公司杜家沟煤矿六采区皮带上山巷末端密闭内发生一起窒息事故，事故当班下井81人，安全升井78人，造成3人死亡。

11月26日 广西区梧州市苍梧县大坡镇马王村发生一起盗采稀土引发山体滑坡，造成3人死亡，4人失踪。目前正在全力组织搜救。

11月27日 山东省淄博市，淄博山水水泥有限公司辊压机车间楼顶浇筑施工过程中，发生脚手架坍塌事故，造成4人死亡，4人受伤。

11月29日 江西省新余市渝水区欧里带元新山煤矿发生一起跑车事故，造成5人死亡，1人受伤。

12月7日 陕西商洛市秦岭钼业公司洛南分公司二分厂（民营）3名工人在清理细料仓时，被周围垮塌细料掩埋，造成3人死亡。

12月8日 辽宁省葫芦岛市建昌县华泰煤矿发生一起冒顶事故，冒顶长度约4米，造成7人死亡。

12月9日 黑龙江省鸡西市鸡东县境内，沈煤集团盛隆煤矿鸡东矿井下运输顺槽掘进工作面发生瓦斯爆炸事故，事故当班下井314人，307人安全升井，造成7人死亡，1人受伤。

12月10日 贵州省黔南州长顺县延昌水泥厂矿山，因放炮引起山体滑坡，造成1人死亡，2人受伤，另有6人被困。

12月17日 宁东能源化工基地宁夏宝丰能源集团公司苯加氢装置非芳烃废液地下池在单机调试过程中，发生硫化氢气体中毒事故，造成3人死亡，9人受伤。

同日 湖南省郴州市资兴市三都镇六一井发生瓦斯爆炸事故，经核查，事故共造成11人死亡。

同日 云南省红河州弥勒县嘉麟实业公司飞龙马煤矿井下1340掘进工作面发生透水事故，3人被困井下。

12月18日 甘肃省窑街煤电集团金河煤矿掘进四队在1496皮带机头硐室扩掘时，发生冒顶事故，造成5人死亡，3人受伤。

12月21日 四川省宜宾市筠连县大地煤矿地面发生爆炸，导致一幢约1000平米的三层楼房垮塌，事故造成4人死亡，12人受伤。

12月28日 云南省大理州弥渡县成忠煤矿发生顶板事故，当班下井13人，安全升井10人，造成3人死亡。

（《中国矿业年鉴》编辑部　编辑）

矿业科技信息

【布谷马西地区钾盐矿勘查】 钾盐是我国的急缺矿种，每年钾肥对外依存度高达60%以上，因此加强境外钾盐勘查迫在眉睫。2008年，山东省地矿工程勘察院获得了刚果共和国奎卢省布谷马西地区1020平方千米的钾盐探矿权，开始境外钾盐勘查找矿工作。查明了刚果成盐盆地的构造格架，厘定了地层层序，确定了盆地的沉积成矿有利部位，建立了钾盐成矿模式，确立了找矿标志。钾盐施工中钻探工艺进行了创新研发。采取“三层套管、三次封孔、三次换浆”，攻克了易溶盐取芯难题。针对该区钾盐矿特点，确定了采矿方法和选矿工艺。发现了超大型钾盐矿床1处，累计探明（KCl）资源量（332+333）20.02亿吨。该项实践了“政府引导、地矿先行、企业跟进、市场运作”境外矿产资源勘查开发模式。该矿权现由深圳中航资源有限公司收购（以评估总价1.5亿元）70%权益，根据预可研报告情况，经中行资源有限公司、山东省地矿工程勘察院等协商，拟投资30亿元人民币，建设60万吨/年钾盐生产基地。

【内蒙古自治区西乌珠穆沁旗花敖包特矿区银铅锌矿勘探报告】 大兴安岭中南段北西坡是银铅锌矿床富矿地区，该项目针对区内的花敖包特矿区，从成矿地质条件、成矿地质特征、成矿规律等方面对矿床进行详细研究，提出成矿远景区，对延长花敖包特矿服务年限具有实际意义。该项目通过系统地表探槽、钻探及深部坑道揭露和相应的采样化（试）验，对矿体进行有效控制，对前期所进行的地质、物化探工作方法及成果进行进一步验证，对所采用的工业指标进行重新论证，利用新的工业指标重新圈定具工业开采价值的矿体，并进行了资源储量估算。由于工作区覆盖严重，利用航磁测量、激发极化法和水系沉积物测量对发现该矿床起到了先导作用，总结出了本覆盖区找矿的新的手段。正的航磁异常、高极化率低电阻率的激电异常，是寻找隐伏矿体的直接线索。截至2009年底，增加到银铅锌矿石量3760万吨，金属量银6849吨、铅76万吨、锌101万吨。在该矿床的发现与勘查过程中，总结出了一套适合大兴安岭地区的行之有效的地质找矿方法，随着该找矿方法的应用推广和工作的进一步开展，在该地区近年来又相继发现了克什克腾旗维拉斯托银多金属矿、拜仁达坝西矿区锌多金属矿、西乌珠穆沁旗白音查干东山银多金属矿床、布金黑铅锌矿床、道伦达坝铜多金属矿、布嘎特乌兰钼多金属矿床等一系列中－大型矿床,为建立我国北方资源战略基地做出了重大贡献。

【内蒙古自治区新巴尔虎左旗诺门罕煤炭普查报告】诺门罕煤田在收集重力、电测深、石油勘探等资料基础上,对海拉尔盆地群的沉积环境和聚煤规律进行了分析研究,认为成煤条件较好,地质依据充分,于2006年至2009年通过内蒙自治区地质勘查基金立项,在煤炭勘查的空白区(面积845.65平方千米)提交了找煤成果,成果显著。勘查区采用二维地震、钻探、钻探测井、样品测试等综合手段,特别二维地震研究、反演发现了煤层反射波组,钻探验证效果良好,利用地震加钻探的技术路线,总结了海拉尔盆地找煤勘查模式和经验。采用先进钻探技术、工艺在巨厚的第四系风成砂和白垩系松散地层中取得了优质钻探工程,取得经验。勘查工作和施工质量符合相关技术规范规程要求,达到普查工作程度。对勘查区20层可采煤层进行了资源储量估算,共获煤炭资源量2014436万吨,其中(333)类型1079030万吨,(334)? 类型935406万吨。取得了巨大的找煤成果,具有较好的社会效益。诺门罕煤田构造简单煤层较稳定,技术经济条件优越,适合现代化、规模化开发。目前已经列入内蒙古自治区"十二五"规划近期开发的项目。

【河北省滦南县马城铁矿详查】 矿区隶属河北省滦南县马城镇、滦县响堂镇、昌黎县安各庄镇所辖,交通便利。马城铁矿为第四系覆盖区,勘查难度较大。在其铁矿详查中,利用以往冀东铁矿勘查经验,进行重磁联合反演,结合工程揭露的矿体特征进行综合分析和预测,利用计算机模拟矿体空间模型,不断修正矿体空间形态,快速调整施工设计方案,取得了深部找矿的重大突破。通过工作,查明了马城铁矿为赋存于太古界单塔子群白庙子组地层中的鞍山式沉积变质铁矿,呈北北西向带状产出,南西或北西倾斜,全区共分为14个矿体。提交铁矿资源量(332+333)104476万吨,TFe平均品位34.98%,其中:控制的内蕴经济资源量(332)矿石量22266万吨,TFe平均品位34.79%;推断的内蕴经济资源量(333)矿石量82210万吨,TFe平均品位35.02%。为一超大型铁矿床。报告提交后,与河北钢铁集团签订的转让协议,转入唐钢集团公司后,于2010年马城矿区进行地质勘探工作。为下一步的矿山开发与利用提供了依据。

【山东省莱州市朱郭李家矿区金矿详查报告】 胶东地区是我国重要的黄金矿产地,20世纪90年代至21世纪初黄金找矿进展缓慢,主要黄金矿山浅部资源枯竭,深部找矿成为解决资源危机的必然选择。为此,在深部普查工作基础上,对朱郭李家(马塘深部)矿区以钻探(孔深最大达1367.24米)为主要手段对深部主矿体进行追索控制,本次工作成果为建立胶东金矿"阶梯式成矿"新模式,揭示深部赋矿规律,确定深部找矿战略方向提供了强有力的支持;该矿床的发现也将为解决浅部矿山的资源危机问题提供了强有力的保障。成功探索并系统控制了焦家金矿带第二富集带,丰富发展了"焦家式"金矿成矿理论,为"阶梯式"成矿模式的的建立提供了坚实的基础。通过工作,项目期间施工钻孔46个,有40个孔见矿,见矿率87%。详查范围内圈定矿体群三个,其中Ⅱ-1号矿体为区内主矿体,其资源量占计算总量的70.06%。探获控制及推断的资源储量(332+333)矿石量37485460吨,金金属量126327千克,平均金品位3.37×10^{-6}。探求伴生银资源量矿石量30175681吨,银金属量197977千克,平均品位6.56×10^{-6};伴生硫矿石量3017.6万吨,资源量62万吨,平均品位2.05%,折合标硫量177.1万吨。矿床规模为超大型。山东黄金集团烟台设计研究工程有限公司依据详查报告,预计开发利润总额为803793.056万元;该矿床的开发将带来巨大的经济和社会效益。

【山东省兖州市颜店矿区洪福寺铁矿详查】 山东省是钢铁企业大省,但是铁矿石严重不足,20世纪60~70年代,曾在济宁重磁异常区进行过铁矿的找矿探索,未实现找矿突破。2004年在异常区开展了以物探为主的铁矿普查工作,通过高精度重力、磁法测量及异常综合研究,推断异常由赋存于济宁岩群中铁矿层引起,因此,在异常北端兖州市颜店地区立项,开展铁矿普查、详查工作。利用重磁异常综合解释,准确圈定磁性体空间形态;使用国产钻机深孔钻探技术多次刷新全国记录;实现找矿重大突破,获得332+333资源量6.2亿吨。该项目成果为利用综合勘查手段开展深部找矿提供成功范例,借鉴该项目的成功经验,济宁特大磁异常、山东省兰陵磁异常、鲁西南平原区,采用本项目物探成果技术在菏泽市单县老王庙矿区等区的深部及隐伏矿床勘察工作中得到实际应用。2011年莱芜钢铁集团莱芜矿业有限公司委托中国恩菲工程技术有限公司,对矿床的开发利用可行性研究。拟投资120亿元,建设年生产铁矿石3500万吨,铁精粉1000万吨的矿山企业。

【钒钛磁铁矿矿山空间数据建模及其综合利用研究】本项目在国家自然科学基金等项目支持下,针对矿山空间数据具有文件小、数量多、异构、多源等特点,开展了包括矿产资源空间数据与属性数据的集成、异构空间数据信息融合分析、远程数据访问、钒钛磁铁矿筛选方法、粗粒级钛铁矿选钛工艺、矿浆输送方法等关键技术研究，实现了矿产资源数据的标准化信息共享和矿体的三维建模和储量估算模型、建立了地质测量采剥计划动态系统和综合利用低品位钒钛磁铁矿。本项目得出了空间数据融合理论模式，首次采用基于 C++ 语言的多源异构矿产资源空间数据无损转换；建立了钒钛磁铁矿空间数据库；对矿山低品位钒钛磁铁开采及配矿，运用 C/S 和 B/S 大型网络和 GIS 技术，将矿体三维建模、矿山开采的实时数据等多源数据整合集成；通过统一标准和共享平台将矿体三维建模、矿山开采的实时数据等多源数据整合集成，对矿山低品位钒钛磁铁开采及配矿提供了科学依据和技术支持，采矿回采率由原设计 85% 提高至 95.6%，多回采矿石 58 万吨。选矿技术改造后铁回收率提高 10.45 个百分点，多产铁精矿 20.4204 万吨。项目研究形成的低品位钒钛磁铁矿高效综合开发利用配套技术稳定提高了入选矿石品位，并使低品位矿得到回收利用。2008 ~ 2010 年间累计利用低品矿 168 万吨，产出铁精矿 37.8636 万吨，增量产值 18657.9 万元。本配套技术对于国内尤其攀西钒钛资源开发具有积极的借鉴作用，推广应用后可使攀西地区已查明的 32 亿吨低品位矿全部回收利用。

【内蒙古自治区东胜煤田艾来五库沟勘查区煤炭普查】

艾来五库沟勘查区位于鄂尔多斯市达拉特旗昭君坟苏木、解放滩苏木及东胜区泊尔江海苏木；面积 116.31 平方千米。项目采用整装勘查模式，在收集充分研究前人资料的基础上，采用地质填图、二维地震、钻探、测井及样品测试等综合手段，发现艾来五库沟大型煤田。主要应用二维地震勘探技术，结合地质分层资料，建立地质模型，以测井资料为约束条件，采用正、反演结合进行迭代，求取地下波阻抗将反演方法推向非线性问题。以更好地获得薄层、薄互层的波阻抗信息。勘查工作和施工质量符合相关技术规范规程要求，达到普查工作程度。煤田区可采煤层资源储量估算，共获煤炭得资源量 162011 吨，其中推断的内蕴经济资源量(333)为 121996 万吨，预测的资源量(334)？40015 万吨。取得了较大找煤成果和好的社会效益。如建年产量 3000 万吨的矿井，可以服务 30 年以上。

【新疆伊南煤田 1、2 号井田与伊北煤田 4、7 号井田勘探】 本项目采用二维地震钻探、测井、抽水试验、采样化验等组合综合勘探方法进行勘查。获得资源储量 150.5 亿吨(331 类 32.5 亿吨、332 类 29.2 亿吨、333 类 88.7 亿吨)，为特大型煤矿。此煤矿经济社会效益显著，此区被国家发改委定位全国七大能源基地之一。新疆自治区开发规划确定年产 3100 万吨，其中伊南煤田为 2500 万吨，伊北煤田为 600 万吨，计划建设 3 个大型矿井。目前，伊南 1 号井田于 2007 年 7 月开工建设年产 1000 万吨的矿井，伊北 4 号井田 2009 年 6 月已开工建设年产煤制天然气 45 亿立方米的矿井项目。矿区的开发建设采用煤化工基地同步，采用一次规划、分期建设、逐步实施的方案。计划用 15 ~ 20 年的时间，将矿区分三期建设成年生产原煤 31.00×10^6 吨的特大型矿区，以满足煤化工基地和当地工业、民用用煤需要。

【北喜马拉雅东段金锑多金属成矿机制与成矿预测】

北喜马拉雅成矿带处于世界最典型的碰撞造山带上，是全球地质学家关注的热点。但该带自然环境恶劣、交通条件差、靠近中 - 印边境，矿产整体工作程度极低，对该带矿床成因、成矿规律、控矿因素、找矿潜力等方面认识不能满足找矿评价的需求。在历时 10 年的野外调查与综合研究，取得了从理论认识创新到找矿重大突破的跨越。总结提出北喜马拉雅金锑多金属成矿带发育三大成矿作用及其相关的四大成矿系列；创建了“金锑多金属临界转换成矿系统”新模型；率先提出并发现了喷流沉积—热泉水改造型、卡林型 - 类卡林型、热泉型及次火山岩浆热液型等矿床新类型，同时指出喷流沉积—热泉水改造型、卡林型 - 类卡林型及热泉型矿床具有形成大型 - 超大型金锑多金属矿床的成矿条件与找矿潜力，丰富和发展了区域成矿理论，为该带的勘查评价及找矿突破指明了方向。首次系统建立了北喜马拉雅金锑多金属一盆三横三纵的“一三三”控矿构造格架及“四要素”找矿新模式；创新了区域化探数据处理、信息提取及异常评价的思路与方法。将北喜马拉雅金锑多金属成矿带划分为 5 个成矿远景区；按主要矿床类型和矿种优选出 47 个找矿靶区；同时通过对预测的找矿靶区按前人已有矿点、已有异常、已有“弱”异常及无“异常”分 4 个层次择优开展靶区野外验证，指导勘查评价新发现了一批大型 - 超大型锑金铅锌银锰铁矿床、有重要找矿前景的矿床(点)及找矿线索。该项成果攻克了北喜马拉雅成矿带长期悬而未决的找矿类型及找矿方向难题，丰富了区域成矿找矿理论，创新了找矿技术方法，在找矿新类型、确证新矿带、发现新矿床上均取得重大突破，是继冈底斯找矿取得重大突破之后、西藏令人瞩目的区域找矿重大发现，极大地拉动了商业投入，不仅为青藏专项的实施提供了战略新区，而且为建设新的矿产资源战略基地、中 - 印边境划界谈判、促进西藏经济跨越式发展及民族团结等提供了重要的决策依据。项目实施近 10 年来，新发现矿床潜在经济价值 1087.9 亿元，快速拉动了当地的商业勘查与开发，取得了很好的找矿效果及经济效益，新发现的部分矿床已进入开发或开发前的详查与勘探阶段,若矿山全部建成后,预计可使5万~8万农牧民脱贫致富,拉动后续商业勘查及建厂资金7.9亿元;已开发矿床实现产值11.4亿元、利税4.46亿元。

【东川-易门铜矿山深部及外围勘查技术及示范】 本项目属于"十一五"国家科技支撑计划项目,研究总结并建立了东川热水沉积-改造型铜矿、稀矿山火山喷流沉积-叠加改造型铜铁矿、凤山构造-热流体再造型铜矿和白锡腊铁(钛)氧化物铜金型等4种不同类型铜矿成矿模式及铜(铁)矿体定位模式,针对4种不同类型铜矿和地貌景观,提出有效的勘查技术方法组合和勘查模式,圈定了找矿靶位9处,经过矿山企业对部分找矿靶区,进行了系统探矿工程验证和推广示范基地建设后,在东川-易门铜矿深部探获(333+334)铜金属资源量合计77万吨。系统研究和总结含矿热水沉积岩相和含矿蚀变火山岩相的地质-物化探探测方法,建立隐伏矿定位预测构造-岩相学、物探和构造地球化学集成技术;最终建立不同类型铜矿最佳勘查技术组合;创新了火山岩-火山热水沉积岩的构造-岩相学编(填)图新方法技术,建立了隐伏矿定位预测构造-岩相学、物探和构造地球化学集成技术和不同类型铜矿最佳立体勘查技术组合。取得明显经济社会效益,延长东川铜矿生产年限12年,易门铜矿17年,总结勘查技术方法组合,得到了应用。

【福建省永定县大排铅锌矿找矿思路创新与突破】 矿区位于福建省龙岩市200°方向直距23千米处,隶属福建省永定县培丰镇洪源村。永定大排矿区是历经多次地质工作的老矿区,以往找矿一直没有取得突破,本次详查工作成功运用新理论正确指导找矿、运用新方法实施找矿,发现并基本查明该矿为一个以铅锌矿为主、并共、伴生铁矿、铜矿、钼矿、银矿、锰矿等多种矿产的大型多金属矿床,其矿床规模锌为大型、铅为中型、伴生银为中型、铁铜钼均为小型,潜在经济价值200多亿元,为国家经济建设做出了贡献。闽西南拗陷带二叠系下统栖霞组是主要赋矿层位,在氧化矿带之下应该存在层状硫化铅锌矿体。以往工作认为主要是受陡倾角的推覆构造控制的小矿体,一直没有取得找矿突破,本次工作提出要致力于寻找层控-矽卡岩型矿床,矿体应是受缓倾角的赋矿地层控制,创新找矿思路。矿床成因类型由层控-矽卡岩型转变为层控-热液叠加改造型铅锌铁铜钼多金属矿,矿种由浅部铅锌多金属矿到深部磁铁矿在一个成矿体系中的一种新的成矿机制,进一步丰富了区域矿床成因的理论,拓展了区域找矿思路。排铅锌铁铜多金属矿的特点是矿床规模大、矿体集中、易采易选、经济价值高,单个矿床达到大型在福建省是第一个。目前,地质勘查工作还在进行,由于受采矿权证范围的限制,大排矿区周边(尤其是北边、东边和南边)没有得到探矿工程有效控制,具有进一步扩大资源量的潜力。累计查明铅锌矿111b+122b+332+333铅锌金属量105.90万吨(铅金属量62.75万吨,锌金属量43.15万吨)。其中硫化铅锌金属量91.12万吨,Pb+Zn平均品位4.97%;氧化铅锌金属量14.78万吨,Pb+Zn平均品位5.17%。同时,还查明了可供综合开发利用的铁矿、铜矿、钼矿、银矿、锰矿等共、伴生矿产资源。所探获的铅锌资源量已从中型扩大为大型,验证了原来的预测。

【陕西省陕北石炭二叠纪煤田吴堡矿区横沟井田勘探】 横沟井田位于吴堡县城以北直距7千米处,行政区划隶属吴堡县薛下村乡、寇家塬镇、郭家沟镇和丁家湾乡管辖。井田地处吴堡矿区的中北部,井田面积78.5平方千米。横沟井田勘查登记范围内6层可采煤共求得资源量138136万吨(焦煤110721万吨,肥煤7319万吨,瘦煤20096万吨),其中探明的资源量(331)10523万吨,控制的资源量(332)35660万吨,探明的+控制的资源量占总资源量的33.4%;推断的资源量(333)91944万吨,占总资源量的66.6%。陕西省陕北石炭二叠纪煤田吴堡矿区煤层埋深较大、煤层多、层间距小,勘探过程中成功地解决了突水、涌气、煤层性脆易碎等技术难题,所取得的成功经验对陕北石炭二叠纪煤田找煤工作有参考意义,本项目投资收益率为63.7%,投资利润率为53.3%,投资回收期2.51年(不含基建期),年产量达到1.27×10^6吨/年时,企业便可以保本,具有较好的经济效益和抗风险能力,并且该项目的开发建设对加快和推动本地区的经济建设步伐,带动其他行业及周边地区经济的发展具有重要作用,社会效益良好。拟在横沟附近建一座年产300万吨矿井,并在坑口附近建一座洗煤厂和火电厂;2011年,吴堡煤田总体规划已上报国家发改委。

【汶川地震灾区次生地质灾害航天遥感应急调查与综合研究】 5.12汶川特大地震诱发的崩塌、滑坡、泥石流和地裂缝等次生地质灾害导致地震灾区对外交通、通讯中断,灾情不明。在灾区极端气候条件下,创造性的采用了"光学与微波互补、卫星资源合理分配"的应急编程订购模式,快速获取了覆盖灾区84个县、市的卫星遥感数据;快速查明了汶川地震灾区的次生灾害的分布、发育情况,以"一县、一图、一表、一说明"的方式每天由专机送至前线指挥部,及时为前方抢险救灾提供科学依据;构建了三维遥感调查系统,为宏观决策提供了科学平台,为地灾三维量算奠定了基础;总结了次生地质灾害的分布规律，为减灾防灾、灾民安置、灾后重建提供了科学指导；开展地震次生地质灾害隐患后续演化研究，为灾后重建总体规划与工程实施、灾后国土资源开发利用提供决策依据。探索建立了极端条件下地质灾害航天遥感应急调查技术方法流程，编制了《地质灾害航天遥感应急调查技术要求》；首次实现了24小时内有序完成大面积“正射影像制作、三维遥感解译、成果编制”等应急调查工作，形成了极端条件下的任务规划、数据接收、快速处理、三维解译、成果制作、质量检查、成果提交应用等航天遥感应急调查技术方法体系；研究建立了一套基于升、降轨雷达数据，灾前、灾后光学数据等多源遥感图像协同准确识别地质灾害的方法；开发了适用于刚发射成功的COSMO - Skymed、TerraSAR - X等高分雷达数据几何处理、具有自主知识产权的遥感软件。该成果实现了多源遥感信息的多学科全方位应用，并利用遥感及地理信息系统技术进行了突发性地质灾害的调查、监测与评估的应用研究，为应急救灾、灾损评估、防灾减灾和灾后重建等工作提供了依据。

【地球化学填图新增30余种元素堆中子活化分析方法研究】 开展新增30余种元素堆中子活化分析方法研究，发展现代高新分析测试技术，可为最终建立76元素配套分析系统及质量监控系统奠定基础。首次建立了地质样品微堆中子循环活化和微堆超热中子活化分析方法，利用超热、循环活化分析技术较大程度地改善了铂族、稀土、卤素和稀有分散及其他痕量元素的检出限，提高了微堆中子活化分析方法的精密度和准确度，建立了微堆中子活化分析测定地质样品中的34种元素分析方法。建立了镍锍试金分离富集 - 微堆中子活化分析测定铂族元素、P507负载泡塑分离富集 - 微堆中子活化分析测定稀土元素的方法；镍锍试金 - 催化极谱法测定铂铑和催化动力学光度法测定锇钌等分析方法，研究建立了断续流动 - 氢化物原子荧光法测定Se、Te、Ge，石墨炉原子吸收测定In、Tl。率先将微堆中子活化分析技术应用于勘查地球化学和地学研究样品分析中。重点创新建立了以微堆中子活化分析为主、X荧光光谱分析为辅，结合其他先进测试分析技术的的地球化学填图76种元素配套分析方法，检出限降至地壳丰度值以下，同时建立了质量监控方案。该成果已在多目标区域地球化学调查、农业和环境地质调查、标准物质研制等方面得到广泛应用。该成果推动了地球化学调查和分析测试技术标准和规范的更新，推动了地矿实验测试行业的技术进步，取得了较好的社会效益。利用成果分析完成各类地质样品近30万件以上，提供基础数据近千万个，取得了较大的经济效益。

【长寿命高效地质钻探系列液动潜孔锤研究与开发】 液动潜孔锤是自1999年以来在多项科研项目的持续支持下，为提高钻进效率，通过十余年的不懈努力，取得的一项目科研成果。创新性地提出了“回程储能、分段加速、全冲程做功”的理论，并设计了“上阀 + 芯阀”的工作形式，其结构简单(零件数量仅24个，国外类似钻具零件数量均超过50个)，实现了对液动潜孔锤能量利用率和冲击功的大幅度提升。减少密封环节、简化结构，采用射吸和射流两种工作动力复合作用方式，成功地取消了芯阀和上阀的密封结构，使得液动潜孔锤内的密封结构由原来的5道减少到2道，从而彻底解决了液动潜孔锤内轻质量零件的阻卡问题。根据不同零件的特点、需求，对各类表面强化技术在液动潜孔锤中的应用效果进行评估，最终确定了相对合理的热处理方式，使得液动潜孔锤的工作寿命大为改善。无检修连续使用时间长达141小时。该系列液动潜孔锤在我国大多数省份的多个钻探部门进行野外生产应用，均取得了理想的效果。该研究成果突破了该技术应用中的一系列关键技术难题，使我国成为目前液动冲击回转钻进技术应用普及和使用效果最好的国家，促进了我国自主知识产权的钻探技术体系的建立，是我国特有的、领先的、站在世界钻探技术之巅的一项技术成果。提高了我国钻探技术的总体水平和国际影响力。在国家重点工程项目——中国大陆科学钻探工程科钻一井5000米深的结晶岩地层中进行全孔取芯钻进，在该孔中使用螺杆马达液动潜孔锤钻进499回次，节约经费2364万元。2012年又在汶川地震科钻2号孔获得成功应用。

【海南省琼州海峡多目标区域地球化学调查】 通过查明琼州海峡元素地球化学分布和分配特征，进行国土资源环境评价与基础地质研究，为国家及地方经济社会科学可持续发展和进行区域规划提供依据。在琼州海峡开展了多介质(土壤、沉积物、岩石、水、沉积柱、生物等)、多指标(多达54项)、多时域(近百年内)的立体式生态地球化学调查，面向环境、渔业、资源、人体健康等多目标，查明了琼州海峡沉积物环境质量现状。项目取得了重大科研创新成果。建立了琼州海峡沉积物53种元素和指标的地球化学基准值和背景值。利用富集因子方法对琼州海峡表层沉积物生态环境质量进行预警和利用河口沉积柱研究反映琼州海峡生态地球化学历史变化及演趋。调查与评价工作形成了一整套完善的方法技术，为我国其他海洋国土进行多目标区域地球化学调查与研究提供了宝贵经验。调查发现琼州海峡油气指示元素异常主要分布在海峡西部海湾，广东流沙港和海南后水湾是寻找油气资源的有利区域，对海南后水湾油气指示元素异常进行了初步异常查证，认为该地区是下一步油气调查的重点区域。发现了5处锆三级异常，圈定了2个锆英石找矿远景区。对海口湾进行了环境质量评价。认为人为排放是海口湾沉积物中Corg、Cu和Pb等元素富集的主要原因，为海口湾的环境治理提供了科学依据。对琼州海峡沉积物物质组成及来源演化进行了研究。认为海峡沉积物的物质来源主体是陆源物质，同时还存在少部分自生的生物来源，此外琼州海峡还有由台湾海峡或巴士海峡进入南海的洋流搬运而来的东海所携带的大陆物质。对琼州海峡跨海工程7条备选通道线路沉积物环境影响进行分析，为跨海通道的选择提供地球化学依据。认为Ⅴ线沉积物重金属元素环境质量好于Ⅰ、Ⅱ、Ⅲ、Ⅳ线，元素含量变化较为平稳，受工程施工扰动后对环境质量的影响相对较小，为最佳参考路线。建立了琼州海峡区域地球化学数据库，实现了对海峡数据的信息化，系统化管理，为开发利用琼州海峡和深入研究提供数据支持。项目成果在琼州海峡资源开发利用、海洋功能区划、环境保护、工程建设等方面已得到有效的应用，产生了显著的经济、社会和科技效益。

【陆地永久冻土天然气水合物钻探技术研究】 针对冻土层钻探及水合物取样的特殊要求，研制出了绳索打捞不提钻保压取样钻具及大直径绳索取芯钻具、特种绳索取心钻杆等。为了保证钻探取样施工安全，专门研制了低温盐水泥浆体系和配方，在低温状态下具有较好流动性、润滑性、稳定孔壁和保护岩心的性能。根据水合物钻探取样泥浆温度规程，结合流体传热学理论，利用压缩机制冷原理，提出钻井泥浆"动态制冷"概念，创造性地研发了泥浆制冷系统。利用项目的科研成果，在海拔4200米青海省祁连山木里地区实施了我国第一口冻土天然气水合物科学钻探试验井，并成功钻获了天然气水合物样品，使我国冻土区天然气水合物地质调查评价及水合物取样钻探技术取得重大突破，具有重要的科学研究意义，在国内外引起了极大反响，此后，陆续完成了9口冻土水合物科学钻探试验井。

【江西省鄱阳湖及周边经济区1∶25万多目标区域地球化学调查】 获得鄱阳湖及周边区域双层水、土的高精度地球化学数据，取得鄱阳湖及周边区域具有长久科学价值的区域土壤系列背景值和基准值。查明了区域农业营养元素丰缺现状，为指导农业施肥提供科学依据，发现富硒土地资源，在鄱阳湖生态经济区发现了4205平方千米的富硒土壤，提出了农业地质区划建议。摸清了区域土地质量家底，为土地利用提供科学依据。圈定了74处具有找矿指示信息意义的综合异常，发现了一批成矿元素地球化学指示信息，圈定了74处具有找矿指示意义的元素地球化学异常区，为区域矿产资源潜力评价提供了新的地球化学数据信息资料。丰城市富硒土壤资源开发创造了"三农"科学发展的典型范例，吸引社会投资15.7亿元，建立了10个富硒产业基地和一个集产学研于一体的低碳农业科技园。仅2011年年度实现富硒总产值11.7亿元，预期到2020年经济综合年产值将超过100亿元。已成为社会农业产业企业、全国各省(区、市)慕名前来考察取经、洽谈投资创业基地。为鄱阳湖生态经济规划区建设及全省耕地质量等级成果补充完善工作提供基础数据和科学依据。

【深层及超深层生物礁滩油气地震检测及流体识别研究】 针对川东北元坝地区长兴－飞仙关组、黑池梁地区长兴－飞仙关组生物礁和生屑滩储层，开展了深层多尺度、高精度的储层地震预测及流体识别研究，形成了"层位精细对比—波动方程正演—岩石物理测试分析—储层地球物理响应与识别—三维成图与多尺度多属性分析—储层流体预测与敏感性参数分析—有利储层综合预测"的礁滩储层预测方法技术系列。研制了复杂礁滩地质模型和起伏地形的二维和三维地震数值模拟新方法，为消除地震解释的不确定性和储层识别陷阱提供了较可靠的方法。提出了基于三维地震资料的礁滩地质体的连续对比追踪和三维成图方法，提高了礁滩储层识别精度及可靠性。研制了识别气藏的识别方法，为流体识别提供了新的依据。通过速度、密度和波阻抗相互关系的研究，摸索出适于碳酸盐岩的速度－波阻抗关系式。克服了Gardner速度－密度经验公式不适合碳酸盐岩的局限性。完成了元坝地区三维叠后地震资料154平方千米和黑池梁地区(104平方千米)礁滩储层的多尺度、多属性识别处理和解释。经后期的探井和评价井证实，钻遇储层的成功率达到95%以上；为元坝等千亿方级大气田发现和天然气储量探明做出了贡献。

【直升机航空物探系统集成与测量方法技术研究】 该项目通过IMPULSE吊舱式频率域电磁、磁综合系统的引进、消化吸收，及硬架式直升机磁、放综合系统的研制等工作。集成了一套基于直升机平台的航空物探技术系统与测量方法技术。系统集成采用了将磁探头安装在电磁探头尾部的组合方式，降低了磁探头的高度，提高了磁测量的对地分辨率，并增加了系统的灵活性。编制了吊舱式直升机航空电磁、磁综合测量技术要求。该系统经测试、试验、试生产飞行测量，验证了该测量系统性能和技术指标达到同类系统的世界先进水平，并且目前该系统已经完成了5个测区的生产任务，并在地下煤火勘查、矿产勘查方面取得了显著的效果，有的测区已经见矿。对我国航空物探测量行业的技术进步和地质调查产业结构调整具有较大现实意义。

【农业生态地球化学调查评价有机分析技术研究及应用】 我国土壤和沉积物中有机氯农药及多氯联苯分量、挥发酚测定的方法及精度均有限，为满足多目标区域地球化学调查有机污染物分析要求，本项目建立了新的4种分析方法。建立了土壤中有机氯农药及多氯联苯分量的GC－ECD测定、沉积物中有机氯农药和多氯联苯分量的GC－ECD测定、土壤和沉积物中有机氯农药和多氯联苯分量的GC－MS测定、4－氨基安替比林比色法测定土壤中挥发酚含量等四种方法，能满足多目标区域地球化学调查有机污染物分析的要求。通过对土壤中典型有机污染物样品的保存方法的实验，提出了低温密闭的保存方法。经过东北、华北、西北、华东等地区不同类型土壤、河口和海洋沉积物、植物、动物共数百个样品验证，该系列方法技术配套、准确、快速、灵敏，适合于批量调查评价样品检测。

【煤田地震勘探全三维岩性反演方法的研究与应用】 针对复杂煤层地质条件的地震采集技术、进行了覆盖次数、面元尺寸、检波器组合形式等参数进行试验。使用三维资料超级面元叠加处理技术，使厚煤层屏蔽下的薄煤层反射波的信噪比和下煤组的解释精度显著提高。通过对煤田三维地震资料叠后时间偏移、叠前时间偏移和叠前深度偏移处理的试验，表明叠前深度偏移处理，提高了复杂构造的成像精度和细微构造的分辨能力，较好解决了小断层（3～5米）的分辨率问题。利用信号重构全三维岩性反演技术，把波形数据体转换成岩性数据体，将构造解释推向岩性解释，从纵向和横向上反演并查明影响煤层开采关键地质层位的赋存特征、特性及变化趋势。建立了一整套适用于复杂煤层地质条件的高分辨率地震勘探技术。包括地震数据采集技术、地震资料处理技术和地震资料综合解释技术。对两淮地区煤田地震勘探全三维反演与解释方法进行了研究、试验与应用，取得了显著的经济效益和社会效益。在三维地震勘探准确预测采矿工作面内地质异常的研究方面取得了创新意义的成果。

（国土资源部信息中心　王　芳）

矿业协会

中国矿业联合会

【工作概况】 1.为政府管理部门决策当好参谋。中国矿业联合会（以下简称“中国矿联”）组织召开有关矿业企业、律师及科研单位代表参加的研讨会，研究并提出修改矿产资源法的意见和建议，配合国土资源部开展矿产资源法修改工作；按照国土资源部的要求，联合矿业行业各相关协会和主要矿业企业开展调查研究，为加强矿业宏观调控、编制矿产资源规划、改革资源税等政策提供基础资料和依据，并相继完成了中国“双高”产品与循环经济评价工艺名录（矿业部分）、矿产资源领域循环经济评价指标体系研究、我国矿业经济区发展思路研究等课题，发挥了为政府决策当好参谋和助手的作用。

2.联合各矿业行业协会和大型矿业企业，组织召开“矿业形势分析”座谈会。分析研究我国矿业发展形势和趋势，及时掌握矿业发展中存在的问题，及时向国家有关部门提出意见和建议，同时也为国内矿业企业提供行业信息咨询服务。

3.推进我国矿业的可持续发展。开展矿业企业发展和自律服务，倡导保护环境、节约和保护资源，实施循环经济，构建和谐矿区，促进绿色矿山建设，不断推进我国矿业的可持续发展。2011年，通过推进绿色矿山建设的试点，经过企业自行对照检查、所在地方政府的审查、专家评审，经国土资源部批准并公告，授予37家矿山企业为“国家级绿色矿山点点单位”，并与44家申报绿色矿山的企业签订了《绿色矿山公约》。

4.反映企业诉求，为政府宏观调控提供依据。按照有关管理机关的要求和企业的诉求，适时开展调查研究，有针对性地提出解决意见和建议。针对矿业活动的不断扩大，矿产开发与采矿用地的矛盾突出，存在着矿业企业征地难、复垦的土地退出难、企业征地负担重、农民失地等采矿用地的体制和机制等问题。按照国土资源部的要求，中国矿联联合神华、攀钢等企业进行试点研究，在总结采矿用地改革试点经验，探索采矿用地的新体制和新机制方面做了大量工作，得到矿业企业和管理机关的认可。

5.推进国际交流与合作，为我国企业“走出去”提供服务。2011年，中国矿联通过组织矿业企业代表团赴加拿大参加第79届PDAC大会、与贸促会共同举办“中国企业矿业国际合作研讨会”等，为我国企业“走出去”提供服务。2011年，中国矿联受理了219家中国企业境外矿业投资项目289例，项目涉及亚洲、非洲、大洋洲、美洲、欧洲的55个国家26个矿种。针对投资企业进行了调研走访，召开了5场境外矿业投资研讨会，将企业反映的意见和建议形成报告，上报有关主管部门,为政府部门制定“走出去”相关政策提供参考依据。同时,接待了美国、加拿大、澳大利亚、智利、法国及国外驻华使馆、商务机构等来访团组十余个,参加国际会议及交流活动十余次。

6.*发挥分支机构的作用,努力为地方矿业经济发展服务*。中国矿联各分支机构,按照统一领导、分别活动、相互配合、突出专业的服务原则,开展有针对性的活动。地质矿产勘查分会积极贯彻国务院关于进一步加强地质工作的决定,开展地质工作改革与发展的大讨论,配合国土资源部开展地勘行业管理做了大量工作;地热专业委员会和天然矿泉水专业委员会,积极开展我国地热和矿泉水开发利用研究及新技术推广活动,促进了矿产地经济发展及资源保护,得到企业的欢迎和当地政府的支持;地质矿山装备委员会加强行业自律,通过搭建地质矿山装备展览展示平台提供服务,受到设备厂商及用户的好评。

2011年,根据资源条件、开发利用程度、产业经济在全国同行业的位置和在当地经济中的重要作用,中国矿联先后分别命名山东省昌邑市和山东省昌乐县为“中国溴盐之都”和“中国蓝宝石之都”,扩大了优势产业在当地和全国的影响,为地方矿业经济健康科学发展起到促进作用。

7.*规范管理,不断提高服务能力*。按照《国务院办公厅关于加快推进行业协会商会改革和发展的若干意见》的要求,中国矿联在国土资源部和民政部的领导下,不断完善各项管理规章制度,民主管理,科学决策,不断规范服务行为;开展经常性职工培训,提高员工服务能力和业务素质,实现管理程序化、规范化、科学化。

中国矿联主办的中国矿业报、中国矿业杂志、中国矿业年鉴、中国矿业信息和中国矿业网站等的报刊和网站,有效地发挥了行业媒体的作用,且编辑质量不断提高,发行量不断增加,行业影响不断增强。

8.*按照国土资源部和民政部的要求成功换届*。2011年11月20日,中国矿联召开了第五次会员代表大会,完成了换届工作。同时成立了中国矿业联合会高级资政委员会,将中国矿联的工作推上新台阶。

(中国矿业联合会)

中国煤炭工业协会

【工作概况】 2011年是“十二五”时期开局之年,党中央、国务院团结带领全国各族人民,把握科学发展这个主题和加快转变经济发展方式这条主线,实施“十二五”规划,加强和改善宏观调控,正确处理保持经济平稳较快发展、调整经济结构、管理通胀预期的关系,国民经济继续朝着宏观调控预期方向发展,呈现增长较快、价格趋稳、效益较好、民生改善的良好态势。实现了“十二五”时期良好开局。2011年,中国煤炭工业协会(以下简称“协会”)按照党中央、国务院的统一部署和要求,在国资委、民政部、国家安全监管总局党组的领导下,在国家发展改革委、工信部、国土资源部、国家能源局等部门的支持下,在全体会员单位的配合协助下,按照构建一流行业协会,打造五大支撑体系,6大服务平台、9个核心品牌的战略规划,围绕中心、服务大局,认真履行职责,各项工作都取得新的成绩和进步。

【煤炭工业发展规划研究编制】 贯彻落实《国民经济和社会发展第十二个五年规划》精神,参加国家“十二五”能源规划、煤炭工业发展规划研究工作,组织协会各部室、分支机构、代管协会开展煤炭工业各专业领域的规划研究工作,动员行业近千名专家学者,系统地开展了煤炭资源勘探、煤矿建设、结构调整、煤炭科技、循环经济、加工利用、煤炭物流、人才培养、煤矿文化、体育健身等领域的专项规划研究,形成了16个专项规划和指导意见,系统地提出了“提升煤炭工业发展科学化水平”的工作思路,即:以科学发展为主题,以转变经济发展方式为主线,以提升煤炭工业发展的科学化水平为主攻方向,深化煤炭市场化改革;推进煤炭结构调整;依靠科技进步,提高自主创新能力;建设大基地、培育大集团;建设大型现代化煤矿和安全高效矿井;推行绿色开采,建设生态矿山;发展循环经济,提高资源综合利用水平;强化煤矿安全基础工作;推进和谐矿区建设;构建资源利用率高、安全有保障、经济效益好、环境污染少、健康可持续发展的新型煤炭工业体系。这一工作思路形成了行发展共识,为今后一个时期煤炭工业改革发展提出了明确的方向。

【煤炭生产和利用方式变革推进】 1.*倡导煤炭绿色开采,努力促进生态矿山建设*。组织开展煤矿采空区治理专项调研,开展矸石填充和乏风余热利用等技术研究与推广。组织召开“煤炭绿色开采、生态矿山建设”现场会,探索“采煤不见煤、用水不排水、产矸不提矸、出煤不烧煤”的新型煤矿区绿色生态发展模式。提出“以科学产能为依据,以提高资源回收率为目标,推进资源开发与环境保护一体化,以最小的生态环境扰动,获取最大的资源回收和经济社会效益”的行业健康发展理念。

2.*倡导煤炭深加工精加工,促进清洁高效利用技术发展*。把“煤炭清洁生产、循环高效利用和节能减排”作为重要工作目标,推进大型现代化选煤厂建设。举办“全国大型现代化选煤厂建设”现场会,总结经验,分析形势。印发了《关于促进大型现代化选煤厂建设管理的指导意见》(征求意见稿),进一步指出了今后一个时期我国大型现代化选煤厂建设的发展方向、目标和重点任务。提出了"加快大型现代化选煤厂建设是适应我国煤炭资源开发战略性西移,有效缓解运输瓶颈制约的必由之路;提高原煤入洗率,控制原煤直接燃烧,促进节能减排的有效措施;推动煤炭洗选加工业快速发展,转变煤炭经济发展方式的重要基础;煤炭企业提高经济效益的重要手段"。

【行业科技推进行】 1. 研究探索煤炭科技工作思路,指导煤炭工业科学发展。"十一五"时期,我国煤炭工业新技术实践和装备研发取得重大进展,有力保障了我国能源安全稳定供给。举办"十一五"煤炭科技成就展,集中展示煤炭科技工作成就。组织召开全国第七次煤炭科学技术大会。国务院副总理张德江为大会发了《贺信》,全国人大和全国政协主要领导同志出席并发表了重要讲话。提出的《关于推进煤炭工业"十二五"科技发展的指导意见》(征求意见稿),得到了行业普遍认可和支持。确立的31898科技发展方向,列入了《煤炭工业发展"十二五"规划》,成为煤炭工业科技发展的指导方针。

2. 夯实协会煤炭科技工作基础。发挥煤炭工业技术委员会作用,搭建行业技术交流平台。完成首批委员续聘和第二批委员推荐遴选工作。支持各专业委员会在本领域开展交流与合作。开展煤炭科技贡献率调查研究和测算,首次发布了国有大中型煤炭企业科技进步贡献率达到39.2%,并预测到"十二五"末将达到45%的煤炭科技贡献率数据,填补了我国在煤炭科技投入与产出数据领域的空白。组织编制《2011年度中国煤炭工业协会科学技术研究指导性计划》,463个项目列入计划,同比增加7%,为引导煤炭科技发展方向提供支撑。

3. 组织实施国家重大科技项目。精心组织将有关影响行业发展的重大科技项目列入国家重点科技支撑项目,努力做好国家科学技术奖项目的推荐工作。今年共推荐国家科技奖项目11个,其中6个获得了国家科技进步二等奖。完成了"复杂条件大型煤炭基地快速精细勘查技术研究与示范"和"千万吨级特大型选煤厂关键技术装备研究"2个项目作为"十二五"国家科技计划社会发展科技领域项目的推荐工作。完成了"特厚煤层大采高综放开采成套技术与装备"等国家重大科技支撑项目及千万吨矿井和千万吨工作面成套技术装备研发项目中大部分研究课题的验收工作。完成了"煤炭资源高效采选关键技术与装备研发"和"矿山复垦关键技术开发及示范应用"等国家科技支撑项目研究课题。

4. 煤炭工业科学技术奖评审和新技术推广活动。评审煤炭工业科技奖项目241项。获奖项目涵盖了煤炭行业所有专业领域,技术水平普遍较高。由于协会组织奖项申报培训,严格评审程序,严肃评审纪律,坚持回避制度,2011年在接受国家能源局委托开展2010年度国家能源科学技术进步奖评审和推荐工作中,经协会推荐的国家能源科技进步奖项目获一等奖3项,二等奖9项,三等奖19项,获奖通过率达100%。完成了第十三届中国专利奖的评选推荐工作。推荐的2个项目分获优秀奖。编辑出版《煤炭工业"十二五"推广先进适用技术》,完成了46项科研成果鉴定。协助冀中能源等煤炭企业开展企业"十二五"发展规划论证等工作,搭建好信息技术服务平台。

5. 推动行业标准化体系建设。参与国家标准化体系建设,协助有关部门研究提出构建煤炭产业标准体系的基本思路和政策措施。研究编制《煤炭行业标准化"十二五"发展规划》,提出了《中国煤炭工业协会关于推进煤炭行业"十二五"标准化体系建设的指导意见》,有序推进标准化工作。修改完善了《煤炭行业标准制修订管理细则》。组织完成行业标准计划立项152项,完成制修订技术标准77项,其中77项标准通过审查。申请国家标准立项85项,经国家标准化委员会公示拟公布国家标准15项。组织开展《大功率采煤机》、《矿用隔爆型高压交流真空电磁起动器》等10余项矿用标准化课题研究,协助煤炭企业开展《安保型煤矿技术标准》论证。做好标准的宣贯工作,对《煤矿用高分子材料》等技术标准实施开展共100多人的培训。

【煤炭结构调整与产业升级推进】 1. 协助政府夯实煤矿安全基础,帮助企业提高安全生产水平。协助政府做好《煤矿安全质量标准化标准》制修订工作。做好煤矿瓦斯防治部际协调组成员单位工作,组织召开防治煤与瓦斯突出技术研讨会,总结煤矿瓦斯治理现状和发展前景。进一步巩固为企业安全提供服务的范围和质量。先后完成兖矿集团、山西焦煤集团、陕西煤业化工集团公司下属生产煤矿、选煤厂的生产技术、条件安全评议工作,提高了煤炭生产企业现场管理水平和矿井抗灾能力。受企业委托完成了41项《矿产资源开发利用方案》评审,6项《煤矿建设项目安全核准》和《神华集团煤矿工程建设项目施工安全生产协议标准文本及管理办法》、《中煤集团安全高产高效现代化矿井技术标准》等课题项目研究。修订《煤炭工业安全高效矿井评审办法》,提高安全高效矿井评审质量标准,编辑出版《安全高效矿井建设年度报告》(2010年),受到煤炭企业欢迎。

2. 推进煤炭行业全面质量管理。召开了中国质量协会煤炭工业分会年会,总结交流煤炭工业质量管理经验。以推动 QC 小组工作为抓手,组织开展煤炭工业质量评优和国家质量奖参评单位推荐工作,配合有关部门做好煤炭产品和煤矿技术装备质量监管及工业产品的质量信誉建设工作,推动了煤炭行业全面质量管理。

3. 规范行业“评优树先”,完善行业信用体系建设。完成了 2010 年度煤炭科学技术奖和煤炭企业现代管理成果、煤炭企业 100 强和煤炭产量 50 强的评审和表彰工作。连续 4 年编辑出版《煤炭企业管理现代化创新成果集》。制定《煤炭物流企业信用等级评价标准(初稿)》,进一步拓宽了行业企业信用评价范围,完善了行业信用评价制度和标准。开展煤炭企业社会责任成本研究,为企业合理计量披露社会责任成本提供依据。2011 年以来,完成了 72 家煤炭企业信用等级评价工作和 64 家企业信用等级复评工作。11 月中旬在京为信用等级企业授牌,努力倡导煤炭企业开展信用建设,积极承担社会责任。

【煤炭市场化改革】 1. 完善现代煤炭交易体系建设,推进煤炭价格指数工作。开展煤炭交易体系建设调研,支持以山西太原为中心,以内蒙、辽宁、贵州、山东、陕西、广州区域煤炭交易中心等为辐射的现代煤炭交易体系的建立。研究编制《煤炭交易中心建设标准》和《煤炭交易规则》(初稿)。积极参与《全国煤炭物流发展规划》编制,提出了《关于推进煤炭物流发展的指导意见》(征求意见稿)。积极参与政府部门组织的国家煤炭应急储备方案研究和煤炭储备基地调研,推进现代煤炭营销方式转型,营造煤炭物流产业发展繁荣的良好氛围。开展电煤合同价格市场化确定机制研究。严密监测煤炭市场变化,在参与环渤海冬梅价格指数制定和发布的同时,建立“全国市场交易煤价格指数”、“重点电煤价格指数”和“中联公司炼焦煤价格指数”。一个有较大市场影响力的全国系统性价格指数体系已初步形成。

2. 推进煤炭产品市场化改革。积极参与政府部门组织的理顺煤电关系专项调研并组织召开专题座谈会,针对社会上出现的“电荒”、“煤荒”等舆情,及时发布真实信息,引导正确舆论导向。发挥国务院煤电油气运协调小组部际成员作用,配合完成年度煤炭产运需衔接及合同汇总和订货总结,鼓励企业间建立中长期战略合作关系,倡导大型煤炭企业在特殊时期履行社会责任,提高电煤合同兑现率,稳定煤炭合同价格。截至目前,已推动煤炭供需企业签订合同总数 8359 份,合同量 15.9 亿吨。协助政府做好日常煤炭产运需衔接和合同履行检查工作。圆满完成“两节”、“两会”和迎峰度夏、迎风度冬期间重点地区煤炭供应保障工作。

3. 加强和提高行业经济运行监测与分析水平。召开 12 次信息交流会,及时了解相关行业煤炭需求变化。煤炭经济运行会商已从与煤相关部门参加发展到政府相关多部门共同参与的月度会商、季度经济分析会已成为省区煤炭行业管理部门、大型企业沟通情况、研究问题、发布信息的平台。召开多次无烟煤、炼焦煤等分品种、分专业煤炭市场分析会,编制《中国炼焦煤市场白皮书》,沟通共识。坚持月度和季度煤炭经济运行分析会制度,编写煤炭经济运行报告通报情况。积极参加政府部门组织的经济运行分析会,反映情况、提出建议。继续开展煤炭监测预警研究,按季度发布行业发展监测预警报告,努力为政府决策服务,及时引导企业科学组织生产和经营。

4. 稳步提升统计调度与信息报送工作水平。完善信息发布制度,实现了月度信息快速报送。充分发挥“煤炭行业数据采集系统”作用,规范理顺行业信息收集渠道。组织全国煤炭行业信息统计人员座谈,探讨提高信息报送质量途径。定期编发《煤炭市场运行综述》、《调度旬报》等刊物,全方位提升信息服务水平。及时报送煤炭地区间调入与调出统计数据,配合政府做好煤炭省际调度统计工作。开展《煤加工及转化制品能耗限额重要标准研究》和《煤炭井工开采单位产品能耗限额》等 3 项统计标准制定,为国家统计局开展节能减排统计及国家有关部门制定相关政策措施提供依据。协助政府部门组织开展《煤炭社会库存与市场供需关系相关问题研究》及《煤炭工业统计指标解释及计算办法》等研究工作,按期完成了 2011 年度行业统计年报汇审工作和政府有关部门要求的信息报送工作,编辑出版《煤炭工业 60 年统计资料汇编》,受到企业欢迎和政府有关部门的表彰。

【调查研究】 1. 加强调查研究,为政府宏观调控提供支持。连续 8 年组织开展全国煤炭经济运行调研,为政府部门决策提供依据。围绕探索老矿企业转型模式,高度关注煤矿棚户区改造。积极参加山西煤炭工业可持续发展政策措施试点总结评价,提出了《关于促进煤炭工业可持续发展的若干意见》(初稿),现已上报国务院。向国家发改委提出《关于进一步支持煤矿棚户区改造政策的建议》,系统地提出了促进煤矿棚户区改造的政策措施。专题开展大型煤炭基地和煤矿现代化建设调研,提高煤炭产业集中度。启动《中国煤炭城市可持续发展能力研究》,促进区域经济协调发展。开展抚顺矿业集团等老矿企业转型发展专题调研,鼓励企业开展油母页岩与煤层气开发利用。在“两会”期间，主动通过“两会”代表委员反映行业诉求。

2.参与国家产业政策制定，协调矿产资源开发节奏。参与国家发改委《生产矿井煤矿优化开拓布局、合理集中生产若干意见》、《深化统计制度改革研究》、《煤炭矿区总体规划管理暂行办法》研究，提出意见和建议。参与国土资源部《煤炭国家规划矿区图册》编制和《中国煤炭工业国土资源调查评价需求分析》，明确了煤炭资源合理利用的重点方向、重点区域及规模，确定了煤炭资源远景开发规划。完成了国土资源部委托的内蒙古宝日希勒等5处《煤炭国家规划矿区矿业权设置方案》等研究工作。完成了矿产资源节约与综合利用专项工作，认真参与煤矿企业“以奖代补”及“示范工程”项目的推荐、审查和验收，为煤炭企业争取政策和资金支持。参与了《能源法》、《煤炭法》、《矿产资源法》的立法工作和有关部门委托的《“三下一上”采煤特别规定》、《煤炭统计管理办法》立法工作。

3.加强煤炭经济政策研究，呼吁切实减轻企业负担。深入开展《煤炭生产企业增值税抵扣范围研究》、《煤矿安全生产专用设备所得税优惠目录修订》和《煤炭采选业会计准则研究》，为进一步规范企业成本核算，推动煤炭成本完整化进程提供支持。关心煤炭行业职工收入，促进地方经济社会稳定，专题就煤矿职工收入情况前往黑龙江龙煤集团调研，了解一线职工困难，推定解决弱势职工存在的实际问题，并向黑龙江省人民政府提交了调研报告，受到政府高度重视和煤矿职工热烈欢迎。

【对外交流合作】 1.精心打造协会国际交流品牌活动。成功举办“2011国际煤炭峰会”，美国商务部副部长、波兰经济部副部长等来自20多个主要产煤国家和地区的200多名政要、高管和学者出席，并围绕全球煤炭供需形势，绿色开采、生态矿山建设，展开了研讨，提出了一些新的理论和应对措施，收到明显效果，成为世界煤炭界具有较大影响力的高峰论坛。成功主办“第十四届中国国际煤炭采矿技术交流及设备展览会”。展会面积近4.0万平方米，参展设备总吨重超过1.3万吨，观展人数超过8万人次，成为亚太地区最大的展会。积极参加第22届世界采矿大会暨展览会，宣传我国煤炭工业发展成就，促进煤炭企业间国际交流与合作。

2.开展国际交流，推动区域煤炭经济协调发展。与世界煤炭协会签署谅解备忘录，正式以副会长单位的身份加入世界煤炭协会，此举对提高我国煤炭行业国际话语权，扩大国际影响具有实际意义。加强煤炭行业国际交流与合作，推动区域煤炭经济协调发展。第三届(2011)中国山东矿山机电暨煤化工高端产品博览会、2011国际煤矿瓦斯治理及安全工程科技论坛、2011中国(淮北)煤矿机械博览会、“中国在全球煤炭行业的地位”主题研讨会、中国煤炭企业国际化研讨会等活动取得了圆满成功，为探索利用“两个市场、两种资源”提供了平台。加强了煤炭商会(贸促会煤炭行业分会)工作，加强与美、德、联合国开发计划署、世界能源理事会等国外政府机构、国际组织间的合作。与《世界煤炭》杂志社合作发放《世界煤炭》(中国版)。

【行业培训体系建设】 1.加快推进煤炭行业从业人员队伍建设。全年共有14个产煤省区的40余家煤炭企业671名经营管理人员通过了职业经理人资格认证。认证工作开展7年来，已有近万人参加了认证培训，共有5027人获得职业经理人执业资格。举办煤炭行业工商管理培训和短期适应性培训，全行业3299人接受培训。15年来，累计培训各级管理人员1万五千余人。扎实推进行业专业技术人员队伍建设。全面启动煤矿班组长素质提升工程(“乌金蓝领工程”)培训。

2.加强行业职业技能鉴定工作。完成职业技能鉴定208561人，获得职业技能鉴定证书163312人，合格率78.3%。举办“晋城煤业杯”第四届煤炭行业职业技能竞赛，全国共有17个省市的60个煤炭行业代表队400余名技术能手参加，共选拔出综采维修电工、支护工、安全仪器监测工优秀选手55人，进一步提高了行业技能水平。完成了全国职业技能鉴定体系检查和38个行业技能大师命名工作。完成国家职业大典(煤炭部分)的修订工作。

3.煤炭远程教育发展进入新阶段。煤炭远教网在“四网合一”的基础上，教学资源不断丰富，网络学历教育取得实质性进展《煤炭大讲堂》与《实用小课堂》相互搭配，通俗易懂，全年播出超过3900课时，网上培训百万人次，累计培训人员超过50万人次。

【协会自身建设】 1.理清协会发展思路。按照国资委创新体制机制的要求和加强品牌协会建设的工作部署，协会切实加强了基础工作。修订了《中国煤炭工业协会2008～2020年发展规划纲要》，编制了《中国煤炭行业协会关于加强工作支撑体系、行业服务平台和品牌建设规划》，明确了构建五大工作支撑体系、搭建六大服务平台、建设9大协会品牌工作思路和重点任务。

2.开展行业协会整改，完善内部管理制度。在巩固5A级协会成果的基础上，完成了协会工会换届。推进协会人事制度改革，深入开展干部双挂职活动，锻炼了协会专职工作队伍究制定协会年金制度及实施方案，保障员工退休后的生活水平。组织协会中层干部夏训，认真研究协会发展。加强协会保密工作，完善日常保密工作管理。网站工作得到加强,网站点击率不断提高。加强了协会财务基础工作,内部审计制度不断健全,协会内部控制度不断完善,协会的资产得到保值增值。

3. 完善协会内部工作机制。召开两次理事会及时调整充实理事会领导机构。建立了协会副会长联络员制度,加强了与会员单位联系。编印了《中国煤炭工业协会宣传册》。召开顾问工作座谈会,听取行业老专家对协会发展的意见和建议。完善了协会会长办公会制度,全年共召开2次全体会长会,12次会长办公会,及时研究部署协会重大事项和工作。加强并规范了代管协会的管理。指导代管协会选举换届和参加评估。支持和协调代管协会和分支机构开展工作。

4. 关心群众生活,发挥协会工作人员积极性。继续开展协会员工培训学习工作,举办协会新春联欢会,继续组织开展工间广播体操活动,职工体检、组织职工观看爱国题材影视作品,郊游,建设协会图书阅览室供员工业余学习等。

在总结工作成绩的同时,我们也看到,按照国资委的要求,协会工作还面临着专职工作人员结构不合理,适应协会发展的高端人才不足,引进人才难度大,以及协会自身工作还有许多不适应、不符合等问题,还需要在工作中不断加大体制机制创新,营造更加良好的发展氛围,提升协会自身发展实力。

(中国煤炭工业协会)

中国冶金矿山企业协会

【工作概况】 2011年,中国冶金矿山企业协会(以下简称“协会”)围绕行业重大事项、重点任务和协会五届三次理事会提出的具体要求,把握服务宗旨,结合行业实际,开展工作。

1. 代表行业利益,反映企业诉求,为政府重大决策当好参谋。为了配合国土资源部等4部委编制《找矿突破战略行动纲要(2011~2020年)》,结合行业实际,开展了大量调查研究,召开了部分矿山企业代表座谈会,走访了行业院士、专家和相关学者,综合了行业各方面的意见和建议,为《纲要》编制工作提供重要支撑。根据《纲要》的总体思想和要求,为配合国土资源部编制《找矿突破战略行动实施方案》,从重点成矿远景调查、大型基地整装勘查区、老矿山深部和外围找矿等方面反映了企业和行业的诉求,提供了基础数据和建设性意见。按照国土资源部的要求,开展了铁锰矿资源节约与综合利用状况的调查评估工作,为矿产资源节约和综合利用“十二五”规划的编制,提供了基础资料和咨询意见。积极参与矿产资源勘查开采、矿业权转让、矿业用地制度改革等法规的修订工作。按照工业和信息化部的要求,开展了“利用国内铁矿资源提高铁矿资源保障程度”和“建立铁矿石资源战略保障机制”等课题的研究,分析了矿山企业在资源、土地、项目审批等方面遇到的问题和困难,反映了企业在这些方面的诉求,提出了健全铁矿勘查市场准入法规政策、制定国家财政对现有矿山企业资源接续和提高产能优惠政策、完善加快新矿山建设支持政策等建议。

2. 围绕中心任务,推动重大项目实施,提升行业可持续发展能力。协助国土资源部,经过充分调研和科学论证,在全国设立了首批包括辽宁鞍山—本溪地区、河北滦南—遵化地区、四川攀西地区等21个大型特大型铁矿资源后备基地整装勘查区,面积125367平方公里,参与了整装勘查区的矿业权设置方案编制和审查工作,即将全面推进整装开发。

【老矿山深部和外围找矿工作推进】 争取将中度及严重危机的近50个中型以上铁矿纳入到“地质矿产调查评价专项”分批安排,浙江漓铁集团、广东大宝山矿业公司等老矿山找矿项目被列入2012年度地质矿产调查评价专项首批启动。

根据矿产资源节约与综合利用专项管理办法,组织推荐行业采矿、选矿、综合利用、技术经济方面的专家50名进入“矿产资源节约与综合利用专项评审专家库”,组织推荐118项“以奖代补”和“示范工程”项目,其中以奖代补项目67项,示范工程项目51项。协助国土资源部、财政部开展了行业申报材料的评审论证,配合有关部门完成了专项实施方案的审查和评估,协助开展了专项实施的年度检查工作。

开展首批矿产资源综合利用示范基地的推荐、遴选,选择资源分布相对集中、潜力大、综合利用前景好的四川攀枝花钒钛磁铁矿、白云鄂博稀土铌铁资源、河北冀东地区铁矿资源等7处作为首批矿产资源综合利用示范基地建设,参与了《综合利用示范基地规划大纲》的编制、审查以及基地建设总体规划的编制,该项工作已经全面启动和实施。

【行业科技攻关与技术服务】 1. 组织“十一五”国家科技支撑计划项目验收。“十一五”期间,由协会作为协调单位完成的重大和重点项目两项共20个课题。重大项目“复杂金属矿采选冶关键技术与装备”已完成全部17个课题的验收工作,整个项目已完成验收的准备工作,其中的中长期发展战略研究成果为金属矿山2011~2020年科技发展规划提供了重要决策依据。重点项目“尾矿与煤矸石综合利用技术研究”已完成全部3个课题和项目的验收工作,获得了专家组的一致好评。通过验收工作,总结了项目的技术成果,提出了改进建议,为下一步的应用、推广奠定了基础。

2. 组织开展"十二五"国家科技计划申报。为了争取"十二五"国家科技计划对冶金矿山行业的支持,协会积极与矿山企业、研究院所、大专院校以及行业组织、院士专家等各方面进行联系沟通,通过各种途径开展项目的申报推荐工作,共完成10多个项目的推荐工作。其中协会推荐的"金属矿床高效地下开采关键技术研究与示范"和"数字化矿山关键技术研究与示范"2个项目,已分别列入2012年度国家科技支撑计划和2012年度国家863计划;由冶金矿产资源高效开发利用创新技术战略联盟申报的"典型铁、铬矿产资源高效开发技术研究与示范"、中钢集团马鞍山研究院申报的"深贫杂铁矿资源高效开发关键技术研究与应用"等项目已列入"十二五"国家科技支撑计划。

3. 做好有关技术服务工作。继续积极推进行业技术创新联盟、国家工程技术中心、资源综合利用中心等技术创新平台和矿业科技大会、中矿传媒、培训中心等行业技术交流平台的建设,完成了五个国家工程技术研究中心的运行评估工作,成功联合召开了主题为"强化技术创新,提升装备水平,高效开发资源"的第二届中国矿业科技大会。继续开展冶金矿山科技成果的鉴定、评议和推广工作;发挥行业专家的综合优势,为行业科技进步和人才培养提供了相关服务。

【统计信息服务】 联合推出中国铁矿石价格指数,按周完成中国铁矿石价格指数国内部分的数据采集、加工和整理工作,交由中国钢铁工业协会发布;加强价格信息交流和企业调研工作,按月汇总分地区铁矿石市场价格动态,按季度完成行业运行情况报告;进一步完善行业信息统计渠道,定期收集、审核、汇总行业统计月报、年报及各种定期报表,及时报送和发布行业相关信息、动态以及分析报告。

【"对标挖潜"活动】 2011年,修订"对标挖潜"指标体系,不断扩大对标企业范围,强化分类对标,细化对标成本项目,加强"对标挖潜"工作的总结和宣传,召开全国冶金矿山"对标挖潜"工作会议,推广企业"对标挖潜"工作的经验和成果,表彰"对标挖潜"先进企业和优秀工作者,用先进的指标引领促进行业生产经营进步。

【节能减排工作推动】 完善节能减排指标体系,启动能效对标和达标工作,推荐国家节能技术目录,研究"十二五"行业节能减排目标、措施和方案;推进绿色矿山建设,组织推荐国家级绿色矿山试点单位,参与申报材料的评估论证工作,28个铁矿企业成为第二批绿色矿山试点单位;研究提出与节能减排工作相关的加大财政支持、资源配置、税费减免和技术引导等配套政策和措施,营造良好的政策环境;积极搭建交流与合作平台,召开矿山企业节能减排、循环经济和绿色矿山建设经验交流会议,组织专家对矿山节能减排和绿色矿山建设提供经验交流和技术咨询服务。

【冶金矿山创先争优活动】 2011年,参与首批全国矿产资源开发整合先进矿山的遴选和评审工作,鞍钢矿业公司胡家庙铁矿等5家铁矿企业成为首批全国矿产资源开发整合先进企业;参与首届全国矿产资源节约集约模范县(市)的评选和实地核查工作,一批以冶金矿产资源开发为主的矿业城市受到表彰;开展了全国冶金矿山"十佳厂矿"和"十佳厂矿长"的评选创优活动,这次会议还要对他们进行表彰和奖励,部分企业的典型经验也要在会上进行交流。

【冶金矿山"两化融合"评估与信息化建设】 2011年,促进矿山工业化与信息化融合。组织开展了冶金矿山行业"两化融合"评估工作,制定了行业评估指标体系,对39个矿山企业进行了问卷调查和数据汇总分析,完成了"冶金矿山行业大中型企业信息化和工业化融合发展水平评估报告";召开冶金矿山信息化建设工作会议,交流了企业在信息化建设实践中积累的典型经验和做法。

【矿山项目审批工作协调】 2011年,加强同国家发展改革委员会、国土资源部、环境保护部、水利部、安全生产监督总局等部门的沟通与联系,协调矿山项目在核准审批、矿业权办理过程碰到的难题,帮助企业解决在项目评估、征地预审、安全评价、环境评价、水土保持、综合治理等要件编制过程中遇到的相关问题;优先安排国家规划矿区、大中型矿山项目的矿业权设置方案、矿产资源开发利用方案的审查;及时组织境外勘查开采项目的评审论证工作。协助国家发展与改革委员会召开全国铁矿石资源保障及基地建设座谈会,总结了成绩,分析了形势,突出了重点工作,明确了加快大型铁矿基地建设需要把握的原则。

同时,协会在加强自身建设,完善各项规章制度,开展评估定级工作,指导各分支机构开展活动等方面做了大量卓有成效的工作。

(中国冶金矿山企业协会　揭香萍)

中国钨业协会

【行业调研】 先后前往江西、湖南、河北、广东、福建等5个省17家钨企业进行调研,并走访了有关高等院校和省级有色金属行业管理部门。重点调研了钨精深加工产品研发和资源整合情况；深入了解了企业在优化产业布局、加大科研投入、推进结构调整、提高经济效益和市场竞争力等方面所采取的具体措施；深入了解了企业在提升国际竞争力、增强企业发展后劲、推动自主创新、加快研发高端产品等方面的迫切愿望和政策诉求。

【专题研究】 组织开展国务院国资委机关服务管理局、工业和信息化部产业政策司、财政部经济建设司委托的《中国钨资源开发利用及政策研究》课题研究；受国土资源部矿产开发管理司委托，开展国家实行保护性开采的特定矿种开采总量执行情况的研究分析，提出了2011年钨矿开采总量控制指标的建议，并开展相关课题研究；向国土资源部推荐了2个矿产资源节约与综合利用"示范基地"项目、5个矿产资源节约与综合利用"示范工程"项目和6个矿产资源节约与综合利用"以奖代补"项目；参加国土资源部"全国重要矿产资源综合利用现状调查与评价"、工业和信息化部稀有金属战略规划的制定和专家论证等工作；受商务部委托对钨品出口供货企业资格进行审核，配合商务部对国外企业在华投资进行反垄断进行审查。

【协会自身建设】 准确研判和把握我国钨行业所面临的形势和发展机遇，从加强协会自身建设入手，继续深入贯彻落实科学发展观，密切与政府、企业之间的联系，发挥好桥梁纽带作用，推动协会各项工作再上新水平。通过了国务院国资委和民政部对五届三次理事会钨协主要领导届中调整的备案，完成了钨协法人代表的变更和离任审计等相关工作，平稳实现了协会领导的新老接替。通过了民政部专家组对协会的实地考察评估，促进了协会自身建设。

【协会专业业务活动】 2011年3月18日在北京召开五届七次主席团会议。组织学习《政府工作报告》精神，研究2011年协会工作，审议并原则通过了《中国钨工业"十二五"发展规划》，审议通过了协会2011年经费收支预算和2010年专项课题研究费用的使用情况，通报了2010年我国钨工业发展情况，并分析研究了钨市场形势。9月2日，在重庆召开秘书长会议，审议了《中国钨工业年鉴》(2011版)，研究部署了分会工作。11月11日，在北京隆重举行纪念方毅题词"振兴钨业"三十周年暨中国钨工业科技创新报告会。十届全国人大常委会副委员长顾秀莲发来贺信，协会老领导、中共广西壮族自治区党委书记郭声琨发来信函表示祝贺。工业和信息化部、国务院国有资产监督管理委员会、国土资源部和商务部等有关司局领导，莅临会议指导，并致辞。原中国有色金属工业总公司总经理费子文、吴建常，中国有色金属学会理事长、钨协名誉会长康义，北京工业大学原校长、钨协名誉会长左铁镛院士等有色行业老领导莅临会议指导。陈全训会长出席会议，并作了题为"牢记嘱托，不辱使命，努力建设钨工业强国"的重要讲话。常务副会长张春明作了中国钨工业"十二五"发展规划的报告。副会长、江钨控股集团公司董事长钟晓云作了纪念方毅题词"振兴钨业"三十周年的专题报告。来自全国主要钨企业和科研院校的10位领导和专家先后在会上作了专题报告，秘书长刘良先作了会议总结讲话。协会老领导周菊秋、孔昭庆，中国有色金属工业协会有关部门领导，协会主席团主席、全国主要钨企业、科研院所领导、科技工作者代表以及新闻媒体共计100多人参加了会议。会议总结回顾了三十年来我国钨工业取得的巨大成就，分析研究我国钨工业面临的形势和挑战，对我国钨工业"十二五"发展和科技创新工作提出了今后发展方向和工作思路。

12月召开五届八次主席团通讯会议和会员通讯会议审议主席团主席替换和增选，理事会理事调整替换等有关议题。12月24日，在三亚召开五届九次主席团会议和五届四次理事会。陈全训会长出席会议并发表了重要讲话。他强调，要认清形势，深刻领会、准确把握和贯彻落实好中央经济工作会议精神，沉着应对、扬长避短、趋利避害，严格控制总量，推进资源整合，加快产业升级，努力保持钨业经济平稳较快发展。会议听取和审议了常务副会长张春明所作的题为《抓重点、做精品、出亮点，推进协会各项工作再上新台阶》五届四次理事会工作报告；审议通过了《2011年协会收支情况和2012年协会收支预算的报告》；推举了五届主席团第四任主席，审议增选和替换主席团成员和分会会长的建议和其他人事调整事项。

【硬质合金分会二届三次理事会】 2011年5月16日至19日，硬质合金分会在河北石家庄市召开二届三次理事会。常务副会长张春明出席会议并作了重要讲话，秘书长刘良先通报了2011年一季度全国钨行业经济运行情况。会议总结了硬质合金分会2010年工作情况，落实部署了2011年分会工作，认真讨论了《中国硬质合金工业"十二五"发展规划》，审议通过了2010年度分会经费收支和2011年度经费预算情况以及会员单位变动和理事调整建议。7月18日至20日，经贸研究分会在青岛召开钨市场形势分析研讨会，分析研讨了国际国内钨市场形势，交流了信息，对稳定国际钨市场价格起到了积极的推动作用。11月25日至26日，硬质合金分会在厦门召开全国硬质合金企业家论坛,国内80多名企业家和专业技术人员共计86人参加了会议,10位专家在会上作了精彩的专题报告,共同商讨我国硬质合金发展,为加快促进硬质合金大国向硬质合金强国转变出谋划策。

【信息统计】 2011年3月25日,在上海召开信息统计工作会议。会议总结了2010年协会信息统计工作,研究部署了2011年信息统计和《中国钨工业年鉴》编辑出版工作,表彰26名2010年度优秀信息统计员,下发《中国钨工业2010年度统计汇总报表》。发布了《中国钨工业“十二五”发展规划》。组织《中国钨工业年鉴》(2011年版)、《中国钨业》、《硬质合金》杂志的编辑出版工作。编辑《中国钨业简讯》、《硬质合金简讯》向会员单位免费寄送,为会员单位免费提供上半年钨业经济运行情况和市场分析预测,引导钨市场健康发展。

【国际交流】 2011年11月10日,国务院参事、中国有色金属工业协会会长、中国钨业协会会长陈全训会见到访的国际钨协新任秘书长蔡轶乐(Burghard Zeiler)先生和秘书张丽君(Rose Maby)女士一行。双方就2012年9月中旬在北京合作举办国际钨协第25届年会问题交换了意见,对有关专家报告和会议接待等具体事宜进行了友好商谈,达成了广泛共识。

(中国钨业协会)

中国建筑材料联合会

【工作概况】 2011年是中国建筑材料联合会重组十周年,中国建筑材料联合会(以下简称“联合会”)面对新的形势和新的需求,中国建材联合会要担负起服务国家经济发展大局和引领行业科学发展的职责任务,进一步明确责任,调整定位。龙德会长明确提出了联合会“引领、协调、服务”的职能定位。

按照“引领、协调、服务”的职能定位,联合会系统坚持把一切工作的着眼点和落脚点放在行业发展和满足企业的共性需求方面,使联合会系统成为政府制订行业规划、产业政策、标准法规的“推动者”,成为实施行业自律、规范竞争行为、协助企业配置资源、提供共性服务的“服务者”,成为反映企业诉求、维护企业正当利益、协助政府加强和改善行业管理的“代表者”。

1.制定联合会系统“十二五”发展规划,明确发展目标。联合会结合行业的发展和联合会系统的实际情况,制定完成了《联合会系统“十二五”发展规划》,积极推动联合会系统“十二五”期间各项工作的开展。

《规划》明确了联合会系统的职能定位、发展方向、发展目标、重点任务及保障措施。提出通过“十二五”时期的发展,联合会系统要成为在国内外具有较高影响、发挥重要作用的专业化行业社团组织,其地位和作用在行业和社会中得到显著提高的明确目标。同时,组织指导各专业协会、直属单位先后制定完成本单位“十二五”发展规划,联合会系统形成了有机结合的明确的发展战略。

2.转变工作方式,创新制度机制。为了进一步推动联合会系统的改革与发展,提高工作效率和成功率,在深入研讨、广泛征求意见的基础上,做出了《关于进一步转变工作方式的决定》,明确提出要通过转变工作方式,坚持有所为、有所不为,把工作重点和精力转向想大事、想做事、做成事、以追求成功率为目标。提升联合会的工作能力和业务水平,更好地履行国家和企业对协会赋予的职责和使命。

联合会以制度建设和机制创新为切入点,致力于打造积极向上、有序协调的联合会文化。先后制修订完成了工作通报、文件督促催办、外事管理、财务管理、人员招聘等一批行政、财务、人事方面的制度,不断完善联合会内部的制度体系建设,切实提高执行力。同时,形成了“锐意改革进取、致力图强有为、提升引领能力、铸造品牌协会”的文化内涵,将联合会文化作为共同的理想、价值观和行为准则。凝聚力量,统一认识,形成合力,进一步加强联合会的整体建设。

3.打造工作协同、高效有为的行业协会工作体系。联合会在履行国资委赋予的代管职能,加强对专业协会组织指导的同时,发挥联合会和专业协会各自的优势,进一步加强联合会和专业协会之间的协同与合作,共同推动建材行业发展。构建统一与独立、协同与合作的有机结合的工作运行体系。联合会要把更多的精力放在各专业协会共同需要解决的共性问题方面,在争取政策、协调外部资源方面承担更多的责任。专业协会要把精力更多的放在本行业执行标准,贯彻落实产业政策和解决本行业经济运行中存在的倾向性共性问题方面。联合会与专业协会在工作中坚持做到不重复、不碰撞、不争利、不越界、不推诿、不出现两个声音的“六不”原则;建立联合会与专业协会责任共担、资源共享、相互配合、有机统一的运行机制,实现协同发展。

4.整合内部资源,提升服务能力。为了利用和优化各直属单位的资源、人才、服务功能等方面的优势,形成联合会系统的合力,对联合会系统相关资源进行了有机配置与整合。经过努力将贸促会建材行业分会、建材展贸中心的展览业务统一到联合会的展览平台,从2011年开始两个单位原有的展览业务都统一在新的平台上按照公司化的方式运作。进一步优化运营管理模式,力争实现资源配置的效益最大化。同时,还着手启动了系统内有关咨询、研究、传媒、培训等资源整合的方案制定工作。

5.人事制度改革,推动人员结构优化。结合联合会系统人才工作和人才队伍现状,以及"十二五"时期对人才的实际需求,制定完成了《中国建材联合会系统"十二五"人才发展规划》。实施了联合会内部机构改革工作,对联合会的职能定位,按照引领行业发展、协调内外部资源和内部自身管理三个方面进行了分类。在此基础上,确定了联合会机构设置及人员调整方案。近期联合会"三定"工作正式启动。

【联合会自身建设】 1.干部监督管理。2011年优化领导结构,加大了对直属单位、专业协会人事管理的工作力度,严格按照党政领导干部选拔任用条例和国资委、民政部对协会组织换届选举的有关规定,完成了中国砖瓦工业协会、中国建筑玻璃与工业玻璃协会、中国硅酸盐学会、建筑材料工业技术监督研究中心等单位以及实体面材分会、栅栏分会等分支机构的换届选举、干部审核批复等工作,初步建立了干部轮岗等机制,为协会工作注入新的活力。

2.行业自律建设。为了更好地促进建材行业健康有序的发展,构建良好的竞争秩序和发展环境,推动会员单位在加强行为规范、行业自律等方面建设工作的开展,联合会系统不断加强行业自律有关工作,营造行业良性市场环境。非矿协会针对莹石问题贯彻国家相关产业政策,积极向政府有关部门反应情况,争取示范工程等项目支持,引导行业企业处理好当前和长远、局部和整体,经济效益与社会效益等各种关系,促使全行业呈现出良性发展的趋势。珍珠岩分会抓住建筑节能保温防火材料升级换代的机遇,加快行业转变发展方式的步伐,建立行业自律性的准人机制,应对膨胀式的市场需求,推动了全行业的规范发展。

3.党的建设工作。学习贯彻科学发展观和党的十七届五中、六中全会精神,全面推进建材联合会系统党的思想、组织、作风、制度和反腐倡廉建设,为完成联合会完成各项任务提供思想、政治、组织保证。组织召开了联合会系统党员座谈会和团员、青年座谈会,并对系统内党员和团员、青年的思想状况进行了分析,提出了工作建议。

结合建党90周年纪念活动,组织召开了联合会系统庆祝建党90周年座谈会,参加国资委直属机关庆祝中国共产党成立90周年大会等活动。胡锦涛"七一"重要讲话发表后,会长龙德结合建材联合会的实际情况,亲自拟定学习思考题,要求联合会全体职工结合实际,认真答卷。组织召开了三次班子理论学习中心组的扩大学习会,提高认识,统一思想,坚定信心。

【财务监督管理】 2011年,联合会按照《财政部关于中国建筑材料联合会"小金库"专项治理重点检查结论和处理决定》的要求,组织系统内各有关单位认真落实,并梳理整改情况,上报财政部监督检查局。同时,还组织完成了联合会系统内部审计,并对在"小金库"检查和内部审计过程中发现的问题,进行分析总结,对各单位财务、资产管理提出要求,认真整改,规范财务运作,完善财务管理。

【产业发展规划制定】 联合会和规划院等单位参与了工信部组织的《建筑材料工业"十二五"发展规划》和水泥、平板玻璃、陶瓷、新型建材、非金属矿等5个专项规划的编制工作,并以国家"十二五"纲要和《建材工业"十二五"发展规划》精神为指导,经深入研究和思考,提出了《建筑材料工业"十二五"发展指导意见》,丰富、延伸和扩展了规划的内涵。为充分发挥科技进步和创新发展对建材行业转变经济发展方式的引领作用,制定了《建筑材料行业"十二五"科技发展规划》,这两个文件的制定为行业发展提供了更为具体的可操作性和更多层面的指导作用。

同时,指导各专业协会,编制完成了石材、砖瓦、防水、加气混凝土、石灰、建材机械等建材相关产业的"十二五"规划,配合各地方协会做好省、市建材"十二五"规划的编制工作。

【产业政策修订】 2011年,联合会会同各专业协会协助政府有关部门拟定了《水泥企业兼并重组实施意见》、《水泥行业准入公告管理暂行办法》、《关于促进建材企业实施兼并重组的若干意见》、《建材工业"十二五"重点技术改造投资指南》、《建材行业低碳技术创新和示范化工程专项指南》等产业政策。对2012年建材行业关税税则税目及年度暂定税率的调整方案提出行业意见。对《水泥产品生产许可证实施细则》完成了修改稿。

【政策研究项目】 2011年,联合会完成了工信部、财政部、国资委、环保部等委托的《我国建材行业实施低碳排放的途径和政策研究》、《提升建材行业自主创新能力对策研究》、《建材行业循环经济发展规划研究》等课题研究工作。情报所承担的科技部支撑计划项目《建材行业节能减排技术筛选与评估》、973项目《我国行业减排技术方案及其机制研究》、规划院完成的工信部项目《建材业适应战略性新兴产业发展要求的研究》、信息中心完成的工信部项目《水泥行业两化融合发展水平评估报告》等也都受到有关部门的好评。

【科技项目立项】 2011年,联合会组织开展科技攻关项目，并以此为标志推动联合会引领行业科技发展工作。受科技部的委托，联合会对《节能绿色建材开发与集成应用示范》、《水泥窑炉粉尘及氮氧化物减排关键材料及应用技术开发》等2个“十二五”国家科技支撑计划项目进行管理，监督项目的完成进度和经费使用情况。目前，项目已经分别下达给项目承担单位。同时，向国家科技部推荐了“十二五”国家科技计划社会发展科技领域项目2个，技术发展及产业化领域科技计划预备项目10个，推荐国家科技进步奖8项。

【标准化工作管理推进】 为了提升建材行业标准化工作水平，更好地发挥标准在转变发展方式、调整产业结构、促进产业升级、增加国际影响力和竞争力等方面的引领作用，联合会召开了全国建筑材料行业标准化工作会议，提出在“十二五”时期我国建材行业标准化工作，要以产业结构调整、转型升级和发展方式转变为主线，以满足绿色建筑和建筑节能发展需求为重点，实施标准提升战略，加快相关产业标准的提升和加快制修订新兴产业、新材料等空缺标准，密切协同建材产品标准与建筑设计应用标准。

联合会组织完成了国标委建材标准化体系工程建设，制定了功能陶瓷、特种玻璃及碳纤维专业领域等新材料标准体系。修订了建材行业标准化工作管理办法及标委会管理制度。完成了建筑材料能源管理分技术委员会的筹建的前期准备工作。积极参加国际标准化工作。

【调查研究】 为了更好地了解、掌握行业发展和企业生产经营中出现的新困难和新问题，联合会注重深入行业、企业进行调研。2011年7月，联合会领导深入全国6个大区开展调研，并将结果归并形成了100多个问题或工作建议，逐一提出了解决方案和改进措施，安排专人跟踪落实或反馈。水泥协会、复合材料工业协会、砖瓦协会、加气协会、水泥制品协会、玻璃协会等都围绕行业的发展趋势、产业布局、行业自律等主题深入开展调研工作，积极为政府、行业、企业提供决策参考和预警信息，促进了各自产业的发展。

为了使企业能够及时了解行业发展和经济运行情况，联合会在加强统计数据分析研究工作的基础上，建立了各专业协会、各分会的月工作通报制度，及时掌握行业发展动态，积极反映建材及各产业经济运行中存在的突出问题。建立了定期分析行业经济运行形势，多渠道信息发布等工作制度。2011年向国家发改委和工信部报送建材行业经济运行情况分析20多次，撰写了行业综合运行分析、专题性分析50篇。

【产业结构调整推动】 针对平板玻璃行业重复建设、产能过剩、效益下滑等情况，联合会会同玻璃协会召开了全国重点平板玻璃生产企业座谈会，在听取企业意见，汇总行业情况的基础上，龙德会长致信温家宝总理，专题报告了有关情况。温家宝总理做出了重要批示，国家发改委办公厅发出了《关于开展平板玻璃建设项目专项清理的通知》。为落实温总理的批示和发改委的文件，我们会同玻璃协会制定了平板玻璃行业标本兼治工作方案，提出了近期及中期工作重点和目标。对平板玻璃企业现有生产线和在建项目进行专项调查；成立了平板玻璃自律监督检查小组；及时向发改委反映了个别企业违规点火投产新生产线情况；多次与国家发改委等有关部门沟通协调，监督检查工作。并及时报告国资委、工信部，形成多部门协调共促的工作局面，在行业内外引起很大反响初步抑制了平板玻璃行业的重复建设现象。

【行业节能减排工作】 为了更好地贯彻国家关于节能减排是推进经济社会发展的重大战略方针的精神，联合会协助工信部补充、完善了《工业和通信业“十二五”节能规划》中建材行业部分的内容；制定了建材行业“十二五”节能减排工作实施方案；积极参与节能减排项目评审工作，为企业争取了几千万的国家财政支持资金。组织推荐了9个建材行业“两化融合”促进节能减排和安全生产重点推进项目，为企业通过加强“两化融合”促进节能减排工作创造了条件。

【行业科技自主创新能力建设】 为了加快行业结构调整和产业升级，加快转变发展方式，使新兴产业的发展得到技术支撑，联合会制定了建材主要产业“十二五”技术研发与创新的目标、技术途径、支撑条件与保障措施的工作方案。

为了加快以企业为主体、市场为导向、产学研相结合的技术创新体系建设，启动了建材行业科技创新平台申报评审工作。瑞泰科技股份有限公司申请的“建筑材料行业玻璃窑熔铸耐火材料工程技术中心”和建筑材料工业技术监督研究中心申请的“建筑材料行业水泥基建筑节能材料重点实验室”获得批准，成为行业首批科技创新平台。

举办了2011年度建材科技奖评选，共有34个项目获奖。举办了“华新杯”2011年度建材行业技术革新奖，共有136项目获奖。对《水泥窑协同处置污泥的技术研究及应用》等20多个科技成果和新产品进行了鉴定。

【对外联系与合作】 为了与住建部进一步推进合作与

联手,更好地发展新型节能建筑和绿色建筑材料,尤其是为了更好衔接与商讨水泥向高标号、“减量化”发展,以延长建筑寿命,改变建筑设计标准,并且使更多的新型墙体材料等应用于工程建设,与住建部领导交换了意见。制定了与住建部合作的工作方案。

为贯彻落实《国务院关于中西部地区承接产业转移的指导意见》,根据工信部的统一安排,在与新疆自治区政府、河南省政府协调、沟通的基础上,联合会领导与新疆自治区政府、河南省政府领导分别签署了战略合作框架协议,并组织相关专业协会,以及中国建材、中国中材、北京金隅、上海建材等大企业集团参加了产业转移对接活动,进行了广泛的交流,签署了一批投资项目合作协议。

各专业协会和各直属单位也结合各自的工作,积极联系上下游相关部门,拓展工作空间。促进行业发展。绝热节能协会发挥对行业了解的优势,加强与政府有关部门的沟通联系,参与了公安部消防局和住建部对《外墙外保温及装饰装修材料防火暂行规定》的制订工作,维护了行业利益。其他如玻纤协会主动联系环保部、砖瓦协会主动联系农业部、非矿协会主动联系国土资源部、水泥制品协会主动联系住建部、玻璃协会主动联系发改委等,积极反应行业声音,取得了政府部门的大力支持。

规划院、认证中心、信息中心、展贸中心等积极拓展工作空间,全年的经济效益有了较大的提高。建材技术监督研究中心成功开发的轻质 A 级防火泡沫混凝土保温板,成为新的利润增长点。其检验测试业务范围从 2009 年成立时的 57 个产品 361 个参数增加到 125 个产品 524 个参数,工作量比 2010 年增加了 10 倍。

【技术经贸交流】 联合会系统各单位发挥在行业资源、信息资源和专家资源等方面的优势,组织了一系列技术研讨会、展览会、出国考察等各种形式的技术经贸交流活动,有效地促进了建材行业的信息交流与合作。

2011 年,联合会先后与法国圣戈班、瑞士豪瑞、爱尔兰 CRH 老城堡等国际企业集团,以及世界可持续工商企业发展理事会、德国水泥协会等组织机构开展了考察调研、合作洽谈等交流活动,并在节能减排、市场拓展、培训合作等方面达成了合作意向,有效提升了行业影响力和作用。

联合会系统的“中国国际玻璃工业展”在全球经济形势不好、国内玻璃行业不景气的情况下,展览规模再创新高,正在向世界玻璃第一展的目标不断迈进。贸促会建材分会在联合会领导的亲自参与下,经过两年多的不懈努力和艰辛工作下,拿到了 2012 年陶瓷展的主办权,维护了建材联合会的合法权益,巩固了为行业服务的平台。水泥展和水泥峰会经过多年的培育和发展,已成为国际知名品牌。摩擦材料展、墙体材料展、建筑展等一批展会也在不断做大、做强,提升了行业的影响力。

联合会积极参与并指导专业协会应对国际贸易摩擦,维护了国家利益、行业利益和企业利益。

【行业培训】 按照政府有关部门的要求和行业的需要,不断拓宽职业技能鉴定工作的领域和范围,加快职业标准的制定实施、配套教材编印和题库建设。全年对 14553 人次进行了职业资格鉴定,14049 人取得了职业资格证书。启动了《中国人民共和国职业分类大典》建材有关部门的修订工作。

联合会各分会、专业协会、直属单位结合各自优势,不断加强行业培训工作力度,积极开展形式多样的专业化培训工作。摩擦密封材料协会的“网络学院”,共有 70 多家企业的 500 多名学员参加了学习,在学课程目前已达到 970 门。

(中国建筑材料联合会　陈立新)

中国化学矿业协会

【工作概况】 2011 年,中国化学矿业协会(以下简称“协会”)围绕理事会制定的工作目标,在国资委和中国石油和化学工业联合会的领导下,按照“三个服务”宗旨,找准位置,积极探索,努力开拓。

1. *加大政策调研力度,为行业发展服务。*按照化肥工业指南,完成《化工矿业“十二五”规划》;协助整规办、推动生产秩序整合;继续做好矿权设置和开发利用方案的评审工作;完成重要化工矿产调查评价需求分析与规划部署研究;完成化工矿业领域节约资源与综合利用技术指南研究。

2. *履行协会职能,营造良好发展环境。*协助企业做好“以奖代补”和“示范工程”项目立项,推荐首批“国家资源节约与综合利用示范基地”;继续开展化工地质找矿科技成果鉴定及评奖工作;协助做好第二批国家绿色矿山企业评选;完成《钾肥(盐)工业污染物排放标准》编制工作;承担化工矿山环境变化监测技术及绿色矿山评估方法研究课题;开展磷、钾盐矿产资源节约与综合利用状况调查评价;总结企业先进技术,推进行业自主创新;协作国土资源部做好鄂湘川黔滇五省磷矿资源开发“践行科学发展,共促矿区和谐”联创齐争行动;运用国家政策,继续规范磷矿出口;积极向政府有关部门呼吁调整磷矿企业资源税;努力为企业解决生产经营中的实际问题;做好行业生产经营信息服务。同时,开展了国际交流与合作。

2011 年,加强了协会自身建设;加强政治思想工作,不断提高职工的政治素质。

(中国化学矿业协会　袁俊宏)

河南省矿业协会

【工作概况】　2011年,河南省矿业协会(以下简称“省矿协”)围绕加快中原经济区建设的中心任务,在业务主管部门河南省国土资源厅和登记管理机关河南省民间组织管理局的关心指导下,在各位名誉会长、高级顾问和广大会员单位的支持下,各项工作在原有基础上取得了新的进展,为河南矿业经济发展做出了新贡献。

1.*加强自身建设,夯实工作基础,进一步理清工作思路*。2011年,为适应工作需要,进一步提高协会的服务水平和办事能力,多次召开会长办公会议,及时研究调整协会不同时期和阶段的工作重点,坚持民主办会思想,强化优化秘书处工作,明确秘书处“一室三部”(办公室、会员服务部、技术咨询服务部、综合研究部)职责,建立相关专业委员会,加强制度建设等工作进行研究部署,使协会工作得以有效正常运行。

2.*主动作为,承接职能转移,发挥桥梁、纽带和智库作用*。省矿协聚集了全省矿产地质勘查、开发、矿业经营管理、矿山环境治理、矿业科研教学等方面的专家,为发挥技术人才优势,拓展协会服务领域,我们主动建立专家库,进行人员培训,为做好承接职能转移做了大量准备工作。在业务主管部门领导的支持下,通过授权、委托、参与、协办等形式,省矿协陆续承接了国土资源主管部门的部分职能,如矿产资源开发利用方案审查、划定矿区范围申请报告技术审查、绿色矿山试点单位调研和评审、绿色矿山申报人员培训以及地热矿泉水管理存在问题的调研等。

3.*参加主管部门和中矿联、省工经联的重要活动*。省矿协坚持服务宗旨,遵循非营利性社会组织的属性,除自身主动围绕政府中心工作和广大会员的诉求开展一系列活动外,还积极参加省国土资源厅、省民间组织管理局、中矿联和省工经联组织的各项活动,注重社会责任和公信力建设,参与社会管理,诚信守法,按时缴纳税费,及时报送工作总结,主动接受监督管理。2011年,先后多次派人参加省工经联组织的各项活动;参加省国土资源厅组织的小金库治理整顿会议和治理小金库督导会议,按时填报相关材料;吴国昌会长、孔大刚秘书长亲自参加了中国矿业联合会第五次会员代表大会及五届一次理事会;参与组织矿业企业参加国际矿业大会。同时,省矿协组织的重要活动也都主动邀请业务主管部门、社团管理机关、中矿联、省工经联领导参加。通过这些活动,既密切了相互之间的联系和沟通,也扩大了地矿业的社会影响。根据省工经联要求,省矿协组织部分矿业企业参加省工经联组织的行业企业(企业家)年会成就展示,并获“2011年中原经济区建设成就展示奖”。

4.*融入中原经济区建设,为政府中心工作服务*。2011年全省规模以上工业38个行业中规模居前10位的同矿业有直接关系的占6家,利润额居前10位的矿业占4家。可谓半壁江山。但是河南同全国一样,随着工业化、城镇化进程加快,资源需求刚性上升,资源环境压力日益加大,河南省资源形势并不乐观,要实现资源开发与经济社会全面、协调、可持续发展,必须将资源勘查、开发与保护放在经济社会发展的战略高度,一要开源,加大找矿力度,在开展老矿区外围及深部探矿的同时,创新地质找矿理论,寻找新的资源;二要节流,以资源的可持续利用促进经济社会的可持续发展,加快转变矿业发展方式,努力构建资源节约型、环境友好型社会,节约集约合理利用资源。为此,省矿协主要领导亲自组织召开座谈会,深入调查研究,查阅技术资料,从河南地质条件分析找矿前景,向省国土资源厅领导提出在豫西调查钒矿、在豫东南开展稀土矿产调查的建议,得到了主管厅领导的高度重视,前一个项目已成功立项,并争取到两权项目勘查经费320.77万元,已组织实施,后一个项目也已在立项当中。

【专业委员会工作】　截至2011年,在各挂靠单位的重视和支持下,已先后组建省矿协矿山环境、地矿科普、民营矿业、绿色矿山、地质勘查、地热矿泉水6个专业委员会。并按照专业分工,开展工作。组建较早的矿山环境、地矿科普、民营矿业、绿色矿山专业委员会在为矿业经济服务、为政府决策服务、为会员单位服务方面不仅取得了实质性工作进展,受到普遍好评,而且扩大了矿业协会的影响,为省矿协工作的进一步开展奠定了良好的基础。

通过各种渠道的广泛宣传,河南矿业日益受到社会的关注,矿业协会的影响力、凝聚力日益增强,会员队伍不断壮大,不少矿业企事业单位主动申请要求参加矿业协会,2011年先后吸收了42家新会员和理事,其中增补副会长5人,常务理事23人。

【绿色矿山试点单位方案】　邀请中矿联绿色矿山办公室专家在郑州举办了全省首次绿色矿山申请材料编制培训班。2011年,已先后审查大、中、小型矿产资源开发利用方案33个,零星分散矿产资源开发利用方案135个,划定矿区范围申请报告20个。通过实地调查,召开座谈会,广泛听取意见,提交了绿色矿山调研报告,起草了河南省发展绿色矿业、创建绿色矿山试点单位方案,邀请中矿联绿色矿山办公室专家在郑州举办了全省首次绿色矿山申请材料编制培训班。在此基础上，由省国土资源厅党组成员、省土地总督察王西同亲自参加，规划处负责人参与组织，组成了以省厅总工程师张兴辽为组长，全省13位地质矿产勘查、采矿、选矿、矿山环境、资源管理等方面专家为成员，对15家申报矿山的文字和视频资料进行了认真评审，最终评选出平顶山天安煤业股份有限公司一矿等10家矿山为河南省申报国家级绿色矿山试点单位，报送国土资源部和中矿联。地热矿泉水管理中存在问题的调研报告及建议也得到了省厅主管领导的高度重视，解决方案正在讨论和研究中。

【绿色矿山建设推进】 2011年，在转变矿业发展方式方面，突出抓住推进绿色矿山建设和民营矿业发展的典型——超越集团"矿业农庄"，做了大量工作。

为了推进全省绿色矿山建设，省矿协把参与绿色矿山的考察、调研、申报、培训和评审活动，当作发展绿色矿业的普及教育，进行了广泛宣传，在矿业界引起较大反响，调动了全省矿业企事业单位，特别是广大会员单位深入贯彻落实科学发展观，合理利用资源，节能减排，保护生态环境，发展绿色矿业，创建绿色矿山的积极性。之后，省矿协又根据国土资源部和省厅有关文件精神，组织专家编制了省级绿色矿山建设试点单位的申报管理办法，报送省国土资源厅审批实施。

【河南省矿业协会民营矿业专业委员会成立暨民营矿业经济发展研讨会】 于2011年5月20～21日由省矿协主办、河南超越集团承办在安阳市召开，宣告全国矿业系统第一家民营矿业专业委员会成立。中矿联时任常务副会长曾绍金、省人大常委、省政府参事蔡德龙、省国土资源厅有关处室领导以及来自全省民营矿业企事业单位的60多位代表参加了会议。省矿协常务副会长兼秘书长孔大刚主持，吴国昌会长致词。大会推举省人大常委、河南超越企业集团董事局主席杨清河为专业委员会第一任主任。会上围绕河南省民营矿业经济形势及转变发展方式、绿色矿山建设等，进行了研讨和交流，并实地考察了超越集团的"矿业农庄"。"矿业农庄"是河南超越企业集团董事局主席杨清河2006年4月首次提出的理念和构想。地处安阳市郊，由龙泉矿业农庄、伦掌矿业农庄和九龙山矿业农庄组成，经过五六年的探索和实践，目前已初具规模。被中国矿业联合会组织的专家评审组，中国工程院院士裴荣富、地矿经济专家、原地矿部副部长张文驹等17位专家认定为这是一种新型的经济发展模式，一种超前的战略思维，理性的战略创意，系统的战略设计，科学的战略选择。被十届全国人大法工委副主任王茂林（曾任中共湖南省委、山西省委书记）为会长的中国生产力学会，列为2010年重大课题进行了专题调研，认为"矿业农庄"模式，既是中小型煤炭企业发展循环经济的示范，也是煤炭企业坚持以人为本、兼顾矿农关系、推进"和谐矿区"建设的典型，值得地方政府和社会各界学习借鉴。"矿业农庄"的典型材料受到国务院领导的高度重视，回良玉、张德江副总理都作了批示。

【"矿业农庄"与中原经济区建设高峰论坛会】 由超越集团共同承办由中国生产力学会、河南省工商业联合会、中原经济区研究会联合主办，于2011年11月3日在安阳市召开。

会议主题为"创意、发展、和谐、共赢"。十届全国人大法律委员会副主任委员、中国生产力学会会长王茂林、国务院国有资产监督管理委员会监事会主席、中国生产力学会常务副会长翟立功、中国生产力学会副会长兼秘书长陈胜昌、国务院发展研究中心研究员、中国生产力学会副会长李泊溪、省人大常委会副主任铁代生、省政府发展研究中心副主任、中原经济区研究会会长欧继中、安阳市委书记张广智、安阳市政府市长级干部陈明今、安阳市人大常委会副主任李苏庆等出席会议。省人大常委、超越集团董事局主席杨清河（也是省矿协副会长）在会上介绍了矿业农庄的创意和发展实践。

与会专家学者以"矿业农庄"与中原经济区建设为主题发表了主旨演讲。省矿协专职副会长作为会议承办单位的代表和专家，也在论坛发表了题为《矿业农庄为建设中原经济区提供新型工业化途径》的讲话。

【对外交流】 1.澳大利亚矿业考察。近几年省矿协会员单位中不少有实力、有技术的地勘单位、矿山企业走出去，利用"两种资源、两个市场"取得了可喜成果，不仅为河南省经济发展做出了贡献，也为河南企业走出国门，在国际市场上竞争、博弈探索了经验。

2011年3～4月，会长吴国昌应河南豫矿国际矿业公司邀请，率队赴澳大利亚进行矿业考察，通过对原来初选的3个矿山的资源情况进行实地踏勘考察，核查资料，广泛听取意见，最后确定该公司对其中1个矿山进行实质性投资合作，另外2个矿山由于资源情况不可靠，而取消了投资意向，避免了企业盲目投资的风险。

2.接待台湾煤矿业参访团。2011年9月，经省国土资源厅和省台办同意，省矿业协会负责接待了以台湾煤矿业经济文化促进会理事长吴坤玉先生（原台湾经济部矿务局副局长）为团长的18人参访团在河南的参观考察活动。

9月22日，参访团抵达郑州的当天，省矿业协会吴国昌会长同参访团全体成员举行了座谈,代表省矿业协会对参访团来豫参观考察表示热烈欢迎,并简要介绍了河南省情和矿情。

9月28日晚,省国土资源厅副厅长郭公民、省台办副主任郭俊虎会见了参访团全体成员。双方就河南矿业发展形势和共同感兴趣的问题进行了亲切交谈。郭公民、郭俊虎发表讲话。团长吴坤玉对省国土资源厅、省台办和省矿协领导的会见,对在河南期间受到热情接待表示感谢。省国土资源厅科技处处长张平和、省台办处长贺留群、省矿协常务副会长兼秘书长孔大刚、专职副会长孙志顺、常务副秘书长林应满、专职副秘书长杨长秀等分别参加了上述活动。

参访团由省矿协专职副会长孙志顺全程陪同,先后参观考察了郑州市磴槽集团金岭煤矿、洛阳市嵩县丰源钼业、三门峡市灵宝金源矿业公司。参访团对3个矿山企业进行了,金岭煤矿的瓦斯利用、矿区绿化和文明建设,丰源钼业的低品位钼矿回收利用和植被恢复,金源公司黄金采选冶炼及金饰品展示,都让参访团耳目一新。省地质博物馆的规模、精品展示、声光电配备,中原大地独特的地理地貌和丰富的矿产资源,给参访团留下了深刻印象。

10月11日,吴坤玉先生致函吴国昌会长:“承蒙贵会精心安排策划,及妥善亲切之照顾,9月22~29日,本会矿业参访团一行18人参访贵辖矿场,及各名胜古迹,安全往返顺利完成。团员能首次亲睹稀有贵重金属矿钼矿、产制销一贯作业之黄金矿、以及实施瓦斯抽泄发电之绿色花园煤矿,亲访中原中华民族之发源地黄帝故里,千年佛教胜地少林寺、龙门佛窟等等,增广见闻、受益良多、印象极为深刻,谨此敬致万分谢忱。两岸矿业交流日渐频繁,交通直航甚为方便,非常欢迎贵会各位领导莅临台湾,作矿业经验之交流研讨、参观旅游。”

活动结束后,省矿协提交了《关于接待台湾煤矿业经济文化促进会来豫参访情况的汇报》,副厅长郭公民批示“省矿协承办的该项活动很成功。对两岸矿业界交流、了解、增进友谊做出了贡献,值得称道。”

【河南地矿业宣传】 协会利用《河南矿业》这个平台及时宣传党和国家的矿业政策,宣传和发布矿业信息,交流广大会员单位的先进经验,报道省矿协的重要活动,矿业领域的好人好事和先进典型,受到广泛欢迎。《河南矿业》的编辑刊发工作也得到了有关领导、专家和会员单位的好评和支持,在河南省新闻出版局进行的2010年度全省连续性内部资料核验时,《河南矿业》以能够严格遵守新闻出版纪律和有关管理规定,不断提高出版质量,积极反映会员单位改革开放和地质找矿成果,办出了特色,发挥了积极作用,得到肯定,在省直连续性内资927家出版单位通过年度核验登记的707家中,《河南矿业》排第34位,成为全省唯一一家反映地质勘查、开发管理政策、业务成果、矿业信息的内部资料。

同时,在单独开通网站难度较大的情况下,经业务主管部门同意,在省国土资源厅网站中开辟了矿协网页,已经初步确定了协会简介、组织机构、协会工作、办事指南、政策法规、会员之窗、矿业信息、协会刊物、联系我们、意见建议等框架窗口,网站建设获得初步进展。

(河南省矿业协会)

四川省矿业协会

【矿业宣传工作】 2011年1月18日四川省矿业协会(以下简称“省矿协”)召开了四川省地质找矿新突破矿业专家工作会,邀请省厅地勘处、矿管处、资源处、科技处等处室负责人参会指导。会前通过调研,初步拟了向隐伏矿体危急矿山深部、外围找矿、找大矿、找好矿,实现“358”找矿突破的讨论稿,提供到会矿业同仁研讨时参考。同时也讨论了“加强矿山督察、监管、提升管理服务水平,促进矿山建设”的有关问题,并印发了省矿协2010年工作总结和2011年工作要点征求意见稿。拟将研讨取得的共识,选登在《四川矿业信息》上。

2011年选编《矿产督察管理文件汇编》1本。编辑《四川矿业信息》12期,邮寄信函、信息、文件、参考资料5000余件,据不完全统计接待来人、来访(含电话)达137人次,不断为矿山企业、地勘单位提供了与矿业有关的高端论坛,矿业博览,矿业合作项目推荐会,矿业机械、设备、仪器等信息,加大了为矿山企业服务,为地勘单位服务,为矿政管理服务的力度。

【地质勘查质量检查】 根据国土资源办公厅(2010)1234号函的要求,为促进地质勘查行业健康发展,提高地质勘查工作质量,在全行业营造守信用、重质量的良好氛围,确保全国地质找矿“358”目标的顺利实现。国土资源部决定在全国范围内开展地质勘查质量检查的专项工作。

受四川省国土资源厅委托,在省厅地勘处的指导下,省矿协具体组织实施了全川地质勘查质量的检查工作。2011年初,四川省矿业协会接受任务后,立即着手筹备质检工作。抽调40名各类地质专家组建5个专家组,全面开展地质勘查质量的检查工作。为统一地勘质量检查标准,坚持公正,“一把尺子”量到底的原则,制定了专家工作纪律。于2011年3月28~30日,历时3天,专门举办了专家培训班。系统学习部,省地质勘查质量检查的有关文件。聘请专家讲授《固体矿产勘查原始地质编录规程》、《地质调查技术标准DD2006－01》、《矿产资源勘查实施方案（设计）编制大纲》及审查要求，明确本次地质勘查项目质量检查的重点和难点，为全川地质勘查质量的检查提供了技术保证。全川地质勘查质量检查历时近半年，分自查、互查、抽查、总结四个阶段进行。

1.研究部署地质勘查质量检查工作。组成了以四川省国土资源厅副厅长王平为组长，地勘处处长陈东辉、四川省矿业协会副会长李洪清为副组长等7人的四川省地质勘查质量检查协调领导小组。相继由省国土资源厅，四川省矿业协会，先后以川国土资函（2011）62号、川矿协发〔2011〕2号文转发了《国土资源部办公厅关于全国地质勘查质量检查工作职责分工事项的函》（国土资厅函〔2010〕1234号）和《中国矿业联合会地质勘查协会关于开展全国地勘单位地质勘查质量自查、互查工作的通知》（中矿联地勘发〔2010〕21号）文。在学习领会文件的基础上，于2011年3月9日召开了四川省省级四大地勘单位和在川无主管局的地勘部门的行政、技术负责人会议，研究部署了全川地质勘查质量检查工作。同时在《四川矿业网》、《四川矿业信息》刊登相关的文件、资料、向社会宣传，接受社会监督。

2.自查工作。各受检的地勘单位对照质检的八个方面全面进行自查，全省自查地勘项目888项，其中省内772项、省外114项，国外2项，自检结果。按质量等级分：优秀238项（占自查项目的26.8%），良好578项（占65.1%），合格70项（占7.9%），不合格2项（占0.2%）。

3.互查工作。按中矿联地勘发〔2011〕21号和川矿协发〔2011〕5号文要求，互查工作以自查资料为主，对有疑问的地勘项目，安排野外实地检查。各受检地勘单位互查数量不低于各单位符合检查项目总数的1/4。互查工作由四川省矿业协会组织专家集中进行，在自查、互查阶段，省矿协还组织了专家赴现场巡视指导。全川共互查项目225项，见表1。

表1 互查项目统计

单 位	项目总数	互查数	优秀（%）	良好（%）	合格（%）	不合格（%）
四川省地勘局	326	84	1.2	51.2	47.6	-
四川省冶金地勘局	383	89	3.4	43.8	52.8	-
四川省煤田地质局	30	8	37.5	62.5	-	-
四川省核工业地质局	50	13	4.6	54	-	-
在川无局级主管的地勘单位	96	31	-	54.8	45.2	-

4.抽查工作。按国土资源部安排，四川省地质勘查质量抽查工作，由部委派新疆维吾尔自治区国土资源厅梁伟超高级工程师任专家组组长，一行4人，由部地勘司师磊带队，于2011年5月7～13日来川开展抽查工作。专家组先后对四川省煤田地质局135队、核工业280研究所、四川省冶金地质勘查院、四川省地勘局403队进行抽查。抽查结果见表2。

表2 抽查结果统计

单位	应抽查比例数	实抽数占（%）	优秀占（%）	良好占（%）	合格占（%）	不合格占（%）
四川省煤田地质局135队	4	2(50%)	1(50%)	1(50%)	——	——
核工业二八〇研究所	16	4(25%)	—	2(50%)	2(50%)	——
四川省冶金地质勘查院	50	13(26%)	3(23.1%)	9(69.2%)	1(7.7%)	——
四川省地勘局403队	7	2(28.6%)	1(50%)	1(50%)	——	——

注：四川省冶金地质勘查院应抽76个地勘项目，实抽50个。原因是有26个地勘项目在藏区和受“5·12”大地震影响，未能进场开展工作。

地勘质量检查工作体会：领导重视，成效明显。广泛引起了地勘单位、矿政领导、工程技术人员对提高地质工作质量的重视。更加巩固了“百年大计、质量第一”的观念。但也存在一些值得改进的问题：野外原始编录不够规范，偏简单；综合整理、综合研究，“三边一及时”工作不到位；样品采集、加工、化验，内、外检不及时，不同程度地影响了项目评价。

【地质勘查质量抽查】 根据国土资源部的安排,省矿协抽调四川省煤田地质局原局长、副总工程师陈忠恕为组长,四川省地勘局攀西地质队副队长、教授级高工赵支刚,四川省冶金地勘局原副总工程师、高工龚志大为组员的专家组一行3人,于2011年5月6日赴广东,开展地质勘查质量的抽查工作。先后赴广东省核工业地质局二九二大队,广东省地调院,历时3天,开展地质勘查质量的抽查工作,见表3。

表3　地质勘查质量的抽查工作统计

单位	应抽查比例数	实抽数占(%)	优秀占(%)	良好占(%)	合格占(%)	不合格占(%)
广东省地质调查院	3	1	1(33.3%)	——	——	——
广东省核工业地质局	18	5	1(20%)	4(80%)	——	——

【矿产督察工作】 2011年来省国土资源厅加重了矿协的工作任务。为进一步理顺矿产督察工作,省矿协协助省厅筹办了2011年8月四川矿产督察工作座谈会;收集、整理、汇编了《矿产督查工作文件》1册;制定颁发了省级矿产督察员工作证;系统建立了矿产督察联络员工作制度;以厅名义代厅拟文布置市(州)分管矿产督察工作的矿政管理部门、国家级矿产督察员,总结2011年工作,提出2012年工作安排报厅;拟定2012年初进行矿产督察工作专项总结报部;按财务规定核报了国家级矿产督察员的差旅等费;根据矿产督察工作需要,协调专人承办此项工作。为更加规范、有序、系统做好矿产督察工作打下良好的基础。

2011年8月9日省国土资源厅召开了全省矿产督察工作座谈会。厅矿管处处长王然勇主持会。会上宣读了省国土资源厅副厅长王平的书面发言,矿管处副处长何继强布置了全省矿产督察工作,会上颁发了省级矿产督察员工作证书。

【绿色矿业建设指导】 根据国土资发〔2010〕119号《国土资源部关于贯彻落实全国矿产资源规划发展绿色矿业建设绿色矿山工作的指导意见》,按照国土资函〔2011〕1222号文,受国土资源厅委托,四川矿业协会协助厅规划处,组织申报国家级绿色矿山试点单位的工作。

中央提出"发展绿色矿业、建设绿色矿山",是为子孙后代造福的一项伟业。坚持从地质勘探、矿山设计、矿山建设、采、选、冶、加工到矿山开采完闭坑后的生态环境恢复的全程进行监督管理,是深化矿业改革的必然措施。按照矿产资源综合利用,开采方式科学化,企业管理规范化,生产工艺环保化,矿山环境生态化的系统工程要求,进行矿山开发经营,实现矿产资源开发与生态环境保护协调发展、社区和谐和矿业经济持续健康发展。先后多次组织矿山企业参加绿色矿业循环经济的高端论坛,树立建设绿色矿山理念。

2011年8月9日在全省矿产督察工作座谈会上,由厅规划处副处长郭强布置了国家级绿色矿山的申报工作。厅规划处和四川矿协结合矿业企业现状,筛选推荐了四川省44个矿山企业申报。通过宣传,先后收到8个矿山企业自愿申报国家级绿色矿山试点材料。经专家初审后提出意见,退回申报单位修改后再申报。

2011年8月2~4日,四川省矿业协会组织以教授级高工贺其薰为组长,厅规划处副处长郭强,省矿协副会长、高工李洪清一行6人的专家组,在市、县矿政管理部门负责人的陪同下,汇同负责乐山地区的国家级矿产督察员一道,实地考察了四川嘉阳集团公司嘉阳煤矿申报国家级绿色矿山试点单位的工作,对照国家级绿色矿山9项申报条件:采取听汇报,查资料,观图片,看多媒体,走访、座谈、现场实地考察等多种形式,认为嘉阳煤矿基本符合申报条件。

在野外现场实地考察的基础上,于2011年9月13日,四川省矿业协会组织专家、邀请厅矿管处、地勘处、资源处、地环处等负责人到会指导评选推荐工作。专家组听取了申报矿山企业的汇报,询问,现场无记名打分,经监票人员汇总,录选了7个矿山企业为申报国家级绿色矿山的试点单位:

四川嘉阳集团公司—嘉阳煤矿、四川峨胜水泥集团股份有限公司—峨胜采矿场、攀钢集团公司—兰尖、朱家包包矿山、四川安宁铁矿股份有限公司—潘家田铁矿、凉山矿业股份有限公司—拉拉铜矿、四川里伍铜业股份有限公司—里伍铜矿、南江煤田有限责任公司—南江煤矿等7大矿山企业,已报送四川省国土资源厅审核后,上报国土资源部。

【矿山企业考察】 2011年12月21~24日受国土资源部规划司委托,中矿联副会长樊志全(原国土资源部地籍司司长)、中矿联绿色矿山办公室总工乔繁盛、高工栗欣一行3人来川考察四川省矿山企业2011年申报国家级绿色矿山试点单位的工作。四川省国土资源厅规划处副处长郭强,省矿业协会副会长、高工李洪清、省矿协专家顾问贺其薰,先后全程陪同樊志全等3人工作组赴攀枝花地区四川安宁铁钛股份有限公司—潘家田铁矿、四川凉山矿业股份有限公司—四川省拉拉铜矿、四川嘉阳集团公司—嘉阳煤矿进行实地调研考察。通过听汇报、查资料、看录相、座谈、走访等形式，对四川宣传落实国土资发〔2010〕119号《国土资源部关于贯彻落实资源规划发展绿色矿业建设绿色矿山工作的指导意见》留下了深刻印象。

【四川矿业代表参加2011年第十三届中国国际矿业大会】 经四川省国土资源厅领导批准，省矿协与厅对外科技合作处，筹办四川矿业参加2011第十三届中国国际矿业大会。

第一，组建了以厅党委委员总规划司王洁为组长，省地勘局副局长范崇荣为副组长，厅对外科技合作处副处长吴家惠，省矿协副会长李洪清等9人为组员的筹备工作协调小组，相继以厅行文全面部署参展参会工作。第二，收集、筛选、编辑、翻译，编制省厅宣传资料，组织参展单位编制项目书，制作多媒体、文代袋、选购小礼品等。第三，确定四川展板主题——“通力合作，努力实现找矿新突破”，筹划设计展板，送厅领导及相关人员审定后制作。第四，组团，由厅党委委员，总规划司王洁为四川矿业代表团领队，省冶金地勘局副局长刘荣、省地勘局副局长江元生，省煤田局主任李晓晶为副领队。厅对外科技合作处副处长吴家惠，省矿协副会长李洪清为总联络的四川省矿业代表团一行40余人，于2011年11月5日赴天津参加2011年第十三届中国国际矿业大会。第五，布置展台、展板。11月4日李洪清、吴家惠、朱文翅一行3人赴天津梅江国际会展中心布置四川矿业的展台、展板、试放多媒体，提前做好参展，迎接四川矿业代表团赴天津的工作。第六，参展参会筹备工作从2011年9－11月历时3个月完成。

2011年11月6日第十三届中国国际矿业大会在天津梅江会展中心召开。开幕式上，中共中央政治局常委、国务院副总理李克强代表中国政府发来贺信。国土资源部部长徐绍史致开幕辞。国土资源部副部长汪民主持开幕式。

大会以“加强国际合作、加快找矿突破”为主题，围绕矿业可持续发展、全球矿产勘查形势与进展、矿业与资本市场、矿山环境与绿色矿业、矿产资源综合利用等专题，设主题论坛21个、7场矿业合作项目推介会及项目对接签约仪式。来自全球50多个国家和地区、政府官员、专家学者、矿业企业、金融机构的代表，共计4800多人参会参展。

较之往届，2011年四川团展现出了更加开放、更加务实的风貌，收效明显。数千份矿业权合作项目推介的画册资料，以及反映四川矿业发展情况和国外合作项目工作情况的电视专题片及多媒体，吸引了众多中外矿业界人士的眼球。领队总规划师王浩及各单位处长、队长、总工程师、总经理们轮番上阵，在展位上发放资料、耐心讲解，体现了四川省厅搭好台企事业队伍连台唱好戏的兴旺局面，给各国与会嘉宾留下了深刻印象。

通过此届大会，四川团取得了丰硕成果。特别是四川省地矿局已洽谈合作项目十余项，达成意向性合作协议2个，其中通过与天津地矿局搭建的合作平台，引荐的与非洲某国矿业合作项目已进入实际运作中。在大会举办的项目对接签约仪式上，四川地勘局化探队与纳米比亚Imprint投资有限责任公司成功签署奥乔宗蒂约巴地区铁锰矿靶区优选与评价项目、与纳米比亚Case投资有限责任公司成功签署埃龙戈地区铜多金属矿靶区优选与评价项目；应一零六地质队与成都地奥矿业能源有限公司成功签署澳大利亚海外地质勘查项目合作协议。

【矿产资源开发利用方案评审】 根据国土资源部《矿产资源开发利用方案审查大纲》的规定，受省国土资源厅委托，遵照温家宝总理“地质工作必须贯彻科学发展观，把地质找矿，提高资源综合效益，改善生态环境，防止地质灾害”作为评审工作的指导方针，把矿产资源综合利用，提高选矿回收率、采矿回采率，合理利用矿产资源，保护矿产资源，保护生态环境，作为评审工作的重要原则，严格要求矿业专家，坚持原则，依法依规，秉公办事，认真负责开展矿产资源开发利用方案的评审工作，截至2011年底，全年共授理矿产资源开发利用方案146个，其中：煤矿96个，占全年授理矿产资源开发利用方案的66%；有色金属19个，占13%；稀贵金属3个，占2%，冶炼、化工、辅助原料矿8个，占5%，其他20个，占14%，全年终审完成，审结率达100%。

【矿业宣传工作】 2011年1月18日四川省矿业协会（以下简称“省矿协”）召开了四川省地质找矿新突破矿业专家工作会，邀请省厅地勘处、矿管处、资源处、科技处等处室负责人参会指导。会前通过调研，初步拟了向隐伏矿体危急矿山深部、外围找矿、找大矿、找好矿，实现“358”找矿突破的讨论稿，提供到会矿业同仁研讨时参考。同时也讨论了“加强矿山督察、监管、提升管理服务水平，促进矿山建设”的有关问题，并印发了省矿协2010年工作总结和2011年工作要点征求意见稿。拟将研讨取得的共识，选登在《四川矿业信息》上。

2011年选编《矿产督察管理文件汇编》1本。编辑《四川矿业信息》12期，邮寄信函、信息、文件、参考资料5000余件，据不完全统计接待来人、来访（含电话）达137人次，不断为矿山企业、地勘单位提供了与矿业有关的高端论坛,矿业博览,矿业合作项目推荐会,矿业机械、设备、仪器等信息,加大了为矿山企业服务,为地勘单位服务,为矿政管理服务的力度。

【"小金库"专项治理】 根据川纪委〔2010〕14 号,《关于四川省社会团体"小金库"专项治理工作实施办法》,省矿协已于 2010 年对照治理"小金库"的 7 个方面进行专项治理,自查认定省矿协无"小金库"。同年 10 月四川省社会团体治理"小金库"工作组亲临省矿协检查治理"小金库"工作。检查认定"我会无小金库"。2011 年以来,四川省矿协按川治金〔2011〕1 号文要求,又组织省矿协人员学习领会治理"小金库"的文件精神,再次开展治理"小金库"回头看的工作,经再次检查后认定,省矿协会严格按国家财务规定:会计、出纳单设,收、支两条线,账目明细清晰,账实相符,凭据规范,无账外账,无"小金库",符合财务管理规定。2011 年 5 月经审计部门年检,并报省民政厅审定符合规范,四川省矿业协会无"小金库"。并书面呈送四川省国土资源厅。2011 年 10 月为进一步加强财务管理,按专项资金分设台帐,更进一步地规范了省矿协财务管理工作。

【队伍建设】 2011 年根据矿业发展需要,主动与大专院校,矿业有关的培训中心联系,组织推荐各类工程技术人员参加与新理论、新知识、新工艺、新方法、新法规,新政策有关的培训,同时组织矿业合作项目的推介活动。先后推荐有关人员参加《关于矿产资源综合勘查评价规范与储量评审及地质找矿勘查新技术培训班》、《申报国家级绿色矿山评审工作培训班》、《地质勘查质量检查专家培训班》,同时组织有关单位参加《中国西部矿业投资合作项目专场推荐会》,《2011 第二届中国(青岛)国际矿业博览会暨高层论坛》,据不完全统计约 75 人次参加。

(四川省矿业协会)

江西耀升钨业股份有限公司

【概况】 公司位于"中国竹子之乡"、"空气负离子中国之最"的江西省赣州市崇义县,是一家以钨业采矿、选矿、加工、冶炼、制粉、合金为一体的钨品生产企业。公司现有五个生产矿山、五个探矿项目和四个冶炼加工厂,具有年产 3000 吨钨精矿、9000 吨仲钨酸铵(APT)、6000 吨氧化钨、4000 吨钨粉、2500 吨碳化钨粉、400 吨合金的钨品生产能力。公司现有资产 19 亿元,从业人员 2600 多人,累计上交税收逾 8 亿元,累计为社会公益事业捐资 8000 多万元,是县支柱企业,市重点企业、省百强企业、省市纳税大户、省农业银行信用 AAA 企业,是江西省第一批清洁生产示范单位、江西省第一批循环经济试点单位及国家绿色矿山试点单位。公司取得国家专利 31 项(其中发明专利 4 项),生产的钨制品获江西省名牌产品和江西省著名商标。

公司以科学发展观为指导,依托矿产资源,依靠科技创新,提高附加值,发展深加工,树立"以人为本、诚信经营、安全高效、持续发展"的企业方针,本着"成钨业集团,谋多业发展"的公司目标,秉承"坚定信念,奋发图强,创新进步,德业并举"的企业精神,始终坚持"依法循规,科学管理,客户至上,共谋双赢"的企业宗旨,依靠科技进步,坚持走集约发展、清洁发展、安全发展、健康发展之路,促进了企业的持续快速发展。公司被评为县龙头企业、市重点企业、省百强企业、省市纳税大户,并获全国"诚信守法乡镇企业"、"首届全国矿产资源合理开发利用先进矿山企业"、"全省"工业优强企业"、"先进非公有制企业"、"江西省五一劳动奖状"、"江西企业 100 强""全省就业先进企业"等荣誉称号。公司已通过 ISO9001:2008 质量体系认证、ISO14001:2004 环境管理体系认证。

公司具有较强的自主研发能力,公司自主研发并申报了 31 项国家专利(其中发明专利 4 项)、多项项科技成果与新产品,并且与北京有色金属研究总院、中南大学、江西理工大学等高等院所建立了合作关系,北京有色金属研究总院高新技术产业化示范基地已落户我公司,企业技术中心通过省级认定。

公司主要产品为仲钨酸铵(APT)、氧化钨、钨粉、碳化钨粉及合金混合料。公司生产的"金龙耀升"牌钨制品获"江西省名牌产品"荣誉称号,"金龙耀升"牌仲钨酸铵和碳化钨获"赣州市知名商标"荣誉称号,"金龙耀升"牌钨粉和碳化钨获"江西省著名商标"荣誉称号。公司生产的碳化钨、钨酸铵、钨粉、碳化钨粉等产品获全国质量信得过产品,公司自主攻关研发的超粗晶粒优质碳化钨粉研究已通过江西省科技成果鉴定,公司自主研发的全自动立式中频碳化炉和全自动高温四管还原炉申报成为江西省新产品。